Código Penal

Biblioteca de Textos Legales

Código Penal

Ley Orgánica 10/1995, de 23 de noviembre

Edición preparada por
ENRIQUE GIMBERNAT ORDEIG
Catedrático de Derecho Penal
de la Universidad Complutense de Madrid

con la colaboración de
ESTEBAN MESTRE DELGADO
Catedrático de Derecho Penal
de la Universidad de Alcalá

VIGÉSIMA OCTAVA EDICIÓN

tecnos

1.ª edición, 1995
28.ª edición, 2021

Diseño de cubierta de J. M. Domínguez y J. Sánchez Cuenca

Juan Ignacio Luca de Tena, 15 - 28027 Madrid

PAPEL DE FIBRA
CERTIFICADO

ISBN: 978-84-309-8269-1
Depósito Legal: M. 20.641-2021

Printed in Spain

ÍNDICE SISTEMÁTICO

APÉNDICES

PRÓLOGO A LA VIGÉSIMA OCTAVA EDICIÓN

Esta vigésima octava edición del Código Penal de 1995 se ofrece completamente actualizada a septiembre de 2021. En notas a pie de página se reproducen los textos derogados por las reformas del Código Penal de 2019, 2020 y 2021, con lo que el lector tiene a la vista, simultáneamente, todas las redacciones de vigencia sucesiva a partir del 1 de julio de 2015. Como nuevo Apéndice se ha incorporado, con el número 10, la Ley Orgánica 3/2021, de 24 de marzo, de regulación de la eutanasia, que se reproduce íntegramente, y de la que voy a ocuparme a continuación.

La despenalización de la eutanasia, que yo ya había propuesto en 1988[1], encuentra su justificación en que aquí se trata de un caso específico de estado de necesidad en el que entran en conflicto, por una parte, el bien jurídico vida (art. 15 CE) y, por otra, el derecho al «libre desarrollo de la personalidad» (art. 10.1 CE), a la «dignidad de la persona» (art. 10.1 CE) y a la «libertad ideológica de los individuos» (art. 16 CE), de tal manera que, en una situación eutanásica, sólo es posible salvaguardar estos últimos derechos sacrificando el primero. En el Apartado I de la Exposición de Motivos de la LO 3/2021 se razona por qué se despenaliza la eutanasia sobre la base de ese conflicto (estado de necesidad) entre distintos intereses constitucionales. En mi articulo de 1988 yo manifestaba, además de las consideraciones que se mencionan en esa Exposición de Motivos, que en estos casos, y por lo que se refiere al derecho a la vida, «esa vida que se lesiona es una devaluada, en cuanto que su titular renuncia a ella, en cuanto que su final está próximo y/o se ha convertido en un mero padecimiento físico, y en cuanto que, por consiguiente, muchas veces es incompatible la coexistencia de los dos derechos garantizados por el mismo artículo 15 CE: el derecho a la vida y el derecho a no soportar tratos inhumanos. No se niega, por consiguiente, que la eutanasia voluntaria no cumpla formalmente un tipo delictivo (generalmente, el del homicidio consentido

[1] Cfr. GIMBERNAT, «Eutanasia y Derecho penal», *El País*, 28 de enero de 1988. Este artículo se reproduce en mis *Estudios de Derecho penal*, 3.ª ed., 1990, pp. 51-54.

del artículo 409, segundo inciso, CP [de 1973]); pero afirma que ese comportamiento está justificado por un estado de necesidad, porque, junto a la lesión de un único (y, en el caso concreto, devaluado) derecho fundamental, supone también una defensa masiva —y prevalente— de otros numerosos intereses constitucionales (libre desarrollo de la personalidad, dignidad humana, etc.)».

Por otro parte, y aunque en el otro platillo de la balanza está la vulneración del bien jurídico constitucionalmente protegido de la vida, en mi artículo de 1988 afirmaba que «el artículo 15 CE prohíbe los "tratos inhumanos": que las unidades de cuidados intensivos a veces pueden convertirse en una cámara de tortura, que algunas enfermedades pueden provocar padecimientos superiores a los que tienen su origen en un policía sádico, parece fuera de discusión; de ahí que en estos casos de eutanasia consentida la muerte del paciente suponga, al mismo tiempo, el final de un "trato inhumano"».

Frente a todos estos argumentos a favor de la despenalización de la eutanasia, el único al que se puede acudir —y al que se acude— a favor de mantener su punición es el de que, como es Dios quien nos ha dado la vida, sólo Él —y no nosotros— es el que puede disponer de ella. Pero este respetable argumento de la doctrina católica es uno que sólo puede convencer a quien comparte tal doctrina, pero que —en un Estado de Derecho que proclama el pluralismo y la libertad ideológica y religiosa— no puede imponerse por la fuerza coactiva del Derecho penal a los muchos ciudadanos que piensan que los dueños de su vida son ellos mismos y no lo es Dios -para quienes crean que Dios realmente existe-; es más: incluso a los católicos que creen que Dios —y sólo Él— es el dueño de la vida y de la muerte, y en los momentos finales deciden terminar con su vida en un supuesto eutanásico, la sanción a ese «pecado» que cometerían quienes, siendo también católicos, han ayudado a ejecutar, o han ejecutado, ese «homicidio por compasión», debe quedar limitada a la esfera estrictamente religiosa, sin que al Derecho penal se le haya perdido nada en este asunto como para imponer una determinada cosmovisión sobre otras cosmovisiones igualmente respetables.

Estas consideraciones sobre todas las razones que hablan a favor de la descriminalización de la eutanasia las ha traducido el legislador español en una ley —la LO 3/2021— que me atrevo a calificar, además de jurídicamente justificada, de técnicamente ejemplar, y en la que se establecen toda una serie de controles: entre otros, dos solicitudes por parte del interesado, consentimiento informado del mismo, dictamen favorable de dos médicos (el responsable y el consultor), creación de una Comisión de Garantía y Evaluación, recurso, en última instancia ante la jurisdicción contencioso-administrativa. Todos estos filtros están plenamente justificados para comprobar, en un asunto tan trascendental como lo es el ocasionamiento de una muerte, que ésta responda a la verdadera y libre determinación del afectado y para excluir que en esa determinación influyan intereses bastardos o egoístas de terceras personas.

La promulgación de la LO 3/2021 obedece, no en último lugar, a la tarea informativa y esclarecedora que han desplegado en los últimos tiempos las distintas y beneméritas «asociaciones por una muerte digna», tarea que se intensificaba cada vez que surgían en España casos mediáticos, como el de Ramón Sampedro, cuya vida y muerte asistida fue relatada en la película *Mar Adentro* de Alejandro Amenábar, o el de Ángel Hernández, quien, el 3 de abril de 2019, proporcionó a su mujer, María José Carrasco, que padecía una esclerosis múltiple terminal, y por deseo expreso de ésta grabado en un vídeo, la sustancia letal con la que la enferma se suicidó.

A pesar de que esas «asociaciones por una muerte digna» suelen excluir, desde sus planteamientos, la distinción entre eutanasia indirecta, pasiva y directa, no obstante, y porque esa distinción es la que maneja desde siempre la doctrina penal y porque, en consecuencia, parte de ella también la LO 3/2021, por ello, sin tenerla en cuenta no es posible entender la presente y nueva regulación de la eutanasia.

Estamos ante una eutanasia indirecta cuando se administran calmantes con la intención *principal* de aliviar los dolores del enfermo terminal, aunque conociendo que ello puede traer como consecuencia probable la anticipación de la muerte. La eutanasia pasiva concurre cuando el médico resuelve no prolongar la situación del paciente y suspende la asistencia, bien omitiendo tratar la neumonía que se le presenta al enfermo de cáncer desahuciado, bien retirando el respirador del politraumatizado al que le queda poco tiempo de vida; el reverso de la eutanasia pasiva lo constituye el llamado «encarnizamiento médico», es decir: el agotamiento de los numerosos recursos terapéuticos que ofrece la moderna medicina para prolongar la dolorosa existencia de quien no puede salvarse ya de las garras de la muerte (casos Francisco Franco, mariscal Tito o emperador Hirohito). En la eutanasia activa o directa, finalmente, existe el *propósito*, no de aliviar los dolores de otra persona, aceptando, *secundariamente*, el probable acortamiento de la vida, como en la eutanasia indirecta, sino de causar la muerte del enfermo incurable o el tetrapléjico que no puede valerse por sí mismo, administrándole para ello, por ejemplo, una sobredosis de morfina.

El CP 1995 castigaba atenuadamente, en el artículo 143.4 la eutanasia, formulándolo de la siguiente manera: «El que causare o cooperare activamente con actos necesarios y directos a la muerte de otro, por la petición expresa, seria e inequívoca de éste, en el caso de que la víctima sufriera una enfermedad grave que conduciría necesariamente a su muerte o que produjera graves padecimientos permanentes y difíciles de soportar, será castigado con la pena inferior en uno o dos grados a las señaladas en los números 2 y 3 de este artículo». Como ese precepto contenía un *supuesto privilegiado* de homicidio consentido, a saber: «causar o cooperar *activamente* con actos necesarios y *directos*» a la muerte de otro, por la petición expresa de éste, en supuestos eutanásicos, de ahí derivaba, argumentando a contrario, que el homicidio eutanásico no directo ni activo, sino bien *indirecto*, bien *pasivo*, había quedado despenalizado, porque no podía ser que la —más radical— muerte eutanásica consentida directa y activa experimentase una atenuación, mientras que las —menos radicales— eutanasias indirectas y pasivas no gozaran de atenuación alguna; y como eso no podía ser, de ahí se seguía que tales eutanasias (indirecta y pasiva) habían quedado despenalizadas, ya que, al no ser ni directas ni activas, no podían subsumirse en el tipo atenuado del antiguo artículo 143.3.

Así lo entendió también la jurisprudencia que en las denuncias por homicidio interpuestas —entre otras, por la Consejería de Sanidad de la Comunidad de Madrid— contra el Dr. Luis Montes y otros médicos del Servicio de Urgencias del Hospital Severo Ochoa de Leganés, quienes habían practicado numerosas eutanasias pasivas e indirectas, fueran todas ellas archivadas, por no ser constitutivas de delito, por la Audiencia Provincial de Madrid. Que tales comportamientos eran y son plenamente conformes a Derecho se sigue también de que las prácticas de las eutanasias pasivas e indirectas están garantizadas por el sistema sanitario español que tiene la *obligación* de poner a disposición de los enfermos terminales «unidades de atención paliativa» [arts. 12.2.*g*) y 132.*f*) Ley 16/2003 de Cohesión y Calidad del Sistema Nacional de Salud], así de que tanto el Parlamento Europeo, en junio de 1999, como incluso la doctrina oficial de la Iglesia Católica se han pronunciado a favor de admitir la administración de opioides, como la morfina, y de ansiolíticos, aunque ello suponga un probable acortamiento de una vida que ya sólo tiene la perspectiva de discurrir hasta su final rodeada de un infierno de padecimientos físicos. Con esta tesis que, como acabo de exponer, era ya la que regía desde el CP 1995, coincide expresamente la LO 3/2021 de regulación de la eutanasia que, en su Exposición de Motivos declara: «En nuestras doctrinas bioética y penalista existe hoy un amplio acuerdo en limitar el empleo del término "eutanasia" a aquella que se produce de manera activa y directa, de manera que las actuaciones por omisión que se designaban como eutanasia pasiva (no adopción de tratamientos tendentes a prolongar la vida y la interrupción de los ya instaurados conforme a la *lex artis*), o las que pudieran considerarse como eutanasia activa indirecta (utilización de fármacos o medios terapéuticos que alivien el sufrimiento físico o psíquico aunque aceleren la muerte del paciente —cuidados paliativos—) se han excluido del concepto bioético y jurídico-penal de eutanasia».

De lo expuesto se sigue que el nuevo artículo 143.5, introducido por la LO 3/2021 («No obstante lo dispuesto en el apartado anterior, no incurrirá en responsabilidad penal quien causare o cooperase activamente a la muerte de otra persona cumpliendo lo establecido en la ley orgánica reguladora de la eutanasia»), que excluye la punibilidad de la eutanasia cuando se siguen todos los controles previstos en la LO 3/2021, sólo entra en juego cuando estamos ante una eutanasia activa y directa, mientras que para aplicar las eutanasia indirectas y pasivas basta con el consentimiento del paciente, ya que para estos dos supuestos eutanásicos —y como he expuesto anteriormente— no rigen, para excluir de punibilidad a sus autores, los filtros de la LO 3/2021, que sólo son aplicables a la eutanasia directa y activa. En los supuestos de eutanasia indirecta y pasiva, en efecto, sólo es preciso el consentimiento del paciente, ya que, por una parte, y según el artículo 2 de la Ley 41/2002 básica reguladora de la autonomía del paciente y de derechos y obligaciones en materia de información y documentación clínica, «toda actuación en el ámbito de la sanidad requiere, con carácter general, el previo consentimiento de los pacientes o usuarios», reconociéndose «su derecho a decidir libremente, después de recibir la información adecuada, entre las opciones clínicas disponibles», y porque, por otra parte así se garantiza el respeto a los derechos constitucionales del paciente al «libre desarrollo de su personalidad» (art. 10.1 CE) y a su «libertad ideológica y religiosa» (art. 16.1 CE).

Por lo que se refiere al enfermo terminal que está padeciendo graves sufrimientos físicos, y que no puede prestar su consentimiento a un tratamiento paliativo por su bajo nivel de conciencia, o uno eficaz, por ser menor de edad o por no estar en plenitud de sus facultades mentales, la tesis que se formula desde diversos sectores de que entonces queda en manos de los parientes del paciente si procede o no su sedación, es una tesis incorrecta. La razón por la que la decisión de los familiares no puede ser determinante para oponerse a los cuidados paliativos —aunque ello suponga un acortamiento de su vida— de un paciente que no puede expresar su voluntad, o que sólo la pueda manifestar ineficazmente desde un punto de vista jurídico, reside en que en tales casos de consentimiento por representación, el artículo 9.5 de la ya citada Ley 41/2002 dispone que «la prestación del consentimiento por representación será adecuada a las circunstancias y proporcionada a las necesidades que haya que atender, *siempre a favor del paciente y con respeto a su dignidad personal*». De donde se sigue que, naturalmente, la negativa de los representantes a que el paciente —incapaz de prestar un consentimiento válido— sea sometido a cuidados paliativos, es decir: la manifestación de voluntad de que aquél prolongue su agonía durante días o semanas entre aullidos de dolor, ni puede considerarse que atienda a los intereses del paciente, ni mucho menos que respete su dignidad, especialmente si se tiene en cuenta que la eutanasia indirecta es penalmente lícita, jurídico-administrativamente conforme a Derecho, y que está admitida por instituciones tan divergentes como el Parlamento Europeo y la Iglesia Católica. Por lo demás, tampoco se alcanza a comprender cómo el Derecho podría permitir que la mujer despechada por el marido adúltero y maltratador o los padres que odian al hijo que sólo les ha acarreado disgustos, pudieran vengarse de esos parientes a los que aborrecen, prohibiendo al médico vinculantemente la aplicación de cuidados paliativos y consiguiendo, así, que esos enfermos terminales prolongasen su agonía retorciéndose de dolor.

Los artículos 5 y 6 de la LO 3/2021 de regulación de la eutanasia sólo contemplan dos supuestos en los que está excluida la punibilidad de la eutanasia directa: cuando el paciente presta su consentimiento informado, o cuando, si «el paciente no se encuentra en el pleno uso de sus facultades ni puede prestar su conformidad libre, voluntaria y consciente para realizar sus solicitudes» haya dado instrucciones en un documento, como el testamento vital, a fin de que, llegado el caso, se le aplique una eutanasia directa. Por consiguiente, si el paciente no puede prestar su consentimiento libre y tampoco ha manifestado su voluntad, en un documento de instrucciones previas, de permitir, llegado el caso, que se le aplique una eutanasia directa, entonces no se le puede prestar ayuda directa para morir en el sentido excluyente de la responsabilidad penal del nuevo artículo 143.5, y solamente podrá ser sometido, en los términos que antes he señalado, a las eutanasias indirecta o pasiva.

Con ligeras modificaciones, la LO 3/2021 mantiene el hasta ahora vigente artículo 143.4 CP, que prevé una pena atenuada para «[e]l que causare o cooperare activamente con actos necesarios y directos», si ello se hiciera a petición de la víctima que está «sufri[endo] un padecimiento grave, crónico e imposibilitante o una enfermedad grave o incurable, con sufrimientos físicos o psíquicos constantes e insoportables». Lo que quiere decir que la práctica de la eutanasia directa sólo está exenta de responsabilidad penal cuando, conforme al artículo 143.5, se ha sometido a todos los controles previstos en la LO 3/2021 de regulación de la eutanasia; en otro caso, es decir: cuando se ejecuta una eutanasia directa prescindiendo de tales controles, esa acción se sigue castigando, si bien como el homicidio atenuado previsto en el artículo 143.4.

El Juzgado de lo Penal número 34 de Madrid, y después de que el Ministerio Fiscal retirase la acusación, por sentencia de 5 de julio de 2021, acaba de absolver a Ángel Hernández, quien, como he descrito anteriormente, el 3 de abril de 2019, proporcionó los medios letales para que su mujer, María José Carrasco, a petición expresa suya, y que padecía una esclerosis múltiple terminal, pidiera poner fin a su vida por sí misma. Esta sentencia absolutoria responde al espíritu de la LO 3/2021, porque si, como se expresa en su Exposición de Motivos, la eutanasia directa se permite porque con esa despenalización se atiende a los «bienes constitucionalmente protegidos … [de] la dignidad, la libertad o la autonomía de la voluntad», entonces hay que entender que, con su acción, Ángel Hernández preservaba esos bienes de su esposa, aunque no pudo someter ese comportamiento eutanásico activo a los filtros previstos en la LO 3/2021, porque ésta todavía no había entrado en vigor.

En conclusión hay que decir que esta LO 3/2021 es políticamente progresista, respetuosa con el pluralismo ideológico consagrado en el Estado de Derecho de nuestra Constitución —la LO 3/2021 no obliga a nadie a someterse a una eutanasia directa, sino sólo a aquéllos para los que esa clase de muerte está conforme con su conciencia—, y técnicamente impecable.

Madrid, julio de 2021

ENRIQUE GIMBERNAT ORDEIG

PRÓLOGO A LA VIGÉSIMA SÉPTIMA EDICIÓN

Con la única excepción de una modificación introducida en la Ley 19/2003 (Apéndice 2.B), condicionada por la pandemia del Covid-19, ni en el texto del Código Penal, ni en el de las restantes Leyes que figuran en los Apéndices de esta obra, se ha producido reforma alguna desde la anterior edición. Con esa excepción, en la presente edición nos hemos limitado, por ello, a poner al día las referencias legislativas que figuran en las notas a pie de página. En esas notas a pie de página se destaca también cuál era el texto vigente hasta julio y octubre de 2015 y febrero y marzo de 2019 —fechas de la entrada en vigor de las dos reformas del Código Penal de 2015 y de las otras dos de 2019—, a fin de que el usuario pueda determinar qué texto —si el vigente o alguno de los derogados— es más favorable y, por consiguiente, el aplicable para el reo.

Como, sin embargo, está prevista una radical reforma de los delitos sexuales, que se acaba de iniciar con la aprobación por el Consejo de Ministros, el pasado 3 de marzo, del Anteproyecto de Ley Orgánica de Garantía Integral de la Libertad Sexual, es de este Anteproyecto del que me voy a ocupar a continuación.

En la madrugada del 7 de julio de 2016, y según declaró en sus Hechos Probados la sentencia (S) de 20 de marzo de 2018 de la Audiencia Provincial de Navarra (APN) (*caso La Manada*), la «denunciante» (así denomina la APN a la víctima del delito, a fin de guardar su anonimato) fue introducida por dos de los cinco procesados, diciéndole: «calla», en un portal de una casa de Pamplona, y de ahí en un habitáculo del bajo de la finca de no más de 4 m^2, que no tenía más salida que la propia entrada. En los Hechos Probados de la SAPN se continúa relatando que a la «denunciante… le obligaron una vez en el interior del habitáculo a realizar diversos actos de naturaleza sexual [en concreto, y al menos, cinco felaciones, tres penetraciones vaginales y una anal], valiéndose de su superioridad física y numérica y de la imposibilidad de la denunciante de ejercer resistencia ante el temor de sufrir un daño mayor y la imposibilidad de huir del lugar». A la pregunta de uno de los magistrados que formaban la Sala de la APN de si la denunciante hizo alguna manifestación, gesto o actuación frente a los acusados de la ausencia de consentimiento, aquélla contestó: «no, no hablé, no, no grité, no hice nada».

La APN condenó a los cinco acusados por un delito continuado de abuso sexual del art. 181.3 en relación con el art. 181.4 del Código Penal (CP) («cuando el consentimiento [para el «acceso carnal por vía vaginal, anal o bucal»] se obtenga prevaliéndose el responsable de una situación de superioridad manifiesta que coarte la libertad de la víctima») y no, como solicitaron todas las acusaciones, por un delito continuado de violación del art. 179 en relación con el art. 178 CP («Cuando la agresión sexual [«utilizando violencia o intimidación»] consista en acceso carnal por vía vaginal, anal o bucal, o introducción de miembros corporales u objetos por alguna de las dos primeras vías, el responsable será castigado como reo de violación»).

En un artículo publicado el 28 de mayo de 2018 en el diario *El Mundo* mantuve que los terribles hechos padecidos por la denunciante tendrían que haber sido calificados de violaciones y no, como equivocadamente había hecho la APN, de abusos sexuales, sustentando mi opinión en los siguientes argumentos: «si, tal como se afirma en la sentencia, no es cierto que la denunciante se pusiera de acuerdo con los acusados para practicar sexo en grupo, su «estado de shock», su «sensación de angustia, agobio, desasosiego y estupor», y su «ausencia y embotamiento de sus facultades superiores», sólo pueden encontrar una explicación plausible en que se sintió amenazada de que los cinco autores acudieran, si no accedía a sus deseos sexuales, a la violencia, de la que no podía escapar porque se encontraba en un habitáculo reducido que se había convertido en una ratonera. Y es que, cuando la sentencia afirma que los autores ejecutaron sus actos «valiéndose de su superioridad física y numérica y de la imposibilidad de la denunciante de ejercer resistencia ante el temor de sufrir un daño mayor y la imposibilidad de huir del lugar», lo que se está describiendo son todos los elementos que constituyen una violación intimidatoria. Porque «valerse de su superioridad física y numérica» sólo puede entenderse en el sentido de que, si se valen, es porque están amenazando, aunque sea implícitamente, con ejercer esa superioridad física y numérica, y porque, para la denunciante, esa «imposibilidad de ejercer resistencia y huir del lugar», accediendo a consentir las acciones sexuales de los acusados, «ante el temor de sufrir un daño mayor», ese daño mayor sólo puede entenderse, igualmente, en el sentido de padecer daños físicos si no se aquietaba.

Recurrida en apelación la SAPN ante el Tribunal Superior de Justicia de Navarra (TSJN), éste, por sentencia de 30-11-2018, confirmó, por mayoría, la condena de los acusados por un delito continuado de abusos sexuales, si bien, de los cinco magistrados que componían la sala del TSJN, dos emitieron un voto particular, al entender que se debería haber estimado el recurso de las acusaciones, en el sentido de que los Hechos Probados por la APN eran constitutivos de un delito continuado de violación.

Finalmente, por STS de 4-7-2019, *por unanimidad* de las dos magistradas y de los tres magistrados que integraban el tribunal, se estimó el recurso de casación interpuesto por las acusaciones contra la STSJN, condenando el TS a todos los miembros de *La Manada* por un delito continuado de violación del art. 179 en relación con el 178 CP.

Pero entre la primera sentencia de la APN (condenatoria por abusos sexuales) y la última del TS (condena firme por violación) había transcurrido más de un año en el que se desencadenó un movimiento de protesta —apoyado por muchas y nutridas manifestaciones— liderado por movimientos feministas y por la mayoría de los partidos políticos, exigiéndose una modificación del CP, ya que se entendía que la condena por «sólo» abusos sexuales de la APN no encontraba su explicación en que los magistrados hubieran interpretado mal ese CP (*errare humanum est*), sino en que dicho texto legal tenía una orientación «heteropatriarcal» que exigía su inmediata modificación.

En un principio, el eslogan más repetido por ese movimiento de reforma era el de: «no es no»; pero como, según la propia víctima de la violación, ésta nunca dijo, en ningún momento de los dramáticos acontecimientos de aquella madrugada en Pamplona —y debido a su estado de shock—: «no es no», pronto ese eslogan se transformó en el de: «sólo sí es sí». De esta manera, si, formulado en términos jurídicos, ese requisito del «sólo sí es sí», se introducía en el CP, en el *caso La Manada* los jueces de la APN tendrían que haber condenado imperativamente por una violación, ya que la denunciante nunca expresó que estaba de acuerdo con los actos sexuales a los que fue sometida.

Con estos antecedentes, y con la vista puesta en el *caso La Manada*, a propuesta del Ministerio de Igualdad, el Consejo de Ministros, en su reunión del pasado 3 de marzo, aprobó el Anteproyecto de Ley Orgánica de Garantía Integral de la Libertad Sexual, cuya Disposición Adicional Primera, por la que se modifica el CP en materia de delitos sexuales, se inicia con la siguiente definición de lo que es un delito de agresión sexual: según el nuevo art. 178.1 CP: «Será castigado con la pena de prisión de uno a cuatro años, como reo de agresión sexual, el que realice cualquier acto que atente contra la libertad sexual de otra persona sin su consentimiento. Se entenderá que no existe consentimiento cuando la víctima no haya manifestado libremente por actos exteriores, concluyentes e inequívocos conforme a las circunstancias concurrentes, su voluntad expresa de participar en el acto».

El párrafo 2 del mismo anteproyectado art. 170, y sin propósito exhaustivo, pone como ejemplos de agresión sexual «en todo caso,... los actos de contenido sexual que se realicen empleando violencia, intimidación o abuso de una situación de superioridad o vulnerabilidad de la víctima».

Contra esta anteproyectada nueva regulación de las agresiones sexuales, que, entre otras novedades, equipara nominalmente, y con idéntica penalidad, violencia o intimidación con abuso por prevalimiento (en el futuro quedarán unificados ambos como agresiones sexuales), hay varias objeciones que oponer.

Para empezar, la de que es injusta, porque—a pesar de la *diferencia material* que existe entre ellos— trata de igual manera supuestos de hecho desiguales, ya que no es equiparable que el autor consiga tener acceso carnal con una mujer en un descampado, después de agredirle físicamente, o bajo la amenaza de que, si se niega, la estrangulará —un caso inequívoco de agresión sexual (violación) violenta, en el primer caso según el CP vigente, y de violación intimidatoria, en el segundo—, que el comportamiento que lleva a cabo el idolatrado y admirado profesor de 49 años, quien, prevaleciéndose de la autoridad que ejerce sobre su abducida alumna de 18, la accede carnalmente (supuesto indiscutible de abuso sexual, según el todavía vigente art. 181.3 CP). Esta diferencia de penalidad —que, por lo demás, los delitos contra la libertad sexual comparten con muchos otros, según el Derecho vigente— entre el hecho cometido sin violencia ni intimidación, por una parte, o con ellas, por otra, es completamente plausible: en primer lugar, porque en este último caso, además de la lesión del bien jurídico protegido en concreto, *se produce la ulterior vulneración de otro interés jurídico*, a saber: la lesión efectiva de la integridad física de la víctima, o la amenaza dirigida contra ella de causarle un mal grave; y, en segundo lugar, porque, cuando se acude a la violencia o a la intimidación, el autor está poniendo de manifiesto una *brutalidad* que no concurre en la comisión de los tipos penales básicos de los esa violencia o esa intimidación están ausentes.

Por lo demás, no se alcanza a comprender qué diferencia determinante concurre en los delitos contra la libertad sexual, frente a otros del CP en los que, como acabo de indicar, la mayor o menor gravedad de la pena se hace depender también, y precisamente, de si concurre, o no, la violencia o la intimidación. Y es que, hasta ahora, a nadie le había parecido injusto, ni, en consecuencia, se le había ocurrido proponer una reforma del CP en el sentido de que, tal como se pretende hacer ahora en el Anteproyecto con los delitos contra la libertad sexual, también en los restantes delitos del CP actual, donde la violencia o la intimidación operan como factores de agravación, esas dos circunstancias dejen de tener esa virtualidad de agravar la pena. Que es precisamente lo que sucede, según el Derecho vigente, en los delitos contra la propiedad, entre, por una parte, el hurto, la apropiación indebida y la estafa (arts. 234, 248 y 253 CP), y, por otra, la (castigada con una pena más severa) lesión de la propiedad con violencia o intimidación (art. 242 CP: robo con violencia o intimidación), y, en los delitos contra los derechos laborales, entre aquellos que se ejecutan sin violencia ni intimidación y aquellos otros —más graves— en los que se acude a éstas para perjudicar a los trabajadores (art. 311.1º, 2º y 3º, por una parte, y 311.4.º, por otra); esta distinción entre la comisión del tipo sin violencia o intimidación y los más graves que se ejecutan con ellas, se repite, por acudir a dos ejemplos más, en el allanamiento de morada (art. 202.1 y 2) y en el delito de usurpación (art. 245.1 y 2 CP.

Y es que, si se quiere suprimir la diferencia entre acceso carnal con violencia o intimidación, o sin ellas, entonces este criterio valorativo de equiparación habría que aplicarlo también, consecuentemente, a los restantes delitos del CP que se han servido precisamente de esos dos elementos de la violencia y de la intimidación para establecer penas más o menos graves según que concurran o no en la ejecución del delito; de acuerdo con este criterio valorativo del Anteproyecto, en el futuro debería reprimirse con la misma pena a quien se apropia de la bicicleta que le ha prestado su propietario, vendiéndola a continuación a un tercero y quedándose con el precio recibido del comprador (apropiación indebida, según el Derecho vigente) y a quien se apropia también de esa bicicleta, después de propinarle el ladrón al propietario, con el bate de béisbol que porta, unos cuantos golpes en la cabeza, o venciendo la resistencia de éste, intimidándole con hacer uso de su bate que enarbola amenazadoramente (robo con violencia o, en su caso, intimidación, de acuerdo con el CP actual). Y, consecuentemente también, y según este criterio valorativo que aplica el Anteproyecto a los delitos contra la libertad sexual, habría que expurgar el CP vigente, para encontrar todos los delitos en los que, frente al elemento común del tipo básico, concurre además la violencia o intimidación, a fin de suprimir ese supuestamente estúpido criterio como factor de agravación.

La realmente existente dificultad de distinguir, en los *supuestos de hecho límite*, entre una violación intimidatoria y un abuso sexual con prevalimiento, no representa una excepcionalidad de los delitos contra la libertad sexual, sino que esa dificultad constituye, por el contrario, porque pertenece a la naturaleza de las cosas, un problema con el que el intérprete tiene que enfrentarse a menudo; en la metodología alemana del Derecho a esa dificultad se la denomina: *Der Schmerz der Grenze* —«el dolor del límite (o de la frontera)»—.

Cuando los supuestos de hecho que se presentan en la realidad son subsumibles en el «núcleo del concepto», no existen esas dificultades de delimitación, que es lo que sucede, por ejemplo, en los inequívocos casos anteriormente expuestos de quien penetra vaginalmente a la mujer, amenazándole con estrangularla si no accede a los deseos del autor (violación intimidatoria, por encima de cualquier duda posible), y el de aquel idolatrado profesor de 49 años que, abusando de su autoridad, tiene acceso carnal con la alumna deslumbrada por el docente 31 años mayor (inequívoco abuso sexual prevaliéndose de una situación de superioridad). Pero, naturalmente, a medida que nos alejamos de los «núcleos conceptuales» de la violación intimidatoria y del abuso sexual, aprovechándose de una situación de superioridad, los contornos se van haciendo cada vez más difusos.

Pero es que exactamente lo mismo —la dificultad de establecer una línea divisoria en los *supuestos fronterizos*— es lo que sucede, por ejemplo, entre actos preparatorios (impunes, a no ser que, excepcionalmente, sean castigados, y entonces con una pena inferior a la de la tentativa) y actos ejecutivos (siempre punibles como tentativa de delito), entre dolo eventual (siempre punible) e imprudencia (castigada sólo cuando expresamente lo determine el CP, y, en ese caso, con una pena inferior a la del delito doloso), o en la etapa final del embarazo, durante el largo proceso del parto —y porque es un *continuum*, desde las primeras contracciones de la madre hasta el total desprendimiento del niño del claustro materno—, entre aborto (¿hasta cuándo el objeto material del delito es todavía un feto?)

y asesinato (¿en qué momento el feto deviene persona y ocasionar su muerte debe ser calificada como tal asesinato?). Si el legislador, en estos tres ejemplos, entre los innumerables, hubiera seguido el criterio que ha adoptado el Anteproyecto en los delitos contra la libertad sexual, en los que, ante las dificultades que plantean los *casos límite* entre violación violenta e intimidatoria, por una parte, y, por otra, abuso sexual con aprovechamiento de superioridad —a saber: la de equipararles—, entonces, coherentemente, y tirando por la calle de en medio, en los otros casos que, como ejemplos, acabo de exponer, la «luminosa» solución legislativa que habría que seguir para liberarse, por fin, de esos tan molestos problemas de delimitación, sería: todo dolo, todo tentativa, todo asesinato, y fuera del CP esos perturbadores actos preparatorios, esa fastidiosa imprudencia y ese aborto que no trae más que quebraderos de cabeza.

Por consiguiente y resumiendo: Prescindiendo de la multitud de otros muchos y diversos ataques a la libertad sexual que se han producido, se producen y se producirán en la vida real, y cuyas calificación como violación o abuso sexual no presenta dificultad alguna, fijándose únicamente en el *caso La Manada,* y en las erróneas sentencias de los tribunales regionales navarros, desautorizadas finalmente por el TS, lo que el Anteproyecto hace es equiparar el ataque más brutal imaginable contra la libertad sexual (la violación) con otros también muy graves (los abusos sexuales), pero que no alcanzan a aquélla en su intensidad, porque no se producen empleando fuerza física o psíquica de amenaza con un mal grave. Esta anteproyectada regulación no sólo es equivocada e injusta porque trata penológicamente igual supuestos de hecho desiguales, sino porque está en contradicción con el elemental criterio valorativo—que se entiende por sí mismo— del resto del CP que acude continuamente a la violencia y a la intimidación, en función de si concurren o no, para castigar con una pena mayor o menor la lesión de otros bienes juridicopenalmente protegidos distintos del de la libertad sexual.

El marido, muchos domingos, cuando su esposa se ha despertado en el lecho conyugal, la penetra vaginalmente, adoptando la mujer una actitud meramente pasiva de «dejar hacer». Según el art. 178.1 del Anteproyecto esa relación sexual constituye una violación, ya que la mujer no ha manifestado *por actos exteriores, concluyentes e inequívocos su voluntad expresa* de participar en el acto. Como además se trata de la «esposa» del autor, la pena prevista para esa relación sexual dominical sería, según el art. 180.1.4.ª del Anteproyecto, la de prisión de siete a doce años.

Si los hechos descritos llegaran a juicio—y, a partir del CP 1995, la violación se ha convertido en un delito público, de manera que, aun en contra de la voluntad de la persona supuestamente agraviada, basta la querella del Ministerio Fiscal para proceder contra el presunto autor—, de nada serviría, para que el marido resultara absuelto, que la esposa jurara y requetejurara que en todo momento estuvo de acuerdo con mantener esa relación sexual con su esposo, ya que su consentimiento habría sido tácito, si bien no se exteriorizó—tal como exige el Anteproyecto para que no concurra una violación— por actos concluyentes ni exteriores ni, mucho menos aún, manifestando su «voluntad expresa» de participación. Ante una situación así, en el futuro el tribunal sólo tendría dos salidas: o bien condenar a ese marido por violación a una pena de prisión de entre siete y 12 años, o bien prescindir de lo que dispone ese Anteproyecto, para llegar a la elemental—pero descaradamente *contra legem*— conclusión de que no puede existir un delito contra la libertad sexual—en este caso: una violación— cuando la mujer consiente—*sea expresa sea tácitamente*— en la relación.

El art. 178.1 del Anteproyecto se ha redactado desconociendo la más elemental regla de técnica legislativa de que en los tipos penales, para llegar a un concepto legal, primero hay que buscar *lo que es común* en la multitud de casos a los que se quiere abarcar como constitutivos del delito en cuestión, para después, mediante un proceso de *abstracción*, establecer una definición genérica en la que sea posible subsumir todos aquellos casos en su múltiple variedad. De esta manera, y por ejemplo, la magnífica definición abstracta de la estafa del art. 248.1 del vigente CP («Cometen estafa los que, como ánimo de lucro, utilizaren engaño bastante para producir error en otro, induciéndolo a realizar un acto de disposición en perjuicio propio o ajeno») abarca, por una parte, todos los supuestos imaginables de este delito que pueden presentarse en la realidad—desde el timo del tocomocho hasta la más refinada y multimillonaria estafa piramidal—, al tiempo que deja fuera del Derecho penal otros perjuicios patrimoniales que puedan irrogársele a otra persona, pero que no sobrepasan la esfera del mero ilícito civil.

Frente a este proceso de, primero, analizar la multitud de casos que, como constitutivos de delito, se quieren abarcar en un tipo penal, para, después, y teniendo en cuenta todos los elementos comunes que comparten, llegar, finalmente, a la definición abstracta del correspondiente delito, el prelegislador del Anteproyecto lo ha puesto todo del revés: ha arrancado de un caso concreto: el de *La Manada*, y para que no se repitan sentencias como las de los tribunales navarros, que no condenaron por violación, exige, en todo caso, para que no concurra una agresión sexual, que la víctima consienta «expresamente» en el acto sexual; con ello, y al obviar todos los demás y numerosos supuestos de violación y de abusos por prevalimiento que pueden presentarse en la vida real, ha establecido una definición legal de «agresión sexual» que prescinde de cualquier clase de abstracción, hasta el punto de considerar violación, disparatadamente, también la relación sexual en la que la mujer, *libremente, consiente tácitamente* en esa relación. Pero es que, para acabar de arreglarlo, el Anteproyecto ni siquiera ha interpretado correctamente los elementos fácticos relevantes—centrándolo todo en el consentimiento expreso— del *caso La Manada*. En este caso habría existido también violación, aunque la víctima—sometida a la brutal coacción de la que estaba siendo objeto— hubiera manifestado su consentimiento expreso de tolerar los accesos carnales a los que la sometían, *porque ese consentimiento no habría sido libre—y, por consiguiente tampoco eficaz—*, sino un producto más de la misma intimidación con la que le obligaron a soportar las agresiones sexuales. Ante la intimidación a la que la sometían los cinco integrantes del grupo, *con o sin consentimiento expreso*, en el caso *La Manada* estaríamos *siempre* ante una violación, porque, como manifiesta el TS en su sentencia de 4-7-2019, «intimidar no es otra cosa que causar o infundir miedo, miedo o pánico que, en casos como el analizado [*La Manada*], se infunde con la sola presencia de cinco individuos de fuerte complexión rodeando a una víctima en un habitáculo cerrado y sin posibilidad alguna de escapar», ya que la intimidación en la violación consiste en «el uso de un clima de temor o de terror que anula su capacidad [de la víctima] de resistencia».

Sin argumentación alguna que sustente esa afirmación, Pablo Iglesias ha descalificado como «machista frustrado» a todo aquel que, «con excusas técnicas», formule objeciones contra este Anteproyecto. Contra esta pretendida «tabuización» del Anteproyecto hay que decir que ni éste, ni ningún otro texto prelegislativo o legislativo están sustraídos a la crítica. Y que esa crítica—tal como la que se ha expuesto en este Prólogo—, en un mundo donde impere la racionalidad, no puede ser combatida con exabruptos, sino sólo con argumentos que eventualmente puedan convencer de que uno está equivocado.

Madrid, julio de 2020

ENRIQUE GIMBERNAT ORDEIG

PRÓLOGO A LA VIGÉSIMA SEXTA EDICIÓN

I

Desde la última edición de esta obra, el Código Penal ha sufrido dos modificaciones.

II

1. Por una parte, en virtud de la Ley Orgánica 2/2019, de 1 de marzo, de modificación de la Ley Orgánica 10/1995, de 23 de noviembre, del Código Penal, en materia de imprudencia en la conducción de vehículos a motor o ciclomotor y sanción del abandono del lugar del accidente[1].

2. A pesar del nombre de la citada Ley, sus innovaciones no afectan sólo a la imprudencia en la circulación vial, *sino a la imprudencia en general*, tal como se deduce de las remisiones del artículo 142 bis al 142 y del artículo 152 bis al 152.

3. *a*) A las 7.30 de la mañana del 21 de octubre de 2013, en la autovía de Toledo, fue atropellado y muerto en el acto, por la imprudencia del conductor de un camión, el ciclista Óscar Bautista García[2].

Iniciadas las investigaciones judiciales por el Juzgado de Instrucción número 6 de Navalcarnero (Madrid), las diligencias contra el conductor del camión fueron finalmente archivadas. Y ello por dos motivos.

En primer lugar, porque la imprudencia del camionero fue considerada *leve*, lo que, al tiempo de los hechos, integraba, ciertamente, un homicidio imprudente leve del artículo 621.2 del antiguo

[1] Para quien quiera adentrarse en profundidad en todos los aspectos de la LO 2/2019, le remito al soberbio y documentadísimo trabajo de Abraham CASTRO sobre dicha Ley en: *La Ley Penal*, n.º 138, mayo-junio 2019.

[2] El relato que sigue a continuación se ha elaborado a partir de las informaciones publicadas en los digitales *AS* (29-3-2016), *Cadena Ser* (12-9-2017), *El País* (20-9-2017), *ABC* (12-2-2018) y *Crónica Global* (20-2-2019).

Libro III («Faltas y sus penas») CP; pero como, en virtud de la LO 1/2015, de 30 de marzo, se derogó en su totalidad el Libro III (también, por consiguiente, el antiguo art. 621.2), ese homicidio por imprudencia leve quedó despenalizado, por lo que, en aplicación retroactiva de la ley más favorable para el reo, el archivo de las diligencias por el homicidio imprudente leve era imperativo.

Y el archivo se decretó, en segundo lugar, porque al camionero imprudente, a pesar de que abandonó el lugar del accidente, siendo identificado y detenido horas más tarde por la Guardia Civil de Tráfico, tampoco se le podía —ni se le puede— aplicar el delito de omisión del deber de socorro del artículo 195 CP. Este artículo 195 castiga, en su número 1, a: «El que no socorriere a una persona que se halle desamparada y en peligro manifiesto y grave», estableciéndose, en su número 3, un subtipo agravado para el supuesto de que haya sido el posterior omitente del deber de socorro quien, fortuita o imprudentemente, ha causado previamente el accidente del que resultó la víctima que se encuentra en peligro manifiesto y grave. La viuda de Óscar Bautista, Anna González, criticó el archivo de la causa asimismo por un delito de omisión del deber de socorro, achacando ese archivo, también por este último delito, a «una benigna interpretación del art. 195» por parte del instructor. Pero sin razón; porque, como el ciclista atropellado había fallecido en el acto, es obvio que no se estaba en presencia del presupuesto situacional típico del artículo 195: un muerto, precisamente porque está muerto, ha dejado de estar «desamparad[o] y en peligro manifiesto y grave». Esta opinión: la de que no concurre una omisión del deber de socorro cuando la víctima ha fallecido instantáneamente, es la única compatible con el principio de legalidad (art. 25.1 CE y art. 1.º CP) que prohíbe en la interpretación de las leyes penales la *analogia in malam partem* (es decir: una interpretación que no quepa dentro del sentido literal posible de las palabras) y es asimismo la que defiende la unánime jurisprudencia española. Ciertamente también que esa misma jurisprudencia unánime castiga por una tentativa (inidónea) del artículo 195 cuando el conductor que ha atropellado a otra persona huye del lugar del accidente *creyendo que la víctima todavía vive* (es decir: que se halla en peligro manifiesto y grave), siendo así que, en realidad, ha fallecido en el acto. Si en este caso del ciclista atropellado y fallecido en el acto no obstante no se prosiguieron tampoco las diligencias por esa presunta tentativa (inidónea) de una omisión del deber de socorro, ello tuvo que obedecer, bien a que el Juzgado partió de la base de que el camionero fue consciente del fallecimiento instantáneo del atropellado, bien a que el Juzgado dio credibilidad a la declaración del conductor del camión, quien «negó haberse dado cuenta de que había arrollado a un ciclista».

b) A raíz del archivo de las diligencias, la viuda del ciclista inició una campaña para que, mediante una reforma del Código Penal, en el futuro no quedaran impunes accidentes como el ocurrido a su marido. Esta campaña tuvo una importante repercusión en los medios de comunicación y en las redes sociales, especialmente a partir de una iniciativa, bajo el nombre: «No más muertes impunes en la carretera#PorUnaLeyJusta», de la plataforma Change.org que consiguió reunir cientos de miles de firmas. Una de las razones de esa iniciativa era la de que, al no haberse apreciado en el caso del ciclista atropellado y fallecido en el acto infracción penal alguna, tampoco pudo reclamarse por la vía penal —sólo quedaba la posibilidad de la vía civil— una responsabilidad civil derivada de un inexistente delito, con lo que se creó «un grave problema económico para su viuda [del ciclista] y sus dos hijos (tienen nueve y tres años). Dejó de recibir los 2.800 euros mensuales que cobraba su marido y tuvo que entregar la vivienda en la que residían como dación en pago. Regresó [Anna González] a Lleida y se puso a trabajar en un hotel para poder mantener a la familia».

La campaña que pedía un reforma del Código Penal para que, en el futuro, muertes como la causada a Óscar Bautista no quedaran impunes, y para que, por consiguiente, tampoco los perjudicados tuvieran que sufrir las penurias económicas padecidas por la viuda, Anna González, tuvo un gran impacto en la clase política, hasta el punto de que una proposición de Ley presentada por el Grupo Popular, para hacer imposible que en el futuro pudieran repetirse tales situaciones, *fue respaldada por todos los Grupos del Congreso*: «No descansaré, honraré tu memoria y haré que nuestros hijos estén orgullosos porque no me rendiré», proclamó Anna González, a quien algunos medios de comunicación pasaron a denominarla como la «viuda coraje».

Cuando, por fin, se aprobó la reforma del CP, en virtud de la LO 2/2019, la diputada de Ciudadanos Irene Rivera consideró «esta Ley como un "éxito social", ya que se trata de "una petición de la propia sociedad civil"», mientras que Anna González se mostró «muy satisfecha» de que se dé luz verde a este cambio en el Código Penal. Por su parte, en la propia Exposición de Motivos de la LO 2/2019, en evidente referencia al caso del ciclista atropellado y muerto en el acto, *que era el que se encontraba en el origen de esta reforma del CP*, se expresa que «[l]a presente Ley Orgánica responde a una importante demanda social ante el incremento de accidentes en los que resultan afectados peatones y ciclistas por la imprudencia en la conducción de vehículos a motor o ciclomotor».

c) Pero si de que lo que trataba era de impedir que en el futuro pudieran repetirse supuestos, como en el caso de Óscar Bautista, en los que al autor imprudente leve de una muerte no se le pudieran exigir ni responsabilidades penales, ni civiles derivadas de delito, entonces no se entiende por qué la diputada Irene Rivera calificó esa reforma del CP de un «éxito social», que respondía a «una petición de la propia sociedad civil», ni por qué la Exposición de Motivos de la LO 2/2019 afirma que la reforma que se introduce con ella responde a «una importante demanda social» para dar un nuevo tratamiento penal a los «accidentes en los que resultan afectados peatones y ciclistas».

Es del todo comprensible que Anna González, lega en Derecho, y que se mostró «muy satisfecha» con la reforma que ella misma había impulsado «en materia de imprudencia en la conducción de vehículos de motor», pudiera creerse que el problema penal —y civil— de las muertes producidas por imprudencia leve —como la que se le causó a su marido— había quedado solucionado con la LO 2/2019. Pero que no sólo diputados como Irene Rivera, sino la misma Exposición de Motivos de dicha Ley afirmen —o sugieran— que nunca volverán a repetirse injusticias penales y civiles como las padecidas por Óscar Bautista y sus familiares es algo que sólo puede encontrar una explicación en la ignorancia o —lo que me parece más probable— en el cinismo de nuestros legisladores. Porque la única manera de que, en el futuro, pudiera hacerse responsable penal —con las consecuencias civiles a ello inherentes— a un conductor que atropella y mata por imprudencia leve habría sido la de restablecer como infracción penal ese homicidio por imprudencia leve, algo que el legislador ha podido —pero no ha querido— hacer.

d) Como he denunciado en el «Prólogo a la vigésima cuarta edición» de esta obra, cuyo texto se sigue manteniendo en la presente, la supresión del Libro III («Faltas y sus penas») obedeció al propósito del Gobierno Popular —ante la proliferación de las manifestaciones en los alrededores del Congreso de los Diputados y de los escraches ante los lugares de trabajo y de los domicilios de políticos conservadores— de arrebatar el enjuiciamiento de tales manifestaciones al Poder Judicial, que, en algunos juicios de faltas, había determinado que tales concentraciones humanas no eran sino un ejercicio legítimo de los derechos de libertad de reunión, de expresión y de manifestación y no, como en ocasiones había acusado el Ministerio Fiscal, y entre otras, de las actualmente derogadas faltas de los artículos 626 (deslucimiento de bienes muebles o inmuebles de dominio público o privado), 633 (desórdenes públicos) o 634 (faltas de respeto y desobediencia a la autoridad) CP.

Es por ello, por lo que el enjuiciamiento de tales hechos pasó de ser competencia del *imparcial* Poder Judicial al *contaminado* Poder Ejecutivo (Ministro del Interior, Secretario de Estado de Seguridad, Delegados del Gobierno), que ahora aterroriza —con ruinosas multas de hasta 600.000 euros— a aquellos que quieren ejercer dentro del marco constitucional sus derechos de expresión, reunión y manifestación. Y todo ello en virtud de la LO 4/2015, de Protección de la Seguridad Ciudadana (LOPSC), denominada con precisión y popularmente «Ley Mordaza» —complemento indispensable de la derogación del Libro III— en donde se tipifican ahora todos aquellos comportamientos que antes constituían faltas contra el orden público del Libro III.

e) La coartada —porque es una coartada para encubrir los *verdaderos motivos* por los que se estableció ese trasvase del enjuiciamiento de manifestaciones de carácter político del imparcial y garantista Derecho penal al mucho más incontrolable Derecho administrativo sancionador— a la que acude la Exposición de Motivos de la LO 1/2015, para legitimar la supresión de raíz del Libro III —que, desde el CP 1848 siempre había figurado en este texto legal—, es la de que todo ello se lleva a cabo de acuerdo con los principios de «*ultima ratio*» y de «intervención mínima» del Derecho penal —principios que sirven tanto para un roto como para un descosido, y a los que acude frecuentemente el legislador español para fundamentar cualquier clase de injustificable reforma del Código Penal—. Pero la derogación del Libro III CP obedeció a otros motivos: ante los reveses judiciales que estaba sufriendo el Gobierno Popular por las absoluciones —por estimarse que estaban cubiertas por las libertades constitucionales de expresión, reunión y manifestación— en supuestos de manifestaciones y escraches dirigidos contra políticos populares, se tomó la decisión de sustraer las «faltas contra el orden público» a la competencia judicial para encomendársela a la Administración sancionadora (en virtud de la LOPSC, promulgada simultáneamente con la LO

1/2015); pero como suprimir *sólo* dichas faltas habría evidenciado la verdadera —e inconfesable— finalidad de la LO 1/2015, y para ocultarla y desviar la atención, se suprimió todo el Libro III.

Como ya denuncié —tampoco hacía falta ser un profeta— en el mencionado «Prólogo a la vigésima cuarta edición» de esta obra, que se sigue reproduciendo en la presente, una de las consecuencias de la supresión del Libro III iba a ser el desamparo económico —del que se queja, con razón, Anna González— en el que iban a quedar las víctimas y los familiares perjudicados por la muertes y lesiones de aquéllas causadas por imprudencia leve; y todo ello independientemente de cuál fuera el marco (circulación viaria, intervenciones quirúrgicas o construcción de edificios, por ejemplo) en el que se produjeran esas muertes o lesiones. Ya que, al dejar de ser constitutivos de falta tales comportamientos, la responsabilidad civil por los daños causados ya no se puede exigir en un procedimiento penal, completamente gratuito para los perjudicados, que ni siquiera tienen que designar un letrado, porque la acusación puede correr a cargo exclusivamente del Ministerio Fiscal: a partir de la derogación del Libro III CP, como ha tenido que experimentar Anna González en sus propias carnes, para poder obtener la indemnización por tales hechos los perjudicados tienen que acudir a la vía civil, una justicia rogada en la que ya no aparece en primer plano la determinación de la verdad material, en la que no interviene el Ministerio Fiscal, de una duración en el tiempo muy superior a la que requerían los antiguos juicios de faltas, y en la que los demandantes tienen que asumir numerosos gastos, entre ellos los que trae consigo la imprescindible designación de abogado y procurador o el abono de los peritajes necesarios para acreditar la imprudencia del antes acusado y ahora simplemente demandado.

f) La LO 1/2015, que derogó *in toto* el Libro III CP, y la LO 4/2015, que somete las antiguas faltas contra el orden público a la Administración sancionadora, son paralelas y complementarias: ambas se publican en el mismo número del *BOE* (n.º 77, de 14 de marzo de 2015) y ambas entran en vigor el mismo día (el 1 de julio de 2015).

Si se hubiera querido, en serio, evitar que en el futuro se repitieran casos como el del ciclista atropellado y muerto en el acto, la solución era muy sencilla: restablecer el Libro III CP, incluyendo en él, nuevamente, el homicidio causado por imprudencia leve con lo que, a partir de entonces, autores como el que mató a Óscar Bautista tendrían que responder penalmente por una falta, fijándose también en la sentencia, como responsabilidad civil derivada de delito, la indemnización económica que deberían percibir los familiares del ciclista muerto.

Pero para los políticos-legisladores esto eran ya palabras mayores, porque, una vez revivido el antiguo Libro III CP con su inclusión en él del homicidio y de las lesiones causadas por imprudencia leve, ya no se dispondría de argumentos para no hacer regresar a ese Libro III también las antiguas faltas contra el orden público, con lo que dejaría de tener vigencia la crítica fundamental que la oposición política al PP ha formulado contra la LOPSC —precisamente por ello se la designa como la «Ley Mordaza»—, a saber: que ha supuesto un grave ataque a las libertades de expresión y de manifestación al haber extraído del CP dichas faltas, sustrayéndolas a la competencia del Poder Judicial y sometiéndolas a la de la —juez y parte— Administración sancionadora, con su facultad de imponer elevadísimas multas.

Tanto la LO 1/2015 como la LOPSC se aprobaron, en contra de la oposición, cuando el Partido Popular disponía de mayoría absoluta en el Congreso, comprometiéndose esa oposición a que derogaría la LOPSC —fundamentalmente en lo que suponía de limitación de libertades constitucionales— cuando llegara al Poder. Pero ha pasado ya más de un año desde la moción de censura que llevó a Pedro Sánchez a la presidencia del Gobierno y la «Ley Mordaza» sigue en vigor. Y es que, como sucede frecuentemente, cuando un partido llega al Poder, se olvida, por distintas razones, de las críticas que, cuando era oposición, formuló contra algunas leyes gubernamentales, a las que sigue manteniendo vigentes: si la «Ley Mordaza» protege fundamentalmente contra posibles y desagradables alborotos que se producen preferentemente contra los políticos que están en el ejercicio del Poder —y éstos son actualmente de izquierdas— ¿para qué van a cambiar esa ley, si ahora, gracias al «trabajo sucio» del Partido Popular, a quienes ampara es predominante y precisamente a esos políticos de izquierdas?[3]

[3] En relación con esa tendencia por parte del partido —ya sea de izquierdas o de derechas— que, después de pasar un tiempo alejado del Poder, logra alcanzar éste, y mantiene entonces, íntegramente, normas que había combatido ferozmente cuando estaba en la oposición, cfr. GIMBERNAT, Prólogo al Libro de OLLÉ, *Crimen internacional y jurisdicción penal nacional: de la justicia universal a la jurisdicción penal interestatal*, 2019, pp. 23-24: «Los que hemos vivido como adultos los últimos 40 años de democracia española sabemos que uno de los rasgos comunes que caracterizan a los dos partidos que hasta ahora han gobernado en España es el de que, mientras se encuentran en la oposición,

g) Resumiendo. A pesar de lo que sugiere la Exposición de Motivos de la LO 2/2019, el desamparo penal y económico de los perjudicados por los homicidios por imprudencia leve —tal como sucedió en el caso del ciclista atropellado y muerto en el acto— seguirá persistiendo mientras tales homicidios no vuelvan a incluirse en un resucitado Libro III CP. Pero esta resurrección privaría de argumentos para no incluir, también en ese Libro III, las antiguas faltas contra el orden público, con cuya inclusión también se conseguiría evitar la amenaza que para las libertades de expresión, reunión y manifestación ha supuesto el trasvase, en virtud de la «Ley Mordaza», de la competencia para entender de esas faltas de los tribunales de justicia a la Administración sancionadora, trasvase tan criticado en su día, con toda razón, por la entonces oposición parlamentaria al Grupo Popular. Como con la conversión de esos comportamientos de faltas en infracciones administrativas, es ahora a la parcial y contaminada Administración —y no al Poder Judicial— a la que corresponde decidir si tales manifestaciones han rebasado los límites constitucio-

---

se rasgan las vestiduras ante determinadas reformas legislativas del partido que en esos momentos está en el Gobierno, acudiendo incluso a impugnarlas ante el TC, pero que después, cuando se produce la alternancia en el Poder, y pueden modificar esas reformas, se abstienen de hacerlo y asumen el "trabajo sucio" que les había hecho su adversario político mientras gobernaba. Y así, por ejemplo, la reforma del sistema de elección de los vocales del CGPJ llevada a cabo por el PSOE en 1985, privando a la magistratura de la elección de 12 de sus miembros, pasando a ser seleccionados en su totalidad por los parlamentarios, después de las correspondientes componendas entre los partidos, fue objeto en su día de un recurso de inconstitucionalidad presentado por 55 diputados populares. Sin embargo, cuando el PP pasó a ser partido del Gobierno no sólo no se volvió al antiguo sistema de elección de 12 vocales por y entre los propios jueces y magistrados, sino que el sistema de elección implantado por el PSOE en la LOPJ de 1985 se ha visto superado en su sectarismo, y en el papel todavía más preponderante que ahora se atribuye al partido en el Gobierno, por la reforma de 2013 impulsada por el ministro Ruiz Gallardón. Si nos atenemos a las resoluciones dictadas por el TC, tan constitucional era la versión del antiguo art. 23.4 LOPJ, que admitía el principio de jurisdicción universal sin que estuviera restringido por ningún vínculo de conexión con España —así, la STC 237/2005, de 26 de septiembre ("caso Guatemala")— como la nueva redacción de ese precepto en virtud de la LO 1/2014 —así, la STC de 20 de diciembre de 2018—. Pero como el recurso de inconstitucionalidad contra la reforma del art. 23.4 LOPJ por la LO 1/2014 fue presentado por más de cincuenta parlamentarios del Grupo Parlamentario Socialista y, entre tanto, ha triunfado una moción de censura que ha vuelto a llevar al PSOE al Poder, tal vez alguien podría pensar que el partido ahora en el Gobierno se iba a apresurar a derogar esa última versión del art. 23.4 [promovida por el Gobierno del Partido Popular para, ante las protestas de la República Popular China, atender a las mismas, privando legalmente a la Audiencia Nacional de toda competencia para seguir entendiendo del "caso Tíbet"]. Mi pronóstico es, sin embargo, que una vez que el PP ha llevado a cabo ese "trabajo sucio", ese precepto no va a ser modificado. Al tiempo».

nales, y cómo ese trasvase de competencias a quien protege preferentemente —porque son los más expuestos a las críticas populares— es a los políticos en el Poder —sean de derechas o de izquierdas— me temo que la izquierda, en el Gobierno desde la triunfante moción de censura y la única con posibilidad de volver a formarlo vistos los resultados de las elecciones generales del 28-A, nunca va a encontrar la ocasión propicia para restablecer el Libro III CP.

4. *a*) Óscar Bautista falleció en el acto, dándose a la fuga el conductor que, por imprudencia leve, le había arrollado. Tal como he expuesto *supra* 3.*a*), tampoco por esta huida del lugar del accidente se le pudo exigir responsabilidad penal alguna al camionero, ya que un muerto muerto está, razón por la cual éste no se encuentra «desamparado» ni «en peligro manifiesto y grave», por lo que esa huída posterior al accidente no cumplía los requisitos típicos de la omisión del deber de socorro del artículo 195.1 y 3.

Con la vista puesta en el caso del ciclista atropellado y muerto en el acto, y con la misma supuesta intención de evitar en el futuro la falta de una respuesta legal satisfactoria para tales casos, la LO 2/2019 introduce un delito hasta ahora desconocido en nuestra legislación penal: el de «abandono del lugar del accidente» (art. 382 bis). Según la Exposición de Motivos concurre una subsidiariedad de este delito respecto del prevalente de la omisión del deber de socorro cometida por el mismo causante del accidente (art. 195.1 y 3). Es decir: que frente al artículo 195.1 y 3, que exige que concurra la circunstancia de que la víctima causada por el autor del accidente aún no haya muerto —y, por consiguiente, todavía se la puede ayudar a sobrevivir— o haya sufrido lesiones y éstas, por su entidad, han situado al lesionado en un peligro manifiesto y grave, en el nuevo artículo 382 bis, en cambio, el atropellado ya ha muerto («abandone el lugar de los hechos tras causar un accidente *en el que fallecieran una o varias personas*») o no se le han causado heridas que requieran una atención inmediata. Y es que, como señala la propia Exposición de Motivos de la Ley, frente al delito de omisión del deber de socorro del artículo 195.1 y 3, en el del abandono del lugar del accidente «no concurr[e]n los requisitos del peligro manifiesto y grave que exige la omisión del deber de socorro».

b) Sin embargo, la introducción en el CP de este nuevo delito de abandono del lugar del accidente plantea dos cuestiones que paso a analizar.

En primer lugar, sigue sin satisfacer la «importante demanda social», acogida presuntamente por la LO 2/2019, de dar respuesta a una de las carencias jurídicas que se había puesto de manifiesto en el caso del ciclista atropellado y muerto en el acto por una imprudencia leve, acompañada de la posterior fuga del autor del accidente, a saber: la imposibilidad de los familiares de obtener la correspondiente indemnización por la rápida vía penal de los juicios de faltas, quedando abocados a la costosa y mucho más lenta vía civil. Y es que, a pesar de la creación del nuevo delito del artículo 382 bis, quien en el futuro se encuentre en una situación igual a la de la viuda de Óscar Bautista tampoco podrá hacer valer sus acciones civiles en el proceso penal: el bien jurídico que protege el artículo 382 bis es «el interés en la conservación de las pruebas relevantes para el Derecho privado dirigidas a garantizar las reclamaciones civiles de los perjudicados»[4].

Pero como lo que dispone el artículo 109.1 CP es que «[l]a ejecución de un hecho descrito por la ley como delito obliga a reparar, en los términos previstos por las leyes, los daños y perjuicios por él causados», esos daños y perjuicios derivados de la comisión del nuevo artículo 382 bis se limitan únicamente a los posibles derivados de las dificultades para obtener pruebas para hacer valer eventuales reclamaciones civiles, pero no de la muerte de la víctima, pues, por definición, ésta ya ha fallecido cuando entra en juego el artículo 382 bis: el daño del fallecimiento del atropellado se ha causado, no por la infracción del artículo 382 bis, sino exclusivamente por un comportamiento imprudente leve previo que, al haber dejado de ser delito desde la LO 1/2015 —despenalización que también ha mantenido la LO 2/2019—, constituye un mero ilícito civil que, en consecuencia, sigue sin poder acogerse a las ventajas que, en relación con la indemnización por daños, ofrece el artículo 109.1 CP.

En segundo lugar, el artículo 382 bis castiga un *autoencubrimiento*[5] del autor de una conducta imprudente que puede ser de-

---

[4] Así, Beatriz ESCUDERO, en su artículo en: *La Ley Penal* n.º 139 (en prensa), oponiéndose, con razón, a la doctrina dominante, que estima que el bien jurídico tutelado por ese delito es la Administración de Justicia: el interés protegido por el delito de huída del lugar del accidente, en el caso de que se haya producido una muerte instantánea, sería, según esa doctrina dominante, el de que se esclarezcan todas las circunstancias —entre ellas, la de la identidad del autor— en las que se ha producido el atropello mortal (en este sentido, por ejemplo, CASTRO *supra* nota 1).

[5] Sobre la eventual inconstitucionalidad del art. 382 bis, por castigar supuestamente un autoencubrimiento, cfr., con detalle y con ulteriores referencias, el artículo de Beatriz ESCUDERO (en prensa) citado *supra* nota 4.

lictiva, cuando se trata de una imprudencia grave o menos grave, y también de una conducta que ni siquiera tiene carácter delictivo, que es lo que sucede cuando el accidente se ha causado por imprudencia leve o de manera fortuita. Pero es que, respondiendo al mismo principio consagrado en el artículo 24.2 CE («... todos tienen derecho a no declarar contra sí mismos, a no confesarse culpable...»), el CP, en relación a cualquier clase de delito, excluya la responsabilidad del *autoencubrimiento* cuando, quien «elud[e] la investigación de la autoridad o de sus agentes, o [se] sustrae a su busca y captura», ha sido «autor o cómplice del delito» (art. 451, párrafo primero, en relación con el art. 451.3.º CP). Que el CP considere *impune* la fuga del lugar de comisión del delito del autor de un asesinato, de un genocidio, de un delito de lesa humanidad o de terrorismo, y que castigue, en cambio, la fuga del lugar del accidente —y siempre y únicamente limitada a la causada por el conductor de un vehículo a motor o de un ciclomotor— de quien delictivamente (por imprudencia grave o menos grave) o no delictivamente (por imprudencia leve o fortuitamente) ha matado instantáneamente a otra persona, supone una escandalosa contradicción valorativa del legislador de la LO 2/2019, de la cual la Exposición de Motivos de dicha Ley no ha proporcionado ninguna explicación... porque no la tiene.

III

La segunda modificación que, desde la última edición del presente texto, ha experimentado el Código Penal, lo ha sido por la LO 1/2019, de 20 de febrero, por la que se modifica la Ley Orgánica 10/1995, de 23 de noviembre, del Código Penal, para transponer Directivas de la Unión Europea en los ámbitos financiero y de terrorismo, y abordar cuestiones de índole internacional. En virtud de dicha LO 1/2019 se ha efectuado la transposición a nuestra legislación penal de distintas Directivas europeas en materia de abusos de mercado, de lucha contra el terrorismo, así como contra el fraude que afecta a los intereses financieros de la Unión, y también en materia de protección penal del euro y de otras monedas frente a la falsificación. Asimismo se completa la regulación de los delitos de corrupción, y se modifica —de acuerdo con un Convenio de la Unión Europea— la tipificación del delito de tráfico de órganos.

IV

Naturalmente que en esta nueva edición hemos puesto al día las referencias legislativas que figuran en las notas a pie de página, notas en las que se destaca también cuál era el texto vigente hasta el 1 de julio de 2015 —fecha de la entrada en vigor de la reforma del Código Penal de 2015—, a fin de que el usuario pueda determinar qué texto —si el vigente o el ya derogado— es más favorable y, por consiguiente, el aplicable para el reo.

De la misma manera —y también para poder determinar si es más favorable el texto derogado o el ahora en vigor— se recogen en las correspondientes notas a pie de página los artículos del Código Penal sustituidos por las Leyes Orgánicas 1 y 2/2019.

Madrid, julio de 2019

ENRIQUE GIMBERNAT ORDEIG

PRÓLOGO A LA VIGÉSIMA CUARTA EDICIÓN

LA SUPRESIÓN DEL LIBRO III («DE LAS FALTAS Y SUS PENAS») DEL CÓDIGO PENAL Y LA LEY DE PROTECCIÓN DE LA SEGURIDAD CIUDADANA

Ni en el texto del Código Penal, ni en el de las Leyes que figuran en los Apéndices de esta obra se ha producido modificación alguna desde la anterior edición. En la presente edición nos hemos limitado, por ello, a poner al día las referencias legislativas que figuran en las notas a pie de página. En esas notas a pie de página se destaca también cuál era el texto vigente hasta el 1 de julio de 2015 —fecha de la entrada en vigor de la reforma del Código Penal de 2015—, a fin de que el usuario pueda determinar qué texto —si el vigente o el ya derogado— es más favorable y, por consiguiente, el aplicable para el reo.

Especialmente a partir del 15 de marzo de 2011 (del llamado 15-M), pero también con anterioridad, se producen en España numerosas manifestaciones motivadas, entre otras razones, por los recortes que se estaban produciendo en el Estado de Bienestar, algunas de ellas en los alrededores del Congreso de los Diputados, así como diversos escraches ante los lugares de trabajo y los domicilios de políticos españoles.

En principio, todas estas modalidades de proclamación pública de ideas, problemas o reivindicaciones, o de defensa de intereses, están amparadas por la Constitución Española (CE) que reconoce tanto el derecho de reunión (art. 21.1) como el de manifestación (art. 21.2). Ciertamente que, con ocasión del ejercicio de esos derechos, pueden producirse infracciones punibles; pero hasta la reforma del Código Penal (CP) de 2015, por Ley Orgánica (LO) 1/2015, la decisión de si tales infracciones se habían cometido o no corría a cargo de jueces independientes, quienes, en un juicio (penal) de faltas resolvían si en tales manifestaciones se había incurrido en las, entre otras —y desde la reforma del CP de 2015—, actualmente derogadas faltas de los arts. del CP 626 (deslucimiento de bienes muebles o inmuebles de dominio público o privado), 633 (desórdenes públicos) o 634 (faltas de respeto y desobediencia a la autoridad), dictando los tribunales, en alguna ocasión, sentencias condenatorias, pero absolviendo en otras a los —también por el Ministerio Fiscal— acusados, por entender que esas manifestaciones no habían supuesto más que un ejercicio legítimo de la libertad de expresión.

Sin encomendarse a Dios ni al diablo, la reforma del CP de 2015 decide acabar con una tradición secular ininterrumpida, que se remonta al CP 1848, y suprime de este texto legal, de raíz, todo el Libro III en el que se tipificaban «las faltas».

En contra de lo que se sugiere en la Exposición de Motivos de la LO 1/2015, la verdadera razón por la que se ha suprimido el Libro III del CP («De las faltas y sus penas») ha sido la de sustraer a los jueces el enjuiciamiento de la conformidad o no con el ordenamiento jurídico del ejercicio de los derechos constitucionales de reunión y de manifestación, para encomendárselo ahora a la autoridad administrativa sancionadora, ya que las antiguas faltas de los ahora derogados, entre otros, arts. 626, 633 y 634 CP han pasado a constituir infracciones administrativas tipificadas en los arts. 35.1 y 3, 36.1, 2, 3, 6, 7 y 14, y 37.4 y 13 de la LO 4/2015, de Protección de la Seguridad Ciudadana (LOPSS), a la que se suele denominar, reflejando con precisión su contenido, «Ley Mordaza».

Los juicios de faltas en los que se decidía si las manifestaciones de protesta, por sus eventuales excesos, habían infringido o no la ley penal se sometían a un Poder Judicial separado del Ejecutivo y del Legislativo («La justicia … se administra por Jueces y Magistrados integrantes del poder judicial, independientes, inamovibles, responsables y sometidos únicamente al imperio de la ley», art. 117.1 CE), juicios donde regía, irrestrictivamente, la presunción de inocencia, enjuiciándose la supuesta falta, en primera instancia, normalmente dentro de los seis meses a partir de su comisión, transcurriendo habitualmente pocos meses más hasta que se dictaba segunda sentencia en el caso de que se hubiera interpuesto recurso de apelación.

La LOPSS se ha llevado por delante todas estas garantías y precauciones que amparaban al derecho de manifestación cuando su eventual ilicitud era sometida al juicio de los tribunales de justicia.

De acuerdo con la LOPSS, quien resuelve ahora si una manifestación ha sido ilegal, y quien impone las sanciones pecuniarias, no son ya, como hasta ahora, jueces independientes, sino autoridades integrantes del Poder Ejecutivo —ministro del Interior, secretario de Estado de Seguridad, delegados del Gobierno (art. 32.1 LOPSS)—, es decir: funcionarios políticos y, por definición, no imparciales, ya que esas manifestaciones que se quieren reprimir están dirigidas, en su práctica totalidad, precisamente contra decisiones del Gobierno, de donde se sigue que quien aprecia la infracción ahora administrativa, y quien la sanciona, es, al mismo tiempo, juez y parte, porque ha sido contra esa parte: contra el Gobierno, contra quien se ha dirigido la protesta en las vías públicas; con otras palabras: según la LOPSS, es el agraviado —el Gobierno—, y no una instancia judicial independiente, el que tiene la potestad de sancionar a los que se han atrevido a protestar públicamente contra sus políticas.

Pero no termina aquí la indefensión con la que la LOPSS ha colocado a los ciudadanos que ejercen sus derechos constitucionales de reunión y de manifestación.

En primer lugar, porque, a diferencia del proceso penal, en el que el investigado tiene conocimiento del procedimiento desde el mismo momento en el que se incoa contra él —la excepcional declaración del secreto de las diligencias nunca fue aplicable a las faltas—, no ocurre lo mismo con las hoy derogadas faltas incorporadas a la LOPSS, ya que el art. 48 de esa Ley autoriza la realización de «actuaciones previas» a espaldas y sin conocimiento del supuesto infractor, sin que dicho precepto establezca el tiempo máximo de duración de tales actuaciones que pueden estar vigentes durante años. En segundo lugar, porque las declaraciones de los agentes de la autoridad —es decir: de quienes, como parte, ya han decidido que la manifestación ha sido ilegal— tienen presunción de veracidad (art. 52 LOPSS; art. 77.5 Ley 39/2015), al contrario de lo que sucedía en el juicio de faltas, en el que ningún testigo —autoridad o no— tenía privilegio alguno de veracidad frente a los restantes testigos. En tercer lugar, porque las cuantías de las multas pueden llegar hasta la disparatada cifra de 600.000 euros, a una distancia sideral de las que podían imponerse a las antiguas faltas. En cuarto lugar, porque agotada la vía administrativa, esto es: después de una resolución firme, *no judicial*, sino, de la autoridad política —por definición, contaminada—, la sanción pecuniaria es inmediatamente ejecutiva, procediéndose al apremio si no es abonada (art. 53 LOPSS), mientras que en las faltas, en caso de condena, no había que abonar la multa hasta que se hubiera dictado, bien en primera instancia, bien en apelación, sentencia *judicial* firme; por lo demás, y para fijar la cifra de la multa, y al contrario de lo que sucedía cuando las infracciones ahora tipificadas en la LOPSS eran constitutivas de falta, en caso de condena la cuantía se determinaba «teniendo en cuenta para ello exclusivamente la situación económica del reo» (art. 50.5 CP), mientras que ahora ese criterio de la «capacidad económica del infractor» es sólo uno más entre los otros seis que hay que tomar en consideración (art. 33 LOPSS), cuantía de la multa administrativa que nunca podrá bajar de los límites establecidos para los grados máximo, medio o mínimo aplicables.

Ciertamente que, una vez agotada la vía administrativa, el sancionado puede recurrir ante los tribunales del orden contencioso-administrativo, pero la multa ya ha sido abonada y el presunto infractor tendrá que afrontar nuevos gastos y esperar muchos años hasta que obtenga una resolución *judicial* firme estimatoria o no de los recursos interpuestos. En cualquier caso, al supuesto infractor, por muy inocente que se crea —y que lo sea—, la LOPSS ya se encarga de que se trague su inocencia, y para que no proteste ni se le arruine con esas multas astronómicas le pone delante la zanahoria de que, si abona el 50 por 100 del importe de la multa, «se tendrá por concluido el procedimiento sancionador» (art. 54 LOPSS).

La supresión de las faltas (penales) para integrarlas, como infracciones administrativas, en la LOPSS obedece, primordialmente, como acabo de exponer, al propósito de que sea el no-imparcial Poder Ejecutivo el que decida la represión de las manifestaciones que se dirigen contra él. Pero como había que vestir el muñeco, también se suprimen otras faltas (excepcionalmente algunas, preferentemente, las de contra el patrimonio, pasan a constituir ahora delitos leves) que desde el primer CP de 1848 habían figurado siempre en este texto legal, y cuyo enjuiciamiento se encomienda ahora a la jurisdicción civil, dejando desprotegidos a los que siempre se habían considerado, y con razón, víctimas de hechos delictivos.

Las antiguas «faltas contra las personas» —ahora derogadas— de los arts. 621.1, 2 y 3 CP castigaban a quienes por imprudencia leve causaren la muerte o lesiones de considerable importancia a otra u otras personas, o por imprudencia grave provocaren lesiones de menor entidad. Para ilustrar qué muertes o lesiones imprudentes habían sido consideradas faltas sirvan, como ejemplo, la STS de 17 de julio de 1995 (condena por falta de imprudencia al inspector del ministerio del Interior que, a pesar de haber apreciado múltiples infracciones de las normas de prevención de incendios, no decretó el cierre del local de Alcalá 20, de Madrid, donde, a consecuencia de un incendio de la discoteca, que se declaró el 17 de septiembre de 1983, se produjo la muerte de 82 personas), la sentencia de la Audiencia Provincial (AP) de Salamanca de 23 de febrero de 2001 (condena por una falta de homicidio imprudente a la ATS que, para paliar una bronquitis crónica de origen alérgico que padecía una niña, inyectó una dosis vacunal ocho veces superior a la médicamente indicada —0,4 cc., en lugar de 0,05 cc.— provocando la muerte de la paciente por un shock anafiláctico), la sentencia del Juzgado de La Bisbal de 19 de febrero de 2008 (condena por faltas de lesiones al panadero que, infringiendo las normas de higiene en la elaboración de pasteles, intoxicó con salmonella a 400 consumidores), y el auto de la AP de Oviedo de 16 de junio de 2016 (consideración como falta de lesiones al responsable de no facilitar gafas protectoras al minero que perdió un ojo al incrustársele en el mismo un alambre mientras realizaba su trabajo).

Todos estos homicidios y lesiones imprudentes constitutivos de falta eran enjuiciados, hasta la reforma de 2015, en procedimientos penales —que se rigen por la averiguación de la verdad material—, completamente gratuitos para las víctimas o, en caso de homicidio imprudente, para sus herederos, que ni siquiera tenían necesidad de designar letrado, ya que la acusación podía poder correr a cargo del Ministerio Fiscal, fijándose en las sentencias condenatorias no sólo las penas con las que se sancionaba a los autores, sino también la indemnización que debían satisfacer a los perjudicados por el hecho delictivo.

Al desaparecer esas imprudencias del CP, actualmente las víctimas o, en su caso, sus herederos, tienen que acudir a la vía civil, una justicia rogada en la que ya no aparece en primer plano la determinación de la verdad material, en la que no interviene el Ministerio Fiscal, y en que los demandantes tienen que asumir numerosos gastos, entre ellos los que trae consigo la imprescindible designación de abogado y procurador o el abono de los peritajes necesarios para acreditar la imprudencia del antes acusado y ahora simplemente demandado. Por consiguiente, y por poner un solo ejemplo, los padres de la niña fallecida por la imprudencia de quien le administró la sobredosis vacunal, se encontrarían con que el Estado ha dejado de interesarse por la tragedia que han sufrido, y que tendrían que incurrir en considerables gastos y esperar muchos más años de los que duraba un procedimiento penal por faltas, para conseguir que se les hiciera justicia, sin que, en el caso de ganar el pleito, aparte de obtener una indemnización económica, ni siquiera consiguieran la mínima satisfacción de que al culpable se le castigara con alguna clase de sanción.

La reforma del CP de 2015 y la nueva LOPSS suponen un atropello de los derechos, tanto de los posibles infractores de manifestaciones en las vías públicas —a los que ahora enjuicia y sanciona la Administración política, es decir: la parte supuestamente ofendida— como de las víctimas de imprudencias con resultado de muerte o lesiones, de cuya justa reparación el Estado ha decidido desentenderse. Está muy bien eso de la Seguridad Ciudadana; pero siempre y cuando no se consiga a costa de la seguridad de los ciudadanos.

Madrid, agosto de 2017

ENRIQUE GIMBERNAT ORDEIG

PRÓLOGO A LA VIGÉSIMA PRIMERA EDICIÓN

El Derecho penal cumple dos funciones: la de prevención general y la de prevención especial. Mediante la prevención general se confía en que, por el miedo al castigo, los ciudadanos se abstengan de cometer delitos; ciertamente que esta función nunca se satisface plenamente, porque en todas las sociedades, a pesar de esta amenaza, se cometen delitos. Pero que ese miedo al castigo consigue disminuir, en gran medida, la comisión de hechos delictivos es algo empíricamente demostrable, en cuanto que, siempre que, de alguna manera, se produce un vacío del poder punitivo estatal, por ejemplo, con ocasión de grandes catástrofes como terremotos o graves inundaciones, aumenta espectacularmente —mediante actos de pillaje contra la propiedad y contra las personas— la comisión de actos delictivos por parte de muchas personas que, hasta entonces, nunca habían actuado al margen de la ley penal, lo que encuentra su explicación en que la función de prevención general del Derecho penal ha quedado transitoriamente suspendida, porque también ha quedado suspendida, total o parcialmente, la actividad policial encargada de la persecución del delito, y, con ello, también el miedo a tener que responder por los comportamientos delictivos que se cometen en esas situaciones de emergencia.

Junto a esta función de prevención general, el Derecho penal cumple también otra de prevención especial, es decir: que, cuando esa amenaza genérica se materializa en el mal real de hacer cumplir una pena al delincuente condenado, éste, cuando recobre la libertad, en algunos o en muchos casos se cuidará de no delinquir en el futuro, bien por temor a tener que volver a sufrir una nueva pena de prisión si reincide, bien porque, de alguna manera, ha experimentado una cierta clase de resocialización durante la ejecución del castigo estatal.

Pero estas funciones del Derecho penal sólo nos indican cuáles son los fines que persigue, pero no nos dicen nada aún ni sobre su contenido, es decir: sobre cuáles son aquellas conductas que deben ser tipificadas como delito, ni tampoco sobre cómo debe ser la consecuencia jurídica que el legislador vincula a aquél, es decir: sobre cómo debe ser la pena.

El Estado social y democrático de Derecho ciertamente que ha progresado mucho, y para bien, desde el Siglo de las Luces, pero sigue incorporando, como ideas irrenunciables de la civilización occidental, las de la Ilustración.

Y para saber cuáles son esas ideas de la Ilustración —que no agotan el contenido del Derecho penal democrático, pero sí que constituyen, o deberían constituir, el límite mínimo de éste—, nada mejor que recurrir a quien fue el pionero de la incorporación de esas ideas al Derecho penal, a ese gigante, universalmente reconocido, que se llamó Cesare Beccaria. Por lo que se refiere a qué conductas deben constituir delito y cuáles no, y frente al Derecho del Antiguo Régimen, Beccaria, en su Libro *Tratado de los delitos y de las penas*, publicado de forma anónima en 1764, distingue entre Derecho, por una parte, y moral y religión, por otra, y niega que sea legítimo atribuir la condición de delito a lo que no pasa de ser un mero pecado. «A los Teólogos», escribe Beccaria, «pertenece establecer los confines de lo justo y de lo injusto, en la parte que mira la intrínseca malicia o bondad del acto; y al Publicista determinar las relaciones de lo justo o injusto político, esto es, del daño o provecho a la sociedad». Y concluye Beccaria: «Hablo sólo de los delitos que provienen de la naturaleza humana y del pacto social, no de los pecados, cuyas penas, aun las temporales, deben arreglarse con otros principios que los de una filosofía limitada.»

De acuerdo con el criterio de que el pecado —como lo puede ser una perversión sexual— no debe constituir un delito si con ello no se causa un daño a la sociedad, en materia sexual el Derecho penal sólo debe intervenir, bien cuando una de las personas involucradas no acepta libremente el comportamiento sexual, porque, por ejemplo, se le impone con violencia o intimidación, bien porque se trata de un niño que no puede prestar un consentimiento válido. A pesar de la oposición de la doctrina científica mayoritaria y, en un primer momento, también de partidos políticos de izquierda, que, comparándolo con la tenencia de drogas para el propio consumo, se oponían a la tipificación de la conducta de quien, para su propio uso, poseyera material pornográfico infantil, esta tenencia pasó a constituir delito con la reforma del Código Penal de 2003. Y con razón. Porque mientras que quien consume drogas no daña a otra persona, sino sólo a su propia salud, de la que puede disponer libremente, el adquirente de esa pornografía lesiona bienes jurídicos ajenos, en cuanto que, cada vez que pasa en el ordenador las imágenes captadas —a veces de menores de cinco o de seis años o, incluso, de bebés—, perpetúa el ataque a la libertad, a la dignidad y a la propia imagen de los niños que han sido grabados previa y delictivamente. Pero con la actual reforma del Código Penal la persecución de la pedofilia ha traspasado todos los límites de un Derecho penal orientado a la protección de bienes jurídicos, lo que se ha puesto de manifiesto con la introducción de dos nuevos delitos. En primer lugar, en la nueva redacción del artículo 189 se tipifica la tenencia de pornografía infantil virtual, en la que lo que se reproduce no son imágenes de personas reales, sino de simples monigotes que representan a menores, como los que pueden aparecer dibujados en un cómic, y todo ello teniendo en cuenta, además, lo que supone una *contradictio in adjecto*, que, según el Código, las personas dibujadas pueden ser, indiscriminadamente, menores de edad, por lo que no se entiende que pueda calificarse de pornografía infantil la reproducción de imágenes sexuales de personas virtuales de dieciséis o diecisiete años: eso, si las palabras todavía tienen un sentido, no es pornografía infantil: es pornografía juvenil. En cualquier caso, lo decisivo es que, si la razón de la punición de la tenencia de pornografía infantil para el propio consumo es el ataque a la libertad y a la dignidad que se produce con el visionado de las imágenes, esto sólo puede predicarse cuando dicho ataque va dirigido contra niños reales que han sido objeto de captaciones pornográficas, pero no cuando ese consumo consiste en la contemplación de monigotes.

El segundo nuevo delito de pornografía infantil que introduce la reforma es el de la «aparente», conforme a la cual se penaliza también «todo material que represente de forma visual a una persona que parezca ser un menor participando en una conducta sexualmente explícita», es decir: que se considera también punible la reproducción de imágenes pornográficas de, por ejemplo, personas de dieciocho, diecinueve, veinte o más años siempre que su aspecto sea el de un menor de edad. Pero si estas personas han participado libremente como actores en la elaboración del material pornográfico, ¿cómo se puede hablar, en serio, de que estamos ante un caso de pornografía de menores si los protagonistas de esa pornografía —aunque lo parezcan— no son menores?

Ciertamente que la pedofilia es una perversión sexual o, expresándolo en términos religiosos, un pecado, pero al Derecho penal ahí no se le ha perdido nada, ni tiene legitimación alguna para actuar, cuando esa perversión no se ha canalizado en el ataque a menores reales —sino virtuales— o a personas que sí son reales, pero mayores de edad.

El *lobby* del partido animalista —y de otros *lobbies* me voy a ocupar más adelante— ha conseguido introducir en el Código Penal, como nuevo delito, el de la zoofilia. Ciertamente que no se puede decir de este delito que no pueda encontrar apoyos en la tradición histórica. Lo que sucede es que esa tradición es de todo menos honorable, porque en la Edad Media se quemaba en la hoguera tanto a la persona como al animal con el que aquélla había mantenido una relación sexual. Y la misma pena del fuego en la hoguera era la que se reservaba en aquellos tiempos a las brujas, precisamente porque el delito que se les imputaba era el de haber copulado con el diablo que, supuestamente, había adoptado la forma de un animal. Si no hay maltrato animal la zoofilia es un comportamiento que no produce daño alguno a la sociedad: se trata de una perversión sexual que sólo puede ser castigada por un Derecho penal moralizante que ha olvidado que su misión no es la de castigar pecados cuya represión debe quedar reservada para el Juicio Final —si es que éste va a tener lugar alguna vez—, pero que no debe ser para nada un asunto del que tenga que ocuparse la justicia de este mundo.

La introducción de la pena de prisión permanente revisable obedece, en gran medida, y por una parte, a las presiones ejercidas por las asociaciones de víctimas del terrorismo. Todos mis respetos para tales asociaciones, a las que tal vez yo también pertenecería si hubiera tenido el infortunio de sufrir en mis propias carnes, o en las de algunos de mis seres queridos, la violencia terrorista. Pero lo que mueve a tales asociaciones es, comprensiblemente, un deseo de venganza y de que los asesinos terroristas, para emplear una de las expresiones que frecuentemente utilizan, «se pudran en las cárceles», deseos que no deberían ser asumidos —como, desgraciadamente, sí lo han sido— por un Estado democrático de Derecho, en el que las penas deben estar orientadas a la resocialización del delincuente e informadas, desapasionada y exclusivamente, por criterios estrictos de lo que sea preciso para cumplir los objetivos propios de la prevención general y especial.

Y la pena de prisión permanente revisable obedece también, por otra parte, al enorme eco que han logrado alcanzar en los medios de comunicación, y también cerca de los partidos políticos —tanto de los de Gobierno como de los de la oposición—, padres de menores asesinadas después de haber sido objeto de delitos contra la libertad sexual.

Que no existen razones de prevención general para la introducción de esta pena se pone de manifiesto en que, con el arsenal punitivo del que ya disponíamos, España era el país europeo con uno de los índices más bajos de criminalidad —violenta y no violenta—, no obstante lo cual ocupamos el primer lugar en lo que se refiere a personas privadas de libertad judicialmente por cada 100.000 habitantes, lo que es reconducible, naturalmente, a que nuestro Código ya era tal vez el de mayor severidad de la Unión Europea. Que ahora sufra un endurecimiento aún mayor no puede encontrar su explicación, por consiguiente, en ninguna razón plausible de política criminal.

Cuando se argumenta que en otros países europeos también existe la cadena perpetua, se oculta que en los Códigos de dichos países sólo figura con un carácter simbólico y que, en la práctica, nunca se aplica. Y así, la ejecución de la prisión perpetua puede ser suspendida en Bélgica y en Finlandia a partir de los diez años; en Dinamarca, de los doce, y en Austria, Francia, Suiza y la República Federal de Alemania, a partir de los quince, siendo en este último país la media de cumplimiento efectivo de la prisión perpetua el de dieciocho años. Que en España, en los casos más graves, esa pena sólo pueda ser revisada cuando el delincuente ha permanecido ya treinta y cinco años en prisión —en una celda aislada, sin permiso alguno de salida durante todo ese tiempo y con sólo dos horas diarias de salida al patio—, es decir: cuando probablemente es ya un anciano, pone de manifiesto hasta qué punto nuestros gobernantes han decidido convertir a nuestro Derecho penal en uno que, por su innecesaria crueldad, no encuentra parangón en Europa.

Pero es que, además, y como paso a examinar a continuación, la suspensión de la prisión perpetua revisable —es decir: la salida de prisión después de veinticinco o de treinta y cinco años, en función de la gravedad del delito— se hace depender de unos criterios que están en contradicción con postulados que deberían considerarse irrenunciables en un Derecho penal democrático.

Por lo que se refiere a los delincuentes que, después de agredirla sexualmente, hayan asesinado a su víctima, el autor seguirá cumpliendo su cadena perpetua hasta el final de sus días a no ser que acredite, una vez que han transcurrido veinticinco años de cumplimiento efectivo de su pena, y entre otros requisitos, que no existe peligro de reiteración, con lo que, si demuestra que ha dejado de ser peligroso, podrá recobrar su libertad, al considerarse que, con ello, ha purgado ya por el delito cometido. Pero como la pena tiene un carácter aflictivo —por eso se cumple en un establecimiento penitenciario—, y se impone para retribuir el mal hecho en el pasado, no se entiende por qué debe seguir en prisión otro delincuente que ha cometido el mismo delito, pero en el que concurre un riesgo de reiteración; porque si el primer delincuente no peligroso ha saldado ya su deuda con la sociedad, al cabo de veinticinco años de privación de libertad, por los mismos motivos, y porque el delito ha sido el mismo, debería considerarse que el segundo delincuente ha saldado también esa cuenta. Ciertamente que este último sigue siendo peligroso y que, potencialmente, puede incurrir en futuros delitos; pero ni es responsable de su peligrosidad —porque no la puede evitar: ¡qué más querría él!— ni debe pagar con la permanencia en prisión por delitos que sólo hipotéticamente pudiera cometer, pero que, de hecho, no ha cometido. Ello no quiere decir que la sociedad no pueda defenderse de delincuentes peligrosos —peligrosidad que concurre predominantemente en los de carácter sexual—, pero esa peligrosidad no debe combatirse con la aplicación de una pena de prisión ya cumplida, que sólo debe imponerse por los hechos pasados: esa peligrosidad se combate, no con la prisión, sino con medidas de seguridad de carácter no aflictivo como las de internamiento en un centro no penitenciario o, en los casos en que ello sea suficiente, con otras de carácter ambulatorio.

En el caso de los delitos terroristas, la pena de prisión permanente revisable puede finalizar una vez transcurridos treinta y cinco años si, entre otros requisitos, y además de que el autor haya abandonado los fines y los medios de la actividad terrorista, expresa su repudio de sus actividades delictivas y pide expresamente perdón a las víctimas de su delito, es decir: si acredita que se ha convertido en una buena persona, lo que significa que el *gudari* terrorista fanático permanecerá en prisión por el resto de sus días.

Tal como está redactado el precepto, de él se deduce que se tiene que tratar de un arrepentimiento sincero y de una petición de perdón que tenga su origen en ese arrepentimiento, por lo que esos requisitos no se cumplen si el supuesto arrepentimiento y la petición de perdón son una mera farsa que únicamente enmascaran el deseo de poner fin a la ejecución de la cadena perpetua. Pero, por lo que recuerdo de mis libros de religión estudiados durante el bachillerato, en el sacramento de la confesión, para ser absuelto de los pecados mortales cometidos, basta con la atrición, esto es: con el arrepentimiento que no tiene su origen en el dolor por haber ofendido a Dios, sino simplemente en el temor a la condenación eterna con las penas del Infierno, de donde se sigue que, para la religión católica, el miedo al Infierno sirve para abrir las puertas del Cielo, mientras que en nuestro Código Penal el miedo a seguir en prisión no es suficiente para abrir las puertas de la cárcel.

Por otra parte, en Derecho penal rige el principio *cogitationis poenam nemo patitur*, es decir: que nadie puede ser castigado por los meros pensamientos, y como el arrepentimiento sincero es un mero pensamiento —que, por otra parte, el asesino terrorista tampoco puede controlar si lo siente o no—, de ahí que su concurrencia no debería tener relevancia alguna para que se decretara la suspensión de la pena de prisión perpetua.

Si se me permite expresar todo ello nuevamente con las ideas del Derecho penal de la Ilustración: la pena no persigue convertir al delincuente en una buena persona, sino que basta y sobra con que esa persona —buena o mala— no vaya a causar ningún daño a la sociedad mediante la lesión de bienes jurídicos.

Desde el Código Penal de 1995 —que ya representó un notable endurecimiento frente al Código anterior—, y si no llevo mal la cuenta, estas últimas reformas hacen el número 30. Y todas ellas han tenido un elemento común: el agravamiento de las penas y la creación de nuevos delitos, por lo que no hace falta ser un profeta para pronosticar que vendrán nuevas reformas y que serán todavía peores. Pero también profetizo: aunque tal vez sea clamar en el desierto, muchos seguiremos intentando que los argumentos ganen a la irracionalidad, que el Derecho penal esté informado por el principio de *ultima ratio* y que las penas no vayan nunca más allá de lo que sea estrictamente necesario para la defensa de la sociedad.

Madrid, abril de 2015

ENRIQUE GIMBERNAT ORDEIG

PRÓLOGO A LA VIGÉSIMA EDICIÓN

Ni en el texto del Código Penal, ni en el de los Apéndices que integran la presente obra, se ha producido modificación alguna desde la pasada edición, pero, naturalmente, hemos procedido a la actualización de las referencias legislativas que figuran en las notas a pie de página.

Como en la anterior edición, y para que el usuario pueda confrontar el articulado actualmente en vigor con el derogado por la Ley Orgánica 5/2010, que entró en vigor el 23 de diciembre de 2010, en las notas a pie de página se reproducen también los correspondientes artículos del Código Penal que rigieron hasta el 22 de diciembre, para que, tomando como referencia esa fecha del 22 de diciembre de 2010, y para los delitos cometidos hasta ese día, se pueda determinar qué preceptos —los nuevos o los viejos— deben ser aplicados en función de cuál de ellos favorece más al reo.

En el momento de redactar este prólogo existe un Proyecto de Ley que va a introducir amplias e importantes modificaciones en el Código Penal, y sobre cuya fecha de aprobación es difícil emitir un vaticinio, así como un Anteproyecto de Ley con el que se persigue derogar el sistema de plazos actualmente en vigor para el aborto por un muy restrictivo sistema de indicaciones, Anteproyecto al cual quiero dedicar en este lugar algunas consideraciones críticas.

Sobre la regulación penal del aborto las posiciones que se defienden pueden reducirse, fundamentalmente, a dos: la posición de quienes estiman que el aborto debe ser prohibido penalmente —admitiendo, como mucho, su despenalización en casos extremos— y la de quienes consideran que la interrupción del embarazo provocada en las primeras semanas debe quedar al margen del Derecho penal.

La primera posición (posición A), que es la defendida por la Iglesia Católica, ha sido asumida ahora por el Gobierno. De acuerdo con ella, existe vida desde el instante mismo de la concepción, por lo que, en consecuencia, todo aborto debe ser considerado poco menos que un asesinato. Por el mismo motivo, y coherentemente, deberían ser rechazados no sólo el aborto, sino, y en cuanto que ello supone también la eliminación de óvulos fecundados, el dispositivo intrauterino, la píldora postcoital, la fecundación *in vitro* y la investigación con células madre.

La segunda posición (posición B) simplemente niega la mayor de la posición A, rechaza equiparar —desde el momento de la fecundación y hasta las primeras semanas del embarazo— al cigoto y, posteriormente, al embrión y al feto en una etapa inicial con un ser humano, mantiene que se trata de una entidad que tiene únicamente un potencial de vida y que, por consiguiente, su eliminación no sólo es jurídicamente lícita, sino moralmente inobjetable, puesto que, en un embarazo indeseado, se produce un conflicto entre el ulterior desarrollo de aquél y los derechos constitucionales de la gestante a la intimidad, al libre desarrollo de su personalidad y a la libertad ideológica, conflicto en el que, por la mayor entidad de éstos frente a una mera potencialidad de vida, deben prevalecer los derechos de la mujer, quien, por lo demás, y si se le obligara a proseguir el embarazo en contra de su voluntad, sería la que tendría que asumir en solitario la mayor responsabilidad que imaginarse pueda de una persona: la de cuidar, educar y proteger mientras viva a un hijo (que no quería tener).

No me voy a detener aquí en cuál es mi opinión personal sobre esta materia, que coincide con esta última posición (al que quiera conocer cómo la fundamento, le remito a mi artículo «La secularización del Derecho y el aborto», recogido en mi Libro *Estado de Derecho y Ley Penal*, 2009, pp. 33-38), porque ello no es necesario para argumentar por qué la vigente ley de plazos no debe ser derogada: porque mientras que quienes mantenemos la posición B no nos inmiscuimos para nada en la conducta que, de acuerdo con sus principios, quieran adoptar los defensores de la posición A, los partidarios de ésta se proponen resolver lo que no debería pasar de ser una discrepancia de opiniones metiéndonos en la cárcel a quienes no pensamos como ellos, utilizando así el medio más radical del que dispone el Estado —el Derecho penal— para imponer por la fuerza una discutida y discutible ideología. Ciertamente que el Anteproyecto establece que «en ningún caso será punible la conducta de la mujer embarazada», pero con ello sólo se establece una excepción para esta última, que no alcanza a las restantes personas que, al practicar un aborto, no estiman que estén realizando ninguna conducta moralmente reprobable, sin que, por otra parte, el Anteproyecto se moleste en explicar qué clase de eximente concurre en la gestante —y alguna tiene que concurrir para justificar esa impunidad— para excluir su responsabilidad criminal por su coautoría en un hecho delictivo: ¿acaso, como ya ha sido sugerido recientemente, la de minoría de edad penal? Por lo demás, y aunque a ella se le exima de pena, la punibilidad de las restantes personas que intervienen en el aborto condicionará que, si el Anteproyecto se convierte en ley, la mujer preferirá interrumpir su embarazo en una clínica legal extranjera, atendida por personal sanitario tenido por respetado y respetable, antes que en una clandestina española, donde en cualquier momento puede irrumpir la policía para efectuar una redada de los médicos y enfermeros a los que, de pronto, se les ha convertido en unos delincuentes de la peor calaña.

La prevista nueva regulación se contiene en el «Anteproyecto de Ley Orgánica para la protección de la vida del concebido y de los derechos de la mujer embarazada»; pero ni siquiera esa rúbrica se corresponde con la realidad, ya que la proyectada penalización del aborto, y porque es una ley simplemente impracticable, para nada va a proteger la vida del concebido. A diferencia de lo que sucedía en los años setenta y hasta mediados de los ochenta del pasado siglo, en los que las españolas que querían interrumpir su embarazo tenían que desplazarse a Londres con su pasaporte en regla —asumiendo los entonces todavía elevados costes de un billete de avión que les conducía al ambiente de un país extraño e inhóspito, porque muchas de ellas era la primera vez que salían al extranjero—, España pertenece ahora a la Unión Europea, y son millones de nacionales los que, en viajes al alcance de prácticamente cualquier bolsillo, visitan cada año otros países europeos en los que, para cruzar la frontera, basta con mostrar el DNI. Ni siquiera ahora hará falta desplazarse tan lejos para interrumpir un embarazo indeseado, porque nuestros dos países vecinos —Francia y, desde 2007, Portugal— se rigen por una legislación que ha despenalizado el aborto practicado en las primeras semanas de gestación, legislación que, por lo demás, y con la excepción de los cuasiconfesionales Estados de Irlanda y Polonia, es la vigente en la práctica totalidad de los Estados miembros —tanto si gusta como si no, y objetivamente, las leyes de plazos son ya una seña de identidad de los países europeos más avanzados en contraposición a las leyes penales antiabortistas características de Latinoamérica, África y Asia—, por lo que las decenas de miles de españolas que hasta ahora abortaban legalmente en España cada año seguirán haciéndolo —bien es cierto que con una incomodidad adicional— fuera de nuestras fronteras —¡no se pueden poner puertas al campo!—, desplegando sus efectos esa pretendida «protección de la vida del concebido» sólo para el cada vez menor número de mujeres compatriotas poco informadas que tendrán que recurrir a los —para su vida y su salud— tan peligrosos abortos clandestinos. Es decir, y en la práctica: no se provocarán menos abortos (no se protegerá, por consiguiente, «la vida del concebido»), sino que únicamente se desplazarán de España a otros países europeos las interrupciones de embarazos indeseados.

Aunque la despenalización parcial del aborto introducida en el Código Penal en 1985 *formalmente* era una ley de supuestos, de hecho operó como una de plazos, a consecuencia de las dos siguientes circunstancias: en primer lugar, a que el 98 por 100 de las interrupciones del embarazo (el 63 por 100 de ellas llevadas a cabo antes de las ocho primera semanas de gestación) fueron practicadas por la sanidad privada en clínicas concertadas; y, en segundo lugar, a que el 97 por 100 de esas interrupciones se acogieron, sobre la base de dos dictámenes emitidos por psiquiatras vinculados a esas clínicas privadas, al «concepto jurídico indeterminado» de «grave peligro para [...] la salud [...] psíquica de la embarazada». En 2010 el legislador decidió derogar la regulación de 1985 y sustituirla por la vigente «Ley Orgánica 2/2010, de salud sexual y reproductiva y de la interrupción voluntaria del embarazo», que ya no sólo formal, sino también materialmente es una ley de plazos que permite el aborto libre si se lleva a cabo en las primeras catorce semanas de gestación, Ley Orgánica que es la que ahora se quiere sustituir con el Anteproyecto del actual Gobierno.

Pero casi treinta años de aborto libre en España no pasan en balde. La mujer que ahora, por el motivo que sea, decide abortar, ya no está pisando caminos nuevos, sino que tiene por referencia a la generación de su madre, e incluso a la de su abuela, que han vivido en un país en el que durante décadas ha sido una práctica legal que, por ello, y para un amplio sector de la población, ha pasado a formar parte del sistema colectivo de valores como uno de los derechos que corresponde a la mujer. Y si el legislador estatal (y el legislador estatal es único, gobierne el PSOE o gobierne el PP), y nada menos que el legislador penal, se dedica, como se pretende, a enviar mensajes contradictorios a los destinatarios de la norma: «ahora es legal, ahora ya no lo es: ahora es delito», entonces no puede sorprenderse de que se le pierda el respeto ni de que las mujeres le hagan el poco caso que se merece, y acudan al patio de vecindad en el que se ha convertido la Unión Europea, para allí interrumpir el embarazo que ahora la ley española habría tenido el capricho de prohibir.

Recientemente, en una entrevista publicada en *Der Spiegel* (n.º 22/2013), el periodista le preguntaba al ministro alemán de Finanzas, Wolfgang Schäuble, cómo era posible que siendo de ideología cristiana, y perteneciendo al Partido Cristianodemócrata (CDU), estuviera a favor del reconocimiento legal del matrimonio homosexual —probablemente, Schäuble habría contestado lo mismo si se le hubiera preguntado por el aborto, ya que la CDU nunca ha mostrado intención alguna de derogar la ley de plazos vigente en Alemania—. La respuesta de Schäuble fue ésta: «¿Sabe usted cuál es la diferencia entre un ideólogo y un político cristianodemócrata? El político cristianodemócrata no hace política para las personas tal como deberían ser según su voluntad, sino para las personas tal como son.» Y, más recientemente, otro político cristianodemócrata alemán, Volker Kauder, antiguo secretario general de la CDU y actual portavoz del grupo parlamentario CDU/CSU en el *Bundestag*, también en una entrevista concedida a *Der Spiegel* (n.º 25/2014), a la pregunta del periodista de si, «como cristiano, no debería luchar para que en Alemania existieran regulaciones más restrictivas del aborto [como ya he indicado, en Alemania rige un sistema de plazos como el actualmente vigente en España]», contesta: «Como cristiano estoy en contra del aborto excepto en casos de violación. Pero, como político, tengo que reconocer que en la sociedad no existe una mayoría que defienda esta posición. No somos una República cristiana, en Alemania el Estado y la Iglesia están separados. Pero como político puedo esforzarme para cambiar las cosas de tal manera que, en lo posible, puedan evitarse los abortos. Puedo fomentar que mejoren los asesoramientos y las ayudas para las mujeres afectadas.»

Sabias palabras en las bocas de dos políticos cristianos y de derechas.

Madrid, julio de 2014

ENRIQUE GIMBERNAT ORDEIG

PRÓLOGO A LA DECIMOCUARTA EDICIÓN

I

Entre la anterior edición y la presente, el Código Penal ha sido modificado por la Ley Orgánica 13/2007, de 19 de noviembre, para la persecución extraterritorial del tráfico ilegal o la inmigración clandestina de personas, y por la Ley Orgánica 15/2007, de 30 de noviembre, por la que se modifica la Ley Orgánica 10/1995, de 23 de noviembre, del Código Penal en materia de seguridad vial. Esta última establece toda una serie de presunciones *iuris et de iure* —para transformar los delitos de peligro concreto en otros de peligro abstracto—, por lo que se refiere a las milimétricas tasas de alcohol de los conductores y al número exacto de kilómetros de más sobre la velocidad permitida que deben concurrir para que entren en juego diversos tipos penales, y convierte el comportamiento hasta ahora sólo administrativamente ilícito de conducción sin permiso en uno criminalmente típico, constituyendo todo ello un ejemplo poco ejemplar, como diría mi maestro Quintano Ripollés, de ese «expansionismo del Derecho penal» que se inicia imparablemente con el Código Penal de 1995.

II

Pero en este Prólogo quiero ocuparme fundamentalmente de la sentencia del TC 59/2008, de 14 de mayo, que ha considerado conforme a la Constitución el artículo 153.1 CP, con lo que es previsible que también va a desestimar las cuestiones de inconstitucionalidad formuladas respecto de los artículos 148.4.º, 171.4 y 172.2 CP.

La Ley Orgánica 1/2004, de 28 de diciembre, de Medidas de Protección Integral contra la Violencia de Género (LVG) —aprobada por el Parlamento español tanto con los votos de socialistas como de populares—, establece, en su artículo 1 que «[l]a presente Ley tiene por objeto actuar contra la violencia que, como manifestación de la discriminación, la situación de desigualdad y las relaciones de poder de los hombres sobre las mujeres, se ejerce sobre éstas por parte de quienes sean o hayan sido sus cónyuges o de quienes estén o hayan estado ligados a ellas por relaciones similares de afectividad, aun sin convivencia». De acuerdo con este dogma de fe del feminismo, en su versión fundamentalista, de que *cualquier* vía de hecho, por muy leve que sea, constituye *siempre* una manifestación de machismo, los artículos 33 y siguientes LVG imponen una pena superior a *idénticas conductas* —lesiones, coacciones y amenazas—, en función de si han sido ejecutadas por una persona perteneciente al sexo masculino o al femenino.

La sentencia del Tribunal Constitucional 59/2008, de 14 de mayo, resolviendo una cuestión de inconstitucionalidad, planteada por el Juzgado de lo Penal número 4 de Murcia, en relación con el artículo 153.1 del Código Penal, en el que se castigan más gravemente las lesiones leves causadas por un hombre sobre una mujer («cuando [ésta] sea o haya sido esposa, o mujer que haya estado ligada a él [al autor] por una análoga relación de afectividad aun sin convivencia») que las provocadas por ésta contra un hombre (que sea o haya sido su pareja sentimental), ha resuelto, por una mayoría de siete votos contra cinco, que ese precepto no es contrario a la Constitución Española. De los cinco magistrados discrepantes de la sentencia mayoritaria, cuatro de ellos han formulado votos particulares, no pudiendo hacerlo el quinto (García-Calvo), ya que falleció antes de poder redactarlo. Diversos Juzgados de lo Penal y Audiencias Provinciales han planteado también ulteriores cuestiones de inconstitucionalidad en referencia a los artículos 148.4.º (lesiones menos graves), 171.4 (amenazas leves) y 172.2 (coacciones leves) CP, en los que también se establece una pena mayor para el autor-hombre, que es o ha sido pareja de la mujer ofendida, que para la mujer que realiza la misma conducta sobre su pareja o ex pareja masculina. A la vista de que el TC ha considerado constitucional el artículo 153.1 CP en su sentencia 59/2008, es prácticamente seguro que, con los mismos argumentos con los que se ha fundamentado esa constitucionalidad del artículo 153.1 CP, las cuestiones de inconstitucionalidad formuladas respecto de los artículos 148.4.º, 171.4 y 172.2 —todos ellos introducidos por la LVG— igualmente serán desestimadas.

La sentencia del TC 59/2008 considera que el artículo 153.1 CP no vulnera el artículo 14 CE («Los españoles son iguales ante la ley, sin que pueda prevalecer discriminación alguna por razón de nacimiento, raza, *sexo*, religión, opinión o cualquier otra condición o circunstancia personal o social») porque, aunque reconoce que es cierto que el principio de igualdad «exige que los supuestos de hecho iguales sean tratados idénticamente en sus consecuencias jurídicas», dicho principio no resulta lesionado cuando se introducen diferencias en el tratamiento de los supuestos de hecho en el caso de que exista «una suficiente justificación de tal diferencia», siendo necesario, en tal caso, «acreditar el carácter justificado de la diferenciación». Esta diferenciación que justificaría el distinto trato penal que reciben en el artículo 153.1 CP las lesiones causadas por un hombre sobre una mujer frente a las que inflige ésta sobre aquél, dentro del marco de una relación sentimental actual o pretérita, encuentra su explicación, según el TC, en que «atenta de modo intolerable [contra la igualdad] cierta forma de violencia del varón hacia la mujer que es o fue su pareja: no hay forma más grave de minusvaloración que la que se manifiesta con el uso de la violencia con la finalidad de coartar al otro su más esencial autonomía en su ámbito más personal y de negar su igual e inalienable dignidad», debiendo señalarse que la diferencia de pena encontraría, además, «razón justificativa en la mayor necesidad de protección de determinados bienes de mujeres en relación con determinadas conductas delictivas», necesidad que se mostraría por «las altísimas cifras en torno a la frecuencia de una grave criminalidad que tiene por víctima a la mujer y por agente a la persona que es o fue su pareja [...], frecuencia [que] constituye un primer aval de razonabilidad de la estrategia penal del legislador de tratar de compensar esta lesividad con la mayor prevención que puede procurar una elevación de la pena».

De lo expuesto hasta ahora se desprende que el TC avala la constitucionalidad del artículo 153.1 sobre la base de dos clases de consideraciones: en primer lugar de que, en efecto, serían más graves las vías de hecho ejercidas por el hombre sobre su pareja o ex pareja femenina porque considera que la mayor penalidad prevista para el autor masculino cumpliría el «objetivo» de «combatir el origen de un abominable tipo de violencia que se genera en un contexto de desigualdad»; y, en segundo lugar, de las «altísimas cifras» de agresiones reconducibles a la violencia machista que se insertarían en «ciertos parámetros de desigualdad tan arraigados como generadores de graves consecuencias».

Esta sentencia del Tribunal Constitucional debe ser rechazada porque, regresivamente, lesiona principios esenciales del Estado de Derecho y del Derecho penal democrático.

Si un marido, después de veinte años de pacífico y feliz matrimonio, da un tirón de orejas a su mujer o un empujón o le propina una colleja, al enterarse de que ésta ha arruinado irreversiblemente el patrimonio familiar, jugado a la ruleta en el casino de Torrelodones, o al llegar a su conocimiento que durante los últimos años la esposa ha estado abusando sexualmente del hijo común, *naturalmente que debe responder por una falta de lesiones* —aunque castigar esa conducta como delito, y no como falta, infringe el principio de proporcionalidad de las penas—; pero mantener que tal conducta debe ser agravada porque la agresión *obedece siempre*, tal como mantienen la LVG y el TC, a una «manifestación de la discriminación, la situación de desigualdad y las relaciones de poder de los hombres sobre las mujeres», es querer hacernos comulgar con ruedas de molino: porque si es la mujer la que reacciona con el tirón de orejas, el empujón o la colleja frente al marido ludópata o incestuoso, y el origen de aquella agresión masculina hay que reconducirla en *todos los casos* a la violencia machista, entonces la agresión de la mujer sería un comportamiento que no tendría explicación causal —ya que, obviamente, no puede estar generada por un conceptualmente inimaginable machismo femenino—, lo que está en contradicción con el principio científico de que todo efecto —en este caso la agresión femenina— alguna causa tiene que tener, causa que, en estos casos, es, en efecto, muy fácil de encontrar para quien no tenga el raciocinio nublado por el fundamentalismo feminista: la indignación, *que en ningún caso puede justificar la impunidad*, pero que no tiene nada que ver con una prepotencia masculina, que a uno de los cónyuges —sea masculino o femenino— le ha provocado la sorpresa de que está casado o casada con un cónyuge ludópata o sexualmente pervertido. Por lo demás, la teoría que subyace en el artículo 153.1 CP de que *cualquier* vía de hecho ejecutada por un hombre sobre una mujer tiene su origen en una relación de desigualdad entra en el terreno de lo esperpéntico en el caso de que el marido sea un liliputiense que empuja a una esposa que mide 1,85 metros y que, encima, es cinturón negro de judo, marido a quien, según la LVG y el TC, habría que aplicarle, no obstante, e indefectiblemente, ese tipo agravado del Código Penal.

Por supuesto, que esas agresiones leves del tirón de orejas, del empujón o de la colleja pueden ser reconducidas muchas veces a la violencia machista de, por ejemplo, un marido celópata que empuja en una ocasión a su mujer aprovechándose de su superioridad. Pero, como cualquier otra circunstancia de agravación —en este caso: la de la violencia machista—, su concurrencia no puede presuponerse, sino que debe ser acreditada en el juicio oral, por lo que es inconstitucional un precepto como el del artículo 153.1 CP —avalado sin ninguna clase de reservas interpretativas en la sentencia del TC— que, *indiscriminadamente*, *y prescindiendo de las particularidades del caso concreto*, establezca la presunción —que no admite prueba en contrario— de que cualquier vía de hecho ejercitada por un varón sobre su pareja o ex pareja femenina constituye siempre, y de ahí la diferencia de penalidad, una «manifestación de la discriminación, la situación de desigualdad y las relaciones de poder de los hombres sobre las mujeres».

Ciertamente que la violencia machista podría ser combatida por el Derecho penal introduciendo una pena agravada cuando el delito sea una manifestación de aquélla, de la misma manera que combate la xenofobia con la agravante 4.ª del artículo 22 —«cometer el hecho *por motivos* racistas»—, ya que se trata de una ideología que, en sus manifestaciones más radicales, ha servido de base para respaldar el genocidio de millones de víctimas entre, por ejemplo, las poblaciones judías, armenias o ruandesas. Pero no siempre que la víctima pertenezca a una raza distinta de la del agresor puede entrar en juego la agravante del artículo 22.4.ª, ya que «la apreciación de una agravante genérica o específica, sin prueba alguna que la sustente, vulnera la presunción de inocencia» (sentencia del Tribunal Supremo de 4 de noviembre de 2003). Y así, por ejemplo, si un delincuente tiene decidido previamente atracar un banco matando al cajero y, una vez que ha entrado en el local, percibe que ese cajero es una persona de color, y dispara contra él, matándola, en ese robo homicida no concurre la agravante de «motivos racistas»: porque el ladrón, que no tiene por qué tener una ideología ultraderechista de carácter nazi, no ha matado al cajero porque fuera negro, sino simplemente porque era el cajero.

Como primera conclusión puede retenerse ya que, en contra de lo que mantiene el TC, el artículo 153.1 CP lesiona, efectivamente, el principio de igualdad, porque ese precepto *no hace depender su aplicación de que las vías de hecho que en él se tipifican sean reconducibles a una motivación machista*, de manera que, en el caso de que esa motivación no concurra en la conducta del varón, está sancionando con penas más graves conductas idénticas según que hayan sido ejecutadas por un hombre o por una mujer.

La segunda objeción que hay que formular a la sentencia del TC es que, además del principio de igualdad, y como ha podido deducirse ya de lo que he expuesto hasta ahora, vulnera también el de la responsabilidad penal personal, como derivación de la dignidad de la persona (art. 10.1 CE), entendida aquélla en el sentido de que al autor sólo se le puede imputar aquello que efectivamente ha ejecutado y no lo que hayan podido ejecutar otras personas.

Cuando el TC, en consonancia con la LVG y con su Exposición de Motivos, trata de justificar el distinto tratamiento de las vías de hecho realizadas dentro de una relación presente o pasada de pareja, en función de si han sido ejecutadas por un hombre o por una mujer, apelando a «las altísimas cifras» de agresiones de carácter machista y a que las conductas tipificadas en el artículo 153.1 CP tienen el «significado objetivo» de «reproducción de un arraigado modelo agresivo de conducta contra la mujer por parte del varón en el ámbito de la pareja», ya que «se insertan en ciertos parámetros de desigualdad tan arraigados como generadores de graves consecuencias», es decir: apelando a que *otros* hombres ejercen actualmente la violencia machista y a que *muchos de nuestros antepasados masculinos* contribuyeron a generar esos arraigados parámetros de desigualdad, el Tribunal, con ello, alejándose de la responsabilidad penal personal, se está aproximando a la *Sippenhaftung* (responsabilidad por la estirpe) del Derecho germánico medieval. Según esa *Sippenhaftung*, la responsabilidad de quien había cometido un delito se extendería también a su estirpe (tribus, parientes), aunque estos últimos no hubieran tenido nada que ver con el hecho criminal, viniendo caracterizada esta responsabilidad medieval, por consiguiente, por que los parientes responden, no por lo que han hecho, sino por lo que ha ejecutado *otra persona* que pertenece a la misma estirpe. Por ello, cuando se trata de justificar la superior pena del artículo 153.1 CP, argumentando con que muchos de nuestros antepasados masculinos han contribuido a arraigar un «modelo agresivo de conducta contra la mujer por parte del varón en el ámbito de la pareja», o con que actualmente existen «altísimas cifras» de violencia machista, y que, por ello, no es el *precepto común* de las vías de hecho, sino el *agravado* del artículo 153.1 el que debe ser aplicado a cualquier varón que lesione levemente a su mujer, independientemente de que la agresión —como en los ejemplos de la esposa ludópata o incestuosa, o del marido de escasa altura casado con la judoka cinturón negro— no sea reconducible a machismo de clase alguna, a esos autores no se les está haciendo responder por lo que han hecho personalmente, sino *por pertenecer a la estirpe «hombre»,* donde, efectivamente, existen «altísimas cifras» de autores que han ejercido y que ejercen la violencia sobre sus parejas o ex parejas femeninas de forma prepotente y abusando de una realmente existente situación de desigualdad.

En el Prólogo a la décima edición de este Código Penal —que sigo reproduciendo en esta edición—, y cuando la Ley contra la Violencia de Género era sólo un Proyecto, ya anticipaba algunas de las ideas que en este nuevo Prólogo reitero y amplío al hilo de la sentencia del TC 59/2008, ideas que encontraron el repudio de algunas feministas, como el de la directora del Instituto Andaluz de la Mujer, tal como se recoge en una nota a pie de página de ese Prólogo a la décima edición.

El filósofo polaco Leszek Kolakowski, en su Libro *El hombre sin alternativa*[6], escribe, en referencia al marxismo realmente existente en los entonces países socialistas, donde la doctrina marxista se establecía por los aparatos políticos de los correspondientes Partidos Comunistas, y, predominantemente, por el de la Unión Soviética, que «[l]a palabra "marxismo" no significa, en absoluto, una doctrina que venga determinada por su contenido, sino una doctrina que viene determinada de manera exclusivamente formal, y siempre según el correspondiente decreto de una institución infalible», añadiendo: «En 1945 el único pensamiento marxista sobre Hegel se limitaba a la afirmación de que era un chovinista alemán, un apologista de la guerra, un enemigo de los pueblos eslavos y un precursor del fascismo», mientras que «en 1954 se le valoraba como un sobresaliente dialéctico e idealista que había desempeñado un gran papel en la construcción de la filosofía marxista», con lo que Kolakowski llegaba a la conclusión de que «[l]a palabra "marxista" no designa a una persona que posee una u otra concepción del mundo con un contenido perfilado, sino a una persona con una determinada actitud espiritual caracterizada por que acepta las concepciones que son confirmadas por la autoridad; desde este punto de vista, carece de importancia qué contenido actual posee el marxismo: uno deviene marxista si se declara dispuesto a aceptar, de caso en caso, el contenido que presente la autoridad».

Pido disculpas por esta larga cita. Pero encuentro un paralelo entre esa definición del marxismo imperante en los países socialistas de entonces y la actitud actual del feminismo integrista cuando se

---

1 *Der Mensch ohne Alternative. Von der Möglichkeit und Unmöglichkeit Marxist zu sein*, Múnich, 1960. Las citas que se recogen a continuación figuran en las pp. 8 y 19 de ese libro.

ponen en cuestión algunos de sus postulados u ocurrencias de turno. Independientemente de su contenido, cualquiera de esos postulados u ocurrencias sería «progresista» por la simple y única razón de que constituyen en ese momento la doctrina oficial aprobada por las autoridades feministas, y cualquier crítica que se formule a aquéllos convierte al opositor en un retrógrado, cuando no en un machista. Frente a ello hay que decir que, para quienes no creemos en ninguna clase de «institución infalible», lo determinante no es *quién* lo dice, sino *qué* es lo que se dice, y que, como sucede con el artículo 153.1 CP, no puede ser progresista un precepto penal que vulnera los principios de igualdad y de responsabilidad penal personal.

Madrid, julio de 2008

ENRIQUE GIMBERNAT ORDEIG

PRÓLOGO A LA DÉCIMA EDICIÓN

I

La presente edición incorpora al texto del Código Penal las numerosas reformas introducidas por la Ley Orgánica 15/2003, de 25 de noviembre, por la que se modifica la Ley Orgánica 10/1995, de 23 de noviembre, del Código Penal, que entra en vigor el 1 de octubre de 2004.

La modificación de las cuantías —y la conversión de éstas de pesetas en euros—, y la reforma o innovación de algunas consecuencias punitivas —rebaja de seis a tres meses del límite mínimo de la pena privativa de libertad, ampliación del límite máximo de las penas de alejamiento y de no aproximación a la víctima, y de la privación del derecho a la tenencia de armas, supresión del arresto de fin de semana, introducción de la pena de localización permanente—, traen consigo que muchos artículos del Código Penal, de los casi doscientos afectados por la Ley Orgánica 15/2003, se hayan visto alterados, no en la definición de las conductas delictivas, sino sólo en aquellas cuantías o en la nueva pena que ahora se impone.

La dimensión de la reforma es la que explica que los preparadores de esta edición hayamos considerado conveniente incluir, en un Apéndice 1, el texto de todos los artículos derogados por la Ley Orgánica 15/2003. En primer lugar, para que el intérprete, teniendo a la vista también los artículos derogados, y para los hechos cometidos con anterioridad al 1 de octubre de 2004, pueda disponer de los datos necesarios para decidir qué precepto o preceptos, por ser más favorables, deben ser aplicados: si aquellos que acaban de entrar en vigor o los que han dejado de estarlo. Y, en segundo lugar, para que, comparando los viejos con los nuevos artículos, pueda precisar el contenido y el alcance de esta nueva reforma del Código Penal.

II

Entre los años sesenta y ochenta del siglo pasado se inicia en Occidente, y especialmente en Europa, un movimiento *descriminalizador*, impulsado por partidos de izquierda, y por juristas y organizaciones de carácter progresista (entre ellas, las feministas), que consiguen que desaparezcan de los Códigos Penales, en gran medida, conductas delictivas que figuraban en ellos desde el siglo XIX. A ese movimiento hay que reconducir la despenalización —en algunos casos sólo parcial— del aborto, de la propaganda y venta de productos anticonceptivos, del adulterio, del estupro, del escándalo público —y, consiguientemente, de la elaboración y comercialización de pornografía de adultos entre personas adultas también—, de la homosexualidad y del incesto entre parejas mayores de edad, o del consumo de drogas.

Pero a partir de los años noventa del siglo XX la tendencia se invierte: los llamados «nuevos gestores de la moral colectiva» (véase sobre ellos el decisivo Libro de Silva *La expansión del Derecho penal. Aspectos de la política criminal en las sociedades postindustriales*, 2.ª ed., 2001, pp. 66 ss.), es decir: asociaciones como las feministas, pacifistas o antixenófobas, se convierten en grupos de presión que pretenden —y en muchos casos consiguen— la consagración legislativa de sus postulados, acudiendo precisamente a la *criminalización* o, en su caso, cuando el comportamiento está ya previamente tipificado, al *endurecimiento* de las sanciones, prescindiendo muchas veces de si ello es compatible o no con los principios básicos que deberían informar la legislación penal en un Estado de Derecho.

Ciertamente que todo ello ha adquirido ahora actualidad con motivo del Proyecto socialista de Ley integral contra la violencia de género, recientemente aprobado por el Consejo de Ministros, en el que se elevan de faltas a delitos las amenazas y coacciones *leves* ejercidas por los hombres contra las mujeres; pero ese Proyecto no es más que un ulterior eslabón —de momento, el último— de una cadena de modificaciones previas del Código Penal, propugnadas por los movimientos feministas, e introducidas en los últimos años —casi siempre con el consenso entre los Partidos Popular y Socialista—, que, en lo que sigue, paso a exponer y a criticar.

Entre las novedades introducidas por la Ley Orgánica 11/2003, de 29 de septiembre, figura el desplazamiento del delito de malos tratos habituales desde el Título III del Libro II («De las lesiones») del Código Penal, donde hasta entonces figuraba en su artículo 153, al artículo 173.2 del Título VII («De las torturas y *otros delitos contra la integridad moral*»). Sin embargo, no todos los casos de violencia doméstica lesionan el bien jurídico de la integridad moral, sino sólo algunas modalidades de aquélla, a saber: cuando mediante un (mal)trato se provoca «una humillación o sensación de envilecimiento que alcance un nivel determinado» (sentencia del TC 65/1986, de 22 de mayo).

Como dentro de los malos tratos en el ámbito familiar se puede establecer una graduación entre aquellos que consistan en meros ataques a la integridad física y a la salud de los sujetos pasivos, y aquellos otros —más graves— que además supongan una especial humillación para la víctima —sólo entonces se lesionaría el ulterior bien jurídico de la integridad moral—, la inclusión indiscriminada de todos estos delitos en el Título VII del Libro II —tal como hace la Ley Orgánica 11/2003— equipara hechos *desiguales* e impide, con ello, un tratamiento justo y diferenciado: porque no son lo mismo los malos tratos que sólo afectan a la integridad física, y que tendrían que ser castigados como lo que realmente son, es decir: como un delito de lesiones, que aquellos otros en los que, además, se humilla y envilece a la víctima, los cuales, por afectar a dos bienes jurídicos distintos, deberían ser reprimidos, en concurso ideal, además de como dicho delito de lesiones, también por otro contra la integridad moral.

Teniendo en cuenta que la mayoría de los casos de violencia doméstica tienen como sujeto activo a un hombre y como sujeto pasivo a una mujer, aunque también pueden producirse —y de hecho se producen—, dentro del marco de relaciones de pareja heterosexuales, por autoras del sexo femenino sobre personas del masculino, y, en las homosexuales, por mujeres sobre mujeres y por hombres sobre hombres, el mensaje implícito del nuevo artículo 173.2 —que se aplicará casi exclusivamente a las agresiones ejecutadas por autores del sexo masculino contra víctimas del femenino— es que, en contra de toda evidencia, y en contra de lo que enseña cualquier elemental aproximación a la realidad social, las agresiones de hombres sobre mujeres persiguen siempre vulnerar la integridad moral de éstas. Ese mensaje implícito se ha convertido en explícito en el Proyecto de Ley Orgánica integral de medidas contra la violencia de género, que al elevar a delito, en sus artículos 29 y 30, las faltas de amenazas y de coacciones cometidas por hombres contra mujeres —y *sólo* por hombres contra mujeres—, establece, con una presunción que no admite prueba en contrario, en su artículo 1.º, que la «violencia ejercida sobre las mujeres» se utiliza *siempre* «como instrumento para mantener la discriminación, la desigualdad y las relaciones de poder de los hombres sobre las mujeres». Este postulado del feminismo radical, que, como en su día el nacionalcatolicismo, pretende imponer sus principios al resto de la población no-creyente, por la vía coactiva del Derecho penal, sólo puede defenderse desde un fundamentalismo que, precisamente porque lo es, se niega a ver una realidad que simplemente se coge con las manos: porque la mayoría de las amenazas y coacciones leves ejercidas por un hombre sobre una mujer dentro de una relación de pareja no tienen nada que ver con un «instrumento para mantener la discriminación, la desigualdad y las relaciones de poder de los hombres sobre las mujeres», sino que obedecen a motivos tan pedestres como sobre a qué colegio debe llevarse a los hijos o a cómo reaccionar frente a sus eventuales malas notas escolares, a cuestiones de economía doméstica —«querida: tenemos dificultades para pagar la hipoteca, y, como no reduzcas gastos, te vas a enterar de lo que vale un peine»—, a discusiones sobre materias políticas o religiosas, o a si hay que pasar las vacaciones en la playa o en la montaña.

Cuando se pretende explicar —y ésa es, en efecto, la única explicación plausible— por qué la conducta de dar un *único* empujón a la pareja se ha transformado de falta en un delito de lesiones, y que la pena prevista para ese comportamiento puede ser la de siete meses a un año de prisión (art. 133, introducido por Ley Orgánica 11/2003, de 29 de septiembre), y que una *única* coacción leve del hombre sobre su pareja femenina va a ser castigada con prisión de seis meses a un año (art. 30 del Proyecto contra la violencia de género), con el argumento de que esas acciones aisladas constituyen un indicio de que en el futuro el autor puede cometer ulteriores actos de violencia o de coacciones, los principios que con todo ello se están llevando a la práctica son los mismos que, en su día, inspiraron la Ley de Vagos y Maleantes y, su sucesora, la de Peligrosidad y Rehabilitación Social, que aplicaban medidas de seguridad predelictuales privativas de libertad sobre la base, no del hecho cometido, sino de los que el autor —por su «estado peligroso»— podía llegar a cometer. La única diferencia entre esas reformas, vigentes ya o proyectadas, del Código Penal y aquellas funestas leyes reside en que en éstas el «estado peligroso» —es decir: la consagración del autoritario «Derecho penal de autor» frente al «Derecho penal de hecho» democrático— desencadenaba una medida de seguridad predelictual y que el Código Penal presente y el futuro operan y operarán con una exasperación de la pena convirtiendo, además, lo que siempre ha sido una falta en un delito; pero la filosofía subyacente es la misma: al autor no se le castiga por lo que ha hecho, sino por lo que, sin haberlo hecho, tal vez pudiera hacer.

Las protestas feministas ante la doctrina establecida por el Tribunal Supremo (que no hacía sino aplicar el Código Penal entonces vigente, ateniéndose en su interpretación, como es preceptivo, al principio de legalidad) de que introducir con violencia o intimidación un dedo por la vagina no era constitutivo de un delito de violación, sino de una agresión sexual que podía ser penada con la considerable pena de prisión de siete a diez años (art. 178 en relación con el 180), han surtido su efecto en el legislador: de acuerdo con el nuevo artículo 179, modificado por la Ley Orgánica 15/2003, a partir de ahora también se considerará violación la introducción en la vagina de miembros corporales —como los dedos— distintos del pene. Pero basta describir las características que concurren en un comportamiento y en otro para comprender en qué consiste su distinta gravedad y para rechazar, también, esta reforma: con la penetración con el pene la mujer corre el riesgo de quedarse embarazada y de contraer enfermedades tan graves como el sida, obligándosela, además, a mantener una *relación sexual completa*, mientras que en la introducción de un dedo no se da ninguna de esas circunstancias, por lo que esa equiparación penal de ambos comportamientos debería desaparecer de nuestra legislación.

La prostitución, como tal, no constituye delito alguno en el Código Penal, que sólo castiga a los *terceros* que cooperan con aquélla cuando es ejercida por menores de edad o incapaces, o por mayores de edad sometidos a violencia, intimidación o engaño. Pero el nuevo artículo 188, introducido por la Ley Orgánica 11/2003, tipifica ahora también la conducta de quien se lucra de la prostitución ajena practicada libremente por personas adultas. Como la mayoría de las personas que ejercen ese oficio son mujeres, este retroceso a la legislación anterior a 1995 sólo puede entenderse como una plasmación de la idea de que la prostitución es una actividad degradante que convierte a la mujer en un mero objeto para la satisfacción sexual de los hombres, y que, por consiguiente, hay que castigar penalmente a quien coopera con ella. Pero frente a esta idea hay que decir que uno de los principios básicos del Derecho penal democrático es que, en el ámbito de la sexualidad, la intervención punitiva sólo está justificada cuando se trata de acciones cometidas contra menores (que no pueden manifestar un consentimiento válido) o cuando, si se trata de un mayor de edad, no actúa espontáneamente porque aquél se ha prestado bajo coacción, que el Estado no es quién para tutelar a una persona adulta que, libremente, puede hacer con su cuerpo lo que le venga en gana —también, y por supuesto, convertirse en una mujer-objeto que se dedica a la prostitución—, y disponer de sus ganancias también como le plazca, y que es una perversión del Derecho penal pretender imponer principios morales —sean de la religión católica o de la ideología feminista— no compartidos por esa persona adulta y responsable, criminalizando a su entorno: la forma de vida que han decidido llevar libremente un hombre y una mujer mayores de edad debe ser respetada por todos: también por los nuevos gestores de la moral colectiva. Por todo ello, esta ampliación de los delitos relativos a la prostitución debe ser derogada.

En la mayoría de los procesos de separación legal y de divorcio la guarda y custodia de los hijos es atribuida a la madre, recayendo sobre el padre y marido, o ex marido, la obligación de pagar una pensión alimenticia. El vigente Código Penal, en su artículo 227, castiga como delito a «el que dejare de pagar durante dos meses consecutivos o cuatro meses no consecutivos cualquier tipo de prestación económica a favor de su cónyuge o de sus hijos», pero, en virtud de la Ley Orgánica 15/2003, a partir del 1 de octubre de 2004 el nuevo artículo 618.2 también va a hacer responder penalmente a quien, sin realizar la conducta tipificada en ese artículo 227, «incumpliere obligaciones familiares establecidas en convenio judicialmente aprobado o resolución judicial» en los supuestos de separación o divorcio. Esta innovación también debe ser rechazada: porque sentar en el banquillo de los acusados a un padre o marido, o ex marido, que, en lugar de pagar la pensión alimenticia, tal como ha sido acordado, dentro de los cinco primeros días del mes, la abona cuatro días más tarde, o que infringe el régimen de visitas en una ocasión, y no va a recoger a sus hijos el fin de semana que le corresponde, supone criminalizar cualquier incumplimiento civil, por muy insignificante que sea, poner a disposición del cónyuge separado, o, en su caso, de su ex cónyuge, un instrumento de chantaje respaldado por el Estado, e introducir un factor de tensión en las a menudo, y ya de por sí, conflictivas relaciones postmatrimoniales, impidiendo que éstas discurran, dentro de lo posible, en el marco de un clima de diálogo y de mutuas concesiones en beneficio del superior interés de los hijos comunes.

Las agresiones dentro del marco de la vida de parejas o de ex parejas —además de con políticas de carácter educativo— pueden y deben ser combatidas, como acertadamente ha hecho el legislador español, con medidas *preventivas* como la de alejamiento y de no aproximación o comunicación con la víctima previstas en el nuevo artículo 544 bis LECrim, introducido por Ley Orgánica 14/1999, de 9 de junio, o con la orden de protección de las víctimas de la violencia doméstica, regulada en la Ley 27/2003, de 31 de julio, y, naturalmente, con los tipos penales *represivos* que siempre han existido en el Código Penal del homicidio, el asesinato, las lesiones, o las amenazas y coacciones.

El movimiento feminista ha dado origen a la mayor revolución del siglo XX, y a él le corresponde el mérito gigantesco de haber cambiado las condiciones de vida de las mujeres para conseguir —aunque todavía queda mucho por hacer— su equiparación social y profesional con los hombres. Pero ni siquiera esa aportación que ha abierto una nueva época de la Humanidad le legitima para entrar en el ámbito del Derecho penal como un elefante en una cacharrería.

Madrid, septiembre de 2004

ENRIQUE GIMBERNAT ORDEIG *

---

* Con motivo de este prólogo a la décima edición, la directora del Instituto Andaluz de la Mujer ha dirigido una carta de protesta al director general de Editorial Tecnos que reproduzco a continuación (las cursivas figuran en el texto original). Igualmente reproduzco mi contestación a la referida carta:

Junta de Andalucía
Consejería para la Igualdad y Bienestar Social
Instituto Andaluz de la Mujer

D. Manuel González Moreno
Director General
Editorial Tecnos (Grupo Anaya)
Juan Ignacio Luca de Tena, 15
28027 Madrid

13 de abril de 2005 [con fecha de salida de 5 de mayo]

Estimado Sr. González:

Ante el Instituto Andaluz de la Mujer ha llegado denuncia relativa a las ideas vertidas por el Profesor D. Enrique Gimbernat Ordeig en el prólogo de la décima edición del Código Penal de 1995, anotada y concordada, y que también incorpora las modificaciones introducidas por la Ley Orgánica 15/2003, de 25 de noviembre, que entró en vigor el pasado 1 de octubre de 2004.

Al hilo de estas incorporaciones y actualizaciones del texto legal de referencia, el mencionado profesor emite una serie de juicios de valor en relación a la violencia de género que van más allá del derecho de libertad de expresión, pues vulneran el principio constitucional de igualdad entre mujeres y hombres y suponen un grave atentado contra la dignidad humana.

La alarma social ante las referidas valoraciones es justificada pues nos encontramos ante un manual de uso académico y, por ende, orientado a un público joven más fácilmente influenciable y porque estas opiniones claramente sexistas y vejatorias para las mujeres se incorporan en el prólogo del Libro y están invitando, desde él, a realizar una lectura sesgada de las modificaciones incorporadas.

Que la editorial Tecnos asuma este prólogo y lo incorpore a su edición supone aceptar como publicidad del texto que edita afirmaciones del siguiente tenor donde nos invita a considerar el ejercicio de la violencia contra las mujeres como actos leves y cotidianos que han de ser asumidos con naturalidad: *la mayoría de las amenazas y coacciones leves ejercidas por un hombre sobre una mujer dentro de una relación de pareja nada tienen que ver con un «instrumento para mantener la discriminación, la desigualdad y las relaciones de poder de los hombres sobre las mujeres», sino que obedecen a motivos tan pedestres sobre a qué colegio debe llevarse a los hijos o a cómo reaccionar frente a sus eventuales malas notas escolares, a cuestiones de economía doméstica —«querida: tenemos dificultades para pagar la hipoteca, y, como no reduzcas gastos, te vas a enterar de lo que vale un peine»— ...*

Más adelante se lamenta de que *la conducta de dar un único empujón a la pareja* se haya transformado de falta en un delito de lesiones. En general, argumenta sus apreciaciones considerando los postulados del feminismo como *radicales, que entran en el ámbito del Derecho penal como un elefante en una cacharrería*, para acabar *identificando el feminismo con el nacionalcatolicismo*.

Difundir tales apreciaciones cuando sabemos muy bien lo que representa la lacra de la violencia de género en nuestra sociedad, gravedad abordada en el marco legal de la recientemente aprobada Ley Orgánica 1/2004 de Medidas de Protección Integral contra la violencia de género, dice poco a favor de la editorial que las ampara. Es más, dado el carácter publicitario que asume todo prólogo, su consideración queda dentro de lo establecido en el capítulo II, artículos 10 y siguientes, de la mencionada Ley.

Ruego, por todo ello, sea revisado en la línea mencionada el prólogo del profesor Gimbernat.

Le informo, asimismo, de que se trasladará copia de este escrito al Observatorio contra la Violencia de Género, sin perjuicio de seguir cuantas actuaciones sean necesarias en la medida en que siga publicitándose esta edición a través del prólogo denunciado.

Atentamente,

DIRECTORA DEL IAM
ANA SOLEDAD RUIZ SEGUÍN

* * *

Sra. Ana Soledad Ruiz Seguín
Directora del Instituto Andaluz de la Mujer
Alfonso XII, 52
41002 SEVILLA

Muy señora mía:

Con la exigencia que expresa en su carta de 13 de abril de 2005, dirigida a don Manuel González Moreno, director general de Editorial Tecnos, de que «sea revisado en la línea mencionada [por Ruiz Seguín] el prólogo del profesor Gimbernat», no sólo intenta usted lesionar un derecho que, en su artículo 20.1.*b*), protege y me reconoce la Constitución Española, sino que está induciendo al señor González Moreno a que, alterando mi texto original, cometa una acción ilícita, tipificada en el artículo 14.4.º del Texto Refundido de la Ley de Propiedad Intelectual, que vulneraría mi derecho moral, «irrenunciable e inalienable», a la «integridad de [mi] obra».

Pero no son estas manifestaciones las más graves que se contienen en su carta.

Desde hace 40 años vengo criticando, con argumentos jurídicos, la mayoría de las reformas penales que se han producido en España, y proponiendo otras, igualmente con argumentos jurídicos, que, según mi criterio, me parecían pertinentes. Y ni siquiera durante el franquismo se había atrevido nadie a ejercer la «censura» —ni previa ni *a posteriori*— sobre mis escritos, ni a amenazarme con denuncias si no rectificaba mis opiniones. Me considero un científico, y, como tal, no creo en ninguna clase de dogmas, ni religiosos ni de cualquier otra ideología, sino sólo en la razón. En mi prólogo no se contiene ni una sola afirmación, ni un solo juicio de valor, que no sea el resultado de un razonamiento previo; y ese prólogo únicamente lo modificaré si alguien, con argumentos —y no con los eslóganes y con las frases extraídas de contexto con los que usted sustituye en su carta a los argumentos—, me convence de que mis opiniones están equivocadas.

Madrid, 17 de mayo de 2005

ENRIQUE GIMBERNAT ORDEIG

PRÓLOGO A LA NOVENA EDICIÓN

I

La presente edición se ofrece —además de con los correspondientes Apéndices, a los que se ha añadido un Apéndice 2, en el que se recoge la Ley de Indulto, y, naturalmente, con la puesta al día de las referencias legislativas que figuran en las notas a pie de página— con las últimas modificaciones que se han incorporado al Código Penal.

Como la reforma más importante y extensa del Código es la que se introduce por la Ley Orgánica 15/2003, de 25 de noviembre, pero ésta no entrará en vigor hasta el 1 de octubre de 2004, y, por consiguiente, todavía no es Derecho vigente, su texto íntegro se recoge en el Apéndice 1, a fin de que el lector pueda informarse ya del cambio profundo que va a experimentar el Código Penal dentro de unos pocos meses. En cualquier caso, en el texto todavía vigente del Código Penal —y para que se pueda tener una idea precisa de la situación transitoria en la que nos encontramos— se ha especificado, en notas a pie de página, cuáles son aquellos artículos que van a ser objeto de una más o menos importante modificación a partir de octubre de 2004.

II

Los atentados del 11 de septiembre de 2001 han tenido como consecuencia, en el campo del Derecho internacional, la guerra de agresión a Irak, a pesar de que, según la sentencia de 1 de octubre de 1946 del Tribunal Internacional de Núremberg, por la que se condenó a Hermann Göring y a otros grandes criminales nazis, «el desencadenamiento de una guerra de agresión es el más grave de los crímenes internacionales, que sólo se distingue de otros crímenes de guerra en que incluye y acumula todos los horrores de los otros crímenes».

Y en el campo del Derecho penal, Guantánamo. Es decir: la prisión preventiva indefinida y al margen de todo control judicial, la tortura de los detenidos, la negación de sus derechos a no declarar, a no confesarse culpables y a informarles de los cargos que se les imputan, la ausencia de asistencia letrada, y, cuando termine ese infierno, su sometimiento a tribunales militares de excepción ante los que se desarrollarán juicios secretos carentes de cualquier clase de publicidad. Es decir: la regresión, de casi trescientos años, a un Derecho penal anterior a Cesare Beccaria.

III

Desgraciadamente, tampoco España se ha sustraído, en su represión penal del terrorismo, a la renuncia a principios fundamentales de la Constitución y del Derecho penal democrático.

1. La pena de cuarenta años de prisión efectiva que ahora prevé el Código Penal para la delincuencia terrorista, introducida por el Partido Popular, con el apoyo del Partido Socialista, por la Ley Orgánica 7/2003, supone subir un peldaño más en la de treinta años, también efectivos, que había establecido ya el CP 1995. Que esa pena es inconstitucional lo había señalado ya en mi «Prólogo» a la segunda edición de este texto (en su apartado II.1). No tengo espacio para —ni ganas de— explicar lo obvio: que con treinta o cuarenta años por delante de prisión efectiva al delincuente se le priva de su derecho constitucional a ser reeducado y reinsertado socialmente.

Con esta finalidad de la pena privativa de libertad de estar orientada a la «reeducación y reinserción social» (art. 25.1 CE) tampoco tiene nada que ver el requisito que el nuevo artículo 90 introduce, para que el delincuente terrorista pueda acceder a la libertad condicional, de que colabore con las autoridades, suministrando información, en la lucha contra las bandas armadas. ¿Qué tendrá que ver una cosa con la otra?: es perfectamente compatible hallarse socialmente reinsertado, estar dispuesto a llevar una vida honesta alejado del crimen, querer incorporarse, como facultativo, en un lejano rincón de África, a, digamos, «Médico sin fronteras», y, sin embargo, negarse a colaborar —por miedo, o por razones bien o mal entendidas de conciencia— para la detención de otros miembros de una organización que ahora tal vez detesta.

2. El artículo 93.3 establece que el delincuente terrorista que ha accedido a la libertad condicional, si ésta le es revocada, «cumplirá el tiempo que reste de cumplimiento de condena con *pérdida del tiempo pasado en libertad condicional*». Lo que significa que si con una condena de treinta años, por ejemplo, se obtiene la libertad condicional después de veintisiete años, y a los dos años de estar en esa situación al penado se le revoca ese beneficio, *la pena que finalmente tendrá que cumplir será de treinta y dos años*, ya que la libertad condicional no es más que una modalidad de ejecución de la pena privativa de libertad (art. 72.1 LOGP). Pero, como la pena de treinta años que realmente se le ha impuesto ha sido decretada por una sentencia *firme*, es simplemente un atentado contra el principio de la «cosa juzgada» que un juez de vigilancia pueda elevar en dos años, sin que se haya celebrado un nuevo juicio, la extensión de la pena privativa de libertad con la que le sancionó el único órgano judicial que tenía competencia para hacerlo: el tribunal sentenciador.

3. La Disposición Transitoria única de la Ley Orgánica 7/2003, de 30 de junio, establece que las restricciones que, frente al Derecho hasta entonces vigente, prevé esa Ley para la concesión de beneficios penitenciarios, «será[n] aplicable[s] a las decisiones que se adopten sobre dichas materias desde su entrada en vigor, con *independencia del momento de comisión de los hechos delictivos o de la fecha de la resolución en virtud de la cual se esté cumpliendo la pena*». De acuerdo con esa Disposición, por consiguiente, los mucho mayores obstáculos que a partir de ahora existen para acceder a la libertad condicional y a la clasificación o progresión al tercer grado penitenciario rigen también con relación a aquellos delitos que se cometieron y se juzgaron con anterioridad a la entrada en vigor de la Ley Orgánica 7/2003. Sin embargo, y como aquí estamos ante normas de carácter sancionador, y éstas no pueden tener efectos retroactivos cuando perjudican al destinatario de las mismas, tal como establece el artículo 25.1 CE, y ha desarrollado el Tribunal Constitucional, de ahí que esa Disposición Transitoria sea inequívocamente inconstitucional y deba ser considerada, en consecuencia, como no vigente.

IV

Por último, la Ley Orgánica 20/2003, de 23 de diciembre, que, entre otros preceptos, ha introducido en el Código Penal el artículo 506 bis, que castiga la convocatoria de consultas populares por vía de referéndum por quien careciera de competencia para ello, debe ser sometida a las siguientes objeciones:

1. En primer lugar, que un texto de la importancia del Código Penal, que impone la consecuencia más grave que conoce el ordenamiento jurídico, como lo es la pena, cuyo supuesto más paradigmático es el de la privación de libertad, y precisamente por ello, no debe modificarse sin período de reflexión alguna y sorpresivamente, y mucho menos aún sin ser sometido al preceptivo dictamen del Consejo General del Poder Judicial.

2. En segundo lugar, que a la legislación penal, a no ser que con ella se trate de abordar fenómenos nuevos, como lo puede ser el de la manipulación genética, difícilmente, si es que realmente son merecedoras de pena, se le puede haber escapado la tipificación de conductas susceptibles de ser consideradas delictivas. Y ello es, efectivamente, lo que sucede en el presente caso, donde la convocatoria de elecciones o de consultas populares por vía de referéndum, que se tipifica en el nuevo artículo 506 bis, ya está prevista como hecho punible, pues o bien constituye un delito de usurpación de atribuciones del vigente artículo 506, o uno de prevaricación del artículo 404, ya que, según la unánime doctrina del Tribunal Supremo, es siempre una «resolución arbitraria» aquella que se dicta por quien carece de absoluta competencia para hacerlo, independientemente de que, desde el punto de vista del Derecho administrativo, tales convocatorias serían siempre nulas de pleno derecho.

3. Finalmente, la pena prevista en el nuevo artículo 506 bis es manifiestamente desproporcionada, porque si la conspiración para una rebelión, es decir: para un *levantamiento armado* destinado a «declarar la independencia de una parte del territorio nacional» se castiga con una sanción que puede ir de tres años y tres meses a siete años y medio de privación de libertad (art. 472.5.º en relación con los arts. 473 y 477 del Código Penal), difícilmente se puede justificar que la convocatoria de un referéndum, como el que pretende efectuar el lehendakari Ibarretxe, que ni siquiera está dirigido directamente a la secesión del País Vasco, ni en el que mucho menos sea imaginable que se esté preparando el uso de la fuerza, merezca ser reprimida con prisión de tres a cinco años.

V

Hace ya unos cuantos años que en los países democráticos —no sólo en España— los políticos descubrieron que en el Derecho penal —más precisamente: que en el *endurecimiento* del Derecho penal— había una gran cantera de votos. Corren malos tiempos.

Madrid, enero de 2004

ENRIQUE GIMBERNAT ORDEIG

PRÓLOGO A LA QUINTA EDICIÓN

LA REFORMA DE LOS DELITOS SEXUALES

A partir de mediados de los años sesenta empieza a imponerse en la Europa democrática el criterio de que, en materias sexuales, el Derecho penal sólo debe intervenir en dos supuestos: en primer lugar, cuando una de las personas involucradas no acepta *libremente* el comportamiento carnal, bien porque se impone la conducta contra —ejerciendo violencia o intimidación— o sin el consentimiento de la víctima —que se encuentra inconsciente—, o bien cuando dicho consentimiento está viciado porque el autor se sirve de engaño o de una situación de superioridad para obtenerlo; y, en segundo lugar, cuando se actúa contra un niño.

De acuerdo con estos principios, el Derecho penal sexual occidental —también el español, a partir de la llegada de la democracia— entra en un radical proceso de reforma despenalizadora, desapareciendo de los Códigos —porque se trata de conductas ejercidas libremente entre adultos— los tradicionales delitos de adulterio y de amancebamiento, de homosexualidad, de comercialización de productos pornográficos, etc.

La reforma del Código Penal, por Ley Orgánica 11/1999, de 30 de abril, de los «delitos contra la libertad e indemnidad sexuales» rellena dos lagunas en referencia a la protección de la infancia que la torpeza o la imprevisión del legislador habían dejado sin cubrir en el CP 1995.

Como el Código anterior sólo castigaba incondicionalmente —es decir: aunque se practicaran con su «consentimiento»— las acciones sexuales ejercidas sobre menores de doce años, y como la jurisprudencia del Tribunal Supremo (TS), para reprimir adecuadamente los abusos cometidos con niños de doce y de trece años, acudía al tipo de la corrupción de menores, la supresión por el CP 1995 de este delito dejó desamparados —a pesar de que todavía se encontraban en una edad infantil— a los sujetos pasivos que tenían tales edades, desamparo que se puso de manifiesto espectacularmente cuando el TS en 1996, al aplicar por primera vez el nuevo Código, tuvo que anular la condena de cuatro años y nueve meses de prisión impuesta a un padre por la Audiencia Provincial de Madrid, por la desaparecida corrupción de menores, que «acariciaba y besaba los senos y los órganos genitales de una hija suya de doce años de edad, llegando incluso en alguna ocasión a introducir los dedos en éstos», dictando una nueva e inevitable sentencia en la que —respetando, como no podía ser de otra manera, el principio de legalidad— se sancionaba al autor solamente con una irrisoria pena pecuniaria.

La torpeza del legislador de 1995, que no previó qué alcance tenía la supresión sin sustitutivo alguno de la corrupción de menores, ha sido enmendada por la Ley Orgánica 11/1999, que, al elevar la protección sexual incondicional del menor hasta abarcar a los que tienen una edad de doce años, va a permitir imponer ahora, en cualquier supuesto semejante al enjuiciado en la referida sentencia de 1996, una pena de prisión de tres años (art. 181.2 en relación con el 180.1.3.ª y 4.ª), y, en el caso de que el abuso llegue al acceso carnal, una de hasta diez años de privación de libertad.

La pornografía infantil es un fenómeno delictivo *nuevo* que empieza a manifestarse masivamente a partir de finales de la década pasada, y que, por la imprevisión del legislador de 1995, no se supo abordar adecuadamente en la redacción del nuevo Código. Para subsanar dicha falta de previsión, la Ley Orgánica 11/1999 tipifica, por primera vez en nuestro Derecho, la comercialización de pornografía infantil —hasta ahora sólo era delito su elaboración—, habiendo sido rechazada en el Congreso de los Diputados, por la oposición de los parlamentarios del PSOE, una enmienda introducida en el Senado —y que contó posteriormente con el apoyo del PP, de IU y de CiU—, que preveía también castigar penalmente la adquisición de ese material pornográfico, conducta ésta que, en mi opinión, asimismo —y aunque sólo se hubiera sancionado con una pena simbólica— debería haberse incorporado al CP, por las razones que expongo a continuación.

En primer lugar, porque estamos ante un comportamiento estructuralmente semejante al clásico delito de la receptación —que se comete, por ejemplo, cuando se compran objetos robados con conocimiento de su ilicitud de origen—, ya que la razón por la cual esa conducta se considera punible reside, por una parte, en que el receptador ataca el mismo bien jurídico (la propiedad) que el delincuente originario, pues al adquirir la cosa sustraída perpetúa y agudiza la situación patrimonial antijurídica creada por el ladrón; y, por otra, en consideraciones de prevención general, ya que el perista supone un estímulo para que se cometan delitos contra la propiedad, en cuanto que —por acudir a un ejemplo característico— muchos robos de joyas no se cometerían si el autor no contara con que, *a posteriori*, iba a encontrar una persona que diera salida a las alhajas sustraídas. De la misma manera, el adquirente de pornografía infantil, por una parte y cada vez que pasa en el vídeo las imágenes reproducidas —a veces de menores de cinco o de seis años o, incluso, de bebés—, perpetúa el ataque a la libertad y a la dignidad de los niños que han sido grabados previamente; y, por otra parte, contribuye al mantenimiento y expansión de una nueva y degradante «industria» que tiene como objeto y presupuesto la comisión de gravísimos delitos sexuales contra niñas y niños, pues aquélla sólo puede desarrollarse sobre la base de que el material filmado va a generar beneficios, encontrando compradores.

En segundo lugar, porque el argumento que a veces se utiliza contra la opinión que aquí se mantiene, de que, igual que no constituye delito la adquisición de droga para el propio consumo, tampoco lo debería constituir la de pornografía infantil, carece de fuerza de convicción, ya que establece una equivocada analogía entre dos supuestos que nada tienen que ver entre sí. El bien jurídico protegido en los delitos de tráfico de drogas es el de la salud, y el titular de ese bien jurídico es el adquirente, por lo que carecería de cualquier clase de lógica politicocriminal que se pretendiera castigar precisamente a aquel a quien la legislación penal trata de amparar; además: como la vida y la integridad física son bienes disponibles por su titular, de ahí que un CP que no castiga ni el suicidio frustrado ni la automutilación, tampoco puede castigar, inconsecuentemente, la adquisición para el propio consumo de una sustancia que sólo potencialmente puede menoscabar la vida o la salud de quien legítima y libremente puede disponer de ellas. En cambio, el bien jurídico protegido en un eventual delito de adquisición de pornografía infantil no pertenece al comprador, sino a un tercero (por ejemplo, al bebé cuya libertad e indemnidad sexuales son brutalmente atropelladas por el productor pornográfico), por lo que, al contrario de lo que sucede con quien se procura droga, el adquirente no tiene ninguna legitimación para disponer de los intereses de un tercero; y, además y como ya he señalado y desde un punto de vista preventivo general: si la receptación está ahí y se justifica, entre otras razones, porque trata de dificultar la comisión de delitos patrimoniales al penalizar también a quien se beneficia de ellos, con mucho mayor motivo debería tipificarse la conducta de quien se aprovecha de la pornografía infantil, en cuanto que es más grave y ataca bienes jurídicos mucho más importantes el delito base de filmar a una niña o a un niño practicando una felación que el de hurtar una cosa a su legítimo propietario.

Termino como empecé: Un Derecho penal progresista sólo puede —pero en esos casos: debe— intervenir para proteger de la imposición de comportamientos sexuales contra o sin el consentimiento de la víctima, o cuando se ejecutan sobre niñas o niños. Por ello, y en la medida en que se han cubierto lagunas legales en relación con la protección sexual de la infancia, la reciente reforma supone un avance frente a la regulación del Código Penal de 1995.

Madrid, junio de 1999

ENRIQUE GIMBERNAT ORDEIG

PRÓLOGO A LA TERCERA EDICIÓN

LA FUTURA PRIMERA REFORMA DEL CÓDIGO PENAL DE 1995

«El acusado [...], desde mayo de 1995 y con cada vez más frecuencia, acariciaba y besaba los senos y los órganos genitales de una hija suya de doce años de edad, llegando incluso en alguna ocasión a introducirle los dedos en éstos.» La resolución de la Audiencia Provincial de Madrid que, *mientras todavía regía el ya derogado Código Penal (CP 73)*, había calificado ese supuesto de hecho de un delito de corrupción de menores del antiguo artículo 452 bis b).1, imponiendo al autor la pena de cuatro años, nueve meses y once días de prisión, ha sido anulada por el Tribunal Supremo (TS), en su sentencia de 16 de septiembre de 1996 [Aranzadi (A.) 6843], *dictada después de la entrada en vigor del nuevo CP (CP 95)*, que tiene efectos retroactivos en lo favorable para el reo, sancionando ahora al padre *con una simple pena de multa* como responsable de un abuso sexual del artículo 181.3 CP 95.

El delito del antiguo artículo 452 bis b).1 que la Audiencia había imputado al padre se distinguía de un esporádico abuso o agresión sexuales en que, como consecuencia de la realización de aquél, la menor resultaba corrompida, quedando afectada «una faceta tan importante de la personalidad de la menor, comprometiendo la evolución y desarrollo de su personalidad» (sentencia del TS de 21 de abril de 1995, A. 3533). Sin embargo, y dado que el CP 95 ha decidido suprimir la corrupción de menores, ello ha hecho imposible que el TS pudiera confirmar la sentencia de la Audiencia, ya que, obviamente, no se puede aplicar un tipo penal que ha dejado de existir. Como los hechos tampoco se podían calificar de prostitución —entre otras razones, porque, para conseguir que la niña consintiera en los actos sexuales perpetrados, el padre se prevaleció de la situación de superioridad inherente a la relación que existe entre un progenitor y una niña de tan corta edad, pero no pagó contraprestación económica alguna—, de ahí que el TS no haya tenido más salida que castigar ahora al padre por un mero abuso sexual con una pena pecuniaria que, a la vista de la enorme gravedad de los hechos cometidos, constituye una sanción que, por su insignificancia, simplemente clama al cielo.

Como consecuencia de esta sentencia del TS en la que se aplica estrictamente lo dispuesto en el CP 95, en el Congreso de los Diputados se aprobó en noviembre de 1996, *por unanimidad*, una proposición no de ley en la que se solicitaba al Gobierno que «se tipifique el delito específico de corrupción de menores»: que seis meses después de la entrada en vigor del CP 95 los mismos grupos que lo habían aprobado propongan ahora reintroducir lo que acababa de ser suprimido constituye un política legislativa de pon y quita, de quita y pon, desconocida, por lo que alcanzo a ver, en la historia parlamentaria española.

La supresión de la corrupción de menores no es más que una muestra de otras regulaciones técnica y politicocriminalmente defectuosas, de las que el nuevo Código está plagado, y que condicionarán en el futuro, en la medida en que aquéllas vayan siendo puestas de manifiesto por la jurisprudencia o por la doctrina, ulteriores reformas para remediar los numerosos desaguisados cometidos. De ellas elijo sólo dos ejemplos más, que expongo a continuación.

En la regulación de la injuria, el CP 95, en su artículo 208.3, se aparta de lo regulado tanto en el CP 73, como en los anteriores Proyectos y Anteproyectos del CP, y establece la *exceptio veritatis* en ese delito cuando se manifiesta como *imputación de hechos*: «Las injurias que consistan en la imputación de hechos no se considerarán graves, *salvo cuando se hayan llevado a cabo con conocimiento de su falsedad o temerario desprecio de la verdad.*» Contra esta regulación hay que objetar dos cosas.

En primer lugar, que se introduce un concepto («temerario desprecio») prácticamente desconocido en la terminología juridicopenal española: si ese concepto equivale a dolo eventual o, en su caso, a imprudencia consciente —que son los títulos de imputación con los que hasta ahora se había operado—, así se debería haber especificado expresamente por el CP 95 para evitar el desconcierto y la inseguridad para la práctica y para la ciencia sobre lo que se ha querido decir con esos nuevos términos; y si se trata de una nueva «forma de culpabilidad» a intercalar entre el dolo eventual y la imprudencia consciente, cuyo límite no se ha podido establecer nítidamente después de más de un siglo de discusión, lo único que faltaba ya era añadir un nuevo título de imputación para perder toda esperanza de que esta difícil materia pueda llegar a aclararse algún día.

Por otra parte, que las injurias tengan como elemento del tipo la falsedad de los hechos imputados supone que, por ejemplo y a partir de ahora, impunemente y por todos los medios de comunicación imaginables, se pueda propagar de un pacífico y particular ciudadano y de su esposa que aquél es un cornudo ya que ésta ha mantenido relaciones sexuales con todos los jugadores del equipo de baloncesto local. Pues, si esa afirmación se ajusta a los hechos, la conducta del difamador no constituirá un delito de injurias, ya que no se ha aseverado nada «con conocimiento de su *falsedad*», sino que, por el contrario, sólo se han expresado hechos rigurosamente ciertos; y, si la afirmación no se corresponde con la verdad, difícilmente el marido o la mujer van a acudir a la justicia penal para obtener una reparación, ya que, como la falsedad de lo imputado es un elemento del tipo, éste tiene que quedar acreditado, por lo que, para demostrarlo, habría que hacer pasar a los querellantes por la humillante diligencia de que se recibiera declaración a todos los baloncestistas del lugar para preguntarles si la relación de éstos con la esposa difamada había consistido solamente en una hermosa amistad, o en algo más.

La nueva configuración de la injuria en el artículo 208.3 CP 95 supone, por todo ello, una carta blanca para que se pueda entrar a saco en la intimidad y en el honor de los ciudadanos, a los que el CP 95 deja desamparados, porque, si el hecho desacreditador que se afirma es verdad, entonces no constituye delito de injurias, y porque si es mentira ello tendría que ser demostrado en un procedimiento penal degradante y, por ello, prácticamente inexigible e inviable.

En Derecho penal se distingue entre actos preparatorios y ejecutivos, caracterizándose los primeros por que se realizan en un momento muy alejado aún de la consumación del delito (se compra una navaja para matar a un tercero); y los segundos, por que se llevan a cabo inmediatamente antes de lo que debería ser la lesión del bien jurídico (se intenta ya apuñalar a otro y éste consigue evitarlo). La doctrina española estaba de acuerdo en que *determinados* actos preparatorios (conspiración, proposición y provocación), dentro de los cuales se incluía la inducción frustrada, deberían castigarse, por la ausencia de un peligro inmediato y a diferencia de lo que sucedía en el CP 73, *sólo* cuando lo eran de un delito muy grave. A pesar de ello, el CP 95, en contra de esa opinión mayoritaria y sin que se haya dado ninguna explicación politicocriminalmente plausible de por qué se ha hecho así, ha decidido eliminar como delito la inducción frustrada —que la jurisprudencia del Tribunal Supremo incluía unánimemente en la provocación (art. 4.3 CP 73, art. 18.1 CP 95)— cuando se realiza *directamente* de palabra sobre el provocado, reservando para la provocación punible *únicamente* la incitación al delito a través de los medios de comunicación; por consiguiente, y a partir de la entrada en vigor del nuevo CP, ya no se puede castigar, porque ha dejado de ser delito si el provocado por cualquier circunstancia decide no ejecutar el hecho, a quien, por ejemplo, paga a unos sicarios para que maten a una anciana (sancionado todavía como provocación en la sentencia del TS de 21 de marzo de 1986, A. 1678), ni a quien ordena a otros ejecutar un atentado contra la vida de un miembro de las Fuerzas de Seguridad del Estado (considerado, bajo la vigencia del CP derogado, igualmente una provocación por la sentencia de 22 de septiembre de 1987, A. 6618).

El CP 95 es en su mayor parte una copia literal del Proyecto de 1980 (modificado a su vez, en algunos aspectos puntuales, por el Anteproyecto de 1983). Pero esa recepción masiva debería haberse efectuado teniendo en cuenta que algunas de las circunstancias entonces vigentes se habían modificado con el transcurso del tiempo. Y, así, cuando el Anteproyecto de 1983 decidió suprimir la corrupción de menores ello se hizo porque, en ocasiones, una jurisprudencia conservadora estaba utilizando esa figura delictiva para amenazar la libertad de expresión considerando punible, por ejemplo, la difusión entre niños de obras de educación sexual (caso *Libro rojo del cole*). Pero en 1995, y desde hacía diez años, los Tribunales habían pasado a aplicar la corrupción *única y exclusivamente* a graves agresiones sexuales no violentas contra niños, especialmente en la franja de doce y trece años, con penetración o sin ella, como en el caso de la sentencia de 16 de septiembre de 1996 al que me refería al comienzo de este prólogo.

Por lo demás, y a diferencia de los textos prelegislativos anteriores, incluyendo el Proyecto de 1992, que no quisieron dar por cerrada ninguna cuestión que fuera técnicamente discutida o discutible, a fin de no perturbar el progreso de la jurisprudencia y de la doctrina, los desconocidos redactores del Proyecto que ha servido de base al CP 95 —incapaces, por otra parte, de poner en pie un texto alternativo de Código Penal— han agotado su ingenio en meter la pluma para introducir, de acuerdo con sus particulares y minoritarias opiniones, cambios súbitos que, como la supresión como delito de la inducción frustrada o la pintoresca nueva regulación de la injuria, no habían sido madurados, en cuanto que no venían precedidos de una discusión previa en la que se hubiera llegado a una conclusión unánimemente aceptable y aceptada.

Como consecuencia de esta actitud sectaria, de la que se podrían exponer muchos otros ejemplos, se ha desperdiciado —y dilapidado— en un año lo que el esfuerzo de *toda* la ciencia y de *toda* la jurisprudencia nacionales había aportado a lo largo de dieciséis años al proceso de reforma. España no se merecía este Código Penal.

Madrid, junio de 1997

ENRIQUE GIMBERNAT ORDEIG

PRÓLOGO A LA SEGUNDA EDICIÓN

El nuevo Código Penal (CP 95) debe ser sometido, entre otras, a las siguientes objeciones.

I. EL SECTARISMO DOCTRINAL

Sobre las manifestaciones de sectarismo que con frecuencia aparecen en el CP 95 sólo quiero mencionar las seis que expongo a continuación.

1. La comisión por omisión

El artículo 11 CP 95 regula la comisión por omisión optando por una determinada dirección que parece anclada en el Mezger de 1933 y en la entonces todavía dominante teoría del deber jurídico, desconoce la crisis por la que atraviesan las categorías doctrinales de la omisión impropia tanto en España como en Alemania[1], adopta el criterio de la injerencia a pesar de las críticas recientes y crecientes de las que está siendo objeto, y no tiene en cuenta las aportaciones de un importante sector de la doctrina española, ni, por supuesto, las del mayor especialista nacional de la omisión[2].

Por lo que se refiere al *fondo* de la regulación del artículo 11, hay que decir, en primer lugar, que ya que se adopta la teoría del deber jurídico, al menos se debería haber sido consecuente y prever también la *posibilidad de atenuación* —vinculada de forma prácticamente unánime, como su reverso, a aquella teoría— para la comisión por omisión. En segundo lugar, que el precepto es sumamente confuso, porque no

[1] En ese país —que es precisamente donde se creó la teoría de la posición de garante como criterio de equivalencia entre la acción y la omisión (impropia)—, especialmente a partir de la monografía de Schünemann, *Grund und Grenzen der unechten Unterlassungsdelikte*, Göttingen, 1971.

[2] Cfr. las numerosas contribuciones de Silva Sánchez sobre el tema y, sobre todo, su Libro *El delito de omisión. Concepto y sistema*, Barcelona, 1986.

se explica si la omisión se equipara a la acción siempre que concurran los supuestos *a*) y *b*) del artículo 11 CP 95, o si es preciso, *además*, que «según el sentido del texto de la Ley [la omisión] equivalga [...] a su causación [del resultado]». Y finalmente que, aunque en el artículo 11.*b*) se acoge el criterio de la injerencia como fundamentador de una omisión impropia, no obstante en el artículo 195.3 CP 95 al injerente causante (fortuita o imprudentemente) de un accidente se le hace responder inconsecuentemente, no por un delito consumado contra la vida o la integridad física en comisión por omisión —o por esos mismos delitos en grado de tentativa si la lesión del bien jurídico no llega a producirse—, sino por una omisión propia la cual, por consiguiente, según el artículo 195.3 CP 95, y diga lo que diga el artículo 11 del mismo texto legal, «no equivale a una acción»; y que, aunque en el artículo 11.*a*) CP 95 se afirma que la omisión equivale a una acción «cuando exista una específica obligación legal [...] de actuar», a pesar de ello y según el propio CP 95, al padre que, infringiendo su específica obligación legal, no impide que su hijo menor se prostituya, se le hace responder, en el artículo 189.2 CP 95, de una omisión propia sancionada con pena de multa y no, como se derivaría lógicamente del referido artículo 11.*a*), de un favorecimiento o facilitamiento de la prostitución en comisión por omisión del artículo 187.1 CP 95, castigadas con prisión de uno a cuatro años y multa.

A la vista de que es el *propio* CP 95 el que trata como omisiones propias a inactividades que, según lo previsto en los supuestos *a*) y *b*) del artículo 11, deberían constituir en principio comisiones por omisión, hay que deducir que, *según la voluntad objetiva de la ley* y conforme a una interpretación integradora y conjunta de *todo* el CP 95, el criterio de la posición de garante ni es decisivo ni tampoco exclusivo, y que, en consecuencia, a la omisión sólo se le podrá imputar el resultado cuando aquélla equivalga, de acuerdo también con el artículo 11, párrafo 1 —que es donde se encerraría el criterio legal determinante y abierto de equiparación—, y «según el sentido del texto de la Ley, a su causación», formulación ésta que debe ser interpretada estableciendo, primero, cuáles son los mecanismos que permiten atribuir una lesión típica concreta a *una acción*, y determinando, después, cuándo la omisión presenta lo que Silva denomina una «identidad estructural» con aquélla[3].

---

[3] He tratado de establecer esos criterios en mi artículo «Causalidad, omisión e imprudencia», *ADPCP*, 1994, fascículo III, pp. 25 ss.

2. La tentativa

El CP 95, de acuerdo en esto con los anteriores textos prelegislativos, suprime la referencia independizada y expresa que al llamado delito imposible hacía el artículo 52.2 del anterior Código Penal (CP 73), pero, y separándose de los anteriores Proyectos y Propuestas, introduce en la definición de la tentativa una nueva e inesperada exigencia de «objetivismo» en los actos ejecutivos[4], con la que aparentemente se trata de consagrar una *minoritaria* tesis doctrinal[5], según la cual sólo deberían ser punibles aquellos actos ejecutivos que constituyan un supuesto peligro de lesión para el bien jurídico.

Sin embargo, y como se debería saber, desde un punto de vista *estrictamente objetivo*, todas las tentativas son inidóneas, es decir: no peligrosas [6], ya que con un conocimiento completo (objetivo) de los hechos (saber ontológico) y de las leyes cientificonaturales que rigen los cursos causales (saber nomológico) solamente se podrían formular, nunca juicios de probabilidad (todos los juicios de probabilidad son subjetivos), sino únicamente de necesidad[7].

De adoptarse este criterio, y en consecuencia, no serían subsumibles en el artículo 16.1 CP 95 los comportamientos de intentar violar a una niña que fracasa por la desproporción entre los órganos genitales del hombre y de la víctima, de tratar de envenenar a una persona con el contenido que se cree letal de un frasco rotulado como de cianuro, y que, sin embargo y en realidad, sólo contiene sal, de pretender asesinar a otra persona con una bomba-lapa adosada a su vehículo, pero que tiene un pequeño defecto que le impide explosionar, o con una bomba en perfectas condiciones, que, no obstante, se activa un segundo después de que el conductor del automóvil fallezca a consecuencia

[4] Artículo 16.1 CP 95: «Hay tentativa cuando el sujeto da principio a la ejecución del delito directamente por hechos exteriores, practicando todos o parte de los actos que *objetivamente* deberían producir el resultado, y sin embargo éste no se produce por causas independientes de la voluntad del autor.»

[5] Sobre el estado de la cuestión en la doctrina y en la jurisprudencia informa detalladamente González Cussac, «Principio de ofensividad, aplicación del Derecho y reforma penal», *PJ*, 28 (1992), pp. 10 ss.

[6] Sobre el concepto de peligro, cfr. Gimbernat, *Delitos cualificados por el resultado y causalidad*, Madrid, 1966 (hay reimpresión de 1990), pp. 19 ss.

[7] Si se cree en el libre albedrío, lo único que no estaría apredeterminado de manera necesaria en el momento de los hechos sería el comportamiento humano.

de un infarto, o con una pistola que se encasquilla, o de realizar actos encaminados a practicar un aborto a una mujer de la que se cree que está embarazada, sin estarlo, o de intentar un robo por el procedimiento del butrón que se frustra porque, a la vista del espesor de la pared y de los instrumentos que emplean los autores para forzarla, éstos no eran aptos para forzar aquélla: como en todos estos casos estaban predeterminados la desproporción de los órganos sexuales de autor y víctima, el contenido de sal en el frasco originariamente de cianuro, el defecto de la bomba, la enfermedad cardíaca de la víctima elegida y el momento en el que iba a desembocar en una crisis mortal, el encasquillamiento del arma, el no embarazo de la mujer, o la inidoneidad de los picos y de las palas para vencer la resistencia del muro, de ahí que, desde un punto de vista estrictamente objetivo, esos comportamientos de los autores no hayan supuesto ningún peligro para el bien jurídico, y de ahí también que, al no ser idóneos para «producir objetivamente el resultado», tampoco se podrían castigar como tentativa, por lo que, como tal tentativa, serían impunes.

Como esta interpretación de lo que sea «objetivo» no puede ser correcta, dado que llevaría a la inaplicabilidad de un precepto vigente del CP 95 (del art. 16), de ahí que aquel término deba ser interpretado en el siguiente sentido: cuando un *hombre medio* (objetivo), con el mismo desconocimiento parcial del autor —esto es: ignorando, por ejemplo, la desproporcionalidad de los órganos sexuales entre el violador y la niña, o el no embarazo de la mujer, o el defecto de la bomba— y con un conocimiento nomológico objetivo de las leyes de la naturaleza, hubiera llegado a la misma conclusión del sujeto activo de que el hecho exterior iba a lesionar el bien jurídico protegido, entonces estaremos ante «actos que objetivamente deberían producir el resultado», y, consiguientemente, ante el supuesto de hecho previsto en el artículo 16.1 CP 95; en cambio, si un hombre medio («objetivo»), situado en el lugar del autor y con el mismo conocimiento (más o menos amplio) de los hechos que el autor, *pero con un conocimiento objetivo de las leyes de la naturaleza*, llega a la conclusión de que el comportamiento no suponía ningún peligro de lesión para el bien jurídico, entonces estaremos ante un supuesto en el que los «actos objetivamente *no* deberían producir el resultado», y en el que serían impunes, por consiguiente, como tentativa, que es lo que sucede cuando el autor piensa que puede lesionar a otra persona por el procedimiento del vudú, o matar a un tercero arrojando su zapatilla a una sepultura, ya que aquí el peligro sólo puede estar en la cabeza (subjetiva) de ese autor *particular* que da por vigentes leyes de la naturaleza que, en la realidad, ni existen, ni nadie, objetivamente, piensa que tengan validez alguna.

De acuerdo con lo expuesto, la llamada imprecisamente «tentativa inidónea» (imprecisamente porque todas las tentativas son, por definición, inidóneas) seguiría siendo punible, y sólo quedaría al margen del artículo 16.1 CP 95 la «tentativa irreal o supersticiosa», con lo que se seguiría manteniendo la misma situación jurídica del CP 73 [8].

3. La culpabilidad

Un importante sector de la doctrina española fundamenta la llamada «culpabilidad» no en la (según este sector, indemostrable) posibilidad del sujeto de haber podido o no actuar de otra manera, sino en la accesibilidad —vinculada a la presencia o ausencia de ciertas enfermedades o situaciones psíquicas o a determinadas circunstancias de hecho como, por ejemplo, el desconocimiento invencible de la prohibición penal— a la motivación por la norma penal [9].

A pesar de esta diversidad de opiniones realmente existente, el CP 95 toma posición, en el artículo 20.1.º, a favor de la tesis que establece el límite entre la culpabilidad y la inculpabilidad en el libre albedrío, olvidándose, no obstante, del importante detalle de indicar *cómo* se demuestra en el caso concreto si el autor tenía libertad para actuar o carecía de ella.

---

[8] Por lo que se refiere a aspectos estrictamente formales, el artículo 16.3, al regular el desistimiento de los partícipes, exige de éstos que «impidan o intenten impedir *seria, firme y decididamente* la consumación», redacción cuyo barroquismo de novela mala sólo se ve superado —por lo que alcanzo a ver y por lo que espero— por el artículo 155, párrafo 1.º, donde se habla del «consentimiento *válida, libre, espontánea y expresamente* emitido». No recuerdo haber leído nunca en un texto legal un torrente semejante de adverbios (por lo demás, prácticamente equivalentes), y que le descalifican estilísticamente, pues el rigor gramatical que exige un Código no se alcanza acarreando muchas palabras, sino seleccionando pocas, pero precisas.

[9] Sobre el estado de la cuestión en las doctrinas española y extranjera informa exhaustivamente Pérez Manzano, *Culpabilidad y prevención: Las teorías de la prevención general positiva y la fundamentación de la imputación objetiva y de la pena*, Madrid, 1990.

4. LA LEGÍTIMA DEFENSA

El artículo 8.º4.º1.º CP 73, al definir qué entendía por agresión ilegítima en la legítima defensa, establecía lo siguiente: «En caso de defensa de los bienes se reputará agresión ilegítima el ataque a los mismos que constituya *delito* y los ponga en grave peligro de deterioro o pérdida inminentes; en caso de defensa de la morada o sus dependencias, se reputará agresión ilegítima la entrada indebida en aquélla o éstas.»

Tanto en la jurisprudencia como en la ciencia estaba plenamente vigente la polémica sobre si, en el caso de ataque a los bienes, el término «delito» que emplea el CP 73 había de entenderse en un *sentido amplio*, que abarcaría tanto a los delitos del Libro II como a las faltas del Libro III, o si, más bien, debía interpretarse en un *sentido estricto*, con lo que los ataques a la propiedad consistentes en faltas no hubieran podido rechazarse en legítima defensa, sino sólo en estado de necesidad, quedando entonces sometida la acción de defensa a los límites establecidos por el artículo 8.º7.º1.º de «que el mal causado no sea mayor que el que se trata de evitar».

El CP 95, también aquí, ha intentado acabar por decreto con una controversia viva, añadiendo la expresión «falta» al definir qué entiende por agresión ilegítima en los ataques a la propiedad («el ataque a los mismos que constituya delito *o falta*», art. 20.4.º1.º CP 95), y manteniendo íntegramente, en lo demás, el texto del artículo 8.º4.º1.º CP 73.

Sobre el texto del artículo 20.4.º1.º CP 95 hay que decir, en primer lugar, que con la intercalación del término «falta» la nueva regulación se convierte en una perogrullada, pues que la agresión contra *cualquier* bien jurídico, para poder fundamentar una legítima defensa, tiene que constituir por lo menos un delito o falta, es decir: una agresión *penalmente* antijurídica, es algo que se deduce, *a contrario*, de la definición legal de agresión ilegítima a la morada que sigue manteniendo el CP 95; ya que si en ésta se excluye, como fundamentadora de una legítima defensa, el *delito* de allanamiento de morada por omisión, con mayor motivo quedará excluido *cualquier* ataque a *cualquier* bien jurídico que no constituya ni siquiera un ilícito penal (sino, sólo y por ejemplo, un ilícito civil o mercantil). Y, en segundo lugar, que la definición de agresión ilegítima contra los bienes en el CP 73 *permitía* mantener la tesis —en mi opinión, correcta— de que quedaba excluida la legítima defensa frente a agresiones de bagatela en la propiedad (las constitutivas de falta), con lo que en el CP

73 quedaba abierta la puerta a las modernas «restricciones ético-sociales» al derecho de legítima defensa [10], tendencias que, parcial y regresivamente, el CP 95 parece querer despreciar.

5. El estado de necesidad

Sobre el estado de necesidad, y teniendo en cuenta que el artículo 8.º7.º CP 73 exigía, para la apreciación de la eximente, que se actuara «impulsado por un estado de necesidad», se discutía en la ciencia y en la jurisprudencia españolas si era preciso que el autor, además de conocer la situación objetiva de estado de necesidad, se comportara o no movido por el «elemento subjetivo de justificación» de querer salvaguardar el orden jurídico. Si se estima que el estado de necesidad requiere ese elemento subjetivo, entonces (y operando como ejemplo con el supuesto de hecho de la sentencia del Tribunal Supremo de 5 de diciembre de 1994) la eximente no podrá aplicarse al delito de colaboración con banda armada cometido por un intermediario en el secuestro de Emiliano Revilla, que interviene, no para salvaguardar la libertad y la vida de aquél, sino para obtener una contraprestación económica a cambio de sus servicios, mientras que si se mantiene que el móvil es irrelevante, entonces no habrá ningún obstáculo para eximir de responsabilidad criminal, dado que el estado de necesidad concurría objetivamente y que el intermediario era consciente de ello.

Inesperadamente, el artículo 20.5.º ha decidido suprimir de la eximente la frase: «*impulsado por* un estado de necesidad», manteniendo en todo lo demás, literalmente, el texto del artículo 8.º7.º CP 73, e introduciendo, así, un factor perturbador y parcial en la discusión aún sin decidir sobre la exigencia o no de elementos subjetivos de lo injusto, y todo ello en el preciso momento en que aquélla se había agudizado como consecuencia del enjuiciamiento de intermediarios en los secuestros de ETA y de la aparición de nada menos que dos monografías sobre el problema publicadas en los tres últimos años [11].

---

[10] Sobre ellas cfr., por ejemplo, Baldó, *Estado de necesidad y legítima defensa*, Barcelona, 1994, pp. 321 ss.

[11] Cfr. Sanz Morán, *Los elementos subjetivos de justificación*, Barcelona, 1993, y Valle Muñiz, *El elemento subjetivo de justificación y la graduación del injusto penal*, Barcelona, 1994.

6. La participación delictiva

El artículo 14 CP 73 disponía lo siguiente:

> Se consideran autores:
> 1.º Los que toman parte directa en la ejecución del hecho.
> 2.º Los que fuerzan o inducen directamente a otros a ejecutarlo.
> 3.º Los que cooperan a la ejecución del hecho con un acto sin el cual no se hubiera efectuado.

Sobre cuál era el contenido del artículo 14, en general, y del artículo 14.1.º CP 73, en particular, se mantenían dos tesis distintas en la dogmática española[12].

Para la primera dirección, el artículo 14 CP 73 se debía interpretar en el sentido de que el «verdadero autor» o «autor en sentido estricto» era el descrito en el artículo 14.1.º, mientras que los que «inducen» (art. 14.2.º) o «cooperan necesariamente» (art. 14.3.º) no eran «verdaderos autores», sino únicamente partícipes a los que, mediante la ficción de «considerarles autores», se les equiparaba —*pero únicamente a efectos de punibilidad*— con el autor principal.

De acuerdo con una segunda teoría, «autor en sentido estricto» sería aquel cuya conducta era subsumible, sin más, en el correspondiente tipo penal, esto es: el que *hurtaba*, el que *falsificaba* o el que *violaba*, mientras que el artículo 14.1.º era una «causa de ampliación de la tipicidad» (como lo podían ser las de los n.ºs 2.º o 3.º del art. 14) aplicable a aquellos que, sin ser «autores en sentido estricto», no obstante intervenían en el hecho con actos ejecutivos.

El CP 95 se entromete nuevamente en una discusión científica abierta y en su artículo 28[13] toma posición descaradamente a favor de la primera tesis. A estos efectos, suprime en la definición del artículo 28 a los que «toman parte directa en la ejecución del hecho»

---

[12] Sobre la polémica en torno al contenido del artículo 14.1.º CP 73 informa ampliamente Díaz y García Conlledo, *La autoría en Derecho penal*, Barcelona, 1991, pp. 488 ss., 708 ss.

[13] Que tiene el siguiente texto:

> «Son autores quienes realizan el hecho por sí solos, conjuntamente o por medio de otro del que se sirven como instrumento.
> »También serán considerados autores:
> »*a*) Los que inducen directamente a otro u otros a ejecutarlo.
> »*b*) Los que cooperan a su ejecución con un acto sin el cual no se habría efectuado.»

del artículo 14.1.º CP 73, sustituyéndolos por «quienes realizan el hecho [...] conjuntamente», y afirmando de ellos que «*son*» autores, diferenciándoles así de los inductores y de los cooperadores necesarios del artículo 28.*a*) y *b*) CP 95, de los que dice que sólo «serán considerados autores».

Sin embargo, y a pesar de todos estos esfuerzos partidistas del legislador del CP 95, la situación no habrá cambiado en nada. Pues si A sujeta por la fuerza a una mujer mientras B yace con ella, por mucho que A y B hayan actuado *conjuntamente* y que ambos *sean*, por consiguiente y en el sentido del artículo 28 CP 95, autores, es evidente —por redundante— que sólo ha cumplido el tipo de «atentar con violencia contra la libertad sexual de otra persona mediante acceso carnal» (art. 178 en relación con el 179 CP 95) quien efectivamente ha «atentado contra la libertad sexual mediante acceso carnal»; y que quien ha aplicado fuerza sin tener acceso carnal ha realizado una conducta no subsumible en el tipo de violación, por lo que su responsabilidad —al contrario de lo que sucede con el autor en sentido estricto— sólo puede fundamentarse sobre la base de *poner en relación* el concreto delito con la «causa de ampliación de la tipicidad» del artículo 28, párrafo 1.º, CP 95 («conjuntamente»).

De todo lo expuesto se deriva que a partir de ahora el artículo 28 CP 95 contendrá *dos clases de autores asimilados*, a quienes se les equipara, a los puros efectos de penalidad, *pero sin serlo*, con el autor en sentido estricto: los autores asimilados de la «categoría A», que, sin cumplir el tipo —y de los que se predica, no obstante, que «son» autores—, realizan el hecho conjuntamente con el autor en sentido estricto, y los autores asimilados de la «categoría B», que inducen o cooperan necesariamente al hecho, y de los que se dice, esta vez correctamente —porque *tampoco* son autores en sentido estricto—, que, asimismo y a los únicos efectos de penalidad, deben ser «considerados» autores.

7. Recapitulación

Estos rasgos de sectarismo doctrinal no figuraban en ninguno de los textos prelegislativos anteriores (Proyecto de 1980, Propuesta de 1983, Proyecto de 1992), donde sus autores nunca quisieron —a pesar de que también habrían podido— cerrar legislativamente cuestiones sujetas a discusión. Así debería haber sucedido también con el CP 95, que se «ha llevado a cabo», según su Exposición de Motivos, «desde la idea, profundamente sentida, de que el Código Penal ha de ser de todos»; pero, aparentemente, se ha intentado imponer a un legislador accesible —y, tal vez, ingenuo— lo que no se había conseguido en la discusión doctrinal con la fuerza de convicción de los argumentos. Lo que sucede es que la ley tiene su propia lógica objetiva, independiente de la voluntad subjetiva de quien en concreto ha redactado un determinado precepto, y que, tal como he tratado de demostrar más arriba en referencia a algunas de estas manifestaciones sectarias, a veces se es tan torpe que, después de haberse quedado solo en la controversia científica, tampoco se consigue hacer prevalecer las propias ideas ni aun teniendo la posibilidad de influir nada menos que sobre el mismo legislador.

II. EL SUPUESTO PROGRESISMO DEL NUEVO CÓDIGO PENAL

El nivel de progresismo —progresismo que, según se ha querido trasmitir a la opinión pública, es una de las virtudes que adorna al CP 95— de un Código Penal se puede determinar por el sistema de penas que adopta, por su regulación de la eutanasia, por el grado de despenalización del aborto, por su mayor o menor respeto de la autonomía personal, y, finalmente y en el caso concreto de España, por el tratamiento que da al fenómeno de la insumisión. De la actitud del CP 95 ante estas cinco cuestiones definitorias de su ideología —no están todas las que son, pero sí son todas las que están— paso a ocuparme a continuación.

1. El sistema de penas

El CP 95, como todos los textos prelegislativos del Código penal, desde el Anteproyecto de 1979, ha suprimido de raíz la pena privativa de libertad inferior a los seis meses e intentado, en lo posible, evitar la de hasta dos años mediante la aplicación de la condena condicional, de los días-multa o del arresto de fin de semana. Y con razón, porque esas penas cortas privativas de libertad obligan al condenado a interrumpir —y tal vez a deteriorar irreversiblemente— su vida familiar y profesional, condicionan que difícilmente pueda ocultar ante sus hijos y otros allegados que ha sido estigmatizado como un delincuente, e imponen su ingreso en el mundo carcelario, quedando expuesto, con ello, al inicio o a la consolidación de su degradación personal.

Pero un sistema de penas progresista no puede limitarse a acabar con las penas cortas, sino que igualmente debe erradicar de su catálogo de sanciones las largas privativas de libertad, ya que criminológicamente está demostrado que un internamiento superior a los quince años causa al penado, irremediable e inconstitucionalmente, «daños irreversibles en su personalidad», conduciéndole a «su destrucción como ser social»[14]. El CP 95 no ha tenido inconveniente, sin embargo, en establecer estas sanciones aniquiladoras de la persona y frente al CP 73, en el que una pena de prisión difícilmente podía exceder de quince años de cumplimiento real, no sólo *endurece, de forma generalizada*, las penas privativas de libertad hasta ahora efectivamente aplicables, sino que introduce sanciones de hasta treinta años de duración *efectiva* (arts. 78 y 572.2 CP 95), que sólo pueden encontrar un paralelo, por su brutalidad, en la cadena perpetua de los Códigos españoles del siglo pasado, y que deben ser rechazadas no sólo desde los principios de una política criminal mínimamente progresista y acorde con la Constitución, sino simplemente sobre la base de la más elemental humanidad.

2. La eutanasia

El artículo 409 CP 73, después de establecer que «el que prestare auxilio o induzca a otro para que se suicide será castigado con la pena de prisión menor», añadía, en su segundo inciso: «si se lo prestare hasta el punto de ejecutar él mismo la muerte será castigado con la pena de reclusión menor».

Esta regulación indiferenciada y genérica del homicidio consentido ha permitido en los últimos años formular a prácticamente la totalidad de los penalistas españoles que se habían ocupado de esa materia la tesis —que operaba para ello con la eximente del estado de necesidad y con algunos bienes constitucionales a salvaguardar, como la dignidad humana, el derecho al libre desarrollo de la personalidad o la prohibición de tratos inhumanos o degradantes— de

---

[14] Cfr., sólo, Mapelli/Terradillos, *Las consecuencias jurídicas del delito*, 3.ª ed., Madrid, 1996, pp. 69 ss.

que, de acuerdo con el Derecho hasta ahora vigente en España, habría que concluir que especialmente la eutanasia activa, esto es: la muerte producida con su consentimiento a un enfermo desahuciado, constituía un comportamiento *justificado* y, con ello, *impune*[15].

El CP 95, en su artículo 143.4 («El que causare o cooperare activamente con actos necesarios y directos a la muerte de otro, por la petición expresa, seria e inequívoca de éste, en el caso de que la víctima sufriera una enfermedad grave que conduciría necesariamente a su muerte, o que produjera graves padecimientos permanentes y difíciles de soportar, será castigado con la pena inferior en uno o dos grados a las señaladas en los números 2 y 3 de este artículo»), toma posición frente a la eutanasia. Y en mala hora.

Pues la *despenalización*, como se deduce *a contrario* del artículo 143.4 CP 95 («el que causare o cooperare *activamente*»), de la llamada eutanasia *pasiva*, esto es: de la conducta de quien decide *no aplicar* técnicas médicas avanzadas para mantener con vida a un enfermo irreversible (casos Francisco Franco, Tito, Hiro-Hito), independientemente de que de hecho se practicaba y se practica en los hospitales españoles, e independientemente de que la doctrina española la había incluido de forma prácticamente unánime entre los supuestos que, de acuerdo *ya* con el Derecho vigente, estaban exentos de pena, ni supone, por ello, ningún progreso frente a la situación actual, ni va a encontrar tampoco objeción alguna entre los sectores más reaccionarios de la sociedad, pues incluso la Iglesia católica —la institución más reacia a la eutanasia— se ha manifestado en reiteradas ocasiones en el sentido de oponerse al llamado «encarnizamiento médico».

En cambio, y como reverso de la despenalización de la eutanasia pasiva, el CP 95 decide ahora castigar *expresamente* a la activa. Lo cual supone: por una parte, una regresión frente a la situación anterior, ya que, como acabo de indicar, la ciencia española había aportado argumentos muy sólidos para fundamentar que esa clase de «homicidio piadoso» era impune, sin que hasta ahora los tribunales hubieran tenido ocasión de pronunciarse sobre esa opinión doctrinal, opinión a la que ahora se le priva de muchos —¿o de todos?— sus argumentos ante la tipificación explícita de la eutanasia activa; y, por otra, supone también un acontecimiento legislativo

[15] Sobre la discusión informa ampliamente Díaz Aranda, *Dogmática del suicidio y homicidio consentido*, Madrid, 1995, pp. 217 ss.

insólito y desgraciado, pues en el Derecho comparado, o bien se castiga indiferenciadamente el homicidio consentido, intentando la doctrina más progresista —como en España— fundamentar que en el caso de la eutanasia la conducta es, no obstante, impune, o bien los esfuerzos se dirigen —con mayor o menor éxito— a conseguir una reforma legal que despenalice la eutanasia, pero, por lo que alcanzo a ver, hasta ahora ningún legislador había tenido la ocurrencia de describir expresamente los supuestos eutanásicos, no para descriminalizarlos, sino para declarar que son punibles, y haciendo creer, encima, que todo ello constituye un avance.

3. El aborto

El CP 95 *reafirma y consolida* la regulación de la interrupción del embarazo del CP 73, que sólo lo despenaliza en tres casos extremos, adoptando con ello una posición tan restrictiva que únicamente es comparable con la que rige en la archicatólica Irlanda, y despreciando, por consiguiente, la descriminalización absoluta del aborto practicado en los tres primeros meses del embarazo que constituye ya una *seña de identidad* —desde Italia hasta EEUU, pasando por Alemania o por Francia— de los Estados —estén o no gobernados por la izquierda— simplemente civilizados y demócratas. Frente a los que alegan que la ciencia ha demostrado que el óvulo fecundado tiene su propio código genético, que, por consiguiente, es ya un ser humano y que, por ello, su destrucción ha de ser considerada un «asesinato» (con lo que convierten en asesinos, igualmente, a las parejas que utilizan el DIU como método anticonceptivo y a los médicos que practican la fecundación *in vitro*), hay que responder: lo único que la ciencia establece es que a lo que se pone fin con un aborto es, en efecto, a un óvulo (en sus comienzos de tamaño microscópico) fecundado que tiene un código genético; pero que ello sea ya un ser humano, eso es un juicio de valor que, por definición, no puede ser resuelto por las ciencias de la naturaleza, las cuales, porque sólo describen, no tienen competencia ni autoridad alguna para valorar al objeto de su descripción. De todo ello se sigue que estamos ante un problema específicamente moral sobre el que es posible y legítimo mantener posiciones distintas y en el que, por consiguiente y en un Estado pluralista, nada se le ha perdido al Derecho penal.

4. El consentimiento en las lesiones

Desde 1983 el CP 73 eximía de responsabilidad penal, en su artículo 428, al que lesionaba a otro con su consentimiento en los casos de trasplantes de órganos, de esterilizaciones y de cirugía transexual. Pero una opinión muy extendida en la doctrina, y formulada por primera vez por Rodríguez Muñoz [16] en los años treinta, mantiene —acudiendo a distintos argumentos, algunos de ellos de orden constitucional [17]— que, *fuera de los casos previstos por el artículo 428 CP 73*, el asentimiento del sujeto pasivo también podía excluir la punibilidad en otras clases de lesiones. Sin entenderse muy bien por qué, el CP 95, en su artículo 155 («En los delitos de lesiones, si ha mediado el consentimiento válida, libre, espontánea y expresamente emitido del ofendido, se impondrá la pena inferior en uno o dos grados»), niega ahora, *explícitamente y de forma genérica*, eficacia *eximente* al consentimiento en las lesiones, lo que hace imposible —o al menos dificulta— que se pueda seguir sosteniendo esa interpretación doctrinal, con lo que a partir de ahora habrá que considerar delincuentes a todos los adultos que mantienen libremente relaciones sexuales sadomasoquistas, ya que el consentimiento para ser lesionado que se presta en esas prácticas sirve, según declara expresamente el artículo 155 CP 95, sólo para atenuar, pero no para eximir de pena.

5. La insumisión

Finalmente y por lo que se refiere a la insumisión, el CP 95, en sus artículos 527 y 528, castiga a los que se niegan a cumplir la prestación social sustitutoria con una pena de inhabilitación absoluta de hasta dieciocho años, durante los cuales —y en una época que abarca desde su juventud hasta su madurez— no podrán ejercer de Médicos Internos Residentes, ni ser conductores de autobuses municipales, ni jueces, ni bedeles de un Ministerio, ni desempeñar la docencia en la Universidad, ni trabajar como cámaras en TVE, por sólo mencionar algunos ejemplos del ho-

[16] Notas al *Tratado de Derecho penal* de Mezger, tomo I, 3.ª ed., Madrid, 1955, pp. 425-427.

[17] Para más detalles cfr., por ejemplo, Berdugo, *El delito de lesiones*, Salamanca, 1982, pp. 59 ss. y pássim.

rrible ostracismo con el que se les margina. El CP 95 ignora así el reconocimiento que dispensa el Derecho penal moderno a los llamados «autores de conciencia» cuando no están en juego bienes jurídicos esenciales como la vida o la integridad física, y crea, como nueva casta social, una figura de «paria» inexistente en cualquier ordenamiento jurídico conocido.

6. NUEVA RECAPITULACIÓN

A la vista de lo expuesto, no se acaba de entender por qué en el pasado debate de investidura el coordinador general de Izquierda Unida, Julio Anguita, formulaba al candidato a la Presidencia del Gobierno, José María Aznar, la exigencia de que se despenalizasen el aborto, la eutanasia activa y la insumisión, siendo así que quien los criminaliza es un Código Penal votado favorable y precisamente por IU, mientras que el ahora partido del Gobierno optó por la abstención. Un Código así, con una pena privativa de libertad de una extensión efectiva *inconstitucional* y contraria a nuestra tradición jurídica, con una regulación del aborto restrictiva hasta decir basta, que penaliza expresamente la eutanasia activa, que trata como parias a los insumisos, y que —para que no falte picante— incluso declara delito las relaciones sexuales sadomasoquistas consentidas entre adultos, colma, sin duda, todas las expectativas de los sectores más conservadores de nuestra sociedad. Y, encima, ni siquiera han tenido que votarlo.

III. EL DESPRECIO POR LA SEGURIDAD JURÍDICA

El CP 95 obedece, según su Exposición de Motivos, a que «en nuestro país [...] el texto vigente data, en lo que pudiera considerarse su núcleo básico, del *pasado siglo* [por lo que] la necesidad de su reforma no puede, pues, discutirse».

No obstante, el CP 95 no se ha limitado a reformar preceptos que se remontan a tiempo atrás, sino que las modificaciones alcanzan, igualmente, a regulaciones muy recientes, resultado de Proyectos de Ley presentados precisamente por Gobiernos socialistas como los que presentaron el Proyecto de CP 95, y aprobados asimismo con el apoyo de los parlamentarios de ese mismo partido que acaban de votar afirmativamente el CP 95.

Así, la regulación del error en el CP 73 [art. 6 bis a)] procede de 1983, por lo que no se entiende que haya podido quedar superada en sólo doce años, siendo de destacar, como ha manifestado verbalmente Enrique Bacigalupo, que las dos parejas conceptuales con las que en materia de error se ha operado siempre por las legislaciones, por la doctrina y por la jurisprudencia son la primitiva de error de hecho-error de Derecho o la moderna de error de tipo-error de prohibición (que es la acogida por el CP 73), pero que hasta ahora no se conocía ese batiburrillo dicotómico que adopta el artículo 14 CP 95 de distinguir entre, por una parte, error de hecho («el error [...] sobre un *hecho* constitutivo de la infracción penal») y, por otra, no error de Derecho, sino de prohibición («el error [...] sobre la *ilicitud* del hecho»).

Igualmente tiene su origen en 1983, produciéndose una radical ruptura con el sistema anterior (con el «pasado siglo»), la tipificación en el CP 73 del hurto, del robo y de la estafa, no obstante lo cual el legislador del CP 95 ha creído necesario introducir nuevas e importantes modificaciones en el régimen de esos tres delitos contra la propiedad (arts. 234 ss., 237 ss. y 248 ss. CP 95).

Pero el punto álgido del «penelopismo» legislativo se alcanza en los delitos de lesiones y en los de contra la libertad sexual. Ambos grupos de delitos fueron reformados hace tan poco tiempo como en 1988 y 1989, estableciéndose entonces un régimen penal totalmente distinto del que había estado en vigor hasta entonces. Sólo seis años más tarde, en el CP 95, el legislador decide dar un tratamiento sustancialmente distinto a los delitos contra la integridad física, y cambiar radicalmente los criterios rectores que habían inspirado la reforma de 1989 de los delitos contra la libertad sexual.

Los tres ejemplos mencionados ponen de manifiesto no sólo una lamentable *falta de criterio* del legislador socialista, sino también el desprecio por un valor tan importante como es el de la seguridad jurídica; pues muchas de las pautas exegéticas que trabajosamente habían ido estableciendo la jurisprudencia y la doctrina en los pocos años en que han estado en vigor los preceptos actuales que regían para el error, y para los delitos contra la propiedad, de lesiones y contra la libertad sexual van a convertirse en inaplicables —por tener un sustrato legal distinto— cuando el texto legal a interpretar sea el CP 95, con el inconveniente añadido de que, por no alcanzar el nivel necesario de pena, muchos de esos delitos no van a poder llegar en casación al Tribunal Supremo, ni, con ello, ser objeto tampoco de una interpretación unitaria.

Desde Radbruch [18] sabemos que la idea del Derecho tiene, como partes integrantes, la justicia, la seguridad jurídica y la oportunidad, y que en toda reforma legislativa se produce una tensión entre el primero y el segundo de los valores: cada innovación legal persigue alcanzar unas soluciones *más justas* para la materia objeto de regulación, pero ello tiene necesariamente un *costo*: el sacrificio de la seguridad jurídica en cuanto que, como acabo de señalar, en gran parte se convierten en inservibles las pautas de interpretación establecidas jurisprudencial y doctrinalmente para los preceptos derogados. De ahí que esta contrarreforma penal de 1995 de sectores nucleares del CP, que, a su vez, acababan de ser modificados, sólo habría estado justificada si se hubiera hecho plausible que las innovaciones de la pasada década eran tan injustas que legitimaban un nuevo ataque a la seguridad jurídica: algo que nadie ha querido —posiblemente, porque tampoco hubiera podido— explicar [19], ya que en todo ello no han desempeñado ningún papel las ideas de justicia y de seguridad, sino únicamente criterios extrajurídicos sobre los supuestos beneficios *políticos* de promulgar un Código Penal de nueva planta.

IV. CONCLUSIÓN

Y con esto finalizaría el presente Prólogo, porque, bajo el impacto de ese sectarismo doctrinal, de esos aspectos regresivos del CP 95 y de su desprecio por la seguridad jurídica, a uno no le quedan ganas ya, de momento, de ponerse a buscar sus eventuales aspectos positivos. Pero no quiero hacerlo sin pronunciar unas palabras de despedida al Código ya derogado. Al mejor que nunca hemos tenido, porque, conservando toda la sabiduría —y también las virtudes formales de precisión y de estilo gramatical en la formulación de los preceptos legales— del movimiento codificador del siglo pasado, supo incorporar, con las distintas reformas aprobadas desde 1976, aquellas —y sólo aquellas— innovaciones («principio de culpabilidad», supresión de la punibilidad por cuantías en los delitos contra la propiedad, regulación de las lesiones evitando cualificaciones

---

[18] Cfr., por ejemplo, *Rechtsphilosophie*, 3.ª ed., Leipzig, 1932, pp. 70 ss. y pássim.

[19] Cfr. Gimbernat, «¿Hace falta un nuevo Código Penal?», Prólogo a la 10.ª ed. (1993) del Código Penal editado por Tecnos, como tomo 11, dentro de esta «Biblioteca de Textos Legales».

por el resultado, equiparación entre el hombre y la mujer en los delitos contra la libertad sexual, etc.) sobre cuya necesidad existía un acuerdo prácticamente unánime, manteniendo en términos generales, y de conformidad con los principios humanitarios y humanistas del movimiento europeo de reforma de los años sesenta, una tendencia de descriminalización y de rebaja de las penas, que se ve ahora sustituida en el nuevo Código Penal, influido por el renacimiento en los últimos años de la ideología de la «ley y el orden», por un incremento descontrolado de nuevas figuras delictivas y por un insoportable rigor punitivo [20].

Teníamos un gran Código Penal; ahora es cuando lo sabemos.

Madrid, julio de 1996

ENRIQUE GIMBERNAT ORDEIG

[20] Sobre el «impulso criminalizador» y el endurecimiento de penas en el CP 95, cfr. el lúcido trabajo de Ramón Sáez Valcárcel, «El nuevo Código: maximalismo penal», *Jueces para la Democracia*, 26 (1996), pp. 3-7.

ABREVIATURAS

BOE	*Boletín Oficial del Estado.*
BOJA	*Boletín Oficial de la Junta de Andalucía.*
BON	*Boletín Oficial de Navarra.*
BOPV	*Boletín Oficial del País Vasco.*
CC	Código Civil, modificado por Ley 8/2021, de 2 de junio (*BOE* n.º 132, de 3 de junio), por la que se reforma la legislación civil y procesal para el apoyo a las personas con discapacidad en el ejercicio de su capacidad jurídica; y por Ley Orgánica 8/2021, de 4 de junio (*BOE* n.º 134, de 5 de junio), de protección integral a la infancia y la adolescencia frente a la violencia.
C. de C.	Código de Comercio, modificado por Ley 8/2021, de 2 de junio (*BOE* n.º 132, de 3 de junio), por la que se reforma la legislación civil y procesal para el apoyo a las personas con discapacidad en el ejercicio de su capacidad jurídica.
C. de la C.	Código de la Circulación.
CE	Constitución Española de 1978.
CP	Código Penal.
CPDHLF	Convenio Europeo para la Protección de los Derechos Humanos y Libertades Fundamentales.
CPM	Código Penal Militar.
DOCE	*Diario Oficial de las Comunidades Europeas.*
DOCLM	*Diario Oficial de Castilla-La Mancha.*
DOUE	*Diario Oficial de la Unión Europea.*
DUDH	Declaración Universal de los Derechos Humanos.
ET	Real Decreto Legislativo 2/2015, de 23 de octubre (*BOE* n.º 255, de 24 de octubre), por el que se aprueba el Texto Refundido del Estatuto de los Trabajadores, modificado por Real Decreto-ley 4/2020, de 18 de febrero (*BOE* n.º 43, de 19 de febrero), por Real Decreto-ley 19/2020, de 26 de mayo (*BOE* n.º 150, de 27 de mayo), por el que se adoptan medidas complementarias en materia agraria, científica, económica, de empleo y Seguridad Social y tributarias para paliar los efectos del COVID-19, por Real Decreto-ley 24/2020, de 26 de junio (*BOE* n.º 178, de 27 de junio), de medidas sociales de reactivación del empleo

y protección del trabajo autónomo y de competitividad del sector industrial; por Ley 1/2020, de 15 de julio (*BOE* n.º 194, de 16 de julio), por la que se deroga el despido objetivo por faltas de asistencia al trabajo; por Real Decreto-Ley 28/2020, de 22 de septiembre (*BOE* n.º 253, de 23 de septiembre), de trabajo a distancia; por Ley 11/2020, de 30 de diciembre (*BOE* n.º 341, de 31 de diciembre), de Presupuestos Generales del Estado para el año 2021; por Real Decreto-Ley 9/2021, de 11 de mayo (*BOE* n.º 113, de 12 de mayo), para garantizar los derechos laborales de las personas dedicadas al reparto en el ámbito de las plataformas digitales; y por Ley 10/2021, de 9 de julio (*BOE* n.º 164, de 10 de julio), de trabajo a distancia.

LCD Ley 3/1991, de 10 de enero (*BOE* n.º 10, de 11 de enero), de Competencia Desleal, modificada por Ley 52/1999, de 28 de diciembre (*BOE* n.º 311, de 29 de diciembre); por Ley 29/2009, de 30 de diciembre (*BOE* n.º 315, de 31 de diciembre), por la que se modifica el régimen legal de la competencia desleal y de la publicidad para la mejora de la protección de los consumidores y usuarios; y por Ley 3/2014, de 27 de marzo (*BOE* n.º 76, de 28 de marzo; corrección de errores en *BOE* n.º 117, de 14 de mayo), por la que se modifica el texto refundido de la Ley General para la Defensa de los Consumidores y Usuarios y otras leyes complementarias.

LCSP Ley 9/2017, de 8 de noviembre (*BOE* n.º 272, de 9 de noviembre; corrección de errores en *BOE* n.º 126, de 24 de mayo), de Contratos del Sector Público, por la que se trasponen al ordenamiento jurídico español las Directivas del Parlamento Europeo y del Consejo 2014/23/UE y 2014/24/UE, de 26 de febrero de 2014, modificada por Real Decreto-Ley 14/2019, de 31 de octubre (*BOE* n.º 266, de 5 de noviembre); por Real Decreto-ley 3/2020, de 4 de febrero (*BOE* n.º 31, de 5 de febrero), de medidas urgentes por el que se incorporan al ordenamiento jurídico español diversas directivas de la Unión Europea en el ámbito de la contratación pública en determinados sectores; de seguros privados; de planes y fondos de pensiones; del ámbito tributario y de litigios fiscales; por Real Decreto-ley 11/2020, de 31 de marzo (*BOE* n.º 91, de 1 de abril); por Real Decreto-ley 15/2020, de 21 de abril (*BOE* n.º 112, de 22 de abril), de medidas urgentes complementarias para apoyar la economía y el empleo; y por Real Decreto-Ley 36/2020, de 30 de diciembre (*BOE* n.º 341, de 31 de diciembre; corrección de errores en *BOE* n.º 22, de 26 de enero de 2021), por el que se aprueban medidas urgentes para la modernización de la Administración Pública y para la ejecución del Plan de Recuperación, Transformación y Resiliencia.

LE Ley 4/1985, de 21 de marzo, de Extradición Pasiva.

LEC Ley de Enjuiciamiento Civil.

LEC 2000 Ley 1/2000, de 7 de enero (*BOE* n.º 7, de 8 de enero; corrección de errores en *BOE* n.º 90, de 14 de abril, y *BOE* n.º 180, de 28 de julio de 2001), de Enjuiciamiento Civil, con entrada en vigor el 8 de enero de 2001, modificada por Ley Orgánica 19/2003, de 23 de diciembre (*BOE* n.º 309, de 26 de diciembre); por Ley 60/2003, de 23 de diciembre (*BOE* n.º 309, de 26 de diciembre), de Arbitraje; por Ley 62/2003, de 30 de diciembre (*BOE* n.º 313, de 31 de diciembre), de medidas fiscales, administrativas y del orden social; por Ley 19/2006, de 5 de junio (*BOE* n.º 134, de 6 de junio); por Ley 13/2009, de 3 de noviembre (*BOE* n.º 266, de 4 de noviembre; corrección de errores en *BOE* n.º 84, de 7 de abril de 2010), de reforma de la legislación procesal para la implantación de la nueva Oficina judicial; por Ley 29/2009, de 30 de diciembre (*BOE* n.º 315, de 31 de diciembre), por la que se modifica el régimen legal de la competencia desleal y de la publicidad para la mejora de la protección de los consumidores y usuarios; por Real Decreto-Ley 12/2011, de 26 de agosto (*BOE* n.º 208, de 30 de agosto), para la aplicación del Convenio Internacional sobre el embargo preventivo de buques y por el que se regulan competencias autonómicas en materia de policía de dominio público hidráulico; por Ley 37/2011, de 10 de octubre (*BOE* n.º 245, de 11 de octubre), de medidas de agilización procesal; por Real Decreto-Ley 7/2013, de 28 de junio (*BOE* n.º 155, de 29 de junio), de medidas urgentes de naturaleza tributaria, presupuestaria y de fomento de la investigación, el desarrollo y la innovación; por Real Decreto-Ley 4/2014, de 7 de marzo (*BOE* n.º 58, de 8 de marzo), por el que se adoptan medidas urgentes en materia de refinanciación y reestructuración de deuda empresarial; por Ley 3/2014, de 27 de marzo (*BOE* n.º 76, de 28 de marzo; corrección de errores en *BOE* n.º 117, de 14 de mayo), por la que se modifica el texto refundido de la Ley General para la Defensa de los Consumidores y Usuarios y otras leyes complementarias; por Real Decreto-Ley 11/2014, de 5 de septiembre (*BOE* n.º 217, de 6 de septiembre), de medidas urgentes en materia concursal; por Ley 21/2014, de 4 de noviembre (*BOE* n.º 268, de 5 de noviembre); por Ley 9/2015, de 25 de mayo (*BOE* n.º 125, de 26 de mayo; corrección de errores en *BOE* n.º 264, de 4 de noviembre), de medidas urgentes en materia concursal; por Ley 15/2015, de 2 de julio (*BOE* n.º 158, de 3 de julio), de la Jurisdicción Voluntaria; por Ley 19/2015, de 13 de julio (*BOE* n.º 167, de 14 de julio), de medidas de reforma administrativa en el ámbito de la Administración de Justicia y del Registro Civil; por Ley Orgánica 7/2015, de 21 de julio (*BOE* n.º 174, de 22 de julio); por Ley Orgánica 8/2015, de 22 de julio (*BOE* nº 175, de 23 de julio), de modificación del sistema de protección a la infancia y a la adolescencia; por Ley 26/2015, de 28 de julio (*BOE* n.º 180, de 29 de julio; corrección de errores en *BOE* n.º 285, de 28 de noviembre); por Ley 42/2015, de 5 de octubre (*BOE* n.º 239, de 6 de octubre); por Ley Orgánica 16/2015, de 27 de octubre (*BOE* n.º 258, de 28 de octubre), sobre privilegios e inmunidades de los Estados extranjeros, las Organizaciones Internacionales con sede u oficina en España y las Conferencias y Reuniones internacionales celebradas en España; por Real Decreto-ley 9/2017, de 26 de mayo (*BOE* n.º 126, de 27 de mayo; corrección de errores en *BOE* n.º 136, de 8 de junio), por el que se transponen directivas de la Unión Europea en los ámbitos financiero, mercantil y sanitario, y sobre el desplazamiento de trabajadores; por Ley 7/2017, de 2 de noviembre (*BOE* n.º 268, de 4 de noviembre), por la que se incorpora al ordenamiento jurídico español la Directiva 2013/11/UE, del Parlamento Europeo y del Consejo, de 21 de mayo de 2013, relativa a la resolución alternativa de litigios en materia de consumo; por Ley 12/2017, de 28 de diciembre (*BOE* n.º 316, de 29 de diciembre), de reforma de la LEC para garantizar la efectividad de los actos de comunicación del Ministerio Fiscal; por Ley 5/2018, de 11 de junio (*BOE* n.º 142, de 12 de junio), de modificación de la LEC en relación a la ocupación ilegal de viviendas; por Ley Orgánica 3/2018, de 5 de diciembre, de Protección de Datos Personales y garantía de los derechos digitales (*BOE* n.º 294, de 6 de diciembre); por Real Decreto-Ley 21/2018, de 14 de diciembre (*BOE* n.º 304, de 18 de diciembre), de medidas urgentes en materia de vivienda y alquiler; por Real Decreto-ley 28/2018, de 28 de diciembre (*BOE* n.º 314, de 29 de diciembre; corrección de errores en *BOE* n.º 18, de 21 de enero de 2019), para la revalorización de las pensiones públicas y otras medidas urgentes en materia social, laboral y de empleo; por Real Decreto-Ley 7/2019, de 1 de marzo (*BOE* n.º 55, de 5 de marzo), de medidas urgentes en materia de vivienda y alquiler; por RD-L 6/2019, de 1 de marzo (*BOE* n.º 57, de 7 de marzo), de medidas urgentes para garantía de la igualdad de trato y de oportunidades entre mujeres y hombres en el empleo y la ocupación; por Ley 5/2019, de 15 de marzo (*BOE* n.º 65, de 16 de marzo), reguladora de los contratos de crédito inmobiliario; por Ley 6/2020, de 11 de noviembre (*BOE* n.º 298, de 12 de noviembre), reguladora de determinados aspectos de los servicios electrónicos de confianza; por Ley 8/2021, de 2 de junio (*BOE* n.º 132, de 3 de junio), por la que se reforma la legislación civil y procesal para el apoyo a las personas con discapacidad en el ejercicio de su capacidad jurídica; y por Ley Orgánica 8/2021, de 4 de junio (*BOE* n.º 134, de 5 de junio), de protección integral a la infancia y la adolescencia frente a la violencia.

LECr Ley de Enjuiciamiento Criminal, modificada por Ley 2/2020, de 27 de julio (*BOE* n.º 204, de 28 de julio), por la que se da nueva redacción a su artículo 324; por RD-L 30/2020, de 29 de septiembre (*BOE* n.º 259, de 30 de septiembre; corrección de errores en *BOE* n.º 272, de 14 de octubre), de medidas sociales en defensa del empleo; y por Ley Orgánica 8/2021, de 4 de junio (*BOE* n.º 134, de 5 de junio), de protección integral a la infancia y la adolescencia frente a la violencia.

LGSS Real Decreto Legislativo 8/2015, de 30 de octubre (*BOE* n.º 261, de 31 de octubre), por el que se aprueba el Texto Refundido de la Ley General de la Seguridad Social, reformado por Ley 6/2017, de 24 de octubre (*BOE* n.º 257, de 25 de octubre), de Reformas Urgentes del Trabajo Autónomo; por Real Decreto-Ley 20/2018, de 7 de diciembre (*BOE* n.º 296, de 8 de diciembre); por Real Decreto-ley 26/2018, de 28 de diciembre (*BOE* n.º 314, de 29 de diciembre), por el que se aprueban medidas de urgencia sobre la creación artística y la cinematografía; por Ley 3/2019, de 1 de marzo (*BOE* n.º 53, de 2 de marzo), de mejora de la situación de orfandad de las hijas e hijos de víctimas de violencia de género y otras formas de violencia contra la mujer; por Real Decreto-ley 8/2019, de 8 de marzo (*BOE* n.º 61, de 12 de marzo), de medidas urgentes de protección social y de lucha contra la precariedad laboral en la jornada de trabajo; por Real Decreto-ley 15/2020, de 21 de abril (*BOE* n.º 112, de 22 de abril), de medidas urgentes complementarias para apoyar la economía y el empleo; por Real Decreto-ley 19/2020, de 26 de mayo (*BOE* n.º 150, de 27 de mayo), por el que se adoptan medidas complementarias en materia agraria, científica, económica, de empleo y Seguridad Social y tributarias para paliar los efectos del COVID-19; por RD-L 30/2020, de 29 de septiembre (*BOE* n.º 259, de

30 de septiembre; corrección de errores en *BOE* n.º 272, de 14 de octubre), de medidas sociales en defensa del empleo; por Real Decreto-Ley 35/2020, de 22 de diciembre (*BOE* n.º 334, de 23 de diciembre), de medidas urgentes de apoyo al sector turístico, la hostelería y el comercio y en materia tributaria; por Ley 11/2020, de 30 de diciembre (*BOE* n.º 341, de 31 de diciembre), de Presupuestos Generales del Estado para el año 2021; y por Real Decreto-Ley 2/2021, de 26 de enero (*BOE* n.º 23, de 27 de enero), de refuerzo y consolidación de medidas sociales en defensa del empleo.

LI Ley Provisional de 18 de junio de 1870 estableciendo reglas para el ejercicio de la gracia de indulto, modificada por Ley 1/1988, de 14 de enero.

LIE Ley 38/1992, de 28 de diciembre (*BOE* n.º 312, de 29 de diciembre), de Impuestos Especiales, modificada por Leyes 40/1995, de 19 de diciembre (*BOE* n.º 303, de 20 de diciembre); 55/1999, de 29 de diciembre (*BOE* n.º 312, de 30 de diciembre; corrección de erratas en *BOE* n.º 54, de 3 de marzo de 2000); por Ley 2/2010, de 1 de marzo (*BOE* n.º 53, de 2 de marzo), por la que se trasponen determinadas Directivas en el ámbito de la imposición indirecta y se modifica la Ley del Impuesto sobre la Renta de no Residentes para adaptarla a la normativa comunitaria; por Real Decreto-Ley 20/2012, de 13 de julio (*BOE* n.º 168, de 14 de julio; corrección de errores en *BOE* n.º 172, de 19 de julio); por Ley 16/2012, de 27 de diciembre (*BOE* n.º 312, de 28 de diciembre), por la que se adoptan diversas medidas tributarias dirigidas a la consolidación de las finanzas públicas y al impulso de la actividad económica; por Real Decreto-Ley 7/2013, de 28 de junio (*BOE* n.º 155, de 29 de junio), de medidas urgentes de naturaleza tributaria, presupuestaria y de fomento de la investigación, el desarrollo y la innovación; por Real Decreto-Ley 18/2019, de 27 de diciembre (*BOE* n.º 312, de 28 de diciembre), por la que se adoptan determinadas medidas en materia tributaria, catastral y de Seguridad Social; por Real Decreto-ley 3/2020, de 4 de febrero (*BOE* n.º 31, de 5 de febrero), de medidas urgentes por el que se incorporan al ordenamiento jurídico español diversas directivas de la Unión Europea en el ámbito de la contratación pública en determinados sectores; de seguros privados; de planes y fondos de pensiones; del ámbito tributario y de litigios fiscales; y por Ley 11/2021, de 9 de julio (*BOE* n.º 164, de 10 de julio), de medidas de prevención y lucha contra el fraude fiscal.

LIRPF Ley 35/2006, de 28 de noviembre (*BOE* n.º 285, de 29 de noviembre; corrección de errores en *BOE* n.º 57, de 7 de marzo), del Impuesto sobre la Renta de las Personas Físicas, y de modificación parcial de las leyes de los Impuestos sobre Sociedades, sobre la Renta de no Residentes y sobre el Patrimonio, modificada por Ley Orgánica 8/2007, de 4 de julio (*BOE* n.º 160, de 5 de julio); por Real Decreto-Ley 3/2009, de 27 de marzo (*BOE* n.º 78, de 31 de marzo); por Ley 22/2009, de 18 de diciembre (*BOE* n.º 305, de 19 de diciembre); por Ley 2/2010, de 1 de marzo (*BOE* n.º 53, de 2 de marzo); por Real Decreto-Ley 6/2010, de 9 de abril (*BOE* n.º 89, de 13 de abril; correcciones de errores en *BOE* n.º 93, de 17 de abril, y n.º 95, de 20 de abril; por Ley 7/2012, de 29 de octubre (*BOE* n.º 261, de 30 de octubre; corrección de errores en *BOE* n.º 31, de 5 de febrero de 2013), de modificación de la normativa tributaria y presupuestaria y de adecuación de la normativa financiera para la intensificación de las actuaciones en la prevención y lucha contra el fraude; por Ley 16/2012, de 27 de diciembre (*BOE* n.º 312, de 28 de diciembre), por la que se adoptan diversas medidas tributarias dirigidas a la consolidación de las finanzas públicas y al impulso de la actividad económica; por Ley 14/2013, de 27 de septiembre (*BOE* n.º 233, de 28 de septiembre), de apoyo a los emprendedores y su internacionalización; por Ley 16/2013, de 29 de octubre (*BOE* n.º 260, de 30 de octubre), por la que se establecen determinadas medidas en materia de fiscalidad medioambiental y se adoptan otras medidas tributarias y financieras; por Ley 18/2014, de 15 de octubre (*BOE* n.º 252, de 17 de octubre), de aprobación de medidas urgentes para el crecimiento, la competitividad y la eficiencia; por Real Decreto-Ley 1/2015, de 27 de febrero (*BOE* n.º 51, de 28 de febrero), de mecanismo de segunda oportunidad, reducción de carga financiera y otras medidas de orden social; por Real Decreto-Ley 9/2015, de 10 de julio (*BOE* n.º 165, de 11 de julio), de Medidas Urgentes para reducir la carga tributaria soportada por los contribuyentes del Impuesto sobre la Renta de las Personas Físicas, y otras medidas de carácter económico; por Ley 20/2015, de 14 de julio (*BOE* n.º 168, de 15 de julio), de ordenación, supervisión y solvencia de las entidades aseguradoras y reaseguradoras; por Ley 25/2015, de 28 de julio (*BOE* n.º 180, de 29 de julio), de mecanismo de segunda oportunidad, reducción de la carga financiera y otras medidas de orden social; por Ley 6/2017, de 24 de octubre (*BOE* n.º 257, de 25 de octubre), de Reformas Urgentes del Trabajo Autónomo; por Real Decreto-ley 26/2018, de 28 de diciembre (*BOE* n.º 314, de 29 de diciembre), por el que se aprueban medidas de urgencia sobre la creación artística y la cinematografía; por Real Decreto-Ley 18/2019, de 27 de diciembre (*BOE* n.º 312, de 28 de diciembre), por la que se adoptan determinadas medidas en materia tributaria, catastral y de Seguridad Social; por Real Decreto-ley 3/2020, de 4 de febrero (*BOE* n.º 31, de 5 de febrero), de medidas urgentes por el que se incorporan al ordenamiento jurídico español diversas directivas de la Unión Europea en el ámbito de la contratación pública en determinados sectores; de seguros privados; de planes y fondos de pensiones; del ámbito tributario y de litigios fiscales; por Ley 8/2020, de 16 de diciembre (*BOE* n.º 328, de 17 de diciembre; corrección de errores en *BOE* n.º 29, de 3 de febrero), por la que se adoptan determinadas medidas urgentes en materia de agricultura y alimentación; por Real Decreto-Ley 35/2020, de 22 de diciembre (*BOE* n.º 334, de 23 de diciembre), de medidas urgentes de apoyo al sector turístico, la hostelería el comercio y en materia tributaria; por Real Decreto-Ley 39/2020, de 29 de diciembre (*BOE* n.º 340, de 30 de diciembre), de medidas financieras de apoyo social y económico y de cumplimiento de la ejecución de sentencias; por Ley 11/2020, de 30 de diciembre (*BOE* n.º 341, de 31 de diciembre), de Presupuestos Generales del Estado para el año 2021; y por Ley 11/2021, de 9 de julio (*BOE* n.º 164, de 10 de julio), de medidas de prevención y lucha contra el fraude fiscal.

LIS Ley 27/2014, de 27 de noviembre (*BOE* n.º 288, de 28 de noviembre; corrección de errores en *BOE* n.º 62, de 13 de marzo de 2015), del Impuesto sobre Sociedades, modificada por RD-L 1/2015, de 27 de febrero (*BOE* n.º 51, de 28 de febrero), de mecanismo de segunda oportunidad, reducción de carga financiera y otras medidas de orden social; por Real Decreto-Ley 9/2015, de 10 de julio (*BOE* n.º 165, de 11 de julio), de Medidas Urgentes para reducir la carga tributaria soportada por los contribuyentes del Impuesto sobre la Renta de las Personas Físicas, y otras medidas de carácter económico; por Ley 20/2015, de 14 de julio (*BOE* n.º 168, de 15 de julio), de ordenación, supervisión y solvencia de las entidades aseguradoras y reaseguradoras; por Ley 25/2015, de 28 de julio (*BOE* n.º 180, de 29 de julio), de mecanismo de segunda oportunidad, reducción de la carga financiera y otras medidas de orden social; por Ley 34/2015, de 21 de septiembre (*BOE* n.º 227, de 22 de septiembre; corrección de errores en *BOE* n.º 231, de 26 de septiembre), de modificación parcial de la Ley 58/2003, de 17 de diciembre, General Tributaria; por Real Decreto-ley 2/2016, de 30 de septiembre (*BOE* n.º 237, de 30 de septiembre), por el que se introducen medidas tributarias dirigidas a la reducción del déficit público; por Ley Orgánica 1/2016, de 31 de octubre (*BOE* n.º 264, de 1 de noviembre), de reforma de la Ley Orgánica 2/2012, de 27 de abril, de estabilidad presupuestaria y sostenibilidad financiera; por Real Decreto-ley 3/2016, de 2 de diciembre (*BOE* n.º 292, de 3 de diciembre), por el que se adoptan medidas en el ámbito tributario dirigidas a la consolidación de las finanzas públicas y otras medidas urgentes en materia social, por Real Decreto-ley 26/2018, de 28 de diciembre (*BOE* n.º 314, de 29 de diciembre), por el que se aprueban medidas de urgencia sobre la creación artística y la cinematografía; por Real Decreto-ley 17/2020, de 5 de mayo (*BOE* n.º 126, de 6 de mayo; corrección de errores en *BOE* n.º 142, de 20 de mayo), por el que se aprueban medidas de apoyo al sector cultural y de carácter tributario para hacer frente al impacto económico y social del COVID-2019; por Real Decreto-ley 26/2020, de 7 de julio (*BOE* n.º 187, de 8 de julio), de medidas de reactivación económica para hacer frente al impacto del COVID-19 en los ámbitos de transportes y vivienda; por Real Decreto-Ley 34/2020, de 17 de noviembre (*BOE* n.º 303, de 18 de noviembre), de medidas urgentes de apoyo a la solvencia empresarial y al sector energético, y en materia tributaria; por Ley 11/2020, de 30 de diciembre (*BOE* n.º 341, de 31 de diciembre), de Presupuestos Generales del Estado para el año 2021; por Real Decreto-Ley 4/2021, de 9 de marzo (*BOE* n.º 59, de 10 de marzo), en relación con las asimetrías híbridas; y por Ley 11/2021, de 9 de julio (*BOE* n.º 164, de 10 de julio), de medidas de prevención y lucha contra el fraude fiscal.

LISOS RDL 5/2000, de 4 de agosto (*BOE* n.º 189, de 8 de agosto; corrección de errores en *BOE* n.º 228, de 22 de septiembre), por el que se aprueba el texto refundido de la Ley sobre Infracciones y Sanciones en el Orden Social, modificado por Ley 14/2000, de 29 de diciembre (*BOE* n.º 313, de 30 de diciembre), por Ley 24/2001, de 27 de diciembre (*BOE* n.º 313, de 31 de diciembre; corrección de errores en *BOE* n.º 124, de 24 de marzo de 2002); por Ley 54/2003, de 12 de diciembre (*BOE* n.º 298, de 13 de diciembre); por Ley 62/2003, de 30 de diciembre (*BOE* n.º 313, de 31 de diciembre); por RD-L 5/2006, de 9 de junio (*BOE* n.º 141, de 14 de junio), por RD 306/2007, de 2 de marzo (*BOE* n.º 67, de 19 de marzo); por LO 3/2007, de 22 de marzo (*BOE* n.º 71, de 23 de marzo), para la igualdad efectiva de mujeres y hombres; por Ley 3/2012, de 6 de julio (*BOE* n.º 162, de 7 de julio), de medidas urgentes para la reforma del mercado laboral; por RD-L 20/2012, de 13 de julio (*BOE* n.º 168, de 14 de julio; corrección de errores en *BOE* n.º 172, de 19 de julio); por Ley 13/2012, de 26 de diciembre (*BOE* n.º 311, de 27 de diciembre), de lucha contra el empleo irregular y el fraude a la Seguridad Social; por RD-L 11/2013, de 2 de agosto (*BOE* n.º 185, de 3 de agosto); por Ley 1/2014, de 28 de febrero (*BOE* n.º 52, de 1 de marzo); por RD-L 8/2014, de 4 de julio (*BOE* n.º 163, de 5 de julio; corrección de errores en *BOE* n.º 167, de 10 de julio), por Ley 18/2014, de 15 de octubre (*BOE* n.º 252, de 17 de octubre), por Ley 23/2015, de 21 de julio (*BOE* n.º 174, de 22 de julio), Ordenadora del Sistema de Inspección de Trabajo y Seguridad Social, por Ley 30/2015, de 9 de septiembre (*BOE* n.º 217, de 10 de septiembre), por la que se regula el sistema de formación profesional para el empleo en el ámbito laboral, por RDL 9/2017, de 26 de mayo (*BOE* n.º 126, de 27 de mayo; corrección de errores en *BOE* n.º 136, de 8 de junio), por el que se trasponen directivas de la Unión Europea en los ámbitos financiero, mercantil y sanitario, y sobre el desplazamiento de trabajadores, por Ley 6/2017, de 24 de octubre (*BOE* n.º 257, de 25 de octubre), de Reformas Urgentes del Trabajo Autónomo, por RD-L 28/2018, de 28 de diciembre (*BOE* n.º 314, de 29 de diciembre; corrección de errores en *BOE* n.º 18, de 21 de enero de 2019), para la revalorización de las pensiones públicas y otras medidas urgentes en materia social, laboral y de empleo, por RD-L 6/2019, de 1 de marzo (*BOE* n.º 57, de 7 de marzo), de medidas urgentes para garantía de la igualdad de trato y de oportunidades entre mujeres y hombres en el empleo y la ocupación, por RD-L 8/2019, de 8 de marzo (*BOE* n.º 61, de 12 de marzo), de medidas urgentes de protección social y de lucha contra la precariedad laboral en la jornada de trabajo; por RD-L 15/2020, de 21 de abril (*BOE* n.º 112, de 22 de abril), de medidas urgentes complementarias para apoyar la economía y el empleo; por RD-L 28/2020, de 22 de septiembre (*BOE* n.º 253, de 23 de septiembre), de trabajo a distancia; por Ley 11/2020, de 30 de diciembre (*BOE* n.º 341, de 31 de diciembre), de Presupuestos Generales del Estado para el año 2021; por Real Decreto-Ley 2/2021, de 26 de enero (*BOE* n.º 23, de 27 de enero), de refuerzo y consolidación de medidas sociales en defensa del empleo; por RD-L 7/2021, de 27 de abril (*BOE* n.º 101, de 28 de abril), de transposición de directivas de la Unión

Europea en la materias de competencia, prevención del blanqueo de capitales, entidades de crédito, telecomunicaciones, medidas tributarias, prevención y reparación de daños medioambientales, desplazamientos de trabajadores en la prestación de servicios transnacionales y defensa de los consumidores; por Ley Orgánica 8/2021, de 4 de junio (*BOE* n.º 134, de 5 de junio), de protección integral a la infancia y la adolescencia frente a la violencia; y por Ley 10/2021, de 9 de julio (*BOE* n.º 164, de 10 de julio), de trabajo a distancia.

LIVA Ley 37/1992, de 28 de diciembre (*BOE* n.º 312, de 29 de diciembre); del Impuesto sobre el Valor Añadido, modificada por Ley 13/1996, de 30 de diciembre (*BOE* n.º 315, de 31 de diciembre); por Real Decreto-Ley 14/1997, de 29 de agosto (*BOE* n.º 208, de 30 de agosto); por Ley 9/1998, de 21 de abril (*BOE* n.º 96, de 22 de abril); por Ley 50/1998, de 30 de diciembre (*BOE* n.º 313, de 31 de diciembre; corrección de errores en *BOE* n.º 109, de 7 de mayo de 1999); por Ley 54/1999, de 29 de diciembre (*BOE* n.º 312, de 30 de diciembre); por Ley 55/1999, de 29 de diciembre (*BOE* n.º 312, de 30 de diciembre; corrección de erratas en *BOE* n.º 54, de 3 de marzo de 2000); por Ley 6/2000, de 13 de diciembre (*BOE* n.º 299, de 14 de diciembre); por Ley 14/2000, de 29 de diciembre (*BOE* n.º 313, de 30 de diciembre); por Ley 24/2001, de 27 de diciembre (*BOE* n.º 313, de 31 de diciembre; corrección de errores en *BOE* n.º 124, de 24 de mayo de 2002), de Medidas Fiscales, Administrativas y del Orden Social; por Ley 53/2002, de 30 de diciembre (*BOE* n.º 313, de 31 de diciembre); por Real Decreto-Ley 2/2003, de 25 de abril (*BOE* n.º 100, de 26 de abril; corrección de errores en *BOE* n.º 109, de 7 de mayo); por Ley 36/2003, de 11 de noviembre (*BOE* n.º 271, de 12 de noviembre); por Ley 58/2003, de 17 de diciembre (*BOE* n.º 302, de 18 de diciembre); por Ley 62/2003, de 30 de diciembre (*BOE* n.º 313, de 31 de diciembre), de medidas fiscales, administrativas y del orden social; por Ley 23/2005, de 18 de noviembre (*BOE* n.º 277, de 19 de noviembre); por Ley 30/2005, de 29 de diciembre (*BOE* n.º 312, de 30 de diciembre; corrección de errores en *BOE* n.º 76, de 30 de marzo); por Ley 3/2006, de 29 de marzo (*BOE* n.º 76, de 30 de marzo); por Ley 6/2006, de 24 de abril (*BOE* n.º 98, de 25 de abril); por Ley 36/2006, de 29 de noviembre (*BOE* n.º 286, de 30 de noviembre; corrección de errores en *BOE* n.º 58, de 8 de marzo de 2007); por Ley Orgánica 8/2007, de 4 de julio (*BOE* n.º 160, de 5 de julio); por Ley 4/2008, de 23 de diciembre (*BOE* n.º 310, de 25 de diciembre); por Ley 2/2010, de 1 de marzo (*BOE* n.º 53, de 2 de marzo); por Real Decreto-Ley 6/2010, de 9 de abril (*BOE* n.º 89, de 13 de abril; correcciones de errores en *BOE* n.º 93, de 17 de abril, y n.º 95, de 20 de abril); por Real Decreto-Ley 20/2012, de 13 de julio (*BOE* n.º 168, de 14 de julio; corrección de errores en *BOE* n.º 172, de 19 de julio); por Ley 7/2012, de 29 de octubre (*BOE* n.º 261, de 30 de octubre; corrección de errores en *BOE* n.º 31, de 5 de febrero de 2013), de modificación de la normativa tributaria y presupuestaria y de adecuación de la normativa financiera para la intensificación de las actuaciones en la prevención y lucha contra el fraude; por Ley 16/2012, de 27 de diciembre (*BOE* n.º 312, de 28 de diciembre), por la que se adoptan diversas medidas tributarias dirigidas a la consolidación de las finanzas públicas y al impulso de la actividad económica; por Ley 14/2013, de 27 de septiembre (*BOE* n.º 233, de 28 de septiembre), de apoyo a los emprendedores y su internacionalización; por Ley 26/2013, de 27 de diciembre (*BOE* n.º 311, de 28 de diciembre; corrección de errores en *BOE* n.º 58, de 8 de marzo de 2014), de cajas de ahorros y fundaciones bancarias; por Ley 28/2014, de 27 de noviembre (*BOE* n.º 288, de 28 de noviembre; corrección de errores en *BOE* n.º 62, de 13 de marzo de 2015), por Real Decreto-ley 26/2018, de 28 de diciembre (*BOE* n.º 314, de 29 de diciembre), por el que se aprueban medidas de urgencia sobre la creación artística y la cinematografía; por Real Decreto-Ley 18/2019, de 27 de diciembre (*BOE* n.º 312, de 28 de diciembre), por la que se adoptan determinadas medidas en materia tributaria, catastral y de Seguridad Social; por Real Decreto-ley 3/2020, de 4 de febrero (*BOE* n.º 31, de 5 de febrero), de medidas urgentes por el que se incorporan al ordenamiento jurídico español diversas directivas de la Unión Europea en el ámbito de la contratación pública en determinados sectores; de seguros privados; de planes y fondos de pensiones; del ámbito tributario y de litigios fiscales; por Real Decreto-ley 15/2020, de 21 de abril (*BOE* n.º 112, de 22 de abril), de medidas urgentes complementarias para apoyar la economía y el empleo; por Ley 11/2020, de 30 de diciembre (*BOE* n.º 341, de 31 de diciembre), de Presupuestos Generales del Estado para el año 2021; por RD-L 7/2021, de 27 de abril (*BOE* n.º 101, de 28 de abril), de transposición de directivas de la Unión Europea en las materias de competencia, prevención del blanqueo de capitales, entidades de crédito, telecomunicaciones, medidas tributarias, prevención y reparación de daños medioambientales, desplazamientos de trabajadores en la prestación de servicios transnacionales y defensa de los consumidores; y por Ley 11/2021, de 9 de julio (*BOE* n.º 164, de 10 de julio), de medidas de prevención y lucha contra el fraude fiscal.

LMV Real Decreto Legislativo 4/2015, de 23 de octubre (*BOE* n.º 255, de 24 de octubre; corrección de errores en *BOE* n.º 296, de 11 de diciembre), por el que se aprueba el texto refundido de la Ley del Mercado de Valores, modificado por Real Decreto-ley 9/2017, de 26 de mayo (*BOE* n.º 126, de 27 de mayo), por el que se trasponen directivas de la Unión Europea en los ámbitos financiero, mercantil y sanitario, y sobre el desplazamiento de trabajadores; por Real Decreto-ley 11/2017, de 23 de junio (*BOE* n.º 150, de 24 de junio), de medidas urgentes en materia financiera; por Real Decreto-Ley 21/2017, de 29 de diciembre (*BOE* n.º 317, de 30 de diciembre), de medidas urgentes para la adaptación del derecho español a la normativa de la Unión Europea en materia del mercado de valores; por Ley 9/2017, de 8 de noviembre (*BOE* n.º 272, de 9 de noviembre; corrección de errores en *BOE* n.º 126, de 24 de mayo), de Contratos del Sector Público; por RD-L 14/2018, de 28 de septiembre (*BOE* n.º 236, de 29 de septiembre; corrección de errores en *BOE* n.º 252, de 18 de octubre); por RD-L 19/2018, de 23 de noviembre (*BOE* n.º 284, de 24 de noviembre); por Real Decreto-Ley 34/2020, de 17 de noviembre (*BOE* n.º 303, de 18 de noviembre), de medidas urgentes de apoyo a la solvencia empresarial y al sector energético, y en materia tributaria; por Real Decreto-Ley 5/2021, de 12 de marzo (*BOE* n.º 62, de 13 de marzo), de medidas extraordinarias de apoyo a la solvencia empresarial en respuesta a la pandemia de la COVID-19; por RD-L 7/2021, de 27 de abril (*BOE* n.º 101, de 28 de abril), de transposición de directivas de la Unión Europea en las materias de competencia, prevención del blanqueo de capitales, entidades de crédito, telecomunicaciones, medidas tributarias, prevención y reparación de daños medioambientales, desplazamientos de trabajadores en la prestación de servicios transnacionales y defensa de los consumidores; y por Ley 11/2021, de 9 de julio (*BOE* n.º 164, de 10 de julio), de medidas de prevención y lucha contra el fraude fiscal.

LOGP Ley Orgánica General Penitenciaria, modificada por Ley Orgánica 7/2021, de 26 de mayo, de protección de datos personales tratados para fines de prevención, detección, investigación y enjuiciamiento de infracciones penales, y de ejecución de sanciones penales, y por Ley Orgánica 8/2021, de 4 de junio (*BOE* n.º 134, de 5 de junio), de protección integral a la infancia y la adolescencia frente a la violencia.

LOPJ Ley Orgánica 6/1985, de 1 de julio, del Poder Judicial, reformada por Ley Orgánica 16/1994, de 8 de noviembre; por Ley Orgánica 11/1999, de 30 de abril (*BOE* n.º 104, de 1 de mayo); por Ley Orgánica 13/1999, de 14 de mayo (*BOE* n.º 116, de 15 de mayo); por Ley Orgánica 7/2000, de 22 de diciembre (*BOE* n.º 307, de 23 de diciembre); por Ley Orgánica 9/2000, de 22 de diciembre (*BOE* n.º 307, de 23 de diciembre); por Ley Orgánica 2/2001, de 28 de junio (*BOE* n.º 155, de 29 de junio); por Ley Orgánica 6/2002, de 27 de junio (*BOE* n.º 154, de 28 de junio); por Ley Orgánica 9/2002, de 10 de diciembre (*BOE* n.º 296, de 11 de diciembre); por Ley Orgánica 2/2003, de 14 de marzo (*BOE* n.º 65, de 17 de marzo), complementaria de la Ley sobre la orden europea de detención y entrega; por Ley Orgánica 4/2003, de 21 de mayo (*BOE* n.º 122, de 22 de mayo), complementaria de la Ley de prevención y bloqueo de la financiación del terrorismo; por Ley Orgánica 8/2003, de 9 de julio (*BOE* n.º 164, de 10 de julio), para la reforma concursal; por Ley Orgánica 13/2003, de 24 de octubre (*BOE* n.º 257, de 27 de octubre), de reforma de la Ley de Enjuiciamiento Criminal en materia de prisión provisional; por Ley Orgánica 19/2003, de 23 de diciembre (*BOE* n.º 309, de 26 de diciembre); por Ley Orgánica 20/2003, de 23 de diciembre (*BOE* n.º 309, de 26 de diciembre); por Ley Orgánica 2/2004, de 28 de diciembre (*BOE* n.º 313, de 29 de diciembre); por Ley Orgánica 3/2005, de 8 de julio (*BOE* n.º 163, de 9 de julio), para perseguir extraterritorialmente la práctica de la mutilación genital femenina; por Ley Orgánica 5/2006, de 5 de junio (*BOE* n.º 134, de 6 de junio; corrección de errores en *BOE* n.º 141, de 14 de junio), complementaria de la Ley para la eficacia en la Unión Europea de las resoluciones de embargo y de aseguramiento de pruebas en procedimientos penales; por Ley Orgánica 3/2007, de 22 de marzo (*BOE* n.º 71, de 23 de marzo), para la igualdad efectiva de mujeres y hombres; por Ley Orgánica 13/2007, de 19 de noviembre (*BOE* n.º 278, de 20 de noviembre), para la persecución extraterritorial del tráfico ilegal o la inmigración clandestina de personas; por Ley Orgánica 2/2008, de 4 de diciembre (*BOE* n.º 293, de 5 de diciembre), complementaria de la Ley para la ejecución en la Unión Europea de resoluciones que impongan sanciones pecuniarias; por Ley Orgánica 1/2009, de 3 de noviembre (*BOE* n.º 266, de 4 de noviembre); por Ley Orgánica 2/2009, de 11 de diciembre (*BOE* n.º 299, de 12 de diciembre); por Ley Orgánica 1/2010, de 19 de febrero (*BOE* n.º 45, de 20 de febrero); por Ley Orgánica 3/2010, de 10 de marzo (*BOE* n.º 61, de 11 de marzo); por Ley Orgánica 6/2010, de 27 de julio (*BOE* n.º 182, de 28 de julio); por Ley Orgánica 4/2011, de 11 de marzo (*BOE* n.º 61, de 12 de marzo); por Ley Orgánica 5/2011, de 20 de mayo (*BOE* n.º 121, de 21 de mayo); por Ley Orgánica 8/2011, de 21 de julio (*BOE* n.º 175, de 22 de julio); por Ley Orgánica 12/2011, de 22 de septiembre (*BOE* n.º 229, de 23 de septiembre); por Ley Orgánica 8/2012, de 27 de diciembre (*BOE* n.º 312, de 28 de diciembre), de medidas de eficiencia presupuestaria en la Administración de Justicia; por Ley Orgánica 4/2013, de 28 de junio (*BOE* n.º 155, de 29 de junio), de reforma del Consejo General del Poder Judicial; por Ley 19/2013, de 9 de diciembre (*BOE* n.º 295, de 10 de diciembre), de transparencia, acceso a la información pública y buen gobierno; por Ley Orgánica 1/2014, de 13 de marzo (*BOE* n.º 63, de 14 de marzo), de modificación de la Ley Orgánica 6/1985, de 1 de julio, del Poder Judicial, relativa a la justicia universal; por Ley Orgánica 4/2014, de 11 de julio (*BOE* n.º 169, de 12 de julio), complementaria de la Ley de racionalización del sector público y otras medidas de reforma administrativa; por Ley Orgánica 6/2014, de 29 de octubre (*BOE* n.º 263, de 30 de octubre), complementaria de la Ley de reconocimiento mutuo de resoluciones penales en la Unión Europea; por Ley Orgánica 5/2015, de 27 de abril (*BOE* n.º 101, de 28 de abril), para la transposición de Directivas relativas al derecho a interpretación y a traducción en los procesos penales, y al derecho a la información en los procesos penales; por Ley Orgánica 7/2015, de 21 de julio (*BOE* n.º 174, de 22 de julio); por Ley Orgánica 8/2015, de 22 de julio (*BOE* n.º 175, de 23 de julio), de modificación del sistema de protección a la infancia y a la adolescencia; por Ley Orgánica 10/2015, de 10 de septiembre (*BOE* n.º 218, de 11 de septiembre), por la que se regula el acceso y publicidad de determinada información contenida en las sentencias dictadas en materia de fraude fiscal; por Ley Orgánica 13/2015, de 5 de octubre (*BOE* n.º 239, de 6 de octubre; corrección de errores en *BOE* n.º 285, de 28 de noviembre), de modificación de la Ley de Enjuiciamiento Criminal para el fortalecimiento de las garantías procesales y la regulación de las medidas de investigación tecnológica; por Ley Orgánica 16/2015, de 27 de octubre (*BOE* n.º 258, de 28 de octubre), sobre privilegios e inmunidades de los Estados extranjeros, las Organizaciones Internacionales con sede u oficina en España y las Conferencias y Reuniones internacionales celebradas en España; por Ley Orgánica 3/2018, de 5 de diciembre, de Protección de Datos Personales y garantía de los derechos digitales (*BOE* n.º 294, de 6 de diciembre); por Ley Orgánica 4/2018, de 28 de diciembre (*BOE* n.º 314, de 29 de diciembre); por Ley Orgánica 5/2018, de 28 de diciembre (*BOE* n.º 314, de 29 de diciembre); por Ley Orgánica 4/2021, de 29 de marzo (*BOE* n.º 76, de 30 de marzo), para el establecimiento del régimen jurídico aplicable al Consejo General del Poder Judicial en funciones; por Ley Orgánica 6/2021, de 28 de abril (*BOE* n.º 102, de 29 de abril); por LO 7/2021, de 26 de mayo (*BOE* n.º 126, de 27 de mayo), de protección de datos personales tratados para fines de prevención, detección, investigación y enjuiciamiento de infracciones penales y de ejecución de sanciones penales; por Ley Orgánica 8/2021, de 4 de junio (*BOE* n.º 134, de 5 de junio), de protección integral a la infancia y la adolescencia frente a la violencia; y por Ley Orgánica 9/2021, de 1 de julio (*BOE* n.º 157, de 2 de julio), de aplicación del Reglamento (UE) 2017/1939 del Consejo, de 12 de octubre de 2017, por el que se establece una cooperación reforzada para la creación de la Fiscalía Europea.

LOPSC — Ley Orgánica 4/2015, de 30 de marzo (*BOE* n.º 101, de 31 de marzo), de protección de la seguridad ciudadana, modificada por Real Decreto-Ley 14/2019, de 31 de octubre (*BOE* n.º 266, de 5 de noviembre).

LOTJ — Ley Orgánica 5/1995, de 22 de mayo (*BOE* n.º 122, de 23 de mayo), del Tribunal del Jurado.

LPACAP — Ley 39/2015, de 1 de octubre (*BOE* n.º 236, de 2 de octubre), del Procedimiento Administrativo Común de las Administraciones Públicas, modificada por RD 11/2018, de 31 de agosto (*BOE* n.º 214, de 4 de septiembre); por LO 3/2018, de 5 de diciembre, de Protección de Datos Personales y garantía de los derechos digitales (*BOE* n.º 294, de 6 de diciembre); por Real Decreto-Ley 14/2019, de 31 de octubre (*BOE* n.º 266, de 5 de noviembre); por RD-L 28/2020, de 22 de septiembre (*BOE* n.º 253, de 23 de septiembre), de trabajo a distancia; y por Ley 10/2021, de 9 de julio (*BOE* n.º 164, de 10 de julio), de trabajo a distancia.

LPPNA — Ley Penal y Procesal de Navegación Aérea, modificada por Ley 55/1999, de 29 de diciembre (*BOE* n.º 312, de 30 de diciembre; corrección de erratas en *BOE* n.º 54, de 3 de marzo de 2000).

LRJCA Ley 29/1998, de 13 de julio, reguladora de la Jurisdicción Contencioso-Administrativa (*BOE* n.º 167, de 14 de julio), modificada por Ley 50/1998, de 30 de diciembre (*BOE* n.º 313, de 31 de diciembre de 1998; corrección de errores en *BOE* n.º 109, de 7 de mayo de 1999), por LO 19/2003, de 23 de diciembre (*BOE* n.º 309, de 26 de diciembre), por Ley 20/2013, de 9 de diciembre (*BOE* n.º 295, de 10 de diciembre), por Ley 11/2015, de 18 de junio (*BOE* n.º 146, de 19 de junio); por Ley 26/2015, de 28 de julio (*BOE* n.º 180, de 29 de julio; corrección de errores en *BOE* n.º 285, de 28 de noviembre); por Ley 34/2015, de 21 de septiembre (*BOE* n.º 227, de 22 de septiembre; corrección de errores en *BOE* n.º 231, de 26 de septiembre); por Ley 42/2015, de 5 de octubre (*BOE* n.º 239, de 6 de octubre), por LO 3/2018, de 5 de diciembre, de Protección de Datos Personales y garantía de los derechos digitales (*BOE* n.º 294, de 6 de diciembre), por RDL 3/2020, de 4 de febrero (*BOE* n.º 31, de 5 de febrero), de medidas urgentes por el que se incorporan al ordenamiento jurídico español diversas directivas de la Unión Europea en el ámbito de la contratación pública en determinados sectores; de seguros privados; de planes y fondos de pensiones; del ámbito tributario y de litigios fiscales; por RD-L 25/2020, de 3 de julio (*BOE* n.º 185, de 6 de julio); por RDL 25/2020, de 3 de julio (*BOE* n.º 185, de 6 de julio), de medidas urgentes para apoyar la reactivación económica y el empleo; por Ley 3/2020, de 18 de septiembre (*BOE* n.º 250, de 19 de septiembre), de medidas procesales y organizativas para hacer frente al COVID-19 en el ámbito de la Administración de Justicia; por Real Decreto-Ley 8/2021, de 4 de mayo (*BOE* n.º 107, de 5 de mayo; corrección de errores en *BOE* n.º 110, de 8 de mayo), por el que se adoptan medidas urgentes en el orden sanitario, social y jurisdiccional, a aplicar tras la finalización de la vigencia del estado de alarma declarado por el Real Decreto 926/2020, de 25 de octubre, por el que se declara el estado de alarma para contener la propagación de infecciones causadas por el SARS-CoV-2; y por Ley 11/2021, de 9 de julio (*BOE* n.º 164, de 10 de julio), de medidas de prevención y lucha contra el fraude fiscal.

LRJSP Ley 40/2015, de 1 de octubre (*BOE* n.º 326, de 2 de octubre; corrección de errores en *BOE* n.º 306, de 23 de diciembre), de Régimen Jurídico del Sector Público, modificada por Ley 9/2017, de 8 de noviembre (*BOE* n.º 272, de 9 de noviembre; corrección de errores en *BOE* n.º 126, de 24 mayo), de Contratos del Sector Público; por Real Decreto-Ley 14/2019, de 31 de octubre (*BOE* n.º 266, de

5 de noviembre); por Real Decreto-Ley 36/2020, de 30 de diciembre (*BOE* n.º 341, de 31 de diciembre; corrección de errores en *BOE* n.º 22, de 26 de enero de 2021), por el que se aprueban medidas urgentes para la modernización de la Administración Pública y para la ejecución del Plan de Recuperación, Transformación y Resiliencia; y por Ley 11/2020, de 30 de diciembre (*BOE* n.º 341, de 31 de diciembre), de Presupuestos Generales del Estado para el año 2021.

LTCVM Real Decreto Legislativo 6/2015, de 30 de octubre (*BOE* n.º 261, de 31 de octubre), por el que se aprueba el texto refundido de la Ley sobre Tráfico, Circulación de Vehículos a Motor y Seguridad Vial, modificado por LO 7/2021, de 26 de mayo (*BOE* n.º 126, de 27 de mayo), de protección de datos personales tratados para fines de prevención, detección, investigación y enjuiciamiento de infracciones penales y de ejecución de sanciones penales.

PIDCP Pacto Internacional de Derechos Civiles y Políticos.

RIRPF Real Decreto 439/2007, de 30 de marzo (*BOE* n.º 78, de 31 de marzo), por el que se aprueba el Reglamento del Impuesto sobre la Renta de las Personas Físicas, modificado por Real Decreto 1.804/2008, de 3 de noviembre (*BOE* n.º 278, de 18 de noviembre); por Real Decreto 2.004/2009, de 23 de diciembre (*BOE* n.º 313, de 29 de diciembre; corrección de errores en *BOE* n.º 315, de 31 de diciembre; por Real Decreto 960/2013, de 5 de diciembre (*BOE* n.º 292, de 6 de diciembre; corrección de errores en *BOE* n.º 19, de 22 de enero de 2014); Real Decreto 1.003/2014, de 5 de diciembre (*BOE* n.º 295, de 6 de diciembre); Real Decreto 633/2015, de 10 de julio (*BOE* n.º 165, de 11 de julio); y por Real Decreto 1.461/2018, de 21 de diciembre (*BOE* n.º 308, de 22 de diciembre).

RIVA Real Decreto 1.624/1992, de 29 de diciembre (*BOE* n.º 314, de 31 de diciembre), por el que se aprueba el Reglamento de la Ley 37/1992, de 28 de diciembre, del Impuesto sobre el Valor Añadido. Este Real Decreto ha sido modificado por Real Decreto 215/1999, de 5 de febrero (*BOE* n.º 34, de 9 de febrero); por Real Decreto 1.966/1999, de 23 de diciembre (*BOE* n.º 312, de 30 de diciembre); por Real Decreto 1.082/2001, de 5 de octubre (*BOE* n.º 240, de 6 de octubre); por Real Decreto 2.347/2004, de 23 de diciembre (*BOE* n.º 309, de 24 de diciembre); por Real Decreto 87/2005, de 31 de enero (*BOE* n.º 27, de 1 de febrero); por Real Decreto 1.065/2007, de 27 de julio (*BOE* n.º 213, de 5 de septiembre); por Real Decreto 1.466/2007, de 2 de noviembre (*BOE* n.º 278, de 20 de noviembre); por Real

	Decreto 2.126/2008, de 26 de diciembre (*BOE* n.º 312, de 27 de diciembre); por Real Decreto 2.004/2009, de 23 de diciembre (*BOE* n.º 313, de 29 de diciembre; corrección de errores en *BOE* n.º 315, de 31 de diciembre); por Real Decreto 192/2010, de 26 de febrero (*BOE* n.º 53, de 2 de marzo); y por Real Decreto-ley 3/2020, de 4 de febrero (*BOE* n.º 31, de 5 de febrero), de medidas urgentes por el que se incorporan al ordenamiento jurídico español diversas directivas de la Unión Europea en el ámbito de la contratación pública en determinados sectores; de seguros privados; de planes y fondos de pensiones; del ámbito tributario y de litigios fiscales.
RP	Reglamento Penitenciario, aprobado por Real Decreto 190/1996, de 9 de febrero.
STC	Sentencia del Tribunal Constitucional.
STJCE	Sentencia del Tribunal de Justicia de las Comunidades Europeas.
STS	Sentencia del Tribunal Supremo.

CÓDIGO PENAL DE 1995

LEY ORGÁNICA 10/1995, DE 23 DE NOVIEMBRE, DEL CÓDIGO PENAL*

(*BOE* n.º 281, de 24 de noviembre de 1995; corrección de errores en *BOE* n.º 54, de 2 de marzo de 1996)

EXPOSICIÓN DE MOTIVOS

Si se ha llegado a definir el ordenamiento jurídico como conjunto de normas que regulan el uso de la fuerza, puede entenderse fácilmente la importancia del Código Penal en cualquier sociedad civilizada. El

* El texto que se publica incorpora las modificaciones efectuadas por las Leyes Orgánicas 2/1998, de 15 de junio (*BOE* n.º 143, de 16 de junio de 1998), por la que se modificaron el Código Penal y la Ley de Enjuiciamiento Criminal; 7/1998, de 5 de octubre (*BOE* n.º 239, de 6 de octubre), por la que se suprimen las penas de prisión y multa para los supuestos de no cumplimiento del servicio militar obligatorio y prestación social sustitutoria, y se rebajan las penas de inhabilitación para dichos supuestos; 11/1999, de 30 de abril (*BOE* n.º 104, de 1 de mayo), de modificación del Título VIII del Libro II del Código Penal; 14/1999, de 9 de junio (*BOE* n.º 138, de 10 de junio), de modificación del Código Penal de 1995, en materia de protección a las víctimas de malos tratos, y de la Ley de Enjuiciamiento Criminal; 2/2000, de 7 de enero (*BOE* n.º 8, de 10 de enero), de modificación del Código Penal en materia de prohibición del desarrollo y el empleo de armas químicas; 3/2000, de 11 de enero (*BOE* n.º 10, de 12 de enero), de modificación del Código Penal en materia de lucha contra la corrupción de agentes públicos extranjeros en las transacciones comerciales internacionales; 4/2000, de 11 de enero (*BOE* n.º 10, de 12 de enero; corrección de errores en *BOE* n.º 20, de 24 de enero), sobre derechos y libertades de los extranjeros en España y su integración social; 5/2000, de 12 de enero (*BOE* n.º 11, de 13 de enero), reguladora de la responsabilidad penal de los menores; 7/2000, de 22 de diciembre (*BOE* n.º 307, de 23 de diciembre), de modificación del Código Penal y de la Ley Orgánica reguladora de la responsabilidad penal de los menores, en relación con los delitos de terrorismo; 8/2000, de 22 de diciembre (*BOE* n.º 307, de 23 de diciembre; corrección de errores en *BOE* n.º 47, de 23 de febrero de 2001), de reforma de la Ley Orgánica sobre derechos y libertades de los extranjeros en España y su integración social; 3/2002, de 22 de mayo (*BOE* n.º 123, de 23 de mayo), por la que se modifican la LO 10/1995, de 23 de noviembre, del Código Penal, y la LO 13/1985, de 9 de diciembre, del Código Penal Militar, en materia de delitos relativos al servicio militar y a la prestación social sustitutoria; 9/2002, de 10 de diciembre (*BOE* n.º 296, de 11 de diciembre), de modificación del Código Penal y el Código Civil, sobre sustracción de menores; 1/2003, de 10 de marzo (*BOE* n.º 60, de 11 de marzo; corrección de errores en *BOE* n.º 207, de 29 de agosto), para la garantía de la democracia en los Ayuntamientos y la seguridad de los

Concejales; 7/2003, de 30 de junio (*BOE* n.º 156, de 1 de julio), de medidas de reforma para el cumplimiento íntegro y efectivo de las penas; 11/2003, de 29 de septiembre (*BOE* n.º 234, de 30 de septiembre), de medidas concretas en materia de seguridad ciudadana, violencia doméstica e integración social de los extranjeros; 15/2003, de 25 de noviembre (*BOE* n.º 283, de 26 de noviembre; corrección de errores en *BOE* n.º 65, de 16 de marzo, y n.º 80, de 2 de abril, ambos de 2004); 20/2003, de 23 de diciembre (*BOE* n.º 309, de 26 de diciembre); 1/2004, de 28 de diciembre (*BOE* n.º 313, de 29 de diciembre), de Medidas de Protección Integral contra la Violencia de Género; 2/2005, de 22 de junio (*BOE* n.º 149, de 23 de junio); 4/2005, de 10 de octubre (*BOE* n.º 243, de 11 de octubre), en materia de delitos de riesgo provocados por explosivos; 7/2006, de 21 de noviembre (*BOE* n.º 279, de 22 de noviembre), de protección de la salud y de lucha contra el dopaje en el deporte; 13/2007, de 19 de noviembre (*BOE* n.º 278, de 20 de noviembre; corrección de errores en *BOE* n.º 310, de 27 de diciembre), para la persecución extraterritorial del tráfico ilegal o la inmigración clandestina de personas; 15/2007, de 30 de noviembre (*BOE* n.º 288, de 1 de diciembre), por la que se modifica el Código Penal en materia de seguridad vial; 2/2010, de 3 de marzo (*BOE* n.º 55, de 4 de marzo), de salud sexual y reproductiva y de la interrupción voluntaria del embarazo; 5/2010, de 22 de junio (*BOE* n.º 152, de 23 de junio); 3/2011, de 28 de enero (*BOE* n.º 25, de 29 de enero); 7/2012, de 27 de diciembre (*BOE* n.º 312, de 28 de diciembre), de modificación del Código Penal en materia de transparencia y lucha contra el fraude fiscal y en la Seguridad Social; 1/2015, de 30 de marzo (*BOE* n.º 77, de 31 de marzo; corrección de errores en *BOE* n.º 139, de 11 de junio); 2/2015, de 30 de marzo (*BOE* n.º 77, de 31 de marzo), por la que se modifica el Código Penal en materia de delitos de terrorismo; Ley 4/2015, de 27 de abril (*BOE* n.º 101, de 28 de abril), del Estatuto de la víctima del delito; 1/2019, de 20 de febrero (*BOE* n.º 45, de 21 de febrero), para transponer Directivas de la Unión Europea en los ámbitos financiero y de terrorismo, y abordar cuestiones de índole internacional; 2/2019, de 1 de marzo (*BOE* n.º 53, de 2 de marzo), de modificación del Código Penal en materia de imprudencia en la conducción de vehículos a motor o ciclomotor y sanción del abandono del lugar del accidente; 2/2020, de 16 de diciembre (*BOE* n.º 328, de 17 de diciembre), de modificación del Código Penal para la erradicación de la esterilización forzada o no consentida de personas con discapacidad incapacitadas judicialmente; 3/2021, de 24 de marzo (*BOE* n.º 72, de 25 de marzo), de regulación de la eutanasia; 5/2021, de 22 de abril (*BOE* n.º 97, de 23 de abril), de derogación del artículo 315 apartado 3 del Código Penal; 6/2021, de 28 de abril (*BOE* n. 102, de 29 de abril), complementaria de la Ley 6/2021; por Ley 8/2021, de 2 de junio (*BOE* n.º 132, de 3 de junio), por la que se reforma la legislación civil y procesal para el apoyo a las personas con discapacidad en el ejercicio de su capacidad jurídica; por LO 8/2021, de 4 de junio (*BOE* n.º 134, de 5 de junio), de protección integral a la infancia y la adolescencia frente a la violencia; y por Ley Orgánica 9/2021, de 1 de julio (*BOE* n.º 157, de 2 de julio), de aplicación del Reglamento (UE) 2017/1939 del Consejo, de 12 de octubre de 2017, por el que se establece una cooperación reforzada para la creación de la Fiscalía Europea. El Preámbulo de la indicada LO 1/2015 dice:

«I

»El Código Penal aprobado mediante la Ley Orgánica 10/1995, de 23 de noviembre, es objeto de una completa revisión y actualización, en la conciencia de que el transcurso del tiempo y las nuevas demandas sociales evidencian la necesidad de llevar a cabo determinadas modificaciones de nuestra norma penal. En general, se revisa el régimen de penas y su aplicación, se adoptan mejoras técnicas para ofrecer un sistema penal más ágil y coherente, y se introducen nuevas figuras delictivas o se adecuan los tipos penales ya existentes, con el fin de ofrecer una respuesta más adecuada a las nuevas formas de delincuencia; del mismo modo se suprimen aquellas otras infracciones que, por su escasa gravedad, no merecen reproche penal. Gran parte de la reforma está también orientada a dar cumplimiento a los compromisos internacionales adquiridos por España.

»La necesidad de fortalecer la confianza en la Administración de Justicia hace preciso poner a su disposición un sistema legal que garantice resoluciones judiciales previsibles que, además, sean percibidas en la sociedad como justas. Con esta finalidad, siguiendo el modelo de otros países de nuestro entorno europeo, se introduce la prisión permanente revisable para aquellos delitos de extrema gravedad, en los que los ciudadanos demandaban una pena proporcional al hecho cometido. En este mismo sentido, se revisan los delitos de homicidio, asesinato y detención ilegal o secuestro con desaparición, y se amplían los marcos penales dentro de los cuales los tribunales podrán fijar la pena de manera más ajustada a las circunstancias del caso concreto.

»Junto con ello, se afrontan dos reformas que están orientadas a incrementar la eficacia de la justicia penal: de una parte, se modifica la regulación de la suspensión y de la sustitución de las penas privativas de libertad, y se introduce un nuevo sistema, caracterizado por la existencia de un único régimen de suspensión que ofrece diversas alternativas, que introduce mayor flexibilidad y eficacia.

»De otra parte, se suprimen las faltas que históricamente se regulaban en el Libro III del Código Penal, si bien algunas de ellas se incorporan al Libro II del Código reguladas como delitos leves. La reducción del número de faltas —delitos leves en la nueva regulación que se introduce— viene orientada por el principio de intervención mínima, y debe facilitar una disminución relevante del número de asuntos menores que, en gran parte, pueden encontrar respuesta a través del sistema de sanciones administrativas y civiles.

»Se acomete una revisión técnica de la regulación del decomiso y de algunos aspectos de la parte especial del Código Penal, en concreto, de los delitos contra la propiedad, del catálogo de agravantes de la estafa, administración desleal, delitos contra la propiedad intelectual e industrial, insolvencias punibles, corrupción privada, malversación, corrupción de agentes públicos extranjeros, delitos de atentado y desobediencia, alteraciones del orden público, incendios, detención ilegal, e intrusismo. Y se tipifican nuevos delitos de matrimonio forzado, hostigamiento o acecho, divulgación no autorizada de imágenes o grabaciones íntimas obtenidas con la anuencia de la persona afectada, y manipulación del funcionamiento de los dispositivos de control utilizados para vigilar el cumplimiento de penas y medidas cautelares o de seguridad.

»Se refuerza la punición de los llamados delitos de corrupción en el ámbito de la Administración pública. Con carácter general, se elevan las penas de inhabilitación previstas para este tipo de delitos, y se añade la imposición de penas de inhabilitación especial para el ejercicio del derecho de sufragio pasivo. Además, se introducen nuevas figuras delictivas relacionadas con la financiación ilegal de partidos políticos.

»Finalmente, buena parte de las modificaciones llevadas a cabo están justificadas por la necesidad de atender compromisos internacionales. Así, la reforma se ocupa de la transposición de la Decisión Marco 2008/913/JAI, relativa a la lucha contra determinadas formas y manifestaciones de racismo y xenofobia mediante el Derecho Penal; de la Directiva 2009/52/CE, por la que se establecen normas mínimas sobre las sanciones y medidas aplicables a los empleadores de nacionales de terceros países en situación irregular; de la Directiva 2011/93/UE, relativa a la lucha contra los abusos sexuales y la explotación sexual de los menores y la pornografía infantil; de la Directiva 2011/36/UE, relativa a la prevención y lucha contra la trata de seres humanos y a la protección de las víctimas; de la Directiva 2013/40/UE, relativa a los ataques contra los sistemas de información y la interceptación de datos electrónicos cuando no se trata de una comunicación personal; y de la Directiva 2014/42/UE, de 3 de abril, sobre el embargo y el decomiso de los instrumentos y del producto del delito en la Unión Europea. Asimismo, se modifica la actual regulación del delito de inmigración ilegal, separando claramente esta figura delictiva del delito de trata de seres humanos y ajustando tipos y penas a las exigencias derivadas de la Directiva 2002/90/CE y la Decisión Marco 2002/946/JAI. También se introduce la posibilidad de incluir perfiles de condenados en la base de datos de ADN, para dar cumplimiento a las exigencias del Convenio del Consejo de Europa para la protección de los niños contra la explotación y el abuso sexual, hecho en Lanzarote el 25 de octubre de 2007. Y se incorporan en nuestra normativa penal las conductas descritas en el Convenio del Consejo de Europa de 28 de abril de 2014, sobre falsificación de productos médicos y otros delitos similares que suponen una amenaza para la salud pública.

»II

»La reforma introduce una nueva pena de prisión permanente revisable, que podrá ser impuesta únicamente en supuestos de excepcional gravedad —asesinatos especialmente graves, homicidio del Jefe del Estado o de su heredero, de Jefes de Estado extranjeros y en los supuestos más graves de genocidio o de crímenes de lesa humanidad— en los que está justificada una respuesta extraordinaria mediante la imposición de una pena de prisión de duración indeterminada (prisión permanente), si bien sujeta a un régimen de revisión: tras el cumplimiento íntegro de una parte relevante de la condena, cuya duración depende de la cantidad de delitos cometidos y de su naturaleza, acreditada la reinserción del penado, éste puede obtener una libertad condicionada al cumplimiento de ciertas exigencias, en particular, la no comisión de nuevos hechos delictivos.

»La prisión permanente revisable, cuya regulación se anuncia, de ningún modo renuncia a la reinserción del penado: una vez cumplida una parte mínima de la condena, un tribunal colegiado deberá valorar nuevamente las circunstancias del penado y del delito cometido y podrá revisar su situación personal. La previsión de esta revisión judicial periódica de la situación personal del penado, idónea para poder verificar en cada caso el necesario pronóstico favorable de reinserción social, aleja toda duda de inhumanidad de esta pena, al garantizar un horizonte de libertad para el condenado.

»En la prisión permanente revisable, cumplida esa primera parte mínima de la pena, si el tribunal considera que no concurren los requisitos necesarios para que el penado pueda recuperar la libertad, se fijará un plazo para llevar a cabo una nueva revisión de su situación; y si, por el contrario, el tribunal valora que cumple los requisitos necesarios para quedar en libertad, se establecerá un plazo de libertad condicional en el que se impondrán condiciones y medidas de control orientadas tanto a garantizar la seguridad de la sociedad, como a asistir al penado en esta fase final de su reinserción social.

»La pena de prisión permanente revisable no constituye, por ello, una suerte de "pena definitiva" en la que el Estado se desentiende del penado. Al contrario, se trata de una institución que compatibiliza la existencia de una respuesta penal ajustada a la gravedad de la culpabilidad, con la finalidad de reeducación a la que debe ser orientada la ejecución de las penas de prisión.

»Se trata, en realidad, de un modelo extendido en el Derecho comparado europeo que el Tribunal Europeo de Derechos Humanos ha considerado ajustado a la Convención Europea de Derechos Humanos, pues ha declarado que cuando la ley nacional ofrece la posibilidad de revisión de la condena de duración indeterminada con vistas a su conmutación, remisión, terminación o libertad condicional del penado, esto es suficiente para dar satisfacción al artículo 3 del Convenio (cfr. SSTEDH 12-2-2008, caso *Kafkaris vs. Chipre*; 3-11-2009, caso *Meixner vs. Alemania*; 13-11-2014, caso *Bodein vs. Francia*; 3-2-2015, caso *Hutchinson vs. Reino Unido*).

»El Consejo de Estado ha tenido también oportunidad de pronunciarse sobre la constitucionalidad de las penas de duración indeterminada —pero revisables—, al informar con relación a la ratificación por España del Estatuto de la Corte Penal Internacional, en el que está prevista la posible imposición de una pena de prisión permanente.

»III

»La reforma lleva a cabo una mejora técnica en la regulación de la responsabilidad penal de las personas jurídicas, introducida en nuestro ordenamiento jurídico por la

Ley Orgánica 5/2010, de 22 de junio, con la finalidad de delimitar adecuadamente el contenido del "debido control", cuyo quebrantamiento permite fundamentar su responsabilidad penal.

»Con ello se pone fin a las dudas interpretativas que había planteado la anterior regulación, que desde algunos sectores había sido interpretada como un régimen de responsabilidad vicarial, y se asumen ciertas recomendaciones que en ese sentido habían sido realizadas por algunas organizaciones internacionales. En todo caso, el alcance de las obligaciones que conlleva ese deber de control se condiciona, de modo general, a las dimensiones de la persona jurídica.

»Asimismo, se extiende el régimen de responsabilidad penal a las sociedades mercantiles estatales que ejecuten políticas públicas o presten servicios de interés económico general, a las que se podrán imponer las sanciones actualmente previstas en las letras *a*) y *g*) del apartado 7 del artículo 33 del Código Penal.

»IV

»La reforma incorpora también una revisión de la regulación de la suspensión de la ejecución de la pena, que tiene como finalidad esencial dotarla de una mayor flexibilidad y facilitar una tramitación más rápida de esta fase inicial de la ejecución de las penas de prisión.

»La experiencia venía poniendo de manifiesto que la existencia de antecedentes penales no justificaba en todos los casos la denegación de la suspensión, y que era por ello preferible la introducción de un régimen que permitiera a los jueces y tribunales valorar si los antecedentes penales del condenado tienen, por su naturaleza y circunstancias, relevancia para valorar su posible peligrosidad y, en consecuencia, si puede concedérsele o no el beneficio de la suspensión; y que el mismo criterio debía ser aplicado en la regulación de la revocación de la suspensión. La conveniencia de introducir una mayor flexibilidad y discrecionalidad judicial en el régimen de la suspensión se reforzaba por el hecho de que ahora, transpuesta plenamente la Decisión Marco 2008/675/JAI, se establezca una plena equivalencia entre los antecedentes correspondientes a condenas impuestas por los tribunales españoles, y las impuestas por cualesquiera otros tribunales de Estados miembros de la Unión Europea.

»Al tiempo, se pone fin a la situación actual en la que la existencia de una triple regulación de la suspensión (suspensión ordinaria, suspensión para el caso de delincuentes drogodependientes y sustitución de la pena) da lugar, en muchas ocasiones, a tres decisiones sucesivas que son objeto de reiterados recursos. Se mantienen los diversos supuestos de suspensión y sustitución de la pena, pero como alternativas u opciones posibles que ofrece el régimen único de suspensión. De este modo se asegura que jueces y tribunales resuelvan sobre si la pena de prisión debe ser ejecutada o no una sola vez, lo que debe redundar en una mayor celeridad y eficacia en la ejecución de las penas.

»Con esta misma finalidad, se modifica el régimen de valoración del cumplimiento de la responsabilidad civil. El sistema actual de comprobación previa resulta ineficaz y poco ágil, y dificulta que las decisiones sobre la suspensión de la pena puedan ser adoptadas en el mismo momento en que se dicta sentencia. Por ello, se introduce un sistema inverso al actual: el pago de la responsabilidad civil (y también, que se haya hecho efectivo el decomiso acordado por los jueces o tribunales) continúa siendo un presupuesto de la suspensión de la ejecución; pero es la ocultación de bienes o el hecho de no aportar información sobre los disponibles o de no facilitar el decomiso acordado lo que determina la revocación de la suspensión ya acordada.

»Como alternativas posibles, dentro del régimen único de suspensión de condena que se establece, se mantienen los supuestos de delincuentes que cometen el hecho delictivo a causa de su grave adicción a drogas o sustancias tóxicas; y la sustitución de la pena de prisión por multa o trabajos en beneficio de la comunidad. Pero se introducen algunas modificaciones que intentan hacer más efectivo el sistema y que ofrecen a los jueces y tribunales una mayor flexibilidad para la resolución justa de las diversas situaciones que puedan plantearse.

»En el caso de la suspensión, se concede libertad a los jueces y tribunales para resolver sobre cuáles son las comprobaciones que deben llevarse a cabo para acreditar el cumplimiento de los requisitos legales. En la suspensión de la ejecución de las penas impuestas a los delincuentes drogodependientes, condicionada a que no abandonen el tratamiento de deshabituación hasta su finalización, se establece como novedad que no se considerará abandono las recaídas durante el tratamiento si éstas no evidencian su abandono definitivo.

»Por otra parte, el tradicional régimen de sustitución de la pena pasa a ser regulado como una modalidad de suspensión en la que el juez o tribunal pueden acordar la imposición (como sustitutivo) de una pena de multa o de trabajos en beneficio de la comunidad. Sin embargo, la conversión no se produce de forma automática, sino que se ofrece a jueces o tribunales la posibilidad de moderar su importe dentro de ciertos límites. Asimismo, se introduce como posible condición de la suspensión el cumplimiento de lo acordado entre las partes tras un proceso de mediación, en los casos en que legalmente sea posible. El sistema también resulta más ágil en el supuesto de impago de la multa sustitutiva impuesta y, al igual que en el supuesto anterior, será la ocultación de bienes o la falta de aportación de información veraz por el penado lo que determinará la revocación de la suspensión.

»También se modifica la regulación de la sustitución de la ejecución de la pena de prisión por la expulsión del territorio nacional. De nuevo, la reforma combina la búsqueda de la eficacia con un escrupuloso respeto de los derechos individuales: se ajusta el límite de pena a partir del cual podrá acordarse la expulsión a la regulación contenida en la legislación de extranjería; los jueces y tribunales deberán establecer, en todo caso, qué parte de la pena impuesta debe ser cumplida efectivamente en prisión, cuando se hayan impuesto penas de más de tres años; y la sustitución se condiciona, en todos los casos, a la proporcionalidad de la medida. La sustitución de las penas de prisión por la medida de expulsión del territorio nacional en el caso de delitos cometidos por un ciudadano europeo, se contempla con carácter excepcional, reservándose a aquellos supuestos en los que su autor representa una amenaza grave para el orden público o la seguridad pública, en atención a los criterios recogidos en la Directiva 2004/38/CE del Parlamento Europeo y del Consejo, de 29 de abril de 2004, relativa al derecho de los ciudadanos de la Unión y de los miembros de sus familias a circular y residir libremente en el territorio de los Estados miembros, así como en la Jurisprudencia del Tribunal de Justicia de la Unión Europea, que deberán ser tenidos en cuenta por los jueces y tribunales en la interpretación y aplicación del precepto correspondiente.

»Finalmente, deben destacarse algunas mejoras técnicas en la regulación. Así, se precisa cuál es el momento de inicio de los plazos de suspensión. También se impone a jueces y tribunales el deber de resolver en sentencia sobre la posible suspensión de la ejecución siempre que ello resulte posible. Cuando la decisión no pueda adoptarse en sentencia, se articula un trámite de audiencia para las partes. Este mismo trámite se incorpora antes de resolver sobre la modificación de las condiciones o su revocación, si bien en este último supuesto queda salvaguardada la posibilidad de que el juez revoque inmediatamente ante casos de riesgo de fuga, peligro para la víctima o reiteración delictiva.

»V

»La nueva regulación mantiene, sin modificaciones, los supuestos de concesión de libertad condicional de la legislación anterior. Se introducen, sin embargo, tres modificaciones de extraordinaria relevancia.

»En primer lugar, se incluye un nuevo supuesto privilegiado de acceso a la libertad condicional que será aplicable a los penados primarios, es decir, a aquellos que cumplen su primera condena en prisión, que hayan sido condenados a una pena corta de prisión. En estos casos, se adelanta la posibilidad de obtener la libertad condicional al cumplimiento de la mitad de la condena. Esta modificación refleja el sentido general de la reforma en el sistema de penas: se introducen mecanismos e instituciones que pretenden ofrecer una respuesta contundente a los delincuentes multirreincidentes; y, de un modo coherente, se ofrecen nuevas posibilidades de obtener la libertad a los penados primarios que presentan un pronóstico favorable de reinserción.

»En segundo lugar, la libertad condicional pasa a ser regulada como una modalidad de suspensión de la ejecución del resto de la pena. Al contrario de lo que venía sucediendo hasta ahora, el tiempo en libertad condicional no computará como tiempo de cumplimiento de condena, sino que la concesión de la libertad condicional determinará la suspensión de la ejecución del resto de la pena durante un determinado período de tiempo: si, durante ese tiempo, el penado no reincide y cumple las condiciones impuestas, se declarará extinguida la pena pendiente de cumplimiento; por el contrario, si durante ese período de libertad condicional (o de suspensión de la ejecución del resto de la pena) comete un nuevo delito o incumple gravemente las condiciones impuestas, la libertad será revocada y deberá cumplir toda la pena que restaba. Por esta razón, el régimen de la libertad condicional pasa a estar regulado, en gran parte, por remisión a la regulación de la suspensión de la ejecución de la pena.

»Y, finalmente, se introduce la regulación del régimen de revisión de la prisión permanente revisable como un supuesto de libertad condicional o de suspensión de la ejecución de la pena. Si el tribunal concede la libertad, fija un plazo de «suspensión» de la ejecución durante el cual el penado queda sujeto a condiciones: el incumplimiento de las mismas o la comisión de nuevos delitos determina —durante este período de suspensión— la revocación de la misma y el reingreso del penado en prisión. Para la revisión de la prisión se establece un doble régimen. Cumplida una parte de la condena que oscila entre veinticinco y treinta y cinco años de condena, el tribunal deberá revisar de oficio si la prisión debe ser mantenida cada dos años; y lo hará también siempre que el penado lo solicite, si bien tras la desestimación de una petición podrá fijar un plazo máximo de un año dentro del cual no se dará curso a nuevas solicitudes.

»VI

»La nueva regulación equipara los antecedentes penales españoles a los correspondientes a condenas impuestas por tribunales de otros Estados miembros de la Unión Europea, a los efectos de resolver sobre la concurrencia de la agravante de reincidencia o la suspensión de la ejecución de la pena, conforme a la Decisión Marco 2008/675/JAI, o su posible revocación.

»Al tiempo, esta consideración de los antecedentes penales de otros Estados miembros en procedimientos nacionales, así como el envío a otros Estados miembros de las condenas impuestas en España, basadas en el intercambio de antecedentes penales entre los Estados miembros de la Unión Europea —impulsado por la Decisión Marco 2008/315/JAI, relativa a la organización y al contenido del intercambio de información de los registros de antecedentes penales entre los Estados miembros y la Decisión 2009/316/JAI del Consejo, de 6 de abril de 2009, por la que se establece el Sistema Europeo de Información de Antecedentes Penales (ECRIS)—, ponen de manifiesto la necesidad de simplificar el procedimiento de cancelación de los antecedentes penales, evitando que, transcurridos los plazos previstos en el artículo 136 del Código Penal, figuren vigentes en el Registro Central de Penados condenas que debieran ser canceladas.

»Con la reforma, se modifica el artículo 136 del Código Penal para facilitar el procedimiento de cancelación de los antecedentes penales, suprimiendo la exigencia del informe del juez o tribunal sentenciador y el requisito de la constancia del pago de la responsabilidad civil o la insolvencia del penado. Al mismo tiempo se revisan los plazos previstos para la cancelación de los delitos de mayor gravedad, que se elevan hasta los diez años.

»Finalmente, se incluye una regulación de la cancelación para los antecedentes de las personas jurídicas que puedan resultar penalmente responsables y de las consecuencias accesorias impuestas.

»VII

»Se excluyen del cómputo del plazo de prescripción de las penas el tiempo de ejecución de otra pena de la misma naturaleza y el tiempo de suspensión de la condena ya impuesta.

»Las penas de la misma naturaleza —en particular, las penas privativas de libertad— se cumplen de forma sucesiva por orden de gravedad (artículo 75 del Código Penal), por lo que resulta conveniente excluir expresamente, en la regulación del plazo de prescripción de la pena pendiente de cumplimiento, el tiempo durante el cual el penado está cumpliendo otra pena de la misma naturaleza que forzosamente tiene que ser cumplida en primer lugar.

»De igual modo, parece conveniente que la interpretación habitual según la cual el período de tiempo de suspensión de la pena no se computa como plazo de prescripción de la misma tenga un reflejo expreso en la ley.

»Se introducen algunas correcciones técnicas en el artículo 130 del Código Penal con la finalidad de regular adecuadamente el régimen de extinción de la responsabilidad penal en los casos de suspensión de la ejecución de la pena y de regular la eficacia del perdón en los casos de los delitos leves perseguibles únicamente a instancia del agraviado.

»VIII

»La regulación del decomiso es objeto de una ambiciosa revisión que introduce importantes modificaciones que tienen como objeto facilitar instrumentos legales que sean más eficaces en la recuperación de activos procedentes del delito y en la gestión económica de los mismos.

»La reforma toma en consideración la Directiva europea 2014/42/UE, de 3 de abril, sobre el embargo y el decomiso de los instrumentos y del producto del delito en la Unión Europea.

»Las novedades afectan, especialmente, a tres cuestiones: el decomiso sin sentencia; el decomiso ampliado; y el decomiso de bienes de terceros.

»Tradicionalmente el decomiso del producto del delito ha estado vinculado a la existencia de una condena previa (penal) por el delito cometido. Con este punto de partida, se había afirmado que un decomiso sin condena es necesariamente contrario al derecho a la presunción de inocencia, pues autoriza el decomiso de efectos procedentes de un delito que no ha sido probado y por el que no se ha impuesto ninguna condena. Sin embargo, tal interpretación solamente viene determinada por un análisis del decomiso apegado a la regulación tradicional del mismo, y desconoce que, como ha afirmado el Tribunal Europeo de Derechos Humanos, el decomiso sin condena no tiene una naturaleza propiamente penal, pues no tiene como fundamento la imposición de una sanción ajustada a la culpabilidad por el hecho, sino que "es más comparable a la restitución del enriquecimiento injusto que a una multa impuesta bajo la ley penal" pues "dado que el decomiso se limita al enriquecimiento (ilícito) real del beneficiado por la comisión de un delito, ello no pone de manifiesto que se trate de un régimen de sanción" (Decisión 696/2005, *Dassa Foundation vs. Liechtenstein*).

»El decomiso sin sentencia ya estaba regulado en el apartado 4 del vigente artículo 127, si bien resultaba oportuno aprovechar la reforma para introducir algunas mejoras técnicas en su regulación e introducir las normas procesales necesarias para hacer posible su aplicación.

»Frente al decomiso directo y el decomiso por sustitución, el decomiso ampliado se caracteriza, precisamente, porque los bienes o efectos decomisados provienen de otras actividades ilícitas del sujeto condenado, distintas a los hechos por los que se le condena y que no han sido objeto de una prueba plena. Por esa razón, el decomiso ampliado no se fundamenta en la acreditación plena de la conexión causal entre la actividad delictiva y el enriquecimiento, sino en la constatación por el juez, sobre la base de indicios fundados y objetivos, de que han existido otra u otras actividades delictivas, distintas a aquellas por las que se condena al sujeto, de las que deriva el patrimonio que se pretende decomisar. Véase que la exigencia de una prueba plena determinaría no el decomiso de los bienes o efectos, sino la condena por aquellas otras actividades delictivas de las que razonablemente provienen.

»El decomiso ampliado no es una sanción penal, sino que se trata de una institución por medio de la cual se pone fin a la situación patrimonial ilícita a que ha dado lugar la actividad delictiva. Su fundamento tiene, por ello, una naturaleza más bien civil y patrimonial, próxima a la de figuras como el enriquecimiento injusto. El hecho de que la normativa de la Unión Europea se refiera expresamente a la posibilidad de que los tribunales puedan decidir el decomiso ampliado sobre la base de indicios, especialmente la desproporción entre los ingresos lícitos del sujeto y el patrimonio disponible, e, incluso, a través de procedimientos de naturaleza no penal, confirma la anterior interpretación.

»El decomiso ampliado ya fue introducido en nuestro Derecho por la Ley Orgánica 5/2010 para los delitos de terrorismo y los cometidos por grupos u organizaciones criminales, y ahora se extiende a otros supuestos en los que es frecuente que se produzca una actividad delictiva sostenida en el tiempo de la que pueden derivar importantes beneficios económicos (blanqueo y receptación, trata de seres humanos, prostitución, explotación y abuso de menores, falsificación de moneda, insolvencias punibles, delitos contra la hacienda pública y la seguridad social, corrupción en los negocios, delitos informáticos, cohecho, malversación o delitos patrimoniales en casos de continuidad delictiva o multirreincidencia). El decomiso ampliado permitirá a los jueces y tribunales, en los supuestos de condenas por delitos que normalmente generan una fuente permanente de ingresos, como ocurre con el tráfico de drogas, terrorismo o blanqueo de capitales, ordenar el decomiso de bienes y efectos del condenado procedentes de otras actividades delictivas, siempre que existan indicios objetivos fundados de la procedencia ilícita de los efectos decomisados. La regulación contempla así una figura que se encuentra ya recogida por el Derecho comparado y que será de aplicación generalizada en el ámbito de la Unión Europea como consecuencia de la mencionada Directiva.

»Con la finalidad de facilitar la aplicación de esta figura, se opta por incluir un catálogo abierto de indicios que —entre otros posibles— deberán ser valorados por los jueces y tribunales para resolver sobre el decomiso: la ya mencionada desproporción entre el patrimonio del sujeto responsable de alguno de los delitos contenidos en el catálogo, y sus medios de vida lícitos; la ocultación intencionada de su patrimonio mediante la utilización de personas físicas o jurídicas o entes sin personalidad jurídica interpuestos, o mediante el recurso a paraísos fiscales; o su transferencia mediante operaciones que dificulten su localización o seguimiento, y que carezcan de justificación económica.

»La regulación, por lo demás, es, como se ha afirmado en la jurisprudencia constitucional comparada, ajustada a los principios de culpabilidad y presunción de inocencia, pues no persigue reprochar al condenado la realización de un hecho ilícito, lo que sería propio de una pena, sino conseguir fines ordenadores del patrimonio y de corrección de una situación patrimonial ilícita derivada de un enriquecimiento injusto de origen delictivo; y el decomiso ampliado no presupone ni conlleva una declaración de culpabilidad por la actividad delictiva desarrollada por el sujeto, pues el decomiso ni presupone tal declaración de culpabilidad ni es una pena. La regulación prevé, por ello, que si posteriormente el condenado lo fuera por hechos delictivos similares cometidos con anterioridad, el juez o tribunal deba valorar el alcance del decomiso anterior acordado al resolver sobre el decomiso en el nuevo procedimiento.

»En no pocas ocasiones, los bienes y efectos procedentes de actividades delictivas son transferidos por sus autores a terceras personas. La regulación del decomiso de bienes en poder de terceros ya estaba prevista en nuestra legislación, si bien la reforma introduce algunas mejoras técnicas orientadas a incrementar la eficacia y seguridad jurídica en la aplicación de esta regulación.

»Con la finalidad de incrementar la eficacia de la nueva regulación, se recoge expresamente la posibilidad de que, en todos aquellos supuestos en los que el decomiso de los bienes o efectos procedentes del delito no resulta posible en todo o en parte (porque no es posible localizarlos, se encuentran fuera del alcance de los tribunales, han sido destruidos, se ha disminuido su valor con relación al que tenían cuando fueron incorporados al patrimonio del sujeto, o por cualquier otra circunstancia), el juez o tribunal puedan, mediante la estimación y valoración de la actividad desarrollada, determinar una cantidad hasta cuyo importe quedará autorizado el decomiso de bienes. Asimismo, para mejorar la gestión de los activos intervenidos, se revisa la regulación contenida en la Ley de Enjuiciamiento Criminal y se crea una Oficina de Recuperación y Gestión de Activos a la que corresponderá realizar las actuaciones necesarias para gestionar, del modo económicamente más eficaz, la conservación, realización o utilización de los bienes intervenidos. La reforma pone fin al doble régimen de decomiso (según se tratara de delitos contra la salud pública o de otros de diferente naturaleza) que existía hasta ahora.

»IX

»Con la finalidad de incorporar las previsiones del Convenio del Consejo de Europa para la protección de los niños contra la explotación y el abuso sexual, hecho en Lanzarote el 25 de octubre de 2007, ratificado por España el 22 de julio de 2010 y la jurisprudencia del Tribunal Europeo de Derechos Humanos, debe incorporarse la regulación de la inclusión de perfiles de condenados en la base de datos de ADN.

»La Ley Orgánica 10/2007, de 8 de octubre, reguladora de la base de datos policial sobre identificadores obtenidos a partir del ADN, dispone que se inscribirán en la base de datos policial los datos identificativos extraídos a partir del ADN de muestras o fluidos que, en el marco de una investigación criminal, hubieran sido hallados u obtenidos a partir del análisis de las muestras biológicas del sospechoso, detenido o imputado.

»Por ello, actualmente sólo son inscritos en España los perfiles genéticos de los sospechosos, detenidos o imputados por determinados delitos, y ello no garantiza que accedan a la base de datos los perfiles de quienes resulten condenados por delitos de especial gravedad.

»Lo que se propone es prever, en los supuestos de delitos graves contra la vida, la integridad física, la libertad o la libertad o indemnidad sexual, cuando además se confirma por el tribunal la existencia de un riesgo relevante de reiteración delictiva, la anotación de los perfiles genéticos de condenados en la base de datos policial. La regulación propuesta incluye ese doble requisito (comisión de un delito grave contra la vida, integridad física o libertad sexual, y riesgo de reiteración delictiva), conforme a las exigencias derivadas de la jurisprudencia del Tribunal Europeo de Derechos Humanos en esta materia.

»Por tanto, mediante la incorporación dentro del Título VI que regula las consecuencias accesorias de un nuevo artículo 129 bis, se da cumplimiento a lo previsto en el Convenio de Lanzarote, y se aproxima nuestra legislación a la de los países de nuestro entorno.

»X

»La reforma prevé la imposición de una pena de prisión permanente revisable para los asesinatos especialmente graves, que son ahora definidos en el artículo 140 del Código Penal: asesinato de menores de dieciséis años o de personas especialmente vulnerables; asesinatos subsiguientes a un delito contra la libertad sexual; asesinatos cometidos en el seno de una organización criminal; y asesinatos reiterados o cometidos en serie.

»Se revisa la definición de asesinato (no agravado), que pasa a incluir los supuestos en los que se causa la muerte de otro para facilitar la comisión de otro delito o evitar su descubrimiento. Y se amplía el marco penal dentro del cual los tribunales deben fijar la pena justa, si bien se mantiene la imposición de la misma en su mitad superior en los casos de concurrencia de varias de las circunstancias que cualifican el asesinato.

»Estas mismas circunstancias, por coherencia, pasan a ser también circunstancias que cualifican el delito de homicidio. Al tiempo, se ha previsto también la agravación del homicidio de autoridades, funcionarios y agentes de la autoridad —cuando son víctimas de este delito en el ejercicio de sus funciones o con ocasión de ellas— con la finalidad, especialmente, de reforzar la protección de los agentes de las Fuerzas y Cuerpos de Seguridad.

»XI

»Se revisa la pena con la que se castiga el delito de detención ilegal o secuestro con desaparición, con la finalidad de garantizar, en estos casos de extraordinaria gravedad, una respuesta penal ajustada a la gravedad de la culpabilidad por el hecho. Y se añaden, además, dos supuestos agravados aplicables en los casos en los que la víctima sea menor de edad o una persona con discapacidad necesitada de especial protección, o en los que el delito se haya cometido con una finalidad sexual, o bien el autor hubiera actuado posteriormente con esa finalidad.

»XII

»Se introducen modificaciones en los delitos contra la libertad sexual para llevar a cabo la transposición de la Directiva 2011/93/UE, relativa a la lucha contra los abusos sexuales y la explotación sexual de los menores y la pornografía infantil y por la que se sustituye la Decisión Marco 2004/68/JAI del Consejo. La citada Directiva obliga a los Estados miembros a endurecer las sanciones penales en materia de lucha contra los abusos sexuales, la explotación sexual de menores y la pornografía infantil, que sin duda constituyen graves violaciones de los derechos fundamentales y, en particular, de los derechos del niño a la protección y a los cuidados necesarios para su bienestar, tal como establecen la Convención de las Naciones Unidas sobre los Derechos del Niño de 1989 y la Carta de los Derechos Fundamentales de la Unión Europea.

»Como novedad más importante, se eleva la edad del consentimiento sexual a los dieciséis años. La Directiva define la "edad de consentimiento sexual" como la "edad por debajo de la cual, de conformidad con el Derecho Nacional, está prohibido realizar actos de carácter sexual con un menor". En la actualidad, la edad prevista en el Código Penal era de trece años, y resultaba muy inferior a la de los restantes países europeos —donde la edad mínima se sitúa en torno a los quince o dieciséis años— y una de las más bajas del mundo. Por ello, el Comité de la Organización de las Naciones Unidas sobre Derechos del Niño sugirió una reforma del Código penal español para elevar la edad del consentimiento sexual, adecuándose a las disposiciones de la Convención sobre los Derechos de la Infancia, y así mejorar la protección que España ofrece a los menores, sobre todo en la lucha contra la prostitución infantil.

»De esta manera, la realización de actos de carácter sexual con menores de dieciséis años será considerada, en todo caso, como un hecho delictivo, salvo que se trate de relaciones consentidas con una persona próxima al menor por edad y grado de desarrollo o madurez. Y se establecen agravaciones si, además, concurre violencia o intimidación, o si los abusos consisten en acceso carnal por vía vaginal, anal o bucal, o introducción de miembros corporales u objetos por alguna de las dos primeras vías. En el caso de los menores de edad —de menos de dieciocho años— pero mayores de dieciséis años, constituirá abuso sexual la realización de actos sexuales interviniendo engaño o abusando de una posición reconocida de confianza, autoridad o influencia sobre la víctima.

»Por otra parte, se tipifica expresamente la conducta de hacer presenciar a un menor de dieciséis años actos o abusos sexuales sobre otras personas y se prevé la imposición, en estos casos, de penas de hasta tres años de prisión.

»En los delitos contra la prostitución, se establece una separación más nítida entre los comportamientos cuya víctima es una persona adulta, de aquellos otros que afectan a menores de edad o a personas con discapacidad necesitadas de especial protección. En este segundo caso, se elevan las penas previstas con el fin de armonizar las legislaciones europeas, y se introducen nuevas agravantes para combatir los supuestos más lesivos de prostitución infantil.

»Se modifica el artículo 187 con el objetivo de perseguir con mayor eficacia a quien se lucre de la explotación de la prostitución ajena. Con este fin, se sanciona separadamente el lucro de la prostitución cuando concurran determinadas conductas que evidencien una situación de explotación, dado que la jurisprudencia del Tribunal Supremo había exigido unos requisitos para la apreciación de la exigencia de esta situación similares a los que se aplican en el ámbito de actividades laborales reglamentadas, lo que imposibilitaba en la práctica su persecución penal.

»Se presta especial atención al castigo de la pornografía infantil. En primer lugar, se ofrece una definición legal de pornografía infantil tomada de la Directiva 2011/93/UE, que abarca no sólo el material que representa a un menor o persona con discapacidad participando en una conducta sexual, sino también las imágenes realistas de menores participando en conductas sexualmente explícitas, aunque no reflejen una realidad sucedida.

»En relación con la pornografía infantil, se castigan los actos de producción y difusión, e incluso la asistencia a sabiendas a espectáculos exhibicionistas o pornográficos en los que participen menores de edad o personas con discapacidad necesitadas de especial protección. También se castiga el mero uso o la adquisición de pornografía infantil, y se incluye un nuevo apartado para sancionar a quien acceda a sabiendas a este tipo de pornografía por medio de las tecnologías de la información y la comunicación, en la conciencia de que las nuevas tecnologías constituyen una vía principal de acceso a los soportes de la pornografía. Por esta misma razón, se faculta expresamente a los jueces y tribunales para que puedan ordenar la adopción de medidas necesarias para la retirada de las páginas web de internet que contengan o difundan pornografía infantil o, en su caso, para bloquear el acceso a dichas páginas.

»La protección de los menores frente a los abusos cometidos a través de internet u otros medios de telecomunicación, debido a la facilidad de acceso y el anonimato que proporcionan, se completa con un nuevo apartado en el artículo 183 ter del Código Penal destinado a sancionar al que a través de medios tecnológicos contacte con un menor de dieciséis años y realice actos dirigidos a embaucarle para que le facilite material pornográfico o le muestre imágenes pornográficas.

»XIII

»Se modifican los delitos relativos a la intromisión en la intimidad de los ciudadanos, con el fin de solucionar los problemas de falta de tipicidad de algunas conductas.

El vigente artículo 197 contempla como delito, por un lado, el apoderamiento de cartas, papeles, mensajes de correo electrónico o cualesquiera otros documentos de naturaleza personal de la víctima y, por otro lado, la interceptación de cualquier tipo de comunicación de la víctima, sea cual fuere la naturaleza y la vía de dicha comunicación interceptada. Ambas conductas exigen la falta de consentimiento de la víctima.

»Los supuestos a los que ahora se ofrece respuesta son aquellos otros en los que las imágenes o grabaciones de otra persona se obtienen con su consentimiento, pero son luego divulgados contra su voluntad, cuando la imagen o grabación se haya producido en un ámbito personal y su difusión, sin el consentimiento de la persona afectada, lesione gravemente su intimidad.

»La reforma lleva a cabo la transposición de la Directiva 2013/40/UE, de 12 de agosto, relativa a los ataques contra los sistemas de información y la interceptación de datos electrónicos cuando no se trata de una comunicación personal.

»Las modificaciones propuestas pretenden superar las limitaciones de la regulación vigente para ofrecer respuesta a la delincuencia informática en el sentido de la normativa europea.

»De acuerdo con el planteamiento recogido en la Directiva, se introduce una separación nítida entre los supuestos de revelación de datos que afectan directamente a la intimidad personal, y el acceso a otros datos o informaciones que pueden afectar a la privacidad pero que no están referidos directamente a la intimidad personal: no es lo mismo el acceso al listado personal de contactos, que recabar datos relativos a la versión de *software* empleado o a la situación de los puertos de entrada a un sistema. Por ello, se opta por una tipificación separada y diferenciada del mero acceso a los sistemas informáticos.

»Con el mismo planteamiento, y de acuerdo con las exigencias de la Directiva, se incluye la tipificación de la interceptación de transmisiones entre sistemas, cuando no se trata de transmisiones personales: la interceptación de comunicaciones personales ya estaba tipificada en el Código Penal; ahora se trata de tipificar las transmisiones automáticas —no personales— entre equipos.

»Se tipifica la facilitación o la producción de programas informáticos o equipos específicamente diseñados o adaptados para la comisión de estos delitos.

»Se regulan separadamente, de un modo que permite ofrecer diferentes niveles de respuesta a la diferente gravedad de los hechos, los supuestos de daños informáticos y las interferencias en los sistemas de información.

»Finalmente, en estos delitos se prevé la responsabilidad de las personas jurídicas.

»XIV

»La revisión de la regulación de los delitos contra la propiedad y el patrimonio tiene como objetivo esencial ofrecer respuesta a los problemas que plantea la multirreincidencia y la criminalidad grave.

»Con esta finalidad se suprime la falta de hurto, y se introduce un supuesto agravado aplicable a la delincuencia habitual. Los supuestos de menor gravedad, que anteriormente se sancionaban como falta, se regulan ahora como delitos leves; pero se excluye la consideración como leves de todos aquellos delitos en los que concurra alguna circunstancia de agravación —en particular, la comisión reiterada de delitos contra la propiedad y el patrimonio—. De este modo, se solucionan los problemas que planteaba la multirreincidencia: los delincuentes habituales anteriormente eran condenados por meras faltas, pero con esta modificación podrán ser condenados como autores de un tipo agravado castigado con penas de uno a tres años de prisión.

»En cualquier caso, por razones de seguridad jurídica y de mayor precisión posible en la descripción penal, se mantiene el límite cuantitativo para una clara delimitación entre el nuevo delito leve de hurto y el tipo básico.

»Se modifica el catálogo de agravantes específicas del hurto, también aplicables a los delitos de robo con fuerza en las cosas, y se incluyen los supuestos de aprovechamiento de la situación de desamparo de la víctima, multirreincidencia delictiva, utilización de menores de dieciséis años y comisión del delito por miembro de una organización o grupo criminal, dedicados a la comisión de delitos de la misma naturaleza. También se ofrece respuesta al grave problema que plantean actualmente los delitos cometidos en explotaciones agrarias o ganaderas con causación de perjuicios relevantes a sus titulares; se trata de infracciones cometidas en explotaciones en las que difícilmente es posible adoptar medidas eficaces de protección, circunstancia que es aprovechada para la comisión de estos delitos, y que conllevan la causación a sus propietarios de un perjuicio extraordinariamente elevado, muy superior al que corresponde a la mera valoración de los productos sustraídos, y son causa de una grave sensación de desprotección e inseguridad para quienes los sufren.

»Asimismo, debido al grave problema generado por la sustracción de cable de cobre de las redes de servicio público e interés general, también se ha considerado conveniente incorporar una agravación cuando los delitos de hurto o robo afecten a conducciones de suministro eléctrico o de telecomunicaciones. Esta misma agravación se prevé para las conducciones o infraestructuras de hidrocarburos.

»Y, del mismo modo, se ha incluido un tipo agravado en el delito de receptación, cuando se trate de bienes o efectos de especial protección o cuya sustracción da lugar a un delito contra el patrimonio de mayor gravedad. Con ello se pretende desincentivar tanto la sustracción de dichos bienes como su venta o tráfico ilícito.

»Se modifica la definición de robo con fuerza, que pasa a incluir los supuestos en los que la fuerza se utiliza para abandonar el lugar con el botín (el problema habitual se planteaba en los supuestos de desactivación de los sistemas de alarma desde el interior del lugar). Y se incluye un nuevo supuesto agravado de robo con fuerza determinado por el modo de comisión (butrones, alunizajes) o la gravedad de los daños causados.

»Se regula como supuesto agravado el robo con violencia cometido en establecimiento abierto al público, que anteriormente no existía.

»El catálogo de supuestos agravados de estafa regulado en el artículo 250 del Código Penal es revisado para incorporar, al igual que el hurto, una referencia a los supuestos de multirreincidencia. Se añade, asimismo, una referencia a los supuestos en los que el delito se comete de un modo que llega a afectar a un elevado número de personas.

»XV

»La rúbrica de la Sección 2.ª del Capítulo VI del Título XIII del Libro II pasa a denominarse "De la administración desleal", creándose una Sección 2.ª bis en el mismo Capítulo para integrar los delitos de apropiación indebida bajo la rúbrica "De la apropiación indebida".

»El Código Penal de 1995 había optado por tipificar la administración desleal como un delito societario, a pesar de que se trata en realidad de un delito patrimonial que puede tener por sujeto pasivo a cualquier persona.

»La reforma introduce una regulación moderna de la administración desleal, que no es sólo societaria, entre los delitos patrimoniales, cercana a la existente en las distintas legislaciones europeas. Su desplazamiento desde los delitos societarios a los delitos patrimoniales, que es donde debe estar ubicada la administración desleal de patrimonio ajeno, viene exigido por la naturaleza de aquel delito, un delito contra el patrimonio, en el que, por tanto, puede ser víctima cualquiera, no sólo una sociedad. Razones, pues, de sistemática, exigían tal decisión. A través de este delito se intenta proteger el patrimonio en general, el patrimonio de todo aquel, sea una persona individual o una sociedad, que confiere a otro la administración de su patrimonio, o de aquel cuyo patrimonio ha sido puesto bajo la administración de otro, por decisión legal o de la autoridad, sancionándose las extralimitaciones en el ejercicio de las facultades de disposición sobre ese patrimonio ajeno, salvaguardando así que el administrador desempeñe su cargo con la diligencia de un ordenado empresario y con la lealtad de un fiel representante, en interés de su administrado.

»La reforma se aprovecha asimismo para delimitar con mayor claridad los tipos penales de administración desleal y apropiación indebida. Quien incorpora a su patrimonio, o de cualquier modo ejerce facultades dominicales sobre una cosa mueble que ha recibido con obligación de restituirla, comete un delito de apropiación indebida. Pero quien recibe como administrador facultades de disposición sobre dinero, valores u otras cosas genéricas fungibles, no viene obligado a devolver las mismas cosas recibidas, sino otro tanto de la misma calidad y especie; por ello, quien recibe de otro dinero o valores con facultades para administrarlos, y realiza actuaciones para las que no había sido autorizado, perjudicando de este modo el patrimonio administrado, comete un delito de administración desleal.

»Esta nueva regulación de la administración desleal motiva a su vez la revisión de la regulación de la apropiación indebida y de los delitos de malversación.

»Los delitos de apropiación indebida siguen regulados en una sección diferente, quedando ya fuera de su ámbito la administración desleal por distracción de dinero, que pasa a formar parte del tipo penal autónomo de la administración desleal, lo que hace necesaria una revisión de su regulación, que se aprovecha para simplificar la normativa anterior: se diferencia ahora con claridad según se trate de un supuesto de apropiación con quebrantamiento de la relación de confianza con el propietario de la cosa, supuesto que continúa estando castigado con la pena equivalente a la de la administración desleal y la estafa; o de supuestos de apropiación de cosas muebles ajenas sin quebrantamiento del deber de custodia, como es el caso de la apropiación de cosa perdida no susceptible de ocupación, en donde se mantiene la actual agravación de la pena aplicable en los casos de apropiación de cosas de valor artístico, histórico, cultural o científico, y el caso de la apropiación de cosas recibidas por error.

»La malversación constituye en realidad una modalidad de administración desleal que, sin embargo, se mantenía históricamente referida en nuestro Derecho básicamente a supuestos de sustracción de los fondos públicos y, en mucha menor medida, a la posible desviación del destino de los mismos.

»La reforma introduce una nueva tipificación de la malversación como un supuesto de administración desleal de fondos públicos. De este modo se incluyen dentro del ámbito de la norma, junto con las conductas de desviación y sustracción de los fondos públicos, otros supuestos de gestión desleal con perjuicio para el patrimonio público. Al igual que en el caso de los particulares, la apropiación indebida de bienes por parte del funcionario es sancionada con una pena equivalente a la de la gestión desleal.

»Se incluye un supuesto agravado que es aplicable en todos los casos de causación de un perjuicio al patrimonio público superior a 50.000 euros, y se prevé una agravación mayor de la pena (que permite alcanzar penas de hasta doce años de prisión), en los casos de especial gravedad.

»Para los casos de menor gravedad, en los que la entidad del perjuicio patrimonial no exceda de 4.000 euros, se mantiene un tipo atenuado para el que está previsto un marco penal amplio que permita a los tribunales ajustar la pena a las circunstancias del caso y, en cualquier caso, la imposición de penas superiores a las actualmente previstas.

»XVI

»Se lleva a cabo una revisión técnica de los delitos de insolvencia punible que parte de la necesidad de establecer una clara separación entre las conductas de obstaculización o frustración de la ejecución, a las que tradicionalmente se ha entendido referido el delito de alzamiento de bienes, y los delitos de insolvencia o bancarrota. Estos grupos de delitos pasan a estar regulados en capítulos diferenciados.

»Dentro de los delitos de frustración de la ejecución se incluyen, junto al alzamiento de bienes, dos nuevas figuras delictivas que están llamadas a completar la tutela penal de los procedimientos de ejecución y, con ello, del crédito, y que son habituales en el Derecho comparado: de una parte, se tipifica la ocultación de bienes en un procedimiento judicial o administrativo de ejecución; y de otra, la utilización no autorizada por el depositario de bienes embargados por la autoridad.

»La nueva regulación de los delitos de concurso punible o insolvencia conjuga una doble necesidad: la de facilitar una respuesta penal adecuada a los supuestos de realización de actuaciones contrarias al deber de diligencia en la gestión de asuntos económicos que se producen en el contexto de una situación de crisis económica del sujeto o empresa y que ponen en peligro los intereses de los acreedores y el orden socioeconómico, o son directamente causales de la situación de concurso; y la de ofrecer suficiente certeza y seguridad en la determinación de las conductas punibles, es decir, aquéllas contrarias al deber de diligencia en la gestión de los asuntos económicos que constituyen un riesgo no permitido.

»El nuevo delito de concurso punible o bancarrota se configura como un delito de peligro, si bien vinculado a la situación de crisis (a la insolvencia actual o inminente del deudor) y perseguible únicamente cuando se declara efectivamente el concurso o se produce un sobreseimiento de pagos; y se mantiene la tipificación expresa de la causación de la insolvencia por el deudor.

»La norma delimita, con la finalidad de garantizar un grado de seguridad y certeza ajustado a las exigencias derivadas del principio de legalidad, las conductas prohibidas por medio de las cuales puede ser cometido el delito. Para ello, tipifica un conjunto de acciones contrarias al deber de diligencia en la gestión de asuntos económicos mediante las cuales se reduce indebidamente el patrimonio que es garantía del cumplimiento de las obligaciones, o se dificulta o imposibilita el conocimiento por el acreedor de la verdadera situación económica del deudor.

»La nueva regulación se completa con la previsión de un tipo agravado aplicable en los supuestos en los que se causan perjuicios económicos de especial gravedad o en los que la mayor parte del crédito defraudado corresponde a deudas frente a la Hacienda pública y la Seguridad Social. De igual forma, se amplía la protección de los acreedores mediante la tipificación de acciones no justificadas de favorecimiento a acreedores determinados llevadas a cabo, antes de la declaración del concurso, pero cuando el deudor se encontraba ya en una situación de insolvencia actual o inminente.

»XVII

»Los delitos contra la propiedad intelectual, que fueron modificados con ocasión de la reforma operada por la Ley Orgánica 15/2003, de 25 de noviembre, por la que se modificó la Ley Orgánica 10/1995, de 23 de noviembre, del Código Penal, introduciéndose entonces una importante mejora técnica de su tipificación, de acuerdo con la realidad social, la configuración de los tipos delictivos y su repercusión en la vida económica y social, son objeto también de revisión en esta reforma, a fin de ofrecer una adecuada protección jurídico-penal, aunque sin olvidar que la Ley de Propiedad Intelectual es el instrumento de protección natural en esta materia y que es absolutamente necesario lograr un cierto equilibrio entre esa protección de la propiedad intelectual y la que también deriva del legítimo uso de las nuevas tecnologías de la información y comunicación.

»En primer lugar, resulta necesario ajustar la respuesta penal a la valoración de la gravedad de la infracción cometida y, con esa finalidad, se fija un marco penal amplio que ofrece al juez un margen adecuado para ajustar la pena a la gravedad de la conducta. En todo caso, se prevé la imposición de una penalidad menor en los supuestos de distribución ambulante o meramente ocasional; y se excluye la imposición de penas de prisión en los supuestos de escasa gravedad, en atención a las características del culpable y la reducida cuantía del beneficio. Los supuestos de almacenamiento, importación y exportación se castigan, en sus respectivos casos, con las mismas penas.

»En segundo lugar, a la conducta típica actual consistente en reproducir, plagiar, distribuir o comunicar públicamente, se añade, para reforzar así la protección que se quiere brindar, la de explotar económicamente de cualquier otro modo una obra o prestación protegida sin la autorización de los titulares de los derechos de la propiedad intelectual, sustituyéndose, además, el elemento subjetivo "ánimo de lucro" por el de "ánimo de obtener un beneficio económico directo o indirecto", con el que se pretende abarcar conductas en las que no se llega a producir un lucro directo, pero sí un beneficio indirecto. Se tipifican expresamente conductas por medio de las cuales se llevan a cabo infracciones de los derechos de propiedad intelectual de los que derivan graves perjuicios: la facilitación de la realización de las conductas anteriores mediante la supresión o neutralización de las medidas tecnológicas utilizadas para evitarlo; la elusión o facilitación de la elusión de las medidas tecnológicas de protección de la propiedad intelectual llevada a cabo con la finalidad de facilitar a terceros el acceso no autorizado a las mismas, cuando esta conducta se ejecuta con intención de obtener un beneficio económico directo o indirecto; y, finalmente, la facilitación del acceso o localización de obras o prestaciones protegidas ofrecidas en internet en forma no autorizada. En estos casos, la orden de retirada de las obras o prestaciones objeto de la infracción dispuesta por la autoridad judicial estará referida tanto a los archivos que contengan las obras o prestaciones protegidas como a los enlaces u otros medios de localización de las mismas.

»Lo anterior no afecta a quienes desarrollen actividades de mera intermediación técnica, como puede ser, entre otras, una actividad neutral de motor de búsqueda de contenidos o que meramente enlacen ocasionalmente a tales contenidos de terceros.

»La revisión de la regulación vigente contiene también la mejora técnica de la tipificación de la fabricación y puesta en circulación de los medios destinados a facilitar la neutralización de las medidas de protección de la propiedad intelectual, o su posesión con finalidad comercial, ajustando la terminología empleada a la más amplia reflejada en la Directiva 2001/29/CE, así como de la regulación de los supuestos agravados.

»Este mismo esquema de regulación, que prevé un régimen escalonado de responsabilidad penal en función de la gravedad de la conducta, es también trasladado a los delitos contra la propiedad industrial.

»XVIII

»Se crea, dentro del Capítulo XI del Título XIII del Libro II del Código Penal, una nueva sección referida a los "Delitos de corrupción en los negocios", en el que se incluyen los delitos de pago de sobornos para obtener ventajas competitivas (se trate de corrupción en el sector privado o de la corrupción de un agente público extranjero).

»Esta modificación se aprovecha también para introducir algunas mejoras técnicas en la regulación de estos delitos que tienen por objeto garantizar la aplicación de estos preceptos en todos los casos en los que, mediante el pago de sobornos, en beneficio propio o de tercero, se obtienen posiciones de ventaja en las relaciones económicas. En el caso de la regulación del cohecho transnacional, se modifica su marco penal, y se solucionan las dificultades que pudiera plantear la concurrencia de esta norma con las que regulan el cohecho en el Código Penal. Con esta finalidad, se precisa que la norma solamente dejará de ser aplicada cuando los hechos puedan ser castigados con una pena más grave en otro precepto del Código, si bien se dispone que, en todo caso, se impondrá la pena de prohibición de contratar con el sector público y de recibir subvenciones o ayudas públicas, beneficios o incentivos fiscales, o de intervenir en transacciones comerciales de trascendencia pública.

»La regulación se completa con la inclusión de un tipo agravado aplicable en los casos de especial trascendencia y, en el caso del cohecho, la remisión a la nueva definición funcional de funcionario público introducida en el nuevo artículo 427.

»XIX

»Se introducen determinadas modificaciones para reforzar la punición de los llamados delitos contra la corrupción en el ámbito de la Administración pública.

»De una parte, se establece una previsión especial en materia de libertad condicional: podrá denegarse cuando el penado hubiere eludido el cumplimiento de las responsabilidades pecuniarias o la reparación del daño económico causado a la Administración a que hubiere sido condenado. Con ello se pretende que los condenados a penas privativas de libertad por delitos contra la Administración pública, cuando se haya acreditado una sustracción de fondos públicos o un daño económico a la Administración, no puedan acceder al beneficio de la libertad condicional si no han procedido a la correspondiente reparación económica.

»Por otro lado, se revisan las penas previstas para todos los delitos relacionados con la corrupción en el ámbito de la Administración pública, con el fin de elevar las condenas previstas en la actualidad. En primer lugar, la reforma lleva a cabo el aumento generalizado de las penas de inhabilitación especial para empleo o cargo público. Así sucede en los delitos de prevaricación administrativa, infidelidad en la custodia de documentos y revelación de secretos, cohecho, tráfico de influencias, en la apropiación indebida y administración desleal cometida por funcionario público, fraudes y exacciones ilegales, entre otros. Y en segundo lugar, en los delitos más graves en los que ya se prevé la posible imposición de una pena de inhabilitación especial para cargo o empleo público, se añade la imposición adicional (no alternativa) de otra pena de inhabilitación especial para el ejercicio del derecho de sufragio pasivo. La inhabilitación especial para cargo público alcanza únicamente al que se ostenta al cometer el delito. De este modo, se impide que el condenado por el delito de corrupción pueda optar durante el tiempo de la condena a un cargo electivo. Así se ha establecido, entre otros, en los delitos de cohecho, prevaricación de funcionario público o tráfico de influencias.

»Finalmente, la reforma introduce un nuevo Título XIII bis con la rúbrica "De los delitos de financiación ilegal de los partidos políticos", integrado por los dos nuevos artículos 304 bis y 304 ter, que da respuesta penal a la necesidad de definir un tipo penal específico para estos actos delictivos, ya que en la vigente legislación española no existe un delito concreto que esté tipificado como delito de financiación ilegal de partidos políticos. Con esta modificación se castigará a aquellas personas que acepten y reciban donaciones ilegales o que participen en estructuras u organizaciones cuyo principal objeto sea el de financiar ilegalmente a un partido político.

»XX

»Los incendios forestales siguen siendo uno de los problemas más importantes que afectan a nuestros montes. Según los datos del Ministerio de Agricultura, Alimentación y Medio Ambiente, los incendios forestales de mayor gravedad tienen una causa intencionada, y en muchos casos ocasionan importantes daños al patrimonio natural y a bienes públicos o privados, o generan situaciones de peligro para la integridad física de las personas que pueden acarrear la pérdida de vidas, convirtiéndose en delitos de suma gravedad. Precisamente por ello, en septiembre de 2009 el Parlamento Europeo elaboró una resolución en la que pide a los Estados miembros que endurezcan y apliquen sanciones penales a los actos delictivos que dañen el medio ambiente y las impongan, en particular, a quienes provoquen incendios forestales.

»Por tales razones, dentro de los delitos contra la seguridad colectiva se modifican los relativos a incendios forestales para ofrecer una respuesta penal más adecuada a los incendios de mayor gravedad. Se mantiene el tipo básico, pero en los supuestos agravados del artículo 353 se prevé una sanción autónoma y desvinculada del concepto de pena en su mitad superior, elevándose hasta los seis años de prisión. Y se recogen nuevas agravantes en los casos especialmente lesivos para el medio ambiente o generadores de un peligro elevado. Además, cuando los incendios afecten a espacios naturales protegidos se castigarán del mismo modo que los delitos contra el medioambiente, lo que significa que sus autores podrán ser castigados con la pena superior en grado. Por último, se contiene una remisión a los artículos 338 a 340 del Código Penal para solucionar los problemas de reparación del daño causado por el incendio, y permitir la imposición de medidas encaminadas a restaurar el ecosistema forestal dañado y la protección de los espacios naturales.

»Por otra parte, en atención a la complejidad inherente a este tipo de delitos, y la necesidad de llevar a cabo una investigación lo más ágil posible, se ha estimado conveniente que la instrucción y el enjuiciamiento de los incendios forestales se encomiende a tribunales profesionales, dejando sin efecto la competencia del tribunal del jurado que establece la Ley Orgánica 5/1995, de 22 de mayo, del tribunal del jurado.

»XXI

»El artículo 637 del Código Penal vigente hasta ahora recogía conductas que deben ser tipificadas como delito y no como una simple falta, pues no cabe duda de que es necesario proteger la confianza que determinados símbolos, uniformes o insignias generan, y su uso indebido debe ser sancionado penalmente. Por ello, se suprime la falta y se tipifica esa conducta como delito dentro de los tipos penales de usurpación de funciones públicas y de intrusismo.

»Al mismo tiempo, se modifica la regulación del intrusismo profesional: se incrementan las penas de multa previstas en el tipo básico; y se mejora la redacción actual de estos delitos incluyendo dentro del supuesto agravado aquellos en que el culpable ejerce actos propios de una determinada profesión, no sólo cuando se atribuye públicamente la condición de profesional, sino también cuando realiza tales actos en un local o establecimiento abierto al público en el que se anuncia la prestación de servicios propios de aquella profesión. Con ello se pretende hacer frente a casos de intrusismo que no están expresamente previstos en la legislación actual, pero que son frecuentes en la práctica y suponen un evidente fraude que debe sancionarse.

»XXII

»En materia de violencia de género y doméstica, se llevan a cabo algunas modificaciones para reforzar la protección especial que actualmente dispensa el Código Penal para las víctimas de este tipo de delito.

»En primer lugar, se incorpora el género como motivo de discriminación en la agravante 4.ª del artículo 22. La razón para ello es que el género, entendido de conformidad con el Convenio n.º 210 del Consejo de Europa sobre prevención y lucha contra la violencia contra las mujeres y la violencia doméstica, aprobado en Estambul por el Comité de Ministros del Consejo de Europa el 7 de abril de 2011, como "los papeles, comportamientos o actividades y atribuciones socialmente construidos que una sociedad concreta considera propios de mujeres o de hombres", puede constituir un fundamento de acciones discriminatorias diferente del que abarca la referencia al sexo.

»Además, se amplía el ámbito de la medida de libertad vigilada. Esta medida, que fue introducida en el Código Penal mediante la reforma operada por la Ley Orgánica 5/2010, de 22 de junio, también se podrá imponer en todos los delitos contra la vida, y en los delitos de malos tratos y lesiones cuando se trate de víctimas de violencia de género y doméstica.

»Por otro lado, la desaparición de las faltas, y la adecuación de los tipos penales que ello comporta, no impide mantener la diferenciación en el tratamiento de los delitos relacionados con la violencia de género y doméstica, con el fin de mantener un nivel de protección más elevado. De este modo, aunque la nueva categoría de delitos leves requiera, con carácter general, de la denuncia previa del perjudicado, este requisito de perseguibilidad no se va a exigir en las infracciones relacionadas con la violencia de género y doméstica. Tampoco se exigirá denuncia en estos casos para la persecución del nuevo delito de acoso.

»Otra previsión destacable en esta materia es la corrección que se introduce en materia de imposición de penas de multa, con el fin de que no genere consecuencias negativas en el ámbito familiar. Con carácter general, sólo será posible la imposición de penas de multa en este tipo de delitos cuando conste acreditado que entre agresor y víctima no existen relaciones económicas derivadas de una relación conyugal, de convivencia o filiación, o existencia de una descendencia común.

»Finalmente, en relación con los dispositivos telemáticos para controlar las medidas cautelares y las penas de alejamiento en materia de violencia de género, se están planteando problemas sobre la calificación penal de ciertas conductas del imputado o penado tendentes a hacerlos ineficaces, a las que se alude en la Circular 6/2011, de la Fiscalía General del Estado, sobre criterios para la unidad de actuación especializada del Ministerio Fiscal en relación a la violencia sobre la mujer. Por ello, se considera adecuado tipificar expresamente estas conductas dentro de los delitos de quebrantamiento, a fin de evitar que queden impunes los actos tendentes a alterar o impedir el correcto funcionamiento de dichos dispositivos.

»XXIII

»Se introduce una nueva definición del atentado que incluye todos los supuestos de acometimiento, agresión, empleo de violencia o amenazas graves de violencia sobre el agente, pero en la que no se equipara el empleo de violencia sobre el agente con la acción de resistencia meramente pasiva, que continúa sancionándose con la pena correspondiente a los supuestos de desobediencia grave. Los supuestos de desobediencia leve dejan de estar sancionados penalmente y serán corregidos administrativamente.

»En relación con las faltas de consideración y respeto a la autoridad, en el ejercicio de sus funciones, pasan a ubicarse en el segundo párrafo del artículo 556 del Código Penal, como delito leve.

»Como novedad, se refleja de manera explícita que en todo caso se considerarán actos de atentado los que se cometan contra funcionarios de sanidad y educación en el ejercicio de sus funciones o con ocasión de las mismas, dando visibilidad a lo que, por otra parte, ya venía recogiendo la jurisprudencia mayoritaria.

»Los delitos de atentado pueden ser cometidos por medio de conductas muy diferentes cuya gravedad puede ser muy desigual. Por esta razón, se opta por modificar las penas con las que se castigan estos delitos reduciendo el límite inferior de la pena que puede ser impuesta. Y, por otro lado, se ofrece una respuesta contundente a todos aquellos supuestos de atentado en los que concurren circunstancias de las que deriva su especial reprochabilidad: utilización de armas u objetos peligrosos; lanzamiento de objetos contundentes, líquidos inflamables o corrosivos; acometimiento con un vehículo de motor, o cuando los hechos se lleven a cabo con ocasión de un motín, plante o incidente colectivo en el interior de un centro penitenciario.

»Se incluyen como sujetos protegidos, junto con los ciudadanos que acuden en auxilio de los agentes de la autoridad, los miembros de los equipos de asistencia y rescate que acuden a prestar auxilio a otro en un accidente o en una calamidad pública. En estos casos está prevista ahora la imposición de la misma pena que cuando los hechos se cometen sobre una autoridad, agente o funcionario. Esta agravación del marco penal tiene una doble justificación: la disminución de la pena mínima con la que se castigan estos delitos; y la consideración de que quien acude en auxilio de una autoridad, agente o funcionario, o asume en determinadas condiciones el desempeño de funciones públicas o de gran relevancia social, debe recibir una protección equivalente a la de aquellos que intervienen con carácter oficial.

»XXIV

»La anterior regulación de la alteración del orden público —de origen decimonónico— no definía el delito, sino que yuxtaponía una serie de conductas punibles, lo que generaba problemas de tipicidad, en algunos casos, y concursales en otros. Estos problemas se solucionan mediante la definición de "alteración del orden público" a partir de la referencia al sujeto plural y a la realización de actos de violencia sobre cosas y personas. También se sanciona expresamente la conducta de aquellos que no participan directamente en los actos de violencia, pero incitan a los otros, o refuerzan su disposición a llevarlos a cabo. Se incluye una regla concursal que prevé la imposición conjunta de las penas correspondientes a la alteración, y de las que correspondan a los concretos actos de violencia o de causación de daños que se hubieran ejecutado.

»Se tipifican, como supuestos agravados, los de porte de armas, exhibición de armas de fuego simuladas, realización de acciones violentas especialmente peligrosas para la vida o la integridad de las personas, o comisión de actos de pillaje. Y se regula como supuesto atenuado la entrada en locales y establecimientos de un modo que altere su normal actividad, cuando no se hubieran llegado a producir actos de violencia o amenazas, conducta que la regulación anterior equiparaba a los desórdenes violentos.

»También se introduce un nuevo tipo penal, esto es, la difusión de mensajes que inciten a la comisión de alguno de los delitos agravados de alteración del orden público. De este modo, se evita la sanción general de la mera realización de comentarios que puedan incitar de un modo más o menos indirecto a los desórdenes públicos, y solamente se sancionan los actos de incitación a desórdenes especialmente graves cuya delimitación no plantea dificultades.

»Además, se revisa la redacción del actual artículo 561 (aviso falso de bomba), para incluir los supuestos de activación mediante noticias falsas de los servicios sanitarios o de emergencia.

»XXV

»La reforma operada en el Código Penal por la Ley Orgánica 5/2010, de 22 de junio, introdujo el delito de trata de seres humanos en el actual artículo 177 bis. Este delito se tipificó con anterioridad a la Directiva 2011/36/UE, de 5 de abril de 2011, relativa a la prevención y lucha contra la trata de seres humanos y a la protección de las víctimas y por la que se sustituye la Decisión Marco 2002/629/JAI del Consejo. Aunque la reforma del año 2010 tuvo en cuenta el proyecto que finalmente se materializó en la citada Directiva, existen varias cuestiones que no fueron reflejadas en la redacción actual y que es preciso incluir para una completa transposición de la normativa europea.

»En concreto, dentro de las formas de comisión del delito se incluye la entrega o recepción de pagos para obtener el consentimiento de la persona que controla a las víctimas, o la trata con la finalidad de concertar matrimonios forzados. También se tipifica la explotación con la finalidad de que las víctimas cometan actos delictivos para los explotadores. Se delimita el concepto de vulnerabilidad, conforme al texto de la Directiva europea. Y se agrava la pena para los supuestos de creación de peligro de causación de lesiones graves.

»Por otra parte, también resulta necesario revisar la regulación de los delitos de inmigración ilegal tipificados en el artículo 318 bis. Estos delitos se introdujeron con anterioridad a que fuera tipificada separadamente la trata de seres humanos para su explotación, de manera que ofrecían respuesta penal a las conductas más graves que actualmente sanciona el artículo 177 bis. Sin embargo, tras la tipificación separada del delito de tráfico de seres humanos se mantuvo la misma penalidad extraordinariamente agravada y, en muchos casos, desproporcionada, para todos los supuestos de delitos de inmigración ilegal. Por ello, se hacía necesario revisar la regulación del artículo 318 bis con una doble finalidad: de una parte, para definir con claridad las conductas constitutivas de inmigración ilegal conforme a los criterios de la normativa de la Unión Europea, es decir, de un modo diferenciado a la trata de seres humanos, como establece la Directiva 2002/90/CE; y, de otra, para ajustar las penas conforme a lo dispuesto en la Decisión Marco 2002/946/JAI, que únicamente prevé para los supuestos básicos la imposición de penas máximas de una duración mínima de un año de prisión, reservando las penas más graves para los supuestos de criminalidad organizada y de puesta en peligro de la vida o la integridad del inmigrante. De este modo, se delimita con precisión el ámbito de las conductas punibles, y la imposición obligatoria de penas de prisión queda reservada para los supuestos especialmente graves. En todo caso, se excluye la sanción penal en los casos de actuaciones orientadas por motivaciones humanitarias.

»La reforma culmina también la transposición efectiva de la Directiva 2009/52/CE, por la que se establecen las normas mínimas sobre las sanciones y medidas aplicables a los empleadores de nacionales de terceros países en situación irregular.

»XXVI

»Se modifica la regulación de las conductas de incitación al odio y a la violencia por un doble motivo: de una parte, la sentencia del Tribunal Constitucional 235/2007, de 7 de noviembre, impone una interpretación del delito de negación del genocidio que limite su aplicación a los supuestos en los que esta conducta constituya una incitación al odio u hostilidad contra minorías; y de otra, se trata de conductas que deben ser objeto de una nueva regulación ajustada a la Decisión Marco 2008/913/JAI, que debe ser traspuesta a nuestro ordenamiento jurídico.

»Se regulan conjuntamente, y de un modo ajustado a la exigencia de la Decisión Marco 2008/913/JAI, más amplio que el actual, los antiguos artículos 510 y 607 del Código Penal. El cambio de ubicación del artículo 607 viene justificado por el propio texto de la Decisión Marco y por el hecho de que el Tribunal Constitucional haya impuesto que la negación del genocidio solamente puede ser delictiva como forma de incitación al odio o a la hostilidad. De igual forma, la Decisión Marco impone la tipificación de la negación del genocidio en la medida en que se trate de una forma de incitación al odio contra minorías.

»La nueva regulación tipifica dos grupos de conductas: de una parte, y con una penalidad mayor, las acciones de incitación al odio o la violencia contra grupos o individuos por motivos racistas, antisemitas u otros relativos a su ideología, religión, etnia o pertenencia a otros grupos minoritarios, así como los actos de negación o enaltecimiento de los delitos de genocidio, lesa humanidad o contra las personas o bienes protegidos en caso de conflicto armado que hubieran sido cometidos contra esos grupos, cuando ello promueva o favorezca un clima de violencia, hostilidad u odio contra los mismos; y de otra parte, los actos de humillación o menosprecio contra ellos y el enaltecimiento o justificación de los delitos cometidos contra los mismos o sus integrantes con una motivación discriminatoria, sin perjuicio de su castigo más grave cuando se trate de acciones de incitación al odio o a la hostilidad contra los mismos, o de conductas idóneas para favorecer un clima de violencia.

»Asimismo, se prevé una agravación de la pena para los supuestos de comisión de estos delitos a través de internet u otros medios de comunicación social, así como para los supuestos en los que se trate de conductas que, por sus circunstancias, o por el contexto en el que se produzcan, resulten idóneas para alterar la paz pública o menoscabar gravemente el sentimiento de seguridad de los integrantes de los grupos afectados.

»Se incluyen medidas para la destrucción de los documentos, archivos o materiales por medio de los cuales se hubiera cometido el delito, o para impedir el acceso a los mismos.

»Finalmente se incluye la regulación de la responsabilidad penal de las personas jurídicas.

»XXVII

»Las personas con discapacidad deben ser objeto de una protección penal reforzada en atención a su especial vulnerabilidad. Las normas del Código Penal que sirven a este fin deben ser adecuadas a la Convención Internacional sobre los Derechos de las Personas con Discapacidad, hecha en Nueva York el 13 de diciembre de 2006, que pretende prevenir las conductas discriminatorias que puedan impedirles el disfrute de sus derechos en igualdad de condiciones. Es preciso llevar a cabo una adecuación de la referida Convención a nuestro Código Penal, y ello exige una actualización de los términos empleados para referirse a las personas con discapacidad. El texto original del Código Penal se refiere impropiamente a "minusvalía" o a "incapaces", una terminología ya superada en nuestro ordenamiento jurídico con anterioridad a la Convención, desde la aprobación de la Ley 51/2003, de 2 de diciembre, de igualdad de oportunidades, no discriminación y accesibilidad universal de las personas con discapacidad, y que debe sustituirse por los términos más adecuados de "discapacidad" y de "persona con discapacidad necesitada de una especial protección".

»A tal fin, se modifica el artículo 25 para actualizar tales términos y ofrecer una definición más precisa de las personas que constituyen objeto de una especial protección penal. Tal modificación encuentra plena consonancia con lo establecido en la Ley 39/2006, de 14 de diciembre, de Promoción de la Autonomía Personal y Atención a las personas en situación de dependencia, que establece en su disposición adicional octava que las referencias que en los textos normativos se efectúan a "minusválidos" y a "personas con minusvalía", se entenderán realizadas a "personas con discapacidad". Y para mayor claridad y refuerzo de esta previsión, con la reforma se decide incorporar un apartado para que todas las referencias hechas en el Código Penal al término "minusvalía" se sustituyan por el término "discapacidad", y que el término "incapaz" se sustituya por el de "persona con discapacidad necesitada de especial protección".

»De igual modo, se da un mejor tratamiento a la esterilización acordada por órgano judicial, que se circunscribe a supuestos excepcionales en los que se produzca grave conflicto de bienes jurídicos protegidos. El nuevo artículo 156 se remite a las leyes procesales civiles, que regularán los supuestos de esterilización de la forma más adecuada y garantista para los derechos de las personas afectadas. En tanto se dicte esta nueva normativa, se mantendrá la vigencia de la actual regulación que contempla el Código.

»XXVIII

»Se tipifica el matrimonio forzado para cumplir con los compromisos internacionales suscritos por España en lo relativo a la persecución de los delitos que atentan contra los derechos humanos.

»Así, la propia Directiva 2011/36/UE del Parlamento Europeo y del Consejo, de 5 de abril de 2011, relativa a la prevención y lucha contra la trata de seres humanos y a la protección de las víctimas, incluye el matrimonio forzado entre las conductas que pueden dar lugar a una explotación de personas. Igualmente, la Convención sobre la eliminación de todas las formas de discriminación contra la mujer de Naciones Unidas, ratificada por España, establece en su artículo 16 que "los Estados Partes adoptarán todas las medidas adecuadas para eliminar la discriminación contra la mujer en todos los asuntos relacionados con el matrimonio y las relaciones familiares y, en particular, asegurarán en condiciones de igualdad entre hombres y mujeres: *a*) El mismo derecho para contraer matrimonio; *b*) El mismo derecho para elegir libremente cónyuge y contraer matrimonio sólo por su libre albedrío y su pleno consentimiento".

»Resultaba oportuna, por todo lo anterior, la tipificación específica de este delito, que ya está regulado en otros países de nuestro entorno como Francia, Dinamarca, Reino Unido, Alemania o Noruega. Tratándose de un comportamiento coactivo, se ha estimado oportuno tipificarlo como un supuesto de coacciones cuando se compeliere a otra persona a contraer matrimonio. Y también se castiga a quien utilice medios coactivos para forzar a otro a abandonar el territorio español o a no regresar al mismo, con esa misma finalidad de obligarle a contraer matrimonio.

»XXIX

»También dentro de los delitos contra la libertad, se introduce un nuevo tipo penal de acoso que está destinado a ofrecer respuesta a conductas de indudable gravedad que, en muchas ocasiones, no podían ser calificadas como coacciones o amenazas. Se trata de todos aquellos supuestos en los que, sin llegar a producirse necesariamente el anuncio explícito o no de la intención de causar algún mal (amenazas) o el empleo directo de violencia para coartar la libertad de la víctima (coacciones), se producen conductas reiteradas por medio de las cuales se menoscaba gravemente la libertad y sentimiento de seguridad de la víctima, a la que se somete a persecuciones o vigilancias constantes, llamadas reiteradas, u otros actos continuos de hostigamiento.

»XXX

»Se aprovecha la reforma para introducir determinadas correcciones al texto vigente.

»Se incluyen las armas nucleares y radiológicas dentro de la tipificación penal de los delitos de tenencia y depósito de armas, municiones o explosivos contenida en el Capítulo V del Título XXII.

»Se elimina la referencia en pesetas que todavía se mantenía en la redacción del vigente artículo 265, que es actualizada a la cantidad de 1.000 euros.

»Se corrige la omisión, en el artículo 306, de la imposición —como está previsto en el resto de los delitos contra la Hacienda pública— de la pena de pérdida de la posibilidad de obtener subvenciones o ayudas públicas y del derecho a gozar de los beneficios o incentivos fiscales o de la Seguridad Social.

»Y, finalmente, se corrigen las referencias a los sujetos pasivos de los delitos relativos a la Corona.

»XXXI

»En la actualidad debe primarse la racionalización del uso del servicio público de Justicia, para reducir la elevada litigiosidad que recae sobre juzgados y tribunales, con medidas dirigidas a favorecer una respuesta judicial eficaz y ágil a los conflictos que puedan plantearse. Al tiempo, el Derecho Penal debe ser reservado para la solución de los conflictos de especial gravedad.

»Una buena parte de los operadores jurídicos viene reclamando la supresión de las infracciones penales constitutivas de falta: por la notoria desproporción que existe entre los bienes jurídicos que protegen y la inversión en tiempo y medios que requiere su enjuiciamiento; pero también por la dudosa necesidad de que conductas carentes en muchos casos de gravedad suficiente, deban ser objeto de un reproche penal. En tal sentido se viene pronunciando la Fiscalía General del Estado, que aboga por que las actuales infracciones consideradas como faltas penales queden al margen del Código Penal por su escasa gravedad. Y también el Consejo General del Poder Judicial, que de forma reciente ha propuesto despenalizar ciertos comportamientos tipificados como faltas penales como medida adecuada para reducir los elevados niveles de litigiosidad, que son especialmente altos en el orden jurisdiccional penal.

»En nuestro Derecho no existe una diferencia cualitativa entre delitos y faltas. Las diferencias son puramente formales, por el carácter que la ley otorga a una u otra infracción, o cuantitativas en atención al tipo de pena que se les impone. La tipificación de determinadas conductas como faltas penales obedece a simples razones de política criminal, que en el momento actual carecen de suficiente justificación. Y se aprecia una cierta distorsión en la comparativa con el Derecho administrativo sancionador, que en muchos casos ofrece una respuesta sancionadora más contundente que la prevista en el Código Penal para conductas teóricamente más graves. De ahí que la reforma lleve a cabo una supresión definitiva del catálogo de faltas regulado en el Libro III del Código Penal, tipificando como delito leve aquellas infracciones que se estima necesario mantener.

»La supresión de las infracciones constitutivas de falta introduce coherencia en el sistema sancionador en su conjunto, pues una buena parte de ellas describen conductas sancionadas de forma más grave en el ámbito administrativo; en otras ocasiones, se trata de infracciones que son corregidas de forma más adecuada en otros ámbitos, como las faltas contra las relaciones familiares que tienen una respuesta más apropiada en el Derecho de familia; y, en algunos casos, regulan conductas que, en realidad, son constitutivas de delito o deberían ser reguladas de forma expresa como delito.

»Esta modificación no supone necesariamente una agravación de las conductas ni de las penas actualmente aplicables a las faltas. Algunos comportamientos tipificados hasta ahora como falta desaparecen del Código Penal y se reconducen hacia la vía administrativa o la vía civil, dejando de sancionarse en el ámbito penal. Sólo se mantienen aquellas infracciones merecedoras de suficiente reproche punitivo como para poder incluirlas en el catálogo de delitos, configurándose en su mayoría como delitos leves castigados con penas de multa. La pretensión es clara: reservar al ámbito penal el tratamiento de las conductas más graves de la sociedad, que por ello deben merecer un tratamiento acorde a su consideración.

»La nueva categoría de delitos leves permite subsumir aquellas conductas constitutivas de falta que se estima necesario mantener. Pero también se logra un tratamiento diferenciado de estas infracciones para evitar que se deriven consecuencias negativas no deseadas. A diferencia de lo que se establece para delitos graves y menos graves, la condición de delito leve se atribuye cuando la pena prevista, por su extensión, pueda considerarse como leve y como menos grave. Con ello se evita que el amplio margen establecido para la pena en algún supuesto pueda dar lugar a su consideración como delito menos grave. Además, el plazo de prescripción de estas infracciones se establece en un año, equiparándose a las injurias y calumnias como delitos tradicionalmente considerados de menor entidad a estos efectos. Y se establece expresamente que la existencia de antecedentes penales por la comisión de delitos leves no permitirá apreciar la agravante de reincidencia.

»En general se recurre a la imposición de penas de multa, que se estiman más adecuadas para sancionar infracciones de escasa entidad, y además con un amplio margen de apreciación para que el juez o tribunal pueda valorar la gravedad de la conducta. No obstante, se recurre a la imposición de penas de trabajos en beneficio de la comunidad y de la localización permanente cuando se trata de delitos de violencia de género y doméstica, con el fin de evitar los efectos negativos que para la propia víctima puede conllevar la imposición de una pena de multa.

»La reforma supone la derogación completa del Libro III del Código Penal, de forma que desaparece la infracción penal constitutiva de falta. Ello exige adecuar un gran número de artículos que hacen referencia a la dualidad delito o falta, simplemente para eliminar esa mención a las faltas penales. De ahí la extensión de la reforma que se acomete, que en muchos casos consiste en una mera adecuación de la regulación a la supresión del sistema dualista, como sucede con buena parte de los artículos de la parte general del Código Penal,o con otros preceptos de la parte especial como los relativos a las asociaciones ilícitas, la prevaricación judicial o la imputación de delitos, o también el castigo de la receptación en faltas, que con la reforma queda derogado.

»En cuanto a la supresión de las faltas contra las personas que recogía el Título I del Libro III del Código Penal, en su mayoría se trata de conductas tipificadas ya como delitos, que pueden incluirse en cada uno de ellos como subtipo atenuado aplicable a los supuestos en los que las circunstancias del hecho evidencian una menor gravedad.

»Así, desaparecen las faltas de lesiones, que se incorporan en el catálogo de delitos leves. Las lesiones de menor gravedad, que no requieren tratamiento médico o quirúrgico, se sancionarán en el tipo atenuado del apartado 2 del artículo 147. Se tipifica también como delito leve "el que golpeare o maltratare de obra a otro sin causarle lesión", esto es, la falta del actual apartado 2 del artículo 617, que se agrava en el caso de víctimas vulnerables por el artículo 153, al igual que las lesiones leves del apartado 2 del artículo 147.

»En atención a la escasa gravedad de las lesiones y de los maltratos de obra, sólo van a ser perseguibles mediante denuncia de la persona agraviada o de su representante legal. Con ello se evita la situación actual, en la que un simple parte médico de lesiones de escasa entidad obliga al juez de instrucción a iniciar todo un proceso judicial y a citar al lesionado para que acuda obligatoriamente al juzgado a fin de hacerle el ofrecimiento de acciones como perjudicado, con los inconvenientes que ello le ocasiona. Parece más adecuado que sólo se actúe cuando el perjudicado interponga denuncia. Ahora bien, en los casos de violencia de género no se exigirá denuncia previa para perseguir las lesiones de menor gravedad y el maltrato de obra.

»En cuando al homicidio y lesiones imprudentes, se estima oportuno reconducir las actuales faltas de homicidio y lesiones por imprudencia leve hacia la vía jurisdiccional civil, de modo que sólo serán constitutivos de delito el homicidio y las lesiones graves por imprudencia grave (apartado 1 del artículo 142 y apartado 1 del artículo 152), así como el delito de homicidio y lesiones graves por imprudencia menos grave, que entrarán a formar parte del catálogo de delitos leves (apartado 2 del artículo 142 y apartado 2 del artículo 152 del Código Penal). Se recoge así una modulación de la imprudencia delictiva entre grave y menos grave, lo que dará lugar a una mejor graduación de la responsabilidad penal en función de la conducta merecedora de reproche, pero al mismo tiempo permitirá reconocer supuestos de imprudencia leve que deben quedar fuera del Código Penal. No toda actuación culposa de la que se deriva un resultado dañoso debe dar lugar a responsabilidad penal, sino que el principio de intervención mínima y la consideración del sistema punitivo como última ratio, determinan que en la esfera penal deban incardinarse exclusivamente los supuestos graves de imprudencia, reconduciendo otro tipo de conductas culposas a la vía civil, en su modalidad de responsabilidad extracontractual o aquiliana de los artículos 1.902 y siguientes del Código Civil, a la que habrá de acudir quien pretenda exigir responsabilidad por culpa de tal entidad.

»Se suprimen las faltas de abandono previstas en el apartado 1 del artículo 618 y en el artículo 619 del Código Penal. Los supuestos graves de abandono a un menor desamparado o a una persona con discapacidad necesitada de especial protección pueden subsumirse en el delito de omisión del deber de socorro. Y lo mismo sucede con la conducta del artículo 619 —denegación de asistencia a personas desvalidas de edad avanzada—, que constituye bien un supuesto de omisión del deber de socorro o bien un delito de resultado, cuando se comete por quien, como garante, viene obligado a garantizar la asistencia al anciano.

»También se derogan el apartado 2 del artículo 618 y el artículo 622 del Código Penal sin incluir nuevas sanciones delictivas, pues las conductas más graves de incumplimiento de deberes familiares están ya tipificadas como delito en los artículos 226 y siguientes. Y los incumplimientos graves de convenios o sentencias pueden dar lugar a responsabilidad por desobediencia. Los casos de mera obstaculización, cumplimiento defectuoso o incumplimientos sin la gravedad suficiente tienen un régimen sancionador en el artículo 776 de la Ley de Enjuiciamiento Civil.

»Las amenazas y coacciones de carácter leve se sancionan como subtipo atenuado en cada uno de los respectivos delitos, manteniéndose la exigencia de su persecución sólo a instancia de parte. En cambio, las injurias leves y las vejaciones injustas, salvo cuando se cometen sobre alguna de las personas a que se refiere el apartado 2 del artículo 173, quedan al margen del ámbito penal, por tratarse de ofensas de carácter privado cuya reparación puede exigirse en la vía jurisdiccional civil o mediante los actos de conciliación. La intención, por tanto, es que sólo se deriven a la vía penal aquellas conductas que tengan verdadera entidad y relevancia, cuando además no existan medios alternativos para la solución del conflicto.

»En el caso de las infracciones contra el patrimonio, la derogación de las faltas supone la incorporación de nuevos tipos atenuados en los correspondientes delitos de referencia, manteniendo el criterio cuantitativo para sancionar las infracciones de menor gravedad.

»Desaparecen las faltas consistentes en el deslucimiento de bienes muebles e inmuebles del artículo 626, así como la causación de daños de escasa entidad en bienes de valor cultural, que pueden reconducirse al delito de daños u otras figuras delictivas cuando revistan cierta entidad, o acudir a un resarcimiento civil; en el caso de bienes de dominio público, también puede acudirse a la sanción administrativa.

»En cuanto a las faltas contra los intereses generales, se reconducen a figuras atenuadas de delito los supuestos de uso de moneda falsa (artículo 386) o la distribución o utilización de sellos de correos o efectos timbrados falsos (artículo 389). Y se suprimen las faltas actualmente tipificadas en el artículo 630, apartado 1 del artículo 631 y apartado 1 del artículo 632, pues se trata de conductas que ya son objeto de corrección suficiente —y más adecuada— por el Derecho administrativo sancionador y que pueden ser en todo caso objeto de sanción penal en los casos más graves en los que llegan a causarse daños.

»No se aprecian razones suficientes para justificar el mantenimiento de las infracciones penales previstas en el artículo 630 y el apartado 1 del artículo 631, pudiendo acudirse a la sanción administrativa, o a otros delitos si finalmente se causan daños. En cambio, sí parece conveniente mantener como infracción penal el abandono de animales domésticos que castiga el apartado 2 del artículo 631, que pasa a constituir un tipo atenuado del maltrato de animales del artículo 337 bis del Código Penal. La reforma aprovecha, en este punto, para reforzar la protección de los animales mediante una definición de los que son objeto del delito que incrementa la seguridad en la aplicación de la norma, y una revisión de las conductas punibles, incluyendo la explotación sexual de animales, y de las sanciones aplicables a las mismas. Como novedad importante, además de las correspondientes penas de prisión o multa en función de la gravedad, se prevé la posibilidad de imponer las penas de inhabilitación especial para el ejercicio de profesión, oficio o comercio que tenga relación con los animales y para la tenencia de animales.

»Por lo que se refiere a las faltas contra el orden público, los supuestos de alteraciones relevantes están ya castigados como delito, al igual que los supuestos de atentado, resistencia y desobediencia. Se deriva a la vía administrativa la realización de actividades sin seguro obligatorio. No obstante, se mantiene el castigo penal para el que se mantuviere en un domicilio social o local fuera de las horas de apertura, como subtipo atenuado del artículo 203; o el uso de uniforme o la atribución pública de la condición de profesional, que se tipifica en un nuevo artículo 402 bis dentro de la mejora de los tipos penales de usurpación de funciones públicas y de intrusismo.

»La reforma se completa con una revisión de la regulación del juicio de faltas que contiene la Ley de Enjuiciamiento Criminal, que continuará siendo aplicable a los delitos leves. En el caso de las infracciones de menor gravedad (los delitos leves) existen habitualmente conductas que resultan típicas pero que no tienen una gravedad que justifique la apertura de un proceso y la imposición de una sanción de naturaleza penal, y en cuya sanción penal tampoco existe un verdadero interés público. Para estos casos se introduce, con una orientación que es habitual en el Derecho comparado, un

Código Penal define los delitos y faltas que constituyen los presupuestos de la aplicación de la forma suprema que puede revestir el poder coactivo del Estado: la pena criminal. En consecuencia, ocupa un lugar preeminente en el conjunto del ordenamiento, hasta el punto de que, no sin razón, se ha considerado como una especie de «Constitución negativa». El Código Penal ha de tutelar los valores y principios básicos de la convivencia social. Cuando esos valores y principios cambian, debe también cambiar. En nuestro país, sin embargo, pese a las profundas modificaciones de orden social, económico y político, el texto vigente data, en lo que pudiera considerarse su núcleo básico, del pasado siglo. La necesidad de su reforma no puede, pues, discutirse.

A partir de los distintos intentos de reforma llevados a cabo desde la instauración del régimen democrático, el Gobierno ha elaborado el Proyecto que somete a la discusión y aprobación de las Cámaras. Debe, por ello, exponer, siquiera sea de modo sucinto, los criterios en que se inspira, aunque éstos puedan deducirse con facilidad de la lectura de su texto.

El eje de dichos criterios ha sido, como es lógico, el de la adaptación positiva del nuevo Código Penal a los valores constitucionales. Los cambios que introduce en esa dirección el presente Proyecto son innumerables, pero merece la pena destacar algunos.

---

criterio de oportunidad que permitirá a los jueces, a petición del Ministerio Fiscal, valorada la escasa entidad del hecho y la falta de interés público, sobreseer estos procedimientos.

»Con esta modificación se introduce un instrumento que permite a los jueces y tribunales prescindir de la sanción penal de las conductas de escasísima gravedad, con lo que se consigue una realización efectiva del principio de intervención mínima, que orienta la reforma del Código Penal en este punto; y, al tiempo, se consigue descargar a los tribunales de la tramitación de asuntos menores carentes de verdadera relevancia que congestionan su actividad y reducen los recursos disponibles para el esclarecimiento, persecución y sanción de las conductas realmente graves.

»Finalmente, con el fin de evitar los problemas de transitoriedad derivados de la aplicación inmediata de los nuevos delitos leves, se han incluido normas para adaptar la vigente Ley de Enjuiciamiento Criminal. De esta forma, los delitos leves se sustanciarán conforme al procedimiento previsto en el Libro VI de la vigente Ley de Enjuiciamiento Criminal, que se adecua a la nueva categoría delictiva, manteniendo los juzgados de instrucción y los juzgados de violencia de género la competencia para el conocimiento y fallo de estos delitos. También se regula la situación transitoria de los juicios de faltas iniciados con anterioridad a la entrada en vigor de la presente Ley.»

En primer lugar, se propone una reforma total del actual sistema de penas, de modo que permita alcanzar, en lo posible, los objetivos de resocialización que la Constitución le asigna. El sistema que se propone simplifica, de una parte, la regulación de las penas privativas de libertad, ampliando, a la vez, las posibilidades de sustituirlas por otras que afecten a bienes jurídicos menos básicos, y, de otra, introduce cambios en las penas pecuniarias, adoptando el sistema de días-multa y añade los trabajos en beneficio de la comunidad.

En segundo lugar, se ha afrontado la antinomia existente entre el principio de intervención mínima y las crecientes necesidades de tutela en una sociedad cada vez más compleja, dando prudente acogida a nuevas formas de delincuencia, pero eliminando, a la vez, figuras delictivas que han perdido su razón de ser. En el primer sentido, merece destacarse la introducción de los delitos contra el orden socioeconómico o la nueva regulación de los delitos relativos a la ordenación del territorio y de los recursos naturales; en el segundo, la desaparición de las figuras complejas de robo con violencia e intimidación en las personas que, surgidas en el marco de la lucha contra el bandolerismo, deben desaparecer dejando paso a la aplicación de las reglas generales.

En tercer lugar, se ha dado especial relieve a la tutela de los derechos fundamentales y se ha procurado diseñar con especial mesura el recurso al instrumento punitivo allí donde está en juego el ejercicio de cualquiera de ellos: sirva de ejemplo, de una parte, la tutela específica de la integridad moral y, de otra, la nueva regulación de los delitos contra el honor. Al tutelar específicamente la integridad moral, se otorga al ciudadano una protección más fuerte frente a la tortura, y al configurar los delitos contra el honor del modo en que se propone, se otorga a la libertad de expresión toda la relevancia que puede y debe reconocerle un régimen democrático.

En cuarto lugar, y en consonancia con el objetivo de tutela y respeto a los derechos fundamentales, se ha eliminado el régimen de privilegio de que hasta ahora han venido gozando las injerencias ilegítimas de los funcionarios públicos en el ámbito de los derechos y libertades de los ciudadanos. Por tanto, se propone que las detenciones, entradas y registros en el domicilio llevadas a cabo por autoridad o funcionario fuera de los casos permitidos por la Ley, sean tratadas como formas agravadas de los correspondientes delitos comunes, y no como hasta ahora lo han venido siendo, esto es, como delitos especiales incomprensible e injustificadamente atenuados.

En quinto lugar, se ha procurado avanzar en el camino de la igualdad real y efectiva, tratando de cumplir la tarea que, en ese sentido, impone la Constitución a los poderes públicos. Cierto que no es el Código Penal el instrumento más importante para llevar a cabo esa tarea; sin embargo, puede contribuir a ella, eliminando regulaciones que son un obstáculo para su realización o introduciendo medidas de tutela frente a situaciones discriminatorias. Además de las normas que otorgan una protección específica frente a las actividades tendentes a la discriminación, ha de mencionarse aquí la nueva regulación de los delitos contra la libertad sexual. Se pretende con ella adecuar los tipos penales al bien jurídico protegido, que no es ya, como fuera históricamente, la honestidad de la mujer, sino la libertad sexual de todos. Bajo la tutela de la honestidad de la mujer se escondía una intolerable situación de agravio, que la regulación que se propone elimina totalmente. Podrá sorprender la novedad de las técnicas punitivas utilizadas; pero, en este caso, alejarse de la tradición parece un acierto.

Dejando el ámbito de los principios y descendiendo al de las técnicas de elaboración, el presente proyecto difiere de los anteriores en la pretensión de universalidad. Se venía operando con la idea de que el Código Penal constituyese una regulación completa del poder punitivo del Estado. La realización de esa idea partía ya de un déficit, dada la importancia que en nuestro país reviste la potestad sancionadora de la Administración; pero, además, resultaba innecesaria y perturbadora.

Innecesaria, porque la opción decimonónica a favor del Código Penal y en contra de las leyes especiales se basaba en el hecho innegable de que el legislador, al elaborar un Código, se hallaba constreñido, por razones externas de trascendencia social, a respetar los principios constitucionales, cosa que no ocurría, u ocurría en menor medida, en el caso de una ley particular. En el marco de un constitucionalismo flexible, era ese un argumento de especial importancia para fundamentar la pretensión de universalidad absoluta del Código. Hoy, sin embargo, tanto el Código Penal como las leyes especiales se hayan jerárquicamente subordinados a la Constitución y obligados a someterse a ella, no sólo por esa jerarquía, sino también por la existencia de un control jurisdiccional de la constitucionalidad. Consiguientemente, las leyes especiales no pueden suscitar la prevención que históricamente provocaban.

Perturbadora, porque, aunque es innegable que un Código no merecería ese nombre si no contuviese la mayor parte de las normas penales y, desde luego los principios básicos informadores de toda la regulación, lo cierto es que hay materias que difícilmente pueden introducirse en él. Pues, si una pretensión relativa de universalidad es inherente a la idea de Código, también lo son las de estabilidad y fijeza, y existen ámbitos en que, por la especial situación del resto del ordenamiento, o por la naturaleza misma de las cosas, esa estabilidad y fijeza son imposibles. Tal es, por ejemplo, el caso de los delitos relativos al control de cambios. En ellos, la modificación constante de las condiciones económicas y del contexto normativo, en el que, quiérase o no, se integran tales delitos, aconseja situar las normas penales en dicho contexto y dejarlas fuera del Código: por lo demás, ésa es nuestra tradición, y no faltan, en los países de nuestro entorno, ejemplos caracterizados de un proceder semejante.

Así pues, en ese y en otros parecidos, se ha optado por remitir a las correspondientes leyes especiales la regulación penal de las respectivas materias. La misma técnica se ha utilizado para las normas reguladoras de la despenalización de la interrupción voluntaria del embarazo. En este caso, junto a razones semejantes a las anteriormente expuestas, podría argüirse que no se trata de normas incriminadoras, sino de normas que regulan supuestos de no incriminación. El Tribunal Constitucional exigió que, en la configuración de dichos supuestos, se adoptasen garantías que no parecen propias de un Código Penal, sino más bien de otro tipo de norma.

En la elaboración del Proyecto se han tenido muy presentes las discusiones parlamentarias del de 1992, el dictamen del Consejo General del Poder Judicial, el estado de la jurisprudencia y las opiniones de la doctrina científica. Se ha llevado a cabo desde la idea, profundamente sentida, de que el Código Penal ha de ser de todos y de que, por consiguiente, han de escucharse todas las opiniones y optar por las soluciones que parezcan más razonables, esto es, por aquellas que todo el mundo debería poder aceptar.

No se pretende haber realizado una obra perfecta, sino, simplemente, una obra útil. El Gobierno no tiene aquí la última palabra, sino solamente la primera. Se limita, pues, con este proyecto, a pronunciarla, invitando a todas las fuerzas políticas y a todos los ciudadanos a colaborar en la tarea de su perfeccionamiento. Solamente si todos deseamos tener un Código Penal mejor y contribuimos a conseguirlo podrá lograrse un objetivo cuya importancia para la convivencia y el pacífico disfrute de los derechos y libertades que la Constitución proclama difícilmente podría exagerarse.

TÍTULO PRELIMINAR

De las garantías penales y de la aplicación de la Ley penal

Artículo 1.º 1. No será castigada ninguna acción ni omisión que no esté prevista como delito por ley anterior a su perpetración.

2. Las medidas de seguridad sólo podrán aplicarse cuando concurran los presupuestos establecidos previamente por la Ley.

Art. 2.º 1. No será castigado ningún delito con pena que no se halle prevista por ley

---

Art. 1.º1: Este apartado figura redactado conforme al texto de la LO 1/2015, de 30 de marzo (*BOE* n.º 77, de 31 de marzo).

V. art. 25.1 CE: «Nadie puede ser condenado o sancionado por acciones u omisiones que en el momento de producirse no constituyan delito, falta o infracción administrativa, según la legislación vigente en aquel momento». V. art. 15 PIDCP, que dispone lo siguiente:

«1. Nadie será condenado por actos u omisiones que en el momento de cometerse no fueran delictivos según el derecho nacional o internacional. Tampoco se impondrá pena más grave que la aplicable en el momento de la comisión del delito. Si con posterioridad a la comisión del delito la ley dispone la imposición de una pena más leve, el delincuente se beneficiará de ello.

»2. Nada de lo dispuesto en este artículo se opondrá al juicio ni a la condena de una persona por actos u omisiones que, en el momento de cometerse, fueran delictivos según los principios generales del derecho reconocidos por la comunidad internacional.»

V. también Disps. Trans. 1.ª y 2.ª CP y Disp. Trans. 1.ª RP; art. 11.2.º DUDH; art. 7.º CPDHLF; y arts. 1.º2.º y 20 CPM.

Art. 1.º2: V. arts. 6 y 95 ss. CP.

Art. 2.º1: Este apartado figura redactado conforme al texto de la LO 1/2015, de 30 de marzo (*BOE* n.º 77, de 31 de marzo).

El art. 9.º3 CE garantiza «el principio de legalidad, la jerarquía normativa, la publicidad de las normas, la irretroactividad de las disposiciones sancionadoras no favorables o restrictivas de derechos individuales, la seguridad jurídica, la responsabilidad y la interdicción de la arbitrariedad de los poderes públicos», y el art. 4.2 CC establece que «Las leyes penales, las excepcionales y las de ámbito temporal no se aplicarán

anterior a su perpetración. Carecerán, igualmente, de efecto retroactivo las leyes que establezcan medidas de seguridad.

2. No obstante, tendrán efecto retroactivo aquellas leyes penales que favorezcan al reo, aunque al entrar en vigor hubiera recaído sentencia firme y el sujeto estuviese cumpliendo condena. En caso de duda sobre la determinación de la Ley más favorable, será oído el reo. Los hechos cometidos bajo la vigencia de una Ley temporal serán juzgados, sin embargo, conforme a ella, salvo que se disponga expresamente lo contrario.

Art. 3.º 1. No podrá ejecutarse pena ni medida de seguridad sino en virtud de sentencia firme dictada por el juez o tribunal competente, de acuerdo con las leyes procesales.

2. Tampoco podrá ejecutarse pena ni medida de seguridad en otra forma que la prescrita por la Ley y reglamentos que la desarrollan, ni con otras circunstancias o accidentes que los expresados en su texto. La ejecución de la pena o de la medida de seguridad se realizará bajo el control de los jueces y tribunales competentes.

Art. 4.º 1. Las leyes penales no se aplicarán a casos distintos de los comprendidos expresamente en ellas.

2. En el caso de que un juez o tribunal, en el ejercicio de su jurisdicción, tenga conocimiento de alguna acción u omisión que, sin estar penada por la Ley, estime digna de represión, se abstendrá de todo procedimiento sobre ella y expondrá al Gobierno las razones que le asistan para creer que debiera ser objeto de sanción penal.

3. Del mismo modo acudirá al Gobierno exponiendo lo conveniente sobre la derogación o modificación del precepto o la concesión de indulto, sin perjui-

---

a supuestos ni en momentos distintos de los comprendidos expresamente en ellas». V. también la Disp. Trans. 11.ª CP y los arts. 1.º LECr, 4.º CPM, y 2.º3, CC, así como la nota al art. 1.º1 precedente.

Art. 3.º: V. arts. 1.º, 145.5.º y 983 ss. LECr; 94 y 95 LOPJ; 2.º, 9.º ss., 72 y 76 ss. LOGP; 3.º RP y 5.º1.º*a*) CPDHLF.

Art. 4.º: V. arts. 11, 12, 20 y 28 LI; y 902 LECr. La Real Orden del 14 de abril de 1866 dispone que cuando las Salas de Justicia de las Audiencias expongan lo conveniente con arreglo a lo preceptuado en el párrafo último del art. 2.º CP (antecedente inmediato del presente art. 4) deben proponer siempre, no sólo la rebaja o conmutación de pena que a su juicio proceda en el caso de la exposición, sino el grado y extensión en que debe comprenderse, debiendo al mismo tiempo acompañar a la exposición copia certificada de la sentencia que haya dado ocasión a la consulta.

cio de ejecutar desde luego la sentencia, cuando de la rigurosa aplicación de las disposiciones de la Ley resulte penada una acción u omisión que, a juicio del juez o tribunal, no debiera serlo, o cuando la pena sea notablemente excesiva, atendidos el mal causado por la infracción y las circunstancias personales del reo.

4. Si mediara petición de indulto, y el juez o tribunal hubiere apreciado en resolución fundada que por el cumplimiento de la pena puede resultar vulnerado el derecho a un proceso sin dilaciones indebidas, suspenderá la ejecución de la misma en tanto no se resuelva sobre la petición formulada.

También podrá el juez o tribunal suspender la ejecución de la pena, mientras no se resuelva sobre el indulto cuando, de ser ejecutada la sentencia, la finalidad de éste pudiera resultar ilusoria.

Art. 5.º No hay pena sin dolo o imprudencia.

Art. 6.º 1. Las medidas de seguridad se fundamentan en la peligrosidad criminal del sujeto al que se impongan, exteriorizada en la comisión de un hecho previsto como delito.

2. Las medidas de seguridad no pueden resultar ni más gravosas ni de mayor duración que la pena abstractamente aplicable al hecho cometido, ni exceder el límite de lo necesario para prevenir la peligrosidad del autor.

Art. 7.º A los efectos de determinar la ley penal aplicable en el tiempo, los delitos se consideran cometidos en el momento en que el sujeto ejecuta la acción u omite el acto que estaba obligado a realizar.

Art. 8.º Los hechos susceptibles de ser calificados con arreglo a dos o más preceptos de este Código, y no comprendidos en los artículos 73 a 77, se castigarán observando las siguientes reglas:

1.ª El precepto especial se aplicará con preferencia al general.

2.ª El precepto subsidiario se aplicará sólo en defecto del principal, ya se declare expresamente dicha subsidiariedad, ya sea ésta tácitamente deducible.

Art. 6.º: V. arts. 95 ss. CP.

Art. 7.º: Este artículo figura redactado conforme al texto de la LO 1/2015, de 30 de marzo (*BOE* n.º 77, de 31 de marzo).

V. Disps. Trans. 1.ª y 2.ª CP y Disp. Trans. 1.ª RP.

Art. 8.º: V. arts. 136 LO 5/1985, de 19 de junio, del Régimen Electoral General (Apéndice 6), y 3.º LPPNA.

3.ª El precepto penal más amplio o complejo absorberá a los que castiguen las infracciones consumidas en aquél.

4.ª En defecto de los criterios anteriores, el precepto penal más grave excluirá los que castiguen el hecho con pena menor.

Art. 9.º Las disposiciones de este Título se aplicarán a los delitos que se hallen penados por leyes especiales. Las restantes disposiciones de este Código se aplicarán como supletorias en lo no previsto expresamente por aquéllas.

Art. 9.º: Este artículo figura redactado conforme al texto de la LO 1/2015, de 30 de marzo (*BOE* n.º 77, de 31 de marzo).

V. Disp. Trans. 11.ª CP y arts. 138 LO 5/1985, de 19 de junio, del Régimen Electoral General (Apéndice 6), y 12 LPPNA.

LIBRO PRIMERO

Disposiciones generales sobre los delitos, las personas responsables, las penas, medidas de seguridad y demás consecuencias de la infracción penal*

TÍTULO PRIMERO

De la infracción penal

CAPÍTULO PRIMERO

DE LOS DELITOS**

Art. 10. Son delitos las acciones y omisiones dolosas o imprudentes penadas por la ley.

Art. 11. Los delitos que consistan en la producción de un resultado sólo se entenderán cometidos por omisión cuando la no evitación del mismo, al infringir un especial deber jurídico del autor, equivalga, según el sentido del texto de la ley, a su causación. A tal efecto se equiparará la omisión a la acción:

a) Cuando exista una específica obligación legal o contractual de actuar.

b) Cuando el omitente haya creado una ocasión de riesgo para el bien jurídicamente protegido mediante una acción u omisión precedente.

Art. 12. Las acciones u omisiones imprudentes sólo se

---

* Esta rúbrica figura redactada conforme al texto de la LO 1/2015, de 30 de marzo (*BOE* n.º 77, de 31 de marzo).

** Esta rúbrica figura redactada conforme al texto de la LO 1/2015, de 30 de marzo (*BOE* n.º 77, de 31 de marzo).

Art. 10: Este artículo figura redactado conforme al texto de la LO 1/2015, de 30 de marzo (*BOE* n.º 77, de 31 de marzo).

V. nota a los arts. 1.º y 2.º de este Código.

Art. 11: Este artículo figura redactado conforme al texto de la LO 1/2015, de 30 de marzo (*BOE* n.º 77, de 31 de marzo).

Art. 12: V. arts. 142, 146, 152, 158, 159.2.º, 220.5.º, 267, 301.3.º, 317, 324, 331, 344, 347, 358, 367, 391, 447, 467.2.º, 532 y 601 de este Código.

castigarán cuando expresamente lo disponga la Ley.

Art. 13. 1. Son delitos graves las infracciones que la Ley castiga con pena grave.

2. Son delitos menos graves las infracciones que la Ley castiga con pena menos grave.

3. Son delitos leves las infracciones que la ley castiga con pena leve.

4. Cuando la pena, por su extensión, pueda incluirse a la vez entre las mencionadas en los dos primeros números de este artículo, el delito se considerará, en todo caso, como grave. Cuando la pena, por su extensión, pueda considerarse como leve y como menos grave, el delito se considerará, en todo caso, como leve.

Art. 14. 1. El error invencible sobre un hecho constitutivo de la infracción penal excluye la responsabilidad criminal. Si el error, atendidas las circunstancias del hecho y las personales del autor, fuera vencible, la infracción será castigada, en su caso, como imprudente.

2. El error sobre un hecho que cualifique la infracción o sobre una circunstancia agravante, impedirá su apreciación.

3. El error invencible sobre la ilicitud del hecho constitutivo de la infracción penal excluye la responsabilidad criminal. Si el error fuera vencible, se aplicará la pena inferior en uno o dos grados.

Art. 15. Son punibles el delito consumado y la tentativa de delito.

Art. 16. 1. Hay tentativa cuando el sujeto da principio a

Art. 13: Los apartados 3 y 4 figuran redactados conforme al texto de la LO 1/2015, de 30 de marzo (*BOE* n.º 77, de 31 de marzo).

Téngase en cuenta que la Disp. Adic. 2.ª de la LO 1/2015 establece: «La instrucción y el enjuiciamiento de los delitos leves cometidos tras la entrada en vigor de la presente Ley se sustanciarán conforme al procedimiento previsto en el Libro VI de la vigente Ley de Enjuiciamiento Criminal, cuyos preceptos se adaptarán a la presente reforma en todo aquello que sea necesario. Las menciones contenidas en las leyes procesales a las faltas se entenderán referidas a los delitos leves.»

V. art. 33 de este Código.

Art. 14: El art. 6.º1 CC establece: «La ignorancia de las leyes no excusa de su cumplimiento. El error de derecho producirá únicamente aquellos efectos que las leyes determinen.»

Art. 15: Este artículo figura redactado conforme al texto de la LO 1/2015, de 30 de marzo (*BOE* n.º 77, de 31 de marzo).

V. arts. 16, 61, 62 y 64.

Art. 16: Los apartados 2 y 3 figuran redactados conforme al texto de la LO 1/2015, de 30 de marzo (*BOE* n.º 77, de 31 de marzo).

la ejecución del delito directamente por hechos exteriores, practicando todos o parte de los actos que objetivamente deberían producir el resultado, y sin embargo éste no se produce por causas independientes de la voluntad del autor.

2. Quedará exento de responsabilidad penal por el delito intentado quien evite voluntariamente la consumación del delito, bien desistiendo de la ejecución ya iniciada, bien impidiendo la producción del resultado, sin perjuicio de la responsabilidad en que pudiera haber incurrido por los actos ejecutados, si éstos fueren ya constitutivos de otro delito.

3. Cuando en un hecho intervengan varios sujetos, quedarán exentos de responsabilidad penal aquel o aquellos que desistan de la ejecución ya iniciada, e impidan o intenten impedir, seria, firme y decididamente, la consumación, sin perjuicio de la responsabilidad en que pudieran haber incurrido por los actos ejecutados, si éstos fueren ya constitutivos de otro delito.

Art. 17. 1. La conspiración existe cuando dos o más personas se conciertan para la ejecución de un delito y resuelven ejecutarlo.

2. La proposición existe cuando el que ha resuelto cometer un delito invita a otra u otras personas a participar en él.

3. La conspiración y la proposición para delinquir sólo se castigarán en los casos especialmente previstos en la ley.

Art. 18. 1. La provocación existe cuando directamente se incita por medio de la imprenta, la radiodifusión o cualquier otro medio de eficacia semejante, que facilite la publicidad, o ante una concurrencia de personas, a la perpetración de un delito.

Es apología, a los efectos de este Código, la exposición, ante una concurrencia de personas o por cualquier medio de difusión, de ideas o doctrinas que ensalcen el crimen o enaltezcan a su autor. La apología sólo será delictiva como forma de provocación y si por su naturaleza y circunstancias constituye una incitación directa a cometer un delito.

2. La provocación se castigará exclusivamente en los casos en que la Ley así lo prevea.

V. arts. 15, 61, 62 y 64 de este Código.

Art. 17: Este artículo figura redactado conforme al texto de la LO 1/2015, de 30 de marzo (*BOE* n.º 77, de 31 de marzo).

V. arts. 141, 151, 168, 269, 304, 373, 477, 488, 519, 548, 553, 578, 585 y 615 de este Código.

Art. 18: V. art. 28.*a*) CP y los citados en nota al art. anterior.

Si a la provocación hubiese seguido la perpetración del delito, se castigará como inducción.

CAPÍTULO II

DE LAS CAUSAS QUE EXIMEN DE LA RESPONSABILIDAD CRIMINAL*

Art. 19. Los menores de dieciocho años no serán responsables criminalmente con arreglo a este Código.

Cuando un menor de dicha edad cometa un hecho delictivo podrá ser responsable con arreglo a lo dispuesto en la Ley que regule la responsabilidad penal del menor.

Art. 20. Están exentos de responsabilidad criminal:

1.º El que al tiempo de cometer la infracción penal, a causa de cualquier anomalía o alteración psíquica, no pueda comprender la ilicitud del hecho o actuar conforme a esa comprensión.

El trastorno mental transitorio no eximirá de pena cuando hubiese sido provocado por el sujeto con el propósito de cometer el delito o hubiera previsto o debido prever su comisión.

2.º El que al tiempo de cometer la infracción penal se halle en estado de intoxicación plena por el consumo de bebidas alcohólicas, drogas tóxicas, estupefacientes, sustancias psicotrópicas u otras que produzcan efectos análogos, siempre que no haya sido buscado con el propósito de cometerla o no se hubiese previsto o debido prever su comisión, o se halle bajo la influencia de un síndrome de abstinencia, a causa de su dependencia de tales sustancias, que le impida comprender la ilicitud del hecho o actuar conforme a esa comprensión.

3.º El que, por sufrir alteraciones en la percepción desde el nacimiento o desde la infancia, tenga alterada gravemente la conciencia de la realidad.

---

* V. arts. 637.3.ª LECr, 21 CPM, y 2.º1.º LPPNA.

Art. 19: V. arts. 375, 376 y 380 LECr; 9.º y 20 LJM; 96, 97 y Disp. Adic. 1.ª LOPJ; la Convención sobre los Derechos del Niño, de 20 de noviembre de 1989, ratificada por Instrumento de 30 de noviembre de 1990 (*BOE* n.º 313, de 31 de diciembre); y el Convenio Europeo sobre el ejercicio de los derechos de los niños, hecho en Estrasburgo el 25 de enero de 1996, y ratificado por España mediante Instrumento de 11 de noviembre de 2014 (*BOE* n.º 45, de 21 de febrero de 2015).

Art. 20.1.º: V. arts. 101, 104 a 107, 118.1.º, 119 y Disp. Adic. 1.ª CP, y 381 a 383, 392 y 991 a 994 LECr.

Art. 20.2.º: V. arts. 87, 102, 104 a 107, 118.1.º y 119 de este Código.

Art. 20.3.º: V. arts. 103 a 107, 118.1.º, 119 y Disp. Adic. 1.ª CP y 392 LECr.

4.º El que obre en defensa de la persona o derechos propios o ajenos, siempre que concurran los requisitos siguientes:

Primero. Agresión ilegítima. En caso de defensa de los bienes se reputará agresión ilegítima el ataque a los mismos que constituya delito y los ponga en grave peligro de deterioro o pérdida inminentes. En caso de defensa de la morada o sus dependencias, se reputará agresión ilegítima la entrada indebida en aquélla o éstas.

Segundo. Necesidad racional del medio empleado para impedirla o repelerla.

Tercero. Falta de provocación suficiente por parte del defensor.

5.º El que, en estado de necesidad, para evitar un mal propio o ajeno lesione un bien jurídico de otra persona o infrinja un deber, siempre que concurran los siguientes requisitos:

Primero. Que el mal causado no sea mayor que el que se trate de evitar.

Segundo. Que la situación de necesidad no haya sido provocada intencionadamente por el sujeto.

Tercero. Que el necesitado no tenga, por su oficio o cargo, obligación de sacrificarse.

6.º El que obre impulsado por miedo insuperable.

7.º El que obre en cumplimiento de un deber o en el ejercicio legítimo de un derecho, oficio o cargo.

En los supuestos de los tres primeros números se aplicarán, en su caso, las medidas de seguridad previstas en este Código.

CAPÍTULO III

DE LAS CIRCUNSTANCIAS QUE ATENÚAN LA RESPONSABILIDAD CRIMINAL*

Art. 21. Son circunstancias atenuantes:

1.ª Las causas expresadas en el capítulo anterior, cuando no concurrieren todos los requi-

---

Art. 20.4.º: El punto primero figura redactado conforme al texto de la LO 1/2015, de 30 de marzo (*BOE* n.º 77, de 31 de marzo).

V. art. 2.º2.º*a*) CPDHLF.

Art. 20.5.º: V. arts. 118.1.º y 119 CP y 3.º de la Ley de 12 de enero de 1887, de Protección de Cables Submarinos (*Gaceta* n.º 13, de 13 de enero).

Art. 20.6.º: V. arts. 118.1.º y 119 CP.

Art. 20.7.º: V. arts. 34 Reales Ordenanzas para las Fuerzas Armadas, de 28 de diciembre de 1978; 5.º1.*d*) LO 2/1986, de 13 de marzo, de Fuerzas y Cuerpos de Seguridad (*BOE* n.º 63, de 14 de marzo), y 21 CPM.

* V. arts. 66 y 67 CP, 22 CPM y 2.º2.º LPPNA.

Art. 21.1.ª: V. arts. 68 y 104 CP.

sitos necesarios para eximir de responsabilidad en sus respectivos casos.

2.ª La de actuar el culpable a causa de su grave adicción a las sustancias mencionadas en el número 2.º del artículo anterior.

3.ª La de obrar por causas o estímulos tan poderosos que hayan producido arrebato, obcecación u otro estado pasional de entidad semejante.

4.ª La de haber procedido el culpable, antes de conocer que el procedimiento judicial se dirige contra él, a confesar la infracción a las autoridades.

5.ª La de haber procedido el culpable a reparar el daño ocasionado a la víctima, o disminuir sus efectos, en cualquier momento del procedimiento y con anterioridad a la celebración del acto del juicio oral.

6.ª La dilación extraordinaria e indebida en la tramitación del procedimiento, siempre que no sea atribuible al propio inculpado y que no guarde proporción con la complejidad de la causa.

7.ª Cualquier otra circunstancia de análoga significación que las anteriores.

CAPÍTULO IV

DE LAS CIRCUNSTANCIAS QUE AGRAVAN LA RESPONSABILIDAD CRIMINAL*

Art. 22. Son circunstancias agravantes:

1.ª Ejecutar el hecho con alevosía.

Hay alevosía cuando el culpable comete cualquiera de los delitos contra las personas empleando en la ejecución medios, modos o formas que tiendan directa o especialmente a asegurarla, sin el riesgo que para su persona pudiera proceder de la defensa por parte del ofendido.

2.ª Ejecutar el hecho mediante disfraz, con abuso de superioridad o aprovechando las circunstancias de lugar, tiempo o auxilio de otras personas que debiliten la defensa del ofendido o faciliten la impunidad del delincuente.

Art. 21.6.ª: Este apartado fue incorporado por la LO 5/2010, de 22 de junio (*BOE* n.º 152, de 23 de junio).

Art. 21.7.ª: Este apartado ha sido renumerado conforme al texto de la LO 5/2010, de 22 de junio (*BOE* n.º 152, de 23 de junio).

* V. arts. 66 y 67 CP, 22 CPM y 2.º2.º LPPNA.

Art. 22.2.ª: V. art. 42.1.º*c*) de la Ley 1/1970, de 4 de abril, de caza (*BOE* n.º 82, de 6 de abril), cuyas disposiciones penales se mantienen en vigor como infracciones administrativas muy graves, de conformidad con la Disp. Derog. 1.*e*) de este Código.

3.ª Ejecutar el hecho mediante precio, recompensa o promesa.

4.ª Cometer el delito por motivos racistas, antisemitas u

Art. 22.4.ª: Este apartado figura redactado conforme al texto de la LO 8/2021, de 4 de junio (*BOE* n.º 134, de 5 de junio), de protección integral a la infancia y la adolescencia frente a la violencia. La redacción vigente hasta entonces era la siguiente:

> 4.ª Cometer el delito por motivos racistas, antisemitas u otra clase de discriminación referente a la ideología, religión o creencias de la víctima, la etnia, raza o nación a la que pertenezca, su sexo, orientación o identidad sexual, razones de género, la enfermedad que padezca o su discapacidad.

En el Preámbulo de esta LO se justifica esta reforma en los siguientes términos: «se da una nueva regulación a los delitos de odio, comprendidos en los artículos 22.4, 314, 511, 512 y 515.4 del Código Penal. Para ello, la edad ha sido incorporada como una causa de discriminación, en una vertiente dual, pues no solo aplica a los niños, niñas y adolescentes, sino a otro colectivo sensible que requiere amparo, como son las personas de edad avanzada. Asimismo, dentro del espíritu de protección que impulsa este texto legislativo, se ha aprovechado la reforma para incluir la aporofobia y la exclusión social dentro de estos tipos penales, que responde a un fenómeno social en el que en la actuación delictiva subyace el rechazo, aversión o desprecio a las personas pobres, siendo un motivo expresamente mencionado en el artículo 21 de la Carta de Derechos Fundamentales de la Unión Europea».

V. arts. 510 y 607 de este Código y notas a los mismos. V. el Protocolo adicional al Convenio sobre la Ciberdelincuencia relativo a la penalización de actos de índole racista y xenófoba cometidos por medio de sistemas informáticos, hecho en Estrasburgo el 28 de enero de 2003, y ratificado por España mediante Instrumento de 11 de noviembre de 2014 (*BOE* n.º 26, de 30 de enero de 2015; corrección de errores en *BOE* n.º 51, de 28 de febrero); Ley 51/2003, de 2 de diciembre (*BOE* n.º 289, de 3 de diciembre), de igualdad de oportunidades, no discriminación y accesibilidad universal de las personas con discapacidad; Ley 7/2014, de 13 de noviembre (*BOE* n.º 42, de 18 de febrero de 2015), de garantía de los derechos de las personas con discapacidad en Castilla-La Mancha; Ley Foral 12/2009, de 19 de noviembre (*BOE* n.º 307, de 22 de diciembre), de la Comunidad Foral de Navarra, de no discriminación por motivos de identidad de género y de reconocimiento de los derechos de las personas transexuales; RD 203/2010, de 26 de febrero (*BOE* n.º 59, de 9 de marzo), por el que se aprueba el Reglamento de prevención de la violencia, el racismo, la xenofobia y la intolerancia en el deporte; Ley 2/2014, de 14 de abril (*BOE* n.º 127, de 26 de mayo), de la Comunidad Autónoma de Galicia, por la igualdad de trato y la no discriminación de lesbianas, gays, transexuales, bisexuales e intersexuales en Galicia; Ley 2/2014, de 8 de julio (*BOE* n.º 193, de 9 de agosto), integral para la no discriminación por motivos de identidad de género y reconocimiento de los derechos de las personas transexuales de Andalucía; Ley 11/2014, de 10 de octubre (*BOE* n.º 281, de 20 de noviembre), para garantizar los derechos de lesbianas, gays, bisexuales, transgéneros e intersexuales y para erradicar la homofobia, la bifobia y la transfobia; Ley 2/2021, de 7 de julio (*BOE* n.º 163, de 9 de julio), de igualdad social y no discriminación por razón de identidad de género, expresión de género y características sexuales, de la Comunidad Autónoma de Canarias; Ley 12/2015, de 8 de abril (*BOE* n.º 108, de 6 de mayo), de igualdad social de lesbianas, gais, bisexuales, transexuales, transgénero

otra clase de discriminación referente a la ideología, religión o creencias de la víctima, la etnia, raza o nación a la que pertenezca, su sexo, edad, orientación o identidad sexual o de género, razones de género, de aporofobia o de exclusión social, la enfermedad que padezca o su discapacidad, con independencia de que tales condiciones o circunstancias concurran efectivamente en la persona sobre la que recaiga la conducta.

5.ª Aumentar deliberada e inhumanamente el sufrimiento de la víctima, causando a ésta padecimientos innecesarios para la ejecución del delito.

6.ª Obrar con abuso de confianza.

7.ª Prevalerse del carácter público que tenga el culpable.

8.ª Ser reincidente.

Hay reincidencia cuando, al delinquir, el culpable haya sido condenado ejecutoriamente por un delito comprendido en el mismo título de este Código, siempre que sea de la misma naturaleza.

A los efectos de este número no se computarán los antecedentes penales cancelados o que debieran serlo, ni los que correspondan a delitos leves.

Las condenas firmes de jueces o tribunales impuestas en otros Estados de la Unión Europea producirán los efectos de reincidencia salvo que el antecedente penal haya sido cancelado o pudiera serlo con arreglo al Derecho español.

---

e intersexuales y de políticas públicas contra la discriminación por orientación sexual e identidad de género en la Comunidad Autónoma de Extremadura; Ley 3/2016, de 22 de julio, de Protección Integral contra la LGTBI fobia y la Discriminación por razón de Orientación e Identidad Sexual en la Comunidad de Madrid (*BOE* n.º 285, de 25 de noviembre); Ley 8/2017, de 7 de abril, integral del reconocimiento del derecho a la identidad y a la expresión de género en la Comunitat Valenciana (*BOE* n.º 112 de 11 de mayo), corrección de errores en *BOE* n.º 142 de 23 de junio); Ley Foral, de la Comunidad Foral de Navarra, 8, 2017, de 19 de junio, para la igualdad social de las personas LGTBI+ (*BOE* n.º 173, de 21 de julio); Ley 4/2018, de 19 de abril, de Identidad y Expresión de Género e Igualdad Social y No Discriminación de la Comunidad Autónoma de Aragón (*BOE* n.º 131, de 30 de mayo).

Art. 22.8.ª: Este apartado figura redactado conforme al texto de la LO 1/2015, de 30 de marzo (*BOE* n.º 77, de 31 de marzo).

V. arts. 87.2.º, 190, 375, 388 y 580 y Disp. Trans. 7.ª CP y 379 LECr. V. también art. 136 CP, RD 95/2009, de 6 de febrero (*BOE* n.º 33, de 7 de febrero), reproducido en nota al art. 136 de este Código, y LO 7/2014, de 12 de noviembre (*BOE* n.º 275, de 13 de noviembre; corrección de erratas en *BOE* n.º 276, de 14 de noviembre), sobre intercambio de información de antecedentes penales y consideración de resoluciones judiciales penales en la Unión Europea.

CAPÍTULO V

De la circunstancia mixta de parentesco

Art. 23. Es circunstancia que puede atenuar o agravar la responsabilidad, según la naturaleza, los motivos y los efectos del delito, ser o haber sido el agraviado cónyuge o persona que esté o haya estado ligada de forma estable por análoga relación de afectividad, o ser ascendiente, descendiente o hermano por naturaleza o adopción del ofensor o de su cónyuge o conviviente.

CAPÍTULO VI

Disposiciones generales

Art. 24. 1. A los efectos penales se reputará autoridad al que por sí solo o como miembro de alguna corporación, tribunal u órgano colegia-

---

Art. 23: Este artículo figura redactado conforme al texto de la LO 11/2003, de 29 de septiembre (*BOE* n.º 234, de 30 de septiembre), de medidas concretas en materia de seguridad ciudadana, violencia doméstica e integración social de los extranjeros. V. arts. 65, 153, 180.4.º, 182.1.º 268 y 424 CP.

Art. 24: El primer apartado de este artículo figura redactado conforme a la LO 9/2021, de 1 de julio (*BOE* n.º 157, de 2 de julio), de aplicación del Reglamento (UE) 2017/1939 del Consejo, de 12 de octubre de 2017, por el que se establece una cooperación reforzada para la creación de la Fiscalía Europea. V. art. 135.1 Ley Electoral (Apéndice 6); art. 7.º LO 2/1986, de 13 de marzo, de Fuerzas y Cuerpos de Seguridad (*BOE* n.º 63, de 14 de marzo), y LO 3/2003, de 21 de mayo (*BOE* n.º 122, de 22 de mayo), complementaria de la Ley reguladora de los equipos conjuntos de investigación penal en el ámbito de la Unión Europea, por la que se establece el régimen de responsabilidad penal de los miembros destinados en dichos equipos cuando actúen en España.

Además de los preceptos mencionados en el párrafo anterior, otras disposiciones, con rango inferior al de Ley Orgánica, como el art. 23 de la Ley 50/1981, de 30 de diciembre, por el que se aprueba el Estatuto Orgánico del Ministerio Fiscal (*BOE* n.º 11, de 13 de enero de 1982); el art. 174.2 Ley 16/1987, de 30 de julio, de Ordenación de los Transportes Terrestres (*BOE* n.º 182, de 31 de julio), modificada por la Ley 55/1999, de 29 de diciembre (*BOE* n.º 312, de 30 de diciembre; corrección de erratas en *BOE* n.º 54, de 3 de marzo de 2000), o la Resolución de 8 de enero de 1988, de la Dirección General de Recaudación (*BOE* n.º 21, de 25 de enero), atribuyen a determinados funcionarios el carácter de Agente de la Autoridad. A efectos penales, tales disposiciones tienen sólo carácter orientador, pero en ningún caso vinculante; pues como «Agente de la Autoridad» es característica típica de varios delitos del CP (v., por ejemplo, arts. 550 ss.) iría en contra del principio de legalidad (v. arts. 2.º y 10 CP y sus notas correspondientes) que una norma sin rango de Ley —y, desde la entrada en vigor de la Constitución, sin rango de Ley Orgánica— pudiese definir un elemento delictivo cuando no existe una remisión expresa del CP a disposiciones extrapenales para que éstas definan o complementen los requisitos de un hecho punible.

do tenga mando o ejerza jurisdicción propia. En todo caso, tendrán la consideración de autoridad los miembros del Congreso de los Diputados, del Senado, de las Asambleas Legislativas de las Comunidades Autónomas y del Parlamento Europeo. Tendrán también la consideración de autoridad los funcionarios del Ministerio Fiscal y los Fiscales de la Fiscalía Europea.

2. Se considerará funcionario público todo el que por disposición inmediata de la Ley o por elección o por nombramiento de autoridad competente participe en el ejercicio de funciones públicas.

Art. 25. A los efectos de este Código se entiende por discapacidad aquella situación en que se encuentra una persona con deficiencias físicas, mentales, intelectuales o sensoriales de carácter permanente que, al interactuar con diversas barreras, puedan limitar o impedir su participación plena y efectiva en la sociedad, en igualdad de condiciones con las demás.

Asimismo a los efectos de este Código, se entenderá por persona con discapacidad necesitada de especial protección a aquella persona con discapacidad que, tenga o no judicialmente modificada su capacidad de obrar, requiera de asistencia o apoyo para el ejercicio de su capacidad jurídica y para la toma de decisiones respecto de su persona, de sus derechos o intereses a causa de sus deficiencias intelectuales o mentales de carácter permanente.

Art. 26. A los efectos de este Código se considera documento todo soporte material que exprese o incorpore datos, hechos o narraciones con eficacia probatoria o cualquier otro tipo de relevancia jurídica.

Art. 25: Este artículo figura redactado conforme al texto de la LO 1/2015, de 30 de marzo (*BOE* n.º 77, de 31 de marzo).

V. arts. 148.3.º, 153, 155, 156, 185 a 188, 192, 197.5.º, 223, 224, 229 a 232 y Disps. Adics. 1.ª y 2.ª CP.

Art. 26: V. arts. 197, 278, 390 ss., 413 ss., 465, 534.1.2.º, 600 y 603 CP.

TÍTULO II

De las personas criminalmente responsables de los delitos*

Art. 27. Son responsables criminalmente de los delitos los autores y los cómplices.

Art. 28. Son autores quienes realizan el hecho por sí solos, conjuntamente o por medio de otro del que se sirven como instrumento.

También serán considerados autores:

a) Los que inducen directamente a otro u otros a ejecutarlo.

b) Los que cooperan a su ejecución con un acto sin el cual no se habría efectuado.

Art. 29. Son cómplices los que, no hallándose comprendidos en el artículo anterior, cooperan a la ejecución del hecho con actos anteriores o simultáneos.

Art. 30. 1. En los delitos que se cometan utilizando medios o soportes de difusión mecánicos no responderán criminalmente ni los cómplices ni quienes los hubieren favorecido personal o realmente.

2. Los autores a los que se refiere el artículo 28 responderán de forma escalonada, excluyente y subsidiaria de acuerdo con el siguiente orden:

1.º Los que realmente hayan redactado el texto o producido el signo de que se trate, y quienes les hayan inducido a realizarlo.

2.º Los directores de la publicación o programa en que se difunda.

---

* Esta rúbrica figura redactada conforme al texto de la LO 1/2015, de 30 de marzo (*BOE* n.º 77, de 31 de marzo).

Art. 27: Este artículo figura redactado conforme al texto de la LO 1/2015, de 30 de marzo (*BOE* n.º 77, de 31 de marzo).

V. la LO 16/2015, de 27 de octubre (*BOE* n.º 258, de 28 de octubre), sobre privilegios e inmunidades de los Estados extranjeros, las Organizaciones Internacionales con sede u oficina en España y las Conferencias y Reuniones internacionales celebradas en España.

Art. 28: V. arts. 61 y 62 CP.

Art. 28.a): V. art. 18.2 CP.

Art. 29: V. arts. 63 y 64 CP.

Art. 30.1: V. arts. 816 a 823 LECr; arts. 34 y 64 ss. de la Ley 14/1966, de 18 de marzo, de Prensa e Imprenta (*BOE* n.º 67, de 19 de marzo).

El apartado 1 figura redactado conforme al texto de la LO 1/2015, de 30 de marzo (*BOE* n.º 77, de 31 de marzo).

3.º Los directores de la empresa editora, emisora o difusora.

4.º Los directores de la empresa grabadora, reproductora o impresora.

3. Cuando por cualquier motivo distinto de la extinción de la responsabilidad penal, incluso la declaración de rebeldía o la residencia fuera de España, no pueda perseguirse a ninguna de las personas comprendidas en alguno de los números del apartado anterior, se dirigirá el procedimiento contra las mencionadas en el número inmediatamente posterior.

Art. 31. El que actúe como administrador de hecho o de derecho de una persona jurídica, o en nombre o representación legal o voluntaria de otro, responderá personalmente, aunque no concurran en él las condiciones, cualidades o relaciones que la correspondiente figura de delito requiera para poder ser sujeto activo del mismo, si tales circunstancias se dan en la entidad o persona en cuyo nombre o representación obre.

Art. 31 bis. 1. En los supuestos previstos en este Código, las personas jurídicas serán penalmente responsables:

a) De los delitos cometidos en nombre o por cuenta de las mismas, y en su beneficio directo o indirecto, por sus representantes legales o por aquellos que actuando individualmente o como integrantes de un órgano de la persona jurídica, están autorizados para tomar decisiones en nombre de la persona jurídica u ostentan facultades de organización y control dentro de la misma.

b) De los delitos cometidos, en el ejercicio de actividades sociales y por cuenta y en beneficio directo o indirecto de las mismas, por quienes, estando sometidos a la autoridad de las personas físicas mencionadas en el párrafo anterior, han podido realizar los hechos por haberse incumplido gravemente por aquéllos los deberes de supervisión, vigilancia y control de su

---

Art. 31: Este artículo figura redactado conforme al texto de la LO 1/2015, de 30 de marzo (*BOE* n.º 77, de 31 de marzo).

V. arts. 290 ss. y 318 CP y 7.º3.º de la Ley sobre Régimen Jurídico de Control de Cambios (Apéndice 2).

Art. 31 bis: Este artículo, incorporado por la LO 5/2010, de 22 de junio (*BOE* n.º 152, de 23 de junio), figura redactado conforme al texto de la LO 1/2015, de 30 de marzo (*BOE* n.º 77, de 31 de marzo).

V. Ley 37/2011, de 10 de octubre (*BOE* n.º 245, de 11 de octubre), de medidas de agilización procesal, que modifica la Ley de Enjuiciamiento Criminal para establecer el régimen procesal aplicable a las personas jurídicas.

actividad atendidas las concretas circunstancias del caso.

2. Si el delito fuere cometido por las personas indicadas en la letra *a*) del apartado anterior, la persona jurídica quedará exenta de responsabilidad si se cumplen las siguientes condiciones:

1.ª el órgano de administración ha adoptado y ejecutado con eficacia, antes de la comisión del delito, modelos de organización y gestión que incluyen las medidas de vigilancia y control idóneas para prevenir delitos de la misma naturaleza o para reducir de forma significativa el riesgo de su comisión;

2.ª la supervisión del funcionamiento y del cumplimiento del modelo de prevención implantado ha sido confiada a un órgano de la persona jurídica con poderes autónomos de iniciativa y de control o que tenga encomendada legalmente la función de supervisar la eficacia de los controles internos de la persona jurídica;

3.ª los autores individuales han cometido el delito eludiendo fraudulentamente los modelos de organización y de prevención y

4.ª no se ha producido una omisión o un ejercicio insuficiente de sus funciones de supervisión, vigilancia y control por parte del órgano al que se refiere la condición 2.ª

En los casos en los que las anteriores circunstancias solamente puedan ser objeto de acreditación parcial, esta circunstancia será valorada a los efectos de atenuación de la pena.

3. En las personas jurídicas de pequeñas dimensiones, las funciones de supervisión a que se refiere la condición 2.ª del apartado 2 podrán ser asumidas directamente por el órgano de administración. A estos efectos, son personas jurídicas de pequeñas dimensiones aquellas que, según la legislación aplicable, estén autorizadas a presentar cuenta de pérdidas y ganancias abreviada.

4. Si el delito fuera cometido por las personas indicadas en la letra *b*) del apartado 1, la persona jurídica quedará exenta de responsabilidad si, antes de la comisión del delito, ha adoptado y ejecutado eficazmente un modelo de organización y gestión que resulte adecuado para prevenir delitos de la naturaleza del que fue cometido o para reducir de forma significativa el riesgo de su comisión.

En este caso resultará igualmente aplicable la atenuación prevista en el párrafo segundo del apartado 2 de este artículo.

5. Los modelos de organización y gestión a que se refieren la condición 1.ª del apartado 2 y el apartado anterior deberán cumplir los siguientes requisitos:

1.º Identificarán las actividades en cuyo ámbito puedan ser cometidos los delitos que deben ser prevenidos.

2.º Establecerán los protocolos o procedimientos que concreten el proceso de formación de la voluntad de la persona jurídica, de adopción de decisiones y de ejecución de las mismas con relación a aquéllos.

3.º Dispondrán de modelos de gestión de los recursos financieros adecuados para impedir la comisión de los delitos que deben ser prevenidos.

4.º Impondrán la obligación de informar de posibles riesgos e incumplimientos al organismo encargado de vigilar el funcionamiento y observancia del modelo de prevención.

5.º Establecerán un sistema disciplinario que sancione adecuadamente el incumplimiento de las medidas que establezca el modelo.

6.º Realizarán una verificación periódica del modelo y de su eventual modificación cuando se pongan de manifiesto infracciones relevantes de sus disposiciones, o cuando se produzcan cambios en la organización, en la estructura de control o en la actividad desarrollada que los hagan necesarios.

Art. 31 ter. 1. La responsabilidad penal de las personas jurídicas será exigible siempre que se constate la comisión de un delito que haya tenido que cometerse por quien ostente los cargos o funciones aludidas en el artículo anterior, aun cuando la concreta persona física responsable no haya sido individualizada o no haya sido posible dirigir el procedimiento contra ella. Cuando como consecuencia de los mismos hechos se impusiere a ambas la pena de multa, los jueces o tribunales modularán las respectivas cuantías, de modo que la suma resultante no sea desproporcionada en relación con la gravedad de aquéllos.

2. La concurrencia, en las personas que materialmente hayan realizado los hechos o en las que los hubiesen hecho posibles por no haber ejercido el debido control, de circunstancias que afecten a la culpabilidad del acusado o agraven su responsabilidad, o el hecho de que dichas personas hayan fallecido o se hubieren sustraído a la acción de la justicia, no excluirá ni modificará la responsabilidad penal de las personas jurídicas, sin perjuicio de lo que se dispone en el artículo siguiente.

Art. 31 ter: Este artículo ha sido incorporado por la LO 1/2015, de 30 de marzo (*BOE* n.º 77, de 31 de marzo).

Art. 31 quáter. Sólo podrán considerarse circunstancias atenuantes de la responsabilidad penal de las personas jurídicas haber realizado, con posterioridad a la comisión del delito y a través de sus representantes legales, las siguientes actividades:

a) Haber procedido, antes de conocer que el procedimiento judicial se dirige contra ella, a confesar la infracción a las autoridades.

b) Haber colaborado en la investigación del hecho aportando pruebas, en cualquier momento del proceso, que fueran nuevas y decisivas para esclarecer las responsabilidades penales dimanantes de los hechos.

c) Haber procedido en cualquier momento del procedimiento y con anterioridad al juicio oral a reparar o disminuir el daño causado por el delito.

d) Haber establecido, antes del comienzo del juicio oral, medidas eficaces para prevenir y descubrir los delitos que en el futuro pudieran cometerse con los medios o bajo la cobertura de la persona jurídica.

Art. 31 quinquies. 1. Las disposiciones relativas a la responsabilidad penal de las personas jurídicas no serán aplicables al Estado, a las Administraciones públicas territoriales e institucionales, a los Organismos Reguladores, las Agencias y Entidades públicas Empresariales, a las organizaciones internacionales de derecho público, ni a aquellas otras que ejerzan potestades públicas de soberanía o administrativas.

2. En el caso de las Sociedades mercantiles públicas que ejecuten políticas públicas o presten servicios de interés económico general, solamente les podrán ser impuestas las penas previstas en las letras *a*) y *g*) del apartado 7 del artículo 33. Esta limitación no será aplicable cuando el juez o tribunal aprecie que se trata de una forma jurídica creada por sus promotores, fundadores, administradores o representantes con el propósito de eludir una eventual responsabilidad penal.

Art. 31 quáter: Este artículo ha sido incorporado por la LO 1/2015, de 30 de marzo (*BOE* n.º 77, de 31 de marzo).

Art. 31 quinquies: Este artículo ha sido incorporado por la LO 1/2015, de 30 de marzo (*BOE* n.º 77, de 31 de marzo).

TÍTULO III

De las penas*

CAPÍTULO PRIMERO

De las penas, sus clases y efectos

SECCIÓN 1.ª

*De las penas y sus clases***

Art. 32. Las penas que pueden imponerse con arreglo a este Código, bien con carácter principal bien como accesorias, son privativas de libertad, primativas de otros derechos y multa.

Art. 33. 1. En función de su naturaleza y duración, las penas se clasifican en graves, menos graves y leves.

2. Son penas graves:

a) La prisión permanente revisable.

b) La prisión superior a cinco años.

c) La inhabilitación absoluta.

d) Las inhabilitaciones especiales por tiempo superior a cinco años.

e) La suspensión de empleo o cargo público por tiempo superior a cinco años.

f) La privación del derecho a conducir vehículos a motor y ciclomotores por tiempo superior a ocho años.

g) La privación del derecho a la tenencia y porte de armas por tiempo superior a ocho años.

h) La privación del derecho a residir en determinados lugares o acudir a ellos, por tiempo superior a cinco años.

i) La prohibición de aproximarse a la víctima o a aquellos de sus familiares u otras perso-

---

* V. art. 25.2 CE: «Las penas privativas de libertad y las medidas de seguridad estarán orientadas hacia la reeducación y reinserción social y no podrán consistir en trabajos forzados. El condenado a pena de prisión que estuviere cumpliendo la misma gozará de los derechos fundamentales de este Capítulo a excepción de los que se vean expresamente limitados por el contenido del fallo condenatorio, el sentido de la pena y la ley penitenciaria. En todo caso, tendrá derecho a un trabajo remunerado y a los beneficios correspondientes de la Seguridad Social, así como al acceso a la cultura y al desarrollo integral de su personalidad.»

** V. arts. 24 ss. CPM y 5.º LPPNA. V. igualmente el Protocolo n.º 13 al Convenio para la protección de los Derechos Humanos y las Libertades Fundamentales, relativo a la abolición de la pena de muerte en todas las circunstancias, hecho en Vilna el 3 de mayo de 2002, y ratificado por España por Instrumento de 27 de noviembre de 2009 (*BOE* n.º 77, de 30 de marzo de 2010).

Art. 33: Los apartados 1, 5 y 6 figuran redactados conforme al texto de la LO 15/2003, de 25 de noviembre (*BOE* n.º 283, de 26 de noviembre; correcciones de

nas que determine el juez o tribunal, por tiempo superior a cinco años.

j) La prohibición de comunicarse con la víctima o con aquellos de sus familiares u otras personas que determine el juez o tribunal, por tiempo superior a cinco años.

k) La privación de la patria potestad.

3. Son penas menos graves:

a) La prisión de tres meses hasta cinco años.

b) Las inhabilitaciones especiales hasta cinco años.

c) La suspensión de empleo o cargo público hasta cinco años.

d) La privación del derecho a conducir vehículos a motor y ciclomotores de un año y un día a ocho años.

e) La privación del derecho a la tenencia y porte de armas de un año y un día a ocho años.

f) Inhabilitación especial para el ejercicio de profesión, oficio o comercio que tenga relación con los animales y para la tenencia de animales de un año y un día a cinco años.

g) La privación del derecho a residir en determinados lugares o acudir a ellos, por tiempo de seis meses a cinco años.

h) La prohibición de aproximarse a la víctima o a aquellos de sus familiares u otras personas que determine el juez o tribunal, por tiempo de seis meses a cinco años.

i) La prohibición de comunicarse con la víctima o con aquellos de sus familiares u otras personas que determine el juez o tribunal, por tiempo de seis meses a cinco años.

j) La multa de más de tres meses.

k) La multa proporcional, cualquiera que fuese su cuantía, salvo lo dispuesto en el apartado 7 de este artículo.

l) Los trabajos en beneficio de la comunidad de treinta y un días a un año.

4. Son penas leves:

a) La privación del derecho a conducir vehículos a motor y ciclomotores de tres meses a un año.

b) La privación del derecho a la tenencia y porte de armas de tres meses a un año.

c) Inhabilitación especial para el ejercicio de profesión, oficio o comercio que tenga relación con los animales y para la tenencia de animales de tres meses a un año.

d) La privación del derecho a residir en determinados luga-

---

errores en *BOE* n.º 65, de 16 de marzo, y n.º 80, de 2 de abril, ambos de 2004). El apartado 7 fue añadido por la LO 5/2010, de 22 de junio (*BOE* n.º 152, de 23 de junio), y los apartados 2, 3 y 4 figuran redactados conforme al texto de la LO 1/2015, de 30 de marzo (*BOE* n.º 77, de 31 de marzo).

res o acudir a ellos, por tiempo inferior a seis meses.

e) La prohibición de aproximarse a la víctima o a aquellos de sus familiares u otras personas que determine el juez o tribunal, por tiempo de un mes a menos de seis meses.

f) La prohibición de comunicarse con la víctima o con aquellos de sus familiares u otras personas que determine el juez o tribunal, por tiempo de un mes a menos de seis meses.

g) La multa de hasta tres meses.

h) La localización permanente de un día a tres meses.

i) Los trabajos en beneficio de la comunidad de uno a treinta días.

5. La responsabilidad personal subsidiaria por impago de multa tendrá naturaleza menos grave o leve, según la que corresponda a la pena que sustituya.

6. Las penas accesorias tendrán la duración que respectivamente tenga la pena principal, excepto lo que dispongan expresamente otros preceptos de este Código.

7. Las penas aplicables a las personas jurídicas, que tienen todas la consideración de graves, son las siguientes:

a) Multa por cuotas o proporcional.

b) Disolución de la persona jurídica. La disolución producirá la pérdida definitiva de su personalidad jurídica, así como la de su capacidad de actuar de cualquier modo en el tráfico jurídico, o llevar a cabo cualquier clase de actividad, aunque sea lícita.

c) Suspensión de sus actividades por un plazo que no podrá exceder de cinco años.

d) Clausura de sus locales y establecimientos por un plazo que no podrá exceder de cinco años.

e) Prohibición de realizar en el futuro las actividades en cuyo ejercicio se haya cometido, favorecido o encubierto el delito. Esta prohibición podrá ser temporal o definitiva. Si fuere temporal, el plazo no podrá exceder de quince años.

f) Inhabilitación para obtener subvenciones y ayudas públicas, para contratar con el sector público y para gozar de beneficios e incentivos fiscales o de la Seguridad Social, por un plazo que no podrá exceder de quince años.

g) Intervención judicial para salvaguardar los derechos de los trabajadores o de los acreedores por el tiempo que se estime necesario, que no podrá exceder de cinco años.

La intervención podrá afectar a la totalidad de la organización o limitarse a alguna de sus instalaciones, secciones o unidades de negocio. El Juez o Tribunal, en la sentencia o, posteriormente, mediante auto, determinará exactamente el contenido de la intervención y determinará quién se hará cargo de la intervención y en qué plazos deberá realizar informes de seguimiento para el órgano judicial. La intervención se podrá modificar o suspender en todo momento previo informe del interventor y del Ministerio Fiscal. El interventor tendrá derecho a acceder a todas las instalaciones y locales de la empresa o persona jurídica y a recibir cuanta información estime necesaria para el ejercicio de sus funciones. Reglamentariamente se determinarán los aspectos relacionados con el ejercicio de la función de interventor, como la retribución o la cualificación necesaria.

La clausura temporal de los locales o establecimientos, la suspensión de las actividades sociales y la intervención judicial podrán ser acordadas también por el Juez Instructor como medida cautelar durante la instrucción de la causa.

Art. 34. No se reputarán penas:

1. La detención y prisión preventiva y las demás medidas cautelares de naturaleza penal.
2. Las multas y demás correcciones que, en uso de atribuciones gubernativas o disciplinarias, se impongan a los subordinados o administrados.
3. Las privaciones de derechos y las sanciones reparadoras que establezcan las leyes civiles o administrativas.

SECCIÓN 2.ª

De las penas privativas de libertad

Art. 35. Son penas privativas de libertad la prisión permanente revisable, la prisión, la localización permanente y la responsabilidad personal subsidiaria por impago de multa. Su cumplimiento, así como los beneficios penitenciarios que supongan acortamiento de la condena, se ajustarán a lo dispuesto en las leyes y en este Código.

Art. 34.1: V. arts. 489 ss., 502 ss., 529 bis y 785.8.º*c*) LECr.

Art. 34.2: V. LPACAP; y RD 1.398/1993, de 4 de agosto, por el que se aprueba el Reglamento del Procedimiento para el ejercicio de la potestad sancionadora de las Administraciones Públicas (*BOE* n.º 189, de 9 de agosto).

Art. 35: Este artículo figura redactado conforme al texto de la LO 1/2015, de 30 de marzo (*BOE* n.º 77, de 31 de marzo).

V. arts. 33, 36, 37 y 53 CP.

Art. 36. 1. La pena de prisión permanente será revisada de conformidad con lo dispuesto en el artículo 92.

La clasificación del condenado en el tercer grado deberá ser autorizada por el tribunal previo pronóstico individualizado y favorable de reinserción social, oídos el Ministerio Fiscal e Instituciones Penitenciarias, y no podrá efectuarse:

a) Hasta el cumplimiento de veinte años de prisión efectiva, en el caso de que el penado lo hubiera sido por un delito del capítulo VII del Título XXII del Libro II de este Código.

b) Hasta el cumplimiento de quince años de prisión efectiva, en el resto de los casos.

En estos supuestos, el penado no podrá disfrutar de permisos de salida hasta que haya cumplido un mínimo de doce años de prisión, en el caso previsto en la letra *a*), y ocho años de prisión, en el previsto en la letra *b*).

2. La pena de prisión tendrá una duración mínima de tres meses y máxima de veinte años, salvo lo que excepcionalmente dispongan otros preceptos del presente Código.

Cuando la duración de la pena de prisión impuesta sea superior a cinco años, el juez o tribunal podrá ordenar que la clasificación del condenado en el tercer grado de tratamiento penitenciario no se efectúe hasta el cumplimiento de la mitad de la pena impuesta.

En cualquier caso, cuando la duración de la pena de prisión impuesta sea superior a cinco años y se trate de los delitos enumerados a continuación, la clasificación del condenado en el tercer grado de tratamiento penitenciario no podrá efectuarse hasta el cumplimiento de la mitad de la misma:

a) Delitos referentes a organizaciones y grupos terroristas y delitos de terrorismo del capítulo VII del Título XXII del Libro II de este Código.

b) Delitos cometidos en el seno de una organización o grupo criminal.

c) Delitos del artículo 183.

d) Delitos del capítulo V del Título VIII del Libro II de este Código, cuando la víctima sea menor de trece años.

El juez de vigilancia, previo pronóstico individualizado y favorable de reinserción social y valorando, en su caso, las circunstancias personales del reo y la evolución del tratamiento reeducador, podrá acordar razonadamente, oídos el Ministerio Fiscal, Instituciones Penitencia-

---

Art. 36: Este artículo figura redactado conforme al texto de la LO 1/2015, de 30 de marzo (*BOE* n.º 77, de 31 de marzo).

rias y las demás partes, la aplicación del régimen general de cumplimiento, salvo en los supuestos contenidos en el párrafo anterior.

3. En todo caso, el tribunal o el juez de vigilancia penitenciaria, según corresponda, podrá acordar, previo informe del Ministerio Fiscal, Instituciones Penitenciarias y las demás partes, la progresión a tercer grado por motivos humanitarios y de dignidad personal de penados enfermos muy graves con padecimientos incurables y de los septuagenarios valorando, especialmente su escasa peligrosidad.

Art. 37. 1. La localización permanente tendrá una dura-

Art. 37: Este artículo figura redactado conforme al texto de la LO 15/2003, de 25 de noviembre (*BOE* n.º 283, de 26 de noviembre; corrección de errores en *BOE* n.º 65, de 16 de marzo, y n.º 80, de 2 de abril, ambos de 2004). Su apartado 1 fue modificado y el 4 añadido por la LO 5/2010, de 22 de junio (*BOE* n.º 152, de 23 de junio). V. arts. 88 CP, 8.º LOGP y 163 RP.

Los arts. 2.2, 12 y 13 del RD 840/2011, de 17 de junio (*BOE* n.º 145, de 18 de junio), por el que se establecen las circunstancias de ejecución de las penas de trabajos en beneficio de la comunidad y de localización permanente en centro penitenciario, de determinadas medidas de seguridad, así como de la suspensión de la ejecución de las penas privativas de libertad y sustitución de penas, establecen lo siguiente:

«*Art. 2.º Definiciones.*—A los efectos de este Real Decreto, se entenderá por:

»[...]

»2. Localización permanente: La localización permanente tendrá una duración de hasta seis meses. Su cumplimiento obliga al penado a permanecer en su domicilio o en un lugar determinado fijado por el juez en la sentencia, o posteriormente en auto motivado.

»No obstante, en los casos en los que la localización permanente esté prevista como pena principal, atendiendo a la reiteración en la comisión de la infracción y siempre que así lo disponga expresamente el concreto precepto aplicable, el Juez podrá acordar en sentencia que la pena de localización permanente se cumpla los sábados, domingos y días festivos en el centro penitenciario más próximo al domicilio del penado.

»[...]

»CAPÍTULO III: DEL CUMPLIMIENTO DE LA PENA DE LOCALIZACIÓN PERMANENTE EN CENTRO PENITENCIARIO.

»*Art. 12. Competencia de la Administración penitenciaria.*—La Administración penitenciaria será competente para la ejecución de la pena de localización permanente en los casos en los que haya recaído resolución judicial que acuerde que el lugar de cumplimiento sea un establecimiento penitenciario.

»*Art. 13. Lugar, horario y modo de cumplimiento.*—1. Cuando conforme a lo establecido en el artículo 37.1 del Código Penal así se disponga por la autoridad judicial, la pena de localización permanente se cumplirá los sábados, domingos y días festivos en el establecimiento penitenciario más próximo al domicilio del penado. En el caso de que existan varios establecimientos penitenciarios en la misma localidad, el lugar de cumplimiento se determinará por la Administración penitenciaria.

»2. Recibida la resolución o mandamiento judicial que determine el cumplimiento de la pena de localización permanente en establecimiento penitenciario, así como los particulares necesarios, por el establecimiento penitenciario se definirá el plan de

ción de hasta seis meses. Su cumplimiento obliga al penado a permanecer en su domicilio o en lugar determinado fijado por el Juez en sentencia o posteriormente en auto motivado.

No obstante, en los casos en los que la localización permanente esté prevista como pena principal, atendiendo a la reiteración en la comisión de la infracción y siempre que así lo disponga expresamente el concreto precepto aplicable, el juez podrá acordar en sentencia que la pena de localización permanente se cumpla los sábados, domingos y días festivos en el centro penitenciario más próximo al domicilio del penado.

2. Si el reo lo solicitare y las circunstancias lo aconseja-

---

ejecución y será comunicado al órgano jurisdiccional competente para la ejecución, sin perjuicio de su inmediata ejecutividad. Se entregará una copla del mismo al penado, que firmará la notificación.

»3. No obstante, en el caso de que el penado acredite fehacientemente que se opone al plan de ejecución, se informará al órgano jurisdiccional competente para la ejecución de tal hecho, a los efectos que considere oportunos.

»4. El ingreso tendrá lugar el sábado o día festivo inmediatamente anterior entre las 9 y las 10 horas y la permanencia será ininterrumpida hasta las 21 horas del domingo o, en su caso, del día festivo inmediatamente posterior. Este mismo horario se observará en el supuesto de día festivo no enlazado.

»No se admitirá al penado que se presente una vez transcurrido el horario de ingreso, o bien dentro de ese horario evidenciando un estado psico-físico incompatible con el normal cumplimiento de la pena, o concurriendo circunstancias que notoriamente obstaculicen el mismo. De estos hechos se levantará acta en la que se indicará expresamente la hora en la que se ha presentado y las razones alegadas por el penado para justificar el retraso, así como las circunstancias concurrentes, en su caso, remitiéndose al órgano jurisdiccional competente para la ejecución.

»5. El penado cumplirá la pena de localización permanente en la celda que se le asigne. Se procurará que disfrute de un mínimo de 4 horas diarias fuera de la misma.

»El penado tendrá derecho a disponer, a su costa, de un pequeño reproductor de música o radio en su celda, así como de libros, prensa y revistas impresas de pública circulación, y no podrá recibir comunicaciones, visitas ni paquetes.

»6. El penado deberá respetar las normas de régimen interior, mantener en buen estado su celda, efectuando las labores de limpieza y aseo de la misma antes de desalojarla, adoptar las medidas de higiene personal que se le indiquen, mantener un buen comportamiento y acatar las instrucciones y órdenes que reciba.

»7. La tenencia de ropa y demás efectos personales en el interior de la celda quedará limitada a la que sea normal para su uso durante el tiempo de permanencia en el Centro, debiendo ser objeto de determinación en las normas de régimen interior.

»8. El penado estará sometido al régimen general del establecimiento, en cuanto resulte de aplicación a la naturaleza de esta pena y su forma de ejecución.

»9. Cumplida la pena, el establecimiento penitenciario remitirá un informe final al órgano jurisdiccional competente para la ejecución.

»10. En defecto de lo establecido en los apartados anteriores se aplicarán los preceptos de la Ley Orgánica General Penitenciaria y de su Reglamento de desarrollo, en cuanto no se opongan a la naturaleza de la pena ni a sus condiciones de cumplimiento.»

ren, oído el ministerio fiscal, el juez o tribunal sentenciador podrá acordar que la condena se cumpla durante los sábados y domingos o de forma no continuada.

3. Si el condenado incumpliera la pena, el juez o tribunal sentenciador deducirá testimonio para proceder de conformidad con lo que dispone el artículo 468.

4. Para garantizar el cumplimiento efectivo, el juez o tribunal podrá acordar la utilización de medios mecánicos o electrónicos que permitan la localización del reo.

Art. 38. 1. Cuando el reo estuviere preso, la duración de las penas empezará a computarse desde el día en que la sentencia condenatoria haya quedado firme.

2. Cuando el reo no estuviere preso, la duración de las penas empezará a contarse desde que ingrese en el establecimiento adecuado para su cumplimiento.

SECCIÓN 3.ª

De las penas privativas de derechos

Art. 39. Son penas privativas de derechos:

a) La inhabilitación absoluta.

b) Las de inhabilitación especial para empleo o cargo público, profesión, oficio, industria o comercio, u otras actividades, sean o no retribuidas, o de los derechos de patria potestad, tutela, guarda o curatela, tenencia de animales, derecho de sufragio pasivo o de cualquier otro derecho.

c) La suspensión de empleo o cargo público.

d) La privación del derecho a conducir vehículos a motor y ciclomotores.

e) La privación del derecho a la tenencia y porte de armas.

f) La privación del derecho a residir en determinados lugares o acudir a ellos.

g) La prohibición de aproximarse a la víctima o a aque-

Art. 39: Este artículo figura redactado conforme al texto de la LO 1/2015, de 30 de marzo (*BOE* n.º 77, de 31 de marzo), excepto su apartado *b*), que lo ha sido por LO 8/2021, de 4 de junio (*BOE* n.º 134, de 5 de junio), de protección integral a la infancia y la adolescencia frente a la violencia. La redacción vigente hasta entonces era la siguiente:

> *b*) Las de inhabilitación especial para empleo o cargo público, profesión, oficio, industria o comercio, u otras actividades determinadas en este Código, o de los derechos de patria potestad, tutela, guarda o curatela, tenencia de animales, derecho de sufragio pasivo o de cualquier otro derecho.

llos de sus familiares u otras personas que determine el juez o el tribunal.

h) La prohibición de comunicarse con la víctima o con aquellos de sus familiares u otras personas que determine el juez o tribunal.

i) Los trabajos en beneficio de la comunidad.

j) La privación de la patria potestad.

Art. 40. 1. La pena de inhabilitación absoluta tendrá una duración de seis a veinte años; las de inhabilitación especial, de tres meses a veinte años, y la de suspensión de empleo o cargo público, de tres meses a seis años.

2. La pena de privación del derecho a conducir vehículos a motor y ciclomotores, y la de privación del derecho a la tenencia y porte de armas, tendrán una duración de tres meses a diez años.

3. La pena de privación del derecho a residir en determinados lugares o acudir a ellos tendrá una duración de hasta diez años. La prohibición de aproximarse a la víctima o a aquellos de sus familiares u otras personas, o de comunicarse con ellas, tendrá una duración de un mes a diez años.

4. La pena de trabajos en beneficio de la comunidad tendrá una duración de un día a un año.

5. La duración de cada una de estas penas será la prevista en los apartados anteriores, salvo lo que excepcionalmente dispongan otros preceptos de este Código.

Art. 41. La pena de inhabilitación absoluta produce la privación definitiva de todos los honores, empleos y cargos públicos que tenga el penado, aunque sean electivos. Produce, además, la incapacidad para obtener los mismos o cualesquiera otros honores, cargos o empleos públicos, y la de ser elegido para cargo público, durante el tiempo de la condena.

Art. 42. La pena de inhabilitación especial para empleo o

Art. 40: Este artículo figura redactado conforme al texto de la LO 15/2003, de 25 de noviembre (*BOE* n.º 283, de 26 de noviembre; corrección de errores en *BOE* n.º 65, de 16 de marzo, y n.º 80, de 2 de abril, ambos de 2004).

Art. 41: V. RD 2.669/1998, de 11 de diciembre, por el que se aprueba el procedimiento a seguir en materia de rehabilitación de los funcionarios públicos en el ámbito de la Administración General del Estado (*BOE* n.º 307, de 24 de diciembre).

Art. 42: Este artículo figura redactado conforme al texto de la LO 15/2003, de 25 de noviembre (*BOE* n.º 283, de 26 de noviembre; corrección de errores en *BOE* n.º 65, de 16 de marzo, y n.º 80, de 2 de abril, ambos de 2004).

cargo público produce la privación definitiva del empleo o cargo sobre el que recayere, aunque sea electivo, y de los honores que le sean anejos. Produce, además, la incapacidad para obtener el mismo u otros análogos, durante el tiempo de la condena. En la sentencia habrán de especificarse los empleos, cargos y honores sobre los que recae la inhabilitación.

Art. 43. La suspensión de empleo o cargo público priva de su ejercicio al penado durante el tiempo de la condena.

Art. 44. La inhabilitación especial para el derecho de sufragio pasivo priva al penado, durante el tiempo de la condena, del derecho a ser elegido para cargos públicos.

Art. 45. La inhabilitación especial para profesión, oficio, industria o comercio u otras actividades, sean o no retribuidas, o cualquier otro derecho, que ha de concretarse expresa y motivadamente en la sentencia, priva a la persona penada de la facultad de ejercerlos durante el tiempo de la condena. La autoridad judicial podrá restringir la inhabilitación a determinadas actividades o funciones de la profesión u oficio, retribuido o no, permitiendo, si ello fuera posible, el ejercicio de aquellas funciones no directamente relacionadas con el delito cometido.

Art. 46. La inhabilitación especial para el ejercicio de la patria potestad, tutela, curatela, guarda o acogimiento, priva a la persona condenada de los derechos inherentes a la primera, y supone la extinción de las demás, así como la incapacidad para obtener nombramiento para dichos cargos durante el tiempo de la condena. La pena de privación de la patria potes-

---

Art. 44: V. arts. 37 y 137 Ley Orgánica del Régimen Electoral General (Apéndice 6); RD 435/1992, de 30 de abril, sobre comunicación al Registro Central de Penados y Rebeldes y a la Oficina del Censo Electoral de las condenas que lleven aparejadas privación del derecho de sufragio (*BOE* n.º 111, de 8 de mayo).

Art. 45: Este artículo figura redactado conforme al texto de la LO 8/2021, de 4 de junio (*BOE* n.º 134, de 5 de junio), de protección integral a la infancia y la adolescencia frente a la violencia. La redacción vigente hasta entonces era la siguiente:

> *Art. 45.* La inhabilitación especial para profesión, oficio, industria o comercio o cualquier otro derecho, que ha de concretarse expresa y motivadamente en la sentencia, priva al penado de la facultad de ejercerlos durante el tiempo de la condena.

Art. 46: Este artículo figura redactado conforme al texto de la LO 8/2021, de 4 de junio (*BOE* n.º 134, de 5 de junio), de protección integral a la infancia y la adolescencia frente a la violencia. La redacción vigente hasta entonces era la siguiente:

tad implica la pérdida de la titularidad de la misma, subsistiendo aquellos derechos de los que sea titular el hijo o la hija respecto de la persona condenada que se determinen judicialmente. La autoridad judicial podrá acordar estas penas respecto de todas o algunas de las personas menores de edad o personas con discapacidad necesitadas de especial protección que estén a cargo de la persona condenada.

Para concretar qué derechos de las personas menores de edad o personas con discapacidad han de subsistir en caso de privación de la patria potestad y para determinar respecto de qué personas se acuerda la pena, la autoridad judicial valorará el interés superior de la persona menor de edad o con discapacidad, en relación a las circunstancias del caso concreto.

A los efectos de este artículo, la patria potestad comprende tanto la regulada en el Código Civil, incluida la prorrogada y la rehabilitada, como las instituciones análogas previstas en la legislación civil de las comunidades autónomas.

Art. 47. La imposición de la pena de privación del derecho a conducir vehículos a motor y ciclomotores inhabilitará al penado para el ejercicio de ambos derechos durante el tiempo fijado en la sentencia.

La imposición de la pena de privación del derecho a la tenencia y porte de armas inhabilitará al penado para el ejercicio

---

Art. 46. La inhabilitación especial para el ejercicio de la patria potestad, tutela, curatela, guarda o acogimiento, priva al penado de los derechos inherentes a la primera, y supone la extinción de las demás, así como la incapacidad para obtener nombramiento para dichos cargos durante el tiempo de la condena. La pena de privación de la patria potestad implica la pérdida de la titularidad de la misma, subsistiendo derechos de los que sea titular el hijo respecto del penado. El Juez o Tribunal podrá acordar estas penas respecto de todos o alguno de los menores o personas con discapacidad necesitadas de especial protección que estén a cargo del penado en atención a las circunstancias del caso.

A los efectos de este artículo, la patria potestad comprende tanto la regulada en el Código Civil, incluida la prorrogada, como las instituciones análogas previstas en la legislación civil de las Comunidades Autónomas.

V. arts. 94, 154 ss., 172 ss., 215 ss., 286 ss. y 303 ss. CC y 18 ss. de la LO 1/1996, de 15 de enero (*BOE* n.º 15, de 17 de enero), de protección jurídica del menor, modificada por Ley 26/2015, de 28 de julio (*BOE* n.º 180, de 29 de julio; corrección de errores en *BOE* n.º 285, de 28 de noviembre).

Art. 47: El último párrafo de este artículo fue añadido por LO 15/2007, de 30 de noviembre (*BOE* n.º 288, de 1 de diciembre), cuya Exposición de Motivos se reproduce en nota a la rúbrica del Capítulo IV del Título XVII del Libro II del presente Código.

de este derecho por el tiempo fijado en la sentencia.

Cuando la pena impuesta lo fuere por un tiempo superior a dos años comportará la pérdida de vigencia del permiso o licencia que habilite para la conducción o la tenencia y porte, respectivamente.

Art. 48. 1. La privación del derecho a residir en determinados lugares o acudir a ellos impide al penado residir o acudir al lugar en que haya cometido el delito, o a aquel en que resida la víctima o su familia, si fueren distintos. En los casos en que exista declarada una discapacidad intelectual o una discapacidad que tenga su origen en un trastorno mental, se estudiará el caso concreto a fin de resolver teniendo presentes los bienes jurídicos a proteger y el interés superior de la persona con discapacidad que, en su caso, habrá de contar con los medios de acompañamiento y apoyo precisos para el cumplimiento de la medida.

2. La prohibición de aproximarse a la víctima, o a aquellos de sus familiares u otras personas que determine el juez o tribunal, impide al penado acercarse a ellos, en cualquier lugar donde se encuentren, así como acercarse a su domicilio, a sus lugares de trabajo y a cualquier otro que sea frecuentado por ellos, quedando en suspenso, respecto de los hijos, el régimen de visitas, comunicación y estancia que, en su caso, se hubiere reconocido en sentencia civil hasta el total cumplimiento de esta pena.

3. La prohibición de comunicarse con la víctima, o con aquellos de sus familiares u otras personas que determine el juez o tribunal, impide al penado establecer con ellas, por cualquier medio de comunicación o medio informático o telemático, contacto escrito, verbal o visual.

4. El juez o tribunal podrá acordar que el control de estas medidas se realice a través de aquellos medios electrónicos que lo permitan.

Art. 49. Los trabajos en beneficio de la comunidad, que no podrán imponerse sin el consen-

---

Art. 48: Este artículo figura redactado conforme al texto de la LO 15/2003, de 25 de noviembre (*BOE* n.º 283, de 26 de noviembre; corrección de errores en *BOE* n.º 65, de 16 de marzo, y n.º 80, de 2 de abril, ambos de 2004), salvo su apartado 1, que figura redactado conforme al texto de la LO 1/2015, de 30 de marzo (*BOE* n.º 77, de 31 de marzo).

Art. 49: Este artículo figura redactado conforme al texto de la LO 15/2003, de 25 de noviembre (*BOE* n.º 283, de 26 de noviembre; corrección de errores en *BOE* n.º 65, de 16 de marzo, y n.º 80, de 2 de abril, ambos de 2004), salvo su párrafo introductorio [que lo ha sido por LO 8/2021, de 4 de junio (*BOE* n.º 134, de 5 de junio), de protección integral a la infancia y la adolescencia frente a la violencia] y el 1.º [que lo fue conforme al texto de la LO 5/2010, de 22 de junio (*BOE* n.º 152, de 23 de junio)]. Antes de la reforma de 2021, el párrafo introductorio de este artículo decía:

> Los trabajos en beneficio de la comunidad, que no podrán imponerse sin el consentimiento del penado, le obligan a prestar su cooperación no retribuida en determinadas actividades de utilidad pública, que podrán consistir, en relación con delitos de similar naturaleza al cometido por el penado, en labores de reparación de los daños causados o de apoyo o asistencia a las víctimas, así como en la participación del penado en talleres o programas formativos o de reeducación, laborales, culturales, de educación vial, sexual, y otros similares. Su duración diaria no podrá exceder de ocho horas y sus condiciones serán las siguientes:

V. arts. 3.º y 26 ss. LOGP y 4.º y 132 ss. RP. Los arts. 2.1 y 3 a 11 del RD 840/2011, de 17 de junio (*BOE* n.º 145, de 18 de junio), por el que se establecen las circunstancias de ejecución de las penas de trabajo en beneficio de la comunidad y de localización permanente en centro penitenciario, de determinadas medidas de seguridad, así como de la suspensión de la ejecución de las penas privativas de libertad y sustitución de penas, establecen lo siguiente:

«*Art. 2.º Definiciones.*—A los efectos de este Real Decreto, se entenderá por:

»1. Trabajos en beneficio de la comunidad, que no podrán imponerse sin el consentimiento del penado, le obligan a prestar su cooperación no retribuida en determinadas actividades de utilidad pública, que podrán consistir, en relación con delitos de similar naturaleza al cometido por el penado, en labores de reparación de los daños causados o de apoyo o asistencia a las víctimas, así como en la participación del penado en talleres o programas formativos o de reeducación, laborales, culturales, de educación vial, sexual y otros similares.

»[...]

»CAPÍTULO II: DEL CUMPLIMIENTO DE LA PENA DE TRABAJOS EN BENEFICIO DE LA COMUNIDAD.

»*Art. 3.º Comunicación de la resolución judicial.*—Recibida la resolución o mandamiento judicial que determine las condiciones de cumplimiento de la pena de trabajos en beneficio de la comunidad, así como los particulares necesarios, los servicios de gestión de penas y medidas alternativas del lugar donde el penado tenga fijada su residencia realizarán las actuaciones necesarias para hacer efectivo el cumplimiento de la pena.

»*Art. 4.º Determinación de los puestos de trabajo.*—1. El trabajo en beneficio de la comunidad será facilitado por la Administración estatal, autonómica o local. A tal fin, podrán establecer los oportunos convenios entre sí o con entidades públicas o privadas que desarrollen actividades de utilidad pública, debiendo remitir mensualmente a la Administración penitenciaria la relación de plazas disponibles en su territorio.

»2. La Administración penitenciaria supervisará sus actuaciones y les prestará el apoyo y asistencia necesarios para su eficaz desarrollo.

»3. El penado podrá proponer un trabajo concreto, que será valorado por la Administración penitenciaria para

la verificación del cumplimiento de los requisitos establecidos en el Código Penal y en este real decreto, poniéndose en conocimiento del Juez de Vigilancia Penitenciaria.

»*Art. 5.º Valoración y selección del trabajo.*—1. Los servicios de gestión de penas y medidas alternativas, una vez recibidos el mandamiento u orden judicial de ejecución y los particulares necesarios, realizarán la valoración del caso para determinar la actividad más adecuada, informando al penado de las distintas plazas existentes, con indicación expresa de su cometido y del horario en que debería realizarlo; asimismo, se escuchará la propuesta que el penado realice.

»Cuando las circunstancias o características vinculadas a la persona condenada, o derivadas de su etiología delictiva, así lo aconsejen, los profesionales de los servicios de gestión de penas y medidas alternativas ofertarán al penado que la pena de trabajo en beneficio de la comunidad se cumpla con su participación en talleres o programas formativos o de reeducación, laborales, culturales, de educación vial, sexual y otros similares, de los que la Administración Penitenciaria venga desarrollando como parte de las políticas públicas de esta naturaleza, o que cuenten con su aprobación si el cumplimiento mediante esta modalidad se realizara en un ámbito o institución no penitenciaria.

»2. Al citar al penado, los servicios de gestión de penas y medidas alternativas le advertirán de las consecuencias de su no comparecencia. En los supuestos de incomparecencia no justificada remitirán los testimonios oportunos la órgano jurisdiccional competente para la ejecución.

»3. Realizada la valoración, se elaborará el plan de ejecución dándose traslado al Juzgado de Vigilancia Penitenciaria para su control, sin perjuicio de su inmediata ejecutividad.

»No obstante, en el caso de que el penado acredite fehacientemente que se opone al cumplimiento del plan de ejecución, se informará al Juez de Vigilancia Penitenciaria de tal hecho, a los efectos que considere oportunos.

»*Art. 6.º Jornada y horario*—1. Cada jornada tendrá una duración máxima de ocho horas diarias. Para determinar la duración y el plazo en el que deberán cumplirse las jornadas, se valorarán las cargas personales o familiares del penado, así como sus circunstancias laborales y, en el caso de programas o talleres, la naturaleza de los mismos.

»2. La ejecución de esta pena estará regida por un principio de flexibilidad para compatibilizar, en la medida de lo posible, el normal desarrollo de las actividades diarias del penado con el cumplimiento de la pena impuesta. A tal efecto, cuando concurra causa justificada, se podrá contemplar el cumplimiento de la pena de forma partida, en el mismo o en diferentes días.

»*Art. 7.º Seguimiento y control.*—1. Durante el cumplimiento de la condena, el penado deberá seguir las instrucciones que reciba del Juez de Vigilancia Penitenciaria, de los servicios de gestión de penas y medidas alternativas, así como las directrices de la entidad para la que preste el trabajo.

»2. La Administración pública o entidad privada que desarrolle actividades de utilidad pública y que haya facilitado el trabajo al penado, informará periódicamente a los servicios de gestión de penas y medidas alternativas de la actividad que va siendo desarrollada por el penado y de las incidencias relevantes durante el desarrollo del plan de ejecución, así como de la finalidad del mismo.

»*Art. 8.º Incidencias durante el cumplimiento.*—Efectuadas las verificaciones necesarias, los servicios de gestión de penas y medidas alternativas comunicarán al Juez de Vigilancia Penitenciaria las incidencias relevantes de la ejecución de la pena, a los efectos y en los términos previstos en el artículo 49.6.ª y 7.ª del Código Penal.

»*Art. 9.º Informe final.*—Una vez cumplido el plan de ejecución, los servicios de gestión de penas y medidas alternativas informarán de tal extremo al Juez de Vigilancia Penitenciaria y al órgano jurisdiccional competente para la ejecución, a los efectos oportunos.

»*Art. 10. Información general y particular.*—1. La Administración Penitenciaria facilitará, con carácter general a las autoridades judiciales y fiscales y a los colegios de abogados, cuando así se reclamen por éstas, información relativa a esta pena, su forma de ejecución y trabajo disponible.

»2. Esta información también se transmitirá a todas aquellas personas, previa solicitud de éstas, que se encuentren en situación procesal susceptible de que se les aplique esta pena, así como a sus letrados.

timiento de la persona condenada, le obligan a prestar su cooperación no retribuida en determinadas actividades de utilidad pública, que podrán consistir, en relación con delitos de similar naturaleza al cometido por la persona condenada, en labores de reparación de los daños causados o de apoyo o asistencia a las víctimas, así como en la participación de la persona condenada en talleres o programas formativos de reeducación, laborales, culturales, de educación vial, sexual, resolución pacífica de conflictos, parentalidad positiva y otros similares. Su duración diaria no podrá exceder de ocho horas y sus condiciones serán las siguientes:

1.ª La ejecución se desarrollará bajo el control del Juez de Vigilancia Penitenciaria, que, a tal efecto, requerirá los informes sobre el desempeño del trabajo a la Administración, entidad pública o asociación de interés general en que se presten los servicios.

2.ª No atentará a la dignidad del penado.

3.ª El trabajo en beneficio de la comunidad será facilitado por la Administración, la cual podrá establecer los convenios oportunos a tal fin.

4.ª Gozará de la protección dispensada a los penados por la legislación penitenciaria en materia de Seguridad Social.

5.ª No se supeditará al logro de intereses económicos.

6.ª Los servicios sociales penitenciarios, hechas las verificaciones necesarias, comunicarán al Juez de Vigilancia Penitenciaria las incidencias relevantes de la ejecución de la pena y, en todo caso, si el penado:

a) Se ausenta del trabajo durante al menos dos jornadas laborales, siempre que ello suponga un rechazo voluntario por su parte al cumplimiento de la pena.

b) A pesar de los requerimientos del responsable del centro de trabajo, su rendimiento fuera sensiblemente inferior al mínimo exigible.

c) Se opusiera o incumpliera de forma reiterada y manifiesta las instrucciones que se le

---

»*Art. 11. Seguridad Social y prevención de riesgos laborales.*—1. Los penados a trabajos en beneficio de la comunidad que se encuentren cumpliéndola, únicamente estarán incluidos en la acción protectora del Régimen General de la Seguridad Social a efectos de las contingencias de accidentes de trabajo y enfermedades profesionales por los días de prestación efectiva de dicho trabajo, salvo que realicen el cumplimiento de esta pena mediante su participación en talleres o programas formativos o de reeducación, laborales, culturales, de educación vial, sexual y otros similares, en cuyo caso estarán excluidos de la citada acción protectora.

»2. En las mismas condiciones previstas en el apartado anterior, estarán protegidos por la normativa laboral en materia de prevención de riesgos laborales.»

dieren por el responsable de la ocupación referidas al desarrollo de la misma.

d) Por cualquier otra razón, su conducta fuere tal que el responsable del trabajo se negase a seguir manteniéndolo en el centro.

Una vez valorado el informe, el Juez de Vigilancia Penitenciaria podrá acordar su ejecución en el mismo centro, enviar al penado para que finalice la ejecución de la misma en otro centro o entender que el penado ha incumplido la pena.

En caso de incumplimiento, se deducirá testimonio para proceder de conformidad con el artículo 468.

7.ª Si el penado faltara del trabajo por causa justificada no se entenderá como abandono de la actividad. No obstante, el trabajo perdido no se le computará en la liquidación de la condena, en la que se deberán hacer constar los días o jornadas que efectivamente hubiese trabajado del total que se le hubiera impuesto.

SECCIÓN 4.ª

*De la pena de multa**

Art. 50. 1. La pena de multa consistirá en la imposición al condenado de una sanción pecuniaria.

2. La pena de multa se impondrá, salvo que la Ley disponga otra cosa, por el sistema de días-multa.

3. Su extensión mínima será de diez días y la máxima de dos años. Las penas de multa imponibles a personas jurídicas tendrán una extensión máxima de cinco años.

4. La cuota diaria tendrá un mínimo de dos y un máximo de 400 euros, excepto en el caso de las multas imponibles a las personas jurídicas, en las que la cuota diaria tendrá un mínimo de 30 y un máximo de 5.000 euros. A efectos de cómputo, cuando se fije la duración por meses o por años, se entenderá que los meses son de treinta días y los años de trescientos sesenta.

---

* V. Ley 23/2014, de 20 de noviembre (*BOE* n.º 282, de 21 de noviembre), de reconocimiento mutuo de resoluciones penales en la Unión Europea (Apéndice 5 de este Código), y LO 2/2008, de 4 de diciembre, de modificación de la LO 6/1985, de 1 de julio, del Poder Judicial, complementaria de la Ley para la ejecución en la Unión Europea de Resoluciones que impongan sanciones pecuniarias (*BOE* n.º 294, de 6 de diciembre).

Art. 50: Este artículo figura redactado conforme al texto de la LO 15/2003, de 25 de noviembre (*BOE* n.º 283, de 26 de noviembre; corrección de errores en *BOE* n.º 65, de 16 de marzo, y n.º 80, de 2 de abril, ambos de 2004). Los apartados 3 y 4 de este artículo figuran redactados conforme al texto de la LO 5/2010, de 22 de junio (*BOE* n.º 152, de 23 de junio).

5. Los Jueces o Tribunales determinarán motivadamente la extensión de la pena dentro de los límites establecidos para cada delito y según las reglas del capítulo II de este Título. Igualmente, fijarán en la sentencia, el importe de estas cuotas, teniendo en cuenta para ello exclusivamente la situación económica del reo, deducida de su patrimonio, ingresos, obligaciones y cargas familiares y demás circunstancias personales del mismo.

6. El tribunal, por causa justificada, podrá autorizar el pago de la multa dentro de un plazo que no exceda de dos años desde la firmeza de la sentencia, bien de una vez o en los plazos que se determinen. En este caso, el impago de dos de ellos determinará el vencimiento de los restantes.

Art. 51. Si, después de la sentencia, variase la situación económica del penado, el juez o tribunal, excepcionalmente y tras la debida indagación de dicha situación, podrá modificar tanto el importe de las cuotas periódicas como los plazos para su pago.

Art. 52. 1. No obstante lo dispuesto en los artículos anteriores y cuando el Código así lo determine, la multa se establecerá en proporción al daño causado, el valor del objeto del delito o el beneficio reportado por el mismo.

2. En estos casos, los jueces y tribunales impondrán la multa dentro de los límites fijados para cada delito, considerando para determinar en cada caso su cuantía, no sólo las circunstancias atenuantes y agravantes del hecho, sino principalmente la situación económica del culpable.

3. Si, después de la sentencia, empeorase la situación económica del penado, el juez o tribunal, excepcionalmente y tras la debida indagación de dicha situación, podrá reducir el importe de la multa dentro de los límites señalados por la ley para el delito de que se trate, o autorizar su pago en los plazos que se determinen.

4. En los casos en los que este Código prevé una pena de

Art. 51: Este artículo figura redactado conforme al texto de la LO 15/2003, de 25 de noviembre (*BOE* n.º 283, de 26 de noviembre; corrección de errores en *BOE* n.º 65, de 16 de marzo, y n.º 80, de 2 de abril, ambos de 2004).

Art. 52: Este artículo figura redactado conforme al texto de la LO 15/2003, de 25 de noviembre (*BOE* n.º 283, de 26 de noviembre; corrección de errores en *BOE* n.º 65, de 16 de marzo, y n.º 80, de 2 de abril, ambos de 2004). El apartado 4 de este artículo ha sido añadido por la LO 5/2010, de 22 de junio (*BOE* n.º 152, de 23 de junio).

multa para las personas jurídicas en proporción al beneficio obtenido o facilitado, al perjuicio causado, al valor del objeto, o a la cantidad defraudada o indebidamente obtenida, de no ser posible el cálculo en base a tales conceptos, el Juez o Tribunal motivará la imposibilidad de proceder a tal cálculo y las multas previstas se sustituirán por las siguientes:

a) Multa de dos a cinco años, si el delito cometido por la persona física tiene prevista una pena de prisión de más de cinco años.

b) Multa de uno a tres años, si el delito cometido por la persona física tiene prevista una pena de prisión de más de dos años no incluida en el inciso anterior.

c) Multa de seis meses a dos años, en el resto de los casos.

Art. 53. 1. Si el condenado no satisficiere, voluntariamente o por vía de apremio, la multa impuesta, quedará sujeto a una responsabilidad personal subsidiaria de un día de privación de libertad por cada dos cuotas diarias no satisfechas, que, tratándose de delitos leves, podrá cumplirse mediante localización permanente. En este caso, no regirá la limitación que en su duración establece el apartado 1 del artículo 37.

También podrá el juez o tribunal, previa conformidad del penado, acordar que la responsabilidad subsidiaria se cumpla mediante trabajos en beneficio de la comunidad. En este caso, cada día de privación de libertad equivaldrá a una jornada de trabajo

2. En los supuestos de multa proporcional los Jueces y Tribunales establecerán, según su prudente arbitrio, la responsabilidad personal subsidiaria que proceda, que no podrá exceder, en ningún caso, de un año de duración. También podrá el Juez o Tribunal acordar, previa conformidad del penado, que se cumpla mediante trabajos en beneficio de la comunidad.

3. Esta responsabilidad subsidiaria no se impondrá a los condenados a pena privativa de libertad superior a cinco años.

4. El cumplimiento de la responsabilidad subsidiaria

Art. 53: Este artículo figura redactado conforme al texto de la LO 15/2003, de 25 de noviembre (*BOE* n.º 283, de 26 de noviembre; corrección de errores en *BOE* n.º 65, de 16 de marzo, y n.º 80, de 2 de abril, ambos de 2004), excepto su apartado 1, que figura redactado conforme al texto de la LO 1/2015, de 30 de marzo (*BOE* n.º 77, de 31 de marzo).

El apartado 5 de este artículo ha sido añadido por la LO 5/2010, de 22 de junio (*BOE* n.º 152, de 23 de junio).

extingue la obligación de pago de la multa, aunque mejore la situación económica del penado.

5. Podrá ser fraccionado el pago de la multa impuesta a una persona jurídica, durante un período de hasta cinco años, cuando su cuantía ponga probadamente en peligro la supervivencia de aquélla o el mantenimiento de los puestos de trabajo existentes en la misma, o cuando lo aconseje el interés general. Si la persona jurídica condenada no satisficiere, voluntariamente o por vía de apremio, la multa impuesta en el plazo que se hubiere señalado, el Tribunal podrá acordar su intervención hasta el pago total de la misma.

SECCIÓN 5.ª

*De las penas accesorias**

Art. 54. Las penas de inhabilitación son accesorias en los casos en que, no imponiéndolas especialmente, la Ley declare que otras penas las llevan consigo.

Art. 55. La pena de prisión igual o superior a diez años llevará consigo la inhabilitación absoluta durante el tiempo de la condena, salvo que ésta ya estuviere prevista como pena principal para el supuesto de que se trate. El Juez podrá además disponer la inhabilitación especial para el ejercicio de la patria potestad, tutela, curatela, guarda o acogimiento, o bien la privación de la patria potestad, cuando estos derechos hubieren tenido relación directa con el delito cometido. Esta vinculación deberá determinarse expresamente en la sentencia.

Art. 56. 1. En las penas de prisión inferiores a diez años, los jueces o tribunales impondrán, atendiendo a la gravedad del delito, como penas accesorias, alguna o algunas de las siguientes:

1.ª Suspensión de empleo o cargo público.

* V. arts. 28 y 29 CPM.

Art. 54: V. arts. 55, 56 y 79 CP.

Art. 55: Este artículo figura redactado conforme al texto de la LO 5/2010, de 22 de junio (*BOE* n.º 152, de 23 de junio). V. art. 79 CP.

Art. 56: Este artículo figura redactado conforme al texto de la LO 15/2003, de 25 de noviembre (*BOE* n.º 283, de 26 de noviembre; corrección de errores en *BOE* n.º 65, de 16 de marzo, y n.º 80, de 2 de abril, ambos de 2004). El ordinal 3.ª de su apartado 1 figura redactado conforme al texto de la LO 5/2010, de 22 de junio (*BOE* n.º 152, de 23 de junio). V. art. 79 CP.

2.ª Inhabilitación especial para el derecho de sufragio pasivo durante el tiempo de la condena.

3.ª Inhabilitación especial para empleo o cargo público, profesión, oficio, industria, comercio, ejercicio de la patria potestad, tutela, curatela, guarda o acogimiento o cualquier otro derecho, la privación de la patria potestad, si estos derechos hubieran tenido relación directa con el delito cometido, debiendo determinarse expresamente en la sentencia esta vinculación, sin perjuicio de la aplicación de lo previsto en el artículo 579 de este Código.

2. Lo previsto en este artículo se entiende sin perjuicio de la aplicación de lo dispuesto en otros preceptos de este Código respecto de la imposición de estas penas.

Art. 57. 1. Las autoridades judiciales, en los delitos de homicidio, aborto, lesiones, contra la libertad, de torturas y contra la integridad moral, trata de seres humanos, contra la libertad e indemnidad sexuales, la intimidad, el derecho a la propia imagen y la inviolabilidad del domicilio, el honor, el patrimonio, el orden socioeconómico y las relaciones familiares, atendiendo a la gravedad de los hechos o al peligro que el delincuente represente, podrán acordar en sus sentencias la imposición de una o varias de las prohibiciones contempladas en el artículo 48, por un tiempo que no excederá de diez años si

---

Art. 57: Este artículo figura redactado conforme al texto de la LO 1/2015, de 30 de marzo (*BOE* n.º 77, de 31 de marzo), excepto su apartado 1, que lo ha sido por LO 8/2021, de 4 de junio (*BOE* n.º 134, de 5 de junio), de protección integral a la infancia y la adolescencia frente a la violencia. Su redacción vigente hasta entonces era la siguiente:

> Los jueces o tribunales, en los delitos de homicidio, aborto, lesiones, contra la libertad, de torturas y contra la integridad moral, trata de seres humanos, contra la libertad e indemnidad sexuales, la intimidad, el derecho a la propia imagen y la inviolabilidad del domicilio, el honor, el patrimonio, y el orden socioeconómico, atendiendo a la gravedad de los hechos o al peligro que el delincuente represente, podrán acordar en sus sentencias la imposición de una o varias de las prohibiciones contempladas en el artículo 48, por un tiempo que no excederá de diez años si el delito fuera grave, o de cinco si fuera menos grave.
>
> No obstante lo anterior, si el condenado lo fuera a pena de prisión y el juez o tribunal acordara la imposición de una o varias de dichas prohibiciones, lo hará por un tiempo superior entre uno y diez años al de la duración de la pena de prisión impuesta en la sentencia, si el delito fuera grave, y entre uno y cinco años, si fuera menos grave. En este supuesto, la pena de prisión y las prohibiciones antes citadas se cumplirán necesariamente por el condenado de forma simultánea.

V. art. 48 CP.

el delito fuera grave, o de cinco si fuera menos grave.

No obstante lo anterior, si la persona condenada lo fuera a pena de prisión y el juez o tribunal acordara la imposición de una o varias de dichas prohibiciones, lo hará por un tiempo superior entre uno y diez años al de la duración de la pena de prisión impuesta en la sentencia, si el delito fuera grave, y entre uno y cinco años, si fuera menos grave. En este supuesto, la pena de prisión y las prohibiciones antes citadas se cumplirán necesariamente por la persona condenada de forma simultánea.

2. En los supuestos de los delitos mencionados en el primer párrafo del apartado 1 de este artículo cometidos contra quien sea o haya sido el cónyuge, o sobre persona que esté o haya estado ligada al condenado por una análoga relación de afectividad aun sin convivencia, o sobre los descendientes, ascendientes o hermanos por naturaleza, adopción o afinidad, propios o del cónyuge o conviviente, o sobre los menores o personas con discapacidad necesitadas de especial protección que con él convivan o que se hallen sujetos a la potestad, tutela, curatela, acogimiento o guarda de hecho del cónyuge o conviviente, o sobre persona amparada en cualquier otra relación por la que se encuentre integrada en el núcleo de su convivencia familiar, así como sobre las personas que por su especial vulnerabilidad se encuentran sometidas a su custodia o guarda en centros públicos o privados se acordará, en todo caso, la aplicación de la pena prevista en el apartado 2 del artículo 48 por un tiempo que no excederá de diez años si el delito fuera grave, o de cinco si fuera menos grave, sin perjuicio de lo dispuesto en el párrafo segundo del apartado anterior.

3. También podrán imponerse las prohibiciones establecidas en el artículo 48, por un período de tiempo que no excederá de seis meses, por la comisión de los delitos mencionados en el primer párrafo del apartado 1 de este artículo que tengan la consideración de delitos leves.

SECCIÓN 6.ª

Disposiciones comunes

Art. 58. 1. El tiempo de privación de libertad sufrido

Art. 58: Este artículo figura redactado conforme al texto de la LO 15/2003, de 25 de noviembre (*BOE* n.º 283, de 26 de noviembre; corrección de errores en *BOE* n.º 65, de 16 de marzo, y n.º 80, de 2 de abril, ambos 2004), excepto su apartado 1, que figu-

provisionalmente será abonado en su totalidad por el Juez o Tribunal sentenciador para el cumplimiento de la pena o penas impuestas en la causa en que dicha privación fue acordada, salvo en cuanto haya coincidido con cualquier privación de libertad impuesta al penado en otra causa, que le haya sido abonada o le sea abonable en ella. En ningún caso un mismo período de privación de libertad podrá ser abonado en más de una causa.

2. El abono de prisión provisional en causa distinta de la que se decretó será acordado de oficio o a petición del penado y

---

ra redactado conforme al texto de la LO 5/2010, de 22 de junio (*BOE* n.º 152, de 23 de junio). V. arts. 17.4 CE; arts. 502-519, 785.8.ª, apartado *c*), 802.3.º y 986 LECr; Real Orden Circular de 20 de marzo de 1916 (*Gaceta* n.º 82, de 27 de marzo); Circular de 10 de octubre de 1933 (*Gaceta* n.º 285, de 12 de octubre); arts. 5.º y 8.º LOGP; arts. 3.º y 96 a 98 RP. Y téngase en cuenta que la STC 158/2012, de 17 de septiembre (*BOE* n.º 250, de 17 de octubre), ha recordado que este artículo ha sido objeto de diversas Sentencias del TC, «tanto en relación con la pretensión de exclusión para el cumplimiento de la pena del tiempo pasado en prisión provisional coincidente con la condición de penado en otra causa, la cual hemos declarado constitucionalmente ilegítima (STC 57/2008), como con la pretensión de abono múltiple o reiterado del mismo período de tiempo sufrido en situación de prisión provisional en varias causas, a las penas impuestas en todas y cada una de ellas, pretensión esta cuya desestimación por la jurisdicción ordinaria hemos considerado no lesiva del art. 17.1 CE (STC 92/2012, FJ 5)». V., también, SSTC 193/2012, de 29 de octubre (*BOE* n.º 286, de 28 de noviembre); 229/2012, de 10 de diciembre (*BOE* n.º 10, de 11 de enero de 2013); 261/2015, de 14 de diciembre (*BOE* n.º 19, de 22 de enero de 2016); 48/2016, de 14 de marzo (*BOE* n.º 97, de 22 de abril), y 137/2016, de 18 de julio (*BOE* n.º 196, de 15 de agosto).

V., finalmente, la Ley de 17 de enero de 1901 sobre abono de tiempo de prisión preventiva en las causas criminales (*Gaceta* n.º 18, de 18 de enero), que en sus artículos vigentes dispone lo siguiente:

«*Art. 2.º* La disposición del primer párrafo del artículo anterior [*sc.* el abono total de la prisión preventiva] es aplicable a la responsabilidad personal subsidiaria por insolvencia para el pago de la multa como pena única o como conjunta de cualquiera de las que en el mismo se mencionan.

»También se comprenderá a los que actualmente se hallan cumpliendo condena.

»*Art. 4.º* Los Tribunales harán aplicación de las anteriores prescripciones en la parte dispositiva de la sentencia que dictaren, y los funcionarios del Ministerio fiscal las tendrán en cuenta para solicitar en sus conclusiones, acerca de este extremo, lo que sea procedente.

»Las infracciones de esta ley, en cuanto a la prisión preventiva, se considerarán incluidas en el párrafo 6.º [hoy, párrafo primero], art. 849 de la Ley de Enjuiciamiento Criminal.

»*Art. 5.º* Cuando al formular la acusación, o después de formulada en una causa, resultare que el procesado había estado preso preventivamente un tiempo igual o mayor que la pena más grave que contra él se solicite, el Tribunal resolverá, por determinación especial, la libertad del procesado, si no estuviere reducido a prisión por otra causa, sin perjuicio de continuar el procedimiento; y si señalado el día del juicio no compareciere el procesado por motivos no justificados, quedará excluido de los beneficios de esta ley.»

previa comprobación de que no ha sido abonada en otra causa, por el Juez de Vigilancia Penitenciaria de la jurisdicción de la que dependa el centro penitenciario en que se encuentre el penado, previa audiencia del ministerio fiscal.

3. Sólo procederá el abono de prisión provisional sufrida en otra causa cuando dicha medida cautelar sea posterior a los hechos delictivos que motivaron la pena a la que se pretende abonar.

4. Las reglas anteriores se aplicarán también respecto de las privaciones de derechos acordadas cautelarmente.

Art. 59. Cuando las medidas cautelares sufridas y la pena impuesta sean de distinta naturaleza, el Juez o Tribunal ordenará que se tenga por ejecutada la pena impuesta en aquella parte que estime compensada.

Art. 60. 1. Cuando, después de pronunciada sentencia firme, se aprecie en el penado una situación duradera de trastorno mental grave que le impida conocer el sentido de la pena, el Juez de Vigilancia Penitenciaria suspenderá la ejecución de la pena privativa de libertad que se le hubiera impuesto, garantizando que reciba la asistencia médica precisa, para lo cual podrá decretar la imposición de una medida de seguridad privativa de libertad de las previstas en este Código que no podrá ser, en ningún caso, más gravosa que la pena sustituida. Si se tratase de una pena de distinta naturaleza, el Juez de Vigilancia Penitenciaria apreciará si la situación del penado le permite conocer el sentido de la pena y, en su caso, suspenderá la ejecución imponiendo las medidas de seguridad que estime necesarias.

El Juez de Vigilancia comunicará al ministerio fiscal, con suficiente antelación, la próxima extinción de la pena o medida de seguridad impuesta, a efectos de lo previsto por la disposición adicional primera de este Código.

2. Restablecida la salud mental del penado, éste cumplirá la sentencia si la pena no hubiere prescrito, sin perjuicio de que el Juez o Tribunal, por razones de equidad, pueda dar por extinguida la condena o reducir su duración, en la medida en que el cumplimiento de la

---

Art. 60: Este artículo figura redactado conforme al texto de la LO 15/2003, de 25 de noviembre (*BOE* n.º 283, de 26 de noviembre; corrección de errores en *BOE* n.º 65, de 16 de marzo, y n.º 80, de 2 de abril, ambos de 2004). V. arts. 381-383, 991-994 LECr; art. 39 LOGP; arts. 183 a 191 RP.

pena resulte innecesario o contraproducente.

CAPÍTULO II

DE LA APLICACIÓN DE LAS PENAS*

SECCIÓN 1.ª

Reglas generales para la aplicación de las penas

Art. 61. Cuando la Ley establece una pena, se entiende que la impone a los autores de la infracción consumada.

Art. 62. A los autores de tentativa de delito se les impondrá la pena inferior en uno o dos grados a la señalada por la Ley para el delito consumado, en la extensión que se estime adecuada, atendiendo al peligro inherente al intento y al grado de ejecución alcanzado.

Art. 63. A los cómplices de un delito consumado o intentado se les impondrá la pena inferior en grado a la fijada por la Ley para los autores del mismo delito.

Art. 64. Las reglas anteriores no serán de aplicación en los casos en que la tentativa y la complicidad se hallen especialmente penadas por la Ley.

Art. 65. 1. Las circunstancias agravantes o atenuantes que consistan en cualquier causa de naturaleza personal agravarán o atenuarán la responsabilidad sólo de aquellos en quienes concurran.

2. Las que consistan en la ejecucion material del hecho o en los medios empleados para realizarla, servirán únicamente para agravar o atenuar la responsabilidad de los que hayan tenido conocimiento de ellas en el momento de la acción o de su cooperación para el delito.

3. Cuando en el inductor o en el cooperador necesario no concurran las condiciones, cualidades o relaciones personales que fundamentan la culpabilidad del autor, los jueces o tribunales podrán imponer la pena inferior en

---

* V. arts. 35 ss. CPM.

Art. 61: V. arts. 15 y 28 CP.

Art. 62: V. arts. 16, 28 y 64 CP.

Art. 63: V. arts. 15, 16, 29 y 64 CP.

Art. 64: V. arts. 16, 28 y 64 CP.

Art. 65: Este artículo figura redactado conforme al texto de la LO 15/2003, de 25 de noviembre (*BOE* n.º 283, de 26 de noviembre; corrección de errores en *BOE* n.º 65, de 16 de marzo, y n.º 80, de 2 de abril, ambos de 2004).

grado a la señalada por la ley para la infracción de que se trate.

Art. 66. 1. En la aplicación de la pena, tratándose de delitos dolosos, los jueces o tribunales observarán, según haya o no circunstancias atenuantes o agravantes, las siguientes reglas:

1.ª Cuando concurra sólo una circunstancia atenuante, aplicarán la pena en la mitad inferior de la que fije la ley para el delito.

2.ª Cuando concurran dos o más circunstancias atenuantes, o una o varias muy cualificadas, y no concurra agravante alguna, aplicarán la pena inferior en uno o dos grados a la establecida por la ley, atendidos el número y la entidad de dichas circunstancias atenuantes.

3.ª Cuando concurra sólo una o dos circunstancias agravantes, aplicarán la pena en la mitad superior de la que fije la ley para el delito.

Art. 66: Este artículo figura redactado conforme al texto de la LO 11/2003, de 29 de septiembre (*BOE* n.º 234, de 30 de septiembre), de medidas concretas en materia de seguridad ciudadana, violencia doméstica e integración social de los extranjeros. El apartado 2 figura redactado conforme al texto de la LO 1/2015, de 30 de marzo (*BOE* n.º 77, de 31 de marzo).

La Exposición de Motivos de la citada Ley 11/2003 establece:

«La realidad social ha puesto de manifiesto que uno de los principales problemas a los que tiene que dar respuesta el ordenamiento jurídico penal es el de la delincuencia que reiteradamente comete sus acciones, o lo que es lo mismo, la delincuencia profesionalizada. Son numerosos los ejemplos de aquellos que cometen pequeños delitos en un gran número de ocasiones, delitos que debido a su cuantía individualizada no obtienen una respuesta penal adecuada.

»El presente texto establece, en primer lugar, medidas dirigidas a dar una respuesta adecuada a aquellos supuestos en que los autores ya han sido condenados por la realización de actividades delictivas, a través de la aplicación de la agravante de reincidencia, en este caso cualificada por el número de delitos cometidos, siguiendo un criterio ya establecido en nuestra doctrina y en nuestros textos legales.

»Se introduce, por tanto, una nueva circunstancia agravante de reincidencia cuando se dé la cualificación de haber sido el imputado condenado ejecutoriamente por tres delitos, permitiéndose, en este caso, elevar la pena en grado. Dicha circunstancia de agravación es compatible con el principio de responsabilidad por el hecho, siendo el juzgador el que, ponderando la magnitud de pena impuesta en las condiciones precedentes y el número de éstas, así como la gravedad de la lesión o el peligro para el bien jurídico producido por el nuevo hecho, imponga, en su caso, la pena superior en grado.

»Por otra parte, se recogen medidas dirigidas a mejorar la aplicación de la respuesta penal a la habitualidad de la conducta cuando los hechos infractores del Código Penal cometidos con anterioridad no hubieran sido aún juzgados y condenados. Así, los artículos 147, respecto a las lesiones, 234, respecto al hurto y 244, respecto a la sustracción de vehículos, establecen una pena de delito para la reiteración en la comisión de faltas, siempre que la frecuencia sea la de cuatro conductas constitutivas de falta en el plazo de un año, y en el caso de los hurtos o sustracción de vehículos de motor el montante acumulado supere el mínimo exigido para el delito.»

V. arts. 21 a 23 y 70 a 72 CP.

4.ª Cuando concurran más de dos circunstancias agravantes y no concurra atenuante alguna, podrán aplicar la pena superior en grado a la establecida por la ley, en su mitad inferior.

5.ª Cuando concurra la circunstancia agravante de reincidencia con la cualificación de que el culpable al delinquir hubiera sido condenado ejecutoriamente al menos, por tres delitos comprendidos en el mismo título de este Código, siempre que sean de la misma naturaleza, podrán aplicar la pena superior en grado a la prevista por la ley para el delito de que se trate, teniendo en cuenta las condenas precedentes, así como la gravedad del nuevo delito cometido.

A los efectos de esta regla no se computarán los antecedentes penales cancelados o que debieran serlo.

6.ª Cuando no concurran atenuantes ni agravantes aplicarán la pena establecida por la ley para el delito cometido, en la extensión que estimen adecuada, en atención a las circunstancias personales del delincuente y a la mayor o menor gravedad del hecho.

7.ª Cuando concurran atenuantes y agravantes, las valorarán y compensarán racionalmente para la individualización de la pena. En el caso de persistir un fundamento cualificado de atenuación aplicarán la pena inferior en grado. Si se mantiene un fundamento cualificado de agravación, aplicarán la pena en su mitad superior.

8.ª Cuando los jueces o tribunales apliquen la pena inferior en más de un grado podrán hacerlo en toda su extensión.

2. En los delitos leves y en los delitos imprudentes, los jueces o tribunales aplicarán las penas a su prudente arbitrio, sin sujetarse a las reglas prescritas en el apartado anterior.

Art. 66 bis. En la aplicación de las penas impuestas a las personas jurídicas se estará a lo dispuesto en las reglas 1.ª a 4.ª y 6.ª a 8.ª del primer número del artículo 66, así como a las siguientes:

1.ª En los supuestos en los que vengan establecidas por las disposiciones del Libro II, para decidir sobre la imposición y la extensión de las penas previstas en las letras *b*) a *g*) del apartado 7 del artículo 33 habrá de tenerse en cuenta:

a) Su necesidad para prevenir la continuidad de la actividad delictiva o de sus efectos.

Art. 66 bis: Este artículo fue incorporado por la LO 5/2010, de 22 de junio (*BOE* n.º 152, de 23 de junio). La regla 2.ª figura redactada conforme al texto de la LO 1/2015, de 30 de marzo (*BOE* n.º 77, de 31 de marzo).

b) Sus consecuencias económicas y sociales, y especialmente los efectos para los trabajadores.

c) El puesto que en la estructura de la persona jurídica ocupa la persona física u órgano que incumplió el deber de control.

2.ª Cuando las penas previstas en las letras *c*) a *g*) del apartado 7 del artículo 33 se impongan con una duración limitada, ésta no podrá exceder la duración máxima de la pena privativa de libertad prevista para el caso de que el delito fuera cometido por persona física.

Para la imposición de las sanciones previstas en las letras *c*) a *g*) por un plazo superior a dos años será necesario que se dé alguna de las dos circunstancias siguientes:

a) Que la persona jurídica sea reincidente.

b) Que la persona jurídica se utilice instrumentalmente para la comisión de ilícitos penales. Se entenderá que se está ante este último supuesto siempre que la actividad legal de la persona jurídica sea menos relevante que su actividad ilegal.

Cuando la responsabilidad de la persona jurídica, en los casos previstos en la letra *b*) del apartado 1 del artículo 31 bis, derive de un incumplimiento de los deberes de supervisión, vigilancia y control que no tenga carácter grave, estas penas tendrán en todo caso una duración máxima de dos años.

Para la imposición con carácter permanente de las sanciones previstas en las letras *b*) y *e*), y para la imposición por un plazo superior a cinco años de las previstas en las letras *e*) y *f*) del apartado 7 del artículo 33, será necesario que se dé alguna de las dos circunstancias siguientes:

a) Que se esté ante el supuesto de hecho previsto en la regla 5.ª del apartado 1 del artículo 66.

b) Que la persona jurídica se utilice instrumentalmente para la comisión de ilícitos penales. Se entenderá que se está ante este último supuesto siempre que la actividad legal de la persona jurídica sea menos relevante que su actividad ilegal.

Art. 67. Las reglas del artículo anterior no se aplicarán a las circunstancias agravantes o atenuantes que la Ley haya tenido en cuenta al describir o sancionar una infracción, ni a las que sean de tal manera inherentes al delito que sin la concurrencia de ellas no podría cometerse.

Art. 68. En los casos previstos en la circunstancia primera del artículo 21, los jueces o tribunales impondrán la pena inferior en uno o dos grados a la señalada por la ley, atendidos el número y la entidad de los requisitos que falten o concurran, y las circunstancias personales de su autor, sin perjuicio de la aplicación del artículo 66 del presente Código.

Art. 69. Al mayor de dieciocho años y menor de veintiuno que cometa un hecho delictivo, podrán aplicársele las disposiciones de la ley que regule la responsabilidad penal del menor en los casos y con los requisitos que ésta disponga.

Art. 70. 1. La pena superior e inferior en grado a la prevista por la ley para cualquier delito tendrá la extensión resultante de la aplicación de las siguientes reglas:

1.ª La pena superior en grado se formará partiendo de la cifra máxima señalada por la ley para el delito de que se trate y aumentando a ésta la mitad de su cuantía, constituyendo la suma resultante su límite máximo. El límite mínimo de la pena superior en grado será el máximo de la pena señalada por la ley para el delito de que se trate, incrementado en un día o en un día multa según la naturaleza de la pena a imponer.

2.ª La pena inferior en grado se formará partiendo de la cifra mínima señalada para el delito de que se trate y deduciendo de ésta la mitad de su cuantía, constituyendo el resultado de tal deducción su límite mínimo. El límite máximo de la pena inferior en grado será el mínimo de la pena señalada por la ley para el delito de que se trate, reducido en un día o en un día multa según la naturaleza de la pena a imponer.

2. A los efectos de determinar la mitad superior o inferior de la pena o de concretar la pena inferior o superior en grado, el día o el día multa se considerarán indivisibles y actuarán como unidades penológicas de más o menos, según los casos.

Art. 68: Este artículo figura redactado conforme al texto de la LO 15/2003, de 25 de noviembre (*BOE* n.º 283, de 26 de noviembre; corrección de errores en *BOE* n.º 65, de 16 de marzo, y n.º 80, de 2 de abril, ambos de 2004). V. arts. 70 a 72 y 101 a 104 CP y 6.º LPPNA.

Art. 69: V. nota al art. 19 CP.

Art. 70: Este artículo figura redactado conforme al texto de la LO 15/2003, de 25 de noviembre (*BOE* n.º 283, de 26 de noviembre; corrección de errores en *BOE* n.º 65, de 16 de marzo, y n.º 80, de 2 de abril, ambos de 2004). El apartado 4 ha sido añadido por la LO 1/2015, de 30 de marzo.

3. Cuando, en la aplicación de la regla 1.ª del apartado 1 de este artículo, la pena superior en grado exceda de los límites máximos fijados a cada pena en este Código, se considerarán como inmediatamente superiores:

1.º Si la pena determinada fuera la de prisión, la misma pena, con la cláusula de que su duración máxima será de treinta años.

2.º Si fuera de inhabilitación absoluta o especial, la misma pena, con la cláusula de que su duración máxima será de treinta años.

3.º Si fuera de suspensión de empleo o cargo público, la misma pena, con la cláusula de que su duración máxima será de ocho años.

4.º Tratándose de privación del derecho a conducir vehículos a motor y ciclomotores, la misma pena, con la cláusula de que su duración máxima será de quince años.

5.º Tratándose de privación del derecho a la tenencia y porte de armas, la misma pena, con la cláusula de que su duración máxima será de veinte años.

6.º Tratándose de privación del derecho a residir en determinados lugares o acudir a ellos, la misma pena, con la cláusula de que su duración máxima será de veinte años.

7.º Tratándose de prohibición de aproximarse a la víctima o a aquellos de sus familiares u otras personas que determine el juez o tribunal, la misma pena, con la cláusula de que su duración máxima será de veinte años.

8.º Tratándose de prohibición de comunicarse con la víctima o con aquellos de sus familiares u otras personas que determine el juez o tribunal, la misma pena, con la cláusula de que su duración máxima será de veinte años.

9.º Si fuera de multa, la misma pena, con la cláusula de que su duración máxima será de treinta meses.

4. La pena inferior en grado a la de prisión permanente es la pena de prisión de veinte a treinta años.

Art. 71. 1. En la determinación de la pena inferior en grado, los jueces o tribunales no quedarán limitados por las cuantías mínimas señaladas en la ley a cada clase de pena, sino que podrán reducirlas en la forma que resulte de la aplicación de la regla correspondiente.

Art. 71: Este artículo figura redactado conforme al texto de la LO 1/2015, de 30 de marzo (*BOE* n.º 77, de 31 de marzo).

V. arts. 80 ss. y 88 CP.

2. No obstante, cuando por aplicación de las reglas anteriores proceda imponer una pena de prisión inferior a tres meses, ésta será en todo caso sustituida por multa, trabajos en beneficio de la comunidad, o localización permanente, aunque la ley no prevea estas penas para el delito de que se trate, sustituyéndose cada día de prisión por dos cuotas de multa o por una jornada de trabajo o por un día de localización permanente.

Art. 72. Los jueces o tribunales, en la aplicación de la pena, con arreglo a las normas contenidas en este capítulo, razonarán en la sentencia el grado y extensión concreta de la impuesta.

SECCIÓN 2.ª

Reglas especiales para la aplicación de las penas

Art. 73. Al responsable de dos o más delitos o faltas se le impondrán todas las penas correspondientes a las diversas infracciones para su cumplimiento simultáneo, si fuera posible, por la naturaleza y efectos de las mismas.

Art. 74. 1. No obstante lo dispuesto en el artículo anterior, el que, en ejecución de un plan preconcebido o aprovechando idéntica ocasión, realice una pluralidad de acciones u omisiones que ofendan a uno o varios sujetos e infrinjan el mismo precepto penal o preceptos de igual o semejante naturaleza, será castigado como autor de un delito o falta continuados con la pena señalada para la infracción más grave, que se impondrá en su mitad superior, pudiendo llegar hasta la mitad inferior de la pena superior en grado.

2. Si se tratare de infracciones contra el patrimonio, se impondrá la pena teniendo en cuenta el perjuicio total causado. En estas infracciones el juez o tribunal impondrá, motivadamente, la pena superior en uno o dos grados, en la extensión que estime conveniente, si el hecho revistiere notoria gravedad y hubiere perjudicado a una generalidad de personas.

Art. 72: Este artículo figura redactado conforme al texto de la LO 15/2003, de 25 de noviembre (*BOE* n.º 283, de 26 de noviembre; corrección de errores en *BOE* n.º 65, de 16 de marzo, y n.º 80, de 2 de abril, ambos de 2004).

Art. 74: Este artículo figura redactado conforme al texto de la LO 15/2003, de 25 de noviembre (*BOE* n.º 283, de 26 de noviembre; corrección de errores en *BOE* n.º 65, de 16 de marzo, y n.º 80, de 2 de abril, ambos de 2004). V. art. 2.º2.º LO 12/1995, de 12 de diciembre, de represión del contrabando (Apéndice 3).

3. Quedan exceptuadas de lo establecido en los apartados anteriores las ofensas a bienes eminentemente personales, salvo las constitutivas de infracciones contra el honor y la libertad e indemnidad sexuales que afecten al mismo sujeto pasivo. En estos casos, se atenderá a la naturaleza del hecho y del precepto infringido para aplicar o no la continuidad delictiva.

Art. 75. Cuando todas o algunas de las penas correspondientes a las diversas infracciones no puedan ser cumplidas simultáneamente por el condenado, se seguirá el orden de su respectiva gravedad para su cumplimiento sucesivo, en cuanto sea posible.

Art. 76. 1. No obstante lo dispuesto en el artículo anterior,

---

Art. 76: Este artículo figura redactado conforme al texto de la LO 7/2003, de 30 de junio (*BOE* n.º 156, de 1 de julio), de medidas de reforma para el cumplimiento íntegro y efectivo de las penas. La letra *e*) del apartado 1 ha sido añadida, y el apartado 2 modificado, por la LO 1/2015, de 30 de marzo (*BOE* n.º 77, de 31 de marzo).

La Exposición de Motivos de la citada LO 7/2003 establece lo siguiente:

«[...] se reforma el artículo 76 del Código Penal para modificar el límite máximo de cumplimiento de las penas elevándolo a cuarenta años para los supuestos en que se cometan dos o más delitos de terrorismo, estando algunos de ellos castigados con pena de prisión superior a veinte años, lo que encaja en los casos en que se comenten atentados terroristas causando la muerte de personas.

»Igualmente se eleva a cuarenta años el límite máximo de cumplimiento de las penas en los supuestos de que se hayan cometido dos o más delitos de especial gravedad, castigados por la ley con más de veinte años de prisión.

La reforma supone ampliar el límite máximo de cumplimiento de penas a cuarenta años, desde el respeto escrupuloso al principio de que el cumplimiento de todas las penas correspondientes a todos los delitos cometidos por el mismo autor podría privar en algunos supuestos de efectos a los principios constitucionales de cumplimiento de las penas. Sin embargo, también es cierto que existen determinados delitos que por su especial gravedad, la naturaleza del bien jurídico lesionado, la reincidencia con que los cometen sus autores, así como por el hecho de que puedan llevarse a cabo por bandas organizadas con el único fin de subvertir el orden constitucional, alterar gravemente la paz pública o atemorizar con estos fines a los habitantes de una población o a los miembros de un colectivo social, político o profesional, exigen una respuesta más contundente del ordenamiento jurídico penal.

»Más aún cuando, en la práctica, las reglas que el Código Penal estableció con el fin constitucional de dar cumplimiento a principios generales del ordenamiento jurídico penal se están utilizando, precisamente, para vulnerar dichos principios, convirtiéndose en instrumentos que los terroristas utilizan en su beneficio en su constante vulneración de las reglas y principios del Estado de Derecho.»

La Disp. Adic. 1.ª, párrafo 1.º, de la LO 5/2010, de 22 de junio (*BOE* n.º 152, de 23 de junio), establece: «Las referencias que se hacen a los delitos de terrorismo de la Sección Segunda del Capítulo V del Título XXII del Libro II en los artículos 76 y 93 del Código Penal, se entenderán hechas a delitos referentes a organizaciones y grupos terroristas y delitos de terrorismo del Capítulo VII del Título XXII del Libro II de dicho Código.»

el máximo de cumplimiento efectivo de la condena del culpable no podrá exceder del triple del tiempo por el que se le imponga la más grave de las penas en que haya incurrido, declarando extinguidas las que procedan desde que las ya impuestas cubran dicho máximo, que no podrá exceder de veinte años. Excepcionalmente, este límite máximo será:

a) De veinticinco años, cuando el sujeto haya sido condenado por dos o más delitos y alguno de ellos esté castigado por la ley con pena de prisión de hasta veinte años.

b) De treinta años, cuando el sujeto haya sido condenado por dos o más delitos y alguno de ellos esté castigado por la ley con pena de prisión superior a veinte años.

c) De cuarenta años, cuando el sujeto haya sido condenado por dos o más delitos y, al menos, dos de ellos estén castigados por la ley con pena de prisión superior a veinte años.

d) De cuarenta años, cuando el sujeto haya sido condenado por dos o más delitos de terrorismo de la sección segunda del capítulo V del Título XXII del Libro II de este Código y alguno de ellos esté castigado por la ley con pena de prisión superior a veinte años.

e) Cuando el sujeto haya sido condenado por dos o más delitos y, al menos, uno de ellos esté castigado por la ley con pena de prisión permanente revisable, se estará a lo dispuesto en los artículos 92 y 78 bis.

2. La limitación se aplicará aunque las penas se hayan impuesto en distintos procesos cuando lo hayan sido por hechos cometidos antes de la fecha en que fueron enjuiciados los que, siendo objeto de acumulación, lo hubieran sido en primer lugar.

Art. 77. 1. Lo dispuesto en los dos artículos anteriores no es aplicable en el caso de que un solo hecho constituya dos o más delitos, o cuando uno de ellos sea medio necesario para cometer el otro.

2. En el primer caso, se aplicará en su mitad superior la pena prevista para la infracción más grave, sin que pueda exceder de la que represente la suma de las que correspondería aplicar si se penaran separadamente las infracciones. Cuando la pena así computada exceda de este límite, se sancionarán las infracciones por separado.

V. arts. 77 y 78 CP, y 17, 18, 142, regla 4.ª5.º, 300 y 988 LECr.

Art. 77: Este artículo figura redactado conforme al texto de la LO 1/2015, de 30 de marzo (*BOE* n.º 77, de 31 de marzo).

3. En el segundo, se impondrá una pena superior a la que habría correspondido, en el caso concreto, por la infracción más grave, y que no podrá exceder de la suma de las penas concretas que hubieran sido impuestas separadamente por cada uno de los delitos. Dentro de estos límites, el juez o tribunal individualizará la pena conforme a los criterios expresados en el artículo 66. En todo caso, la pena impuesta no podrá exceder del límite de duración previsto en el artículo anterior.

Art. 78. 1. Si a consecuencia de las limitaciones establecidas en el apartado 1 del artículo 76 la pena a cumplir resultase inferior a la mitad de la suma total de las impuestas, el juez o tribunal sentenciador podrá acordar que los beneficios penitenciarios, los permisos de salida, la clasificación en tercer grado y el cómputo de tiempo para la libertad condicional se refieran a la totalidad de las penas impuestas en las sentencias.

2. En estos casos, el juez de vigilancia, previo pronóstico individualizado y favorable de reinserción social y valorando, en su caso, las circunstancias personales del reo y la evolución del tratamiento reeducador, podrá acordar razonadamente, oídos el Ministerio Fiscal, Instituciones Penitenciarias y las demás partes, la aplicación del régimen general de cumplimiento.

Si se tratase de delitos referentes a organizaciones y grupos terroristas y delitos de terrorismo del capítulo VII del Título XXII del Libro II de este Código, o cometidos en el seno de organizaciones criminales, y atendiendo a la suma total de las penas impuestas, la anterior posibilidad sólo será aplicable:

a) Al tercer grado penitenciario, cuando quede por cumplir una quinta parte del límite máximo de cumplimiento de la condena.

b) A la libertad condicional, cuando quede por cumplir una octava parte del límite máximo de cumplimiento de la condena.

3. [...]

Art. 78 bis. 1. Cuando el sujeto haya sido condenado por dos o más delitos y, al menos, uno de ellos esté castigado por la ley con pena de prisión permanente revi-

---

Art. 78: El apartado 2 figura redactado, y el apartado 3 ha sido suprimido, conforme al texto de la LO 1/2015, de 30 de marzo (*BOE* n.º 77, de 31 de marzo).

V. arts. 90 ss. CP; 46, 67, 72.1.º y 3.º y 76.2.º*c*) LOGP y 4.º, 133 y 192 a 206 RP.

Art. 78 bis: Este artículo ha sido añadido por la LO 1/2015, de 30 de marzo (*BOE* n.º 77, de 31 de marzo).

sable, la progresión a tercer grado requerirá del cumplimiento:

a) de un mínimo de dieciocho años de prisión, cuando el penado lo haya sido por varios delitos, uno de ellos esté castigado con pena de prisión permanente revisable y el resto de las penas impuestas sumen un total que exceda de cinco años;

b) de un mínimo de veinte años de prisión, cuando el penado lo haya sido por varios delitos, uno de ellos esté castigado con una pena de prisión permanente revisable y el resto de las penas impuestas sumen un total que exceda de quince años;

c) de un mínimo de veintidós años de prisión, cuando el penado lo haya sido por varios delitos y dos o más de ellos estén castigados con una pena de prisión permanente revisable, o bien uno de ellos esté castigado con una pena de prisión permanente revisable y el resto de penas impuestas sumen un total de veinticinco años o más.

2. En estos casos, la suspensión de la ejecución del resto de la pena requerirá que el penado haya extinguido:

a) Un mínimo de veinticinco años de prisión, en los supuestos a los que se refieren las letras *a*) y *b*) del apartado anterior.

b) Un mínimo de treinta años de prisión en el de la letra *c*) del apartado anterior.

3. Si se tratase de delitos referentes a organizaciones y grupos terroristas y delitos de terrorismo del capítulo VII del Título XXII del Libro II de este Código, o cometidos en el seno de organizaciones criminales, los límites mínimos de cumplimiento para el acceso al tercer grado de clasificación serán de veinticuatro años de prisión, en los supuestos a que se refieren las letras *a*) y *b*) del apartado primero, y de treinta y dos años de prisión en el de la letra *c*) del apartado primero.

En estos casos, la suspensión de la ejecución del resto de la pena requerirá que el penado haya extinguido un mínimo de veintiocho años de prisión, en los supuestos a que se refieren las letras *a*) y *b*) del apartado primero, y de treinta y cinco años de prisión en el de la letra *b*) del apartado primero.

Art. 79. Siempre que los Jueces o Tribunales impongan una pena que lleve consigo otras accesorias condenarán también expresamente al reo a estas últimas.

Art. 79: V. arts. 54 ss. CP.

CAPÍTULO III

DE LAS FORMAS SUSTITUTIVAS DE LA EJECUCIÓN DE LAS PENAS PRIVATIVAS DE LIBERTAD Y DE LA LIBERTAD CONDICIONAL*

SECCIÓN 1.ª

De la suspensión de la ejecución de las penas privativas de libertad

Art. 80. 1. Los jueces o tribunales, mediante resolución motivada, podrán dejar en suspenso la ejecución de las penas privativas de libertad no superiores a dos años cuando sea razonable esperar que la ejecución de la pena no sea necesaria para evitar la comisión futura por el penado de nuevos delitos.

Para adoptar esta resolución el juez o tribunal valorará las circunstancias del delito cometido, las circunstancias personales del penado, sus antecedentes, su conducta posterior al hecho, en particular su esfuerzo para reparar el daño causado, sus circunstancias familiares y sociales, y los efectos que quepa esperar de la propia suspensión de la ejecución y del cumplimiento de las medidas que fueren impuestas.

2. Serán condiciones necesarias para dejar en suspenso la ejecución de la pena, las siguientes:

1.ª Que el condenado haya delinquido por primera vez. A tal efecto no se tendrán en cuenta las anteriores condenas por delitos imprudentes o por delitos leves, ni los antecedentes penales que hayan sido cancelados, o debieran serlo con arreglo a lo dispuesto en el artículo 136. Tampoco se tendrán en cuenta los antecedentes penales correspondientes a delitos que, por su naturaleza o circunstancias, carezcan de relevancia para valorar la probabilidad de comisión de delitos futuros.

2.ª Que la pena, o la suma de las impuestas, no sea superior a dos años, sin incluir en tal cómputo la derivada del impago de la multa.

---

* La rúbrica de este capítulo figura redactada conforme al texto de la LO 15/2003, de 25 de noviembre (*BOE* n.º 283, de 26 de noviembre; corrección de errores en *BOE* n.º 65, de 16 de marzo, y n.º 80, de 2 de abril, ambos de 2004).

Art. 80: Este artículo figura redactado conforme al texto de la LO 1/2015, de 30 de marzo (*BOE* n.º 77, de 31 de marzo).

V. arts. 44 CPM y 104 y 196 RP, y ATC 3/2018, de 23 de enero (*BOE* n.º 46, de 21 de febrero), por el que se inadmite la cuestión de inconstitucionalidad planteada por el Jugazdo de lo Penal n.º 1 de Orihuela en relación con la condición tercera del apartado segundo del art. 80 CP.

3.ª Que se hayan satisfecho las responsabilidades civiles que se hubieren originado y se haya hecho efectivo el decomiso acordado en sentencia conforme al artículo 127.

Este requisito se entenderá cumplido cuando el penado asuma el compromiso de satisfacer las responsabilidades civiles de acuerdo a su capacidad económica y de facilitar el decomiso acordado, y sea razonable esperar que el mismo será cumplido en el plazo prudencial que el juez o tribunal determine. El juez o tribunal, en atención al alcance de la responsabilidad civil y al impacto social del delito, podrá solicitar las garantías que considere convenientes para asegurar su cumplimiento.

3. Excepcionalmente, aunque no concurran las condiciones 1.ª y 2.ª del apartado anterior, y siempre que no se trate de reos habituales, podrá acordarse la suspensión de las penas de prisión que individualmente no excedan de dos años cuando las circunstancias personales del reo, la naturaleza del hecho, su conducta y, en particular, el esfuerzo para reparar el daño causado, así lo aconsejen.

En estos casos, la suspensión se condicionará siempre a la reparación efectiva del daño o la indemnización del perjuicio causado conforme a sus posibilidades físicas y económicas, o al cumplimiento del acuerdo a que se refiere la medida 1.ª del artículo 84. Asimismo, se impondrá siempre una de las medidas a que se refieren los numerales 2.ª o 3.ª del mismo precepto, con una extensión que no podrá ser inferior a la que resulte de aplicar los criterios de conversión fijados en el mismo sobre un quinto de la pena impuesta.

4. Los jueces y tribunales podrán otorgar la suspensión de cualquier pena impuesta sin sujeción a requisito alguno en el caso de que el penado esté aquejado de una enfermedad muy grave con padecimientos incurables, salvo que en el momento de la comisión del delito tuviera ya otra pena suspendida por el mismo motivo.

5. Aun cuando no concurran las condiciones 1.ª y 2.ª previstas en el apartado 2 de este artículo, el juez o tribunal podrá acordar la suspensión de la ejecución de las penas privativas de libertad no superiores a cinco años de los penados que hubiesen cometido el hecho delictivo a causa de su dependencia de las sustancias señaladas en el numeral 2.º del artículo 20, siempre que se certifique suficientemente, por centro o servicio público o privado debidamente acreditado u homologado, que el condenado se encuentra deshabituado

o sometido a tratamiento para tal fin en el momento de decidir sobre la suspensión.

El juez o tribunal podrá ordenar la realización de las comprobaciones necesarias para verificar el cumplimiento de los anteriores requisitos.

En el caso de que el condenado se halle sometido a tratamiento de deshabituación, también se condicionará la suspensión de la ejecución de la pena a que no abandone el tratamiento hasta su finalización. No se entenderán abandono las recaídas en el tratamiento si éstas no evidencian un abandono definitivo del tratamiento de deshabituación.

6. En los delitos que sólo pueden ser perseguidos previa denuncia o querella del ofendido, los jueces y tribunales oirán a éste y, en su caso, a quien le represente, antes de conceder los beneficios de la suspensión de la ejecución de la pena.

Art. 81. El plazo de suspensión será de dos a cinco años para las penas privativas de libertad no superiores a dos años, y de tres meses a un año para las penas leves, y se fijará por el juez o tribunal, atendidos los criterios expresados en el párrafo segundo del apartado 1 del artículo 80.

En el caso de que la suspensión hubiera sido acordada de conformidad con lo dispuesto en el apartado 5 del artículo anterior, el plazo de suspensión será de tres a cinco años.

Art. 82. 1. El juez o tribunal resolverá en sentencia sobre la suspensión de la ejecución de la pena siempre que ello resulte posible. En los demás casos, una vez declarada la firmeza de la sentencia, se pronunciará con la mayor urgencia, previa audiencia a las partes, sobre la concesión o no de la suspensión de la ejecución de la pena.

2. El plazo de suspensión se computará desde la fecha de la resolución que la acuerda. Si la suspensión hubiera sido acordada en sentencia, el plazo de la suspensión se computará desde la fecha en que aquélla hubiere devenido firme.

No se computará como plazo de suspensión aquel en el que el penado se hubiera mantenido en situación de rebeldía.

Art. 81: Este artículo figura redactado conforme al texto de la LO 1/2015, de 30 de marzo (*BOE* n.º 77, de 31 de marzo).

Art. 82: Este artículo figura redactado conforme al texto de la LO 1/2015, de 30 de marzo (*BOE* n.º 77, de 31 de marzo).

Art. 83. 1. El juez o tribunal podrá condicionar la suspensión al cumplimiento de las siguientes prohibiciones y deberes cuando ello resulte necesario para evitar el peligro de comisión de nuevos delitos, sin que puedan imponerse deberes y obligaciones que resulten excesivos y desproporcionados:

Art. 83: Este artículo figura redactado conforme al texto de la LO 1/2015, de 30 de marzo (*BOE* n.º 77, de 31 de marzo), excepto su apartado 1.6.ª, que lo ha sido por LO 8/2021, de 4 de junio (*BOE* n.º 134, de 5 de junio), de protección integral a la infancia y la adolescencia frente a la violencia. Su redacción vigente hasta entonces era la siguiente:

> 6.ª Participar en programas formativos, laborales, culturales, de educación vial, sexual, de defensa del medio ambiente, de protección de los animales, de igualdad de trato y no discriminación, y otros similares.

El Capítulo IV del RD 840/2011, de 17 de junio (*BOE* n.º 145, de 18 de junio), por el que se establecen las circunstancias de ejecución de las penas de trabajo en beneficio de la comunidad y de localización permanente en centro penitenciario, de determinadas medidas de seguridad, así como de la suspensión de la ejecución de las penas privativas de libertad y sustitución de penas, establece lo siguiente:

«CAPÍTULO IV: DE LA SUSPENSIÓN DE LA EJECUCIÓN DE PENAS PRIVATIVAS DE LIBERTAD Y DE LA SUSTITUCIÓN DE PENAS.

»*Art. 14. Comunicación de la resolución judicial.*—Recibida la resolución o mandamiento judicial que determine las condiciones de cumplimiento de la suspensión de la ejecución de una pena privativa de libertad, así como los particulares necesarios, cuando se imponga algunos de los deberes u obligaciones previstos en el artículo 83.1.5.ª y 6.ª del Código Penal o la condición de tratamiento y demás requisitos previstos en su artículo 87, los servicios que gestionan las penas y medidas alternativas del lugar donde el penado tenga fijada su residencia realizarán las actuaciones necesarias para hacer efectivo su cumplimiento.

»*Art. 15. Elaboración del plan de intervención y seguimiento.*—1. Una vez recibida en los servicios de gestión de penas y medidas alternativas la documentación prevista en el artículo anterior, procederán al estudio y valoración de la situación del condenado y, en atención a la misma, elaborarán el plan individual de intervención y seguimiento, que se comunicará para su conocimiento al órgano jurisdiccional competente para la ejecución sin perjuicio de su inmediata ejecutividad.

»2. En el caso de que las circunstancias del condenado hagan necesario modificar alguna de las obligaciones inicialmente impuestas, se realizará la propuesta en el plan de intervención y se estará a la espera de lo que resuelva el órgano jurisdiccional competente para la ejecución.

»3. No obstante, en el caso de que el penado acredite fehacientemente que se opone al cumplimiento del plan de intervención, se informará al órgano jurisdiccional competente para la ejecución de tal hecho, a los efectos que considere oportunos.

»*Art. 16. Remisión al centro o servicio específico.*—Cuando corresponda, los servicios de gestión de penas y medidas alternativas remitirán el caso al servicio o centro correspondiente, para que el condenado inicie o continúe el tratamiento o programa judicialmente establecidos.

»*Art. 17. Seguimiento y control.*—Durante el período de suspensión, los servicios de gestión de penas y medidas alternativas efectuarán el control de las condiciones fijadas en el plan de intervención y seguimiento.

1.ª Prohibición de aproximarse a la víctima o a aquellos de sus familiares u otras personas que se determine por el juez o tribunal, a sus domicilios, a sus lugares de trabajo o a otros lugares habitualmente frecuentados por ellos, o de comunicar con los mismos por cualquier medio. La imposición de esta prohibición será siempre comunicada a las personas con relación a las cuales sea acordada.

2.ª Prohibición de establecer contacto con personas determinadas o con miembros de un grupo determinado, cuando existan indicios que permitan suponer fundadamente que tales sujetos pueden facilitarle la ocasión para cometer nuevos delitos o incitarle a hacerlo.

3.ª Mantener su lugar de residencia en un lugar determinado con prohibición de abandonarlo o ausentarse temporalmente sin autorización del juez o tribunal.

4.ª Prohibición de residir en un lugar determinado o de acudir al mismo, cuando en ellos pueda encontrar la ocasión o motivo para cometer nuevos delitos.

5.ª Comparecer personalmente con la periodicidad que se determine ante el juez o tribunal, dependencias policiales o servicio de la administración que se determine, para informar de sus actividades y justificarlas.

6.ª Participar en programas formativos, laborales, culturales, de educación vial, sexual, de defensa del medio ambiente, de protección de los animales, de igualdad de trato y no discriminación, resolución pacífica de conflictos, parentalidad positiva y otros similares.

7.ª Participar en programas de deshabituación al consumo de alcohol, drogas tóxicas o sustancias estupefacientes, o de tratamiento de otros comportamientos adictivos.

»*Art. 18. Informes.*—1. Los servicios de gestión de penas y medidas alternativas informarán al órgano jurisdiccional competente para la ejecución sobre la observancia de las reglas de conducta impuestas cuando así lo solicite o con la frecuencia que éste determine y, en todo caso, cada tres meses conforme al Código Penal.

»2. Asimismo, informarán cuando las circunstancias personales del condenado se modifiquen, cuando se produzca cualquier incumplimiento de las reglas de conducta impuestas y cuando haya finalizado el cumplimiento de las obligaciones impuestas.

»*Art. 19. Sustitución de penas.*—En el supuesto de sustitución regulado en el artículo 88.1 del Código Penal, si se impusiere al condenado, junto a la pena de trabajos en beneficio de la comunidad la obligación de seguir un programa específico de reeducación y tratamiento psicológico, los servicios de gestión de penas y medidas alternativas remitirán el condenado al centro, institución o servicio específico para la realización de dicho programa, de forma compatible con el cumplimiento de la pena, y realizarán el pertinente seguimiento del programa del que informarán oportunamente al órgano jurisdiccional competente para la ejecución.»

8.ª Prohibición de conducir vehículos de motor que no dispongan de dispositivos tecnológicos que condicionen su encendido o funcionamiento a la comprobación previa de las condiciones físicas del conductor, cuando el sujeto haya sido condenado por un delito contra la seguridad vial y la medida resulte necesaria para prevenir la posible comisión de nuevos delitos.

9.ª Cumplir los demás deberes que el juez o tribunal estime convenientes para la rehabilitación social del penado, previa conformidad de éste, siempre que no atenten contra su dignidad como persona.

2. Cuando se trate de delitos cometidos sobre la mujer por quien sea o haya sido su cónyuge, o por quien esté o haya estado ligado a ella por una relación similar de afectividad, aun sin convivencia, se impondrán siempre las prohibiciones y deberes indicados en las reglas 1.ª, 4.ª y 6.ª del apartado anterior.

3. La imposición de cualquiera de las prohibiciones o deberes de las reglas 1.ª, 2.ª, 3.ª o 4.ª del apartado 1 de este artículo será comunicada a las Fuerzas y Cuerpos de Seguridad del Estado, que velarán por su cumplimiento. Cualquier posible quebrantamiento o circunstancia relevante para valorar la peligrosidad del penado y la posibilidad de comisión futura de nuevos delitos, será inmediatamente comunicada al Ministerio Fiscal y al juez o tribunal de ejecución.

4. El control del cumplimiento de los deberes a que se refieren las reglas 6.ª, 7.ª y 8.ª del apartado 1 de este artículo corresponderá a los servicios de gestión de penas y medidas alternativas de la Administración penitenciaria. Estos servicios informarán al juez o tribunal de ejecución sobre el cumplimiento con una periodicidad al menos trimestral, en el caso de las reglas 6.ª y 8.ª, y semestral, en el caso de la 7.ª y, en todo caso, a su conclusión.

Asimismo, informarán inmediatamente de cualquier circunstancia relevante para valorar la peligrosidad del penado y la posibilidad de comisión futura de nuevos delitos, así como de los incumplimientos de la obligación impuesta o de su cumplimiento efectivo.

Art. 84. 1. El juez o tribunal también podrá condicionar la suspensión de la ejecución de la pena al cumplimiento de al-

---

Art. 84: Este artículo figura redactado conforme al texto de la LO 1/2015, de 30 de marzo (*BOE* n.º 77, de 31 de marzo).

guna o algunas de las siguientes prestaciones o medidas:

1.ª El cumplimiento del acuerdo alcanzado por las partes en virtud de mediación.

2.ª El pago de una multa, cuya extensión determinarán el juez o tribunal en atención a las circunstancias del caso, que no podrá ser superior a la que resultase de aplicar dos cuotas de multa por cada día de prisión sobre un límite máximo de dos tercios de su duración.

3.ª La realización de trabajos en beneficio de la comunidad, especialmente cuando resulte adecuado como forma de reparación simbólica a la vista de las circunstancias del hecho y del autor. La duración de esta prestación de trabajos se determinará por el juez o tribunal en atención a las circunstancias del caso, sin que pueda exceder de la que resulte de computar un día de trabajos por cada día de prisión sobre un límite máximo de dos tercios de su duración.

2. Si se hubiera tratado de un delito cometido sobre la mujer por quien sea o haya sido su cónyuge, o por quien esté o haya estado ligado a ella por una relación similar de afectividad, aun sin convivencia, o sobre los descendientes, ascendientes o hermanos por naturaleza, adopción o afinidad propios o del cónyuge o conviviente, o sobre los menores o personas con discapacidad necesitadas de especial protección que con él convivan o que se hallen sujetos a la potestad, tutela, curatela, acogimiento o guarda de hecho del cónyuge o conviviente, el pago de la multa a que se refiere la medida 2.ª del apartado anterior solamente podrá imponerse cuando conste acreditado que entre ellos no existen relaciones económicas derivadas de una relación conyugal, de convivencia o filiación, o de la existencia de una descendencia común.

Art. 85. Durante el tiempo de suspensión de la pena, y a la vista de la posible modificación de las circunstancias valoradas, el juez o tribunal podrá modificar la decisión que anteriormente hubiera adoptado conforme a los artículos 83 y 84, y acordar el alzamiento de todas o alguna de las prohibiciones, deberes o prestaciones que hubieran sido acordadas, su modificación o sustitución por otras que resulten menos gravosas.

Art. 85: Este artículo figura redactado conforme al texto de la LO 1/2015, de 30 de marzo (*BOE* n.º 77, de 31 de marzo).

Art. 86. 1. El juez o tribunal revocará la suspensión y ordenará la ejecución de la pena cuando el penado:

a) Sea condenado por un delito cometido durante el período de suspensión y ello ponga de manifiesto que la expectativa en la que se fundaba la decisión de suspensión adoptada ya no puede ser mantenida.

b) Incumpla de forma grave o reiterada las prohibiciones y deberes que le hubieran sido impuestos conforme al artículo 83, o se sustraiga al control de los servicios de gestión de penas y medidas alternativas de la Administración penitenciaria.

c) Incumpla de forma grave o reiterada las condiciones que, para la suspensión, hubieran sido impuestas conforme al artículo 84.

d) Facilite información inexacta o insuficiente sobre el paradero de bienes u objetos cuyo decomiso hubiera sido acordado; no dé cumplimiento al compromiso de pago de las responsabilidades civiles a que hubiera sido condenado, salvo que careciera de capacidad económica para ello; o facilite información inexacta o insuficiente sobre su patrimonio, incumpliendo la obligación impuesta en el artículo 589 de la Ley de Enjuiciamiento Civil.

2. Si el incumplimiento de las prohibiciones, deberes o condiciones no hubiera tenido carácter grave o reiterado, el juez o tribunal podrá:

a) Imponer al penado nuevas prohibiciones, deberes o condiciones, o modificar las ya impuestas.

b) Prorrogar el plazo de suspensión, sin que en ningún caso pueda exceder de la mitad de la duración del que hubiera sido inicialmente fijado.

3. En el caso de revocación de la suspensión, los gastos que hubiera realizado el penado para reparar el daño causado por el delito conforme al apartado 1 del artículo 84 no serán restituidos. Sin embargo, el juez o tribunal abonará a la pena los pagos y la prestación de trabajos que hubieran sido realizados o cumplidos conforme a las medidas 2.ª y 3.ª

4. En todos los casos anteriores, el juez o tribunal resolverá después de haber oído al Fiscal y a las demás partes. Sin embargo, podrá revocar la suspensión de la ejecución de la pena y ordenar el ingreso inmediato del penado en prisión cuando resulte imprescindible para evitar el riesgo de reitera-

---

Art. 86: Este artículo figura redactado conforme al texto de la LO 1/2015, de 30 de marzo (*BOE* n.º 77, de 31 de marzo).

ción delictiva, el riesgo de huida del penado o asegurar la protección de la víctima.

El juez o tribunal podrá acordar la realización de las diligencias de comprobación que fueran necesarias y acordar la celebración de una vista oral cuando lo considere necesario para resolver.

Art. 87. 1. Transcurrido el plazo de suspensión fijado sin haber cometido el sujeto un delito que ponga de manifiesto que la expectativa en la que se fundaba la decisión de suspensión adoptada ya no puede ser mantenida, y cumplidas de forma suficiente las reglas de conducta fijadas por el juez o tribunal, éste acordará la remisión de la pena.

2. No obstante, para acordar la remisión de la pena que hubiera sido suspendida conforme al apartado 5 del artículo 80, deberá acreditarse la deshabituación del sujeto o la continuidad del tratamiento. De lo contrario, el juez o tribunal ordenará su cumplimiento, salvo que, oídos los informes correspondientes, estime necesaria la continuación del tratamiento; en tal caso podrá conceder razonadamente una prórroga del plazo de suspensión por tiempo no superior a dos años.

SECCIÓN 2.ª

*De la sustitución de las penas privativas de libertad**

Art. 88. [...]

Art. 89. 1. Las penas de prisión de más de un año impuestas a un ciudadano extran-

---

Art. 87: Este artículo figura redactado conforme al texto de la LO 1/2015, de 30 de marzo (*BOE* n.º 77, de 31 de marzo).

V. nota al art. 368 CP, y la Ley 36/1999, de 18 de octubre (*BOE* n.º 250, de 19 de octubre), de concesión del subsidio de desempleo y de garantías de integración sociolaboral para los delincuentes toxicómanos que hayan visto suspendida la ejecución de su pena de conformidad con lo previsto en la legislación penal.

* V. RD 840/2011, de 17 de junio, por el que se establecen las circunstancias de ejecución de las penas de trabajo en beneficio de la comunidad y de localización permanente en centro penitenciario, de determinadas medidas de seguridad, así como de la suspensión de la ejecución de las penas privativas de libertad y sustitución de penas (*BOE* n.º 145, de 18 de junio).

Art. 88: Este artículo ha sido suprimido por la LO 1/2015, de 30 de marzo (*BOE* n.º 77, de 31 de marzo).

Art. 89: Este artículo figura redactado conforme al texto de la LO 1/2015, de 30 de marzo (*BOE* n.º 77, de 31 de marzo).

V. Protocolos n.os 4 y 7 al Convenio para la protección de los Derechos Humanos y de las Libertades Fundamentales, hechos en Estrasburgo, respectivamente, el 16 de septiembre de 1963 y el 22 de noviembre de 1984, y ratificados por España mediante

jero serán sustituidas por su expulsión del territorio español. Excepcionalmente, cuando resulte necesario para asegurar la defensa del orden jurídico y restablecer la confianza en la vigencia de la norma infringida por el delito, el juez o tribunal podrá acordar la ejecución de una parte de la pena que no podrá ser superior a dos tercios de su extensión, y la sustitución del resto por la expulsión del penado del territorio español. En todo caso, se sustituirá el resto de la pena por la expulsión del penado del territorio español cuando aquél acceda al tercer grado o le sea concedida la libertad condicional.

2. Cuando hubiera sido impuesta una pena de más de cinco años de prisión, o varias penas que excedieran de esa duración, el juez o tribunal acordará la ejecución de todo o parte de la pena, en la medida en que resulte necesario para asegurar la defensa del orden jurídico y restablecer la confianza en la vigencia de la norma infringida por el delito. En estos casos, se sustituirá la ejecución del resto de la pena por la expulsión del penado del territorio español, cuando el penado cumpla la parte de la pena que se hubiera determinado, acceda al tercer grado o se le conceda la libertad condicional.

3. El juez o tribunal resolverá en sentencia sobre la sustitución de la ejecución de la pena siempre que ello resulte posible. En los demás casos, una vez declarada la firmeza de la sentencia, se pronunciará con la mayor urgencia, previa audiencia al Fiscal y a las demás partes, sobre la concesión o no de la sustitución de la ejecución de la pena.

Instrumentos de 28 de agosto de 2009 (*BOE* n.os 247 y 249, de 13 y 15 de octubre, respectivamente); LO 4/2000, de 11 de enero (*BOE* n.º 10, de 12 de enero; corrección de errores en *BOE* n.º 20, de 24 de enero), sobre derechos y libertades de los extranjeros en España y su integración social, modificada por LO 8/2000, de 22 de diciembre (*BOE* n.º 307, de 23 de diciembre; corrección de errores en *BOE* n.º 47, de 23 de febrero de 2001), por LO 11/2003, de 29 de septiembre (*BOE* n.º 234, de 30 de septiembre), por LO 2/2009, de 11 de diciembre (*BOE* n.º 299, de 12 de diciembre), por LO 10/2011, de 27 de julio (*BOE* n.º 180, de 28 de julio), y por LO 8/2015, de 22 de julio (*BOE* n.º 175, de 23 de julio), e interpretada por STS de 10 de febrero de 2015 (*BOE* n.º 119, de 19 de mayo); y especialmente su art. 57; y su Reglamento, aprobado por RD 557/2011, de 20 de abril (*BOE* n.º 103, de 30 de abril; corrección de errores en *BOE* n.º 145, de 18 de junio), algunos de cuyos preceptos han sido anulados por la STS de 12 de marzo de 2013 (*BOE* n.º 98, de 24 de abril), y modificado por RD 844/2013, de 31 de octubre (*BOE* n.º 262, de 1 de noviembre), y por RD 162/2014, de 14 de marzo (*BOE* n.º 64, de 15 de marzo). V., también, dicho RD 162/2014, de 14 de marzo, por el que se aprueba el Reglamento de funcionamiento y régimen interior de los Centros de internamiento de extranjeros, anulado en algunos extremos por la indicada STS de 10 de febrero de 2015.

4. No procederá la sustitución cuando, a la vista de las circunstancias del hecho y las personales del autor, en particular su arraigo en España, la expulsión resulte desproporcionada.

La expulsión de un ciudadano de la Unión Europea solamente procederá cuando represente una amenaza grave para el orden público o la seguridad pública en atención a la naturaleza, circunstancias y gravedad del delito cometido, sus antecedentes y circunstancias personales.

Si hubiera residido en España durante los diez años anteriores procederá la expulsión cuando además:

a) Hubiera sido condenado por uno o más delitos contra la vida, libertad, integridad física y libertad e indemnidad sexuales castigados con pena máxima de prisión de más de cinco años y se aprecie fundadamente un riesgo grave de que pueda cometer delitos de la misma naturaleza.

b) Hubiera sido condenado por uno o más delitos de terrorismo u otros delitos cometidos en el seno de un grupo u organización criminal.

En estos supuestos será en todo caso de aplicación lo dispuesto en el apartado 2 de este artículo.

5. El extranjero no podrá regresar a España en un plazo de cinco a diez años, contados desde la fecha de su expulsión, atendidas la duración de la pena sustituida y las circunstancias personales del penado.

6. La expulsión llevará consigo el archivo de cualquier procedimiento administrativo que tuviera por objeto la autorización para residir o trabajar en España.

7. Si el extranjero expulsado regresara a España antes de transcurrir el período de tiempo establecido judicialmente, cumplirá las penas que fueron sustituidas, salvo que, excepcionalmente, el juez o tribunal, reduzca su duración cuando su cumplimiento resulte innecesario para asegurar la defensa del orden jurídico y restablecer la confianza en la norma jurídica infringida por el delito, en atención al tiempo transcurrido desde la expulsión y las circunstancias en las que se haya producido su incumplimiento.

No obstante, si fuera sorprendido en la frontera, será expulsado directamente por la autoridad gubernativa, empezando a computarse de nuevo el plazo de prohibición de entrada en su integridad.

8. Cuando, al acordarse la expulsión en cualquiera de los supuestos previstos en este artículo, el extranjero no se encuentre o no quede efectivamente privado de libertad en

ejecución de la pena impuesta, el juez o tribunal podrá acordar, con el fin de asegurar la expulsión, su ingreso en un centro de internamiento de extranjeros, en los términos y con los límites y garantías previstos en la ley para la expulsión gubernativa.

En todo caso, si acordada la sustitución de la pena privativa de libertad por la expulsión, ésta no pudiera llevarse a efecto, se procederá a la ejecución de la pena originariamente impuesta o del período de condena pendiente, o a la aplicación, en su caso, de la suspensión de la ejecución de la misma.

9. No serán sustituidas las penas que se hubieran impuesto por la comisión de los delitos a que se refieren los artículos 177 bis, 312, 313 y 318 bis.

SECCIÓN 3.ª

*De la libertad condicional**

Art. 90. 1. El juez de vigilancia penitenciaria acordará la suspensión de la ejecución del

---

* V. arts. 67, 72 y 76.2.*b*) LOGP; arts. 192 a 202 y 205 RP; arts. 29 ss. Reglamento de Establecimientos Penitenciarios Militares, aprobado por RD 1.396/1992, de 20 de noviembre (*BOE* n.º 305, de 21 de diciembre); y Ley de 23 de julio de 1914 (*Gaceta* n.º 211, de 30 de julio), sobre libertad condicional.

Art. 90: Este artículo figura redactado conforme al texto de la LO 1/2015, de 30 de marzo (*BOE* n.º 77, de 31 de marzo).

Los apartados 5 y 6 del art. 72 de la LO 1/1979, de 26 de septiembre, General Penitenciaria, a que se refiere este artículo, fueron también incorporados por la LO 7/2003, y tienen el siguiente texto:

«5. La clasificación o progresión al tercer grado de tratamiento requerirá, además de los requisitos previstos por el Código Penal, que el penado haya satisfecho la responsabilidad civil derivada del delito, considerando a tales efectos la conducta efectivamente observada en orden a restituir lo sustraído, reparar el daño e indemnizar los perjuicios materiales y morales; las condiciones personales y patrimoniales del culpable, a efectos de valorar su capacidad real, presente y futura para satisfacer la responsabilidad civil que le correspondiera; las garantías que permitan asegurar la satisfacción futura; la estimación del enriquecimiento que el culpable hubiera obtenido por la comisión del delito y, en su caso, el daño o entorpecimiento producido al servicio público, así como la naturaleza de los daños y perjuicios causados por el delito, el número de perjudicados y su condición.

»Singularmente, se aplicará esta norma cuando el interno hubiera sido condenado por la comisión de alguno de los siguientes delitos:

»*a*) Delitos contra el patrimonio y contra el orden socioeconómico que hubieran revestido notoria gravedad y hubieran perjudicado a una generalidad de personas.

»*b*) Delitos contra los derechos de los trabajadores.

»*c*) Delitos contra la Hacienda Pública y contra la Seguridad Social.

»*d*) Delitos contra la Administración Pública comprendidos en los Capítulos V al IX del Título XIX del Libro II del Código Penal.

»6. Del mismo modo, la clasificación o progresión al tercer grado de tratamiento penitenciario de personas condenadas por delitos de terrorismo de la sección segunda

resto de la pena de prisión y concederá la libertad condicional al penado que cumpla los siguientes requisitos:

a) Que se encuentre clasificado en tercer grado.

b) Que haya extinguido las tres cuartas partes de la pena impuesta.

c) Que haya observado buena conducta.

Para resolver sobre la suspensión de la ejecución del resto de la pena y concesión de la libertad condicional, el juez de vigilancia penitenciaria valorará la personalidad del penado, sus antecedentes, las circunstancias del delito cometido, la relevancia de los bienes jurídicos que podrían verse afectados por una reiteración en el delito, su conducta durante el cumplimiento de la pena, sus circunstancias familiares y sociales y los efectos que quepa esperar de la propia suspensión de la ejecución y del cumplimiento de las medidas que fueren impuestas.

No se concederá la suspensión si el penado no hubiese satisfecho la responsabilidad civil derivada del delito en los supuestos y conforme a los criterios establecidos por los apartados 5 y 6 del artículo 72 de la Ley Orgánica 1/1979, de 26 de septiembre, General Penitenciaria.

2. También podrá acordar la suspensión de la ejecución del resto de la pena y conceder la libertad condicional a los penados que cumplan los siguientes requisitos:

a) Que hayan extinguido dos terceras parte de su condena.

b) Que durante el cumplimiento de su pena hayan desarrollado actividades laborales, culturales u ocupacionales, bien de forma continuada, bien con un aprovechamiento del que se haya derivado una modificación

---

del Capítulo V del Título XXII del Libro II del Código Penal o cometidos en el seno de organizaciones criminales, requerirá, además de los requisitos previstos por el Código Penal y la satisfacción de la responsabilidad civil con sus rentas y patrimonio presentes y futuros en los términos de apartado anterior, que muestren signos inequívocos de haber abandonado los fines y los medios terroristas, y además hayan colaborado activamente con las autoridades, bien para impedir la producción de otros delitos por parte de la banda armada, organización o grupo terrorista, bien para atenuar los efectos de su delito, bien para la identificación, captura y procesamiento de responsables de delitos terroristas, para obtener pruebas o para impedir la actuación o el desarrollo de las organizaciones o asociaciones a las que hayan pertenecido o con las que haya colaborado, lo que podrá acreditarse mediante una declaración expresa de repudio de sus actividades delictivas y de abandono de la violencia y una petición expresa de perdón a las víctimas de su delito, así como por los informes técnicos que acrediten que el preso está realmente desvinculado de la organización terrorista y del entorno y actividades de asociaciones y colectivos ilegales que la rodean y su colaboración con las autoridades.»

relevante y favorable de aquellas de sus circunstancias personales relacionadas con su actividad delictiva previa.

c) Que acredite el cumplimiento de los requisitos a que se refiere el apartado anterior, salvo el de haber extinguido tres cuartas partes de su condena.

A propuesta de Instituciones Penitenciarias y previo informe del Ministerio Fiscal y de las demás partes, cumplidas las circunstancias de las letras *a*) y *c*) del apartado anterior, el juez de vigilancia penitenciaria podrá adelantar, una vez extinguida la mitad de la condena, la concesión de la libertad condicional en relación con el plazo previsto en el apartado anterior, hasta un máximo de noventa días por cada año transcurrido de cumplimiento efectivo de condena. Esta medida requerirá que el penado haya desarrollado continuadamente las actividades indicadas en la letra *b*) de este apartado y que acredite, además, la participación efectiva y favorable en programas de reparación a las víctimas o programas de tratamiento o desintoxicación, en su caso.

3. Excepcionalmente, el juez de vigilancia penitenciaria podrá acordar la suspensión de la ejecución del resto de la pena y conceder la libertad condicional a los penados en que concurran los siguientes requisitos:

a) Que se encuentren cumpliendo su primera condena de prisión y que ésta no supere los tres años de duración.

b) Que hayan extinguido la mitad de su condena.

c) Que acredite el cumplimiento de los requisitos a que se refiere el apartado 1, salvo el de haber extinguido tres cuartas partes de su condena, así como el regulado en la letra *b*) del apartado anterior.

Este régimen no será aplicable a los penados que lo hayan sido por la comisión de un delito contra la libertad e indemnidad sexuales.

4. El juez de vigilancia penitenciaria podrá denegar la suspensión de la ejecución del resto de la pena cuando el penado hubiera dado información inexacta o insuficiente sobre el paradero de bienes u objetos cuyo decomiso hubiera sido acordado; no dé cumplimiento conforme a su capacidad al compromiso de pago de las responsabilidades civiles a que hubiera sido condenado; o facilite información inexacta o insuficiente sobre su patrimonio, incumpliendo la obligación impuesta en el artículo 589 de la Ley de Enjuiciamiento Civil.

También podrá denegar la suspensión de la ejecución del resto de la pena impuesta para alguno de los delitos previstos en el Título XIX del Libro II de este Código, cuando el penado hubiere eludido el cumplimiento de las responsabilidades pecuniarias o la reparación del daño económico causado a la Administración a que hubiere sido condenado.

5. En los casos de suspensión de la ejecución del resto de la pena y concesión de la libertad condicional, resultarán aplicables las normas contenidas en los artículos 83, 86 y 87.

El juez de vigilancia penitenciaria, a la vista de la posible modificación de las circunstancias valoradas, podrá modificar la decisión que anteriormente hubiera adoptado conforme al artículo 83, y acordar la imposición de nuevas prohibiciones, deberes o prestaciones, la modificación de las que ya hubieran sido acordadas o el alzamiento de las mismas.

Asimismo, el juez de vigilancia penitenciaria revocará la suspensión de la ejecución del resto de la pena y la libertad condicional concedida cuando se ponga de manifiesto un cambio de las circunstancias que hubieran dado lugar a la suspensión que no permita mantener ya el pronóstico de falta de peligrosidad en que se fundaba la decisión adoptada.

El plazo de suspensión de la ejecución del resto de la pena será de dos a cinco años. En todo caso, el plazo de suspensión de la ejecución y de libertad condicional no podrá ser inferior a la duración de la parte de pena pendiente de cumplimiento. El plazo de suspensión y libertad condicional se computará desde la fecha de puesta en libertad del penado.

6. La revocación de la suspensión de la ejecución del resto de la pena y libertad condicional dará lugar a la ejecución de la parte de la pena pendiente de cumplimiento. El tiempo transcurrido en libertad condicional no será computado como tiempo de cumplimiento de la condena.

7. El juez de vigilancia penitenciaria resolverá de oficio sobre la suspensión de la ejecución del resto de la pena y concesión de la libertad condicional a petición del penado. En el caso de que la petición no fuera estimada, el juez o tribunal podrá fijar un plazo de seis meses, que motivadamente podrá ser prolongado a un año, hasta que la pretensión pueda ser nuevamente planteada.

8. En el caso de personas condenadas por delitos cometidos en el seno de organizaciones criminales o por alguno de los delitos regulados en el Capítulo VII del Título XXII del Libro II de este Código, la suspensión de la ejecución del resto de la pena impuesta y concesión de la libertad condicional requiere que

el penado muestre signos inequívocos de haber abandonado los fines y los medios de la actividad terrorista y haya colaborado activamente con las autoridades, bien para impedir la producción de otros delitos por parte de la organización o grupo terrorista, bien para atenuar los efectos de su delito, bien para la identificación, captura y procesamiento de responsables de delitos terroristas, para obtener pruebas o para impedir la actuación o el desarrollo de las organizaciones o asociaciones a las que haya pertenecido o con las que haya colaborado, lo que podrá acreditarse mediante una declaración expresa de repudio de sus actividades delictivas y de abandono de la violencia y una petición expresa de perdón a las víctimas de su delito, así como por los informes técnicos que acrediten que el preso está realmente desvinculado de la organización terrorista y del entorno y actividades de asociaciones y colectivos ilegales que la rodean y su colaboración con las autoridades.

Los apartados 2 y 3 no serán aplicables a las personas condenadas por la comisión de alguno de los delitos regulados en el Capítulo VII del Título XXII del Libro II de este Código o por delitos cometidos en el seno de organizaciones criminales.

Art. 91. 1. No obstante lo dispuesto en el artículo anterior, los penados que hubieran cumplido la edad de setenta años, o la cumplan durante la extinción de la condena, y reúnan los requisitos exigidos en el artículo anterior, excepto el de haber extinguido las tres cuartas partes de aquélla, las dos terceras partes o, en su caso, la mitad de la condena, podrán obtener la suspensión de la ejecución del resto de la pena y la concesión de la libertad condicional.

El mismo criterio se aplicará cuando se trate de enfermos muy graves con padecimientos incurables, y así quede acreditado tras la práctica de los informes médicos que, a criterio del juez de vigilancia penitenciaria, se estimen necesarios.

2. Constando a la Administración penitenciaria que el interno se halla en cualquiera de los casos previstos en los párrafos anteriores, elevará el expediente de libertad condicional, con la urgencia que el caso requiera, al juez de vigilancia penitenciaria, quien, a la hora de resolverlo, valorará junto a las circunstancias personales la di-

---

Art. 91: Este artículo figura redactado conforme al texto de la LO 1/2015, de 30 de marzo (*BOE* n.º 77, de 31 de marzo).

ficultad para delinquir y la escasa peligrosidad del sujeto.

3. Si el peligro para la vida del interno, a causa de su enfermedad o de su avanzada edad, fuera patente, por estar así acreditado por el dictamen del médico forense y de los servicios médicos del establecimiento penitenciario, el juez o tribunal podrá, sin necesidad de que se acredite el cumplimiento de ningún otro requisito y valorada la falta de peligrosidad relevante del penado, acordar la suspensión de la ejecución del resto de la pena y concederle la libertad condicional sin más trámite que requerir al centro penitenciario el informe de pronóstico final al objeto de poder hacer la valoración a que se refiere el apartado anterior.

En este caso, el penado estará obligado a facilitar al servicio médico penitenciario, al médico forense, o a aquel otro que se determine por el juez o tribunal, la información necesaria para poder valorar sobre la evolución de su enfermedad.

El incumplimiento de esta obligación podrá dar lugar a la revocación de la suspensión de la ejecución y de la libertad condicional.

4. Son aplicables al supuesto regulado en este artículo las disposiciones contenidas en los apartados 4, 5 y 6 del artículo anterior.

Art. 92. 1. El tribunal acordará la suspensión de la ejecución de la pena de prisión permanente revisable cuando se cumplan los siguientes requisitos:

a) Que el penado haya cumplido veinticinco años de su condena, sin perjuicio de lo dispuesto en el artículo 78 bis para los casos regulados en el mismo.

b) Que se encuentre clasificado en tercer grado.

c) Que el tribunal, a la vista de la personalidad del penado, sus antecedentes, las circunstancias del delito cometido, la relevancia de los bienes jurídicos que podrían verse afectados por una reiteración en el delito, su conducta durante el cumplimiento de la pena, sus circunstancias familiares y sociales, y los efectos que quepa esperar de la propia suspensión de la ejecución y del cumplimiento de las medidas que fueren impuestas, pueda fundar, previa valoración de los informes de evolución remitidos por el centro penitenciario y por aquellos especialistas que el propio tri-

---

Art. 92: Este artículo figura redactado conforme al texto de la LO 1/2015, de 30 de marzo (*BOE* n.º 77, de 31 de marzo).

V. art. 196 RP.

bunal determine, la existencia de un pronóstico favorable de reinserción social.

En el caso de que el penado lo hubiera sido por varios delitos, el examen de los requisitos a que se refiere la letra *c*) se realizará valorando en su conjunto todos los delitos cometidos.

El tribunal resolverá sobre la suspensión de la pena de prisión permanente revisable tras un procedimiento oral contradictorio en el que intervendrán el Ministerio Fiscal y el penado, asistido por su abogado.

2. Si se tratase de delitos referentes a organizaciones y grupos terroristas y delitos de terrorismo del Capítulo VII del Título XXII del Libro II de este Código, será además necesario que el penado muestre signos inequívocos de haber abandonado los fines y los medios de la actividad terrorista y haya colaborado activamente con las autoridades, bien para impedir la producción de otros delitos por parte de la organización o grupo terrorista, bien para atenuar los efectos de su delito, bien para la identificación, captura y procesamiento de responsables de delitos terroristas, para obtener pruebas o para impedir la actuación o el desarrollo de las organizaciones o asociaciones a las que haya pertenecido o con las que haya colaborado, lo que podrá acreditarse mediante una declaración expresa de repudio de sus actividades delictivas y de abandono de la violencia y una petición expresa de perdón a las víctimas de su delito, así como por los informes técnicos que acrediten que el preso está realmente desvinculado de la organización terrorista y del entorno y actividades de asociaciones y colectivos ilegales que la rodean y su colaboración con las autoridades.

3. La suspensión de la ejecución tendrá una duración de cinco a diez años. El plazo de suspensión y libertad condicional se computará desde la fecha de puesta en libertad del penado. Son aplicables las normas contenidas en el párrafo segundo del apartado 1 del artículo 80 y en los artículos 83, 86, 87 y 91.

El juez o tribunal, a la vista de la posible modificación de las circunstancias valoradas, podrá modificar la decisión que anteriormente hubiera adoptado conforme al artículo 83, y acordar la imposición de nuevas prohibiciones, deberes o prestaciones, la modificación de las que ya hubieran sido acordadas, o el alzamiento de las mismas.

Asimismo, el juez de vigilancia penitenciaria revocará la suspensión de la ejecución del resto de la pena y la libertad condicional concedida cuando se ponga de manifiesto un cambio de las circunstancias que hubieran dado lugar a la suspensión que no permita mantener ya el pronóstico de falta de peligrosidad en que se fundaba la decisión adoptada.

4. Extinguida la parte de la condena a que se refiere la letra *a*) del apartado 1 de este artículo o, en su caso, en el artículo 78 bis, el tribunal deberá verificar, al menos cada dos años, el cumplimiento del resto de requisitos de la libertad condicional. El tribunal resolverá también las peticiones de concesión de la libertad condicional del penado, pero podrá fijar un plazo de hasta un año dentro del cual, tras haber sido rechazada una petición, no se dará curso a sus nuevas solicitudes.

Art. 93. [...]

SECCIÓN 4.ª

Disposiciones comunes

Art. 94. A los efectos previstos en la Sección 2.ª de este capítulo, se consideran reos habituales los que hubieren cometido tres o más delitos de los comprendidos en un mismo capítulo, en un plazo no superior a cinco años, y hayan sido condenados por ello.

Para realizar este cómputo se considerarán, por una parte, el momento de posible suspensión o sustitución de la pena conforme al artículo 88 y, por otra parte, la fecha de comisión de aquellos delitos que fundamenten la apreciación de la habitualidad.

Art. 94 bis. A los efectos previstos en este capítulo, las condenas firmes de jueces o tribunales impuestas en otros Estados de la Unión Europea tendrán el mismo valor que las impuestas por los jueces o tribunales españoles salvo que sus antecedentes hubieran sido cancelados, o pudieran serlo con arreglo al Derecho español.

Art. 93: Este artículo ha sido suprimido por la LO 1/2015, de 30 de marzo (*BOE* n.º 77, de 31 de marzo).

Art. 94: Este artículo figura redactado conforme al texto de la LO 15/2003, de 25 de noviembre (*BOE* n.º 283, de 26 de noviembre; corrección de errores en *BOE* n.º 65, de 16 de marzo, y n.º 80, de 2 de abril, ambos de 2004).

Art. 94 bis: Este artículo ha sido añadido por la LO 1/2015, de 30 de marzo (*BOE* n.º 77, de 31 de marzo).

TÍTULO IV

De las medidas de seguridad*

CAPÍTULO PRIMERO

DE LAS MEDIDAS DE SEGURIDAD EN GENERAL

Art. 95. 1. Las medidas de seguridad se aplicarán por el juez o tribunal, previos los informes que estime convenientes, a las personas que se encuentren en los supuestos previstos en el capítulo siguiente de este Código, siempre que concurran estas circunstancias:

1.ª Que el sujeto haya cometido un hecho previsto como delito.

2.ª Que del hecho y de las circunstancias personales del sujeto pueda deducirse un pronóstico de comportamiento futuro que revele la probabilidad de comisión de nuevos delitos.

2. Cuando la pena que hubiere podido imponerse por el delito cometido no fuere privativa de libertad, el juez o tribunal sentenciador sólo podrá acordar alguna o algunas de las medidas previstas en el artículo 96.3.

Art. 96. 1. Las medidas de seguridad que se pueden imponer con arreglo a este Código son privativas y no privativas de libertad.

2. Son medidas privativas de libertad:

1.ª El internamiento en centro psiquiátrico.

2.ª El internamiento en centro de deshabituación.

3.ª El internamiento en centro educativo especial.

3. Son medidas no privativas de libertad:

---

* V. RD 840/2011, de 17 de junio, por el que se establecen las circunstancias de ejecución de las penas de trabajo en beneficio de la comunidad y de localización permanente en centro penitenciario, de determinadas medidas de seguridad, así como de la suspensión de la ejecución de las penas privativas de libertad y sustitución de penas (*BOE* n.º 145, de 18 de junio).

Art. 95: Este artículo figura redactado conforme al texto de la LO 15/2003, de 25 de noviembre (*BOE* n.º 283, de 26 de noviembre; corrección de errores en *BOE* n.º 65, de 16 de marzo, y n.º 80, de 2 de abril, ambos de 2004). V. art. 6.º CP.

Art. 96: Este artículo figura redactado conforme al texto de la LO 15/2003, de 25 de noviembre (*BOE* n.º 283, de 26 de noviembre; corrección de errores en *BOE* n.º 65, de 16 de marzo, y n.º 80, de 2 de abril, ambos de 2004). El apartado 3 de este artículo figura redactado conforme al texto de la LO 5/2010, de 22 de junio (*BOE* n.º 152, de 23 de junio).

1.ª La inhabilitación profesional.

2.ª La expulsión del territorio nacional de extranjeros no residentes legalmente en España.

3.ª La libertad vigilada.

4.ª La custodia familiar. El sometido a esta medida quedará sujeto al cuidado y vigilancia del familiar que se designe y que acepte la custodia, quien la ejercerá en relación con el Juez de Vigilancia Penitenciaria y sin menoscabo de las actividades escolares o laborales del custodiado.

5.ª La privación del derecho a conducir vehículos a motor y ciclomotores.

6.ª La privación del derecho a la tenencia y porte de armas.

Art. 97. Durante la ejecución de la sentencia, el juez o tribunal sentenciador adoptará, por el procedimiento establecido en el artículo siguiente, alguna de las siguientes decisiones:

a) Mantener la ejecución de la medida de seguridad impuesta.

b) Decretar el cese de cualquier medida de seguridad impuesta en cuanto desaparezca la peligrosidad criminal del sujeto.

c) Sustituir una medida de seguridad por otra que estime más adecuada, entre las previstas para el supuesto de que se trate. En el caso de que fuera acordada la sustitución y el sujeto evolucionara desfavorablemente, se dejará sin efecto la sustitución, volviéndose a aplicar la medida sustituida.

d) Dejar en suspenso la ejecución de la medida en atención al resultado ya obtenido con su aplicación, por un plazo no superior al que reste hasta el máximo señalado en la sentencia que la impuso. La suspensión quedará condicionada a que el sujeto no delinca durante el plazo fijado, y podrá dejarse sin efecto si nuevamente resultara acreditada cualquiera de las circunstancias previstas en el artículo 95 de este Código.

Art. 98. 1. A los efectos del artículo anterior, cuando se

Art. 96.3.2.ª: V. RD 162/2014, de 14 de marzo (*BOE* n.º 64, de 15 de marzo), por el que se aprueba el Reglamento de funcionamiento y régimen interior de los Centros de internamiento de extranjeros, anulado en algunos extremos por STS de 10 de febrero de 2015 (*BOE* n.º 119, de 19 de mayo).

Art. 97: Este artículo figura redactado conforme al texto de la LO 5/2010, de 22 de junio (*BOE* n.º 152, de 23 de junio).

Art. 98: Este artículo figura redactado conforme al texto de la LO 5/2010, de 22 de junio (*BOE* n.º 152, de 23 de junio).

trate de una medida de seguridad privativa de libertad o de una medida de libertad vigilada que deba ejecutarse después del cumplimiento de una pena privativa de libertad, el Juez de Vigilancia Penitenciaria estará obligado a elevar al menos anualmente, una propuesta de mantenimiento, cese, sustitución o suspensión de la misma. Para formular dicha propuesta el Juez de Vigilancia Penitenciaria deberá valorar los informes emitidos por los facultativos y profesionales que asistan al sometido a medida de seguridad o por las Administraciones Públicas competentes y, en su caso, el resultado de las demás actuaciones que a este fin ordene.

2. Cuando se trate de cualquier otra medida no privativa de libertad, el juez o tribunal sentenciador recabará directamente de las Administraciones, facultativos y profesionales a que se refiere el apartado anterior, los oportunos informes acerca de la situación y la evolución del condenado, su grado de rehabilitación y el pronóstico de reincidencia o reiteración delictiva.

3. En todo caso, el juez o tribunal sentenciador resolverá motivadamente a la vista de la propuesta o los informes a los que respectivamente se refieren los dos apartados anteriores, oída la propia persona sometida a la medida, así como el Ministerio Fiscal y las demás partes. Se oirá asimismo a las víctimas del delito que no estuvieren personadas cuando así lo hubieran solicitado al inicio o en cualquier momento de la ejecución de la sentencia y permanezcan localizables a tal efecto.

Art. 99. En el caso de concurrencia de penas y medidas de seguridad privativas de libertad, el juez o tribunal ordenará el cumplimiento de la medida, que se abonará para el de la pena. Una vez alzada la medida de seguridad, el juez o tribunal podrá, si con la ejecución de la pena se pusieran en peligro los efectos conseguidos a través de aquélla, suspender el cumplimiento del resto de la pena por un plazo no superior a la duración de la misma, o aplicar alguna de las medidas previstas en el artículo 96.3.

Art. 99: Este artículo figura redactado conforme al texto de la LO 15/2003, de 25 de noviembre (*BOE* n.º 283, de 26 de noviembre; corrección de errores en *BOE* n.º 65, de 16 de marzo, y n.º 80, de 2 de abril, ambos de 2004).

Art. 100. 1. El quebrantamiento de una medida de seguridad de internamiento dará lugar a que el juez o tribunal ordene el reingreso del sujeto en el mismo centro del que se hubiese evadido o en otro que corresponda a su estado.

2. Si se tratare de otras medidas, el juez o tribunal podrá acordar la sustitución de la quebrantada por la de internamiento si ésta estuviese prevista para el supuesto de que se trate y si el quebrantamiento demostrase su necesidad.

3. En ambos casos el juez o tribunal deducirá testimonio por el quebrantamiento. A estos efectos, no se considerará quebrantamiento de la medida la negativa del sujeto a someterse a tratamiento médico o a continuar un tratamiento médico inicialmente consentido. No obstante, el juez o tribunal podrá acordar la sustitución del tratamiento inicial o posteriormente rechazado por otra medida de entre las aplicables al supuesto de que se trate.

CAPÍTULO II

DE LA APLICACIÓN DE LAS MEDIDAS DE SEGURIDAD*

SECCIÓN 1.ª

De las medidas privativas de libertad

Art. 101. 1. Al sujeto que sea declarado exento de responsabilidad criminal conforme al número 1.º del artículo 20, se le podrá aplicar, si fuere necesaria, la medida de internamiento para tratamiento médico o educación especial en un establecimiento adecuado al tipo de anomalía o altera-

---

Art. 100: Este artículo figura redactado conforme al texto de la LO 15/2003, de 25 de noviembre (*BOE* n.º 283, de 26 de noviembre; corrección de errores en *BOE* n.º 65, de 16 de marzo, y n.º 80, de 2 de abril, ambos de 2004). El apartado 3 de este artículo figura redactado conforme al texto de la LO 5/2010, de 22 de junio (*BOE* n.º 152, de 23 de junio). V. art. 468 CP.

* El Capítulo V del RD 840/2011, de 17 de junio (*BOE* n.º 145, de 18 de junio), por el que se establecen las circunstancias de ejecución de las penas de trabajo en beneficio de la comunidad y de localización permanente en centro penitenciario, de determinadas medidas de seguridad, así como de la suspensión de la ejecución de las penas privativas de libertad y sustitución de penas, establece lo siguiente:

«CAPÍTULO V: DEL CUMPLIMIENTO DE MEDIDAS DE SEGURIDAD COMPETENCIA DE LA ADMINISTRACIÓN PENITENCIARIA.

»SECCIÓN 1.ª *Medidas de seguridad privativas de libertad.*

»*Art. 20. Medidas de seguridad.*—Las medidas de seguridad se cumplirán en los centros adecuados, públicos o concertados de las Administraciones públicas competentes por razón de la materia y del territorio.

ción psíquica que se aprecie, o cualquier otra de las medidas previstas en el apartado 3 del artículo 96. El internamiento no podrá exceder del tiempo que habría durado la pena privativa de libertad, si hubiera sido declarado responsable el sujeto, y a tal efecto el juez o tribunal fijará en la sentencia ese límite máximo.

2. El sometido a esta medida no podrá abandonar el establecimiento sin autorización del juez o tribunal sentenciador, de conformidad con lo previsto en el artículo 97 de este Código.

Art. 102. 1. A los exentos de responsabilidad penal conforme al número 2.º del artículo 20 se les aplicará, si fuere necesaria, la medida de internamiento en centro de deshabituación público, o privado debidamente acreditado u homologado, o cualquiera otra de las medidas previstas en el apartado 3 del artículo 96. El internamiento no podrá exceder del tiempo que habría durado la pena privativa de libertad, si el sujeto hubiere sido declarado responsable, y a tal efecto el juez o tribunal fijará ese límite máximo en la sentencia.

2. El sometido a esta medida no podrá abandonar el establecimiento sin autorización del juez o tribunal sentenciador de conformidad con lo previsto en el artículo 97 de este Código.

»*Art. 21. Competencia de la Administración Penitenciaria.*—La Administración penitenciaria será competente para la ejecución de las medidas privativas de libertad de internamiento en establecimiento o unidad psiquiátrica penitenciaria.

»*Art. 22. Cumplimiento en establecimiento o unidad psiquiátrica.*—1. Cuando la autoridad judicial acuerde la imposición de una medida de seguridad de internamiento en un establecimiento o unidad psiquiátrica penitenciaria, se estará a lo dispuesto en los artículos 183 a 191 del Reglamento Penitenciario vigente.

»2. Lo dispuesto en el apartado anterior es también aplicable a los casos en los que el Juez de Vigilancia Penitenciaria imponga una medida de seguridad de internamiento al amparo de lo previsto en el artículo 60 del Código Penal.

»SECCIÓN 2.ª *Libertad vigilada posterior al cumplimiento de la pena privativa de libertad.*

»*Art. 23. Competencia de la Administración Penitenciaria.*—En los supuestos en que se haya impuesto al penado la medida de libertad vigilada de cumplimiento posterior a una pena privativa de libertad, la Administración Penitenciaria, antes de finalizar el cumplimiento de la pena privativa de libertad y a solicitud del Juez de Vigilancia Penitenciaria, elevará a éste un informe técnico sobre la evolución del penado, a los efectos previstos en el artículo 106, párrafo 2, del Código Penal. El referido informe será elaborado por la Junta de Tratamiento, u órgano autonómico equivalente, del Centro Penitenciario en el que el penado se encuentre cumpliendo condena, o del que esté adscrito si se encuentra en libertad condicional.»

Art. 101: V. arts. 100 CP y 182 a 191 RP.

Art. 102: V. arts. 100 CP y 182 RP.

Art. 103. 1. A los que fueren declarados exentos de responsabilidad conforme al número 3.º del artículo 20, se les podrá aplicar, si fuere necesaria, la medida de internamiento en un centro educativo especial o cualquier otra de las medidas previstas en el apartado tercero del artículo 96. El internamiento no podrá exceder del tiempo que habría durado la pena privativa de libertad, si el sujeto hubiera sido declarado responsable y, a tal efecto, el juez o tribunal fijará en la sentencia ese límite máximo.

2. El sometido a esta medida no podrá abandonar el establecimiento sin autorización del juez o tribunal sentenciador de conformidad con lo previsto en el artículo 97 de este Código.

3. En este supuesto, la propuesta a que se refiere el artículo 98 de este Código deberá hacerse al terminar cada curso o grado de enseñanza.

Art. 104. 1. En los supuestos de eximente incompleta en relación con los números 1.º, 2.º y 3.º del artículo 20, el juez o tribunal podrá imponer, además de la pena correspondiente, las medidas previstas en los artículos 101, 102 y 103. No obstante, la medida de internamiento sólo será aplicable cuando la pena impuesta sea privativa de libertad y su duración no podrá exceder de la de la pena prevista por el Código para el delito. Para su aplicación se observará lo dispuesto en el artículo 99.

2. Cuando se aplique una medida de internamiento de las previstas en el apartado anterior o en los artículos 101, 102 y 103, el juez o tribunal sentenciador comunicará al ministerio fiscal, con suficiente antelación, la proximidad de su vencimiento, a efectos de lo previsto por la disposición adicional primera de este Código.

SECCIÓN 2.ª

De las medidas no privativas de libertad

Art. 105. En los casos previstos en los artículos 101 a 104, cuando imponga la medida privativa de libertad o durante la ejecución de la misma, el juez o

---

Art. 103: El apartado 3 de este artículo figura redactado conforme al texto de la LO 5/2010, de 22 de junio (*BOE* n.º 152, de 23 de junio). Vid. arts. 100 CP y 182 RP.

Art. 104: Este artículo figura redactado conforme al texto de la LO 15/2003, de 25 de noviembre (*BOE* n.º 283, de 26 de noviembre; corrección de errores en *BOE* n.º 65, de 16 de marzo, y n.º 80, de 2 de abril, ambos de 2004).

Art. 105: Este artículo figura redactado conforme al texto de la LO 5/2010, de 22 de junio (*BOE* n.º 152, de 23 de junio).

tribunal podrá imponer razonadamente una o varias medidas que se enumeran a continuación. Deberá asimismo imponer alguna o algunas de dichas medidas en los demás casos expresamente previstos en este Código.

1. Por un tiempo no superior a cinco años:

a) Libertad vigilada.

b) Custodia familiar. El sometido a esta medida quedará sujeto al cuidado y vigilancia del familiar que se designe y que acepte la custodia, quien la ejercerá en relación con el Juez de Vigilancia y sin menoscabo de las actividades escolares o laborales del custodiado.

2. Por un tiempo de hasta diez años:

a) Libertad vigilada, cuando expresamente lo disponga este Código.

b) La privación del derecho a la tenencia y porte de armas.

c) La privación del derecho a conducir vehículos a motor y ciclomotores.

Para decretar la obligación de observar alguna o algunas de las medidas previstas en este artículo, así como para concretar dicha obligación cuando por ley viene obligado a imponerlas, el juez o tribunal sentenciador deberá valorar los informes emitidos por los facultativos y profesionales encargados de asistir al sometido a la medida de seguridad.

El Juez de Vigilancia Penitenciaria o los servicios de la Administración correspondiente informarán al juez o tribunal sentenciador.

En los casos previstos en este artículo, el juez o tribunal sentenciador dispondrá que los servicios de asistencia social competentes presten la ayuda o atención que precise y legalmente le corresponda al sometido a medidas de seguridad no privativas de libertad.

Art. 106. 1. La libertad vigilada consistirá en el sometimiento del condenado a control judicial a través del cumplimiento por su parte de alguna o algunas de las siguientes medidas:

a) La obligación de estar siempre localizable mediante aparatos electrónicos que permitan su seguimiento permanente.

b) La obligación de presentarse periódicamente en el lugar que el juez o tribunal establezca.

c) La de comunicar inmediatamente, en el plazo máximo y por el medio que el juez o tribunal señale a tal efecto, cada cambio del lugar de residencia o del lugar o puesto de trabajo.

Art. 106: Este artículo figura redactado conforme al texto de la LO 5/2010, de 22 de junio (*BOE* n.º 152, de 23 de junio). V. arts. 74 y 75 LOGP y 2.º, 62 y 227 a 229 RP.

d) La prohibición de ausentarse del lugar donde resida o de un determinado territorio sin autorización del juez o tribunal.

e) La prohibición de aproximarse a la víctima, o a aquellos de sus familiares u otras personas que determine el juez o tribunal.

f) La prohibición de comunicarse con la víctima, o con aquellos de sus familiares u otras personas que determine el juez o tribunal.

g) La prohibición de acudir a determinados territorios, lugares o establecimientos.

h) La prohibición de residir en determinados lugares.

i) La prohibición de desempeñar determinadas actividades que puedan ofrecerle o facilitarle la ocasión para cometer hechos delictivos de similar naturaleza.

j) La obligación de participar en programas formativos, laborales, culturales, de educación sexual u otros similares.

k) La obligación de seguir tratamiento médico externo, o de someterse a un control médico periódico.

2. Sin perjuicio de lo dispuesto en el artículo 105, el juez o tribunal deberá imponer en la sentencia la medida de libertad vigilada para su cumplimiento posterior a la pena privativa de libertad impuesta siempre que así lo disponga de manera expresa este Código.

En estos casos, al menos dos meses antes de la extinción de la pena privativa de libertad, de modo que la medida de libertad vigilada pueda iniciarse en ese mismo momento, el Juez de Vigilancia Penitenciaria, por el procedimiento previsto en el artículo 98, elevará la oportuna propuesta al juez o tribunal sentenciador, que, con arreglo a dicho procedimiento, concretará, sin perjuicio de lo establecido en el artículo 97, el contenido de la medida fijando las obligaciones o prohibiciones enumeradas en el apartado 1 de este artículo que habrá de observar el condenado.

Si éste lo hubiera sido a varias penas privativas de libertad que deba cumplir sucesivamente, lo dispuesto en el párrafo anterior se entenderá referido al momento en que concluya el cumplimiento de todas ellas.

Asimismo, el penado a quien se hubiere impuesto por diversos delitos otras tantas medidas de libertad vigilada que, dado el contenido de las obligaciones o prohibiciones establecidas, no pudieran ser ejecutadas simultáneamente, las cumplirá de manera sucesiva, sin perjuicio de que el juez o tribunal pueda ejercer las facultades que le atribuye el apartado siguiente.

3. Por el mismo procedimiento del artículo 98, el juez o tribunal podrá:

a) Modificar en lo sucesivo las obligaciones y prohibiciones impuestas.

b) Reducir la duración de la libertad vigilada o incluso poner fin a la misma en vista del pronóstico positivo de reinserción que considere innecesaria o contraproducente la continuidad de las obligaciones o prohibiciones impuestas.

c) Dejar sin efecto la medida cuando la circunstancia descrita en la letra anterior se dé en el momento de concreción de las medidas que se regula en el número 2 del presente artículo.

4. En caso de incumplimiento de una o varias obligaciones el juez o tribunal, a la vista de las circunstancias concurrentes y por el mismo procedimiento indicado en los números anteriores, podrá modificar las obligaciones o prohibiciones impuestas. Si el incumplimiento fuera reiterado o grave, revelador de la voluntad de no someterse a las obligaciones o prohibiciones impuestas, el juez deducirá, además, testimonio por un presunto delito del artículo 468 de este Código.

Art. 107. La autoridad judicial podrá decretar razonadamente la medida de inhabilitación para el ejercicio de determinado derecho, profesión, oficio, industria o comercio, cargo o empleo u otras actividades, sean o no retribuidas, por un tiempo de uno a cinco años, cuando la persona haya cometido con abuso de dicho ejercicio, o en relación con él, un hecho delictivo, y cuando de la valoración de las circunstancias concurrentes pueda deducirse el peligro de que vuelva a cometer el mismo delito u otros semejantes, siempre que no sea posible imponerle la pena correspondiente por encontrarse en alguna de las situaciones previstas en los números 1.º, 2.º y 3.º del artículo 20.

Art. 107: Este artículo figura redactado conforme el texto de la LO 8/2021, de 4 de junio (*BOE* n.º 134, de 5 de junio), de protección integral a la infancia y la adolescencia frente a la violencia. Su redacción vigente hasta entonces era la siguiente:

> *Art. 107.* El juez o tribunal podrá decretar razonadamente la medida de inhabilitación para el ejercicio de determinado derecho, profesión, oficio, industria o comercio, cargo o empleo, por un tiempo de uno a cinco años, cuando el sujeto haya cometido con abuso de dicho ejercicio, o en relación con él, un hecho delictivo, y cuando de la valoración de las circunstancias concurrentes pueda deducirse el peligro de que vuelva a cometer el mismo delito u otros semejantes, siempre que no sea posible imponerle la pena correspondiente por encontrarse en alguna de las situaciones previstas en los números 1.º, 2.º y 3.º del artículo 20.

Art. 108. 1. Si el sujeto fuera extranjero no residente legalmente en España, el juez o tribunal acordará en la sentencia, previa audiencia de aquél, la expulsión del territorio nacional como sustitutiva de las medidas de seguridad que le sean aplicables, salvo que el juez o tribunal, previa audiencia del Ministerio Fiscal, excepcionalmente y de forma motivada, aprecie que la naturaleza del delito justifica el cumplimiento en España.

La expulsión así acordada llevará consigo el archivo de cualquier procedimiento administrativo que tuviera por objeto la autorización para residir o trabajar en España.

En el supuesto de que, acordada la sustitución de la medida de seguridad por la expulsión, ésta no pudiera llevarse a efecto, se procederá al cumplimiento de la medida de seguridad originariamente impuesta.

2. El extranjero no podrá regresar a España en un plazo de diez años, contados desde la fecha de su expulsión.

3. El extranjero que intentara quebrantar una decisión judicial de expulsión y prohibición de entrada a la que se refieren los apartados anteriores será devuelto por la autoridad gubernativa, empezando a computarse de nuevo el plazo de prohibición de entrada en su integridad.

Art. 108: Este artículo figura redactado conforme el texto de la LO 11/2003, de 29 de septiembre (*BOE* n.º 234, de 30 de septiembre), de medidas concretas en materia de seguridad ciudadana, violencia doméstica e integración social de los extranjeros. V. Protocolos n.os 4 y 7 al Convenio para la protección de los Derechos Humanos y de las Libertades Fundamentales, hechos en Estrasburgo, respectivamente, el 16 de septiembre de 1963 y el 22 de noviembre de 1984, y ratificados por España mediante Instrumentos de 28 de agosto de 2009 (*BOE* n.os 247 y 249, de 13 y 15 de octubre, respectivamente); LO 4/2000, de 11 de enero (*BOE* n.º 10, de 12 de enero; corrección de errores en *BOE* n.º 20, de 24 de enero), sobre derechos y libertades de los extranjeros en España y su integración social, modificada por LO 8/2000, de 22 de diciembre (*BOE* n.º 307, de 23 de diciembre; corrección de errores en *BOE* n.º 47, de 23 de febrero de 2001), por LO 11/2003, de 29 de septiembre (*BOE* n.º 234, de 30 de septiembre), por LO 2/2009, de 11 de diciembre (*BOE* n.º 299, de 12 de diciembre), por LO 10/2011, de 27 de julio (*BOE* n.º 180, de 28 de julio), y por LO 8/2015, de 22 de julio (*BOE* n.º 175, de 23 de julio), e interpretada por STS de 10 de febrero de 2015 (*BOE* n.º 119, de 19 de mayo); y especialmente su art. 57; y su Reglamento, aprobado por RD 557/2011, de 20 de abril (*BOE* n.º 103, de 30 de abril; corrección de errores en *BOE* n.º 145, de 18 de junio), algunos de cuyos preceptos han sido anulados por la STS de 12 de marzo de 2013 (*BOE* n.º 98, de 24 de abril), y modificado por RD 844/2013, de 31 de octubre (*BOE* n.º 262, de 1 de noviembre), y por RD 162/2014, de 14 de marzo (*BOE* n.º 64, de 15 de marzo). V., también, dicho RD 162/2014, de 14 de marzo, por el que se aprueba el Reglamento de funcionamiento y régimen interior de los Centros de internamiento de extranjeros, anulado en algunos de sus extremos por STS de 10 de febrero de 2015 (*BOE* n.º 119, de 19 de mayo).

TÍTULO V

De la responsabilidad civil derivada de los delitos y de las costas procesales*

CAPÍTULO PRIMERO

DE LA RESPONSABILIDAD CIVIL Y SU EXTENSIÓN

Art. 109. 1. La ejecución de un hecho descrito por la ley como delito obliga a reparar, en los términos previstos en las leyes, los daños y perjuicios por él causados.

2. El perjudicado podrá optar, en todo caso, por exigir la responsabilidad civil ante la Jurisdicción Civil.

Art. 110. La responsabilidad establecida en el artículo anterior comprende:

1.º La restitución.

2.º La reparación del daño.

---

* Esta rúbrica figura redactada conforme al texto de la LO 1/2015, de 30 de marzo (*BOE* n.º 77, de 31 de marzo).

V. Convenio Europeo sobre Indemnización a las Víctimas de Delitos Violentos, hecho en Estrasburgo el 24 de noviembre de 1983, y ratificado mediante Instrumento de 20 de octubre de 2001 (*BOE* n.º 312, de 29 de diciembre); arts. 100, 107-117, 615 a 621, 635, 650, 655 y 742 LECr; art. 85 C. de C.; arts. 1.089, 1.092, 1.093, 1.813, 1.902 a 1.910, 1.956 CC; Ley 4/2015, de 27 de abril (*BOE* n.º 101, de 28 de abril), del Estatuto de la víctima del delito, y RD 1.109/2015, de 11 de diciembre (*BOE* n.º 312, de 30 de diciembre; corrección de errores en *BOE* n.º 14, de 16 de enero de 2016), que la desarrolla; RD 948/2015, de 23 de octubre (*BOE* n.º 255, de 24 de octubre), por el que se regula la Oficina de Recuperación y Gestión de Activos; arts. 1.º a 11 de la Ley sobre responsabilidad civil y seguro en la circulación de vehículos de motor, texto refundido aprobado por RDL 8/2004, de 29 de octubre (*BOE* n.º 267, de 5 de noviembre), y modificado por LIRPF, por Ley 21/2007, de 11 de julio (*BOE* n.º 166, de 12 de julio), por Ley 18/2009, de 23 de noviembre (*BOE* n.º 283, de 24 de noviembre), por LO 21/2011, de 26 de julio (*BOE* n.º 179, de 27 de julio), y por Ley 20/2015, de 14 de julio (*BOE* nº 168, de 15 de julio), de ordenación, supervisión y solvencia de las entidades aseguradoras y reaseguradoras, y cuyo Anexo ha sido derogado por Ley 35/2015, de 22 de septiembre (*BOE* n.º 228, de 23 de septiembre); y su Reglamento, aprobado por RD 1.507/2008, de 12 de septiembre (*BOE* n.º 222, de 13 de septiembre); así como la Resolución de 2 de febrero de 2021 (*BOE* n.º 43, de 19 de febrero), de la Dirección General de Seguros y Fondos de Pensiones, por la que se publican las cuantías de las indemnizaciones actualizadas del sistema para valoración de los daños y perjuicios causados a las personas en accidentes de circulación; RDL 1/2007, de 16 de noviembre (*BOE* n.º 287, de 30 de noviembre), por el que se aprueba el texto refundido de la Ley General para la Defensa de los Consumidores y Usuarios y otras leyes complementarias; Ley 20/2015, de 14 de julio (*BOE* n.º 168, de 15 de julio), de ordenación, supervisión y solvencia de las entidades aseguradoras y reaseguradoras, modificada por RDL 3/2020, de 4 de febrero (*BOE* n.º 31, de 5 de febrero), de medidas urgentes por el que se incorporan al ordenamiento jurídico español diversas directivas de la Unión

Europea en el ámbito de la contratación pública en determinados sectores; de seguros privados; de planes y fondos de pensiones; del ámbito tributario y de litigios fiscales; y RD 1.060/2015, de 20 de noviembre (*BOE* n.º 288, de 2 de diciembre), que la desarrolla.

V., también, Ley 29/2011, de 22 de septiembre (*BOE* n.º 229, de 23 de septiembre), de reconocimiento y protección integral a las víctimas del terrorismo, y su Reglamento, aprobado por RD 671/2013, de 6 de septiembre (*BOE* n.º 224, de 18 de septiembre; corrección de errores en *BOE* n.º 225, de 19 de septiembre), modificada por RD 107/2018, de 9 de marzo (*BOE* n.º 61, de 10 de marzo); RD-L 19/1981, de 30 de octubre (*BOE* n.º 229, de 15 de diciembre), sobre pensiones extraordinarias a víctimas del terrorismo, desarrollado por Orden 92/1982, de 8 de junio (*BOE* n.º 143, de 10 de junio); Ley 32/1999, de 8 de octubre (*BOE* n.º 242, de 9 de octubre), de solidaridad con las víctimas del terrorismo, modificada por Ley 14/2000, de 29 de diciembre (*BOE* n.º 313, de 30 de diciembre) [y ésta, a su vez, por Ley 53/2002, de 30 de diciembre (*BOE* n.º 313, de 31 de diciembre)]; por Ley 2/2003, de 12 de marzo (*BOE* n.º 62, de 13 de marzo), y por LIRPF; Ley 5/2018, de 17 de octubre (*BOE* n.º 292, de 4 de diciembre), de la Comunidad de Madrid, para la protección, reconocimiento y memoria de las víctimas del terrorismo, modificada por Ley 2/2019, de 6 de marzo (*BOE* n.º 92, de 17 de abril); Ley 1/2004, de 24 de mayo (*BOE* n.º 157, de 30 de junio), de ayuda a las víctimas del terrorismo, de la Comunidad Autónoma Valenciana, modificada por Ley 3/2009, de 14 de abril (*BOE* n.º 110, de 6 de mayo), y desarrollada por Decreto 109/2010, de 16 de julio (*DOCV* n.º 6.314, de 20 de julio), del Consell; Ley 4/2008, de 17 de junio (*BOE* n.º 189, de 6 de agosto), de la Comunidad Autónoma de Aragón, de medidas a favor de las víctimas del terrorismo; Ley 4/2008, de 19 de junio (*BOE* n.º 212, de 3 de septiembre de 2011), de la Comunidad Autónoma del País Vasco, de reconocimiento y reparación a las víctimas del terrorismo; Ley Foral 9/2010, de 28 de abril (*BON* n.º 114, de 10 de mayo), de ayuda a las víctimas del terrorismo; Ley 10/2010, de 15 de noviembre (*BOE* n.º 296, de 6 de diciembre), de medidas para la asistencia y atención a las víctimas del terrorismo, de la Comunidad Autónoma de Andalucía; Ley 7/2009, de 2 de noviembre (*BOE* n.º 35, de 10 de febrero), de ayuda a las víctimas del terrorismo, de la Comunidad Autónoma de la Región de Murcia; Ley 2/2020, de 4 de marzo (*BOE* n.º 158, de 5 de junio), de apoyo, asistencia y reconocimiento a las víctimas de terrorismo de la Comunidad Autónoma de Extremadura; Ley Foral 16/2015, de 10 de abril (*BOE* n.º 107, de 5 de mayo), de reconocimiento y reparación de las víctimas por actos de motivación política provocados por grupos de extrema derecha o funcionarios públicos; Ley 12/2016, de 28 de julio (*BOE* n.º 219, de 10 de septiembre; corrección de errores en *BOE* n.º 33, de 8 de febrero de 2017), de reconocimiento y reparación de víctimas de vulneraciones de derechos humanos en el contexto de la violencia de motivación política en la Comunidad Autónoma del País Vasco entre 1978 y 1999; Ley 4/2017, de 26 de septiembre (*BOE* n.º 263, de 30 de octubre), de reconocimiento y atención a las víctimas del terrorismo en Castilla y León; Ley 4/2018, de 10 de abril (*BOE* n.º 114, de 10 de mayo), de medidas a favor de las víctimas del terrorismo de la Comunidad Autónoma de La Rioja; y Ley Foral 16/2019, de 26 de marzo (*BOE* n.º 91, de 16 de abril), de reconocimiento y reparación de las víctimas por actos de motivación política provocados por grupos de extrema derecha o funcionarios públicos. Vid., también, Ley 35/1995, de 11 de diciembre (*BOE* n.º 296, de 12 de diciembre), de ayudas y asistencia a las víctimas de delitos violentos y contra la libertad sexual, modificada por Ley 13/1996, de 30 de diciembre, de medidas fiscales, administrativas y del orden social (*BOE* n.º 315, de 31 de diciembre) —y ésta a su vez por Ley 50/1998, de 30 de diciembre (*BOE* n.º 313, de 31 de diciembre; corrección de errores en *BOE* n.º 109, de 7 de mayo de 1999), del mismo nombre, y por Ley 24/2001, de 27 de diciembre (*BOE* n.º 313, de 31 de diciembre;

3.º La indemnización de perjuicios materiales y morales.

Art. 111. 1. Deberá restituirse, siempre que sea posible, el mismo bien, con abono de los deterioros y menoscabos que el juez o tribunal determinen. La restitución tendrá lugar aunque el bien se halle en poder de tercero y éste lo haya adquirido legalmente y de buena fe, dejando a salvo su derecho de repetición contra quien corresponda y, en su caso, el de ser indemnizado por el responsable civil del delito.

2. Esta disposición no es aplicable cuando el tercero haya adquirido el bien en la forma y con los requisitos establecidos por las Leyes para hacerlo irreivindicable.

Art. 112. La reparación del daño podrá consistir en obligaciones de dar, de hacer o de no hacer que el juez o tribunal establecerá atendiendo a la naturaleza de aquél y a las condiciones personales y patrimoniales del culpable, determinando si han de ser cumplidas por él mismo o pueden ser ejecutadas a su costa.

---

corrección de errores en *BOE* n.º 124, de 24 de mayo de 2002)—, y por Ley 38/1998, de 27 de noviembre (*BOE* n.º 285, de 28 de noviembre), por la que se modifica la composición de la Comisión Nacional de Ayuda y Asistencia a las Víctimas de Delitos Violentos y contra la Libertad Sexual; y desarrollada por RD 738/1997, de 23 de mayo, por el que se aprueba su Reglamento (*BOE* n.º 126, de 27 de mayo), modificado por RRDD 429/2003, de 11 de abril (*BOE* n.º 100, de 16 de abril) y 199/2006, de 17 de febrero (*BOE* n.º 43, de 20 de febrero); RD 1.452/2005, de 2 de diciembre (*BOE* n.º 301, de 17 de diciembre), por el que se regula la ayuda económica establecida en la LO 1/2004; RD 1.795/2008, de 3 de noviembre (*BOE* n.º 278, de 18 de noviembre), por el que se dictan normas sobre la cobertura de la responsabilidad civil por daños causados por la contaminación de los hidrocarburos para combustible de los buques; art. 3.º2 LO 4/1981, de 1 de junio, reguladora de los estados de alarma, excepción y sitio (*BOE* n.º 134, de 5 de junio); art. 1.º2 LO 1/1982, de 5 de mayo, de Protección Civil del Derecho a la Intimidad Personal y Familiar y a la Propia Imagen (*BOE* n.º 115, de 14 de mayo); art. 4.º LO 12/1995, de 12 de diciembre, de contrabando (Apéndice 3); art. 4.º2 LO 9/1983, de 15 de julio, reguladora del derecho de reunión (*BOE* n.º 170, de 18 de julio); art. 48 CPM; RD 948/2001, de 3 de agosto (*BOE* n.º 186, de 4 de agosto), sobre sistemas de indemnización de los inversores.

Art. 109.1: Este apartado figura redactado conforme al texto de la LO 1/2015, de 30 de marzo (*BOE* n.º 77, de 31 de marzo).

Art. 110: V. arts. 111 a 113 CP y 1.089, 1.092 y 1.813 CC.

Art. 111: El apartado 1 de este artículo figura redactado conforme al texto de la LO 1/2015, de 30 de marzo (*BOE* n.º 77, de 31 de marzo).

V. arts. 367, 619, 620, 635, 843 y 844 LECr; arts. 85, 86, 324, 545, n.º 3.º, 547 ss. 560 y 561 C. de C.; arts. 464 y 1.940 ss. CC; arts. 34 ss. Ley Hipotecaria de 8 de febrero de 1946 (*BOE* n.º 58, de 27 de febrero, corrección de errores en el *BOE* n.º 63, de 14 de marzo de 1956).

Art. 112: V. 365 LECr.

Art. 113. La indemnización de perjuicios materiales y morales comprenderá no sólo los que se hubieren causado al agraviado, sino también los que se hubieren irrogado a sus familiares o a terceros.

Art. 114. Si la víctima hubiere contribuido con su conducta a la producción del daño o perjuicio sufrido, los jueces o tribunales podrán moderar el importe de su reparación o indemnización.

Art. 115. Los jueces y tribunales, al declarar la existencia de responsabilidad civil, establecerán razonadamente, en sus resoluciones las bases en que fundamenten la cuantía de los daños e indemnizaciones, pudiendo fijarla en la propia resolución o en el momento de su ejecución.

CAPÍTULO II

DE LAS PERSONAS CIVILMENTE RESPONSABLES

Art. 116. 1. Toda persona criminalmente responsable de un delito lo es también civilmente si del hecho se derivaren daños o perjuicios. Si son dos o más los responsables de un delito los jueces o tribunales señalarán la cuota de que deba responder cada uno.

2. Los autores y los cómplices, cada uno dentro de su respectiva clase, serán responsables solidariamente entre sí por sus cuotas, y subsidiariamente por las correspondientes a los demás responsables.

La responsabilidad subsidiaria se hará efectiva: primero, en los bienes de los autores, y después, en los de los cómplices.

Art. 113: V. arts. 1.107, 1.902 a 1.910 CC; art. 189 del texto refundido regulador de la Legislación de Accidentes de Trabajo, aprobado por Decreto de 22 de junio de 1956 (*BOE* n.º 197, de 15 de julio; corrección de errores en *BOE* n.ºs 200 y 247, de 18 de julio y 3 de septiembre).

V., además, la Real Orden de 27 de enero de 1851 (*Gaceta* n.º 43, de 29 de enero), la cual, en virtud de lo dispuesto en el art. 104 CP ya derogado, dispone que los hospitales y demás establecimientos de beneficencia, como subrogados en lugar del ofendido, tienen derecho a la indemnización de los gastos de curación y demás que ocasionen los enfermos a consecuencia de un delito.

Art. 116.1: Este apartado figura redactado conforme al texto de la LO 1/2015, de 30 de marzo (*BOE* n.º 77, de 31 de marzo).

Tanto en los casos en que se haga efectiva la responsabilidad solidaria como la subsidiaria, quedará a salvo la repetición del que hubiere pagado contra los demás por las cuotas correspondientes a cada uno.

3. La responsabilidad penal de una persona jurídica llevará consigo su responsabilidad civil en los términos establecidos en el artículo 110 de este Código de forma solidaria con las personas físicas que fueren condenadas por los mismos hechos.

Art. 117. Los aseguradores que hubieren asumido el riesgo de las responsabilidades pecuniarias derivadas del uso o explotación de cualquier bien, empresa, industria o actividad cuando, como consecuencia de un hecho previsto en este Código, se produzca el evento que determine el riesgo asegurado, serán responsables civiles directos hasta el límite de la indemnización legalmente establecida o convencionalmente pactada, sin perjuicio del derecho de repetición contra quien corresponda.

Art. 118. 1. La exención de la responsabilidad criminal

Art. 117: V. art. 636 CP y Ley sobre responsabilidad civil y seguro en la circulación de vehículos de motor, texto refundido aprobado por RDL 8/2004, de 29 de octubre (*BOE* n.º 267, de 5 de noviembre), y modificado por LIRPF, por Ley 21/2007, de 11 de julio (*BOE* n.º 166, de 12 de julio), y por Ley 20/2015, de 14 de julio (*BOE* n.º 168, de 15 de julio), de ordenación, supervisión y solvencia de las entidades aseguradoras y reaseguradoras; así como la Resolución de 30 de marzo de 2020 (*BOE* n.º 98, de 8 de abril), de la Dirección General de Seguros y Fondos de Pensiones, por la que se publican las cuantías de las indemnizaciones actualizadas del sistema para valoración de los daños y perjuicios causados a las personas en accidentes de circulación; y RDL 6/2004, de 29 de octubre (*BOE* n.º 267, de 5 de noviembre; corrección de errores en *BOE* n.º 28, de 2 de febrero de 2005), por el que se aprueba el texto refundido de la Ley de ordenación y supervisión de los seguros privados, modificado por Leyes 5/2005, de 22 de abril (*BOE* n.º 97, de 23 de abril), 44/2006, de 29 de diciembre (*BOE* n.º 312, de 30 de diciembre), de mejora de la protección de los consumidores y usuarios, 13/2007, de 2 de julio (*BOE* n.º 158, de 3 de julio); 21/2007, de 11 de julio (*BOE* n.º 166, de 12 de julio); y 5/2009, de 29 de junio (*BOE* n.º 157, de 30 de junio). V. también el RDL 14/2001, de 28 de septiembre (*BOE* n.º 234, de 29 de septiembre), por el que se establece el régimen del reaseguro por cuenta del Estado de los riesgos de guerra y terrorismo que puedan afectar a la navegación aérea; disposición convalidada por Acuerdo de 31 de octubre de 2001 (*BOE* n.º 269, de 9 de noviembre), del Congreso de los Diputados; y el RDL 7/2004, de 29 de octubre (*BOE* n.º 267, de 5 de noviembre), modificado por Leyes 12/2006, de 16 de mayo (*BOE* n.º 117, de 17 de mayo), y 6/2009, de 3 de julio (*BOE* n.º 161, de 4 de julio), por el que se aprueba el texto refundido del Estatuto Legal del Consorcio de Compensación de Seguros.

Art. 118: La regla primera del apartado 1 de este artículo está redactada conforme a la Ley 8/2021, de 2 de junio (*BOE* n.º 132, de 3 de junio), por la que se reforma la legislación civil y procesal para el apoyo a las personas con discapacidad en el ejercicio de su capacidad jurídica.

declarada en los números 1.º, 2.º, 3.º, 5.º y 6.º del artículo 20, no comprende la de la responsabilidad civil, que se hará efectiva conforme a las reglas siguientes:

1.ª En los casos de los números 1.º y 3.º, son también responsables por los hechos que ejecuten los declarados exentos de responsabilidad penal, quienes ejerzan su apoyo legal o de hecho, siempre que haya mediado culpa o negligencia por su parte y sin perjuicio de la responsabilidad civil directa que pudiera corresponder a los inimputables.

Los jueces o tribunales graduarán de forma equitativa la medida en que deba responder con sus bienes cada uno de dichos sujetos.

2.ª Son igualmente responsables el ebrio y el intoxicado en el supuesto del número 2.º

3.ª En el caso del número 5.º serán responsables civiles directos las personas en cuyo favor se haya precavido el mal, en proporción al perjuicio que se les haya evitado, si fuera estimable o, en otro caso, en la que el juez o tribunal establezca según su prudente arbitrio.

Cuando las cuotas de que deba responder el interesado no sean equitativamente asignables por el juez o tribunal, ni siquiera por aproximación, o cuando la responsabilidad se extienda a las Administraciones Públicas o a la mayor parte de una población y, en todo caso, siempre que el daño se haya causado con asentimiento de la autoridad o de sus agentes, se acordará, en su caso, la indemnización en la forma que establezcan las leyes y reglamentos especiales.

4.ª En el caso del número 6.º, responderán principalmente los que hayan causado el miedo, y en defecto de ellos, los que hayan ejecutado el hecho.

2. En el caso del artículo 14, serán responsables civiles los autores del hecho.

Art. 119. En todos los supuestos del artículo anterior, el juez o tribunal que dicte sentencia absolutoria por estimar la concurrencia de alguna de las causas de exención citadas, procederá a fijar las responsabilidades civiles salvo que se haya hecho expresa reserva de las acciones para reclamarlas en la vía que corresponda.

V. arts. 1.447 a 1.455 LEC; arts. 615 a 621 LECr; arts. 589 a 614, 1.902 y 1.903 CC; art. 14 LJM; art. 3.º Ley de 12 de enero de 1887 de protección de cables submarinos (*Gaceta* n.º 13, de 13 de enero).

Art. 120. Son también responsables civilmente, en defecto de los que lo sean criminalmente:

1.º Los curadores con facultades de representación plena que convivan con la persona a quien prestan apoyo, siempre que haya por su parte culpa o negligencia.

2.º Las personas naturales o jurídicas titulares de editoriales, periódicos, revistas, estaciones de radio o televisión o de cualquier otro medio de difusión escrita, hablada o visual, por los delitos cometidos utilizando los medios de los que sean titulares, dejando a salvo lo dispuesto en el artículo 212.

3.º Las personas naturales o jurídicas, en los casos de delitos cometidos en los establecimientos de los que sean titulares, cuando por parte de los que los dirijan o administren, o de sus dependientes o empleados, se hayan infringido los reglamentos de policía o las disposiciones de la autoridad que estén relacionados con el hecho punible cometido, de modo que éste no se hubiera producido sin dicha infracción.

4.º Las personas naturales o jurídicas dedicadas a cualquier género de industria o comercio, por los delitos que hayan cometido sus empleados o dependientes, representantes o gestores en el desempeño de sus obligaciones o servicios.

5.º Las personas naturales o jurídicas titulares de vehículos susceptibles de crear riesgos para terceros, por los delitos cometidos en la utilización de aquéllos por sus dependientes o representantes o personas autorizadas.

Art. 121. El Estado, la Comunidad Autónoma, la provincia, la isla, el municipio y demás entes públicos, según los casos, responden subsidiaria-

---

Art. 120: Este artículo figura redactado conforme al texto de la LO 1/2015, de 30 de marzo (*BOE* n.º 77, de 31 de marzo), excepto su ordinal primero, que lo ha sido por Ley 8/2021, de 2 de junio (*BOE* n.º 132, de 3 de junio), por la que se reforma la legislación civil y procesal para el apoyo a las personas con discapacidad en el ejercicio de su capacidad jurídica.

V. arts. 1.783, 1.784 y 1.903 CC y 615 ss. LECr, y Ley 22/1994, de 6 de julio (*BOE* n.º 161, de 7 de julio), de responsabilidad civil por los daños causados por productos defectuosos.

Art. 121: V. arts. 120 ss. Ley de Expropiación Forzosa, de 16 de diciembre de 1954 (*BOE* n.º 351, de 17 de diciembre), modificada por la Ley 11/1996, de 27 de diciembre, de Presupuestos Generales del Estado para 1997 (*BOE* n.º 313, de 28 de diciembre); LPACAP; RD 429/1993, de 26 de marzo, por el que se aprueba el Reglamento de los procedimientos de las Administraciones Públicas en materia de responsabilidad patrimonial (*BOE* n.º 106, de 4 de mayo); y art. 25 del Reglamento Interno del Banco de España, aprobado por Resolución de 28 de marzo de 2000 (*BOE* n.º 83, de 6 de abril), de su Consejo de Gobierno.

mente de los daños causados por los penalmente responsables de los delitos dolosos o culposos, cuando éstos sean autoridad, agentes y contratados de la misma o funcionarios públicos en el ejercicio de sus cargos o funciones siempre que la lesión sea consecuencia directa del funcionamiento de los servicios públicos que les estuvieren confiados, sin perjuicio de la responsabilidad patrimonial derivada del funcionamiento normal o anormal de dichos servicios exigible conforme a las normas de procedimiento administrativo, y sin que, en ningún caso, pueda darse duplicidad indemnizatoria.

Si se exigiera en el proceso penal la responsabilidad civil de la autoridad, agentes y contratados de la misma o funcionarios públicos, la pretensión deberá dirigirse simultáneamente contra la Administración o ente público presuntamente responsable civil subsidiario.

Art. 122. El que por título lucrativo hubiere participado de los efectos de un delito, está obligado a la restitución de la cosa o al resarcimiento del daño hasta la cuantía de su participación.

CAPÍTULO III

DE LAS COSTAS PROCESALES

Art. 123. Las costas procesales se entienden impuestas por la ley a los criminalmente responsables de todo delito.

Art. 124. Las costas comprenderán los derechos e indemnizaciones ocasionados en las actuaciones judiciales e incluirán siempre los honorarios de la acusación particular en los delitos sólo perseguibles a instancia de parte.

CAPÍTULO IV

DEL CUMPLIMIENTO DE LA RESPONSABILIDAD CIVIL Y DEMÁS RESPONSABILIDADES PECUNIARIAS

Art. 125. Cuando los bienes del responsable civil no sean bastantes para satisfacer de una vez todas las responsabilidades pecuniarias, el juez o

---

Art. 122: Este artículo figura redactado conforme al texto de la LO 1/2015, de 30 de marzo (*BOE* n.º 77, de 31 de marzo).

V. arts. 615 ss. LECr.

Art. 123: Este artículo figura redactado conforme al texto de la LO 1/2015, de 30 de marzo (*BOE* n.º 77, de 31 de marzo).

V. arts. 239 ss. LECr. y 9.º LI.

Art. 124: V. art. 241 LECr.

tribunal, previa audiencia al perjudicado, podrá fraccionar su pago, señalando, según su prudente arbitrio y en atención a las necesidades del perjudicado y a las posibilidades económicas del responsable, el período e importe de los plazos.

Art. 126. 1. Los pagos que se efectúen por el penado o el responsable civil subsidiario se imputarán por el orden siguiente:

1.º A la reparación del daño causado e indemnización de los perjuicios.

2.º A la indemnización al Estado por el importe de los gastos que se hubieran hecho por su cuenta en la causa.

3.º A las costas del acusador particular o privado cuando se impusiere en la sentencia su pago.

4.º A las demás costas procesales, incluso las de la defensa del procesado, sin preferencia entre los interesados.

5.º A la multa.

2. Cuando el delito hubiere sido de los que sólo pueden perseguirse a instancia de parte, se satisfarán las costas del acusador privado con preferencia a la indemnización del Estado. Tendrá la misma preferencia el pago de las costas procesales causadas a la víctima en los supuestos a que se refiere el artículo 14 de la Ley del Estatuto de la Víctima del Delito.

TÍTULO VI

De las consecuencias accesorias

Art. 127. 1. Toda pena que se imponga por un delito doloso llevará consigo la pérdida de los efectos que de él provengan y de

Art. 126.2: Este apartado figura redactado conforme al texto de la Ley 4/2015, de 27 de abril (*BOE* n.º 101, de 28 de abril), del Estatuto de la víctima del delito.

V. arts. 378 CP y 246 LECr.

Art. 127: Este artículo figura redactado conforme al texto de la LO 1/2015, de 30 de marzo (*BOE* n.º 77, de 31 de marzo).

V. Ley 23/2014, de 20 de noviembre (*BOE* n.º 282, de 21 de noviembre), de reconocimiento mutuo de resoluciones penales en la Unión Europea (Apéndice 5 de este Código); LO 3/2010, de 10 de marzo (*BOE* n.º 61, de 11 de marzo), de modificación de la Ley Orgánica del Poder Judicial, y complementaria a la Ley para la ejecución en la Unión Europea de resoluciones judiciales de decomiso por la comisión de infracciones penales; Convenio relativo al blanqueo, seguimiento, embargo y decomiso de los productos del delito, hecho en Estrasburgo el 8 de noviembre de 1990, y ratificado por España mediante Instrumento de 22 de julio de 1998 (*BOE* n.º 252, de 21 de octubre), Instrumento de ratificación, por parte de España, del Convenio relativo al

los bienes, medios o instrumentos con que se haya preparado o ejecutado, así como de las ganancias provenientes del delito, cualesquiera que sean las transformaciones que hubieren podido experimentar.

2. En los casos en que la ley prevea la imposición de una pena privativa de libertad superior a un año por la comisión de un delito imprudente, el juez o tribunal podrá acordar la pérdida de los efectos que provengan del mismo y de los bienes, medios o instrumentos con que se haya preparado o ejecutado, así como de las ganancias provenientes del delito, cualesquiera que sean las transformaciones que hubieran podido experimentar.

3. Si por cualquier circunstancia no fuera posible el decomiso de los bienes señalados en los apartados anteriores de este artículo, se acordará el decomiso de otros bienes por una cantidad que corresponda al valor económico de los mismos, y al de las ganancias que se hubieran obtenido de ellos. De igual modo se procederá cuando se acuerde el decomiso de bienes, efectos o ganancias determinados, pero su valor sea inferior al que tenían en el momento de su adquisición.

Art. 127 bis. 1. El juez o tribunal ordenará también el decomiso de los bienes, efectos y ganancias pertenecientes a una persona condenada por alguno de los siguientes delitos cuando resuelva, a partir de indicios objetivos fundados, que los bienes o efectos provienen de una actividad delictiva, y no se acredite su origen lícito:

a) Delitos de trata de seres humanos.

a bis) Delitos de tráfico de órganos.

b) Delitos relativos a la prostitución y a la explotación se-

---

blanqueo, seguimiento, embargo y comiso de los productos del delito y a la financiación del terrorismo, hecho en Varsovia el 16 de mayo de 2005 (*BOE* n.º 155, de 26 de junio de 2010); arts. 334 y 338 LECr; art. 50 Ley 1/1970, de 4 de abril, de Caza (*BOE* n.º 82, de 6 de abril); art. 7.º5 Ley sobre Régimen Jurídico de Control de Cambios (Apéndice 2); arts. 5.º ss. LO 12/1995, de 12 de diciembre, de Contrabando (Apéndice 3).V., finalmente, Orden de 14 de julio de 1983 sobre Depósitos Judiciales para la Conservación de Piezas de Convicción (*BOE* n.º 173, de 21 de julio), y Ley 17/2003, de 29 de marzo (*BOE* n.º 129, de 30 de mayo), por la que se regula el Fondo de bienes decomisados por tráfico ilícito de drogas y otros delitos relacionados.

Art. 127 bis: Este artículo ha sido añadido por la LO 1/2015, de 30 de marzo (*BOE* n.º 77, de 31 de marzo). Su apartado *a* bis) ha sido incorporado por la LO 1/2019, de 20 de febrero (*BOE* n.º 45, de 21 de febrero), para transponer Directivas de la Unión Europea en los ámbitos financiero y de terrorismo, y abordar cuestiones de índole internacional.

xual y corrupción de menores y delitos de abusos y agresiones sexuales a menores de dieciséis años.

c) Delitos informáticos de los apartados 2 y 3 del artículo 197 y artículo 264.

d) Delitos contra el patrimonio y contra el orden socioeconómico en los supuestos de continuidad delictiva y reincidencia.

e) Delitos relativos a las insolvencias punibles.

f) Delitos contra la propiedad intelectual o industrial.

g) Delitos de corrupción en los negocios.

h) Delitos de receptación del apartado 2 del artículo 298.

i) Delitos de blanqueo de capitales.

j) Delitos contra la Hacienda pública y la Seguridad Social.

k) Delitos contra los derechos de los trabajadores de los artículos 311 a 313.

l) Delitos contra los derechos de los ciudadanos extranjeros.

m) Delitos contra la salud pública de los artículos 368 a 373.

n) Delitos de falsificación de moneda.

o) Delitos de cohecho.

p) Delitos de malversación.

q) Delitos de terrorismo.

r) Delitos cometidos en el seno de una organización o grupo criminal.

2. A los efectos de lo previsto en el apartado 1 de este artículo, se valorarán, especialmente, entre otros, los siguientes indicios:

1.º La desproporción entre el valor de los bienes y efectos de que se trate y los ingresos de origen lícito de la persona condenada.

2.º La ocultación de la titularidad o de cualquier poder de disposición sobre los bienes o efectos mediante la utilización de personas físicas o jurídicas o entes sin personalidad jurídica interpuestos, o paraísos fiscales o territorios de nula tributación que oculten o dificulten la determinación de la verdadera titularidad de los bienes.

3.º La transferencia de los bienes o efectos mediante operaciones que dificulten o impidan su localización o destino y que carezcan de una justificación legal o económica válida.

3. En estos supuestos será también aplicable lo dispuesto en el apartado 3 del artículo anterior.

4. Si posteriormente el condenado lo fuera por hechos delictivos similares cometidos con anterioridad, el juez o tribunal valorará el alcance del decomiso anterior acordado al resolver sobre el decomiso en el nuevo procedimiento.

5. El decomiso a que se refiere este artículo no será acor-

dado cuando las actividades delictivas de las que provengan los bienes o efectos hubieran prescrito o hubieran sido ya objeto de un proceso penal resuelto por sentencia absolutoria o resolución de sobreseimiento con efectos de cosa juzgada.

Art. 127 ter. 1. El juez o tribunal podrá acordar el decomiso previsto en los artículos anteriores aunque no medie sentencia de condena, cuando la situación patrimonial ilícita quede acreditada en un proceso contradictorio y se trate de alguno de los siguientes supuestos:

a) Que el sujeto haya fallecido o sufra una enfermedad crónica que impida su enjuiciamiento y exista el riesgo de que puedan prescribir los hechos,

b) se encuentre en rebeldía y ello impida que los hechos puedan ser enjuiciados dentro de un plazo razonable, o

c) no se le imponga pena por estar exento de responsabilidad criminal o por haberse ésta extinguido.

2. El decomiso al que se refiere este artículo solamente podrá dirigirse contra quien haya sido formalmente acusado o contra el imputado con relación al que existan indicios racionales de criminalidad cuando las situaciones a que se refiere el apartado anterior hubieran impedido la continuación del procedimiento penal.

Art. 127 quáter. 1. Los jueces y tribunales podrán acordar también el decomiso de los bienes, efectos y ganancias a que se refieren los artículos anteriores que hayan sido transferidos a terceras personas, o de un valor equivalente a los mismos, en los siguientes casos:

a) En el caso de los efectos y ganancias, cuando los hubieran adquirido con conocimiento de que proceden de una actividad ilícita o cuando una persona diligente habría tenido motivos para sospechar, en las circunstancias del caso, de su origen ilícito.

b) En el caso de otros bienes, cuando los hubieran adquirido con conocimiento de que de este modo se dificultaba su decomiso o cuando una persona diligente habría tenido motivos para sospechar, en las circunstancias del caso, que de ese modo se dificultaba su decomiso.

Art. 127 ter: Este artículo ha sido añadido por la LO 1/2015, de 30 de marzo (*BOE* n.º 77, de 31 de marzo).

Art. 127 quáter: Este artículo ha sido añadido por la LO 1/2015, de 30 de marzo (*BOE* n.º 77, de 31 de marzo).

2. Se presumirá, salvo prueba en contrario, que el tercero ha conocido o ha tenido motivos para sospechar que se trataba de bienes procedentes de una actividad ilícita o que eran transferidos para evitar su decomiso, cuando los bienes o efectos le hubieran sido transferidos a título gratuito o por un precio inferior al real de mercado.

Art. 127 quinquies. 1. Los jueces y tribunales podrán acordar también el decomiso de bienes, efectos y ganancias provenientes de la actividad delictiva previa del condenado, cuando se cumplan, cumulativamente, los siguientes requisitos:

a) Que el sujeto sea o haya sido condenado por alguno de los delitos a que se refiere el artículo 127 bis.1 del Código Penal.

b) Que el delito se haya cometido en el contexto de una actividad delictiva previa continuada.

c) Que existan indicios fundados de que una parte relevante del patrimonio del penado procede de una actividad delictiva previa.

Son indicios relevantes:

1.º La desproporción entre el valor de los bienes y efectos de que se trate y los ingresos de origen lícito de la persona condenada.

2.º La ocultación de la titularidad o de cualquier poder de disposición sobre los bienes o efectos mediante la utilización de personas físicas o jurídicas o entes sin personalidad jurídica interpuestos, o paraísos fiscales o territorios de nula tributación que oculten o dificulten la determinación de la verdadera titularidad de los bienes.

3.º La transferencia de los bienes o efectos mediante operaciones que dificulten o impidan su localización o destino y que carezcan de una justificación legal o económica válida.

Lo dispuesto en el párrafo anterior solamente será de aplicación cuando consten indicios fundados de que el sujeto ha obtenido, a partir de su actividad delictiva, un beneficio superior a 6.000 euros.

2. A los efectos del apartado anterior, se entenderá que el delito se ha cometido en el contexto de una actividad delictiva continuada siempre que:

a) El sujeto sea condenado o haya sido condenado en el mismo procedimiento por tres o más delitos de los que se haya derivado la obtención de un beneficio económico directo o indirecto, o por un delito conti-

---

Art. 127 quinquies: Este artículo ha sido añadido por la LO 1/2015, de 30 de marzo (*BOE* n.º 77, de 31 de marzo).

nuado que incluya, al menos, tres infracciones penales de las que haya derivado un beneficio económico directo o indirecto.

b) O en el período de seis años anterior al momento en que se inició el procedimiento en el que ha sido condenado por alguno de los delitos a que se refiere el artículo 127 bis del Código Penal, hubiera sido condenado por dos o más delitos de los que hubiera derivado la obtención de un beneficio económico, o por un delito continuado que incluya, al menos, dos infracciones penales de las que ha derivado la obtención de un beneficio económico.

Art. 127 sexies. A los efectos de lo previsto en el artículo anterior serán de aplicación las siguientes presunciones:

1.º Se presumirá que todos los bienes adquiridos por el condenado dentro del período de tiempo que se inicia seis años antes de la fecha de apertura del procedimiento penal, proceden de su actividad delictiva.

A estos efectos, se entiende que los bienes han sido adquiridos en la fecha más temprana en la que conste que el sujeto ha dispuesto de ellos.

2.º Se presumirá que todos los gastos realizados por el penado durante el período de tiempo a que se refiere el párrafo primero del número anterior, se pagaron con fondos procedentes de su actividad delictiva.

3.º Se presumirá que todos los bienes a que se refiere el número 1 fueron adquiridos libres de cargas.

El juez o tribunal podrá acordar que las anteriores presunciones no sean aplicadas con relación a determinados bienes, efectos o ganancias, cuando, en las circunstancias concretas del caso, se revelen incorrectas o desproporcionadas.

Art. 127 septies. Si la ejecución del decomiso no hubiera podido llevarse a cabo, en todo o en parte, a causa de la naturaleza o situación de los bienes, efectos o ganancias de que se trate, o por cualquier otra circunstancia, el juez o tribunal podrá, mediante auto, acordar el decomiso de otros bienes, incluso de origen lícito, que pertenezcan a los criminalmente responsables del hecho por un valor equivalente al de la parte no ejecutada del decomiso inicialmente acordado.

Art. 127 sexies: Este artículo ha sido añadido por la LO 1/2015, de 30 de marzo (*BOE* n.º 77, de 31 de marzo).

Art. 127 septies: Este artículo ha sido añadido por la LO 1/2015, de 30 de marzo (*BOE* n.º 77, de 31 de marzo).

De igual modo se procederá, cuando se acuerde el decomiso de bienes, efectos o ganancias determinados, pero su valor sea inferior al que tenían en el momento de su adquisición.

Art. 127 octies. 1. A fin de garantizar la efectividad del decomiso, los bienes, medios, instrumentos y ganancias podrán ser aprehendidos o embargados y puestos en depósito por la autoridad judicial desde el momento de las primeras diligencias.

2. Corresponderá al juez o tribunal resolver, conforme a lo dispuesto en la Ley de Enjuiciamiento Criminal, sobre la realización anticipada o utilización provisional de los bienes y efectos intervenidos.

3. Los bienes, instrumentos y ganancias decomisados por resolución firme, salvo que deban ser destinados al pago de indemnizaciones a las víctimas, serán adjudicados al Estado, que les dará el destino que se disponga legal o reglamentariamente.

Art. 128. Cuando los referidos efectos e instrumentos sean de lícito comercio y su valor no guarde proporción con la naturaleza o gravedad de la infracción penal, o se hayan satisfecho completamente las responsabilidades civiles, podrá el juez o tribunal no decretar el decomiso, o decretarlo parcialmente.

Art. 129. 1. En caso de delitos cometidos en el seno, con la colaboración, a través o por medio de empresas, organizaciones, grupos o cualquier otra clase de entidades o agrupaciones de personas que, por carecer de personalidad jurídica, no estén comprendidas en el artículo 31 bis, el juez o tribunal podrá imponer motivadamente a dichas empresas, organizaciones, grupos, entidades o agrupaciones una o varias consecuencias accesorias a la pena que corresponda al autor del delito, con el contenido previsto en las letras *c*) a *g*) del apartado 7 del artículo 33. Podrá también acordar la prohibición definitiva de llevar a cabo cualquier actividad, aunque sea lícita.

2. Las consecuencias accesorias a las que se refiere en el apartado anterior sólo podrán

---

Art. 127 octies: Este artículo ha sido añadido por la LO 1/2015, de 30 de marzo (*BOE* n.º 77, de 31 de marzo).

Art. 128: V. nota al art. 127 precedente.

Art. 129: Este artículo fue redactado conforme al texto de la LO 5/2010, de 22 de junio (*BOE* n.º 152, de 23 de junio). Los apartados 1 y 2 figuran redactados conforme al texto de la LO 1/2015, de 30 de marzo (*BOE* n.º 77, de 31 de marzo).

aplicarse a las empresas, organizaciones, grupos o entidades o agrupaciones en él mencionados cuando este Código lo prevea expresamente, o cuando se trate de alguno de los delitos por los que el mismo permite exigir responsabilidad penal a las personas jurídicas.

3. La clausura temporal de los locales o establecimientos, la suspensión de las actividades sociales y la intervención judicial podrán ser acordadas también por el Juez Instructor como medida cautelar durante la instrucción de la causa a los efectos establecidos en este artículo y con los límites señalados en el artículo 33.7.

Art. 129 bis. Si se trata de condenados por la comisión de un delito grave contra la vida, la integridad de las personas, la libertad, la libertad o indemnidad sexual, de terrorismo, o cualquier otro delito grave que conlleve un riesgo grave para la vida, la salud o la integridad física de las personas, cuando de las circunstancias del hecho, antecedentes, valoración de su personalidad, o de otra información disponible pueda valorarse que existe un peligro relevante de reiteración delictiva, el juez o tribunal podrá acordar la toma de muestras biológicas de su persona y la realización de análisis para la obtención de identificadores de ADN e inscripción de los mismos en la base de datos policial. Únicamente podrán llevarse a cabo los análisis necesarios para obtener los identificadores que proporcionen, exclusivamente, información genética reveladora de la identidad de la persona y de su sexo.

Si el afectado se opusiera a la recogida de las muestras, podrá imponerse su ejecución forzosa mediante el recurso a las medidas coactivas mínimas indispensables para su ejecución, que deberán ser en todo caso proporcionadas a las circunstancias del caso y respetuosas con su dignidad.

Art. 129 bis: Este artículo ha sido añadido por la LO 1/2015, de 30 de marzo (*BOE* n.º 77, de 31 de marzo).

TÍTULO VII

De la extinción de la responsabilidad criminal y sus efectos*

CAPÍTULO PRIMERO

DE LAS CAUSAS QUE EXTINGUEN LA RESPONSABILIDAD CRIMINAL

Art. 130. 1. La responsabilidad criminal se extingue:

1.º Por la muerte del reo.

2.º Por el cumplimiento de la condena.

3.º Por la remisión definitiva de la pena, conforme a lo dispuesto en los apartados 1 y 2 del artículo 87.

4.º Por el indulto.

---

* V. arts. 45 ss. CPM.

Art. 130: Este artículo, salvo los ordinales 3.º y 5.º de su apartado 1, fue redactado conforme al texto de la LO 5/2010, de 22 de junio (*BOE* n.º 152, de 23 de junio).

Art. 130.1.1.º: V. art. 115 LECr.

Art. 130.1.3.º: Este ordinal figura redactado conforme al texto de la LO 1/2015, de 30 de marzo (*BOE* n.º 77, de 31 de marzo).

Art. 130.1.4.º: V. art. 62.*i*) CE; art. 666.4.º LECr. V. también Ley Provisional de 18 de junio de 1870 estableciendo Reglas para el Ejercicio de la Gracia de Indulto (*Gaceta* n.º 175, de 24 de junio), modificada por Ley 1/1988, de 14 de enero (*BOE* n.º 13, de 15 de enero) (Apéndice 1); art. 206 RP y art. 18.3 LOPJ. V. también Orden de 10 de septiembre de 1993 por la que se dan instrucciones sobre la tramitación de solicitudes de indulto (*BOE* n.º 226, de 21 de septiembre), y que tiene el siguiente contenido: «La especial naturaleza del acto jurídico por el que el Rey ejerce el derecho de gracia conferido por el artículo 62.*i*) de la Constitución excluye la aplicación directa a la tramitación de las solicitudes y propuestas de concesión de indulto del régimen de obligatoriedad de términos y plazos dispuesto para el dictado de resoluciones en el procedimiento administrativo común.

»Este peculiar régimen jurídico establecido por la Ley de 18 de junio de 1870 y posteriores disposiciones de reforma y desarrollo, no obsta a la conveniencia de que se apliquen a algunas de las fases de tramitación de los expedientes preparatorios del ejercicio del derecho de gracia similares principios generales a los que conforman el procedimiento administrativo común.

»Así, la actual regulación contenida en la norma cuarta de la Real Orden de 24 de diciembre de 1914, por la que se impide la tramitación de nueva solicitud de indulto en el año siguiente a la emisión en sentido desfavorable de un mero acto de trámite, responde a una cautela de economía procedimental en clara contraposición con el principio general de facilitación administrativa en el ejercicio de derechos y en la promoción de intereses legítimos por parte de los ciudadanos que informa el artículo 35.*i*) de la Ley 30/1992, de 26 de noviembre.

»La inadecuación de dicha norma al estatuto jurídico de los ciudadanos en sus relaciones con las Administraciones Públicas abona que se proceda a su derogación expresa, así como de las restantes previsiones de la Orden en que se enmarca; pero, de otra parte, ha de dotarse de una adecuada respuesta normativa al problema de economía procedimental que mediante aquella norma se abordaba. Este efecto puede ser adecuadamente obtenido mediante un expreso refuerzo de las facultades conferidas a

5.º Por el perdón de la persona ofendida, cuando se trate de delitos leves perseguibles a instancias de la persona agraviada o la ley así lo prevea. El perdón habrá de ser otorgado de forma expresa antes de que se haya dictado sentencia, a cuyo efecto la autoridad judicial sentenciadora deberá oír a la persona ofendida por el delito antes de dictarla.

En los delitos cometidos contra personas menores de edad o personas con discapacidad necesitadas de especial protección

---

la Subsecretaría de Justicia por el número 2 del apartado dos del artículo 2.º del Real Decreto 10/1991, de 11 de enero, por el que se determina la estructura orgánica del Ministerio de Justicia.

»Concretamente, la experiencia adquirida en la tramitación de expedientes de indulto permite apreciar que la emisión en sentido favorable de los informes previstos en la Ley de 18 de junio de 1870 no resulta en todos los casos suficiente para la formación de criterios sobre la conveniencia o sobre la forma de la concesión de la gracia. En estos supuestos, la aplicación de los principios señalados hace aconsejable una mayor flexibilidad que permita ampliar el tiempo de tramitación de aquéllos, aun después de la recepción de los informes preceptivos, a fin de que pueda complementarse la observación de la conducta del penado posterior a la ejecutoria.

»En su virtud, en uso de la facultad que me confiere el artículo 14.3 de la Ley de Régimen Jurídico de la Administración del Estado, he dispuesto:

»*1.º* Cuando, a criterio de la Subsecretaría de Justicia, la propuesta de un indulto requiera ampliar el tiempo de su tramitación, se podrá prolongar ésta durante el plazo de seis meses a partir de la recepción de los informes preceptivos.

»*2.º* De la anterior decisión se dará traslado al Tribunal sentenciador, al solicitante o proponente del indulto si no fuera aquél y al Director del establecimiento en que se halle cumpliendo condena el penado o, en otro caso, al Gobernador civil de su residencia, a efectos de que, si lo consideran oportuno, puedan comunicar a la Subsecretaría de Justicia la producción, en su caso, de circunstancias sobrevenidas que pudieran afectar a la determinación, conocimiento y comprobación de los datos requeridos para la concesión del indulto.

»*3.º* La tramitación de los expedientes para el ejercicio del derecho de gracia por indulto en ningún caso podrá interferir el ejercicio de la potestad jurisdiccional ni condicionar las medidas que pudieran adoptarse por el órgano judicial en orden al inmediato cumplimiento o a la suspensión en el cumplimiento de la ejecutoria.

»*4.º* Queda derogada la Real Orden de 24 de diciembre de 1914, sobre normativa para cursar instancia de penados.

»*5.º* La presente Orden entrará en vigor el día siguiente al de su publicación en el *Boletín Oficial del Estado*.»

Art. 130.1.5.º: Este ordinal figura redactado conforme al texto de la LO 8/2021, de 4 de junio (*BOE* n.º 134, de 5 de junio), de protección integral a la infancia y la adolescencia frente a la violencia, cuyo Preámbulo al respecto dice: «se elimina el perdón de la persona ofendida como causa de extinción de la responsabilidad criminal, cuando la víctima del delito sea una persona menor de dieciocho años, completando de este modo la protección de los niños, niñas y adolescentes ante delitos perseguibles a instancia de parte». La redacción vigente hasta ese momento decía:

que afecten a bienes jurídicos eminentemente personales, el perdón de la persona ofendida no extingue la responsabilidad criminal.

6.º Por la prescripción del delito.

7.º Por la prescripción de la pena o de la medida de seguridad.

2. La transformación, fusión, absorción o escisión de una persona jurídica no extingue su responsabilidad penal, que se trasladará a la entidad o entidades en que se transforme, quede fusionada o absorbida y se extenderá a la entidad o entidades que resulten de la escisión. El juez o tribunal podrá moderar el traslado de la pena a la persona jurídica en función de la proporción que la persona jurídica originariamente responsable del delito guarde con ella.

No extingue la responsabilidad penal la disolución encubierta o meramente aparente de la persona jurídica. Se considerará en todo caso que existe disolución encubierta o meramente aparente de la persona jurídica cuando se continúe su actividad económica y se mantenga la identidad sustancial de clientes, proveedores y empleados, o de la parte más relevante de todos ellos.

Art. 131. 1. Los delitos prescriben:

A los veinte años, cuando la pena máxima señalada al delito sea prisión de quince o más años.

A los quince, cuando la pena máxima señalada por la ley sea inhabilitación por más de diez años, o prisión por más de diez y menos de quince años.

5.º Por el perdón del ofendido, cuando se trate de delitos leves perseguibles a instancias del agraviado o la ley así lo prevea. El perdón habrá de ser otorgado de forma expresa antes de que se haya dictado sentencia, a cuyo efecto el juez o tribunal sentenciador deberá oír al ofendido por el delito antes de dictarla.

En los delitos contra menores o personas con discapacidad necesitadas de especial protección los jueces o tribunales, oído el Ministerio Fiscal, podrán rechazar la eficacia del perdón otorgado por los representantes de aquéllos, ordenando la continuación del procedimiento, con intervención del Ministerio Fiscal, o el cumplimiento de la condena.

Para rechazar el perdón a que se refiere el párrafo anterior, el juez o tribunal deberá oír nuevamente al representante del menor o persona con discapacidad necesitada de especial protección.

Art. 130.1.6.º: V. arts. 131 CP y 666.3.º LECr.

Art. 130.1.7.º: V. art. 133 CP.

Art. 131: Este artículo figura redactado conforme al texto de la LO 1/2015, de 30 de marzo (*BOE* n.º 77, de 31 de marzo).

V. arts. 666.3.º LECr y 45 CPM.

A los diez, cuando la pena máxima señalada por la ley sea prisión o inhabilitación por más de cinco años y que no exceda de diez.

A los cinco, los demás delitos, excepto los delitos leves y los delitos de injurias y calumnias, que prescriben al año.

2. Cuando la pena señalada por la ley fuere compuesta, se estará, para la aplicación de las reglas comprendidas en este artículo, a la que exija mayor tiempo para la prescripción.

3. Los delitos de lesa humanidad y de genocidio y los delitos contra las personas y bienes protegidos en caso de conflicto armado, salvo los castigados en el artículo 614, no prescribirán en ningún caso.

Tampoco prescribirán los delitos de terrorismo, si hubieren causado la muerte de una persona.

4. En los supuestos de concurso de infracciones o de infracciones conexas, el plazo de prescripción será el que corresponda al delito más grave.

Art. 132. Los términos previstos en el artículo precedente se computarán desde el día en que se haya cometido la infracción punible. En los casos de delito continuado, delito per-

---

Art. 132: Este artículo figura redactado conforme al texto de la LO 1/2015, de 30 de marzo (*BOE* n.º 77, de 31 de marzo), excepto su primer apartado, que lo ha sido por LO 8/2021, de 4 de junio (*BOE* n.º 134, de 5 de junio), de protección integral a la infancia y la adolescencia frente a la violencia, y el cuarto, que ha sido añadido por la LO 9/2021, de 1 de julio (*BOE* n.º 157, de 2 de julio), de aplicación del Reglamento (UE) 2017/1939 del Consejo, de 12 de octubre de 2017, por el que se establece una cooperación reforzada para la creación de la Fiscalía Europea. El Preámbulo de la LO 8/2021, indica: «se extiende el tiempo de prescripción de los delitos más graves cometidos contra las personas menores de edad, modificando el día de comienzo de cómputo del plazo: el plazo de prescripción se contará a partir de que la víctima haya cumplido los treinta y cinco años de edad. Con ello se evita la existencia de espacios de impunidad en delitos que estadísticamente se han probado de lenta asimilación en las víctimas en el plano psicológico y, muchas veces, de tardía detección». Su redacción vigente hasta entonces era la siguiente:

> 1. Los términos previstos en el artículo precedente se computarán desde el día en que se haya cometido la infracción punible. En los casos de delito continuado, delito permanente, así como en las infracciones que exijan habitualidad, tales términos se computarán, respectivamente, desde el día en que se realizó la última infracción, desde que se eliminó la situación ilícita o desde que cesó la conducta.
>
> En la tentativa de homicidio y en los delitos de aborto no consentido, lesiones, trata de seres humanos, contra la libertad, de torturas y contra la integridad moral, la libertad e indemnidad sexuales, la intimidad, el derecho a la propia imagen y la inviolabilidad del domicilio, cuando la víctima fuere menor de edad, los términos se computarán desde el día en que ésta haya alcanzado la mayoría de edad, y si falleciere antes de alcanzarla, a partir de la fecha del fallecimiento.

manente, así como en las infracciones que exijan habitualidad, tales términos se computarán, respectivamente, desde el día en que se realizó la última infracción, desde que se eliminó la situación ilícita o desde que cesó la conducta.

En los delitos de aborto no consentido, lesiones, contra la libertad, de torturas y contra la integridad moral, contra la intimidad, el derecho a la propia imagen y la inviolabilidad del domicilio, y contra las relaciones familiares, excluidos los delitos contemplados en el párrafo siguiente, cuando la víctima fuere una persona menor de dieciocho años, los términos se computarán desde el día en que ésta haya alcanzado la mayoría de edad, y si falleciere antes de alcanzarla, a partir de la fecha del fallecimiento.

En los delitos de tentativa de homicidio, de lesiones de los artículos 149 y 150, en el delito de maltrato habitual previsto en el artículo 173.2, en los delitos contra la libertad, en los delitos contra la libertad e indemnidad sexual y en los delitos de trata de seres humanos, cuando la víctima fuere una persona menor de dieciocho años, los términos se computarán desde que la víctima cumpla los treinta y cinco años de edad, y si falleciere antes de alcanzar esta edad, a partir de la fecha del fallecimiento.

2. La prescripción se interrumpirá, quedando sin efecto el tiempo transcurrido, cuando el proceimiento se dirija contra la persona indiciariamente responsable del delito, comenzando a correr de nuevo desde que se paralice el procedimiento o termine sin condena de acuerdo con las reglas siguientes:

1.ª Se extenderá dirigido el procedimiento contra una persona determinada desde el momento en que, al incoar la causa o con posterioridad, se dicte resolución judicial motivada en la que se le atribuya su presunta participación en un hecho que pueda ser constitutivo de delito.

2.ª No obstante lo anterior, la presentación de querella o la denuncia formulada ante un órgano judicial, en la que se atribuya a una persona determinada su presunta participación en un hecho que pueda ser constitutivo de delito, suspenderá el computo de la prescripción por un plazo máximo de seis meses, a contar desde la misma fecha de presentación de la querella o de formulación de la denuncia.

Si dentro de dicho plazo se dicta contra el querellado o denunciado, o contra cualquier otra persona implicada en los hechos, alguna de las resoluciones judiciales mencionadas en la regla 1.ª, la interrupción de la prescripción se entenderá retroactivamente producida, a todos los efectos, en la fecha de presentación de la querella o denuncia.

Por el contrario, el cómputo del término de prescripción continuará desde la fecha de presentación de la querella o denuncia si, dentro del plazo de seis meses, recae resolución judicial firme de inadmisión a trámite de la querella o denuncia o por la que se acuerde no dirigir el procedimiento contra la persona querellada o denunciada. La continuación del cómputo se producirá también si, dentro de dicho plazo, el juez de instrucción no adoptara ninguna de las resoluciones previstas en este artículo.

3. A los efectos de este artículo, la persona contra la que se dirige el procedimiento deberá quedar suficientemente determinada en la resolución judicial, ya sea mediante su identificación directa o mediante datos que permitan concretar posteriormente dicha identificación en el seno de la organización o grupo de personas a quienes se atribuya el hecho.

4. En los procedimientos cuya investigación haya sido asumida por la Fiscalía Europea, la prescripción se interrumpirá:

a) cuando se dirija la investigación contra una persona determinada, suficientemente identificada, en los términos del apartado anterior, y así quede reflejado en un Decreto motivado.

b) cuando se interponga querella o denuncia ante la Fiscalía Europea en la que se atribuya a una persona determinada su presunta participación en un hecho que pueda ser constitutivo de delito, resultando de aplicación la regla 2.ª del apartado 2 de este artículo.

Art. 133. 1. Las penas impuestas por sentencia firme prescriben:

A los treinta años, las de prisión por más de veinte años.

A los veinticinco años, las de prisión de quince o más años sin que excedan de veinte.

A los veinte, las de inhabilitación por más de diez años y las de prisión por más de diez y menos de quince.

A los quince, las de inhabilitación por más de seis años y que no excedan de diez, y las de

---

Art. 133: Este artículo figura redactado conforme al texto de la LO 15/2003, de 25 de noviembre (*BOE* n.º 283, de 26 de noviembre; corrección de errores en *BOE* n.º 65, de 16 de marzo, y n.º 80, de 2 de abril, ambos de 2004). El apartado 2 este artículo figura redactado conforme al texto de la LO 5/2010, de 22 de junio (*BOE* n.º 152, de 23 de junio). V. art. 46 CPM.

prisión por más de cinco años y que no excedan de diez.

A los diez, las restantes penas graves.

A los cinco, las penas menos graves.

Al año, las penas leves.

2. Las penas impuestas por los delitos de lesa humanidad y de genocidio y por los delitos contra las personas y bienes protegidos en caso de conflicto armado, salvo los castigados en el artículo 614, no prescribirán en ningún caso.

Tampoco prescribirán las penas impuestas por delitos de terrorismo, si éstos hubieren causado la muerte de una persona.

Art. 134. 1. El tiempo de la prescripción de la pena se computará desde la fecha de la sentencia firme, o desde el quebrantamiento de la condena, si ésta hubiese comenzado a cumplirse.

2. El plazo de prescripción de la pena quedará en suspenso:

a) Durante el período de suspensión de la ejecución de la pena.

b) Durante el cumplimiento de otras penas, cuando resulte aplicable lo dispuesto en el artículo 75.

Art. 135. 1. Las medidas de seguridad prescribirán a los diez años, si fueran privativas de libertad superiores a tres años, y a los cinco años si fueran privativas de libertad iguales o inferiores a tres años o tuvieran otro contenido.

2. El tiempo de la prescripción se computará desde el día en que haya quedado firme la resolución en la que se impuso la medida o, en caso de cumplimiento sucesivo, desde que debió empezar a cumplirse.

3. Si el cumplimiento de una medida de seguridad fuere posterior al de una pena, el plazo se computará desde la extinción de ésta.

CAPÍTULO II

DE LA CANCELACIÓN DE ANTECEDENTES DELICTIVOS

Art. 136. 1. Los condenados que hayan extinguido su responsabilidad penal tienen derecho a obtener del Ministerio

---

Art. 134: Este artículo figura redactado conforme al texto de la LO 1/2015, de 30 de marzo (*BOE* n.º 77, de 31 de marzo).

Art. 136: Este artículo figura redactado conforme al texto de la LO 1/2015, de 30 de marzo (*BOE* n.º 77, de 31 de marzo),.

Los arts. 19 a 26 del RD 95/2009, de 6 de febrero (*BOE* n.º 33, de 7 de febrero), por el que se regula el Sistema de registros administrativos de apoyo a la Administración de Justicia, establecen:

de Justicia, de oficio o a instancia de parte, la cancelación de sus antecedentes penales, cuando hayan transcurrido sin haber vuelto a delinquir los siguientes plazos:

a) Seis meses para las penas leves.

b) Dos años para las penas que no excedan de doce meses y las impuestas por delitos imprudentes.

«*Art. 19. Cancelación de inscripciones de antecedentes penales.*—1. Las inscripciones de antecedentes penales se cancelarán, de oficio o a instancia del titular de los datos, o por comunicación del órgano judicial, cuando habiéndose extinguido la responsabilidad penal, hubiesen trascurrido, sin delinquir de nuevo los plazos previstos y se hubiesen cumplido los restantes requisitos señalados en el artículo 136 del Código Penal.

»2. Cuando el procedimiento se inicie de oficio o a instancia del interesado y no constara el informe del Juzgado o Tribunal en relación con el cumplimiento de los requisitos establecidos en el artículo 136 del Código Penal, el Registro de Penados remitirá el expediente en el plazo de quince días a fin de que informe preceptivamente en el plazo máximo de dos meses sobre la cancelación solicitada. El plazo máximo para resolver y notificar el procedimiento será de tres meses.

»3. La información relativa a las inscripciones canceladas se conservará en una Sección especial y separada a disposición únicamente de los Juzgados y Tribunales españoles.

»*Art. 20. Cómputo del plazo de cancelación de inscripciones de penas suspendidas.*—Cuando la cancelación de las inscripciones de antecedentes penales se refiera a penas privativas de libertad suspendidas por habérseles aplicado la remisión condicional, el plazo de cancelación, una vez obtenida la remisión definitiva, se computará en la forma establecida en el artículo 136.3 del Código Penal.

»*Art. 21. Pluralidad de antecedentes penales.*—Cuando se inicie un expediente de cancelación de antecedentes penales de oficio o a instancia de parte, y deba cursarse a varios Juzgados o Tribunales, se remitirá el original al que hubiera dictado la última sentencia y copias autenticadas a cada uno de los restantes, debiendo constar en el oficio de remisión el listado de Juzgados o Tribunales a los que se solicita información.

»*Art. 22. Cancelación de inscripciones de medidas cautelares, órdenes de protección, órdenes de busca, sentencias no firmes y autos de rebeldía penal.*—1. La cancelación se producirá con carácter automático cuando se produzca la comunicación judicial en la que se exprese el cese de su vigencia.

»2. También se cancelarán las inscripciones de medidas cautelares, órdenes de protección y Sentencias No Firmes relativas a un procedimiento en tramitación cuando se proceda a la inscripción de una sentencia firme recaída en el mismo procedimiento.

»3. Asimismo, la acumulación de un procedimiento o la inhibición en favor de otro juzgado, producirán la cancelación de las correspondientes anotaciones cuando el encargado del Registro verifique la inscripción de la medida cautelar, orden de protección, orden de busca o auto de rebeldía penal en el procedimiento resultante de la acumulación o la inhibición.

»*Art. 23. Cancelación de las inscripciones de rebeldes civiles.*—1. Procederá la cancelación de la inscripción del rebelde civil a instancia del interesado. También podrá el interesado dirigirse al órgano judicial remitente de la comunicación originaria para que sea el órgano judicial el que se dirija al Registro solicitando la cancelación de la inscripción en cuestión. En la solicitud deberá indicar el domicilio al que se puedan dirigir las comunicaciones judiciales.

c) Tres años para las restantes penas menos graves inferiores a tres años.

d) Cinco años para las restantes penas menos graves iguales o superiores a tres años.

e) Diez años para las penas graves.

2. Los plazos a que se refiere el apartado anterior se contarán desde el día siguiente a aquel en que quedara extinguida la pena, pero si ello ocurriese mediante la remisión condicional, el plazo, una vez obtenida la remisión definitiva, se computará retrotrayéndolo al día siguiente a aquel en que hubiere quedado cumplida la pena si no se hubiere disfrutado de este beneficio. En este caso, se tomará como fecha inicial para el cómputo de la duración de la pena el día siguiente al del otorgamiento de la suspensión.

3. Las penas impuestas a las personas jurídicas y las consecuencias accesorias del artículo 129 se cancelarán en el plazo que corresponda, de acuerdo con la regla prevista en el apartado primero de este artículo, salvo que se hubiese acordado

---

»2. Cuando se acuerde la cancelación, el Registro deberá comunicar el nuevo domicilio a los órganos judiciales que aparecieran anotados junto a la inscripción.

»3. En el caso de que se deniegue la cancelación instada por el interesado por existir dudas racionales sobre la exactitud del domicilio facilitado, el Registro deberá indicarle los defectos que haya apreciado y recordarle la posibilidad de instar nuevamente esa cancelación en cuanto hayan quedado subsanados.

»*Art. 24. Cancelación de las inscripciones del Registro Central de Sentencias sobre Responsabilidad Penal de los Menores.*—Trascurridos diez años, a contar desde que el menor hubiera alcanzado la mayoría de edad y siempre que las medidas judicialmente impuestas hayan sido ejecutadas en su plenitud o hayan prescrito, el Ministerio de Justicia procederá de oficio a la cancelación de cuantas inscripciones de sentencias referentes al mismo consten en el Registro.

»*Art. 25. Efectos de la cancelación.*—La cancelación registral prevista en este Real Decreto dará lugar a la eliminación de los datos de carácter personal, sin perjuicio de lo dispuesto en el artículo 19.3 del presente Real Decreto y a excepción de aquellos que resulten necesarios para que sea posible elaborar las estadísticas previstas en su artículo 27.

»*Art. 26. Tutela de derechos.*—De conformidad con lo dispuesto en el artículo 18.2 de la Ley Orgánica 15/1999, de 13 de diciembre, de Protección de Datos de Carácter Personal, los interesados podrán recabar la tutela de la Agencia Española de Protección de Datos en relación con el ejercicio de sus derechos de acceso, rectificación o cancelación.»

V., también, la LO 7/2014, de 12 de noviembre (*BOE* n.º 275, de 13 de noviembre; corrección de erratas en *BOE* n.º 276, de 14 de noviembre), sobre intercambio de información de antecedentes penales y consideración de resoluciones judiciales penales en la Unión Europea; y el RD 1.110/2015, de 11 de diciembre (*BOE* n.º 312, de 30 de diciembre), por el que se regula el Registro Central de Delincuentes Sexuales, cuyo art. 10 ha sido validado por la STS (3.ª) de 2 de marzo de 2020.

la disolución o la prohibición definitiva de actividades. En estos casos, se cancelarán las anotaciones transcurridos cincuenta años computados desde el día siguiente a la firmeza de la sentencia.

4. Las inscripciones de antecedentes penales en las distintas secciones del Registro Central de Penados y Rebeldes no serán públicas. Durante su vigencia sólo se emitirán certificaciones con las limitaciones y garantías previstas en sus normas específicas y en los casos establecidos por la ley. En todo caso, se librarán las que soliciten los jueces o tribunales, se refieran o no a inscripciones canceladas, haciendo constar expresamente esta última circunstancia.

5. En los casos en que, a pesar de cumplirse los requisitos establecidos en este artículo para la cancelación, ésta no se haya producido, el juez o tribunal, acreditadas tales circunstancias, no tendrá en cuenta dichos antecedentes.

Art. 137. Las anotaciones de las medidas de seguridad impuestas conforme a lo dispuesto en este Código o en otras leyes penales serán canceladas una vez cumplida o prescrita la respectiva medida; mientras tanto, sólo figurarán en las certificaciones que el Registro expida con destino a jueces o tribunales o autoridades administrativas, en los casos establecidos por la Ley.

LIBRO II

Delitos y sus penas

TÍTULO PRIMERO

Del homicidio y sus formas*

Art. 138. 1. El que matare a otro será castigado, como reo de homicidio, con la pena de prisión de diez a quince años.

---

* El art. 15 CE establece: «Todos tienen derecho a la vida y a la integridad física y moral, sin que, en ningún caso, puedan ser sometidos a torturas ni a penas o tratos inhumanos o degradantes. Queda abolida la pena de muerte, salvo lo que puedan disponer las leyes penales militares para tiempo de guerra.» V., también, art. 3.º DUDH; art. 6.º, n.º 1, PIDCP, y art. 2.º CPDHLF; así como el Protocolo n.º 6, de 28 de abril de 1983, al CPDHLF, relativo a la abolición de la pena de muerte, ratificado por Instrumento de 20 de diciembre de 1984 (*BOE* n.º 92, de 17 de abril de 1985; texto refundido en *BOE* n.º 108, de 6 de mayo de 1999; corrección de erratas en *BOE* n.º 140, de 12 de junio), el Segundo Protocolo Facultativo del PIDCP destinado a abolir la pena de muerte adoptado por la Asamblea General de las Naciones Unidas, y ratificado por Instrumento de 22 de marzo de 1991 (*BOE* n.º 164, de 10 de julio); la LO 11/1995, de 27 de noviembre (*BOE* n.º 284, de 28 de noviembre), de abolición de la pena de muerte en tiempo de guerra; y el Protocolo n.º 13 al Convenio para la protección de los Derechos Humanos y las Libertades Fundamentales, relativo a la abolición de la pena de muerte en todas las circunstancias, ratificado por Instrumento de 27 de noviembre de 2009 (*BOE* n.º 77, de 30 de marzo de 2010). V. art. 1.º1.º*a*) y 1.º2.º*a*) LOTJ; LO 1/2020, de 16 de septiembre (*BOE* n.º 248, de 17 de septiembre), sobre la utilización de los datos del Registro de Pasajeros para la prevención, detección, investigación y enjuiciamiento de delitos de terrorismo y delitos graves, modificada por LO 7/2021, de 26 de mayo (*BOE* n.º 126, de 27 de mayo), de protección de datos personales tratados para fines de prevención, detección, investigación y enjuiciamiento de infracciones penales y de ejecución de sanciones penales; Ley 35/1995, de 11 de diciembre (*BOE* n.º 296, de 12 de diciembre), de ayudas y asistencia a las víctimas de delitos violentos y contra la libertad sexual, modificada por Ley 13/1996, de 30 de diciembre, de medidas fiscales, administrativas y del orden social (*BOE* n.º 315, de 31 de diciembre) y por Ley 38/1998, de 27 de noviembre (*BOE* n.º 285, de 28 de noviembre), por la que se modifica la composición de la Comisión Nacional de Ayuda y Asistencia a las Víctimas de Delitos Violentos y contra la Libertad Sexual; y desarrollada por RD 738/1997, de 23 de mayo, por el que se aprueba su Reglamento (*BOE* n.º 126, de 27 de mayo), modificado por RRDD 429/2003, de 11 de abril (*BOE* n.º 100,

2. Los hechos serán castigados con la pena superior en grado en los siguientes casos:

a) cuando concurra en su comisión alguna de las circunstancias del apartado 1 del artículo 140, o

b) cuando los hechos sean además constitutivos de un delito de atentado del artículo 550.

Art. 139. 1. Será castigado con la pena de prisión de quince a veinticinco años, como reo de asesinato, el que matare a otro concurriendo alguna de las circunstancias siguientes:

1.ª Con alevosía.

2.ª Por precio, recompensa o promesa.

3.ª Con ensañamiento, aumentando deliberada e inhumanamente el dolor del ofendido.

4.ª Para facilitar la comisión de otro delito o para evitar que se descubra.

2. Cuando en un asesinato concurran más de una de las circunstancias previstas en el apartado anterior, se impondrá la pena en su mitad superior.

---

de 26 de abril), y 199/2006, de 17 de febrero (*BOE* n.º 43, de 20 de febrero), y la Ley de 24 de marzo (*BOE* n.º 72, de 25 de marzo), de medidas urgentes en materia de protección y asistencia a las víctimas de violencia de género. V., también, arts. 94 CC; 13, 109 y 544 bis LECr; RD 32/2009, de 16 de enero (*BOE* n.º 32, de 6 de febrero), por el que se aprueba el Protocolo nacional de actuación Médico-forense y de Policía Científica en sucesos con víctimas múltiples; Ley 27/2003, de 31 de julio (*BOE* n.º 183, de 1 de agosto; corrección de errores en *BOE* n.º 126, de 25 de mayo de 2004), reguladora de la Orden de protección de las víctimas de la violencia doméstica; RD 95/2009, de 6 de febrero (*BOE* n.º 33, de 7 de febrero), por el que se regula el Sistema de registros administrativos de apoyo a la Administración de Justicia; Ley Foral 22/2002, de 2 de julio (*BOE* n.º 199, de 20 de agosto), para la adopción de medidas integrales contra la violencia sexista, modificada por Ley Foral 12/2003, de 7 de marzo (*BOE* n.º 99, de 25 de abril); Ley 16/2003, de 8 de abril (*BOE* n.º 162, de 8 de julio), de la Comunidad Autónoma de Canarias, de Prevención y Protección Integral de las Mujeres contra la Violencia de Género; Ley 1/2004, de 1 de abril (*BOE* n.º 101, de 26 de abril), de la Comunidad Autónoma de Cantabria, Integral para la Prevención de la Violencia contra las Mujeres y la Protección a sus Víctimas; Ley 4/2018, de 8 de octubre (*BOE* n.º 301, de 14 de diciembre), para una Sociedad Libre de Violencia de Género en Castilla-La Mancha; y Ley Foral 17/2019, de 4 de abril (*BOE* n.º 110, de 8 de mayo), de igualdad entre Mujeres y Hombres.

V. también el RD-L 12/2020, de 31 de marzo (*BOE* n.º 91, de 1 de abril), de medidas urgentes en materia de protección y asistencia a las víctimas de violencia de género.

Sobre el momento de la determinación de la muerte, v. art. 5.º Ley 30/1979, de 27 de octubre, sobre extracción y trasplante de órganos (*BOE* n.º 266, de 6 de noviembre), y el art. 10 RD 426/1980, de 22 de febrero, por el que se desarrolla la Ley 30/1979, de 27 de octubre (*BOE* n.º 63, de 13 de marzo).

Art. 138: Este artículo figura redactado conforme al texto de la LO 1/2015, de 30 de marzo (*BOE* n.º 77, de 31 de marzo).

Art. 139: Este artículo figura redactado conforme al texto de la LO 1/2015, de 30 de marzo (*BOE* n.º 77, de 31 de marzo).

Art. 140. 1. El asesinato será castigado con pena de prisión permanente revisable cuando concurra alguna de las siguientes circunstancias:

1.ª Que la víctima sea menor de dieciséis años de edad, o se trate de una persona especialmente vulnerable por razón de su edad, enfermedad o discapacidad.

2.ª Que el hecho fuera subsiguiente a un delito contra la libertad sexual que el autor hubiera cometido sobre la víctima.

3.ª Que el delito se hubiera cometido por quien perteneciere a un grupo u organización criminal.

2. Al reo de asesinato que hubiera sido condenado por la muerte de más de dos personas se le impondrá una pena de prisión permanente revisable. En este caso, será de aplicación lo dispuesto en la letra *b*) del apartado 1 del artículo 78 bis y en la letra *b*) del apartado 2 del mismo artículo.

Art. 140 bis. 1. A las personas condenadas por la comisión de uno o más delitos comprendidos en este título se les podrá imponer además una medida de libertad vigilada.

2. Si la víctima y quien sea autor de los delitos previstos en los tres artículos precedentes tuvieran un hijo o hija en común, la autoridad judicial impondrá, respecto de este, la pena de privación de la patria potestad.

La misma pena se impondrá cuando la víctima fuere hijo o hija del autor, respecto de otros hijos e hijas, si existieren.

Art. 141. La provocación, la conspiración y la proposición para cometer los delitos previstos en los tres artículos precedentes, será castigada con la pena inferior en uno o dos grados a la señalada en su caso en los artículos anteriores.

Art. 142. 1. El que por imprudencia grave causare la

Art. 140: Este artículo figura redactado conforme al texto de la LO 1/2015, de 30 de marzo (*BOE* n.º 77, de 31 de marzo).

Art. 140 bis: Este artículo figura redactado conforme a la LO 8/2021, de 4 de junio (*BOE* n.º 134, de 5 de junio), de protección integral a la infancia y la adolescencia frente a la violencia. Su redacción vigente hasta entonces era la siguiente:

> A los condenados por la comisión de uno o más delitos comprendidos en este Título se les podrá imponer además una medida de libertad vigilada.

Art. 142: Este artículo figura redactado conforme al texto de la LO 2/2019, de 1 de marzo (*BOE* n.º 53, de 2 de marzo), de modificación del Código Penal en materia de imprudencia en la conducción de vehículos a motor o ciclomotor y sanción del abandono del lugar del accidente. La redacción vigente hasta entonces, dada por la LO 1/2015, de 30 de marzo (*BOE* n.º 77, de 31 de marzo), era la siguiente:

muerte de otro, será castigado, como reo de homicidio imprudente, con la pena de prisión de uno a cuatro años.

Si el homicidio imprudente se hubiera cometido utilizando un vehículo a motor o un ciclomotor, se impondrá asimismo la pena de privación del derecho a conducir vehículos a motor y ciclomotores de uno a seis años. A los efectos de este apartado, se reputará en todo caso como imprudencia grave la conducción en la que la concurrencia de alguna de las circunstancias previstas en el artículo 379 determinara la producción del hecho.

Si el homicidio imprudente se hubiera cometido utilizando un arma de fuego, se impondrá también la pena de privación del derecho al porte o tenencia de armas por tiempo de uno a seis años.

Si el homicidio se hubiera cometido por imprudencia profesional, se impondrá además la pena de inhabilitación especial para el ejercicio de la profesión, oficio o cargo por un período de tres a seis años.

2. El que por imprudencia menos grave causare la muerte

Art. 142. 1. El que por imprudencia grave causare la muerte de otro, será castigado, como reo de homicidio imprudente, con la pena de prisión de uno a cuatro años.

Si el homicidio imprudente se hubiera cometido utilizando un vehículo a motor o un ciclomotor, se impondrá asimismo la pena de privación del derecho a conducir vehículos a motor y ciclomotores de uno a seis años.

Si el homicidio imprudente se hubiera cometido utilizando un arma de fuego, se impondrá también la pena de privación del derecho al porte o tenencia de armas por tiempo de uno a seis años.

Si el homicidio se hubiera cometido por imprudencia profesional, se impondrá además la pena de inhabilitación especial para el ejercicio de la profesión, oficio o cargo por un período de tres a seis años.

2. El que por imprudencia menos grave causare la muerte de otro, será castigado con la pena de multa de tres meses a dieciocho meses.

Si el homicidio se hubiera cometido utilizando un vehículo a motor o un ciclomotor, se podrá imponer también la pena de privación del derecho a conducir vehículos a motor y ciclomotores de tres a dieciocho meses.

Si el homicidio se hubiera cometido utilizando un arma de fuego, se podrá imponer también la pena de privación del derecho al porte o tenencia de armas por tiempo de tres a dieciocho meses.

El delito previsto en este apartado sólo será perseguible mediante denuncia de la persona agraviada o de su representante legal.

Art. 142.2: V. LTCVM; RD 13/1992, de 17 de enero (*BOE* n.º 27, de 31 de enero; corrección de errores en *BOE* n.º 61, de 11 de marzo), por el que se aprueba el Reglamento General de Circulación, modificado por RD 1.333/1994, de 20 de junio (*BOE* n.º 169, de 16 de julio; corrección de errores en *BOE* n.º 14, de 17 de enero de 1995), RD 116/1998, de 30 de enero (*BOE* n.º 42, de 18 de febrero), y RD 2.282/1998, de 23 de octubre (*BOE* n.º 266, de 6 de noviembre; corrección de erra-

de otro, será castigado con la pena de multa de tres meses a dieciocho meses.

Si el homicidio se hubiera cometido utilizando un vehículo a motor o un ciclomotor, se podrá imponer también la pena de privación del derecho a conducir vehículos a motor y ciclomotores de tres a dieciocho meses. Se reputará imprudencia menos grave, cuando no sea calificada de grave, siempre que el hecho sea consecuencia de una infracción grave de las normas sobre tráfico, circulación de vehículos a motor y seguridad vial, apreciada la entidad de ésta por el Juez o el Tribunal.

Si el homicidio se hubiera cometido utilizando un arma de fuego, se podrá imponer también la pena de privación del derecho al porte o tenencia de armas por tiempo de tres a dieciocho meses.

El delito previsto en este apartado sólo será perseguible mediante denuncia de la persona agraviada o de su representante legal.

Art. 142 bis. En los casos previstos en el número 1 del artículo anterior, el Juez o Tribunal podrá imponer motivadamente la pena superior en un grado, en la extensión que estime conveniente, si el hecho revistiere notoria gravedad, en atención a la singular entidad y relevancia del riesgo creado y del deber normativo de cuidado infringido, y hubiere provocado la muerte de dos o más personas o la muerte de una y lesiones constitutivas de delito del artículo 152.1.2.º o 3.º en las demás, y en dos grados si el número de fallecidos fuere muy elevado.

Art. 143. 1. El que induzca al suicidio de otro será casti-

---

tas en *BOE* n.º 22, de 26 de enero de 1999); y Ley sobre responsabilidad civil y seguro en la circulación de vehículos de motor, texto refundido aprobado por Decreto 632/1968, de 21 de marzo (*BOE* n.º 85, de 8 de abril), modificada por Ley 21/1990, de 19 de diciembre (*BOE* n.º 304, de 20 de diciembre), por la ya indicada Ley 30/1995; por Ley 40/1998, de 9 de diciembre (*BOE* n.º 295, de 10 de diciembre), y por Ley 14/2000, de 29 de diciembre (*BOE* n.º 313, de 30 de diciembre); y RD 1.148/2015, de 18 de diciembre (*BOE* n.º 303, de 19 de diciembre), por el que se regula la realización de pericias a solicitud de particulares por los Institutos de Medicina Legal y Ciencias Forenses, en las reclamaciones extrajudiciales por hechos relativos a la circulación de vehículos a motor. V. también RD 137/1993, de 29 de enero (*BOE* n.º 55, de 5 de marzo; corrección de errores en *BOE* n.º 95, de 5 de abril), por el que se aprueba el Reglamento de Armas.

Art. 142 bis: Este artículo ha sido introducido por la LO 2/2019, de 1 de marzo (*BOE* n.º 53, de 2 de marzo), de modificación del Código Penal en materia de imprudencia en la conducción de vehículos a motor o ciclomotor y sanción del abandono del lugar del accidente.

gado con la pena de prisión de cuatro a ocho años.

2. Se impondrá la pena de prisión de dos a cinco años al que coopere con actos necesarios al suicidio de una persona.

3. Será castigado con la pena de prisión de seis a diez años si la cooperación llegara hasta el punto de ejecutar la muerte.

4. El que causare o cooperare activamente con actos necesarios y directos a la muerte de una persona que sufriera un padecimiento grave, crónico e imposibilitante o una enfermedad grave e incurable, con sufrimientos físicos o psíquicos constantes e insoportables, por la petición expresa, seria e in-

---

Art. 143.4: Este apartado figura redactado conforme a la LO 3/2021, de 24 de marzo (*BOE* n.º 72, de 25 de marzo). V. Ley 41/2002, de 14 de noviembre (*BOE* n.º 274, de 10 de noviembre), básica reguladora de la autonomía del paciente y de derechos y obligaciones en materia de información y documentación clínica, modificada por LLOO 2/2010, de 3 de marzo (*BOE* n.º 55, de 4 de marzo), 11/2015, de 21 de septiembre (*BOE* n.º 227, de 22 de septiembre), 3/2018, de 5 de diciembre, de Protección de Datos Personales y garantía de los derechos digitales (*BOE* n.º 294, de 6 de diciembre), y 8/2021, de 4 de junio (*BOE* n.º 134, de 5 de junio), de protección integral a la infancia y la adolescencia frente a la violencia; y por Leyes 33/2011, de 4 de octubre (*BOE* n.º 240, de 5 de octubre), y 26/2015, de 28 de julio (*BOE* n.º 180, de 29 de julio; corrección de errores en *BOE* n.º 285, de 28 de noviembre); Ley 7/2002, de 12 de diciembre (*BOE* n.º 291, de 3 de diciembre de 2011), de la Comunidad Autónoma del País Vasco, de las voluntades anticipadas en el ámbito de la sanidad; Ley 2/2010, de 8 de abril (*BOE* n.º 127, de 25 de mayo), de la Comunidad Autónoma de Andalucía, de Derechos y Garantías de la Dignidad de la Persona en el Proceso de la Muerte; Ley 5/2003, de 9 de octubre (*BOE* n.º 279, de 21 de noviembre), de declaración de voluntad vital anticipada, de la Comunidad Autónoma de Andalucía, modificada por aquélla; Ley 1/2006, de 3 de marzo (*BOE* n.º 81, de 5 de abril), de la Comunidad Autónoma de las Illes Balears, de voluntades anticipadas, modificada por Ley 4/2015, de 23 de marzo (*BOE* n.º 96, de 22 de abril), de derechos y garantías de la persona en el proceso de morir; Ley Foral 8/2011, de 24 de marzo (*BOE* n.º 99, de 26 de abril), de derechos y garantías de la dignidad de la persona en el proceso de la muerte; Ley 10/2011, de 24 de marzo (*BOE* n.º 115, de 14 de mayo), de la Comunidad Autónoma de Aragón, de derechos y garantías de la dignidad de la persona en el proceso de morir y de la muerte; Ley 1/2015, de 9 de febrero (*BOE* n.º 54, de 4 de marzo), de la Comunidad Autónoma de Canarias, de derechos y garantías de la dignidad de la persona ante el proceso final de su vida; Ley 5/2015, de 26 de junio (*BOE* n.º 228, de 23 de septiembre), de la Comunidad Autónoma de Galicia, de derechos y garantías de la dignidad de las personas enfermas terminales; Ley 11/2016, de 8 de julio (*BOE* n.º 175, de 21 de julio), de la Comunidad Autónoma del País Vasco, de garantía de los derechos y de la dignidad de las personas en el proceso final de su vida; Ley 4/2017, de 9 de marzo (*BOE* n.º 149, de 23 de junio), de la Comunidad de Madrid, de derechos y garantías de las personas en el proceso de morir; Ley 5/2018, de 22 de junio (*BOE* n.º 181, de 27 de julio), sobre derechos y garantías de la dignidad de las personas en el proceso final de la vida, de la Comunidad Autónoma del Principado de Asturias; y Ley 16/2018, de 28 de junio (*BOE* n.º 183, de 30 de julio), de derechos y garantías de la dignidad de la persona en el proceso de atención al final de la vida, de la Comunitat Valenciana.

equívoca de esta, será castigado con la pena inferior en uno o dos grados a las señaladas en los apartados 2 y 3.

5. No obstante lo dispuesto en el apartado anterior, no incurrirá en responsabilidad penal quien causare o cooperare activamente a la muerte de otra persona cumpliendo lo establecido en la ley orgánica reguladora de la eutanasia.

Art. 143 bis. La distribución o difusión pública a través de Internet, del teléfono o de cualquier otra tecnología de la información o de la comunicación de contenidos específicamente destinados a promover, fomentar o incitar al suicidio de personas menores de edad o personas con discapacidad necesitadas de especial protección será castigada con la pena de prisión de uno a cuatro años.

Las autoridades judiciales ordenarán la adopción de las medidas necesarias para la retirada de los contenidos a los que se refiere el párrafo anterior, para la interrupción de los servicios que ofrezcan predominantemente dichos contenidos o para el bloqueo de unos y otros cuando radiquen en el extranjero.

TÍTULO II

Del aborto*

Art. 144. El que produzca el aborto de una mujer, sin su consentimiento, será castigado con la pena de prisión de cuatro a ocho años e inhabilitación especial para ejercer cualquier profesión sanitaria, o para prestar servicios de toda índole en clíni-

---

Art. 143.5: Este apartado fue introducido por la LO 3/2021, de 24 de marzo (*BOE* n.º 72, de 25 de marzo).

Art. 143 bis: Este artículo fue introducido por la LO 8/2021, de 4 de junio (*BOE* n.º 134, de 5 de junio), de protección integral a la infancia y la adolescencia frente a la violencia, cuyo preámbulo a este respecto dice: «se crean nuevos tipos delictivos para evitar la impunidad de conductas realizadas a través de medios tecnológicos y de la comunicación, que producen graves riesgos para la vida y la integridad de las personas menores edad, así como una gran alarma social. Se castiga a quienes, a través de estos medios, promuevan el suicidio, la autolesión o los trastornos alimenticios entre personas menores de edad, así como la comisión de delitos de naturaleza sexual contra estas. además, se prevé expresamente que las autoridades judiciales retirarán estos contenidos de la red para evitar la persistencia delictiva».

* V. la LO 2/2010, de 3 de marzo (*BOE* n.º 55, de 4 de marzo), de salud sexual y reproductiva, y de la interrupción voluntaria del embarazo, que se reproduce íntegra-

cas, establecimientos o consultorios ginecológicos, públicos o privados, por tiempo de tres a diez años.

Las mismas penas se impondrán al que practique el aborto habiendo obtenido la anuencia de la mujer mediante violencia, amenaza o engaño.

Art. 145. 1. El que produzca el aborto de una mujer, con su consentimiento, fuera de los casos permitidos por la ley, será castigado con la pena de prisión de uno a tres años e inhabilitación especial para ejercer cualquier profesión sanitaria, o para prestar servicios de toda índole en clínicas, establecimientos o consultorios ginecológicos, públicos o privados, por tiempo de uno a seis años. El juez podrá imponer la pena en su mitad superior cuando los actos descritos en este apartado se realicen fuera de un centro o establecimiento público o privado acreditado.

2. La mujer que produjere su aborto o consintiere que otra persona se lo cause, fuera de los casos permitidos por la ley, será castigada con la pena de multa de seis a veinticuatro meses.

3. En todo caso, el juez o tribunal impondrá las penas respectivamente previstas en este artículo en su mitad superior cuando la conducta se llevare a cabo a partir de la vigésimo segunda semana de gestación.

Art. 145 bis. 1. Será castigado con la pena de multa de seis a doce meses e inhabilitación especial para prestar servicios de toda índole en clínicas,

---

mente en el Apéndice 9 de esta obra; y los RRDD 825 y 831/2010, ambos de 25 de junio (*BOE* n.º 155, de 26 de junio), que la desarrollan; así como los arts. 13, 109 y 544 bis LECr y Ley 14/2006, de 26 de mayo (*BOE* n.º 126, de 27 de mayo), sobre técnicas de reproducción humana asistida, parcialmente derogada por Ley 14/2007, de 3 de julio (*BOE* n.º 159, de 4 de julio); RD 415/1997, de 21 de marzo, por el que se crea la Comisión Nacional de Reproducción Humana Asistida (*BOE* n.º 70, de 22 de marzo); Ley 14/2007, de 3 de julio (*BOE* n.º 159, de 4 de julio), de Investigación biomédica; Ley Foral 16/2010, de 8 de noviembre, de la Comunidad Foral de Navarra, por la que se crea el Registro de profesionales, en relación con la interrupción voluntaria del embarazo (*BOE* n.º 315, de 28 de diciembre).

V. Orden de 16 de junio de 1986 sobre estadística e información epidemiológica de las interrupciones voluntarias del embarazo realizadas conforme a la LO 9/1985, de 5 de julio, así como la Resolución de 15 de octubre de 1990 de la Subsecretaría de Sanidad y Consumo (*BOE* n.º 259, de 29 de octubre).

Art. 145: Este artículo figura redactado conforme al texto de la LO 2/2010, de 3 de marzo (*BOE* n.º 55, de 4 de marzo), de salud sexual y reproductiva, y de la interrupción voluntaria del embarazo.

Art. 145 bis: Este artículo fue introducido por la LO 2/2010, de 3 de marzo (*BOE* n.º 55, de 4 de marzo), de salud sexual y reproductiva, y de la interrupción voluntaria del embarazo.

establecimientos o consultorios ginecológicos, públicos o privados, por tiempo de seis meses a dos años, el que dentro de los casos contemplados en la ley, practique un aborto:

a) sin haber comprobado que la mujer haya recibido la información previa relativa a los derechos, prestaciones y ayudas públicas de apoyo a la maternidad;

b) sin haber transcurrido el período de espera contemplado en la legislación;

c) sin contar con los dictámenes previos preceptivos;

d) fuera de un centro o establecimiento público o privado acreditado. En este caso, el juez podrá imponer la pena en su mitad superior.

2. En todo caso, el juez o tribunal impondrá las penas previstas en este artículo en su mitad superior cuando el aborto se haya practicado a partir de la vigésimo segunda semana de gestación.

3. La embarazada no será penada a tenor de este precepto.

Art. 146. El que por imprudencia grave ocasionare un aborto será castigado con la pena de prisión de tres a cinco meses o multa de seis a diez meses.

Cuando el aborto fuere cometido por imprudencia profesional se impondrá asimismo la pena de inhabilitación especial para el ejercicio de la profesión, oficio o cargo por un período de uno a tres años.

La embarazada no será penada a tenor de este precepto.

TÍTULO III

De las lesiones*

Art. 147. 1. El que, por cualquier medio o procedimiento, causare a otro una lesión que menoscabe su integridad corpo-

Art. 146: Este artículo figura redactado conforme al texto de la LO 15/2003, de 25 de noviembre (*BOE* n.º 283, de 26 de noviembre; corrección de errores en *BOE* n.º 65, de 16 de marzo, y n.º 80, de 2 de abril, ambos de 2004).

* V. el Convenio del Consejo de Europa sobre prevención y lucha contra la violencia contra la mujer y la violencia doméstica, hecho en Estambul el 11 de mayo de 2011, y ratificado por España por Instrumento de 18 de marzo de 2014 (*BOE* n.º 137, de 6 de junio); art. 94 CC; LO 1/2004, de 28 de diciembre (*BOE* n.º 313, de 29 de diciembre), de medidas de protección integral contra la violencia de género, modificada por LO 8/2015, de 22 de julio (*BOE* n.º 175, de 23 de julio), por Ley 42/2015, de 5 de octubre (*BOE* n.º 239, de 6 de octubre), por RD-L 9/2018, de 3 de agosto (*BOE* n.º 188, de 4 de agosto), de medidas urgentes para el desarrollo del Pacto de Estado contra la

violencia de género, y por LO 8/2021, de 4 de junio (*BOE* n.º 134, de 5 de junio), de protección integral a la infancia y la adolescencia frente a la violencia; Ley 35/1995, de 11 de diciembre (*BOE* n.º 296, de 12 de diciembre), de ayudas y asistencia a las víctimas de delitos violentos y contra la libertad sexual, modificada por Ley 13/1996, de 30 de diciembre, de medidas fiscales, administrativas y del orden social (*BOE* n.º 315, de 31 de diciembre), y por Ley 38/1998, de 27 de noviembre (*BOE* n.º 285, de 28 de noviembre), por la que se modifica la composición de la Comisión Nacional de Ayuda y Asistencia a las Víctimas de Delitos Violentos y contra la Libertad Sexual; y desarrollada por RD 738/1997, de 23 de mayo, por el que se aprueba su Reglamento (*BOE* n.º 126, de 27 de mayo), modificado por RRDD 429/2003, de 11 de abril (*BOE* n.º 100, de 26 de abril), 199/2006, de 17 de febrero (*BOE* n.º 43, de 20 de febrero); 253/2006, de 3 de marzo (*BOE* n.º 62, de 14 de marzo), y Ley 3/2019, de 1 de marzo (*BOE* n.º 53, de 2 de marzo), de mejora de la situación de orfandad de las hijas e hijos de víctimas de violencia de género y otras formas de violencia contra la mujer. V., también, la LO 1/2020, de 16 de septiembre (*BOE* n.º 248, de 17 de septiembre), sobre la utilización de los datos del Registro de Pasajeros para la prevención, detección, investigación y enjuiciamiento de delitos de terrorismo y delitos graves, modificada por LO 7/2021, de 26 de mayo (*BOE* n.º 126, de 27 de mayo), de protección de datos personales tratados para fines de prevención, detección, investigación y enjuiciamiento de infracciones penales y de ejecución de sanciones penales; las Leyes 27/2003, de 31 de julio (*BOE* n.º 183, de 1 de agosto; corrección de errores en *BOE* n.º 126, de 25 de mayo de 2004), reguladora de la Orden de protección de las víctimas de la violencia doméstica; 5/2001, de 17 de mayo (*BOE* n.º 148, de 21 de junio), de Prevención de Malos Tratos y de Protección a las Mujeres Maltratadas, de Castilla-La Mancha, y la Ley 4/2018, de 8 de octubre (*BOE* n.º 301, de 14 de diciembre), para una Sociedad Libre de Violencia de Género en Castilla-La Mancha; Foral 14/2015, de 10 de abril (*BOE* n.º 107, de 5 de mayo), para actuar contra la violencia hacia las mujeres, modificada por Ley Foral 4/2018, de 19 de abril (*BOE* n.º 116, de 12 de mayo); 16/2003, de 8 de abril (*BOE* n.º 162, de 8 de julio), de la Comunidad Autónoma de Canarias, de Prevención y Protección Integral de las Mujeres contra la Violencia de Género, modificada por Ley 1/2017, de 17 de marzo (*BOE* n.º 160, de 6 de julio); 1/2004, de 1 de abril (*BOE* n.º 101, de 26 de abril), Integral para la Prevención de la Violencia contra las Mujeres y la Protección a sus Víctimas, y Ley 2/2019, de 7 de marzo (*BOE* n.º 76, de 29 de marzo; corrección de errores en *BOE* n.º 108, de 6 de mayo), para la igualdad efectiva entre hombres y mujeres, ambas de la Comunidad Autónoma de Cantabria; 4/2005, de 18 de febrero (*BOE* n.º 274, de 14 de noviembre de 2011), de la Comunidad Autónoma del País Vasco, para la igualdad entre hombres y mujeres, y 14/2012, de 28 de junio (*BOE* n.º 172, de 19 de julio), de no discriminación por motivos de identidad de género y de reconocimiento de los derechos de las personas transexuales, modificada por Ley 9/2019, de 27 de junio (*BOE* n.º 172, de 19 de julio); 5/2005, de 20 de diciembre (*BOE* n.º 52, de 2 de marzo de 2006), integral contra la violencia de género de la Comunidad de Madrid, modificada por Ley 3/2018, de 22 de junio (*BOE* n.º 292, de 4 de diciembre); 2/2016, de 29 de marzo (*BOE* n.º 169, de 14 de julio), de identidad y expresión de género e igualdad social y no discriminación en la Comunidad de Madrid, y 3/2016, de 22 de julio (*BOE* n.º 285, de 25 de noviembre), de protección integral contra la LGTBIfobia y la discriminación por razón de orientación e identidad sexual en la Comunidad de Madrid); 4/2007, de 22 de marzo (*BOE* n.º 141, de 13 de junio), de Prevención y Protección Integral a las Mujeres Víctimas de Violencia en Aragón, y Ley 18/2018, de 20 de diciembre (*BOE* n.º 50, de 27 de febrero), de igualdad y protección integral contra la discriminación por razón de orientación sexual, expresión e identidad de género en la Comunidad Autónoma de Aragón; 11/2007, de 28 de junio (*BOE* n.º 226, de 20 de septiembre), gallega para la prevención y el tratamiento integral de la violencia de género, modificada por Ley 12/2016, de 22 de julio (*BOE* n.º 217, de 8 de septiembre); 13/2007, de 25 de noviembre (*BOE* n.º 38, de 13 de febrero de 2008), de la Comunidad Autónoma de Andalucía, de medidas de prevención y protección integral contra la violencia de género, modificada por Ley 7/2018, de 30 de julio (*BOE* n.º 207, de 27 de agosto); 5/2008, de 24 de abril (*BOE* n.º 131, de 30 de mayo), de la Generalitat catalana, del derecho de las mujeres a erradicar la violencia machista, modificada por Ley 17/2020, de 22 de diciembre (*BOE* n.º 11, de 13 de enero); Ley 19/2020, de 30 de diciembre (*BOE* n.º 31, de 5 de febrero de 2021), de igualdad de trato y no discriminación de la Generalitat de Cataluña; 7/2007, de 4 de abril (*BOE* n.º 176, de 22 de julio de 2008), para la Igualdad entre Mujeres y Hombres, y de Protección contra la Violencia de Género en la Región de Murcia, modificada por Leyes 3/2008, de 3 de julio (*BOE* n.º 31, de 5 de febrero de 2011), 11/2016, de 15 de junio (*BOE* n.º 167, de 12 de julio) y 3/2019, de 20 de marzo (*BOE* n.º 117, de 16 de mayo); 1/2010, de 26 de febrero (*BOE* n.º 67, de 8 de marzo; corrección de errores en *BOE* n.º 100, de 26 de abril, y rectificación en *BOE* n.º 144, de 14 de junio), canaria de igualdad entre mujeres y hombres, modificada por Ley 7/2019, de 9 de abril (*BOE* n.º 110, de 8 de mayo); 13/2010, de 9 de diciembre (*BOE* n.º 317, de 30 de diciembre), contra la violencia de género en Castilla y León; 12/2010, de 18 de noviembre, de igualdad entre mujeres y hombres de Castilla-La Mancha (*BOE* n.º 37, de 12 de febrero de 2011); 3/2011, de 1 de marzo (*BOE* n.º 66, de 18 de marzo), de prevención, protección y coordinación institucional en materia de violencia en La Rioja; 8/2011, de 23 de marzo (*BOE* n.º 88, de 13 de abril), de igualdad entre mujeres y hombres, y contra la violencia de género en Extremadura; 2/2011, de 11 de marzo (*BOE* n.º 106, de 4 de mayo), de la Comunidad Autónoma del Principado de Asturias, para la igualdad de mujeres y hombres, y la erradicación de la violencia de género; Ley Foral 14/2015, de 10 de abril, para actuar contra la violencia hacia las mujeres, modificada por Ley Foral 3/2018, de 19 de abril, de la Comunidad Foral de Navarra (*BOE* n.º 116, de 12 de mayo); 11/2016, de 28 de julio (*BOE* n.º 202, de 22 de agosto), de la Comunidad Autónoma de las Illes Balears, de igualdad de mujeres y hombres; 8/2017, de 7 de abril (*BOE* n.º 112, de 11 de mayo; corrección de errores en *BOE* n.º 149, de 23 de junio), integral del reconocimiento del derecho a la identidad y a la expresión de género en la Comunitat Valenciana; 7/2012, de 23 de noviembre (*BOE* n.º 297, de 11 de diciembre), integral contra la violencia sobre la mujer en el ámbito de la Comunitat Valenciana; 8/2016, de 30 de mayo (*BOE* n.º 157, de 30 de junio), de la Comunidad Autónoma de las Illes Balears, para garantizar los derechos de lesbianas, gays, trans, bisexuales e intersexuales, y para erradicar la LGTBIfobia; Ley Foral 8/2017, de 19 de junio (*BOE* n.º 173, de 21 de julio), para la igualdad social de las personas LGTBI+; Ley 8/2017, de 28 de diciembre (*BOE* n.º 33, de 6 de febrero de 2018), para garantizar los derechos, la igualdad de trato y no discriminación de las personas LGTBI y sus familiares en Andalucía; Ley 4/2018, de 19 de abril (*BOE* n.º 131, de 30 de mayo), de Identidad y Expresión de Género e Igualdad Social y no Discriminación de la Comunidad Autónoma de Aragón; Ley Foral 17/2019, de 4 de abril (*BOE* n.º 110, de 8 de mayo), de igualdad entre Mujeres y Hombres; y Ley 8/2020, de 11 de noviembre (*BOE* n.º 322, de 10 de diciembre), de Garantía de Derechos de las Personas Lesbianas, Gais, Trans, Transgénero, Bisexuales e Intersexuales y No Discriminación por Razón de Orientación Sexual e Identidad de Género de la Comunidad Autónoma de Cantabria; así como RD 95/2009, de 6 de febrero (*BOE* n.º 33, de 7 de febrero), por el que se regula el Sistema de registros administrativos de apoyo a la Administración de Justicia; la Orden JUS/242/2009, de 10 de febrero (*BOE* n.º 39, de 14 de febrero), por la que se aprueban los modelos de remisión al Registro Central para la Protec-

ral o su salud física o mental, será castigado, como reo del delito de lesiones con la pena de prisión de tres meses a tres años o multa de seis a doce meses, siempre que la lesión requiera objetivamente para su sanidad, además de una primera asistencia facultativa, tratamiento médico o quirúrgico. La simple vigilancia o seguimiento facultativo del curso de la lesión no se considerará tratamiento médico.

2. El que, por cualquier medio o procedimiento, causare a otro una lesión no incluida en el apartado anterior, será castigado con la pena de multa de uno a tres meses.

3. El que golpeare o maltratare de obra a otro sin causarle lesión, será castigado con la pena de multa de uno a dos meses.

4. Los delitos previstos en los dos apartados anteriores sólo serán perseguibles mediante denuncia de la persona agraviada o de su representante legal.

Art. 148. Las lesiones previstas en el apartado 1 del artículo anterior podrán ser castigadas con la pena de prisión de

---

ción de las Víctimas de Violencia Doméstica de la información que debe inscribirse en el mismo, modificada por Orden JUS/375/2015, de 26 de febrero (*BOE* n.º 56, de 6 de marzo); el RD 1.917/2008, de 21 de noviembre (*BOE* n.º 297, de 10 de diciembre), por el que se aprueba el programa de inserción sociolaboral para mujeres víctimas de violencia de género; y los arts. 13, 109 y 544 bis LECr. V., también el RD-L 12/2020, de 31 de marzo (*BOE* n.º 91, de 1 de abril), de medidas urgentes en materia de protección y asistencia a las víctimas de violencia de género; el RDL 5/2015, de 30 de octubre (*BOE* n.º 261, de 31 de octubre; corrección de errores en *BOE* n.º 278, de 20 de noviembre), por el que se aprueba el texto refundido de la Ley del Estatuto Básico del Empleado Público, modificada por LO 3/2018, de 5 de diciembre, de Protección de Datos Personales y garantía de los derechos digitales (*BOE* n.º 294, de 6 de diciembre), y por RD-L 14/2021, de 6 de julio (*BOE* n.º 161, de 7 de julio), de medidas urgentes para la reducción de la temporalidad en el empleo público.

Art. 147: Este artículo figura redactado conforme al texto de la LO 1/2015, de 30 de marzo (*BOE* n.º 77, de 31 de marzo).

Art. 148: Este artículo figura redactado conforme al texto de la LO 1/2004, de 28 de diciembre (*BOE* n.º 313, de 29 de diciembre), de medidas de protección integral contra la violencia de género, excepto su apartado 3.º, que lo ha sido por la LO 8/2021, de 4 de junio (*BOE* n.º 134, de 5 de junio), de protección integral a la infancia y la adolescencia frente a la violencia, cuyo Preámbulo dice a este respecto: «se incrementa la edad a partir de la que se aplicará el subtipo agravado del delito de lesiones del artículo 148.3, de los doce a los catorce años, puesto que resulta una esfera de protección más apropiada en atención a la vulnerabilidad que se manifiesta en la señalada franja vital». Su redacción vigente hasta entonces era la siguiente:

3.º Si la víctima fuere menor de doce años o persona con discapacidad necesitada de especial protección.

dos a cinco años, atendiendo al resultado causado o riesgo producido:

1.º Si en la agresión se hubieren utilizado armas, instrumentos, objetos, medios, métodos o formas concretamente peligrosas para la vida o salud, física o psíquica, del lesionado.

2.º Si hubiera mediado ensañamiento o alevosía.

3.º Si la víctima fuere menor de catorce años o persona con discapacidad necesitada de especial protección.

4.º Si la víctima fuere o hubiere sido esposa, o mujer que estuviere o hubiere estado ligada al autor por una análoga relación de afectividad, aun sin convivencia.

5.º Si la víctima fuera una persona especialmente vulnerable que conviva con el autor.

Art. 149. 1. El que causara a otro, por cualquier medio o procedimiento, la pérdida o la inutilidad de un órgano o miembro principal, o de un sentido, la impotencia, la este-

---

Art. 149: Este artículo figura redactado conforme al texto de la LO 11/2003, de 29 de septiembre (*BOE* n.º 234, de 30 de septiembre), de medidas concretas en materia de seguridad ciudadana, violencia doméstica e integración social de los extranjeros, cuya Exposición de Motivos, en lo que a este aspecto se refiere, establece:

«[...] la reforma se plantea desde el reconocimiento de que con la integración social de los extranjeros en España aparecen nuevas realidades a las que el ordenamiento debe dar adecuada respuesta. Así, como novedad igualmente reseñable, se tipifica el delito de mutilación genital o ablación. Y ello porque la mutilación genital de las mujeres y niñas es una práctica que debe combatirse con la máxima firmeza, sin que pueda en absoluto justificarse por razones pretendidamente religiosas o culturales. Esta reforma ya había sido planteada en el seno de las Cortes a través de una proposición de ley que pretendía introducir una cláusula interpretativa sobre la represión de la mutilación genital femenina.

»En la actual reforma se modifica el artículo 149 del Código Penal, mencionando expresamente en su nuevo apartado 2 la mutilación genital, en cualquiera de sus manifestaciones, como una conducta encuadrable entre las lesiones de dicho artículo, castigadas con prisión de seis a doce años.

»Se prevé, además, que, si la víctima fuera menor de edad o incapaz, se aplicará la pena de inhabilitación especial para el ejercicio de la patria potestad, si el juez lo estima adecuado al interés del menor. En la mayoría de las ocasiones, son los padres o familiares directos de la víctima quienes la obligan a someterse a este tipo de mutilaciones aberrantes, por lo cual la inhabilitación especial resulta absolutamente necesaria para combatir estas conductas y proteger a la niña de futuras agresiones o vejaciones.»

En el apartado 2, el término «incapaz», que se mencionaba dos veces, ha sido sustituido por «persona con discapacidad necesitada de especial protección», conforme al texto de la LO 1/2015, de 30 de marzo (*BOE* n.º 77, de 31 de marzo), con entrada en vigor el 1 de julio de 2015.

V., finalmente, la LO 3/2005, de 8 de julio (*BOE* n.º 163, de 9 de julio), de modificación de la LOPJ para perseguir extraterritorialmente la práctica de la mutilación genital femenina.

rilidad, una grave deformidad, o una grave enfermedad somática o psíquica, será castigado con la pena de prisión de seis a doce años.

2. El que causara a otro una mutilación genital en cualquiera de sus manifestaciones será castigado con la pena de prisión de seis a doce años. Si la víctima fuera menor o persona con discapacidad necesitada de especial protección, será aplicable la pena de inhabilitación especial para el ejercicio de la patria potestad, tutela, curatela, guarda o acogimiento por tiempo de cuatro a diez años, si el juez lo estima adecuado al interés del menor o persona con discapacidad necesitada de especial protección.

Art. 150. El que causare a otro la pérdida o la inutilidad de un órgano o miembro no principal, o la deformidad, será castigado con la pena de prisión de tres a seis años.

Art. 151. La provocación, la conspiración y la proposición para cometer los delitos previstos en los artículos precedentes de este Título, será castigada con la pena inferior en uno o dos grados a la del delito correspondiente.

Art. 152. 1. El que por imprudencia grave causare alguna de las lesiones previstas en los artículos anteriores será castigado, en atención al riesgo creado y el resultado producido:

1.° Con la pena de prisión de tres a seis meses o multa de seis a dieciocho meses, si se tratare de las lesiones del apartado 1 del artículo 147.

2.° Con la pena de prisión de uno a tres años, si se tratare de las lesiones del artículo 149.

3.° Con la pena de prisión de seis meses a dos años, si se tratare de las lesiones del artículo 150.

Si los hechos se hubieran cometido utilizando un vehículo a motor o un ciclomotor, se impondrá asimismo la pena de privación del derecho a conducir vehículos a motor y ciclo-

---

Art. 152: Este artículo figura redactado conforme al texto de la LO 2/2019, de 1 de marzo (*BOE* n.º 53, de 2 de marzo), de modificación del Código Penal en materia de imprudencia en la conducción de vehículos a motor o ciclomotor y sanción del abandono del lugar del accidente. La redacción vigente hasta entonces, dada por la LO1/2015, de 30 de marzo (*BOE* n.º 77, de 31 de marzo), era la siguiente:

> *Art. 152.* 1. El que por imprudencia grave causare alguna de las lesiones previstas en los artículos anteriores será castigado, en atención al riesgo creado y el resultado producido:

motores de uno a cuatro años. A los efectos de este apartado, se reputará en todo caso como imprudencia grave la conducción en la que la concurrencia de alguna de las circunstancias previstas en el artículo 379 determinara la producción del hecho.

Si las lesiones se hubieran causado utilizando un arma de fuego, se impondrá también la pena de privación del derecho al porte o tenencia de armas por tiempo de uno a cuatro años.

Si las lesiones hubieran sido cometidas por imprudencia profesional, se impondrá además la pena de inhabilitación especial para el ejercicio de la profesión, oficio o cargo por un período de seis meses a cuatro años.

2. El que por imprudencia menos grave causare alguna de las lesiones a que se refieren los artículos 147.1, 149 y 150, será castigado con la pena de multa de tres meses a doce meses.

Si los hechos se hubieran cometido utilizando un vehículo a motor o un ciclomotor, se podrá imponer también la pena de privación del derecho a conducir vehículos a motor y ciclomotores de tres meses a un año. Se reputará imprudencia menos gra-

---

1.º Con la pena de prisión de tres a seis meses o multa de seis a dieciocho meses, si se tratare de las lesiones del apartado 1 del artículo 147.

2.º Con la pena de prisión de uno a tres años, si se tratare de las lesiones del artículo 149.

3.º Con la pena de prisión de seis meses a dos años, si se tratare de las lesiones del artículo 150.

Si los hechos se hubieran cometido utilizando un vehículo a motor o un ciclomotor, se impondrá asimismo la pena de privación del derecho a conducir vehículos a motor y ciclomotores de uno a cuatro años.

Si las lesiones se hubieran causado utilizando un arma de fuego, se impondrá también la pena de privación del derecho al porte o tenencia de armas por tiempo de uno a cuatro años.

Si las lesiones hubieran sido cometidas por imprudencia profesional, se impondrá además la pena de inhabilitación especial para el ejercicio de la profesión, oficio o cargo por un período de seis meses a cuatro años.

2. El que por imprudencia menos grave causare alguna de las lesiones a que se refieren los artículos 149 y 150 será castigado con una pena de multa de tres meses a doce meses.

Si los hechos se hubieran cometido utilizando un vehículo a motor o un ciclomotor, se podrá imponer también la pena de privación del derecho a conducir vehículos a motor y ciclomotores de tres meses a un año.

Si las lesiones se hubieran causado utilizando un arma de fuego, se podrá imponer también la pena de privación del derecho al porte o tenencia de armas por tiempo de tres meses a un año.

El delito previsto en este apartado sólo será perseguible mediante denuncia de la persona agraviada o de su representante legal.

Art. 152.2: V. nota al art. 142.2.º CP.

ve, cuando no sea calificada de grave, siempre que el hecho sea consecuencia de una infracción grave de las normas sobre tráfico, circulación de vehículos a motor y seguridad vial, apreciada la entidad de esta por el Juez o el Tribunal.

Si las lesiones se hubieran causado utilizando un arma de fuego, se podrá imponer también la pena de privación del derecho al porte o tenencia de armas por tiempo de tres meses a un año.

El delito previsto en este apartado sólo será perseguible mediante denuncia de la persona agraviada o de su representante legal.

Art. 152 bis. En los casos previstos en el número 1 del artículo anterior, el Juez o Tribunal podrá imponer motivadamente la pena superior en un grado, en la extensión que estime conveniente, si el hecho revistiere notoria gravedad, en atención a la singular entidad y relevancia del riesgo creado y del deber normativo de cuidado infringido, y hubiere provocado lesiones constitutivas de delito del artículo 152.1.2.º o 3.º a una pluralidad de personas, y en dos grados si el número de lesionados fuere muy elevado.

Art. 153. 1. El que por cualquier medio o procedimien-

Art. 152 bis: Este artículo ha sido introducido por la LO 2/2019, de 1 de marzo (*BOE* n.º 53, de 2 de marzo), de modificación del Código Penal en materia de imprudencia en la conducción de vehículos a motor o ciclomotor y sanción del abandono del lugar del accidente.

Art. 153: Este artículo figura redactado conforme al texto establecido en la LO 1/2004, de 28 de diciembre (*BOE* n.º 313, de 29 de diciembre), de medidas de protección integral contra la violencia de género, salvo su apartado 1, que figura redactado conforme al texto de la LO 1/2015, de 30 de marzo (*BOE* n.º 77, de 31 de marzo).

En el apartado 2, el término «incapaz» ha sido sustituido por «persona con discapacidad necesitada de especial protección», conforme al texto de dicha LO 1/2015.

Previamente, la LO 11/2003, de 29 de septiembre (*BOE* n.º 234, de 30 de septiembre), de medidas concretas en materia de seguridad ciudadana, violencia doméstica e integración social de los extranjeros, había modificado también este precepto para luchar contra la violencia doméstica. Su Exposición de Motivos, a este respecto, decía:

«El fenómeno de la violencia doméstica tiene un alcance ciertamente pluridisciplinar. Es preciso abordarlo con medidas preventivas, con medidas asistenciales y de intervención social a favor de la víctima, con medidas incentivadoras de la investigación, y también con medidas legislativas orientadas a disuadir de la comisión de estos delitos.

»Por ello, los delitos relacionados con la violencia doméstica han sido objeto en esta reforma de una preferente atención, para que el tipo delictivo alcance a todas sus manifestaciones y para que su regulación cumpla su objetivo en los aspectos preventivos y represivos. También se ha incrementado de manera coherente y proporcionada su penalidad y se han incluido todas las conductas que puedan afectar al bien jurídico protegido.

to causare a otro menoscabo psíquico o una lesión de menor gravedad de las previstas en el apartado 2 del artículo 147, o golpeare o maltratare de obra a otro sin causarle lesión, cuando la ofendida sea o haya sido esposa, o mujer que esté o haya estado ligada a él por una análoga relación de afectividad aun sin convivencia, o persona especialmente vulnerable que conviva con el autor, será castigado con la pena de prisión de seis meses a un año o de trabajos en beneficios de la comunidad de treinta y uno a ochenta días y, en todo caso, privación del derecho a la tenencia y porte de armas de un año y un día a tres años, así como, cuando el juez o tribunal lo estime adecuado al interés del menor o persona con discapacidad necesitada de especial protección, inhabilitación para el ejercicio de la patria potestad, tutela, curatela, guarda o acogimiento hasta cinco años.

2. Si la víctima del delito previsto en el apartado anterior fuere alguna de las personas a que se refiere el artículo 173.2, exceptuadas las personas contempladas en el apartado anterior de este artículo, el autor será castigado con la pena de prisión de tres meses a un año o de trabajos en beneficio de la comunidad de treinta y uno a ochenta días y, en todo caso, privación del derecho a la tenencia y porte de armas de un año y un día a tres años, así como, cuando el juez o tribunal lo estime adecuado al interés del menor o persona con discapacidad necesitada de especial pro-

---

»En esta línea, en primer lugar, las conductas que son consideradas en el Código Penal como falta de lesiones, cuando se cometen en el ámbito doméstico pasan a considerarse delitos, con lo cual se abre la posibilidad de imponer pena de prisión y, en todo caso, la pena de privación del derecho a la tenencia y porte de armas. Por esta razón se ajusta técnicamente la falta regulada en el artículo 617.

»En segundo lugar, respecto a los delitos de violencia doméstica cometidos con habitualidad, se les dota de una mejor sistemática, se amplía el círculo de sus posibles víctimas, se impone, en todo caso, la privación del derecho a la tenencia y porte de armas y se abre la posibilidad de que el juez o tribunal sentenciador acuerde la privación de la patria potestad, tutela, curatela, guarda o acogimiento.» V., entre otras, las SSTC 59/2008, de 14 de mayo (*BOE* n.º 135, de 4 de junio); 76/2008, de 3 de julio (*BOE* n.º 178, de 24 de julio); 80, 81, 82 y 83/2008, todas de 17 de julio (*BOE* n.º 200, de 19 de agosto); 95, 96, 97, 98, 99 y 100/2008, todas de 24 de julio (*BOE* n.º 200, de 19 de agosto); 178/2009, de 21 de julio (*BOE* n.º 203, de 22 de agosto); y 201, 202 y 203/2009, todas de 27 de octubre (*BOE* n.º 284, de 25 de noviembre), por las que se desestiman las cuestiones de inconstitucionalidad planteadas contra el primer apartado de este artículo.

V., también, las leyes autonómicas contra la violencia de género citadas en la nota a la rúbrica de este Título.

tección, inhabilitación para el ejercicio de la patria potestad, tutela, curatela, guarda o acogimiento de seis meses a tres años.

3. Las penas previstas en los apartados 1 y 2 se impondrán en su mitad superior cuando el delito se perpetre en presencia de menores, o utilizando armas, o tenga lugar en el domicilio común o en el domicilio de la víctima, o se realice quebrantando una pena de las contempladas en el artículo 48 de este Código o una medida cautelar o de seguridad de la misma naturaleza.

4. No obstante lo previsto en los apartados anteriores, el juez o tribunal, razonándolo en sentencia, en atención a las circunstancias personales del autor y las concurrentes en la realización del hecho, podrá imponer la pena inferior en grado.

Art. 154. Quienes riñeren entre sí, acometiéndose tumultuariamente, y utilizando medios o instrumentos que pongan en peligro la vida o integridad de las personas, serán castigados por su participación en la riña con la pena de prisión de tres meses a un año o multa de seis a veinticuatro meses.

Art. 155. En los delitos de lesiones, si ha mediado el consentimiento válida, libre, espontánea y expresamente emitido del ofendido, se impondrá la pena inferior en uno o dos grados.

No será válido el consentimiento otorgado por un menor de edad o una persona con discapacidad necesitada de especial protección.

Art. 156. No obstante lo dispuesto en el artículo ante-

Art. 154: Este artículo figura redactado conforme al texto de la LO 15/2003, de 25 de noviembre (*BOE* n.º 283, de 26 de noviembre; corrección de errores en *BOE* n.º 65, de 16 de marzo, y n.º 80, de 2 de abril, ambos de 2004).

Art. 155: En el párrafo 2.º, el término «incapaz» ha sido sustituido por «persona con discapacidad necesitada de especial protección», conforme al texto de la LO 1/2015, de 30 de marzo (*BOE* n.º 77, de 31 de marzo).

V. arts. 15 ss. del Convenio de 4 de abril de 1997 para la protección de los derechos humanos y la dignidad del ser humano con respecto a las aplicaciones de la Biología y la Medicina, ratificado por Instrumento de 23 de julio de 1999 (*BOE* n.º 251, de 20 de octubre; corrección de erratas en *BOE* n.º 270, de 11 de noviembre). V. también nota al art. 156 de este Código.

Art. 156: Este artículo figura redactado conforme al texto de la LO 1/2015, de 30 de marzo (*BOE* n.º 77, de 31 de marzo).

Su segundo párrafo, así como la Disp. Adic. 1.ª de la esta LO 1/2015, han sido derogados por la LO 2/2020, de 16 de diciembre (*BOE* n.º 328, de 17 de diciembre), de modificación del Código Penal para la erradicación de la esterilización forzada o no consentida de personas con discapacidad incapacitadas judicialmente. Su Preámbulo dice: «La Convención sobre los derechos de las personas con discapacidad fue aprobada en el año 2006, ratificada posteriormente por España, entrando en vigor en el año 2008. En su articulado, la Convención recoge una serie de artículos específicos sobre los derechos de las personas con discapacidad en relación a la formación de una familia, un hogar, ser padres y madres y las relaciones personales de los mismos. En concreto, su artículo 23.1 recoge lo siguiente: «Artículo 23. Respeto del hogar y de la familia. 1. Los Estados Partes tomarán medidas efectivas y pertinentes para poner fin a la discriminación contra las personas con discapacidad en todas las cuestiones relacionadas con el matrimonio, la familia, la paternidad y las relaciones personales, y lograr que las personas con discapacidad estén en igualdad de condiciones con las demás, a fin de asegurar que: *a*) Se reconozca el derecho de todas las personas con discapacidad en edad de contraer matrimonio, a casarse y fundar una familia sobre la base del consentimiento libre y pleno de los futuros cónyuges; *b*) Se respete el derecho de las personas con discapacidad a decidir libremente y de manera responsable el número de hijos que quieren tener y el tiempo que debe transcurrir entre un nacimiento y otro, y a tener acceso a información, educación sobre reproducción y planificación familiar apropiados para su edad, y se ofrezcan los medios necesarios que les permitan ejercer esos derechos; *c*) Las personas con discapacidad, incluidos los niños y las niñas, mantengan su fertilidad, en igualdad de condiciones con las demás.» Sin embargo, lo recogido en este artículo no tiene total vigencia en nuestro país. En España, todavía a día de hoy, se sigue practicando la denominada «esterilización forzosa o no consentida» a personas con discapacidad o incapacitadas judicialmente. Así lo permite nuestro Código Penal en su artículo 156: «Artículo 156. No obstante lo dispuesto en el artículo anterior, el consentimiento válida, libre, consciente y expresamente emitido exime de responsabilidad penal en los supuestos de trasplante de órganos efectuado con arreglo a lo dispuesto en la ley, esterilizaciones y cirugía transexual realizadas por facultativo, salvo que el consentimiento se haya obtenido viciadamente, o mediante precio o recompensa, o el otorgante sea menor de edad o carezca absolutamente de aptitud para prestarla, en cuyo caso no será válido el prestado por estos ni por sus representantes legales. No será punible la esterilización acordada por órgano judicial en el caso de personas que de forma permanente no puedan prestar en modo alguno el consentimiento al que se refiere el párrafo anterior, siempre que se trate de supuestos excepcionales en los que se produzca grave conflicto de bienes jurídicos protegidos, a fin de salvaguardar el mayor interés del afectado, todo ello con arreglo a lo establecido en la legislación civil.» La permanencia de esta posibilidad legal en el Derecho nacional, más de una década después de la entrada en vigor del Tratado internacional de las personas con discapacidad, constituye una grave anomalía en términos de estrictos derechos humanos. Que nuestro Estado siga permitiendo que se vulneren los derechos de las personas con discapacidad por mitos tales como «el bien de la familia», «la incapacidad de las mujeres con discapacidad para ser madres» o «por su bien», atenta directamente contra el artículo 23 de la Convención. Cabe destacar que la Convención ya reconoce en el apartado *q*) de su Preámbulo que las mujeres y las niñas con discapacidad suelen estar expuestas a un riesgo mayor, dentro y fuera del hogar, de violencia, lesiones o abuso, abandono o trato negligente, malos tratos o explotación. Además, en su artículo 6, relativo a las mujeres y niñas con discapacidad, subraya que los Estados Partes reconocen que las mujeres y niñas con discapacidad están sujetas a múltiples formas de discriminación y, a ese respecto, adoptarán medidas para asegurar que puedan disfrutar plenamente y en igualdad de condiciones de todos los derechos humanos y libertades fundamentales. Pese a estas apreciaciones y acuerdos internacionales, el Comité sobre los Derechos para las Personas con Discapacidad, en su observación general n.º 1, confirma que las mujeres con discapacidad están sujetas a altas tasas de esterilización forzosa y, a menudo, se les niega el control de su salud reproductiva y toma de decisiones, suponiendo que no son capaces de consentir el sexo. En su observación general n.º 3 sobre mujeres y niñas con discapacidad se indica que algunas formas de violencia, explotación y abuso puede considerarse tratos o penas crueles, inhumanas o degradantes y una vulneración de diversos tratados internacionales de derechos humanos. Entre ellas cabe citar: el embarazo o la esterilización forzada realizada bajo coerción, o de manera involuntaria; todos los procedimientos y las intervenciones médicas realizadas sin el consentimiento libre e informado, incluidos los relacionados con la anticoncepción y el aborto. La anticoncepción y la esterilización forzosa también pueden dar lugar a la violencia sexual sin la consecuencia del embarazo, especialmente en el caso de las mujeres con discapacidad psicosocial o intelectual, las mujeres internadas en centros psiquiátricos y otras instituciones y las mujeres privadas de libertad. En este sentido, el Comité recomienda a los Estados Partes que combatan la discriminación múltiple que padecen las mujeres con discapacidad mediante la derogación de las leyes, políticas y prácticas discriminatorias que impiden que las mujeres con discapacidad disfruten de todos los derechos consagrados en la Convención; la prohibición de la discriminación basada en el género y la discapacidad y sus formas interseccionales; la tipificación como delito de la violencia sexual contra las niñas y las mujeres con discapacidad y la prohibición de todas las formas de esterilización forzosa. Por tanto, los Estados que han ratificado la Convención sobre los derechos de las personas con discapacidad tienen la obligación de respetar, proteger y hacer efectivo el derecho de todas las personas con discapacidad a la igualdad y la no discriminación. En ese sentido, los Estados Partes deben abstenerse de toda acción que discrimine a las personas con discapacidad. En particular, deberán modificar o derogar leyes, reglamentos, costumbres y prácticas existentes que constituyan discriminación contra esas personas. El Comité ha dado a menudo ejemplos de ello, por ejemplo: leyes de tutela y otras normas que vulneran el derecho a la capacidad jurídica; leyes de salud mental que legitiman la institucionalización forzada y la administración forzada de tratamientos, que son discriminatorias y deben abolirse; la esterilización de mujeres y niñas con discapacidad sin su consentimiento. Cabe señalar que la esterilización forzada es una práctica más extendida de lo que la opinión pública considera. Según datos del Consejo General del Poder Judicial, en la última década se han practicado en España más de un millar de esterilizaciones forzadas, la mayoría de ellas en mujeres. Solo en el año 2016 el CERMI, basándose en datos oficiales, señala que hubo 140 casos, dándose 865 casos más entre los años 2005-2013. Asimismo, cabe subrayar el artículo 39 del Convenio del Consejo de Europa sobre prevención y lucha contra la violencia contra las mujeres y la violencia doméstica (Convenio de Estambul) en vigor en España desde 2014 que prohíbe expresamente las esterilizaciones forzadas. Naciones Unidas, a través del Comité de Derechos de las Personas con Discapacidad, ya recomendó oficialmente, en el año 2011, al Reino de España la acomodación de su ordenamiento interno (Código Penal) en este punto, para que no se vulnerara esta garantía. Debido a esta inacción de las sucesivas Administraciones, de la necesidad de mejorar la protección de los derechos de las niñas y mujeres con discapacidad y de defender derechos básicos de las personas con discapacidad, es preciso que la esterilización forzosa o no consentida deje de practicarse en España».

V. Ley 30/1979, de 27 de octubre, sobre extracción y trasplante de órganos (*BOE* n.º 266, de 6 de noviembre), y RD 1.723/2012, de 28 de diciembre (*BOE* n.º 313, de 29 de diciembre), por el que se regulan las actividades de obtención, utilización clínica y coordinación territorial de los órganos humanos destinados al trasplante y se establecen requisitos de calidad y seguridad; así como el RD-L 9/2014, de 4 de julio (*BOE* n.º 163, de 5 de julio; corrección de errores en *BOE* n.º 175, de 19 de julio), por el que se establecen las normas de calidad y seguridad para la donación, la obtención, la evaluación, el procesamiento, la preservación, el almacenamiento y la distribución de células y tejidos humanos, y se aprueban las normas de coordinación y funcionamiento para su uso en humanos, modificado por RDL 9/2017, de 26 de mayo (*BOE* n.º 126, de 27 de mayo; corrección de errores en *BOE* n.º 136, de 8 de junio), por el que se trasponen directivas de la Unión Europea en los ámbitos financiero, mercantil y sanitario, y sobre el desplazamiento de trabajadores, y cuyos Anexos se han modificado por Orden SSI/2.057/2014, de 29 de octubre (*BOE* n.º 268, de 5 de noviembre); RD 318/2016, de 5 de agosto (*BOE* n.º 206, de 26 de agosto), por el que se regula el procedimiento de autorización para la realización de actividades de promoción y publicidad de la donación de células y tejidos humanos; arts. 19 ss. Convenio de 4 de abril de 1997 para la protección de los derechos humanos y la dignidad del ser humano con respecto a las aplicaciones de la Biología y la Medicina, ratificado por Instrumento de 23 de julio de 1999 (*BOE* n.º 251, de 20 de octubre; corrección de erratas en *BOE* n.º 270, de 11 de noviembre); RD 1.088/2005, de 16 de septiembre (*BOE* n.º 225, de 20 de septiembre), por el que se establecen los requisitos técnicos y condiciones mínimas de la hemodonación y de los centros y servicios de transfusión, cuyo Anexo II ha sido modificado por Orden SSI/795/2016, de 27 de mayo (*BOE* n.º 129, de 28 de mayo); RD 1.090/2015, de 4 de diciembre (*BOE* n.º 307, de 24 de diciembre), por el que se regulan los ensayos clínicos con medicamentos, los Comités de Ética de la Investigación con medicamentos y el Registro Español de Estudios Clínicos; y RD 1.343/2007, de 11 de octubre (*BOE* n.º 262, de 1 de noviembre), por el que se establecen normas y especificaciones relativas al sistema de calidad de los centros y servicios de transfusión.

V., también, Ley 6/2002, de 15 de abril (*BOE* n.º 121, de 21 de mayo), de Salud de Aragón, modificada por Leyes 2/2005, de 24 de febrero (*BOE* n.º 71, de 24 de marzo), 8/2009, de 22 de diciembre (*BOE* n.º 30, de 4 de febrero de 2010), y 12/2016, de 15 de diciembre (*BOE* n.º 14, de 17 de enero de 2017); Ley 41/2002, de 14 de noviembre (*BOE* n.º 274, de 15 de noviembre), modificada por LLOO 2/2010, de 3 de marzo (*BOE* n.º 55, de 4 de marzo), básica reguladora de la autonomía del paciente y de derechos y obligaciones en materia de información y documentación clínica, 11/2015, de 21 de septiembre (*BOE* n.º 227, de 22 de septiembre), 3/2018, de 5 de diciembre, de Protección de Datos Personales y garantía de los derechos digitales (*BOE* n.º 294, de 6 de diciembre) y 8/2021, de 4 de junio (*BOE* n.º 134, de 5 de junio), de protección integral a la infancia y la adolescencia frente a la violencia; y por Leyes 33/2011, de 4 de octubre (*BOE* n.º 240, de 5 de octubre), General de Salud Pública, y 26/2015, de 28 de julio (*BOE* n.º 180, de 29 de julio; corrección de errores en *BOE* n.º 285, de 28 de noviembre); Ley 7/2002, de 12 de diciembre (*BOE* n.º 291, de 3 de diciembre de 2011), de la Comunidad Autónoma del País Vasco, de las voluntades anticipadas en el ámbito de la sanidad; Ley 3/2001, de 28 de mayo, de la Comunidad Autónoma de Galicia, reguladora del consentimiento informado y de la historia clínica de los pacientes (*BOE* n.º 158, de 3 de julio), modificada por Ley 3/2005, de 7 de marzo (*BOE* n.º 93, de 19 de abril); Ley Foral 11/2002, de 6 de mayo (*BOE* n.º 129, de 30 de mayo; corrección de errores en *BOE* n.º 153, de 27 de junio), modificada por la Ley Foral 29/2003, de 4 de abril (*BOE* n.º 120, de 20 de mayo), sobre los derechos del paciente a las voluntades anticipadas, a la información y la documentación clínica; Ley 1/2003, de 28 de enero (*BOE* n.º 48, de 25 de febrero), de derechos e información al paciente de la Comunidad Valenciana; Ley 5/2003, de 9 de octubre (*BOE* n.º 279, de 21 de noviembre), de la Comunidad Autónoma de Andalucía, de declaración de voluntad vital anticipada; Ley 3/2005, de 8 de julio (*BOE* n.º 186, de 5 de agosto), de la Comunidad Autónoma de Extremadura, de información sanitaria y autonomía del paciente; Ley 6/2005, de 7 de julio (*BOE* n.º 203, de 25 de agosto), de la Comunidad Autónoma de Castilla-La Mancha, sobre la declaración de voluntades anticipadas en materia de la propia salud; y Ley 1/2006, de 3 de marzo (*BOE* n.º 81, de 5 de abril), de la Comunidad Autónoma de las Illes Balears, de voluntades anticipadas.

rior, el consentimiento válida, libre, consciente y expresamente emitido exime de responsabilidad penal en los supuestos de trasplante de órganos efectuado con arreglo a lo dispuesto en la ley, esterilizaciones y cirugía transexual realizadas por facultativo, salvo que el consentimiento se haya obtenido viciadamente, o mediante precio o recompensa, o el otorgante sea menor de edad o carezca absolutamente de aptitud para prestarlo, en cuyo caso no será válido el prestado por éstos ni por sus representantes legales.

Art. 156 bis. 1. Los que de cualquier modo promovieren, favorecieren, facilitaren, publicitaren o ejecutaren el tráfico de órganos humanos serán castigados con la pena de prisión de seis a doce años tratándose del órgano de una persona viva y de

---

Art. 156 bis: Este artículo figura redactado conforme al texto de la LO 1/2019, de 20 de febrero (*BOE* n.º 45, de 21 de febrero), para transponer Directivas de la Unión Europea en los ámbitos financiero y de terrorismo, y abordar cuestiones de índole internacional. Su Preámbulo establece que, «con la presente reforma del artículo 156 bis se completa el régimen de prevención y persecución del delito de tráfico de órganos humanos, que constituye una grave violación de los derechos fundamentales de las personas y atenta gravemente contra bienes jurídicos como la vida, la integridad física y la dignidad humana, además de suponer una gran amenaza para la salud pública. Para ello, se adapta dicho régimen a las previsiones contenidas en el Convenio del Consejo de Europa sobre la lucha contra el tráfico de órganos humanos, abierto a la firma en Santiago de Compostela el 25 de marzo de 2015. Cierto es que, gracias a unos robustos controles que imponen los principios de voluntariedad, altruismo, confidencialidad, ausencia de ánimo de lucro y gratuidad, nuestro país ha sido y continúa siendo un referente normativo en Europa e Iberoamérica desde que se promulgó la vigente ley sobre la materia, la Ley 30/1979, de 27 de octubre, sobre extracción y trasplante de órganos, que encuentra desarrollo en el Real Decreto 1.723/2012, de 28 de diciembre, por el que se regulan las actividades de obtención, utilización clínica y coordinación territorial de los órganos humanos destinados al trasplante y se establecen requisitos de calidad y seguridad, mediante la que se transpuso la Directiva 2010/53/UE del Parlamento Europeo y del Consejo, de 7 de julio de 2010, sobre normas de calidad y seguridad de los órganos humanos destinados al trasplante. Sin embargo, a fin de preservar este estado y ante la constatación de riesgos crecientes, tales como la proliferación de grupos de delincuencia organizada de carácter transnacional que hacen uso de la violencia, el engaño o las amenazas, o aprovechan situaciones de precariedad del supuesto donante para adquirir altos beneficios, ha de fortalecerse un sistema cuyas quiebras, a la postre, atentarían contra la confianza en el mismo de la población en su conjunto, base del éxito de esta regulación. En armonización por tanto con las previsiones del convenio de referencia, se procede así a una más clara delimitación de las conductas típicas, se agravan las penas en supuestos de especial reproche y se explicitan los supuestos de actuación de organización o grupo criminal de forma análoga al tratamiento en estos supuestos del delito de trata de seres humanos, incluyendo, además, la agravante de reincidencia internacional».

El texto anterior a esta reforma, incorporado por la LO 5/2010, de 22 de junio (*BOE* n.º 152, de 23 de junio), decía:

prisión de tres a seis años tratándose del órgano de una persona fallecida.

A estos efectos, se entenderá por tráfico de órganos humanos:

a) La extracción u obtención ilícita de órganos humanos ajenos. Dicha extracción u obtención será ilícita si se produce concurriendo cualquiera de las circunstancias siguientes:

1.ª que se haya realizado sin el consentimiento libre, informado y expreso del donante vivo en la forma y con los requisitos previstos legalmente;

2.ª que se haya realizado sin la necesaria autorización exigida por la ley en el caso del donante fallecido,

3.ª que, a cambio de la extracción u obtención, en provecho propio o ajeno, se solicitare o recibiere por el donante o un tercero, por sí o por persona interpuesta, dádiva o retribución de cualquier clase o se aceptare ofrecimiento o promesa. No se entenderá por dádiva o retribución el resarcimiento de los gastos o pérdida de ingresos derivados de la donación.

Art. 156 bis. 1. Los que promuevan, favorezcan, faciliten o publiciten la obtención o el tráfico ilegal de órganos humanos ajenos o el trasplante de los mismos serán castigados con la pena de prisión de seis a doce años si se tratara de un órgano principal, y de prisión de tres a seis años si el órgano fuera no principal.

2. Si el receptor del órgano consintiera la realización del trasplante conociendo su origen ilícito será castigado con las mismas penas que en el apartado anterior, que podrán ser rebajadas en uno o dos grados atendiendo a las circunstancias del hecho y del culpable.

3. Cuando de acuerdo con lo establecido en el artículo 31 bis una persona jurídica sea responsable de los delitos comprendidos en este artículo, se le impondrá la pena de multa del triple al quíntuple del beneficio obtenido.

Atendidas las reglas establecidas en el artículo 66 bis, los jueces y tribunales podrán asimismo imponer las penas recogidas en las letras *b*) a *g*) del apartado 7 del artículo 33.

V. el Protocolo Adicional al Convenio relativo a los derechos humanos y la biomedicina sobre el trasplante de órganos y de tejidos de origen humano, hecho en Estrasburgo el 24 de enero de 2002 y ratificado por España por Instrumento de 11 de noviembre de 2014 (*BOE* n.º 25, de 29 de enero 2015); el Convenio del Consejo de Europa sobre la lucha contra el tráfico de órganos humanos, hecho en Santiago de Compostela el 25 de marzo de 2015 (*BOE* n.º 41, de 17 de febrero de 2021); y la LO 1/2020, de 16 de septiembre (*BOE* n.º 248, de 17 de septiembre), sobre la utilización de los datos del Registro de Pasajeros para la prevención, detección, investigación y enjuiciamiento de delitos de terrorismo y delitos graves, modificada por LO 7/2021, de 26 de mayo (*BOE* n.º 126, de 27 de mayo), de protección de datos personales tratados para fines de prevención, detección, investigación y enjuiciamiento de infracciones penales y de ejecución de sanciones penales.

b) La preparación, preservación, almacenamiento, transporte, traslado, recepción, importación o exportación de órganos ilícitamente extraídos.

c) El uso de órganos ilícitamente extraídos con la finalidad de su trasplante o para otros fines.

2. Del mismo modo se castigará a los que, en provecho propio o ajeno:

a) solicitaren o recibieren, por sí o por persona interpuesta, dádiva o retribución de cualquier clase, o aceptaren ofrecimiento o promesa por proponer o captar a un donante o a un receptor de órganos;

b) ofrecieren o entregaren, por sí o por persona interpuesta, dádiva o retribución de cualquier clase a personal facultativo, funcionario público o particular con ocasión del ejercicio de su profesión o cargo en clínicas, establecimientos o consultorios, públicos o privados, con el fin de que se lleve a cabo o se facilite la extracción u obtención ilícitas o la implantación de órganos ilícitamente extraídos.

3. Si el receptor del órgano consintiere la realización del trasplante conociendo su origen ilícito será castigado con las mismas penas previstas en el apartado 1, que podrán ser rebajadas en uno o dos grados atendiendo a las circunstancias del hecho y del culpable.

4. Se impondrán las penas superiores en grado a las previstas en el apartado 1 cuando:

a) se hubiera puesto en grave peligro la vida o la integridad física o psíquica de la víctima del delito.

b) la víctima sea menor de edad o especialmente vulnerable por razón de su edad, discapacidad, enfermedad o situación.

Si concurrieren ambas circunstancias, se impondrá la pena en su mitad superior.

5. El facultativo, funcionario público o particular que, con ocasión del ejercicio de su profesión o cargo, realizare en centros públicos o privados las conductas descritas en los apartados 1 y 2, o solicitare o recibiere la dádiva o retribución a que se refiere la letra *b*) de este último apartado, o aceptare el ofrecimiento o promesa de recibirla, incurrirá en la pena en ellos señalada superior en grado y, además, en la de inhabilitación especial para empleo o cargo público, profesión u oficio, para ejercer cualquier profesión sanitaria o para prestar servicios de toda índole en clínicas, establecimientos o consultorios, públicos o privados, por el tiempo de la condena. Si concurriere, además, alguna de las circunstancias pre-

vistas en el apartado 4, se impondrán las penas en su mitad superior.

A los efectos de este artículo, el término facultativo comprende los médicos, personal de enfermería y cualquier otra persona que realice una actividad sanitaria o socio-sanitaria.

6. Se impondrá la pena superior en grado a la prevista en el apartado 1 e inhabilitación especial para profesión, oficio, industria o comercio por el tiempo de la condena, cuando el culpable perteneciere a una organización o grupo criminal dedicado a la realización de tales actividades. Si concurriere alguna de las circunstancias previstas en el apartado 4, se impondrán las penas en la mitad superior. Si concurriere la circunstancia prevista en el apartado 5, se impondrán las penas señaladas en este en su mitad superior.

Cuando se tratare de los jefes, administradores o encargados de dichas organizaciones o grupos, se les aplicará la pena en su mitad superior, que podrá elevarse a la inmediatamente superior en grado. En todo caso se elevará la pena a la inmediatamente superior en grado si concurriera alguna de las circunstancias previstas en el apartado 4 o la circunstancia prevista en el apartado 5.

7. Cuando de acuerdo con lo establecido en el artículo 31 bis una persona jurídica sea responsable de los delitos comprendidos en este artículo, se le impondrá la pena de multa del triple al quíntuple del beneficio obtenido.

Atendidas las reglas establecidas en el artículo 66 bis, los jueces y tribunales podrán asimismo imponer las penas recogidas en las letras *b*) a *g*) del apartado 7 del artículo 33.

8. La provocación, la conspiración y la proposición para cometer los delitos previstos en este artículo se castigarán con la pena inferior en uno a dos grados a la que corresponde, respectivamente, a los hechos previstos en los apartados anteriores.

9. En todo caso, las penas previstas en este artículo se impondrán sin perjuicio de las que correspondan, en su caso, por el delito del artículo 177 bis de este Código y demás delitos efectivamente cometidos.

10. Las condenas de jueces o tribunales extranjeros por delitos de la misma naturaleza que los previstos en este artículo producirán los efectos de reincidencia, salvo que el antecedente penal haya sido cancelado o pueda serlo con arreglo al Derecho español.

Art. 156 ter. La distribución o difusión pública a través de Internet, del teléfono o de cualquier otra tecnología de la información o de la comunicación de contenidos específicamente destinados a promover, fomentar o incitar a la autolesión de personas menores de edad o personas con discapacidad necesitadas de especial protección será castigada con la pena de prisión de seis meses a tres años. Las autoridades judiciales ordenarán la adopción de las medidas necesarias para la retirada de los contenidos a los que se refiere el párrafo anterior, para la interrupción de los servicios que ofrezcan predominantemente dichos contenidos o para el bloqueo de unos y otros cuando radiquen en el extranjero.

Art. 156 quáter. A las personas condenadas por la comisión de uno o más delitos comprendidos en este Título, cuando la víctima fuere alguna de las personas a que se refiere el apartado 2 del artículo 173, se les podrá imponer además una medida de libertad vigilada.

Art. 156 quinquies. A las personas condenadas por la comisión de alguno de los delitos previstos en los artículos 147.1, 148, 149, 150 y 153 en los que la víctima sea una persona menor de edad se les podrá imponer, además de las penas que procedan, la pena de inhabilitación especial para cualquier profesión, oficio u otras actividades, sean o no retribuidos, que conlleve contacto regular y directo con personas menores de edad, por un tiempo superior entre tres y cinco años al de la duración de la pena de privación de libertad impuesta en la sentencia o por un tiempo de dos a cinco años cuando no se hubiere impuesto una pena de prisión, en ambos casos se atenderá proporcionalmente a la gravedad del delito, el número de los delitos cometidos y a las circunstancias que concurran en la persona condenada.

Art. 156 ter: Este artículo ha sido redactado por la LO 8/2021, de 4 de junio (*BOE* n.º 134, de 5 de junio), de protección integral a la infancia y la adolescencia frente a la violencia, cuyo Preámbulo, a este respecto, está reproducido en nota al art. 143 bis de este Código.

Art. 156 quáter: Este artículo fue introducido por la LO 8/2021, de 4 de junio (*BOE* n.º 134, de 5 de junio), de protección integral a la infancia y la adolescencia frente a la violencia.

Art. 156 quinquies: Este artículo fue introducido por la LO 8/2021, de 4 de junio (*BOE* n.º 134, de 5 de junio), de protección integral a la infancia y la adolescencia frente a la violencia.

TÍTULO IV

De las lesiones al feto

Art. 157. El que, por cualquier medio o procedimiento, causare en un feto una lesión o enfermedad que perjudique gravemente su normal desarrollo, o provoque en el mismo una grave tara física o psíquica, será castigado con pena de prisión de uno a cuatro años e inhabilitación especial para ejercer cualquier profesión sanitaria, o para prestar servicios de toda índole en clínicas, establecimientos o consultorios ginecológicos, públicos o privados, por tiempo de dos a ocho años.

Art. 158. El que, por imprudencia grave, cometiere los hechos descritos en el artículo anterior, será castigado con la pena de prisión de tres a cinco meses o multa de seis a diez meses.

Cuando los hechos descritos en el artículo anterior fueren cometidos por imprudencia profesional se impondrá asimismo la pena de inhabilitación especial para el ejercicio de la profesión, oficio o cargo por un período de seis meses a dos años.

La embarazada no será penada a tenor de este precepto.

TÍTULO V

Delitos relativos a la manipulación genética*

Art. 159. 1. Serán castigados con la pena de prisión de dos a seis años e inhabilitación especial para empleo o cargo público, profesión u oficio de siete a diez años los que, con fi-

Art. 157: V. Ley 14/2007, de 3 de julio (*BOE* n.º 159, de 4 de julio), de Investigación biomédica).

Art. 158: Este artículo figura redactado conforme al texto de la LO 15/2003, de 25 de noviembre (*BOE* n.º 283, de 26 de noviembre; corrección de errores en *BOE* n.º 65, de 16 de marzo, y n.º 80, de 2 de abril, ambos de 2004).

* V. el Convenio para la protección de los derechos humanos y la dignidad del ser humano con respecto a las aplicaciones de la Biología y la Medicina, hecho en Oviedo el 4 de abril de 1997, y ratificado por Instrumento de 23 de julio de 1999 (*BOE* n.º 251, de 20 de octubre; corrección de erratas en *BOE* n.º 270, de 11 de noviembre), y su Protocolo Adicional, por el que se prohíbe la clonación de seres humanos, hecho en París el 12 de enero de 1998, y ratificado por Instrumento de

nalidad distinta a la eliminación o disminución de taras o enfermedades graves, manipulen genes humanos de manera que se altere el genotipo.

2. Si la alteración del genotipo fuere realizada por imprudencia grave, la pena será de multa de seis a quince meses e inhabilitación especial para empleo o cargo público, profesión u oficio de uno a tres años.

Art. 160. 1. La utilización de la ingeniería genética para producir armas biológicas o exterminadoras de la especie humana, será castigada con la pena de prisión de tres a siete años e inhabilitación especial para empleo o cargo público, profesión u oficio por tiempo de siete a diez años.

2. Serán castigados con la pena de prisión de uno a cinco años e inhabilitación especial para empleo o cargo público, profesión u oficio de seis a diez años quienes fecunden óvulos humanos con cualquier fin distinto a la procreación humana.

3. Con la misma pena se castigará la creación de seres humanos idénticos por clona-

---

7 de enero de 2000 (*BOE* n.º 52, de 1 de marzo de 2001); Ley 14/2006, de 26 de mayo (*BOE* n.º 126, de 27 de mayo), sobre técnicas de reproducción humana asistida; el RD 412/1996, de 1 de marzo (*BOE* n.º 72, de 23 de marzo), por los que se establecen los protocolos obligatorios de estudio de los donantes y usuarios relacionados con las técnicas de reproducción humana asistida, y se regula la creación y organización del Registro Nacional de Donantes de Gametos y Preembriones con fines de reproducción humana; el RD 413/1996, de 1 de marzo (*BOE* n.º 72, de 23 de marzo), por el que se establecen los requisitos técnicos y funcionales precisos para la autorización y homologación de los centros y servicios sanitarios relacionados con las técnicas de reproducción humana asistida; el RD 415/1997, de 21 de marzo, por el que se crea la Comisión Nacional de Reproducción Humana Asistida (*BOE* n.º 70, de 22 de marzo); el RD 120/2003, de 31 de enero (*BOE* n.º 40, de 15 de febrero), por el que se regulan los requisitos para la realización de experiencias controladas, con fines reproductivos, de fecundación de ovocitos o tejido ovárico previamente congelados, relacionados con las técnicas de reproducción humana asistida; el RD 2.132/2004, de 29 de octubre (*BOE* n.º 262, de 30 de octubre), por el que se establecen los requisitos y procedimientos para solicitar el desarrollo de proyectos de investigación con células troncales obtenidas de preembriones sobrantes; la Orden de 25 de marzo de 1996 (*BOE* n.º 106, de 2 de mayo), por la que se establecen las normas de funcionamiento del Registro Nacional de Donantes de Gametos y Preembriones; la Ley 14/2007, de 3 de julio (*BOE* n.º 159, de 4 de julio), de Investigación biomédica; y la Ley 7/2003, de 20 de octubre, de la Comunidad Autónoma de Andalucía, por la que se regula la investigación en Andalucía con preembriones humanos no viables para la fecundación *in vitro* (*BOE* n.º 279, de 21 de noviembre).

Art. 160: Este artículo figura redactado conforme al texto de la LO 15/2003, de 25 de noviembre (*BOE* n.º 283, de 26 de noviembre; corrección de errores en *BOE* n.º 65, de 16 de marzo, y n.º 80, de 2 de abril, ambos de 2004).

ción u otros procedimientos dirigidos a la selección de la raza.

Art. 161. 1. Quien practicare reproducción asistida en una mujer, sin su consentimiento, será castigado con la pena de prisión de dos a seis años, e inhabilitación especial para empleo o cargo público, profesión u oficio por tiempo de uno a cuatro años.

2. Para proceder por este delito será precisa denuncia de la persona agraviada o de su representante legal. Cuando aquélla sea menor de edad, persona con discapacidad necesitada de especial protección, o una persona desvalida, también podrá denunciar el Ministerio Fiscal.

Art. 162. En los delitos contemplados en este título, la autoridad judicial podrá imponer alguna o algunas de las consecuencias previstas en el artículo 129 de este Código cuando el culpable perteneciere a una sociedad, organización o asociación, incluso de carácter transitorio, que se dedicare a la realización de tales actividades.

TÍTULO VI

Delitos contra la libertad*

CAPÍTULO PRIMERO

DE LAS DETENCIONES ILEGALES Y SECUESTROS**

Art. 163. 1. El particular que encerrare o detuviere a otro, privándole de su libertad, será castigado con la pena de prisión de cuatro a seis años.

2. Si el culpable diera libertad al encerrado o detenido dentro de los tres primeros días de su detención, sin haber logra-

Art. 161: Este artículo figura redactado conforme al texto de la LO 15/2003, de 25 de noviembre (*BOE* n.º 283, de 26 de noviembre; corrección de errores en *BOE* n.º 65, de 16 de marzo, y n.º 80, de 2 de abril, ambos de 2004). En el apartado 2, el término «incapaz» ha sido sustituido por «persona con discapacidad necesitada de especial protección», conforme al texto de la LO 1/2015, de 30 de marzo (*BOE* n.º 77, de 31 de marzo).

Art. 162: Este artículo figura redactado conforme al texto de la LO 15/2003, de 25 de noviembre (*BOE* n.º 283, de 26 de noviembre; corrección de errores en *BOE* n.º 65, de 16 de marzo, y n.º 80, de 2 de abril, ambos de 2004).

* V. arts. 1.º1.º*d)* LOTJ y 13, 109 y 544 bis LECr.

** El art. 17 CE establece lo siguiente:

«1. Toda persona tiene derecho a la libertad y a la seguridad. Nadie puede ser privado de su libertad, sino con la observancia de lo establecido en este artículo y en los casos y en la forma previstos en la Ley.

»2. La detención preventiva no podrá durar más del tiempo estrictamente necesario para la realización de las averiguaciones tendentes al esclarecimiento de los hechos, y, en todo caso, en el plazo máximo de setenta y dos horas, el detenido deberá ser puesto en libertad o a disposición de la autoridad judicial.

»3. Toda persona detenida debe ser informada de forma inmediata, y de modo que le sea comprensible, de sus derechos y de las razones de su detención, no pudiendo ser obligada a declarar. Se garantiza la asistencia de abogado al detenido en las diligencias policiales y judiciales, en los términos que la Ley establezca.

»4. La Ley regulará un procedimiento de *habeas corpus* para producir la inmediata puesta a disposición judicial de toda persona detenida ilegalmente. Asimismo, por ley se determinará el plazo máximo de duración de la prisión provisional.»

V., también, LO 6/1984, de 24 de mayo, reguladora del procedimiento de *Habeas Corpus* (*BOE* n.º 126, de 26 de mayo); arts. 3.º y 9.º DUDH; art. 5.º CPDHLF, y art. 9.º PIDCP; este último artículo dispone lo siguiente:

«1. Todo individuo tiene derecho a la libertad y a la seguridad personales. Nadie podrá ser sometido a detención o prisión arbitrarias. Nadie podrá ser privado de su libertad, salvo por las causas fijadas por ley y con arreglo al procedimiento establecido en ésta.

»2. Toda persona detenida será informada, en el momento de su detención, de las razones de la misma, y notificada, sin demora, de la acusación formulada contra ella.

»3. Toda persona detenida o presa a causa de una infracción penal será llevada sin demora ante un Juez u otro funcionario autorizado por la Ley para ejercer funciones judiciales, y tendrá derecho a ser juzgada dentro de un plazo razonable o a ser puesta en libertad. La prisión preventiva de las personas que hayan de ser juzgadas no debe ser la regla general, pero su libertad podrá estar subordinada a garantías que aseguren la comparecencia del acusado en el acto del juicio, o en cualquier otro momento de las diligencias procesales y, en su caso, para la ejecución del fallo.

»4. Toda persona que sea privada de libertad en virtud de detención o prisión tendrá derecho a recurrir ante un tribunal a fin de que éste decida a la brevedad posible sobre la legalidad de su prisión y ordene su libertad si la prisión fuera ilegal.

»5. Toda persona que haya sido ilegalmente detenida o presa, tendrá el derecho efectivo a obtener reparación.»

V., también, el art. 16 LOPSC, que dispone:

«1. En el cumplimiento de sus funciones de indagación y prevención delictiva, así como para la sanción de infracciones penales y administrativas, los agentes de las Fuerzas y Cuerpos de Seguridad podrán requerir la identificación de las personas en los siguientes supuestos:

»*a*) Cuando existan indicios de que han podido participar en la comisión de una infracción.

»*b*) Cuando, en atención a las circunstancias concurrentes, se considere razonablemente necesario que acrediten su identidad para prevenir la comisión de un delito.

»En estos supuestos, los agentes podrán realizar las comprobaciones necesarias en la vía pública o en el lugar donde se hubiese hecho el requerimiento, incluida la identificación de las personas cuyo rostro no sea visible total o parcialmente por utilizar cualquier tipo de prenda u objeto que lo cubra, impidiendo o dificultando la identificación, cuando fuere preciso a los efectos indicados.

»En la práctica de la identificación se respetarán estrictamente los principios de proporcionalidad, igualdad de trato y no discriminación por razón de nacimiento, nacionalidad, origen racial o étnico, sexo, religión o creencias, edad, discapacidad, orientación o identidad sexual, opinión o cualquier otra condición o circunstancia personal o social.

»2. Cuando no fuera posible la identificación por cualquier medio, incluida la vía telemática o telefónica, o si la persona se negase a identificarse, los agentes, para impedir la comisión de un delito o al objeto de sancionar una infracción, podrán requerir a quienes no pudieran ser identificados a que les acompañen a las dependencias policiales más próximas en las que se disponga de los medios adecuados para la práctica de esta diligencia, a los solos efectos de su identificación y por el tiempo estrictamente necesario, que en ningún caso podrá superar las seis horas.

»La persona a la que se solicite que se identifique será informada de modo inmediato y comprensible de las razones de dicha solicitud, así como, en su caso, del requerimiento para que acompañe a los agentes a las dependencias policiales.

»3. En las dependencias a que se hace referencia en el apartado 2 se llevará un libro-registro en el que sólo se practicarán asientos relacionados con la seguridad ciudadana. Constarán en él las diligencias de identificación practicadas, así como los motivos, circunstancias y duración de las mismas, y solo podrán ser comunicados sus datos a la autoridad judicial competente y al Ministerio Fiscal. El órgano competente de la Administración remitirá mensualmente al Ministerio Fiscal extracto de las diligencias de identificación con expresión del tiempo utilizado en cada una. Los asientos de este libro-registro se cancelarán de oficio a los tres años.

»4. A las personas desplazadas a dependencias policiales a efectos de identificación, se les deberá expedir a su salida un volante acreditativo del tiempo de permanencia en ellas, la causa y la identidad de los agentes actuantes.

»5. En los casos de resistencia o negativa a identificarse o a colaborar en las comprobaciones o prácticas de identificación, se estará a lo dispuesto en el Código Penal, en la Ley de Enjuiciamiento Criminal y, en su caso, en esta Ley.»

V., asimismo, arts. 94 CC; 309, 489 y 750 LECr, Convención Internacional contra la Toma de Rehenes de 17 de diciembre de 1979, a la que España se adhirió por Instrumento de 9 de marzo de 1984 (*BOE* n.º 162, de 7 de julio), reproducida parcialmente en nota al art. 1 LE (Apéndice 4), la Convención internacional para la protección de todas las personas contra las desapariciones forzadas, hecha en Nueva York el 20 de diciembre de 2006, y ratificada por España mediante Instrumento de 14 de julio de 2009 (*BOE* n.º 42, de 18 de febrero de 2011); y la LO 1/2020, de 16 de septiembre (*BOE* n.º 248, de 17 de septiembre), sobre la utilización de los datos del Registro de Pasajeros para la prevención, detección, investigación y enjuiciamiento de delitos de terrorismo y delitos graves, modificada por LO 7/2021, de 26 de mayo (*BOE* n.º 126, de 27 de mayo), de protección de datos personales tratados para fines de prevención, detección, investigación y enjuiciamiento de infracciones penales y de ejecución de sanciones penales.

El art. 19 CE, por su parte, establece:

«Los españoles tienen derecho a elegir libremente su residencia y a circular por el territorio nacional.

»Asimismo, tienen derecho a entrar y salir libremente de España en los términos que la Ley establezca. Este derecho no podrá ser limitado por motivos políticos o ideológicos.»

V. LO 4/2000, de 11 de enero (*BOE* n.º 10, de 12 de enero; corrección de errores en *BOE* n.º 20, de 24 de enero), sobre derechos y libertades de los extranjeros en España y su integración social, modificada por LO 8/2000, de 22 de diciembre (*BOE* n.º 307, de 23 de diciembre; corrección de errores en *BOE* n.º 47, de 23 de febrero de 2001), por LO 11/2003, de 29 de septiembre (*BOE* n.º 234, de 30 de septiembre), por LO 8/2015, de 22 de julio (*BOE* n.º 175, de 23 de julio), y por RD 11/2018, de 31 de agosto (*BOE* n.º 214, de 4 de septiembre).

do el objeto que se había propuesto, se impondrá la pena inferior en grado.

3. Se impondrá la pena de prisión de cinco a ocho años si el encierro o detención ha durado más de quince días.

4. El particular que, fuera de los casos permitidos por las leyes, aprehendiere a una persona para presentarla inmediatamente a la autoridad, será castigado con la pena de multa de tres a seis meses.

Art. 164. El secuestro de una persona exigiendo alguna condición para ponerla en libertad, será castigado con la pena de prisión de seis a diez años. Si en el secuestro se hubiera dado la circunstancia del artículo 163.3, se impondrá la pena superior en grado, y la inferior en grado si se dieren las condiciones del artículo 163.2.

Art. 165. Las penas de los artículos anteriores se impon-

V., también, arts. 9.º y 13 DUDH y el art. 12 PIDCP, que dispone lo siguiente:

«1. Toda persona que se halle legalmente en el territorio de un Estado tendrá derecho a circular libremente por él y a escoger libremente en él su residencia.

»2. Toda persona tendrá derecho a salir libremente de cualquier país incluso del propio.

»3. Los derechos antes mencionados no podrán ser objeto de restricciones salvo cuando éstas se hallen previstas en la Ley, sean necesarias para proteger la seguridad nacional, el orden público, la salud o la moral públicas o los derechos y libertades de terceros, y sean compatibles con los demás derechos reconocidos en el presente Pacto.

»4. Nadie podrá ser arbitrariamente privado del derecho a entrar en su propio país.»

Art. 163: V. arts. 489 a 491, 495 y 496 LECr.

Art. 164: V. art. 282 bis LECr, reproducido en nota al art. 368 de este Código.

Art. 165: El término «incapaz» ha sido sustituido por «persona con discapacidad necesitada de especial protección», conforme al texto de la LO 1/2015, de 30 de marzo (*BOE* n.º 77, de 31 de marzo). V. Convenio Europeo relativo al reconocimiento y ejecución de decisiones en materia de custodia de menores, así como al restablecimiento de dicha custodia, de 20 de mayo de 1980, ratificado por Instrumento de 9 de mayo de 1984 (*BOE* n.º 210, de 1 de septiembre; la retirada de la reserva de España a su art. 2.º se publicó en el *BOE* n.º 248, de 17 de octubre de 1995); Convenio de 25 de octubre de 1980 sobre los aspectos civiles de la sustracción internacional de menores, ratificado por Instrumento de 28 de mayo de 1987 (*BOE* n.º 202, de 24 de agosto; corrección de errores en *BOE* n.º 155, de 30 de junio de 1989, y *BOE* n.º 21, de 24 de enero de 1996), y Declaración, relativa a este Convenio, de 17 de noviembre de 1994 (*BOE* n.º 285, de 29 de noviembre); Convención sobre los Derechos del Niño, adoptado por la Asamblea General de las Naciones Unidas el 20 de noviembre de 1989 y ratificada por Instrumento de 30 de noviembre de 1990 (*BOE* n.º 313, de 31 de diciembre); Convenio relativo a la protección del niño y a la cooperación en materia de adopción internacional, ratificado por Instrumento de 30 de junio de 1995 (*BOE* n.º 182, de 1 de agosto; Reglamento (UE) 2019/1111, del Consejo, de 25 de junio (*DOUE* de 2 de julio de 2019), relativo a la competencia, el reconocimiento y

drán en su mitad superior, en los respectivos casos, si la detención ilegal o secuestro se ha ejecutado con simulación de autoridad o función pública, o la víctima fuere menor de edad o persona con discapacidad necesitada de especial protección o funcionario público en el ejercicio de sus funciones.

Art. 166. 1. El reo de detención ilegal o secuestro que no dé razón del paradero de la persona detenida será castigado con una pena de prisión de diez a quince años, en el caso de la detención ilegal, y de quince a veinte años en el de secuestro.

2. El hecho será castigado con una pena de quince a veinte años de prisión, en el caso de detención ilegal, y de veinte a veinticinco años de prisión, en el de secuestro, cuando concurra alguna de las siguientes circunstancias:

a) Que la víctima fuera menor de edad o persona con discapacidad necesitada de especial protección.

b) Que el autor hubiera llevado a cabo la detención ilegal o secuestro con la intención de atentar contra la libertad o la indemnidad sexual de la víctima, o hubiera actuado posteriormente con esa finalidad.

Art. 167. 1. La autoridad o funcionario público que, fuera de los casos permitidos por la ley, y sin mediar causa por delito, cometiere alguno de los hechos descritos en este capítulo será castigado con las penas respectivamente previstas en éstos,

---

la ejecución de resoluciones en materia matrimonial y la responsabilidad parental, y sobre la sustracción internacional de menores; y la Ley 16/2020, de 22 de diciembre (*BOE* n.º 11, de 13 de enero), de la desaparición forzada de menores en Cataluña.

Art. 166: Este artículo figura redactado conforme al texto de la LO 1/2015, de 30 de marzo (*BOE* n.º 77, de 31 de marzo).

Art. 167: Este artículo figura redactado conforme al texto de la LO 1/2015, de 30 de marzo (*BOE* n.º 77, de 31 de marzo).

V. arts. 492 ss. LECr. y 5.º3.º de la LO 2/1986, de 13 de marzo (*BOE* n.º 63, de 14 de marzo), de Fuerzas y Cuerpos de Seguridad. Ténganse en cuenta, no obstante, arts. 55 y 116 CE, así como art. 520 bis LECr y LO 4/2000, de 11 de enero (*BOE* n.º 10, de 12 de enero; corrección de errores en *BOE* n.º 20, de 24 de enero), sobre derechos y libertades de los extranjeros en España y su integración social, modificada por LO 8/2000, de 22 de diciembre (*BOE* n.º 307, de 23 de diciembre; corrección de errores en *BOE* n.º 47, de 23 de febrero de 2001), por LO 11/2003, de 29 de septiembre (*BOE* n.º 234, de 30 de septiembre), por LO 14/2003, de 20 de noviembre (*BOE* n.º 279, de 21 de noviembre), por LO 8/2015, de 22 de julio (*BOE* n.º 175, de 23 de julio); y por RD 11/2018, de 31 de agosto (*BOE* n.º 214, de 4 de septiembre); y la LO 4/1981, de 1 de junio, de los estados de alarma, excepción y sitio (*BOE* n.º 134, de 5 de junio).

en su mitad superior, pudiéndose llegar hasta la superior en grado.

2. Con las mismas penas serán castigados:

a) El funcionario público o autoridad que, mediando o no causa por delito, acordare, practicare o prolongare la privación de libertad de cualquiera y que no reconociese dicha privación de libertad o, de cualquier otro modo, ocultase la situación o paradero de esa persona privándola de sus derechos constitucionales o legales.

b) El particular que hubiera llevado a cabo los hechos con la autorización, el apoyo o la aquiescencia del Estado o de sus autoridades.

3. En todos los casos en los que los hechos a que se refiere este artículo hubieran sido cometidos por autoridad o funcionario público, se les impondrá, además, la pena de inhabilitación absoluta por tiempo de ocho a doce años.

Art. 168. La provocación, la conspiración y la proposición para cometer los delitos previstos en este capítulo se castigarán con la pena inferior en uno o dos grados a la señalada al delito de que se trate.

CAPÍTULO II

DE LAS AMENAZAS

Art. 169. El que amenazare a otro con causarle a él, a su familia o a otras personas con las que esté íntimamente vinculado un mal que constituya delitos de homicidio, lesiones, aborto, contra la libertad, torturas y contra la integridad moral, la libertad sexual, la intimidad, el honor, el patrimonio y el orden socioeconómico, será castigado:

1.º Con la pena de prisión de uno a cinco años, si se hubiere hecho la amenaza exigiendo una cantidad o imponiendo cualquier otra condición, aunque no sea ilícita, y el culpable hubiere conseguido su propósito. De no conseguirlo, se impondrá la pena de prisión de seis meses a tres años.

Las penas señaladas en el párrafo anterior se impondrán en su mitad superior si las amenazas se hicieren por escrito, por teléfono o por cualquier medio de comunicación o de reproducción, o en nombre de entidades o grupos reales o supuestos.

2.º Con la pena de prisión de seis meses a dos años, cuando la amenaza no haya sido condicional.

Art. 169.1.º: V. art. 1.2.º*b*) LOTJ.

Art. 170. 1. Si las amenazas de un mal que constituyere delito fuesen dirigidas a atemorizar a los habitantes de una población, grupo étnico, cultural o religioso, o colectivo social o profesional, o a cualquier otro grupo de personas, y tuvieran la gravedad necesaria para conseguirlo, se impondrán respectivamente las penas superiores en grado a las previstas en el artículo anterior.

2. Serán castigados con la pena de prisión de seis meses a dos años, los que, con la misma finalidad y gravedad, reclamen públicamente la comisión de acciones violentas por parte de organizaciones o grupos terroristas.

Art. 171. 1. Las amenazas de un mal que no constituya delito serán castigadas con pena de prisión de tres meses a un año o multa de seis a veinticuatro meses, atendidas la gravedad y circunstancia del hecho, cuando la amenaza fuere condicional y la condición no consistiere en una conducta debida. Si el culpable hubiere conseguido su propósito se le impondrá la pena en su mitad superior.

2. Si alguien exigiere de otro una cantidad o recompensa bajo la amenaza de revelar o difundir hechos referentes a su vida privada o relaciones familiares que no sean públicamente conocidos y puedan afectar a su fama, crédito o interés, será castigado con la pena de prisión de dos a cuatro años, si ha conseguido la entrega de todo o parte de lo exigido, y con la de cuatro meses a dos años, si no lo consiguiere.

3. Si el hecho descrito en el apartado anterior consistiere en la amenaza de revelar o denun-

---

Art. 170: El primer apartado de este artículo figura redactado conforme al texto establecido en la LO 2/1998, de 15 de junio (*BOE* n.º 143, de 16 de junio), por la que se modificaron el Código Penal y la Ley de Enjuiciamiento Criminal; y el segundo figura redactado conforme al texto de la LO 15/2003, de 25 de noviembre (*BOE* n.º 283, de 26 de noviembre; corrección de errores en *BOE* n.º 65, de 16 de marzo, y n.º 80, de 2 de abril, ambos de 2004). La expresión «bandas armadas» que figuraba en el apartado 2 ha sido suprimida por la LO 5/2010, de 22 de junio (*BOE* n.º 152, de 23 de junio).

Art. 171: Este artículo figura redactado conforme al texto de la LO 15/2003, de 25 de noviembre (*BOE* n.º 283, de 26 de noviembre; corrección de errores en *BOE* n.º 65, de 16 de marzo, y n.º 80, de 2 de abril, ambos de 2004). Los apartados 4, 5 y 6 fueron añadidos por la LO 1/2004, de 28 de diciembre (*BOE* n.º 313, de 29 de diciembre), de medidas de protección integral contra la violencia de género, cuya Exposición de Motivos puede verse en nota al art. 172 de este Código. Y el apartado 7 ha sido añadido por la LO 1/2015, de 30 de marzo (*BOE* n.º 77, de 31 de marzo). En los apartados 4 y 5, el término «incapaz» ha sido sustituido por «persona con discapacidad necesitada de especial protección», conforme al texto de dicha LO 1/2015.

ciar la comisión de algún delito el ministerio fiscal podrá, para facilitar el castigo de la amenaza, abstenerse de acusar por el delito cuya revelación se hubiere amenazado, salvo que éste estuviere castigado con pena de prisión superior a dos años. En este último caso, el juez o tribunal podrá rebajar la sanción en uno o dos grados.

4. El que de modo leve amenace a quien sea o haya sido su esposa, o mujer que esté o haya estado ligada a él por una análoga relación de afectividad aun sin convivencia, será castigado con la pena de prisión de seis meses a un año o de trabajos en beneficio de la comunidad de treinta y uno a ochenta días y, en todo caso, privación del derecho a la tenencia y porte de armas de un año y un día a tres años, así como, cuando el juez o tribunal lo estime adecuado al interés del menor o persona con discapacidad necesitada de especial protección, inhabilitación especial para el ejercicio de la patria potestad, tutela, curatela, guarda o acogimiento hasta cinco años.

Igual pena se impondrá al que de modo leve amenace a una persona especialmente vulnerable que conviva con el autor.

5. El que de modo leve amenace con armas u otros instrumentos peligrosos a alguna de las personas a las que se refiere el artículo 173.2, exceptuadas las contempladas en el apartado anterior de este artículo, será castigado con la pena de prisión de tres meses a un año o trabajos en beneficio de la comunidad de treinta y uno a ochenta días y, en todo caso, privación del derecho a la tenencia y porte de armas de uno a tres años, así como, cuando el juez o tribunal lo estime adecuado al interés del menor o persona con discapacidad necesitada de especial protección, inhabilitación especial para el ejercicio de la patria potestad, tutela, curatela, guarda o acogimiento por tiempo de seis meses a tres años.

Se impondrán las penas previstas en los apartados 4 y 5, en su mitad superior cuando el delito se perpetre en presencia de menores, o tenga lugar en el domicilio común o en el domicilio de la víctima, o se realice quebrantando una pena de las contempladas en

---

Art. 171.4: V. las SSTC 45/2009, de 19 de febrero (*BOE* n.º 63, de 14 de marzo), 177, 178, 179 y 180/2009, todas de 21 de julio (*BOE* n.º 203, de 22 de agosto), y 201, 202 y 203/2009, todas de 27 de octubre (*BOE* n.º 284, de 25 de noviembre), por las que se inadmiten y desestiman diversas cuestiones de inconstitucionalidad interpuestas contra este apartado.

el artículo 48 de este Código o una medida cautelar o de seguridad de la misma naturaleza.

6. No obstante lo previsto en los apartados 4 y 5, el juez o tribunal, razonándolo en sentencia, en atención a las circunstancias personales del autor y a las concurrentes en la realización del hecho, podrá imponer la pena inferior en grado.

7. Fuera de los casos anteriores, el que de modo leve amenace a otro será castigado con la pena de multa de uno a tres meses. Este hecho sólo será perseguible mediante denuncia de la persona agraviada o de su representante legal.

Cuando el ofendido fuere alguna de las personas a las que se refiere el apartado 2 del artículo 173, la pena será la de localización permanente de cinco a treinta días, siempre en domicilio diferente y alejado del de la víctima, o trabajos en beneficio de la comunidad de cinco a treinta días, o multa de uno a cuatro meses, esta última únicamente en los supuestos en los que concurran las circunstancias expresadas en el apartado 2 del artículo 84. En estos casos no será exigible la denuncia a que se refiere el párrafo anterior.

CAPÍTULO III

De las coacciones

Art. 172. 1. El que, sin estar legítimamente autorizado, impidiere a otro con violencia hacer lo que la ley no prohíbe, o le compeliere a efectuar lo que no quiere, sea justo o injusto, será castigado con la pena de prisión de seis meses a tres años o con multa de doce a veinticuatro meses, según la gravedad de la coacción o de los medios empleados.

Cuando la coacción ejercida tuviera como objeto impedir el ejercicio de un derecho fundamental se le impondrán las penas en su mitad superior, salvo que el hecho tuviera señalada mayor pena en otro precepto de este Código.

También se impondrán las penas en su mitad superior cuando la coacción ejercida tuviera por objeto impedir el legítimo disfrute de la vivienda.

2. El que de modo leve coaccione a quien sea o haya

Art. 172.1: Los dos primeros párrafos de este apartado figuran redactados conforme al texto de la LO 15/2003, de 25 de noviembre (*BOE* n.º 283, de 26 de noviembre; correcciones de errores en *BOE* n.º 65, de 16 de marzo, y n.º 80 de 2 de abril, ambos de 2004). El tercero ha sido añadido por la LO 5/2010, de 22 de junio (*BOE* n.º 152, de 23 de junio).

Art. 172.2: Este apartado fue introducido por la LO 1/2004, de 28 de diciembre (*BOE* n.º 313, de 29 de diciembre), de medidas de protección integral contra la

sido su esposa, o mujer que esté o haya estado ligada a él por una análoga relación de afectividad, aun sin convivencia, será castigado con la pena de prisión de seis meses a un año o de trabajos en beneficio de la comunidad de treinta y uno a ochenta días y, en todo caso, privación del derecho a la tenencia y porte de armas de un año y un día a tres años, así como, cuando el juez o tribunal lo estime adecuado al interés del menor o persona con discapacidad necesitada de especial protección, inhabilitación especial para el ejercicio de la patria potestad, tutela, curatela, guarda o acogimiento hasta cinco años.

Igual pena se impondrá al que de modo leve coaccione a una persona especialmente vulnerable que conviva con el autor.

Se impondrá la pena en su mitad superior cuando el delito se perpetre en presencia de menores, o tenga lugar en el domicilio común o en el domicilio de la víctima, o se realice quebrantando una pena de las contempladas en el artículo 48 de este Código o una medida cautelar o de seguridad de la misma naturaleza.

No obstante lo previsto en los párrafos anteriores, el juez o tribunal, razonándolo en sentencia, en atención a las circunstancias personales del autor y a las concurrentes en la realización del hecho, podrá imponer la pena inferior en grado.

3. Fuera de los casos anteriores, el que cause a otro una

---

violencia de género, en cuya Exposición de Motivos se decía, a este respecto, lo siguiente:

«En su título IV la Ley introduce normas de naturaleza penal, mediante las que se pretende incluir, dentro de los tipos agravados de lesiones, uno específico que incremente la sanción penal cuando la lesión se produzca contra quien sea o haya sido la esposa del autor, o mujer que esté o haya estado ligada a él por una análoga relación de afectividad, aun sin convivencia. También se castigarán como delito las coacciones leves y las amenazas leves de cualquier clase cometidas contra las mujeres mencionadas con anterioridad.

»Para la ciudadanía, para los colectivos de mujeres y específicamente para aquellas que sufren este tipo de agresiones, la Ley quiere dar una respuesta firme y contundente y mostrar firmeza plasmándolas en tipos penales específicos.»

En el párrafo primero de este apartado, el término «incapaz» ha sido sustituido por «persona con discapacidad necesitada de especial protección», conforme al texto de la LO 1/2015, de 30 de marzo (*BOE* n.º 77, de 31 de marzo), con entrada en vigor el 1 de julio de 2015.

V. arts. 510 ss. de este Código y 13, 109 y 544 bis LECr.

V., también la STC 127/2009, de 26 de mayo (*BOE* n.º 149, de 20 de junio), por la que se inadmiten varias cuestiones de inconstitucionalidad referidas a los párrafos segundo, tercero y cuarto del art. 172.2.

Art. 172.3: Este apartado ha sido añadido por la LO 1/2015, de 30 de marzo (*BOE* n.º 77, de 31 de marzo).

coacción de carácter leve, será castigado con la pena de multa de uno a tres meses. Este hecho sólo será perseguible mediante denuncia de la persona agraviada o de su representante legal.

Cuando el ofendido fuere alguna de las personas a las que se refiere el apartado 2 del artículo 173, la pena será la de localización permanente de cinco a treinta días, siempre en domicilio diferente y alejado del de la víctima, o trabajos en beneficio de la comunidad de cinco a treinta días, o multa de uno a cuatro meses, esta última únicamente en los supuestos en los que concurran las circunstancias expresadas en el apartado 2 del artículo 84. En estos casos no será exigible la denuncia a que se refiere el párrafo anterior.

Art. 172 bis. 1. El que con intimidación grave o violencia compeliere a otra persona a contraer matrimonio será castigado con una pena de prisión de seis meses a tres años y seis meses o con multa de doce a veinticuatro meses, según la gravedad de la coacción o de los medios empleados.

2. La misma pena se impondrá a quien, con la finalidad de cometer los hechos a que se refiere el apartado anterior, utilice violencia, intimidación grave o engaño para forzar a otro a abandonar el territorio español o a no regresar al mismo.

3. Las penas se impondrán en su mitad superior cuando la víctima fuera menor de edad.

Art. 172 ter. 1. Será castigado con la pena de prisión de tres meses a dos años o multa de seis a veinticuatro meses el que acose a una persona llevando a cabo de forma insistente y reiterada, y sin estar legítimamente autorizado, alguna de las conductas siguientes y, de este modo, altere gravemente el desarrollo de su vida cotidiana:

1.ª La vigile, la persiga o busque su cercanía física.

2.ª Establezca o intente establecer contacto con ella a través de cualquier medio de comunicación, o por medio de terceras personas.

3.ª Mediante el uso indebido de sus datos personales, adquiera productos o mercancías, o contrate servicios, o haga que

Art. 172 bis: Este artículo ha sido añadido por la LO 1/2015, de 30 de marzo (*BOE* n.º 77, de 31 de marzo).

Art. 172 ter: Este artículo ha sido añadido por la LO 1/2015, de 30 de marzo (*BOE* n.º 77, de 31 de marzo).

terceras personas se pongan en contacto con ella.

4.ª Atente contra su libertad o contra su patrimonio, o contra la libertad o patrimonio de otra persona próxima a ella.

Si se trata de una persona especialmente vulnerable por razón de su edad, enfermedad o situación, se impondrá la pena de prisión de seis meses a dos años.

2. Cuando el ofendido fuere alguna de las personas a las que se refiere el apartado 2 del artículo 173, se impondrá una pena de prisión de uno a dos años, o trabajos en beneficio de la comunidad de sesenta a ciento veinte días. En este caso no será necesaria la denuncia a que se refiere el apartado 4 de este artículo.

3. Las penas previstas en este artículo se impondrán sin perjuicio de las que pudieran corresponder a los delitos en que se hubieran concretado los actos de acoso.

4. Los hechos descritos en este artículo sólo serán perseguibles mediante denuncia de la persona agraviada o de su representante legal.

TÍTULO VII

De las torturas y otros delitos contra la integridad moral*

Art. 173. 1. El que infligiera a otra persona un trato degradante, menoscabando gravemente su integridad moral, será castigado con la pena de prisión de seis meses a dos años.

Con la misma pena serán castigados los que, en el ámbito de

* V. art. 15.1 CE: «Todos tienen derecho a la vida y a la integridad física y moral, sin que, en ningún caso, puedan ser sometidos a tortura ni a penas o tratos inhumanos o degradantes. Queda abolida la pena de muerte salvo lo que puedan disponer las leyes penales militares para tiempo de guerra.» V. también art. 5.º DUDH; art. 7.º PIDCP; art. 3.º CPDHLF; art. 94 CC; art. 6.º LOGP; art. 4.º RP; Convención de 10 de diciembre de 1984 contra la tortura y otros tratos o penas crueles, inhumanos o degradantes, ratificado por Instrumento de 19 de octubre de 1987 (*BOE* n.º 268, de 9 de noviembre), y Protocolo facultativo, hecho en Nueva York el 18 de diciembre de 2002, y ratificado por España mediante Instrumento de 3 de marzo de 2006 (*BOE* n.º 148, de 22 de junio); Convenio Europeo de 26 de noviembre de 1987 para la prevención de la tortura y de las penas o tratos inhumanos o degradantes, ratificado por Instrumento de 28 de abril de 1989 (*BOE* n.º 159, de 5 de julio), y Protocolos n.ºs 1 y 2 a este Convenio, hechos en Estrasburgo el 4 de noviembre de1993, y ratificados mediante Instrumentos de 11 de mayo de 1995 (*BOE* n.º 35, de 9 de febrero de 2002; corrección de erratas en *BOE* n.º 142, de 14 de junio).

cualquier relación laboral o funcionarial y prevaliéndose de su relación de superioridad, realicen contra otro de forma reiterada actos hostiles o humillantes que, sin llegar a constituir trato degradante, supongan grave acoso contra la víctima.

Se impondrá también la misma pena al que de forma reiterada lleve a cabo actos hostiles o humillantes que, sin llegar a constituir trato degradante, tengan por objeto impedir el legítimo disfrute de la vivienda.

2. El que habitualmente ejerza violencia física o psíquica sobre quien sea o haya sido su cónyuge o sobre persona que esté o haya estado ligada a él por una análoga relación de afectividad aun sin convivencia, o sobre los descendientes, ascendientes o hermanos por naturaleza, adopción o afinidad, propios o del cónyuge o conviviente, o sobre los menores o personas con discapacidad necesitadas de especial protección que con él convivan o que se hallen sujetos a la potestad, tutela, curatela, acogimiento o guarda de hecho del cónyuge o conviviente, o sobre persona amparada en cualquier otra relación por la que se encuentre integrada en el núcleo de su convivencia familiar, así como sobre las personas que por su especial vulnerabilidad se encuentran sometidas a custodia o guarda en centros públicos o privados, será castigado con la pena de prisión de seis meses a tres años, privación del derecho a la tenencia y porte de armas de tres a cinco años y, en su caso, cuando el juez o tribunal lo estime adecuado al interés del me-

---

La jurisprudencia del TC reitera que, «para asegurar la adecuada protección de todas las personas contra la tortura o tratos crueles, inhumanos o degradantes, las Naciones Unidas han aprobado distintas normas universalmente aplicables. Los convenios, declaraciones y resoluciones adoptados por los Estados miembros de la Organización de Naciones Unidas afirman claramente que no puede haber excepciones a la prohibición de la tortura y establecen distintas obligaciones para garantizar la protección contra tales posibles abusos». Y ha añadido que «vulnera el derecho a la tutela judicial efectiva en este ámbito que no se abra o que se clausure la instrucción cuando existan sospechas razonables de que se ha podido cometer el delito de torturas o de tratos inhumanos o degradantes denunciado, y cuando tales sospechas se revelen como susceptibles de ser despejadas (entre otras, las SSTC 34/2008, de 25 de febrero, FJ 6; 52/2008, de 14 de abril, FJ 2, y 63/2010, de 18 de octubre, FJ 2)».

Art. 173: Este artículo figura redactado conforme al texto de la LO 11/2003, de 29 de septiembre (*BOE* n.º 234, de 30 de septiembre), de medidas concretas en materia de seguridad ciudadana, violencia doméstica e integración social de los extranjeros. V. la Exposición de Motivos de esta norma, en lo que al presente artículo interesa, en nota al art. 153 de este Código. Los párrafos 2.º y 3.º del apartado 1 han sido añadidos por la LO 5/2010, de 22 de junio (*BOE* n.º 152, de 23 de junio). El apartado 2 ha sido modificado, y el apartado 4 introducido, por la LO 1/2015, de 30 de marzo (*BOE* n.º 77, de 31 de marzo).

nor o persona con discapacidad necesitada de especial protección, inhabilitación especial para el ejercicio de la patria potestad, tutela, curatela, guarda o acogimiento por tiempo de uno a cinco años, sin perjuicio de las penas que pudieran corresponder a los delitos en que se hubieran concretado los actos de violencia física o psíquica.

Se impondrán las penas en su mitad superior cuando alguno o algunos de los actos de violencia se perpetren en presencia de menores, o utilizando armas, o tengan lugar en el domicilio común o en el domicilio de la víctima, o se realicen quebrantando una pena de las contempladas en el artículo 48 o una medida cautelar o de seguridad o prohibición de la misma naturaleza.

En los supuestos a que se refiere este apartado, podrá además imponerse una medida de libertad vigilada.

3. Para apreciar la habitualidad a que se refiere el apartado anterior, se atenderá al número de actos de violencia que resulten acreditados, así como a la proximidad temporal de los mismos, con independencia de que dicha violencia se haya ejercido sobre la misma o diferentes víctimas de las comprendidas en este artículo, y de que los actos violentos hayan sido o no objeto de enjuiciamiento en procesos anteriores.

4. Quien cause injuria o vejación injusta de carácter leve, cuando el ofendido fuera una de las personas a las que se refiere el apartado 2 del artículo 173, será castigado con la pena de localización permanente de cinco a treinta días, siempre en domicilio diferente y alejado del de la víctima, o trabajos en beneficio de la comunidad de cinco a treinta días, o multa de uno a cuatro meses, esta última únicamente en los supuestos en los que concurran las circunstancias expresadas en el apartado 2 del artículo 84.

Las injurias solamente serán perseguibles mediante denuncia de la persona agraviada o de su representante legal.

Art. 174. 1. Comete tortura la autoridad o funcionario público que, abusando de su cargo, y con el fin de obtener una confesión o información de cualquier persona o de castigarla por cualquier hecho que haya cometido o se sospeche que ha cometido, o por cualquier razón basada en algún tipo de discriminación, la sometiere a condiciones o procedi-

---

Art. 174: Este artículo figura redactado conforme al texto de la LO 15/2003, de 25 de noviembre (*BOE* n.º 283, de 26 de noviembre; corrección de errores en *BOE* n.º 65, de 16 de marzo, y n.º 80, de 2 de abril, ambos de 2004).

mientos que por su naturaleza, duración u otras circunstancias, le supongan sufrimientos físicos o mentales, la supresión o disminución de sus facultades de conocimiento, discernimiento o decisión o que, de cualquier otro modo, atenten contra su integridad moral. El culpable de tortura será castigado con la pena de prisión de dos a seis años si el atentado fuera grave, y de prisión de uno a tres años si no lo es. Además de las penas señaladas se impondrá, en todo caso, la pena de inhabilitación absoluta de ocho a doce años.

2. En las mismas penas incurrirán, respectivamente, la autoridad o funcionario de instituciones penitenciarias o de centros de protección o corrección de menores que cometiere, respecto de detenidos, internos o presos, los actos a que se refiere el apartado anterior.

Art. 175. La autoridad o funcionario público que, abusando de su cargo y fuera de los casos comprendidos en el artículo anterior, atentare contra la integridad moral de una persona será castigado con la pena de prisión de dos a cuatro años si el atentado fuera grave, y de prisión de seis meses a dos años si no lo es. Se impondrá, en todo caso, al autor, además de las penas señaladas, la de inhabilitación especial para empleo o cargo público de dos a cuatro años.

Art. 176. Se impondrán las penas respectivamente establecidas en los artículos precedentes a la autoridad o funcionario que, faltando a los deberes de su cargo, permitiere que otras personas ejecuten los hechos previstos en ellos.

Art. 177. Si en los delitos descritos en los artículos precedentes, además del atentado a la integridad moral, se produjere lesión o daño a la vida, integridad física, salud, libertad sexual o bienes de la víctima o de un tercero, se castigarán los hechos separadamente con la pena que les corresponda por los delitos cometidos, excepto cuando aquél ya se halle especialmente castigado por la ley.

Art. 174.2: V. arts. 6 LOGP y 4 RP.

Art. 177: Este artículo figura redactado conforme al texto de la LO 1/2015, de 30 de marzo (*BOE* n.º 77, de 31 de marzo).

TÍTULO VII BIS*

De la trata de seres humanos**

Art. 177 bis. 1. Será castigado con la pena de cinco a ocho años de prisión como reo de trata de seres humanos el que, sea en territorio español, sea desde España, en tránsito o con destino a ella, empleando violencia, intimidación o engaño, o abusando de una situación de superioridad o de necesidad o de vulnerabilidad de la víctima nacional o extranjera, o mediante la entrega o recepción de pagos o beneficios para lograr el consentimiento de la persona que poseyera el control sobre la víctima, la captare, transportare, trasladare, acogiere, o recibiere, incluido el intercambio o transferencia de control sobre esas personas, con cualquiera de las finalidades siguientes:

a) La imposición de trabajo o de servicios forzados, la esclavitud o prácticas similares a la esclavitud, a la servidumbre o a la mendicidad.

b) La explotación sexual, incluyendo la pornografía.

c) La explotación para realizar actividades delictivas.

d) La extracción de sus órganos corporales.

e) La celebración de matrimonios forzados.

Existe una situación de necesidad o vulnerabilidad cuando

---

* Este Título ha sido incorporado por la LO 5/2010, de 22 de junio (*BOE* n.º 52, de 23 de junio).

** V. el Convenio del Consejo de Europa sobre la lucha contra la trata de seres humanos, hecho en Varsovia el 16 de mayo de 2005, y ratificado por España mediante Instrumento de 23 de febrero de 2009 (*BOE* n.º 219, de 10 de septiembre); la LO 1/2020, de 16 de septiembre (*BOE* n.º 248, de 17 de septiembre), sobre la utilización de los datos del Registro de Pasajeros para la prevención, detección, investigación y enjuiciamiento de delitos de terrorismo y delitos graves, modificada por LO 7/2021, de 26 de mayo (*BOE* n.º 126, de 27 de mayo), de protección de datos personales tratados para fines de prevención, detección, investigación y enjuiciamiento de infracciones penales y de ejecución de sanciones penales; y la Orden PCI/161/2019, de 21 de febrero (*BOE* n.º 46, de 22 de febrero), por la que se publica el Acuerdo del Consejo de Seguridad Nacional por el que se aprueba la Estrategia Nacional contra el Crimen Organizado y la Delincuencia Grave.

Art. 177 bis: Este artículo ha sido incorporado por la LO 5/2010, de 22 de junio (*BOE* n.º 52, de 23 de junio). Los apartados 1 y 4 figuran redactados conforme al texto de la LO 1/2015, de 30 de marzo (*BOE* n.º 77, de 31 de marzo), excepto el último párrafo del apartado 1, que fue incorporado por la LO 8/2021, de 4 de junio (*BOE* n.º 134, de 5 de junio), de protección integral a la infancia y la adolescencia frente a la violencia

la persona en cuestión no tiene otra alternativa, real o aceptable, que someterse al abuso.

Cuando la víctima de trata de seres humanos fuera una persona menor de edad se impondrá, en todo caso, la pena de inhabilitación especial para cualquier profesión, oficio o actividades, sean o no retribuidos, que conlleve contacto regular y directo con personas menores de edad, por un tiempo superior entre seis y veinte años al de la duración de la pena de privación de libertad impuesta.

2. Aun cuando no se recurra a ninguno de los medios enunciados en el apartado anterior, se considerará trata de seres humanos cualquiera de las acciones indicadas en el apartado anterior cuando se llevare a cabo respecto de menores de edad con fines de explotación.

3. El consentimiento de una víctima de trata de seres humanos será irrelevante cuando se haya recurrido a alguno de los medios indicados en el apartado primero de este artículo.

4. Se impondrá la pena superior en grado a la prevista en el apartado primero de este artículo cuando:

a) se hubiera puesto en peligro la vida o la integridad física o psíquica de las personas objeto del delito;

b) la víctima sea especialmente vulnerable por razón de enfermedad, estado gestacional, discapacidad o situación personal, o sea menor de edad.

Si concurriere más de una circunstancia se impondrá la pena en su mitad superior.

5. Se impondrá la pena superior en grado a la prevista en el apartado 1 de este artículo e inhabilitación absoluta de seis a doce años a los que realicen los hechos prevaliéndose de su condición de autoridad, agente de ésta o funcionario público. Si concurriere además alguna de las circunstancias previstas en el apartado 4 de este artículo se impondrán las penas en su mitad superior.

6. Se impondrá la pena superior en grado a la prevista en el apartado 1 de este artículo e inhabilitación especial para profesión, oficio, industria o comercio por el tiempo de la condena, cuando el culpable perteneciera a una organización o asociación de más de dos personas, incluso de carácter transitorio, que se dedicase a la realización de tales actividades. Si concurriere alguna de las circunstancias previstas en el apartado 4 de este artículo se impondrán las penas en la mitad superior. Si concurriere la circunstancia prevista en el apartado 5 de este artículo se impondrán las penas señaladas en éste en su mitad superior.

Cuando se trate de los jefes, administradores o encargados de dichas organizaciones o asociaciones, se les aplicará la pena en su mitad superior, que podrá elevarse a la inmediatamente superior en grado. En todo caso se elevará la pena a la inmediatamente superior en grado si concurriera alguna de las circunstancias previstas en el apartado 4 o la circunstancia prevista en el apartado 5 de este artículo.

7. Cuando de acuerdo con lo establecido en el artículo 31 bis una persona jurídica sea responsable de los delitos comprendidos en este artículo, se le impondrá la pena de multa del triple al quíntuple del beneficio obtenido. Atendidas las reglas establecidas en el artículo 66 bis, los jueces y tribunales podrán asimismo imponer las penas recogidas en las letras *b*) a *g*) del apartado 7 del artículo 33.

8. La provocación, la conspiración y la proposición para cometer el delito de trata de seres humanos serán castigadas con la pena inferior en uno o dos grados a la del delito correspondiente.

9. En todo caso, las penas previstas en este artículo se impondrán sin perjuicio de las que correspondan, en su caso, por el delito del artículo 318 bis de este Código y demás delitos efectivamente cometidos, incluidos los constitutivos de la correspondiente explotación.

10. Las condenas de jueces o tribunales extranjeros por delitos de la misma naturaleza que los previstos en este artículo producirán los efectos de reincidencia, salvo que el antecedente penal haya sido cancelado o pueda serlo con arreglo al Derecho español.

11. Sin perjuicio de la aplicación de las reglas generales de este Código, la víctima de trata de seres humanos quedará exenta de pena por las infracciones penales que haya cometido en la situación de explotación sufrida, siempre que su participación en ellas haya sido consecuencia directa de la situación de violencia, intimidación, engaño o abuso a que haya sido sometida y que exista una adecuada proporcionalidad entre dicha situación y el hecho criminal realizado.

TÍTULO VIII

Delitos contra la libertad e indemnidad sexuales*

CAPÍTULO PRIMERO

DE LAS AGRESIONES SEXUALES

Art. 178. El que atentare contra la libertad sexual de otra persona, utilizando violencia o intimidación, será castigado como responsable de agresión sexual con la pena de prisión de uno a cinco años.

Art. 179. Cuando la agresión sexual consista en acceso carnal por vía vaginal, anal o bucal, o introducción de miembros corporales u objetos por alguna de las dos primeras vías, el responsable será castigado como reo de violación con la pena de prisión de seis a doce años.

Art. 180. 1. Las anteriores conductas serán castigadas con

---

* V. Ley 35/1995, de 11 de diciembre (*BOE* n.º 296, de 12 de diciembre), de ayudas y asistencia a las víctimas de delitos violentos y contra la libertad sexual, modificada por Ley 13/1996, de 30 de diciembre, de medidas fiscales, administrativas y del orden social (*BOE* n.º 315, de 31 de diciembre), y por Ley 38/1998, de 27 de noviembre (*BOE* n.º 285, de 28 de noviembre), por la que se modifica la composición de la Comisión Nacional de Ayuda y Asistencia a las Víctimas de Delitos Violentos y contra la Libertad Sexual; y desarrollada por RD 738/1997, de 23 de mayo, por el que se aprueba su Reglamento (*BOE* n.º 126, de 27 de mayo), modificado por RRDD 429/2003, de 11 de abril (*BOE* n.º 100, de 16 de abril), y 199/2006, de 17 de febrero (*BOE* n.º 43, de 20 de febrero). V., también, RD 1.110/2015, de 11 de diciembre (*BOE* n.º 312, de 30 de diciembre), por el que se regula el Registro Central de Delincuentes Sexuales, los arts. 94 CC; 13, 109 y 544 bis LECr; y la LO 1/2020, de 16 de septiembre (*BOE* n.º 248, de 17 de septiembre), sobre la utilización de los datos del Registro de Pasajeros para la prevención, detección, investigación y enjuiciamiento de delitos de terrorismo y delitos graves, modificada por LO 7/2021, de 26 de mayo (*BOE* n.º 126, de 27 de mayo), de protección de datos personales tratados para fines de prevención, detección, investigación y enjuiciamiento de infracciones penales y de ejecución de sanciones penales.

Art. 178: Este artículo figura redactado conforme al texto de la LO 5/2010, de 22 de junio (*BOE* n.º 152, de 23 de junio).

Art. 179: Este artículo figura redactado conforme al texto de la LO 15/2003, de 25 de noviembre (*BOE* n.º 283, de 26 de noviembre; corrección de errores en *BOE* n.º 65, de 16 de marzo, y n.º 80, de 2 de abril, ambos de 2004).

Art. 180: El párrafo 1.º del apartado 1 de este artículo figura redactado conforme al texto de la LO 5/2010, de 22 de junio (*BOE* n.º 152, de 23 de junio), y las circunstancias 3.ª y 4.ª del mismo por la LO 8/2021, de 4 de junio (*BOE* n.º 134, de 5 de junio), de protección integral a la infancia y la adolescencia frente a la violencia. Su redacción anterior a esta reforma decía:

las penas de prisión de cinco a diez años para las agresiones del artículo 178, y de doce a quince años para las del artículo 179, cuando concurra alguna de las siguientes circunstancias:

1.ª Cuando la violencia o intimidación ejercidas revistan un carácter particularmente degradante o vejatorio.

2.ª Cuando los hechos se cometan por la actuación conjunta de dos o más personas.

3.ª Cuando los hechos se cometan contra una persona que se halle en una situación de especial vulnerabilidad por razón de su edad, enfermedad, discapacidad o por cualquier otra circunstancia, salvo lo dispuesto en el artículo 183.

4.ª Cuando, para la ejecución del delito, la persona responsable se hubiera prevalido de una situación de convivencia o de una relación de superioridad o parentesco, por ser ascendiente, o hermano, por naturaleza o adopción, o afines, con la víctima.

5.ª Cuando el autor haga uso de armas u otros medios igualmente peligrosos, susceptibles de producir la muerte o alguna de las lesiones previstas en los artículos 149 y 150 de este Código, sin perjuicio de la pena que pudiera corresponder por la muerte o lesiones causadas.

2. Si concurrieren dos o más de las anteriores circunstancias, las penas previstas en este artículo se impondrán en su mitad superior.

CAPÍTULO II

De los abusos sexuales

Art. 181. 1. El que, sin violencia o intimidación y sin que medie consentimiento, realizare actos que atenten contra la libertad o indemnidad sexual de otra persona, será castigado, como responsable de abuso sexual, con la pena de prisión de uno a tres años o multa de dieciocho a veinticuatro meses.

2. A los efectos del apartado anterior, se consideran abusos sexuales no consentidos los que se ejecuten sobre personas que se hallen privadas de sentido o de cuyo trastorno mental se abusare, así como los que se

---

3.ª Cuando la víctima sea especialmente vulnerable, por razón de su edad, enfermedad, discapacidad o situación, salvo lo dispuesto en el artículo 183.

4.ª Cuando, para la ejecución del delito, el responsable se haya prevalido de una relación de superioridad o parentesco, por ser ascendiente, descendiente o hermano, por naturaleza o adopción, o afines, con la víctima.

Art. 181: El apartado 2 ha sido modificado, el 4 añadido y el anterior apartado 4 renumerado como 5 por la LO 5/2010, de 22 de junio (*BOE* n.º 152, de 23 de junio).

cometan anulando la voluntad de la víctima mediante el uso de fármacos, drogas o cualquier otra sustancia natural o química idónea a tal efecto.

3. La misma pena se impondrá cuando el consentimiento se obtenga prevaliéndose el responsable de una situación de superioridad manifiesta que coarte la libertad de la víctima.

4. En todos los casos anteriores, cuando el abuso sexual consista en acceso carnal por vía vaginal, anal o bucal, o introducción de miembros corporales u objetos por alguna de las dos primeras vías, el responsable será castigado con la pena de prisión de cuatro a diez años.

5. Las penas señaladas en este artículo se impondrán en su mitad superior si concurriere la circunstancia 3.ª o la 4.ª, de las previstas en el apartado 1 del artículo 180 de este Código.

Art. 182. 1. El que, interviniendo engaño o abusando de una posición reconocida de confianza, autoridad o influencia sobre la víctima, realice actos de carácter sexual con persona mayor de dieciséis años y menor de dieciocho, será castigado con la pena de prisión de uno a tres años.

2. Cuando los actos consistan en acceso carnal por vía vaginal, anal o bucal, o introducción de miembros corporales u objetos por alguna de las dos primeras vías, la pena será de prisión de dos a seis años. La pena se impondrá en su mitad superior si concurriera la circunstancia 3.ª, o la 4.ª, de las previstas en el artículo 180.1 de este Código.

CAPÍTULO II BIS*

DE LOS ABUSOS Y AGRESIONES SEXUALES A MENORES DE DIECISÉIS AÑOS**

Art. 183. 1. El que realizare actos de carácter sexual con

Art. 182: Este artículo figura redactado conforme al texto de la LO 5/2010, de 22 de junio (*BOE* n.º 152, de 23 de junio). El apartado 1 figura redactado por la LO 1/2015, de 30 de marzo (*BOE* n.º 77, de 31 de marzo).

* Este Capítulo ha sido incorporado por la LO 5/2010, de 22 de junio (*BOE* n.º 152, de 23 de junio), y entró en vigor el día 23 de diciembre de 2010.

** Esta rúbrica figura redactada conforme al texto de la LO 1/2015, de 30 de marzo (*BOE* n.º 77, de 31 de marzo).

V. el Convenio del Consejo de Europa para la protección de los niños contra la explotación y el abuso sexual, hecho en Lanzarote el 25 de octubre de 2007, y ratificado por España por Instrumento de 22 de julio de 2010 (*BOE* n.º 274, de 12 de noviembre; corrección de errores en *BOE* n.º 56, de 7 de marzo de 2011).

Art. 183: Este artículo figura redactado conforme al texto de la LO 1/2015, de 30 de marzo (*BOE* n.º 77, de 31 de marzo), excepto las letras *a*) y *d*) de su apartado 4, que

un menor de dieciséis años, será castigado como responsable de abuso sexual a un menor con la pena de prisión de dos a seis años.

2. Cuando los hechos se cometan empleando violencia o intimidación, el responsable será castigado por el delito de agresión sexual a un menor con la pena de cinco a diez años de prisión. Las mismas penas se impondrán cuando mediante violencia o intimidación compeliere a un menor de dieciséis años a participar en actos de naturaleza sexual con un tercero o a realizarlos sobre sí mismo.

3. Cuando el ataque consista en acceso carnal por vía vaginal, anal o bucal, o introducción de miembros corporales u objetos por alguna de las dos primeras vías, el responsable será castigado con la pena de prisión de ocho a doce años, en el caso del apartado 1, y con la pena de doce a quince años, en el caso del apartado 2.

4. Las conductas previstas en los tres apartados anteriores serán castigadas con la pena de prisión correspondiente en su mitad superior cuando concurra alguna de las siguientes circunstancias:

a) Cuando la víctima se halle en una situación de especial vulnerabilidad por razón de su edad, enfermedad, discapacidad o por cualquier otra circunstancia, y, en todo caso, cuando sea menor de cuatro años.

b) Cuando los hechos se cometan por la actuación conjunta de dos o más personas.

c) Cuando la violencia o intimidación ejercidas revistan un carácter particularmente degradante o vejatorio.

d) Cuando, para la ejecución del delito, el responsable se hubiera prevalido de una situación de convivencia o de una relación de superioridad o parentesco, por ser ascendiente, o hermano, por naturaleza o adopción, o afines, con la víctima.

e) Cuando el culpable hubiere puesto en peligro, de forma dolosa o por imprudencia grave, la vida o salud de la víctima.

---

lo han sido por la LO 8/2021, de 4 de junio (*BOE* n.º 134, de 5 de junio), de protección integral a la infancia y la adolescencia frente a la violencia. Su redacción anterior a esta reforma decía:

> *a*) Cuando el escaso desarrollo intelectual o físico de la víctima, o el hecho de tener un trastorno mental, la hubiera colocado en una situación de total indefensión y en todo caso, cuando sea menor de cuatro años.
>
> *d*) Cuando, para la ejecución del delito, el responsable se haya prevalido de una relación de superioridad o parentesco, por ser ascendiente, o hermano, por naturaleza o adopción, o afines, con la víctima.

f) Cuando la infracción se haya cometido en el seno de una organización o de un grupo criminal que se dedicare a la realización de tales actividades.

5. En todos los casos previstos en este artículo, cuando el culpable se hubiera prevalido de su condición de autoridad, agente de ésta o funcionario público, se impondrá, además, la pena de inhabilitación absoluta de seis a doce años.

Art. 183 bis. El que, con fines sexuales, determine a un menor de dieciséis años a participar en un comportamiento de naturaleza sexual, o le haga presenciar actos de carácter sexual, aunque el autor no participe en ellos, será castigado con una pena de prisión de seis meses a dos años.

Si le hubiera hecho presenciar abusos sexuales, aunque el autor no hubiera participado en ellos, se impondrá una pena de prisión de uno a tres años.

Art. 183 ter. 1. El que a través de internet, del teléfono o de cualquier otra tecnología de la información y la comunicación contacte con un menor de dieciséis años y proponga concertar un encuentro con el mismo a fin de cometer cualquiera de los delitos descritos en los artículos 183 y 189, siempre que tal propuesta se acompañe de actos materiales encaminados al acercamiento, será castigado con la pena de uno a tres años de prisión o multa de doce a veinticuatro meses, sin perjuicio de las penas correspondientes a los delitos en su caso cometidos. Las penas se impondrán en su mitad superior cuando el acercamiento se obtenga mediante coacción, intimidación o engaño.

2. El que a través de internet, del teléfono o de cualquier otra tecnología de la información y la comunicación contacte con un menor de dieciséis años y realice actos dirigidos a embaucarle para que le facilite material pornográfico o le muestre imágenes pornográficas en las que se represente o aparezca un menor, será castigado con una pena de prisión de seis meses a dos años.

Art. 183 quáter. El consentimiento libre del menor de dieciséis años, excepto en los casos del

---

Art. 183 bis: Este artículo, incorporado por la LO 5/2010, de 22 de junio (*BOE* n.º 152, de 23 de junio), figura redactado conforme al texto de la LO 1/2015, de 30 de marzo (*BOE* n.º 77, de 31 de marzo).

Art. 183 ter: Este artículo ha sido añadido por la LO 1/2015, de 30 de marzo (*BOE* n.º 77, de 31 de marzo).

Art. 183 quáter: Este artículo ha sido redactado conforme a la LO 8/2021, de 4 de junio (*BOE* n.º 134, de 5 de junio), de protección integral a la infancia y la adolescencia

artículo 183.2 del Código Penal, excluirá la responsabilidad penal por los delitos previstos en este capítulo cuando el autor sea una persona próxima al menor por edad y grado de desarrollo o madurez física y psicológica.

CAPÍTULO III

DEL ACOSO SEXUAL

Art. 184. 1. El que solicitare favores de naturaleza sexual, para sí o para un tercero, en el ámbito de una relación laboral, docente o de prestación de servicios, continuada o habitual, y con tal comportamiento provocare a la víctima una situación objetiva y gravemente intimidatoria, hostil o humillante, será castigado, como autor de acoso sexual, con la pena de prisión de tres a cinco meses o multa de seis a diez meses.

2. Si el culpable de acoso sexual hubiera cometido el hecho prevaliéndose de una situación de superioridad laboral, docente o jerárquica, o con el anuncio expreso o tácito de causar a la víctima un mal relacionado con las legítimas expectativas que aquélla pueda tener en el ámbito de la indicada relación, la pena será de prisión de cinco a siete meses o multa de diez a catorce meses.

3. Cuando la víctima sea especialmente vulnerable, por razón de su edad, enfermedad o situación, la pena será de prisión de cinco a siete meses o multa de diez a catorce meses en los supuestos previstos en el apartado 1, y de prisión de seis meses a un año en los supuestos previstos en el apartado 2 de este artículo.

---

frente a la violencia, cuyo Preámbulo dice al respecto: «se modifica el artículo 183 quáter, para limitar el efecto de extinción de la responsabilidad criminal por el consentimiento libre del menor de dieciséis años, únicamente a los delitos previstos en los artículos 183, apartado 1, y 183 bis, párrafo primero, inciso segundo, cuando el autor sea una persona próxima a la persona menor por edad y grado de desarrollo o madurez física y psicológica, siempre que los actos no constituyan un atentado contra la libertad sexual de la persona menor de edad». Su redacción anterior a esta reforma decía:

> El consentimiento libre del menor de dieciséis años excluirá la responsabilidad penal por los delitos previstos en este capítulo, cuando el autor sea una persona próxima al menor por edad y grado de desarrollo o madurez.

Art. 184: Este artículo figura redactado conforme al texto de la LO 15/2003, de 25 de noviembre (*BOE* n.º 283, de 26 de noviembre; corrección de errores en *BOE* n.º 65, de 16 de marzo, y n.º 80, de 2 de abril, ambos de 2004). V., también, art. 7.º LO 3/2007, de 22 de marzo (*BOE* n.º 71, de 23 de marzo), para la igualdad efectiva de mujeres y hombres, modificada por RD-L 6/2019, de 1 de marzo (*BOE* n.º 57, de 7 de marzo), de medidas urgentes para garantía de la igualdad de trato y de oportunidades entre mujeres y hombres en el empleo y la ocupación.

CAPÍTULO IV

DE LOS DELITOS DE EXHIBICIONISMO Y PROVOCACIÓN SEXUAL*

Art. 185. El que ejecutare o hiciere ejecutar a otra persona actos de exhibición obscena ante menores de edad o personas con discapacidad necesitadas de especial protección, será castigado con la pena de prisión de seis meses a un año o multa de doce a veinticuatro meses.

---

* V. arts. 20.4 CE; 5.º LO 1/1996, de 15 de enero (*BOE* n.º 15, de 17 de enero), de protección jurídica del menor, y de modificación parcial del Código Civil y de la Ley de Enjuiciamiento Civil, modificada por Ley 26/2015, de 28 de julio (*BOE* n.º 180, de 29 de julio; corrección de errores en *BOE* n.º 285, de 28 de noviembre) y por LO 8/2021, de 4 de junio (*BOE* n.º 134, de 5 de junio), de protección integral a la infancia y la adolescencia frente a la violencia; y 64.2.º Ley de Prensa e Imprenta; RD 3.449/1977, de 16 de diciembre, por el que se regula la publicidad exterior de espectáculos (*BOE* n.º 19, de 23 de enero de 1978), desarrollado por Orden de 28 de abril de 1978 (*BOE* n.º 117, de 17 de mayo) y Orden de 17 de julio de 1978 (*BOE* n.º 189, de 9 de agosto); RD 3.471/1977, de 16 de diciembre, sobre clasificación de publicaciones periódicas, desarrollado por Orden de 5 de septiembre de 1978 (*BOE* n.º 248, de 17 de octubre); RD 262/1978, de 27 de enero, sobre libertad de representación de espectáculos teatrales (*BOE* n.º 53, de 3 de marzo); RD 1.189/1982, de 4 de junio, sobre regulación de determinadas actividades inconvenientes o peligrosas para la infancia (*BOE* n.º 138, de 10 de junio); Ley 55/2007, de 28 de diciembre (*BOE* n.º 312, de 29 de diciembre), del Cine, modificada por Ley 18/2014, de 15 de octubre (*BOE* n.º 252, de 17 de octubre); y RD 2.062/2008, de 12 de diciembre (*BOE* n.º 10, de 12 de enero de 2009) modificado por RD 490/ 2010, de 23 de abril (*BOE* n.º 115, de 11 de mayo), que la desarrolla; Ley 1/1982, de 24 de febrero, por la que se regulan las salas especiales de exhibición cinematográfica, la filmoteca española y las tarifas de las tasas por licencia de doblaje (*BOE* n.º 50, de 27 de febrero, corrección de errores en *BOE* n.º 251, de 20 de octubre de 1983), parcialmente derogada por la Ley 55/2007; RD 81/1997, de 24 de enero, por el que se desarrolla parcialmente la Ley de Protección y Fomento de la Cinematografía y se actualizan y refunden normas relativas a la realización de películas en coproducción,salas de exhibición y calificación de películas cinematográficas (*BOE* n.º 46 de 22 de febrero; corrección de errores en *BOE* n.º 90, de 15 de abril), modificado por RD 196/2000, de 11 de febrero (*BOE* n.º 45, de 22 de febrero) y por RD 526/2002, de 14 de junio (*BOE* n.º 154, de 28 de junio), y parcialmente derogado por la Ley 55/2007; así como la Orden de 7 de julio de 1997 (*BOE* n.º 167, de 14 de julio; corrección de errores en *BOE* n.º 183, de 1 de agosto), modificada por Orden CUL/ 2.594/2006, de 26 de julio (*BOE* n.º 188, de 8 de agosto), y parcialmente derogada por la Ley 55/2007, por la que se dictan normas de aplicación de aquel RD en materias de cuotas de pantalla y distribución de películas, salas de exhibición, registro de empresas y calificación de obras cinematográficas y audiovisuales.

Art. 185: Este artículo figura redactado conforme al texto de la Ley Orgánica 15/2003, de 25 de noviembre (*BOE* n.º 283, de 26 de noviembre; corrección de errores en *BOE* n.º 65, de 16 de marzo, y n.º 80, de 2 de abril, ambos de 2004). El término «incapaces» ha sido sustituido por «personas con discapacidad necesitadas de especial protección», conforme al texto de la LO 1/2015, de 30 de marzo (*BOE* n.º 77, de 31 de marzo).

Art. 186. El que, por cualquier medio directo, vendiere, difundiere o exhibiere material pornográfico entre menores de edad o personas con discapacidad necesitadas de especial protección, será castigado con la pena de prisión de seis meses a un año o multa de doce a veinticuatro meses.

CAPÍTULO V

DE LOS DELITOS RELATIVOS A LA PROSTITUCIÓN Y A LA EXPLOTACIÓN SEXUAL Y CORRUPCIÓN DE MENORES*

Art. 187. 1. El que, empleando violencia, intimidación o engaño, o abusando de una si-

---

Art. 186: Este artículo figura redactado conforme al texto de la LO 15/2003, de 25 de noviembre (*BOE* n.º 283, de 26 de noviembre; corrección de errores en *BOE* n.º 65, de 16 de marzo, y n.º 80, de 2 de abril, ambos de 2004). El término «incapaces» ha sido sustituido por «personas con discapacidad necesitadas de especial protección», conforme al texto de la LO 1/2015, de 30 de marzo (*BOE* n.º 77, de 31 de marzo).

* Esta rúbrica figura redactada conforme al texto de la LO 1/2015, de 30 de marzo (*BOE* n.º 77, de 31 de marzo).

V. art. 853.3.º CC; art. 23 LOPJ, reproducido en nota al art. 3.1 LE (Apéndice 4); y art. 282 bis LECr, reproducido en nota al art. 368 de este Código.

V., también, el Convenio de 21 de marzo de 1950, al que España se adhirió el 18 de junio de 1962, para la Represión de la Trata de Personas y de la Explotación de la Prostitución Ajena (*BOE* n.º 230, de 25 de septiembre de 1962), reproducido parcialmente en nota al art. 1.º LE (Apéndice 4), y el art. 6.º de la Convención sobre la eliminación de todas las formas de discriminación contra la mujer de 18 de diciembre de 1979 (*BOE* n.º 69, de 21 de marzo de 1984). V. también el Protocolo Facultativo de esta Convención, hecho en Nueva York el 6 de octubre de 1999, y ratificado mediante Instrumento de 29 de junio de 2001 (*BOE* n.º 190, de 9 de agosto); el Protocolo Facultativo de la Convención sobre los Derechos del Niño, relativo a la venta de niños, la prostitución infantil y la utilización de niños en la pornografía, hecho en Nueva York el 25 de mayo de 2000, y ratificado mediante Instrumento de 5 de diciembre de 2001 (*BOE* n.º 27, de 31 de enero de 2002); el Protocolo para prevenir, reprimir y sancionar la trata de personas, especialmente mujeres y niños, que complementa la Convención de las Naciones Unidas contra la delincuencia organizada transnacional, ratificado por Instrumento de 21 de febrero de 2002 (*BOE* n.º 296, de 11 de diciembre de 2003); el Convenio del Consejo de Europa sobre la lucha contra la trata de seres humanos, hecho en Varsovia el 16 de mayo de 2005, y ratificado por España mediante Instrumento de 23 de febrero de 2009 (*BOE* n.º 219, de 10 de septiembre); y el Convenio del Consejo de Europa para la protección de los niños contra la explotación y el abuso sexual, hecho en Lanzarote el 25 de octubre de 2007, y ratificado por España por Instrumento de 22 de julio de 2010 (*BOE* n.º 274, de 12 de noviembre). V. también la LO 1/2020, de 16 de septiembre (*BOE* n.º 248, de 17 de septiembre), sobre la utilización de los datos del Registro de Pasajeros para la prevención, detección, investigación y enjuiciamiento de delitos de terrorismo y delitos graves, modificada por LO 7/2021, de 26 de mayo (*BOE* n.º 126, de 27 de mayo), de protección de datos personales tratados para fines de prevención, detección, investigación y enjuiciamiento de infracciones penales y de ejecución de sanciones penales.

tuación de superioridad o de necesidad o vulnerabilidad de la víctima, determine a una persona mayor de edad a ejercer o a mantenerse en la prostitución, será castigado con las penas de prisión de dos a cinco años y multa de doce a veinticuatro meses.

Se impondrá la pena de prisión de dos a cuatro años y multa de doce a veinticuatro meses a quien se lucre explotando la prostitución de otra persona, aun con el consentimiento de la misma. En todo caso, se entenderá que hay explotación cuando concurra alguna de las siguientes circunstancias:

a) Que la víctima se encuentre en una situación de vulnerabilidad personal o económica.

b) Que se le impongan para su ejercicio condiciones gravosas, desproporcionadas o abusivas.

2. Se impondrán las penas previstas en los apartados anteriores en su mitad superior, en sus respectivos casos, cuando concurra alguna de las siguientes circunstancias:

a) Cuando el culpable se hubiera prevalido de su condición de autoridad, agente de ésta o funcionario público. En este caso se aplicará, además, la pena de inhabilitación absoluta de seis a doce años.

b) Cuando el culpable perteneciere a una organización o grupo criminal que se dedicare a la realización de tales actividades.

c) Cuando el culpable hubiere puesto en peligro, de forma dolosa o por imprudencia grave, la vida o salud de la víctima.

3. Las penas señaladas se impondrán en sus respectivos casos sin perjuicio de las que correspondan por las agresiones o abusos sexuales cometidos sobre la persona prostituida.

Art. 188. 1. El que induzca, promueva, favorezca o facilite la prostitución de un menor de edad o una persona con dis-

---

Art. 187: Este artículo figura redactado conforme al texto de la LO 1/2015, de 30 de marzo (*BOE* n.º 77, de 31 de marzo).

V. art. 3.º*b*) del Convenio n.º 182, de la OIT, sobre la prohibición de las peores formas de trabajo infantil y la acción inmediata para su eliminación, hecho en Ginebra el 17 de junio de 1999, y ratificado por Instrumento de 14 de marzo de 2001 (*BOE* n.º 118, de 17 de mayo).

Art. 188: Este artículo figura redactado conforme al texto de la LO 1/2015, de 30 de marzo (*BOE* n.º 77, de 31 de marzo), excepto las letras *a*) y *b*) de su apartado 3, que lo fueron por la LO 8/2021, de 4 de junio (*BOE* n.º 134, de 5 de junio), de protección integral a la infancia y la adolescencia frente a la violencia. Su redacción anterior a esta reforma decía:

capacidad necesitada de especial protección, o se lucre con ello, o explote de algún otro modo a un menor o a una persona con discapacidad para estos fines, será castigado con las penas de prisión de dos a cinco años y multa de doce a veinticuatro meses.

Si la víctima fuera menor de dieciséis años, se impondrá la pena de prisión de cuatro a ocho años y multa de doce a veinticuatro meses.

2. Si los hechos descritos en el apartado anterior se cometieran con violencia o intimidación, además de las penas de multa previstas, se impondrá la pena de prisión de cinco a diez años si la víctima es menor de dieciséis años, y la pena de prisión de cuatro a seis años en los demás casos.

3. Se impondrán las penas superiores en grado a las previstas en los apartados anteriores, en sus respectivos casos, cuando concurra alguna de las siguientes circunstancias:

a) Cuando la víctima se halle en una situación de especial vulnerabilidad por razón de su edad, enfermedad, discapacidad o por cualquier otra circunstancia.

b) Cuando, para la ejecución del delito, el responsable se hubiera prevalido de una situación de convivencia o de una relación de superioridad o parentesco, por ser ascendiente, o hermano, por naturaleza o adopción, o afines, con la víctima.

c) Cuando, para la ejecución del delito, el responsable se hubiera prevalido de su condición de autoridad, agente de ésta o funcionario público. En este caso se impondrá, además, una pena de inhabilitación absoluta de seis a doce años.

d) Cuando el culpable hubiere puesto en peligro, de forma dolosa o por imprudencia grave, la vida o salud de la víctima.

e) Cuando los hechos se hubieren cometido por la actuación conjunta de dos o más personas.

f) Cuando el culpable perteneciere a una organización o asociación, incluso de carácter transitorio, que se dedicare a la realización de tales actividades.

---

a) Cuando la víctima sea especialmente vulnerable por razón de su edad, enfermedad, discapacidad o situación.

b) Cuando, para la ejecución del delito, el responsable se haya prevalido de una relación de superioridad o parentesco, por ser ascendiente, descendiente o hermano, por naturaleza o adopción, o afines, con la víctima.

4. El que solicite, acepte u obtenga, a cambio de una remuneración o promesa, una relación sexual con una persona menor de edad o una persona con discapacidad necesitada de especial protección, será castigado con una pena de uno a cuatro años de prisión. Si el menor no hubiera cumplido dieciséis años de edad, se impondrá una pena de dos a seis años de prisión.

5. Las penas señaladas se impondrán en sus respectivos casos sin perjuicio de las que correspondan por las infracciones contra la libertad o indemnidad sexual cometidas sobre los menores y personas con discapacidad necesitadas de especial protección.

Art. 189. 1. Será castigado con la pena de prisión de uno a cinco años:

a) El que captare o utilizare a menores de edad o a personas con discapacidad necesitadas de especial protección con fines o en espectáculos exhibicionistas o pornográficos, tanto públicos como privados, o para elaborar cualquier clase de material pornográfico, cualquiera que sea su soporte, o financiare cualquiera

---

Art. 189: Este artículo figura redactado conforme al texto de la LO 1/2015, de 30 de marzo (*BOE* n.º 77, de 31 de marzo), excepto las letras *b*), *c*) y *g*) de su apartado 2, que lo fueron por la LO 8/2021, de 4 de junio (*BOE* n.º 134, de 5 de junio), de protección integral a la infancia y la adolescencia frente a la violencia. Su redacción anterior a esta reforma decía:

> *b*) Cuando los hechos revistan un carácter particularmente degradante o vejatorio.
>
> *c*) Cuando el material pornográfico represente a menores o a personas con discapacidad necesitadas de especial protección que sean víctimas de violencia física o sexual.
>
> *g*) Cuando el responsable sea ascendiente, tutor, curador, guardador, maestro o cualquier otra persona encargada, de hecho, aunque fuera provisionalmente, o de derecho, del menor o persona con discapacidad necesitada de especial protección, o se trate de cualquier otro miembro de su familia que conviva con él o de otra persona que haya actuado abusando de su posición reconocida de confianza o autoridad.

V. art. 3.º*b*) del Convenio n.º 182, de la OIT, sobre la prohibición de las peores formas de trabajo infantil, y de la acción inmediata para su eliminación, hecho en Ginebra el 17 de junio de 1999, y ratificado mediante Instrumento de 14 de marzo de 2001 (*BOE* n.º 118, de 17 de mayo); Convenio del Consejo de Europa para la protección de los niños contra la explotación y el abuso sexual, hecho en Lanzarote el 25 de octubre de 2007 y ratificado por Instrumento de 22 de julio de 2010 (*BOE* n.º 274, de 12 de noviembre); y Directiva 2011/92/UE del Parlamento Europeo y del Consejo, relativa a la lucha contra los abusos sexuales y la explotación sexual de los menores y la pornografía infantil y por la que se sustituye la Decisión marco 2004/68/JAI del Consejo (*DOUE* de 17 de diciembre de 2011).

de estas actividades o se lucrare con ellas.

b) El que produjere, vendiere, distribuyere, exhibiere, ofreciere o facilitare la producción, venta, difusión o exhibición por cualquier medio de pornografía infantil o en cuya elaboración hayan sido utilizadas personas con discapacidad necesitadas de especial protección, o lo poseyere para estos fines, aunque el material tuviere su origen en el extranjero o fuere desconocido.

A los efectos de este Título se considera pornografía infantil o en cuya elaboración hayan sido utilizadas personas con discapacidad necesitadas de especial protección:

a) Todo material que represente de manera visual a un menor o una persona con discapacidad necesitada de especial protección participando en una conducta sexualmente explícita, real o simulada.

b) Toda representación de los órganos sexuales de un menor o persona con discapacidad necesitada de especial protección con fines principalmente sexuales.

c) Todo material que represente de forma visual a una persona que parezca ser un menor participando en una conducta sexualmente explícita, real o simulada, o cualquier representación de los órganos sexuales de una persona que parezca ser un menor, con fines principalmente sexuales, salvo que la persona que parezca ser un menor resulte tener en realidad dieciocho años o más en el momento de obtenerse las imágenes.

d) Imágenes realistas de un menor participando en una conducta sexualmente explícita o imágenes realistas de los órganos sexuales de un menor, con fines principalmente sexuales.

2. Serán castigados con la pena de prisión de cinco a nueve años los que realicen los actos previstos en el apartado 1 de este artículo cuando concurra alguna de las circunstancias siguientes:

a) Cuando se utilice a menores de dieciséis años.

b) Cuando los hechos revistan un carácter particularmente degradante o vejatorio, se emplee violencia física o sexual para la obtención del material pornográfico o se representen escenas de violencia física o sexual.

c) Cuando se utilice a personas menores de edad que se hallen en una situación de especial vulnerabilidad por razón de enfermedad, discapacidad o por cualquier otra circunstancia.

d) Cuando el culpable hubiere puesto en peligro, de forma dolosa o por imprudencia grave, la vida o salud de la víctima.

e) Cuando el material pornográfico fuera de notoria importancia.

f) Cuando el culpable perteneciere a una organización o asociación, incluso de carácter transitorio, que se dedicare a la realización de tales actividades.

g) Cuando el responsable sea ascendiente, tutor, curador, guardador, maestro o cualquier otra persona encargada, de hecho, aunque fuera provisionalmente, o de derecho, de la persona menor de edad o persona con discapacidad necesitada de especial protección, o se trate de cualquier persona que conviva con él o de otra persona que haya actuado abusando de su posición reconocida de confianza o autoridad.

h) Cuando concurra la agravante de reincidencia.

3. Si los hechos a que se refiere la letra *a*) del párrafo primero del apartado 1 se hubieran cometido con violencia o intimidación se impondrá la pena superior en grado a las previstas en los apartados anteriores.

4. El que asistiere a sabiendas a espectáculos exhibicionistas o pornográficos en los que participen menores de edad o personas con discapacidad necesitadas de especial protección, será castigado con la pena de seis meses a dos años de prisión.

5. El que para su propio uso adquiera o posea pornografía infantil o en cuya elaboración se hubieran utilizado personas con discapacidad necesitadas de especial protección, será castigado con la pena de tres meses a un año de prisión o con multa de seis meses a dos años.

La misma pena se impondrá a quien acceda a sabiendas a pornografía infantil o en cuya elaboración se hubieran utilizado personas con discapacidad necesitadas de especial protección, por medio de las tecnologías de la información y la comunicación.

6. El que tuviere bajo su potestad, tutela, guarda o acogimiento a un menor de edad o una persona con discapacidad necesitada de especial protección y que, con conocimiento de su estado de prostitución o corrupción, no haga lo posible para impedir su continuación en tal estado, o no acuda a la autoridad competente para el mismo fin si carece de medios para la custodia del menor o persona con discapacidad necesitada de especial protección, será castigado con la pena de prisión de tres a seis meses o multa de seis a doce meses.

7. El Ministerio Fiscal promoverá las acciones pertinentes con objeto de privar de la patria potestad, tutela, guarda o acogimiento familiar, en su caso, a

la persona que incurra en alguna de las conductas descritas en el apartado anterior.

8. Los jueces y tribunales ordenarán la adopción de las medidas necesarias para la retirada de las páginas web o aplicaciones de internet que contengan o difundan pornografía infantil o en cuya elaboración se hubieran utilizado personas con discapacidad necesitadas de especial protección o, en su caso, para bloquear el acceso a las mismas a los usuarios de internet que se encuentren en territorio español.

Estas medidas podrán ser acordadas con carácter cautelar a petición del Ministerio Fiscal.

Art. 189 bis. La distribución o difusión pública a través de Internet, del teléfono o de cualquier otra tecnología de la información o de la comunicación de contenidos específicamente destinados a promover, fomentar o incitar a la comisión de los delitos previstos en este capítulo y en los capítulos II bis y IV del presente título será castigada con la pena de multa de seis a doce meses o pena de prisión de uno a tres años. Las autoridades judiciales ordenarán la adopción de las medidas necesarias para la retirada de los contenidos a los que se refiere el párrafo anterior, para la interrupción de los servicios que ofrezcan predominantemente dichos contenidos o para el bloqueo de unos y otros cuando radiquen en el extranjero.

Art. 189 ter. Cuando de acuerdo con lo establecido en el artículo 31 bis una persona jurídica sea responsable de los delitos comprendidos en este Capítulo, se le impondrán las siguientes penas:

a) Multa del triple al quíntuple del beneficio obtenido, si el delito cometido por la persona física tiene prevista una pena de prisión de más de cinco años.

b) Multa del doble al cuádruple del beneficio obtenido, si el delito cometido por la persona física tiene prevista una pena de prisión de más de dos años no incluida en el anterior inciso.

Art. 189 bis: Este artículo ha sido incorporado por la LO 8/2021, de 4 de junio (*BOE* n.º 134, de 5 de junio), de protección integral a la infancia y la adolescencia frente a la violencia.

Art. 189 ter: Este artículo ha sido incorporado por la LO 8/2021, de 4 de junio (*BOE* n.º 134, de 5 de junio), de protección integral a la infancia y la adolescencia frente a la violencia.

c) Multa del doble al triple del beneficio obtenido, en el resto de los casos.

Atendidas las reglas establecidas en el artículo 66 bis, las autoridades judiciales podrán asimismo imponer las penas recogidas en las letras *b*) a *g*) del apartado 7 del artículo 33.

Art. 190. La condena de un juez o tribunal extranjero, impuesta por delitos comprendidos en este capítulo, será equiparada a las sentencias de los jueces o tribunales españoles a los efectos de la aplicación de la circunstancia agravante de reincidencia.

CAPÍTULO VI

DISPOSICIONES COMUNES A LOS CAPÍTULOS ANTERIORES

Art. 191. 1. Para proceder por los delitos de agresiones, acoso o abusos sexuales, será precisa denuncia de la persona agraviada, de su representante legal o querella del Ministerio Fiscal, que actuará ponderando los legítimos intereses en presencia. Cuando la víctima sea menor de edad, persona con discapacidad necesitada de especial protección o una persona desvalida, bastará la denuncia del Ministerio Fiscal.

2. En estos delitos el perdón del ofendido o del representante legal no extingue la acción penal ni la responsabilidad de esa clase.

Art. 192. 1. A los condenados a pena de prisión por uno o más delitos comprendidos en este Título se les impondrá además la medida de libertad vigilada, que se ejecutará con posterioridad a la pena privativa de libertad. La duración

---

Art. 190: V. art. 7.º del Convenio de 21 de marzo de 1950 para la represión de la trata de personas y de la explotación de la prostitución ajena, al que España se adhirió el 18 de junio de 1962 (*BOE* n.º 230, de 25 de septiembre), y LO 7/2014, de 12 de noviembre (*BOE* n.º 275, de 13 de noviembre; corrección de erratas en *BOE* n.º 275, de 14 de noviembre), sobre intercambio de información de antecedentes penales y consideración de resoluciones judiciales penales en la Unión Europea.

Art. 191: En el apartado 1, el término «incapaz» ha sido sustituido por «persona con discapacidad necesitada de especial protección», conforme al texto de la LO 1/2015, de 30 de marzo (*BOE* n.º 77, de 31 de marzo).

Art. 192: Este artículo está redactado conforme al texto de la LO 5/2010, de 22 de junio (*BOE* n.º 152, de 23 de junio), excepto sus apartados 1 y 3, que lo han sido conforme al texto de la LO 1/2015, de 30 de marzo (*BOE* n.º 77, de 31 de marzo), y de la LO 8/2021, de 4 de junio (*BOE* n.º 134, de 5 de junio), de protección integral a la infancia y la adolescencia frente a la violencia, respectivamente. La redacción de este último vigente hasta entonces era la siguiente:

de dicha medida será de cinco a diez años, si alguno de los delitos fuera grave, y de uno a cinco años si se trata de uno o más delitos menos graves. En este último caso, cuando se trate de un solo delito cometido por un delincuente primario, el tribunal podrá imponer o no la medida de libertad vigilada en atención a la menor peligrosidad del autor.

2. Los ascendientes, tutores, curadores, guardadores, maestros o cualquier otra persona encargada de hecho o de derecho del menor o persona con discapacidad necesitada de especial protección, que intervengan como autores o cómplices en la perpetración de los delitos comprendidos en este Título, serán castigados con la pena que les corresponda, en su mitad superior.

No se aplicará esta regla cuando la circunstancia en ella contenida esté específicamente contemplada en el tipo penal de que se trate.

3. La autoridad judicial podrá imponer razonadamente, además, la pena de privación de la patria potestad o la pena de inhabilitación especial para el ejercicio de los derechos de la patria potestad, tutela, curatela, guarda o acogimiento, por el tiempo de seis meses a seis años, y la pena de inhabilitación para empleo o cargo público o ejercicio de la profesión u oficio, retribuido o no, por el tiempo de seis meses a seis años.

La autoridad judicial impondrá a las personas responsables de los delitos comprendidos en el presente título, sin perjuicio de las penas que correspondan con arreglo a los artículos pre-

---

3. El juez o tribunal podrá imponer razonadamente, además, la pena de privación de la patria potestad o la pena de inhabilitación especial para el ejercicio de los derechos de la patria potestad, tutela, curatela, guarda o acogimiento, por el tiempo de seis meses a seis años, y la pena de inhabilitación para empleo o cargo público o ejercicio de la profesión u oficio, por el tiempo de seis meses a seis años.

A los responsables de la comisión de alguno de los delitos de los capítulos II bis o V se les impondrá, en todo caso, y sin perjuicio de las penas que correspondan con arreglo a los artículos precedentes, una pena de inhabilitación especial para cualquier profesión, u oficio, sea o no retribuido, que conlleve contacto regular y directo con menores de edad por un tiempo superior entre tres y cinco años al de la duración de la pena de privación de libertad impuesta en su caso en la sentencia o por un tiempo de entre dos diez años cuando no se hubiera impuesto una pena de prisión atendiendo proporcionalmente a la gravedad del delito, el número de los delitos cometidos y a las circunstancias que concurran en el condenado.

En el apartado 2, el término «incapaz» ha sido sustituido por «persona con discapacidad necesitada de especial protección», conforme al texto de la LO.

cedentes, una pena de inhabilitación especial para cualquier profesión, oficio o actividades, sean o no retribuidos, que conlleve contacto regular y directo con personas menores de edad, por un tiempo superior entre cinco y veinte años al de la duración de la pena de privación de libertad impuesta en la sentencia si el delito fuera grave, y entre dos y veinte años si fuera menos grave, en ambos casos se atenderá proporcionalmente a la gravedad del delito, el número de los delitos cometidos y a las circunstancias que concurran en la persona condenada.

Art. 193. En las sentencias condenatorias por delitos contra la libertad sexual, además del pronunciamiento correspondiente a la responsabilidad civil, se harán, en su caso, los que procedan en orden a la filiación y fijación de alimentos.

Art. 194. En los supuestos tipificados en los capítulos IV y V de este Título, cuando en la realización de los actos se utilizaren establecimientos o locales, abiertos o no al público, podrá decretarse en la sentencia condenatoria su clausura temporal o definitiva. La clausura temporal, que no podrá exceder de cinco años, podrá adoptarse también con carácter cautelar.

TÍTULO IX

De la omisión del deber de socorro

Art. 195. 1. El que no socorriere a una persona que se halle desamparada y en peligro manifiesto y grave, cuando pudiere ha-

---

Art. 193: V. arts. 111 y 120 ss. CC. V., también, la Ley 20/2011, de 21 de julio (*BOE* n.º 175, de 22 de julio), del Registro Civil, modificada por Ley 6/2021, de 28 de abril (*BOE* n.º 102, de 29 de abril).

Art. 195: Este artículo figura redactado conforme al texto de la LO 15/2003, de 25 de noviembre (*BOE* n.º 283, de 26 de noviembre; corrección de errores en *BOE* n.º 65, de 16 de marzo, y n.º 80, de 2 de abril, ambos de 2004). V. arts. 33 y 42 ss. LPPNA; art. 289 C. de la C.; art. 51 LTCVM; art. 129 Reglamento General de Circulación, aprobado por RD 13/1992, de 17 de enero (*BOE* n.º 27, de 31 de enero; corrección de errores en *BOE* n.º 61, de 11 de marzo), modificado por RD 1.333/1994, de 20 de junio (*BOE* n.º 169, de 16 de julio de 1994; corrección de errores en *BOE* n.º 14, de 17 de enero de 1995), RD 116/1998, de 30 de enero (*BOE* n.º 42, de 18 de febrero), y RD 2.282/1998, de 23 de octubre (*BOE* n.º 266, de 6 de noviembre de 1998; corrección de erratas en *BOE* n.º 22, de 26 de enero de 1999); arts. 1.º1.º*d*) y 1.º2.º*c*) LOTJ.

cerlo sin riesgo propio ni de terceros, será castigado con la pena de multa de tres a doce meses.

2. En las mismas penas incurrirá el que, impedido de prestar socorro, no demande con urgencia auxilio ajeno.

3. Si la víctima lo fuere por accidente ocasionado fortuitamente por el que omitió el auxilio, la pena será de prisión de seis meses a dieciocho meses, y si el accidente se debiere a imprudencia, la de prisión de seis meses a cuatro años.

Art. 196. El profesional que, estando obligado a ello, denegare asistencia sanitaria o abandonare los servicios sanitarios, cuando de la denegación o abandono se derive riesgo grave para la salud de las personas, será castigado con las penas del artículo precedente en su mitad superior y con la de inhabilitación especial para empleo o cargo público, profesión u oficio, por tiempo de seis meses a tres años.

TÍTULO X

Delitos contra la intimidad, el derecho a la propia imagen y la inviolabilidad del domicilio*

CAPÍTULO PRIMERO

DEL DESCUBRIMIENTO Y REVELACIÓN DE SECRETOS**

Art. 197. 1. El que, para descubrir los secretos o vulnerar la intimidad de otro, sin su consentimiento, se apodere de sus papeles, cartas, mensajes de correo electrónico o cualesquiera otros documentos o efectos personales, intercepte sus telecomunicaciones o utilice artificios técnicos de escucha, transmisión, grabación o reproducción del sonido o de la imagen, o de cualquier otra señal de comunicación, será castigado con las penas de prisión de uno a cuatro años y multa de doce a veinticuatro meses.

* V. arts. 13, 109 y 544 bis LECr.

** El art. 18 CE garantiza, entre otros derechos, el de la intimidad personal. V. Convenio para la protección de las personas con respecto al tratamiento automatizado de datos de carácter personal, de 28 de enero de 1981, ratificado por Instrumento de 27 de enero de 1984 (*BOE* n.º 274, de 15 de noviembre de 1985); art. 13 LCD; LO 3/2018, de 5 de diciembre, de Protección de Datos Personales y garantía de los derechos digitales (*BOE* n.º 294, de 6 de diciembre); arts. 102 ss. y 126 ss., referidos a

2. Las mismas penas se impondrán al que, sin estar autorizado, se apodere, utilice o modifique, en perjuicio de tercero, datos reservados de carácter personal o familiar de otro que se hallen registrados en ficheros o soportes informáticos, electrónicos o telemáticos, o en cualquier otro tipo de archivo o registro público o privado. Iguales penas se impondrán a quien, sin estar autorizado, acceda por cualquier medio a los mismos y a quien los altere o utilice en perjuicio del titular de los datos o de un tercero.

3. Se impondrá la pena de prisión de dos a cinco años si se difunden, revelan o ceden a terceros los datos o hechos descubiertos o las imágenes captadas a que se refieren los números anteriores.

Será castigado con las penas de prisión de uno a tres años y multa de doce a veinticuatro meses, el que, con conocimiento de su origen ilícito y sin haber tomado parte en su descubrimiento, realizare la conducta descrita en el párrafo anterior.

4. Los hechos descritos en los apartados 1 y 2 de este artículo serán castigados con una pena de prisión de tres a cinco años cuando:

a) Se cometan por las personas encargadas o responsables de los ficheros, soportes informáticos, electrónicos o telemáticos, archivos o registros; o

b) se lleven a cabo mediante la utilización no autorizada de datos personales de la víctima.

Si los datos reservados se hubieran difundido, cedido o

---

la protección de datos de carácter personal, del Acuerdo de Adhesión del Reino de España al Convenio de Aplicación del Acuerdo de Schengen, de 14 de junio de 1985, ratificado por Instrumento de 23 de julio de 1993 (*BOE* n.º 81, de 5 de abril de 1994); LPACAP; Ley 5/1998, de 6 de marzo, de incorporación al Derecho español de la Directiva 96/9/CE, del Parlamento Europeo y del Consejo, de 11 de marzo de 1996, sobre la protección jurídica de las bases de datos (*BOE* n.º 57, de 7 de marzo), e Instrucción 1/2000, de 1 de diciembre (*BOE* n.º 301, de 16 de diciembre), de la Agencia de Protección de Datos, relativa a las normas por los que se rigen los movimientos internacionales de datos.

En el art. 18.3 CE también se garantiza el secreto de las comunicaciones y, en especial, de las postales, telegráficas y telefónicas, salvo resolución judicial. Ténganse en cuenta, no obstante, los arts. 55 y 116 CE, así como los arts. 579 LECr, 51.4.º LOGP, 49 ss. de la Ley 11/1998, de 24 de abril (*BOE* n.º 99, de 25 de abril; corrección de erratas en *BOE* n.º 162, de 8 de julio), General de Telecomunicaciones; y 3.º de la Ley 24/1998, de 13 de julio (*BOE* n.º 167, de 14 de julio), del Servicio Postal Universal y de Liberalización de los Servicios Postales; y la LO 4/1981, de 1 de junio, de los estados de alarma, excepción y sitio.

V., también, art. 12 DUDH; art. 17 PIDCP y art. 8 CPDHLF.

Art. 197: Este artículo figura redactado conforme al texto de la LO 1/2015, de 30 de marzo (*BOE* n.º 77, de 31 de marzo).

revelado a terceros, se impondrán las penas en su mitad superior.

5. Igualmente, cuando los hechos descritos en los apartados anteriores afecten a datos de carácter personal que revelen la ideología, religión, creencias, salud, origen racial o vida sexual, o la víctima fuere un menor de edad o una persona con discapacidad necesitada de especial protección, se impondrán las penas previstas en su mitad superior.

6. Si los hechos se realizan con fines lucrativos, se impondrán las penas respectivamente previstas en los apartados 1 al 4 de este artículo en su mitad superior. Si además afectan a datos de los mencionados en el apartado anterior, la pena a imponer será la de prisión de cuatro a siete años.

7. Será castigado con una pena de prisión de tres meses a un año o multa de seis a doce meses el que, sin autorización de la persona afectada, difunda, revele o ceda a terceros imágenes o grabaciones audiovisuales de aquella que hubiera obtenido con su anuencia en un domicilio o en cualquier otro lugar fuera del alcance de la mirada de terceros, cuando la divulgación menoscabe gravemente la intimidad personal de esa persona.

La pena se impondrá en su mitad superior cuando los hechos hubieran sido cometidos por el cónyuge o por persona que esté o haya estado unida a él por análoga relación de afectividad, aun sin convivencia, la víctima fuera menor de edad o una persona con discapacidad necesitada de especial protección, o los hechos se hubieran cometido con una finalidad lucrativa.

Art. 197 bis. 1. El que por cualquier medio o procedimiento, vulnerando las medidas de seguridad establecidas para impedirlo, y sin estar debidamente autorizado, acceda o facilite a otro el acceso al conjunto o una parte de un sistema de información o se mantenga en él en contra de la voluntad de quien tenga el legítimo derecho a excluirlo, será castigado con pena de prisión de seis meses a dos años.

2. El que mediante la utilización de artificios o instrumentos técnicos, y sin estar debidamente autorizado, intercepte transmisiones no públicas de datos informáticos que se produzcan desde, hacia o dentro de un sistema de informa-

Art. 197 bis: Este artículo ha sido añadido por la LO 1/2015, de 30 de marzo (*BOE* n.º 77, de 31 de marzo).

ción, incluidas las emisiones electromagnéticas de los mismos, será castigado con una pena de prisión de tres meses a dos años o multa de tres a doce meses.

Art. 197 ter. Será castigado con una pena de prisión de seis meses a dos años o multa de tres a dieciocho meses el que, sin estar debidamente autorizado, produzca, adquiera para su uso, importe o, de cualquier modo, facilite a terceros, con la intención de facilitar la comisión de alguno de los delitos a que se refieren los apartados 1 y 2 del artículo 197 o el artículo 197 bis:

a) un programa informático, concebido o adaptado principalmente para cometer dichos delitos; o

b) una contraseña de ordenador, un código de acceso o datos similares que permitan acceder a la totalidad o a una parte de un sistema de información.

Art. 197 quáter. Si los hechos descritos en este capítulo se hubieran cometido en el seno de una organización o grupo criminal, se aplicarán respectivamente las penas superiores en grado.

Art. 197 quinquies. Cuando de acuerdo con lo establecido en el artículo 31 bis una persona jurídica sea responsable de los delitos comprendidos en los artículos 197, 197 bis y 197 ter, se le impondrá la pena de multa de seis meses a dos años. Atendidas las reglas establecidas en el artículo 66 bis, los jueces y tribunales podrán asimismo imponer las penas recogidas en las letras *b*) a *g*) del apartado 7 del artículo 33.

Art. 198. La autoridad o funcionario público que, fuera de los casos permitidos por la Ley, sin mediar causa legal por delito, y prevaliéndose de su cargo, realizare cualquiera de

---

Art. 197 ter: Este artículo ha sido añadido por la LO 1/2015, de 30 de marzo (*BOE* n.º 77, de 31 de marzo).

Art. 197 quáter: Este artículo ha sido añadido por la LO 1/2015, de 30 de marzo (*BOE* n.º 77, de 31 de marzo).

Art. 197 quinquies: Este artículo ha sido añadido por la LO 1/2015, de 30 de marzo (*BOE* n.º 77, de 31 de marzo).

Art. 198: V. LO 4/1997, de 4 de agosto (*BOE* n.º 186, de 5 de agosto), por la que se regula la utilización de videocámaras por las Fuerzas y Cuerpos de Seguridad en lugares públicos, y su Reglamento, aprobado por RD 596/1999, de 16 de abril (*BOE* n.º 93, de 19 de abril); y LO 2/2002, de 6 de mayo (*BOE* n.º 109, de 7 de mayo), reguladora del control judicial previo del Centro Nacional de Inteligencia.

las conductas descritas en el artículo anterior, será castigado con las penas respectivamente previstas en el mismo, en su mitad superior y, además, con la de inhabilitación absoluta por tiempo de seis a doce años.

Art. 199. 1. El que revelare secretos ajenos, de los que tenga conocimiento por razón de su oficio o sus relaciones laborales, será castigado con la pena de prisión de uno a tres años y multa de seis a doce meses.

2. El profesional que, con incumplimiento de su obligación de sigilo o reserva, divulgue los secretos de otra persona, será castigado con la pena de prisión de uno a cuatro años, multa de doce a veinticuatro meses e inhabilitación especial para dicha profesión por tiempo de dos a seis años.

Art. 200. Lo dispuesto en este capítulo será aplicable al que descubriere, revelare o cediere datos reservados de personas jurídicas, sin el consentimiento de sus representantes, salvo lo dispuesto en otros preceptos de este Código.

Art. 201. 1. Para proceder por los delitos previstos en este Capítulo será necesaria denuncia de la persona agraviada o de su representante legal.

2. No será precisa la denuncia exigida en el apartado anterior para proceder por los hechos descritos en el artículo 198 de este Código, ni cuando la comisión del delito afecte a los intereses generales, a una pluralidad de personas o si la víctima es una persona menor de edad o una persona con discapacidad necesitada de especial protección.

Art. 199: V. arts. 279, 466 y 467 CP y 5.º*a*), 54.2.º*d*) y 65.2.º ET.

Art. 200: V. Ley 1/2019, de 20 de febrero (*BOE* n.º 45, de 21 de febrero), de Secretos Empresariales.

Art. 201: Este artículo figura redactado conforme al texto de la LO 8/2021, de 4 de junio (*BOE* n.º 134, de 5 de junio), de protección integral a la infancia y la adolescencia frente a la violencia. La redacción vigente hasta entonces era la siguiente:

> *Art. 201.* 1. Para proceder por los delitos previstos en este capítulo será necesaria denuncia de la persona agraviada o de su representante legal. Cuando aquélla sea menor de edad, persona con discapacidad necesitada de especial protección o una persona desvalida, también podrá denunciar el Ministerio Fiscal.
>
> 2. No será precisa la denuncia exigida en el apartado anterior para proceder por los hechos descritos en el artículo 198 de este Código, ni cuando la comisión del delito afecte a los intereses generales, o a una pluralidad de personas.
>
> 3. El perdón del ofendido o de su representante legal, en su caso, extingue la acción penal sin perjuicio de lo dispuesto en el segundo párrafo del número 5.º del apartado 1 del artículo 130.

3. El perdón del ofendido o de su representante legal, en su caso, extingue la acción penal sin perjuicio de lo dispuesto en el artículo 130.1.5.º, párrafo segundo.

CAPÍTULO II

DEL ALLANAMIENTO DE MORADA, DOMICILIO DE PERSONAS JURÍDICAS Y ESTABLECIMIENTOS ABIERTOS AL PÚBLICO*

Art. 202. 1. El particular que, sin habitar en ella, entrar en morada ajena o se mantuviere en la misma contra la voluntad de su morador, será castigado con la pena de prisión de seis meses a dos años.

2. Si el hecho se ejecutare con violencia o intimidación la pena será de prisión de uno a cuatro años y multa de seis a doce meses.

Art. 203. 1. Será castigado con las penas de prisión de seis meses a un año y multa de seis a diez meses el que entrare contra la voluntad de su titular en el domicilio de una persona jurídica pública o privada, despacho profesional u oficina, o en establecimiento mercantil o local abierto al público fuera de las horas de apertura.

---

* V. art. 18.2 CE: «El domicilio es inviolable. Ninguna entrada o registro podrán hacerse en él sin consentimiento del titular o resolución judicial, salvo en caso de flagrante delito»; y art. 87.2 LOPJ. No obstante, v. también los arts. 55 y 116 CE y 553 LECr, y la LO 4/1981, de 1 de junio, de los estados de alarma, excepción y sitio (*BOE* n.º 134, de 5 de junio).

V., también, art. 12 DUDH, y el art. 17 PIDCP, que dispone lo siguiente:

«1. Nadie será objeto de injerencias arbitrarias o ilegales en su vida privada, su familia, su domicilio o su correspondencia, ni de ataques ilegales a su honra y reputación.

»2. Toda persona tiene derecho a la protección de la Ley contra esas injerencias o esos ataques.»

V., también, art. 8 CPDHLF; arts. 545 ss. LECr; art. 34 Ley 16/1989, de 17 de julio, de Defensa de la Competencia (*BOE* n.º 170, de 18 de julio).

V., finalmente, art. 15 LOPSC, que dispone lo siguiente:

«1 Los agentes de las Fuerzas y Cuerpos de Seguridad sólo podrán proceder a la entrada y registro en domicilio en los casos permitidos por la Constitución y en los términos que fijen las Leyes.

»2. Será causa legítima suficiente para la entrada en domicilio la necesidad de evitar daños inminentes y graves a las personas y a las cosas, en supuestos de catástrofe, calamidad, ruina inminente u otros semejantes de extrema y urgente necesidad.

»3. Para la entrada en edificios ocupados por organismos oficiales o entidades públicas, no será preciso el consentimiento de la autoridad o funcionario que los tuviere a su cargo.

2. Será castigado con la pena de multa de uno a tres meses el que se mantuviere contra la voluntad de su titular, fuera de las horas de apertura, en el domicilio de una persona jurídica pública o privada, despacho profesional u oficina, o en establecimiento mercantil o local abierto al público.

3. Será castigado con la pena de prisión de seis meses a tres años, el que con violencia o intimidación entrare o se mantuviere contra la voluntad de su titular en el domicilio de una persona jurídica pública o privada, despacho profesional u oficina, o en establecimiento mercantil o local abierto al público.

Art. 204. La autoridad o funcionario público que, fuera de los casos permitidos por la Ley y sin mediar causa legal por delito, cometiere cualquiera de los hechos descritos en los dos artículos anteriores, será castigado con la pena prevista respectivamente en los mismos, en su mitad superior, e inhabilitación absoluta de seis a doce años.

TÍTULO XI

Delitos contra el honor*

CAPÍTULO PRIMERO

DE LA CALUMNIA

Art. 205. Es calumnia la imputación de un delito hecha con conocimiento de su falsedad o temerario desprecio hacia la verdad.

Art. 206. Las calumnias serán castigadas con las penas de prisión de seis meses a dos años o multa de doce a veinticuatro

---

»4. Cuando por las causas previstas en este artículo las Fuerzas y Cuerpos de Seguridad entren en un domicilio particular, remitirán sin dilación el acta o atestado que instruyan a la autoridad judicial competente.»

Téngase en cuenta que el apartado 2 del art. 21 LOPSC ha sido declarado inconstitucional y consiguientemente nulo por la sentencia del Tribunal Constitucional 341/1993, de 18 de noviembre.

V., también, art. 1.°2.°*d*) LOTJ.

Art. 203: El apartado 2 ha sido añadido, y el anterior apartado 2 renumerado como 3, conforme al texto de la LO 1/2015, de 30 de marzo (*BOE* n.° 77, de 31 de marzo).

Art. 204: V., también, art. 534.1.° de este Código.

* V. arts. 13, 104, 109, 544 bis y 804 a 815 LECr; LO 1/1982, de 5 de mayo, de protección civil del derecho al honor, a la intimidad personal y familiar y a la propia

meses, si se propagaran con publicidad y, en otro caso, con multa de seis a doce meses.

Art. 207. El acusado por delito de calumnia quedará exento de toda pena probando el hecho criminal que hubiere imputado.

CAPÍTULO II

DE LA INJURIA

Art. 208. Es injuria la acción o expresión que lesionan la dignidad de otra persona, menoscabando su fama o atentando contra su propia estimación.

Solamente serán constitutivas de delito las injurias que, por su naturaleza, efectos y circunstancias, sean tenidas en el concepto público por graves, sin perjuicio de lo dispuesto en el apartado 4 del artículo 173.

Las injurias que consistan en la imputación de hechos no se considerarán graves, salvo cuando se hayan llevado a cabo con conocimiento de su falsedad o temerario desprecio hacia la verdad.

Art. 209. Las injurias graves hechas con publicidad se castigarán con la pena de multa de seis a catorce meses y, en otro caso, con la de tres a siete meses.

Art. 210. El acusado de injuria quedará exento de responsabilidad probando la verdad de las imputaciones cuando éstas se dirijan contra funcionarios públicos sobre hechos concernientes al ejercicio de sus cargos o referidos a la comisión de infracciones administrativas.

---

imagen (*BOE* n.º 115, de 14 de mayo), modificada por LO 3/1985, de 29 de mayo (*BOE* n.º 129, de 30 de mayo); Disp. Final 4.ª de este Código; art. 18.1 CE, que dispone lo siguiente: «Se garantiza el derecho al honor, a la intimidad personal y familiar y a la propia imagen»; art. 20.4 CE, reproducido en nota al art. 538; art. 12 DUDH; art. 17 PIDCP, reproducido en nota a la rúbrica del Capítulo II del Título X precedente; art. 19, n.º 3.º, apartado *a*), Pacto Internacional de Derechos Económicos, Sociales y Culturales, reproducido en nota al art. 538; art. 148 Ley Orgánica del Régimen Electoral General (Apéndice 6); art. 1.º1.*c*) LOTJ.

Art. 206: Este artículo figura redactado conforme al texto de la LO 15/2003, de 25 de noviembre (*BOE* n.º 283, de 26 de noviembre; corrección de errores en *BOE* n.º 65, de 16 de marzo, y n.º 80, de 2 de abril, ambos de 2004). V. art. 211 CP.

Art. 208: El párrafo 2.º figura redactado conforme al texto de la LO 1/2015, de 30 de marzo (*BOE* n.º 77, de 31 de marzo).

V. art. 853.2.º CC.

Art. 209: V. arts. 211 CP y 853.2.º CC.

Art. 210: Este artículo figura redactado conforme al texto de la LO 1/2015, de 30 de marzo (*BOE* n.º 77, de 31 de marzo).

CAPÍTULO III

Disposiciones generales

Art. 211. La calumnia y la injuria se reputarán hechas con publicidad cuando se propaguen por medio de la imprenta, la radiodifusión o por cualquier otro medio de eficacia semejante.

Art. 212. En los casos a los que se refiere el artículo anterior, será responsable civil solidaria la persona física o jurídica propietaria del medio informativo a través del cual se haya propagado la calumnia o injuria.

Art. 213. Si la calumnia o injuria fueren cometidas mediante precio, recompensa o promesa, los tribunales impondrán, además de las penas señaladas para los delitos de que se trate, la de inhabilitación especial prevista en los artículos 42 ó 45 del presente Código, por tiempo de seis meses a dos años.

Art. 214. Si el acusado de calumnia o injuria reconociere ante la autoridad judicial la falsedad o falta de certeza de las imputaciones y se retractare de ellas, el juez o tribunal impondrá la pena inmediatamente inferior en grado y podrá dejar de imponer la pena de inhabilitación que establece el artículo anterior.

El juez o tribunal ante quien se produjera el reconocimiento ordenará que se entregue testimonio de retractación al ofendido y, si éste lo solicita, ordenará su publicación en el mismo medio en que se vertió la calumnia o injuria, en espacio idéntico o similar a aquel en que se produjo su difusión y dentro del plazo que señale el juez o tribunal sentenciador.

Art. 215. 1. Nadie será penado por calumnia o injuria sino en virtud de querella de la persona ofendida por el delito o de su representante legal. Se procederá de oficio cuando la ofensa se dirija contra funcio-

---

Art. 212: V. arts. 120.2.º CP, 65 Ley 14/1966, de 18 de marzo (*BOE* n.º 67, de 19 de marzo), de Prensa e Imprenta, y 1.137 CC.

Art. 214: V. LO 2/1984, de 26 de marzo, reguladora del derecho de rectificación (*BOE* n.º 74, de 27 de marzo; corrección de errores en *BOE* n.º 90, de 14 de abril).

Art. 215: Este artículo figura redactado conforme al texto de la LO 15/2003, de 25 de noviembre (*BOE* n.º 283, de 26 de noviembre; corrección de errores en *BOE* n.º 65, de 16 de marzo, y n.º 80, de 2 de abril, ambos de 2004). Su apartado 3 ha sido modificado por la LO 8/2021, de 4 de junio (*BOE* n.º 134, de 5 de junio), de protección integral a la infancia y la adolescencia frente a la violencia. La redacción vigente hasta entonces era la siguiente:

nario público, autoridad o agente de la misma sobre hechos concernientes al ejercicio de sus cargos.

2. Nadie podrá deducir acción de calumnia o injuria vertidas en juicio sin previa licencia del juez o tribunal que de él conociere o hubiere conocido.

3. El perdón de la persona ofendida extingue la acción penal, sin perjuicio de lo dispuesto en el artículo 130.1.5.º, párrafo segundo de este Código.

Art. 216. En los delitos de calumnia o injuria se considera que la reparación del daño comprende también la publicación o divulgación de la sentencia condenatoria, a costa del condenado por tales delitos, en el tiempo y forma que el juez o tribunal consideren más adecuado a tal fin, oídas las dos partes.

TÍTULO XII

Delitos contra las relaciones familiares*

CAPÍTULO PRIMERO

De los matrimonios ilegales

Art. 217. El que contrajere segundo o ulterior matrimonio, a sabiendas de que subsiste legalmente el anterior, será castigado con la pena de prisión de seis meses a un año.

Art. 218. 1. El que, para perjudicar al otro contrayente, celebrare matrimonio inválido

---

3. El perdón del ofendido o de su representante legal, en su caso, extingue la acción penal, sin perjuicio de lo dispuesto en el segundo párrafo del número 5.º del apartado 1 del artículo 130 de este Código.

Art. 216: V. art. 104 LECr; LO 2/1984, de 26 de marzo, reguladora del derecho de rectificación (*BOE* n.º 74, de 27 de marzo, corrección de errores en *BOE* n.º 90, de 14 de abril).

* V. Instrucción de 20 de marzo de 2006 (*BOE* n.º 97, de 24 de abril), de la Dirección General de los Registros y del Notariado, sobre prevención del fraude documental en materia de estado civil.

Art. 217: V. arts. 46, 73 y 85 CC.

Art. 218: V. arts. 46 a 48 CC y Ley 20/2011, de 21 de julio (*BOE* n.º 175, de 22 de julio), del Registro Civil, modificada por Ley 6/2021, de 28 de abril (*BOE* n.º 102, de 29 de abril), y por Ley 8/2021, de 2 de junio (*BOE* n.º 132, de 3 de junio), por la que se reforma la legislación civil y procesal para el apoyo a las personas con discapacidad en el ejercicio de su capacidad jurídica.

será castigado con la pena de prisión de seis meses a dos años.

2. El responsable quedará exento de pena si el matrimonio fuese posteriormente convalidado.

Art. 219. 1. El que autorizare matrimonio en el que concurra alguna causa de nulidad conocida o denunciada en el expediente, será castigado con la pena de prisión de seis meses a dos años e inhabilitación especial para empleo o cargo público de dos a seis años.

2. Si la causa de nulidad fuere dispensable, la pena será de suspensión de empleo o cargo público de seis meses a dos años.

CAPÍTULO II

DE LA SUPOSICIÓN DE PARTO Y DE LA ALTERACIÓN DE LA PATERNIDAD, ESTADO O CONDICIÓN DEL MENOR

Art. 220. 1. La suposición de un parto será castigada con las penas de prisión de seis meses a dos años.

2. La misma pena se impondrá a quien ocultare o entregare a terceros una persona menor de dieciocho años para alterar o modificar su filiación.

3. La sustitución de un niño por otro será castigada con las penas de prisión de uno a cinco años.

4. Los ascendientes, por naturaleza o por adopción, que cometieran los hechos descritos en los tres apartados anteriores podrán ser castigados además con la pena de inhabilitación especial para el ejercicio del derecho de patria potestad que tuvieren sobre el hijo o descendiente supuesto, ocultado, entregado o sustituido, y, en su caso, sobre el resto de hijos o descendientes por tiempo de cuatro a diez años.

5. Las sustituciones de un niño por otro que se produjeren en centros sanitarios o socio-sanitarios por imprudencia grave de los responsables de su identificación y custodia, serán casti-

---

Art. 219: V. notas a los dos arts. precedentes; y Ley 16/2020, de 22 de diciembre (*BOE* n.º 11, de 13 de enero), de la desaparición forzada de menores en Cataluña.

Art. 220: El apartado 2 de este artículo figura redactado conforme a la LO 8/2021, de 4 de junio (*BOE* n.º 134, de 5 de junio), de protección integral a la infancia y la adolescencia frente a la violencia. La redacción vigente hasta entonces era la siguiente:

> 2. La misma pena se impondrá al que ocultare o entregare a terceros un hijo para alterar o modificar su filiación.

gadas con la pena de prisión de seis meses a un año.

Art. 221. 1. Los que, mediando compensación económica, entreguen a otra persona un hijo, descendiente o cualquier menor aunque no concurra relación de filiación o parentesco, eludiendo los procedimientos legales de la guarda, acogimiento o adopción, con la finalidad de establecer una relación análoga a la de filiación, serán castigados con las penas de prisión de uno a cinco años y de inhabilitación especial para el ejercicio del derecho de la patria potestad, tutela, curatela o guarda por tiempo de cuatro a diez años.

2. Con la misma pena serán castigados la persona que lo reciba y el intermediario, aunque la entrega del menor se hubiese efectuado en país extranjero.

3. Si los hechos se cometieren utilizando guarderías, colegios u otros locales o establecimientos donde se recojan niños, se impondrá a los culpables la pena de inhabilitación especial para el ejercicio de las referidas actividades por tiempo de dos a seis años y se podrá acordar la clausura temporal o definitiva de los establecimientos. En la clausura temporal, el plazo no podrá exceder de cinco años.

Art. 222. El educador, facultativo, autoridad o funcionario público que, en el ejercicio de su profesión o cargo, realice las conductas descritas en los dos artículos anteriores, incurrirá en la pena en ellos señalada y, además, en la de inhabilitación especial para empleo o cargo público, profesión u oficio, de dos a seis años.

A los efectos de este artículo, el término facultativo comprende los médicos, matronas, personal de enfermería y cualquier otra persona que realice una actividad sanitaria o sociosanitaria.

Art. 221: Este artículo figura redactado conforme al texto de la LO 15/2003, de 25 de noviembre (*BOE* n.º 283, de 26 de noviembre; corrección de errores en *BOE* n.º 65, de 16 de marzo, y n.º 80, de 2 de abril, ambos de 2004). V. arts. 172 ss. CP, y LO 1/1996, de 15 de enero (*BOE* n.º 15, de 17 de enero), de protección jurídica del menor, y de modificación parcial del Código Civil y de la Ley de Enjuiciamiento Civil, modificada por Ley 26/2015, de 28 de julio (*BOE* n.º 180, de 29 de julio; corrección de errores en *BOE* n.º 285, de 28 de noviembre).

CAPÍTULO III

DE LOS DELITOS CONTRA LOS DERECHOS Y DEBERES FAMILIARES

SECCIÓN 1.ª

*Del quebrantamiento de los deberes de custodia y de la inducción de menores al abandono de domicilio**

Art. 223. El que, teniendo a su cargo la custodia de un menor de edad o una persona con discapacidad necesitada de especial protección, no lo presentare a sus padres o guardadores sin justificación para ello, cuando fuere requerido por ellos, será castigado con la pena de prisión de seis meses a dos años, sin perjuicio de que los hechos constituyan otro delito más grave.

Art. 224. El que indujere a un menor de edad o a una persona con discapacidad necesitada de especial protección a que abandone el domicilio familiar, o lugar donde resida con anuencia de sus padres, tutores o guardadores, será castigado con la pena de prisión de seis meses a dos años.

* V. art. 165 y nota al mismo; LO 1/1996, de 15 de enero (*BOE* n.º 115, de 17 de enero), de protección jurídica del menor, y de modificación parcial del Código Civil y de la Ley de Enjuiciamiento Civil, modificada por Ley 26/2015, de 28 de julio (*BOE* n.º 180, de 29 de julio; corrección de errores en *BOE* n.º 285, de 28 de noviembre); Ley 12/2001, de 2 de julio (*BOE* n.º 189, de 8 de agosto), de la infancia y la adolescencia en Aragón, modificada por Ley 5/2016, de 2 de junio (*BOE* n.º 156, de 29 de junio); Ley 1/2006, de 28 de febrero (*BOE* n.º 70, de 23 de marzo), de protección de menores de La Rioja; Ley 12/2008, de 3 de julio (*BOE* n.º 200, de 19 de agosto), de protección integral de la infancia y la adolescencia de la Comunitat Valenciana; Decreto 4/2010, de 26 de enero (*DOCLM* n.º 19, de 29 de enero), de la Junta de Comunidades de Castilla-La Mancha, de protección social y jurídica de los menores en Castilla-La Mancha; Ley 8/2010, de 23 de diciembre (*BOE* n.º 19, de 22 de enero de 2011), de la Comunidad Autónoma de Cantabria, de garantía de derechos y atención a la infancia y la adolescencia; y Ley Foral 13/2013, de 20 de marzo (*BOE* n.º 94, de 19 de abril), de modificación de la Ley Foral 15/2005, de 5 de diciembre, de promoción, atención y protección a la infancia y la adolescencia, modificada a su vez por Ley Foral 3/2014, de 14 de marzo (*BOE* n.º 86, de 9 de abril).

Art. 223: El término «incapaz» ha sido sustituido por «persona con discapacidad necesitada de especial protección», conforme al texto de la LO 1/2015, de 30 de marzo (*BOE* n.º 77, de 31 de marzo).

Art. 224: El segundo párrafo de este artículo fue introducido por LO 9/2002, de 10 de diciembre (*BOE* n.º 296, de 11 de diciembre). V. la Exposición de Motivos de esta modificación en nota a la Sección 2.ª de este mismo Capítulo III. En el párrafo 1.º, el término «incapaz» ha sido sustituido por «persona con discapacidad necesitada de especial protección», conforme al texto de la LO 1/2015, de 30 de marzo (*BOE* n.º 77, de 31 de marzo).

En la misma pena incurrirá el progenitor que induzca a su hijo menor a infringir el régimen de custodia establecido por la autoridad judicial o administrativa.

Art. 225. Cuando el responsable de los delitos previstos en los dos artículos anteriores restituya al menor de edad o a la persona con discapacidad necesitada de especial protección a su domicilio o residencia, o lo deposite en lugar conocido y seguro, sin haberle hecho objeto de vejaciones, sevicias o acto delictivo alguno, ni haber puesto en peligro su vida, salud, integridad física o libertad sexual, el hecho será castigado con la pena de prisión de tres meses a un año o multa de seis a veinticuatro meses, siempre y cuando el lugar de estancia del menor de edad o la persona con discapacidad necesitada de especial protección haya sido comunicado a sus padres, tutores o guardadores, o la ausencia no hubiera sido superior a veinticuatro horas.

SECCIÓN 2.ª

*De la sustracción de menores**

Art. 225 bis. 1. El progenitor que sin causa justificada para ello sustrajere a su hijo menor será castigado con la pena de prisión de dos a cuatro años e inhabilitación especial para el ejercicio del derecho de patria potestad por tiempo de cuatro a diez años.

2. A los efectos de este artículo, se considera sustracción:

1.º El traslado de una persona menor de edad de su lugar de residencia habitual sin consentimiento del otro progenitor o de las personas o instituciones a las cuales estuviese confiada su guarda o custodia.

2.º La retención de una persona menor de edad incumpliendo gravemente el deber establecido por resolución judicial o administrativa.

3. Cuando el menor sea trasladado fuera de España o fuese exigida alguna condición para su restitución la pena seña-

---

Art. 225: Este artículo figura redactado conforme al texto de la LO 15/2003, de 25 de noviembre (*BOE* n.º 283, de 26 de noviembre; corrección de errores en *BOE* n.º 65, de 16 de marzo, y n.º 80, de 2 de abril, ambos de 2004). El término «incapaz», que se mencionaba dos veces, ha sido sustituido por «persona con discapacidad necesitada de especial protección», conforme al texto de la LO 1/2015, de 30 de marzo (*BOE* n.º 77, de 31 de marzo).

* Esta Sección fue incorporada por LO 9/2002, de 10 de diciembre (*BOE* n.º 296, de 11 de diciembre), en cuya Exposición de Motivos se establecía lo siguiente al respecto:

lada en el apartado 1 se impondrá en su mitad superior.

4. Cuando el sustractor haya comunicado el lugar de estancia al otro progenitor o a quien corresponda legalmente su cuidado dentro de las veinticuatro horas siguientes a la sustracción con el compromiso de devolución inmediata que efectivamente lleve a cabo, o la ausencia no hubiere sido superior a dicho plazo de veinticuatro horas, quedará exento de pena.

Si la restitución la hiciere, sin la comunicación a que se refiere el párrafo anterior, dentro de los quince días siguientes a la sustracción, le será impuesta la pena de prisión de seis meses a dos años.

Estos plazos se computarán desde la fecha de la denuncia de la sustracción.

5. Las penas señaladas en este artículo se impondrán igualmente a los ascendientes del menor y a los parientes del progenitor hasta el segundo grado de consanguinidad o afinidad que incurran en las conductas anteriormente descritas.

«La protección de los intereses del menor ha definido una línea de actuación primordial a la hora de legislar en España desde nuestra Constitución. Ello ha sido especialmente así en aquellas cuestiones relacionadas con su custodia, tratando con ello de evitar, en lo posible, los efectos perjudiciales que en supuestos de crisis familiares puedan ocasionarles determinadas actuaciones de sus progenitores.

»El Código Penal de 1995, entre otras importancias novedades, procedió a suprimir como delito, con sustantividad propia, la sustracción de menores de siete años. En cambio agravó la pena para los delitos de detención ilegal o secuestro cuando la víctima fuera menor de edad o incapaz. No obstante, en aquellos supuestos donde quien verifica la conducta de sustracción o de negativa a restituir al menor es uno de sus progenitores, cuando las facultades inherentes a la custodia del menor han sido atribuidas legalmente al otro progenitor o alguna persona o institución en interés del menor, resulta necesario prever una respuesta penal clara, distinta del delito de desobediencia genérico, así como prever medidas cautelares en el ámbito civil que eviten las sustracciones o retenciones ilícitas de menores.»

Art. 225 bis: El apartado 2 de este artículo figura redactado conforme a la LO 8/2021, de 4 de junio (*BOE* n.º 134, de 5 de junio), de protección integral a la infancia y la adolescencia frente a la violencia, cuyo Preámbulo dice a este respecto: «se modifica el tipo penal de sustracción de personas menores de edad del artículo 225 bis, permitiendo que puedan ser sujeto activo del mismo tanto el progenitor que conviva habitualmente con la persona menor de edad como el progenitor que únicamente lo tenga en su compañía en un régimen de estancias». La redacción vigente hasta entonces era la siguiente:

> 2. A los efectos de este artículo, se considera sustracción:
>
> 1.º El traslado de un menor de su lugar de residencia sin consentimiento del progenitor con quien conviva habitualmente o de las personas o instituciones a las cuales estuviese confiada su guarda o custodia.
>
> 2.º La retención de un menor incumpliendo gravemente el deber establecido por resolución judicial o administrativa.

SECCIÓN 3.ª

*Del abandono de familia, menores o personas con discapacidad necesitadas de especial protección**

Art. 226. 1. El que dejare de cumplir los deberes legales de asistencia inherentes a la patria potestad, tutela, guarda o acogimiento familiar o de prestar la asistencia necesaria legalmente establecida para el sustento de sus descendientes, ascendientes o cónyuge, que se hallen necesitados, será castigado con la pena de prisión de tres a seis meses o multa de seis a doce meses.

2. El juez o tribunal podrá imponer, motivadamente, al reo la pena de inhabilitación especial para el ejercicio del derecho de patria potestad, tutela, guarda o acogimiento familiar por tiempo de cuatro a diez años.

Art. 227. 1. El que dejare de pagar durante dos meses consecutivos o cuatro meses no consecutivos cualquier tipo de prestación económica en favor de su cónyuge o sus hijos, establecida en convenio judicialmente aprobado o resolución judicial en los supuestos de separación legal, divorcio, declaración de nulidad del matrimonio, proceso de filiación, o proceso de alimentos a favor de sus hijos, será castigado con la pena de prisión de tres meses a un año o multa de seis a veinticuatro meses.

---

* Esta rúbrica figura redactada conforme al texto de la LO 1/2015, de 30 de marzo (*BOE* n.º 77, de 31 de marzo).

V. art. 39.3 CE, que dispone: «Los padres deben prestar asistencia de todo orden a los hijos habidos dentro o fuera del matrimonio, durante su minoría de edad y en los demás casos en que legalmente proceda»; arts. 66 ss., 142 ss. y 269 CC. V. también Convenio sobre reconocimiento y ejecución de decisiones en materia de obligaciones alimenticias con respecto a menores, de 15 de abril de 1958 (*BOE* de 12 de noviembre de 1973); Convenio de 2 de octubre de 1973 sobre la Ley aplicable a las obligaciones alimenticias, ratificado por Instrumento de 16 de mayo de 1986 (*BOE* n.º 222, de 16 de septiembre); Convenio de 2 de octubre de 1973, referente al reconocimiento y a la ejecución de las resoluciones relativas a las obligaciones alimenticias, ratificado por Instrumento de 28 de mayo de 1987 (*BOE* n.º 192, de 12 de agosto).

Art. 226: Este artículo figura redactado conforme al texto de la LO 15/2003, de 25 de noviembre (*BOE* n.º 283, de 26 de noviembre; corrección de errores en *BOE* n.º 65, de 16 de marzo, y n.º 80, de 2 de abril, ambos de 2004). V. arts. 66 a 71 y 142 a 145 CC, y LO 1/1996, de 15 de enero (*BOE* n.º 15, de 17 de enero), de protección jurídica del menor, y de modificación parcial del Código Civil y de la Ley de Enjuiciamiento Civil, modificada por Ley 26/2015 de 28 de julio (*BOE* n.º 180, de 29 de julio; corrección de errores en *BOE* n.º 285, de 28 de noviembre).

Art. 227: Este artículo figura redactado conforme al texto de la LO 15/2003, de 25 de noviembre (*BOE* n.º 283, de 26 de noviembre; corrección de errores en *BOE* n.º 65, de 16 de marzo, y n.º 80, de 2 de abril ambos de 2004)

2. Con la misma pena será castigado el que dejare de pagar cualquier otra prestación económica establecida de forma conjunta o única en los supuestos previstos en el apartado anterior.

3. La reparación del daño procedente del delito comportará siempre el pago de las cuantías adeudadas.

Art. 228. Los delitos previstos en los dos artículos anteriores, sólo se perseguirán previa denuncia de la persona agraviada o de su representante legal. Cuando aquélla sea menor de edad, persona con discapacidad necesitada de especial protección o una persona desvalida, también podrá denunciar el Ministerio Fiscal.

Art. 229. 1. El abandono de un menor de edad o una persona con discapacidad necesitada de especial protección por parte de la persona encargada de su guarda, será castigado con la pena de prisión de uno a dos años.

2. Si el abandono fuere realizado por los padres, tutores o guardadores legales, se impondrá la pena de prisión de dieciocho meses a tres años.

3. Se impondrá la pena de prisión de dos a cuatro años cuando por las circunstancias del abandono se haya puesto en concreto peligro la vida, salud, integridad física o libertad sexual del menor de edad o de la persona con discapacidad necesitada de especial protección, sin perjuicio de castigar el hecho como corresponda si constituyera otro delito más grave.

Art. 230. El abandono temporal de un menor de edad o de una persona con discapacidad necesitada de especial protección será castigado, en sus respectivos casos, con las penas inferiores en grado a las previstas en el artículo anterior.

Art. 231. 1. El que, teniendo a su cargo la crianza o educación de un menor de edad o

---

Art. 228: El término «incapaz» ha sido sustituido por «persona con discapacidad necesitada de especial protección», conforme al texto de la LO 1/2015, de 30 de marzo (*BOE* n.º 77, de 31 de marzo).

Art. 229: En los apartados 1 y 3, el término «incapaz» ha sido sustituido por «persona con discapacidad necesitada de especial protección», conforme al texto de la LO 1/2015, de 30 de marzo (*BOE* n.º 77, de 31 de marzo).

Art. 230: El término «incapaz» ha sido sustituido por «persona con discapacidad necesitada de especial protección», conforme al texto de la LO 1/2015, de 30 de marzo (*BOE* n.º 77, de 31 de marzo).

Art. 231: El término «incapaz», que se mencionaba dos veces, ha sido sustituido por «persona con discapacidad necesitada de especial protección», conforme al texto de la LO 1/2015, de 30 de marzo (*BOE* n.º 77, de 31 de marzo).

de una persona con discapacidad necesitada de especial protección, lo entregare a un tercero o a un establecimiento público sin la anuencia de quien se lo hubiere confiado, o de la autoridad, en su defecto, será castigado con la pena de multa de seis a doce meses.

2. Si con la entrega se hubiere puesto en concreto peligro la vida, salud, integridad física o libertad sexual del menor de edad o de la persona con discapacidad necesitada de especial protección se impondrá la pena de prisión de seis meses a dos años.

Art. 232. 1. Los que utilizaren o prestaren a menores de edad o personas con discapacidad necesitadas de especial protección para la práctica de la mendicidad, incluso si ésta es encubierta, serán castigados con la pena de prisión de seis meses a un año.

2. Si para los fines del apartado anterior se traficare con menores de edad o personas con discapacidad necesitadas de especial protección, se empleare con ellos violencia o intimidación, o se les suministrare sustancias perjudiciales para su salud, se impondrá la pena de prisión de uno a cuatro años.

Art. 233. 1. El juez o tribunal, si lo estima oportuno en atención a las circunstancias del menor, podrá imponer a los responsables de los delitos previstos en los artículos 229 al 232 la pena de inhabilitación especial para el ejercicio de la patria potestad o de los derechos de guarda, tutela, curatela o acogimiento familiar por tiempo de cuatro a diez años.

2. Si el culpable ostentare la guarda del menor por su condición de funcionario público, se le impondrá además la pena de inhabilitación especial para empleo o cargo público por tiempo de dos a seis años.

3. En todo caso, el Ministerio Fiscal instará de la autoridad competente las medidas pertinentes para la debida custodia y protección del menor.

Art. 232: El término «incapaces», que se mencionaba dos veces, ha sido sustituido por «personas con discapacidad necesitadas de especial protección», conforme al texto de la LO 1/2015, de 30 de marzo (*BOE* n.º 77, de 31 de marzo).

V. el Convenio n.º 182, de la OIT, sobre la prohibición de las peores formas de trabajo infantil, y de la acción inmediata para su eliminación, hecho en Ginebra el 17 de junio de 1999, y ratificado mediante Instrumento de 14 de marzo de 2001 (*BOE* n.º 118, de 17 de mayo).

TÍTULO XIII

Delitos contra el patrimonio y contra el orden socioeconómico*

CAPÍTULO PRIMERO

DE LOS HURTOS**

Art. 234. 1. El que, con ánimo de lucro, tomare las cosas muebles ajenas sin la voluntad de su dueño será castigado, como reo de hurto, con la pena de prisión de seis a dieciocho meses si la cuantía de lo sustraído excediese de 400 euros.

2. Se impondrá una pena de multa de uno a tres meses si la cuantía de lo sustraído no excediese de 400 euros, salvo si con-

---

* V. art. 33 CE, que dispone lo siguiente:

«1. Se reconoce el derecho a la propiedad privada y a la herencia.

»2. La función social de estos derechos delimitará su contenido, de acuerdo con las leyes.

»3. Nadie podrá ser privado de sus bienes y derechos sino por causa justificada de utilidad pública o interés social, mediante la correspondiente indemnización y de conformidad con lo dispuesto por las leyes.» Y ténganse en cuenta las previsiones de los cuatro primeros apartados del art. 2.º de la LO 10/1998, de 17 de diciembre (*BOE* n.º 302, de 18 de diciembre), complementaria de la Ley sobre introducción del euro, reproducidos en nota al art. 50 de este Código.

V., también, arts. 13, 109, 282 bis (reproducido en nota al art. 368 de este Código) y 544 bis LECr; 547 a 566 C. de C.; art. 20.*a*) LCAP; la LO 1/2020, de 16 de septiembre (*BOE* n.º 248, de 17 de septiembre), sobre la utilización de los datos del Registro de Pasajeros para la prevención, detección, investigación y enjuiciamiento de delitos de terrorismo y delitos graves, modificada por LO 7/2021, de 26 de mayo (*BOE* n.º 126, de 27 de mayo), de protección de datos personales tratados para fines de prevención, detección, investigación y enjuiciamiento de infracciones penales y de ejecución de sanciones penales; la Ley 10/1995, de 24 de abril (*BOE* n.º 98, de 25 de abril), por la que se crea la Fiscalía Especial para la Represión de los Delitos Económicos relacionados con la Corrupción; el RD 923/1995, de 9 de junio (*BOE* n.º 162, de 8 de julio), por el que se fija la plantilla orgánica de la Fiscalía Especial para la Represión de los Delitos Económicos relacionados con la Corrupción, y la Orden PCI/161/2019, de 21 de febrero (*BOE* n.º 46, de 22 de febrero), por la que se publica el Acuerdo del Consejo de Seguridad Nacional por el que se aprueba la Estrategia Nacional contra el Crimen Organizado y la Delincuencia Grave. La Disp. Adic. 1.ª del RD 1.044/2018, de 24 de agosto (*BOE* n.º 206, de 25 de agosto), por el que se desarrolla la estructura orgánica básica del Ministerio de Justicia, establece: «Las referencias que se hacen en el ordenamiento jurídico a la Oficina de Recuperación y Gestión de Activos, como órgano suprimido por el artículo 2.2 del Real Decreto 595/2018, de 22 de junio, por el que se establece la estructura orgánica básica de los departamentos ministeriales, se entenderán realizadas a la Dirección General de Modernización de la Administración de la Justicia, Desarrollo Tecnológico y Recuperación y Gestión de Activos.»

** V. arts. 59 ss. LPPNA.

Art. 234: Este artículo figura redactado conforme al texto de la LO 1/2015, de 30 de marzo (*BOE* n.º 77, de 31 de marzo).

curriese alguna de las circunstancias del artículo 235.

3. Las penas establecidas en los apartados anteriores se impondrán en su mitad superior cuando en la comisión del hecho se hubieran neutralizado, eliminado o inutilizado, por cualquier medio, los dispositivos de alarma o seguridad instalados en las cosas sustraídas.

Art. 235. 1. El hurto será castigado con la pena de prisión de uno a tres años:

1.º Cuando se sustraigan cosas de valor artístico, histórico, cultural o científico.

2.º Cuando se trate de cosas de primera necesidad y se cause una situación de desabastecimiento.

3.º Cuando se trate de conducciones, cableado, equipos o componentes de infraestructuras de suministro eléctrico, de hidrocarburos o de los servicios de telecomunicaciones, o de otras cosas destinadas a la prestación de servicios de interés general, y se cause un quebranto grave a los mismos.

4.º Cuando se trate de productos agrarios o ganaderos, o de los instrumentos o medios que se utilizan para su obtención, siempre que el delito se cometa en explotaciones agrícolas o ganaderas y se cause un perjuicio grave a las mismas.

5.º Cuando revista especial gravedad, atendiendo al valor de los efectos sustraídos, o se produjeren perjuicios de especial consideración.

6.º Cuando ponga a la víctima o a su familia en grave situación económica o se haya

---

Art. 235: Este artículo figura redactado conforme al texto de la LO 1/2015, de 30 de marzo (*BOE* n.º 77, de 31 de marzo).

Art. 235.1.º: V. art. 46 CE, que dispone lo siguiente:

«Los poderes públicos garantizarán la conservación y promoverán el enriquecimiento del patrimonio histórico, cultural y artístico de los pueblos de España y de los bienes que lo integran, cualquiera que sea su régimen jurídico y su titularidad. La ley penal sancionará los atentados contra este patrimonio.»

V., también, Ley 16/1985, de 25 de junio, del Patrimonio Histórico Español (*BOE* n.º 155, de 29 de junio), modificada por Ley 62/2003, de 30 de diciembre (*BOE* n.º 313, de 31 de diciembre), por Ley 2/2019, de 1 de marzo (*BOE* n.º 53, de 2 de marzo), y por RD-L 15/2021, de 13 de julio (*BOE* n.º 167, de 14 de julio), así como su desarrollo parcial en el RD 111/1986, de 10 de enero (*BOE* n.º 24, de 28 de enero), modificado por RD 64/1994, de 21 de enero (*BOE* n.º 52, de 2 de marzo); RD 1.164/2002, de 8 de noviembre (*BOE* n.º 274, de 15 de noviembre), por el que se regula la conservación del patrimonio documental con valor histórico; Ley 12/1998, de Patrimonio Histórico de las Illes Balears, reformada por Ley 2/2006, de 10 de marzo (*BOE* n.º 88, de 13 de abril de 2006); Ley 11/2002, de 21 de noviembre (*BOE* n.º 302, de 18 de diciembre), de Patrimonio Histórico de Canarias; y Convenio de UNIDROIT sobre bienes culturales robados o exportados ilegalmente, de 24 de junio de 1995, al que España se ha adherido por Instrumento de 9 de mayo de 2002 (*BOE* n.º 248, de 16 de octubre).

realizado abusando de sus circunstancias personales o de su situación de desamparo, o aprovechando la producción de un accidente o la existencia de un riesgo o peligro general para la comunidad que haya debilitado la defensa del ofendido o facilitado la comisión impune del delito.

7.º Cuando al delinquir el culpable hubiera sido condenado ejecutoriamente al menos por tres delitos comprendidos en este Título, siempre que sean de la misma naturaleza. No se tendrán en cuenta antecedentes cancelados o que debieran serlo.

8.º Cuando se utilice a menores de dieciséis años para la comisión del delito.

9.º Cuando el culpable o culpables participen en los hechos como miembros de una organización o grupo criminal que se dedicare a la comisión de delitos comprendidos en este Título, siempre que sean de la misma naturaleza.

2. La pena señalada en el apartado anterior se impondrá en su mitad superior cuando concurrieran dos o más de las circunstancias previstas en el mismo.

Art. 236. 1. Será castigado con multa de tres a doce meses el que, siendo dueño de una cosa mueble o actuando con el consentimiento de éste, la sustrajere de quien la tenga legítimamente en su poder, con perjuicio del mismo o de un tercero.

2. Si el valor de la cosa sustraída no excediera de 400 euros, se impondrá la pena de multa de uno a tres meses.

CAPÍTULO II

De los robos*

Art. 237. Son reos del delito de robo los que, con ánimo de lucro, se apoderaren de las cosas muebles ajenas empleando fuerza en las cosas para acceder o abandonar el lugar donde éstas se encuentran o violencia o intimidación en las personas, sea al cometer el delito, para proteger la huida, o sobre los que acudiesen en auxilio de la víctima o que le persiguieren.

Art. 236: Este artículo figura redactado conforme al texto de la LO 1/2015, de 30 de marzo (*BOE* n.º 77, de 31 de marzo).

* V. arts. 59 ss. LPPNA.

Art. 237: Este artículo figura redactado conforme al texto de la LO 1/2015, de 30 de marzo (*BOE* n.º 77, de 31 de marzo).

Art. 238. Son reos del delito de robo con fuerza en las cosas los que ejecuten el hecho cuando concurra alguna de las circunstancias siguientes:

1.º Escalamiento.

2.º Rompimiento de pared, techo o suelo, o fractura de puerta o ventana.

3.º Fractura de armarios, arcas u otra clase de muebles u objetos cerrados o sellados, o forzamiento de sus cerraduras o descubrimiento de sus claves para sustraer su contenido, sea en el lugar del robo o fuera del mismo.

4.º Uso de llaves falsas.

5.º Inutilización de sistemas específicos de alarma o guarda.

Art. 239. Se considerarán llaves falsas:

1. Las ganzúas u otros instrumentos análogos.

2. Las llaves legítimas perdidas por el propietario u obtenidas por un medio que constituya infracción penal.

3. Cualesquiera otras que no sean las destinadas por el propietario para abrir la cerradura violentada por el reo.

A los efectos del presente artículo, se consideran llaves las tarjetas, magnéticas o perforadas, los mandos o instrumentos de apertura a distancia y cualquier otro instrumento tecnológico de eficacia similar.

Art. 240. 1. El culpable de robo con fuerza en las cosas será castigado con la pena de prisión de uno a tres años.

2. Se impondrá la pena de prisión de dos a cinco años cuando concurra alguna de las circunstancias previstas en el artículo 235.

Art. 241. 1. El robo cometido en casa habitada, edificio o local abiertos al público, o en cualquiera de sus dependencias, se castigará con una pena de prisión de dos a cinco años.

Si los hechos se hubieran cometido en un establecimiento abierto al público, o en cualquiera de sus dependencias, fuera de las horas de apertura, se impondrá una pena de prisión de uno a cinco años.

2. Se considera casa habitada todo albergue que constituya morada de una o más personas, aunque accidentalmente se encuentren ausentes

---

Art. 238: V. art. 328 LECr.

Art. 239: Este artículo figura redactado conforme al texto de la LO 5/2010, de 22 de junio (*BOE* n.º 152, de 23 de junio).

Art. 240: Este artículo figura redactado conforme al texto de la LO 1/2015, de 30 de marzo (*BOE* n.º 77, de 31 de marzo).

Art. 241: Este artículo figura redactado conforme al texto de la LO 1/2015, de 30 de marzo (*BOE* n.º 77, de 31 de marzo).

de ella cuando el robo tenga lugar.

3. Se consideran dependencias de casa habitada o de edificio o local abiertos al público, sus patios, garajes y demás departamentos o sitios cercados y contiguos al edificio y en comunicación interior con él, y con el cual formen una unidad física.

4. Se impondrá una pena de dos a seis años de prisión cuando los hechos a que se refieren los apartados anteriores revistan especial gravedad, atendiendo a la forma de comisión del delito o a los perjuicios ocasionados y, en todo caso, cuando concurra alguna de las circunstancias expresadas en el artículo 235.

Art. 242. 1. El culpable de robo con violencia o intimidación en las personas será castigado con la pena de prisión de dos a cinco años, sin perjuicio de la que pudiera corresponder a los actos de violencia física que realizase.

2. Cuando el robo se cometa en casa habitada, edificio o local abiertos al público o en cualquiera de sus dependencias, se impondrá la pena de prisión de tres años y seis meses a cinco años.

3. Las penas señaladas en los apartados anteriores se impondrán en su mitad superior cuando el delincuente hiciere uso de armas u otros medios igualmente peligrosos, sea al cometer el delito o para proteger la huida, y cuando atacare a los que acudiesen en auxilio de la víctima o a los que le persiguieren.

4. En atención a la menor entidad de la violencia o intimidación ejercidas y valorando además las restantes circunstancias del hecho, podrá imponerse la pena inferior en grado a la prevista en los apartados anteriores.

CAPÍTULO III

DE LA EXTORSIÓN

Art. 243. El que, con ánimo de lucro, obligare a otro, con violencia o intimidación, a realizar u omitir un acto o negocio jurídico en perjuicio de su patrimonio o del de un tercero, será castigado con la pena de prisión de uno a cinco años, sin perjuicio de las que pudieran imponerse por los actos de violencia física realizados.

Art. 242: Este artículo fue redactado conforme al texto de la LO 5/2010, de 22 de junio (*BOE* n.º 152, de 23 de junio). El apartado 2 ha sido redactado conforme al texto de la LO 1/2015, de 30 de de marzo (*BOE* n.º 77, de 31 de marzo).

CAPÍTULO IV

DEL ROBO Y HURTO DE USO DE VEHÍCULOS

Art. 244. 1. El que sustrajere o utilizare sin la debida autorización un vehículo a motor o ciclomotor ajenos, sin ánimo de apropiárselo, será castigado con la pena de trabajos en beneficio de la comunidad de treinta y uno a noventa días o multa de dos a doce meses, si lo restituyera, directa o indirectamente, en un plazo no superior a cuarenta y ocho horas, sin que, en ningún caso, la pena impuesta pueda ser igual o superior a la que correspondería si se apropiare definitivamente del vehículo.

2. Si el hecho se ejecutare empleando fuerza en las cosas, la pena se aplicará en su mitad superior.

3. De no efectuarse la restitución en el plazo señalado, se castigará el hecho como hurto o robo en sus respectivos casos.

4. Si el hecho se cometiere con violencia o intimidación en las personas, se impondrán, en todo caso, las penas del artículo 242.

CAPÍTULO V

DE LA USURPACIÓN

Art. 245. 1. Al que con violencia o intimidación en las personas ocupare una cosa inmueble o usurpare un derecho real inmobiliario de pertenencia ajena, se le impondrá, además de las penas en que incurriere por las violencias ejercidas, la pena de prisión de uno a dos años, que se fijará teniendo en cuenta la utilidad obtenida y el daño causado.

2. El que ocupare, sin autorización debida, un inmueble, vivienda o edificio ajenos que no constituyan morada, o se mantuviere en ellos contra la voluntad de su titular, será castigado con la pena de multa de tres a seis meses.

Art. 246. 1. El que alterare términos o lindes de pueblos o heredades o cualquier clase de señales o mojones des-

---

Art. 244: El apartado 1 figura redactado conforme al texto de la LO 1/2015, de 30 de marzo (*BOE* n.º 77, de 31 de marzo).

V. art. 60 LPPNA.

Art. 245: El apartado 1 de este artículo figura redactado conforme al texto de la LO 5/2010, de 22 de junio (*BOE* n.º 152, de 23 de junio).

Art. 246: Este artículo figura redactado conforme al texto de la LO 1/2015, de 30 de marzo (*BOE* n.º 77, de 31 de marzo).

tinados a fijar los límites de propiedades o demarcaciones de predios contiguos, tanto de dominio público como privado, será castigado con la pena de multa de tres a dieciocho meses.

2. Si la utilidad reportada no excediere de 400 euros, se impondrá la pena de multa de uno a tres meses.

Art. 247. 1. El que, sin hallarse autorizado, distrajere las aguas de uso público o privativo de su curso, o de su embalse natural o artificial, será castigado con la pena de multa de tres a seis meses.

2. Si la utilidad reportada no excediere de 400 euros, se impondrá la pena de multa de uno a tres meses.

CAPÍTULO VI

DE LAS DEFRAUDACIONES*

SECCIÓN 1.ª

*De las estafas***

Art. 248. 1. Cometen estafa los que, con ánimo de lucro, utilizaren engaño bastante para producir error en otro, induciéndolo a realizar un acto de

---

Art. 247: Este artículo figura redactado conforme al texto de la LO 1/2015, de 30 de marzo (*BOE* n.º 77, de 31 de marzo).

* Conforme al art. 65.1.º*c*) LOPJ, la Audiencia Nacional conocerá del enjuiciamiento, salvo que corresponda en primera instancia a los Juzgados Centrales de lo Penal, de las «defraudaciones que produzcan o puedan producir grave repercusión en la seguridad del tráfico mercantil, en la economía nacional o perjuicio patrimonial en una generalidad de personas en el territorio de más de una Audiencia». V. también la Ley 10/1995, de 24 de abril (*BOE* n.º 98, de 25 de abril), por la que se crea la Fiscalía Especial para la Represión de los Delitos Económicos relacionados con la Corrupción; el RD 923/1995, de 9 de junio (*BOE* n.º 162, de 8 de julio), por el que se fija la plantilla orgánica de la Fiscalía Especial para la Represión de los Delitos Económicos relacionados con la Corrupción; la Resolución de 8 de enero de 1996 (*BOE* n.º 11, de 12 de enero), de la Agencia Estatal de Administración Tributaria, por la que se crea la Unidad de Apoyo a la Fiscalía Especial para la Represión de los Delitos Económicos relacionados con la Corrupción, así como el Convenio sobre la Ciberdelincuencia, hecho en Budapest el 23 de noviembre de 2001, y ratificado por Instrumento de 20 de mayo de 2010 (*BOE* n.º 226, de 17 de septiembre; corrección de errores en *BOE* n.º 249, de 14 de octubre).

** V. art. 40 Ley sobre Hipoteca Naval de 21 de agosto de 1983 (*Gaceta* n.º 235, de 23 de agosto). V. también art. 75 Ley de Ordenación de la Emigración de 3 de mayo de 1962 (*BOE* n.º 116, de 15 de mayo).

Art. 248: Este artículo figura redactado conforme al texto de la LO 5/2010, de 22 de junio (*BOE* n.º 152, de 23 de junio).

V. arts. 4.º y 5.º de la Ley 34/1988, de 11 de noviembre, General de Publicidad (*BOE* n.º 274, de 15 de noviembre).

disposición en perjuicio propio o ajeno.

2. También se consideran reos de estafa:

a) Los que, con ánimo de lucro y valiéndose de alguna manipulación informática o artificio semejante, consigan una transferencia no consentida de cualquier activo patrimonial en perjuicio de otro.

b) Los que fabricaren, introdujeren, poseyeren o facilitaren programas informáticos específicamente destinados a la comisión de las estafas previstas en este artículo.

c) Los que utilizando tarjetas de crédito o débito, o cheques de viaje, o los datos obrantes en cualquiera de ellos, realicen operaciones de cualquier clase en perjuicio de su titular o de un tercero.

Art. 249. Los reos de estafa serán castigados con la pena de prisión de seis meses a tres años. Para la fijación de la pena se tendrá en cuenta el importe de lo defraudado, el quebranto económico causado al perjudicado, las relaciones entre éste y el defraudador, los medios empleados por éste y cuantas otras circunstancias sirvan para valorar la gravedad de la infracción.

Si la cuantía de lo defraudado no excediere de 400 euros, se impondrá la pena de multa de uno a tres meses.

Art. 250. 1. El delito de estafa será castigado con las penas de prisión de uno a seis años y multa de seis a doce meses, cuando:

1.º Recaiga sobre cosas de primera necesidad, viviendas u otros bienes de reconocida utilidad social.

2.º Se perpetre abusando de firma de otro, o sustrayendo, ocultando o inutilizando, en todo o en parte, algún proceso, expediente, protocolo o documento público u oficial de cualquier clase.

3.º Recaiga sobre bienes que integren el patrimonio artístico, histórico, cultural o científico.

4.º Revista especial gravedad, atendiendo a la entidad del perjuicio y a la situación económica en que deje a la víctima o a su familia.

Art. 249: Este artículo figura redactado conforme al texto de la LO 1/2015, de 30 de marzo (*BOE* n.º 77, de 31 de marzo).

Art. 250: Este artículo figura redactado conforme al texto de la LO 1/2015, de 30 de marzo (*BOE* n.º 77, de 31 de marzo).

Art. 250.2.º: V. art. 11.2.º LOPJ.

Art. 250.3.º: V. Ley 19/1985, de 16 de julio (*BOE* n.º 172, de 19 de julio; corrección de errores en *BOE* n.º 249, de 17 de octubre), Cambiaria y del Cheque, modificada por Ley 22/2003, de 9 de julio (*BOE* n.º 164, de 10 de julio), Concursal.

5.º El valor de la defraudación supere los 50.000 euros, o afecte a un elevado número de personas.

6.º Se cometa con abuso de las relaciones personales existentes entre víctima y defraudador, o aproveche éste su credibilidad empresarial o profesional.

7.º Se cometa estafa procesal. Incurren en la misma los que, en un procedimiento judicial de cualquier clase, manipularen las pruebas en que pretendieran fundar sus alegaciones o emplearen otro fraude procesal análogo, provocando error en el juez o tribunal y llevándole a dictar una resolución que perjudique los intereses económicos de la otra parte o de un tercero.

8.º Al delinquir el culpable hubiera sido condenado ejecutoriamente al menos por tres delitos comprendidos en este capítulo. No se tendrán en cuenta antecedentes cancelados o que debieran serlo.

2. Si concurrieran las circunstancias incluidas en los numerales 4.º, 5.º, 6.º o 7.º con la del numeral 1.º del apartado anterior, se impondrán las penas de prisión de cuatro a ocho años y multa de doce a veinticuatro meses. La misma pena se impondrá cuando el valor de la defraudación supere los 250.000 euros.

Art. 251. Será castigado con la pena de prisión de uno a cuatro años:

1.º Quien, atribuyéndose falsamente sobre una cosa mueble o inmueble facultad de disposición de la que carece, bien por no haberla tenido nunca, bien por haberla ya ejercitado, la enajenare, gravare o arrendare a otro, en perjuicio de éste o de tercero.

2.º El que dispusiere de una cosa mueble o inmueble ocultando la existencia de cualquier carga sobre la misma, o el que, habiéndola enajenado como libre, la gravare o enajenare nuevamente antes de la definitiva transmisión al adquirente, en perjuicio de éste, o de un tercero.

3.º El que otorgare en perjuicio de otro un contrato simulado.

Art. 251 bis. Cuando de acuerdo con lo establecido en el artículo 31 bis una persona jurídica sea responsable de los delitos comprendidos en esta sección, se le impondrán las siguientes penas:

Art. 251 bis: Este artículo ha sido incorporado por la LO 5/2010, de 22 de junio (*BOE* n.º 152, de 23 de junio).

a) Multa del triple al quíntuple de la cantidad defraudada, si el delito cometido por la persona física tiene prevista una pena de prisión de más de cinco años.

b) Multa del doble al cuádruple de la cantidad defraudada, en el resto de los casos.

Atendidas las reglas establecidas en el artículo 66 bis, los jueces y tribunales podrán asimismo imponer las penas recogidas en las letras *b*) a *g*) del apartado 7 del artículo 33.

SECCIÓN 2.ª

*De la administración desleal**

Art. 252. 1. Serán punibles con las penas del artículo 249 o, en su caso, con las del artículo 250, los que teniendo facultades para administrar un patrimonio ajeno, emanadas de la ley, encomendadas por la autoridad o asumidas mediante un negocio jurídico, las infrinjan excediéndose en el ejercicio de las mismas y, de esa manera, causen un perjuicio al patrimonio administrado.

2. Si la cuantía del perjuicio patrimonial no excediere de 400 euros, se impondrá una pena de multa de uno a tres meses.

SECCIÓN 2.ª BIS*

De la apropiación indebida

Art. 253. 1. Serán castigados con las penas del artículo 249 o, en su caso, del artículo 250, salvo que ya estuvieran castigados con una pena más grave en otro precepto de este

* Esta rúbrica figura redactada conforme al texto de la LO 1/2015, de 30 de marzo (*BOE* n.º 77, de 31 de marzo).

Art. 252: Este artículo figura redactado conforme al texto de la LO 1/2015, de 30 de marzo (*BOE* n.º 77, de 31 de marzo).

* Sección añadida por la LO 1/2015, de 30 de marzo (*BOE* n.º 77, de 31 de marzo).

V. arts. 615, 616, 1.762 y 1.781 a 1.783 CC; arts. 264 y 306 C. de C.

V. art. 108 Reglamento de Ordenación Triguera de 6 de octubre de 1937 (*BOE* n.º 353, de 8 de octubre).

V. art. 59 de la Ley de 16 de diciembre de 1954 sobre hipoteca mobiliaria y prenda sin desplazamiento de posesión (*BOE* n.º 352, de 18 de diciembre).

V. art. 184 Reglamento General de Recaudación, aprobado por RD 1.684/1990, de 20 de diciembre (*BOE* n.º 3, de 3 de enero de 1991; corrección de errores en *BOE* n.º 28, de 1 de febrero), y modificado por RD 1.065/2007, de 27 de julio (*BOE* n.º 213, de 5 de septiembre).

V., además, art. 150 Ley Orgánica del Régimen Electoral General (Apéndice 6).

Art. 253: Este artículo figura redactado conforme al texto de la LO 1/2015, de 30 de marzo (*BOE* n.º 77, de 31 de marzo).

Código, los que, en perjuicio de otro, se apropiaren para sí o para un tercero, de dinero, efectos, valores o cualquier otra cosa mueble, que hubieran recibido en depósito, comisión, o custodia, o que les hubieran sido confiados en virtud de cualquier otro título que produzca la obligación de entregarlos o devolverlos, o negaren haberlos recibido.

2. Si la cuantía de lo apropiado no excediere de 400 euros, se impondrá una pena de multa de uno a tres meses.

Art. 254. 1. Quien, fuera de los supuestos del artículo anterior, se apropiare de una cosa mueble ajena, será castigado con una pena de multa de tres a seis meses. Si se tratara de cosas de valor artístico, histórico, cultural o científico, la pena será de prisión de seis meses a dos años.

2. Si la cuantía de lo apropiado no excediere de 400 euros, se impondrá una pena de multa de uno a dos meses.

SECCIÓN 3.ª

*De las defraudaciones de fluido eléctrico y análogas**

Art. 255. 1. Será castigado con la pena de multa de tres a doce meses el que cometiere defraudación utilizando energía eléctrica, gas, agua, telecomunicaciones u otro elemento, energía o fluido ajenos, por alguno de los medios siguientes:

1.º Valiéndose de mecanismos instalados para realizar la defraudación.

2.º Alterando maliciosamente las indicaciones o aparatos contadores.

3.º Empleando cualesquiera otros medios clandestinos.

2. Si la cuantía de lo defraudado no excediere de 400 euros, se impondrá una pena de multa de uno a tres meses.

Art. 256. 1. El que hiciere uso de cualquier equipo terminal de telecomunicación, sin consentimiento de su titular, y causando a éste un perjuicio

---

Art. 254: Este artículo figura redactado conforme al texto de la LO 1/2015, de 30 de marzo (*BOE* n.º 77, de 31 de marzo).

* V. arts. 60 a 64 Reglamento de Verificaciones Eléctricas y Regularidad en el Suministro de Energía, aprobado por Decreto de 12 de marzo de 1954 (*BOE* n.º 105, de 15 de abril) y arts. 79 a 87 Reglamento General del Servicio Público de Gases Combustibles, aprobado por Decreto 2.913/1973, de 26 de octubre (*BOE* n.º 279, de 21 de noviembre).

Art. 255: Este artículo figura redactado conforme al texto de la LO 1/2015, de 30 de marzo (*BOE* n.º 77, de 31 de marzo).

Art. 256: Este artículo figura redactado conforme al texto de la LO 1/2015, de 30 de marzo (*BOE* n.º 77, de 31 de marzo).

económico, será castigado con la pena de multa de tres a doce meses.

2. Si la cuantía del perjuicio causado no excediere de 400 euros, se impondrá una pena de multa de uno a tres meses.

CAPÍTULO VII

FRUSTRACIÓN DE LA EJECUCIÓN*

Art. 257. 1. Será castigado con las penas de prisión de uno a cuatro años y multa de doce a veinticuatro meses:

1.º El que se alce con sus bienes en perjuicio de sus acreedores.

2.º Quien con el mismo fin realice cualquier acto de disposición patrimonial o generador de obligaciones que dilate, dificulte o impida la eficacia de un embargo o de un procedimiento ejecutivo o de apremio, judicial, extrajudicial o administrativo, iniciado o de previsible iniciación.

2. Con la misma pena será castigado quien realizare actos de disposición, contrajere obligaciones que disminuyan su patrimonio u oculte por cualquier medio elementos de su patrimonio sobre los que la ejecución podría hacerse efectiva, con la finalidad de eludir el pago de responsabilidades civiles derivadas de un delito que hubiere cometido o del que debiera responder.

3. Lo dispuesto en el presente artículo será de aplicación cualquiera que sea la naturaleza u origen de la obligación o deuda cuya satisfacción o pago se intente eludir, incluidos los derechos económicos de los trabajadores, y con independencia de que el acreedor sea un particular o cualquier persona jurídica, pública o privada.

No obstante lo anterior, en el caso de que la deuda u obligación que se trate de eludir sea de Derecho público y la acreedora sea una persona jurídico pública, o se trate de obligaciones pecuniarias derivadas de la comisión de un delito contra la Hacienda Pública o la Seguri-

---

* Esta rúbrica figura redactada conforme al texto de la LO 1/2015, de 30 de marzo (*BOE* n.º 77, de 31 de marzo).

V. RDLeg. 1/2020, de 5 de mayo (*BOE* n.º 127, de 7 de mayo), por el que se aprueba el texto refundido de la Ley Concursal, modificado por RD-L 5/2021, de 12 de marzo (*BOE* n.º 62, de 13 de marzo; corrección de errores en *BOE* n.º 116, de 15 de mayo). V. también LO 10/2015, de 10 de septiembre (*BOE* n.º 218, de 11 de septiembre), por la que se regula el acceso y publicidad de determinada información contenida en las sentencias dictadas en materia de fraude fiscal.

Art. 257: Este artículo figura redactado conforme al texto de la LO 1/2015, de 30 de marzo (*BOE* n.º 77, de 31 de marzo).

dad Social, la pena a imponer será de prisión de uno a seis años y multa de doce a veinticuatro meses.

4. Las penas previstas en el presente artículo se impondrán en su mitad superior en los supuestos previstos en los numerales 5.º o 6.º del apartado 1 del artículo 250.

5. Este delito será perseguido aun cuando tras su comisión se iniciara un procedimiento concursal.

Art. 258. 1. Será castigado con una pena de prisión de tres meses a un año o multa de seis a dieciocho meses quien, en un procedimiento de ejecución judicial o administrativo, presente a la autoridad o funcionario encargados de la ejecución una relación de bienes o patrimonio incompleta o mendaz, y con ello dilate, dificulte o impida la satisfacción del acreedor.

La relación de bienes o patrimonio se considerará incompleta cuando el deudor ejecutado utilice o disfrute de bienes de titularidad de terceros y no aporte justificación suficiente del derecho que ampara dicho disfrute y de las condiciones a que está sujeto.

2. La misma pena se impondrá cuando el deudor, requerido para ello, deje de facilitar la relación de bienes o patrimonio a que se refiere el apartado anterior.

3. Los delitos a que se refiere este artículo no serán perseguibles si el autor, antes de que la autoridad o funcionario hubieran descubierto el carácter mendaz o incompleto de la declaración presentada, compareciera ante ellos y presentara una declaración de bienes o patrimonio veraz y completa.

Art. 258 bis. Serán castigados con una pena de prisión de tres a seis meses o multa de seis a veinticuatro meses, salvo que ya estuvieran castigados con una pena más grave en otro precepto de este Código, quienes hagan uso de bienes embargados por autoridad pública que hubieran sido constituidos en depósito sin estar autorizados para ello.

Art. 258 ter. Cuando de acuerdo con lo establecido en el

Art. 258: Este artículo figura redactado conforme al texto de la LO 1/2015, de 30 de marzo (*BOE* n.º 77, de 31 de marzo).

Art. 258 bis: Este artículo ha sido añadido por la LO 1/2015, de 30 de marzo (*BOE* n.º 77, de 31 de marzo).

Art. 258 ter: Este artículo ha sido añadido por la LO 1/2015, de 30 de marzo (*BOE* n.º 77, de 31 de marzo).

artículo 31 bis una persona jurídica sea responsable de los delitos comprendidos en este capítulo, se le impondrán las siguientes penas:

a) Multa de dos a cinco años, si el delito cometido por la persona física tiene prevista una pena de prisión de más de cinco años.

b) Multa de uno a tres años, si el delito cometido por la persona física tiene prevista una pena de prisión de más de dos años no incluida en el inciso anterior.

c) Multa de seis meses a dos años, en el resto de los casos.

Atendidas las reglas establecidas en el artículo 66 bis, los jueces y tribunales podrán asimismo imponer las penas recogidas en las letras *b*) a *g*) del apartado 7 del artículo 33.

CAPÍTULO VII BIS*

DE LAS INSOLVENCIAS PUNIBLES

Art. 259. 1. Será castigado con una pena de prisión de uno a cuatro años y multa de ocho a veinticuatro meses quien, encontrándose en una situación de insolvencia actual o inminente, realice alguna de las siguientes conductas:

1.ª Oculte, cause daños o destruya los bienes o elementos patrimoniales que estén incluidos, o que habrían estado incluidos, en la masa del concurso en el momento de su apertura.

2.ª Realice actos de disposición mediante la entrega o transferencia de dinero u otros activos patrimoniales, o mediante la asunción de deudas, que no guarden proporción con la situación patrimonial del deudor, ni con sus ingresos, y que carezcan de justificación económica o empresarial.

3.ª Realice operaciones de venta o prestaciones de servicio por precio inferior a su coste de adquisición o producción, y que en las circunstancias del caso carezcan de justificación económica.

4.ª Simule créditos de terceros o proceda al reconocimiento de créditos ficticios.

5.ª Participe en negocios especulativos, cuando ello carezca de justificación económica y resulte, en las circunstancias del caso y a la vista de la actividad económica desarrollada, contrario al deber de diligencia en

---

* Este Capítulo ha sido añadido por la LO 1/2015, de 30 de marzo (*BOE* n.º 77, de 31 de marzo). V. nota a la rúbrica del Capítulo VII precedente.

Art. 259: Este artículo figura redactado conforme al texto de la LO 1/2015, de 30 de marzo (*BOE* n.º 77, de 31 de marzo).

la gestión de asuntos económicos.

6.ª Incumpla el deber legal de llevar contabilidad, lleve doble contabilidad, o cometa en su llevanza irregularidades que sean relevantes para la comprensión de su situación patrimonial o financiera. También será punible la destrucción o alteración de los libros contables, cuando de este modo se dificulte o impida de forma relevante la comprensión de su situación patrimonial o financiera.

7.ª Oculte, destruya o altere la documentación que el empresario está obligado a conservar antes del transcurso del plazo al que se extiende este deber legal, cuando de este modo se dificulte o imposibilite el examen o valoración de la situación económica real del deudor.

8.ª Formule las cuentas anuales o los libros contables de un modo contrario a la normativa reguladora de la contabilidad mercantil, de forma que se dificulte o imposibilite el examen o valoración de la situación económica real del deudor, o incumpla el deber de formular el balance o el inventario dentro de plazo.

9.ª Realice cualquier otra conducta activa u omisiva que constituya una infracción grave del deber de diligencia en la gestión de asuntos económicos y a la que sea imputable una disminución del patrimonio del deudor o por medio de la cual se oculte la situación económica real del deudor o su actividad empresarial.

2. La misma pena se impondrá a quien, mediante alguna de las conductas a que se refiere el apartado anterior, cause su situación de insolvencia.

3. Cuando los hechos se hubieran cometido por imprudencia, se impondrá una pena de prisión de seis meses a dos años o multa de doce a veinticuatro meses.

4. Este delito solamente será perseguible cuando el deudor haya dejado de cumplir regularmente sus obligaciones exigibles o haya sido declarado su concurso.

5. Este delito y los delitos singulares relacionados con él, cometidos por el deudor o persona que haya actuado en su nombre, podrán perseguirse sin esperar a la conclusión del concurso y sin perjuicio de la continuación de éste. El importe de la responsabilidad civil derivada de dichos delitos deberá incorporarse, en su caso, a la masa.

6. En ningún caso, la calificación de la insolvencia en el proceso concursal vinculará a la jurisdicción penal.

Art. 259 bis. Los hechos a que se refiere el artículo anterior serán castigados con una pena de prisión de dos a seis años y multa de ocho a veinticuatro meses, cuando concurra alguna de las siguientes circunstancias:

1.ª Cuando se produzca o pueda producirse perjuicio patrimonial en una generalidad de personas o pueda ponerlas en una grave situación económica.

2.ª Cuando se causare a alguno de los acreedores un perjuicio económico superior a 600.000 euros.

3.ª Cuando al menos la mitad del importe de los créditos concursales tenga como titulares a la Hacienda Pública, sea ésta estatal, autonómica, local o foral y a la Seguridad Social.

Art. 260. 1. Será castigado con la pena de seis meses a tres años de prisión o multa de ocho a veinticuatro meses, el deudor que, encontrándose en una situación de insolvencia actual o inminente, favorezca a alguno de los acreedores realizando un acto de disposición patrimonial o generador de obligaciones destinado a pagar un crédito no exigible o a facilitarle una garantía a la que no tenía derecho, cuando se trate de una operación que carezca de justificación económica o empresarial.

2. Será castigado con la pena de uno a cuatro años de prisión y multa de doce a veinticuatro meses el deudor que, una vez admitida a trámite la solicitud de concurso, sin estar autorizado para ello ni judicialmente ni por los administradores concursales, y fuera de los casos permitidos por la ley, realice cualquier acto de disposición patrimonial o generador de obligaciones, destinado a pagar a uno o varios acreedores, privilegiados o no, con posposición del resto.

Art. 261. El que en procedimiento concursal presentare, a sabiendas, datos falsos relativos al estado contable, con el fin de lograr indebidamente la declaración de aquél, será castigado con la pena de prisión de uno a dos años y multa de seis a doce meses.

Art. 259 bis: Este artículo ha sido añadido por la LO 1/2015, de 30 de marzo (*BOE* n.º 77, de 31 de marzo).

Art. 260: Este artículo figura redactado conforme al texto de la LO 1/2015, de 30 de marzo (*BOE* n.º 77, de 31 de marzo).

V. arts. 1.762 y 1.781 ss. CC, 1.300 y 1.302 LEC.

Art. 261: Este artículo figura redactado conforme al texto de la LO 15/2003, de 25 de noviembre (*BOE* n.º 283, de 26 de noviembre; corrección de errores en *BOE* n.º 65, de 16 de marzo, y n.º 80, de 2 de abril, ambos de 2004). V. arts. 290 y 392 de este Código.

Art. 261 bis. Cuando de acuerdo con lo establecido en el artículo 31 bis una persona jurídica sea responsable de los delitos comprendidos en este capítulo, se le impondrán las siguientes penas:

a) Multa de dos a cinco años, si el delito cometido por la persona física tiene prevista una pena de prisión de más de cinco años.

b) Multa de uno a tres años, si el delito cometido por la persona física tiene prevista una pena de prisión de más de dos años no incluida en el inciso anterior.

c) Multa de seis meses a dos años, en el resto de los casos.

Atendidas las reglas establecidas en el artículo 66 bis, los jueces y tribunales podrán asimismo imponer las penas recogidas en las letras *b*) a *g*) del apartado 7 del artículo 33.

CAPÍTULO VIII

DE LA ALTERACIÓN DE PRECIOS EN CONCURSOS Y SUBASTAS PÚBLICAS*

Art. 262. 1. Los que solicitaren dádivas o promesas para

Art. 261 bis: Este artículo ha sido incorporado por la LO 5/2010, de 22 de junio (*BOE* n.º 152, de 23 de junio).

* Conforme al art. 65.1.º*c*) LOPJ, la Audiencia Nacional conocerá del enjuiciamiento, salvo que corresponda en primera instancia a los Juzgados Centrales de lo Penal, de las «maquinaciones para alterar el precio de las cosas que produzcan o puedan producir grave repercusión en la seguridad del tráfico mercantil, en la economía nacional o perjuicio patrimonial en una generalidad de personas en el territorio de más de una Audiencia». V. también Ley 10/1995, de 24 de abril, por la que se crea la Fiscalía Especial para la Represión de los Delitos Económicos relacionados con la Corrupción (*BOE* n.º 98, de 25 de abril); el RD 923/1995, de 9 de junio (*BOE* n.º 162, de 8 de julio), por el que se fija la plantilla orgánica de la Fiscalía Especial para la Represión de los Delitos Económicos relacionados con la Corrupción; y la Resolución de 8 de enero de 1996 (*BOE* n.º 11, de 12 de enero), de la Agencia Estatal de Administración Tributaria, por la que se crea la Unidad de Apoyo a la Fiscalía Especial para la Represión de los Delitos Económicos relacionados con la Corrupción.

Art. 262: Este artículo figura redactado conforme al texto de la LO 15/2003, de 25 de noviembre (*BOE* n.º 283, de 26 de noviembre; corrección de errores en *BOE* n.º 65, de 16 de marzo, y n.º 80, de 2 de abril, ambos de 2004). V. Ley 15/2007, de 3 de julio (*BOE* n.º 159, de 4 de julio), de Defensa de la Competencia, modificada por RDL 9/2017, de 26 de mayo (*BOE* n.º 126, de 27 de mayo; corrección de errores en *BOE* n.º 136, de 8 de junio), por el que se trasponen directivas de la Unión Europea en los ámbitos financiero, mercantil y sanitario, y sobre el desplazamiento de trabajadores; arts. 78 ss. LMV; y LCD. V., también, arts. 1.481 ss. LEC; 131 del Decreto de 8 de febrero de 1946 (*BOE* n.ºs 58 y 149, de 27 de febrero y 29 de mayo), por el que se aprueba el texto refundido de la Ley Hipotecaria, modificado por la Ley 7/1998, de 13 de abril (*BOE* n.º 89, de 14 de abril), sobre condiciones generales de la contratación; y 84 de la Ley de 16 de diciembre

no tomar parte en un concurso o subasta pública; los que intentaren alejar de ella a los postores por medio de amenazas, dádivas, promesas o cualquier otro artificio; los que se concertaren entre sí con el fin de alterar el precio del remate, o los que fraudulentamente quebraren o abandonaren la subasta habiendo obtenido la adjudicación, serán castigados con la pena de prisión de uno a tres años y multa de doce a veinticuatro meses, así como inhabilitación especial para licitar en subastas judiciales entre tres y cinco años. Si se tratara de un concurso o subasta convocados por las Administraciones o entes públicos, se impondrá además al agente y a la persona o empresa por él representada la pena de inhabilitación especial que comprenderá, en todo caso, el derecho a contratar con las Administraciones públicas por un período de tres a cinco años.

2. El juez o tribunal podrá imponer alguna o algunas de las consecuencias previstas en el artículo 129 si el culpable perteneciere a alguna sociedad, organización o asociación, incluso de carácter transitorio, que se dedicare a la realización de tales actividades.

CAPÍTULO IX

De los daños*

Art. 263. 1. El que causare daños en propiedad ajena no comprendidos en otros títulos de este Código, será castigado con multa de seis a veinticuatro meses, atendidas la condición económica de la víctima y la cuantía del daño.

Si la cuantía del daño causado no excediere de 400 euros, se impondrá una pena de multa de uno a tres meses.

2. Será castigado con la pena de prisión de uno a tres años y multa de doce a veinticuatro meses el que causare daños expresados en el apartado ante-

---

de 1954 (*BOE* n.º 352, de 18 de diciembre), sobre hipoteca mobiliaria y prenda sin desplazamiento de posesión.

* V. arts. 1.902 a 1.910 CC; 62 y 63 LPPNA; Convenio de 29 de julio de 1960, acerca de la responsabilidad civil, en materia de energía nuclear, enmendado por el Protocolo Adicional de 28 de enero de 1964, que fue ratificado por Instrumento de 24 de junio de 1988 (*BOE* n.º 262, de 1 de noviembre de 1988); Convenio de 31 de enero de 1963, complementario al Convenio de 29 de julio de 1960, y modificado por Protocolo de 16 de noviembre de 1982 (*BOE* n.º 257, de 26 de octubre de 1991); Convención de 3 de marzo de 1980 sobre protección física de los materiales nucleares, ratificada por Instrumento de 20 de abril de 1987 (*BOE* n.º 256, de 15 de octubre de 1990).

Art. 263: El apartado 1 figura redactado, y el ordinal 6.º ha sido añadido, conforme al texto de la LO 1/2015, de 30 de marzo (*BOE* n.º 77, de 31 de marzo).

rior, si concurriere alguno de los supuestos siguientes:

1.º Que se realicen para impedir el libre ejercicio de la autoridad o como consecuencia de acciones ejecutadas en el ejercicio de sus funciones, bien se cometiere el delito contra funcionarios públicos, bien contra particulares que, como testigos o de cualquier otra manera, hayan contribuido o puedan contribuir a la ejecución o aplicación de las Leyes o disposiciones generales.

2.º Que se cause por cualquier medio, infección o contagio de ganado.

3.º Que se empleen sustancias venenosas o corrosivas.

4.º Que afecten a bienes de dominio o uso público o comunal.

5.º Que arruinen al perjudicado o se le coloque en grave situación económica.

6.º Se hayan ocasionado daños de especial gravedad o afectado a los intereses generales.

Art. 264. 1. El que por cualquier medio, sin autorización y de manera grave borrase, dañase, deteriorase, alterase, suprimiese o hiciese inaccesibles datos informáticos, programas informáticos o documentos electrónicos ajenos, cuando el resultado producido fuera grave, será castigado con la pena de prisión de seis meses a tres años.

2. Se impondrá una pena de prisión de dos a cinco años y multa del tanto al décuplo del perjuicio ocasionado, cuando en las conductas descritas concurra alguna de las siguientes circunstancias:

1.ª Se hubiese cometido en el marco de una organización criminal.

2.ª Haya ocasionado daños de especial gravedad o afectado a un número elevado de sistemas informáticos.

3.ª El hecho hubiera perjudicado gravemente el funcionamiento de servicios públicos esenciales o la provisión de bienes de primera necesidad.

4.ª Los hechos hayan afectado al sistema informático de una infraestructura crítica o se hubiera creado una situación de peligro grave para la seguridad del Estado, de la Unión Europea o de un Estado Miembro de la Unión Europea. A estos efectos se

---

Art. 264: Este artículo figura redactado conforme al texto de la LO 1/2015, de 30 de marzo (*BOE* n.º 77, de 31 de marzo).

V. Convenio sobre la Ciberdelincuencia de 23 de noviembre de 2001, ratificado por Instrumento de 20 de mayo de 2010 (*BOE* n.º 226, de 17 de septiembre; corrección de errores en *BOE* n.º 249, de 14 de octubre).

considerará infraestructura crítica un elemento, sistema o parte de éste que sea esencial para el mantenimiento de funciones vitales de la sociedad, la salud, la seguridad, la protección y el bienestar económico y social de la población cuya perturbación o destrucción tendría un impacto significativo al no poder mantener sus funciones.

5.ª El delito se haya cometido utilizando alguno de los medios a que se refiere el artículo 264 ter.

Si los hechos hubieran resultado de extrema gravedad, podrá imponerse la pena superior en grado.

3. Las penas previstas en los apartados anteriores se impondrán, en sus respectivos casos, en su mitad superior, cuando los hechos se hubieran cometido mediante la utilización ilícita de datos personales de otra persona para facilitarse el acceso al sistema informático o para ganarse la confianza de un tercero.

Art. 264 bis. 1. Será castigado con la pena de prisión de seis meses a tres años el que, sin estar autorizado y de manera grave, obstaculizara o interrumpiera el funcionamiento de un sistema informático ajeno:

a) realizando alguna de las conductas a que se refiere el artículo anterior;

b) introduciendo o transmitiendo datos; o

c) destruyendo, dañando, inutilizando, eliminando o sustituyendo un sistema informático, telemático o de almacenamiento de información electrónica.

Si los hechos hubieran perjudicado de forma relevante la actividad normal de una empresa, negocio o de una Administración pública, se impondrá la pena en su mitad superior, pudiéndose alcanzar la pena superior en grado.

2. Se impondrá una pena de prisión de tres a ocho años y multa del triplo al décuplo del perjuicio ocasionado, cuando en los hechos a que se refiere el apartado anterior hubiera concurrido alguna de las circunstancias del apartado 2 del artículo anterior.

3. Las penas previstas en los apartados anteriores se impondrán, en sus respectivos casos, en su mitad superior, cuando los hechos se hubieran cometido mediante la utilización ilícita de datos personales de otra persona para facilitarse el acceso al sistema informático o para ganarse la confianza de un tercero.

Art. 264 bis: Este artículo ha sido añadido por la LO 1/2015, de 30 de marzo (*BOE* n.º 77, de 31 de marzo).

Art. 264 ter. Será castigado con una pena de prisión de seis meses a dos años o multa de tres a dieciocho meses el que, sin estar debidamente autorizado, produzca, adquiera para su uso, importe o, de cualquier modo, facilite a terceros, con la intención de facilitar la comisión de alguno de los delitos a que se refieren los dos artículos anteriores:

a) un programa informático, concebido o adaptado principalmente para cometer alguno de los delitos a que se refieren los dos artículos anteriores; o

b) una contraseña de ordenador, un código de acceso o datos similares que permitan acceder a la totalidad o a una parte de un sistema de información.

Art. 264 quáter. Cuando de acuerdo con lo establecido en el artículo 31 bis una persona jurídica sea responsable de los delitos comprendidos en los tres artículos anteriores, se le impondrán las siguientes penas:

a) Multa de dos a cinco años o del quíntuplo a doce veces el valor del perjuicio causado, si resulta una cantidad superior, cuando se trate de delitos castigados con una pena de prisión de más de tres años.

b) Multa de uno a tres años o del triple a ocho veces el valor del perjuicio causado, si resulta una cantidad superior, en el resto de los casos.

Atendidas las reglas establecidas en el artículo 66 bis, los jueces y tribunales podrán asimismo imponer las penas recogidas en las letras *b*) a *g*) del apartado 7 del artículo 33.

Art. 265. El que destruyere, dañare de modo grave, o inutilizare para el servicio, aun de forma temporal, obras, establecimientos o instalaciones militares, buques de guerra, aeronaves militares, medios de transporte o transmisión militar, material de guerra, aprovisionamiento u otros medios o recursos afectados al servicio de las Fuerzas Armadas o de las Fuerzas y Cuerpos de Seguridad, será castigado

---

Art. 264 ter: Este artículo ha sido añadido por la LO 1/2015, de 30 de marzo (*BOE* n.º 77, de 31 de marzo).

Art. 264 quáter: Este artículo ha sido añadido por la LO 1/2015, de 30 de marzo (*BOE* n.º 77, de 31 de marzo).

Art. 265: Este artículo figura redactado conforme al texto de la LO 1/2015, de 30 de marzo (*BOE* n.º 77, de 31 de marzo).

V. arts. 57 a 62 CPM.

con la pena de prisión de dos a cuatro años si el daño causado excediere de mil euros.

Art. 266. 1. Será castigado con la pena de prisión de uno a tres años el que cometiere los daños previstos en el apartado 1 del artículo 263 mediante incendio, o provocando explosiones, o utilizando cualquier otro medio de similar potencia destructiva o que genere un riesgo relevante de explosión o de causación de otros daños de especial gravedad, o poniendo en peligro la vida o la integridad de las personas.

2. Será castigado con la pena de prisión de tres a cinco años y multa de doce a veinticuatro meses el que cometiere los daños previstos en el apartado 2 del artículo 263, en cualquiera de las circunstancias mencionadas en el apartado anterior.

3. Será castigado con la pena de prisión de cuatro a ocho años el que cometiere los daños previstos en los artículos 265, 323 y 560, en cualquiera de las circunstancias mencionadas en el apartado 1 del presente artículo.

4. En cualquiera de los supuestos previstos en los apartados anteriores, cuando se cometieren los daños concurriendo la provocación de explosiones o la utilización de otros medios de similar potencia destructiva y, además, se pusiera en peligro la vida o integridad de las personas, la pena se impondrá en su mitad superior.

En caso de incendio será de aplicación lo dispuesto en el artículo 351.

Art. 267. Los daños causados por imprudencia grave en cuantía superior a 80.000 euros,

Art. 266: Este artículo está redactado conforme al texto establecido por la LO 7/2000, de 22 de diciembre (*BOE* n.º 307, de 23 de diciembre), cuya Exposición de Motivos, en lo que a este precepto se refiere, puede verse en nota al art. 577 de este mismo Código. Los apartados 1 y 2 figuran redactados conforme al texto de la LO 1/2015, de 30 de marzo (*BOE* n.º 77, de 31 de marzo).

Art. 267: Este artículo figura redactado conforme al texto de la LO 15/2003, de 25 de noviembre (*BOE* n.º 283, de 26 de noviembre; corrección de errores en *BOE* n.º 65, de 16 de marzo, y n.º 80, de 2 de abril, ambos de 2004), excepto su párrafo 3.º, que figura redactado conforme al texto de la LO 8/2021, de 4 de junio (*BOE* n.º 134, de 5 de junio), de protección integral a la infancia y la adolescencia frente a la violencia. La redacción vigente hasta entonces era la siguiente:

> En estos casos, el perdón del ofendido o de su representante legal, en su caso, extingue la acción penal sin perjuicio de lo dispuesto en el segundo párrafo del número 5.º del apartado 1 del artículo 130 de este Código.

serán castigados con la pena de multa de tres a nueve meses, atendiendo a la importancia de los mismos.

Las infracciones a que se refiere este artículo sólo serán perseguibles previa denuncia de la persona agraviada o de su representante legal. El Ministerio Fiscal también podrá denunciar cuando aquélla sea menor de edad, persona con discapacidad necesitada de especial protección o una persona desvalida.

En estos casos, el perdón de la persona ofendida extingue la acción penal.

CAPÍTULO X

Disposiciones comunes a los capítulos anteriores

Art. 268. 1. Están exentos de responsabilidad criminal y sujetos únicamente a la civil los cónyuges que no estuvieren separados legalmente o de hecho o en proceso judicial de separación, divorcio o nulidad de su matrimonio y los ascendientes, descendientes y hermanos por naturaleza o por adopción, así como los afines en primer grado si viviesen juntos, por los delitos patrimoniales que se causaren entre sí, siempre que no concurra violencia o intimidación, o abuso de la vulnerabilidad de la víctima, ya sea por razón de edad, o por tratarse de una persona con discapacidad.

2. Esta disposición no es aplicable a los extraños que participaren en el delito.

Art. 269. La provocación, la conspiración y la proposición para cometer los delitos de robo, extorsión, estafa o apropiación indebida, serán castigadas con la pena inferior en uno o dos grados a la del delito correspondiente.

En el párrafo 2.º, el término «incapaz» ha sido sustituido por «persona con discapacidad necesitada de especial protección», conforme al texto de la LO 1/2015, de 30 de marzo (*BOE* n.º 77, de 31 de marzo). V. arts. 1.902 ss. CC y 65 LPPNA, y nota al art. 142.2.º, y Disp. Adic. 3.ª de este Código.

Art. 268: Este artículo figura redactado conforme al texto de la LO 1/2015, de 30 de marzo (*BOE* n.º 77, de 31 de marzo).

CAPÍTULO XI

DE LOS DELITOS RELATIVOS A LA PROPIEDAD INTELECTUAL E INDUSTRIAL, AL MERCADO Y A LOS CONSUMIDORES

SECCIÓN 1.ª

*De los delitos relativos a la propiedad intelectual**

Art. 270. 1. Será castigado con la pena de prisión de seis meses a cuatro años y multa de doce a veinticuatro meses el que, con ánimo de obtener un beneficio económico directo o indirecto y en perjuicio de tercero, reproduzca, plagie, distribuya, comunique públicamente o de cualquier otro modo explote económicamente, en todo o en parte, una obra o prestación literaria, artística o científica, o su transformación, interpretación o ejecución artística fijada en cualquier tipo de soporte o comunicada a través de cualquier medio, sin la autorización de los titulares de los correspondientes dere-

---

* V. arts. 282 bis y 338 LECr. V. también Ley 19/2006, de 5 de junio (*BOE* n.º 134, de 6 de junio), por la que se amplían los medios de tutela de los derechos de propiedad intelectual, RD 1.228/2005, de 13 de octubre (*BOE* n.º 258, de 28 de octubre; corrección de errores en *BOE* n.º 263, de 3 de noviembre), por el que se crea y regula la Comisión intersectorial para actuar contra las actividades vulneradoras de los derechos de propiedad intelectual; LO 1/2020, de 16 de septiembre (*BOE* n.º 248, de 17 de septiembre), sobre la utilización de los datos del Registro de Pasajeros para la prevención, detección, investigación y enjuiciamiento de delitos de terrorismo y delitos graves, modificada por LO 7/2021, de 26 de mayo (*BOE* n.º 126, de 27 de mayo), de protección de datos personales tratados para fines de prevención, detección, investigación y enjuiciamiento de infracciones penales y de ejecución de sanciones penales; y Orden PCI/161/2019, de 21 de febrero (*BOE* n.º 46, de 22 de febrero), por la que se publica el Acuerdo del Consejo de Seguridad Nacional por el que se aprueba la Estrategia Nacional contra el Crimen Organizado y la Delincuencia Grave.

Art. 270: Este artículo figura redactado conforme al texto de la LO 1/2015, de 30 de marzo (*BOE* n.º 77, de 31 de marzo).

V. arts. 20.1.º*b*) y 149.1.º9.ª CE; 428 y 429 CC; RDL 1/1996, de 12 de abril (*BOE* n.º 97, de 22 de abril), por el que se aprueba el texto refundido de la Ley de Propiedad Intelectual, regularizando, aclarando y armonizando las disposiciones legales vigentes sobre la materia, texto modificado por la Ley 5/1998, de 6 de marzo (*BOE* n.º 57, de 7 de marzo), de incorporación al Derecho español de la Directiva 96/9/CE, del Parlamento Europeo y del Consejo, de 11 de marzo de 1996, sobre protección jurídica de las bases de datos, por la Ley 19/2006, de 5 de junio (*BOE* n.º 134, de 6 de junio), por la que se amplían los medios de tutela de los derechos de propiedad intelectual e industrial, y se establecen normas procesales para facilitar la aplicación de diversos reglamentos comunitarios, por la Ley 23/2006, de 7 de julio (*BOE* n.º 162, de 8 de julio), por la Ley 10/2007, de 22 de junio (*BOE* n.º 150, de 23 de junio), de la lectura, del libro y de las bibliotecas, por la Ley 3/2008, de 23 de diciembre (*BOE* n.º 310, de 25 de diciembre), relativa al derecho de participación en beneficio del autor de una obra de arte original; por la Ley 25/2009, de 22 de diciembre (*BOE* n.º 308, de 23 de diciembre),

de adaptación a la Ley sobre el libre acceso a las actividades de servicio y su ejercicio, por la Ley 21/2014, de 4 de noviembre (*BOE* n.º 268, de 5 de noviembre), por el RDL 12/2017 (*BOE* n.º 158, de 4 de julio), en cuanto al sistema de compensación equitativa por copia privada, por el RDL 2/2018, de 13 de abril (*BOE* n.º 91, de 14 de abril), por la Ley 2/2019, de 1 de marzo y por el RD-L 26/2020, de 7 de julio (*BOE* n.º 187, de 8 de julio), de medidas de reactivación económica para hacer frente al impacto del COVID-19 en los ámbitos de transportes y vivienda; y complementado por la Sentencia del Tribunal Supremo de 1 de marzo de 2001 (*BOE* n.º 121, de 21 de mayo); su Reglamento, aprobado por RD de 3 de septiembre de 1880 (*Gaceta* n.º 250, de 6 de septiembre); Ley 10/2007, de 22 de junio (*BOE* n.º 150, de 23 de junio), de la lectura, del libro y de las bibliotecas; Ley 55/2007, de 28 de diciembre), del Cine, modificada por Ley 18/2014, de 15 de octubre (*BOE* n.º 252, de 17 de octubre), y desarrollada por RD 1.084/2015, de 4 de diciembre (*BOE* n.º 291, de 5 de diciembre), modificado por RD 1.090/2020, de 9 de diciembre (*BOE* n.º 322, de 10 de diciembre; corrección de errores en *BOE* n.º 330, de 19 de diciembre); RD 2.062/2008, de 12 de diciembre (*BOE* n.º 10, de 12 de enero de 2009), que la desarrolla, y art. 7.º3 RD 448/1988, de 22 de abril, por el que se regula la difusión de películas cinematográficas y otras obras audiovisuales recogidas en soporte videográfico (*BOE* n.º 116, de 14 de mayo); RD 287/1989, de 21 de marzo, por el que se desarrolla el art. 25 de la Ley de Propiedad Intelectual (*BOE* n.º 72, de 25 de marzo); RD 224/2016, de 27 de mayo (*BOE* n.º 141, de 11 de junio), por el que se desarrolla el régimen jurídico de las obras huérfanas; Reglamento del Registro General de la Propiedad Intelectual, aprobado por RD 281/2003, de 7 de marzo (*BOE* n.º 75, de 28 de marzo de 2003), y Decretos autonómicos 138/2001, de 5 de diciembre (*BOE* n.º 14, de 16 de enero de 2002), por el que se establece el Registro de la Propiedad Intelectual del Principado de Asturias; 281/2001, de 20 de diciembre (*BOE* n.º 61, de 12 de marzo de 2002), por el que se establece el Registro Territorial de la Propiedad Intelectual de la Comunidad de Madrid y se fija la fecha en que iniciará su funcionamiento, y 48/2002, de 12 de febrero (*BOE* n.º 69, de 21 de marzo), por el que se establece el Registro Territorial de la Propiedad Intelectual de la Comunidad Autónoma de Andalucía, y Orden de 20 de noviembre de 2001 (*BOE* n.º 148, de 21 de junio de 2002), por lo que se establece el Registro de Propiedad Intelectual de Galicia.

Con referencia a la protección internacional de los derechos de autor, véanse: Convenio de 14 de julio de 1967 que establece la Organización Mundial de Propiedad Intelectual, ratificado por Instrumento de 12 de mayo de 1969 (*BOE* de 30 de enero de 1974), modificado por Anuncio de 9 de agosto de 1984 (*BOE* de 17 de agosto); Convenio de Berna para la Protección de Obras Literarias y Artísticas, revisado en París el 24 de julio de 1971 y ratificado por Instrumento de 2 de julio de 1973 (*BOE* n.ºs 81 y 260, de 4 de abril y 30 de octubre de 1974); Convenio de 29 de octubre de 1971 para la protección de los productores de fonogramas contra la reproducción no autorizada de sus fonogramas (*BOE* n.º 215, de 7 de septiembre de 1974); Convención Universal sobre los Derechos de Autor, revisada en París el 24 de julio de 1971 y ratificada —al igual que su Protocolo 2— por Instrumento de 7 de marzo de 1974 (*BOE* n.º 13, de 15 de enero de 1975); el Protocolo 1 de dicha Convención fue ratificado por Instrumento de 30 de abril de 1974 (*BOE* n.º 9, de 10 de enero de 1975); Convención Internacional de 26 de octubre de 1961 sobre la Protección de los Artistas Intérpretes o Ejecutantes, los Productores de Fonogramas y los Organismos de Radiodifusión, ratificado por Instrumento de 2 de agosto de 1991 (*BOE* n.º 273, de 14 de noviembre); Tratado de la OMPI sobre interpretación o ejecución y fonogramas, ratificado por Instrumento de 15 de septiembre de 1998 (*BOE* n.º 148, de 18 de junio de 2010); y Tratado de la OMPI sobre Derecho de Autor, ratificado por Instrumento de 15 de septiembre de 1998 (*BOE* n.º 148, de 18 de junio de 2010).

chos de propiedad intelectual o de sus cesionarios.

2. La misma pena se impondrá a quien, en la prestación de servicios de la sociedad de la información, con ánimo de obtener un beneficio económico directo o indirecto, y en perjuicio de tercero, facilite de modo activo y no neutral y sin limitarse a un tratamiento meramente técnico, el acceso o la localización en internet de obras o prestaciones objeto de propiedad intelectual sin la autorización de los titulares de los correspondientes derechos o de sus cesionarios, en particular ofreciendo listados ordenados y clasificados de enlaces a las obras y contenidos referidos anteriormente, aunque dichos enlaces hubieran sido facilitados inicialmente por los destinatarios de sus servicios.

3. En estos casos, el juez o tribunal ordenará la retirada de las obras o prestaciones objeto de la infracción. Cuando a través de un portal de acceso a internet o servicio de la sociedad de la información, se difundan exclusiva o preponderantemente los contenidos objeto de la propiedad intelectual a que se refieren los apartados anteriores, se ordenará la interrupción de la prestación del mismo, y el juez podrá acordar cualquier medida cautelar que tenga por objeto la protección de los derechos de propiedad intelectual.

Excepcionalmente, cuando exista reiteración de las conductas y cuando resulte una medida proporcionada, eficiente y eficaz, se podrá ordenar el bloqueo del acceso correspondiente.

4. En los supuestos a que se refiere el apartado 1, la distribución o comercialización ambulante o meramente ocasional se castigará con una pena de prisión de seis meses a dos años.

No obstante, atendidas las características del culpable y la reducida cuantía del beneficio económico obtenido o que se hubiera podido obtener, siempre que no concurra ninguna de las circunstancias del artículo 271, el juez podrá imponer la pena de multa de uno a seis meses o trabajos en beneficio de la comunidad de treinta y uno a sesenta días.

5. Serán castigados con las penas previstas en los apartados anteriores, en sus respectivos casos, quienes:

a) Exporten o almacenen intencionadamente ejemplares de las obras, producciones o ejecuciones a que se refieren los dos primeros apartados de este artículo, incluyendo copias digitales de las mismas, sin la referida autorización, cuando estuvieran destinadas a ser reproducidas, distribuidas o comunicadas públicamente.

b) Importen intencionadamente estos productos sin dicha autorización, cuando estuvieran destinados a ser reproducidos, distribuidos o comunicados públicamente, tanto si éstos tienen un origen lícito como ilícito en su país de procedencia; no obstante, la importación de los referidos productos de un Estado perteneciente a la Unión Europea no será punible cuando aquéllos se hayan adquirido directamente del titular de los derechos en dicho Estado, o con su consentimiento.

c) Favorezcan o faciliten la realización de las conductas a que se refieren los apartados 1 y 2 de este artículo eliminando o modificando, sin autorización de los titulares de los derechos de propiedad intelectual o de sus cesionarios, las medidas tecnológicas eficaces incorporadas por éstos con la finalidad de impedir o restringir su realización.

d) Con ánimo de obtener un beneficio económico directo o indirecto, con la finalidad de facilitar a terceros el acceso a un ejemplar de una obra literaria, artística o científica, o a su transformación, interpretación o ejecución artística, fijada en cualquier tipo de soporte o comunicado a través de cualquier medio, y sin autorización de los titulares de los derechos de propiedad intelectual o de sus cesionarios, eluda o facilite la elusión de las medidas tecnológicas eficaces dispuestas para evitarlo.

6. Será castigado también con una pena de prisión de seis meses a tres años quien fabrique, importe, ponga en circulación o posea con una finalidad comercial cualquier medio principalmente concebido, producido, adaptado o realizado para facilitar la supresión no autorizada o la neutralización de cualquier dispositivo técnico que se haya utilizado para proteger programas de ordenador o cualquiera de las otras obras, interpretaciones o ejecuciones en los términos previstos en los dos primeros apartados de este artículo.

Art. 271. Se impondrá la pena de prisión de dos a seis años, multa de dieciocho a treinta y seis meses e inhabilitación especial para el ejercicio de la profesión relacionada con el delito cometido, por un período de dos a cinco años, cuando se cometa el delito del artículo anterior concurriendo alguna de las siguientes circunstancias:

a) Que el beneficio obtenido o que se hubiera podido ob-

Art. 271: Este artículo figura redactado conforme al texto de la LO 1/2015, de 30 de marzo (*BOE* n.º 77, de 31 de marzo).

tener posea especial trascendencia económica.

b) Que los hechos revistan especial gravedad, atendiendo el valor de los objetos producidos ilícitamente, el número de obras, o de la transformación, ejecución o interpretación de las mismas, ilícitamente reproducidas, distribuidas, comunicadas al público o puestas a su disposición, o a la especial importancia de los perjuicios ocasionados.

c) Que el culpable perteneciere a una organización o asociación, incluso de carácter transitorio, que tuviese como finalidad la realización de actividades infractoras de derechos de propiedad intelectual.

d) Que se utilice a menores de dieciocho años para cometer estos delitos.

Art. 272. 1. La extensión de la responsabilidad civil derivada de los delitos tipificados en los dos artículos anteriores se regirá por las disposiciones de la Ley de Propiedad Intelectual relativas al cese de la actividad ilícita y a la indemnización de daños y perjuicios.

2. En el supuesto de sentencia condenatoria, el juez o tribunal podrá decretar la publicación de ésta, a costa del infractor, en un periódico oficial.

SECCIÓN 2.ª

*De los delitos relativos a la propiedad industrial**

Art. 273. 1. Será castigado con la pena de prisión de seis

Art. 272: V. nota al art. 270 y, especialmente, RDL 1/1996, de 12 de abril (*BOE* n.º 97, de 22 de abril), por el que se aprueba el texto refundido de la Ley de Propiedad Intelectual, modificado por la Ley 5/1998, de 6 de marzo (*BOE* n.º 57, de 7 de marzo), de incorporación al Derecho español de la Directiva 96/9/CE, del Parlamento Europeo y del Consejo, de 11 de marzo de 1996, sobre la protección jurídica de las bases de datos, por Ley 19/2006, de 5 de junio (*BOE* n.º 134, de 6 de junio), por la que se amplían los medios de tutela de los derechos de propiedad intelectual e industrial y se establecen normas procesales para facilitar la aplicacion de diversos reglamentos comunitarios, por Ley 23/2006, de 7 de julio (*BOE* n.º 162, de 8 de julio); por Ley 3/2008, de 23 de diciembre (*BOE* n.º 310, de 25 de diciembre), relativa al derecho de participación en beneficio del autor de una obra de arte original; por el RDL 12/2017 (*BOE* n.º 158, de 4 de julio), en cuanto al sistema de compensación equitativa por copia privada; y por la Ley 2/2019, de 1 de marzo (*BOE* n.º 53, de 2 de marzo).

* V. arts. 282 bis y 338 LECr, Ley 19/2006, de 5 de junio (*BOE* n.º 134, de 6 de junio), por la que se amplían los medios de tutela de los derechos de propiedad intelectual e industrial y se establecen normas procesales para facilitar la aplicación de diversos reglamentos comunitarios; LO 1/2020, de 16 de septiembre (*BOE* n.º 248, de 17 de septiembre), sobre la utilización de los datos del Registro de Pasajeros para la prevención, detección, investigación y enjuiciamiento de delitos de terrorismo y delitos graves, modificada por LO 7/2021, de 26 de mayo (*BOE* n.º 126, de 27 de mayo), de

protección de datos personales tratados para fines de prevención, detección, investigación y enjuiciamiento de infracciones penales y de ejecución de sanciones penales; y Orden PCI/161/2019, de 21 de febrero (*BOE* n.º 46, de 22 de febrero), por la que se publica el Acuerdo del Consejo de Seguridad Nacional por el que se aprueba la Estrategia Nacional contra el Crimen Organizado y la Delincuencia Grave.

Art. 273: Este artículo figura redactado conforme al texto de la LO 15/2003, de 25 de noviembre (*BOE* n.º 283, de 26 de noviembre; corrección de errores en *BOE* n.º 65, de 16 de marzo, y n.º 80, de 2 de abril, ambos de 2004). V. arts. 149.1.º9.ª CE; 19 Ley 3/2000, de 7 de enero (*BOE* n.º 8, de 10 de enero; corrección de errores en *BOE* n.º 33, de 8 de febrero), de régimen jurídico de la protección de las obtenciones vegetales, modificada por Ley 3/2002, de 12 de marzo (*BOE* n.º 62, de 13 de marzo), y por Ley 11/2020, de 30 de diciembre (*BOE* n.º 341, de 31 de diciembre), de Presupuestos Generales del Estado para el año 2021; y desarrollada por RD 1.261/2005, de 21 de octubre (*BOE* n.º 265, de 5 de noviembre), por el que se aprobó su Reglamento, y cuyos arts. 7.º1 y 18 han sido anulados por la Sentencia del Tribunal Supremo de 5 de junio de 2007, Reglamento modificado por RD 403/2021, de 8 de junio (*BOE* n.º 157, de 2 de julio); RD 1.270/1997, de 24 de julio (*BOE* n.º 208, de 30 de agosto), por el que se regula la Oficina Española de Patentes y Marcas, modificado por RD 397/2006, de 31 de marzo (*BOE* n.º 96, de 22 de abril), y por RD 316/2017, de 31 de marzo (*BOE* n.º 78, de 1 de abril); Ley 24/2015, de 24 de julio (*BOE* n.º 177, de 25 de julio; corrección de errores en *BOE* n.º 131, de 30 de mayo de 2018), de Patentes; RD 316/2017, de 31 de marzo (*BOE* n.º 78, de 1 de abril), por el que se aprueba el Reglamento para su ejecución; Ley 11/1988, de 3 de mayo, de Protección Jurídica de las topografías de los productos semiconductores (*BOE* n.º 108, de 5 de mayo), cuyo Reglamento fue aprobado por RD 1.465/1988, de 2 de diciembre (*BOE* n.º 294, de 8 de diciembre); y Ley 20/2003, de 7 de julio (*BOE* n.º 162, de 8 de julio), de Protección Jurídica del Diseño Industrial, modificada por Ley 19/2006, de 5 de junio (*BOE* n.º 134, de 6 de junio), por Ley 24/2015, de 24 de julio (*BOE* n.º 177, de 25 de julio), de Patentes, y por RD 316/2017, de 31 de marzo (*BOE* n.º 78, de 1 de abril); así como RD 1.937/2004, de 27 de septiembre (*BOE* n.º 250, de 16 de octubre), por el que se aprueba su Reglamento, modificado por RD 1.431/2008, de 29 de agosto (*BOE* n.º 223, de 15 de septiembre); y RD 1.370/1992, de 13 de noviembre, por el que se amplía con carácter permanente la protección jurídica de las topografías de los productos semiconductores a las personas originarias de determinados países y territorios, habiendo sido sustituido el anexo de este RD por el RD 1.166/1995, de 7 de julio (*BOE* n.º 181, de 31 de julio); RD 149/1996, de 2 de febrero (*BOE* n.º 59, de 8 de marzo), por el que se amplía la protección jurídica de las topografías de los productos semiconductores a los nacionales de los miembros de la Organización Mundial del Comercio; y RD 996/2001, de 10 de septiembre (*BOE* n.º 218, de 11 de septiembre), por el que se establece la aplicación con carácter general del procedimiento de concesión de patentes nacionales con examen previo. V., también, art. 6.º Ley 34/1988, de 11 de noviembre, General de Publicidad (*BOE* n.º 274, de 15 de noviembre), modificada por LO 8/2021, de 4 de junio (*BOE* n.º 134, de 5 de junio), de protección integral a la infancia y la adolescencia frente a la violencia; LCD; RD 1.224/2005, de 13 de octubre, por el que se crea y regula la Comisión intersectorial para actuar contra las actividades vulneradoras de los derechos de propiedad industrial (*BOE* n.º 258, de 28 de octubre).

Sobre la protección internacional de la Propiedad Industrial, véanse: Tratado de Singapur sobre el Derecho de Marcas, hecho en Singapur el 27 de marzo de 2006, y ratificado por España mediante Instrumento de 6 de febrero de 2009 (*BOE* n.º 108, de 4 de mayo); Arreglo de Madrid relativo a la represión de las indicaciones de procedencia falsas o engañosas, revisado en Lisboa el 31 de octubre de 1958 y al que España se adhirió por Instrumento depositado el 14 de julio de 1967 (*BOE* n.º 25, de 29 de enero de 1974); Convenio de París de 20 de marzo de 1883, revisado en Estocolmo el 14

meses a dos años y multa de doce a veinticuatro meses el que, con fines industriales o comerciales, sin consentimiento del titular de una patente o modelo de utilidad y con conocimiento de su registro, fabrique, importe, posea, utilice, ofrezca o introduzca en el comercio objetos amparados por tales derechos.

2. Las mismas penas se impondrán al que, de igual manera, y para los citados fines, utilice u ofrezca la utilización de un procedimiento objeto de una patente, o posea, ofrezca, introduzca en el comercio, o utilice el producto directamente obtenido por el procedimiento patentado.

3. Será castigado con las mismas penas el que realice cualquiera de los actos tipificados en el párrafo primero de este artículo concurriendo iguales circunstancias en relación con objetos amparados en favor de tercero por un modelo o dibujo industrial o artístico o topografía de un producto semiconductor.

Art. 274. 1. Será castigado con las penas de uno a cuatro años de prisión y multa de

---

de julio de 1967 y ratificado por Instrumento de 13 de diciembre de 1971 (*BOE* n.º 28, de 1 de febrero de 1974); Acta de Ginebra del Arreglo de La Haya relativo al Registro Internacional de Dibujos y Modelos Industriales, y Reglamento del Acta de Ginebra, hecha en Ginebra el 2 de julio de 1999 y ratificado por Instrumento de 4 de septiembre de 2003 (*BOE* n.º 297, de 12 de diciembre); Reglamento Común del Acta de 1999 y el Acta de 1960 del Arreglo de La Haya sobre el depósito internacional de dibujos y modelos industriales, hecho en Ginebra el 2 de julio de 1999 y en La Haya el 28 de noviembre de 1960, respectivamente (*BOE* n.º 243, de 8 de octubre de 2011); Convenio Internacional para la Protección de las Obtenciones Vegetales, hecho en Ginebra el 19 de marzo de 1991, y ratificado por España mediante Instrumento de 1 de junio de 2007 (*BOE* n.º 173, de 20 de julio); Decisión del Consejo de Administración de la Organización Europea de Patentes, de 28 de junio de 2001 (*BOE* n.º 37, de 13 de febrero de 2017), por la que se aprueba el nuevo texto del Convenio sobre la Patente Europea; y Reglamento para su ejecución (*BOE* n.º 37, de 13 de febrero de 2017).

Art. 274: Este artículo figura redactado conforme al texto de la LO 1/2015, de 30 de marzo (*BOE* n.º 77, de 31 de marzo).

V. nota al artículo anterior y, además, Ley 17/2001, de 7 de diciembre (*BOE* n.º 294, de 8 de diciembre), de Marcas, modificada por Ley 20/2003, de 7 de julio (*BOE* n.º 162, de 8 de julio), de Protección Jurídica del Diseño Industrial, por Ley 19/2006, de 5 de junio (*BOE* n.º 134, de 6 de junio), por la que se amplían los medios de tutela de los derechos de propiedad intelectual e industrial y se establecen normas procesales para facilitar la aplicación de diversos reglamentos comunitarios, por Ley 24/2015, de 24 de julio (*BOE* n.º 177, de 25 de julio), de Patentes, y por RD-Ley 23/2018, de 21 de diciembre (*BOE* n.º 312, de 27 de diciembre), de transposición de directivas en materia de marcas, transporte ferroviario y viajes combinados y servicios de viaje vinculados; RD 687/2002, de 12 de julio (*BOE* n.º 167, de 13 de julio), por el que se aprueba el Reglamento para la ejecución de la Ley de Marcas, modificado por RD 1.431/2008,

doce a veinticuatro meses el que, con fines industriales o comerciales, sin consentimiento del titular de un derecho de propiedad industrial registrado conforme a la legislación de marcas y con conocimiento del registro,

a) fabrique, produzca o importe productos que incorporen un signo distintivo idéntico o confundible con aquél, u

b) ofrezca, distribuya, o comercialice al por mayor productos que incorporen un signo distintivo idéntico o confundible con aquél, o los almacene con esa finalidad, cuando se trate de los mismos o similares productos, servicios o actividades para los que el derecho de propiedad industrial se encuentre registrado.

2. Será castigado con las penas de seis meses a tres años de prisión el que, con fines industriales o comerciales, sin consentimiento del titular de un derecho de propiedad industrial registrado conforme a la legislación de marcas y con conocimiento del registro, ofrezca, distribuya o comercialice al por menor, o preste servicios o desarrolle actividades, que incorporen un signo distintivo idéntico o confundible con aquél, cuando se trate de los mismos o similares productos, servicios o actividades para los que el derecho de propiedad industrial se encuentre registrado.

La misma pena se impondrá a quien reproduzca o imite un signo distintivo idéntico o confundible con aquél para su utilización para la comisión de las conductas sancionadas en este artículo.

3. La venta ambulante u ocasional de los productos a que se refieren los apartados anteriores será castigada con la pena de prisión de seis meses a dos años.

No obstante, atendidas las características del culpable y la reducida cuantía del beneficio económico obtenido o que se hubiera podido obtener, siempre que no concurra ninguna de las circunstancias del artículo 276, el juez podrá imponer la pena de multa de uno a seis meses o trabajos en beneficio de la

---

de 29 de agosto (*BOE* n.º 223, de 15 de septiembre) y por RD 306/2019, de 26 de abril (*BOE* n.º 103, de 30 de abril); RD 1.261/2005, de 21 de octubre, por el que se aprueba el Reglamento de protección de obtenciones vegetales (*BOE* n.º 265, de 5 de noviembre), modificado por RD 403/2021, de 8 de junio (*BOE* n.º 157, de 2 de julio); e Instrumento de 8 de abril de 1991 (*BOE* n.º 276, de 18 de noviembre de 1995), por el que se ratifica el Protocolo concerniente al Arreglo de Madrid relativo al Registro Internacional de Marcas, adoptado en Madrid el 27 de junio de 1989; y el Tratado sobre el Derecho de Marcas y Reglamento, hecho en Ginebra el 27 de octubre de 1994 y ratificado por España mediante Instrumento de 13 de noviembre de 1998 (*BOE* n.º 41, de 17 de febrero de 1999).

comunidad de treinta y uno a sesenta días.

4. Será castigado con las penas de uno a tres años de prisión el que, con fines agrarios o comerciales, sin consentimiento del titular de un título de obtención vegetal y con conocimiento de su registro, produzca o reproduzca, acondicione con vistas a la producción o reproducción, ofrezca en venta, venda o comercialice de otra forma, exporte o importe, o posea para cualquiera de los fines mencionados, material vegetal de reproducción o multiplicación de una variedad vegetal protegida conforme a la legislación nacional o de la Unión Europea sobre protección de obtenciones vegetales.

Será castigado con la misma pena quien realice cualesquiera de los actos descritos en el párrafo anterior utilizando, bajo la denominación de una variedad vegetal protegida, material vegetal de reproducción o multiplicación que no pertenezca a tal variedad.

Art. 275. Las mismas penas previstas en el artículo anterior se impondrán a quien intencionadamente y sin estar autorizado para ello, utilice en el tráfico económico una denominación de origen o una indicación geográfica representativa de una calidad determinada legalmente protegidas para distinguir los productos amparados por ellas, con conocimiento de esta protección.

Art. 276. Se impondrá la pena de prisión de dos a seis años, multa de dieciocho a treinta y seis meses e inhabilitación especial para el ejercicio de la profesión relacionada con el delito cometido, por un período de dos a cinco años, cuando concurra alguna de las siguientes circunstancias:

a) Que el beneficio obtenido o que se hubiera podido ob-

Art. 275: V. arts. 4.º y 5.º Ley 34/1988, de 11 de noviembre (*BOE* n.º 274, de 15 de noviembre), General de Publicidad, y 7.º LCD; Ley 6/2015, de 12 de mayo (*BOE* n.º 114, de 13 de mayo; corrección de errata y error en *BOE* n.º 161, de 7 de julio), de Denominaciones de Origen e Indicaciones Geográficas Protegidas de ámbito territorial supraautonómico, desarrollada por RD 267/2017, de 17 de marzo (*BOE* n.º 66, de 18 de marzo); RD 1.335/2011, de 3 de octubre (*BOE* n.º 251, de 18 de octubre), por el que se regula el procedimiento para la tramitación de las solicitudes de inscripción de las denominaciones de origen protegidas y de las indicaciones geográficas protegidas en el registro comunitario y la oposición a ellas; y RD 409/2001, de 20 de abril (*BOE* n.º 114, de 12 de mayo), por el que se establecen las reglas generales de utilización de indicaciones geográficas en la designación de vinos de mesa.

Art. 276: Este artículo figura redactado conforme al texto de la LO 1/2015, de 30 de marzo (*BOE* n.º 77, de 31 de marzo).

tener posea especial trascendencia económica.

b) Que los hechos revistan especial gravedad, atendiendo al valor de los objetos producidos ilícitamente, distribuidos, comercializados u ofrecidos, o a la especial importancia de los perjuicios ocasionados.

c) Que el culpable perteneciere a una organización o asociación, incluso de carácter transitorio, que tuviese como finalidad la realización de actividades infractoras de derechos de propiedad industrial.

d) Que se utilice a menores de dieciocho años para cometer estos delitos.

Art. 277. Será castigado con las penas de prisión de seis meses a dos años y multa de seis a veinticuatro meses, el que intencionadamente haya divulgado la invención objeto de una solicitud de patente secreta, en contravención con lo dispuesto en la legislación de patentes, siempre que ello sea en perjuicio de la defensa nacional.

SECCIÓN 3.ª

*De los delitos relativos al mercado y a los consumidores**

Art. 278. 1. El que, para descubrir un secreto de empresa se apoderare por cualquier medio de datos, documentos escritos o electrónicos, soportes informáticos u otros objetos que se refieran al mismo, o empleare alguno de los medios o instrumentos señalados en el apartado 1 del artículo 197, será castigado con la pena de prisión de dos a cuatro años y

Art. 277: V. art. 598 CP.

* V. RDL 1/2007, de 16 de noviembre (*BOE* n.º 287, de 30 de noviembre; corrección de errores en *BOE* n.º 38, de 13 de febrero de 2008), por el que se aprueba el texto refundido de la Ley General para la Defensa de los Consumidores y Usuarios y otras leyes complementarias, modificado por Leyes 25/2009, de 22 de diciembre (*BOE* n.º 308, de 23 de diciembre), 29/2009, de 30 de diciembre (*BOE* n.º 315, de 31 de diciembre); 3/2014, de 27 de marzo (*BOE* n.º 76, de 28 de marzo; corrección de errores en *BOE* n.º 117, de 14 de mayo), 15/2015, de 2 de julio (*BOE* n.º 158, de 3 de julio, corrección de errores en *BOE* n.º 210, de 2 de septiembre), 7/2017, de 2 de noviembre (*BOE* n.º 268, de 4 de noviembre), 4/2018, de 11 de junio (*BOE* n.º 142, de 12 de junio), RD-L 23/2018, de 21 de diciembre (*BOE* n.º 312, de 27 de diciembre), de transposición de directivas en materia de marcas, transporte ferroviario y viajes combinados y servicios de viaje vinculados; Ley 5/2019, de 15 de marzo (*BOE* n.º 65, de 16 de marzo), reguladora de los contratos de crédito inmobiliario, RD-L 1/2021, de 19 de enero (*BOE* n.º 17, de 20 de enero), de protección de los consumidores y usuarios frente a situaciones de vulnerabilidad social y económica, y RD-L 7/2021, de 27 de abril (*BOE* n.º 101, de 28 de abril), de transposición de directivas de la Unión Europea en las materias de

multa de doce a veinticuatro meses.

2. Se impondrá la pena de prisión de tres a cinco años y multa de doce a veinticuatro meses si se difundieren, revelaren o cedieren a terceros los secretos descubiertos.

3. Lo dispuesto en el presente artículo se entenderá sin perjuicio de las penas que pudieran corresponder por el apoderamiento o destrucción de los soportes informáticos.

Art. 279. La difusión, revelación o cesión de un secreto de empresa llevada a cabo por quien tuviere legal o contractualmente obligación de guardar reserva, se castigará con la pena de prisión de dos a cuatro años y multa de doce a veinticuatro meses.

Si el secreto se utilizara en provecho propio, las penas se impondrán en su mitad inferior.

Art. 280. El que, con conocimiento de su origen ilícito, y sin haber tomado parte en su descubrimiento, realizare alguna de las conductas descritas en los dos artículos anteriores, será castigado con la pena de prisión de uno a tres años y multa de doce a veinticuatro meses.

---

competencia, prevención del blanqueo de capitales, entidades de crédito, telecomunicaciones, medidas tributarias, prevención y reparación de daños medioambientales, desplazamientos de trabajadores en la prestación de servicios transnacionales y defensa de los consumidores; Ley 4/1996, de 14 de junio (*BOE* n.º 238, de 2 de octubre), del Estatuto de los Consumidores y Usuarios de la Región de Murcia, modificada por Leyes 7/2015, de 24 de marzo (*BOE* n.º 103, de 30 de abril), y 10/2016, de 7 de junio (*BOE* n.º 167, de 12 de julio); Ley 6/2019, de 20 de febrero (*BOE* n.º 61, de 12 de marzo), del Estatuto de las personas consumidoras de Extremadura; Ley Foral 7/2006, de 20 de junio (*BOE* n.º 172, de 20 de julio), de Defensa de los Consumidores y Usuarios de la Comunidad Foral de Navarra; Ley 2/2012, de 28 de marzo (*BOE* n.º 101, de 27 de abril), de la Comunidad Autónoma de Galicia, de protección general de las personas consumidoras y usuarias; Ley 5/2013, de 12 de abril (*BOE* n.º 101, de 27 de abril), para la defensa de los consumidores en la Comunidad Autónoma de La Rioja; Ley 7/2014, de 23 de julio (*BOE* n.º 202, de 20 de agosto), de protección de las personas consumidoras y usuarias de las Illes Balears; Ley 2/2015, de 4 de marzo (*BOE* n.º 74, de 27 de marzo), por la que se aprueba el Estatuto del Consumidor de Castilla y León, modificada por Ley 1/2016, de 13 de octubre (*BOE* n.º 272, de 10 de noviembre), y por Ley 1/2018, de 20 de abril (*BOE* n.º 116, de 12 de mayo); Leyes de la Comunidad Autónoma de Andalucía 3/2016, de 9 de junio (*BOE* n.º 157, de 30 de junio), para la protección de los derechos de las personas consumidoras, y 3/2016, de 9 de junio (*BOE* n.º 157, de 30 de junio), para la protección de los derechos de las personas consumidoras y usuarias en la contratación de préstamos y créditos hipotecarios sobre la vivienda; y Ley 3/2019, de 22 de marzo (*BOE* n.º 110, de 8 de mayo; corrección de errores en *BOE* n.º 187, de 6 de agosto), del Estatuto de las Personas Consumidoras en Castilla-La Mancha.

Art. 279: V. arts. 5.º*a*), 54.2.º*d*) y 65.2.º ET.

Art. 281. 1. El que detrajere del mercado materias primas o productos de primera necesidad con la intención de desabastecer un sector del mismo, de forzar una alteración de precios, o de perjudicar gravemente a los consumidores, será castigado con la pena de prisión de uno a cinco años y multa de doce a veinticuatro meses.

2. Se impondrá la pena superior en grado si el hecho se realiza en situaciones de grave necesidad o catastróficas.

Art. 282. Serán castigados con la pena de prisión de seis meses a un año o multa de doce

---

Art. 282: Este artículo figura redactado conforme al texto de la LO 15/2003, de 25 de noviembre (*BOE* n.º 283, de 26 de noviembre; corrección de errores en *BOE* n.º 65, de 16 de marzo, y n.º 80, de 2 de abril, ambos de 2004). V. RDL 1/2007, de 16 de noviembre (*BOE* n.º 287, de 30 de noviembre; corrección de errores en *BOE* n.º 38, de 13 de febrero de 2008), por el que se aprueba el texto refundido de la Ley General para la Defensa de los Consumidores y Usuarios y otras leyes complementarias [modificado por Ley 29/2009, de 30 de diciembre (*BOE* n.º 315, de 31 de diciembre), por Ley 3/2014, de 27 de marzo (*BOE* n.º 76, de 28 de marzo; corrección de errores en *BOE* n.º 117, de 14 de mayo); por Ley 34/1988, de 11 de noviembre (*BOE* n.º 274, de 15 de noviembre), General de Publicidad, por Ley 29/2009, de 30 de diciembre (*BOE* n.º 315, de 31 de octubre), por Ley 12/2012, de 26 de diciembre (*BOE* n.º 311, de 27 de diciembre), por Ley 3/2014, de 27 de marzo (*BOE* n.º 76, de 28 de marzo; corrección de errores en *BOE* n.º 117, de 14 de mayo), por RD-L 23/2018, de 21 de diciembre (*BOE* n.º 312, de 27 de diciembre), de transposición de directivas en materia de marcas, transporte ferroviario y viajes combinados y servicios de viaje vinculados; por Ley5/2019, de 15 de marzo (*BOE* n.º 65, de 16 de marzo), reguladora de los contratos de crédito inmobiliario, por RD-L 1/2021, de 19 de enero (*BOE* n.º 17, de 20 de enero), de protección de los consumidores y usuarios frente a situaciones de vulnerabilidad social y económica, y por RD-L 7/2021, de 27 de abril (*BOE* n.º 101, de 28 de abril), de transposición de directivas de la Unión Europea en las materias de competencia, prevención del blanqueo de capitales, entidades de crédito, telecomunicaciones, medidas tributarias, prevención y reparación de daños medioambientales, desplazamientos de trabajadores en la prestación de servicios transnacionales y defensa de los consumidores]; LCD; Ley 15/2007, de 3 de julio (*BOE* n.º 159, de 4 de julio), de Defensa de la Competencia, modificada por RDL 9/2017, de 26 de mayo (*BOE* n.º 126, de 27 de mayo; corrección de errores en *BOE* n.º 136, de 8 de junio), por el que se trasponen directivas de la Unión Europea en los ámbitos financiero, mercantil y sanitario, y sobre el desplazamiento de trabajadores, y por RD-L 7/2021, de 27 de abril (*BOE* n.º 101, de 28 de abril), de transposición de directivas de la Unión Europea en la materias de competencia, prevención del blanqueo de capitales, entidades de crédito, telecomunicaciones, medidas tributarias, prevención y reparación de daños medioambientales, desplazamientos de trabajadores en la prestación de servicios transnacionales y defensa de los consumidores; RD 864/2003, de 4 de julio (*BOE* n.º 164, de 10 de julio), por el que se aprueba el Estatuto del Tribunal de Defensa de la Competencia; y RD 3.423/ 2000, de 15 de diciembre (*BOE* n.º 311, de 28 de diciembre), por el que se regula la indicación de los precios de los productos ofrecidos a los consumidores y usuarios.

a veinticuatro meses los fabricantes o comerciantes que, en sus ofertas o publicidad de productos o servicios, hagan alegaciones falsas o manifiesten características inciertas sobre los mismos, de modo que puedan causar un perjuicio grave y manifiesto a los consumidores, sin perjuicio de la pena que corresponda aplicar por la comisión de otros delitos.

Art. 282 bis. Los que, como administradores de hecho o de derecho de una sociedad emisora de valores negociados en los mercados de valores, falsearan la información económico-financiera contenida en los folletos de emisión de cualesquiera instrumentos financieros o las informaciones que la sociedad debe publicar y difundir conforme a la legislación del mercado de valores sobre sus recursos, actividades y negocios presentes y futuros, con el propósito de captar inversores o depositantes, colocar cualquier tipo de activo financiero, u obtener financiación por cualquier medio, serán castigados con la pena de prisión de uno a cuatro años, sin perjuicio de lo dispuesto en el artículo 308 de este Código.

En el supuesto de que se llegue a obtener la inversión, el depósito, la colocación del activo o la financiación, con perjuicio para el inversor, depositante, adquiriente de los activos financieros o acreedor, se impondrá la pena en la mitad superior. Si el perjuicio causado fuera de notoria gravedad, la pena a imponer será de uno a seis años de prisión y multa de seis a doce meses.

Art. 283. Se impondrán las penas de prisión de seis meses a un año y multa de seis a dieciocho meses a los que, en perjuicio del consumidor, facturen cantidades superiores por productos o servicios cuyo costo o precio se mida por aparatos automáticos, mediante la alteración o manipulación de éstos.

Art. 284. 1. Se impondrá la pena de prisión de seis meses a seis años, multa de dos a cinco años, o del tanto al triplo del beneficio obtenido o favorecido, o de los perjuicios evitados, si la

---

Art. 282 bis: Este artículo ha sido incorporado por la LO 5/2010, de 22 de junio (*BOE* n.º 152, de 23 de junio).

Art. 284: Este artículo figura redactado conforme al texto de la LO 1/2019, de 20 de febrero (*BOE* n.º 45, de 21 de febrero), para transponer Directivas de la Unión Europea en los ámbitos financiero y de terrorismo, y abordar cuestiones de índole internacional. El texto vigente hasta esta reforma, redactado por la LO 5/2010, de 22 de junio (*BOE* n.º 152, de 23 de junio), decía:

cantidad resultante fuese más elevada, e inhabilitación especial para intervenir en el mercado financiero como actor, agente o mediador o informador por tiempo de dos a cinco años, a los que:

1.º Empleando violencia, amenaza, engaño o cualquier otro artificio, alterasen los precios que hubieren de resultar de la libre concurrencia de productos, mercancías, instrumentos financieros, contratos de contado sobre materias primas relacionadas con ellos, índices de referencia, servicios o cualesquiera otras cosas muebles o inmuebles que sean objeto de contratación, sin perjuicio de la pena que pudiere corresponderles por otros delitos cometidos.

2.º Por sí, de manera directa o indirecta o a través de un medio de comunicación, por medio de internet o mediante el uso de

---

Art. 284. Se impondrá la pena de prisión de seis meses a dos años o multa de doce a veinticuatro meses a los que:

1.º Empleando violencia, amenaza o engaño, intentaren alterar los precios que hubieren de resultar de la libre concurrencia de productos, mercancías, títulos valores o instrumentos financieros, servicios o cualesquiera otras cosas muebles o inmuebles que sean objeto de contratación, sin perjuicio de la pena que pudiere corresponderles por otros delitos cometidos.

2.º Difundieren noticias o rumores, por sí o a través de un medio de comunicación, sobre personas o empresas en que a sabiendas se ofrecieren datos económicos total o parcialmente falsos con el fin de alterar o preservar el precio de cotización de un valor o instrumento financiero, obteniendo para sí o para tercero un beneficio económico superior a los 300.000 euros o causando un perjuicio de idéntica cantidad.

3.º Utilizando información privilegiada, realizaren transacciones o dieren órdenes de operación susceptibles de proporcionar indicios engañosos sobre la oferta, la demanda o el precio de valores o instrumentos financieros, o se aseguraren utilizando la misma información, por sí o en concierto con otros, una posición dominante en el mercado de dichos valores o instrumentos con la finalidad de fijar sus precios en niveles anormales o artificiales.

En todo caso se impondrá la pena de inhabilitación de uno a dos años para intervenir en el mercado financiero como actor, agente o mediador o informador.

V. arts. 78 ss. LMV; 20.*a*) LCAP; Ley 15/2007, de 3 de julio (*BOE* n.º 159, de 4 de julio), de Defensa de la Competencia; modificada por RDL 9/2017, de 26 de mayo (*BOE* n.º 126, de 27 de mayo; corrección de errores en *BOE* n.º 136, de 8 de junio), por el que se trasponen directivas de la Unión Europea en los ámbitos financiero, mercantil y sanitario, y sobre el desplazamiento de trabajadores; RD 629/1993, de 3 de mayo, sobre normas de actuación en los mercados de valores y registros obligatorios, y Orden de 25 de octubre de 1995, de desarrollo parcial de dicho RD (*BOE* n.º 262, de 2 de noviembre de 1995), así como Circular 1/1996, de 27 de marzo, de la Comisión Nacional del Mercado de Valores (*BOE* n.º 86, de 9 de abril); LCD; y RD 1.333/2005, de 11 de noviembre, por el que se desarrolla la Ley 24/1988, de 28 de julio, del Mercado de Valores, en materia de abuso de mercado (*BOE* n.º 280, de 23 de noviembre).

tecnologías de la información y la comunicación, o por cualquier otro medio, difundieren noticias o rumores o transmitieren señales falsas o engañosas sobre personas o empresas, ofreciendo a sabiendas datos económicos total o parcialmente falsos con el fin de alterar o preservar el precio de cotización de un instrumento financiero o un contrato de contado sobre materias primas relacionado o de manipular el cálculo de un índice de referencia, cuando obtuvieran, para sí o para tercero, un beneficio, siempre que concurra alguna de las siguientes circunstancias:

a) que dicho beneficio fuera superior a doscientos cincuenta mil euros o se causara un perjuicio de idéntica cantidad;

b) que el importe de los fondos empleados fuera superior a dos millones de euros,

c) que se causara un grave impacto en la integridad del mercado.

3.º Realizaren transacciones, transmitieren señales falsas o engañosas, o dieren órdenes de operación susceptibles de proporcionar indicios falsos o engañosos sobre la oferta, la demanda o el precio de un instrumento financiero, un contrato de contado sobre materias primas relacionado o índices de referencia, o se aseguraren, utilizando la misma información, por sí o en concierto con otros, una posición dominante en el mercado de dichos instrumentos o contratos con la finalidad de fijar sus precios en niveles anormales o artificiales, siempre que concurra alguna de las siguientes circunstancias:

a) que como consecuencia de su conducta obtuvieran, para sí o para tercero, un beneficio superior a doscientos cincuenta mil euros o causara un perjuicio de idéntica cantidad;

b) que el importe de los fondos empleados fuera superior a dos millones de euros;

c) que se causara un grave impacto en la integridad del mercado.

2. Se impondrá la pena en su mitad superior si concurriera alguna de las siguientes circunstancias:

1.ª Que el sujeto se dedique de forma habitual a las anteriores prácticas abusivas.

2.ª Que el beneficio obtenido, la pérdida evitada o el perjuicio causado sea de notoria importancia.

3. Si el responsable del hecho fuera trabajador o empleado de una empresa de servicios de inversión, entidad de crédito, autoridad supervisora o reguladora, o entidad rectora de mercados regulados o centros de negociación, las penas se impondrán en su mitad superior.

Art. 285. 1. Quien de forma directa o indirecta o por persona interpuesta realizare actos de adquisición, transmisión o cesión de un instrumento financiero, o de cancelación o modificación de una orden relativa a un instrumento financiero, utilizando información privilegiada a la que hubiera tenido acceso reservado en los términos del apartado 4, o recomendare a un tercero el uso de dicha información privilegiada para alguno de esos actos, será castigado con la pena de prisión de seis meses a seis años, multa de dos a cinco años, o del tanto al triplo del beneficio obtenido o favorecido o de los perjuicios evitados si la cantidad resultante fuese más elevada, e inhabilitación especial para el ejercicio de la profesión o actividad de dos a cinco años, siempre que concurra alguna de las siguientes circunstancias:

a) que, como consecuencia de su conducta obtuviera, para sí o para tercero, un beneficio superior a quinientos mil euros o causara un perjuicio de idéntica cantidad;

b) que el valor de los instrumentos financieros empleados fuera superior a dos millones de euros;

Art. 285: Este artículo figura redactado conforme al texto de la LO 1/2019, de 20 de febrero (*BOE* n.º 45, de 21 de febrero), para transponer Directivas de la Unión Europea en los ámbitos financiero y de terrorismo, y abordar cuestiones de índole internacional. El texto vigente hasta esta reforma, incorporado por LO 15/2003, de 25 de noviembre (*BOE* n.º 283, de 26 de noviembre; corrección de errores en *BOE* n.º 65, de 16 de marzo, y n.º 80, de 2 de abril, ambos de 2004), decía:

> *Art. 285.* 1. Quien de forma directa o por persona interpuesta usare de alguna información relevante para la cotización de cualquier clase de valores o instrumentos negociados en algún mercado organizado, oficial o reconocido, a la que haya tenido acceso reservado con ocasión del ejercicio de su actividad profesional o empresarial, o la suministrare obteniendo para sí o para un tercero un beneficio económico superior a 600.000 euros o causando un perjuicio de idéntica cantidad, será castigado con la pena de prisión de uno a cuatro años, multa del tanto al triplo del beneficio obtenido o favorecido e inhabilitación especial para el ejercicio de la profesión o actividad de dos a cinco años.
>
> 2. Se aplicará la pena de prisión de cuatro a seis años, la multa del tanto al triplo del beneficio obtenido o favorecido e inhabilitación especial para el ejercicio de la profesión o actividad de dos a cinco años, cuando en las conductas descritas en el apartado anterior concurra alguna de las siguientes circunstancias:
>
> 1.ª Que los sujetos se dediquen de forma habitual a tales prácticas abusivas.
> 2.ª Que el beneficio obtenido sea de notoria importancia.
> 3.ª Que se cause grave daño a los intereses generales.

V. arts. 81 y 99 LMV.

c) que se causara un grave impacto en la integridad del mercado.

2. Se impondrá la pena en su mitad superior si concurriera alguna de las siguientes circunstancias:

1.ª Que el sujeto se dedique de forma habitual a las anteriores prácticas de operaciones con información privilegiada.

2.ª Que el beneficio obtenido, la pérdida evitada o el perjuicio causado sea de notoria importancia.

3. Las penas previstas en este artículo se impondrán, en sus respectivos casos, en su mitad superior si el responsable del hecho fuera trabajador o empleado de una empresa de servicios de inversión, entidad de crédito, autoridad supervisora o reguladora, o entidades rectoras de mercados regulados o centros de negociación.

4. A los efectos de este artículo, se entiende que tiene acceso reservado a la información privilegiada quien sea miembro de los órganos de administración, gestión o supervisión del emisor o del participante del mercado de derechos de emisión, quien participe en el capital del emisor o del participante del mercado de derechos de emisión, quien la conozca con ocasión del ejercicio de su actividad profesional o empresarial, o en el desempeño de sus funciones, y quien la obtenga a través de una actividad delictiva.

5. Las penas previstas en este artículo se rebajarán en un grado cuando el responsable del hecho, sin tener acceso reservado a la información privilegiada, la obtenga de cualquier modo distinto de los previstos en el apartado anterior y la utilice conociendo que se trata de información privilegiada.

Art. 285 bis. Fuera de los casos previstos en el artículo anterior, quien poseyera información privilegiada y la revelare fuera del normal ejercicio de

---

Art. 285 bis: Este artículo fue incorporado por la LO 1/2019, de 20 de febrero (*BOE* n.º 45, de 21 de febrero), para transponer Directivas de la Unión Europea en los ámbitos financiero y de terrorismo, y abordar cuestiones de índole internacional. En su Preámbulo se dice que este precepto, y los dos que le siguen, se han configurado: «El artículo 285 bis para tipificar la comunicación ilícita de información privilegiada cuando ponga en peligro la integridad del mercado o la confianza de los inversores; el artículo 285 ter para remitir, con pleno respeto del principio de legalidad, los contenidos conceptuales (instrumentos financieros, contratos, conductas, operaciones y órdenes previstos) a la normativa europea y española en materia de mercado e instrumentos financieros y el artículo 285 quáter para establecer de manera expresa la punición de los actos de proposición, conspiración y provocación a los tres delitos mencionados.»

re fuera del normal ejercicio de su trabajo, profesión o funciones, poniendo en peligro la integridad del mercado o la confianza de los inversores, será sancionado con pena de prisión de seis meses a cuatro años, multa de doce a veinticuatro meses e inhabilitación especial para el ejercicio de la profesión o actividad de uno a tres años.

A los efectos de lo dispuesto en este artículo, se incluirá la revelación de información privilegiada en una prospección de mercado cuando se haya realizado sin observar los requisitos previstos en la normativa europea en materia de mercados e instrumentos financieros.

Art. 285 ter. Las previsiones de los tres artículos precedentes se extenderán a los instrumentos financieros, contratos, conductas, operaciones y órdenes previstos en la normativa europea y española en materia de mercado e instrumentos financieros.

Art. 285 quáter. La provocación, la conspiración y la proposición para cometer los delitos previstos en los artículos 284 a 285 bis se castigará, respectivamente, con la pena inferior en uno o dos grados.

Art. 286. 1. Será castigado con las penas de prisión de seis meses a dos años y multa de seis a veinticuatro meses el que, sin consentimiento del prestador de servicios y con fines comerciales, facilite el acceso inteligible a un servicio de radiodifusión sonora o televisiva, a servicios interactivos prestados a distancia por vía electrónica, o suministre el acceso condicional a los mismos, considerado como servicio independiente, mediante:

1.º La fabricación, importación, distribución, puesta a disposición por vía electrónica, venta, alquiler, o posesión de cualquier equipo o programa informático, no autorizado en otro Estado miembro de la Unión Europea, diseñado o

---

Art. 285 ter: Este artículo fue incorporado por la LO 1/2019, de 20 de febrero (*BOE* n.º 45, de 21 de febrero), para transponer Directivas de la Unión Europea en los ámbitos financiero y de terrorismo, y abordar cuestiones de índole internacional. Vid. la nota al artículo anterior.

Art. 285 quáter: Este artículo fue incorporado por la LO 1/2019, de 20 de febrero (*BOE* n.º 45, de 21 de febrero), para transponer Directivas de la Unión Europea en los ámbitos financiero y de terrorismo, y abordar cuestiones de índole internacional. Vid. la nota al artículo 285 bis.

Art. 286: Este artículo figura redactado conforme al texto de la LO 15/2003, de 25 de noviembre (*BOE* n.º 283, de 26 de noviembre; corrección de errores en *BOE* n.º 65, de 16 de marzo, y n.º 80, de 2 de abril, ambos de 2004).

adaptado para hacer posible dicho acceso.

2.º La instalación, mantenimiento o sustitución de los equipos o programas informáticos mencionados en el párrafo 1.º

2. Con idéntica pena será castigado quien, con ánimo de lucro, altere o duplique el número identificativo de equipos de telecomunicaciones, o comercialice equipos que hayan sufrido alteración fraudulenta.

3. A quien, sin ánimo de lucro, facilite a terceros el acceso descrito en el apartado 1, o por medio de una comunicación pública, comercial o no, suministre información a una pluralidad de personas sobre el modo de conseguir el acceso no autorizado a un servicio o el uso de un dispositivo o programa, de los expresados en ese mismo apartado 1, incitando a lograrlos, se le impondrá la pena de multa en él prevista.

4. A quien utilice los equipos o programas que permitan el acceso no autorizado a servicios de acceso condicional o equipos de telecomunicación, se le impondrá la pena prevista en el artículo 255 de este Código con independencia de la cuantía de la defraudación.

SECCIÓN 4.ª *

*Delitos de corrupción en los negocios***

Art. 286 bis. 1. El directivo, administrador, empleado o colaborador de una empresa

---

* Esta Sección ha sido incorporada por la LO 5/2010, de 22 de junio (*BOE* n.º 152, de 23 de junio).

** Esta rúbrica figura redactada conforme al texto de la LO 1/2015, de 30 de marzo (*BOE* n.º 77, de 31 de marzo).

Art. 286 bis: El primer apartado de este artículo figura redactado conforme al texto de la LO 1/2019, de 20 de febrero (*BOE* n.º 45, de 21 de febrero), para transponer Directivas de la Unión Europea en los ámbitos financiero y de terrorismo, y abordar cuestiones de índole internacional. La redacción del mismo vigente hasta entonces, dada por la LO 1/2015, de 30 de marzo (*BOE* n.º 77, de 31 de marzo), era la siguiente:

> *Art. 286 bis.* 1. El directivo, administrador, empleado o colaborador de una empresa mercantil o de una sociedad que, por sí o por persona interpuesta, reciba, solicite o acepte un beneficio o ventaja no justificados de cualquier naturaleza, para sí o para un tercero, como contraprestación para favorecer indebidamente a otro en la adquisición o venta de mercancías, o en la contratación de servicios o en las relaciones comerciales, será castigado con la pena de prisión de seis meses a cuatro años, inhabilitación especial para el ejercicio de industria o comercio por tiempo de uno a seis años y multa del tanto al triplo del valor del beneficio o ventaja.

mercantil o de una sociedad que, por sí o por persona interpuesta, reciba, solicite o acepte un beneficio o ventaja no justificados de cualquier naturaleza, u ofrecimiento o promesa de obtenerlo, para sí o para un tercero, como contraprestación para favorecer indebidamente a otro en la adquisición o venta de mercancías, o en la contratación de servicios o en las relaciones comerciales, será castigado con la pena de prisión de seis meses a cuatro años, inhabilitación especial para el ejercicio de industria o comercio por tiempo de uno a seis años y multa del tanto al triplo del valor del beneficio o ventaja.

2. Con las mismas penas será castigado quien, por sí o por persona interpuesta, prometa, ofrezca o conceda a directivos, administradores, empleados o colaboradores de una empresa mercantil o de una sociedad, un beneficio o ventaja no justificados, de cualquier naturaleza, para ellos o para terceros, como contraprestación para que le favorezca indebidamente a él o a un tercero frente a otros en la adquisición o venta de mercancías, contratación de servicios o en las relaciones comerciales.

3. Los jueces y tribunales, en atención a la cuantía del beneficio o al valor de la ventaja, y a la trascendencia de las funciones del culpable, podrán imponer la pena inferior en grado y reducir la de multa a su prudente arbitrio.

4. Lo dispuesto en este artículo será aplicable, en sus respectivos casos, a los directivos, administradores, empleados o colaboradores de una entidad deportiva, cualquiera que sea la forma jurídica de ésta, así como a los deportistas, árbitros o jueces, respecto de aquellas conductas que tengan por finalidad predeterminar o alterar de manera deliberada y fraudulenta el resultado de una prueba, en-

---

Los apartados 2, 3 y 4 de este artículo mantienen la redacción dada por la LO 1/2015, de 30 de marzo (*BOE* n.º 77, de 31 de marzo).

V. los Convenios Civil (n.º 174) y Penal (n.º 173), del Consejo de Europa sobre la Corrupción, hechos en Estraburgo el 4 de noviembre de 1999 y el 27 de enero de 1999, respectivamente, y ratificados por España mediante Instrumentos de 1 de diciembre de 2009 (*BOE* n.º 78, de 31 de marzo de 2010), y 26 de enero de 2010 (*BOE* n.º 182, de 28 de julio; la renovación a su reserva se publicó en el *BOE* n.º 32, de 6 de febrero de 2014), así como su Protocolo adicional, hecho en Estrasburgo el 15 de mayo de 2003, y ratificado por España mediante Instrumento de 16 de diciembre de 2010 (*BOE* n.º 56, de 7 de marzo; corrección de errores en *BOE* n.º 84, de 8 de abril). Vid., también la Orden PCI/759/2019, de 9 de julio (*BOE* n.º 168, de 15 de julio), por la que se crea y regula la Comisión Nacional para combatir la manipulación de las competiciones deportivas y el fraude en las apuestas.

cuentro o competición deportiva de especial relevancia económica o deportiva.

A estos efectos, se considerará competición deportiva de especial relevancia económica, aquella en la que la mayor parte de los participantes en la misma perciban cualquier tipo de retribución, compensación o ingreso económico por su participación en la actividad; y competición deportiva de especial relevancia deportiva, la que sea calificada en el calendario deportivo anual aprobado por la federación deportiva correspondiente como competición oficial de la máxima categoría de la modalidad, especialidad, o disciplina de que se trate.

5. A los efectos de este artículo resulta aplicable lo dispuesto en el artículo 297.

Art. 286 ter. 1. Los que mediante el ofrecimiento, promesa o concesión de cualquier beneficio o ventaja indebidos, pecuniarios o de otra clase, corrompieren o intentaren corromper, por sí o por persona interpuesta, a una autoridad o funcionario público en beneficio de éstos o de un tercero, o atendieran sus solicitudes al respecto, con el fin de que actúen o se abstengan de actuar en relación con el ejercicio de funciones públicas para conseguir o conservar un contrato, negocio o cualquier otra ventaja competitiva en la realización de actividades económicas internacionales, serán castigados, salvo que ya lo estuvieran con una pena más grave en otro precepto de este Código, con las penas de prisión de prisión de tres a seis años, multa de doce a veinticuatro meses, salvo que el beneficio obtenido fuese superior a la cantidad resultante, en cuyo caso la multa será del tanto al triplo del montante de dicho beneficio.

Además de las penas señaladas, se impondrá en todo caso al responsable la pena de prohibición de contratar con el sector público, así como la pérdida de la posibilidad de obtener subvenciones o ayudas públicas y del derecho a gozar de beneficios o incentivos fiscales y de la Seguridad Social, y la prohibición de intervenir en transacciones comerciales de trascendencia pública por un período de siete a doce años.

2. A los efectos de este artículo se entenderá por funcionario público los determinados por los artículos 24 y 427.

Art. 286 ter: Este artículo ha sido añadido por la LO 1/2015, de 30 de marzo (*BOE* n.º 77, de 31 de marzo).

Art. 286 quáter. Si los hechos a que se refieren los artículos de esta sección resultaran de especial gravedad, se impondrá la pena en su mitad superior, pudiéndose llegar hasta la superior en grado.

Los hechos se considerarán, en todo caso, de especial gravedad cuando:

a) el beneficio o ventaja tenga un valor especialmente elevado,

b) la acción del autor no sea meramente ocasional,

c) se trate de hechos cometidos en el seno de una organización o grupo criminal, o

d) el objeto del negocio versara sobre bienes o servicios humanitarios o cualesquiera otros de primera necesidad.

En el caso del apartado 4 del artículo 286 bis, los hechos se considerarán también de especial gravedad cuando:

a) tengan como finalidad influir en el desarrollo de juegos de azar o apuestas; o

b) sean cometidos en una competición deportiva oficial de ámbito estatal calificada como profesional o en una competición deportiva internacional.

SECCIÓN 5.ª *

Disposiciones comunes a las secciones anteriores

Art. 287. 1. Para proceder por los delitos previstos en la sección 3.ª de este capítulo, excepto los previstos en los artículos 284 y 285, será necesaria denuncia de la persona agraviada o de sus representantes legales. Cuando aquélla sea menor de edad, persona con discapacidad necesitada de especial protección o una persona desvalida, también podrá denunciar el Ministerio Fiscal.

2. No será precisa la denuncia exigida en el apartado anterior cuando la comisión del delito afecte a los intereses generales o a una pluralidad de personas.

Art. 288. En los supuestos previstos en los artículos ante-

Art. 286 quáter: Este artículo ha sido añadido por la LO 1/2015, de 30 de marzo (*BOE* n.º 77, de 31 de marzo).

* Anteriormente Sección 4.ª, ha sido renumerada por la LO 5/2010, de 22 de junio (*BOE* n.º 152, de 23 de junio).

Art. 287: Este artículo figura redactado conforme al texto de la LO 5/2010, de 22 de junio (*BOE* n.º 152, de 23 de junio). En el apartado 1, el término «incapaz» ha sido sustituido por «persona con discapacidad necesitada de especial protección», conforme al texto de la LO 1/2015, de 30 de marzo (*BOE* n.º 77, de 31 de marzo).

Art. 288: Este artículo figura redactado conforme al texto de la LO 1/2019, de 20 de febrero (*BOE* n.º 45, de 21 de febrero), para transponer Directivas de la Unión Europea en los ámbitos financiero y de terrorismo, y abordar cuestiones de índole internacional. La redacción vigente hasta entonces era la siguiente:

riores se dispondrá la publicación de la sentencia en los periódicos oficiales y, si lo solicitara el perjudicado, el juez o tribunal podrá ordenar su reproducción total o parcial en cualquier otro medio informativo, a costa del condenado.

Cuando de acuerdo con lo establecido en el artículo 31 bis una persona jurídica sea responsable de los delitos recogidos en este Capítulo, se le impondrán las siguientes penas:

1.º En el caso de los delitos previstos en los artículos 270, 271, 273, 274, 275, 276, 283 y 286:

a) Multa del doble al cuádruple del beneficio obtenido, o que se hubiera podido obtener, si el delito cometido por la persona física tiene prevista una pena de prisión de más de dos años.

b) Multa del doble al triple del beneficio obtenido, favorecido o que se hubiera podido obtener, en el resto de los casos.

2.º En el caso de los delitos previstos en los artículos 277, 278, 279, 280, 281, 282, 282 bis, 284, 285, 285 bis, 285 quater y 286 bis al 286 quáter:

a) Multa de dos a cinco años, o del triple al quíntuple

Art. 288. En los supuestos previstos en los artículos anteriores se dispondrá la publicación de la sentencia en los periódicos oficiales y, si lo solicitara el perjudicado, el juez o tribunal podrá ordenar su reproducción total o parcial en cualquier otro medio informativo, a costa del condenado.

Cuando de acuerdo con lo establecido en el artículo 31 bis una persona jurídica sea responsable de los delitos recogidos en este capítulo, se le impondrán las siguientes penas:

1.º En el caso de los delitos previstos en los artículos 270, 271, 273, 274, 275, 276, 283, 285 y 286:

a) Multa del doble al cuádruple del beneficio obtenido, o que se hubiera podido obtener, si el delito cometido por la persona física tiene prevista una pena de prisión de más de dos años.

b) Multa del doble al triple del beneficio obtenido, favorecido, o que se hubiera podido obtener, en el resto de los casos.

En el caso de los delitos previstos en los artículos 277, 278, 279, 280, 281, 282, 282 bis, 284 y 286 bis al 286 quáter:

a) Multa de dos a cinco años, o del triple al quíntuple del beneficio obtenido o que se hubiere podido obtener si la cantidad resultante fuese más elevada, cuando el delito cometido por la persona física tiene prevista una pena de más de dos años de privación de libertad.

b) Multa de seis meses a dos años, o del tanto al duplo del beneficio obtenido o que se hubiere podido obtener si la cantidad resultante fuese más elevada, en el resto de los casos.

2.º Atendidas las reglas establecidas en el artículo 66 bis, los jueces y tribunales podrán asimismo imponer las penas recogidas en las letras *b*) a *g*) del apartado 7 del artículo 33.

del beneficio obtenido o que se hubiere podido obtener si la cantidad resultante fuese más elevada, cuando el delito cometido por la persona física tiene prevista una pena de más de dos años de privación de libertad.

b) Multa de seis meses a dos años, o del tanto al duplo del beneficio obtenido o que se hubiere podido obtener si la cantidad resultante fuese más elevada, en el resto de los casos.

3.º Atendidas las reglas establecidas en el artículo 66 bis, los jueces y tribunales podrán asimismo imponer las penas recogidas en las letras *b*) a *g*) del apartado 7 del artículo 33.

CAPÍTULO XII

DE LA SUSTRACCIÓN DE COSA PROPIA A SU UTILIDAD SOCIAL O CULTURAL

Art. 289. El que por cualquier medio destruyera, inutilizara o dañara una cosa propia de utilidad social o cultural, o de cualquier modo la sustrajera al cumplimiento de los deberes legales impuestos en interés de la comunidad, será castigado con la pena de prisión de tres a cinco meses o multa de seis a diez meses.

CAPÍTULO XIII

DE LOS DELITOS SOCIETARIOS*

Art. 290. Los administradores, de hecho o de derecho, de una sociedad constituida o en formación, que falsearen las cuentas anuales u otros documentos que deban reflejar la situación jurídica o económica de la entidad, de forma idónea para causar un perjuicio económico a la misma, a alguno de sus socios, o a un tercero, serán castigados con la pena de prisión de uno a tres años y multa de seis a doce meses.

Si se llegare a causar el perjuicio económico se impon-

Art. 289: Este artículo figura redactado conforme al texto de la LO 15/2003, de 25 de noviembre (*BOE* n.º 283, de 26 de noviembre; corrección de errores en *BOE* n.º 65, de 16 de marzo, y n.º 80, de 2 de abril, ambos de 2004). V. art. 33.2.º CE, reproducido en nota al art. 228 de este Código.

* V. arts. 116 ss. C. de C.; LMV; Ley 26/1988, de 29 de julio (*BOE* n.º 182, de 30 de julio; corrección de errores en *BOE* n.º 185, de 4 de agosto de 1989), sobre Disciplina e Intervención de las Entidades de Crédito, modificada por Leyes 44/2002, de 22 de noviembre (*BOE* n.º 281, de 23 de noviembre; corrección de errores en *BOE* n.º 33, de 7 de febrero de 2003), 22/2003, de 9 de julio (*BOE* n.º 164, de 10 de julio), Concursal, 5/2009, de 29 de junio (*BOE* n.º 157, de 30 de junio), y 21/2011, de 26 de julio (*BOE* n.º 179, de 27 de julio), y por RD-L 14/2013, de 29 de noviembre (*BOE* n.º 287, de 30

drán las penas en su mitad superior.

Art. 291. Los que, prevaliéndose de su situación mayoritaria en la Junta de accionistas o el órgano de administración de cualquier sociedad constituida o en formación, impusieren acuerdos abusivos, con ánimo de lucro propio o ajeno, en perjuicio de los demás socios, y sin que reporten beneficios a la misma, serán castigados con la pena de prisión de seis meses a tres años o multa del tanto al triplo del beneficio obtenido.

Art. 292. La misma pena del artículo anterior se impondrá a los que impusieren o se aprovecharen para sí o para un

---

de noviembre); Ley 13/1989, de 26 de mayo (*BOE* n.º 129, de 31 de mayo), de Cooperativas de Crédito, modificada por Ley 3/2009, de 3 de abril (*BOE* n.º 82, de 4 de abril), sobre modificaciones estructurales de las sociedades mercantiles; RD 1.784/1996, de 19 de julio (*BOE* n.º 184, de 31 de julio), por el que se aprueba el Reglamento del Registro Mercantil, modificado por RD 685/2005, de 10 de junio (*BOE* n.º 139, de 11 de junio); Ley 1/1994, de 11 de marzo, de Régimen Jurídico de Sociedades de Garantía Recíproca, modificada por Ley 14/2013, de 27 de septiembre (*BOE* n.º 233, de 28 de septiembre); y RD 2.345/1996, de 8 de noviembre, por el que se dictan normas de autorización administrativa y requisitos de solvencia de estas sociedades (*BOE* n.º 281, de 21 de noviembre); RD-L 1/2010, de 2 de julio (*BOE* n.º 161, de 3 de julio; corrección de errores en *BOE* n.º 210, de 30 de agosto), por el que se aprueba el texto refundido de la Ley de Sociedades de Capital, modificada por Ley 25/2011, de 1 de agosto (*BOE* n.º 184, de 2 de agosto), por Ley 5/2021, de 12 de abril (*BOE* n.º 88, de 13 de abril), y por RD-L 7/2021, de 27 de abril (*BOE* n.º 101, de 28 de abril), de transposición de directivas de la Unión Europea en las materias de competencia, prevención del blanqueo de capitales, entidades de crédito, telecomunicaciones, medidas tributarias, prevención y reparación de daños medioambientales, desplazamientos de trabajadores en la prestación de servicios transnacionales y defensa de los consumidores; por Ley 14/2013, de 27 de septiembre (*BOE* n.º 233, de 28 de septiembre, por RD-L 11/2014, de 5 de septiembre (*BOE* n.º 217, de 6 de septiembre); por Ley 31/2014, de 3 de diciembre (*BOE* n.º 293, de 4 de diciembre); por Ley 9/2015, de 25 de mayo (*BOE* n.º 125, de 26 de mayo; corrección de errores en *BOE* n.º 264, de 4 de noviembre); por Ley 11/2015, de 18 de junio (*BOE* n.º 146, de 19 de junio), por Ley 15/2015, de 2 de julio (*BOE* n.º 158, de 3 de julio; corrección de errores en *BOE* n.º 210, de 2 de septiembre); por RD-L 18/2017, de 24 de noviembre (*BOE* n.º 287, de 25 de noviembre); por RD-L 19/2018, de 23 de noviembre (*BOE* n.º 284, de 24 de noviembre), y por Ley 11/2018, de 28 de diciembre (*BOE* n.º 314, de 29 de diciembre); Ley 1/1999, de 5 de enero (*BOE* n.º 5, de 6 de enero), reguladora de las Entidades de Capital-Riesgo y de sus sociedades gestoras; RD 692/1996, de 26 de abril (*BOE* n.º 126, de 24 de mayo), sobre el régimen jurídico de los establecimientos financieros de crédito; RD 1.251/1999, de 16 de julio, sobre sociedades anónimas deportivas (*BOE* n.º 170, de 17 de julio; corrección de errores en *BOE* n.º 174, de 22 de julio); y Circular 1/1998, de 10 de junio (*BOE* n.º 146, de 19 de junio; corrección de erratas en *BOE* n.º 173, de 21 de julio), de la Comisión Nacional del Mercado de Valores, modificada por Circular 2/2000, de 30 de mayo (*BOE* n.º 141, de 13 de junio), sobre sistemas internos de control, seguimiento y evaluación continuada de riesgos.

tercero, en perjuicio de la sociedad o de alguno de sus socios, de un acuerdo lesivo adoptado por una mayoría ficticia, obtenida por abuso de firma en blanco, por atribución indebida del derecho de voto a quienes legalmente carezcan del mismo, por negación ilícita del ejercicio de este derecho a quienes lo tengan reconocido por la Ley, o por cualquier otro medio o procedimiento semejante, y sin perjuicio de castigar el hecho como corresponde si constituyese otro delito.

Art. 293. Los administradores de hecho o de derecho de cualquier sociedad constituida o en formación, que sin causa legal negaren o impidieren a un socio el ejercicio de los derechos de información, participación en la gestión o control de la actividad social, o suscripción preferente de acciones reconocidos por las Leyes, serán castigados con la pena de multa de seis a doce meses.

Art. 294. Los que, como administradores de hecho o de derecho de cualquier sociedad constituida o en formación, sometida o que actúe en mercados sujetos a supervisión administrativa, negaren o impidieren la actuación de las personas, órganos o entidades inspectoras o supervisoras, serán castigados con la pena de prisión de seis meses a tres años o multa de doce a veinticuatro meses.

Además de las penas previstas en el párrafo anterior, la autoridad judicial podrá decretar algunas de las medidas previstas en el artículo 129 de este Código.

Art. 295. [...]

Art. 296. 1. Los hechos descritos en el presente capítulo, sólo serán perseguibles mediante denuncia de la persona agraviada o de su representante legal. Cuando aquélla sea menor de edad, persona con discapacidad necesitada de especial protección o una persona desvalida, también podrá denunciar el Ministerio Fiscal.

2. No será precisa la denuncia exigida en el apartado anterior cuando la comisión del delito afecte a los intereses generales o a una pluralidad de personas.

Art. 294: V. Resolución de 10 de julio de 2003 (*BOE* n.º 171, de 18 de julio), del Consejo de la Comisión Nacional del Mercado de Valores, por la que se aprueba el Reglamento de Régimen Interior de la Comisión Nacional del Mercado de Valores.

Art. 295: Este artículo ha sido suprimido por la LO 1/2015, de 30 de marzo (*BOE* n.º 77, de 31 de marzo).

Art. 297. A los efectos de este capítulo se entiende por sociedad toda cooperativa, Caja de Ahorros, mutua, entidad financiera o de crédito, fundación, sociedad mercantil o cualquier otra entidad de análoga naturaleza que para el cumplimiento de sus fines participe de modo permanente en el mercado.

CAPÍTULO XIV

DE LA RECEPTACIÓN Y EL BLANQUEO DE CAPITALES*

Art. 298. 1. El que, con ánimo de lucro y con conocimiento de la comisión de un delito contra el patrimonio o el orden socioeconómico, en el que no haya intervenido ni como autor ni como cómplice, ayude a los responsables a aprovecharse de los efectos del mismo, o reciba, adquiera u oculte tales efectos, será castigado con la pena de prisión de seis meses a dos años.

Se impondrá una pena de uno a tres años de prisión en los siguientes supuestos:

a) Cuando se trate de cosas de valor artístico, histórico, cultural o científico.

b) Cuando se trate de cosas de primera necesidad, conducciones, cableado, equipos o componentes de infraestructuras de suministro eléctrico o de servicios de telecomunicaciones, o de otras cosas destinadas a la prestación de servicios de interés general, productos agrarios o ganaderos o de los instrumentos o medios que se utilizan para su obtención.

c) Cuando los hechos revistan especial gravedad, atendiendo al valor de los efectos receptados o a los perjuicios que previsiblemente hubiera causado su sustracción.

2. Estas penas se impondrán en su mitad superior a quien reciba, adquiera u oculte los efectos del delito para traficar con ellos. Si el tráfico se realizase utilizando un establecimiento o local comercial o

---

Art. 297: En el apartado 1, el término «incapaz» ha sido sustituido por «persona con discapacidad necesitada de especial protección», conforme al texto de la LO 1/2015, de 30 de marzo (*BOE* n.º 77, de 31 de marzo).

* La rúbrica de este Capítulo figura redactada conforme al texto de la LO 5/2010, de 22 de junio (*BOE* n.º 152, de 23 de junio).

Art. 298: Este artículo fue redactado conforme al texto de la LO 15/2003, de 25 de noviembre (*BOE* n.º 283, de 26 de noviembre; corrección de errores en *BOE* n.º 65, de 16 de marzo, y n.º 80, de 2 de abril, ambos de 2004). Los apartados 1 y 2 figuran redactados conforme al texto de la LO 1/2015, de 30 de marzo (*BOE* n.º 77, de 31 de marzo).

industrial, se impondrá, además, la pena de multa de doce a veinticuatro meses. En estos casos los jueces o tribunales, atendiendo a la gravedad del hecho y a las circunstancias personales del delincuente, podrán imponer también a éste la pena de inhabilitación especial para el ejercicio de su profesión o industria, por tiempo de dos a cinco años y acordar la medida de clausura temporal o definitiva del establecimiento o local. Si la clausura fuese temporal, su duración no podrá exceder de cinco años.

3. En ningún caso podrá imponerse pena privativa de libertad que exceda de la señalada al delito encubierto. Si éste estuviese castigado con pena de otra naturaleza, la pena privativa de libertad será sustituida por la de multa de doce a veinticuatro meses, salvo que el delito encubierto tenga asignada pena igual o inferior a ésta; en tal caso, se impondrá al culpable la pena de aquel delito en su mitad inferior.

Art. 299. [...]

Art. 300. Las disposiciones de este capítulo se aplicarán aun cuando el autor o el cómplice del hecho de que provengan los efectos aprovechados fuera irresponsable o estuviera personalmente exento de pena.

Art. 301. 1. El que adquiera, posea, utilice, convierta,

Art. 299: Este artículo ha sido suprimido por la LO 1/2015, de 30 de marzo (*BOE* n.º 77, de 31 de marzo).

Art. 301: Este artículo figura redactado conforme al texto de la LO 15/2003, de 25 de noviembre (*BOE* n.º 283, de 26 de noviembre; corrección de errores en *BOE* n.º 65, de 16 de marzo, y n.º 80, de 2 de abril, ambos de 2004). El apartado 1 figura redactado conforme al texto de la LO 5/2010, de 22 de junio (*BOE* n.º 152, de 23 de junio), excepto su último párrafo, que fue redactado por Ley Orgánica 6/2021, de 28 de abril (*BOE* n.º 102, de 29 de abril). V. Ley 12/2003, de 21 de mayo (*BOE* n.º 122, de 22 de mayo), de bloqueo de la financiación del terrorismo, modificada por Ley 10/2010, de 28 de abril; Ley 19/2003, de 4 de julio (*BOE* n.º 160, de 5 de julio), sobre régimen jurídico de los movimientos de capitales y de las transacciones económicas con el exterior y sobre determinadas medidas de prevención del blanqueo de capitales (Apéndice 2 de esta obra), modificada por Ley 10/2010, de 28 de abril, y por RD 11/2018, de 31 de agosto (*BOE* n.º 214, de 4 de septiembre); Ley 10/2010, de 28 de abril (*BOE* n.º 103, de 29 de abril), de prevención del blanqueo de capitales y de la financiación del terrorismo, modificada por Ley 21/2011, de 26 de julio (*BOE* n.º 179, de 27 de julio), por Ley 19/2013, de 9 de diciembre (*BOE* n.º 295, de 10 de diciembre), por RD 11/2018, de 31 de agosto (*BOE* n.º 214, de 4 de septiembre), y por RD-L 7/2021, de 27 de abril (*BOE* n.º 101, de 28 de abril), de transposición de directivas de la Unión Europea en las materias de competencia, prevención del blanqueo de capitales, entidades de crédito, telecomunicaciones, medidas tributarias, prevención y reparación de daños medioambientales, desplazamientos de trabajadores en la prestación de servicios trans-

o transmita bienes, sabiendo que éstos tienen su origen en una actividad delictiva, cometida por él o por cualquiera tercera persona, o realice cualquier otro acto para ocultar o encubrir su origen ilícito, o para ayudar a la persona que haya participado en la infracción o infracciones a eludir las

---

nacionales y defensa de los consumidores; RD 304/2014, de 5 de mayo (*BOE* n.º 110, de 6 de mayo; corrección de errores en *BOE* n.º 186, de 1 de agosto), por el que se aprueba el Reglamento de la Ley 10/2010, modificado por RD-L 7/2021, de 27 de abril (*BOE* n.º 101, de 28 de abril), de transposición de directivas de la Unión Europea en las materias de competencia, prevención del blanqueo de capitales, entidades de crédito, telecomunicaciones, medidas tributarias, prevención y reparación de daños medioambientales, desplazamientos de trabajadores en la prestación de servicios transnacionales y defensa de los consumidores; LO 1/2020, de 16 de septiembre (*BOE* n.º 248, de 17 de septiembre), sobre la utilización de los datos del Registro de Pasajeros para la prevención, detección, investigación y enjuiciamiento de delitos de terrorismo y delitos graves, modificada por LO 7/2021, de 26 de mayo (*BOE* n.º 126, de 27 de mayo), de protección de datos personales tratados para fines de prevención, detección, investigación y enjuiciamiento de infracciones penales y de ejecución de sanciones penales; Orden de 24 de octubre de 2002 (*BOE* n.º 260, de 30 de octubre), del Ministerio de Economía [modificada por Orden EHA/1.464/2010, de 28 de mayo (*BOE* n.º 138, de 7 de junio)], que desarrolla las obligaciones de comunicación de operaciones al Servicio Ejecutivo de la Comisión de Prevención del Blanqueo de Capitales e Infracciones Monetarias; Orden de 3 de mayo de 2006 (*BOE* n.º 114, de 13 de mayo), del Ministerio de Economía y Hacienda, reguladora de la declaración de movimientos de medios de pago en el ámbito de la prevención del blanqueo de capitales; Orden EHA/2.619/2006, de 28 de julio (*BOE* n.º 190, de 10 de agosto), por la que se desarrollan determinadas obligaciones de prevención de blanqueo de capitales de los sujetos obligados que realicen actividad de cambio de moneda o gestión de transferencias con el exterior; Orden EHA/2.444/2007, de 31 de julio (*BOE* n.º 190, de 9 de agosto), por la que se desarrolla el Reglamento en relación con el informe de experto externo sobre los procedimientos y órganos de control interno y comunicación establecidos para prevenir el blanqueo de capitales; y Orden JUS/1256/2019, de 26 de diciembre (*BOE* n.º 312, de 28 de diciembre), sobre la inscripción en el Registro Mercantil de las personas físicas o jurídicas que de forma empresarial o profesional prestan los servicios descritos en el artículo 2.1.º) de la Ley 10/2010, de 28 de abril, de prevención del blanqueo de capitales y financiación del terrorismo. V., también, Ley 17/2003, de 29 de marzo (*BOE* n.º 129, de 30 de mayo), por la que se regula el Fondo de bienes decomisados por tráfico ilícito de drogas y otros delitos relacionados; arts. 263 bis y 282 bis LECr, reproducidos en nota al art. 368 de este Código; Convenio relativo al blanqueo, seguimiento, embargo y decomiso de los productos del delito, hecho en Estrasburgo el 8 de noviembre de 1990 y ratificado por España mediante Instrumento de 22 de julio de 1998 (*BOE* n.º 252, de 21 de octubre); Protocolo establecido sobre la base del art. K.3 del Tratado de la Unión Europea, sobre la definición del concepto de blanqueo de capitales, hecho en Bruselas el 12 de marzo de 1999 (*BOE* n.º 142, de 11 de junio de 2010); Instrucciones de 10 de diciembre de 1999 (*BOE* n.º 311, de 29 de diciembre) 30 de noviembre de 2004 (*BOE* n.º 3, de 4 de enero de 2005), y 30 de agosto de 2019 (*BOE* n.º 212, de 4 de septiembre), de la Dirección General de los Registros y del Notariado, sobre obligaciones de los Notarios y Registradores de la Propiedad y Mercantiles en materia de prevención del blanqueo de capitales, y sobre la inscripción en el Registro Mercantil

consecuencias legales de sus actos, será castigado con la pena de prisión de seis meses a seis años y multa del tanto al triplo del valor de los bienes. En estos casos, los jueces o tribunales, atendiendo a la gravedad del hecho y a las circunstancias personales del delincuente, podrán imponer también a éste la pena de inhabilitación especial para el ejercicio de su profesión o industria por tiempo de uno a tres años, y acordar la medida de clausura temporal o definitiva del establecimiento o local. Si la clausura fuese temporal, su duración no podrá exceder de cinco años.

La pena se impondrá en su mitad superior cuando los bienes tengan su origen en alguno de los delitos relacionados con el tráfico de drogas tóxicas, estupefacientes o sustancias psicotrópicas descritos en los artículos 368 a 372 de este Código. En estos supuestos se aplicarán las disposiciones contenidas en el artículo 374 de este Código.

También se impondrá la pena en su mitad superior cuando los bienes tengan su origen en alguno de los delitos comprendidos en el título VII bis, el capítulo V del título VIII, la sección 4.ª del capítulo XI del título XIII, el título XV bis, el capítulo I del título XVI o los capítulos V, VI, VII, VIII, IX y X del título XIX.

---

de las personas físicas profesionales que prestan servicios descritos en el artículo 2.1.º) de la Ley 10/2010; Orden EHA/2.963/2005, de 20 de septiembre (*BOE* n.º 229, de 24 de septiembre), reguladora del Órgano Centralizado de Prevención en materia de blanqueo de capitales en el Consejo General del Notariado; Orden EHA/114/2008, de 29 de enero (*BOE* n.º 27, de 31 de enero), reguladora del cumplimiento de determinadas obligaciones de los notarios en el ámbito de la prevención del blanqueo de capitales; Orden ECC/2.402/2015, de 11 de noviembre (*BOE* n.º 274, de 16 de noviembre), por la que se crea el Órgano Centralizado de Prevención del blanqueo de capitales y de la financiación del terrorismo del Colegio de Registradores de la Propiedad, Mercantiles y de Bienes Muebles; Resolución de 26 de junio de 2020 (*BOE* n.º 189, de 10 de julio), de la Secretaría General Técnica del Ministerio de Asuntos Exteriores, Unión Europea y Cooperación, por la que se publica el Convenio con el Consejo General del Notariado en relación a las obligaciones en materia de prevención del blanqueo de capitales de los agentes diplomáticos y consulares en su actuación como fedatarios públicos; Resolución de 10 de agosto de 2012 (*BOE* n.º 202, de 23 de agosto), de la Secretaría General del Tesoro y Política Financiera, por la que se publica el Acuerdo de 17 de julio de 2012, de la Comisión de Prevención del Blanqueo de Capitales e Infracciones Monetarias, por el que se determinan las jurisdicciones que establecen requisitos equivalentes a los de la legislación española de prevención del blanqueo de capitales y de la financiación del terrorismo; y Orden PCI/161/2019, de 21 de febrero (*BOE* n.º 46, de 22 de febrero), por la que se publica el Acuerdo del Consejo de Seguridad Nacional por el que se aprueba la Estrategia Nacional contra el Crimen Organizado y la Delincuencia Grave.

2. Con las mismas penas se sancionará, según los casos, la ocultación o encubrimiento de la verdadera naturaleza, origen, ubicación, destino, movimiento o derechos sobre los bienes o propiedad de los mismos, a sabiendas de que proceden de alguno de los delitos expresados en el apartado anterior o de un acto de participación en ellos.

3. Si los hechos se realizasen por imprudencia grave, la pena será de prisión de seis meses a dos años y multa del tanto al triplo.

4. El culpable será igualmente castigado aunque el delito del que provinieren los bienes, o los actos penados en los apartados anteriores hubiesen sido cometidos, total o parcialmente, en el extranjero.

5. Si el culpable hubiera obtenido ganancias, serán decomisadas conforme a las reglas del artículo 127 de este Código.

Art. 302. 1. En los supuestos previstos en el artículo anterior se impondrán las penas privativas de libertad en su mitad superior a las personas que pertenezcan a una organización dedicada a los fines señalados en los mismos, y la pena superior en grado a los jefes, administradores o encargados de las referidas organizaciones.

También se impondrá la pena en su mitad superior a quienes, siendo sujetos obligados conforme a la normativa de prevención del blanqueo de capitales y de la financiación del terrorismo, cometan cualquiera de las conductas descritas en el artículo 301 en el ejercicio de su actividad profesional.

2. En tales casos, cuando de acuerdo con lo establecido en el artículo 31 bis sea responsable una persona jurídica, se le impondrán las siguientes penas:

a) Multa de dos a cinco años, si el delito cometido por la persona física tiene prevista una pena de prisión de más de cinco años.

b) Multa de seis meses a dos años, en el resto de los casos.

Atendidas las reglas establecidas en el artículo 66 bis, los jueces y tribunales podrán asimismo imponer las penas recogidas en las letras *b*) a *g*) del apartado 7 del artículo 33.

Art. 302: Este artículo figura redactado conforme al texto de la LO 15/2003, de 25 de noviembre (*BOE* n.º 283, de 26 de noviembre; corrección de errores en *BOE* n.º 65, de 16 de marzo, y n.º 80, de 2 de abril, ambos 2004). El segundo párrafo del primer apartado fue introducido por Ley Orgánica 6/2021, de 28 de abril (*BOE* n.º 102, de 29 de abril), y el apartado 2 figura redactado conforme al texto de la LO 5/2010, de 22 de junio (*BOE* n.º 152, de 23 de junio).

Art. 303. Si los hechos previstos en los artículos anteriores fueran realizados por empresario, intermediario en el sector financiero, facultativo, funcionario público, trabajador social, docente o educador, en el ejercicio de su cargo, profesión u oficio, se le impondrá, además de la pena correspondiente, la de inhabilitación especial para empleo o cargo público, profesión u oficio, industria o comercio, de tres a diez años. Se impondrá la pena de inhabilitación absoluta de diez a veinte años cuando los referidos hechos fueren realizados por autoridad o agente de la misma.

A tal efecto, se entiende que son facultativos los médicos, psicólogos, las personas en posesión de títulos sanitarios, los veterinarios, los farmacéuticos y sus dependientes.

Art. 304. La provocación, la conspiración y la proposición para cometer los delitos previstos en los artículos 301 a 303 se castigará, respectivamente, con la pena inferior en uno o dos grados.

TÍTULO XIII BIS*

De los delitos de financiación ilegal de los partidos políticos

Art. 304 bis. 1. Será castigado con una pena de multa del triplo al quíntuplo de su valor, el que reciba donaciones o aportaciones destinadas a un partido político, federación, coalición o agrupación de electores con infracción de lo dispuesto en el artículo 5.Uno de la Ley Orgánica 8/2007, de 4 de julio, sobre financiación de los partidos políticos.

2. Los hechos anteriores serán castigados con una pena de prisión de seis meses a cuatro años y multa del triplo al quíntuplo de su valor o del exceso cuando:

a) Se trate de donaciones recogidas en el artículo 5.Uno, letras *a*) o *c*), de la Ley Orgánica 8/2007, de 4 de julio, sobre financiación de los partidos políticos, de importe superior a

* Este Título ha sido añadido por la LO 1/2015, de 30 de marzo (*BOE* n.º 77, de 31 de marzo). V. la LO 3/2015, de 30 de marzo (*BOE* n.º 77, de 31 de marzo), de control de la actividad económica-financiera de los partidos políticos.

Art. 304 bis: Este artículo ha sido añadido por la LO 1/2015, de 30 de marzo (*BOE* n.º 77, de 31 de marzo).

500.000 euros, o que superen en esta cifra el límite fijado en la letra *b*) del aquel precepto, cuando sea ésta el infringido.

b) Se trate de donaciones recogidas en el artículo 7.Dos de la Ley Orgánica 8/2007, de 4 de julio, sobre financiación de los partidos políticos, que superen el importe de 100.000 euros.

3. Si los hechos a que se refiere el apartado anterior resultaran de especial gravedad, se impondrá la pena en su mitad superior, pudiéndose llegar hasta la superior en grado.

4. Las mismas penas se impondrán, en sus respectivos casos, a quien entregare donaciones o aportaciones destinadas a un partido político, federación, coalición o agrupación de electores, por sí o por persona interpuesta, en alguno de los supuestos de los números anteriores.

5. Las mismas penas se impondrán cuando, de acuerdo con lo establecido en el artículo 31 bis de este Código, una persona jurídica sea responsable de los hechos. Atendidas las reglas establecidas en el artículo 66 bis, los jueces y tribunales podrán asimismo imponer las penas recogidas en las letras *b*) a *g*) del apartado 7 del artículo 33.

Art. 304 ter. 1. Será castigado con la pena de prisión de uno a cinco años, el que participe en estructuras u organizaciones, cualquiera que sea su naturaleza, cuya finalidad sea la financiación de partidos políticos, federaciones, coaliciones o agrupaciones de electores, al margen de lo establecido en la ley.

2. Se impondrá la pena en su mitad superior a las personas que dirijan dichas estructuras u organizaciones.

3. Si los hechos a que se refieren los apartados anteriores resultaran de especial gravedad, se impondrá la pena en su mitad superior, pudiéndose llegar hasta la superior en grado.

Art. 304 ter: Este artículo ha sido añadido por la LO 1/2015, de 30 de marzo (*BOE* n.º 77, de 31 de marzo).

TÍTULO XIV

De los delitos contra la Hacienda Pública y contra la Seguridad Social*

Art. 305. 1. El que, por acción u omisión, defraude a la Hacienda Pública estatal, autonómica, foral o local, eludiendo

* El contenido de este Título ha sido profundamente modificado por la LO 7/2012, de 27 de diciembre (*BOE* n.° 312, de 28 de diciembre), por la que se modifica la LO 10/1995, de 23 de noviembre, del Código Penal en materia de transparencia y lucha contra el fraude fiscal y en la Seguridad Social. Su Preámbulo establece lo siguiente:

«I. El Código Penal, tal y como señala la Exposición de Motivos de la Ley Orgánica 10/1995, de 23 de noviembre, tutela los valores y principios básicos de la convivencia social, y su contenido debe ser ajustado a los cambios y a las nuevas necesidades de la actual situación.

»El eje de los criterios que inspiran la presente reforma se corresponde con el reforzamiento de la transparencia de la actividad de la administración y del régimen de responsabilidad de partidos políticos y sindicatos, a los que se incluye dentro del régimen general de responsabilidad penal de las personas jurídicas del que, hasta ahora, estaban excluidos; y, de otra, con la mejora de la eficacia de los instrumentos de control de los ingresos y del gasto público, que se revela como un elemento imprescindible del conjunto de medidas adoptadas con motivo de la crisis económica, especialmente severa en el ámbito europeo, y más en concreto en el caso español, así como con la necesidad de acompañar las mismas de las reformas necesarias en los sectores o actividades económicas afectadas; actividades económicas en las que, por otro lado, existe una mayor percepción del fraude y que son precisamente donde deben adoptarse las reformas penales concretas.

»A tal efecto, en el ámbito penal se hace necesaria una profunda revisión de los delitos contra la Hacienda Pública y contra la Seguridad Social, regulados en el Título XIV del Código Penal. Los objetivos de la reforma en el ámbito tributario son: la creación de un tipo agravado que ofrezca respuesta a los fraudes de especial gravedad y que eleve la pena de prisión hasta una duración máxima de seis años, lo que a su vez determina que el plazo de prescripción de las infracciones más graves sea de diez años; posibilitar la persecución de las tramas organizadas de fraude fiscal mediante la facilitación de la denuncia inmediata una vez alcanzada la cantidad mínima de defraudación; incrementar las posibilidades de cobro de la deuda tributaria impagada evitando la paralización del procedimiento administrativo por el proceso penal; introducir mejoras técnicas en la regulación de las defraudaciones a la Hacienda y a los Presupuestos de la Unión Europea; evitar la denuncia ante los Juzgados de aquellos obligados tributarios que han regularizado, de forma completa y voluntaria, su situación tributaria. También se prevén mecanismos para rebajar la pena para aquellos imputados que, una vez iniciado el proceso penal, satisfagan la deuda tributaria o colaboren en la investigación judicial.

»La reforma que se lleva a cabo en los delitos contra la Seguridad Social afecta al tipo básico para reducir la cuantía a partir de la cual la infracción es constitutiva de delito y facilitar las regularizaciones. Con un esquema semejante al utilizado para la regulación del delito fiscal, se introduce un tipo agravado que permite la persecución de tramas societarias tras las cuales se oculta el verdadero empresario para eludir el pago de cuotas a la Seguridad Social de sus trabajadores. Paralelamente, se introduce un tipo específico para la penalización de las defraudaciones en prestaciones del Sistema de la Seguridad Social mediante un tratamiento penal diferenciado de la obtención fraudulenta de ayudas y subvenciones que ofrece una respuesta eficaz frente a los supuestos de fraude con grave quebranto para el patrimonio de la Seguridad Social. También en este caso se prevé un tipo agravado con el que se hace frente a las nuevas formas de organización delictiva dedicadas a estas actividades o propiciatorias de las mismas, empresas ficticias creadas con el único fin de obtener prestaciones del Sistema.

»También se lleva a cabo una modificación de los delitos contra los derechos de los trabajadores previstos en el Título XV del Código Penal, para sancionar a quienes incumplen de forma grave la normativa laboral con conductas que además suponen una injusta competencia desleal con respecto a las empresas, emprendedores y trabajadores autónomos, que sí sean cumplidores de sus obligaciones legales.

»Por último, dentro del conjunto de medidas propuestas para dotar de transparencia al sector público y fortalecer la confianza en las instituciones públicas, se establece un nuevo tipo penal para sancionar las conductas de ocultación, simulación y falseamiento de las cuentas públicas.

»[...]

»III. En segundo lugar, se efectúan mejoras técnicas en la tipificación de los delitos contra la Hacienda Pública en el artículo 305 del Código Penal, que tienen por objeto facilitar la persecución de estos delitos y corregir algunas deficiencias advertidas en su aplicación.

»Una primera modificación ha consistido en configurar la regularización de la situación tributaria como el verdadero reverso del delito de manera que, con la regularización, resulte neutralizado no sólo el desvalor de la acción, con una declaración completa y veraz, sino también el desvalor del resultado mediante el pago completo de la deuda tributaria y no solamente de la cuota tributaria como ocurre actualmente.

»Esta nueva configuración de la regularización hace que ésta guarde una relación de equivalencia práctica con el pago tempestivo del impuesto, tal y como han destacado tanto la Fiscalía General del Estado, como el Tribunal Supremo, que de forma muy expresiva se han referido a la regularización como el *pleno retorno a la legalidad* que pone fin a la lesión provisional del bien jurídico protegido producida por la defraudación consumada con el inicial incumplimiento de las obligaciones tributarias.

»En coherencia con esta nueva configuración legal de la regularización tributaria como el reverso del delito que neutraliza completamente el desvalor de la conducta y el desvalor del resultado, se considera que la regularización de la situación tributaria hace desaparecer el injusto derivado del inicial incumplimiento de la obligación tributaria y así se refleja en la nueva redacción del tipo delictivo que anuda a ese retorno a la legalidad la desaparición del reproche penal. Esta modificación se complementa con la del apartado 4 relativa a la regularización suprimiendo las menciones que la conceptuaban como una excusa absolutoria.

»Se introduce un nuevo apartado que permite a la Administración Tributaria continuar con el procedimiento administrativo de cobro de la deuda tributaria pese a la pendencia del proceso penal. Con esta reforma se trata de eliminar situaciones de privilegio y situar al presunto delincuente en la misma posición que cualquier otro deudor tributario, y al tiempo se incrementa la eficacia de la actuación de control de la Administración: la sola pendencia del proceso judicial no paraliza la acción de cobro pero podrá paralizarla el Juez siempre que el pago de la deuda se garantice o que el Juez considere que se podrían producir daños de imposible o difícil reparación. Y también se atiende una exigencia del ordenamiento comunitario, ya que las autoridades comunitarias vienen reclamando a España una reforma de su sistema legal para que la existencia del proceso penal no paralice la acción de cobro de las deudas tributarias que constituyan recursos propios de la Unión Europea.

»Con relación a la determinación de la cuota tributaria defraudada, la reforma introduce dos modificaciones relevantes. De una parte, aclara que la cuantía defraudada en el ámbito de ingresos de la Hacienda de la Unión Europea se determinará por relación al año natural. De otra parte, se introduce una regla especial para poder perseguir las tramas de criminalidad organizada de forma inmediata desde el momento en el que la defraudación supere la cuantía mínima determinante del delito.

»Se prevé también una atenuación de la pena cuando los presuntos responsables de los delitos reconocen su comisión y satisfacen íntegramente la deuda tributaria o bien colaboran con las Autoridades para la averiguación de los hechos y, en su caso, la identificación o captura de otros responsables, siempre y cuando tal reconocimiento, pago y cooperación se produzcan en un breve lapso de tiempo.

»También dentro de los delitos contra la Hacienda Pública, se prevé un nuevo tipo agravado en el artículo 305 bis para tipificar las conductas de mayor gravedad o de mayor complejidad en su descubrimiento, que se sancionan con una pena máxima de seis años, lo que, por aplicación del artículo 131 del Código Penal, llevaría aparejado el aumento del plazo de prescripción a diez años para dificultar la impunidad de estas conductas graves por el paso del tiempo. Se consideran supuestos agravados aquellos en los que la cuantía de la cuota defraudada supere los seiscientos mil euros, límite cuantitativo apuntado por la jurisprudencia; aquellos en los que la defraudación se comete en el seno de una organización o de un grupo criminal; o en los que la utilización de personas, negocios, instrumentos o territorios dificulte la determinación de la identidad o patrimonio del verdadero obligado tributario o responsable del delito o la cuantía defraudada. Con la referencia expresa a paraísos fiscales y territorios de nula tributación se dota de mayor certeza y seguridad jurídica al precepto toda vez que se trata de conceptos ya definidos en la disposición adicional primera de la Ley 36/2006, de 29 de noviembre, de medidas para la prevención del fraude fiscal.

»Además, se modifica la redacción del artículo 306 del Código Penal para aclarar la diferencia de la conducta típica con la prevista en el apartado 3 del artículo 305, y para refundir los actuales artículos 306 y 309 en un solo precepto. Los casos en los que la defraudación no alcance los cincuenta mil euros pero supere los cuatro mil euros son castigados como delitos en el apartado 3 del artículo 305 y en el artículo 306, desapareciendo la tipificación como falta de los actuales artículos 627 y 628.

»Por último, se modifica el artículo 310 bis del Código Penal debido a la necesidad de armonizar la penalidad impuesta a las personas jurídicas responsables de delitos contra la Hacienda Pública, con la ya prevista para las personas físicas responsables de los mismos delitos, de suerte que, de un lado, se introduce en la letra *b*) la pena de multa del doble al cuádruple en los supuestos agravados cuya regulación se propone en el nuevo artículo 305 bis y, de otro lado, se añade un nuevo segundo párrafo en el que se prevé la imposición a las personas jurídicas responsables de estos delitos de las penas que la letra *f*) del apartado 7 del artículo 33 prevé con carácter general y que ya el apartado 1 del artículo 305 impone para las personas físicas.

»IV. En cuanto a los delitos contra la Seguridad Social, se reforma el artículo 307 del Código Penal a los efectos de reducir a cincuenta mil euros la cuantía que establece el tipo delictivo como condición objetiva de punibilidad. La fijación del límite debe hacerse conforme a criterios económicos, políticos y sociales. La realidad social y económica actual pone de relieve la necesidad de actuar, con mayor contundencia, frente a las conductas presuntamente delictivas y tramas organizadas que ponen en peligro la sostenibilidad financiera del Sistema de la Seguridad Social. La reducción de la cuantía del tipo delictivo permite que sean objeto de punibilidad penal hechos que actualmente sólo son sancionables administrativamente y que son objeto de un contundente reproche social en momentos de especial dificultad económica en el ámbito empresarial como los actuales.

»En la práctica se dan supuestos en los que se interpreta que no existe delito contra la Seguridad Social por el mero hecho de que se hayan presentado los documentos de cotización, sin entrar a valorar si son veraces y completos. También es frecuente que en los supuestos de defraudación en los que intervienen personas interpuestas, precisamente, la presentación de documentos de cotización aparentemente correctos forma parte del engaño. Por ello, se ha añadido un último inciso para aclarar que la mera presentación de los documentos de cotización no excluye la defraudación si ésta queda acreditada por otros hechos. El inciso no supone modificación conceptual alguna, sino que trata de fijar la interpretación auténtica de la norma.

»El inciso se ha incluido también en el artículo 305 referido al delito contra la Hacienda Pública para evitar que su ausencia pudiera interpretarse en el sentido de que la mera presentación de declaraciones o autoliquidaciones excluye en todo caso la defraudación.

»Se introduce, igualmente, un nuevo tipo agravado en supuestos de conductas especialmente graves por la cuantía eludida u otras circunstancias concurrentes de especial entidad, como la utilización de sociedades o personas interpuestas para ocultar los verdaderos responsables del pago de las cuotas de Seguridad Social, y que justifican un mayor reproche penal. La agravación de la pena lleva aparejada la ampliación del período de prescripción del delito, fundamental en estos casos por su complejidad de difícil y tardía detección, y que con la ampliación de la pena máxima a seis años de prisión, uno más al actualmente vigente, amplía el plazo de prescripción a diez años.

»Tanto para el tipo ordinario como para el agravado se ha considerado procedente recoger de modo expreso la imposición al responsable de las penas accesorias de pérdida de la posibilidad de obtener subvenciones o ayudas públicas y del derecho a gozar de los beneficios o incentivos fiscales o de la Seguridad Social, cuya duración variará en atención a la gravedad del tipo.

»De forma paralela al delito contra la Hacienda Pública, se configura la regularización de la situación ante la Seguridad Social como el reverso del delito que neutraliza completamente el desvalor de la conducta y el desvalor del resultado, de modo que hace desaparecer el carácter delictivo del inicial incumplimiento de la obligación con la Seguridad Social.

»También se modifica el artículo 308 del Código Penal relativo al fraude de ayudas o subvenciones de las Administraciones Públicas o de la Seguridad Social. Debido al antiguo concepto de subvención y a determinadas interpretaciones jurisprudenciales, se ha llegado a considerar como subvención a la prestación y al subsidio de desempleo. Con ello, se ha entendido que en estos casos sólo existía defraudación cuando la cuantía superaba la cifra de ciento veinte mil euros, quedando despenalizados los demás casos. Por ello, se reforma el artículo 308 del Código Penal para mantener dentro de la regulación del fraude de subvenciones únicamente las ayudas y subvenciones de las Administraciones Públicas cuando la cuantía supere la cifra de ciento veinte mil euros. Cuando se trate de prestaciones del sistema de la Seguridad Social, los comportamientos defraudatorios se tipifican en un nuevo precepto, el artículo 307 ter, que los castiga con una penalidad ajustada a la gravedad del hecho: prisión de seis meses a tres años en los supuestos ordinarios; multa del tanto al séxtuplo en los casos que no revistan especial gravedad; y prisión de dos a seis años y multa del tanto al séxtuplo en los supuestos agravados. En todos los casos se prevé además la imposición al responsable de la pérdida de la posibilidad de obtener subvenciones y del derecho a gozar de beneficios o incentivos fiscales o de la Seguridad Social. Esta solución permite dar un mejor tratamiento penal a las conductas fraudulentas contra la Seguridad Social, y evita el riesgo de impunidad de aquellos fraudes graves que hasta ahora no superaban el límite cuantitativo establecido.

»El artículo 307 ter, en el tratamiento específico que realiza de estas conductas fraudulentas, viene también a facilitar la persecución de las nuevas tramas organizadas de fraude contra la Seguridad Social que, mediante la creación de empresas ficticias, tienen por único fin la obtención de prestaciones del Sistema con la consiguiente agravación de la pena.»

V. art. 31.1 CE; art. 39 de la Ley 50/1977, de 14 de noviembre (*BOE* n.º 274, de 16 de noviembre); arts. 250 ss. de la Ley 58/2003, de 17 de diciembre (*BOE* n.º 302, de 18 de diciembre), General Tributaria, modificada por Ley 36/2006, de 29 de noviembre (*BOE* n.º 286, de 30 de noviembre; corrección de errores en *BOE* n.º 58, de 8 de marzo de 2007), por Ley 17/2009, de 23 de noviembre (*BOE* n.º 283, de 24 de noviembre), por Ley 22/2009, de 18 de diciembre (*BOE* n.º 305, de 19 de diciembre), por Ley 7/2012, de 29 de octubre (*BOE* n.º 261, de 30 de octubre; corrección de errores en *BOE* n.º 31, de 5 de febrero de 2013), por Ley 15/2014, de 16 de septiembre (*BOE* n.º 226, de 17 de septiembre), por Ley 34/2015, de 21 de septiembre (*BOE* n.º 227, de 22 de septiembre; corrección de errores en *BOE* n.º 231, de 26 de septiembre), que establece las «actuaciones y procedimientos de aplicación de los tributos en supuestos de delito contra la Hacienda Pública», por Ley 9/2017, de 8 de noviembre (*BOE* n.º 272, de 9 de noviembre; corrección de errores en *BOE* n.º 126, de 24 de mayo), de Contratos del Sector Público, por Ley 10/2020, de 29 de diciembre (*BOE* n.º 340, de 30 de diciembre); y por Ley 11/2021, de 9 de julio (*BOE* n.º 164, de 10 de julio), de medidas de prevención y lucha contra el fraude fiscal; arts. 621 bis, 621 ter y 999 LECr., que establecen especialidades procesales en los delitos contra la Hacienda Pública; LIRPF, RIRPF, LIS; RD 634/2015, de 10 de julio (*BOE* n.º 165, de 11 de julio), por el que se aprueba su Reglamento, modificado por RD 683/2017, de 30 de junio (*BOE* n.º 156, de 1 de julio) y por RD 1.178/2020, de 29 de diciembre (*BOE* n.º 340, de 30 de diciembre); RDL 5/2004, de 5 de marzo (*BOE* n.º 62, de 12 de marzo), por el que se aprueba el texto refundido de la Ley del Impuesto sobre la Renta de no Residentes, modificado por la LIRPF, la Ley 36/2006, de 29 de noviembre (*BOE* n.º 286, de 30 de noviembre; corrección de errores en *BOE* n.º 58, de 8 de marzo de 2007), la Ley 4/2008, de 23 de diciembre (*BOE* n.º 310, de 25 de diciembre), la Ley 2/2010, de 1 de marzo (*BOE* n.º 53, de 2 de marzo; corrección de errores en *BOE* n.º 128, de 26 de mayo), la Ley 16/2012, de 27 de diciembre (*BOE* n.º 312, de 28 de diciembre), la Ley 16/2013, de 29 de octubre (*BOE* n.º 260, de 30 de octubre), la Ley 26/2014, de 27 de noviembre (*BOE* n.º 288, de 28 de noviembre), el RD-L 9/2015, de 10 de julio (*BOE* n.º 165, de 11 de julio), la Ley 20/2015, de 14 de julio (*BOE* n.º 168, de 15 de julio), el RDL 3/2020, de 4 de febrero (*BOE* n.º 31, de 5 de febrero), la Ley 11/2020, de 30 de diciembre (*BOE* n.º 341, de 31 de diciembre), de Presupuestos Generales del Estado para el año 2021; el RD-L 4/2021, de 9 de marzo (*BOE* n.º 59, de 10 de marzo); y por Ley 11/2021, de 9 de julio (*BOE* n.º 164, de 10 de julio), de medidas de prevención y lucha contra el fraude fiscal; RD 1.776/2004, de 30 de julio (*BOE* n.º 188, de 5 de agosto), por el que se aprueba su Reglamento, modificado por RD 1.576/2006, de 22 de diciembre (*BOE* n.º 306, de 23 de diciembre), por RD 1.804/2008, de 3 de noviembre (*BOE* n.º 278, de 18 de noviembre), por RD 960/2013, de 5 de diciembre (*BOE* n.º 292, de 6 de diciembre; corrección de errores en *BOE* n.º 19, de 22 de enero de 2014), por RD 633/2015, de 10 de julio (*BOE* n.º 165, de 11 de julio), y por RD 595/2019, de 18 de octubre (*BOE* n.º 252, de 19 de octubre); RDL 13/2011, de 16 de septiembre (*BOE* n.º 224, de 17 de septiembre), por el que se restablece el Impuesto sobre el Patrimonio, con carácter temporal, modificado por Ley 16/2012, de 27 de diciembre (*BOE* n.º 312, de 28 de diciembre), por Ley 20/2015, de 14 de julio (*BOE* n.º 168, de 15 de julio), por RD-L 3/2016, de 2 de diciembre (*BOE* n.º 292, de 3 de diciembre), por el que se adoptan medidas en el ámbito tributario dirigidas a la consolidación de las finanzas públicas y otras medidas urgentes en materia social, por RD-L 18/2019, de 27 de diciembre (*BOE* n.º 312, de 28 de diciembre), por la que se adoptan determinadas medidas en materia tributaria, catastral y de Seguridad Social; y por Ley 11/2021, de 9 de julio (*BOE* n.º 164, de 10 de julio), de medidas de prevención y lucha contra el fraude fiscal; RD 1.794/2008, de 3 de noviembre (*BOE* n.º 278, de 18 de noviembre), por el que se aprueba el Reglamento de procedimientos amistosos en materia de imposición directa; Disp. Adic. 1.ª4 de la Ley 14/1985, de 29 de mayo, de Régimen Fiscal de Determinados Activos Financieros (*BOE* n.º 129, de 30 de mayo); RD 2.063/2004, de 15 de octubre (*BOE* n.º 260, de 28 de octubre), por el que se aprueba el Reglamento general del régimen sancionador tributario, modificado por RD 1.804/2008, de 3 de noviembre, y por RD 1.072/2017, de 29 de diciembre (*BOE* n.º 317, de 30 de diciembre); Título VIII del RD Legislativo 781/1986, de 18 de abril, por el que se aprueba el texto refundido de las disposiciones legales vigentes en materia de Régimen Local (*BOE* n.ºs 96 y 97, de 22 y 23 de abril); RD 1.065/ 2007, de 27 de julio (*BOE* n.º 213, de 5 de septiembre), por el que se aprueba el Reglamento General de las actuaciones y los procedimientos de gestión e inspección tributaria y de desarrollo de las normas comunes de los procedimientos de aplicación de los tributos, modificado por RD 1.804/2008, de 3 de noviembre (*BOE* n.º 278, de 18 de noviembre), por RD 2.126/2008, de 26 de diciembre (*BOE* n.º 312, de 27 de diciembre), por RD 2.004/2009, de 23 de diciembre (*BOE* n.º 313, de 29 de diciembre; corrección de errores en *BOE* n.º 315, de 31 de diciembre), por RD 192/2010, de 26 de febrero (*BOE* n.º 53, de 2 de marzo), y por RD 960/2013, de 5 de diciembre (*BOE* n.º 292, de 6 de diciembre; corrección de errores en *BOE* n.º 19, de 22 de enero de 2014); arts. 87 y 170 ss. LIVA, y RIVA; LIE; RD 1.619/2012, de 30 de noviembre (*BOE* n.º 289, de 1 de diciembre), por el que se aprueba el Reglamento por el que se regulan las obligaciones de facturación; Ley 25/2013, de 27 de diciembre (*BOE* n.º 311, de 28 de diciembre), de impulso de la factura electrónica y creación del registro contable de facturas en el Sector Público; RD 1.021/2015, de 13 de noviembre (*BOE* n.º 275, de 17 de noviembre), por el que se establece la obligación de identificar la residencia fiscal de las personas que ostenten la titularidad o el control de determinadas cuentas financieras y de informar acerca de las mismas en el ámbito de la asistencia mutua; art. 54 de la Ley 21/2001, de 27 de diciembre (*BOE* n.º 313, de 31 de diciembre), por la que se regulan las medidas fiscales y administrativas del nuevo sistema de financiación de las Comunidades Autónomas de régimen común y Ciudades con Estatuto de Autonomía; art. 5.º del Convenio Europeo de Extradición, reproducido con nota al Preámbulo de la LE (Apéndice 4); Ley 10/1995, de 24 de abril, por la que se crea la Fiscalía Especial para la Represión de los Delitos Económicos relacionados con la Corrupción (*BOE* n.º 98, de 25 de abril); RD 923/1995, de 9 de junio (*BOE* n.º 162, de 8 de julio), por el que se fija la plantilla orgánica de la Fiscalía Especial para la Represión de los Delitos Económicos relacionados con la Corrupción; Resolución de 8 de enero de 1996 (*BOE* n.º 11, de 12 de enero), de la Agencia Estatal de Administración Tributaria, por la que se crea la Unidad de Apoyo a la Fiscalía Especial para la Represión de los Delitos Económicos relacionados con la Corrupción; art. 49.*a*) LCSP; Resolución de 27 de octubre de 1998, de la Presidencia de la Agencia Estatal de Administración Tributaria, por la que se crea la Oficina Nacional de Investigación del Fraude (*BOE* n.º 266, de 6 de noviembre). LO 10/2015, de 10 de septiembre (*BOE* n.º 218, de 11 de septiembre), por la que se regula el acceso y publicidad de determinada información contenida en las sentencias dictadas en materia de fraude fiscal; LO 1/2020, de 16 de septiembre (*BOE* n.º 248, de 17 de septiembre), sobre la utilización de los datos del Registro de Pasajeros para la prevención, detección, investigación y enjuiciamiento de delitos de terrorismo y delitos graves, modificada por LO 7/2021, de 26 de mayo (*BOE* n.º 126, de 27 de mayo), de protección de datos persona-

el pago de tributos, cantidades retenidas o que se hubieran debido retener o ingresos a cuenta, obteniendo indebidamente devoluciones o disfrutando beneficios fiscales de la misma forma, siempre que la cuantía de la cuota defraudada, el importe no ingresado de las retenciones o ingresos a cuenta o de las devoluciones o beneficios fiscales indebidamente obtenidos o disfrutados exceda de ciento veinte mil euros será castigado con la pena de prisión de uno a cinco años y multa del tanto al séxtuplo de la citada cuantía, salvo que hubiere regularizado su situación tributaria en los términos del apartado 4 del presente artículo.

La mera presentación de declaraciones o autoliquidaciones no excluye la defraudación, cuando ésta se acredite por otros hechos.

Además de las penas señaladas, se impondrá al responsable la pérdida de la posibilidad de obtener subvenciones o ayudas públicas y del derecho a gozar de los beneficios o incentivos fiscales o de la Seguridad Social durante el período de tres a seis años.

2. A los efectos de determinar la cuantía mencionada en el apartado anterior:

a) Si se trata de tributos, retenciones, ingresos a cuenta o devoluciones, periódicos o de declaración periódica, se estará a lo defraudado en cada período impositivo o de declaración, y si éstos son inferiores a doce meses, el importe de lo defraudado se referirá al año natural. No obstante lo anterior, en los casos en los que la defraudación se lleve a cabo en el seno de una organización o grupo criminal, o por personas o entidades que

---

les tratados para fines de prevención, detección, investigación y enjuiciamiento de infracciones penales y de ejecución de sanciones penales; y Orden PCI/161/2019, de 21 de febrero (*BOE* n.º 46, de 22 de febrero), por la que se publica el Acuerdo del Consejo de Seguridad Nacional por el que se aprueba la Estrategia Nacional contra el Crimen Organizado y la Delincuencia Grave. V. también Ley Foral 14/2013, de 17 de abril (*BOE* n.º 128, de 29 de mayo), de la Comunidad Foral de Navarra, de medidas contra el fraude fiscal.

Respecto de la Seguridad Social, v. arts. 41 y 129.1 CE; LGSS; RD 696/2018, de 29 de junio (*BOE* n.º 158, de 30 de junio), por el que se aprueba el Reglamento general de la gestión financiera de la Seguridad Social; la Orden de 11 de enero de 1996, sobre Bases de Cotización a la Seguridad Social, Desempleo y Fondo de Garantía Salarial; y la Disp. Adic. 1.ª del RD 1.804/2008, de 3 de noviembre (*BOE* n.º 278, de 18 de noviembre).

Art. 305: Este artículo, salvo en su tercer apartado, figura redactado conforme al texto de la LO 7/2012, de 27 de diciembre (*BOE* n.º 312, de 28 de diciembre), por la que se modifica la LO 10/1995, de 23 de noviembre, del Código Penal en materia de transparencia y lucha contra el fraude fiscal y en la Seguridad Social.

actúen bajo la apariencia de una actividad económica real sin desarrollarla de forma efectiva, el delito será perseguible desde el mismo momento en que se alcance la cantidad fijada en el apartado 1.

b) En los demás supuestos, la cuantía se entenderá referida a cada uno de los distintos conceptos por los que un hecho imponible sea susceptible de liquidación.

3. Las mismas penas se impondrán a quien cometa las conductas descritas en el apartado 1 y a quien eluda el pago de cualquier cantidad que deba ingresar o disfrute de manera indebida de un beneficio obtenido legalmente, cuando los hechos se cometan contra la Hacienda de la Unión Europea, siempre que la cuantía defraudada excediera de cien mil euros en el plazo de un año natural. No obstante lo anterior, en los casos en los que la defraudación se lleve a cabo en el seno de una organización o grupo criminal, o por personas o entidades que actúen bajo la apariencia de una actividad económica real sin desarrollarla de forma efectiva, el delito será perseguible desde el mismo momento en que se alcance la cantidad fijada en este apartado.

Si la cuantía defraudada no superase los cien mil euros pero excediere de diez mil, se impondrá una pena de prisión de tres meses a un año o multa del tanto al triplo de la citada cuantía y la pérdida de la posibilidad de obtener subvenciones o ayudas públicas y del derecho a gozar de los beneficios o incentivos fis-

---

Art. 305.3: Este apartado figura redactado conforme al texto de la LO 1/2019, de 20 de febrero (*BOE* n.º 45, de 21 de febrero), para transponer Directivas de la Unión Europea en los ámbitos financiero y de terrorismo, y abordar cuestiones de índole internacional. La redacción del mismo vigente hasta entonces, dada por la LO 7/2012, de 27 de diciembre (*BOE* n.º 312, de 28 de diciembre), era la siguiente:

> 3. Las mismas penas se impondrán cuando las conductas descritas en el apartado 1 de este artículo se cometan contra la Hacienda de la Unión Europea, siempre que la cuantía defraudada excediera de cincuenta mil euros en el plazo de un año natural. No obstante lo anterior, en los casos en los que la defraudación se lleve a cabo en el seno de una organización o grupo criminal, o por personas o entidades que actúen bajo la apariencia de una actividad económica real sin desarrollarla de forma efectiva, el delito será perseguible desde el mismo momento en que se alcance la cantidad fijada en este apartado.
>
> Si la cuantía defraudada no superase los cincuenta mil euros, pero excediere de cuatro mil, se impondrá una pena de prisión de tres meses a un año o multa del tanto al triplo de la citada cuantía y la pérdida de la posibilidad de obtener subvenciones o ayudas públicas y del derecho a gozar de los beneficios o incentivos fiscales o de la Seguridad Social durante el período de seis meses a dos años.

cales o de la Seguridad Social durante el período de seis meses a dos años.

4. Se considerará regularizada la situación tributaria cuando se haya procedido por el obligado tributario al completo reconocimiento y pago de la deuda tributaria, antes de que por la Administración Tributaria se le haya notificado el inicio de actuaciones de comprobación o investigación tendentes a la determinación de las deudas tributarias objeto de la regularización o, en el caso de que tales actuaciones no se hubieran producido, antes de que el Ministerio Fiscal, el Abogado del Estado o el representante procesal de la Administración autonómica, foral o local de que se trate, interponga querella o denuncia contra aquél dirigida, o antes de que el Ministerio Fiscal o el Juez de Instrucción realicen actuaciones que le permitan tener conocimiento formal de la iniciación de diligencias.

Asimismo, los efectos de la regularización prevista en el párrafo anterior resultarán aplicables cuando se satisfagan deudas tributarias una vez prescrito el derecho de la Administración a su determinación en vía administrativa.

La regularización por el obligado tributario de su situación tributaria impedirá que se le persiga por las posibles irregularidades contables u otras falsedades instrumentales que, exclusivamente en relación a la deuda tributaria objeto de regularización, el mismo pudiera haber cometido con carácter previo a la regularización de su situación tributaria.

5. Cuando la Administración Tributaria apreciare indicios de haberse cometido un delito contra la Hacienda Pública, podrá liquidar de forma separada, por una parte los conceptos y cuantías que no se encuentren vinculados con el posible delito contra la Hacienda Pública, y por otra, los que se encuentren vinculados con el posible delito contra la Hacienda Pública.

La liquidación indicada en primer lugar en el párrafo anterior seguirá la tramitación ordinaria y se sujetará al régimen de recursos propios de toda liquidación tributaria. Y la liquidación que en su caso derive de aquellos conceptos y cuantías que se encuentren vinculados con el posible delito contra la Hacienda Pública seguirá la tramitación que al efecto establez-

Art. 305.4: V. Disp. Final 5.ª de este Código.

ca la normativa tributaria, sin perjuicio de que finalmente se ajuste a lo que se decida en el proceso penal.

La existencia del procedimiento penal por delito contra la Hacienda Pública no paralizará la acción de cobro de la deuda tributaria. Por parte de la Administración Tributaria podrán iniciarse las actuaciones dirigidas al cobro, salvo que el juez, de oficio o a instancia de parte, hubiere acordado la suspensión de las actuaciones de ejecución, previa prestación de garantía. Si no se pudiese prestar garantía en todo o en parte, excepcionalmente el juez podrá acordar la suspensión con dispensa total o parcial de garantías si apreciare que la ejecución pudiese ocasionar daños irreparables o de muy difícil reparación.

6. Los jueces y tribunales podrán imponer al obligado tributario o al autor del delito la pena inferior en uno o dos grados, siempre que, antes de que transcurran dos meses desde la citación judicial como imputado satisfaga la deuda tributaria y reconozca judicialmente los hechos. Lo anterior será igualmente aplicable respecto de otros partícipes en el delito distintos del obligado tributario o del autor del delito, cuando colaboren activamente para la obtención de pruebas decisivas para la identificación o captura de otros responsables, para el completo esclarecimiento de los hechos delictivos o para la averiguación del patrimonio del obligado tributario o de otros responsables del delito.

7. En los procedimientos por el delito contemplado en

Art. 305.7: La Disp. Adic. 10.ª de la Ley General Tributaria, en redacción dada por la Ley 34/2015, de 21 de septiembre (*BOE* n.º 227, de 22 de septiembre; corrección de errores en *BOE* n.º 231, de 26 de septiembre), dice:

«1. En los procedimientos por delito contra la Hacienda Pública, la responsabilidad civil, que comprenderá el importe de la deuda tributaria que la Administración Tributaria no haya liquidado por prescripción u otra causa legal en los términos previstos en esta Ley, incluidos sus intereses de demora, junto a la pena de multa, se exigirá por el procedimiento administrativo de apremio.

»2. Una vez que sea firme la sentencia, el juez o tribunal al que competa la ejecución remitirá testimonio a los órganos de la Administración Tributaria, ordenando que se proceda a su exacción. En la misma forma se procederá cuando el juez o tribunal hubieran acordado la ejecución provisional de una sentencia recurrida.

»3. Cuando se hubiera acordado el fraccionamiento de pago de la responsabilidad civil o de la multa conforme al artículo 125 del Código Penal, el juez o tribunal lo comunicará a la Administración Tributaria. En este caso, el procedimiento de apremio se iniciará si se incumplieran los términos del fraccionamiento.

este artículo, para la ejecución de la pena de multa y la responsabilidad civil, que comprenderá el importe de la deuda tributaria que la Administración Tributaria no haya liquidado por prescripción u otra causa legal en los términos previstos en la Ley 58/2003, General Tributaria, de 17 de diciembre, incluidos sus intereses de demora, los jueces y tribunales recabarán el auxilio de los servicios de la Administración Tributaria que las exigirá por el procedimiento administrativo de apremio en los términos establecidos en la citada Ley.

Art. 305 bis. 1. El delito contra la Hacienda Pública será castigado con la pena de prisión de dos a seis años y multa del doble al séxtuplo de la cuota defraudada cuando la defraudación se cometiere concurriendo alguna de las circunstancias siguientes:

a) Que la cuantía de la cuota defraudada exceda de seiscientos mil euros.

»4. La Administración Tributaria informará al juez o tribunal sentenciador, a los efectos del artículo 117.3 de la Constitución Española, de la tramitación y, en su caso, de los incidentes relativos a la ejecución encomendada.»

Y la Ley 7/2012, de 29 de octubre (*BOE* n.º 261, de 30 de octubre; corrección de errores en *BOE* n.º 31, de 5 de febrero de 2013), de modificación de la normativa tributaria y presupuestaria y de adecuación de la normativa financiera para la intensificación de las actuaciones en la prevención y lucha contra el fraude, ha incorporado una nueva Disp. Adic. 19.ª en la Ley General Tributaria, con la siguiente redacción:

«*Disp. Adic. 19.ª Competencias de investigación patrimonial en los procesos por delito contra la Hacienda Pública.*—En los procesos por delito contra la Hacienda Pública, y sin perjuicio de las facultades que corresponden a las unidades de la Policía Judicial, los órganos de recaudación de la Agencia Estatal de Administración Tributaria mantendrán la competencia para investigar, bajo la supervisión de la autoridad judicial, el patrimonio que pueda resultar afecto al pago de las cuantías pecuniarias asociadas al delito.

»A tales efectos, podrán ejercer las facultades previstas en los artículos 93, 94 y 162 de esta Ley, realizar informes sobre la situación patrimonial de las personas relacionadas con el delito y adoptar las medidas cautelares previstas en el apartado 8 del artículo 81 de la misma.

»De tales actuaciones, sus incidencias y resultados se dará cuenta inmediata al juez penal, que resolverá sobre la confirmación, modificación o levantamiento de las medidas adoptadas.

»Las actuaciones desarrolladas se someterán a lo previsto en la presente Ley y su normativa de desarrollo, sin perjuicio de la posibilidad de que el juez decida la realización de otras actuaciones al amparo de lo previsto en el artículo 989 de la Ley de enjuiciamiento criminal.»

Art. 305 bis: Este artículo fue incorporado por la LO 7/2012, de 27 de diciembre (*BOE* n.º 312, de 28 de diciembre), por la que se modifica la LO 10/1995, de 23 de noviembre, del Código Penal en materia de transparencia y lucha contra el fraude fiscal y en la Seguridad Social.

b) Que la defraudación se haya cometido en el seno de una organización o de un grupo criminal.

c) Que la utilización de personas físicas o jurídicas o entes sin personalidad jurídica interpuestos, negocios o instrumentos fiduciarios o paraísos fiscales o territorios de nula tributación oculte o dificulte la determinación de la identidad del obligado tributario o del responsable del delito, la determinación de la cuantía defraudada o del patrimonio del obligado tributario o del responsable del delito.

2. A los supuestos descritos en el presente artículo les serán de aplicación todas las restantes previsiones contenidas en el artículo 305.

En estos casos, además de las penas señaladas, se impondrá al responsable la pérdida de la posibilidad de obtener subvenciones o ayudas públicas y del derecho a gozar de los beneficios o incentivos fiscales o de la Seguridad Social durante el período de cuatro a ocho años.

Art. 306. El que por acción u omisión defraude a los presupuestos generales de la Unión Europea u otros administrados por esta, en cuantía superior a cincuenta mil euros, eludiendo, fuera de los casos contemplados en el apartado 3 del artículo 305, el pago de cantidades que se deban ingresar o, dando, fuera de los casos contemplados en el artículo 308, a los fondos obtenidos una aplicación distinta de aquella a que estuvieren destinados u obteniendo indebidamente fondos falseando las condiciones requeridas para su concesión u ocultando las que la hubieran impedido, será castigado con la pena de prisión de

---

Art. 306: Este artículo fue redactado conforme al texto de la LO 7/2012, de 27 de diciembre (*BOE* n.º 312, de 28 de diciembre), por la que se modifica la Ley Orgánica 10/1995, de 23 de noviembre, del Código Penal, en materia de transparencia y lucha contra el fraude fiscal y en la Seguridad Social. El párrafo 1.º figura redactado conforme al texto de la LO 9/2021, de 1 de julio (*BOE* n.º 157, de 2 de julio), de aplicación del Reglamento (UE) 2017/1939 del Consejo, de 12 de octubre de 2017, por el que se establece una cooperación reforzada para la creación de la Fiscalía Europea.

V. Convenio establecido sobre la base del art. K.3 del Tratado de la Unión Europea, relativo a la protección de los intereses financieros de las Comunidades Europeas, hecho en Bruselas el 26 de julio de 1995, y sus Protocolos, hecho el primero en Dublín el 27 de septiembre de 1996 (*BOE* n.º 180, de 29 de julio de 2003), y el segundo en Bruselas el 10 de junio de 1997 (*BOE* n.º 286, de 27 de noviembre de 2009). V. también el RD-L 91/2019, de 1 de marzo (*BOE* n.º 67, de 19 de marzo), por el que se regula la composición y funcionamiento del Consejo Asesor de Prevención y Lucha contra el Fraude a los intereses financieros de la Unión Europea.

uno a cinco años y multa del tanto al séxtuplo de la citada cuantía y la pérdida de la posibilidad de obtener subvenciones o ayudas públicas y del derecho a gozar de los beneficios o incentivos fiscales o de la Seguridad Social durante el período de tres a seis años.

Si la cuantía defraudada o aplicada indebidamente no superase los cincuenta mil euros, pero excediere de cuatro mil, se impondrá una pena de prisión de tres meses a un año o multa del tanto al triplo de la citada cuantía y la pérdida de la posibilidad de obtener subvenciones o ayudas públicas y del derecho a gozar de los beneficios o incentivos fiscales o de la Seguridad Social durante el período de seis meses a dos años.

Art. 307. 1. El que, por acción u omisión, defraude a la Seguridad Social eludiendo el pago de las cuotas de ésta y conceptos de recaudación conjunta, obteniendo indebidamente devoluciones de las mismas o disfrutando de deducciones por cualquier concepto asimismo de forma indebida, siempre que la cuantía de las cuotas defraudadas o de las devoluciones o deducciones indebidas exceda de cincuenta mil euros será castigado con la pena de prisión de uno a cinco años y multa del tanto al séxtuplo de la citada cuantía salvo que hubiere regularizado su situación ante la Seguridad Social en los términos del apartado 3 del presente artículo.

La mera presentación de los documentos de cotización no excluye la defraudación, cuando ésta se acredite por otros hechos.

Además de las penas señaladas, se impondrá al responsable la pérdida de la posibilidad de obtener subvenciones o ayudas públicas y del derecho a gozar de los beneficios o incentivos fiscales o de la Seguridad Social durante el período de tres a seis años.

2. A los efectos de determinar la cuantía mencionada en el apartado anterior se estará al importe total defraudado durante cuatro años naturales.

3. Se considerará regularizada la situación ante la Seguridad Social cuando se haya procedido por el obligado frente a la Seguridad Social al completo

---

Art. 307: Este artículo figura redactado conforme al texto de la LO 7/2012, de 27 de diciembre (*BOE* n.º 312, de 28 de diciembre), por la que se modifica la Ley Orgánica 10/1995, de 23 de noviembre, del Código Penal en materia de transparencia y lucha contra el fraude fiscal y en la Seguridad Social.

Art. 307.3: V. Disp. Final 5.ª de este Código.

reconocimiento y pago de la deuda antes de que se le haya notificado la iniciación de actuaciones inspectoras dirigidas a la determinación de dichas deudas o, en caso de que tales actuaciones no se hubieran producido, antes de que el Ministerio Fiscal o el Letrado de la Seguridad Social interponga querella o denuncia contra aquél dirigida o antes de que el Ministerio Fiscal o el Juez de Instrucción realicen actuaciones que le permitan tener conocimiento formal de la iniciación de diligencias.

Asimismo, los efectos de la regularización prevista en el párrafo anterior, resultarán aplicables cuando se satisfagan deudas ante la Seguridad Social una vez prescrito el derecho de la Administración a su determinación en vía administrativa.

La regularización de la situación ante la Seguridad Social impedirá que a dicho sujeto se le persiga por las posibles irregularidades contables u otras falsedades instrumentales que, exclusivamente en relación a la deuda objeto de regularización, el mismo pudiera haber cometido con carácter previo a la regularización de su situación.

4. La existencia de un procedimiento penal por delito contra la Seguridad Social no paralizará el procedimiento administrativo para la liquidación y cobro de la deuda contraída con la Seguridad Social, salvo que el juez lo acuerde previa prestación de garantía. En el caso de que no se pudiese prestar garantía en todo o en parte, el juez, con carácter excepcional, podrá acordar la suspensión con dispensa total o parcial de las garantías, en el caso de que apreciara que la ejecución pudiera ocasionar daños irreparables o de muy difícil reparación. La liquidación administrativa se ajustará finalmente a lo que se decida en el proceso penal.

5. Los jueces y tribunales podrán imponer al obligado frente a la Seguridad Social o al autor del delito la pena inferior en uno o dos grados, siempre que, antes de que transcurran dos meses desde la citación judicial como imputado, satisfaga la deuda con la Seguridad Social y reconozca judicialmente los hechos. Lo anterior será igualmente aplicable respecto de otros partícipes en el delito distintos del deudor a la Seguridad Social o del autor del delito, cuando colaboren activamente para la obtención de pruebas decisivas para la identificación o captura de otros responsables, para el completo esclarecimiento de los hechos delictivos o para la averiguación del patrimonio del obliga-

do frente a la Seguridad Social o de otros responsables del delito.

6. En los procedimientos por el delito contemplado en este artículo, para la ejecución de la pena de multa y la responsabilidad civil, que comprenderá el importe de la deuda frente a la Seguridad Social que la Administración no haya liquidado por prescripción u otra causa legal, incluidos sus intereses de demora, los jueces y tribunales recabarán el auxilio de los servicios de la Administración de la Seguridad Social que las exigirá por el procedimiento administrativo de apremio.

Art. 307 bis. 1. El delito contra la Seguridad Social será castigado con la pena de prisión de dos a seis años y multa del doble al séxtuplo de la cuantía cuando en la comisión del delito concurriera alguna de las siguientes circunstancias:

a) Que la cuantía de las cuotas defraudadas o de las devoluciones o deducciones indebidas exceda de ciento veinte mil euros.

b) Que la defraudación se haya cometido en el seno de una organización o de un grupo criminal.

c) Que la utilización de personas físicas o jurídicas o entes sin personalidad jurídica interpuestos, negocios o instrumentos fiduciarios o paraísos fiscales o territorios de nula tributación oculte o dificulte la determinación de la identidad del obligado frente a la Seguridad Social o del responsable del delito, la determinación de la cuantía defraudada o del patrimonio del obligado frente a la Seguridad Social o del responsable del delito.

2. A los supuestos descritos en el presente artículo le serán de aplicación todas las restantes previsiones contenidas en el artículo 307.

3. En estos casos, además de las penas señaladas, se impondrá al responsable la pérdida de la posibilidad de obtener subvenciones o ayudas públicas y del derecho a gozar de los beneficios o incentivos fiscales o de la Seguridad Social durante el período de cuatro a ocho años.

Art. 307 bis: Este artículo fue introducido por la LO 7/2012, de 27 de diciembre (*BOE* n.º 312, de 28 de diciembre), por la que se modifica la LO 10/1995, de 23 de noviembre, del Código Penal en materia de transparencia y lucha contra el fraude fiscal y en la Seguridad Social.

Art. 307 ter. 1. Quien obtenga, para sí o para otro, el disfrute de prestaciones del Sistema de la Seguridad Social, la prolongación indebida del mismo, o facilite a otros su obtención, por medio del error provocado mediante la simulación o tergiversación de hechos, o la ocultación consciente de hechos de los que tenía el deber de informar, causando con ello un perjuicio a la Administración Pública, será castigado con la pena de seis meses a tres años de prisión.

Cuando los hechos, a la vista del importe defraudado, de los medios empleados y de las circunstancias personales del autor, no revistan especial gravedad, serán castigados con una pena de multa del tanto al séxtuplo.

Además de las penas señaladas, se impondrá al responsable la pérdida de la posibilidad de obtener subvenciones y del derecho a gozar de los beneficios o incentivos fiscales o de la Seguridad Social durante el período de tres a seis años.

2. Cuando el valor de las prestaciones fuera superior a cincuenta mil euros o hubiera concurrido cualquiera de las circunstancias a que se refieren las letras *b*) o *c*) del apartado 1 del artículo 307 bis, se impondrá una pena de prisión de dos a seis años y multa del tanto al séxtuplo.

En estos casos, además de las penas señaladas, se impondrá al responsable la pérdida de la posibilidad de obtener subvenciones y del derecho a gozar de los beneficios o incentivos fiscales o de la Seguridad Social durante el período de cuatro a ocho años.

3. Quedará exento de responsabilidad criminal en relación con las conductas descritas en los apartados anteriores el que reintegre una cantidad equivalente al valor de la prestación recibida incrementada en un interés anual equivalente al interés legal del dinero aumentado en dos puntos porcentuales, desde el momento en que las percibió, antes de que se le haya notificado la iniciación de actuaciones de inspección y control en relación con las mismas o, en el caso de que tales actuaciones no se hubieran producido, antes de que el Ministerio Fiscal, el Abogado del Estado, el Letrado de la Seguridad Social, o el representante de la Ad-

---

Art. 307 ter: Este artículo fue introducido por la LO 7/2012, de 27 de diciembre (*BOE* n.º 312, de 28 de diciembre), por la que se modifica la LO 10/1995, de 23 de noviembre, del Código Penal en materia de transparencia y lucha contra el fraude fiscal y en la Seguridad Social.

ministración autonómica o local de que se trate, interponga querella o denuncia contra aquél dirigida o antes de que el Ministerio Fiscal o el Juez de Instrucción realicen actuaciones que le permitan tener conocimiento formal de la iniciación de diligencias.

La exención de responsabilidad penal contemplada en el párrafo anterior alcanzará igualmente a dicho sujeto por las posibles falsedades instrumentales que, exclusivamente en relación a las prestaciones defraudadas objeto de reintegro, el mismo pudiera haber cometido con carácter previo a la regularización de su situación.

4. La existencia de un procedimiento penal por alguno de los delitos de los apartados 1 y 2 de este artículo, no impedirá que la Administración competente exija el reintegro por vía administrativa de las prestaciones indebidamente obtenidas. El importe que deba ser reintegrado se entenderá fijado provisionalmente por la Administración, y se ajustará después a lo que finalmente se resuelva en el proceso penal.

El procedimiento penal tampoco paralizará la acción de cobro de la Administración competente, que podrá iniciar las actuaciones dirigidas al cobro salvo que el juez, de oficio o a instancia de parte, hubiere acordado la suspensión de las actuaciones de ejecución previa prestación de garantía. Si no se pudiere prestar garantía en todo o en parte, excepcionalmente el juez podrá acordar la suspensión con dispensa total o parcial de garantías si apreciare que la ejecución pudiese ocasionar daños irreparables o de muy difícil reparación.

5. En los procedimientos por el delito contemplado en este artículo, para la ejecución de la pena de multa y de la responsabilidad civil, los jueces y tribunales recabarán el auxilio de los servicios de la Administración de la Seguridad Social que las exigirá por el procedimiento administrativo de apremio.

6. Resultará aplicable a los supuestos regulados en este artículo lo dispuesto en el apartado 5 del artículo 307 del Código Penal.

Art. 308. 1. El que obtenga subvenciones o ayudas de las Administraciones Públicas, incluida la Unión Europea, en

---

Art. 308: Este artículo figura redactado conforme al texto de la LO 1/2019, de 20 de febrero (*BOE* n.º 45, de 21 de febrero), para transponer Directivas de la Unión Europea en los ámbitos financiero y de terrorismo, y abordar cuestiones de índole internacional. La redacción del mismo vigente hasta entonces, dada

una cantidad o por un valor superior a cien mil euros falseando las condiciones requeridas para su concesión u ocultando las que la hubiesen impedido será castigado con la pena de prisión de uno a cinco años y multa del tanto al séxtuplo de su importe, salvo que lleve a cabo el reintegro a que se refiere el apartado 6.

2. Las mismas penas se impondrán al que, en el desarrollo de una actividad sufragada total o parcialmente con fondos de las Administraciones públicas, incluida la Unión Europea, los aplique en una cantidad superior a cien mil euros a fines distintos de aquéllos para los que la subvención o ayuda fue concedida, salvo que lleve a cabo el reintegro a que se refiere el apartado 6.

3. Además de las penas señaladas, se impondrá al responsable la pérdida de la posibilidad de obtener subvenciones o ayudas públicas y del derecho a gozar de beneficios o incentivos fiscales o de la Seguridad Social durante un período de tres a seis años.

4. Si la cuantía obtenida, defraudada o aplicada indebidamente no superase los cien mil euros pero excediere de diez mil, se impondrá una pena de prisión de tres meses a un año o multa del tanto al triplo de la citada cuantía y la pérdida de la posibilidad de obtener subvenciones o ayudas públicas y del derecho a gozar de los beneficios o incenti-

---

por la LO 7/2012, de 27 de diciembre (*BOE* n.º 312, de 28 de diciembre), era la siguiente:

Art. 308. 1. El que obtenga subvenciones o ayudas de las Administraciones Públicas en una cantidad o por un valor superior a ciento veinte mil euros falseando las condiciones requeridas para su concesión u ocultando las que la hubiesen impedido será castigado con la pena de prisión de uno a cinco años y multa del tanto al séxtuplo de su importe salvo que lleve a cabo el reintegro a que se refiere el apartado 5 de este artículo.

2. Las mismas penas se impondrán al que, en el desarrollo de una actividad sufragada total o parcialmente con fondos de las Administraciones públicas los aplique en una cantidad superior a ciento veinte mil euros a fines distintos de aquellos para los que la subvención o ayuda fue concedida salvo que lleve a cabo el reintegro a que se refiere el apartado 5 de este artículo.

3. Además de las penas señaladas, se impondrá al responsable la pérdida de la posibilidad de obtener subvenciones o ayudas públicas y del derecho a gozar de beneficios o incentivos fiscales o de la Seguridad Social durante un período de tres a seis años.

4. Para la determinación de la cantidad defraudada se estará al año natural y deberá tratarse de subvenciones o ayudas obtenidas para el fomento de la misma actividad privada subvencionable, aunque procedan de distintas administraciones o entidades públicas.

5. Se entenderá realizado el reintegro al que se refieren los apartados 1 y 2 cuando por el perceptor de la subvención o ayuda se proceda a devolver las subvenciones o ayudas indebidamente percibidas o aplicadas, incrementadas en el interés de demora aplicable en materia de subvenciones desde el momento en que las percibió, y se lleve a cabo antes de que se haya notificado la iniciación de actuaciones de comprobación o control en relación con dichas subvenciones o ayudas o, en el caso de que tales actuaciones no se hubieran producido, antes de que el Ministerio Fiscal, el Abogado del Estado o el representante de la Administración autonómica o local de que se trate, interponga querella o denuncia contra aquél dirigida o antes de que el Ministerio Fiscal o el Juez de Instrucción realicen actuaciones que le permitan tener conocimiento formal de la iniciación de diligencias. El reintegro impedirá que a dicho sujeto se le persiga por las posibles falsedades instrumentales que, exclusivamente en relación a la deuda objeto de regularización, el mismo pudiera haber cometido con carácter previo a la regularización de su situación.

6. La existencia de un procedimiento penal por alguno de los delitos de los apartados 1 y 2 de este artículo, no impedirá que la Administración competente exija el reintegro por vía administrativa de las subvenciones o ayudas indebidamente aplicadas. El importe que deba ser reintegrado se entenderá fijado provisionalmente por la Administración, y se ajustará después a lo que finalmente se resuelva en el proceso penal.

El procedimiento penal tampoco paralizará la acción de cobro de la Administración, que podrá iniciar las actuaciones dirigidas al cobro salvo que el juez, de oficio o a instancia de parte, hubiere acordado la suspensión de las actuaciones de ejecución previa prestación de garantía. Si no se pudiere prestar garantía en todo o en parte, excepcionalmente el juez podrá acordar la suspensión con dispensa total o parcial de garantías si apreciare que la ejecución pudiese ocasionar daños irreparables o de muy difícil reparación.

7. Los jueces y tribunales podrán imponer al responsable de este delito la pena inferior en uno o dos grados, siempre que, antes de que transcurran dos meses desde la citación judicial como imputado, lleve a cabo el reintegro a que se refiere el apartado 5 y reconozca judicialmente los hechos. Lo anterior será igualmente aplicable respecto de otros partícipes en el delito distintos del obligado al reintegro o del autor del delito, cuando colaboren activamente para la obtención de pruebas decisivas para la identificación o captura de otros responsables, para el completo esclarecimiento de los hechos delictivos o para la averiguación del patrimonio del obligado o del responsable del delito.

V. Ley 38/2003, de 17 de noviembre (*BOE* n.º 276, de 18 de noviembre), General de Subvenciones, modificada por Ley 24/2005, de 18 de noviembre (*BOE* n.º 277, de 19 de noviembre), de reformas para el impulso a la productividad, por RDL 6/2010, de 9 de abril (*BOE* n.º 89, de 13 de abril; correcciones de errores en *BOE* n.ºs 93 y 95, de 17 y 20 de abril), por RDL 7/2013, de 28 de junio (*BOE* n.º 155, de 29 de junio), por Ley 15/2014, de 16 de septiembre (*BOE* n.º 226, de 17 de septiembre), por LO 3/2015, de 30 de marzo (*BOE* n.º 77, de 31 de marzo), por LRJSP, y por Ley 11/2020, de 30 de diciembre (*BOE* n.º 341, de 31 de diciembre), de Presupuestos Generales del Estado para el año 2021; y desarrollada por RD 887/2006, de 21 de julio (*BOE* n.º 176, de 25 de julio; corrección de errores en *BOE* n.º 270, de 11 de noviembre), por el que se aprueba su Reglamento; Ley Foral 11/2005, de 9 de noviembre (*BOE* n.º 304, de 21 de diciembre), de Subvenciones de Navarra, modificada por Ley Foral 25/2014, de 2 de diciembre (*BOE* n.º 315, de 30 de diciembre); Ley 7/2005, de 18 de noviembre (*BOE* n.º 133, de 5 de junio de 2006), de subvenciones de la Comunidad Autónoma de la Región de Murcia; Ley 10/2006, de 17 de julio (*BOE* n.º 203,

vos fiscales o de la Seguridad Social durante el período de seis meses a dos años, salvo que lleve a cabo el reintegro a que se refiere el apartado 6.

5. A los efectos de determinar la cuantía a que se refiere este artículo, se atenderá al total de lo obtenido, defraudado o indebidamente aplicado, con independencia de si procede de una o de varias Administraciones Públicas conjuntamente.

6. Se entenderá realizado el reintegro al que se refieren los apartados 1, 2 y 4 cuando por el perceptor de la subvención o ayuda se proceda a devolver las subvenciones o ayudas indebidamente percibidas o aplicadas, incrementadas en el interés de demora aplicable en materia de subvenciones desde el momento en que las percibió, y se lleve a cabo antes de que se haya notificado la iniciación de actuaciones de comprobación o control en relación con dichas subvenciones o ayudas o, en el caso de que tales actuaciones no se hubieran producido, antes de que el Ministerio Fiscal, el Abogado del Estado o el representante de la Administración autonómica o local de que se trate, interponga querella o denuncia contra aquél dirigida o antes de que el Ministerio Fiscal o el juez de instrucción realicen actuaciones que le permitan tener conocimiento formal de la iniciación de diligencias. El reintegro impedirá que a dicho sujeto se le persiga por las posibles falsedades instrumentales que, exclusivamente en relación a la deuda objeto de regularización, el mismo pudiera haber cometido con carácter previo a la regularización de su situación.

7. La existencia de un procedimiento penal por alguno de los delitos de los apartados 1, 2 y 4 de este artículo, no impedirá que la Administración competente exija el reintegro por vía administrativa de las subvenciones o ayudas indebidamente aplicadas. El importe que deba ser reintegrado se entenderá fijado provisionalmente por la Administración, y se ajustará después a lo que finalmente se resuelva en el proceso penal.

El procedimiento penal tampoco paralizará la acción de cobro de la Administración, que

---

de 25 de agosto), de Subvenciones de Cantabria; Ley 5/2008, de 25 de septiembre (*BOE* n.º 250, de 16 de octubre), de subvenciones de la Comunidad de Castilla y León; y Ley 5/2015, de 25 de marzo (*BOE* n.º 115, de 14 de mayo), de Subvenciones de Aragón.

Art. 308.5: V. Disp. Final 5.ª de este Código.

podrá iniciar las actuaciones dirigidas al cobro salvo que el juez, de oficio o a instancia de parte, hubiere acordado la suspensión de las actuaciones de ejecución previa prestación de garantía. Si no se pudiere prestar garantía en todo o en parte, excepcionalmente el juez podrá acordar la suspensión con dispensa total o parcial de garantías si apreciare que la ejecución pudiese ocasionar daños irreparables o de muy difícil reparación.

8. Los jueces y tribunales podrán imponer al responsable de este delito la pena inferior en uno o dos grados, siempre que, antes de que transcurran dos meses desde la citación judicial como investigado, lleve a cabo el reintegro a que se refiere el apartado 6 y reconozca judicialmente los hechos. Lo anterior será igualmente aplicable respecto de otros partícipes en el delito distintos del obligado al reintegro o del autor del delito, cuando colaboren activamente para la obtención de pruebas decisivas para la identificación o captura de otros responsables, para el completo esclarecimiento de los hechos delictivos o para la averiguación del patrimonio del obligado o del responsable del delito.

Art. 308 bis. 1. La suspensión de la ejecución de las penas impuestas por alguno de los delitos regulados en este Título se regirá por las disposiciones contenidas en el capítulo III del Título III del Libro I de este Código, completadas por las siguientes reglas:

1.ª La suspensión de la ejecución de la pena de prisión impuesta requerirá, además del cumplimiento de los requisitos regulados en el artículo 80, que el penado haya abonado la deuda tributaria o con la Seguridad Social, o que haya procedido al reintegro de las subvenciones o ayudas indebidamente recibidas o utilizadas.

Este requisito se entenderá cumplido cuando el penado asuma el compromiso de satisfacer la deuda tributaria, la deuda frente a la Seguridad Social o de proceder al reintegro de las subvenciones o ayudas indebidamente recibidas o utilizadas y las responsabilidades civiles de acuerdo a su capacidad económica y de facilitar el decomiso acordado, y sea razonable esperar que el mismo será cumplido. La suspensión no se concederá cuando conste que el penado ha facilitado información inexacta o insuficiente sobre su patrimonio.

Art. 308 bis: Este artículo ha sido añadido por la LO 1/2015, de 30 de marzo (*BOE* n.º 77, de 31 de marzo).

La resolución por la que el juez o tribunal concedan la suspensión de la ejecución de la pena será comunicada a la representación procesal de la Hacienda Pública estatal, autonómica, local o foral, de la Seguridad Social o de la Administración que hubiera concedido la subvención o ayuda.

2.ª El juez o tribunal revocarán la suspensión y ordenarán la ejecución de la pena, además de en los supuestos del artículo 86, cuando el penado no dé cumplimiento al compromiso de pago de la deuda tributaria o con la Seguridad Social, al de reintegro de las subvenciones y ayudas indebidamente recibidas o utilizadas, o al de pago de las responsabilidades civiles, siempre que tuviera capacidad económica para ello, o facilite información inexacta o insuficiente sobre su patrimonio. En estos casos, el juez de vigilancia penitenciaria podrá denegar la concesión de la libertad condicional.

2. En el supuesto del artículo 125, el juez o tribunal oirán previamente a la representación procesal de la Hacienda Pública estatal, autonómica, local o foral, de la Seguridad Social o de la Administración que hubiera concedido la subvención o ayuda, al objeto de que aporte informe patrimonial de los responsables del delito en el que se analizará la capacidad económica y patrimonial real de los responsables y se podrá incluir una propuesta de fraccionamiento acorde con dicha capacidad y con la normativa tributaria, de la Seguridad Social o de subvenciones.

Art. 309. [...]

Art. 310. Será castigado con la pena de prisión de cinco a siete meses el que estando obligado por ley tributaria a llevar contabilidad mercantil, libros o registros fiscales:

a) Incumpla absolutamente dicha obligación en régimen de estimación directa de bases tributarias.

b) Lleve contabilidades distintas que, referidas a una misma actividad y ejercicio económico, oculten o simulen la verdadera situación de la empresa.

Art. 309: Este artículo fue derogado por la LO 7/2012, de 27 de diciembre (*BOE* n.º 312, de 28 de diciembre), por la que se modifica la LO 10/1995, de 23 de noviembre, del Código Penal en materia de transparencia y lucha contra el fraude fiscal y en la Seguridad Social.

Art. 310: Este artículo figura redactado conforme al texto de la LO 15/2003, de 25 de noviembre (*BOE* n.º 283, de 26 de noviembre; corrección de errores en *BOE* n.º 65, de 16 de marzo, y n.º 80, de 2 de abril, ambos de 2004).

c) No hubiere anotado en los libros obligatorios negocios, actos, operaciones o, en general, transacciones económicas, o los hubiese anotado con cifras distintas a las verdaderas.

d) Hubiere practicado en los libros obligatorios anotaciones contables ficticias.

La consideración como delito de los supuestos de hecho, a que se refieren los párrafos *c*) y *d*) anteriores, requerirá que se hayan omitido las declaraciones tributarias o que las presentadas fueren reflejo de su falsa contabilidad y que la cuantía, en más o menos, de los cargos o abonos omitidos o falseados exceda, sin compensación aritmética entre ellos, de 240.000 euros por cada ejercicio económico.

Art. 310 bis. Cuando de acuerdo con lo establecido en el artículo 31 bis una persona jurídica sea responsable de los delitos recogidos en este Título, se le impondrán las siguientes penas:

a) Multa del tanto al doble de la cantidad defraudada o indebidamente obtenida, si el delito cometido por la persona física tiene prevista una pena de prisión de más de dos años.

b) Multa del doble al cuádruple de la cantidad defraudada o indebidamente obtenida, si el delito cometido por la persona física tiene prevista una pena de prisión de más de cinco años.

c) Multa de seis meses a un año, en los supuestos recogidos en el artículo 310.

Además de las señaladas, se impondrá a la persona jurídica responsable la pérdida de la posibilidad de obtener subvenciones o ayudas públicas y del derecho a gozar de los beneficios o incentivos fiscales o de la Seguridad Social durante el período de tres a seis años. Podrá imponerse la prohibición para contratar con las Administraciones Públicas.

Atendidas las reglas establecidas en el artículo 66 bis, los jueces y tribunales podrán asimismo imponer las penas recogidas en las letras *b*), *c*), *d*), *e*) y *g*) del apartado 7 del artículo 33.

Art. 310 bis: Este artículo figura redactado conforme al texto de la LO 7/2012, de 27 de diciembre (*BOE* n.º 312, de 28 de diciembre), por la que se modifica la LO 10/1995, de 23 de noviembre, del Código Penal en materia de transparencia y lucha contra el fraude fiscal y en la Seguridad Social.

TÍTULO XV

De los delitos contra los derechos de los trabajadores*

Art. 311. Serán castigados con las penas de prisión de seis meses a seis años y multa de seis a doce meses:

* V. art. 49.*a*) LCSP.

Art. 311: Este artículo ha sido modificado por la LO 7/2012, de 27 de diciembre (*BOE* n.º 312, de 28 de diciembre), por la que se modifica la LO 10/1995, de 23 de noviembre, del Código Penal en materia de transparencia y lucha contra el fraude fiscal y en la Seguridad Social. Su Preámbulo, en este particular, dispone:

«La actual configuración del delito contra los derechos de los trabajadores contenido en el artículo 311 del Código Penal, en atención a los elementos subjetivos requeridos para la concurrencia del ilícito, dificulta la aplicación del tipo penal a la hora de exigir responsabilidades a quienes, de forma colectiva, están incumpliendo las obligaciones que les corresponden en relación con el aseguramiento obligatorio, o a propósito de las preceptivas autorizaciones para trabajar de aquellos a los que ocupan en su actividad empresarial.

»Quien, de forma masiva o colectiva, recurre a la utilización de trabajadores sin haber formalizado su incorporación al Sistema de la Seguridad Social que les corresponda, o sin haber obtenido la preceptiva autorización para trabajar en el caso de los extranjeros que lo precisen, debe merecer el correspondiente reproche penal.

»Los perjuicios ocasionados por estas conductas son evidentes. Por un lado, la negación de los derechos que en materia de Seguridad Social puedan corresponder a los trabajadores por el período en el que prestan sus servicios de forma irregular. Por otro, los perniciosos efectos que presenta para las relaciones económicas y empresariales el hecho de que haya quienes producen bienes y servicios a unos costes laborales muy inferiores a los que han de soportar aquellos otros que lo hacen cumpliendo con sus obligaciones legales en la materia, lo que distorsiona la competitividad y desincentiva la iniciativa empresarial.

»Si la conducta es grave en todo caso, y por ello ya se condena como tal en el ámbito administrativo, la sanción penal se hace depender de un determinado número de trabajadores ocupados y afectados, en consonancia con la limitación del reproche punitivo a los comportamientos más graves.

»La propia gravedad de estas conductas motiva que la sanción se amplíe hasta la posible imposición de una pena máxima de seis años de prisión, lo que de nuevo permite incrementar el plazo de prescripción hasta los diez años.»

V. arts. 35.1.º y 41 CE; Ley 51/1980, de 8 de octubre (*BOE* n.º 250, de 17 de octubre), Básica de Empleo; ET; y RD 1.659/1998, de 24 de julio (*BOE* n.º 192, de 12 de agosto), por el que se desarrolla su art. 8.º5, en materia de información al trabajador sobre los elementos esenciales del contrato de trabajo; LISOS; RD 928/1998, de 14 de mayo (*BOE* n.º 132, de 3 de junio), modificado por RD 689/2005, de 10 de junio (*BOE* n.º 149, de 23 de junio; corrección de errores en *BOE* n.º 205, de 27 de agosto), por el que se aprueba el Reglamento general sobre procedimientos para la imposición de sanciones por infracciones de orden social y para los expedientes liquidatorios de cuotas de la Seguridad Social, y por RD 103/2010, de 5 de febrero (*BOE* n.º 47, de 23 de febrero); art. 20.*d*) LCAP; LGSS; y Orden de 11 de enero de 1996, sobre Bases de Cotización a la Seguridad Social, Desempleo y Fondo de Garantía Salarial.

1.º Los que, mediante engaño o abuso de situación de necesidad, impongan a los trabajadores a su servicio condiciones laborales o de Seguridad Social que perjudiquen, supriman o restrinjan los derechos que tengan reconocidos por disposiciones legales, convenios colectivos o contrato individual.

2.º Los que den ocupación simultáneamente a una pluralidad de trabajadores sin comunicar su alta en el régimen de la Seguridad Social que corresponda o, en su caso, sin haber obtenido la correspondiente autorización de trabajo, siempre que el número de trabajadores afectados sea al menos de:

a) el 25 por 100, en las empresas o centros de trabajo que ocupen a más de cien trabajadores,

b) el 50 por 100, en las empresas o centros de trabajo que ocupen a más de diez trabajadores y no más de cien, o

c) la totalidad de los mismos, en las empresas o centros de trabajo que ocupen a más de cinco y no más de diez trabajadores.

3.º Los que en el supuesto de transmisión de empresas, con conocimiento de los procedimientos descritos en los apartados anteriores, mantengan las referidas condiciones impuestas por otro.

4.º Si las conductas reseñadas en los apartados anteriores se llevaren a cabo con violencia o intimidación se impondrán las penas superiores en grado.

Art. 311 bis. Será castigado con la pena de prisión de tres a dieciocho meses o multa de doce a treinta meses, salvo que los hechos estén castigados con una pena más grave en otro precepto de este Código, quien:

a) de forma reiterada, emplee o dé ocupación a ciudadanos extranjeros que carezcan de permiso de trabajo, o

b) emplee o dé ocupación a un menor de edad que carezca de permiso de trabajo.

Art. 312. 1. Serán castigados con las penas de prisión de

Art. 311 bis: Este artículo ha sido añadido por la LO 1/2015, de 30 de marzo (*BOE* n.º 77, de 31 de marzo).

Art. 312: El primer apartado de este artículo figura redactado conforme al texto dado por la LO 4/2000, de 11 de enero (*BOE* n.º 10, de 12 de enero; corrección de errores en *BOE* n.º 20, de 24 de enero), sobre derechos y libertades de los extranjeros en España y su integración social. V. art. 54 Ley 33/1971, de 21 de julio (*BOE* n.º 175, de 23 de julio), de Emigración; Ley 12/2009, de 30 de octubre (*BOE* n.º 263, de 31 de octubre), reguladora del derecho de asilo y de la protección subsidiaria; LO 4/2000, de 11 de enero (*BOE* n.º 10, de 12 de enero; corrección de errores en

dos a cinco años y multa de seis a doce meses, los que trafiquen de manera ilegal con mano de obra.

2. En la misma pena incurrirán quienes recluten personas o las determinen a abandonar su puesto de trabajo ofreciendo empleo o condiciones de trabajo engañosas o falsas, y quienes empleen a súbditos extranjeros sin permiso de trabajo en condiciones que perjudiquen, supriman o restrinjan los derechos que tuviesen reconocidos por disposiciones legales, convenios colectivos o contrato individual.

Art. 313. El que determinare o favoreciere la emigración de alguna persona a otro país simulando contrato o colocación, o usando de otro engaño semejante, será castigado con la pena prevista en el artículo anterior.

BOE n.º 20, de 24 de enero), sobre derechos y libertades de los extranjeros en España y su integración social, modificada por LO 8/2000, de 22 de diciembre (*BOE* n.º 307, de 23 de diciembre; corrección de errores en *BOE* n.º 47, de 23 de febrero de 2001), por LO 11/2003, de 29 de septiembre (*BOE* n.º 234, de 30 de septiembre), por LO 14/2003, de 20 de noviembre (*BOE* n.º 279, de 21 de noviembre), por LO 2/2009, de 11 de diciembre (*BOE* n.º 299, de 12 de diciembre) y por RD 11/2018, de 31 de agosto (*BOE* n.º 214, de 4 de septiembre), y especialmente su art. 57; Orden de 11 de abril de 1996 (*BOE* n.º 93, de 17 de abril), del Ministerio de Justicia e Interior, sobre exenciones de visado; Resolución de 15 de abril de 1996 (*BOE* n.º 93, de 17 de abril; corrección de errores en *BOE* n.º 108, de 4 de mayo), de la Subsecretaría del Ministerio de la Presidencia, por la que se dispone la publicación del Acuerdo del Consejo de Ministros de 12 de abril de 1996, por el que se desarrolla el proceso de documentación de extranjeros en situación irregular; y Resolución de 17 de abril de 1996 (*BOE* n.º 100, de 25 de abril), de la Dirección General de Migraciones, por la que se establece la correspondencia entre permisos de trabajo cuando se ejercite la opción prevista en la Disp. Trans. 2.ª del RD 155/1996. V. también art. 282 bis LECr, reproducido en nota al art. 368 de este Código, y Protocolo de 15 de noviembre de 2000 contra el tráfico ilícito de migrantes por tierra, mar y aire, que complementa la Convención de las Naciones Unidas contra la delincuencia organizada transnacional, ratificado por Instrumento de 21 de febrero de 2002 (*BOE* n.º 295, de 10 de diciembre de 2003); así como Convenio relativo a la profundización de la cooperación transfronteriza, en particular en materia de lucha contra el terrorismo, la delincuencia transfronteriza y la migración ilegal, de 27 de mayo de 2005, ratificado por Instrumento de 18 de julio de 2006 (*BOE* n.º 307, de 25 de diciembre); y Convenio del Consejo de Europa sobre la lucha contra la trata de seres humanos, hecho en Varsovia el 16 de mayo de 2005, y ratificado por España mediante Instrumento de 23 de febrero de 2009 (*BOE* n.º 219, de 10 de septiembre).

Art. 313: Este artículo figura redactado conforme al texto de la LO 5/2010, de 22 de junio (*BOE* n.º 152, de 23 de junio). V. la Orden PCI/161/2019, de 21 de febrero (*BOE* n.º 46, de 22 de febrero), por la que se publica el Acuerdo del Consejo de Seguridad Nacional por el que se aprueba la Estrategia Nacional contra el Crimen Organizado y la Delincuencia Grave.

Art. 314. Quienes produzcan una grave discriminación en el empleo, público o privado, contra alguna persona por razón de su ideología, religión o creencias, su situación familiar, su pertenencia a una etnia, raza o nación, su origen nacional, su sexo, edad, orientación o identidad sexual o de género, razones de género, de aporofobia o de exclusión social, la enfermedad que padezca o su discapacidad, por ostentar la representación legal o sindical de los trabajadores, por el parentesco con otros trabajadores de la empresa o por el uso de alguna de las lenguas oficiales dentro del Estado español, y no restablezcan la situación de igualdad ante la ley tras requerimiento o sanción administrativa, reparando los daños económicos que se hayan derivado, serán castigados con la pena de prisión de seis meses a dos años o multa de doce a veinticuatro meses.

Art. 315. 1. Serán castigados con las penas de prisión de seis meses a dos años o multa de

---

Art. 314: Este artículo figura redactado conforme al texto de la LO 8/2021, de 4 de junio (*BOE* n.º 134, de 5 de junio), de protección integral a la infancia y la adolescencia frente a la violencia, cuyo Preámbulo, a este respecto, se transcribe en nota al art. 22.4.º de este Código. La redacción vigente hasta entonces era la siguiente:

> Los que produzcan una grave discriminación en el empleo, público o privado, contra alguna persona por razón de su ideología, religión o creencias, su pertenencia a una etnia, raza o nación, su sexo, orientación sexual, situación familiar, enfermedad o discapacidad, por ostentar la representación legal o sindical de los trabajadores, por el parentesco con otros trabajadores de la empresa o por el uso de alguna de las lenguas oficiales dentro del Estado español, y no restablezcan la situación de igualdad ante la ley tras requerimiento o sanción administrativa, reparando los daños económicos que se hayan derivado, serán castigados con la pena de prisión de seis meses a dos años o multa de doce a veinticuatro meses.

V. Protocolo n.º 12 al Convenio para la Protección de los Derechos Humanos y de las Libertades Fundamentales, de 4 de noviembre de 2000, ratificado por Instrumento de 25 de enero de 2008 (*BOE* n.º 64, de 14 de marzo).

Art. 315: Este artículo figura redactado conforme al texto de la LO 1/2015, de 30 de marzo (*BOE* n.º 77, de 31 de marzo).

Su apartado tercero, hasta su supresión por LO 5/2021, de 22 de abril (*BOE* n.º 97, de 23 de abril), decía: «Quienes actuando en grupo o individualmente, pero de acuerdo con otros, coaccionen a otras personas a iniciar o continuar una huelga, serán castigados con la pena de prisión de un año y nueve meses hasta tres años o con la pena de multa de dieciocho meses a veinticuatro meses».

El art. 28 CE dispone lo siguiente:

«1. Todos tienen derecho a sindicarse libremente. La Ley podrá limitar o exceptuar el ejercicio de este derecho a las Fuerzas o Institutos armados o a los demás Cuerpos sometidos a disciplina militar y regulará las peculiaridades de su ejercicio para los funcionarios públicos. La libertad sindical comprende el derecho a fundar sindicatos y a afiliarse al de su elección, así como el derecho de los sindicatos a formar

seis a doce meses los que, mediante engaño o abuso de situación de necesidad, impidieren o limitaren el ejercicio de la libertad sindical o el derecho de huelga.

2. Si las conductas reseñadas en el apartado anterior se llevaren a cabo con coacciones serán castigadas con la pena de prisión de un año y nueve meses hasta tres años o con la pena de multa de dieciocho meses a veinticuatro meses.

3. *[Suprimido por LO 5/2021, de 22 de abril.]*

Art. 316. Los que con infracción de las normas de prevención de riesgos laborales y

---

confederaciones y a fundar organizaciones sindicales internacionales o afiliarse a las mismas. Nadie podrá ser obligado a afiliarse a un sindicato.

»2. Se reconoce el derecho a la huelga de los trabajadores para la defensa de sus intereses. La Ley que regule el ejercicio de este derecho establecerá las garantías precisas para asegurar el mantenimiento de los servicios esenciales de la comunidad.»

V., además de lo citado en las notas precedentes, art. 23.4 DUDH; art. 22.1 PIDCP; art. 5.º Carta Social Europea de 18 de octubre de 1961, ratificada por Instrumento de 29 de abril de 1980 (*BOE* n.º 153, de 26 de junio; corrección de errores en *BOE* n.º 192, de 12 de agosto de 1980). V., además, arts. 1.º ss. RD-L 17/1977, de 4 de marzo, sobre Relaciones de Trabajo (*BOE* n.º 58, de 9 de mayo); art. 4.º1 ET; LO 11/1985, de 2 de agosto, de Libertad Sindical (*BOE* n.º 189, de 8 de agosto).

Art. 316: V., además de lo citado en las notas precedentes, Ley 31/1995, de 8 de noviembre (*BOE* n.º 269, de 10 de noviembre), de Prevención de Riesgos Laborales, modificada por Leyes 50/1998, de 30 de diciembre (*BOE* n.º 313, de 31 de diciembre; corrección de errores en *BOE* n.º 109, de 7 de mayo de 1999), 39/1999, de 5 de noviembre (*BOE* n.º 266, de 6 de noviembre), 54/2003, de 12 de diciembre (*BOE* n.º 298, de 13 de diciembre), y 30/2005, de 29 de diciembre (*BOE* n.º 312, de 30 de diciembre; corrección de errores en *BOE* n.º 76, de 30 de marzo), de Presupuestos Generales del Estado para 2006; por RDL 5/2000, de 4 de agosto (*BOE* n.º 189, de 8 de agosto; corrección de errores en *BOE* n.º 228, de 22 de septiembre); por LO 3/2007, de 22 de marzo (*BOE* n.º 71, de 23 de marzo), para la igualdad efectiva de mujeres y hombres; y por Ley 25/2009, de 22 de diciembre (*BOE* n.º 308, de 23 de diciembre); y desarrollada por RRDD 485, 486, 487 y 488/1997, todos ellos de 14 de abril, y 773/1997, de 30 de mayo, sobre disposiciones mínimas de seguridad y salud en distintas actividades laborales (*BOE* n.º 97, de 23 de abril, y *BOE* n.º 140, de 12 de junio, corrección de erratas en *BOE* n.º 171, de 18 de julio), modificado el primero de ellos por RD 2.177/2004, de 12 de noviembre (*BOE* n.º 274, de 13 de noviembre), y por RD 598/2015, de 3 de julio (*BOE* n.º 159, de 4 de julio); por RRDD 664 y 665/1997, ambos de 12 de mayo, sobre protección de los trabajadores frente a diversos riesgos (*BOE* n.º 124, de 24 de mayo), actualizado el primero de ellos por Orden de 25 de marzo de 1998 (*BOE* n.º 76, de 30 de marzo; corrección de erratas en *BOE* n.º 90, de 15 de abril), y el segundo por RD 1.124/2000, de 16 de junio (*BOE* n.º 145, de 17 de junio), por RD 349/2003, de 21 de marzo (*BOE* n.º 82, de 5 de abril), por RD 598/2015, de 3 de julio (*BOE* n.º 159, de 4 de julio), por RD 1.154/2020, de 22 de diciembre (*BOE* n.º 334, de 23 de diciembre) y por RD 427/2021, de 15 de junio (*BOE* n.º 143, de 16 de junio); por RD 1.215/1997, de 18 de julio (*BOE* n.º 188, de 7 de agosto), por el que se establecen las disposiciones mínimas de seguridad y salud para la utilización por los trabajadores de los equipos de trabajo, modificado por

RD 2.177/2004, de 12 de noviembre (*BOE* n.º 274, de 13 de noviembre); por RRDD 1.389/1997, de 5 de septiembre, y 1.627/ 1997, de 24 de octubre (*BOE* n.os 240 y 256, de 7 y 25 de octubre, respectivamente), sobre disposiciones mínimas de seguridad y salud en actividades mineras y en obras de construcción, modificado por RD 2.177/2004, de 12 de noviembre (*BOE* n.º 274, de 13 de noviembre), y por RD 604/2006, de 19 de mayo (*BOE* n.º 127, de 29 de mayo); por RD 216/1999, de 5 de febrero (*BOE* n.º 47, de 24 de febrero), por el que se establecen condiciones mínimas sobre la protección de la salud en el ámbito de las empresas de trabajo temporal; RD 258/1999, de 12 de febrero (*BOE* n.º 47, de 24 de febrero; corrección de errores en *BOE* n.º 103, de 30 de abril) [modificado por RD 568/2011, de 20 de abril (*BOE* n.º 114, de 13 de mayo; corrección de errores en *BOE* n.º 169, de 15 de julio)], por el que se establecen condiciones mínimas para la protección de la salud respecto de los trabajadores del mar; por RD 374/2001, de 6 de abril (*BOE* n.º 104, de 1 de mayo; corrección de erratas en *BOE* n.os 129, de 30 de mayo, y 149, de 22 de junio), sobre la protección de la salud y seguridad de los trabajadores contra los riesgos relacionados con los agentes químicos durante el trabajo, modificado por RD 98/2015, de 3 de julio (*BOE* n.º 159, de 4 de julio); por RD 614/2001, de 8 de junio (*BOE* n.º 148, de 21 de junio), sobre disposiciones mínimas para la protección de la salud y seguridad de los trabajadores frente al riesgo electrónico; por RD 681/2003, de 12 de junio (*BOE* n.º 145, de 18 de junio), sobre la protección de la salud y la seguridad de los trabajadores expuestos a los riesgos derivados de atmósferas explosivas en el lugar de trabajo; por RD 1.311/2005, de 4 de noviembre (*BOE* n.º 265, de 5 de noviembre), sobre la protección de la salud y la seguridad de los trabajadores frente a los riesgos derivados o que puedan derivarse de la exposición a vibraciones mecánicas, modificado por RD 330/2009, de 13 de marzo (*BOE* n.º 73, de 26 de marzo); por RD 2/2006, de 16 de enero (*BOE* n.º 14, de 17 de enero; corrección de errores en *BOE* n.º 36, de 11 de febrero), por el que se estableen normas sobre prevención de riesgos laborales en la actividad de los funcionarios del Cuerpo Nacional de Policía; por RD 286/2006, de 10 de marzo (*BOE* n.º 60, de 11 de marzo; corrección de erratas en *BOE* n.º 62, de 14 de marzo; y de errores en *BOE* n.º 71, de 24 de marzo), sobre la protección de la salud y la seguridad de los trabajadores contra los riesgos relacionados con la exposición al ruido; por RD 396/2006, de 31 de marzo (*BOE* n.º 86, de 11 de abril), por el que se establecen las disposiciones mínimas de seguridad y salud aplicables a los trabajos con riesgo de exposición al amianto; y por RD 1.755/2007, de 28 de diciembre (*BOE* n.º 16, de 18 de enero de 2008), de prevención de riesgos laborales del personal militar de las Fuerzas Armadas y de la organización de los servicios de prevención del Ministerio de Defensa; RD 57/2005, de 21 de enero (*BOE* n.º 30, de 4 de febrero), por el que se establecen prescripciones para el incremento de la seguridad del parque de ascensores existente; RD 1.644/2008, de 10 de octubre (*BOE* n.º 246, de 11 de octubre), por el que se establecen las normas para la comercialización y puesta en servicio de las máquinas; RD 67/2010, de 29 de enero (*BOE* n.º 36, de 10 de febrero), de adaptación de la legislación de Prevención de Riesgos Laborales a la Administración General del Estado, modificado por RD 1.084/2014, de 19 de diciembre (*BOE* n.º 310, de 24 de diciembre); RD 486/2010, de 23 de abril (*BOE* n.º 99, de 24 de abril; corrección de errores en *BOE* n.º 110, de 6 de mayo), sobre la protección de la salud y la seguridad de los trabajadores contra los riesgos relacionados con la exposición a radiaciones ópticas artificiales; y RD 299/2016, de 22 de julio (*BOE* n.º 182, de 29 de julio), sobre la protección de la salud y la seguridad de los trabajadores contra los riesgos relacionados con la exposición a campos electromagnéticos; art. 19 ET, Ley 8/1988, de 7 de abril (*BOE* n.º 91, de 15 de abril), sobre infracciones y sanciones en el orden social, modificada por la Ley 13/1996, de 30 de diciembre, de medidas fiscales, admi-

estando legalmente obligados, no faciliten los medios necesarios para que los trabajadores desempeñen su actividad con las medidas de seguridad e higiene adecuadas, de forma que pongan así en peligro grave su vida, salud o integridad física, serán castigados con las penas de prisión de seis meses a tres años y multa de seis a doce meses.

Art. 317. Cuando el delito a que se refiere el artículo anterior se cometa por imprudencia grave, será castigado con la pena inferior en grado.

Art. 318. Cuando los hechos previstos en los artículos de este Título se atribuyeran a personas jurídicas, se impondrá la pena señalada a los admi-

---

nistrativas y del orden social (*BOE* n.º 315, de 31 de diciembre), y por Ley 50/1998, de 30 de diciembre (*BOE* n.º 313, de 31 de diciembre; corrección de errores en *BOE* n.º 109, de 7 de mayo de 1999); RD 928/1998, de 14 de mayo (*BOE* n.º 132, de 3 de junio), por el que se aprueba el Reglamento General sobre procedimiento para la imposición de sanciones por infracciones de orden social y para los expedientes liquidatorios de cuotas de la Seguridad Social; y, además, Ley 12/2008, de 31 de julio (*BOE* n.º 204, de 23 de agosto), de seguridad industrial de la Comunidad Autónoma de Cataluña, parcialmente derogada por la Ley 9/2014, de 31 de julio (*BOE* n.º 206, de 25 de agosto), de la seguridad industrial de los establecimientos, las instalaciones y los productos; Ley 7/2018, de 31 de julio (*BOE* n.º 236, de 29 de septiembre), de promoción de la seguridad y la salud en el trabajo en las Illes Balears; y art. 7.º*b*) del Pacto Internacional de Derechos Económicos, Sociales y Culturales de 19 de diciembre de 1966, ratificado por Instrumento de 13 de abril de 1977 (*BOE* n.º 103, de 30 abril); 3.º de la Carta Social Europea de 18 de octubre de 1961, ratificada por Instrumento de 29 de abril de 1980 (*BOE* n.º 153, de 26 de junio; corrección de errores en *BOE* n.º 192, de 11 de agosto); Instrumento de Ratificación del Convenio n.º 187 de la OIT, sobre el marco promocional para la seguridad y salud en el trabajo, hecho en Ginebra el 31 de mayo de 2006 (*BOE* n.º 187, de 4 de agosto de 2009); art. 20.*d*) LCAP; y RD 1.879/1996, de 2 de agosto (*BOE* n.º 192, de 9 de agosto; corrección de errores en *BOE* n.º 252, de 18 de octubre), por el que se regula la composición de la Comisión Nacional de Seguridad y Salud en el Trabajo.

Art. 318: Este artículo figura redactado conforme al texto de la LO 11/2003, de 29 de septiembre (*BOE* n.º 234, de 30 de septiembre), de medidas concretas en materia de seguridad ciudadana, violencia doméstica e integración social de los extranjeros, cuya Exposición de Motivos, en lo que a este texto se refiere, dice: «La modificación de los artículos 318 y 318 bis del Código Penal (y la necesaria adaptación técnica a los mismos del 188) tienen como finalidad combatir el tráfico ilegal de personas, que impide la integración de los extranjeros en el país de destino.

»La Unión Europea ha desplegado un notable esfuerzo en este sentido, ya que el Tratado establece, entre los objetivos atribuidos a la Unión, la lucha contra la trata de seres humanos, aproximando cuando proceda las normas de derecho penal de los Estados miembros. La prioridad de esta acción se recordó en el Consejo Europeo de Tampere, y se ha concretado en las recientes iniciativas del Consejo para establecer un marco penal común de ámbito europeo relativo a la lucha contra la trata de seres humanos y a la lucha contra la inmigración clandestina.

nistradores o encargados del servicio que hayan sido responsables de los mismos y a quienes, conociéndolos y pudiendo remediarlo, no hubieran adoptado medidas para ello. En estos supuestos la autoridad judicial podrá decretar, además, alguna o algunas de las medidas previstas en el artículo 129 de este Código.

TÍTULO XV BIS

Delitos contra los derechos de los ciudadanos extranjeros*

Art. 318 bis. 1. El que intencionadamente ayude a una persona que no sea nacional de un Estado miembro de la Unión

---

»Nuestro ordenamiento jurídico ya recogía medidas para combatir este tipo de delincuencia, realizando la presente reforma una tarea de consolidación y perfeccionamiento de las mismas. El nuevo texto contiene un importante aumento de la penalidad al respecto, estableciendo que el tráfico ilegal de personas —con independencia de que sean o no trabajadores— será castigado con prisión de cuatro a ocho años. Con ello, los umbrales de penas resultantes satisfacen plenamente los objetivos de armonización que se contienen en la Decisión marco del Consejo de la Unión Europea destinada a reforzar el marco penal para la represión de la ayuda a la entrada, a la circulación y a la estancia irregulares.

»En aras a una efectiva protección de las personas mediante la prevención de este tipo de conductas, se agravan las penas cuando el tráfico ilegal, entre otros supuestos, ponga en peligro la vida, la salud o la integridad de las personas, o la víctima sea menor de edad o incapaz.

»Por último, se ha incluido en el artículo 318 la posibilidad de que los jueces o tribunales impongan alguna o algunas de las medidas previstas en el artículo 129 del Código Penal.» V. art. 31 del presente Código.

* Este Título fue introducido por la LO 4/2000, de 11 de enero (*BOE* n.º 10, de 12 de enero; corrección de errores en *BOE* n.º 20, de 24 de enero), sobre derechos y libertades de los extranjeros en España y su integración social. El texto del art. 318 bis (salvo su primer apartado, que fue introducido por LO 13/2007, de 19 de noviembre —*BOE* n.º 278, de 20 de noviembre—) es el que figura en la LO 11/2003, de 29 de septiembre (*BOE* n.º 234, de 30 de septiembre), de medidas concretas en materia e seguridad ciudadana, violencia doméstica e integración social de los extranjeros, cuya Exposición de Motivos, en lo que a este precepto se refiere, puede verse en nota al art. 318 de este Código. V. la LO 1/2020, de 16 de septiembre (*BOE* n.º 248, de 17 de septiembre), sobre la utilización de los datos del Registro de Pasajeros para la prevención, detección, investigación y enjuiciamiento de delitos de terrorismo y delitos graves, modificada por LO 7/2021, de 26 de mayo (*BOE* n.º 126, de 27 de mayo), de protección de datos personales tratados para fines de prevención, detección, investigación y enjuiciamiento de infracciones penales y de ejecución de sanciones penales.

Art. 318 bis: Este artículo figura redactado conforme al texto de la LO 1/2015, de 30 de marzo (*BOE* n.º 77, de 31 de marzo).

Europea a entrar en territorio español o a transitar a través del mismo de un modo que vulnere la legislación sobre entrada o tránsito de extranjeros, será castigado con una pena de multa de tres a doce meses o prisión de tres meses a un año.

Los hechos no serán punibles cuando el objetivo perseguido por el autor fuere únicamente prestar ayuda humanitaria a la persona de que se trate.

Si los hechos se hubieran cometido con ánimo de lucro se impondrá la pena en su mitad superior.

2. El que intencionadamente ayude, con ánimo de lucro, a una persona que no sea nacional de un Estado miembro de la Unión Europea a permanecer en España, vulnerando la legislación sobre estancia de extranjeros será castigado con una pena de multa de tres a doce meses o prisión de tres meses a un año.

3. Los hechos a que se refiere el apartado 1 de este artículo serán castigados con la pena de prisión de cuatro a ocho años cuando concurra alguna de las circunstancias siguientes:

a) Cuando los hechos se hubieran cometido en el seno de una organización que se dedicare a la realización de tales actividades. Cuando se trate de los jefes, administradores o encargados de dichas organizaciones o asociaciones, se les aplicará la pena en su mitad superior, que podrá elevarse a la inmediatamente superior en grado.

b) Cuando se hubiera puesto en peligro la vida de las personas objeto de la infracción, o se hubiera creado el peligro de causación de lesiones graves.

4. En las mismas penas del párrafo anterior y además en la de inhabilitación absoluta de seis a doce años, incurrirán los que realicen los hechos prevaliéndose de su condición de autoridad, agente de ésta o funcionario público.

5. Cuando de acuerdo con lo establecido en el artículo 31 bis una persona jurídica sea responsable de los delitos recogidos en este Título, se le impondrá la pena de multa de dos a cinco años, o la del triple al quíntuple del beneficio obtenido si la cantidad resultante fuese más elevada.

Atendidas las reglas establecidas en el artículo 66 bis, los jueces y tribunales podrán asimismo imponer las penas recogidas en las letras *b*) a *g*) del apartado 7 del artículo 33.

6. Los tribunales, teniendo en cuenta la gravedad del hecho y sus circunstancias, las condiciones del culpable y la finalidad perseguida por éste, podrán imponer la pena inferior en un grado a la respectivamente señalada.

TÍTULO XVI

De los delitos relativos a la ordenación del territorio y el urbanismo, la protección del patrimonio histórico y el medio ambiente*

CAPÍTULO PRIMERO

DE LOS DELITOS SOBRE LA ORDENACIÓN DEL TERRITORIO Y EL URBANISMO**

Art. 319. 1. Se impondrán las penas de prisión de un año y seis meses a cuatro años, multa de doce a veinticuatro meses, salvo que el beneficio obtenido por el delito fuese superior a la cantidad resultante en cuyo caso la multa será del tanto al triplo del montante de dicho beneficio, e inhabilitación especial para profesión u oficio por tiempo de uno a cuatro años, a los promotores, constructores o técnicos directores que lleven a cabo obras de urbanización, construcción o edificación no autorizables en suelos destinados a viales, zonas verdes, bienes de dominio público o lugares que tengan legal o administrativamente reconocido su valor paisajístico, ecológico, artístico, histórico o cultural, o por los mismos motivos hayan sido considerados de especial protección.

2. Se impondrá la pena de prisión de uno a tres años, multa de doce a veinticuatro meses, salvo que el beneficio obtenido por el delito fuese superior a la cantidad resultante en cuyo caso la multa será del tanto al triplo del montante de dicho beneficio, e inhabilitación especial para profesión u oficio por tiempo de uno a cuatro años, a los promotores, constructores o técnicos directores que lleven a cabo obras de urbanización, construcción o edificación no autorizables en el suelo no urbanizable.

3. En cualquier caso, los jueces o tribunales, motivadamente, podrán ordenar, a cargo del autor del hecho, la demolición de la obra y la reposición a su estado originario de la realidad física alterada, sin perjuicio de las indemnizaciones debidas

---

* La rúbrica de este Título figura redactada conforme al texto de la LO 5/2010, de 22 de junio (*BOE* n.º 152, de 23 de junio).

** La rúbrica de este Capítulo figura redactada conforme al texto de la LO 5/2010, de 22 de junio (*BOE* n.º 152, de 23 de junio).

Art. 319: Este artículo fue redactado conforme al texto de la LO 5/2010, de 22 de junio (*BOE* n.º 152, de 23 de junio). El apartado 3 figura redactado conforme al texto de la LO 1/2015, de 30 de marzo (*BOE* n.º 77, de 31 de marzo).

V. RDL 7/2015, de 30 de octubre (*BOE* n.º 261, de 31 de octubre), por el que se aprueba el texto refundido de la Ley de Suelo y Rehabilitación Urbana, modificado por RD-L 35/2020, de 22 de diciembre (*BOE* n.º 334, de 23 de diciembre), de medidas urgentes de apoyo al sector turístico, la hostelería y el comercio y en materia tributaria, y por Ley 7/2021, de 20 de mayo (*BOE* n.º 121, de 21 de mayo); corrección de errores en *BOE* n.º 169, de 16 de julio), de cambio climático y transición energética; y RRDD 2.159/1978, de 23 de junio (*BOE* n.os 221 y 222, de 15 y 16 de agosto), 2.187/1978, de 23 de junio (*BOE* n.os 27 y 28, de 31 de enero y 1 de febrero de 1979), y 3.288/1978, de 25 de agosto (*BOE* n.os 27 y 28, de 31 de enero y 1 de febrero de 1979), por los que, respectivamente, se aprueban los Reglamentos de Planeamiento, Disciplina y Gestión Urbanística, parcialmente derogado este último por el RD 1.492/2011, de 24 de octubre (*BOE* n.º 270, de 9 de noviembre; corrección de errores en *BOE* n.º 65, de 16 de marzo de 2012), por el que se aprueba el Reglamento de valoraciones de la Ley de Suelo; y la Ley 2/2013, de 29 de mayo (*BOE* n.º 129, de 30 de mayo), de protección y uso sostenible del litoral y de modificación de la Ley 22/1988, de 28 de julio, de Costas. V. igualmente la Ley 7/2014, de 12 de septiembre (*BOE* n.º 239, de 2 de octubre), de medidas sobre rehabilitación, regeneración y renovación urbana, y sobre sostenibilidad, coordinación y simplificación en materia de urbanismo, de la Comunidad de Castilla y León; la Ley 10/1998, de 5 de diciembre, de ordenación del territorio de la Comunidad de Castilla y León, modificada por las Leyes 14/2006, de 4 de diciembre (*BOE* n.º 4, de 4 de enero de 2007), 3/2010, de 26 de marzo (*BOE* n.º 100, de 26 de abril), 1/2013, de 28 de febrero (*BOE* n.º 64, de 15 de marzo), 7/2013, de 27 de septiembre (*BOE* n.º 260, de 30 de octubre), de ordenación, servicios y gobierno del territorio de la Comunidad de Castilla y León, y la indicada Ley 7/2014; y las Leyes 3/2008, de 17 de junio (*BOE* n.º 181, de 28 de julio), de aprobación de las directrices esenciales de ordenación del territorio de Castilla y León —modificada por la citada Ley 7/2013, de 27 de septiembre—, y 4/2008, de 15 de septiembre (*BOE* n.º 243, de 8 de octubre), de medidas sobre urbanismo y suelo; Ley 2/2001, de 25 de junio (*BOE* n.º 206, de 28 de agosto), de Ordenación Territorial y Régimen Urbanístico del Suelo de Cantabria, modificada por Ley 2/2009, de 3 de julio (*BOE* n.º 198, de 17 de agosto), por Ley 2/2011, de 4 de abril (*BOE* n.º 102, de 29 de abril), por Ley 3/2012, de 21 de junio (*BOE* n.º 163, de 9 de julio), por Ley 5/2012, de 11 de diciembre (*BOE* n.º 4, de 4 de enero de 2013), por Ley 3/2016, de 28 de octubre (*BOE* n.º 279, de 18 de noviembre) —y ésta, a su vez, por Ley 7/2017, de 22 de septiembre (*BOE* n.º 247, de 13 de octubre)—, por Ley 5/2017, de 15 de mayo (*BOE* n.º 135, de 7 de junio, y por Ley 1/2020, de 28 de mayo (*BOE* n.º 207, de 31 de julio); Ley 9/2001, de 17 de julio, del suelo de la Comunidad de Madrid (*BOE* n.º 245, de 12 de octubre), modificada por Ley 4/2015, de 18 de diciembre (*BOE* n.º 66, de 17 de marzo), por Ley 2/2018, de 4 de mayo (*BOE* n.º 187, de 3 de agosto) y por Ley 1/2020, de 8 de octubre (*BOE* n.º 56, de 6 de marzo de 2021); Ley 6/2010, de 30 de julio (*BOE* n.º 209, de 28 de agosto), de la Comunidad Autónoma de Cantabria, de medidas urgentes en materia de Ordenación del Territorio y Urbanismo, modificada por Ley 5/2012, de 11 de diciembre (*BOE* n.º 4, de 4 de enero de 2013); Ley 7/2002, de 17 de diciembre (*BOE* n.º 12, de 14 de enero de 2003), de Ordenación Urbanística de Andalucía, modificada por Leyes 1/2006, de 16 de mayo (*BOE* n.º 139, de 12 de junio), 2/2012, de 30 de enero (*BOE* n.º 46, de 23 de febrero; corrección de errores en *BOE* n.º 70, de 22 de marzo), y 6/2016, de 1 de agosto (*BOE* n.º 222, de 14 de septiembre), modificada ésta a su vez por Ley 2/2018, de 26 de abril (*BOE* n.º 127, de 25 de mayo); Decreto Foral Legislativo 1/2017, de 26 de julio (*BOE* n.º 272, de 9 de noviembre), por el que se aprueba el texto refundido de la Ley Foral de Ordenación del Territorio y Urbanismo, modificado por Leyes Forales 17/2020, de 16 de diciembre (*BOE* n.º 12, de 14 de enero), reguladora de las Actividades con Incidencia Ambiental, 21/2020, de 29 de diciembre (*BOE* n.º 26, de 30 de enero), y 4/2021, de 22 de abril (*BOE* n.º 112, de 11 de mayo); Ley 1/2021, de 8 de enero (*BOE* n.º 70, de 23 de marzo), de ordenación del territorio de Galicia; Ley 9/2002, de 30 de diciembre (*BOE* n.º 18, de 21 de enero de 2003), de Ordenación Urbanística y protección del medio rural de Galicia, modificada por Ley 6/2008, de 19 de junio (*BOE* n.º 174, de 19 de julio); Ley 7/2008, de 7 de julio (*BOE* n.º 201, de 20 de agosto), del paisaje de Galicia, modificada por Ley 1/2021, de 8 de enero (*BOE* n.º 70, de 23 de marzo), y Ley 2/2010, de 25 de marzo (*BOE* n.º 174, de 19 de julio), modificada por Ley 1/2019, de 22 de abril (*BOE* n.º 126, de 27 de mayo), de rehabilitación y de regeneración y renovación urbanas de Galicia; Decreto 19/2011, de 10 de febrero (*BOE* n.º 46, de 23 de febrero), de la Comunidad Autónoma de Galicia, por el que se aprueban definitivamente las directrices de ordenación del territorio; DLeg. 1/2010, de 18 de mayo (*DOCM* n.º 97, de 21 de mayo), de la Comunidad Autónoma de Castilla-La Mancha, por el que se aprueba el texto refundido de la Ley de Ordenación del Territorio y de la Actividad Urbanística, modificada por Ley 1/2013, de 21 de marzo (*BOE* n.º 240, de 7 de octubre) y por Ley 1/2021, de 12 de febrero (*BOE* n.º 97, de 23 de abril); D-L 1/2004, de 22 de abril (*BOE* n.º 131, de 31 de mayo), de la Comunidad Autónoma del Principado de Asturias, por el que se aprueba el texto refundido de las disposiciones legales vigentes en materia de ordenación del territorio y urbanismo, modificado por Ley 4/2017, de 5 de mayo (*BOE* n.º 136, de 8 de junio); Leyes 5/2014, de 25 de julio (*BOE* n.º 231, de 23 de septiembre), de Ordenación del Territorio, Urbanismo y Paisaje de la Comunidad Valenciana, modificada por Ley 1/2019, de 5 de febrero (*BOE* n.º 51, de 28 de febrero); 8/2005, de 8 de junio (*BOE* n.º 162, de 8 de julio), de la Comunidad Autónoma de Cataluña, de Protección, Gestión y Ordenación del Paisaje; 5/2006, de 2 de mayo (*BOE* n.º 123, de 24 de mayo), de ordenación del territorio y urbanismo de La Rioja, modificada por Ley 3/2019, de 18 de marzo (*BOE* n.º 74, de 27 de marzo); 2/2006, de 30 de junio (*BOE* n.º 266, de 4 de noviembre de 2011), de la Comunidad Autónoma del País Vasco, de Suelo y Urbanismo, modificada por Ley 2/2014, de 2 de octubre (*BOE* n.º 255, de 21 de octubre); Decreto Legislativo 1/2010, de 3 de agosto (*BOE* n.º 218, de 8 de septiembre de 2011; corrección de errores en *BOE* n.º 283, de 24 de noviembre de 2012), de la Comunidad Autónoma de Cataluña, por el que se aprueba el texto refundido de la Ley de Urbanismo, modificado por Ley 3/2012, de 22 de febrero (*BOE* n.º 60, de 10 de marzo; corrección de errores en *BOE* n.º 83, de 6 de abril); Ley 8/2020, de 30 de julio (*BOE* n.º 217, de 12 de agosto; corrección de errores en *BOE* n.º 312, de 28 de noviembre), de la Comunidad Autónoma de Cataluña, de protección y ordenación del litoral; Ley 11/2018, de 21 de diciembre (*BOE* n.º 35, de 9 de febrero), de ordenación territorial y urbanística sostenible de Extremadura; Ley 2/2018, de 14 de febrero (*BOE* n.º 55, de 3 de marzo), de coordinación intersectorial y de simplificación de los procedimientos urbanísticos y de ordenación del territorio de Extremadura; Ley 7/2012, de 13 de junio (*BOE* n.º 168, de 14 de julio), de la Comunidad Autónoma de las Illes Balears, de medidas urgentes para la reordenación urbanística sostenible, parcialmente derogada por la Ley 2/2014, de 25 de marzo (*BOE* n.º 147, de 18 de junio), de ordenación y uso del suelo; Ley 12/2017, de 29 de diciembre (*BOE* n.º 20, de 23 de enero de 2018), de urbanismo de las Illes Balears, modificada por Decreto Legislativo 1/2020, de 28 de agosto (*BOE* n.º 263, de 5 de octubre), por el que se aprueba el Texto refundido de la Ley de evaluación ambiental de las Illes Balears; Ley 4/2017, de 13 de julio (*BOE* n.º 216, de 8 de septiembre; corrección de errores en *BOE* n.º 301, de 12 de diciembre), del Suelo y de los Espacios Naturales Protegidos de Canarias, modificada por D-L 2/2019, de 25 de febrero (*BOE* n.º 106, de 3 de mayo); Ley 4/2014, de 22 de diciembre (*BOE* n.º 23, de 27 de enero), del Paisaje de Cantabria; Ley 14/2014, de 26 de diciembre (*BOE* n.º 32, de 6 de febrero), de armonización y simplificación en materia de protección del territorio y de los recursos naturales; Ley 13/2015, de 30 de marzo (*BOE* n.º 104, de 1 de mayo; correc-

a terceros de buena fe, y valorando las circunstancias, y oída la Administración competente, condicionarán temporalmente la demolición a la constitución de garantías que aseguren el pago de aquéllas. En todo caso se dispondrá el decomiso de las ganancias provenientes del delito cualesquiera que sean las transformaciones que hubieren podido experimentar.

4. En los supuestos previstos en este artículo, cuando fuere responsable una persona jurídica de acuerdo con lo establecido en el artículo 31 bis de este Código se le impondrá la pena de multa de uno a tres años, salvo que el beneficio obtenido por el delito fuese superior a la cantidad resultante en cuyo caso la multa será del doble al cuádruple del montante de dicho beneficio.

Atendidas las reglas establecidas en el artículo 66 bis, los jueces y tribunales podrán asimismo imponer las penas recogidas en las letras *b*) a *g*) del apartado 7 del artículo 33.

Art. 320. 1. La autoridad o funcionario público que, a sabiendas de su injusticia, haya informado favorablemente instrumentos de planeamiento, proyectos de urbanización, parcelación, reparcelación, construcción o edificación o la concesión de licencias contrarias a las normas de ordenación territorial o urbanística vigentes, o que con motivo de inspecciones haya silenciado la infracción de dichas normas o que haya omitido la realización de inspecciones de carácter obligatorio será castigado con la pena establecida en el artículo 404 de este Código y, además, con la de prisión de un año y seis meses a cuatro años y la de multa de doce a veinticuatro meses.

---

ción de errores en *BOE* n.º 146, de 19 de junio), de ordenación territorial y urbanística de la Región de Murcia; y Ley 4/2009, de 22 de junio (*BOE* n.º 170, de 15 de julio), de ordenación del territorio de Aragón, modificada por Ley 8/2014, de 23 de octubre (*BOE* n.º 281, de 20 de noviembre). V. también Convenio Europeo del Paisaje (n.º 176 del Consejo de Europa) de 28 de octubre de 2000 (*BOE* n.º 31, de 5 de febrero de 2008).

Art. 320: Este artículo figura redactado conforme al texto de la LO 5/2010, de 22 de junio (*BOE* n.º 152, de 23 de junio). V. nota al art. anterior y Ley 7/1985, de 2 de abril (*BOE* n.º 80, de 3 de abril; corrección de errores en *BOE* n.º 139, de 11 de julio), reguladora de las Bases de Régimen Local, modificada por Leyes 11/1999, de 21 de abril (*BOE* n.º 96, de 22 de abril; corrección de errores en *BOE* n.º 184, de 3 de agosto), y 55/1999, de 29 de diciembre (*BOE* n.º 312, de 30 de diciembre; corrección de erratas en *BOE* n.º 54, de 3 de marzo de 2000); y RDL 781/1986, de 18 de abril (*BOE* n.ºs 96 y 97, de 22 y 23 de abril; correcciones de errores en *BOE* n.ºs 165 y 282, de 11 de julio y 25 de noviembre), por el que se aprueba el Texto Refundido de las disposiciones legales vigentes en materia de Régimen Local; y Ley 7/1995, reguladora de las Bases de Régimen Local.

2. Con las mismas penas se castigará a la autoridad o funcionario público que por sí mismo o como miembro de un organismo colegiado haya resuelto o votado a favor de la aprobación de los instrumentos de planeamiento, los proyectos de urbanización, parcelación, reparcelación, construcción o edificación o la concesión de las licencias a que se refiere el apartado anterior, a sabiendas de su injusticia.

CAPÍTULO II

DE LOS DELITOS SOBRE EL PATRIMONIO HISTÓRICO*

Art. 321. Los que derriben o alteren gravemente edificios singularmente protegidos por su interés histórico, artístico, cultural o monumental serán castigados con las penas de prisión de seis meses a tres años, multa de doce a veinticuatro meses y, en todo caso, inhabilitación especial para

* V. art. 46 CE, cuyo texto se reproduce en nota al art. 235.1.º de este Código, y Ley 13/1985, de 25 de junio, del Patrimonio Histórico Español (*BOE* n.º 155, de 29 de junio) , modificada por Ley 2/2019, de 1 de marzo (*BOE* n.º 53, de 2 de marzo), así como su desarrollo parcial en el RD 111/1986, de 10 de enero (*BOE* n.º 24, de 28 de enero), modificado por RD 64/1994, de 21 de enero (*BOE* n.º 52, de 2 de marzo).

V., también, Ley 23/1982, de 16 de junio, del Patrimonio Nacional, modificada por LRJSP, y su Reglamento, aprobado por RD 496/1987, de 18 de marzo, y modificado por RD 214/2014, de 28 de marzo (*BOE* n.º 77, de 29 de marzo); RD 1.305/2009, de 31 de julio (*BOE* n.º 204, de 24 de agosto), por el que se crea la Red de Museos de España; Ley 10/2015, de 26 de mayo (*BOE* n.º 126, de 27 de mayo), para la salvaguarda del Patrimonio Cultural Inmaterial; Ley 1/2017, de 18 de abril (*BOE* n.º 93, de 19 de abril), sobre restitución de bienes culturales que hayan salido de forma ilegal del territorio español o de otro Estado miembro de la Unión Europea; Ley 4/2013, de 16 de mayo (*BOE* n.º 240, de 7 de octubre), de Patrimonio Cultural de Castilla-La Mancha; Ley 6/1991, de 19 de abril (*BOE* n.º 134, de 5 de junio), de la Comunidad de Castilla y León, de Archivos y Patrimonio Documental, modificada por Ley 7/2004, de 22 de diciembre (*BOE* n.º 14, de 17 de enero de 2005), y por Ley 5/2016, de 23 de diciembre (*BOE* n.º 14, de 17 de enero); Ley 2/2014, de 8 de mayo (*BOE* n.º 255, de 21 de octubre), de Museos de Castilla-La Mancha; Ley 8/2004, de 22 de diciembre, del Patrimonio Cultural de Castilla y León, declarada inconstitucional por STC 136/2013, de 6 de junio (*BOE* n.º 157, de 2 de julio); Ley 2/2014, de 28 de marzo (*BOE* n.º 98, de 23 de abril), de Centros Museísticos de Castilla y León; Ley 4/1998, de 11 de junio (*BOE* n.º 174, de 22 de julio), del Patrimonio Cultural Valenciano, modificada por Ley 7/2004, de 19 de octubre (*BOE* n.º 279, de 19 de noviembre), por Ley 5/2007, de 9 de febrero (*BOE* n.º 71, de 23 de marzo), y por Ley 9/2017, de 7 de abril (*BOE* n.º 112, de 11 de mayo); Ley 4/2011, de 23 de marzo (*BOE* n.º 91, de 16 de abril), de bibliotecas de la Comunitat Valenciana; Ley 3/2013, de 18 de junio (*BOE* n.º 247, de 15 de octubre), de Patrimonio Histórico de la Comunidad de Madrid, parcialmente anulada por STC 122/2014, de 17 de julio (*BOE* n.º 198, de 15 de agosto); Leyes 12/1998, de 21 de diciembre (*BOE* n.º 31, de 5 de febrero de 1999), del Patrimonio Histórico de las Illes Balears, modificada por Leyes 2/2006, de 10 de marzo (*BOE* n.º 88, de 13 de abril), y 7/2012, de 13 de junio (*BOE* n.º 168, de 14 de julio); y 4/2003, de 26 de marzo, de museos de las Illes Balears, modificada por Ley 9/2006, de 17 de julio (*BOE* n.º 224, de 19 de septiembre); Ley 1/2001, de 6 de marzo (*BOE* n.º 135, de 6 de junio), de la Comunidad Autónoma del Principado de Asturias, del Patrimonio Cultural, modificada por Ley 8/2010, de 19 de noviembre (*BOPA* n.º 275, de 26 de noviembre), y por Ley 1/2011, de 11 de marzo (*BOE* n.º 106, de 4 de mayo); Ley 10/2001, de 13 de julio (*BOE* n.º 206, de 28 de agosto), de archivos y documentos de la Generalitat de Cataluña, modificada por Ley 20/2015, de 29 de julio (*BOE* n.º 215, de 8 de septiembre); Ley 7/2004, de 18 de octubre (*BOE* n.º 272, de 11 de noviembre), de Patrimonio, Cultural, Histórico y Artístico de La Rioja; Ley 3/2005, de 15 de junio (*BOE* n.º 167, de 14 de julio), de la Comunidad Valenciana, de Archivos; Ley Foral 14/2005, de 22 de noviembre (*BOE* n.º 304, de 21 de diciembre), del Patrimonio Cultural de Navarra; Ley 15/2006, de 17 de octubre (*BOE* n.º 285, de 29 de noviembre; corrección de errores en *BOE* n.º 75, de 28 de marzo de 2007), de archivos y patrimonio documental de las Illes Balears; Leyes de la Comunidad Autónoma del País Vasco 7/2006, de 1 de diciembre (*BOE* n.º 266, de 4 de noviembre de 2011), de Museos, 11/2007, de 20 de junio (*BOE* n.º 258, de 26 de octubre de 2011), de Bibliotecas, y 6/2019, de 9 de mayo (*BOE* n.º 128, de 29 de mayo); corrección de errores en *BOE* n.º 150, de 24 de junio), de Patrimonio Cultural Vasco; Ley Foral 12/2007, de 4 de abril (*BOE* n.º 113, de 11 de mayo), de Archivos y Documentos de Navarra; Ley 2/2007, de 12 de abril (*BOE* n.º 127, de 28 de mayo), de Archivos y Patrimonio Documental de Extremadura; Ley 3/2011, de 17 de febrero (*BOE* n.º 57, de 8 de marzo) de reforma de la Ley 2/1999, de 29 de marzo, de Patrimonio Histórico y Cultural de Extremadura, también reformada por Ley 2/2018, de 14 de febrero (*BOE* n.º 55, de 3 de marzo); Ley 5/2020, de 1 de diciembre (*BOE* n.º 329, de 18 de diciembre), de Instituciones Museísticas de Extremadura; Ley 14/2007, de 26 de noviembre (*BOE* n.º 38, de 13 de febrero de 2008), del Patrimonio Histórico de Andalucía; Ley 4/2007, de 16 de marzo (*BOE* n.º 176, de 22 de julio), de Patrimonio Cultural de la Comunidad Autónoma de la Región de Murcia, modificada por Ley 9/2018, de 11 de octubre (*BOE* n.º 274, de 13 de noviembre); Ley Foral 10/2009, de 2 de julio (*BOE* n.º 197, de 15 de agosto); Ley 7/2011, de 3 de noviembre (*BOE* n.º 286, de 28 de noviembre), de la Comunidad Autónoma de Andalucía, de archivos y patrimonio documental, modificada por Ley 6/2013, de 22 de octubre (*BOE* n.º 274, de 15 de noviembre); Ley 5/2012, de 15 de junio (*BOE* n.º 161, de 6 de julio), de la Comunidad Autónoma de Galicia, de Bibliotecas; Ley 7/2014, de 26 de septiembre (*BOE* n.º 258, de 24 de octubre), de archivos y documentos de Galicia; Ley 5/2016, de 4 de mayo (*BOE* n.º 147, de 18 de junio; corrección de errores en *BOE* n.º 249, de 14 de octubre), del patrimonio cultural de Galicia; Ley 7/2021, de 17 de febrero (*BOE* n.º 78, de 1 de abril), de museos y otros centros museísticos de Galicia; Ley 5/2019, de 9 de abril (*BOE* n.º 110, de 8 de mayo), de la Lectura y de las Bibliotecas de Canarias; y Ley 11/2019, de 25 de abril (*BOE* n.º 140, de 12 de junio), de Patrimonio Cultural de Canarias.

V., también, el Convenio Europeo para la protección del patrimonio arqueológico (revisado), hecho en La Valeta el 16 de enero de 1992, y ratificado por España por Instrumento de 1 de marzo de 2011 (*BOE* n.º 173, de 20 de julio); la Convención sobre la protección del Patrimonio cultural subacuático, hecha en París el 2 de noviembre de 2001, y ratificada por España mediante Instrumento de 25 de mayo de 2005 (*BOE* n.º 55, de 5 de marzo de 2009); y la LO 1/2020, de 16 de septiembre (*BOE* n.º 248, de 17 de septiembre), sobre la utilización de los datos del Registro de Pasajeros para la prevención, detección, investigación y enjuiciamiento de delitos de terrorismo y delitos graves, modificada por LO 7/2021, de 26 de mayo (*BOE* n.º 126, de 27 de mayo), de protección de datos personales tratados para fines de prevención, detección, investigación y enjuiciamiento de infracciones penales y de ejecución de sanciones penales.

profesión u oficio por tiempo de uno a cinco años.

En cualquier caso, los jueces o tribunales, motivadamente, podrán ordenar, a cargo del autor del hecho, la reconstrucción o restauración de la obra, sin perjuicio de las indemnizaciones debidas a terceros de buena fe.

Art. 322. 1. La autoridad o funcionario público que, a sabiendas de su injusticia, haya informado favorablemente proyectos de derribo o alteración de edificios singularmente protegidos será castigado además de con la pena establecida en el artículo 404 de este Código con la de prisión de seis meses a dos años o la de multa de doce a veinticuatro meses.

2. Con las mismas penas se castigará a la autoridad o funcionario público que por sí mismo o como miembro de un organismo colegiado haya resuelto o votado a favor de su concesión a sabiendas de su injusticia.

Art. 323. 1. Será castigado con la pena de prisión de seis meses a tres años o multa de doce a veinticuatro meses el que cause daños en bienes de valor histórico, artístico, científico, cultural o monumental, o en yacimientos arqueológicos, terrestres o subacuáticos. Con la misma pena se castigarán los actos de expolio en estos últimos.

2. Si se hubieran causado daños de especial gravedad o que hubieran afectado a bienes cuyo valor histórico, artístico, científico, cultural o monumental fuera especialmente relevante, podrá imponerse la pena superior en grado a la señalada en el apartado anterior.

3. En todos estos casos, los jueces o tribunales podrán ordenar, a cargo del autor del daño, la adopción de medidas encaminadas a restaurar, en lo posible, el bien dañado.

Art. 324. El que por imprudencia grave cause daños, en cuantía superior a 400 euros, en un archivo, registro, museo, biblioteca, centro docente, gabinete científico, institución análoga o en bienes de valor artístico, histórico, cultural, científico o monumental, así como en yacimientos arqueológicos, será castigado con la pena de multa de tres a dieciocho meses, atendiendo a la importancia de los mismos.

Art. 323: Este artículo figura redactado conforme al texto de la LO 1/2015, de 30 de marzo (*BOE* n.º 77, de 31 de marzo).

Art. 324: Este artículo figura redactado conforme al texto de la LO 15/2003, de 25 de noviembre (*BOE* n.º 283, de 26 de noviembre; corrección de errores en *BOE* n.º 65, de 16 de marzo, y n.º 80, de 2 de abril, ambos de 2004).

CAPÍTULO III

DE LOS DELITOS CONTRA LOS RECURSOS NATURALES Y EL MEDIO AMBIENTE*

Art. 325. 1. Será castigado con las penas de prisión de seis meses a dos años, multa de diez a catorce meses e inhabilitación especial para profesión u oficio por tiempo de uno a dos años el que, contraviniendo las leyes u otras disposiciones de carácter general protectoras del medio ambiente, provoque o realice directa o indirectamente emisiones, vertidos, radiaciones, extracciones o excavaciones, aterramientos, ruidos, vibraciones, inyecciones o depósi-

---

* El art. 45 CE establece:

«1. Todos tienen el derecho a disfrutar de un medio ambiente adecuado para el desarrollo de la persona, así como el deber de conservarlo.

»2. Los poderes públicos velarán por la utilización racional de todos los recursos naturales, con el fin de proteger y mejorar la calidad de la vida y defender y restaurar el medio ambiente, apoyándose en la indispensable solidaridad colectiva.

»3. Para quienes violen lo dispuesto en el apartado anterior, en los términos que la Ley fije se establecerán sanciones penales o, en su caso, administrativas, así como la obligación de reparar el daño causado.»

V. arts. 42 a 44 de la Ley 1/1970, de 4 de abril, de caza (*BOE* n.º 82, de 6 de abril), parcialmente derogada por la Ley 42/2007, de 13 de diciembre (*BOE* n.º 299, de 14 de diciembre; corrección de errores en *BOE* n.º 36, de 11 de febrero de 2008), del Patrimonio Natural y de la Biodiversidad, y modificada por la Ley 25/2009, de 22 de diciembre (*BOE* n.º 308, de 25 de diciembre), y por la Ley 11/2012, de 19 de diciembre (*BOE* n.º 305, de 20 de diciembre); Ley 26/2007, de 23 de octubre (*BOE* n.º 255, de 24 de octubre), de responsabilidad medioambiental, modificada por Ley 11/2014, de 3 de julio (*BOE* n.º 162, de 4 de julio) y por RD-L 7/2021, de 27 de abril (*BOE* n.º 101, de 28 de abril), de transposición de directivas de la Unión Europea en las materias de competencia, prevención del blanqueo de capitales, entidades de crédito, telecomunicaciones, medidas tributarias, prevención y reparación de daños medioambientales, desplazamientos de trabajadores en la prestación de servicios transnacionales y defensa de los consumidores, y desarrollada por RD 2.090/2008, de 22 de diciembre (*BOE* n.º 308, de 23 de diciembre; corrección de errores en *BOE* n.º 73, de 26 de marzo de 2009), modificado a su vez por RD 183/2015, de 13 de marzo (*BOE* n.º 83, de 7 de abril); RDL 17/2012, de 4 de mayo (*BOE* n.º 108, de 5 de mayo), de medidas urgentes en materia de medio ambiente; LO 1/2020, de 16 de septiembre (*BOE* n.º 248, de 17 de septiembre), sobre la utilización de los datos del Registro de Pasajeros para la prevención, detección, investigación y enjuiciamiento de delitos de terrorismo y delitos graves, modificada por LO 7/2021, de 26 de mayo (*BOE* n.º 126, de 27 de mayo), de protección de datos personales tratados para fines de prevención, detección, investigación y enjuiciamiento de infracciones penales y de ejecución de sanciones penales; Orden PCI/161/2019, de 21 de febrero (*BOE* n.º 46, de 22 de febrero), por la que se publica el Acuerdo del Consejo de Seguridad Nacional por el que se aprueba la Estrategia Nacional contra el Crimen Organizado y la Delincuencia Grave; Ley 16/1995, de 4 de mayo, Forestal y de Protección de la Naturaleza de la Comunidad de Madrid

(*BOE* n.º 190, de 10 de agosto), modificada por Ley 3/2015, de 18 de diciembre (*BOE* de protección ambiental integrada de la Comunidad Autónoma de Murcia, modificada por Ley 5/2020, de 3 de agosto (*BOE* n.º 221, de 17 de agosto); Ley 6/2017, de 8 de mayo (*BOE* n.º 125, de 26 de mayo), de protección del medio ambiente de la Comunidad Autónoma de La Rioja; Ley 11/2003, de 8 de abril (*BOE* n.º 103, de 30 de abril) de Prevención Ambiental de Castilla y León, modificada por Ley 3/2005, de 23 de mayo (*BOE* n.º 139, de 11 de junio), por Ley 8/2007, de 24 de octubre (*BOE* n.º 270, de 10 de noviembre), por Ley 1/2009, de 26 de febrero (*BOE* n.º 66, de 18 de marzo), y por Ley 8/2014, de 14 de octubre (*BOE* n.º 264, de 31 de octubre); Decreto Legislativo 1/2020, de 28 de agosto (*BOE* n.º 263, de 5 de octubre), por el que se aprueba el Texto refundido de la Ley de evaluación ambiental de las Illes Balears; Ley 6/2014, de 25 de julio (*BOE* n.º 231, de 23 de septiembre), de prevención, calidad y control ambiental de actividades en la Comunidad Valenciana; Ley 5/2006, de 30 de junio, de la Comunidad Autónoma de Galicia, para la protección, la conservación y la mejora de los ríos gallegos (*BOE* n.º 198, de 19 de agosto); Ley 17/2006, de 11 de diciembre (*BOE* n.º 15, de 17 de enero de 2007), de control medioambiental integrado, de la Comunidad Autónoma de Cantabria; Ley 7/2007, de 9 de julio (*BOE* n.º 190, de 9 de agosto), de la Comunidad Autónoma de Andalucía, de Gestión Integrada de la Calidad Ambiental, Ley 3/2017, de 2 de mayo (*BOE* n.º 130, de 1 de junio), de regulación de los senderos de la Comunidad Autónoma de Andalucía, y Ley 16/2017, de 1 de agosto (*BOE* n.º 234, de 28 de septiembre), de la Comunidad Autónoma de Cataluña, del cambio climático, modificada por Ley 9/2019, de 23 de diciembre (*BOE* n.º 12, de 14 de enero de 2020; corrección de errores en *BOE* n.º 53, de 2 de marzo y en *BOE* n.º 66, de 18 de marzo de 2021), y por DL 18/2020, de 12 de mayo (*BOE* n.º 186, de 7 de julio); Ley 20/2009, de 4 de diciembre (*BOE* n.º 12, de 14 de enero de 2010), de la Comunidad Autónoma de Cataluña, de prevención y control ambiental de las actividades; Ley 11/2011, de 21 de marzo, de modificación de la Ley 9/1999, de 26 de mayo, de Conservación de la Naturaleza de la Comunidad Autónoma de Castilla-La Mancha (*BOE* n.º 105, de 3 de mayo); Ley 11/2014, de 4 de diciembre (*BOE* n.º 8, de 9 de enero de 2015; corrección de errores en *BOE* n.º 114, de 13 de mayo), de Prevención y Protección Ambiental de Aragón; Ley 4/2015, de 24 de marzo (*BOE* n.º 91, de 16 de abril), del Patrimonio Natural de Castilla y León; Ley 16/2015, de 23 de abril (*BOE* n.º 119, de 19 de mayo), de protección ambiental de la Comunidad Autónoma de Extremadura, modificada por Ley 2/2018, de 14 de febrero (*BOE* n.º 55, de 3 de marzo); Ley 14/2016, de 7 de noviembre (*BOE* n.º 285, de 25 de noviembre), de Patrimonio Arbóreo Monumental de la Región de Murcia; y Ley Foral 17/2020, de 16 de diciembre (*BOE* n.º 12, de 14 de enero), reguladora de las Actividades con Incidencia Ambiental. *Sobre medio ambiente atmosférico*, v. Ley 34/2007, de 15 de noviembre (*BOE* n.º 275, de 16 de noviembre), de calidad del aire y protección de la atmósfera, modificada por Ley 11/2014, de 3 de julio (*BOE* n.º 162, de 4 de julio); Ley 7/2021, de 20 de mayo (*BOE* n.º 121, de 21 de mayo), de cambio climático y transición energética; RD 102/2011, de 28 de enero (*BOE* n.º 25, de 29 de enero), relativo a la mejora de la calidad del aire, modificado por RD 678/2014, de 1 de agosto (*BOE* n.º 206, de 25 de agosto), por RD 39/2017, de 27 de enero (*BOE* n.º 24, de 28 de enero; corrección de errores en *BOE* n.º 40, de 16 de febrero); por RD 773/2017, de 28 de julio (*BOE* n.º 209, de 31 de agosto; corrección de errores en *BOE* n.º 65, de 15 de marzo de 2018), y por RD 1.042/2017, de 22 de diciembre (*BOE* n.º 311, de 23 de diciembre; corrección de errores en *BOE* n.º 65, de 15 de marzo de 2018), sobre la limitación de las emisiones a la atmósfera de determinados agentes contaminantes procedentes de las instalaciones de combustión medianas; RD 430/2004, de 12 de marzo (*BOE* n.º 69, de 20 de marzo), por el que se establecen nuevas normas sobre limitación de emisiones a la atmósfera de determinados agentes contaminantes procedentes de grandes instalaciones de combustión, y se fijan ciertas condiciones para el control de las emisiones a la atmósfera de las refinerías de petróleo; modificado por RD 687/2011, de 13 de mayo (*BOE* n.º 125, de 26 de mayo); RD 100/2011, de 28 de enero (*BOE* n.º 25, de 29 de enero; corrección de errores en *BOE* n.º 83, de 7 de abril), por el que se actualiza el catálogo de actividades potencialmente contaminadoras de la atmósfera y se establecen las disposiciones básicas para su aplicación; RD 818/2018, de 6 de julio (*BOE* n.º 164, de 7 de julio), sobre medidas para la reducción de las emisiones nacionales de determinados contaminantes atmosféricos, modificado por RD 27/2021, de 19 de enero (*BOE* n.º 17, de 20 de enero); Resolución de 10 de enero de 2020 (*BOE* n.º 21, de 24 de enero), de la Dirección General de Biodiversidad y Calidad Ambiental, por la que se publica el Programa Nacional de Control, de la Contaminación Atmosférica; Ley 8/2002 de 18 de diciembre (*BOE* n.º 18, de 21 de enero de 2003), de la Comunidad Autónoma de Galicia, de protección del ambiente atmosférico; RD 1.866/2004, de 6 de septiembre, modificado por RD 777/2006, de 23 de junio (*BOE* n.º 150, de 24 de junio); RD-Ley 5/2004, de 27 de agosto, por el que se regula el régimen del comercio de emisiones de gases de efecto invernadero (*BOE* n.º 208, de 28 de agosto); Ley 1/2005, de 9 de marzo, por la que se regula el régimen del comercio de derechos de emisión de gases de efecto invernadero (*BOE* n.º 59, de 10 de marzo), modificada por Ley 13/2010, de 5 de julio (*BOE* n.º 163, de 6 de julio), por Ley 11/2012, de 19 de diciembre (*BOE* n.º 305, de 20 de diciembre), por Ley 9/2018, de 5 de diciembre (*BOE* n.º 294, de 6 de diciembre) y por Ley 9/2020, de 16 de diciembre (*BOE* n.º 328, de 17 de diciembre); RD 341/2010, de 19 de marzo (*BOE* n.º 71, de 23 de marzo), por el que se desarrollan determinadas obligaciones de información para actividades que se incorporan al régimen de comercio de derechos de emisión de gases de efecto invernadero; RD 1.089/2020, de 9 de diciembre (*BOE* n.º 322, de 10 de diciembre), por el que se desarrollan aspectos relativos al ajuste de la asignación gratuita de derechos de emisión de gases de efecto invernadero en el período 2021-2030; Ajustes al Protocolo de Montreal, relativo a las sustancias que agotan la capa de ozono, adoptados en la XIX Reunión de las Partes, en Montreal (Canadá), del 17 al 21 de septiembre de 2007 (*BOE* n.º 137, de 6 de junio de 2009); Protocolo sobre registros de emisiones y transferencias de contaminantes, hecho en Kiev el 21 de mayo de 2003, y ratificado por España mediante Instrumento de 28 de agosto de 2009 (*BOE* n.º 285, de 26 de noviembre); Acuerdo de París, sobre cambio climático, hecho en esta ciudad el 12 de diciembre de 2015, y ratificado por España mediante Instrumento de 23 de diciembre de 2016 (*BOE* n.º 28, de 2 de febrero de 2017); y Orden PRE/3.539/2008, de 28 de noviembre (*BOE* n.º 294, de 6 de diciembre), por la que se regulan las disposiciones necesarias en relación con la información que deben remitir a la Administración General del Estado los titulares de las grandes instalaciones de combustión existentes, así como las medidas de control, seguimiento y evaluación del Plan Nacional de Reducción de Emisiones de las Grandes Instalaciones de Combustión existentes. *Sobre suelos contaminados*, v. RD 9/2005, de 14 de enero (*BOE* n.º 15, de 18 de enero), por el que se establece la relación de actividades potencialmente contaminantes del suelo, y los criterios y estándares para la declaración de suelos contaminados, cuyo Anexo ha sido modificado por Orden PRA/1.080/2017, de 2 de noviembre (*BOE* n.º 272, de 9 de noviembre; corrección de errores en *BOE* n.º 73, de 24 de marzo de 2018), y Ley 4/2015, de 25 de junio (*BOE* n.º 176, de 24 de julio), de la Comunidad Autónoma del País Vasco, para la prevención y corrección de la contaminación del suelo. *Sobre contaminación del mar y las aguas*, v. Ley de Aguas, aprobada por RDL 1/2001, de 20 de julio (*BOE* n.º 176, de 24 de julio), modificada por RDL 17/2012, de 4 de mayo (*BOE* n.º 108, de 5 de mayo), por Ley 11/2012, de 19 de diciembre (*BOE* n.º 305, de 20 de diciembre), y por Ley 21/2013, de 9 de diciembre (*BOE* n.º 296, de 11 de diciembre); Ley 41/2010, de 29 de diciembre (*BOE* n.º 317, de 30 de diciembre), de protección del medio marino, cuyo Anexo I ha sido modificado por RD 957/2018, de 27 de julio (*BOE* n.º 213, de 3 de septiembre); RD 60/2011, de 21 de enero (*BOE* n.º 19, de 22 de enero), sobre las normas de calidad ambiental en el ámbito de la política de aguas; RD 1.695/2012, de 21 de diciembre (*BOE* n.º 13, de 15 de enero de 2013), por el que se aprueba el Sistema Nacional de Respuesta ante la contaminación marina, y Orden FOM/1.793/2014, de 22 de septiembre (*BOE* n.º 241, de 4 de octubre), que lo desarrolla; Ley 21/1977, de 1 de abril, sobre Vertidos desde Buques y Aeronaves al Mar; RD 799/2011, de 10 de junio (*BOE* n.º 139, de 11 de junio), por el que se establecen las obligaciones que incumben al Ministerio de Fomento en materia de Seguridad marítima y prevención de la contaminación marina sobre buques españoles; RD 1.599/2011, de 4 de noviembre (*BOE* n.º 294, de 7 de diciembre), por el que se establecen los criterios de integración de los espacios marinos protegidos en la Red de Áreas Marinas Protegidas de España; Convenio para la Prevención de la Contaminación Marina de Origen Terrestre de 11 de junio de 1974, ratificado por Instrumento de 27 de febrero de 1980 (*BOE* n.º 18, de 21 de febrero de 1981; corrección de errores en *BOE* n.º 36, de 11 de febrero); Convenio Internacional de 1973 para prevenir la contaminación por los buques, así como anexo del Protocolo de 1978 (*BOE* n.ᵒˢ 249 y 250, de 17 y 18 de octubre de 1984), Enmiendas a dicho anexo de 1997 (*BOE* n.º 164, de 10 de julio de 1999), Enmiendas de 1996 (*BOE* n.º 168, de 15 de julio de 1999), y Protocolo de 1997 (*BOE* n.º 251, de 18 de octubre); Convenio sobre la prevención de la contaminación del mar por vertimiento de desechos y otras materias, 1972, hecho en Londres el 7 de noviembre de 1996, y ratificado por España mediante Instrumento de 12 de marzo de 1999 (*BOE* n.º 77, de 31 de marzo de 2006); Protocolo sobre cooperación para prevenir la contaminación por los buques y, en situaciones de emergencia, combatir la contaminación del Mar Mediterráneo, hecho en La Valetta el 25 de enero de 2002, y ratificado por España mediante Instrumento de 9 de julio de 2007 (*BOE* n.º 178, de 26 de julio); Ley 9/2002, de 13 de diciembre (*BOE* n.º 299, de 14 de diciembre), por el que se adoptan medidas para buques tanque que transporten mercancías peligrosas o contaminantes; RD 1.514/2009, de 2 de octubre (*BOE* n.º 255, de 22 de octubre), por el que se regula la protección de las aguas subterráneas contra la contaminación y el deterioro, cuyo Anexo II ha sido modificado por RD 1.075/2015, de 27 de noviembre (*BOE* n.º 300, de 16 de diciembre); Ley 6/2002, de 18 de junio, sobre protección de los ecosistemas acuáticos y de regulación de la pesca en aguas continentales, de la Comunidad Autónoma del Principado de Asturias (*BOE* n.º 188, de 7 de agosto); Ley 1/2006, de 23 de junio (*BOE* n.º 266, de 4 de noviembre de 2011), de la Comunidad Autónoma del País Vasco, de Aguas; Ley 9/2010, de 30 de julio (*BOE* n.º 208, de 27 de agosto de 2011), de Aguas para Andalucía; Ley 9/2010, de 4 de noviembre (*BOE* n.º 292, de 3 de diciembre), de aguas de Galicia; Ley 10/2010, de 27 de diciembre (*BOE* n.º 20, de 24 de enero de 2011), de la Comunidad Autónoma de Canarias, de modificación de la Ley 12/1990, de 26 de julio, de Aguas; Ley 10/2014, de 27 de noviembre (*BOE* n.º 8, de 9 de enero de 2015), de Aguas y Ríos de Aragón; RD 2.182/2004, de 12 de noviembre (*BOE* n.º 276, de 16 de noviembre), por el que se crea el Centro para la Prevención y Lucha contra la Contaminación Marítima y del Litoral; y RD 1.795/2008, de 3 de noviembre (*BOE* n.º 278, de 18 de noviembre), por el que se dictan normas sobre la cobertura de la responsabilidad civil por daños causados por la contaminación de los hidrocarburos para combustible de los buques. *Sobre impacto ambiental*, v. Convención sobre la Protección del Patrimonio Mundial Cultural y Natural de 23 de noviembre de 1972, aceptado por Instrumento de 18 de marzo de 1982 (*BOE* n.º 189, de 8 de agosto); Ley 21/2013, de 9 de diciembre (*BOE* n.º 296, de 11 de diciembre), de evaluación ambiental, modificada por Ley 9/2018, de 5 de diciembre (*BOE* n.º 294, de 6 de diciembre), por RD-L 23/2020, de 23 de junio (*BOE* n.º 175, de 24 de junio) y por RD-L 36/2020, de 30 de diciembre (*BOE* n.º 341, de 31 de diciembre); Ley 11/1990, de 13 de julio (*BOE* n.º 224, de 18 de septiembre), de Prevención del Impacto Ecológico, de la Comunidad Autónoma de Canarias, modificada por Ley 4/2008, de 12 de noviembre (*BOE* n.º 292, de 4 de diciembre); Ley 2/2002, de 19 de junio (*BOE* n.º 176, de 24 de julio), de Evaluación Ambiental de la Comunidad de Madrid; Ley 8/2004, de 20 de diciembre, de la Comunidad Autónoma de Aragón, de Medidas Urgentes en Materia de Medio Ambiente (*BOE* n.º 36, de 11 de febrero de 2005); Decreto Legislativo 1/2020, de 28 de agosto (*BOE* n.º 263, de 5 de octubre), por el que se aprueba el Texto refundido de la Ley de evaluación ambiental de las Illes Balears; Ley 2/2020, de 7 de febrero (*BOE* n.º 106, de 16 de abril), de Evaluación Ambiental de Castilla-La Mancha; y Ley 6/2009, de 28 de abril (*BOE* n.º 123, de 21 de mayo), de evaluación ambiental de planes y programas, de la Comunidad Autónoma de Cataluña. *Sobre residuos*, v. Ley 22/2011, de 28 de julio (*BOE* n.º 181, de 29 de julio), de residuos y suelos contaminados, modificada por RD-L 17/2012, de 4 de mayo (*BOE* n.º 108, de 5 de mayo), por Ley 11/2012, de 19 de diciembre (*BOE* n.º 305, de 20 de diciembre); y por la Ley 5/2013, de 11 de junio (*BOE* n.º 140, de 12 de junio) —modificada ésta, a su vez, por Ley 21/2015, de 20 de julio (*BOE* n.º 173, de 21 de julio)—, y su Anexo por Orden AAA/699/2016, de 9 de mayo (*BOE* n.º 115, de 12 de mayo); y en la parte aún vigente, RD 833/1988, de 20 de julio (*BOE* n.º 182, de 30 de julio), por el que se aprobó el Reglamento de la Ley 20/1986, de 14 de mayo, texto modificado por RD 952/1997, de 20 de junio (*BOE* n.º 160, de 5 de julio); RD 110/2015, de 20 de febrero (*BOE* n.º 45, de 21 de febrero), sobre residuos de aparatos eléctricos y electrónicos; y RD 553/2020, de 2 de junio (*BOE* n.º 171, de 19 de junio), por el que se regula el traslado de residuos en el interior del territorio del Estado; Resolución de 17 de noviembre de 1998 (*BOE* n.º 7, de 8 de enero de 1999), de la Dirección General de Calidad y Evaluación Ambiental, por la que se dispone la publicación del catálogo europeo de residuos, aprobado mediante la Decisión 94/3/CE de la Comisión, de 20 de diciembre de 1993; arts. 56 ss. de la Ley 22/1988, de 28 de julio, de Costas (*BOE* n.º 181, de 29 de julio), cuyo Reglamento ha sido aprobado por RD 1.471/1989, de 1 de diciembre (*BOE* n.º 297, de 12 de diciembre); RD 258/1989, de 10 de marzo, por el que se establece la normativa general sobre vertidos de sustancias peligrosas desde tierra al mar (*BOE* n.º 64, de 16 de marzo), parcialmente derogado por el RD 60/2011, de 21 de enero (*BOE* n.º 19, de 22 de enero); RD 646/2020, de 7 de julio (*BOE* n.º 187, de 8 de julio), por el que se regula la eliminación de residuos mediante depósito en vertedero, modificado por RD 27/2021, de 19 de enero (*BOE* n.º 17, de 20 de enero); RD 105/2008, de 1 de febrero (*BOE* n.º 38, de 13 de febrero), por el que se regula la producción y gestión de los residuos de construcción y demolición; RD 106/2008, de 1 de febrero (*BOE* n.º 37, de 12 de febrero), sobre pilas y acumuladores, y la gestión ambiental de sus residuos, modificado por RD 710/2015, de 24 de julio (*BOE* n.º 177, de 25 de julio); RD 975/2009, de 12 de junio (*BOE* n.º 143, de 13 de junio), sobre gestión de los residuos de las industrias extractivas y de protección y rehabilitación del espacio afectado por actividades mineras, y por RD 27/2021, de 19 de enero (*BOE* n.º 17, de 20 de enero); RD 110/2015, de 20 de febrero (*BOE* n.º 45, de 21 de febrero), modificado por RD 27/2021, de 19 de enero (*BOE* n.º 17, de 20 de enero); Ley 5/2002, de 3 de junio (*BOE* n.º 170, de 17 de julio), de la Comunidad Autónoma del Principado de Asturias, sobre vertidos de aguas residuales industriales a los sistemas públicos de saneamiento; Ley 5/2003, de 20 de mayo (*BOE* n.º 128, de 29 de mayo), de residuos de la Comunidad de Madrid; DLeg. 1/2009, de 21 de julio (*BOE* n.º 262, de 30 de octubre), de la Generalidad de Cataluña, por el que se aprueba el Texto refundido de la Ley reguladora de los residuos; Ley 6/2021, de 3 de noviembre (*BOE* n.º 78, de 1 de abril), de residuos de Galicia; Ley Foral 14/2018, de 18 de junio (*BOE* n.º 157, de 29 de junio), de residuos y su fiscalidad; y Ley 8/2019, de 19 de febrero (*BOE* n.º 89, de 13 de abril), de residuos y suelos contaminados de las Illes Balears. *Sobre protección de espacios naturales*, v. Ley 4/1989, de 27 de marzo, de Conservación de los Espacios Naturales y de la Flora y Fauna Silvestres (*BOE* n.º 74, de 28 de marzo), reformada por Leyes 40 y 41/1997, de 5 de noviembre (*BOE* n.º 266, de 6 de noviembre); Ley 2/2013, de 29 de mayo (*BOE* n.º 129, de 30 de mayo), de protección y uso sostenible del litoral —interpretada por la STC 57/2016, de 17 de marzo (*BOE* n.º 97, de 22 de abril)—; Ley del Principado de Asturias 5/1991, de 5 de abril (*BOE* n.º 121, de 21 de mayo), de protección de los espacios naturales, modificada por Ley 9/2006, de 22 de diciembre (*BOE* n.º 65, de 16 de marzo de 2007), y por Ley 10/2017, de 24 de noviembre (*BOE* n.º 310, de 22 de diciembre); Ley 16/1994, de 30 de junio (*BOE* n.º 93, de 17 de abril), de Conservación de la Naturaleza del País Vasco, modificada por Ley 1/2010, de 11 de marzo (*BOE* n.º 93, de 17 de abril), y por Ley 9/2013, de 10 de octubre (*BOE* n.º 271, de 12 de noviembre); Ley 11/1994, de 27 de diciembre (*BOE* n.º 33, de 8 de febrero de 1995), de espacios naturales protegidos de la Comunidad Valenciana, modificada por Ley 7/2016, de 30 de septiembre (*BOE* n.º 264, de 1 de noviembre); Ley 6/1998, de 19 de mayo (*BOE* n.º 139, de 11 de junio), de Espacios Naturales Protegidos de Aragón, modificada por Ley 6/2014, de 26 de junio (*BOE* n.º 186, de 1 de agosto); Ley

4/2003, de 26 de marzo (*BOE* n.º 87, de 11 de abril), de conservación de espacios naturales de La Rioja; Ley 4/2006, de 19 de mayo (*BOE* n.º 184, de 3 de agosto), de Conservación de la Naturaleza de Cantabria; Ley 12/2006, de 27 de julio (*BOE* n.º 200, de 22 de agosto; corrección de errores en *BOE* n.º 264, de 2 de noviembre de 2009), de medidas en materia de medio ambiente de la Comunidad Autónoma de Cataluña; Ley 8/1998, de 26 de junio (*BOE* n.º 200, de 21 de agosto), de Conservación de la Naturaleza y Espacios Naturales de Extremadura, modificada por Ley 9/2006, de 23 de diciembre (*BOE* n.º 24, de 27 de enero de 2007); Ley 9/1999, de 26 de mayo (*BOE* n.º 179, de 28 de julio), de Conservación de la Naturaleza, de Castilla-La Mancha, modificada por Ley 8/2007, de 15 de marzo (*BOE* n.º 119, de 18 de mayo); Ley 4/2017, de 13 de julio, del Suelo y de los Espacios protegidos de Canarias (*BOE* n.º 216, de 8 de septiembre, corrección de errores en *BOE* n.º 301, de 1 de diciembre de 2017), modificada por D-L 2/2019, de 25 de febrero (*BOE* n.º 106, de 3 de mayo); RD 108/1991, de 1 de febrero, sobre la prevención y reducción de la contaminación del medio ambiente producida por el amianto; RD 224/1994, de 14 de febrero, por el que se crea el Consejo Asesor de Medio Ambiente (*BOE* n.º 58, de 9 de mayo), y RD 686/2002, de 12 de julio, por el que se regulan la estructura y funciones del Consejo Asesor del Medio Ambiente (*BOE* n.º 170, de 17 de julio); RD 948/2009, de 5 de junio (*BOE* n.º 149, de 20 de junio), por el que se determinan la composición, las funciones y las normas de funcionamiento del Consejo Estatal para el Patrimonio Natural y la Biodiversidad; RD 484/1995, de 7 de abril, sobre medidas de regularización y control de vertidos (*BOE* n.º 95, de 21 de abril; corrección de errores en *BOE* n.º 114, de 13 de mayo); Convenio internacional sobre cooperación, preparación y lucha contra la Contaminación por hidrocarburos, 1990, ratificado por Instrumento de 3 de diciembre de 1993 (*BOE* n.º 133, de 5 de junio de 1995); Instrumento de 6 de junio de 1995 (*BOE* n.º 225, de 20 de septiembre; corrección de errores en *BOE* de 24 de octubre), de adhesión de España al Protocolo de 1992 que enmienda el Convenio internacional sobre responsabilidad civil nacida de daños debidos a contaminación de las aguas del mar por hidrocarburos, Convenio denunciado por España con fecha 13 de mayo de 1997 (*BOE* n.º 176, de 24 de julio), y Declaración efectuada por España, Francia e Italia el 27 de septiembre de 2000 (*BOE* n.º 150, de 23 de junio de 2001); así como RD 1.892/2004, de 10 de septiembre (*BOE* n.º 226, de 18 de septiembre), por el que se dictan normas para la ejecución de este Convenio. *Sobre contaminación transfronteriza*, v. Protocolos del Convenio sobre contaminación atmosférica transfronteriza a larga distancia de 1979, relativos a la lucha contra las emisiones de compuestos orgánicos volátiles o sus flujos transfronterizos, hecho en Ginebra el 18 de noviembre de 1991, y ratificado por Instrumento de 25 de enero de 1994 (*BOE* n.º 225, de 19 de septiembre de 1997); a reducciones adicionales de las emisiones de azufre, hecho en Oslo el 14 de junio de 1994, y ratificado por Instrumento de 23 de julio de 1997 (*BOE* n.º 150, de 24 de junio de 1998); a la reducción de la acidificación, de la eutrofización y del ozono en la troposfera, hecho en Gotemburgo (Suecia) el 30 de noviembre de 1999, y ratificado por Instrumento de 14 de enero de 2005 (*BOE* n.º 87, de 12 de abril); y a la contaminación provocada por contaminantes orgánicos persistentes, hecho en Aarhus (Dinamarca) el 24 de junio de 1998, y ratificada por España mediante Instrumento de 23 de noviembre de 2010 (*BOE* n.º 80, de 4 de abril de 2011; corrección de errores en *BOE* n.º 156, de 1 de julio); Convenio de 17 de marzo de 1992, sobre la protección y utilización de los cursos de agua transfronterizos y de los lagos internacionales, ratificado por Instrumento de 23 de julio de 1997 (*BOE* n.º 81, de 4 de abril de 2000); Instrumento de 7 de febrero de 1994 (*BOE* n.º 227, de 22 de septiembre), por el que se ratifica el Convenio de Basilea de 22 de marzo de 1989, sobre el control de los movimientos transfronterizos de los desechos peligrosos y su eliminación, y enmiendas al mismo, adoptadas en Kuching (Malasia) el 27 de febrero de 1998 (*BOE* n.º 120, de 20 de mayo de 1999); Instrumento de ratificación del Protocolo sobre evaluación ambiental estratégica al Convenio sobre la evaluación del impacto en el medio ambiente en un contexto transfronterizo, hecho en Kiev el 21 de mayo de 2003 (*BOE* n.º 162, de 5 de julio de 2010); Instrumento de ratificación del Protocolo al Convenio de 1979 sobre contaminación atmosférica transfronteriza a gran distancia en materia de metales pesados, hecho en Aarhus (Dinamarca) el 24 de junio de 1998 (*BOE* n.º 268, de 7 de noviembre de 2011); RD 1.800/1995, de 3 de noviembre (*BOE* de 8 de diciembre), de modificación del RD 646/1991, de 22 de abril, por el que se establecen nuevas normas sobre limitación de las emisiones a la atmósfera de determinados agentes contaminantes procedentes de grandes instalaciones de combustión, y se fijan las condiciones para el control de los límites de emisión de SO2 en la actividad del refino de petróleo; RD-Ley 11/1995, de 28 de diciembre, por el que se establecen las normas aplicables al tratamiento de las aguas residuales urbanas, y RD 509/1996, de 15 de marzo (*BOE* n.º 77, de 29 de marzo), que lo desarrolla, modificado por RD 2.116/1998, de 2 de octubre (*BOE* n.º 251, de 20 de octubre; corrección de erratas en *BOE* n.º 286, de 30 de noviembre); RD 261/ 1996, de 16 de febrero (*BOE* n.º 61, de 11 de marzo de 1996), sobre protección de las aguas contra la contaminación producida por los nitratos procedentes de fuentes agrarias; RDL 1/2016, de 16 de diciembre (*BOE* n.º 316, de 31 de diciembre), por el que se aprueba el texto refundido de la Ley de prevención y control integrados de la contaminación, y Orden TEC/1.171/2018, de 29 de octubre (*BOE* n.º 275, de 14 de noviembre; corrección de errores en *BOE* n.º 290, de 1 de diciembre), por la que se regula la información, el control, el seguimiento y la evaluación de las grandes instalaciones de combustión. *Sobre contaminación acústica y lumínica*, v. Ley 37/2003, de 17 de noviembre (*BOE* n.º 276, de 18 de noviembre), del Ruido, RD 1.513/2005, de 16 de diciembre (*BOE* n.º 301, de 17 de diciembre), cuyo Anexo III ha sido modificado por Orden PCM/542/2021, de 31 de mayo (*BOE* n.º 132, de 3 de junio), y RD 1.367/2007, de 19 de octubre (*BOE* n.º 254, de 23 de octubre), modificado por RD 1.038/2012, de 6 de julio (*BOE* n.º 178, de 26 de julio), que la desarrollan; Ley 16/2002, de 28 de junio (*BOE* n.º 177, de 25 de julio), de la Generalidad de Cataluña, de protección contra la contaminación acústica; Ley 7/2002, de 3 de diciembre (*BOE* n.º 9, de 10 de enero de 2003), de la Comunidad Autónoma Valenciana, de protección contra la contaminación acústica; Ley 6/2001, de 31 de mayo, de la Comunidad Autónoma de Cataluña, de Ordenación Ambiental del Alumbrado para la Protección del Medio Nocturno (*BOE* n.º 149, de 22 de junio); Ley 6/2006, de 9 de junio (*BOE* n.º 184, de 3 de agosto), de prevención de la contaminación lumínica, de Cantabria; Ley 1/2007, de 16 de marzo (*BOE* n.º 97, de 23 de abril), contra la contaminación acústica de las Illes Balears; Ley 5/2009, de 4 de junio (*BOE* n.º 162, de 6 de julio), del ruido de Castilla y León; Ley 15/2010, de 10 de diciembre (*BOE* n.º 317, de 30 de diciembre), de prevención de la contaminación lumínica y del fomento del ahorro y eficiencia energéticos derivados de instalaciones de iluminación, de Castilla y León; y Ley 7/2010, de 18 de noviembre (*BOE* n.º 7, de 8 de enero de 2011), de protección contra la contaminación acústica de Aragón. V. también Tratado Antártico sobre Protección del Medio Ambiente y sus anejos de 4 de octubre de 1991, ratificado por Instrumento de 1 de junio de 1997 (*BOE* n.º 42, de 18 de febrero de 1998), y de 18 de octubre de 1991, ratificado por Instrumento de 5 de noviembre de 1993 (*BOE* n.º 248, de 16 de octubre de 2002); Convenio para la Protección del Medio Ambiente Marítimo del Atlántico del Nordeste, de 22 de septiembre de 1997, ratificado por Instrumento de 25 de enero de 1994 (*BOE* n.º 150, de 24 de junio de 1998), así como Instrumento de aceptación por parte de España del anexo V y apéndice 3 del citado Convenio (*BOE* n.º 45, de 21 de febrero de 2001); Convenio de 22 de mayo de 2001 sobre Contaminantes Orgánicos Persistentes, ratificado por Instrumento de 18 de mayo de 2004 (*BOE* n.º 151, de 23 de junio); Protocolo de Kioto al Convenio Marco de las Naciones Unidas sobre el Cambio Climático, ratificado por Instrumento de 10 de mayo de 2002 (*BOE* n.º 33, de 8 de febrero de 2005; corrección de errores en *BOE* n.º 97, de 23 de abril), y RD 1.031/2007, de 20 de julio (*BOE* n.º 174, de 21 de julio; corrección de errores en *BOE* n.º 221, de 14 de septiembre), por el que se desarrolla el marco de participación en los mecanismos de flexibilidad del Protocolo de Kioto; y Protocolo sobre Cooperación, Preparación y Lucha contra los sucesos de contaminación por sustancias nocivas y potencialmente peligrosas, hecho en Londres el 15 de marzo de 2000, y ratificado por Instrumento de 14 de enero de 2005 (*BOE* n.º 201, de 23 de agosto de 2006).

tos, en la atmósfera, el suelo, el subsuelo o las aguas terrestres, subterráneas o marítimas, incluido el alta mar, con incidencia incluso en los espacios transfronterizos, así como las captaciones de aguas que, por sí mismos o conjuntamente con otros, cause o pueda causar daños sustanciales a la calidad del aire, del suelo o de las aguas, o a animales o plantas.

2. Si las anteriores conductas, por sí mismas o conjuntamente con otras, pudieran perjudicar gravemente el equilibrio de los sistemas naturales, se impondrá una pena de prisión de dos a cinco años, multa de ocho a veinticuatro meses e inhabilitación especial para profesión u oficio por tiempo de uno a tres años.

Si se hubiera creado un riesgo de grave perjuicio para la salud de las personas, se impondrá la pena de prisión en su mitad superior, pudiéndose llegar hasta la superior en grado.

Art. 326. 1. Serán castigados con las penas previstas en el artículo anterior, en sus respectivos supuestos, quienes, contraviniendo las leyes u otras disposiciones de carácter general, recojan, transporten, valoricen, transformen, eliminen o aprovechen residuos, o no controlen o vigilen adecuadamente tales actividades, de modo que causen o puedan causar daños sustanciales a la calidad del aire, del suelo o de las aguas, o a animales o plantas, muerte o lesiones graves a personas, o puedan perjudicar gravemente el equilibrio de los sistemas naturales.

2. Quien, fuera del supuesto a que se refiere el apartado anterior, traslade una cantidad no desdeñable de residuos, tanto en el caso de uno como en el de varios traslados que aparezcan vinculados, en alguno de los supuestos a que se refiere el Derecho de la Unión Europea relativo a los traslados de residuos, será castigado con una pena de tres meses a un año de prisión, o multa de seis a dieciocho meses e inhabilitación especial para profesión u oficio por tiempo de tres meses a un año.

Art. 326 bis. Serán castigados con las penas previstas en el artículo 325, en sus respectivos supuestos, quienes, contraviniendo las leyes u otras disposiciones de carácter general, lleven a cabo

Art. 325: Este artículo figura redactado conforme al texto de la LO 1/2015, de 30 de marzo (*BOE* n.º 77, de 31 de marzo).

Art. 326: Este artículo figura redactado conforme al texto de la LO 1/2015, de 30 de marzo (*BOE* n.º 77, de 31 de marzo).

Art. 326 bis: Este artículo ha sido añadido por la LO 1/2015, de 30 de marzo (*BOE* n.º 77, de 31 de marzo).

la explotación de instalaciones en las que se realice una actividad peligrosa o en las que se almacenen o utilicen sustancias o preparados peligrosos de modo que causen o puedan causar daños sustanciales a la calidad del aire, del suelo o de las aguas, a animales o plantas, muerte o lesiones graves a las personas, o puedan perjudicar gravemente el equilibrio de los sistemas naturales.

Art. 327. Los hechos a los que se refieren los tres artículos anteriores serán castigados con la pena superior en grado, sin perjuicio de las que puedan corresponder con arreglo a otros preceptos de este Código, cuando en la comisión de cualquiera de los hechos descritos en el artículo anterior concurra alguna de las circunstancias siguientes:

a) Que la industria o actividad funcione clandestinamente, sin haber obtenido la preceptiva autorización o aprobación administrativa de sus instalaciones.

b) Que se hayan desobedecido las órdenes expresas de la autoridad administrativa de corrección o suspensión de las actividades tipificadas en el artículo anterior.

c) Que se haya falseado u ocultado información sobre los aspectos ambientales de la misma.

d) Que se haya obstaculizado la actividad inspectora de la Administración.

e) Que se haya producido un riesgo de deterioro irreversible o catastrófico.

f) Que se produzca una extracción ilegal de aguas en período de restricciones.

Art. 328. Cuando de acuerdo con lo establecido en el artículo 31 bis una persona jurídica sea responsable de los delitos recogidos en este capítulo, se le impondrán las siguientes penas:

a) Multa de uno a tres años, o del doble al cuádruple del perjuicio causado cuando la cantidad resultante fuese más elevada, si el delito cometido por la persona física tiene prevista una pena de más de dos años de privación de libertad.

b) Multa de seis meses a dos años, o del doble al triple del perjuicio causado si la cantidad resultante fuese más elevada, en el resto de los casos.

Atendidas las reglas establecidas en el artículo 66 bis, los jueces y tribunales podrán asi-

---

Art. 327: Este artículo figura redactado conforme al texto de la LO 1/2015, de 30 de marzo (*BOE* n.º 77, de 31 de marzo).

Art. 328: Este artículo figura redactado conforme al texto de la LO 1/2015, de 30 de marzo (*BOE* n.º 77, de 31 de marzo).

mismo imponer las penas recogidas en las letras *b*) a *g*) del apartado 7 del artículo 33.

Art. 329. 1. La autoridad o funcionario público que, a sabiendas, hubiere informado favorablemente la concesión de licencias manifiestamente ilegales que autoricen el funcionamiento de las industrias o actividades contaminantes a que se refieren los artículos anteriores, o que con motivo de sus inspecciones hubiere silenciado la infracción de leyes o disposiciones normativas de carácter general que las regulen, o que hubiere omitido la realización de inspecciones de carácter obligatorio, será castigado con la pena establecida en el artículo 404 de este Código y, además, con la de prisión de seis meses a tres años y la de multa de ocho a veinticuatro meses.

2. Con las mismas penas se castigará a la autoridad o funcionario público que por sí mismo o como miembro de un organismo colegiado hubiese resuelto o votado a favor de su concesión a sabiendas de su injusticia.

Art. 330. Quien, en un espacio natural protegido, dañare gravemente alguno de los elementos que hayan servido para calificarlo, incurrirá en la pena de prisión de uno a cuatro años y multa de doce a veinticuatro meses.

Art. 331. Los hechos previstos en este capítulo serán sancionados, en su caso, con la pena inferior en grado, en sus respectivos supuestos, cuando se hayan cometido por imprudencia grave.

CAPÍTULO IV

DE LOS DELITOS RELATIVOS A LA PROTECCIÓN DE LA FLORA, FAUNA Y ANIMALES DOMÉSTICOS*

Art. 332. 1. El que, contraviniendo las leyes u otras disposiciones de carácter general, corte, tale, arranque, recolecte, adquiera, posea o destruya especies protegidas de flora silvestre, o trafique con ellas, sus partes, derivados de las mismas o con

---

Art. 329: El apartado 1 de este artículo figura redactado conforme al texto de la LO 5/2010, de 22 de junio (*BOE* n.º 152, de 23 de junio). V. notas a la rúbrica del presente Capítulo y al art. 320 de este Código.

* Esta rúbrica figura redactada conforme al texto de la LO 15/2003, de 25 de noviembre (*BOE* n.º 283, de 26 de noviembre; corrección de errores en *BOE* n.º 65, de 16 de marzo, y n.º 80, de 2 de abril, ambos de 2004). V. Ley 42/2007, de 13 de diciembre (*BOE* n.º 299, de 14 de diciembre; corrección de errores en *BOE* n.º 36, de 11 de febrero de 2008), del Patrimonio Natural y de la Biodiversidad, modificada por Ley 25/2009, de 22 de diciembre (*BOE* n.º 308, de 23 de diciembre), por RDL 17/2012, de

4 de mayo (*BOE* n.º 108, de 5 de mayo), por Ley 11/2012, de 19 de diciembre (*BOE* n.º 305, de 20 de diciembre), por Ley 21/2013, de 9 de diciembre (*BOE* n.º 296, de 11 de diciembre), por Ley 33/2015, de 21 de septiembre (*BOE* n.º 227, de 22 de septiembre), por Ley 7/2018, de 20 de julio (*BOE* n.º 176, de 21 de julio) y por RD-L 36/2020, de 30 de diciembre (*BOE* n.º 341, de 31 de diciembre); y sus Anexos por RD 1.015/2013, de 20 de diciembre (*BOE* n.º 305, de 21 de diciembre); Ley 14/1998, de 1 de junio (*BOE* n.º 131, de 2 de junio; corrección de erratas en *BOE* n.º 134, de 5 de junio), por la que se establece el régimen de control para protección de los recursos pesqueros; Ley 3/2001, de 26 de marzo (*BOE* n.º 75, de 28 de marzo; corrección de erratas en *BOE* n.º 174, de 21 de julio), de Pesca Marítima del Estado, modificada por Ley 33/2014, de 26 de diciembre (*BOE* n.º 313, de 27 de diciembre); RD 347/2011, de 11 de marzo (*BOE* n.º 81, de 5 de abril), por el que se regula la pesca marítima de recreo en aguas exteriores; Ley 31/2003, de 27 de octubre (*BOE* n.º 258, de 28 de octubre), de conservación de la fauna silvestre en los parques zoológicos; Ley 30/2014, de 3 de diciembre (*BOE* n.º 293, de 4 de diciembre), de Parques Nacionales; RD 389/2016, de 22 de octubre (*BOE* n.º 257, de 24 de octubre), por el que se aprueba el Plan Director de la Red de Parques Nacionales; RD 1.095/1989, de 8 de septiembre (*BOE* n.º 218, de 12 de septiembre), por el que se declaran las especies objeto de caza y pesca y se establecen normas para su protección, y cuyo art. 7.º2.*a*) ha sido declarado parcialmente nulo por Sentencia de 22 de febrero de 2000 (*BOE* n.º 74, de 27 de marzo), del Tribunal Supremo; RD 1.118/1989, de 15 de septiembre, por el que se determinan las especies objeto de caza y pesca comercializables y se dictan normas al respecto; RD 139/2011, de 4 de febrero (*BOE* n.º 46, de 23 de febrero; corrección de errores en *BOE* n.º 76, de 30 de marzo), para el desarrollo del Listado de Especies Silvestres en Régimen de Protección Especial, y del Catálogo Español de Especies Amenazadas, desarrollado a su vez por Órdenes AAA/75/2012, de 12 de enero (*BOE* n.º 18, de 21 de enero), AAA/1.771/2015, de 31 de agosto (*BOE* n.º 211, de 3 de septiembre), AAA/1.351/2016, de 29 de julio (*BOE* n.º 190, de 8 de agosto); TEC/596/2019, de 8 de abril (*BOE* n.º 134, de 5 de junio) y TED/1.116/2020, de 20 de noviembre (*BOE* n.º 314, de 1 de diciembre); Acuerdo del Consejo de Ministros de 24 de febrero de 2017 (*BOE* n.º 65, de 17 de marzo), por el que se aprueban los criterios orientadores para la inclusión de taxones y poblaciones en el Catálogo Español de Especies Amenazadas; RD 630/2013, de 2 de agosto (*BOE* n.º 185, de 3 de agosto), por el que se regula el catálogo español de especies exóticas invasoras, puntualmente anulado por SSTS de 21 de enero de 2015 (*BOE* n.º 119, de 19 de mayo) y 16 de marzo de 2016 (*BOE* n.º 146, de 17 de junio); Orden AAA/1.260/2014, de 9 de julio (*BOE* n.º 173, de 17 de julio), por la que se declaran Zonas de Especial Protección para las Aves en aguas marinas españolas; RD 1.997/1995, de 7 de diciembre (*BOE* n.º 310, de 28 de diciembre; corrección de errores en *BOE* n.º 131, de 30 de mayo de 1996), modificado por RRDD 1.193/1998, de 12 de junio (*BOE* n.º 151, de 25 de junio), y por la Ley 42/2007, de 13 de diciembre (*BOE* n.º 299, de 14 de diciembre; corrección de errores en *BOE* n.º 36, de 11 de febrero de 2008), por el que se establecen medidas para contribuir a garantizar la biodiversidad mediante la conservación de los hábitats naturales y de la fauna y flora silvestres, y cuyo art. 13.2 ha sido anulado por Sentencia de 15 de marzo de 1999 (*BOE* n.º 141, de 14 de junio), del Tribunal Supremo, y 1.421/2006, de 1 de diciembre (*BOE* n.º 288, de 2 de diciembre); RD 435/2004, de 12 de marzo (*BOE* n.º 73, de 25 de marzo), por el que se regula el Inventario nacional de zonas húmedas; Acuerdo de 4 de agosto de 1995, relativo a la conservación y ordenación de las poblaciones de peces transzonales y las poblaciones de peces altamente migratorios, ratificado por Instrumento de 24 de noviembre de 2002 (*BOE* n.º 175, de 21 de julio de 2004); RD 1.415/2005, de 25 de noviembre (*BOE* n.º 293, de 8 de diciembre), por el que se regula la pesca del coral rojo y su primera venta; Orden ARM/1.647/2009, de 15 de junio (*BOE* n.º 150, de 22 de junio), por la que se regula la pesca de especies altamente migratorias; Ley 2/1993, de 15 de julio, de Caza de Castilla-La Mancha, modificada por Ley 3/2006, de 19 de octubre (*BOE* n.º 17, de 19 de enero de 2007); Ley 6/1993, de 29 de octubre (*BOE* n.º 35, de 10 de febrero de 2012), de la Comunidad Autóno-

ma del País Vasco, de protección de los animales; D. Leg. 1/2014, de 15 de abril (*BOE* n.º 130, de 29 de mayo), por el que se aprueba el texto refundido de la Ley de Conservación de la Naturaleza del País Vasco; Ley 4/2021, de 1 de julio (*BOE* n.º 172, de 20 de julio), de Caza y de Gestión Sostenible de los Recursos Cinegéticos de Castilla y León; Ley 13/2013, de 23 de diciembre (*BOE* n.º 25, de 29 de enero de 2014; corrección de errores en *BOE* n.º 77, de 29 de marzo), de Caza de Galicia; Ley 2/2021, de 8 de enero (*BOE* n.º 70, de 23 de marzo), de pesca continental de Galicia; Ley 8/1998, de 26 de junio, de Conservación de la Naturaleza y Especies Naturales de Extremadura, modificada por Ley 9/2006, de 23 de diciembre (*BOE* n.º 24, de 27 de enero de 2007); Ley 9/1999, de 26 de mayo, de conservación de la naturaleza de Castilla-La Mancha, modificada por Ley 8/2007, de 15 de marzo (*BOE* n.º 119, de 18 de mayo), y por Ley 11/2011, de 21 de marzo (*BOE* n.º 105, de 3 de mayo); Ley 5/2019, de 2 de agosto (*BOE* n.º 229, de 24 de septiembre), de la Comunidad Autónoma de Galicia, del patrimonio natural y de la biodiversidad de Galicia; Leyes Forales 18/2002, de 13 de junio (*BOE* n.º 199, de 20 de agosto), de protección y gestión de la fauna silvestre y sus hábitat, y 17/2005, de 22 de diciembre (*BOE* n.º 17, de 20 de enero de 2006), de Caza y Pesca de Navarra, modificada la segunda por Ley Foral 12/2011, de 1 de abril (*BOE* n.º 99, de 26 de abril), por Ley Foral 23/2013, de 2 de julio (*BOE* n.º 179, de 27 de julio), y por Ley Foral 4/2014, de 4 de abril (*BOE* n.º 104, de 29 de abril); Ley 22/2003, de 4 de julio (*BOE* n.º 189, de 8 de agosto), de la Comunidad Autónoma de Cataluña, modificada por Ley 12/2006, de 27 de julio (*BOE* n.º 200, de 22 de agosto; corrección de errores en *BOE* n.º 264, de 2 de noviembre de 2009); Ley 8/2003, de 28 de octubre (*BOE* n.º 288, de 2 de diciembre), de la Flora y la Fauna Silvestres, de la Comunidad Autónoma de Andalucía; Ley 7/2003, de 12 de noviembre (*BOE* n.º 47, de 24 de febrero de 2004), de Caza y Pesca Fluvial de la Región de Murcia; Ley 13/2004, de 27 de diciembre, de caza de la Comunidad Valenciana (*BOE* n.º 78, de 14 de febrero de 2005), modificada por Ley 7/2009, de 22 de octubre (*BOE* n.º 281, de 21 de noviembre), y por Ley 9/2015, de 2 de abril (*BOE* n.º 101, de 28 de abril); Ley 4/2015, de 24 de marzo (*BOE* n.º 91, de 16 de abril), del Patrimonio Natural de Castilla y León; Ley 4/2006, de 19 de mayo (*BOE* n.º 184, de 3 de agosto), de Conservación de la Naturaleza de Cantabria; Ley 12/2006, de 17 de julio (*BOE* n.º 205, de 28 de agosto), de Caza de Cantabria; Ley 1/2021, de 4 de marzo (*BOE* n.º 117, de 17 de mayo), de pesca marítima, marisqueo y acuicultura de Cantabria; RD 1.201/2005, de 10 de octubre, sobre protección de los animales utilizados para experimentación y otros fines científicos (*BOE* n.º 252, de 21 de octubre); Ley 2/2006, de 28 de febrero (*BOE* n.º 70, de 23 de marzo), de Pesca de La Rioja; Ley 6/2006, de 12 de abril (*BOE* n.º 122, de 23 de mayo), balear de caza y pesca fluvial, modificada por Ley 3/2013, de 17 de julio (*BOE* n.º 203, de 24 de agosto); Ley 6/2013, de 7 de noviembre (*BOE* n.º 290, de 4 de diciembre), de pesca marítima, marisqueo y acuicultura en las Illes Balears; Ley 4/2006, de 19 de mayo, de la Comunidad Valenciana, de patrimonio arbóreo monumental (*BOE* n.º 154, de 29 de junio); Ley 11/2008, de 3 de diciembre (*BOE* n.º 154, de 17 de enero de 2009), de pesca de Galicia, modificada por Ley 1/2009, de 15 de junio (*BOE* n.º 155, de 27 de junio), y por Ley 6/2009, de 11 de diciembre (*BOE* n.º 30, de 4 de febrero de 2010); Ley 9/2008, de 18 de diciembre (*BOE* n.º 154, de 17 de enero de 2009), de protección de los ecosistemas acuáticos y de regulación de la pesca en Castilla y León, modificada por la Ley 9/2013, de 3 de diciembre (*BOE* n.º 307, de 24 de diciembre), de Pesca de Castilla y León; Ley 4/2010, de 4 de junio (*BOE* n.º 150, de 21 de junio), del Catálogo Canario de Especies Protegidas; Ley 11/2010, de 16 de noviembre (*BOE* n.º 300, de 10 de diciembre), de pesca y acuicultura de Extremadura; Ley 14/2010, de 9 de diciembre (*BOE* n.º 314, de 27 de diciembre), de Caza de Extremadura; Ley 2/2011, de 17 de marzo (*BOE* n.º 88, de 13 de abril), de la Comunidad Autónoma del País Vasco, de Caza, modificada por Ley 12/2019, de 20 de diciembre (*BOE* n.º 14, de 16 de enero de 2020); Ley 1/2015, de 12 de marzo (*BOE* n.º 114, de 13 de mayo), de Caza de Aragón; Ley 3/2015, de 5 de marzo (*BOE* n.º 148, de 22 de junio), de Caza de Castilla-La Mancha, modificada por Ley 2/2018, de 15 de marzo (*BOE* n.º 108, de 4 de mayo); y Ley 5/2017, de 10 de febrero (*BOE* n.º 56, de 7 de marzo), de pesca marítima y

sus propágulos, salvo que la conducta afecte a una cantidad insignificante de ejemplares y no tenga consecuencias relevantes para el estado de conservación de la especie, será castigado con la pena de prisión de seis meses a dos años o multa de ocho a veinticuatro meses, e inhabilitación especial para profesión u oficio por tiempo de seis meses a dos años.

La misma pena se impondrá a quien, contraviniendo

---

acuicultura de la Comunitat Valenciana; Ley 14/2016, de 7 de noviembre, de Patrimonio Arbóreo Monumental de la Región de Murcia (*BOE* n.º 285, de 25 de noviembre). V., también, el Convenio Internacional de Especies Amenazadas de la Fauna y Flora Silvestres (CITES), hecho en Washington el 3 de marzo de 1973 (*BOE* de 30 de julio de 1986 y 10 de agosto de 1991, con modificaciones a los apéndices en *BOE* n.ºs 50, de 27 de febrero de 1996 —corrección de errores en *BOE* n.º 103, de 29 de abril—, 104, de 30 de abril de 1996, 88, de 13 de abril de 1998, 179, de 27 de julio de 2001), 111, de 9 de mayo de 2003, y 45, de 21 de febrero de 2007), y el RD 1.739/1997, de 20 de noviembre, sobre medidas de aplicación del CITES y del Reglamento (CE) 338/97, del Consejo, de 9 de diciembre de 1996, relativo a la protección de especies de la fauna y flora silvestres mediante el control de su comercio (*BOE* n.º 285, de 28 de noviembre), modificado por el Reglamento (CE) n.º 318/2008 de la Comisión, de 31 de marzo de 2008 (*DOUE* de 8 de abril); el Reglamento (CEE) n.º 3626/82/82, del Consejo, de 3 de diciembre de 1982 (*DOCE* n.º L 384, de 31 de diciembre), relativo a la aplicación en la Comunidad de ese Convenio sobre el comercio internacional de especies amenazadas de fauna y flora silvestres, y el RD 7/2018, de 12 de enero (*BOE* n.º 23, de 26 de enero), por el que se establecen los requisitos de documentación, tenencia y marcado en materia de comercio de especies amenazadas de fauna y flora silvestres; Convención sobre la conservación de las especies migratorias de animales silvestres, hecha en Bonn el 13 de junio de 1979 (*BOE* n.º 259, de 29 de octubre; corrección de errores en *BOE* n.º 296, de 11 de diciembre de 1985), así como Resolución de 12 de julio de 1999, relativa a los apéndices I y II de dicha Convención (*BOE* n.º 174, de 22 de julio), así como Resolución de 23 de febrero de 2000, relativa igualmente a dichos apéndices I y II (*BOE* n.º 60, de 10 de marzo) y la Resolución de 8 de julio de 2003 (*BOE* n.º 175, de 23 de julio); Convenio relativo a la conservación de la vida silvestre y del medio natural en Europa, hecho en Berna el 19 de septiembre de 1979 (*BOE* de 1 de octubre de 1986 y de 7 de junio y 5 de diciembre de 1988), así como la Relación de especies que deben ser incluidas en el anejo I del Convenio (*BOE* n.º 121, de 21 de mayo de 1997); Acuerdo sobre la Conservación de los Cetáceos del Mar Negro, el Mar Mediterráneo y la Zona Atlántica Contigua, hecho en Mónaco el 24 de noviembre de 1996, y ratificado mediante Instrumento de 7 de enero de 1999 (*BOE* n.º 150, de 23 de junio); Protocolo de Cartagena sobre seguridad de la biotecnología del Convenio sobre la diversidad biológica, ratificado por Instrumento de 10 de diciembre de 2001 (*BOE* n.º 181, de 30 de julio de 2003); y Resolución de 4 de abril de 2018 (*BOE* n.º 87, de 10 de abril), de la Dirección General de Calidad y Evaluación Ambiental y Medio Natural, por la que se publica el Acuerdo del Consejo de Ministros de 16 de febrero de 2018, por el que se aprueba el Plan de acción español contra el tráfico ilegal y el furtivismo internacional de especies silvestres. V., también, los arts. 263 bis y 282 bis LECr, reproducidos en nota al art. 368 de este Código, y el RD 1.333/2006, de 21 de noviembre (*BOE* n.º 286, de 30 de noviembre), por el que se regula el destino de los especímenes decomisados de las especies amenazadas de fauna y flora silvestres protegidas mediante el control de su comercio.

Art. 332: Este artículo figura redactado conforme al texto de la LO 1/2015, de 30 de marzo (*BOE* n.º 77, de 31 de marzo).

las leyes u otras disposiciones de carácter general, destruya o altere gravemente su hábitat.

2. La pena se impondrá en su mitad superior si se trata de especies o subespecies catalogadas en peligro de extinción.

3. Si los hechos se hubieran cometido por imprudencia grave, se impondrá una pena de prisión de tres meses a un año o multa de cuatro a ocho meses, e inhabilitación especial para profesión u oficio por tiempo de tres meses a dos años.

Art. 333. El que introdujera o liberara especies de flora o fauna no autóctona, de modo que perjudique el equilibrio biológico, contraviniendo las leyes o disposiciones de carácter general protectoras de las especies de flora o fauna, será castigado con la pena de prisión de cuatro meses a dos años o multa de ocho a veinticuatro meses y, en todo caso, inhabilitación especial para profesión u oficio por tiempo de uno a tres años.

Art. 334. 1. Será castigado con la pena de prisión de seis meses a dos años o multa de ocho a veinticuatro meses y, en todo caso, inhabilitación especial para profesión u oficio e inhabilitación especial para el ejercicio del derecho de cazar o pescar por tiempo de dos a cuatro años quien, contraviniendo las leyes u otras disposiciones de carácter general:

a) cace, pesque, adquiera, posea o destruya especies protegidas de fauna silvestre;

b) trafique con ellas, sus partes o derivados de las mismas; o,

c) realice actividades que impidan o dificulten su reproducción o migración.

La misma pena se impondrá a quien, contraviniendo las leyes u otras disposiciones de carácter general, destruya o altere gravemente su hábitat.

2. La pena se impondrá en su mitad superior si se trata de especies o subespecies catalogadas en peligro de extinción.

3. Si los hechos se hubieran cometido por imprudencia grave, se impondrá una pena de prisión de tres meses a un año o multa de cuatro a ocho meses y, en todo caso, inhabilitación especial para profesión u oficio e inhabilitación especial para el ejercicio del derecho de cazar o pescar por tiempo de tres meses a dos años.

Art. 333: Este artículo figura redactado conforme al texto de la LO 5/2010, de 22 de junio (*BOE* n.º 152, de 23 de junio).

Art. 334: Este artículo figura redactado conforme al texto de la LO 1/2015, de 30 de marzo (*BOE* n.º 77, de 31 de marzo).

Art. 335. 1. El que cace o pesque especies distintas de las indicadas en el artículo anterior, cuando esté expresamente prohibido por las normas específicas sobre su caza o pesca, será castigado con la pena de multa de ocho a doce meses e inhabilitación especial para el ejercicio del derecho de cazar o pescar por tiempo de dos a cinco años.

2. El que cace o pesque o realice actividades de marisqueo relevantes sobre especies distintas de las indicadas en el artículo anterior en terrenos públicos o privados ajenos, sometidos a régimen cinegético especial, sin el debido permiso de su titular o sometidos a concesión o autorización marisquera o acuícola sin el debido título administrativo habilitante, será castigado con la pena de multa de cuatro a ocho meses e inhabilitación especial para el ejercicio del derecho de cazar, pescar o realizar actividades de marisqueo por tiempo de uno a tres años, además de las penas que pudieran corresponderle, en su caso, por la comisión del delito previsto en el apartado 1 de este artículo.

3. Si las conductas anteriores produjeran graves daños al patrimonio cinegético de un terreno sometido a régimen cinegético especial o a la sostenibilidad de los recursos en zonas de concesión o autorización marisquera o acuícola, se impondrá la pena de prisión de seis meses a dos años e inhabilitación especial para el ejercicio de los derechos de cazar, pescar, y realizar actividades de marisqueo por tiempo de dos a cinco años.

4. Se impondrá la pena en su mitad superior cuando las conductas tipificadas en este artículo se realicen en grupo de tres o más personas o utilizando artes o medios prohibidos legal o reglamentariamente.

Art. 336. El que, sin estar legalmente autorizado, emplee para la caza o pesca veneno, medios explosivos u otros instrumentos o artes de similar eficacia destructiva o no selectiva para la fauna, será castigado con la pena de prisión de cuatro meses a dos años o multa de ocho a veinticuatro meses y, en cualquier caso, la de inhabilita-

---

Art. 335: Este artículo figura redactado conforme al texto de la LO 1/2015, de 30 de marzo (*BOE* n.º 77, de 31 de marzo).

Téngase en cuenta que la STC 101/ 2012, de 8 de mayo (*BOE* n.º 134, de 5 de junio), ha declarado inconstitucional y nula la redacción original de este artículo, dada por LO 10/1995, de 23 de noviembre.

Art. 336: Este artículo figura redactado conforme al texto de la LO 5/2010, de 22 de junio (*BOE* n.º 152, de 23 de junio).

ción especial para el ejercicio del derecho a cazar o pescar por tiempo de uno a tres años. Si el daño causado fuera de notoria importancia, se impondrá la pena de prisión antes mencionada en su mitad superior.

Art. 337. 1. Será castigado con la pena de tres meses y un

Art. 337: Este artículo figura redactado conforme al texto de la LO 1/2015, de 30 de marzo (*BOE* n.º 77, de 31 de marzo).

V. Convenio europeo de 1986 sobre protección de los animales vertebrados utilizados con fines experimentales y otros fines científicos, ratificado por Instrumento de 2 de agosto de 1989 (*BOE* n.º 256, de 25 de octubre de 1990), y enmendado por el Protocolo de 22 de junio de 1998, ratificado por Instrumento de 30 de octubre de 2003 (*BOE* n.º 294, de 9 de diciembre de 2005); RD 53/2013, de 1 de febrero (*BOE* n.º 34, de 8 de febrero; corrección de errores en *BOE* n.º 100, de 26 de abril, y en *BOE* n.º 79, de 2 de abril de 2015), por el que se establecen las normas básicas aplicables para la protección de los animales utilizados en experimentación y otros fines científicos, incluyendo la docencia, modificado por RD 1.386/2018, de 19 de noviembre (*BOE* n.º 280, de 20 de noviembre) y por RD 118/2021, de 23 de febrero (*BOE* n.º 47, de 24 de febrero); Convenio europeo sobre protección de animales de compañía, hecho en Estrasburgo el 13 de noviembre de 1987 y ratificado por Instrumento de 23 de junio de 2017 (*BOE* n.º 245, de 11 de octubre); RD 7/2018, de 12 de enero, por el que se establecen los requisitos de documentación, tenencia y marcado en materia de comercio de especies amenazadas de fauna y flora silvestres, de acuerdo con lo establecido por la reglamentación de la Unión Europea en aplicación de la Convención sobre el comercio internacional de especies amenazadas de fauna y flora silvestres (*BOE* n.º 23, de 26 de enero); Ley 13/2002, de 23 de diciembre (*BOE* n.º 28, de 1 de febrero de 2003), de la Comunidad Autónoma del Principado de Asturias, de tenencia, protección y derechos de los animales; Ley 11/2003, de 19 de marzo (*BOE* n.º 96, de 22 de abril), de la Comunidad Autónoma de Aragón, de Protección Animal, modificada por Ley 1/2019, de 7 de febrero (*BOE* n.º 89, de 23 de abril); Ley 11/2003, de 24 de noviembre (*BOE* n.º 303, de 19 de diciembre), de protección de los animales, de la Comunidad Autónoma de Andalucía; Ley 7/2005, de 27 de diciembre, de modificación de la Ley 5/2002, de 23 de mayo, de protección de los animales en Extremadura (*BOE* n.º 40, de 16 de febrero); Ley 32/2007, de 7 de noviembre, para el cuidado de los animales, en su explotación, transporte, experimentación y sacrificio (*BOE* n.º 268, de 8 de noviembre), modificada por Ley 6/2013, de 11 de junio (*BOE* n.º 140, de 12 de junio); RD 542/2016, de 25 de noviembre (*BOE* n.º 297, de 9 de diciembre), sobre normas de sanidad y protección animal durante el transporte; Decreto Legislativo 2/2008, de 15 de abril (*DOGC* n.º 5.113, de 17 de abril), de la Comunidad Autónoma de Cataluña, por el que se aprueba el texto refundido de la Ley de protección de los animales, modificado por Ley 28/2010, de 3 de agosto (*BOE* n.º 205, de 24 de agosto de 2011), por Decreto-Ley 2/2011, de 15 de noviembre (*BOE* n.º 310, de 26 de diciembre), y por Ley 22/2015, de 29 de julio (*BOE* n.º 216, de 9 de septiembre); y Ley 8/2014, de 26 de septiembre (*BOE* n.º 258, de 24 de octubre), de reforma de la Ley 1/1993, de 13 de abril, de protección de animales domésticos y salvajes en cautividad; Ley 4/2016, de 22 de julio, de Protección de Animales de Compañía de la Comunidad de Madrid (*BOE* n.º 285, de 25 de noviembre); Ley 9/2017, de 3 de agosto (*BOE* n.º 223, de 15 de septiembre), de regulación de las corridas de toros y de protección de los animales en las Illes Balears; Ley 4/2017, de 3 de octubre (*BOE* n.º 263, de 30 de octubre), de protección y bienestar de los animales de compañía en Galicia; Ley 6/2017, de 8 de noviembre (*BOE* n.º 310,

día a un año de prisión e inhabilitación especial de un año y un día a tres años para el ejercicio de profesión, oficio o comercio que tenga relación con los animales y para la tenencia de animales, el que por cualquier medio o procedimiento maltrate injustificadamente, causándole lesiones que menoscaben gravemente su salud o sometiéndole a explotación sexual, a

a) un animal doméstico o amansado,

b) un animal de los que habitualmente están domesticados,

c) un animal que temporal o permanentemente vive bajo control humano, o

d) cualquier animal que no viva en estado salvaje.

2. Las penas previstas en el apartado anterior se impondrán en su mitad superior cuando concurra alguna de las circunstancias siguientes:

a) Se hubieran utilizado armas, instrumentos, objetos, medios, métodos o formas concretamente peligrosas para la vida del animal.

b) Hubiera mediado ensañamiento.

c) Se hubiera causado al animal la pérdida o la inutilidad de un sentido, órgano o miembro principal.

d) Los hechos se hubieran ejecutado en presencia de un menor de edad.

3. Si se hubiera causado la muerte del animal se impondrá una pena de seis a dieciocho meses de prisión e inhabilitación especial de dos a cuatro años para el ejercicio de profesión, oficio o comercio que tenga relación con los animales y para la tenencia de animales.

4. Los que, fuera de los supuestos a que se refieren los apartados anteriores de este artículo, maltrataren cruelmente a los animales domésticos o a cualesquiera otros en espectáculos no autorizados legalmente, serán castigados con una pena de multa de uno a seis meses. Asimismo, el juez podrá imponer la pena de inhabilitación especial de tres meses a un año para el ejercicio de profesión, oficio o comercio que tenga relación con los animales y para la tenencia de animales.

---

de 22 de diciembre), de protección y defensa de los animales de compañía de la Región de Murcia; Ley 6/2018, de 26 de noviembre (*BOE* n.º 301, de 14 de diciembre), de protección de los animales en la Comunidad Autónoma de La Rioja; Ley Foral 19/2019, de 4 de abril (*BOE* n.º 110, de 8 de mayo), de protección de los animales de compañía en Navarra; y Ley 7/2020, de 31 de agosto (*BOE* n.º 296, de 10 de noviembre), de bienestar, protección y defensa de los animales de Castilla-La Mancha.

Art. 337 bis. El que abandone a un animal de los mencionados en el apartado 1 del artículo anterior en condiciones en que pueda peligrar su vida o integridad será castigado con una pena de multa de uno a seis meses. Asimismo, el juez podrá imponer la pena de inhabilitación especial de tres meses a un año para el ejercicio de profesión, oficio o comercio que tenga relación con los animales y para la tenencia de animales.

CAPÍTULO V

Disposiciones comunes

Art. 338. Cuando las conductas definidas en este Título afecten a algún espacio natural protegido, se impondrán las penas superiores en grado a las respectivamente previstas.

Art. 339. Los jueces o tribunales ordenarán la adopción, a cargo del autor del hecho, de las medidas necesarias encaminadas a restaurar el equilibrio ecológico perturbado, así como de cualquier otra medida cautelar necesaria para la protección de los bienes tutelados en este Título.

Art. 340. Si el culpable de cualquiera de los hechos tipificados en este Título hubiera procedido voluntariamente a reparar el daño causado, los jueces y tribunales le impondrán la pena inferior en grado a las respectivamente previstas.

Art. 337 bis: Este artículo ha sido añadido por la LO 1/2015, de 30 de marzo (*BOE* n.º 77, de 31 de marzo).

V. arts. 1.905 y 1906 CC; Ley 4/2016, de 22 de julio (*BOE* n.º 285, de 25 de noviembre), de protección de los animales de compañía de la Comunidad de Madrid; Ley 13/2002, de 23 de diciembre, de tenencia, protección y derechos de los animales de la Comunidad Autónoma del Principado de Asturias (*BOE* n.º 28, de 1 de febrero de 2003); Ley 5/2002, de 23 de mayo, de protección de los animales en la Comunidad Autónoma de Extremadura (*BOE* n.º 201, de 22 de agosto), modificada por Ley 7/2005, de 27 de diciembre (*BOE* n.º 40, de 16 de febrero de 2006); Ley 11/2003, de 24 de noviembre, de protección de los animales de la Comunidad Autónoma de Andalucía (*BOE* n.º 303, de 19 de diciembre).

Art. 339: Este artículo figura redactado conforme al texto de la LO 5/2010, de 22 de junio (*BOE* n.º 152, de 23 de junio).

TÍTULO XVII

De los delitos contra la seguridad colectiva

CAPÍTULO PRIMERO

DE LOS DELITOS DE RIESGO CATASTRÓFICO

SECCIÓN 1.ª

*De los delitos relativos a la energía nuclear y a las radiaciones ionizantes**

Art. 341. El que libere energía nuclear o elementos radiactivos que pongan en peligro la vida o la salud de las personas o sus bienes, aunque no se produzca explosión, será sancionado con la pena de prisión de quince a veinte años, e inhabilitación especial para empleo o cargo público, profesión u oficio por tiempo de diez a veinte años.

Art. 342. El que, sin estar comprendido en el artículo anterior, perturbe el funcionamiento de una instalación nuclear o radiactiva, o altere el desarrollo de actividades en las que intervengan materiales o equipos productores de radia-

* V. Ley 25/1964, de 29 de abril (*BOE* n.º 107, de 4 de mayo; corrección de errores en *BOE* n.º 109, de 6 de mayo), sobre Energía Nuclear, modificada por Ley 40/1994, de 30 de diciembre (*BOE* n.º 313, de 31 de diciembre), de Ordenación del Sistema Eléctrico Nacional, por Ley 62/2003, de 30 de diciembre (*BOE* n.º 313, de 31 de diciembre), por Ley 24/2005, de 18 de noviembre (*BOE* n.º 277, de 19 de noviembre), de reformas para el impulso a la productividad; por Ley 12/2011, de 27 de mayo (*BOE* n.º 127, de 28 de mayo), sobre responsabilidad civil por daños nucleares o producidos por materiales reactivos, y por Ley 7/2021, de 20 de mayo (*BOE* n.º 121, de 21 de mayo), de cambio climático y transición energética; y parcialmente derogada por la Disp. Derog. 1.*f)* de este Código, y por la Ley 12/2011, ya indicada; RD 102/2014, de 21 de febrero (*BOE* n.º 58, de 8 de marzo), para la gestión responsable y segura del combustible nuclear gastado y los residuos radiactivos; RD 1.308/2011, de 26 de septiembre (*BOE* n.º 242, de 7 de octubre), sobre protección física de las instalaciones y los materiales nucleares y de las fuentes radiactivas, modificado por RD 1.086/2015, de 4 de diciembre (*BOE* n.º 302, de 18 de diciembre); RD 1.836/1999, de 3 de diciembre (*BOE* n.º 313, de 31 de diciembre; corrección de errores en *BOE* n.º 22, de 26 de enero de 2000, y de erratas en *BOE* n.º 31, de 5 de febrero de 2000), por el que se aprueba el Reglamento sobre instalaciones nucleares y radiactivas, modificado por RD 35/2008, de 18 de enero (*BOE* n.º 42, de 18 de febrero), por RD 102/2014, de 21 de febrero (*BOE* n.º 58, de 8 de marzo), y por RD 177/2015, de 13 de marzo (*BOE* n.º 73, de 26 de marzo), y parcialmente derogado por la Ley 12/2011, ya indicada, y por el RD 1.308/2011, también citado; RD 1.400/2018, de 23 de noviembre (*BOE* n.º 284, de 24 de noviembre; corrección de errores en *BOE* n.º 286, de 27 de noviembre), por el que se aprueba el Reglamento sobre seguridad nuclear en instalaciones

nucleares; Ley 15/1980, de 22 de abril (*BOE* n.º 100, de 25 de abril), de creación del Consejo de Seguridad Nuclear, modificada por Ley 33/2007, de 7 de noviembre (*BOE* n.º 268, de 8 de noviembre); RD 783/2001, de 6 de julio (*BOE* n.º 178, de 26 de julio), por el que se aprueba el Reglamento sobre Protección Sanitaria contra Radiaciones Ionizantes, modificado por RD 1.439/2010, de 5 de noviembre (*BOE* n.º 279, de 18 de noviembre); RD 601/2019, de 18 de octubre (*BOE* n.º 262, de 31 de octubre), sobre justificación y optimización del uso de las radiaciones ionizantes para la protección radiológica de las personas con ocasión de exposiciones médicas; RD 243/2009, de 27 de febrero (*BOE* n.º 80, de 2 de abril), por el que se regula la vigilancia y control de traslados de residuos radiactivos y combustible nuclear gastado entre Estados miembros o procedentes o con destino al exterior de la Comunidad, modificado por RD 102/2014, de 21 de febrero (*BOE* n.º 58, de 8 de marzo); RD 413/1997, de 21 de marzo, sobre protección operacional de los trabajadores externos con riesgo de exposición a radiaciones ionizantes por intervención en zona controlada (*BOE* n.º 91, de 16 de abril); RD 1.976/1999, de 23 de diciembre (*BOE* n.º 311, de 29 de diciembre; corrección de errores en *BOE* n.º 29, de 3 de febrero de 2000), por el que se establecen los criterios de calidad en radiodiagnóstico; RD 451/2020, de 10 de marzo (*BOE* n.º 117, de 27 de abril), sobre control y recuperación de las fuentes radiactivas huérfanas; RD 1.546/2004, de 25 de junio (*BOE* n.º 169, de 14 de julio; corrección de errores en *BOE* n.º 264, de 2 de noviembre), por el que se aprueba el Plan Básico de Emergencia Nuclear, modificado por RD 1.428/2009, de 11 de septiembre (*BOE* n.º 221, de 12 de septiembre); RD 586/2020, de 23 de junio (*BOE* n.º 175, de 24 de junio), relativo a la información obligatoria en caso de emergencia nuclear o radiológica; Orden INT/1.695/2005, de 27 de mayo (*BOE* n.º 137, de 9 de junio), por la que se aprueba el Plan de Emergencia Nuclear del Nivel Central de Respuesta y Apoyo; RD 1.564/2010, de 19 de noviembre (*BOE* n.º 281, de 20 de noviembre), por el que se aprueba la Directriz básica de planificación de protección civil ante el riesgo radiológico; y las Instrucciones del Consejo de Seguridad Nuclear IS-15, versión 1, de 5 de mayo de 2016 (*BOE* n.º 145, de 16 de junio); IS-22, revisión 1, de 15 de noviembre de 2017 (*BOE* n.º 291, de 30 de noviembre), sobre requisitos de seguridad para la gestión del envejecimiento y la operación a largo plazo de centrales nucleares; IS-26, de 16 de junio de 2010 (*BOE* n.º 165, de 8 de julio), sobre requisitos básicos de seguridad nuclear aplicables a las instalaciones nucleares; IS-30, revisión 2, de 16 de noviembre de 2016 (*BOE* n.º 289, de 30 de noviembre), sobre requisitos del programa de protección contra incendios en centrales nucleares; IS-31, de 26 de julio de 2011 (*BOE* n.º 224, de 17 de septiembre), sobre los criterios para el control radiológico de los materiales residuales generados en las instalaciones nucleares; IS-32, de 16 de noviembre de 2011 (*BOE* n.º 292, de 5 de diciembre), sobre Especificaciones Técnicas de Funcionamiento de Centrales Nucleares; IS-34, de 18 de enero de 2012 (*BOE* n.º 30, de 4 de febrero), sobre criterios en relación con las medidas de protección radiológica, comunicación de no conformidades, disponibilidad de personas y medios en emergencias y vigilancia de la carga en el transporte de material radiactivo; IS-36, de 21 de enero de 2015 (*BOE* n.º 41, de 17 de febrero), sobre procedimientos de operación de emergencia y gestión de accidentes severos en centrales nucleares; IS-37, de la misma fecha (*BOE* n.º 49, de 26 de febrero), sobre análisis de accidentes base de diseño en centrales nucleares; IS-39, de 10 de junio de 2015 (*BOE* n.º 160, de 6 de julio), relativa al control y seguimiento de la fabricación de embalajes para el transporte de material radiactivo; IS-41, de 26 de julio de 2016 (*BOE* n.º 224, de 16 de septiembre), por la que se aprueban los requisitos sobre protección física de fuentes radioactivas; IS-43, de 20 de marzo de 2019 (*BOE* n.º 81, de 4 de abril); corrección de errores en *BOE* n.º 156, de 1 de julio), por la que se establecen los criterios de notificación de sucesos relativos a la seguridad física por parte de las centrales nucleares ; e IS-44, de 26 de febrero de 2020 (*BOE* n.º 63, de 12 de

ciones ionizantes, creando una situación de grave peligro para la vida o la salud de las personas, será sancionado con la pena de prisión de cuatro a diez años, e inhabilitación especial para empleo o cargo público, profesión u oficio por tiempo de seis a diez años.

Art. 343. 1. El que mediante el vertido, la emisión o la introducción en el aire, el suelo o las aguas de una cantidad de materiales o de radiaciones ionizantes, o la exposición por cualquier otro medio a dichas radiaciones ponga en peligro la vida, integridad, salud o bienes de una o varias personas, será sancionado con la pena de prisión de seis a doce años e inhabilitación especial para empleo o cargo público, profesión u oficio por tiempo de seis a diez años. La misma pena se impondrá cuando mediante esta conducta se ponga en peligro la calidad del aire, del suelo o de las aguas o a animales o plantas.

2. Cuando con ocasión de la conducta descrita en el apartado anterior se produjere, además del riesgo prevenido, un resultado

---

marzo), sobre requisitos de planificación, preparación y respuesta ante emergencias de las instalaciones nucleares. V., también, la Convención sobre Seguridad Nuclear, hecha en Viena el 20 de septiembre de 1994, firmada por España el 15 de noviembre siguiente y ratificada por Instrumento de 19 de junio de 1995 (*BOE* n.º 236, de 30 de septiembre de 1996; corrección de errores en *BOE* n.º 95, de 21 de abril de 1997); el Acuerdo entre España y la Comisión preparatoria de la Organización del Tratado de prohibición completa de los ensayos nucleares sobre la realización de actividades relacionadas con instalaciones del sistema internacional de vigilancia del Tratado de prohibición completa de los ensayos nucleares, comprendidas las actividades posteriores a la homologación, hecho en Viena el 14 de septiembre de 2000 (*BOE* n.º 285, de 29 de noviembre); la Convención conjunta sobre seguridad en la gestión del combustible gastado y sobre seguridad en la gestión de desechos radiactivos, hecho en Viena el 5 de septiembre de 1997, y ratificado mediante Instrumento de 30 de abril de 1999 (*BOE* n.º 97, de 23 de abril de 2001); el Convenio Internacional para la represión de los actos de terrorismo nuclear, hecho en Nueva York el 15 de abril de 2005, y ratificado por España mediante Instrumento de 29 de enero de 2007 (*BOE* n.º 146, de 19 de junio de 2007), y el RD 1.206/2003, de 19 de septiembre (*BOE* n.º 241, de 8 de octubre), para la aplicación de los compromisos contraídos por el Estado español en el Protocolo adicional al Acuerdo de salvaguardias derivado del Tratado sobre la no proliferación de las armas nucleares, desarrollado por Orden de 21 de julio de 2004 (*BOE* n.º 187, de 4 de agosto), del Ministerio de Industria, Turismo y Comercio; y la LO 1/2020, de 16 de septiembre (*BOE* n.º 248, de 17 de septiembre), sobre la utilización de los datos del Registro de Pasajeros para la prevención, detección, investigación y enjuiciamiento de delitos de terrorismo y delitos graves, modificada por LO 7/2021, de 26 de mayo (*BOE* n.º 126, de 27 de mayo), de protección de datos personales tratados para fines de prevención, detección, investigación y enjuiciamiento de infracciones penales y de ejecución de sanciones penales.

Art. 343: Este artículo figura redactado conforme al texto de la LO 5/2010, de 22 de junio (*BOE* n.º 152, de 23 de junio).

lesivo constitutivo de delito, cualquiera que sea su gravedad, los jueces o tribunales apreciarán tan sólo la infracción más gravemente penada, aplicando la pena en su mitad superior.

3. Cuando de acuerdo con lo establecido en el artículo 31 bis una persona jurídica sea responsable de los delitos recogidos en este artículo, se le impondrá la pena de multa de dos a cinco años.

Atendidas las reglas establecidas en el artículo 66 bis, los jueces y tribunales podrán asimismo imponer las penas recogidas en las letras *b*) a *g*) del apartado 7 del artículo 33.

Art. 344. Los hechos previstos en los artículos anteriores serán sancionados con la pena inferior en grado, en sus respectivos supuestos, cuando se hayan cometido por imprudencia grave.

Art. 345. 1. El que, contraviniendo las leyes u otras disposiciones de carácter general, adquiera, posea, trafique, facilite, trate, transforme, utilice, almacene, transporte o elimine materiales nucleares u otras sustancias radiactivas peligrosas que causen o puedan causar la muerte o lesiones graves a personas, o daños sustanciales a la calidad del aire, la calidad del suelo o la calidad de las aguas o a animales o plantas, será castigado con la pena de prisión de uno a cinco años, multa de seis a dieciocho meses, e inhabilitación especial para profesión u oficio por tiempo de uno a tres años.

2. El que sin la debida autorización produjere tales materiales o sustancias será castigado con la pena superior en grado.

3. Si los hechos a que se refieren los apartados anteriores se hubieran cometido por imprudencia grave, se impondrá la pena inferior en grado a la señalada en los mismos.

SECCIÓN 2.ª

De los estragos

Art. 346. 1. Los que provocando explosiones o utilizando cualquier otro medio de similar potencia destructiva,

---

Art. 345: Este artículo figura redactado conforme al texto de la LO 1/2015, de 30 de marzo (*BOE* n.º 77, de 31 de marzo).

Art. 346: Este artículo fue redactado conforme al texto de la LO 15/2003, de 25 de noviembre (*BOE* n.º 283, de 26 de noviembre; corrección de errores en *BOE* n.º 65, de 16 de marzo, y n.º 80, de 2 de abril, ambos de 2004). Los apartados 1 y 2 figuran redactados conforme al texto de la LO 1/2015, de 30 de marzo (*BOE* n.º 77, de 31 de marzo).

V. art. 13 LPPNA.

causaren la destrucción de aeropuertos, puertos, estaciones, edificios, locales públicos, depósitos que contengan materiales inflamables o explosivos, vías de comunicación, medios de transporte colectivos, o la inmersión o varamiento de nave, inundación, explosión de una mina o instalación industrial, levantamiento de los carriles de una vía férrea, cambio malicioso de las señales empleadas en el servicio de ésta para la seguridad de los medios de transporte, voladura de puente, destrozo de calzada pública, daño a oleoductos, perturbación grave de cualquier clase o medio de comunicación, perturbación o interrupción del suministro de agua, electricidad, hidrocarburos u otro recurso natural fundamental incurrirán en la pena de prisión de diez a veinte años, cuando los estragos comportaran necesariamente un peligro para la vida o integridad de las personas.

2. Cuando no concurriere tal peligro, se castigarán con una pena de cuatro a ocho años de prisión.

3. Si, además del peligro, se hubiere producido lesión para la vida, integridad física o salud de las personas, los hechos se castigarán separadamente con la pena correspondiente al delito cometido.

Art. 347. El que por imprudencia grave provocare un delito de estragos será castigado con la pena de prisión de uno a cuatro años.

SECCIÓN 3.ª

*De otros delitos de riesgo provocados por explosivos y otros agentes**

Art. 348. 1. Los que en la fabricación, manipulación, transporte, tenencia o comercia-

---

* La rúbrica de esta Sección figura redactada conforme al texto de la LO 4/2005, de 10 de octubre (*BOE* n.º 243, de 11 de octubre), de modificación del Código Penal en materia de delitos de riesgo provocados por explosivos.

Art. 348: Este artículo figura redactado conforme al texto de la LO 4/2005, de 10 de octubre (*BOE* n.º 243, de 11 de octubre), de modificación del Código Penal en materia de delitos de riesgo provocados por explosivos. Los apartados 1 y 3 de este artículo figuran redactados conforme al texto de la LO 5/2010, de 22 de junio (*BOE* n.º 152, de 23 de junio). La Exposición de Motivos de la citada LO 4/2005, de 10 de octubre, establecía lo siguiente:

«El Gobierno ha elaborado un conjunto de medidas antiterroristas para impulsar la lucha contra las bandas armadas tanto originarias de nuestro país como aquellas otras organizaciones criminales de ámbito internacional. Frente a la amenaza terrorista se hace preciso introducir mejoras en el ordenamiento sancionador con las que nuestro Estado Social y Democrático de Derecho pueda responder a esta amenaza de forma garantista, legítima y eficaz.

»A tal efecto, la actual reforma trata de reforzar la intervención sancionadora en un ámbito susceptible de mejorar, como es el de la utilización de sustancias explosivas que puedan causar estragos, con el objetivo de elevar el reproche penal del tráfico indebido y el incumplimiento de los deberes relativos a la seguridad colectiva en la tenencia de tan peligrosas sustancias.

»La presente reforma adopta como ineludible punto de partida la necesidad de tutelar la vida y la integridad física de las personas, que encuentran su referente constitucional en los derechos fundamentales del artículo 15 de la Constitución Española, frente a cualesquiera atentados contra la seguridad colectiva, entre otros bienes jurídicos.

»Al dotar al ordenamiento jurídico de nuevas medidas para intensificar el control y la seguridad de los explosivos que pueden causar estragos se pretende evitar que esas bandas armadas puedan apoderarse de ellos de forma ilícita y puedan, así, cometer gravísimos atentados contra la vida y la integridad física de las personas. La potestad sancionadora administrativa se revela como insuficiente para atajar la conducta de quienes estando obligados a ello no observan las medidas de vigilancia y control de los explosivos. Es evidente que las normas penales vigentes no permiten sancionar estas conductas que pueden coadyuvar en ocasiones a que los terroristas puedan disponer de los explosivos con los que cometen sus actos criminales.

»En consecuencia, las mejoras de la legislación penal que ahora se introducen se justifican en la protección de bienes como la vida y la integridad física y, en última instancia, en la protección de la seguridad colectiva frente a infracciones de extremada gravedad realizadas empleando instrumentos explosivos.

»Se introducen, por consiguiente, tres nuevos apartados, numerados como 2, 3 y 4, en el artículo 348 del Código Penal, con los que se trata de endurecer la respuesta sancionadora frente a conductas ilícitas de los responsables de la vigilancia, el control y la utilización de explosivos.

»En primer lugar, se trata ahora de incriminar expresamente la conducta de los sujetos obligados legal o contractualmente a la vigilancia, la custodia y el consumo de sustancias explosivas que puedan causar estragos que contravengan la normativa de explosivos, básicamente el Reglamento de Explosivos, aprobado por el Real Decreto 230/1998, de 16 de febrero, y las disposiciones generales que lo desarrollan. Se requiere, en todo caso, que dicho incumplimiento haya facilitado la efectiva pérdida o sustracción de los explosivos, lo que permite diferenciar esta conducta penalmente relevante del correspondiente ilícito administrativo, que quedará restringido a los casos no comprendidos en la descripción típica, entre otros, la vulneración imprudente del deber de vigilancia o la vulneración dolosa o imprudente de la vigilancia de artefactos pirotécnicos y cartuchería en general.

»En segundo lugar, se castigan determinadas infracciones que, en la práctica, impiden constatadamente un control eficaz de los explosivos, como son las obstaculizaciones a la actividad inspectora de la Administración, la falsedad u ocultación de información relevante en el ámbito de medidas de seguridad y la desobediencia expresa a las órdenes de la Administración que obliguen a subsanar importantes defectos denunciados en materia de seguridad.

»Por otra parte, se aumentan las penas previstas en el apartado 1 del artículo 348 del Código Penal, para equiparar las consecuencias jurídicas de este delito a aquellas con las que se conminan los ilícitos del nuevo apartado 2 del mismo artículo. De este modo, las conductas referidas en ambos apartados se castigan con idéntica pena conjunta de prisión, multa e inhabilitación especial, penas que se impondrán en su mitad superior cuando las conductas se cometan por personas que tengan responsabilidad sobre las empresas o sociedades que manejan y utilizan explosivos. En este último caso, se incluye, como eficaz previsión, la posibilidad de imponer alguna de las consecuencias accesorias del artículo 129 del Código Penal.

»Por su parte, los delitos del nuevo apartado 4 serán castigados con pena de prisión de seis meses a un año, así como con multa e inhabilitación especial de duración inferior a las previstas en los apartados 1 y 2.

»Lógica consecuencia de las anteriores reformas es, por último, la modificación de la rúbrica de la sección 3.ª del capítulo I del título XVII del libro II, que ahora pasa a denominarse "De otros delitos de riesgo provocados por explosivos y otros agentes", con lo que se trata de destacar que en la *ratio legis* o finalidad objetiva que informa la interpretación de estos preceptos cobra relevancia la idea de la peligrosidad de las sustancias explosivas que puedan causar estragos, por cuanto pueden perturbar gravemente la seguridad colectiva y poner en riesgo bienes jurídicos individuales tan esenciales para la convivencia en nuestra sociedad democrática como son la vida o la integridad física.»

V. RD 130/2017, de 24 de febrero (*BOE* n.º 54, de 4 de marzo), por el que se aprueba el Reglamento de Explosivos; RD 1.196/2003, de 19 de septiembre (*BOE* n.º 242, de 9 de octubre), por el que se aprueba la Directriz básica de protección civil para el control y planificación ante el riesgo de accidentes graves en los que intervienen sustancias peligrosas; RD 1.256/2003, de 3 de octubre (*BOE* n.º 243, de 10 de octubre), por el que se determinan las autoridades competentes de la Administración General del Estado en materia de transporte de mercancías peligrosas y se regula la Comisión para la coordinación de dicho transporte; art. 24 de la Ley 15/2009, de 11 de noviembre (*BOE* n.º 273, de 12 de noviembre), del contrato de transporte terrestre de mercancías; RD 412/2001, de 20 de abril (*BOE* n.º 110, de 8 de mayo), por el que se regulan diversos aspectos relacionados con el transporte de mercancías peligrosas por ferrocarril, cuyos Anejos han sido modificados por Orden ITC/254/2007, de 1 de febrero (*BOE* n.º 38, de 13 de febrero); RD 1.749/1984, de 1 de agosto, por el que se aprueba el Reglamento Nacional sobre el Transporte sin Riesgos de Mercancías Peligrosas por Vía Aérea (*BOE* n.ºs 236 a 245, de 2 a 12 de octubre), y Órdenes de 27 de junio de 1997 (*BOE* n.º 164, de 10 de julio; corrección de errores en *BOE* n.º 222, de 16 de septiembre), 29 de mayo de 1998 (*BOE* n.º 141, de 13 de junio), 23 de diciembre de 1999 (*BOE* n.º 15, de 18 de enero de 2000), 4 de diciembre de 2001 (*BOE* n.º 299, de 14 de diciembre), 7 de marzo de 2006 (*BOE* n.º 69, de 22 de marzo), 5 de diciembre de 2011 (*BOE* n.º 313, de 29 de diciembre), y FOM/456/2014, de 13 de marzo (*BOE* n.º 71, de 24 de marzo), del Ministerio de Fomento, por las que se establecen sus Instrucciones Técnicas; RD 1.253/1997, de 24 de julio (*BOE* n.º 198, de 19 de agosto), modificado por RD 701/1999, de 30 de abril (*BOE* n.º 115, de 14 de mayo), por el que se dictan normas sobre condiciones mínimas exigidas a los buques que transporten mercancías peligrosas o contaminantes, con origen o destino en puertos marítimos nacionales, y RD-L 9/2002, de 13 de diciembre (*BOE* n.º 299, de 14 de diciembre), por el que se adoptan medidas para buques tanque que transportan mercancías peligrosas o contaminantes; RD 475/2013, de 21 de junio (*BOE* n.º 162, de 8 de julio), por el que se modifica el Reglamento General de Conductores, en materia de transporte de mercancías peligrosas; RD 97/2014, de 14 de febrero (*BOE* n.º 508, de 27 de febrero), por el que se regulan las operaciones de transporte de mercancías peligrosas por carretera en territorio español; RD 1.566/1999, de 8 de octubre (*BOE* n.º 251, de 20 de octubre), sobre los consejeros de seguridad para el transporte de mercancías peligrosas por carretera, por ferrocarril o por vía navegable, modificado por RD 551/2006, de 5 de mayo (*BOE* n.º 113, de 12 de mayo), y por RD 97/2014, de 14 de febrero (*BOE* n.º 50, de 27 de febrero), y Orden de 11 de enero de 2001 (*BOE* n.º 23, de 26 de enero), que lo desarrolla; Orden de 28 de octubre de 2004 (*BOE* n.º 276, de 16 de noviembre), por la

lización de explosivos, sustancias inflamables o corrosivas, tóxicas y asfixiantes, o cualesquiera otras materias, aparatos o artificios que puedan causar estragos, contravinieran las normas de seguridad establecidas, poniendo en concreto peligro la vida, la integridad física o la salud de las personas, o el medio ambiente, serán castigados con la pena de prisión de seis meses a tres años, multa de doce a veinticuatro meses e inhabilitación especial para empleo o cargo público, profesión u oficio por tiempo de seis a doce años. Las mismas penas se impondrán a quien, de forma ilegal, produzca, importe, exporte, comercialice o utilice sustancias destructoras del ozono.

2. Los responsables de la vigilancia, control y utilización de explosivos que puedan causar estragos que, contraviniendo la normativa en materia de explosivos, hayan facilitado su efectiva pérdida o sustracción serán castigados con las penas de prisión de seis meses a tres años, multa de doce a veinticuatro meses e inhabilitación especial para empleo o cargo público, profesión u oficio de seis a doce años.

3. En los supuestos recogidos en los apartados anteriores, cuando de los hechos fuera responsable una persona jurídica

---

que se publican las fichas de intervención para la actuación de los servicios operativos en situaciones de emergencia provocadas por accidentes en el transporte de mercancías peligrosas por carretera y ferrocarril; Resolución de 21 de noviembre de 2005 (*BOE* n.º 286, de 30 de noviembre), de la Dirección General de Transportes por Carretera, sobre la inspección y control por riesgos inherentes al transporte de mercancías peligrosas por carretera; RD 1.254/1999, de 16 de julio (*BOE* n.º 172, de 20 de julio; corrección de errores en *BOE* n.º 264, de 4 de noviembre), por el que se aprueban medidas de control de los riesgos inherentes a los accidentes graves los que intervengan sustancias peligrosas, modificado por RD 119/2005, de 4 de febrero (*BOE* n.º 36, de 11 de febrero), y parcialmente anulado por STS (Sala 3.ª) de 20 de enero de 2009 (*BOE* n.º 67, de 19 de marzo); RD 255/2003, de 28 de febrero (*BOE* n.º 54, de 4 de marzo; corrección de errores en *BOE* n.º 56, de 5 de marzo) [modificado por RD 717/2010, de 28 de mayo (*BOE* n.º 139, de 8 de junio)], por el que se aprueba el Reglamento sobre clasificación, envasado y etiquetado de preparados peligrosos, cuyo Anexo VI ha sido modificado por Orden PRE/1.648/2007, de 7 de junio (*BOE* n.º 138, de 9 de junio), y por Orden PRE/2.056/2013, de 7 de noviembre (*BOE* n.º 268, de 8 de noviembre); y RD 1.070/2012, de 13 de julio (*BOE* n.º 190, de 9 de agosto), por el que se aprueba el Plan estatal de protección civil ante el riesgo químico. Véase también el Acuerdo europeo sobre transporte internacional de mercancías peligrosas por carretera, hecho en Ginebra el 30 de septiembre de 1957, cuyo texto refundido se publicó en *BOE* n.º 138, de 10 de junio de 1997; y las enmiendas a sus anejos A y B en el *BOE* n.º 300, de 16 de diciembre de 1998 (corrección de errores en *BOE* n.º 120, de 20 de mayo de 1999), en *BOE* de 4 de agosto de 2003, y en *BOE* n.º 18, de 21 de enero de 2005.

de acuerdo con lo establecido en el artículo 31 bis de este Código, se le impondrá la pena de multa de uno a tres años, salvo que, acreditado el perjuicio producido, su importe fuera mayor, en cuyo caso la multa será del doble al cuádruple del montante de dicho perjuicio.

Atendidas las reglas establecidas en el artículo 66 bis, los jueces y tribunales podrán asimismo imponer las penas recogidas en las letras *b*) a *g*) del apartado 7 del artículo 33.

Las penas establecidas en los apartados anteriores se impondrán en su mitad superior cuando se trate de los directores, administradores o encargados de la sociedad, empresa, organización o explotación.

4. Serán castigados con las penas de prisión de seis meses a un año, multa de seis a doce meses e inhabilitación especial para empleo o cargo público, profesión u oficio por tiempo de tres a seis años los responsables de las fábricas, talleres, medios de transporte, depósitos y demás establecimientos relativos a explosivos que puedan causar estragos, cuando incurran en alguna o algunas de las siguientes conductas:

a) Obstaculizar la actividad inspectora de la Administración en materia de seguridad de explosivos.

b) Falsear u ocultar a la Administración información relevante sobre el cumplimiento de las medidas de seguridad obligatorias relativas a explosivos.

c) Desobedecer las órdenes expresas de la Administración encaminadas a subsanar las anomalías graves detectadas en materia de seguridad de explosivos.

Art. 349. Los que en la manipulación, transporte o tenen-

Art. 349: V. Ley 43/2002, de 20 de noviembre (*BOE* n.º 279, de 21 de noviembre) de sanidad vegetal, modificada por Ley 62/2003, de 30 de diciembre (*BOE* n.º 313, de 31 de diciembre); Ley 9/2003, de 25 de abril (*BOE* n.º 100, de 26 de abril), por la que se establece el régimen jurídico de la utilización confinada, liberación voluntaria y comercialización de organismos modificados genéticamente, modificada por Ley 11/2020, de 30 de diciembre (*BOE* n.º 341, de 31 de diciembre), de Presupuestos Generales del Estado para el año 2021; DA 7.ª del RD-L 8/2020, de 17 de marzo (*BOE* n.º 73, de 18 de marzo), modificada por la DF 1.ª, apartado 15, del RD-L 11/2020, de 31 de marzo (*BOE* n.º 91, de 1 de abril; corrección de errores en *BOE* n.º 99, de 9 de abril); RD 401/1996, de 1 de marzo (*BOE* n.º 68, de 19 de marzo), por el que se establecen las condiciones para la introducción en el territorio nacional de determinados organismos nocivos, vegetales, productos vegetales y otros objetos, con fines de ensayo, científicos y para la actividad de selección de variedades; y RD 58/2005, de 21 de enero (*BOE* n.º 19, de 22 de enero), por el que se adoptan medidas de protección contra la introducción y difusión en el territorio nacional y de la Comunidad Europea de organismos nocivos para los vegetales o productos vegetales, así como para la ex-

cia de organismos contravinieren las normas o medidas de seguridad establecidas, poniendo en concreto peligro la vida, la integridad física o la salud de las personas, o el medio ambiente, serán castigados con las penas de prisión de seis meses a dos años, multa de seis a doce meses, e inhabilitación especial para el empleo o cargo público, profesión u oficio por tiempo de tres a seis años.

Art. 350. Sin perjuicio de lo dispuesto en el artículo 316, incurrirán en las penas previstas en el artículo anterior los que en la apertura de pozos o excavaciones, en la construcción o demolición de edificios, presas, canalizaciones u obras análogas o, en su conservación, acondicionamiento o mantenimiento infrinjan las normas de seguridad establecidas cuya inobservancia pueda ocasionar resultados catastróficos, y pongan en concreto peligro la vida, la integridad física de las personas o el medio ambiente.

CAPÍTULO II

DE LOS INCENDIOS

SECCIÓN 1.ª

De los delitos de incendio

Art. 351. Los que provocaren un incendio que comporte un peligro para la vida o integridad física de las personas, serán castigados con la pena de prisión de diez a veinte años. Los jueces o tribunales podrán imponer la pena inferior en grado atendidas la menor entidad del

---

portación y tránsito hacia países terceros, modificado por RD 471/2006, de 21 de abril (*BOE* n.º 112, de 11 de mayo), y cuyos Anexos han sido modificados por Órdenes de 18 de febrero (*BOE* n.º 49, de 26 de febrero), 16 de marzo (*BOE* n.º 66, de 18 de marzo), 17 de mayo (*BOE* n.º 122, de 23 de mayo; corrección de errores en *BOE* n.º 143, de 16 de junio) de 2005, 10 de marzo (*BOE* n.º 64, de 16 de marzo) y 26 de abril de 2006 (*BOE* n.º 101, de 28 de abril), del Ministerio de Agricultura, Pesca y Alimentación; y por Órdenes ARM/183/2009, de 4 de febrero (*BOE* n.º 33, de 7 de febrero), y ARM/3.196/2009, de 26 de noviembre (*BOE* n.º 287, de 28 de noviembre), del Ministerio de Medio Ambiente, y Medio Rural y Marino.

Art. 350: V. RD 863/1985, de 2 de abril (*BOE* n.º 140, de 12 de junio; corrección de errores en *BOE* n.º 302, de 18 de diciembre), por el que se aprueba el Reglamento General de normas básicas de seguridad minera; y la Orden de 12 de marzo de 1996 (*BOE* de 30 de marzo de 1996), por la que se aprueba el Reglamento Técnico sobre seguridad de presas y embalses.

Art. 351: El segundo párrafo de este artículo fue introducido por LO 7/2000, de 22 de diciembre (*BOE* n.º 307, de 23 de diciembre), cuya Exposición de Motivos, en lo que a este precepto se refiere, está parcialmente reproducida en nota al art. 577 de este mismo Código.

peligro causado y las demás circunstancias del hecho.

Cuando no concurra tal peligro para la vida o integridad física de las personas, los hechos se castigarán como daños previstos en el artículo 266 de este Código.

SECCIÓN 2.ª

*De los incendios forestales**

Art. 352. Los que incendiaren montes o masas forestales, serán castigados con las penas de prisión de uno a cinco años y multa de doce a dieciocho meses.

Si ha existido peligro para la vida o integridad física de las personas, se castigará el hecho conforme a lo dispuesto en el artículo 351, imponiéndose, en todo caso, la pena de multa de doce a veinticuatro meses.

Art. 353. 1. Los hechos a que se refiere el artículo anterior serán castigados con una pena de prisión de tres a seis

* V. Ley 43/2003, de 21 de noviembre (*BOE* n.º 280, de 22 de noviembre), de Montes, modificada por Ley 10/2006, de 28 de abril (*BOE* n.º 102, de 29 de abril), por Ley 21/2015, de 20 de julio (*BOE* n.º 173, de 21 de julio), y por Ley 7/2021, de 20 de mayo (*BOE* n.º 121, de 21 de mayo), de cambio climático y transición energética; arts. 131 a 147 del Reglamento de la Ley de Incendios Forestales, aprobado por Decreto 3.769/1972, de 23 de diciembre (*BOE* n.º 38, de 13 de febrero de 1973; corrección de errores en *BOE* n.º 69, de 21 de marzo); RD 938/1987, de 26 de junio, por el que se regula el pago de indemnizaciones por gastos derivados de la extinción de incendios forestales (*BOE* n.º 173, de 21 de julio); Orden PCM/641/2021, de 21 de junio (*BOE* n.º 149, de 23 de junio), por la que se fijan las indemnizaciones que correspondan a las personas que sufran accidentes al colaborar en los trabajos de extinción de incendios forestales; RD 893/2013, de 15 de noviembre (*BOE* n.º 293, de 7 de diciembre), por el que se aprueba la Directriz básica de planificación de protección civil de emergencia por incendios forestales; Resolución de 31 de octubre de 2014 (*BOE* n.º 270, de 7 de noviembre; corrección de errores en *BOE* n.º 20, de 23 de enero de 2015), de la Subsecretaría del Ministerio del Interior, por la que se publica el Acuerdo del Consejo de Ministros de 24 de octubre de 2014, por el que se aprueba el Plan Estatal de Protección Civil para Emergencias por Incendios Forestales; Ley 5/2004, de 24 de junio (*BOE* n.º 172, de 17 de julio), de la Comunidad Autónoma de Extremadura, de prevención y lucha contra los incendios forestales, modificada por Ley 4/2017, de 16 de mayo (*BOE* n.º 135, de 7 de junio); Ley 3/2004, de 23 de noviembre (*BOE* n.º 7, de 8 de enero de 2005, corrección de errores en *BOE* n.º 21, de 25 de enero), de montes y ordenación forestal de la Comunidad Autónoma del Principado de Asturias, modificada por Ley 6/2010, de 29 de octubre (*BOPA* n.º 260, de 10 de noviembre), y por Ley 2/2017, de 24 de marzo (*BOE* n.º 95, de 21 de abril); Ley 15/2006, de 28 de diciembre (*BOE* n.º 44, de 20 de febrero de 2007), de Montes de Aragón, modificada por Ley 3/2014, de 29 de mayo (*BOE* n.º 156, de 27 de junio); Ley 3/2007, de 9 de abril (*BOE* n.º 119, de 18 de mayo; corrección de errores en *BOE* n.º 137, de 8 de junio), de prevención y defensa contra los incendios forestales de Galicia; Ley 7/2012, de 28 de junio (*BOE* n.º 217, de 8 de septiembre), de Montes de Galicia, modificada por Ley 5/2019,

años y multa de dieciocho a veinticuatro meses cuando el incendio alcance especial gravedad, atendida la concurrencia de alguna de las circunstancias siguientes:

1.ª Que afecte a una superficie de considerable importancia.

2.ª Que se deriven grandes o graves efectos erosivos en los suelos.

3.ª Que altere significativamente las condiciones de vida animal o vegetal, o afecte a algún espacio natural protegido.

4.ª Que el incendio afecte a zonas próximas a núcleos de población o a lugares habitados.

5.ª Que el incendio sea provocado en un momento en el que las condiciones climatológicas o del terreno incrementen de forma relevante el riesgo de propagación del mismo.

6.ª En todo caso, cuando se ocasione grave deterioro o destrucción de los recursos afectados.

2. Se impondrá la misma pena cuando el autor actúe para obtener un beneficio económico con los efectos derivados del incendio.

Art. 354. 1. El que prendiere fuego a montes o masas forestales sin que llegue a propagarse el incendio de los mismos, será castigado con la pena de prisión de seis meses a un año y multa de seis a doce meses.

2. La conducta prevista en el apartado anterior quedará exenta de pena si el incendio no se propaga por la acción voluntaria y positiva de su autor.

Art. 355. En todos los casos previstos en esta sección, los jueces o tribunales podrán acordar que la calificación del suelo en las zonas afectadas por un incendio forestal no pueda modificarse en un plazo de hasta treinta años. Igualmente podrán acordar que se limiten o supriman los usos que se vinieran llevando a cabo en las zonas afectadas por el incendio, así como la intervención administrativa de la madera quemada procedente del incendio.

SECCIÓN 3.ª

De los incendios en zonas no forestales

Art. 356. El que incendiare zonas de vegetación no foresta-

---

de 2 de agosto (*BOE* n.º 229, de 24 de septiembre); Ley 3/2008, de 12 de junio (*BOE* n.º 193, de 11 de agosto), de Montes y Gestión Forestal Sostenible de Castilla-La Mancha; y Ley 3/2009, de 6 de abril (*BOE* n.º 113, de 9 de mayo), de montes de Castilla y León. V., también, art. 1.2.*e)* LOTJ.

Art. 353: Este artículo figura redactado conforme al texto de la LO 1/2015, de 30 de marzo (*BOE* n.º 77, de 31 de marzo).

les perjudicando gravemente el medio natural, será castigado con la pena de prisión de seis meses a dos años y multa de seis a veinticuatro meses.

SECCIÓN 4.ª

De los incendios en bienes propios

Art. 357. El incendiario de bienes propios será castigado con la pena de prisión de uno a cuatro años si tuviere propósito de defraudar o perjudicar a terceros, hubiere causado defraudación o perjuicio, existiere peligro de propagación a edificio, arbolado o plantío ajeno o hubiere perjudicado gravemente las condiciones de la vida silvestre, los bosques o los espacios naturales.

SECCIÓN 5.ª

*Disposiciones comunes**

Art. 358. El que por imprudencia grave provocare alguno de los delitos de incendio penados en las secciones anteriores, será castigado con la pena inferior en grado, a las respectivamente previstas para cada supuesto.

Art. 358 bis. Lo dispuesto en los artículos 338 a 340 será también aplicable a los delitos regulados en este capítulo.

CAPÍTULO III

DE LOS DELITOS CONTRA LA SALUD PÚBLICA**

Art. 359. El que, sin hallarse debidamente autorizado, ela-

* Esta rúbrica ha sido redactada conforme al texto de la LO 1/2015, de 30 de marzo (*BOE* n.º 77, de 31 de marzo).

Art. 358: V. RD 2.267/2004, de 3 de diciembre (*BOE* n.º 303, de 17 de diciembre; corrección de errores y erratas en *BOE* n.º 55, de 5 de marzo de 2005), por el que se aprueba el Reglamento de seguridad contra incendios en los establecimientos industriales; y RD 513/2017, de 22 de mayo (*BOE* n.º 139, de 12 de junio), por el que se aprueba el Reglamento de instalaciones de protección contra incendios.

Art. 358 bis: Este artículo ha sido añadido por la LO 1/2015, de 30 de marzo (*BOE* n.º 77, de 31 de marzo).

** V. art. 43 CE; Ley 33/2011, de 4 de octubre (*BOE* n.º 240, de 5 de octubre), General de salud pública; art. 75 de la Ley de Ordenación de la Emigración, aprobada por Decreto 1.000/1962, de 3 de mayo (*BOE* n.º 116, de 15 de mayo); RD 1.945/1983, de 22 de junio, por el que se regulan las infracciones y sanciones en materia de Defensa del Consumidor y de la Producción Agro-Alimentaria (*BOE* n.º 178, de 15 de julio; corrección de errores en *BOE* n.ºs 250 y 259, de 19 y 29 de octubre); RDL 1/2007, de 16 de noviembre (*BOE* n.º 287, de 30 de noviembre), por el que se aprueba el texto refundido de la Ley General para la Defensa de los Consumidores y Usuarios y otras

bore sustancias nocivas para la salud o productos químicos que puedan causar estragos, o los despache o suministre, o comercie con ellos, será castigado con la pena de prisión de seis meses a tres años y multa de seis a doce meses, e inhabilitación especial para profesión o industria por tiempo de seis meses a dos años.

---

leyes complementarias, modificado por Ley 3/2014, de 27 de marzo (*BOE* n.º 76, de 28 de marzo; corrección de errores en *BOE* n.º 117, de 14 de mayo), por RD-L 23/2018, de 21 de diciembre (*BOE* n.º 312, de 27 de diciembre), de transposición de directivas en materia de marcas, transporte ferroviario y viajes combinados y servicios de viaje vinculados, por Ley 5/2019, de 15 de marzo (*BOE* n.º 65, de 16 de marzo), reguladora de los contratos de crédito inmobiliario, y por RD-L 37/2020, de 22 de diciembre (*BOE* n.º 334, de 23 de diciembre); art. 32 de la Ley 14/1986, de 25 de abril, General de Sanidad (*BOE* n.º 102, de 29 de abril), modificada por Ley 62/2003, de 30 de diciembre (*BOE* n.º 313, de 31 de diciembre), por Ley Orgánica 3/2007, de 22 de marzo (*BOE* n.º 71, de 23 de marzo), para la igualdad efectiva de mujeres y hombres, por Ley 33/2011, de 4 de octubre (*BOE* n.º 249, de 5 de octubre), por Ley 3/2014, de 27 de marzo (*BOE* n.º 76, de 28 de marzo; corrección de errores en *BOE* n.º 117, de 14 de mayo), y por LO 3/2018, de 5 de diciembre, de Protección de Datos Personales y garantía de los derechos digitales (*BOE* n.º 294, de 6 de diciembre); RD 820/1990, de 22 de junio, por el que se prohíbe la fabricación y comercialización de los modelos de apariencia engañosa que pongan en peligro la salud o seguridad de los consumidores (*BOE* n.º 153, de 27 de junio); RD 1.801/2003, de 26 de diciembre (*BOE* n.º 9, de 10 de enero de 2004), sobre seguridad general de los productos; Ley 9/2003, de 25 de abril (*BOE* n.º 100, de 26 de abril), por la que se establece el régimen jurídico de la utilización confinada, liberación voluntaria y comercialización de organismos modificados genéticamente, a fin de prevenir los riesgos para la salud humana y el medio ambiente; Ley 11/2001, de 5 de julio (*BOE* n.º 161, de 6 de julio), por la que se crea la Agencia Española de Seguridad Alimentaria, modificada por Ley 44/2006, de 29 de diciembre (*BOE* n.º 312, de 30 de diciembre), de mejora de la protección de los consumidores y usuarios; RD 709/2002, de 19 de julio (*BOE* n.º 178, de 26 de julio), por el que se aprueba el Estatuto de la Agencia Española de Seguridad Alimentaria, y Ley 20/2002, de 5 de julio (*BOE* n.º 181, de 30 de julio), de la Comunidad Autónoma de Cataluña, de Seguridad Alimentaria.

De acuerdo con el art. 65.1.º*d)* LOPJ, la Audiencia Nacional conocerá del enjuiciamiento, salvo que corresponda en primera instancia a los Juzgados Centrales de lo Penal, de los delitos de «tráfico de drogas o estupefacientes, fraudes alimenticios y de sustancias farmacéuticas o medicinales, siempre que sean cometidos por bandas o grupos organizados y produzcan efectos en lugares pertenecientes a distintas Audiencias.»

Art. 359: Téngase presente el Código Alimentario Español aprobado por Decreto 2.484/1967, de 21 de septiembre (*BOE* n.os 248 a 253, de 17 a 23 de octubre), y desarrollado o modificado por los RRDD 106/1985, de 23 de de enero), 841/1985, de 25 de mayo, 842/1985, de 25 de mayo (*BOE* n.º 136, de 7 de junio), y 1.086/2020, de 9 de diciembre (*BOE* n.º 322, de 10 de diciembre); y el Decreto 2.519/1974, de 9 de agosto, sobre entrada en vigor, aplicación y desarrollo del Código Alimentario Español (*BOE* n.º 220, de 13 de septiembre; corrección de errores en *BOE* n.º 242, de 9 de octubre).

Art. 360. El que, hallándose autorizado para el tráfico de las sustancias o productos a que se refiere el artículo anterior, los despache o suministre sin cumplir con las formalidades previs-

---

Art. 360: V. RD 782/2013, de 11 de octubre (*BOE* n.º 251, de 19 de octubre), sobre distribución de medicamentos de uso humano; RD 870/2013, de 8 de noviembre (*BOE* n.º 269, de 9 de noviembre), por el que se regula la venta a distancia al público, a través de sitios web, de medicamentos de uso humano no sujetos a prescripción médica; y RD 477/2014, de 13 de junio (*BOE* n.º 144, de 14 de junio), por el que se regula la autorización de medicamentos de terapia avanzada de fabricación no industrial. V., también, Orden de 1 de febrero de 1977 por la que se regulan los servicios farmacéuticos de hospitales (*BOE* n.º 43, de 19 de febrero); RD 1.718/2010, de 17 de diciembre (*BOE* n.º 17, de 20 de enero de 2011), sobre receta médica y órdenes de dispensación, modificado por RD 954/2015, de 23 de octubre (*BOE* n.º 306, de 23 de diciembre); RD 726/1982, de 17 de marzo, sobre caducidad y devolución de especialidades farmacéuticas; RD 1.910/1984, de 26 de septiembre, de receta médica (*BOE* n.º 259, de 29 de octubre); RD 824/2010, de 25 de junio (*BOE* n.º 165, de 8 de julio), por el que se regulan los laboratorios farmacéuticos, los fabricantes de principios activos de uso farmacéutico y el comercio exterior de medicamentos y medicamentos en investigación, modificado por RD 782/ 2013, de 11 de octubre (*BOE* n.º 251, de 19 de octubre); y Orden de 30 de abril de 1986 (*BOE* n.º 106, de 3 de mayo; corrección de errores en *BOE* n.º 122, de 22 de mayo). V., también, arts. 95 ss. Ley 14/1986, de 25 de abril, General de Sanidad (*BOE* n.º 102, de 29 de abril), modificada por Ley 62/2003, de 30 de diciembre (*BOE* n.º 313, de 31 de diciembre), por LO 3/2007, de 22 de marzo (*BOE* n.º 71, de 23 de marzo), por Ley 33/2011, de 4 de octubre (*BOE* n.º 240, de 5 de octubre), por Ley 10/2013, de 24 de julio (*BOE* n.º 177, de 25 de julio), y por LO 3/2018, de 5 de diciembre, de Protección de Datos Personales y garantía de los derechos digitales (*BOE* n.º 294, de 6 de diciembre); Ley 29/2006, de 26 de julio (*BOE* n.º 178, de 27 de julio; corrección de errores en *BOE* n.º 100, de 25 de abril de 2008), de garantías y uso racional de los medicamentos y productos sanitarios, modificada por Ley 10/2013, de 24 de julio (*BOE* n.º 177, de 25 de julio), por RD-L 7/2020, de 12 de marzo (*BOE* n.º 65, de 13 de marzo), y por Ley 11/2020, de 30 de diciembre (*BOE* n.º 341, de 31 de diciembre), de Presupuestos Generales del Estado para el año 2021; RDL 1/2015, de 24 de julio (*BOE* n.º 177, de 25 de julio; corrección de errores en *BOE* n.º 306, de 23 de diciembre), por el que se aprueba el texto refundido de la Ley de garantías y uso racional de los medicamentos y productos sanitarios, modificado por RD-L 7/2020, de 12 de marzo (*BOE* n.º 65, de 13 de marzo), por RD-L 21/2020, de 9 de junio (*BOE* n.º 163, de 10 de junio) y por Ley 2/2021, de 29 de marzo (*BOE* n.º 76, de 30 de marzo), de medidas urgentes de prevención, contención y coordinación para hacer frente a la crisis sanitaria ocasionada por el COVID-19; RD 1.345/2007, de 11 de octubre (*BOE* n.º 267, de 7 de noviembre), por el que se regula el procedimiento de autorización, registro y condiciones de dispensación de los medicamentos de uso humano fabricados industrialmente, modificado por RD 1.091/2010, de 3 de septiembre (*BOE* n.º 247, de 12 de octubre), y por RD 686/2013, de 16 de septiembre (*BOE* n.º 223, de 17 de septiembre); RD 2.236/1993, de 17 de diciembre, por el que se regula el etiquetado y el prospecto de los medicamentos de uso humano (*BOE* n.º 42, de 18 de febrero de 1994); RD 954/2015, de 23 de octubre (*BOE* n.º 306, de 23 de diciembre), por el que se regula la indicación, uso y autorización de dispensación de medicamentos y productos sanitarios de uso humano por parte de los enfermeros, modificado por RD 1.302/2018, de 22 de octubre (*BOE* n.º 256, de 23 de octubre); Orden de 23 de mayo de 1994 sobre modelos oficiales de receta médica para la prestación farmacéutica del Sistema Nacional de Salud (*BOE* n.º 129, de 31 de mayo); RD 1.416/1994, de

tas en las Leyes y Reglamentos respectivos, será castigado con la pena de multa de seis a doce meses e inhabilitación para la profesión u oficio de seis meses a dos años.

Art. 361. El que fabrique, importe, exporte, suministre, intermedie, comercialice, ofrezca o ponga en el mercado, o almacene con estas finalidades, medicamentos, incluidos los de uso humano y veterinario, así como los medicamentos en investigación, que carezcan de la necesaria autorización exigida por la ley, o productos sanitarios que no dispongan de los documentos de conformidad exigidos por las disposiciones de carácter general, o que estuvieran deteriorados, caducados o incumplieran las exigencias técnicas relativas a su composición, estabilidad y eficacia, y con ello se genere un

---

25 de junio (*BOE* n.º 180, de 29 de julio) [modificado por RD 109/2010, de 5 de febrero (*BOE* n.º 44, de 19 de febrero), y por RD 954/2015, de 23 de octubre (*BOE* n.º 306, de 23 de diciembre)], por el que se regula la publicidad de los medicamentos de uso humano; RD 414/1996, de 1 de marzo, por el que se regulan los productos sanitarios, modificado por RD 2.727/1998, de 18 de diciembre (*BOE* n.º 10, de 12 de enero de 1999), y RD 710/2002, de 19 de julio (*BOE* n.º 173, de 20 de julio); RD 1.275/2011, de 16 de septiembre (*BOE* n.º 229, de 23 de septiembre), por el que se crea la Agencia estatal «Agencia Española de Medicamentos y Productos Sanitarios», y se aprueba su Estatuto, modificado por RD 957/2020, de 3 de noviembre (*BOE* n.º 310, de 26 de noviembre), por el que se regulan los estudios observacionales con medicamentos de uso humano; RD 1.785/2000, de 27 de octubre (*BOE* n.º 259, de 28 de octubre), sobre la circulación intracomunitaria de medicamentos de uso humano, modificado por RD 11/2005, de 14 de enero (*BOE* n.º 24, de 28 de enero); RD 175/2001, de 23 de febrero (*BOE* n.º 65, de 16 de marzo), por el que se aprueban las normas de correcta elaboración y control de calidad de fórmulas magistrales y preparados oficinales, modificado por RD 905/2003, de 11 de julio (*BOE* n.º 166, de 12 de julio); RD 577/2013, de 26 de julio (*BOE* n.º 179, de 27 de julio), por el que se regula la farmacovigilancia de medicamentos de uso humano, modificado por RD 957/2020, de 3 de noviembre (*BOE* n.º 310, de 26 de noviembre), por el que se regulan los estudios observacionales con medicamentos de uso humano; RD 618/2007, de 11 de mayo (*BOE* n.º 114, de 12 de mayo), por el que se regula el procedimiento para el establecimiento, mediante visado, de reservas singulares a las condiciones de prescripción y dispensación de los medicamentos; Orden de 14 de febrero de 1997 por la que se establecen determinados requisitos en la prescripción y dispensación de fórmulas magistrales y preparados oficinales para tratamientos peculiares (*BOE* n.º 49, de 26 de febrero), Orden SCO/190/2004, de 28 de enero (*BOE* n.º 32, de 6 de febrero), por la que se establece la lista de plantas cuya venta al público queda prohibida o restringida por razón de su toxicidad; Orden SSI/23/2015, de 15 de enero (*BOE* n.º 18, de 21 de enero), por la que se aprueba la quinta edición de la Real Farmacopea Española; y Orden de 7 de octubre de 2004 (*BOE* n.º 266, de 4 de noviembre), por la que se establece el documento oficial de control sanitario de mercancías destinadas a uso y consumo humano.

Art. 361: Este artículo figura redactado conforme al texto de la LO 1/2015, de 30 de marzo (*BOE* n.º 77, de 31 de marzo).

V. nota al artículo anterior.

riesgo para la vida o la salud de las personas, será castigado con una pena de prisión de seis meses a tres años, multa de seis a doce meses e inhabilitación especial para profesión u oficio de seis meses a tres años.

Art. 361 bis. La distribución o difusión pública a través de Internet, del teléfono o de cualquier otra tecnología de la información o de la comunicación de contenidos específicamente destinados a promover o facilitar, entre personas menores de edad o personas con discapacidad necesitadas de especial protección, el consumo de productos, preparados o sustancias o la utilización de técnicas de ingestión o eliminación de productos alimenticios cuyo uso sea susceptible de generar riesgo para la salud de las personas será castigado con la pena de multa de seis a doce meses o pena de prisión de uno a tres años. Las autoridades judiciales ordenarán la adopción de las medidas necesarias para la retirada de los contenidos a los que se refiere el párrafo anterior, para la interrupción de los servicios que ofrezcan predominantemente dichos contenidos o para el bloqueo de unos y otros cuando radiquen en el extranjero.

Art. 362. 1. Será castigado con una pena de prisión de seis meses a cuatro años, multa de seis a dieciocho meses e inhabilitación especial para profesión u oficio de uno a tres años, el que elabore o produzca,

a) un medicamento, incluidos los de uso humano y veterinario, así como los medicamentos en investigación; o una sustancia activa o un excipiente de dicho medicamento;

b) un producto sanitario, así como los accesorios, elementos o materiales que sean esenciales para su integridad;

de modo que se presente engañosamente: su identidad, incluidos, en su caso, el envase y etiquetado, la fecha de caducidad, el nombre o composición de cualquiera de sus componentes, o, en su caso, la dosificación de los mismos; su origen, incluidos el fabricante, el país de fabricación, el país de origen y el titular de la autorización de comercialización o de los documentos de conformidad; datos relativos al cumplimiento de requisitos o exigencias legales, licencias, documentos de conformidad o autorizaciones; o su historial, incluidos los registros y documentos relativos a los canales de distribución emplea-

---

Art. 361 bis: Este artículo ha sido introducido por la LO 8/2021, de 4 de junio (*BOE* n.º 132, de 5 de junio), de protección integral a la infancia y la adolescencia frente a la violencia.

dos, siempre que estuvieran destinados al consumo público o al uso por terceras personas, y generen un riesgo para la vida o la salud de las personas.

2. Las mismas penas se impondrán a quien altere, al fabricarlo o elaborarlo o en un momento posterior, la cantidad, la dosis, la caducidad o la composición genuina, según lo autorizado o declarado, de cualquiera de los medicamentos, sustancias, excipientes, productos sanitarios, accesorios, elementos o materiales mencionados en el apartado anterior, de un modo que reduzca su seguridad, eficacia o calidad, generando un riesgo para la vida o la salud de las personas.

Art. 362 bis. Será castigado con una pena de prisión de seis meses a cuatro años, multa de seis a dieciocho meses e inhabilitación especial para profesión u oficio de uno a tres años, el que, con conocimiento de su falsificación o alteración, importe, exporte, anuncie o haga publicidad, ofrezca, exhiba, venda, facilite, expenda, despache, envase, suministre, incluyendo la intermediación, trafique, distribuya o ponga en el mercado, cualquiera de los medicamentos, sustancias activas, excipientes, productos sanitarios, accesorios, elementos o materiales a que se refiere el artículo anterior, y con ello genere un riesgo para la vida o la salud de las personas.

Las mismas penas se impondrán a quien los adquiera o tenga en depósito con la finalidad de destinarlos al consumo público, al uso por terceras personas o a cualquier otro uso que pueda afectar a la salud pública.

Art. 362 ter. El que elabore cualquier documento falso o de contenido mendaz referido a cualquiera de los medicamentos, sustancias activas, excipientes, productos sanitarios, accesorios, elementos o materiales a que se refiere el apartado 1 del artículo 362, incluidos su envase, etiquetado y modo de empleo, para cometer o facilitar la comisión de uno de los delitos del artículo 362, será castigado

---

Art. 362: Este artículo figura redactado conforme al texto de la LO 1/2015, de 30 de marzo (*BOE* n.º 77, de 31 de marzo).

V. nota al art. 360.

Art. 362 bis: Este artículo ha sido añadido por la LO 1/2015, de 30 de marzo (*BOE* n.º 77, de 31 de marzo). V. RD 1.907/1996, de 2 de agosto, sobre publicidad y promoción comercial de productos, actividades o servicios con pretendida finalidad sanitaria (*BOE* n.º 189, de 6 de agosto).

Art. 362 ter: Este artículo ha sido añadido por la LO 1/2015, de 30 de marzo (*BOE* n.º 77, de 31 de marzo).

con la pena de seis meses a dos años de prisión, multa de seis a doce meses e inhabilitación especial para profesión u oficio de seis meses a dos años.

Art. 362 quáter. Se impondrán las penas superiores en grado a las señaladas en los artículos 361, 362, 362 bis o 362 ter, cuando el delito se perpetre concurriendo alguna de las circunstancias siguientes:

1.ª Que el culpable fuere autoridad, funcionario público, facultativo, profesional sanitario, docente, educador, entrenador físico o deportivo, y obrase en el ejercicio de su cargo, profesión u oficio.

2.ª Que los medicamentos, sustancias activas, excipientes, productos sanitarios, accesorios, elementos o materiales referidos en el artículo 362:

a) se hubieran ofrecido a través de medios de difusión a gran escala; o

b) se hubieran ofrecido o facilitado a menores de edad, personas con discapacidad necesitadas de especial protección, o personas especialmente vulnerables en relación con el producto facilitado.

3.ª Que el culpable perteneciera a una organización o grupo criminal que tuviera como finalidad la comisión de este tipo de delitos.

4.ª Que los hechos fuesen realizados en establecimientos abiertos al público por los responsables o empleados de los mismos.

Art. 362 quinquies. 1. Los que, sin justificación terapéutica, prescriban, proporcionen, dispensen, suminis-

---

Art. 362 quáter: Este artículo ha sido añadido por la LO 1/2015, de 30 de marzo (*BOE* n.º 77, de 31 de marzo).

Art. 362 quinquies: Este artículo ha sido añadido por la LO 1/2015, de 30 de marzo (*BOE* n.º 77, de 31 de marzo).

V. la Convención Internacional contra el Dopaje en el Deporte, hecha en París el 18 de noviembre de 2005 (*BOE* n.º 14, de 16 de febrero de 2007), y cuyo Anejo fue modificado el 7 de febrero de 2007 (*BOE* n.º 102, de 28 de abril; corrección de errores en *BOE* n.º 169, de 16 de julio), el 1 de enero de 2009 (*BOE* n.º 131, de 30 de de mayo), el 1 de marzo de 2010 (*BOE* n.º 70, de 22 de marzo), el 16 de diciembre de 2010 (*BOE* n.º 312, de 26 de diciembre), el 16 de noviembre de 2014 (*BOE* n.º 312, de 26 de diciembre) y el 15 de noviembre de 2019 (*BOE* n.º 40, de 15 de febrero de 2020); posteriormente, se ha modificado el 9 de diciembre de 2015 (*BOE* n.º 30, de 4 de febrero de 2016; corrección de errores en *BOE* n.º 41, de 17 de febrero), el 28 de noviembre de 2016 (*BOE* n.º 9, de 11 de enero de 2017) y el 15 de noviembre de 2017 (*BOE* n.º 305, de 16 de diciembre); el Convenio contra el Dopaje, hecho en Estrasburgo el 16 de noviembre de 1989 (*BOE* n.º 140, de 11 de junio de 1992), enmendado el 7 de noviembre de 2016 (*BOE* n.º 46, de 23 de febrero de 2017) y el 24 de octubre de 2019 (*BOE* n.º 313, de 30 de diciembre), su Protocolo adicional, hecho en Varsovia el 12 de septiembre de 2002, y ratificado por España mediante Instrumento

tren, administren, ofrezcan o faciliten a deportistas federados no competitivos, deportistas no federados que practiquen el deporte por recreo, o deportistas que participen en competiciones organizadas en España por entidades deportivas, sustancias o grupos farmacológicos prohibidos, así como métodos no reglamentarios, destinados a aumentar sus capacidades físicas o a modificar los resultados de las competiciones, que por su contenido, reiteración de la ingesta u otras circunstancias concurrentes, pongan en peligro la vida o la salud de los mismos, serán castigados con las penas de prisión de seis meses a dos años, multa de seis a dieciocho meses e inhabilitación especial para empleo o cargo público, profesión u oficio, de dos a cinco años.

2. Se impondrán las penas previstas en el apartado anterior en su mitad superior cuando el delito se perpetre concurriendo alguna de las circunstancias siguientes:

1.ª Que la víctima sea menor de edad.

2.ª Que se haya empleado engaño o intimidación.

3.ª Que el responsable se haya prevalido de una relación de superioridad laboral o profesional.

de 23 de junio de 2017 (*BOE* n.º 238, de 3 de octubre), y su Anexo, enmendado el 30 de octubre de 2018 (*BOE* n.º 50, de 27 de febrero) y el 7 de diciembre de 2020 (*BOE* n.º 101, de 28 de abril); la LO 3/2013, de 20 de junio (*BOE* n.º 148, de 21 de junio), de protección de la salud del deportista y lucha contra el dopaje en la actividad deportiva, modificada por RD-L 3/2017, de 17 de febrero (*BOE* n.º 42, de 18 de febrero; con validación en *BOE* n.º 66, de 18 de marzo de 2017); el RD 63/2008, de 25 de enero (*BOE* n.º 30, de 4 de febrero), por el que se regula el procedimiento para la imposición y revisión de sanciones disciplinarias en materia de dopaje; el RD 641/2009, de 17 de abril (*BOE* n.º 112, de 8 de mayo), por el que se regulan los procesos de control de dopaje y los laboratorios de análisis autorizados, y por el que se establecen medidas complementarias de prevención del dopaje y de protección de la salud en el deporte, modificado por RD 1.462/2009, de 18 de septiembre (*BOE* n.º 227, de 19 de septiembre), que fue declarado nulo por la STS de 13 de octubre de 2011 (*BOE* n.º 313, de 29 de diciembre), y por RD 1.741/2011, de 25 de noviembre (*BOE* n.º 308, de 23 de diciembre); la Resolución de 25 de noviembre de 2020 (*BOE* n.º 317, de 4 de diciembre), de la Presidencia del Consejo Superior de Deportes, por la que se aprueba la lista de sustancias y métodos prohibidos en el deporte; la Orden PRE/1.832/2011, de 29 de junio (*BOE* n.º 157, de 2 de julio), por la que se regula el área de control del dopaje, el material para la toma de muestras y el protocolo de manipulación y transporte de muestras de sangre; y la Resolución de 20 de febrero de 2017 (*BOE* n.º 49, de 27 de febrero), de la Presidencia del Consejo Superior de Deportes, por la que se aprueba el formulario de localización de los deportistas. V., también, la Ley 12/2012, de 21 de junio (*BOE* n.º 160, de 5 de julio), de la Comunidad Autónoma del País Vasco, contra el Dopaje en el Deporte, modificada por Ley 1/2018, de 7 de junio (*BOE* n.º 187, de 3 de agosto); y el RD 461/2015, de 5 de junio (*BOE* n.º 147, de 20 de junio), por el que se aprueba el Estatuto de la Agencia Española de Protección de la Salud en el Deporte.

Art. 362 sexies. En los delitos previstos en los artículos anteriores de este capítulo serán objeto de decomiso las sustancias y productos a que se refieren los artículos 359 y siguientes, así como los bienes, medios, instrumentos y ganancias con sujeción a lo dispuesto en los artículos 127 a 128.

Art. 363. Serán castigados con la pena de prisión de uno a cuatro años, multa de seis a doce meses e inhabilitación especial para profesión, oficio, industria o comercio por tiempo de tres a seis años los productores, distribuidores o comerciantes que pongan en peligro la salud de los consumidores:

Art. 362 sexies: Este artículo ha sido añadido por la LO 1/2015, de 30 de marzo (*BOE* n.º 77, de 31 de marzo).

Art. 363: V. nota al art. 359, y, además, RD 1.945/1983, de 22 de junio, por el que se regulan las infracciones y sanciones en materia de defensa del consumidor y de la producción agroalimentaria (*BOE* n.º 168, de 15 de julio; corrección de errores en *BOE* n.ºs 250 y 259, de 19 y 29 de octubre); RD 1.086/2020, de 9 de diciembre (*BOE* n.º 322, de 10 de diciembre), por el que se regulan y flexibilizan determinadas condiciones de aplicación de las disposiciones de la Unión Europea en materia de higiene de la producción y comercialización de los productos alimenticios y se regulan actividades excluidas de su ámbito de aplicación; RDL 1/2007, de 16 de noviembre (*BOE* n.º 287, de 30 de noviembre), por el que se aprueba el texto refundido de la Ley General para la Defensa de los Consumidores y Usuarios y otras leyes complementarias; RD 930/1992, de 17 de julio (*BOE* n.º 187, de 5 de agosto), por el que se aprueba la norma de etiquetado sobre propiedades nutritivas de los productos alimenticios, modificado por RD 2.180/2004, de 12 de noviembre (*BOE* n.º 274, de 13 de noviembre), y por RD 1.669/2009, de 6 de noviembre (*BOE* n.º 269, de 7 de noviembre); el RD 1.334/1999, de 31 de julio (*BOE* n.º 202, de 24 de agosto; corrección de errores en *BOE* n.º 280, de 23 de noviembre), por el que se aprueba la Norma general de etiquetado, presentación y publicidad de los productos alimenticios, modificado por RD 238/2000, de 18 de febrero (*BOE* n.º 43, de 19 de febrero), por RD 1.324/2002, de 13 de diciembre (*BOE* n.º 305, de 21 de diciembre), por RD 2.220/2004, de 26 de noviembre (*BOE* n.º 286, de 27 de noviembre), por RD 1.164/2005, de 30 de septiembre (*BOE* n.º 235, de 1 de octubre), por RD 226/2006, de 24 de febrero (*BOE* n.º 48, de 25 de febrero), por RD 36/2008, de 18 de enero (*BOE* n.º 23, de 26 de enero), por RD 1.245/2008, de 18 de julio (*BOE* n.º 184, de 31 de julio); por RD 890/2011, de 4 de junio (*BOE* n.º 164, de 11 de julio); y por RD 126/2015, de 27 de febrero (*BOE* n.º 54, de 4 de marzo; corrección de errores en *BOE* n.º 87, de 11 de abril); Ley 17/2011, de 5 de julio (*BOE* n.º 160, de 6 de julio), de seguridad alimentaria y nutrición; RD 2.207/1995, de 28 de diciembre (*BOE* n.º 50, de 27 de febrero de 1996), por el que se establecen las normas de higiene relativas a los productos alimenticios; Ley 10/1998, de 21 de abril (*BOE* n.º 96, de 22 de abril), de Residuos; RD 361/2009, de 20 de marzo (*BOE* n.º 75, de 28 de marzo), por el que se regula la información sobre la cadena alimentaria que debe acompañar a los animales destinados a sacrificio, modificado por RD 1.086/2020, de 9 de diciembre (*BOE* n.º 322, de 10 de diciembre); y Orden SSI/304/2013, de 19 de febrero (*BOE* n.º 50, de 27 de febrero; corrección de errores en *BOE* n.º 121, de 21 de mayo), sobre sustancias para el tratamiento del agua destinada a la producción de agua de consumo humano.

1. Ofreciendo en el mercado productos alimentarios con omisión o alteración de los requisitos establecidos en las leyes o reglamentos sobre caducidad o composición.

2. Fabricando o vendiendo bebidas o comestibles destinados al consumo público y nocivos para la salud.

3. Traficando con géneros corrompidos.

4. Elaborando productos cuyo uso no se halle autorizado y sea perjudicial para la salud, o comerciando con ellos.

5. Ocultando o sustrayendo efectos destinados a ser inutilizados o desinfectados, para comerciar con ellos.

Art. 364. 1. El que adulterare con aditivos u otros agentes no autorizados susceptibles de

---

Art. 364: V. Ley 8/2003, de 24 de abril (*BOE* n.º 99, de 25 de abril), de sanidad animal, modificada por Ley 62/2003, de 30 de diciembre (*BOE* n.º 313, de 31 de diciembre), y por Ley 29/2006, de 26 de julio (*BOE* n.º 178, de 27 de julio), y su Anexo por Orden PRE/2.833/2009, de 19 de octubre (*BOE* n.º 257, de 24 de octubre); RD 1.086/2020, de 9 de diciembre (*BOE* n.º 322, de 10 de diciembre), por el que se regulan y flexibilizan determinadas condiciones de aplicación de las disposiciones de la Unión Europea en materia de higiene de la producción y comercialización de los productos alimenticios y se regulan actividades excluidas de su ámbito de aplicación; RD 1.246/2008, de 18 de julio (*BOE* n.º 193, de 11 de agosto), por el que se regula el procedimiento de autorización, registro y farmacovigilancia de los medicamentos veterinarios fabricados industrialmente, modificado por RD 1.675/2012, de 14 de diciembre (*BOE* n.º 313, de 29 de diciembre); RD 544/2016, de 25 de noviembre (*BOE* n.º 300, de 13 de diciembre), por el que se regula la venta a distancia al público de medicamentos veterinarios no sujetos a prescripción veterinaria; RD 1.904/1993, de 29 de octubre (*BOE* n.º 36, de 11 de febrero de 1994), por el que se establecen las condiciones sanitarias de producción y comercialización de productos cárnicos y otros determinados productos de origen animal, cuyos anexos han sido actualizados por Órdenes de 25 de septiembre de 1997 (*BOE* n.º 236, de 2 de octubre) y de 25 de noviembre de 1998 (*BOE* n.º 288, de 2 de diciembre); RD 465/2003, de 25 de abril (*BOE* n.º 102, de 29 de abril), sobre las sustancias indeseables en la alimentación animal, y Órdenes de 5 de noviembre de 2003 (*BOE* n.º 266, de 6 de noviembre), 23 de mayo (*BOE* n.º 125, de 26 de mayo) y 5 de junio (*BOE* n.º 138, de 10 de junio; corrección de erratas en *BOE* n.º 140, de 13 de junio) de 2006, y Órdenes PRE/1.501/2009, de 4 de junio (*BOE* n.º 140, de 10 de junio), PRE/2.396/2009, de 8 de septiembre (*BOE* n.º 221, de 12 de septiembre), PRE/296/2011, de 14 de febrero (*BOE* n.º 40, de 16 de febrero), y PRE/450/2011, de 3 de marzo (*BOE* n.º 55, de 5 de marzo), que modifican su Anexo; RD 1.409/2009, de 4 de septiembre (*BOE* n.º 226, de 18 de septiembre), por el que se regula la elaboración, comercialización, uso y control de los piensos medicamentosos, modificado por RD 1.002/2012, de 29 de junio (*BOE* n.º 167, de 13 de julio); RD 2.002/1995, de 7 de diciembre (*BOE* n.º 305, de 22 de diciembre), por el que se aprueba la lista positiva de aditivos edulcorantes autorizados para su uso en la elaboración de productos alimenticios, así como sus condiciones de utilización, modificado por RD 2.197/2004, de 25 de noviembre (*BOE* n.º 291, de 3 de diciembre), cuyo Anexo se ha modificado por Orden SPI/2.957/2010, de 16 de noviembre (*BOE* n.º 280, de 19 de noviembre); RD 299/2009, de 6 de mar-

causar daños a la salud de las personas los alimentos, sustancias o bebidas destinadas al comercio alimentario, será castigado con las penas del artículo anterior. Si el reo fuera el propietario o el responsable de producción de una fábrica de productos alimenticios, se le impondrá, además, la pena de inhabilitación especial para profesión, oficio, industria o comercio de seis a diez años.

2. Se impondrá la misma pena al que realice cualquiera de las siguientes conductas:

1.º Administrar a los animales cuyas carnes o productos se destinen al consumo humano sustancias no permitidas que generen riesgo para la salud de las personas, o en dosis superiores o para fines distintos a los autorizados.

2.º Sacrificar animales de abasto o destinar sus productos al consumo humano, sabiendo que se les ha administrado las sustancias mencionadas en el número anterior.

3.º Sacrificar animales de abasto a los que se hayan aplicado tratamientos terapéuticos mediante sustancias de las referidas en el apartado 1.º

4.º Despachar al consumo público las carnes o productos de los animales de abasto sin respetar los períodos de espera en su caso reglamentariamente previstos.

Art. 365. Será castigado con la pena de prisión de dos a

---

zo (*BOE* n.º 68, de 20 de marzo), por el que se establecen las normas de identidad y pureza de los edulcorantes utilizados en los productos alimenticios, cuyo Anexo ha sido modificado por Orden SPI/190/2011, de 1 de febrero (*BOE* n.º 33, de 8 de febrero); RD 142/2002, de 1 de febrero (*BOE* n.º 44, de 20 de febrero), por el que se aprueba la lista positiva de aditivos distintos de colorantes y edulcorantes para su uso en la elaboración de productos alimenticios, así como sus condiciones de utilización, modificado por RD 257/2004, de 13 de febrero (*BOE* n.º 39, de 14 de febrero), RD 2.196/2004, de 25 de noviembre (*BOE* n.º 291, de 3 de diciembre), RD 698/2007, de 1 de junio (*BOE* n.º 142, de 14 de junio), y RD 1.118/2007, de 24 de agosto (*BOE* n.º 221, de 14 de septiembre; corrección de erratas en *BOE* n.º 85, de 8 de abril de 2008), y cuyos Anexos han sido modificados por Orden SPI/681/2011, de 29 de marzo (*BOE* n.º 76, de 30 de marzo); RD 2.599/1998, de 4 de diciembre (*BOE* n.º 301, de 17 de diciembre), sobre los aditivos en la alimentación de los animales; RD 348/2001, de 4 de abril (*BOE* n.º 82, de 5 de abril), por el que se regula la elaboración, comercialización e importación de productos alimenticios e ingredientes alimentarios tratados con radiaciones ionizantes; RD 906/2003, de 11 de julio (*BOE* n.º 166, de 12 de julio), relativo al etiquetado de los productos alimenticios que contienen quinina o cafeína; RD 1.487/2009, de 26 de septiembre (*BOE* n.º 244, de 9 de octubre), relativo a los complementos alimenticios; y Ley 10/2010, de 27 de septiembre (*BOE* n.º 283, de 23 de noviembre), de salud pública y seguridad alimentaria de Castilla y León.

Art. 365: V. notas a los arts. precedentes.

seis años el que envenenare o adulterare con sustancias infecciosas, u otras que puedan ser gravemente nocivas para la salud, las aguas potables o las sustancias alimenticias destinadas al uso público o al consumo de una colectividad de personas.

Art. 366. Cuando de acuerdo con lo establecido en el artículo 31 bis una persona jurídica sea responsable de los delitos recogidos en los artículos anteriores de este capítulo, se le impondrá una pena de multa de uno a tres años, o del doble al quíntuplo del valor de las sustancias y productos a que se refieren los artículos 359 y siguientes, o del beneficio que se hubiera obtenido o podido obtener, aplicándose la cantidad que resulte más elevada.

Atendidas las reglas establecidas en el artículo 66 bis, los jueces y tribunales podrán asimismo imponer las penas recogidas en las letras *b*) a *g*) del apartado 7 del artículo 33.

Art. 367. Si los hechos previstos en todos los artículos anteriores fueran realizados por imprudencia grave, se impondrán, respectivamente, las penas inferiores en grado.

Art. 368. Los que ejecuten actos de cultivo, elaboración o

Art. 366: Este artículo figura redactado conforme al texto de la LO 1/2015, de 30 de marzo (*BOE* n.º 77, de 31 de marzo).

Art. 368: Este artículo figura redactado conforme al texto de la LO 5/2010, de 22 de junio (*BOE* n.º 152, de 23 de junio). V. la Ley 17/1967, de 8 de abril, de Estupefacientes (*BOE* n.º 86, de 11 de abril), y el RD 1.194/2011, de 19 de agosto (*BOE* n.º 202, de 23 de agosto), por el que se establece el procedimiento para que una sustancia sea considerada estupefaciente en el ámbito nacional, modificado por Orden SND/561/2021, de 1 de junio (*BOE* n.º 136, de 8 de junio). También la Orden de 31 de julio de 1967 (*BOE* n.º 196, de 17 de agosto) dictada en virtud de las facultades conferidas en el Capítulo I, art. 2.º, de la Ley 17/1967, de 8 de abril, así como el RD 75/1990, de 19 de enero, por el que se regulan los tratamientos con opiáceos de personas dependientes de los mismos (*BOE* n.º 20, de 23 de enero), modificado por RD 1.131/1990, de 14 de septiembre (*BOE* n.º 224, de 18 de septiembre), y RD 5/1996, de 15 de enero (*BOE* n.º 44, de 20 de febrero); RD 1.573/1993, de 10 de septiembre, por el que se somete a ciertas restricciones la circulación de los productos psicotrópicos y estupefacientes (*BOE* n.º 235, de 1 de octubre); RD 1.675/2012, de 14 de diciembre (*BOE* n.º 313, de 29 de diciembre), por el que se regulan las recetas oficiales y los requisitos especiales de prescripción y dispensación de estupefacientes para uso humano y veterinario, cuyos Anexos han sido modificados por Orden PRE/2.436/2013, de 26 de diciembre (*BOE* n.º 311, de 28 de diciembre).

V. el Convenio Único de 1961 sobre estupefacientes, ratificado por Instrumento de 3 de febrero de 1966 (*BOE* n.º 96, de 22 de abril) y enmendado por el Protocolo de 25 de marzo de 1972 de modificación de la Convención Única de 1961, ratificado por Instrumento de 15 de diciembre de 1976 (*BOE* n.º 39, de 15 de febrero de 1977), habiéndose publicado el texto de la Convención Única modificado por dicho Protocolo en *BOE* n.º 264, de 4 de noviembre de 1981 y cuyo art. 36 se reproduce en nota al art. 1 LE (Apéndice 4). Posteriormente, se han incluido otras drogas en las listas anexas al Convenio o se ha dado nueva redacción a lo dispuesto en esas listas por Órdenes de 31 de julio de 1967 (*BOE* n.º 196, de 17 de agosto; corrección de errores en *BOE* n.º 267, de 8 de noviembre), de 31 de diciembre de 1971 (*BOE* n.º 22, de 26 de enero de 1972), de 12 de agosto de 1974 (*BOE* n.º 248, de 16 de octubre), de 5 de febrero de 1975 (*BOE* n.º 46, de 22 de febrero), de 26 de febrero de 1975 (*BOE* n.º 92, de 17 de abril), de 18 de junio de 1975 (*BOE* n.º 167, de 14 de julio), de 15 de enero de 1981 (*BOE* n.º 22, de 26 de enero), de 11 de febrero de 1981 (*BOE* n.º 46, de 23 de febrero), de 18 de febrero de 1982 (*BOE* n.º 48, de 25 de febrero), de 30 de mayo de 1984 (*BOE* n.º 139, de 11 de junio; corrección de errores en *BOE* n.º 155, de 29 de junio), de 20 de diciembre de 1988 (*BOE* n.º 8, de 10 de enero de 1989), de 19 de octubre de 1990 (*BOE* n.º 259, de 29 de octubre), de 7 de febrero de 2000 (*BOE* n.º 42, de 18 de febrero) y por Orden SCO/1.870/2008, de 17 de junio (*BOE* n.º 156, de 28 de junio).

V., también, el Convenio de 26 de junio de 1936 para la supresión del tráfico ilícito de drogas nocivas, ratificado por Instrumento de 8 de mayo de 1970 (*BOE* n.º 233, de 29 de septiembre), el Convenio de 21 de febrero de 1971 sobre sustancias psicotrópicas, al que España se adhirió por Instrumento de 2 de febrero de 1973 (*BOE* n.º 218, de 10 de septiembre de 1976), el Anexo sobre sustancias enumeradas en las listas de este último convenio (*BOE* n.º 246, de 13 de octubre de 1976), y el Acuerdo entre Irlanda, el Reino de los Países Bajos, el Reino de España, la República Italiana, la República Portuguesa, la República Francesa y el Reino Unido de Gran Bretaña e Irlanda del Norte, por el que se crea un Centro de Análisis y Operaciones Marítimas en materia de drogas, hecho en Lisboa el 30 de septiembre de 2007 (*BOE* n.º 126, de 24 de mayo de 2010); así como la enmienda a ese Anexo (*BOE* n.º 159, de 10 de marzo de 1978), y las Órdenes de 11 de febrero de 1981 (*BOE* n.º 46, de 23 de febrero), 22 de julio de 1983 (*BOE* n.º 184, de 3 de agosto), 30 de mayo de 1984 (*BOE* n.º 138, de 9 de junio), 30 de mayo de 1986 (*BOE* n.º 135, de 6 de junio), 20 de diciembre de 1988 (*BOE* n.º 8, de 10 de enero de 1989), 28 de septiembre de 1989 (*BOE* n.º 243, de 10 de octubre; corrección de errores en *BOE* n.º 252, de 20 de octubre), 19 de octubre de 1990 (*BOE* n.º 259, de 29 de octubre) y 27 de febrero de 1992 (*BOE* n.º 66, de 17 de marzo). V., además, el RD 2.829/1977, de 8 de octubre (*BOE* n.º 274, de 16 de noviembre), por el que se regulan las sustancias y preparados medicinales psicotrópicos, así como las Órdenes de 14 de enero de 1981 (*BOE* n.º 25, de 29 de enero), de 12 de junio de 1985 (*BOE* n.º 177, de 25 de julio), de 27 de diciembre de 1995 (*BOE* n.º 26, de 30 de enero de 1996), de 31 de enero de 2000 (*BOE* n.º 33, de 8 de febrero), SCO/469/2002, de 19 de febrero, modificada por Orden SCO/2.004/2006, de 19 de junio (*BOE* n.º 150, de 24 de junio), SCO/1.906/2002, de 15 de julio (*BOE* n.º 178, de 26 de julio), SCO/3.685/2003, de 22 de diciembre (*BOE* n.º 2, de 2 de enero de 2004), SCO/2.359/2004, de 2 de julio (*BOE* n.º 171, de 16 de julio), SAS/1.916/2009, de 8 de julio (*BOE* n.º 172, de 17 de julio), SAS/2.712/2010, de 13 de octubre (*BOE* n.º 255, de 21 de octubre), SPI/201/2011, de 3 de febrero (*BOE* n.º 34, de 9 de febrero), SSI/806/2014, de 8 de mayo (*BOE* n.º 121, de 19 de mayo), SSI/1.478/2014, de 1 de agosto (*BOE* n.º 191, de 7 de agosto), SSI/1.091/2015, de 2 de junio (*BOE* n.º 140, de 12 de junio); SSI/748/2016, de 11 de mayo (*BOE* n.º 120, de 18 de mayo), SSI/1.070/2017, de 31 de octubre (*BOE* n.º 271, de 8 de noviembre), SCB/770/2018, de 12 de julio (*BOE* n.º 175, de 20 de julio), SCB/387/2019, de 25 de marzo (*BOE* n.º 81, de 4 de abril), SCB/1.079/2019, de 29 de octubre (*BOE* n.º 264, de 2 de noviembre), y SND/473/2021, de 11 de mayo (*BOE* n.º 118, de 18 de mayo), que lo desarrollan. V., además, art. 22.3 LOPG; LO 1/2020, de 16 de septiembre (*BOE* n.º 248, de 17 de septiembre), sobre la utilización de los datos del Registro de Pasajeros para la prevención, detección, investigación y enjuiciamiento de delitos de terrorismo y delitos graves, modificada por LO 7/2021, de 26 de mayo (*BOE* n.º 126, de 27 de mayo), de protección de datos personales tratados para fines de prevención, detección, investigación y enjuiciamiento de infracciones penales y de ejecución de sanciones penales; arts. 3.º1, 4.º1.*b*) y 12.4.*b*) RD 1.910/1984, de 26 de septiembre, de receta médica (*BOE* n.º 259, de 29 de octubre); Orden de 30 de abril de 1986 (*BOE* n.º 106, de 3 de mayo; corrección de errores en *BOE* n.º 122, de 22 de mayo); Orden PCI/161/2019, de 21 de febrero (*BOE* n.º 46, de 22 de febrero), por la que se publica el Acuerdo del Consejo de Seguridad Nacional por el que se aprueba la Estrategia Nacional contra el Crimen Organizado y la Delincuencia Grave; Ley 20/1985, de 25 de julio, de la Comunidad Autónoma de Cataluña, de prevención y asistencia en materia de sustancias que puedan generar dependencia, modificada por Ley 8/1988, de 10 de julio (*BOE* n.º 198, de 19 de agosto), y Ley 1/2002, de 11 de marzo (*BOE* n.º 85, de 9 de abril); Ley 3/1994, de 29 de marzo, de prevención, asistencia e integración social de drogodependientes de Castilla y León, modificada por Ley 3/2007, de 7 de marzo (*BOE* n.º 80, de 3 de abril); Ley 4/1997, de 9 de julio, de la Comunidad Autónoma de Andalucía, de Prevención y Asistencia en Materia de Drogas, modificada por Ley 1/2001, de 3 de mayo (*BOE* n.º 135, de 6 de junio de 2001), y 12/2003, de 24 de noviembre (*BOE* n.º 303, de 19 de diciembre); 3/1997, de 16 de junio, de la Comunidad Autónoma Valenciana, sobre drogodependencias y otros trastornos adictivos (*BOE* n.º 171, de 18 de julio), modificada por Ley 4/2002, de 18 de junio (*BOE* n.º 170, de 17 de julio); Ley 1/2016, de 7 de abril (*BOE* n.º 105, de 2 de mayo), de la Comunidad Autónoma del País Vasco, de atención integral de adicciones y drogodependencias; Ley 9/1998, de 22 de julio (*BOE* n.º 198, de 19 de agosto), de la Comunidad Autónoma de Canarias, sobre prevención, asistencia e inserción social en materia de drogodependencias; Ley 1/1999, de 29 de marzo, de Prevención, Asistencia y Reinserción de las Drogodependencias de la Comunidad Autónoma de Extremadura (*BOE* n.º 125, de 26 de mayo); Ley 3/2001, de 4 de abril (*BOE* n.º 118, de 17 de mayo), de la Comunidad Autónoma de Aragón, de prevención, asistencia y reinserción social en materia de drogodependencias; Ley 5/2001, de 17 de octubre (*BOE* n.º 266, de 6 de noviembre), de la Comunidad Autónoma de La Rioja, sobre drogodependencias y otras adicciones; Ley 6/2001, de 20 de noviembre (*BOE* n.º 302, de 18 de diciembre; corrección de errores en *BOE* n.º 13, de 15 de enero de 2002), de la Comunidad Autónoma de Cantabria, de Atención y Protección a las Personas en Situación de Dependencia; Ley 5/2002, de 27 de junio (*BOE* n.º 176, de 24 de julio), sobre Drogodependencias y otros Trastornos Adictivos, de la Comunidad de Madrid, modificada por Ley 5/2015, de 18 de diciembre (*BOE* n.º 66, de 17 de marzo de 2016); Ley 15/2002, de 11 de julio (*BOE* n.º 224, de 18 de septiembre), sobre Drogodependencias y otros Trastornos Adictivos, de la Comunidad Autónoma de Castilla-La Mancha; Ley 4/2005, de 29 de abril (*BOE* n.º 131, de 2 de junio), sobre drogodependencias y otras adicciones en las Illes Balears; Ley Foral 24/2014, de 2 de diciembre (*BOE* n.º 315, de 30 de diciembre), reguladora de los colectivos de usuarios de cannabis en Navarra (declarada inconstitucional y nula por STC 144/2017, de 14 de diciembre —*BOE* n.º 15, de 17 de enero de 2018—; v. también la STS 484/2015, de 7 de septiembre, sobre los límites de la tipicidad en los supuestos de agrupaciones para el cultivo y el consumo compartido de cannabis), y Ley 4/2015, de 6 de marzo (*BOE* n.º 105, de 2 de mayo), de la Comunidad Autónoma del Principado de Asturias, de atención integral en materia de drogas y bebidas alcohólicas, modificada por Ley 5/2017, de 30 de junio (*BOE* n.º 196, de 17 de agosto).

V. también Ley 13/2017, de 6 de julio (*BOE* n.º 187, de 7 de agosto), de la Comunidad Autónoma de Cataluña, de las asociaciones de consumidores de cannabis.

V. art. 23 LOPJ, reproducido en nota al art. 3.1 LE (Apéndice 4); art. 2.º3.º*a*) Ley de Contrabando (Apéndice 3); Ley 5/1988, de 24 de marzo, por la que se crea la Fiscalía Especial para la Prevención y Represión del Tráfico Ilegal de Drogas (*BOE* n.º 76, de 29 de marzo), y Convenio sobre comunicación de antecedentes penales, y de información sobre condenas judiciales por tráfico ilícito de estupefacientes y sustancias psicotrópicas, de 12 de octubre de 1984, ratificado por Instrumento de 11 de abril de 1989 (*BOE* n.º 166, de 13 de julio; corrección de errores en *BOE* n.º 226, de 21 de septiembre); Orden de 10 de diciembre de 1991 (*BOE* de 19 de diciembre) y Circular 1.029/1991, de 19 de diciembre, de la Dirección General de Aduanas e Impuestos Especiales, sobre precursores (*BOE* n.º 10, de 11 de enero de 1992), así como arts. 70 ss., referidos a tráfico de estupefacientes, del Acuerdo de Adhesión del Reino de España al Convenio de Aplicación del Acuerdo de Schengen, ratificado por Instrumento de 23 de julio de 1993 (*BOE* n.º 81, de 5 de abril de 1994); RD 783/1998, de 30 de abril (*BOE* n.º 115, de 14 de mayo), por el que se establece en el Ministerio del Interior el Observatorio Español de la Droga y las Toxicomanías, desarrollado por Orden de 24 de noviembre de 1998 (*BOE* n.º 299, de 15 de diciembre); y Resolución de 2 de febrero de 2009 (*BOE* n.º 38, de 13 de febrero), de la Delegación del Gobierno para el Plan Nacional sobre Drogas, por la que se publica el Acuerdo del Consejo de Ministros por el que se aprueba la Estrategia Nacional sobre Drogas 2009-2016.

V. Convención de las Naciones Unidas de 20 de diciembre de 1988 contra el tráfico ilícito de estupefacientes y sustancias psicotrópicas, ratificado por Instrumento de 30 de julio de 1990 (*BOE* n.º 270, de 10 de noviembre), así como arts. 36.16 a 19 LOPSC. V., también, RD 1.079/1993, de 2 de julio, por el que se regula la remisión de las sanciones administrativas en materia de drogas (*BOE* n.º 172, de 20 de julio).

V., el art. 263 bis LECr, en la redacción dada por la LO 5/1999, de 13 de enero (*BOE* n.º 12, de 14 de enero), de modificación de la LECr en materia de perfeccionamiento de la acción investigadora relacionada con el tráfico ilegal de drogas y otras actividades ilícitas graves, y que tiene el siguiente texto:

«1. El Juez de Instrucción competente y el Ministerio Fiscal, así como los Jefes de las Unidades Orgánicas de Policía Judicial, centrales o de ámbito provincial, y sus mandos superiores podrán autorizar la circulación o entrega vigilada de drogas tóxicas, estupefacientes o sustancias psicotrópicas, así como de otras sustancias prohibidas. Esta medida deberá acordarse por resolución fundada, en la que se determine explícitamente, en cuanto sea posible, el objeto de autorización o entrega vigilada, así como el tipo y cantidad de la sustancia de que se trate. Para adoptar estas medidas se tendrá en cuenta su necesidad a los fines de investigación en relación con la importancia del delito y con las posibilidades de vigilancia. El Juez que dicte la resolución dará traslado de copia de la misma al Juzgado Decano de su jurisdicción, el cual tendrá custodiado un registro de dichas resoluciones.

»También podrá ser autorizada la circulación o entrega vigilada de los equipos, materiales y sustancias a los que se refiere el artículo 371 del Código Penal, de los bienes y ganancias a que se hace referencia en el artículo 301 de dicho Código en todos los supuestos previstos en el mismo, así como de los bienes, materiales, objetos y especies animales y vegetales a los que se refieren los artículos 332, 334, 386, 566, 568 y 569, también del Código Penal.

»2. Se entenderá por circulación o entrega vigilada la técnica consistente en permitir que remesas ilícitas o sospechosas de drogas tóxicas, sustancias psicotrópicas u otras sustancias prohibidas, los equipos, materiales y sustancias a que se refiere el apartado anterior, las sustancias por las que se haya sustituido las anteriormente mencionadas, así como los bienes y ganancias procedentes de las actividades delictivas tipificadas en los artículos 301 a 304 y 368 a 373 del Código Penal, circulen por territorio español o salgan o entren en él sin interferencia obstativa de la autoridad o sus agentes y bajo su vigilancia, con el fin de descubrir o identificar a las personas involucradas en la comisión de algún delito relativo a dichas drogas, sustancias, equipos, materiales, bienes y ganancias, así como también prestar auxilio a autoridades extranjeras en esos mismos fines.

»3. El recurso a la entrega vigilada se hará caso por caso y, en el plano internacional, se adecuará a lo dispuesto en los tratados internacionales.

»Los Jefes de las Unidades Orgánicas de la Policía Judicial centrales o de ámbito provincial o sus mandos superiores darán cuenta inmediata al Ministerio Fiscal sobre las autorizaciones que hubiesen otorgado de conformidad con el apartado 1 de este artículo y, si existiese procedimiento judicial abierto, al Juez de Instrucción competente.

»4. La interceptación y apertura de envíos postales sospechosos de contener estupefacientes y, en su caso, la posterior sustitución de la droga que hubiese en su interior se llevarán a cabo respetando en todo momento las garantías judiciales establecidas en el ordenamiento jurídico, con excepción de lo previsto en el artículo 584 de la presente Ley.»

Por esta misma LO se introduce en la LECr un nuevo art. 282 bis, con el siguiente contenido:

«1. A los fines previstos en el artículo anterior, y cuando se trate de investigaciones que afecten a actividades propias de la delincuencia organizada, el Juez de Instrucción competente o el Ministerio Fiscal dando cuenta inmediata al Juez, podrán autorizar a funcionarios de la Policía Judicial, mediante resolución fundada y teniendo en cuenta su necesidad a los fines de la investigación, a actuar bajo identidad supuesta y a adquirir y transportar los objetos, efectos e instrumentos del delito y diferir la incautación de los mismos. La identidad supuesta será otorgada por el Ministerio del Interior por el plazo de seis meses prorrogables por períodos de igual duración, quedando legítimamente habilitados para actuar en todo lo relacionado con la investigación concreta y a participar en el tráfico jurídico y social bajo tal identidad.

»La resolución por la que se acuerde deberá consignar el nombre verdadero del agente y la identidad supuesta con la que actuará en el caso concreto. La resolución será reservada y deberá conservarse fuera de las actuaciones con la debida seguridad.

»La información que vaya obteniendo el agente encubierto deberá ser puesta a la mayor brevedad posible en conocimiento de quien autorizó la investigación. Asimismo, dicha información deberá aportarse al proceso en su integridad y se valorará en conciencia por el órgano judicial competente.

»2. Los funcionarios de la Policía Judicial que hubieran actuado en una investigación con identidad falsa de conformidad a lo previsto en el apartado 1, podrán mantener dicha identidad cuando testifiquen en el proceso que pudiera derivarse de los hechos en que hubieran intervenido y siempre que así se acuerde mediante resolución judicial motivada, siéndole también de aplicación lo previsto en la Ley Orgánica 19/1994, de 23 de diciembre.

»Ningún funcionario de la Policía Judicial podrá ser obligado a actuar como agente encubierto.

»3. Cuando las actuaciones de investigación puedan afectar a los derechos fundamentales, el agente encubierto deberá solicitar del órgano judicial competente las autorizaciones que, al respecto, establezca la Constitución y la Ley, así como cumplir las demás previsiones legales aplicables.»

»4. A los efectos señalados en el apartado 1 de este artículo, se considerará como delincuencia organizada la asociación de tres o más personas para realizar, de forma permanente o reiterada, conductas que tengan como fin cometer alguno o algunos de los delitos siguientes:

»*a*) Delito de secuestro de personas previsto en los artículos 164 a 166 del Código Penal.

consumo ilegal de drogas tóxicas, estupefacientes o sustancias psicotrópicas, o las posean con aquellos fines, serán castigados con las penas de prisión de tres a seis años y multa del tanto al triplo del valor de la droga objeto del delito si se tratare de sustancias o productos que causen grave daño a la salud, y de prisión de uno a tres años y multa del tanto al duplo en los demás casos.

No obstante lo dispuesto en el párrafo anterior, los tribunales podrán imponer la pena inferior en grado a las señaladas en atención a la escasa entidad del hecho y a las circunstancias personales del culpable. No se podrá hacer uso de esta facultad si concurriere alguna de las

---

»*b*) Delitos relativos a la prostitución previstos en los artículos 187 a 189 del Código Penal.

»*c*) Delitos contra el patrimonio y contra el orden socioeconómico previstos en los artículos 237, 243, 244, 248 y 301 del Código Penal.

»*d*) Delitos contra los derechos de los trabajadores previstos en los artículos 312 y 313 del Código Penal.

»*e*) Delitos de tráfico de especies de flora o fauna amenazada previstos en los artículos 332 y 334 del Código Penal.

»*f*) Delito de tráfico de material nuclear y radiactivo previsto en el artículo 345 del Código Penal.

»*g*) Delitos contra la salud pública previstos en los artículos 368 a 373 del Código Penal.

»*h*) Delito de falsificación de moneda previsto en el artículo 386 del Código Penal.

»*i*) Delito de tráfico y depósito de armas, municiones o explosivos previsto en los artículos 566 a 568 del Código Penal.

»*j*) Delitos de terrorismo previstos en los artículos 571 a 578 del Código Penal.

»*k*) Delitos contra el Patrimonio Histórico previstos en el artículo 2.1.*e*) de la Ley Orgánica 12/1995, de 12 de diciembre, de represión del contrabando.

»5. El agente encubierto estará exento de responsabilidad criminal por aquellas actuaciones que sean consecuencia necesaria del desarrollo de la investigación, siempre que guarden la debida proporcionalidad con la finalidad de la misma y no constituyan una provocación al delito.

»Para poder proceder penalmente contra el mismo por las actuaciones realizadas a los fines de la investigación, el Juez competente para conocer la causa deberá, tan pronto tenga conocimiento de la actuación de algún agente encubierto en la misma, requerir informe relativo a tal circunstancia de quien hubiere autorizado la identidad supuesta, en atención al cual resolverá lo que a su criterio proceda.»

V. también art. 338 LECr, sobre destrucción de la droga decomisada, modificado por Ley 21/1994, de 6 de julio (*BOE* n.º 161, de 7 de julio); y el RD 948/2015, de 23 de octubre (*BOE* n.º 255, de 24 de octubre), por el que se regula la Oficina de Recuperación y Gestión de Activos, suprimida por RD 595/2018, de 22 de junio (*BOE* n.º 152, de 23 de junio), por el que se establece la estructura orgánica básica de los departamentos ministeriales, y cuyas funciones corresponden ahora a la Dirección General de Modernización de la Administración de la Justicia, Desarrollo Tecnológico y Recuperación y Gestión de Activos, conforme a la Disp. Adic. 1.ª del RD 1.044/2018, de 24 de agosto (*BOE* n.º 206, de 25 de agosto).

circunstancias a que se hace referencia en los artículos 369 bis y 370.

Art. 369. Se impondrán las penas superiores en grado a las señaladas en el artículo anterior y multa del tanto al cuádruplo cuando concurran alguna de las siguientes circunstancias:

1.ª El culpable fuere autoridad, funcionario público, facultativo, trabajador social, docente o educador y obrase en el ejercicio de su cargo, profesión u oficio.

2.ª El culpable participare en otras actividades organizadas o cuya ejecución se vea facilitada por la comisión del delito.

3.ª Los hechos fueren realizados en establecimientos abiertos al público por los responsables o empleados de los mismos.

4.ª Las sustancias a que se refiere el artículo anterior se faciliten a menores de dieciocho años, a disminuidos psíquicos o a personas sometidas a tratamiento de deshabituación o rehabilitación.

5.ª Fuere de notoria importancia la cantidad de las citadas sustancias objeto de las conductas a que se refiere el artículo anterior.

6.ª Las referidas sustancias se adulteren, manipulen o mezclen entre sí o con otras, incrementando el posible daño a la salud.

7.ª Las conductas descritas en el artículo anterior tengan lugar en centros docentes, en centros, establecimientos o unidades militares, en establecimientos penitenciarios o en centros de deshabituación o rehabilitación, o en sus proximidades.

8.ª El culpable empleare violencia o exhibiere o hiciese uso de armas para cometer el hecho.

Art. 369 bis. Cuando los hechos descritos en el artículo 368 se hayan realizado por quienes pertenecieren a una organización delictiva, se impondrán las penas de prisión de nueve a doce años y multa del tanto al cuádruplo del valor de la droga si se tratara de sustancias y productos que causen grave daño a la salud y de prisión de cuatro años y seis meses a diez años y la misma multa en los demás casos.

Art. 369: Este artículo figura redactado conforme al texto de la LO 5/2010, de 22 de junio (*BOE* n.º 152, de 23 de junio).

Art. 369.5.ª: V. el Acuerdo de 19 de octubre de 2001, de la Sala Segunda del Tribunal Supremo, en Pleno no Jurisdiccional, respecto de las cantidades «de notoria importancia» que posibilitan la aplicación de este precepto.

Art. 369 bis: Este artículo ha sido incorporado por la LO 5/2010, de 22 de junio (*BOE* n.º 152, de 23 de junio).

A los jefes, encargados o administradores de la organización se les impondrán las penas superiores en grado a las señaladas en el párrafo primero.

Cuando de acuerdo con lo establecido en el artículo 31 bis una persona jurídica sea responsable de los delitos recogidos en los dos artículos anteriores, se le impondrán las siguientes penas:

a) Multa de dos a cinco años, o del triple al quíntuple del valor de la droga cuando la cantidad resultante fuese más elevada, si el delito cometido por la persona física tiene prevista una pena de prisión de más de cinco años.

b) Multa de uno a tres años, o del doble al cuádruple del valor de la droga cuando la cantidad resultante fuese más elevada, si el delito cometido por la persona física tiene prevista una pena de prisión de más de dos años no incluida en el anterior inciso.

Atendidas las reglas establecidas en el artículo 66 bis, los jueces y tribunales podrán asimismo imponer las penas recogidas en las letras *b*) a *g*) del apartado 7 del artículo 33.

Art. 370. Se impondrá la pena superior en uno o dos grados a la señalada en el artículo 368 cuando:

1.º Se utilice a menores de dieciocho años o a disminuidos psíquicos para cometer estos delitos.

2.º Se trate de los jefes, administradores o encargados de las organizaciones a que se refiere la circunstancia 2.ª del apartado 1 del artículo 369.

3.º Las conductas descritas en el artículo 368 fuesen de extrema gravedad.

Se consideran de extrema gravedad los casos en que la cantidad de las sustancias a que se refiere el artículo 368 excediere notablemente de la considerada como de notoria importancia, o se hayan utilizado buques, embarcaciones o aeronaves como medio de transporte específico, o se hayan llevado a cabo las conductas indicadas simulando operaciones de comercio internacional entre empresas, o se trate de redes internacionales dedicadas a este tipo de actividades, o cuando concurrieren tres o más de las circunstancias previstas en el artículo 369.1.

Art. 370: Este artículo figura redactado conforme al texto de la LO 15/2003, de 25 de noviembre (*BOE* n.º 283, de 26 de noviembre; corrección de errores en *BOE* n.º 65, de 16 de marzo, y n.º 80, de 2 de abril, ambos de 2004). El ordinal 2.º y el párrafo 2.º del ordinal 3.º figuran redactados conforme al texto de la LO 5/2010, de 22 de junio (*BOE* n.º 152, de 23 de junio).

En los supuestos de los anteriores números 2.º y 3.º se impondrá a los culpables, además, una multa del tanto al triplo del valor de la droga objeto del delito.

Art. 371. 1. El que fabrique, transporte, distribuya, comercie o tenga en su poder equipos, materiales o sustancias enumeradas en el cuadro I y cuadro II de la convención de Naciones Unidas, hecha en Viena el 20 de diciembre de 1988, sobre el tráfico ilícito de estupefacientes y sustancias psicotrópicas, y cualesquiera otros productos adicionados al mismo Convenio o que se incluyan en otros futuros Convenios de la misma naturaleza, ratificados por España, a sabiendas de que van a utilizarse en el cultivo, la producción o la fabricación ilícitas de drogas tóxicas, estupefacientes o sustancias psicotrópicas, o para estos fines, será castigado con la pena de prisión de tres a seis años y multa del tanto al triplo del valor de los géneros o efectos.

2. Se impondrá la pena señalada en su mitad superior cuando las personas que realicen los hechos descritos en el apartado anterior pertenezcan a una organización dedicada a los fines en él señalados, y la pena superior en grado cuando se trate de los jefes, administradores o encargados de las referidas organizaciones o asociaciones.

En tales casos, los jueces o tribunales impondrán, además de las penas correspondientes, la de inhabilitación especial del reo para el ejercicio de su profesión o industria por tiempo de tres a seis años, y las demás medidas previstas en el artículo 369.2.

Art. 372. Si los hechos previstos en este capítulo fueran realizados por empresario, in-

---

Art. 371: El apartado segundo de este artículo figura redactado conforme al texto de la LO 15/2003, de 25 de noviembre (*BOE* n.º 283, de 26 de noviembre; corrección de errores en *BOE* n.º 65, de 16 de marzo, y n.º 80, de 2 de abril, ambos de 2004). Los cuadros I y II de la Convención de Naciones Unidas de 20 de diciembre de 1988, a los que se refiere el art. 371, tienen el siguiente contenido. Cuadro I: «Ácido lisérgico; efedrina; ergometrina; ergotamina; 1-fenil-2-propanona; seudoefedrina; las sales de las sustancias enumeradas en el presente Cuadro, siempre que la existencia de dichas sales sea posible.» Cuadro II: «Acetona; ácido antranílico; ácido fenilacético; anhídrido acético; éter etílico; piperidina; las sales de las sustancias enumeradas en el presente Cuadro, siempre que la existencia de dichas sales sea posible.» V. Ley 4/2009, de 15 de junio (*BOE* n.º 145, de 16 de junio), de control de precursores de drogas; RD 129/2017, de 24 de febrero (*BOE* n.º 57, de 8 de marzo), por el que se aprueba el Reglamento de control de precursores de drogas; y arts. 263 bis y 282 bis LECr, reproducidos en nota al art. 368 de este Código.

termediario en el sector financiero, facultativo, funcionario público, trabajador social, docente o educador, en el ejercicio de su cargo, profesión u oficio, se le impondrá, además de la pena correspondiente, la de inhabilitación especial para empleo o cargo público, profesión u oficio, industria o comercio, de tres a diez años. Se impondrá la pena de inhabilitación absoluta de diez a veinte años cuando los referidos hechos fueren realizados por autoridad o agente de la misma, en el ejercicio de su cargo.

A tal efecto, se entiende que son facultativos los médicos, psicólogos, las personas en posesión de título sanitario, los veterinarios, los farmacéuticos y sus dependientes.

Art. 373. La provocación, la conspiración y la proposición para cometer los delitos previstos en los artículos 368 a 372, se castigarán con la pena inferior en uno a dos grados a la que corresponde, respectivamente, a los hechos previstos en los preceptos anteriores.

Art. 374. En los delitos previstos en el párrafo segundo del apartado 1 del artículo 301 y en los artículos 368 a 372, además de las penas que corresponda imponer por el delito cometido, serán objeto de decomiso las drogas tóxicas, estupefacientes o sustancias psicotrópicas, los equipos, materiales y sustancias a que se refiere el artículo 371, así como los bienes, medios, instrumentos y ganancias con sujeción a lo dispuesto en los artículos 127 a 128 y a las siguientes normas especiales:

1.ª Una vez firme la sentencia, se procederá a la destrucción de las muestras que se hubieran apartado, o a la destrucción de la totalidad de lo incautado, en el caso de que el órgano judicial competente hubiera ordenado su conservación.

2.ª Los bienes, medios, instrumentos y ganancias definitivamente decomisados por sentencia, que no podrán ser aplicados a la satisfacción de las responsabilidades civiles derivadas del delito ni de las costas procesales, serán adjudicados íntegramente al Estado.

Art. 374: Este artículo figura redactado conforme al texto de la LO 1/2015, de 30 de marzo (*BOE* n.º 77, de 31 de marzo):

V. arts. 127 y 128 CP; Convenio relativo al blanqueo, seguimiento, embargo y decomiso de los productos del delito, hecho en Estrasburgo el 8 de noviembre de 1990, y ratificado por España mediante Instrumento de 22 de julio de 1998 (*BOE* n.º 252, de 21 de octubre); y Ley 17/2003, de 29 de mayo (*BOE* n.º 129, de 30 de mayo), por la que se regula el Fondo de bienes decomisados por tráfico ilícito de drogas y otros delitos relacionados.

Art. 375. Las condenas de jueces o tribunales extranjeros por delitos de la misma naturaleza que los previstos en los artículos 361 al 372 de este capítulo producirán los efectos de reincidencia, salvo que el antecedente penal haya sido cancelado o pueda serlo con arreglo al Derecho español.

Art. 376. En los casos previstos en los artículos 361 a 372, los jueces o tribunales,razonandolo en la sentencia, podrán imponer la pena inferior en uno o dos grados a la señalada por la ley para el delito de que se trate, siempre que el sujeto haya abandonado voluntariamente sus actividades delictivas y haya colaborado activamente con las autoridades o sus agentes bien para impedir la producción del delito, bien para obtener pruebas decisivas para la identificación o captura de otros responsables o para impedir la actuación o el desarrollo de las organizaciones o asociaciones a las que haya pertenecido o con las que haya colaborado.

Igualmente, en los casos previstos en los artículos 368 a 372, los jueces o tribunales podrán imponer la pena inferior en uno o dos grados al reo que, siendo drogodependiente en el momento de comisión de los hechos, acredite suficientemente que ha finalizado con éxito un tratamiento de deshabituación, siempre que la cantidad de drogas tóxicas, estupefacientes o sustancias psicotrópicas no fuese de notoria importancia o de extrema gravedad.

Art. 377. Para la determinación de la cuantía de las multas que se impongan en aplicación de los artículos 368 a 372, el valor de la droga objeto del delito o de los géneros o efectos intervenidos será el precio final del producto o, en su caso, la recompensa o ganancia obtenida por el reo, o que hubiera podido obtener.

Art. 378. Los pagos que se efectúen por el penado por uno o varios de los delitos a que se

Art. 375: Este artículo figura redactado conforme al texto de la LO 1/2015, de 30 de marzo (*BOE* n.º 77, de 31 de marzo).

V. la LO 7/2014, de 12 de noviembre (*BOE* n.º 275, de 13 de noviembre; corrección de erratas en *BOE* n.º 276, de 14 de noviembre), sobre intercambio de información de antecedentes penales y consideración de resoluciones judiciales penales en la Unión Europea.

Art. 376: Este artículo figura redactado conforme al texto de la LO 1/2015, de 30 de marzo (*BOE* n.º 77, de 31 de marzo).

Art. 378: Este artículo figura redactado conforme al texto de la LO 1/2015, de 30 de marzo (*BOE* n.º 77, de 31 de marzo).

refieren los artículos 361 al 372 se imputarán por el orden siguiente:

1.º A la reparación del daño causado e indemnización de perjuicios.

2.º A la indemnización del Estado por el importe de los gastos que se hayan hecho por su cuenta en la causa.

3.º A la multa.

4.º A las costas del acusador particular o privado cuando se imponga en la sentencia su pago.

5.º A las demás costas procesales, incluso las de la defensa del procesado, sin preferencia entre los interesados.

CAPÍTULO IV

DE LOS DELITOS CONTRA LA SEGURIDAD VIAL*

Art. 379. 1. El que condujere un vehículo de motor o un ciclomotor a velocidad superior en sesenta kilómetros por hora en vía urbana o en ochenta kilómetros por hora en vía interurbana a la permitida reglamentariamente, será casti-

---

* La rúbrica de este capítulo, y todo su contenido, fueron modificados por LO 15/2007, de 30 de noviembre (*BOE* n.º 288, de 1 de diciembre), cuyo Preámbulo dice:

«Entre las resoluciones aprobadas como consecuencia del debate sobre el Estado de la Nación de 2006 se incluye la número diecinueve, en la que se declara, entre otros aspectos, que el Congreso de los Diputados considera oportuno impulsar la modificación del Código Penal, teniendo en cuenta las distintas propuestas que se están estudiando en la Comisión de Seguridad Vial del Congreso de los Diputados, con el objetivo de definir con mayor rigor todos los delitos contra la seguridad del tráfico y los relacionados con la seguridad vial, evitando que determinadas conductas calificadas como de violencia vial puedan quedar impunes.

»La reforma sobre los delitos contra la seguridad vial cuenta con un amplio consenso de los grupos parlamentarios en torno a las propuestas formuladas ante la Comisión sobre Seguridad Vial. Por ello, se presenta esta Proposición de Ley Orgánica de reforma del Código Penal en materia de Seguridad Vial, cuyo contenido básico persigue, de una parte, incrementar el control sobre el riesgo tolerable por la vía de la expresa previsión de excesos de velocidad que se han de tener por peligrosos o de niveles de ingesta alcohólica que hayan de merecer la misma consideración. A partir de esa estimación de fuente de peligro se regulan diferentes grados de conducta injusta, trazando un arco que va desde el peligro abstracto hasta el perceptible desprecio por la vida de los demás, como ya venía haciendo el Código. Las penas y consecuencias se incrementan notablemente, en especial, en lo concerniente a la privación del permiso de conducir, y a ello se añade la no menos severa posibilidad de considerar instrumento del delito al vehículo de motor o ciclomotor, en orden a disponer su comiso.

»Al igual que sucede en el derecho vigente, se ofrece una específica regla para salvar el concurso de normas cuando se hubiera ocasionado además del riesgo prevenido un resultado lesivo. En tal caso se apreciará tan sólo la infracción más gravemente penada, aplicando la pena en su mitad superior y condenando, en todo caso, al resarcimiento de la responsabilidad civil que se hubiera originado. La negativa a someterse a las pruebas legalmente establecidas para detectar el grado de alcoholemia o de impregnación tóxica, en cambio, pierde su innecesario calificativo de delito de desobediencia y pasa a ser autónomamente castigada.

»Una criticada ausencia era la conducción de vehículos por quienes hubieran sido privados, judicial o administrativamente, del derecho a hacerlo por pérdida de vigencia del mismo. Cierto que algunos casos podrían tenerse como delitos de quebrantamiento de condena o de desobediencia, pero no todos; por ello se ha considerado más ágil y preciso reunir todas esas situaciones posibles en un solo precepto sancionador.

»La creación del Centro de Tratamiento de Denuncias automatizadas, además de la práctica de la delegación con una casuística muy variada, así como la necesidad de acortar los plazos de tramitación de las sanciones, sin merma de las garantías del sancionado, urge a llevar a cabo una modificación del Real Decreto Legislativo 339/1990, de 2 de marzo, por el que se aprueba el Texto Articulado de la Ley sobre Tráfico, Circulación de Vehículos a Motor y Seguridad Vial.

»La modificación que se propone conlleva la supresión del párrafo tercero de la Disposición Adicional cuarta de la Ley 6/1997, de 14 de abril, de Organización y Funcionamiento de la Administración General del Estado, que es la que atribuye a los Delegados y Subdelegados del Gobierno la competencia para sancionar las infracciones previstas en la Ley de Seguridad Vial.

»La modificación de la Ley de Seguridad Vial se refiere al artículo 68 sobre Competencias, para atribuir la competencia sancionadora a los Jefes de Tráfico, previendo de manera expresa la posibilidad de que éstos deleguen en el Director del Centro de Tratamiento de Denuncias Automatizadas en las infracciones detectadas a través de medios de captación y reproducción de imágenes que permitan la identificación del vehículo.

»Como consecuencia de la modificación anterior, se modifica también el artículo 80, sobre Recursos, ya que, con la nueva atribución de la competencia, el Director General de Tráfico es el competente para resolver el recurso de alzada contra las resoluciones sancionadoras de los Jefes de Tráfico o del Director del Centro; así como el artículo 82, sobre anotación y cancelación, para que la anotación de las sanciones firmes graves y muy graves en el Registro de conductores e infractores, se haga por el órgano competente de la Jefatura Central de Tráfico, en unos casos, por la Jefatura de Tráfico instructora del procedimiento y, en otros, por el propio Centro.»

V. RD 818/2009, de 8 de mayo (*BOE* n.º 138, de 8 de junio), por el que se aprueba el Reglamento General de Conductores, modificado en su texto por RD 475/2013, de 21 de junio (*BOE* n.º 162, de 8 de julio); por RD 1.055/2015, de 20 de noviembre (*BOE* n.º 279, de 21 de noviembre); y por RD 971/2020, de 10 de noviembre (*BOE* n.º 297, de 11 de noviembre), y en su Anexo por Órdenes INT/1.407/2012, de 25 de junio (*BOE* n.º 155, de 29 de junio); INT/2.229/2013, de 25 de noviembre (*BOE* n.º 288, de 2 de diciembre); INT/1.676/2016, de 19 de octubre (*BOE* n.º 255, de 21 de octubre; corrección de erratas en *BOE* n.º 261, de 28 de octubre), PRA/375/2018, de 11 de abril (*BOE* n.º 89, de 12 de abril; corrección de errores en *BOE* n.º 103, de 28 de abril) e INT/156/2021, de 23 de febrero (*BOE* n.º 48, de 25 de febrero); LTCVM; Reglamento General de Circulación para la aplicación y desarrollo del texto articulado de la Ley sobre Tráfico, Circulación de Vehículos a Motor y Seguridad Vial, aprobado por RD 1428/2003, de 21 de noviembre (*BOE* n.º 306, de 23 de diciembre), modificado por RD 965/2006, de 1 de septiembre (*BOE* n.º 212, de 5 de septiembre), por RD 303/2011, de 4 de marzo (*BOE* n.º 55, de 5 de marzo), por RD 667/2015, de 17 de julio (*BOE* n.º 171, de 18 de julio), por RD 970/2020, de 10 de noviembre (*BOE* n.º 297, de 11 de noviembre) y por RD 159/2021, de 16 de marzo (*BOE* n.º 65, de 17 de marzo); Reglamento de procedimiento sancionador en materia de tráfico, circulación de vehículos a motor y seguridad vial, aprobado por RD 320/1994, de 25 de febrero (*BOE* n.º 95, de 21 de

gado con la pena de prisión de tres a seis meses o con la de multa de seis a doce meses o con la de trabajos en beneficio de la comunidad de treinta y uno a noventa días, y, en cualquier caso, con la de privación del derecho a conducir vehículos a motor y ciclomotores por tiempo superior a uno y hasta cuatro años.

2. Con las mismas penas será castigado el que condujere un vehículo de motor o ciclomotor bajo la influencia de drogas tóxicas, estupefacientes, sustancias psicotrópicas o de bebidas alcohólicas. En todo caso será condenado con dichas penas el que condujere con una tasa de alcohol en aire espirado superior a 0,60 miligramos por litro o con una tasa de alcohol en sangre superior a 1,2 gramos por litro.

Art. 380. 1. El que condujere un vehículo a motor o un ciclomotor con temeridad manifiesta y pusiere en concreto peligro la vida o la integridad de las personas será castigado con las penas de prisión de seis meses a dos años y privación del derecho a conducir vehículos a motor y ciclomotores por tiempo superior a uno y hasta seis años.

2. A los efectos del presente precepto se reputará manifiesta-

---

abril), y modificado por RRDD 1.161/1998, de 30 de enero (*BOE* n.º 42, de 18 de febrero), 137/2000, de 4 de febrero (*BOE* n.º 42, de 18 de febrero), y 318/2003, de 14 de marzo (*BOE* n.º 82, de 5 de abril); y RD-L 4/2021, de 9 de marzo (*BOE* n.º 59, de 10 de marzo), por el que se regulan los servicios de auxilio en las vías públicas.

Art. 379: Este artículo figura redactado conforme al texto de la LO 5/2010, de 22 de junio (*BOE* n.º 152, de 23 de junio). V. art. 31 LPPNA. V., también, Orden de 29 de julio de 1981 sobre investigación del grado de impregnación alcohólica de los usuarios de las vías públicas (*BOE* n.º 186, de 5 de agosto), así como art. 12 LTCVM; y arts. 20 ss. Reglamento General de Circulación, aprobado por RD 13/1992, de 17 de enero (*BOE* n.º 27, de 31 de enero; corrección de errores en *BOE* n.º 61, de 11 de marzo) y modificado por RD 1.333/1994, de 20 de junio (*BOE* n.º 169, de 16 de julio; corrección de errores en *BOE* n.º 14, de 17 de enero de 1995), RD 116/1998, de 30 de enero (*BOE* n.º 42, de 18 de febrero), y RD 2.282/1998, de 23 de octubre (*BOE* n.º 266, de 6 de noviembre de 1998; corrección de erratas en *BOE* n.º 22, de 26 de enero de 1999). V., también, Orden de 27 de julio de 1994 por la que se establece el control metrológico del Estado para los instrumentos destinados a medir la concentración de alcohol en el aire espirado (*BOE* n.º 181, de 30 de julio). V., también, RD 2.484/1994, de 23 de diciembre (*BOE* n.º 18, de 21 de enero de 1995), por el que se regula la utilización, instalación y comprobación de funcionamiento de dispositivos de limitación de velocidad en determinadas categorías de vehículos. Téngase en cuenta que el Anexo de este RD ha sido modificado por Orden de 28 de octubre de 1996 (*BOE* n.º 273, de 12 de noviembre).

V., finalmente, el RD 2.242/1996, de 18 de octubre (*BOE* n.º 259, de 26 de octubre), por el que se establecen normas sobre tiempos de conducción, descanso y uso del tacógrafo.

mente temeraria la conducción en la que concurrieren las circunstancias previstas en el apartado primero y en el inciso segundo del apartado segundo del artículo anterior.

Art. 381. 1. Será castigado con las penas de prisión de dos a cinco años, multa de doce a veinticuatro meses y privación del derecho a conducir vehículos a motor y ciclomotores durante un período de seis a diez años el que, con manifiesto desprecio por la vida de los demás, realizare la conducta descrita en el artículo anterior.

2. Cuando no se hubiere puesto en concreto peligro la vida o la integridad de las personas, las penas serán de prisión de uno a dos años, multa de seis a doce meses y privación del derecho a conducir vehículos a motor y ciclomotores por el tiempo previsto en el párrafo anterior.

3. [...]

Art. 382. Cuando con los actos sancionados en los artículos 379, 380 y 381 se ocasionare, además del riesgo prevenido, un resultado lesivo constitutivo de delito, cualquiera que sea su gravedad, los Jueces o Tribunales apreciarán tan sólo la infracción más gravemente penada, aplicando la pena en su mitad superior y condenando, en todo caso, al resarcimiento de la responsabilidad civil que se hubiera originado.

Cuando el resultado lesivo concurra con un delito del artículo 381, se impondrá en todo caso la pena de privación del derecho a conducir vehículos a motor y ciclomotores prevista en este precepto en su mitad superior.

Art. 382 bis. 1. El conductor de un vehículo a motor o de un ciclomotor que, fuera de los

---

Art. 381: El apartado 3 de este artículo ha sido suprimido por la LO 5/2010, de 22 de junio (*BOE* n.º 152, de 23 de junio).

Art. 382: Este artículo figura redactado conforme al texto de la LO 2/2019, de 1 de marzo (*BOE* n.º 53, de 2 de marzo), de modificación del Código Penal en materia de imprudencia en la conducción de vehículos a motor o ciclomotor y sanción del abandono del lugar del accidente. La redacción vigente hasta entonces era la siguiente:

> *Art. 382.* Cuando con los actos sancionados en los artículos 379, 380 y 381 se ocasionare, además del riesgo prevenido, un resultado lesivo consti tutivo de delito, cualquiera que sea su gravedad, los jueces o tribunales apre- ciarán tan sólo la infracción más gravemente penada, aplicando la pena en su mitad superior y condenando, en todo caso, al resarcimiento de la responsabilidad civil que se hubiera originado.

Art. 382 bis: Este artículo ha sido introducido por la LO 2/2019, de 1 de marzo (*BOE* n.º 53, de 2 de marzo), de modificación del Código Penal en materia de impru-

casos contemplados en el artículo 195, voluntariamente y sin que concurra riesgo propio o de terceros, abandone el lugar de los hechos tras causar un accidente en el que fallecieran una o varias personas o en el que se le causare lesión constitutiva de un delito del artículo 152.2, será castigado como autor de un delito de abandono del lugar del accidente.

2. Los hechos contemplados en este artículo que tuvieran su origen en una acción imprudente del conductor, serán castigados con la pena de prisión de seis meses a cuatro años y privación del derecho a conducir vehículos a motor y ciclomotores de uno a cuatro años.

3. Si el origen de los hechos que dan lugar al abandono fuera fortuito le corresponderá una pena de tres a seis meses de prisión y privación del derecho a conducir vehículos a motor y ciclomotores de seis meses a dos años.

Art. 383. El conductor que, requerido por un agente de la autoridad, se negare a someterse a las pruebas legalmente establecidas para la comprobación de las tasas de alcoholemia y la presencia de las drogas tóxicas, estupefacientes y sustancias psicotrópicas a que se refieren los artículos anteriores, será castigado con la pena de prisión de seis meses a un año y privación del derecho a conducir vehículos a motor y ciclomotores por tiempo superior a uno y hasta cuatro años.

Art. 384. El que condujere un vehículo de motor o ciclomotor en los casos de pérdida de vigencia del permiso o licencia por pérdida total de los puntos asignados legalmente, será castigado con la pena de prisión de tres a seis meses o con la de multa de doce a veinticuatro meses o con la de trabajos en beneficio de la comunidad de treinta y uno a noventa días.

---

dencia en la conducción de vehículos a motor o ciclomotor y sanción del abandono del lugar del accidente.

Art. 384: Este artículo figura redactado conforme al texto de la LO 5/2010, de 22 de junio (*BOE* n.º 152, de 23 de junio). El ATC 67/2018, de 20 de junio (*BOE* n.º 179, de 25 de julio), de inadmisión de una cuestión de inconstitucionalidad sobre el inciso segundo del párrafo segundo de este precepto, en relación con el art. 77.*k*) del RD-L 6/2015, de 30 de octubre, dice: «Mientras el tipo penal sanciona a quien conduce un vehículo o ciclomotor sin haber obtenido nunca un permiso o licencia que habilite a conducirlos, cualesquiera que sean sus características, el tipo administrativo califica como sancionable la carencia de autorización administrativa específica para conducir el concreto vehículo o ciclomotor que se maneja, pero sin excluir que el conductor tenga licencia para conducir otro distinto.»

La misma pena se impondrá al que realizare la conducción tras haber sido privado cautelar o definitivamente del permiso o licencia por decisión judicial y al que condujere un vehículo de motor o ciclomotor sin haber obtenido nunca permiso o licencia de conducción.

Art. 385. Será castigado con la pena de prisión de seis meses a dos años o a las de multa de doce a veinticuatro meses y trabajos en beneficio de la comunidad de diez a cuarenta días, el que originare un grave riesgo para la circulación de alguna de las siguientes formas:

1.ª Colocando en la vía obstáculos imprevisibles, derramando sustancias deslizantes o inflamables o mutando, sustrayendo o anulando la señalización o por cualquier otro medio.

2.ª No restableciendo la seguridad de la vía, cuando haya obligación de hacerlo.

Art. 385 bis. El vehículo a motor o ciclomotor utilizado en los hechos previstos en este capítulo se considerará instrumento del delito a los efectos de los artículos 127 y 128.

Art. 385 ter. En los delitos previstos en los artículos 379, 383, 384 y 385, el juez o tribunal, razonándolo en sentencia, podrá rebajar en un grado la pena de prisión en atención a la menor entidad del riesgo causado y a las demás circunstancias del hecho.

Art. 385 bis: Este artículo ha sido incorporado por la LO 5/2010, de 22 de junio (*BOE* n.º 152, de 23 de junio).

Art. 385 ter: Este artículo ha sido incorporado por la LO 5/2010, de 22 de junio (*BOE* n.º 152, de 23 de junio).

TÍTULO XVIII

De las falsedades*

CAPÍTULO PRIMERO

DE LA FALSIFICACIÓN DE MONEDA Y EFECTOS TIMBRADOS**

Art. 386. 1. Será castigado con la pena de prisión de ocho a doce años y multa del tanto al décuplo del valor aparente de la moneda:

1.º El que altere la moneda o fabrique moneda falsa.

2.º El que exporte moneda falsa o alterada o la importe a España o a cualquier otro Estado miembro de la Unión Europea.

3.º El que transporte, expenda o distribuya moneda falsa o alterada con conocimiento de su falsedad.

---

* V. arts. 237, n.º 2.º, y 681, n.º 6.º, CC., art. 75 Ley de ordenación de la Emigración, aprobado por Decreto 1.000/ 1962, de 3 de mayo (*BOE* n.º 116, de 15 de mayo); v. también art. 20.*a*) LCAP.

** El art. 65.1.º*b*) LOPJ atribuye a la Audiencia Nacional la competencia para enjuiciar los delitos comprendidos en este Capítulo, salvo que correspondan en primera instancia a los Juzgados Centrales de lo Penal. V., también, art. 23 de la mencionada LOPJ, reproducido en nota al art. 3.º1 LE (Apéndice 4), Orden de 18 de octubre de 2001 (*BOE* n.º 267, de 7 de noviembre), del Ministerio de Economía, de retirada de monedas de curso legal denominadas en pesetas integrantes del sistema monetario vigente, y RD 857/2003, de 4 de julio (*BOE* n.º 168, de 15 de julio de 2003), sobre coordinación de actuaciones entre las Fuerzas y Cuerpos de Seguridad y la Brigada de Investigación del Banco de España en la lucha contra la falsificación de billetes y monedas.

Art. 386: Este artículo, excepto en sus apartados primero y quinto, figura redactado conforme al texto de la LO 1/2015, de 30 de marzo (*BOE* n.º 77, de 31 de marzo).

V. Convenio de Ginebra de 20 de abril de 1929, para la Represión de la Falsificación de Moneda, ratificado por España el 28 de abril de 1930 (*Gaceta* n.º 98, de 8 de abril de 1931) y reproducido parcialmente en nota al art. 1 LE (Apéndice 4), y Notificación del Reino de España de designación de una Oficina central conforme a los arts. 12 a 15 del Convenio (*BOE* n.º 191, de 11 de agosto de 2006); arts. 263 bis y 282 bis LECr, reproducidos en nota al art. 368 de este Código.

Art. 386.1: Este apartado figura redactado conforme al texto de la LO 1/2019, de 20 de febrero (*BOE* n.º 45, de 21 de febrero), para transponer Directivas de la Unión Europea en los ámbitos financiero y de terrorismo, y abordar cuestiones de índole internacional. La redacción del mismo vigente hasta entonces, dada por la LO 1/2015, de 30 de marzo (*BOE* n.º 77, de 31 de marzo), era la siguiente:

> Será castigado con la pena de prisión de ocho a doce años y multa del tanto al décuplo del valor aparente de la moneda:
> 1.º El que altere la moneda o fabrique moneda falsa.
> 2.º El que introduzca en el país o exporte moneda falsa o alterada.
> 3.º El que transporte, expenda o distribuya moneda falsa o alterada con conocimiento de su falsedad.

2. Si la moneda falsa fuera puesta en circulación se impondrá la pena en su mitad superior.

La tenencia, recepción u obtención de moneda falsa para su expedición o distribución o puesta en circulación será castigada con la pena inferior en uno o dos grados, atendiendo al valor de aquélla y al grado de connivencia con el falsificador, alterador, introductor o exportador.

3. El que habiendo recibido de buena fe moneda falsa la expenda o distribuya después de constarle su falsedad será castigado con la pena de prisión de tres a seis meses o multa de seis a veinticuatro meses. No obstante, si el valor aparente de la moneda no excediera de 400 euros, se impondrá la pena de multa de uno a tres meses.

4. Si el culpable perteneciere a una sociedad, organización o asociación, incluso de carácter transitorio, que se dedicare a la realización de estas actividades, el juez o tribunal podrá imponer alguna o algunas de las consecuencias previstas en el artículo 129 de este Código.

5. Cuando, de acuerdo con lo establecido en el artículo 31 bis, una persona jurídica sea responsable de los anteriores delitos, se le impondrá la pena de multa del triple al décuplo del valor aparente de la moneda. Atendidas las reglas establecidas en el artículo 66 bis, los jueces y tribunales podrán asimismo imponer las penas recogidas en las letras *b*) a *g*) del apartado 7 del artículo 33.

Art. 387. A los efectos del artículo anterior, se entiende por moneda la metálica y el papel

---

Art. 386.5: Este apartado figura redactado conforme al texto de la LO 1/2019, de 20 de febrero (*BOE* n.º 45, de 21 de febrero), para transponer Directivas de la Unión Europea en los ámbitos financiero y de terrorismo, y abordar cuestiones de índole internacional. La redacción del mismo vigente hasta entonces, dada por la LO 1/2015, de 30 de marzo (*BOE* n.º 77, de 31 de marzo), era la siguiente:

> Cuando, de acuerdo con lo establecido en el artículo 31 bis, una persona jurídica sea responsable de los anteriores delitos, se le impondrá la pena de multa del triple al décuplo del valor aparente de la moneda.

Art. 387: El primer párrafo de este artículo figura redactado conforme al texto de la LO 1/2019, de 20 de febrero (*BOE* n.º 45, de 21 de febrero), para transponer Directivas de la Unión Europea en los ámbitos financiero y de terrorismo, y abordar cuestiones de índole internacional. Su redacción vigente hasta entonces, dada por la LO 1/2015, de 30 de marzo (*BOE* n.º 77, de 31 de marzo), era la siguiente:

> A los efectos del artículo anterior, se entiende por moneda la metálica y el papel moneda de curso legal y aquella que previsiblemente será puesta en curso legal. Se equipararán a la moneda nacional las de otros países de la Unión Europea y las extranjeras.

moneda de curso legal y aquella que no ha sido todavía emitida o puesta en circulación oficialmente pero que está destinada a su circulación como moneda de curso legal. Se equipararán a la moneda nacional las de otros países de la Unión Europea y las extranjeras.

Se tendrá igualmente por moneda falsa aquella que, pese a ser realizada en las instalaciones y con los materiales legales, se realiza incumpliendo, a sabiendas, las condiciones de emisión que hubiere puesto la autoridad competente o cuando se emita no existiendo orden de emisión alguna.

Art. 388. La condena de un tribunal extranjero, impuesta por delito de la misma naturaleza de los comprendidos en este capítulo, será equiparada a las sentencias de los jueces o tribunales españoles a los efectos de reincidencia, salvo que el antecedente penal haya sido cancelado o pudiese serlo con arreglo al Derecho español.

Art. 389. El que falsificare o expendiere, en connivencia con el falsificador, sellos de correos o efectos timbrados, o los introdujera en España conociendo su falsedad, será castigado con la pena de prisión de seis meses a tres años.

El adquirente de buena fe de sellos de correos o efectos timbrados que, conociendo su falsedad, los distribuyera o utilizara será castigado con la pena de prisión de tres a seis meses o multa de seis a veinticuatro meses. No obstante, si el valor aparente de los sellos o efectos timbrados no excediera de 400 euros, se impondrá la pena de multa de uno a tres meses.

El segundo párrafo mantiene la redacción dada por la LO 1/2015, de 30 de marzo (*BOE* n.º 77, de 31 de marzo).

V. art. 5.º del Convenio de Ginebra citado en nota al art. anterior. V. Circular monetaria 1/1995, de 28 de febrero, del Banco de España (*BOE* n.º 59, de 10 de marzo), sobre utilización publicitaria de billetes o monedas o sus reproducciones.

Art. 388: V. art. 6.º del Convenio de Ginebra citado en nota al art. 386, y LO 7/2014, de 12 de noviembre (*BOE* n.º 275, de 13 de noviembre; corrección de erratas en *BOE* n.º 276, de 14 de noviembre), sobre intercambio de información de antecedentes penales y consideración de resoluciones judiciales penales en la Unión Europea.

Art. 389: El segundo párrafo de este artículo figura redactado conforme al texto de la LO 1/2015, de 30 de marzo (*BOE* n.º 77, de 31 de marzo).

CAPÍTULO II

DE LAS FALSEDADES DOCUMENTALES*

SECCIÓN 1.ª

De la falsificación de documentos públicos, oficiales y mercantiles y de los despachos transmitidos por servicios de telecomunicación

Art. 390. 1. Será castigado con las penas de prisión de tres a seis años, multa de seis a veinticuatro meses e inhabilitación especial por tiempo de dos a seis años, la autoridad o funcionario público que, en el ejercicio de sus funciones, cometa falsedad:

1.º Alterando un documento en alguno de sus elementos o requisitos de carácter esencial.

2.º Simulando un documento en todo o en parte, de manera que induzca a error sobre su autenticidad.

3.º Suponiendo en un acto la intervención de personas que no la han tenido, o atribuyendo a las que han intervenido en él declaraciones o manifestaciones diferentes de las que hubieran hecho.

4.º Faltando a la verdad en la narración de los hechos.

2. Será castigado con las mismas penas a las señaladas en el apartado anterior el responsable de cualquier confesión religiosa que incurra en alguna de las conductas descritas en los números anteriores, respecto de actos y documentos que puedan producir efecto en el estado de las personas o en el orden civil.

Art. 391. La autoridad o funcionario público que por imprudencia grave incurriere en alguna de las falsedades previstas en el artículo anterior o diere lugar a que otro las cometa, será castigado con la pena de multa de seis a doce meses y suspensión de empleo o cargo público por tiempo de seis meses a un año.

Art. 392. 1. El particular que cometiere en documento público, oficial o mercantil, alguna de las falsedades descritas en los tres primeros números del apartado 1 del artículo 390, será castigado con las penas de pri-

---

* V. art. 954, n.º 3.º, LECr; arts. 596 y 1.796.2.º LEC, y 317 a 323, y 510.2.º LEC 2000; art. 1.216 CC; arts. 54 ss. LPPNA; art. 135.2 Ley Electoral (Apéndice 6); RDL14/1999, de 17 de septiembre (*BOE* n.º 224, de 18 de septiembre), convalidado por Resolución de 21 de octubre de 1999 (*BOE* n.º 257, de 27 de octubre), del Congreso

sión de seis meses a tres años y multa de seis a doce meses.

2. Las mismas penas se impondrán al que, sin haber intervenido en la falsificación, traficare de cualquier modo con un documento de identidad falso. Se impondrá la pena de prisión de seis meses a un año y multa de tres a seis meses al que hiciere uso, a sabiendas, de un documento de identidad falso.

Esta disposición es aplicable aun cuando el documento de identidad falso aparezca como perteneciente a otro Estado de la Unión Europea o a un tercer Estado o haya sido falsificado o adquirido en otro Estado de la Unión Europea o en un tercer Estado si es utilizado o se trafica con él en España.

Art. 393. El que, a sabiendas de su falsedad, presentare en juicio o, para perjudicar a otro, hiciere uso de un documento falso de los comprendidos en los artículos precedentes, será castigado con la pena inferior en grado a la señalada a los falsificadores.

Art. 394. 1. La autoridad o funcionario público encargado de los servicios de telecomunicación que supusiere o falsificare un despacho telegráfico u otro propio de dichos servicios, incurrirá en la pena de prisión de seis meses a tres años e inhabilitación especial por tiempo de dos a seis años.

2. El que, a sabiendas de su falsedad, hiciere uso del despa-

---

de los Diputados, sobre firma electrónica; y la Instrucción de 20 de marzo de 2006 (*BOE* n.º 97, de 24 de abril), de la Dirección General de los Registros y del Notariado, sobre prevención del fraude documental en materia de estado civil. V. también la LO 1/2020, de 16 de septiembre (*BOE* n.º 248, de 17 de septiembre), sobre la utilización de los datos del Registro de Pasajeros para la prevención, detección, investigación y enjuiciamiento de delitos de terrorismo y delitos graves, modificada por LO 7/2021, de 26 de mayo (*BOE* n.º 126, de 27 de mayo), de protección de datos personales tratados para fines de prevención, detección, investigación y enjuiciamiento de infracciones penales y de ejecución de sanciones penales.

Art. 390: V. art. 140 Ley de Régimen Electoral General (Apéndice 6).

Art. 392: Este artículo figura redactado conforme al texto de la LO 5/2010, de 22 de junio (*BOE* n.º 152, de 23 de junio). V. el RD 1.553/2005, de 23 de diciembre (*BOE* n.º 307, de 24 de diciembre), por el que se regula la expedición del documento nacional de identidad y sus certificados de firma electrónica, modificado por RD 1.586/2009, de 16 de octubre (*BOE* n.º 265, de 3 de noviembre), por RD 869/2013, de 8 de noviembre (*BOE* n.º 281, de 23 de noviembre), y por RD 414/2015, de 29 de mayo (*BOE* n.º 129, de 30 de mayo); y el RD 896/2003, de 11 de julio (*BOE* n.º 166, de 12 de julio), por el que se regula la expedición del pasaporte ordinario y se determinan sus características, modificado por RD 411/2014, de 6 de junio (*BOE* n.º 154, de 25 de junio).

V., también, art. 141 Ley Orgánica del Régimen Electoral General (Apéndice 6).

Art. 393: V. arts. 461 CP, 514 y 1.796.2.º LEC, y 317 a 323 y 510.2.º LEC 2000, y 954.3.º LECr.

cho falso para perjudicar a otro, será castigado con la pena inferior en grado a la señalada a los falsificadores.

SECCIÓN 2.ª

De la falsificación de documentos privados

Art. 395. El que, para perjudicar a otro, cometiere en documento privado alguna de las falsedades previstas en los tres primeros números del apartado 1 del artículo 390, será castigado con la pena de prisión de seis meses a dos años.

Art. 396. El que, a sabiendas de su falsedad, presentare en juicio o, para perjudicar a otro, hiciere uso de un documento falso de los comprendidos en el artículo anterior, incurrirá en la pena inferior en grado a la señalada a los falsificadores.

SECCIÓN 3.ª

De la falsificación de certificados

Art. 397. El facultativo que librare certificado falso será castigado con la pena de multa de tres a doce meses.

Art. 398. La autoridad o funcionario público que librare certificación falsa con escasa trascendencia en el tráfico jurídico será castigado con la pena de suspensión de seis meses a dos años.

Este precepto no será aplicable a los certificados relativos a

---

Art. 395: V. arts. 1.225 y 1.230 CC.

Art. 398: Este artículo figura redactado conforme al texto de la LO 7/2012, de 27 de diciembre (*BOE* n.º 312, de 28 de diciembre), por la que se modifica la LO 10/1995, de 23 de noviembre, del Código Penal en materia de transparencia y lucha contra el fraude fiscal y en la Seguridad Social. Su Preámbulo, en este sentido, indica:

«Se modifica el artículo 398 del Código Penal para excluir del tipo a los certificados relativos a la Seguridad Social y a la Hacienda Pública. No es infrecuente la falsificación de los certificados de situación de cotización por las empresas deudoras de la Seguridad Social que, como contratistas o subcontratistas, remiten a las empresas principales o contratistas en el marco de la relación jurídica de las contratas o subcontratas. Existiendo un tipo penal propio de falsedad de certificados, surgía la duda de si debían calificarse estas conductas como falsedad en documento oficial cometido por particulares, o como falsedad de certificados cometido por particulares. Se ha estimado conveniente una nueva redacción del artículo 398 al que se remite el artículo 399 del Código Penal, que restrinja su aplicación a la falsedad de certificados de menor trascendencia y que excluya expresamente todo certificado relativo a la Seguridad Social y a la Hacienda Pública, dada la trascendencia en el tráfico jurídico de certificados falsos en el ámbito tributario y de la Seguridad Social.»

la Seguridad Social y a la Hacienda Pública.

Art. 399. 1. El particular que falsificare una certificación de las designadas en los artículos anteriores será castigado con la pena de multa de tres a seis meses.

2. La misma pena se impondrá al que hiciere uso, a sabiendas, de la certificación, así como al que, sin haber intervenido en su falsificación, traficare con ella de cualquier modo.

3. Esta disposición es aplicable aun cuando el certificado aparezca como perteneciente a otro Estado de la Unión Europea o a un tercer Estado o haya sido falsificado o adquirido en otro Estado de la Unión Europea o en un tercer Estado si es utilizado en España.

SECCIÓN 4.ª*

De la falsificación de tarjetas de crédito y débito y cheques de viaje

Art. 399 bis. 1. El que altere, copie, reproduzca o de cualquier otro modo falsifique tarjetas de crédito o débito o cheques de viaje, será castigado con la pena de prisión de cuatro a ocho años. Se impondrá la pena en su mitad superior cuando los efectos falsificados afecten a una generalidad de personas o cuando los hechos se cometan en el marco de una organización criminal dedicada a estas actividades.

Cuando de acuerdo con lo establecido en el artículo 31 bis una persona jurídica sea responsable de los anteriores delitos, se le impondrá la pena de multa de dos a cinco años.

Atendidas las reglas establecidas en el artículo 66 bis, los jueces y tribunales podrán asimismo imponer las penas recogidas en las letras *b*) a *g*) del apartado 7 del artículo 33.

2. La tenencia de tarjetas de crédito o débito o cheques de viaje falsificados destinados a la distribución o tráfico será castigada con la pena señalada a la falsificación.

3. El que sin haber intervenido en la falsificación usare, en perjuicio de otro y a sabiendas de la falsedad, tarjetas de crédi-

---

Art. 399: Este artículo figura redactado conforme al texto de la LO 5/2010, de 22 de junio (*BOE* n.º 152, de 23 de junio).

* Esta Sección ha sido incorporada por la LO 5/2010, de 22 de junio (*BOE* n.º 152, de 23 de junio).

Art. 399 bis: Este artículo ha sido incorporado por la LO 5/2010, de 22 de junio (*BOE* n.º 152, de 23 de junio).

to o débito o cheques de viaje falsificados será castigado con la pena de prisión de dos a cinco años.

CAPÍTULO III

Disposiciones generales*

Art. 400. La fabricación, recepción, obtención o tenencia de útiles, materiales, instrumentos, sustancias, datos y programas informáticos, aparatos, elementos de seguridad, u otros medios específicamente destinados a la comisión de los delitos descritos en los capítulos anteriores, se castigarán con la pena señalada en cada caso para los autores.

Art. 400 bis. En los supuestos descritos en los artículos 392, 393, 394, 396 y 399 de este Código también se entenderá por uso de documento, despacho, certificación o documento de identidad falsos el uso de los correspondientes documentos, despachos, certificaciones o documentos de identidad auténticos realizado por quien no esté legitimado para ello.

CAPÍTULO IV

De la usurpación del estado civil

Art. 401. El que usurpare el estado civil de otro será castigado con la pena de prisión de seis meses a tres años.

CAPÍTULO V

De la usurpación de funciones públicas y del intrusismo

Art. 402. El que ilegítimamente ejerciere actos propios de una autoridad o funcionario público atribuyéndose carácter oficial, será castigado con la pena de prisión de uno a tres años.

Art. 402 bis. El que sin estar autorizado usare pública e inde-

---

* La rúbrica de este Capítulo figura redactada conforme al texto de la LO 5/2010, de 22 de junio (*BOE* n.º 152, de 23 de junio).

Art. 400: Este artículo figura redactado conforme al texto de la LO 1/2015, de 30 de marzo (*BOE* n.º 77, de 31 de marzo).

Art. 400 bis: Este artículo ha sido incorporado por la LO 5/2010, de 22 de junio (*BOE* n.º 152, de 23 de junio).

Art. 401: V. arts. 325 ss. CC.

Art. 402 bis: Este artículo ha sido añadido por la LO 1/2015, de 30 de marzo (*BOE* n.º 77, de 31 de marzo).

bidamente uniforme, traje o insignia que le atribuyan carácter oficial será castigado con la pena de multa de uno a tres meses.

Art. 403. 1. El que ejerciere actos propios de una profesión sin poseer el correspondiente título académico expedido o reconocido en España de acuerdo con la legislación vigente, incurrirá en la pena de multa de doce a veinticuatro meses. Si la actividad profesional desarrollada exigiere un título oficial que acredite la capacitación necesaria y habilite legalmente para su ejercicio, y no se estuviere en posesión de dicho título, se impondrá la pena de multa de seis a doce meses.

2. Se impondrá una pena de prisión de seis meses a dos años si concurriese alguna de las siguientes circunstancias:

a) Si el culpable, además, se atribuyese públicamente la cualidad de profesional amparada por el título referido.

b) Si el culpable ejerciere los actos a los que se refiere el apartado anterior en un local o establecimiento abierto al público en el que se anunciare la prestación de servicios propios de aquella profesión.

Art. 403: Este artículo figura redactado conforme al texto de la LO 1/2015, de 30 de marzo (*BOE* n.º 77, de 31 de marzo).

V. art. 36 CE; art. 38 LPPNA; art. 14, apartado *a*), RD 606/ 1977, de 24 de marzo (*BOE* n.º 86, de 11 de abril); art. 5.º, apartado 1), Ley 2/1974, de 13 de febrero, de Colegios Profesionales (*BOE* n.º 40, de 15 de febrero), parcialmente modificada por Ley 74/1978, de 26 de diciembre (*BOE* n.º 10, de 11 de enero de 1979), y por RD-L 5/1996, de 7 de junio (*BOE* n.º 139, de 8 de junio), de medidas liberalizadoras en materia de suelo y de Colegios Profesionales, luego convertido en Ley 7/1997, de 14 de abril (*BOE* n.º 90, de 15 de abril); RD 1.754/1998, de 31 de julio (*BOE* n.º 188, de 7 de agosto; corrección de erratas en *BOE* n.º 253, de 22 de octubre), por el que se incorporan al Derecho español las Directivas 95/43/CE y 97/38/CE y se modifican los anexos de los RRDD 1.665/1991, de 25 de octubre, y 1.396/1995, de 4 de agosto, relativos al sistema general de reconocimientos de títulos y formaciones profesionales de los Estados miembros de la Unión Europea y demás Estados signatarios del Acuerdo sobre el Espacio Económico Europeo; y RD-L 6/1999, de 16 de abril (*BOE* n.º 92, de 17 de abril; corrección de errores en *BOE* n.º 101, de 28 de abril), de Medidas Urgentes de Liberalización e Incremento de la Competencia.

TÍTULO XIX

Delitos contra la Administración pública*

CAPÍTULO PRIMERO

DE LA PREVARICACIÓN DE LOS FUNCIONARIOS PÚBLICOS Y OTROS COMPORTAMIENTOS INJUSTOS**

Art. 404. A la autoridad o funcionario público que, a sabiendas de su injusticia, dictare una resolución arbitraria en un asunto administrativo se le castigará con la pena de inhabilitación especial para empleo o cargo público y para el ejercicio del derecho de sufragio pasivo por tiempo de nueve a quince años.

---

* V. arts. 757 a 778 LECr; arts. 81.3 Ley de Funcionarios Civiles del Estado (*BOE* n.º 40, de 15 de febrero de 1964), modificada por Ley 53/2002, de 30 de diciembre (*BOE* n.º 313, de 31 de diciembre); 62/2003, de 30 de diciembre (*BOE* n.º 313, de 31 de diciembre), LO 3/2007, de 22 de marzo (*BOE* n.º 71, de 23 de marzo), para la igualdad efectiva de mujeres y hombres, y RDL 5/2015, de 30 de octubre (*BOE* n.º 261, de 31 de octubre; corrección de errores en *BOE* n.º 278, de 20 de noviembre), por el que se aprueba el texto refundido de la Ley del Estatuto Básico del Empleado Público, modificado por LO 3/2018, de 5 de diciembre, de Protección de Datos Personales y garantía de los derechos digitales (*BOE* n.º 294, de 6 de diciembre); por RD-L 6/2019, de 1 de marzo (*BOE* n.º 57, de 7 de marzo), de medidas urgentes para garantía de la igualdad de trato y de oportunidades entre mujeres y hombres en el empleo y la ocupación; por RD-L 29/2020, de 29 de septiembre (*BOE* n.º 259, de 30 de septiembre), y por Ley 11/2020, de 30 de diciembre (*BOE* n.º 341, de 31 de diciembre), de Presupuestos Generales del Estado para el año 2021; art. 31 de la Ley 30/1984, de 2 de agosto, de medidas para la reforma de la función pública (*BOE* n.º 185, de 3 de agosto), reformada por la Ley 13/1996, de 30 de diciembre, de medidas fiscales, administrativas y del orden social (*BOE* n.º 315, de 31 de diciembre), por Ley 50/1998, de 30 de diciembre (*BOE* n.º 313, de 31 de diciembre de 1998; corrección de errores en *BOE* n.º 109, de 7 de mayo de 1999), y por Leyes 39/1999, de 5 de noviembre (*BOE* n.º 266, de 6 de noviembre), 55/1999, de 29 de diciembre (*BOE* n.º 312, de 30 de diciembre; corrección de errores en *BOE* n.º 54, de 3 de marzo de 2000), 14/2000, de 29 de diciembre (*BOE* n.º 313, de 30 de diciembre), 53/2002, de 30 de diciembre (*BOE* n.º 313, de 31 de diciembre); 57/2003, de 16 de diciembre (*BOE* n.º 301, de 17 de diciembre), y 62/2003, de 30 de diciembre (*BOE* n.º 313, de 31 de diciembre); Ley 19/2013, de 9 de diciembre (*BOE* n.º 295, de 10 de diciembre), de transparencia, acceso a la información pública y buen gobierno, modificada por LO 3/2018, de 5 de diciembre, de Protección de Datos Personales y garantía de los derechos digitales (*BOE* n.º 294, de 6 de diciembre); LO 1/2020, de 16 de septiembre (*BOE* n.º 248, de 17 de septiembre), sobre la utilización de los datos del Registro de Pasajeros para la prevención, detección, investigación y enjuiciamiento de delitos de terrorismo y delitos graves, modificada por LO 7/2021, de 26 de mayo (*BOE* n.º 126, de 27 de mayo), de protección de datos personales tratados para fines de prevención, detección, investigación y enjuiciamiento de infracciones penales y de ejecución de sanciones penales; Ley 3/2015, de 30 de marzo

Art. 405. A la autoridad o funcionario público que, en el ejercicio de su competencia y a sabiendas de su ilegalidad, pro-

---

(*BOE* n.º 77, de 31 de marzo), reguladora del ejercicio del alto cargo de la Administración General del Estado; arts. 25 a 37 LRJSP; arts. 4.º a 8.º del Reglamento de Régimen Disciplinario de los Funcionarios de la Administracióndel Estado, aprobado por RD 33/1986, de 10 de enero (*BOE* n.º 15, de 17 de enero); arts. 5.º y 7.º del RD 1.398/ 1993, de 4 de agosto, por el que se aprueba el Reglamento del procedimiento para el ejercicio de la potestad sancionadora de las Administraciones Públicas (*BOE* n.º 189, de 9 de agosto); RD 424/2017, de 28 de abril (*BOE* n.º 113, de 12 de mayo), por el que se regula el régimen jurídico del control interno de las entidades del Sector Público Local; art. 60 de la Ley 50/1981, de 30 de diciembre, por la que se regula el Estatuto Orgánico del Ministerio Fiscal (*BOE* n.º 11, de 13 de enero de 1982), modificada por Ley 14/2003, de 26 de mayo (*BOE* n.º 126, de 27 de mayo), y por LO 7/2021, de 26 de mayo (*BOE* n.º 126, de 27 de mayo), de protección de datos personales tratados para fines de prevención, detección, investigación y enjuiciamiento de infracciones penales y de ejecución de sanciones penales; Ley 10/1995, de 24 de abril, por la que se crea la Fiscalía Especial para la Represión de los Delitos Económicos relacionados con la Corrupción (*BOE* n.º 98, de 25 de abril); RD 923/1995, de 9 de junio (*BOE* n.º 162, de 8 de julio), por el que se fija la plantilla orgánica de la Fiscalía Especial para la Represión de los Delitos Económicos relacionados con la Corrupción; Resolución de 8 de enero de 1996 (*BOE* n.º 11, de 12 de enero), de la Agencia Estatal de Administración Tributaria, por la que se crea la Unidad de Apoyo a la Fiscalía Especial para la Represión de los Delitos Económicos relacionados con la Corrupción; art. 1.º1.º*b*) LOTJ; Orden PCI/161/2019, de 21 de febrero (*BOE* n.º 46, de 22 de febrero), por la que se publica el Acuerdo del Consejo de Seguridad Nacional por el que se aprueba la Estrategia Nacional contra el Crimen Organizado y la Delincuencia Grave; Ley 1/2014, de 26 de junio (*BOE* n.º 193, de 9 de agosto), de la Comunidad Autónoma del País Vasco, reguladora del Código de Conducta y de los Conflictos de Intereses de los Cargos Públicos; Ley 3/2014, de 11 de septiembre (*BOE* n.º 238, de 1 de octubre), de Transparencia y Buen Gobierno de La Rioja, modificada por Ley 5/2017, de 8 de mayo (*BOE* n.º 125, de 26 de mayo), de Cuentas Abiertas para la Administración de La Rioja; Ley 10/2019, de 10 de abril (*BOE* n.º 163, de 9 de julio), de Transparencia y de Participación de la Comunidad de Madrid; Ley 16/2016, de 9 de diciembre (*BOE* n.º 8, de 10 de enero de 2017), de creación de la Oficina de Prevención y Lucha contra la Corrupción en las Illes Balears; Ley 4/2016, de 15 de diciembre (*BOE* n.º 36, de 11 de febrero), de transparencia y buen gobierno de Castilla-La Mancha; Leyes 5/2017, de 1 de junio (*BOE* n.º 216, de 8 de septiembre), de integridad y ética públicas, y 6/2017, de 15 de junio (*BOE* n.º 216, de 8 de septiembre), de Cuentas Abiertas, ambas de la Comunidad Autónoma de Aragón; Ley 1/2018, de 21 de marzo (*BOE* n.º 96, de 20 de abril), de Transparencia de la Actividad Pública, de la Comunidad Autónoma de Cantabria; y Ley 8/2018, de 14 de septiembre (*BOE* n.º 253, de 19 de octubre), de Transparencia, Buen Gobierno y Grupos de Interés de la Comunidad Autónoma del Principado de Asturias. V., también, el Convenio establecido sobre la base de la letra *c*) del apartado 2 del artículo K.3 del Tratado de la Unión Europea, relativo a la lucha contra los actos de corrupción en los que estén implicados funcionarios de las Comunidades Europeas o de los Estados miembros de la Unión Europea, hecho en Bruselas el 26 de mayo de 1997 (*BOE* n.º 74, de 28 de marzo de 2006); la Convención de las Naciones Unidas contra la corrupción, de 31 de octubre de 2003, ratificada por Instrumento de 9 de junio de 2006 (*BOE* n.º 171, de 19 de julio); el Convenio Civil sobre la Corrupción (n.º 174 del Consejo de Europa), hecho en Estrasburgo el 4 de noviem-

pusiere, nombrare o diere posesión para el ejercicio de un determinado cargo público a cualquier persona sin que concurran los requisitos legalmente establecidos para ello, se le castigará con las penas de multa de tres a ocho meses y suspensión de empleo o cargo público por tiempo de uno a tres años.

---

bre de 1999, y ratificado por España mediante Instrumento de 1 de diciembre de 2009 (*BOE* n.º 78, de 31 de marzo de 2010); y Convenio Penal sobre la corrupción (Convenio n.º 173 del Consejo de Europa), hecho en Estrasburgo el 27 de enero de 1999, y ratificado por España mediante Instrumento de 26 de enero de 2010 (*BOE* n.º 182, de 28 de julio), cuya reserva ha sido renovada el 22 de enero de 2014 (*BOE* n.º 32, de 6 de febrero), así como su Protocolo adicional, hecho en Estrasburgo el 15 de mayo de 2003, y ratificado por España mediante Instrumento de 16 de diciembre de 2010 (*BOE* n.º 56, de 7 de marzo, corrección de errores en *BOE* n.º 84, de 8 de abril).

V., también, la Ley 14/2008, de 5 de noviembre (*BOE* n.º 292, de 4 de diciembre), de la Oficina Antifraude de Cataluña, modificada por Ley 7/2009, de 13 de mayo (*BOE* n.º 138, de 8 de junio); la Ley Foral 11/2012, de 21 de junio (*BOE* n.º 168, de 14 de julio), de la transparencia y del Gobierno abierto de la Comunidad Foral de Navarra, modificada por la Ley Foral 5/2016, de 28 de abril (*BOE* n.º 122, de 20 de mayo) y por la Ley Foral 16/2016, de 11 de noviembre, de Cuentas Abiertas, y parcialmente derogada por la Ley Foral 5/2018, de 17 de mayo (*BOE* n.º 139, de 8 de junio), de Transparencia, Acceso a la Información Pública y Buen Gobierno; Ley Foral 7/2018, de 17 de mayo (*BOE* n.º 139, de 8 de junio), de creación de la Oficina de Buenas Prácticas y Anticorrupción de la Comunidad Foral de Navarra; la Ley 12/2014, de 16 de diciembre (*BOE* n.º 8, de 9 de enero de 2015), de transparencia y participación ciudadana de la Comunidad Autónoma de la Región de Murcia, modificada por la Ley 7/2016, de 18 de mayo (*BOE* n.º 150, de 22 de junio); la Ley 19/2014, de 29 de diciembre (*BOE* n.º 18, de 21 de enero de 2015; corrección de errores en *BOE* n.º 64, de 16 de marzo), de la Comunidad Autónoma de Cataluña, de transparencia, acceso a la información pública y buen gobierno; Leyes 2/2015, de 2 de abril (*BOE* n.º 100, de 27 de abril), de transparencia, buen gobierno y participación ciudadana, modificada por Leyes 2/2016, de 4 de marzo (*BOE* n.º 70, de 22 de marzo), y 5/2016, de 6 de mayo (*BOE* n.º 132, de 1 de junio), y esta última, de cuentas abiertas, 8/2016, de 28 de octubre (*BOE* n.º 283, de 23 de noviembre), de incompatibilidades y conflictos de intereses de personas con cargos públicos no electos; y 11/2016, de 28 de noviembre (*BOE* n.º 306, de 20 de diciembre), de la Agencia de Prevención y Lucha contra el Fraude y la Corrupción, todas de la Generalitat Valenciana; la Ley 18/2015, de 23 de diciembre (*BOE* n.º 23, de 27 de enero de 2016), de cuentas abiertas para la Administración Pública Extremeña; la Ley 1/2016, de 18 de enero (*BOE* n.º 81, de 4 de abril), de transparencia y buen gobierno de la Comunidad Autónoma de Galicia; la Ley 2/2016, de 11 de noviembre (*BOE* n.º 296, de 8 de diciembre), por la que se regulan las actuaciones para dar curso a las informaciones que reciba la Administración autonómica de la Comunidad de Castilla y León sobre hechos relacionados con delitos contra la Administración Pública, y se establecen las garantías de los informantes; y la Ley 10/2019, de 10 de abril (*BOE* n.º 163, de 9 de julio), de Transparencia y de Participación de la Comunidad de Madrid.

** V. art. 184 CPM y art. 75 Ley de Ordenación de la Emigración de 3 de mayo de 1962 (*BOE* n.º 116, de 15 de mayo).

Art. 404: Este artículo figura redactado conforme al texto de la LO 1/2015, de 30 de marzo (*BOE* n.º 77, de 31 de marzo). V. LPACAP.

Art. 405: Este artículo figura redactado conforme al texto de la LO 1/2015, de 30 de marzo (*BOE* n.º 77, de 31 de marzo).

Art. 406. La misma pena de multa se impondrá a la persona que acepte la propuesta, nombramiento o toma de posesión mencionada en el artículo anterior, sabiendo que carece de los requisitos legalmente exigibles.

CAPÍTULO II

DEL ABANDONO DE DESTINO Y DE LA OMISIÓN DEL DEBER DE PERSEGUIR DELITOS

Art. 407. 1. A la autoridad o funcionario público que abandonare su destino con el propósito de no impedir o no perseguir cualquiera de los delitos comprendidos en los Títulos XXI, XXII, XXIII y XXIV se le castigará con la pena de prisión de uno a cuatro años e inhabilitación absoluta para empleo o cargo público por tiempo de seis a diez años. Si hubiera realizado el abandono para no impedir o no perseguir cualquier otro delito, se le impondrá la pena de inhabilitación especial para empleo o cargo público por tiempo de uno a tres años.

2. Las mismas penas se impondrán, respectivamente, cuando el abandono tenga por objeto no ejecutar las penas correspondientes a estos delitos impuestas por la autoridad judicial competente.

Art. 408. La autoridad o funcionario que, faltando a la obligación de su cargo, dejare intencionadamente de promover la persecución de los delitos de que tenga noticia o de sus responsables, incurrirá en la pena de inhabilitación especial para empleo o cargo público por tiempo de seis meses a dos años.

Art. 409. A las autoridades o funcionarios públicos que promovieren, dirigieren u organizaren el abandono colectivo y manifiestamente ilegal de un servicio público, se les castigará con la pena de multa de ocho a doce meses y suspensión de empleo o cargo público por tiempo de seis meses a dos años.

Las autoridades o funcionarios públicos que meramente tomaren parte en el abandono co-

---

Art. 407: V. art. 143 Ley Orgánica del Régimen Electoral General (Apéndice 6) y Apéndice 8.

Art. 408: V. art. 181 CPM.

Art. 409: V. RD 1.478/1988, de 9 de diciembre (*BOE* n.º 296, de 10 de diciembre; corrección de errores en *BOE* n.º 298, de 13 de diciembre), por el que se establecen las normas básicas para garantizar el mantenimiento de los servicios esenciales en la Administración del Estado.

lectivo o manifiestamente ilegal de un servicio público esencial y con grave perjuicio de éste o de la comunidad, serán castigados con la pena de multa de ocho a doce meses.

CAPÍTULO III

DE LA DESOBEDIENCIA Y DENEGACIÓN DE AUXILIO*

Art. 410. 1. Las autoridades o funcionarios públicos que se negaren abiertamente a dar el debido cumplimiento a resoluciones judiciales, decisiones u órdenes de la autoridad superior, dictadas dentro del ámbito de su respectiva competencia y revestidas de las formalidades legales, incurrirán en la pena de multa de tres a doce meses e inhabilitación especial para empleo o cargo público por tiempo de seis meses a dos años.

2. No obstante lo dispuesto en el apartado anterior, no incurrirán en responsabilidad criminal las autoridades o funcionarios por no dar cumplimiento a un mandato que constituya una infracción manifiesta, clara y terminante de un precepto de Ley o de cualquier otra disposición general.

Art. 411. La autoridad o funcionario público que, habiendo suspendido, por cualquier motivo que no sea el expresado en el apartado segundo del artículo anterior, la ejecución de las órdenes de sus superiores, las desobedeciere después de que aquéllos hubieren desaprobado la suspensión, incurrirá en las penas de multa de doce a veinticua tro meses, e inhabilitación especial para empleo o cargo público por tiempo de uno a tres años.

Art. 412. 1. El funcionario público que, requerido por autoridad competente, no prestare el auxilio debido para la Administración de Justicia u otro servicio público, incurrirá en las penas de multa de tres a doce meses, y suspensión de empleo o cargo público por tiempo de seis meses a dos años.

2. Si el requerido fuera autoridad, jefe o responsable de una fuerza pública o un agente de la autoridad, se impondrán las penas de multa de doce a dieciocho meses y suspensión de

---

* V. arts. 149 ss. CPM y 49 ss. LPPNA.
Art. 410: V. arts. 103 ss. LRJCA y 17.2.º LOPJ.
Art. 412: V. arts. 118 CE y 17.1.º LOPJ.

empleo o cargo público por tiempo de dos a tres años.

3. La autoridad o funcionario público que, requerido por un particular a prestar algún auxilio a que venga obligado por razón de su cargo para evitar un delito contra la vida de las personas, se abstuviera de prestarlo, será castigado con la pena de multa de dieciocho a veinticuatro meses e inhabilitación especial para empleo o cargo público por tiempo de tres a seis años.

Si se tratase de un delito contra la integridad, libertad sexual, salud o libertad de las personas, será castigado con la pena de multa de doce a dieciocho meses y suspensión de empleo o cargo público de uno a tres años.

En el caso de que tal requerimiento lo fuera para evitar cualquier otro delito u otro mal, se castigará con la pena de multa de tres a doce meses y suspensión de empleo o cargo público por tiempo de seis meses a dos años.

CAPÍTULO IV

DE LA INFIDELIDAD EN LA CUSTODIA DE DOCUMENTOS Y DE LA VIOLACIÓN DE SECRETOS*

Art. 413. La autoridad o funcionario público que, a sabiendas, sustrajere, destruyere, inutilizare u ocultare, total o parcialmente, documentos cuya custodia le esté encomendada por razón de su cargo, incurrirá en las penas de prisión de uno a cuatro años, multa de siete a veinticuatro meses, e inhabilitación especial para empleo o cargo público por tiempo de tres a seis años.

Art. 414. 1. A la autoridad o funcionario público que, por razón de su cargo, tenga encomendada la custodia de documentos respecto de los que la autoridad competente haya restringido el acceso, y que a sabiendas destruya o inutilice los medios puestos para impedir

---

* V. art. 13 Ley 9/1968, de 5 de abril, de Secretos Oficiales (*BOE* n.º 84, de 6 de abril), modificada por Ley 48/1978, de 7 de octubre; Ley 10/1995, de 24 de abril, por la que se crea la Fiscalía Especial para la Represión de los Delitos Económicos relacionados con la Corrupción (*BOE* n.º 98, de 25 de abril); Apéndice 6; nota al rótulo del Título X del Libro II de este Código, y arts. 1.º1.º*b*) y 1.º2.º*f*) LOTJ y 20.*a*) LCAP.

Art. 413: V. art. 579 LECr.

Art. 414: V. arts. 573 ss. LECr.

ese acceso o consienta su destrucción o inutilización, incurrirá en la pena de prisión de seis meses a un año o multa de seis a veinticuatro meses y, en cualquier caso, inhabilitación especial para empleo o cargo público por tiempo de uno a tres años.

2. El particular que destruyere o inutilizare los medios a que se refiere el apartado anterior, será castigado con la pena de multa de seis a dieciocho meses.

Art. 415. La autoridad o funcionario público no comprendido en el artículo anterior que, a sabiendas y sin la debida autorización, accediere o permitiere acceder a documentos secretos cuya custodia le esté confiada por razón de su cargo, incurrirá en la pena de multa de seis a doce meses, e inhabilitación especial para empleo o cargo público por tiempo de uno a tres años.

Art. 416. Serán castigados con las penas de prisión o multa inmediatamente inferiores a las respectivamente señaladas en los tres artículos anteriores los particulares encargados accidentalmente del despacho o custodia de documentos, por comisión del Gobierno o de las autoridades o funcionarios públicos a quienes hayan sido confiados por razón de su cargo, que incurran en las conductas descritas en los mismos.

Art. 417. 1. La autoridad o funcionario público que revelare secretos o informaciones de los que tenga conocimiento por razón de su oficio o cargo y que no deban ser divulgados, incurrirá en la pena de multa de doce a dieciocho meses e inhabilitación especial para empleo o cargo público por tiempo de uno a tres años.

Si de la revelación a que se refiere el párrafo anterior resultara grave daño para la causa pública o para tercero, la pena será de prisión de uno a tres años, e inhabilitación especial para empleo o cargo público por tiempo de tres a cinco años.

2. Si se tratara de secretos de un particular, las penas serán las de prisión de dos a cuatro años, multa de doce a dieciocho meses, y suspensión de empleo o cargo público por tiempo de uno a tres años.

Art. 418. El particular que aprovechare para sí o para un tercero el secreto o la información privilegiada que obtuviere

---

Art. 417: V. arts. 301 y 417.2.º LECr.

Art. 418: Este artículo figura redactado conforme al texto de la LO 1/2015, de 30 de marzo (*BOE* n.º 77, de 31 de marzo).

de un funcionario público o autoridad, será castigado con multa del tanto al triplo del beneficio obtenido o facilitado y la pérdida de la posibilidad de obtener subvenciones o ayudas públicas y del derecho a gozar de los beneficios o incentivos fiscales o de la Seguridad Social durante el período de uno a tres años. Si resultara grave daño para la causa pública o para tercero, la pena será de prisión de uno a seis años y la pérdida de la posibilidad de obtener subvenciones o ayudas públicas y del derecho a gozar de los beneficios o incentivos fiscales o de la Seguridad Social durante el período de seis a diez años.

CAPÍTULO V

DEL COHECHO*

Art. 419. La autoridad o funcionario público que, en provecho propio o de un tercero, recibiere o solicitare, por sí o por persona interpuesta, dádiva, favor o retribución de cualquier clase o aceptare ofrecimiento o promesa para realizar en el ejercicio de su cargo un acto contrario a los deberes inherentes al mismo o para no realizar o retrasar injustificadamente el que debiera practicar, incurrirá en la pena de prisión de tres a seis años, multa de doce a veinticuatro meses, e inhabilitación especial para empleo o cargo público y para el ejercicio del derecho de sufragio pasivo por tiempo de nueve a doce años, sin perjuicio de la pena correspondiente al acto realizado, omitido o retrasado en razón de la retribución o promesa, si fuera constitutivo de delito.

Art. 420. La autoridad o funcionario público que, en provecho propio o de un tercero,

---

* V. art. 185 CPM; art. 75 Ley de Ordenación de la Emigración de 3 de mayo de 1962 (*BOE* n.º 116, de 15 de mayo); Ley 10/1995, de 24 de abril, por la que se crea la Fiscalía Especial para la Represión de los Delitos Económicos relacionados con la Corrupción (*BOE* n.º 98, de 25 de abril); RD 923/1995, de 9 de junio (*BOE* n.º 162, de 8 de julio), por el que se fija la plantilla orgánica de la Fiscalía Especial para la Represión de los Delitos Económicos relacionados con la Corrupción; Resolución de 8 de enero de 1996 (*BOE* n.º 11, de 12 de enero), de la Agencia Estatal de Administración Tributaria, por la que se crea la Unidad de Apoyo a la Fiscalía Especial para la Represión de los Delitos Económicos relacionados con la Corrupción; y arts. 71 LCSP; y 1.º1.º*b*) y 1.º2.º*g*) LOTJ.

Art. 419: Este artículo figura redactado conforme al texto de la LO 1/2015, de 30 de marzo (*BOE* n.º 77, de 31 de marzo).

V. arts. 954.3.º LECr, 1.796.4.º LEC y 49.*a*) LCSP.

Art. 420: Este artículo figura redactado conforme al texto de la LO 1/2015, de 30 de marzo (*BOE* n.º 77, de 31 de marzo).

recibiere o solicitare, por sí o por persona interpuesta, dádiva, favor o retribución de cualquier clase o aceptare ofrecimiento o promesa para realizar un acto propio de su cargo, incurrirá en la pena de prisión de dos a cuatro años, multa de doce a veinticuatro meses e inhabilitación especial para empleo o cargo público y para el ejercicio del derecho de sufragio pasivo por tiempo de cinco a nueve años.

Art. 421. Las penas señaladas en los artículos precedentes se impondrán también cuando la dádiva, favor o retribución se recibiere o solicitare por la autoridad o funcionario público, en sus respectivos casos, como recompensa por la conducta descrita en dichos artículos.

Art. 422. La autoridad o funcionario público que, en provecho propio o de un tercero, admitiera, por sí o por persona interpuesta, dádiva o regalo que le fueren ofrecidos en consideración a su cargo o función, incurrirá en la pena de prisión de seis meses a un año y suspensión de empleo y cargo público de uno a tres años.

Art. 423. Lo dispuesto en los artículos precedentes será igualmente aplicable a los jurados y árbitros, nacionales o internacionales, así como a mediadores, peritos, administradores o interventores designados judicialmente, administradores concursales o a cualesquiera personas que participen en el ejercicio de la función pública.

Art. 424. 1. El particular que ofreciere o entregare dádiva o retribución de cualquier otra clase a una autoridad, fun-

---

Art. 421: Este artículo figura redactado conforme al texto de la LO 5/2010, de 22 de junio (*BOE* n.º 152, de 23 de junio).

Art. 422: Este artículo figura redactado conforme al texto de la LO 5/2010, de 22 de junio (*BOE* n.º 152, de 23 de junio).

Art. 423: Este artículo figura redactado conforme al texto de la LO 1/2019, de 20 de febrero (*BOE* n.º 45, de 21 de febrero), para transponer Directivas de la Unión Europea en los ámbitos financiero y de terrorismo, y abordar cuestiones de índole internacional. La redacción del mismo vigente hasta entonces, dada por la LO 1/2015, de 30 de marzo (*BOE* n.º 77, de 31 de marzo), era la siguiente:

> *Art. 423.* Lo dispuesto en los artículos precedentes será igualmente aplicable a los jurados, árbitros, mediadores, peritos, administradores o interventores designados judicialmente, administradores concursales o a cualesquiera personas que participen en el ejercicio de la función pública.

Art. 424: Este artículo figura redactado conforme al texto de la LO 1/2015, de 30 de marzo (*BOE* n.º 77, de 31 de marzo).

cionario público o persona que participe en el ejercicio de la función pública para que realice un acto contrario a los deberes inherentes a su cargo o un acto propio de su cargo, para que no realice o retrase el que debiera practicar, o en consideración a su cargo o función, será castigado en sus respectivos casos, con las mismas penas de prisión y multa que la autoridad, funcionario o persona corrompida.

2. Cuando un particular entregare la dádiva o retribución atendiendo la solicitud de la autoridad, funcionario público o persona que participe en el ejercicio de la función pública, se le impondrán las mismas penas de prisión y multa que a ellos les correspondan.

3. Si la actuación conseguida o pretendida de la autoridad o funcionario tuviere relación con un procedimiento de contratación, de subvenciones o de subastas convocados por las Administraciones o entes públicos, se impondrá al particular y, en su caso, a la sociedad, asociación u organización a que representare la pena de inhabilitación para obtener subvenciones y ayudas públicas, para contratar con entes, organismos o entidades que formen parte del sector público y para gozar de beneficios o incentivos fiscales y de la Seguridad Social por un tiempo de cinco a diez años.

Art. 425. Cuando el soborno mediare en causa criminal a favor del reo por parte de su cónyuge u otra persona a la que se halle ligado de forma estable por análoga relación de afectividad, o de algún ascendiente, descendiente o hermano por naturaleza, por adopción o afines en los mismos grados, se impondrá al sobornador la pena de prisión de seis meses a un año.

Art. 426. Quedará exento de pena por el delito de cohecho el particular que, habiendo accedido ocasionalmente a la solicitud de dádiva u otra retribución realizada por autoridad o funcionario público, denunciare el hecho a la autoridad que tenga el deber de proceder a su averiguación antes de la apertura del procedimiento, siempre que no haya transcurrido más de dos meses desde la fecha de los hechos.

Art. 425: Este artículo figura redactado conforme al texto de la LO 5/2010, de 22 de junio (*BOE* n.º 152, de 23 de junio).

Art. 426: Este artículo figura redactado conforme al texto de la LO 5/2010, de 22 de junio (*BOE* n.º 152, de 23 de junio).

Art. 427. Lo dispuesto en los artículos precedentes será también aplicable cuando las conductas descritas sean realizadas por o afecten a:

a) Cualquier persona que ostente un cargo o empleo legislativo, administrativo o judicial de un país de la Unión Europea o de cualquier otro país extranjero, tanto por nombramiento como por elección.

b) Cualquier persona que ejerza una función pública para un país de la Unión Europea o cualquier otro país extranjero, incluido un organismo público o una empresa pública, para la Unión Europea o para otra organización internacional pública.

c) Cualquier funcionario o agente de la Unión Europea o de una organización internacional pública.

d) Cualquier persona a la que se haya asignado y que esté ejerciendo una función de servicio público que consista en la gestión, en los Estados miembros o en terceros países, de intereses financieros de la Unión Europea o en tomar decisiones sobre esos intereses.

Art. 427 bis. Cuando de acuerdo con lo establecido en el artículo 31 bis una persona jurídica sea responsable de los delitos recogidos en este capítulo, se le impondrán las siguientes penas:

a) Multa de dos a cinco años, o del triple al quíntuple del beneficio obtenido cuando la cantidad resultante fuese más elevada, si el delito cometido por la persona física tiene prevista una pena de prisión de más de cinco años.

Art. 427: Este artículo figura redactado conforme al texto de la LO 1/2019, de 20 de febrero (*BOE* n.º 45, de 21 de febrero), para transponer Directivas de la Unión Europea en los ámbitos financiero y de terrorismo, y abordar cuestiones de índole internacional. La redacción del mismo vigente hasta entonces, dada por la LO 1/2015, de 30 de marzo (*BOE* n.º 77, de 31 de marzo), era la siguiente:

> *Art. 427.* Lo dispuesto en los artículos precedentes será también aplicable cuando los hechos sean imputados o afecten a:
>
> *a*) Cualquier persona que ostente un cargo o empleo legislativo, administrativo o judicial de un país de la Unión Europea o de cualquier otro país extranjero, tanto por nombramiento como por elección.
>
> *b*) Cualquier persona que ejerza una función pública para un país de la Unión Europea o cualquier otro país extranjero, incluido un organismo público o una empresa pública, para la Unión Europea o para otra organización internacional pública.
>
> *c*) Cualquier funcionario o agente de la Unión Europea o de una organización internacional pública.

Art. 427 bis: Este artículo ha sido añadido por la LO 1/2015, de 30 de marzo (*BOE* n.º 77, de 31 de marzo).

b) Multa de uno a tres años, o del doble al cuádruple del beneficio obtenido cuando la cantidad resultante fuese más elevada, si el delito cometido por la persona física tiene prevista una pena de más de dos años de privación de libertad no incluida en el anterior inciso.

c) Multa de seis meses a dos años, o del doble al triple del beneficio obtenido si la cantidad resultante fuese más elevada, en el resto de los casos.

Atendidas las reglas establecidas en el artículo 66 bis, los jueces y tribunales podrán asimismo imponer las penas recogidas en las letras *b*) a *g*) del apartado 7 del artículo 33.

CAPÍTULO VI

Del tráfico de influencias*

Art. 428. El funcionario público o autoridad que influyere en otro funcionario público o autoridad prevaliéndose del ejercicio de las facultades de su cargo o de cualquier otra situación derivada de su relación personal o jerárquica con éste o con otro funcionario o autoridad para conseguir una resolución que le pueda generar direc-

---

* V. arts. 1.º1.º*b*) y 1.º2.º*h*) LOTJ; Ley 53/1984, de 26 de diciembre, de Incompatibilidades del Personal al Servicio de las Administraciones Públicas (*BOE* n.º 4, de 4 de enero de 1985), modificada por Ley 7/2007, de 12 de abril (*BOE*, n.º 89, de 13 de abril), del Estatuto Básico del Empleado Público; y RD 598/1985, de 30 de abril, sobre Incompatibilidades del Personal al Servicio de la Administración del Estado, de la Seguridad Social y de los Entes, Organismos y Empresas dependientes (*BOE* n.º 107, de 4 de mayo), modificada por la Ley 13/1996, de 30 de diciembre, de medidas fiscales, administrativas y del orden social (*BOE* n.º 315, de 31 de diciembre); así como el art. 159 de la Ley Orgánica del Régimen Electoral General, en la redacción dada por la LO 8/1991, de 13 de marzo (*BOE* n.º 63, de 14 de marzo); Ley 12/1995, de 11 de mayo, de Incompatibilidades de los Miembros del Gobierno de la Nación y de los Altos Cargos de la Administración General del Estado (*BOE* n.º 113, de 12 de mayo); Ley 3/2015, de 30 de marzo (*BOE* n.º 77, de 31 de marzo), reguladora del ejercicio del alto cargo de la Administración General del Estado; art. 71 LCSP; Ley 3/2005, de 8 de abril (*BOE* n.º 117, de 17 de mayo), de incompatibilidades de altos cargos de la Administración de la Junta de Andalucía, y de declaración de actividades, bienes e intereses de altos cargos y otros cargos públicos, modificada por Ley 8/2016, de 12 de diciembre (*BOE* n.º 15, de 18 de enero de 2017), y por Ley 2/2021, de 18 de junio (*BOE* n.º 163, de 9 de julio), de lucha contra el fraude y la corrupción en Andalucía y protección de la persona denunciante; Ley 8/2016, de 28 de octubre (*BOE* n.º 283, de 23 de noviembre), de incompatibilidades y conflictos de intereses de personas con cargos públicos no electos, de la Comunitat Valenciana; y Ley 3/2016, de 30 de noviembre (*BOE* n.º 313, de 28 de diciembre), del Estatuto de los Altos Cargos de la Administración de la Comunidad de Castilla y León.

Art. 428: Este artículo figura redactado conforme al texto de la LO 1/2015, de 30 de marzo (*BOE* n.º 77, de 31 de marzo).

ta o indirectamente un beneficio económico para sí o para un tercero, incurrirá en las penas de prisión de seis meses a dos años, multa del tanto al duplo del beneficio perseguido u obtenido e inhabilitación especial para empleo o cargo público y para el ejercicio del derecho de sufragio pasivo por tiempo de cinco a nueve años. Si obtuviere el beneficio perseguido, estas penas se impondrán en su mitad superior.

Art. 429. El particular que influyere en un funcionario público o autoridad prevaliéndose de cualquier situación derivada de su relación personal con éste o con otro funcionario público o autoridad para conseguir una resolución que le pueda generar directa o indirectamente un beneficio económico para sí o para un tercero, será castigado con las penas de prisión de seis meses a dos años, multa del tanto al duplo del beneficio perseguido u obtenido, y prohibición de contratar con el sector público, así como la pérdida de la posibilidad de obtener subvenciones o ayudas públicas y del derecho a gozar de beneficios o incentivos fiscales y de la Seguridad Social por tiempo de seis a diez años. Si obtuviere el beneficio perseguido, estas penas se impondrán en su mitad superior.

Art. 430. Los que, ofreciéndose a realizar las conductas descritas en los dos artículos anteriores, solicitaren de terceros dádivas, presentes o cualquier otra remuneración, o aceptaren ofrecimiento o promesa, serán castigados con la pena de prisión de seis meses a un año. Si el delito fuere cometido por autoridad o funcionario público se le impondrá, además, la pena de inhabilitación especial para cargo o empleo público y para el ejercicio del derecho de sufragio pasivo por tiempo de uno a cuatro años.

Cuando de acuerdo con lo establecido en el artículo 31 bis una persona jurídica sea responsable de los delitos recogidos en este capítulo, se le impondrá la pena de multa de seis meses a dos años.

Atendidas las reglas establecidas en el artículo 66 bis, los jueces y tribunales podrán asimismo imponer las penas recogidas en las letras *b*) a *g*) del apartado 7 del artículo 33.

Art. 429: Este artículo figura redactado conforme al texto de la LO 1/2015, de 30 de marzo (*BOE* n.º 77, de 31 de marzo).

Art. 430: Este artículo figura redactado conforme al texto de la LO 1/2015, de 30 de marzo (*BOE* n.º 77, de 31 de marzo).

Art. 431. A los efectos de este capítulo se entenderán funcionarios públicos los determinados por los artículos 24 y 427.

CAPÍTULO VII

De la malversación*

Art. 432. 1. La autoridad o funcionario público que cometiere el delito del artículo 252 sobre el patrimonio público, será castigado con una pena de prisión de dos a seis años, inhabilitación especial para cargo o empleo público y para el ejercicio del derecho de sufragio pasivo por tiempo de seis a diez años.

2. Se impondrá la misma pena a la autoridad o funcionario público que cometiere el delito del artículo 253 sobre el patrimonio público.

3. Se impondrán las penas de prisión de cuatro a ocho años e inhabilitación absoluta por tiempo de diez a veinte años si en los hechos a que se refieren los dos números anteriores hubiere concurrido alguna de las circunstancias siguientes:

a) se hubiera causado un grave daño o entorpecimiento al servicio público, o

b) el valor del perjuicio causado o de los bienes o efectos apropiados excediere de 50.000 euros.

Si el valor del perjuicio causado o de los bienes o efectos apropiados excediere de 250.000 euros, se impondrá la pena en su mitad superior, pudiéndose llegar hasta la superior en grado.

Art. 433. Los hechos a que se refiere el artículo anterior serán castigados con una pena de

---

Art. 431: Este artículo figura redactado conforme al texto de la LO 1/2019, de 20 de febrero (*BOE* n.º 45, de 21 de febrero), para transponer Directivas de la Unión Europea en los ámbitos financiero y de terrorismo, y abordar cuestiones de índole internacional.

* V. arts. 189 ss. CPM; Ley 10/1995, de 24 de abril, por la que se crea la Fiscalía Especial para la Represión de los Delitos Económicos relacionados con la Corrupción (*BOE* n.º 98, de 25 de abril); RD 923/1995, de 9 de junio (*BOE* n.º 162, de 8 de julio), por el que se fija la plantilla orgánica de la Fiscalía Especial para la Represión de los Delitos Económicos relacionados con la Corrupción; Resolución de 8 de enero de 1996 (*BOE* n.º 11, de 12 de enero), de la Agencia Estatal de Administración Tributaria, por la que se crea la Unidad de Apoyo a la Fiscalía Especial para la Represión de los Delitos Económicos relacionados con la Corrupción; Ley 11/1995, de 11 de mayo (*BOE* n.º 113, de 12 de mayo), reguladora de la utilización y control de los créditos destinados a gastos reservados; y art. 1.º1.º*b*) y 1.º2.º*i*) LOTJ.

Art. 432: Este artículo figura redactado conforme al texto de la LO 1/2015, de 30 de marzo (*BOE* n.º 77, de 31 de marzo).

Art. 433: Este artículo figura redactado conforme al texto de la LO 1/2015, de 30 de marzo (*BOE* n.º 77, de 31 de marzo).

prisión de uno a dos años y multa de tres meses y un día a doce meses, y en todo caso inhabilitación especial para cargo o empleo público y derecho de sufragio pasivo por tiempo de uno a cinco años, cuando el perjuicio causado o el valor de los bienes o valores apropiados sea inferior a 4.000 euros.

Art. 433 bis. 1. La autoridad o funcionario público que, de forma idónea para causar un perjuicio económico a la entidad pública de la que dependa, y fuera de los supuestos previstos en el artículo 390, falseare su contabilidad, los documentos que deban reflejar su situación económica o la información contenida en los mismos, será castigado con la pena de inhabilitación especial para empleo o cargo público por tiempo de uno a diez años y multa de doce a veinticuatro meses.

2. Con las mismas penas se castigará a la autoridad o funcionario público, que de forma idónea para causar un perjuicio económico a la entidad pública de la que dependa, facilite a terceros información mendaz rela-

---

Art. 433 bis: Este artículo fue introducido por la LO 7/2012, de 27 de diciembre (*BOE* n.º 312, de 28 de diciembre), por la que se modifica la LO 10/1995, de 23 de noviembre, del Código Penal en materia de transparencia y lucha contra el fraude fiscal y en la Seguridad Social. Su Preámbulo, a este respecto, dice: «Finalmente, se incluye un nuevo artículo 433 bis cuya finalidad es dotar de la máxima transparencia al sector público y garantizar la confianza en la veracidad de la información que refleja la situación económica de las administraciones y entidades públicas.

»Con esta finalidad se sanciona a la autoridad o funcionario público que falsee la contabilidad, documentos o información que deban reflejar su situación económica, cuando ello se lleve a cabo de un modo idóneo para causar un perjuicio económico a la entidad pública de la que dependa. La norma incorpora una regla que soluciona los problemas de posible concurso de este delito con el de falsedad documental, de aplicación preferente, y será por ello en particular aplicable a la falsificación y mendacidad de documentos internos que, sin embargo, son relevantes para la adopción de decisiones de trascendencia económica.

»Asimismo, se tipifica el falseamiento de la información de relevancia económica que no forma inicialmente parte de un documento, pero que encuentra reflejo posterior en el mismo. De este modo se solucionan los problemas de tipicidad que pueden plantearse cuando el autor no emite el documento falso, sino que se limita a introducir la información mendaz que luego queda incorporada a un soporte documental escrito o de otra naturaleza.

»Y, con la misma finalidad, se tipifica la facilitación de esa información mendaz a terceros, cuando tal conducta resulta idónea para causar un perjuicio económico a la Administración.

»Todas estas conductas, en la medida en que no se trate de supuestos de falsificación de documentos públicos u oficiales —castigados por los artículos 390 y 393 del Código Penal— se castigan con penas de multa e inhabilitación, y pena de prisión en el supuesto de causación efectiva del perjuicio económico.»

tiva a la situación económica de la misma o alguno de los documentos o informaciones a que se refiere el apartado anterior.

3. Si se llegare a causar el perjuicio económico a la entidad, se impondrán las penas de prisión de uno a cuatro años, inhabilitación especial para empleo o cargo público por tiempo de tres a diez años y multa de doce a veinticuatro meses.

Art. 434. Si el culpable de cualquiera de los hechos tipificados en este capítulo hubiere reparado de modo efectivo e íntegro el perjuicio causado al patrimonio público, o hubiera colaborado activamente con las autoridades o sus agentes para obtener pruebas decisivas para la identificación o captura de otros responsables o para el completo esclarecimiento de los hechos delictivos, los jueces y tribunales impondrán al responsable de este delito la pena inferior en uno o dos grados.

Art. 435. Las disposiciones de este capítulo son extensivas:

1.º A los que se hallen encargados por cualquier concepto de fondos, rentas o efectos de las Administraciones públicas.

2.º A los particulares legalmente designados como depositarios de caudales o efectos públicos.

3.º A los administradores o depositarios de dinero o bienes embargados, secuestrados o depositados por autoridad pública, aunque pertenezcan a particulares.

4.º A los administradores concursales, con relación a la masa concursal o los intereses económicos de los acreedores. En particular, se considerarán afectados los intereses de los acreedores cuando de manera dolosa se alterara el orden de pagos de los créditos establecido en la ley.

5.º A las personas jurídicas que de acuerdo con lo establecido en el artículo 31 bis sean responsables de los delitos recogidos en este Capítulo. En estos casos se impondrán las siguientes penas:

a) Multa de dos a cinco años, o del triple al quíntuple del valor del perjuicio causado o de los bienes o efectos apropiados cuando la cantidad re-

---

Art. 434: Este artículo figura redactado conforme al texto de la LO 1/2015, de 30 de marzo (*BOE* n.º 77, de 31 de marzo).

Art. 435: El numeral 4.º ha sido añadido por la LO 1/2015, de 30 de marzo (*BOE* n.º 77, de 31 de marzo); y el 5.º por la LO 1/2019, de 20 de febrero (*BOE* n.º 45, de 21 de febrero), para transponer Directivas de la Unión Europea en los ámbitos financiero y de terrorismo, y abordar cuestiones de índole internacional.

sultante fuese más elevada, si el delito cometido por la persona física tiene prevista una pena de prisión de más de cinco años.

b) Multa de uno a tres años, o del doble al cuádruple del valor del perjuicio causado o de los bienes o efectos apropiados cuando la cantidad resultante fuese más elevada, si el delito cometido por la persona física tiene prevista una pena de más de dos años de privación de libertad no incluida en el anterior inciso.

c) Multa de seis meses a dos años, o del doble al triple del valor del perjuicio causado o de los bienes o efectos apropiados si la cantidad resultante fuese más elevada, en el resto de los casos.

Atendidas las reglas establecidas en el artículo 66 bis, los jueces y tribunales podrán asimismo imponer las penas recogidas en las letras *b*) a *g*) del apartado 7 del artículo 33.

Art. 435 bis. A los efectos de este capítulo se entenderá por funcionario público los determinados por los artículos 24 y 427.

CAPÍTULO VIII

DE LOS FRAUDES Y EXACCIONES ILEGALES*

Art. 436. La autoridad o funcionario público que, interviniendo por razón de su cargo en cualesquiera de los actos de las modalidades de contratación pública o en liquidaciones de efectos o haberes públicos, se concertara con los interesados o usase de cualquier otro artificio para defraudar a cualquier ente público, incurrirá en las penas de prisión de dos a seis años e inhabilitación especial para empleo o cargo público y para el ejercicio del derecho de sufragio pasivo por tiempo de seis a diez años. Al particular que se haya concertado con la autoridad o funcionario público se le impondrá la misma pena de prisión que a éstos, así como la de inhabilitación para obtener subvenciones y ayudas públicas, para contratar con entes, organismos o entidades que formen parte del sector público y para gozar de beneficios o incentivos fiscales y de la Seguridad Social

---

Art. 435 bis: Este artículo ha sido incorporado por la LO 1/2019, de 20 de febrero (*BOE* n.º 45, de 21 de febrero), para transponer Directivas de la Unión Europea en los ámbitos financiero y de terrorismo, y abordar cuestiones de índole internacional.

* V. art. 1.º1.º*b*) y 1.º2.º*k*) LOTJ.

Art. 436: Este artículo figura redactado conforme al texto de la LO 1/2015, de 30 de marzo (*BOE* n.º 77, de 31 de marzo).

V. art. 71 LCSP.

por un tiempo de dos a siete años.

Art. 437. La autoridad o funcionario público que exigiere, directa o indirectamente, derechos, tarifas por aranceles o minutas que no sean debidos o en cuantía mayor a la legalmente señalada, será castigado, sin perjuicio de los reintegros a que viniere obligado, con las penas de multa de seis a veinticuatro meses y de suspensión de empleo o cargo público por tiempo de seis meses a cuatro años.

Art. 438. La autoridad o funcionario público que, abusando de su cargo, cometiere algún delito de estafa o de fraude de prestaciones del Sistema de Seguridad Social del artículo 307 ter, incurrirá en las penas respectivamente señaladas a éstos, en su mitad superior, pudiéndose llegar hasta la superior en grado, e inhabilitación especial para empleo o cargo público y para el ejercicio del derecho de sufragio pasivo por tiempo de tres a nueve años, salvo que los hechos estén castigados con una pena más grave en algún otro precepto de este Código.

CAPÍTULO IX

De las negociaciones y actividades prohibidas a los funcionarios públicos y de los abusos en el ejercicio de su función*

Art. 439. La autoridad o funcionario público que, debiendo intervenir por razón de su cargo en cualquier clase de contrato, asunto, operación o actividad, se aproveche de tal circunstancia para forzar o facilitarse cualquier forma de participación, directa o por persona interpuesta, en tales negocios o actuaciones, incurrirá en la pena de prisión de seis meses a dos años, multa de doce a veinticuatro meses e inhabilitación especial para empleo o cargo público y para el ejercicio del derecho de sufragio pasivo por tiempo de dos a siete años.

Art. 437: V. arts 13 ss. Ley 8/1989, de 13 de abril (*BOE* n.º 90, de 15 de abril), de Tasas y Precios Públicos.

Art. 438: Este artículo figura redactado conforme al texto de la LO 1/2015, de 30 de marzo (*BOE* n.º 77, de 31 de marzo).

* V. art. 1.º1.º*b*) y 1.º2.º*k*) LOTJ.

Art. 439: Este artículo figura redactado conforme al texto de la LO 1/2015, de 30 de marzo (*BOE* n.º 77, de 31 de marzo).

Art. 440. Los peritos, árbitros y contadores partidores que se condujeren del modo previsto en el artículo anterior, respecto de los bienes o cosas en cuya tasación, partición o adjudicación hubieran intervenido, y los tutores, curadores o albaceas respecto de los pertenecientes a sus pupilos o testamentarías, y los administradores concursales respecto de los bienes y derechos integrados en la masa del concurso, serán castigados con la pena de multa de doce a veinticuatro meses e inhabilitación especial para empleo o cargo público, profesión u oficio, guarda, tutela o curatela, según los casos, por tiempo de tres a seis años, sálvo que esta conducta esté sancionada con mayor pena en otro precepto de este Código.

Art. 441. La autoridad o funcionario público que, fuera de los casos admitidos en las leyes o reglamentos, realizare, por sí o por persona interpuesta, una actividad profesional o de asesoramiento permanente o accidental, bajo la dependencia o al servicio de entidades privadas o de particulares, en asunto en que deba intervenir o haya intervenido por razón de su cargo, o en los que se tramiten, informen o resuelvan en la oficina

---

Art. 440: Este artículo figura redactado conforme al texto de la LO 1/2015, de 30 de marzo (*BOE* n.º 77, de 31 de marzo).

Art. 441: Este artículo figura redactado conforme al texto de la LO 1/2015, de 30 de marzo (*BOE* n.º 77, de 31 de marzo).

V. Ley 53/1984, de 26 de diciembre, de Incompatibilidades del Personal al Servicio de las Administraciones Públicas (*BOE* n.º 4, de 4 de enero de 1985), modificada por la Ley 13/1996, de 30 de diciembre, de medidas fiscales, administrativas y del orden social (*BOE* n.º 315, de 31 de diciembre); y RD 598/1985, de 30 de abril, sobre Incompatibilidades del Personal al Servicio de la Administración del Estado, de la Seguridad Social y de los Entes, Organismos y Empresas dependientes (*BOE* n.º 107, de 4 de mayo). V. también la Ley 5/2006, de 10 de abril (*BOE* n.º 86, de 11 de abril), de regulación de los conflictos de intereses de los miembros del Gobierno y de los Altos Cargos de la Administración General del Estado, y su Reglamento, aprobado por RD 432/2009, de 27 de marzo (*BOE* n.º 91, de 14 de abril; corrección de errores en *BOE* n.º 121, de 19 de mayo); art. 159 de la Ley Orgánica del Régimen Electoral General, en la redacción dada por la LO 8/1991, de 13 de marzo (*BOE* n.º 63, de 14 de marzo); Ley 10/1995, de 24 de abril, por la que se crea la Fiscalía Especial para la Represión de los Delitos Económicos relacionados con la Corrupción (*BOE* n.º 98, de 25 de abril); RD 923/1995, de 9 de junio (*BOE* n.º 162, de 8 de julio), por el que se fija la plantilla orgánica de la Fiscalía Especial para la Represión de los Delitos Económicos relacionados con la Corrupción; y Resolución de 8 de enero de 1996 (*BOE* n.º 11, de 12 de enero), de la Agencia Estatal de Administración Tributaria, por la que se crea la Unidad de Apoyo a la Fiscalía Especial para la Represión de los Delitos Económicos relacionados con la Corrupción.

o centro directivo en que estuviere destinado o del que dependa, incurrirá en las penas de multa de seis a doce meses y suspensión de empleo o cargo público por tiempo de dos a cinco años.

Art. 442. La autoridad o funcionario público que haga uso de un secreto del que tenga conocimiento por razón de su oficio o cargo, o de una información privilegiada, con ánimo de obtener un beneficio económico para sí o para un tercero, incurrirá en las penas de multa del tanto al triplo del beneficio perseguido, obtenido o facilitado e inhabilitación especial para empleo o cargo público y para el ejercicio del derecho de sufragio pasivo por tiempo de dos a cuatro años. Si obtuviere el beneficio perseguido se impondrán las penas de prisión de uno a tres años, multa del tanto al séxtuplo del beneficio perseguido, obtenido o facilitado e inhabilitación especial para empleo o cargo público y para el ejercicio del derecho de sufragio pasivo por tiempo de cuatro a seis años.

Si resultara grave daño para la causa pública o para tercero, la pena será de prisión de uno a seis años, e inhabilitación especial para empleo o cargo público y para el ejercicio del derecho de sufragio pasivo por tiempo de nueve a doce años. A los efectos de este artículo se entiende por información privilegiada toda información de carácter concreto que se tenga exclusivamente por razón del oficio o cargo público y que no haya sido notificada, publicada o divulgada.

Art. 443. 1. Será castigado con la pena de prisión de uno a dos años e inhabilitación absoluta por tiempo de seis a doce años, la autoridad o funcionario público que solicitare sexualmente a una persona que, para sí misma o para su cónyuge u otra persona con la que se halle ligado de forma estable por análoga relación de

---

Art. 442: Este artículo figura redactado conforme al texto de la LO 1/2015, de 30 de marzo (*BOE* n.º 77, de 31 de marzo).

Sobre información privilegiada en los mercados de valores, v. arts. 81, 99, 100, 102, 103 y 105 de la LMV. V., también, Circular 1/1996, de 27 de marzo (*BOE* n.º 86, de 9 de abril), de la Comisión Nacional del Mercado de Valores, sobre normas de actuación, transparencia e identificación de los clientes en las operaciones del Mercado de Valores, y art. 20.*a*) LCAP.

Art. 443: Este artículo figura redactado conforme al texto de la LO 15/2003, de 25 de noviembre (*BOE* n.º 283, de 26 de noviembre; corrección de errores en *BOE* n.º 65, de 16 de marzo, y n.º 80, de 2 de abril, ambos de 2004).

afectividad, ascendiente, descendiente, hermano, por naturaleza, por adopción, o afín en los mismos grados, tenga pretensiones pendientes de la resolución de aquél o acerca de las cuales deba evacuar informe o elevar consulta a su superior.

2. El funcionario de Instituciones Penitenciarias o de centros de protección o corrección de menores que solicitara sexualmente a una persona sujeta a su guarda será castigado con la pena de prisión de uno a cuatro años e inhabilitación absoluta por tiempo de seis a doce años.

3. En las mismas penas incurrirán cuando la persona solicitada fuera ascendiente, descendiente, hermano, por naturaleza, por adopción, o afines en los mismos grados de persona que tuviere bajo su guarda. Incurrirá, asimismo, en estas penas cuando la persona solicitada sea cónyuge de persona que tenga bajo su guarda o se halle ligada a ésta de forma estable por análoga relación de afectividad.

Art. 444. Las penas previstas en el artículo anterior se impondrán sin perjuicio de las que correspondan por los delitos contra la libertad sexual efectivamente cometidos.

CAPÍTULO X

DISPOSICIÓN COMÚN A LOS CAPÍTULOS ANTERIORES*

Art. 445. La provocación, la conspiración y la proposición para cometer los delitos previstos en este Título se castigará, respectivamente, con la pena inferior en uno o dos grados.

Art. 444: Este artículo figura redactado conforme al texto de la LO 15/2003, de 25 de noviembre (*BOE* n.º 283, de 26 de noviembre; corrección de errores en *BOE* n.º 65, de 16 de marzo, y n.º 80, de 2 de abril, ambos de 2004).

* Esta rúbrica figura redactada conforme al texto de la LO 1/2015, de 30 de marzo (*BOE* n.º 77, de 31 de marzo).

Art. 445: Este artículo figura redactado conforme al texto de la LO 1/2015, de 30 de marzo (*BOE* n.º 77, de 31 de marzo).

V. el Convenio de lucha contra la corrupción de Agentes Públicos extranjeros en las transacciones comerciales internacionales, hecho en París el 17 de diciembre de 1997, y ratificado por España por Instrumento de 3 de enero de 2000 (*BOE* n.º 46, de 22 de febrero de 2002); el Convenio establecido sobre la base de la letra *c*) del apartado 2 del artículo K.3 del Tratado de la Unión Europea relativo a la lucha contra los actos de corrupción en los que estén implicados funcionarios de las Comunidades

TÍTULO XX

Delitos contra la Administración de Justicia

CAPÍTULO PRIMERO

DE LA PREVARICACIÓN

Art. 446. El juez o magistrado que, a sabiendas, dictare sentencia o resolución injusta será castigado:

1.º Con la pena de prisión de uno a cuatro años si se trata de sentencia injusta contra el reo en causa criminal por delito grave o menos grave y la sentencia no hubiera llegado a ejecutarse, y con la misma pena en su mitad superior y multa de doce a veinticuatro meses si se ha ejecutado. En ambos casos se impondrá, además, la pena de inhabilitación absoluta por tiempo de diez a veinte años.

2.º Con la pena de multa de seis a doce meses e inhabilitación especial para empleo o cargo público por tiempo de seis a diez años, si se tratara de una sentencia injusta contra el reo dictada en proceso por delito leve.

3.º Con la pena de multa de doce a veinticuatro meses e inhabilitación especial para empleo o cargo público por tiempo de diez a veinte años, cuando dictara cualquier otra sentencia o resolución injustas.

Europeas o de los Estados miembros de la Unión Europea, hecho en Bruselas el 26 de mayo de 1997 (*BOE* n.º 74, de 28 de marzo de 2006); el Convenio Civil sobre la Corrupción (n.º 174 del Consejo de Europa), hecho en Estrasburgo el 4 de noviembre de 1999, y ratificado por España mediante Instrumento de 1 de diciembre de 2009 (*BOE* n.º 78, de 31 de marzo de 2010); así como el Convenio penal sobre la corrupción (n.º 173 del Consejo de Europa), de 23 de enero de 1999, ratificado por Instrumento de 26 de enero de 2010 (*BOE* n.º 182, de 8 de julio), y el Protocolo Adicional a dicho Convenio, de 15 de mayo de 2003, ratificado por Instrumento de 16 de diciembre de 2010 (*BOE* n.º 56, de 7 de marzo; corrección de errores en *BOE* n.º 84, de 8 de abril); así como art. 71 LCSP.

Art. 446: Este artículo figura redactado conforme al texto de la LO 1/2015, de 30 de marzo (*BOE* n.º 77, de 31 de marzo).

V. arts. 23 LOPJ, reproducido en nota al art. 3.º1 LE (Apéndice 4); 757 a 778 LECr; 184 CPM; Ley 10/1995, de 24 de abril (*BOE* n.º 98, de 25 de abril), por la que se crea la Fiscalía Especial para la Represión de los Delitos Económicos relacionados con la Corrupción; el RD 923/1995, de 9 de junio (*BOE* n.º 162, de 8 de julio), por el que se fija la plantilla orgánica de la Fiscalía Especial para la Represión de los Delitos Económicos relacionados con la Corrupción; y la Resolución de 8 de enero de 1996 (*BOE* n.º 11, de 12 de enero), de la Agencia Estatal de Administración Tributaria, por la que se crea la Unidad de Apoyo a la Fiscalía Especial para la Represión de los Delitos Económicos relacionados con la Corrupción.

Art. 447. El juez o magistrado que por imprudencia grave o ignorancia inexcusable dictara sentencia o resolución manifiestamente injusta incurrirá en la pena de inhabilitación especial para empleo o cargo público por tiempo de dos a seis años.

Art. 448. El juez o magistrado que se negase a juzgar, sin alegar causa legal, o so pretexto de oscuridad, insuficiencia o silencio de la Ley, será castigado con la pena de inhabilitación especial para empleo o cargo público por tiempo de seis meses a cuatro años.

Art. 449. 1. En la misma pena señalada en el artículo anterior incurrirá el juez, magistrado o secretario judicial culpable de retardo malicioso en la Administración de Justicia. Se entenderá por malicioso el retardo provocado para conseguir cualquier finalidad ilegítima.

2. Cuando el retardo sea imputable a funcionario distinto de los mencionados en el apartado anterior, se le impondrá la pena indicada, en su mitad inferior.

CAPÍTULO II

DE LA OMISIÓN DE LOS DEBERES DE IMPEDIR DELITOS O DE PROMOVER SU PERSECUCIÓN

Art. 450. 1. El que, pudiendo hacerlo con su intervención inmediata y sin riesgo propio o ajeno, no impidiere la comisión de un delito que afecte a las personas en su vida, integridad o salud, libertad o libertad sexual, será castigado con la pena de prisión de seis meses a dos años si el delito fuera contra la vida, y la de multa de seis a veinticuatro meses en los demás casos, salvo que al delito no impedido le correspondiera igual o menor pena, en cuyo caso se impondrá la pena inferior en grado a la de aquél.

2. En las mismas penas incurrirá quien, pudiendo hacerlo, no acuda a la autoridad o a sus agentes para que impidan un delito de los previstos en el apartado anterior y de cuya próxima o actual comisión tenga noticia.

Art. 448: V. arts. 759 y 767 LECr; art. 361 LEC. El art. 1.°7 CC dispone: «Los jueces y tribunales tienen el deber inexcusable de resolver en todo caso los asuntos de que conozcan, ateniéndose al sistema de fuentes establecido.»

Art. 449: V. arts. 417 ss. LOPJ.

CAPÍTULO III

DEL ENCUBRIMIENTO

Art. 451. Será castigado con la pena de prisión de seis meses a tres años el que, con conocimiento de la comisión de un delito y sin haber intervenido en el mismo como autor o cómplice, interviniere con posterioridad a su ejecución, de alguno de los modos siguientes:

1.º Auxiliando a los autores o cómplices para que se beneficien del provecho, producto o precio del delito, sin ánimo de lucro propio.

2.º Ocultando, alterando o inutilizando el cuerpo, los efectos o los instrumentos de un delito, para impedir su descubrimiento.

3.º Ayudando a los presuntos responsables de un delito a eludir la investigación de la autoridad o de sus agentes, o a sustraerse a su busca o captura, siempre que concurra alguna de las circunstancias siguientes:

a) Que el hecho encubierto sea constitutivo de traición, homicidio del Rey o Reina, de cualquiera de sus ascendientes o descendientes, de la Reina consorte o del consorte de la Reina, del Regente o de algún miembro de la Regencia, o del Príncipe o Princesa de Asturias, genocidio, delito de lesa humanidad, delito contra las personas y bienes protegidos en caso de conflicto armado, rebelión, terrorismo, homicidio, piratería, trata de seres humanos o tráfico ilegal de órganos.

b) Que el favorecedor haya obrado con abuso de funciones públicas. En este caso se impondrá, además de la pena de privación de libertad, la de inhabilitación especial para empleo o cargo público por tiempo de dos a cuatro años si el delito encubierto fuere menos grave, y la inhabilitación absoluta por tiempo de seis a doce años si aquél fuera grave.

Art. 452. En ningún caso podrá imponerse pena privativa de libertad que exceda de la señalada al delito encubierto. Si éste estuviera castigado con pena de otra naturaleza, la pena privativa de libertad será sustituida por la de multa de seis a veinticuatro meses, salvo que el delito encubierto tenga asignada pena igual o inferior

---

Art. 451: La letra *a*) del ordinal 3.º de este artículo figura redactada conforme al texto de la LO 5/2010, de 22 de junio (*BOE* n.º 152, de 23 de junio). En la letra *a*) del ordinal 3.º, se ha sustituido la referencia al Rey por «Rey o Reina» y la referencia al Príncipe heredero de la Corona por «Príncipe o Princesa de Asturias», conforme al texto de la LO 1/2015, de 30 de marzo (*BOE* n.º 77, de 31 de marzo).

a ésta, en cuyo caso se impondrá al culpable la pena de aquel delito en su mitad inferior.

Art. 453. Las disposiciones de este capítulo se aplicarán aun cuando el autor del hecho encubierto sea irresponsable o esté personalmente exento de pena.

Art. 454. Están exentos de las penas impuestas a los encubridores los que lo sean de su cónyuge o de persona a quien se hallen ligados de forma estable por análoga relación de afectividad, de sus ascendientes, descendientes, hermanos, por naturaleza, por adopción, o afines en los mismos grados, con la sola excepción de los encubridores que se hallen comprendidos en el supuesto del número 1.º del artículo 451.

CAPÍTULO IV

DE LA REALIZACIÓN ARBITRARIA DEL PROPIO DERECHO

Art. 455. 1. El que, para realizar un derecho propio, actuando fuera de las vías legales, empleare violencia, intimidación o fuerza en las cosas, será castigado con la pena de multa de seis a doce meses.

2. Se impondrá la pena superior en grado si para la intimidación o violencia se hiciera uso de armas u objetos peligrosos.

CAPÍTULO V

DE LA ACUSACIÓN Y DENUNCIA FALSAS Y DE LA SIMULACIÓN DE DELITOS

Art. 456. 1. Los que, con conocimiento de su falsedad o temerario desprecio hacia la verdad, imputaren a alguna persona hechos que, de ser ciertos, constituirían infracción penal, si esta imputación se hiciera ante funcionario judicial o administrativo que tenga el deber de proceder a su averiguación, serán sancionados:

1.º Con la pena de prisión de seis meses a dos años y multa de doce a veinticuatro meses, si se imputara un delito grave.

Art. 456: El apartado 1 figura redactado conforme al texto de la LO 1/2015, de 30 de marzo (*BOE* n.º 77, de 31 de marzo).

V. arts. 102, n.º 2.º, y 239 ss. LECr; art. 9.º LO 6/1984, de 24 de mayo, reguladora del procedimiento de *Habeas Corpus* (*BOE* n.º 126, de 26 de mayo).

2.º Con la pena de multa de doce a veinticuatro meses, si se imputara un delito menos grave.

3.º Con la pena de multa de tres a seis meses, si se imputara un delito leve.

2. No podrá procederse contra el denunciante o acusador sino tras sentencia firme o auto también firme, de sobreseimiento o archivo del juez o tribunal que haya conocido de la infracción imputada. Éstos mandarán proceder de oficio contra el denunciante o acusador siempre que de la causa principal resulten indicios bastantes de la falsedad de la imputación, sin perjuicio de que el hecho pueda también perseguirse previa denuncia del ofendido.

Art. 457. El que, ante alguno de los funcionarios señalados en el artículo anterior, simulare ser responsable o víctima de una infracción penal o denunciare una inexistente, provocando actuaciones procesales, será castigado con la multa de seis a doce meses.

CAPÍTULO VI

Del falso testimonio*

Art. 458. 1. El testigo que faltare a la verdad en su testimonio en causa judicial, será castigado con las penas de prisión de seis meses a dos años y multa de tres a seis meses.

2. Si el falso testimonio se diera en contra del reo en causa criminal por delito, las penas serán de prisión de uno a tres años y multa de seis a doce meses. Si a consecuencia del testimonio hubiera recaído sentencia condenatoria, se impondrán las penas superiores en grado.

3. Las mismas penas se impondrán si el falso testimonio tu-

Art. 457: V. art. 9.º LO 6/1984, de 24 de mayo, reguladora del procedimiento de *Habeas Corpus*; art. 180 CPM.

* V. art. 183 CPM.

Art. 458: V. arts. 715 y 954.3.º LECr; 637 ss. LEC; 360 a 381 y 429 y 433 LEC 2000; 60 y 78 LRJCA; y Ley 36/2011, de 10 de octubre (*BOE* n.º 245, de 11 de octubre), reguladora de la jurisdicción social, modificada por Ley 26/2015, de 28 de julio (*BOE* n.º 180, de 29 de julio; corrección de errores en *BOE* n.º 285, de 28 de noviembre); por Ley 39/2015, de 1 de octubre (*BOE* n.º 236, de 2 de octubre); por RD-L 28/2020, de 22 de septiembre (*BOE* n.º 253, de 23 de septiembre), de trabajo a distancia; y por Ley 10/2021, de 9 de julio (*BOE* n.º 164, de 10 de julio), de trabajo a distancia. V., también, la Resolución de 19 de septiembre de 2011 (*BOE* n.º 231, de 26 de septiembre), de la Secretaría General Técnica del Ministerio de Asuntos Exteriores y de Cooperación, por la que se publican las reglas de procedimiento y prueba de la Corte Penal Internacional.

viera lugar ante Tribunales Internacionales que, en virtud de Tratados debidamente ratificados conforme a la Constitución Española, ejerzan competencias derivadas de ella, o se realizara en España al declarar en virtud de comisión rogatoria remitida por un tribunal extranjero.

Art. 459. Las penas de los artículos precedentes se impondrán en su mitad superior a los peritos o intérpretes que faltaren a la verdad maliciosamente en su dictamen o traducción, los cuales serán, además, castigados con la pena de inhabilitación especial para profesión u oficio, empleo o cargo público, por tiempo de seis a doce años.

Art. 460. Cuando el testigo, perito o intérprete, sin faltar sustancialmente a la verdad, la alterase con reticencias, inexactitudes o silenciando hechos o datos relevantes que le fueran conocidos, será castigado con la pena de multa de seis a doce meses y, en su caso, de suspensión de empleo o cargo público, profesión u oficio, de seis meses a tres años.

Art. 461. 1. El que presentare a sabiendas testigos falsos o peritos o intérpretes mendaces, será castigado con las mismas penas que para ellos se establecen en los artículos anteriores.

2. Si el responsable de este delito fuese abogado, procurador, graduado social o representante del Ministerio Fiscal, en actuación profesional o ejercicio de su función, se impondrá en cada caso la pena en su mitad superior y la de inhabilitación especial para empleo o cargo público, profesión u oficio, por tiempo de dos a cuatro años.

Art. 462. Quedará exento de pena el que, habiendo prestado un falso testimonio en causa criminal, se retracte en tiempo y forma, manifestando la verdad para que surta efecto antes de que se dicte sentencia en el proceso de que se trate. Si a consecuencia del falso testimonio, se hubiese producido la privación de libertad, se impondrán las penas correspondientes inferiores en grado.

Art. 459: V. arts. 456 ss. y 723 ss. LECr; 610 ss. LEC; y 335 a 352, y 429 y 433 LEC 2000.

Art. 461: Este artículo figura redactado conforme al texto de la LO 15/2003, de 25 de noviembre (*BOE* n.º 283, de 26 de noviembre; corrección de errores en *BOE* n.º 65, de 16 de marzo, y n.º 80, de 2 de abril, ambos de 2004).

CAPÍTULO VII

DE LA OBSTRUCCIÓN A LA JUSTICIA Y LA DESLEALTAD PROFESIONAL

Art. 463. 1. El que, citado en legal forma, dejare voluntariamente de comparecer, sin justa causa, ante un juzgado o tribunal en proceso criminal con reo en prisión provisional, provocando la suspensión del juicio oral, será castigado con la pena de prisión de tres a seis meses o multa de seis a veinticuatro meses. En la pena de multa de seis a diez meses incurrirá el que, habiendo sido advertido, lo hiciera por segunda vez en causa criminal sin reo en prisión, haya provocado o no la suspensión.

2. Si el responsable de este delito fuese abogado, procurador o representante del Ministerio Fiscal, en actuación profesional o ejercicio de su función, se le impondrá la pena en su mitad superior y la de inhabilitación especial para empleo o cargo público, profesión u oficio, por tiempo de dos a cuatro años.

3. Si la suspensión tuviera lugar, en el caso del apartado 1 de este artículo, como consecuencia de la incomparecencia del juez o miembro del tribunal o de quien ejerza las funciones de secretario judicial, se impondrá la pena de prisión de tres a seis meses o multa de seis a veinticuatro meses y, en cualquier caso, inhabilitación especial por tiempo de dos a cuatro años.

Art. 464. 1. El que con violencia o intimidación intentare influir directa o indirectamente en quien sea denunciante, parte o imputado, abogado, procurador, perito, intérprete o testigo en un procedimiento para que modifique su actuación procesal, será castigado con la pena de prisión de uno a cuatro años y multa de seis a veinticuatro meses.

Si el autor del hecho alcanzara su objetivo se impondrá la pena en su mitad superior.

2. Iguales penas se impondrán a quien realizare cualquier acto atentatorio contra la vida, integridad, libertad, libertad sexual o bienes, como represalia contra las personas citadas en el apartado anterior, por su actuación en procedi-

---

Art. 463: Este artículo figura redactado conforme al texto de la LO 15/2003, de 25 de noviembre (*BOE* n.º 283, de 26 de noviembre corrección de errores en *BOE* n.º 65, de 16 de marzo, y n.º 80, de 2 de abril, ambos de 2004). V. arts. 410 a 449, 462, 463 y 661 LECr; art. 143 Ley Orgánica del Régimen Electoral General (Apéndice 6).

Art. 464: V. art. 182 CPM; LO 19/1994, de 23 de diciembre, de protección a testigos y peritos en causas criminales (*BOE* n.º 307, de 24 de diciembre).

miento judicial, sin perjuicio de la pena correspondiente a la infracción de que tales hechos sean constitutivos.

Art. 465. 1. El que, interviniendo en un proceso como abogado o procurador, con abuso de su función, destruyere, inutilizare u ocultare documentos o actuaciones de los que haya recibido traslado en aquella calidad, será castigado con la pena de prisión de seis meses a dos años, multa de siete a doce meses e inhabilitación especial para su profesión, empleo o cargo público de tres a seis años.

2. Si los hechos descritos en el apartado primero de este artículo fueran realizados por un particular, la pena será de multa de tres a seis meses.

Art. 466. 1. El abogado o procurador que revelare actuaciones procesales declaradas secretas por la autoridad judicial, será castigado con las penas de multa de doce a veinticuatro meses e inhabilitación especial para empleo, cargo público, profesión u oficio de uno a cuatro años.

2. Si la revelación de las actuaciones declaradas secretas fuese realizada por el juez o miembro del tribunal, representante del Ministerio Fiscal, Secretario Judicial o cualquier funcionario al servicio de la Administración de Justicia, se le impondrán las penas previstas en el artículo 417 en su mitad superior.

3. Si la conducta descrita en el apartado primero fuere realizada por cualquier otro particular que intervenga en el proceso, la pena se impondrá en su mitad inferior.

Art. 467. 1. El abogado o procurador que, habiendo asesorado o tomado la defensa o representación de alguna persona, sin el consentimiento de ésta defienda o represente en el mismo asunto a quien tenga intereses contrarios, será castigado con la pena de multa de seis a doce meses e inhabilitación especial para su profesión de dos a cuatro años.

2. El abogado o procurador que, por acción u omisión, perjudique de forma manifiesta los

Art. 467: V. arts. 263, 301 y 416, n.º 2, LECr; Estatuto General de los Procuradores de los Tribunales de España, aprobado por RD 1.281/2002, de 5 de diciembre (*BOE* n.º 305, de 21 de diciembre), y modificado por RD 351/2006, de 24 de marzo (*BOE* n.º 87, de 12 de abril), aunque este último fue anulado por STS (Sala 3.ª) de 21 de enero de 2009 (*BOE* n.º 58, de 9 de marzo); arts. 30 a 46 Estatuto General de la Abogacía, aprobado por RD 658/2001, de 22 de junio (*BOE* n.º 164, de 10 de julio), modificado por RD 135/2021, de 2 de marzo (*BOE* n.º 71, de 24 de marzo); arts. 437.2 y 438.2 LOPJ.

intereses que le fueren encomendados será castigado con las penas de multa de doce a veinticuatro meses e inhabilitación especial para empleo, cargo público, profesión u oficio de uno a cuatro años.

Si los hechos fueran realizados por imprudencia grave, se impondrán las penas de multa de seis a doce meses e inhabilitación especial para su profesión de seis meses a dos años.

CAPÍTULO VIII

DEL QUEBRANTAMIENTO DE CONDENA

Art. 468. 1. Los que quebrantaren su condena, medida de seguridad, prisión, medida cautelar, conducción o custodia serán castigados con la pena de prisión de seis meses a un año si estuvieran privados de libertad, y con la pena de multa de doce a veinticuatro meses en los demás casos.

2. Se impondrá en todo caso la pena de prisión de seis meses a un año a los que quebrantaren una pena de las contempladas en el artículo 48 de este Código o una medida cautelar o de seguridad de la misma naturaleza impuesta en procesos criminales en los que el ofendido sea alguna de las personas a las que se refiere el artículo 173.2, así como a aquellos que quebrantaren la medida de libertad vigilada.

3. Los que inutilicen o perturben el funcionamiento normal de los dispositivos técnicos que hubieran sido dispuestos para controlar el cumplimiento de penas, medidas de seguridad o medidas cautelares, no los lleven consigo u omitan las medidas exigibles para mantener su correcto estado de funcionamiento, serán castigados con una pena de multa de seis a doce meses.

Art. 469. Los sentenciados o presos que se fugaren del lugar en que estén recluidos, haciendo uso de violencia o intimidación en las personas o fuerza en las cosas o tomando parte en motín, serán castigados con la pena de prisión de seis meses a cuatro años.

Art. 470. 1. El particular que proporcionare la evasión a

Art. 468: Este artículo fue redactado conforme al texto de la LO 1/2004, de 28 de diciembre (*BOE* n.º 313, de 29 de diciembre). Su apartado 2 figura redactado conforme al texto de la LO 5/2010, de 22 de junio (*BOE* n.º 152, de 23 de junio). Su apartado 3 ha sido añadido por la LO 1/2015, de 30 de marzo (*BOE* n.º 77, de 31 de marzo), con entrada en vigor el 1 de julio de 2015. V. art. 785.8.º, apartado *c*), LECr; arts. 4.º1.*a*) y 45.1.*a*) LOGP; y arts. 108 y 157 RP.

un condenado, preso o detenido, bien del lugar en que esté recluido, bien durante su conducción, será castigado con la pena de prisión de seis meses a un año y multa de doce a veinticuatro meses.

2. Si se empleara al efecto violencia o intimidación en las personas, fuerza en las cosas o soborno, la pena será de prisión de seis meses a cuatro años.

3. Si se tratara de alguna de las personas citadas en el artículo 454, se les castigará con la pena de multa de tres a seis meses, pudiendo en este caso el juez o tribunal imponer tan sólo las penas correspondientes a los daños causados o a las amenazas o violencias ejercidas.

Art. 471. Se impondrá la pena superior en grado, en sus respectivos casos, si el culpable fuera un funcionario público encargado de la conducción o custodia de un condenado, preso o detenido. El funcionario será castigado, además, con la pena de inhabilitación especial para empleo o cargo público de seis a diez años si el fugitivo estuviera condenado por sentencia ejecutoria, y con la inhabilitación especial para empleo o cargo público de tres a seis años en los demás casos.

CAPÍTULO IX

DE LOS DELITOS CONTRA LA ADMINISTRACIÓN DE JUSTICIA DE LA CORTE PENAL INTERNACIONAL*

Art. 471 bis. 1. El testigo que, intencionadamente, faltare a la verdad en su testimonio ante la Corte Penal Internacional, estando obligado a decir verdad conforme a las normas estatutarias y reglas de procedimiento y prueba de dicha Corte, será castigado con prisión de seis meses a dos años. Si el falso testimonio se diera en contra del acusado, la pena será de prisión de dos a cuatro años. Si a consecuencia del testimonio se dictara un fallo condenatorio, se impondrá pena de prisión de cuatro a cinco años.

2. El que presentare pruebas ante la Corte Penal Internacional a sabiendas de que son falsas o han sido falsificadas será castigado con las penas se-

---

Art. 471: V. art. 1.°1.°*b*) y 1.°2.°*l*) LOTJ.

* Este capítulo figura redactado conforme al texto de la LO 15/2003, de 25 de noviembre (*BOE* n.° 283, de 26 de noviembre; corrección de errores en *BOE* n.° 65, de 16 de marzo, y n.° 80, de 2 de abril, ambos de 2004).

ñaladas en el apartado anterior de este artículo.

3. El que intencionadamente destruya o altere pruebas, o interfiera en las diligencias de prueba ante la Corte Penal Internacional será castigado con la pena de prisión de seis meses a dos años y multa de siete a doce meses.

4. El que corrompiera a un testigo, obstruyera su comparecencia o testimonio ante la Corte Penal Internacional o interfiriera en ellos será castigado con la pena de prisión de uno a cuatro años y multa de seis a veinticuatro meses.

5. Será castigado con prisión de uno a cuatro años y multa de seis a veinticuatro meses quien pusiera trabas a un funcionario de la Corte, lo corrompiera o intimidara, para obligarlo o inducirlo a que no cumpla sus funciones o a que lo haga de manera indebida.

6. El que tomara represalias contra un funcionario de la Corte Penal Internacional en razón de funciones que haya desempeñado él u otro funcionario será castigado con la pena de prisión de uno a cuatro años y multa de seis a veinticuatro meses. En la misma pena incurrirá quien tome represalias contra un testigo por su declaración ante la Corte.

7. El que solicitara o aceptara un soborno en calidad de funcionario de la Corte y en relación con sus funciones oficiales incurrirá en la pena de prisión de dos a cinco años y multa del tanto al triplo del valor de la dádiva solicitada o aceptada.

TÍTULO XXI

Delitos contra la Constitución

CAPÍTULO PRIMERO

REBELIÓN*

Art. 472. Son reos del delito de rebelión los que se alzaren violenta y públicamente para cualquiera de los fines siguientes:

1.º Derogar, suspender o modificar total o parcialmente la Constitución.

* V. art. 3.º LI; arts. 79 ss. CPM; arts. 384 bis, 504 bis (este precepto ha sido declarado inconstitucional y nulo por la sentencia del Tribunal Constitucional 71/1994, de 3 de marzo), 520 bis, 553, 579 y 779 LECr, así como la Disp. Trans. de la LO 4/1988, de 25 de mayo, de reforma de la LECr (*BOE* n.º 126, de 26 de mayo), que dice:

2.º Destituir o despojar en todo o en parte de sus prerrogativas y facultades al Rey o Reina o al Regente o miembros de la Regencia, u obligarles a ejecutar un acto contrario a su voluntad.

3.º Impedir la libre celebración de elecciones para cargos públicos.

4.º Disolver las Cortes Generales, el Congreso de los Diputados, el Senado o cualquier Asamblea Legislativa de una Comunidad Autónoma, impedir que se reúnan, deliberen o resuelvan, arrancarles alguna resolución o sustraerles alguna de sus atribuciones o competencias.

5.º Declarar la independencia de una parte del territorio nacional.

6.º Sustituir por otro el Gobierno de la Nación o el Consejo de Gobierno de una Comunidad Autónoma, o usar o ejercer por sí o despojar al Gobierno o Consejo de Gobierno de una Comunidad Autónoma, o a cualquiera de sus miembros de sus facultades, o impedirles o coartarles su libre ejercicio, u obligar a cualquiera de ellos a ejecutar actos contrarios a su voluntad.

7.º Sustraer cualquier clase de fuerza armada a la obediencia del Gobierno.

Art. 473. 1. Los que, induciendo a los rebeldes, hayan promovido o sostengan la rebelión, y los jefes principales de ésta, serán castigados con la pena de prisión de quince a veinticinco años e inhabilitación absoluta por el mismo tiempo; los que ejerzan un mando subalterno, con la de prisión de diez a quince años e inhabilitación absoluta de diez a quince años, y los meros participantes, con la de prisión de cinco a diez años e inhabilitación especial para empleo o cargo público por tiempo de seis a diez años.

2. Si se han esgrimido armas, o si ha habido combate entre la fuerza de su mando y los sectores leales a la autoridad legítima, o la rebelión hubiese causado estragos en propiedades de titularidad pública

---

«Los Juzgados Centrales de Instrucción y la Audiencia Nacional continuarán conociendo de la instrucción y enjuiciamiento de las causas por delitos cometidos por personas integradas en bandas armadas o relacionadas con elementos terroristas o rebeldes cuando la comisión del delito contribuya a su actividad, y por quienes de cualquier modo cooperen o colaboren con la actuación de aquellos grupos o individuos. Conocerán también de los delitos conexos con los anteriores.

»La legislación que pueda modificar esta atribución de competencias se inspirará en el principio de inmediación judicial.»

V., igualmente, art. 23.3.*c*) LOPJ, reproducido en nota al art. 3.1 LE (Apéndice 4).

Art. 472: En el ordinal 2.º, se ha sustituido la referencia al Rey por «Rey o Reina», conforme al texto de la LO 1/2015, de 30 de marzo (*BOE* n.º 77, de 31 de marzo).

o privada, cortado las comunicaciones telegráficas, telefónicas, por ondas, ferroviarias o de otra clase, ejercido violencias graves contra las personas, exigido contribuciones o distraído los caudales públicos de su legítima inversión, las penas de prisión serán, respectivamente, de veinticinco a treinta años para los primeros, de quince a veinticinco años para los segundos y de diez a quince años para los últimos.

Art. 474. Cuando la rebelión no haya llegado a organizarse con jefes conocidos, se reputarán como tales los que de hecho dirijan a los demás, o lleven la voz por ellos, o firmen escritos expedidos a su nombre, o ejerzan otros actos semejantes de dirección o representación.

Art. 475. Serán castigados como rebeldes con la pena de prisión de cinco a diez años e inhabilitación absoluta por tiempo de seis a doce años los que sedujeren o allegaren tropas o cualquier otra clase de fuerza armada para cometer el delito de rebelión.

Si llegara a tener efecto la rebelión, se reputarán promotores y sufrirán la pena señalada en el artículo 473.

Art. 476. 1. El militar que no empleare los medios a su alcance para contener la rebelión en las fuerzas de su mando, será castigado con las penas de prisión de dos a cinco años e inhabilitación absoluta de seis a diez años.

2. Será castigado con las mismas penas previstas en el apartado anterior en su mitad inferior el militar que, teniendo conocimiento de que se trata de cometer un delito de rebelión, no lo denuncie inmediatamente a sus superiores o a las autoridades o funcionarios que, por razón de su cargo, tengan la obligación de perseguir el delito.

Art. 477. La provocación, la conspiración y la proposición para cometer rebelión serán castigadas, además de con la inhabilitación prevista en los artículos anteriores, con la pena de prisión inferior en uno o dos grados a la del delito correspondiente.

Art. 478. En el caso de hallarse constituido en autoridad el que cometa cualquiera de los delitos previstos en este capítulo, la pena de inhabilitación que estuviese prevista en cada caso se sustituirá por la inhabilita-

---

Art. 475: V. Ley Orgánica del Régimen Electoral General (Apéndice 6).

ción absoluta por tiempo de quince a veinte años, salvo que tal circunstancia se halle específicamente contemplada en el tipo penal de que se trate.

Art. 479. Luego que se manifieste la rebelión, la autoridad gubernativa intimará a los sublevados a que inmediatamente se disuelvan y retiren.

Si los sublevados no depusieran su actitud inmediatamente después de la intimación, la autoridad hará uso de la fuerza de que disponga para disolverlos.

No será necesaria la intimación desde el momento en que los rebeldes rompan el fuego.

Art. 480. 1. Quedará exento de pena el que, implicado en un delito de rebelión, lo revelare a tiempo de poder evitar sus consecuencias.

2. A los meros ejecutores que depongan las armas antes de haber hecho uso de ellas, sometiéndose a las autoridades legítimas, se les aplicará la pena de prisión inferior en grado. La misma pena se impondrá si los rebeldes se disolvieran o sometieran a la autoridad legítima antes de la intimación o a consecuencia de ella.

Art. 481. Los delitos particulares cometidos en una rebelión o con motivo de ella serán castigados, respectivamente, según las disposiciones de este Código.

Art. 482. Las autoridades que no hayan resistido la rebelión, serán castigadas con la pena de inhabilitación absoluta de doce a veinte años.

Art. 483. Los funcionarios que continúen desempeñando sus cargos bajo el mando de los alzados o que, sin habérseles admitido la renuncia de su empleo, lo abandonen cuando haya peligro de rebelión, incurrirán en la pena de inhabilitación especial para empleo o cargo público de seis a doce años.

Art. 484. Los que aceptaren empleo de los rebeldes, serán castigados con la pena de inhabilitación absoluta de seis a doce años.

CAPÍTULO II

DELITOS CONTRA LA CORONA*

Art. 485. 1. El que matare al Rey o a la Reina o al Príncipe

* V. arts. 56 ss. CE y 3.º y 29 LI. Téngase en cuenta que, conforme al art. 65.1.ª*a)* LOPJ, la Audiencia Nacional conocerá, salvo que corresponda en primera instancia a los Juzgados Centrales de lo Penal, del enjuiciamiento de los delitos comprendidos

o a la Princesa de Asturias será castigado con la pena de prisión permanente revisable.

2. El que matare a cualquiera de los ascendientes o descendientes del Rey o de la Reina, a la Reina consorte o al consorte de la Reina, al Regente o a algún miembro de la Regencia, será castigado con la pena de prisión de veinte a veinticinco años, salvo que los hechos estuvieran castigados con una pena más grave en algún otro precepto de este Código.

Si concurrieran en el delito dos o más circunstancias agravantes, se impondrá la pena de prisión de veinticinco a treinta años.

3. En el caso de tentativa de estos delitos podrá imponerse la pena inferior en un grado.

Art. 486. 1. El que causare al Rey o Reina, o a cualquiera de sus ascendientes o descendientes, a la Reina consorte o al consorte de la Reina, al Regente o a algún miembro de la Regencia, o al Príncipe o Princesa de Asturias, lesiones de las previstas en el artículo 149, será castigado con la pena de prisión de quince a veinte años.

Si se tratara de alguna de las lesiones previstas en el artículo 150, se castigará con la pena de prisión de ocho a quince años.

2. El que les causare cualquier otra lesión, será castigado con la pena de prisión de cuatro a ocho años.

Art. 487. Será castigado con la pena de prisión de quince a veinte años el que privare al Rey o Reina, o a cualquiera de sus ascendientes o descendientes, a la Reina consorte o al consorte de la Reina, al Regente o a algún miembro de la Regencia, o al Príncipe o Princesa de Asturias, de su libertad personal, salvo que los hechos estén castigados con mayor pena en otros preceptos de este Código.

Art. 488. La provocación, la conspiración y la proposición para los delitos previstos en los

---

en este Capítulo. V., también, art. 23 de la mencionada LOPJ, reproducido en nota al art. 3.1 LE (Apéndice 4).

Art. 485: Este artículo figura redactado conforme al texto de la LO 1/2015, de 30 de marzo (*BOE* n.º 77, de 31 de marzo).

Art. 486: En el párrafo 1.º del apartado 1, se ha sustituido la referencia al Rey por «Rey o Reina» y la referencia al Príncipe heredero de la Corona por «Príncipe o Princesa de Asturias», conforme al texto de la LO 1/2015, de 30 de marzo (*BOE* n.º 77, de 31 de marzo).

Art. 487: Se ha sustituido la referencia al Rey por «Rey o Reina» y la referencia al Príncipe heredero de la Corona por «Príncipe o Princesa de Asturias», conforme al texto de la LO 1/2015, de 30 de marzo (*BOE* n.º 77, de 31 de marzo).

artículos anteriores se castigará con la pena inferior en uno o dos grados a las respectivamente previstas.

Art. 489. El que con violencia o intimidación grave obligare a las personas referidas en los artículos anteriores a ejecutar un acto contra su voluntad, será castigado con la pena de prisión de ocho a doce años.

En el caso previsto en el párrafo anterior, si la violencia o la intimidación no fueran graves, se impondrá la pena inferior en grado.

Art. 490. 1. El que allanare con violencia o intimidación la morada de cualquiera de las personas mencionadas en los artículos anteriores será castigado con la pena de prisión de tres a seis años. Si no hubiere violencia o intimidación la pena será de dos a cuatro años.

2. Con la pena de prisión de tres a seis años será castigado el que amenazare gravemente a cualquiera de las personas mencionadas en el apartado anterior, y con la pena de prisión de uno a tres años si la amenaza fuera leve.

3. El que calumniare o injuriare al Rey o Reina o a cualquiera de sus ascendientes o descendientes, a la Reina consorte o al consorte de la Reina, al Regente o a algún miembro de la Regencia, o al Príncipe o Princesa de Asturias, en el ejercicio de sus funciones o con motivo u ocasión de éstas, será castigado con la pena de prisión de seis meses a dos años si la calumnia o injuria fueran graves, y con la de multa de seis a doce meses si no lo son.

Art. 491. 1. Las calumnias e injurias contra cualquiera de las personas mencionadas en el artículo anterior, y fuera de los supuestos previstos en el mismo, serán castigadas con la pena de multa de cuatro a veinte meses.

2. Se impondrá la pena de multa de seis a veinticuatro meses al que utilizare la imagen del Rey o Reina o de cualquiera de sus ascendientes o descendientes, o de la Reina consorte o del consorte de la Reina, o del Regente o de algún miembro de la Regencia, o del Príncipe o Prin-

---

Art. 490: En el apartado 3, se ha sustituido la referencia al Rey por «Rey o Reina» y la referencia al Príncipe heredero de la Corona por «Príncipe o Princesa de Asturias», conforme al texto de la LO 1/2015, de 30 de marzo (*BOE* n.º 77, de 31 de marzo).

Art. 491: En el apartado 2, se ha sustituido la referencia al Rey por «Rey o Reina» y la referencia al Príncipe heredero por «Príncipe o Princesa de Asturias», conforme al texto de la LO 1/2015, de 30 de marzo (*BOE* n.º 77, de 31 de marzo).

cesa de Asturias, de cualquier forma que pueda dañar el prestigio de la Corona.

CAPÍTULO III

DE LOS DELITOS CONTRA LAS INSTITUCIONES DEL ESTADO Y LA DIVISIÓN DE PODERES

SECCIÓN 1.ª

*Delitos contra las Instituciones del Estado**

Art. 492. Los que, al vacar la Corona o quedar inhabilitado su Titular para el ejercicio de su autoridad, impidieren a las Cortes Generales reunirse para nombrar la Regencia o el tutor del Titular menor de edad, serán sancionados con la pena de prisión de diez a quince años e inhabilitación absoluta por tiempo de diez a quince años, sin perjuicio de la pena que pudiera corresponderles por la comisión de otras infracciones más graves.

Art. 493. Los que, sin alzarse públicamente, invadieren con fuerza, violencia o intimidación las sedes del Congreso de los

* V. arts. 66 ss. CE; Reglamento del Congreso de los Diputados de 10 de febrero de 1982 (*BOE* n.º 55, de 5 de marzo), reformado por Acuerdos de 23 de septiembre de 1993 (*BOE* n.º 237, de 4 de octubre), 26 de septiembre de 1996 (*BOE* n.º 273, de 12 de noviembre), 11 de mayo de 2000 (*BOE* n.º 118, de 17 de mayo; corrección de errores en *BOE* n.º 119, de 18 de mayo), 27 de junio de 2001 (*BOE* n.º 156, de 30 de junio), 28 de abril de 2004 (*BOE* n.º 108, de 4 de mayo), 29 de abril de 2008 (*BOE* n.º 112, de 8 de mayo), 15 de octubre de 2009 (*BOE* n.º 256, de 23 de octubre), 29 de octubre de 2009 (*BOE* n.º 266, de 4 de noviembre), 21 de julio de 2011 (*BOE* n.º 184, de 2 de agosto), 11 de enero de 2012 (*BOE* n.º 15, de 18 de enero), 15 de diciembre de 2016 (*BOE* n.º 310, de 24 de diciembre), 19 de junio de 2018 (*BOE* n.º 156, de 28 de junio) y 4 de febrero de 2020 (*BOE* n.º 33 de 7 de febrero); Reglamento del Senado, Texto Refundido aprobado el 3 de mayo de 1994 (*BOE* n.º 114, de 13 de mayo), y modificado por Acuerdos de 24 de octubre de 1995 (*BOE* n.º 266, de 7 de noviembre), 11 de mayo (*BOE* n.º 124, de 24 de mayo), 14 de junio (*BOE* n.º 145, de 17 de junio) y 17 de octubre (*BOE* n.º 265, de 4 de noviembre), todos ellos de 2000, 27 de junio de 2001 (*BOE* n.º 155, de 29 de junio), 12 de mayo y 3 de noviembre de 2004, 4 de julio de 2005 (*BOE* n.º 159, de 5 de julio), 22 de febrero de 2006 (*BOE* n.º 50, de 28 de febrero), 22 de noviembre de 2007 (*BOE* n.º 284, de 27 de noviembre), 14 de mayo de 2008 (*BOE* n.º 123, de 21 de mayo), 22 de octubre de 2009 (*BOE* n.º 259, de 27 de octubre); 18 de noviembre de 2009 (*BOE* n.º 284, de 25 de noviembre), 21 de julio de 2010 (*BOE* n.º 181, de 27 de julio), 24 de enero de 2012 (*BOE* n.º 24, de 28 de enero), 21 de noviembre de 2013 (*BOE* n.º 284, de 27 de noviembre), 5 de junio de 2014 (*BOE* n.º 141, de 11 de junio), 30 de noviembre de 2016 (*BOE* n.º 298, de 10 de diciembre), 8 de marzo de 2017 (*BOE* n.º 63, de 15 de marzo), 19 de junio de 2018 (*BOE* n.º 156, de 28 de junio) y 6 de febrero de 2020 (*BOE* n.º 34, de 8 de febrero); LO 2/1979, de 3 de octubre (*BOE* n.º 239, de 5 de octubre), del Tribunal Constitucional; modificada por LO 6/1988, de 9 de junio (*BOE* n.º 140, de 11 de junio; corrección de errores en *BOE*

Diputados, del Senado o de una Asamblea Legislativa de Comunidad Autónoma, si están reunidos, serán castigados con la pena de prisión de tres a cinco años.

Art. 494. Incurrirán en la pena de prisión de seis meses a un año o multa de doce a veinticuatro meses los que promuevan, dirijan o presidan manifestaciones u otra clase de reuniones ante las sedes del Congreso de los Diputados, del Senado o de una Asamblea Legislativa de Comunidad Autónoma, cuando estén reunidos, alterando su normal funcionamiento.

Art. 495. 1. Los que, sin alzarse públicamente, portando armas u otros instrumentos peligrosos, intentaren penetrar en las sedes del Congreso de los Diputados, del Senado o de la Asamblea Legislativa de una Comunidad Autónoma, para presentar en persona o colectivamente peticiones a los mismos, incurrirán en la pena de prisión de tres a cinco años.

2. La pena prevista en el apartado anterior se aplicará en su mitad superior a quienes promuevan, dirijan o presidan el grupo.

Art. 496. El que injuriare gravemente a las Cortes Generales o a una Asamblea Legislativa de Comunidad Autónoma, hallándose en sesión, o a alguna de sus Comisiones en los actos públicos en que las representen, será castigado con la pena de multa de doce a dieciocho meses.

El imputado de las injurias descritas en el párrafo anterior quedará exento de pena si se dan las circunstancias previstas en el artículo 210.

Art. 497. 1. Incurrirán en la pena de prisión de seis meses a un año quienes, sin ser miembros del Congreso de los Diputados, del Senado o de una Asamblea Legislativa de Comunidad Autónoma, perturben gravemente el orden de sus sesiones.

2. Cuando la perturbación del orden de las sesiones a que

---

n.º 143, de 15 de junio), LO 7/1999, de 21 de abril (*BOE* n.º 96, de 22 de abril) y LO 1/2000, de 7 de enero (*BOE* n.º 8, de 10 de enero), por LO 12/2015, de 22 de septiembre (*BOE* n.º 228, de 23 de septiembre), y por LO 15/2015, de 16 de octubre (*BOE* n.º 249, de 17 de octubre); LO 3/1981, de 6 de abril (*BOE* n.º 109, de 7 de mayo), del Defensor del Pueblo; y LO 2/1982, de 12 de mayo (*BOE* n.º 121, de 21 de mayo), del Tribunal de Cuentas.

Art. 495: V. arts. 29 y 77 CE. V. LO 4/2001, de 12 de noviembre (*BOE* n.º 272, de 13 de noviembre), reguladora del Derecho de Petición.

se refiere el apartado anterior no sea grave, se impondrá la pena de multa de seis a doce meses.

Art. 498. Los que emplearen fuerza, violencia, intimidación o amenaza grave para impedir a un miembro del Congreso de los Diputados, del Senado o de una Asamblea Legislativa de Comunidad Autónoma asistir a sus reuniones, o, por los mismos medios, coartaren la libre manifestación de sus opiniones o la emisión de su voto, serán castigados con la pena de prisión de tres a cinco años.

Art. 499. La autoridad o funcionario público que quebrantare la inviolabilidad de las Cortes Generales o de una Asamblea Legislativa de Comunidad Autónoma, será castigado con las penas de inhabilitación especial para empleo o cargo público por tiempo de diez a veinte años, sin perjuicio de las que pudieran corresponderle si el hecho constituyera otro delito más grave.

Art. 500. La autoridad o funcionario público que detuviere a un miembro de las Cortes Generales o de una Asamblea Legislativa de Comunidad Autónoma fuera de los supuestos o sin los requisitos establecidos por la legislación vigente incurrirá, según los casos, en las penas previstas en este Código, impuestas en su mitad superior, y además en la de inhabilitación especial para empleo o cargo público de seis a doce años.

Art. 501. La autoridad judicial que inculpare o procesare a un miembro de las Cortes Generales o de una Asamblea Legislativa de Comunidad Autónoma sin los requisitos establecidos por la legislación vigente, será castigada con la pena de inhabilitación especial para empleo o cargo público de diez a veinte años.

Art. 502. 1. Los que, habiendo sido requeridos en forma legal y bajo apercibimiento, dejaren de comparecer ante una Comisión de investigación de las Cortes Generales o de una Asamblea Legislativa de Comunidad Autónoma, serán castigados como reos del delito de desobediencia. Si el reo fuera autoridad o funcionario público, se le impondrá además la pena de suspensión de empleo o cargo público por tiempo de seis meses a dos años.

Art. 502: Este artículo figura redactado conforme al texto de la LO 15/2003, de 25 de noviembre (*BOE* n.º 283, de 26 de noviembre; corrección de errores en *BOE* n.º 65, de 16 de marzo, y n.º 80, de 2 de abril, ambos de 2004).

2. En las mismas penas incurrirá la autoridad o funcionario que obstaculizare la investigación del Defensor del Pueblo, Tribunal de Cuentas u órganos equivalentes de las Comunidades Autónomas, negándose o dilatando indebidamente el envío de los informes que éstos solicitaren o dificultando su acceso a los expedientes o documentación administrativa necesaria para tal investigación.

3. El que convocado ante una comisión parlamentaria de investigación faltare a la verdad en su testimonio será castigado con la pena de prisión de seis meses a un año o multa de doce a veinticuatro meses.

Art. 503. Incurrirán en la pena de prisión de dos a cuatro años:

1.º Los que invadan violentamente o con intimidación el local donde esté constituido el Consejo de Ministros o un Consejo de Gobierno de Comunidad Autónoma.

2.º Los que coarten o por cualquier medio pongan obstáculos a la libertad del Gobierno reunido en Consejo o de los miembros de un Gobierno de Comunidad Autónoma, reunido en Consejo, salvo que los hechos sean constitutivos de otro delito más grave.

Art. 504. 1. Incurrirán en la pena de multa de doce a die-

Art. 504: El segundo apartado de este artículo fue introducido por LO 7/2000, de 22 de diciembre (*BOE* n.º 307, de 23 de diciembre), cuya Exposición de Motivos, en lo que a este precepto se refiere, dice:

«También mediante la introducción de nuevos tipos penales se pretende otorgar mayor protección jurídica a los miembros de las Corporaciones locales, legítimamente elegidos, y a los Plenos que celebran para el ejercicio de las funciones de la Corporación. A tal fin, se incorpora un nuevo artículo 505 en el Código Penal, que viene a sancionar las perturbaciones graves que se provoquen en las sesiones plenarias de estas Corporaciones, y se modifica el apartado 2 del artículo 551 para definir como atentado a la autoridad el realizado contra los miembros de las mismas, en términos similares a la protección que el Código otorga a los miembros de otras instituciones.

»Como consecuencia de la inclusión del nuevo artículo 505, se modifica también el artículo 504, que ahora refunde, en párrafos separados, los anteriores artículos 504 y 505, sobre injurias o amenazas graves a diversas instituciones.

»Con el mismo propósito de reforzar las instituciones democráticas y representativas y la dignidad de la función que legítimamente corresponde a quienes resultan elegidos por sus conciudadanos y con la finalidad de adecuar las penas a la naturaleza de los delitos cometidos, se ha considerado necesario limitar la posibilidad de que quien resulte condenado por delitos de terrorismo y que, por tanto, ha atentado gravemente contra la democracia y el propio Estado de Derecho acceda inmediatamente a cargos públicos representativos. Para ello, la pena de inhabilitación absoluta, configurada en el Código Penal hasta esta fecha como pena accesoria en los delitos de te-

ciocho meses los que calumnien, injurien o amenacen gravemente al Gobierno de la Nación, al Consejo General del Poder Judicial, al Tribunal Constitucional, al Tribunal Supremo, o al Consejo de Gobierno o al Tribunal Superior de Justicia de una Comunidad Autónoma.

El culpable de calumnias o injurias conforme a lo dispuesto en el párrafo anterior quedará exento de pena si se dan las circunstancias previstas, respectivamente, en los artículos 207 y 210 de este Código.

Se impondrá la pena de prisión de tres a cinco años a los que empleen fuerza, violencia o intimidación para impedir a los miembros de dichos Organismos asistir a sus respectivas reuniones.

2. Los que injuriaren o amenazaren gravemente a los Ejércitos, Clases o Cuerpos y Fuerzas de Seguridad, serán castigados con la pena de multa de doce a dieciocho meses.

El culpable de las injurias previstas en el párrafo anterior quedará exento de pena si se dan las circunstancias descritas en el artículo 210 de este Código.

Art. 505. 1. Incurrirán en la pena de prisión de seis meses a un año quienes, sin ser miembros de la corporación local,

---

rrorismo, se introduce como pena principal con una duración de seis a veinte años en el apartado segundo del nuevo artículo 579.»

V. arts. 58 a 60, 97 ss., 122, 123, 143 ss. y 159 a 165 CE. V., también, LO 2/1979, de 3 de octubre, del Tribunal Constitucional (*BOE* n.º 239, de 5 de octubre), modificada por LO 6/1988, de 9 de junio (*BOE* n.º 140, de 11 de junio; corrección de errores en *BOE* n.º 143, de 15 de junio), LO 7/1999, de 21 de abril (*BOE* n.º 96, de 22 de abril), LO 1/2000, de 7 de enero (*BOE* n.º 8, de 10 de enero), LO 6/2007, de 24 de mayo (*BOE* n.º 125, de 25 de mayo); LO 1/2010, de 19 de febrero (*BOE* n.º 45, de 20 de febrero); LO 8/2010, de 4 de noviembre (*BOE* n.º 268, de 5 de noviembre); y arts. 107 ss. LOPJ y 90 CPM.

Art. 505: Este artículo está redactado conforme al texto de la LO 1/2003, de 10 de marzo (*BOE* n.º 60, de 11 de marzo; corrección de errores en *BOE* n.º 207, de 29 de agosto), para la garantía de la democracia en los Ayuntamientos y la seguridad de los Concejales. La expresión «bandas armadas» que figuraba en este artículo ha sido suprimida por la LO 5/2010, de 22 de junio (*BOE* n.º 152, de 23 de junio). La Exposición de Motivos de la citada LO 1/2003, de 10 de marzo, dice:

«Hacer efectiva la voluntad política expresada por quienes tienen plena confianza en que el sistema democrático garantiza la adecuada convivencia de nuestra sociedad, y con ello el derecho que la Constitución otorga a todos los ciudadanos, obliga a modificar determinadas normas de nuestro ordenamiento jurídico de manera que se permita hacer realidad la decisión de aislar a los terroristas, garantizando una mayor eficacia en el uso de los recursos de los que puede disponer nuestro sistema político.»

perturben de forma grave el orden de sus plenos impidiendo el acceso a los mismos, el desarrollo del orden del día previsto, la adopción de acuerdos o causen desórdenes que tengan por objeto manifestar el apoyo a organizaciones o grupos terroristas.

2. Quienes, amparándose en la existencia de organizaciones o grupos terroristas, calumnien, injurien, coaccionen o amenacen a los miembros de corporaciones locales, serán castigados con la pena superior en grado a la que corresponda por el delito cometido.

SECCIÓN 2.ª

De la usurpación de atribuciones

Art. 506. La autoridad o funcionario público que, careciendo de atribuciones para ello, dictare una disposición general o suspendiere su ejecución, será castigado con la pena de prisión de uno a tres años, multa de seis a doce meses e inhabilitación especial para empleo o cargo público por tiempo de seis a doce años.

Art. 506 bis. [*Suprimido por Ley Orgánica 2/2005, de 22 de junio.*]

Art. 506 bis: Este artículo fue introducido en el Código por la LO 20/2003, de 23 de diciembre (*BOE* n.º 309, de 26 de diciembre), y suprimido por LO 2/2005, de 22 de junio (*BOE* n.º 149, de 23 de junio), cuya Exposición de Motivos dice lo siguiente:

«La Ley Orgánica 20/2003, de 23 de diciembre, de modificación de la Ley Orgánica del Poder Judicial y del Código Penal, en su artículo segundo, modificó el Código Penal introduciendo en él los artículos 506 bis, 521 bis y 576 bis. El artículo 506 bis castiga con penas de tres a cinco años de prisión e inhabilitación a la autoridad que convocara procesos electorales o consultas populares por vía de referéndum, careciendo de competencias para ello. Este artículo y el 521 bis también penalizan a quienes facilitaran, promovieran o aseguraran la realización de tales procesos o consultas. Por su parte, el artículo 576 bis castiga con pena de prisión a la autoridad o funcionario que allegara fondos, bienes, subvenciones o ayudas públicas a asociaciones o partidos disueltos o suspendidos por su relación con delitos de la sección segunda del capítulo V del título XXII del Código Penal.

»Los artículos anteriores, cuya derogación se lleva a cabo por la presente Ley, se refieren a conductas que no tienen la suficiente entidad como para merecer el reproche penal, y menos aún si la pena que se contempla es la prisión.

»El derecho penal se rige por los principios de intervención mínima y proporcionalidad, según tiene señalado el Tribunal Constitucional, que ha reiterado que no se puede privar a una persona del derecho a la libertad sin que sea estrictamente imprescindible. En nuestro ordenamiento hay otras formas de control de la legalidad diferentes de la vía penal.

»Así, el ejercicio de las potestades de convocar o promover consultas por quien no las tiene legalmente atribuidas es perfectamente controlable por vías diferentes a la penal.

Art. 507. El juez o magistrado que se arrogare atribuciones administrativas de las que careciere, o impidiere su legítimo ejercicio por quien las ostentare, será castigado con la pena de prisión de seis meses a un año, multa de tres a seis meses y suspensión de empleo o cargo público por tiempo de uno a tres años.

Art. 508. 1. La autoridad o funcionario público que se arrogare atribuciones judiciales o impidiere ejecutar una resolución dictada por la autoridad judicial competente, será castigado con las penas de prisión de seis meses a un año, multa de tres a ocho meses y suspensión de empleo o cargo público por tiempo de uno a tres años.

2. La autoridad o funcionario administrativo o militar que atentare contra la independencia de los jueces o magistrados, garantizada por la Constitución, dirigiéndoles instrucción, orden o intimación relativas a causas o actuaciones que estén conociendo, será castigado con la pena de prisión de uno a dos años, multa de cuatro a diez meses e inhabilitación especial para empleo o cargo público por tiempo de dos a seis años.

Art. 509. El juez o magistrado, la autoridad o el funcionario público que, legalmente requerido de inhibición, continuare procediendo sin esperar a que se decida el correspondiente conflicto jurisdiccional, salvo en los casos permitidos por la Ley, será castigado con la pena de multa de tres a diez meses e inhabilitación especial para empleo o cargo público por tiempo de seis meses a un año.

»En cuanto a las ayudas públicas a asociaciones o partidos disueltos o suspendidos, el ordenamiento ya prevé una sanción penal si constituyeran actos de participación en asociación ilícita.

»En suma, las conductas que se contemplan en estos tipos penales no presentan las notas exigidas para proceder a su incriminación. La Constitución y el conjunto del ordenamiento jurídico ya cuentan con los instrumentos suficientes y adecuados para asegurar el respeto a la legalidad y a las instituciones democráticas y garantizar la convivencia pacífica de todos los ciudadanos.»

Art. 507: V. arts. 38 ss. LOPJ.

Art. 508: V. arts. 117.3.º CE y 442 LEC.

Art. 509: V. arts. 19 a 50 LECr y 72 ss. LEC; y LO 2/1987, de 18 de mayo (*BOE* n.º 120, de 20 de mayo), de Conflictos Jurisdiccionales.

CAPÍTULO IV

DE LOS DELITOS RELATIVOS AL EJERCICIO DE LOS DERECHOS FUNDAMENTALES Y LIBERTADES PÚBLICAS*

SECCIÓN 1.ª

*De los delitos cometidos con ocasión del ejercicio de los derechos fundamentales y de las libertades públicas garantizados por la Constitución***

Art. 510. 1. Serán castigados con una pena de prisión de uno a cuatro años y multa de seis a doce meses:

a) Quienes públicamente fomenten, promuevan o inciten directa o indirectamente al odio, hostilidad, discriminación o violencia contra un grupo, una parte del mismo o contra una persona determinada por razón de su pertenencia a aquél, por motivos racistas, antisemitas u otros referentes a la ideología, religión o creencias, situación familiar, la pertenencia de sus miembros a una etnia, raza o nación, su origen nacional, su sexo, orientación o identidad sexual, por razones de género, enfermedad o discapacidad.

b) Quienes produzcan, elaboren, posean con la finalidad de distribuir, faciliten a terceras personas el acceso, distribuyan, difundan o vendan escritos o cualquier otra clase de material o soportes que por su contenido sean idóneos para fomentar, promover, o incitar directa o indirectamente al odio, hostilidad, discriminación o violencia contra un grupo, una parte del mismo, o contra una persona determinada por razón de su pertenencia a aquél, por motivos racistas, antisemitas u otros referentes a la ideología, reli-

---

* La presente rúbrica figura redactada conforme a la LO 3/2002, de 22 de mayo (*BOE* n.º 123, de 23 de mayo), por la que se modifican la LO 10/1995, de 23 de noviembre, del Código Penal, y la LO 13/1985, de 9 de diciembre, del Código Penal Militar, en materia de delitos relativos al servicio militar y a la prestación social sustitutoria.

** V. arts 3.º y 29 LI.

Art. 510: Este artículo figura redactado conforme al texto de la LO 1/2015, de 30 de marzo (*BOE* n.º 77, de 31 de marzo).

V. art. 14 CE y notas a los arts. 22.4 y 607 de este Código. V. Ley 19/2007, de 11 de julio (*BOE* n.º 166, de 12 de julio), contra la violencia, el racismo, la xenofobia y la intolerancia en el deporte, modificada por LO 7/2021, de 26 de mayo (*BOE* n.º 126, de 27 de mayo), de protección de datos personales tratados para fines de prevención, detección, investigación y enjuiciamiento de infracciones penales y de ejecución de sanciones penales; y su Reglamento, aprobado por RD 203/2010, de 26 de febrero (*BOE* n.º 59, de 9 de marzo).

gión o creencias, situación familiar, la pertenencia de sus miembros a una etnia, raza o nación, su origen nacional, su sexo, orientación o identidad sexual, por razones de género, enfermedad o discapacidad.

c) Públicamente nieguen, trivialicen gravemente o enaltezcan los delitos de genocidio, de lesa humanidad o contra las personas y bienes protegidos en caso de conflicto armado, o enaltezcan a sus autores, cuando se hubieran cometido contra un grupo o una parte del mismo, o contra una persona determinada por razón de su pertenencia al mismo, por motivos racistas, antisemitas u otros referentes a la ideología, religión o creencias, la situación familiar o la pertenencia de sus miembros a una etnia, raza o nación, su origen nacional, su sexo, orientación o identidad sexual, por razones de género, enfermedad o discapacidad, cuando de este modo se promueva o favorezca un clima de violencia, hostilidad, odio o discriminación contra los mismos.

2. Serán castigados con la pena de prisión de seis meses a dos años y multa de seis a doce meses:

a) Quienes lesionen la dignidad de las personas mediante acciones que entrañen humillación, menosprecio o descrédito de alguno de los grupos a que se refiere el apartado anterior, o de una parte de los mismos, o de cualquier persona determinada por razón de su pertenencia a ellos por motivos racistas, antisemitas u otros referentes a la ideología, religión o creencias, situación familiar, la pertenencia de sus miembros a una etnia, raza o nación, su origen nacional, su sexo, orientación o identidad sexual, por razones de género, enfermedad o discapacidad, o produzcan, elaboren, posean con la finalidad de distribuir, faciliten a terceras personas el acceso, distribuyan, difundan o vendan escritos o cualquier otra clase de material o soportes que por su contenido sean idóneos para lesionar la dignidad de las personas por representar una grave humillación, menosprecio o descrédito de alguno de los grupos mencionados, de una parte de ellos, o de cualquier persona determinada por razón de su pertenencia a los mismos.

b) Quienes enaltezcan o justifiquen por cualquier medio de expresión pública o de difusión los delitos que hubieran sido cometidos contra un grupo, una parte del mismo, o contra una persona determinada por razón de su pertenencia a aquél por motivos racistas, antisemitas u otros referentes a la ideología, religión o creencias, situación familiar, la pertenencia de sus miembros a una etnia, raza o nación, su origen nacional, su sexo, orientación o identidad sexual, por razones de género, enfermedad o discapacidad, o a quienes hayan participado en su ejecución.

Los hechos serán castigados con una pena de uno a cuatro años de prisión y multa de seis a doce meses cuando de ese modo se promueva o favorezca un clima de violencia, hostilidad, odio o discriminación contra los mencionados grupos.

3. Las penas previstas en los apartados anteriores se impondrán en su mitad superior cuando los hechos se hubieran llevado a cabo a través de un medio de comunicación social, por medio de internet o mediante el uso de tecnologías de la información, de modo que, aquél se hiciera accesible a un elevado número de personas.

4. Cuando los hechos, a la vista de sus circunstancias, resulten idóneos para alterar la paz pública o crear un grave sentimiento de inseguridad o temor entre los integrantes del grupo, se impondrá la pena en su mitad superior, que podrá elevarse hasta la superior en grado.

5. En todos los casos, se impondrá además la pena de inhabilitación especial para profesión u oficio educativos, en el ámbito docente, deportivo y de tiempo libre, por un tiempo superior entre tres y diez años al de la duración de la pena de privación de libertad impuesta en su caso en la sentencia, atendiendo proporcionalmente a la gravedad del delito, el número de los cometidos y a las circunstancias que concurran en el delincuente.

6. El juez o tribunal acordará la destrucción, borrado o inutilización de los libros, archivos, documentos, artículos y cualquier clase de soporte objeto del delito a que se refieren los apartados anteriores o por medio de los cuales se hubiera cometido. Cuando el delito se hubiera cometido a través de tecnologías de la información y la comunicación, se acordará la retirada de los contenidos.

En los casos en los que, a través de un portal de acceso a internet o servicio de la sociedad de la información, se difundan exclusiva o preponderantemente los contenidos a que se refiere el apartado anterior, se ordenará el bloqueo del acceso o la interrupción de la prestación del mismo.

Art. 510 bis. Cuando de acuerdo con lo establecido en el artículo 31 bis una persona jurídica sea responsable de los deli-

---

Art. 510 bis: Este artículo ha sido añadido por la LO 1/2015, de 30 de marzo (*BOE* n.º 77, de 31 de marzo).

tos comprendidos en los dos artículos anteriores, se le impondrá la pena de multa de dos a cinco años. Atendidas las reglas establecidas en el artículo 66 bis, los jueces y tribunales podrán asimismo imponer las penas recogidas en las letras *b*) a *g*) del apartado 7 del artículo 33.

En este caso será igualmente aplicable lo dispuesto en el número 3 del artículo 510 del Código Penal.

Art. 511. 1. Incurrirá en la pena de prisión de seis meses a dos años, multa de doce a veinticuatro meses e inhabilita-

---

Art. 511: Este artículo figura redactado conforme al texto de la LO 8/2021, de 4 de junio (*BOE* n.º 134, de 5 de junio), de protección integral a la infancia y la adolescencia frente a la violencia, cuyo Preámbulo, a este respecto, se transcribe en nota al art. 22.4.º de este Código. La redacción vigente hasta entonces era la siguiente:

> *Art. 511.* 1. Incurrirá en la pena de prisión de seis meses a dos años, y multa de doce a veinticuatro meses e inhabilitación especial para empleo o cargo público por tiempo de uno a tres años el particular encargado de un servicio público que deniegue a una persona una prestación a la que tenga derecho por razón de su ideología, religión o creencias, su pertenencia a una etnia, o raza, su origen nacional, su sexo, orientación sexual, situación familiar, por razones de género, enfermedad o discapacidad.
>
> 2. Las mismas penas serán aplicables cuando los hechos se cometan contra una asociación, fundación, sociedad o corporación o contra sus miembros por razón de su ideología, religión o creencias, la pertenencia de sus miembros o de alguno de ellos a una etnia, o raza, su origen nacional, su sexo, orientación sexual, situación familiar, por razones de género, enfermedad o discapacidad.
>
> 3. Los funcionarios públicos que cometan alguno de los hechos previstos en este artículo, incurrirán en las mismas penas en su mitad superior y en la de inhabilitación especial para empleo o cargo público por tiempo de dos a cuatro años.
>
> 4. En todos los casos se impondrá además la pena de inhabilitación especial para profesión u oficio educativos, en el ámbito docente, deportivo y de tiempo libre, por un tiempo superior entre uno y tres años al de la duración de la pena de privación de libertad impuesta en su caso en la sentencia, atendiendo proporcionalmente a la gravedad del delito y a las circunstancias que concurran en el delincuente.

V. arts. 14 y 16 CE; art. 2.º DUDH; art. 26 PIDCP; art. 14 CPDHLF; Convención sobre la eliminación de todas las formas de discriminación contra la mujer de 18 de diciembre de 1979, ratificado por Instrumento de 16 de diciembre de 1983 (*BOE* n.º 69, de 21 de marzo de 1984); Convención sobre los Derechos del Niño, adoptada por la Asamblea General de las Naciones Unidas el 20 de noviembre de 1989 y ratificada por Instrumento de 30 de noviembre de 1990 (*BOE* n.º 313, de 31 de diciembre); Convención sobre el Estatuto de los Apátridas, de 28 de septiembre de 1954, a la que España se adhirió por Instrumento de 24 de abril de 1997 (*BOE* n.º 159, de 4 de julio); y Convenio-marco para la protección de las Minorías Nacionales (n.º 153 del Consejo de Europa), de 1 de febrero de 1995, ratificado por Instrumento de 20 de julio de 1995 (*BOE* n.º 20, de 23 de enero de 1998; corrección de errores en *BOE* n.º 37, de 12 de febrero, y corrección de erratas en *BOE* n.º 39, de 14 de febrero).

ción especial para empleo o cargo público por tiempo de uno a tres años el particular encargado de un servicio público que deniegue a una persona una prestación a la que tenga derecho por razón de su ideología, religión o creencias, su situación familiar, pertenencia a una etnia, raza o nación, su origen nacional, su sexo, edad, orientación o identidad sexual o de género, razones de género, de aporofobia o de exclusión social, la enfermedad que padezca o su discapacidad.

2. Las mismas penas serán aplicables cuando los hechos se cometan contra una asociación, fundación, sociedad o corporación o contra sus miembros por razón de su ideología, religión o creencias, su situación familiar, la pertenencia de sus miembros o de alguno de ellos a una etnia, raza o nación, su origen nacional, su sexo, edad, orientación o identidad sexual o de género, razones de género, de aporofobia o de exclusión social, la enfermedad que padezca o su discapacidad.

3. Los funcionarios públicos que cometan alguno de los hechos previstos en este artículo, incurrirán en las mismas penas en su mitad superior y en la de inhabilitación especial para empleo o cargo público por tiempo de dos a cuatro años.

4. En todos los casos se impondrá además la pena de inhabilitación especial para profesión u oficio educativos, en el ámbito docente, deportivo y de tiempo libre, por un tiempo superior entre uno y tres años al de la duración de la pena impuesta si esta fuera de privación de libertad, cuando la pena impuesta fuera de multa, la pena de inhabilitación especial tendrá una duración de uno a tres años. En todo caso, se atenderá proporcionalmente a la gravedad del delito y a las circunstancias que concurran en el delincuente.

Art. 512. Quienes en el ejercicio de sus actividades profesionales o empresariales denegaren a una persona una prestación a la que tenga derecho por razón de su ideología, religión o creencias, su situación familiar, su pertenencia a una etnia, raza o nación, su origen nacional, su sexo, edad, orienta-

---

Art. 512: Este artículo figura redactado conforme al texto de la LO 8/2021, de 4 de junio (*BOE* n.º 134, de 5 de junio), de protección integral a la infancia y la adolescencia frente a la violencia, cuyo Preámbulo, a este respecto, se transcribe en nota al art. 22.4.º de este Código. La redacción vigente hasta entonces era la siguiente:

ción o identidad sexual o de género, razones de género, de aporofobia o de exclusión social, la enfermedad que padezca o su discapacidad, incurrirán en la pena de inhabilitación especial para el ejercicio de profesión, oficio, industria o comercio e inhabilitación especial para profesión u oficio educativos, en el ámbito docente, deportivo y de tiempo libre por un período de uno a cuatro años.

Art. 513. Son punibles las reuniones o manifestaciones ilícitas, y tienen tal consideración:

1.º Las que se celebren con el fin de cometer algún delito.

2.º Aquellas a las que concurran personas con armas, ar-

> Los que en el ejercicio de sus actividades profesionales o empresariales denegaren a una persona una prestación a la que tenga derecho por razón de su ideología, religión o creencias, su pertenencia a una etnia, raza o nación, su sexo, orientación sexual, situación familiar, por razones de género, la enfermedad o discapacidad, incurrirán en la pena de inhabilitación especial para el ejercicio de profesión, oficio, industria o comercio e inhabilitación especial para profesión u oficio educativos, en el ámbito docente, deportivo y de tiempo libre por un período de uno a cuatro años.

V. nota al artículo precedente; y art. 2.º LO 2/1997, de 19 de junio, reguladora de la cláusula de conciencia de los profesionales de la información (*BOE* n.º 147, de 20 de junio).

Art. 513: V. art. 21, 1 CE; art. 20 DUDH; art. 21 PIDCP; art. 11 CPDHLF; LO 4/2000, de 11 de enero (*BOE* n.º 10, de 12 de enero; corrección de errores en *BOE* n.º 20, de 24 de enero), sobre derechos y libertades de los extranjeros en España y su integración social, modificada por LO 8/2000, de 22 de diciembre (*BOE* n.º 307, de 23 de diciembre; corrección de errores en *BOE* n.º 47, de 23 de febrero de 2001), por LO 11/2003, de 29 de septiembre (*BOE* n.º 234, de 30 de septiembre), por LO 14/2003, de 20 de noviembre (*BOE* n.º 279, de 21 de noviembre) y por RD 11/2018, de 31 de agosto (*BOE* n.º 214, de 4 de septiembre).

La LO 9/1983, de 15 de julio, reguladora del Derecho de reunión (*BOE* n.º 170, de 18 de julio), modificada por LO 9/1999, de 21 de abril (*BOE* n.º 96, de 22 de abril), dispone lo siguiente:

«CAPÍTULO PRIMERO: ÁMBITO DE APLICACIÓN.

»*Art. 1.º* 1. El derecho de reunión pacífica y sin armas, reconocido en el art. 21 de la Constitución, se ejercerá conforme a lo dispuesto en la presente Ley Orgánica.

»2. A los efectos de la presente Ley, se entiende por reunión la concurrencia concertada y temporal de más de 20 personas, con finalidad determinada.

»3. Son reuniones ilícitas las así tipificadas por las Leyes penales.

»*Art. 2.º* Se podrá ejercer el derecho de reunión, sin sujeción a las prescripciones de la presente Ley Orgánica, cuando se trate de las reuniones siguientes:

»*a*) Las que celebren las personas físicas en sus propios domicilios.

»*b*) Las que celebren las personas físicas en locales públicos o privados por razones familiares o de amistad.

»*c*) Las que celebren los Partidos políticos, Sindicatos, Organizaciones empresariales, Sociedades civiles y mercantiles, Asociaciones, Corporaciones, Fundaciones, Cooperativas, Comunidades de propietarios y demás Entidades legalmente constituidas en lugares cerrados, para sus propios fines y mediante convocatoria que alcance exclusivamente a sus miembros, o a otras personas nominalmente invitadas.

»*d*) Las que celebren los profesionales con sus clientes en lugares cerrados para los fines propios de su profesión.

»*e*) Las que se celebren en unidades, buques y recintos militares, a las que se refieren las Reales Ordenanzas de las Fuerzas Armadas, que se regirán por su legislación específica.

»CAPÍTULO II: DISPOSICIONES GENERALES.

»*Art. 3.º* 1. Ninguna reunión estará sometida al régimen de previa autorización.

»2. La autoridad gubernativa protegerá las reuniones y manifestaciones frente a quienes trataren de impedir, perturbar o menoscabar el lícito ejercicio de este derecho.

»*Art. 4.º* 1. Las reuniones, sometidas a la presente Ley, sólo podrán ser promovidas y convocadas por personas que se hallen en el pleno ejercicio de sus derechos civiles.

»2. Del buen orden de las reuniones y manifestaciones serán responsables sus organizadores, quienes deberán adoptar las medidas para el adecuado desarrollo de las mismas.

»3. Las personas naturales o jurídicas que figuren como organizadoras o promotoras de reuniones o manifestaciones, sólo responderán civilmente de los daños que los participantes causen a terceros cuando hayan omitido la diligencia razonablemente exigible para prevenir el daño causado.

»4. La asistencia de militares de uniforme, o haciendo uso de su condición militar, a reuniones o manifestaciones públicas se regirá por su legislación específica.

»*Art. 5.º* La autoridad gubernativa suspenderá y, en su caso, procederá a disolver las reuniones y manifestaciones en los siguientes supuestos:

»*a*) Cuando se consideren ilícitas de conformidad con las Leyes penales.

»*b*) Cuando se produzcan alteraciones del orden público, con peligro para personas o bienes.

»*c*) Cuando se hiciere uso de uniformes paramilitares por los asistentes.

»Tales resoluciones se comunicarán previamente a los concurrentes en la forma legalmente prevista.

»CAPÍTULO III: DE LAS REUNIONES EN LUGARES CERRADOS.

»*Art. 6.º* Los organizadores y promotores de reuniones, incluidas en el ámbito de aplicación de la presente Ley, que se celebren en lugares, locales o recintos cerrados, podrán solicitar la presencia de delegados de la autoridad gubernativa.

»*Art. 7.º* Los delegados de la autoridad gubernativa no intervendrán en las discusiones o debates ni harán uso de la palabra para advertir o corregir a los participantes, todo ello sin perjuicio de lo establecido en la Ley de Enjuiciamiento Civil.

»CAPÍTULO IV: DE LAS REUNIONES EN LUGARES DE TRÁNSITO PÚBLICO Y MANIFESTACIONES.

»*Art. 8.º* La celebración de reuniones en lugares de tránsito público y de manifestaciones deberán ser comunicadas por escrito a la autoridad gubernativa correspondiente por los organizadores o promotores de aquéllas, con una antelación de diez días naturales, como mínimo, y treinta como máximo. Si se tratare de personas jurídicas la comunicación deberá hacerse por su representante.

»Cuando existan causas extraordinarias y graves que justifiquen la urgencia de convocatoria y celebración de reuniones en lugares de tránsito público o manifestaciones, la comunicación, a que hace referencia el párrafo anterior, podrá hacerse con una antelación mínima de veinticuatro horas.

»*Art. 9.º* 1. En el escrito de comunicación se hará constar:

»*a*) Nombre, apellidos, domicilio y documento oficial de identificación del organizador u organizadores o de su representante, caso de personas jurídicas, consignando también la denominación, naturaleza y domicilio de éstas.

»*b*) Lugar, fecha, hora y duración prevista.

»*c*) Objeto de la misma.

»*d*) Itinerario proyectado, cuando se prevea la circulación por las vías públicas.

»*e*) Medidas de seguridad previstas por los organizadores o que se soliciten de la autoridad gubernativa.

»2. La autoridad gubernativa notificará al Ayuntamiento afectado los datos contenidos en el escrito de comunicación, excepto cuando se trate de una convocatoria urgente de las previstas en el párrafo segundo del artículo anterior, a fin de que éste informe en un plazo de veinticuatro horas sobre las circunstancias del recorrido propuesto. En caso de no recibirse el informe en dicho plazo, el mismo se entenderá favorable. El informe se referirá a causas objetivas tales como el estado de los lugares donde pretenda realizarse, la concurrencia con otros actos, las condiciones de seguridad de los lugares con arreglo a la normativa vigente y otras análogas de índole técnico. En todo caso, el informe no tendrá carácter vinculante y deberá ser motivado.

»*Art. 10.* Si la autoridad gubernativa considerase que existen razones fundadas de que puedan producirse alteraciones del orden público, con peligro para personas o bienes, podrá prohibir la reunión o manifestación o, en su caso, proponer la modificación de la fecha, lugar, duración o itinerario de la reunión o manifestación. La resolución deberá adoptarse en forma motivada, y notificarse en el plazo máximo de setenta y dos horas desde la comunicación prevista en el artículo 8.º, de acuerdo con los requisitos establecidos en la Ley 30/1992, de 26 de noviembre, de Régimen Jurídico de las Administraciones Públicas y del Procedimiento Administrativo Común.

»*Art. 11.* De no ser aceptada por los organizadores o promotores la prohibición u otras modificaciones propuestas, podrán interponer recursos contencioso-administrativos ante la Audiencia competente, en el plazo de cuarenta y ocho horas, trasladando copia de dicho recurso debidamente registrada a la autoridad gubernativa con el objeto de que aquélla remita inmediatamente el expediente a la Audiencia.

»El Tribunal tramitará dicho recurso de conformidad con lo establecido en el art. 7.6 de la Ley 62/1978, de 26 de diciembre, de protección jurisdiccional de los derechos fundamentales de la persona.

»*Disp. Adicional.* Tendrán la consideración de autoridad gubernativa a los efectos de la presente Ley, además de las de la Administración General del Estado, las correspondientes de las Comunidades Autónomas con competencias para protección de personas y bienes y para el mantenimiento de la seguridad ciudadana, con arreglo a lo dispuesto en los respectivos Estatutos y en la Ley Orgánica de Fuerzas y Cuerpos de Seguridad y conforme al proceso de despliegue de las respectivas policías autónomas.

»*Disps. Finales.*

»*1.ª* Esta Ley tiene carácter general y supletorio respecto de cualquiera [*sic*]otras en las que se regule el ejercicio del derecho de reunión.

»*2.ª* Queda derogada la Ley 17/1976, de 29 de mayo, reguladora del Derecho de Reunión, y cuantas disposiciones se opongan a lo dispuesto en la presente Ley.

»*Disp. Transitoria.* En tanto no se promulgue la Ley Electoral prevista en el art. 81.1 de la Constitución, las reuniones y manifestaciones que se realicen con motivo de campaña de propaganda electoral estarán sujetas a la jurisdicción de los órganos de la Administración electoral.»

Ténganse, finalmente, en cuenta los arts. 23, 35.1 y 36.2, 7 y 8 LOPSC.

tefactos explosivos u objetos contundentes o de cualquier otro modo peligroso.

Art. 514. 1. Los promotores o directores de cualquier reunión o manifestación comprendida en el número 1.º del artículo anterior y los que, en relación con el número 2.º del mismo, no hayan tratado de impedir por todos los medios a su alcance las circunstancias en ellos mencionadas, incurrirán en las penas de prisión de uno a tres años y multa de doce a veinticuatro meses. A estos efectos, se reputarán directores o promotores de la reunión o manifestación los que las convoquen o presidan.

2. Los asistentes a una reunión o manifestación que porten armas u otros medios igualmente peligrosos serán castigados con la pena de prisión de uno a dos años y multa de seis a doce meses. Los jueces o tribunales, atendiendo a los antecedentes del sujeto, circunstancias del caso y características del arma o instrumento portado, podrán rebajar en un grado la pena señalada.

3. Las personas que, con ocasión de la celebración de una reunión o manifestación, realicen actos de violencia contra la autoridad, sus agentes, personas o propiedades públicas o privadas, serán castigadas con la pena que a su delito corresponda, en su mitad superior.

4. Los que impidieren el legítimo ejercicio de las libertades de reunión o manifestación, o perturbaren gravemente el desarrollo de una reunión o manifestación lícita serán castigados con la pena de prisión de dos a tres años si los hechos se realizaren con violencia, y con la pena de prisión de tres a seis meses o multa de seis a doce meses si se cometieren mediante vías de hecho o cualquier otro procedimiento ilegítimo.

5. Los promotores o directores de cualquier reunión o manifestación que convocaren, celebraren o intentaren celebrar de nuevo una reunión o manifestación que hubiese sido previamente suspendida o prohibida, y siempre que con ello pretendieran subvertir el orden constitucional o alterar grave-

---

Art. 514: El apartado 4 de este artículo figura redactado conforme al texto de la LO 15/2003, de 25 de noviembre (*BOE* n.º 283, de 26 de noviembre; corrección de errores en *BOE* n.º 65, de 16 de marzo, y n.º 80, de 2 de abril, ambos de 2004). Y el apartado 5 de este artículo había sido introducido por la LO 2/1998, de 15 de junio (*BOE* n.º 143, de 16 de junio), por la que se modificaron el Código Penal y la Ley de Enjuiciamiento Criminal.

mente la paz pública, serán castigados con las penas de prisión de seis meses a un año y multa de seis a doce meses, sin perjuicio de la pena que pudiera corresponder, en su caso, conforme a los apartados precedentes.

Art. 515. Son punibles las asociaciones ilícitas, teniendo tal consideración:

Art. 515: Este artículo figura redactado conforme al texto de la LO 1/2015, de 30 de marzo (*BOE* n.º 77, de 31 de marzo), salvo su apartado 4.º, que lo fue por LO 8/2021, de 4 de junio (*BOE* n.º 134, de 5 de junio), de protección integral a la infancia y la adolescencia frente a la violencia, cuyo Preámbulo, a este respecto, se transcribe en nota al art. 22.4.º de este Código. La redacción vigente hasta entonces era la siguiente:

> 4.º Las que fomenten, promuevan o inciten directa o indirectamente al odio, hostilidad, discriminación o violencia contra personas, grupos o asociaciones por razón de su ideología, religión o creencias, la pertenencia de sus miembros o de alguno de ellos a una etnia, raza o nación, su sexo, orientación sexual situación familiar, enfermedad o discapacidad.

V. art. 22 CE, que dispone:

«1. Se reconoce el derecho de asociación.

»2. Las asociaciones que persigan fines o utilicen medios tipificados como delito son ilegales.

»3. Las asociaciones constituidas al amparo de este artículo deberán inscribirse en un registro a los solos efectos de publicidad.

»4. Las asociaciones sólo podrán ser disueltas o suspendidas en sus actividades en virtud de resolución judicial motivada.

»5. Se prohíben las asociaciones secretas y las de carácter paramilitar.»

V. art. 22 del PIDCP, que tiene el siguiente texto:

«1. Toda persona tiene derecho a asociarse libremente con otras, incluso el derecho a fundar sindicatos y afiliarse a ellos para la protección de sus intereses.

»2. El ejercicio de tal derecho sólo podrá estar sujeto a las restricciones previstas por la Ley que sean necesarias en una sociedad democrática, en interés de la seguridad nacional, de la seguridad pública o del orden público, o para proteger la salud o la moral públicas o los derechos y libertades de los demás. El presente artículo no impedirá la imposición de restricciones legales al ejercicio de tal derecho cuando se trate de miembros de las fuerzas armadas y de la policía.

»3. Ninguna disposición de este artículo autoriza a los Estados Partes en el Convenio de la Organización Internacional del Trabajo de 1948 relativo a la libertad sindical y a la protección del derecho de sindicación a adoptar medidas legislativas que puedan menoscabar las garantías previstas en él ni a aplicar la Ley de tal manera que pueda menoscabar esas garantías.»

V. también art. 20 DUDH; art. 11 CPDHLF; LO 1/2002, de 22 de marzo (*BOE* n.º 73, de 26 de marzo), reguladora del Derecho de Asociación, modificada por Ley 62/2003, de 30 de diciembre (*BOE* n.º 313, de 31 de diciembre); y LO 6/2002, de 27 de junio (*BOE* n.º 154, de 28 de junio), de Partidos Políticos. Téngase en cuenta, finalmente, la LO 4/2000, de 11 de enero (*BOE* n.º 10, de 12 de enero; corrección de errores en *BOE* n.º 20, de 24 de enero), sobre derechos y libertades de los extranjeros en España y su integración social, modificada por LO 8/2000, de 22 de diciembre (*BOE*

1.º Las que tengan por objeto cometer algún delito o, después de constituidas, promuevan su comisión.

2.º Las que, aun teniendo por objeto un fin lícito, empleen medios violentos o de alteración o control de la personalidad para su consecución.

3.º Las organizaciones de carácter paramilitar.

4.º Las que fomenten, promuevan o inciten directa o indirectamente al odio, hostilidad, discriminación o violencia contra personas, grupos o asociaciones por razón de su ideología, religión o creencias, la pertenencia de sus miembros o de alguno de ellos a una etnia, raza o nación, su origen nacional, su sexo, edad, orientación o identidad sexual o de género, razones de género, de aporofobia o de exclusión social, situación familiar, enfermedad o discapacidad.

Art. 516. [*Suprimido por LO 5/2010, de 22 de junio.*]

Art. 517. En los casos previstos en los números 1.º y 3.º al 6.º del artículo 515 se impondrán las siguientes penas:

1.º A los fundadores, directores y presidentes de las asociaciones, las de prisión de dos a cuatro años, multa de doce a veinticuatro meses e inhabilitación especial para empleo o cargo público por tiempo de seis a doce años.

2.º A los miembros activos, las de prisión de uno a tres años y multa de doce a veinticuatro meses.

Art. 518. Los que con su cooperación económica o de cualquier otra clase, en todo caso relevante, favorezcan la fundación, organización o actividad de las asociaciones comprendidas en los números 1.º y 3.º al 6.º del artículo 515, incurrirán en la pena de prisión de uno a tres años, multa de doce a veinticuatro meses, e inhabilitación para empleo o cargo público por tiempo de uno a cuatro años.

---

n.º 307, de 23 de diciembre; corrección de errores en *BOE* n.º 47, de 23 de febrero de 2001), por LO 11/2003, de 29 de septiembre (*BOE* n.º 234, de 30 de septiembre), por LO 14/2003, de 20 de noviembre (*BOE* n.º 279, de 21 de noviembre) y por RD 11/2018, de 31 de agosto (*BOE* n.º 214, de 4 de septiembre).

Art. 516: Este artículo ha sido suprimido por la LO 5/2010, de 22 de junio (*BOE* n.º 152, de 23 de junio).

Art. 517: El primer párrafo de este artículo figura redactado conforme al texto de la LO 4/2000, de 11 de enero (*BOE* n.º 10, de 12 de enero; corrección de errores en *BOE* n.º 20, de 24 de enero), sobre derechos y libertades de los extranjeros en España y su integración social.

Art. 518: Este artículo figura redactado conforme al texto de la LO 4/2000, de 11 de enero (*BOE* n.º 10, de 12 de enero; corrección de errores en *BOE* n.º 20, de 24 de enero), sobre derechos y libertades de los extranjeros en España y su integración social.

Art. 519. La provocación, la conspiración y la proposición para cometer el delito de asociación ilícita se castigarán con la pena inferior en uno o dos grados a la que corresponda, respectivamente, a los hechos previstos en los artículos anteriores.

Art. 520. Los jueces o tribunales, en los supuestos previstos en el artículo 515, acordarán la disolución de la asociación ilícita y, en su caso, cualquier otra de las consecuencias accesorias del artículo 129 de este Código.

Art. 521. En el delito de asociación ilícita, si el reo fuera autoridad, agente de ésta o funcionario público, se le impondrá, además de las penas señaladas, la de inhabilitación absoluta de diez a quince años.

Art. 521 bis. [*Suprimido por Ley Orgánica 2/2005, de 22 de junio.*]

SECCIÓN 2.ª

*De los delitos contra la libertad de conciencia, los sentimientos religiosos y el respeto a los difuntos**

Art. 522. Incurrirán en la pena de multa de cuatro a diez meses:

Art. 521 bis: Este artículo fue incorporado al Código por la LO 20/2003, de 23 de diciembre (*BOE* n.º 309, de 26 de diciembre), y suprimido por LO 2/2005, de 22 de junio (*BOE* n.º 149, de 23 de junio), cuya Exposición de Motivos se reproduce en nota al art. 506 bis de este Código.

* V. arts. 14 y 16 CE; este último precepto dispone lo siguiente:

«1. Se garantiza la libertad ideológica, religiosa y de culto de los individuos y las comunidades sin más limitación, en sus manifestaciones, que la necesaria para el mantenimiento del orden público protegido por la Ley.

»2. Nadie podrá ser obligado a declarar sobre su ideología, religión o creencias.

»3. Ninguna confesión tendrá carácter estatal. Los poderes públicos tendrán en cuenta las creencias religiosas de la sociedad española y mantendrán las consiguientes relaciones de cooperación con la Iglesia Católica y las demás confesiones.»

V., también, art. 18 PIDCP, que tiene el siguiente texto:

«1. Toda persona tiene derecho a la libertad de pensamiento, de conciencia y de religión; este derecho incluye la libertad de tener o adoptar la religión o las creencias de su elección, así como la libertad de manifestar su religión o sus creencias, individual o colectivamente, tanto en público como en privado, mediante el culto, la celebración de los ritos, las prácticas y la enseñanza.

»2. Nadie será objeto de medidas coercitivas que puedan menoscabar su libertad de tener o de adoptar la religión o las creencias de su elección.

»3. La libertad de manifestar la propia religión o las propias creencias estará sujeta únicamente a las limitaciones prescritas por la Ley que sean necesarias para proteger la seguridad, el orden, la salud o la moral públicos, o los derechos y libertades fundamentales de los demás.

1.º Los que por medio de violencia, intimidación, fuerza o cualquier otro apremio ilegítimo impidan a un miembro o miembros de una confesión religiosa practicar los actos propios de las creencias que profesen, o asistir a los mismos.

2.º Los que por iguales medios fuercen a otro u otros a practicar o concurrir a actos de culto o ritos, o a realizar actos reveladores de profesar o no profesar una religión, o a mudar la que profesen.

Art. 523. El que con violencia, amenaza, tumulto o vías de hecho, impidiere, interrumpiere o perturbare los actos, funciones, ceremonias o manifestaciones de las confesiones religiosas inscritas en el correspondiente registro público del Ministerio de Justicia e Interior, será castigado con la pena de prisión de seis meses a seis años, si el hecho se ha cometido en lugar destinado al culto, y con la de multa de cuatro a diez meses si se realiza en cualquier otro lugar.

Art. 524. El que en templo, lugar destinado al culto o en ceremonias religiosas ejecutare actos de profanación en ofensa de los sentimientos religiosos legalmente tutelados será castigado con la pena de prisión de seis meses a un año o multa de doce a veinticuatro meses.

Art. 525. 1. Incurrirán en la pena de multa de ocho a doce meses los que, para ofender los sentimientos de los miembros de una confesión religiosa, hagan públicamente, de palabra, por escrito o mediante cualquier tipo de documento, escarnio de sus dogmas, creencias, ritos o ceremonias, o vejen, también públicamente, a quienes los profesan o practican.

2. En las mismas penas incurrirán los que hagan públicamente escarnio, de palabra o por escrito, de quienes no profesan religión o creencia alguna.

»4. Los Estados Partes en el presente Pacto se comprometen a respetar la libertad de los padres y, en su caso, de los tutores legales, para garantizar que los hijos reciban la educación religiosa y moral que esté de acuerdo con sus propias convicciones.»

V., además, art. 18 DUDH; art. 9.º CPDHLF; LO 7/1980, de 5 de julio, de Libertad Religiosa (*BOE* n.º 177, de 24 de julio); Acuerdo entre el Estado Español y la Santa Sede sobre Asuntos Jurídicos de 3 de enero de 1977, ratificado por Instrumento de 4 de diciembre de 1979 (*BOE* n.º 300, de 15 de diciembre).

Art. 524: Este artículo figura redactado conforme al texto de la LO 15/2003, de 25 de noviembre (*BOE* n.º 283, de 26 de noviembre; corrección de errores en *BOE* n.º 65, de 16 de marzo, y n.º 80, de 2 de abril, ambos de 2004).

Art. 526. El que, faltando al respeto debido a la memoria de los muertos, violare los sepulcros o sepulturas, profanare un cadáver o sus cenizas o, con ánimo de ultraje, destruyere, alterare o dañare las urnas funerarias, panteones, lápidas o nichos será castigado con la pena de prisión de tres a cinco meses o multa de seis a diez meses.

SECCIÓN 3.ª

[*Suprimida por la LO 3/2002, de 22 de mayo*]*

Art. 527. [*Sin contenido por la LO 3/2002, de 22 de mayo.*]

Art. 528. [*Derogado por Ley Orgánica 7/1998, de 5 de octubre.*]

Art. 526: Este artículo figura redactado conforme al texto de la LO 15/2003, de 25 de noviembre (*BOE* n.º 283, de 26 de noviembre; corrección de errores en *BOE* n.º 65, de 16 de marzo, y n.º 80, de 2 de abril, ambos de 2004).

* La LO 3/2002, de 22 de mayo (*BOE* n.º 123, de 23 de mayo), por la que se modifican la LO 10/1995, de 23 de noviembre, del Código Penal, y la LO 13/1985, de 9 de diciembre, del Código Penal Militar, en materia de delitos relativos al servicio militar y a la prestación social sustitutoria, tiene la siguiente Exposición de Motivos:

«El actual proceso de profesionalización de las Fuerzas Armadas en que se encuentra España ha permitido que, desde el 31 de diciembre del año 2001, tanto el cumplimiento del servicio militar como la prestación social sustitutoria hayan quedado suspendidos, en virtud de los Reales Decretos 247/2001, de 9 de marzo, y 342/2001, de 4 de abril, dictados en uso de la autorización concedida al Gobierno por la disposición transitoria decimoctava de la Ley 17/1999, de 18 de mayo, de Régimen de Personal de las Fuerzas Armadas.

»Este cambio trascendental debe tener su inmediato reflejo en la normativa penal, sin perjuicio de una posterior regulación de los supuestos de incumplimiento de las obligaciones relativas a la participación de todos los ciudadanos en la defensa, en consonancia con el derecho y el deber establecidos en el artículo 30.1 de la Constitución.

»Por ello, mediante la presente Ley Orgánica se dejan sin contenido los artículos 527 y 604 de la Ley Orgánica 10/1995, de 23 de noviembre, del Código Penal, que tipifican los delitos contra los deberes de cumplimiento de la prestación social sustitutoria y de prestación del servicio militar, hoy de imposible comisión.

»La reforma sería incompleta si no afectara también a la Ley Orgánica 13/1985, de 9 de diciembre, del Código Penal Militar. Así, se deroga su artículo 119 bis, que castiga al militar de reemplazo que injustificadamente se ausentare de su unidad, destino o lugar de residencia por más de quince días o no se presentare transcurrido dicho plazo desde el momento en que debió efectuar su incorporación. Y también se da nueva redacción a su artículo 120, que tipifica el delito de deserción, que a partir de ahora sólo podrán cometer los militares profesionales y los reservistas incorporados a las unidades, centros u organismos correspondientes del Ministerio de Defensa.

»Finalmente se incluye una disposición transitoria con la finalidad de que se revisen las sentencias firmes dictadas en relación con la comisión de los delitos que se despenalizan por la presente Ley Orgánica, y de que se sobresean y archiven los procedimientos penales incoados por dichos delitos»

CAPÍTULO V

DE LOS DELITOS COMETIDOS POR LOS FUNCIONARIOS PÚBLICOS CONTRA LAS GARANTÍAS CONSTITUCIONALES*

SECCIÓN 1.ª

De los delitos cometidos por los funcionarios públicos contra la libertad individual

Art. 529. 1. El juez o magistrado que entregare una causa criminal a otra autoridad o funcionario, militar o administrativo, que ilegalmente se la reclame, será castigado con la pena de inhabilitación especial para empleo o cargo público por tiempo de seis meses a dos años.

2. Si además entregara la persona de un detenido, se le impondrá la pena superior en grado.

Art. 530. La autoridad o funcionario público que, mediando causa por delito, acordare, practicare o prolongare cualquier privación de libertad de un detenido, preso o sentenciado, con violación de los plazos o demás garantías constitucionales o legales, será castigado con la pena de inhabilitación especial para empleo o cargo público por tiempo de cuatro a ocho años.

Art. 531. La autoridad o funcionario público que, mediando causa por delito, decretare, practicare o prolongare la incomunicación de un detenido, preso o sentenciado, con violación de los plazos o demás garantías constitucionales o legales, será castigado con la pena

* V. arts. 489 a 491, 495 y 496 LECr, y LPACAP.

Art. 529: V. Ley 3/2003, de 14 de marzo (*BOE* n.º 65, de 17 de marzo), sobre la orden europea de detención y entrega (Apéndice 5).

Art. 530: V. nota a la rúbrica del Capítulo Primero del Título VI del Libro II de este Código y, especialmente, art. 17.4.º CE; y LO 6/1984, de 24 de mayo (*BOE* n.º 126, de 26 de mayo), reguladora del procedimiento de *Habeas Corpus*. V. también arts. 309, 489, 492 ss. y 750 LECr; 15, 17 y 51 a 53 LOGP y 15, 16, 19, 23 y 41 ss. RP. Ténganse en cuenta, no obstante, arts. 55 y 116 CE, así como art. 520 bis LECr y la LO 4/2000, de 11 de enero (*BOE* n.º 10, de 12 de enero; corrección de errores en *BOE* n.º 20, de 24 de enero), sobre derechos y libertades de los extranjeros en España y su integración social, modificada por LO 8/2000, de 22 de diciembre (*BOE* n.º 307, de 23 de diciembre; corrección de errores en *BOE* n.º 47, de 23 de febrero de 2001), por LO 11/2003, de 29 de septiembre (*BOE* n.º 234, de 30 de septiembre), por LO 2/2009, de 11 de diciembre (*BOE* n.º 299, de 12 de diciembre) y por RD 11/2018, de 31 de agosto (*BOE* n.º 214, de 4 de septiembre); y la LO 4/1981, de 1 de junio, reguladora de los estados de alarma, excepción y sitio (*BOE* n.º 134, de 5 de junio).

Art. 531: V. nota al art. anterior.

de inhabilitación especial para empleo o cargo público por tiempo de dos a seis años.

Art. 532. Si los hechos descritos en los dos artículos anteriores fueran cometidos por imprudencia grave, se castigarán con la pena de suspensión de empleo o cargo público por tiempo de seis meses a dos años.

Art. 533. El funcionario penitenciario o de centros de protección o corrección de menores que impusiere a los reclusos o internos sanciones o privaciones indebidas, o usare con ellos de un rigor innecesario, será castigado con la pena de inhabilitación especial para empleo o cargo público por tiempo de dos a seis años.

SECCIÓN 2.ª

De los delitos cometidos por los funcionarios públicos contra la inviolabilidad domiciliaria y demás garantías de la intimidad

Art. 534. 1. Será castigado con las penas de multa de seis a doce meses e inhabilitación especial para empleo o cargo público de dos a seis años la autoridad o funcionario público que, mediando causa por delito, y sin respetar las garantías constitucionales o legales:

1.º Entre en un domicilio sin el consentimiento del morador.

2.º Registre los papeles o documentos de una persona o los efectos que se hallen en su domicilio, a no ser que el dueño haya prestado libremente su consentimiento.

Si no devolviera al dueño, inmediatamente después del registro, los papeles, documentos y efectos registrados, las penas serán las de inhabilitación especial para empleo o cargo público de seis a doce años y multa de doce a veinticuatro meses, sin perjuicio de la pena que pudiera corresponderle por la apropiación.

2. La autoridad o funcionario público que, con ocasión de lícito registro de papeles, documentos o efectos de una persona, cometa cualquier vejación injusta o daño innecesario en sus bienes, será castigado con las penas previstas para estos hechos, impuestas en su mitad superior, y, además, con la pena

---

Art. 533: V. arts. 41 a 45 LOGP y 4.º y 232 ss. RP.

Art. 534: V. nota a la rúbrica del Capítulo II del Título X del Libro II de este Código.

de inhabilitación especial para empleo o cargo público por tiempo de dos a seis años.

Art. 535. La autoridad o funcionario público que, mediando causa por delito, interceptare cualquier clase de correspondencia privada, postal o telegráfica, con violación de las garantías constitucionales o legales, incurrirá en la pena de inhabilitación especial para empleo o cargo público de dos a seis años.

Si divulgara o revelara la información obtenida, se impondrá la pena de inhabilitación especial, en su mitad superior, y, además, la de multa de seis a dieciocho meses.

Art. 536. La autoridad, funcionario público o agente de éstos que, mediando causa por delito, interceptare las telecomunicaciones o utilizare artificios técnicos de escuchas, transmisión, grabación o reproducción del sonido, de la imagen o de cualquier otra señal de comunicación, con violación de las garantías constitucionales o legales, incurrirá en la pena de inhabilitación especial para empleo o cargo público de dos a seis años.

Si divulgare o revelare la información obtenida, se impondrán las penas de inhabilitación especial, en su mitad superior y, además, la de multa de seis a dieciocho meses.

SECCIÓN 3.ª

De los delitos cometidos por los funcionarios públicos contra otros derechos individuales

Art. 537. La autoridad o funcionario público que impida u obstaculice el derecho a la asistencia de abogado al detenido o preso, procure o favorezca la renuncia del mismo a dicha asistencia o no le informe de forma inmediata y de modo que le sea comprensible de sus derechos y de las razones de su detención, será castigado con la pena de multa de cuatro a diez meses e inhabilitación especial para empleo o cargo público de dos a cuatro años.

Art. 538. La autoridad o funcionario público que esta-

Art. 535: V. nota a la rúbrica del Capítulo I del Título X del Libro II de este Código.

Art. 536: V. arts. 18.3.º CE, 51 LOGP, 43 y 46 ss. RP y 579 LECr.

Art. 537: V. arts. 17.3 CE, 520 ss. LECr, 51.2.º y 52.3.º LOGP y 41.3.º y 46 ss. RP.

Art. 538: V. art. 20 CE (no obstante, v. arts. 55.1 y 116 CE y la LO 4/1981, de 1 de junio, de los estados de alarma, excepción y sitio), que dispone lo siguiente:

blezca la censura previa o, fuera de los casos permitidos por la Constitución y las Leyes, recoja ediciones de libros o periódicos o suspenda su publicación o la difusión de cualquier emisión radiotelevisiva, incurrirá en la pena de inhabilitación absoluta de seis a diez años.

Art. 539. La autoridad o funcionario público que disuelva o suspenda en sus actividades a una asociación legalmente constituida, sin previa resolución judicial, o sin causa legítima le impida la celebración de sus sesiones, será castigado con la pena de inhabilitación especial para empleo o cargo públi-

---

«1. Se reconocen y protegen los derechos:

»*a)* A expresar y difundir libremente los pensamientos, ideas y opiniones mediante la palabra, el escrito o cualquier otro medio de reproducción.

»*b)* A la producción y creación literaria, artística, científica y técnica.

»*c)* A la libertad de cátedra.

»*d)* A comunicar o recibir libremente información veraz por cualquier medio de difusión. La Ley regulará el derecho a la cláusula de conciencia y al secreto profesional en el ejercicio de estas libertades.

»2. El ejercicio de estos derechos no puede restringirse mediante ningún tipo de censura previa.

»3. La Ley regulará la organización y el control parlamentario de los medios de comunicación social dependientes del Estado o de cualquier ente público y garantizará el acceso a dichos medios de los grupos sociales y políticos significativos, respetando el pluralismo de la sociedad y de las diversas lenguas de España.

»4. Estas libertades tienen su límite en el respeto a los derechos reconocidos en este Título, en los preceptos de las leyes que lo desarrollen y, especialmente, en el derecho al honor, a la intimidad, a la propia imagen y a la protección de la juventud y de la infancia.

»5. Sólo podrá acordarse el secuestro de publicaciones, grabaciones y otros medios de información en virtud de resolución judicial.»

V. también art. 19 PIDCP:

«1. Nadie podrá ser molestado a causa de sus opiniones.

»2. Toda persona tiene derecho a la libertad de expresión; este derecho comprende la libertad de buscar, recibir y difundir informaciones e ideas de toda índole, sin consideración de fronteras, ya sea oralmente, por escrito o en forma impresa o artística, o por cualquier otro procedimiento de su elección.

»3. El ejercicio del derecho previsto en el párrafo 2 de este artículo entraña deberes y responsabilidades especiales. Por consiguiente, puede estar sujeto a ciertas restricciones que deberán, sin embargo, estar expresamente fijadas por la Ley y ser necesarias para:

»*a)* Asegurar el respeto a los derechos o a la reputación de los demás.

»*b)* La protección de la seguridad nacional, el orden público o la salud o la moral públicas.»

V., finalmente, arts. 19 DUDH y 10 CPDHLF.

Art. 539: V. art. 22 CE, y LO 1/2002, de 22 de marzo (*BOE* n.º 73, de 26 de marzo), reguladora del Derecho de Asociación.

co de ocho a doce años y multa de seis a doce meses.

Art. 540. La autoridad o funcionario público que prohíba una reunión pacífica o la disuelva fuera de los casos expresamente permitidos por las Leyes, será castigado con la pena de inhabilitación especial para empleo o cargo público de cuatro a ocho años y multa de seis a nueve meses.

Art. 541. La autoridad o funcionario público que expropie a una persona de sus bienes fuera de los casos permitidos y sin cumplir los requisitos legales, incurrirá en las penas de inhabilitación especial para empleo o cargo público de uno a cuatro años y multa de seis a doce meses.

Art. 542. Incurrirá en la pena de inhabilitación especial para empleo o cargo público por tiempo de uno a cuatro años la autoridad o el funcionario público que, a sabiendas, impida a una persona el ejercicio de otros derechos cívicos reconocidos por la Constitución y las Leyes.

CAPÍTULO VI

DE LOS ULTRAJES A ESPAÑA

Art. 543. Las ofensas o ultrajes de palabra, por escrito o

Art. 540: V. art. 21 CE, y LO 9/1983, de 15 de julio (*BOE* n.º 170, de 18 de julio), reguladora del derecho de reunión, modificada por LO 9/1999, de 21 de abril (*BOE* n.º 96, de 22 de abril). V. igualmente la STS de 4 de marzo de 2002 (*BOE* n.º 87, de 11 de abril), por la que se fija la siguiente doctrina legal en relación con los arts. 5.º*a*) y 10 de esta LO: «En aplicación conjunta de los artículos 5.*a*) y 10 de la Ley Orgánica 9/1983, reguladora del Derecho de Reunión, la autoridad gubernativa tiene la facultad de prohibir una manifestación si estima razonadamente que concurren indicios de que pueda ser constitutiva de delito y, como tal, potencialmente generadora de alteraciones del orden público, con peligro para personas o bienes.»

Art. 541: V. art. 33 CE, reproducido en nota a la rúbrica del Título XIII del Libro II de este Código. V., además, art. 17 DUDH; Ley de Expropiación Forzosa de 16 de diciembre de 1954 (*BOE* n.º 351, de 17 de diciembre), modificada por la Ley 11/1996, de 27 de diciembre, de Presupuestos Generales del Estado para 1997 (*BOE* n.º 313, de 28 de diciembre), por Ley 53/2002, de 30 de diciembre (*BOE* n.º 313, de 31 de diciembre), y por Ley 8/2007, de 28 de mayo (*BOE* n.º 128, de 29 de mayo), de suelo; Reglamento de dicha Ley de 26 de abril de 1957 (*BOE* n.º 160, de 20 de junio); Decreto de 23 de diciembre de 1955 sobre Disposiciones Vigentes sobre Expropiación Forzosa (*BOE* n.º 17, de 17 de enero de 1956); Ley 40/1994, de 30 de diciembre (*BOE* n.º 313, de 31 de diciembre), de ordenación del Sistema Eléctrico Nacional.

Art. 542: V. arts. 10 ss. CE.

Art. 543: V. art. 4 CE; art. 87 CPM. V., además, Ley 33/1981, de 5 de octubre, del Escudo de España (*BOE* de 19 de octubre), y RD 2.864/1981, de 18 de diciembre, por el que se hace público el modelo oficial del Escudo de España (*BOE* n.º 303, de 19 de diciembre).

de hecho a España, a sus Comunidades Autónomas o a sus símbolos o emblemas, efectuados con publicidad, se castigarán con la pena de multa de siete a doce meses.

TÍTULO XXII

Delitos contra el orden público

CAPÍTULO PRIMERO

SEDICIÓN*

Art. 544. Son reos de sedición los que, sin estar comprendidos en el delito de rebelión, se alcen pública y tumultuariamente para impedir, por la fuerza o fuera de las vías legales, la aplicación de las Leyes o a cualquier autoridad, corporación oficial o funcionario público, el legítimo ejercicio de sus funciones o el cumplimiento de sus acuerdos, o de las resoluciones administrativas o judiciales.

Art. 545. 1. Los que hubieren inducido, sostenido o dirigido la sedición o aparecieren en ella como sus principales au-

V., finalmente, Ley 39/1981, de 28 de octubre, por la que se regula el uso de la Bandera de España y de otras Banderas y Enseñas (*BOE* n.º 271, de 12 de noviembre), y, en especial, su art. 10 que dispone lo siguiente:

«1. Los ultrajes y ofensas a la bandera de España y a las contempladas en el artículo 4.º del presente texto, se castigarán conforme a lo dispuesto en las leyes.

»*2. Las infracciones de lo previsto en esta ley se considerarán incursas en lo establecido en el artículo 123 y concordantes del Código Penal y, en su caso, en el artículo 316 del Código de Justicia Militar, sin perjuicio de las sanciones administrativas que pudieran proceder.*

»*3. Los ultrajes y ofensas a las banderas a que se refiere el artículo 3.º de esta ley, se considerarán siempre como cometidos con publicidad a los efectos de lo dispuesto en el citado artículo 123 del Código Penal.*

»4. Sin perjuicio de la responsabilidad en que incurran los autores de las infracciones de lo dispuesto en esta Ley, lo establecido en el artículo 123 del Código Penal o 316 del Código de Justicia Militar, en los casos de personas y lugares previstos en este último, serán asimismo de aplicación a los Presidentes, Directores o titulares de organismos, instituciones, centros o dependencias y a los representantes legales de partidos políticos, sindicatos, asociaciones o entidades privadas de toda índole que, tras ser requeridos para el cumplimiento de esta Ley por la autoridad gubernativa, incumplan lo preceptuado en los artículos anteriores.»

El art. 10.3 de la Ley 39/1981, de 28 de octubre, ha sido declarado inconstitucional por la Sentencia 118/1992, de 16 de septiembre, del Tribunal Constitucional, y el art. 10.2 de la referida Ley ha sido declarado igualmente inconstitucional por la Sentencia 119/1992, de 18 de septiembre, del mismo Tribunal.

* V. art. 3 LI; arts. 91 ss. CPM; arts. 20 a 27 LPPNA; art. 23 LOPJ, reproducido en nota al art. 3.1 LE (Apéndice 4).

tores, serán castigados con la pena de prisión de ocho a diez años, y con la de diez a quince años, si fueran personas constituidas en autoridad. En ambos casos se impondrá, además, la inhabilitación absoluta por el mismo tiempo.

2. Fuera de estos casos, se impondrá la pena de cuatro a ocho años de prisión, y la de inhabilitación especial para empleo o cargo público por tiempo de cuatro a ocho años.

Art. 546. Lo dispuesto en el artículo 474 es aplicable al caso de sedición cuando ésta no haya llegado a organizarse con jefes conocidos.

Art. 547. En el caso de que la sedición no haya llegado a entorpecer de un modo grave el ejercicio de la autoridad pública y no haya tampoco ocasionado la perpetración de otro delito al que la Ley señale penas graves, los jueces o tribunales rebajarán en uno o dos grados las penas señaladas en este capítulo.

Art. 548. La provocación, la conspiración y la proposición para la sedición serán castigadas con las penas inferiores en uno o dos grados a las respectivamente previstas, salvo que llegue a tener efecto la sedición, en cuyo caso se castigará con la pena señalada en el primer apartado del artículo 545, y a sus autores se los considerará promotores.

Art. 549. Lo dispuesto en los artículos 479 a 484 es también aplicable al delito de sedición.

CAPÍTULO II

De los atentados contra la autoridad, sus agentes y los funcionarios públicos, y de la resistencia y desobediencia*

Art. 550. 1. Son reos de atentado los que agredieren o, con intimidación grave o violencia, opusieren resistencia grave a la autoridad, a sus agentes o funcionarios públicos, o los acome-

---

Art. 544: V. Ley Orgánica del Régimen Electoral General (Apéndice 6).

* V. arts. 87 CPM y 23 LOPJ, reproducido en nota al art. 3.1 LE (Apéndice 4). V., también, LO 2/1986, de 13 de marzo (*BOE* n.º 63, de 14 de marzo), de Fuerzas y Cuerpos de Seguridad; y art. 36.4 y 6 LOPSC.

Art. 550: Este artículo figura redactado conforme al texto de la LO 1/2015, de 30 de marzo (*BOE* n.º 77, de 31 de marzo).

La STC 90/2018, de 6 de septiembre (*BOE* n.º 247, de 12 de octubre) ha determinado que «El artículo 550 del Código penal no es una ley penal en blanco, de modo que el órgano judicial no puede integrar el tipo penal con una norma autonómica de naturaleza administrativa o, en otros términos, la norma autonómica no sirve de complemento a la ley penal.»

tieren, cuando se hallen en el ejercicio de las funciones de sus cargos o con ocasión de ellas.

En todo caso, se considerarán actos de atentado los cometidos contra los funcionarios docentes o sanitarios que se hallen en el ejercicio de las funciones propias de su cargo, o con ocasión de ellas.

2. Los atentados serán castigados con las penas de prisión de uno a cuatro años y multa de tres a seis meses si el atentado fuera contra autoridad y de prisión de seis meses a tres años en los demás casos.

3. No obstante lo previsto en el apartado anterior, si la autoridad contra la que se atentare fuera miembro del Gobierno, de los Consejos de Gobierno de las Comunidades Autónomas, del Congreso de los Diputados, del Senado o de las Asambleas Legislativas de las Comunidades Autónomas, de las Corporaciones locales, del Consejo General del Poder Judicial, Magistrado del Tribunal Constitucional, juez, magistrado o miembro del Ministerio Fiscal, se impondrá la pena de prisión de uno a seis años y multa de seis a doce meses.

Art. 551. Se impondrán las penas superiores en grado a las respectivamente previstas en el artículo anterior siempre que el atentado se cometa:

1.º Haciendo uso de armas u otros objetos peligrosos.

2.º Cuando el acto de violencia ejecutado resulte potencialmente peligroso para la vida de las personas o pueda causar lesiones graves. En particular, están incluidos los supuestos de lanzamiento de objetos contundentes o líquidos inflamables, el incendio y la utilización de explosivos.

3.º Acometiendo a la autoridad, a su agente o al funcionario público haciendo uso de un vehículo de motor.

4.º Cuando los hechos se lleven a cabo con ocasión de un motín, plante o incidente colectivo en el interior de un centro penitenciario.

Art. 552. [...]

Art. 553. La provocación, la conspiración y la proposición para cualquiera de los delitos previstos en los artículos anteriores, será castigada con la pena inferior en uno o dos gra-

---

Art. 551: Este artículo figura redactado conforme al texto de la LO 1/2015, de 30 de marzo (*BOE* n.º 77, de 31 de marzo).

Art. 552: Este artículo ha sido suprimido por la LO 1/2015, de 30 de marzo (*BOE* n.º 77, de 31 de marzo).

dos a la del delito correspondiente.

Art. 554. 1. Los hechos descritos en los artículos 550 y 551 serán también castigados con las penas expresadas en ellos cuando se cometieren contra un miembro de las Fuerzas Armadas que, vistiendo uniforme, estuviera prestando un servicio que le hubiera sido legalmente encomendado.

2. Las mismas penas se impondrán a quienes acometan, empleen violencia o intimiden a las personas que acudan en auxilio de la autoridad, sus agentes o funcionarios.

3. También se impondrán las penas de los artículos 550 y 551 a quienes acometan, empleen violencia o intimiden gravemente:

a) A los bomberos o miembros del personal sanitario o equipos de socorro que estuvieran interviniendo con ocasión de un siniestro, calamidad pública o situación de emergencia, con la finalidad de impedirles el ejercicio de sus funciones.

b) Al personal de seguridad privada, debidamente identificado, que desarrolle actividades de seguridad privada en cooperación y bajo el mando de las Fuerzas y Cuerpos de Seguridad.

Art. 555. [...]

Art. 556. 1. Serán castigados con la pena de prisión de tres meses a un año o multa de seis a dieciocho meses, los que, sin estar comprendidos en el artículo 550, resistieren o desobedecieren gravemente a la autoridad o sus agentes en el ejercicio de sus funciones, o al personal de seguridad privada, debida-

---

Art. 554: Este artículo figura redactado conforme al texto de la LO 1/2015, de 30 de marzo (*BOE* n.º 77, de 31 de marzo).

V. art. 85 CPM.

Art. 555: Este artículo ha sido suprimido por la LO 1/2015, de 30 de marzo (*BOE* n.º 77, de 31 de marzo),.

Art. 556: Este artículo figura redactado conforme al texto de la LO 1/2015, de 30 de marzo (*BOE* n.º 77, de 31 de marzo).

V. art. 24.2 de la LO 3/1981, de 6 de abril, del Defensor del Pueblo (*BOE* n.º 109, de 7 de mayo). Lo dispuesto en el art. 46.6 de la Ley 16/1989, de 17 de julio, de Defensa de la Competencia (*BOE* n.º 170, de 18 de julio), modificada por RD-L 6/1999, de 16 de abril (*BOE* n.º 92, de 17 de abril; corrección de errores en *BOE* n.º 101, de 28 de abril), Ley 52/1999, de 28 de diciembre (*BOE* n.º 311, de 29 de diciembre), y RD-L 2/2001, de 2 de febrero (*BOE* n.º 30, de 3 de febrero): «La desobediencia a las intimaciones del Tribunal será castigada conforme a lo establecido en el Código Penal», es penalmente irrelevante, en cuanto que este art. 556 no es una norma penal en blanco, y en cuanto que una Ley ordinaria, como lo es la 16/1989, no puede tipificar conductas como delitos.

mente identificado, que desarrolle actividades de seguridad privada en cooperación y bajo el mando de las Fuerzas y Cuerpos de Seguridad.

2. Los que faltaren al respeto y consideración debida a la autoridad, en el ejercicio de sus funciones, serán castigados con la pena de multa de uno a tres meses.

CAPÍTULO III

DE LOS DESÓRDENES PÚBLICOS*

Art. 557. 1. Quienes actuando en grupo o individualmente pero amparados en él, alteraren la paz pública ejecutando actos de violencia sobre las personas o sobre las cosas, o amenazando a otros con llevarlos a cabo, serán castigados con una pena de seis meses a tres años de prisión.

Estas penas serán impuestas sin perjuicio de las que pudieran corresponder a los actos concretos de violencia o de amenazas que se hubieran llevado a cabo.

2. Con las mismas penas se castigará a quienes actuaren sobre el grupo o sus individuos incitándoles a realizar las acciones descritas en el apartado

---

* V. Convenio del Consejo de Europa sobre un planteamiento integrado de protección, seguridad y atención en los partidos de fútbol y otros acontecimientos deportivos, hecho en Saint Denis el 3 de julio de 2016 (*BOE* n.º 252, de 19 de octubre de 2019); Convenio Europeo de 19 de agosto de 1985 sobre la violencia e irrupciones de espectadores con motivo de manifestaciones deportivas y especialmente de partidos de fútbol, ratificado por Instrumento de 22 de junio de 1987 (*BOE* n.º 193, de 13 de agosto) , denunciado por España mediante Nota Verbal de 23 de agosto de 2019 (*BOE* n.º 252,de 19 de octubre); arts. 60 ss. Ley 10/1990, de 15 de octubre, del Deporte (*BOE* n.º 249, de 17 de octubre); Ley 19/2007, de 11 de julio (*BOE* n.º 166, de 12 de julio), contra la violencia, el racismo, la xenofobia y la intolerancia en el deporte, modificada por LO 7/2021, de 26 de mayo (*BOE* n.º 126, de 27 de mayo), de protección de datos personales tratados para fines de prevención, detección, investigación y enjuiciamiento de infracciones penales y de ejecución de sanciones penales; RD 75/1992, de 31 de enero, sobre la Comisión Nacional contra la Violencia en los Espectáculos Deportivos (*BOE* n.º 37, de 12 de febrero); arts. 27, 35.3 y 36.1 y 3 LOPSC; RD 1.591/1992, de 23 de diciembre, sobre Disciplina Deportiva (*BOE* n.º 43, de 19 de febrero de 1993); Reglamento para la Prevención de la Violencia en los Espectáculos Deportivos, aprobado por RD 769/ 1993, de 21 de mayo (*BOE* n.º 146, de 19 de junio), y modificado por RD 1.247/1998, de 19 de junio (*BOE* n.º 152, de 26 de junio); RD203/2010, de 26 de febrero (*BOE* n.º 59, de 9 de marzo), por el que se aprueba el Reglamento de prevención de la violencia, el racismo, la xenofobia y la intolerancia en el deporte; y Orden de 22 de diciembre de 1998 (*BOE* n.º 309, de 26 de diciembre), por la que se regulan las Unidades de Control Organizativo para la prevención de la violencia en los espectáculos deportivos.

Art. 557: Este artículo figura redactado conforme al texto de la LO 1/2015, de 30 de marzo (*BOE* n.º 77, de 31 de marzo).

V. art. 147 de la LO del Régimen Electoral General (Apéndice 6).

anterior o reforzando su disposición a llevarlas a cabo.

Art. 557 bis. Los hechos descritos en el artículo anterior serán castigados con una pena de uno a seis años de prisión cuando concurra alguna de las circunstancias siguientes:

1.ª Cuando alguno de los partícipes en el delito portare un arma u otro instrumento peligroso, o exhibiere un arma de fuego simulada.

2.ª Cuando el acto de violencia ejecutado resulte potencialmente peligroso para la vida de las personas o pueda causar lesiones graves. En particular, están incluidos los supuestos de lanzamiento de objetos contundentes o líquidos inflamables, el incendio y la utilización de explosivos.

3.ª Cuando los hechos se lleven a cabo en una manifestación o reunión numerosa, o con ocasión de alguna de ellas.

4.ª Cuando se llevaren a cabo actos de pillaje.

5.ª Cuando el autor del hecho se prevaliera de su condición de autoridad, agente de ésta o funcionario público.

6.ª Cuando se lleven a cabo con ocultación del rostro y así se dificulte la identificación de sus autores.

Estas penas serán impuestas sin perjuicio de las que pudieran corresponder a los actos concretos de violencia, amenazas o pillaje que se hubieran llevado a cabo.

Art. 557 ter. 1. Los que, actuando en grupo o individualmente pero amparados en él, invadan u ocupen, contra la voluntad de su titular, el domicilio de una persona jurídica pública o privada, un despacho, oficina, establecimiento o local, aunque se encuentre abierto al público, y causen con ello una perturbación relevante de la paz pública y de su actividad normal, serán castigados con una pena de prisión de tres a seis meses o multa de seis a doce meses, salvo que los hechos ya estuvieran castigados con una pena más grave en otro precepto de este Código.

2. Los hechos serán castigados con la pena superior en grado cuando concurran las circunstancias 1.ª, 3.ª, 4.ª o 5.ª del artículo 557 bis.

Art. 557 bis: Este artículo ha sido añadido por la LO 1/2015, de 30 de marzo (*BOE* n.º 77, de 31 de marzo).

Art. 557 ter: Este artículo ha sido añadido por la LO 1/2015, de 30 de marzo (*BOE* n.º 77, de 31 de marzo).

Art. 558. Serán castigados con la pena de prisión de tres a seis meses o multa de seis a doce meses, los que perturben gravemente el orden en la audiencia de un tribunal o juzgado, en los actos públicos propios de cualquier autoridad o corporación, en colegio electoral, oficina o establecimiento público, centro docente o con motivo de la celebración de espectáculos deportivos o culturales. En estos casos se podrá imponer también la pena de privación de acudir a los lugares, eventos o espectáculos de la misma naturaleza por un tiempo superior hasta tres años a la pena de prisión impuesta.

Art. 559. La distribución o difusión pública, a través de

Art. 558: Este artículo figura redactado conforme al texto de la LO 15/2003, de 25 de noviembre (*BOE* n.º 283, de 26 de noviembre; corrección de errores en *BOE* n.º 65, de 16 de marzo, y n.º 80, de 2 de abril, ambos de 2004). V. nota al art. 556, y arts. 258 y 684 LECr, 437 ss. LEC, 23 y 26.*y*) LOPSC y 191 LOPJ. V. Ley 19/2007, de 11 de julio (*BOE* n.º 166, de 12 de julio), contra la violencia, el racismo, la xenofobia y la intolerancia en el deporte, modificada por LO 7/2021, de 26 de mayo (*BOE* n.º 126, de 27 de mayo), de protección de datos personales tratados para fines de prevención, detección, investigación y enjuiciamiento de infracciones penales y de ejecución de sanciones penales; RD 748/2008, de 9 de mayo (*BOE* n.º 120, de 17 de mayo), por el que se regula la Comisión Estatal contra la violencia, el racismo, la xenofobia y la intolerancia en el deporte; RD 203/2010, de 26 de febrero (*BOE* n.º 59, de 9 de marzo), por el que se aprueba el Reglamento de prevención de la violencia, el racismo, la xenofobia y la intolerancia en el deporte; Ley 17/1997, de 4 de julio (*BOE* n.º 98, de 24 de abril de 1998), de espectáculos públicos y actividades recreativas de la Comunidad de Madrid, modificada por Ley 5/2015, de 18 de diciembre (*BOE* n.º 66, de 17 de marzo); Ley 14/2010, de 3 de diciembre (*BOE* n.º 316, de 10 de diciembre), de la Comunidad Autónoma Valenciana, de Espectáculos Públicos, Actividades Recreativas y Establecimientos Públicos, modificada por Ley 2/2018, de 16 de febrero (*BOE* n.º 63, de 13 de marzo) por Ley 6/2018, de 12 de marzo (*BOE* n.º 96, de 20 de abril; corrección de errores en *BOE* n.º 139, de 8 de junio) y por Ley 7/2019, de 24 de octubre (*BOE* n.º 277, de 18 de noviembre); Ley 11/2005, de 28 de diciembre (*BOE* n.º 23, de 27 de enero de 2006), reguladora de los espectáculos públicos, actividades recreativas y establecimientos públicos de la Comunidad Autónoma de Aragón, modificada por Ley 5/2016, de 2 de junio (*BOE* n.º 156, de 29 de junio); Ley 11/2009, de 6 de julio (*BOE* n.º 186, de 3 de agosto), de la Comunidad Autónoma de Cataluña, de regulación administrativa de los espectáculos públicos y las actividades recreativas; Ley 10/2015, de 23 de diciembre (*BOE* n.º 23, de 27 de enero), de espectáculos públicos y actividades recreativas de la Comunidad Autónoma del País Vasco; Ley 9/2016, de 2 de junio (*BOE* n.º 153, de 25 de junio), de medidas urgentes en materia de espectáculos públicos en la Comunidad Autónoma de la Región de Murcia; Ley 3/2017, de 5 de abril (*BOE* n.º 110, de 9 de mayo), de espectáculos públicos y actividades recreativas de Cantabria, modificada por Ley 7/2020, de 2 de octubre (*BOE* n.º 283, de 26 de octubre); y Ley 7/2019, de 5 de abril (*BOE* n.º 116, de 15 de mayo), de espectáculos públicos y actividades recreativas de la Comunidad Autónoma de Extremadura.

Art. 559: Este artículo figura redactado conforme al texto de la LO 1/2015, de 30 de marzo (*BOE* n.º 77, de 31 de marzo).

cualquier medio, de mensajes o consignas que inciten a la comisión de alguno de los delitos de alteración del orden público del artículo 557 bis del Código Penal, o que sirvan para reforzar la decisión de llevarlos a cabo, será castigado con una pena de multa de tres a doce meses o prisión de tres meses a un año.

Art. 560. 1. Los que causaren daños que interrumpan, obstaculicen o destruyan líneas o instalaciones de telecomunicaciones o la correspondencia postal, serán castigados con la pena de prisión de uno a cinco años.

2. En la misma pena incurrirán los que causen daños en vías férreas u originen un grave daño para la circulación ferroviaria de alguna de las formas previstas en el artículo 382.

3. Igual pena se impondrá a los que dañen las conducciones o transmisiones de agua, gas o electricidad para las poblaciones, interrumpiendo o alterando gravemente el suministro o servicio.

Art. 561. Quien afirme falsamente o simule una situación de peligro para la comunidad o la producción de un siniestro a consecuencia del cual es necesario prestar auxilio a otro, y con ello provoque la movilización de los servicios de policía, asistencia o salvamento, será castigado con la pena de prisión de tres meses y un día a un año o multa de tres a dieciocho meses.

CAPÍTULO IV

DISPOSICIÓN COMÚN A LOS CAPÍTULOS ANTERIORES

Art. 562. En el caso de hallarse constituido en autoridad el que cometa cualquiera de los delitos expresados en los capítulos anteriores de este Título, la pena de inhabilitación que estuviese prevista en cada caso se sustituirá por la inhabilitación absoluta por tiempo de diez a quince años, salvo que dicha circunstancia esté específicamente contemplada en el tipo penal de que se trate.

Art. 560: V. art. 3.º de la Ley de 12 de enero de 1887, de Protección de Cables Submarinos (*Gaceta* n.º 13, de 13 de enero), y art. 4.º del Decreto-Ley de 23 de marzo de 1956 (*BOE* n.º 96, de 5 de abril).

Art. 561: Este artículo figura redactado conforme al texto de la LO 1/2015, de 30 de marzo (*BOE* n.º 77, de 31 de marzo).

V. art. 59 CPM.

CAPÍTULO V

DE LA TENENCIA, TRÁFICO Y DEPÓSITO DE ARMAS, MUNICIONES O EXPLOSIVOS*

Art. 563. La tenencia de armas prohibidas y la de aquellas que sean resultado de la modificación sustancial de las características de fabricación de armas reglamentadas, será castigada con la pena de prisión de uno a tres años.

Art. 564. 1. La tenencia de armas de fuego reglamentadas, careciendo de las licencias

---

* La rúbrica de este Capítulo figura redactada conforme al texto de la LO 5/2010, de 22 de junio (*BOE* n.º 152, de 23 de junio). Aunque la redacción del apartado 139 del art. único de esta norma sólo se refiere a la supresión de las rúbricas de las Secciones 1.ª y 2.ª de este Capítulo, el contenido de las siguientes modificaciones hace concluir que la supresión comprende no sólo las rúbricas sino las propias Secciones.

V. art. 23 LOPJ, reproducido en nota al art. 3.º1 LE (Apéndice 4).

V., además, Convenio Europeo para la Represión del Terrorismo de 27 de enero de 1977, ratificado por Instrumento de 9 de mayo de 1980 (*BOE* n.º 242, de 8 de octubre), reproducido parcialmente en nota al art. 1 LE (Apéndice 4); el Convenio del Consejo de Europa (n.º 196), para la prevención del terrorismo, hecho en Varsovia el 16 de mayo de 2005, y ratificado por España mediante Instrumento de 23 de febrero de 2009 (*BOE* n.º 250, de 16 de octubre); el Protocolo contra la fabricación y el tráfico ilícitos de armas de fuego, sus piezas y componentes, y municiones, hecho en Nueva York el 31 de mayo de 2001, y al que España se adhirió por Instrumento de 25 de enero de 2007 (*BOE* n.º 71, de 23 de marzo de 2007); la Directiva (UE) 2021/555, del Parlamento Europeo y del Consejo, de 24 de marzo de 2021 (*Diario Oficial de la Unión Europea*, de 6 de abril), sobre el control de la adquisición y tenencia de armas, y el Tratado sobre el Comercio de Armas, hecho en Nueva York el 12 de abril de 2013, con entrada en vigor el 24 de diciembre de 2014 (*BOE* n.º 264, de 31 de octubre), aunque sus arts. 6.º y 7.º se aplicaban provisionalmente por España desde el 3 de junio de 2013 (*BOE* n.º 163, de 9 de julio; corrección de errores en *BOE* n.º 278, de 20 de noviembre).

V. Ley 53/2007, de 28 de diciembre (*BOE* n.º 312, de 29 de diciembre), sobre el control del comercio exterior de material de defensa y de doble uso, y RD 679/2014, de 1 de agosto (*BOE* n.º 207, de 26 de agosto), por el que se aprueba su Reglamento; Reglamento de Explosivos, aprobado por RD 230/1998, de 16 de febrero (*BOE* n.º 61, de 12 de marzo; corrección de errores en *BOE* n.º 157, de 2 de julio), modificado por RD 277/2005, de 11 de marzo (*BOE* n.º 61, de 12 de marzo), y RD 248/2010, de 5 de marzo (*BOE* n.º 67, de 18 de marzo), y parcialmente derogado por RD 563/2010, de 7 de mayo (*BOE* n.º 113, de 8 de mayo), modificado a su vez por RD 1.335/2012, de 21 de septiembre (*BOE* n.º 235, de 29 de septiembre); Ley 8/2017, de 8 de noviembre (*BOE* n.º 272, de 9 de noviembre), sobre precursores de explosivos; y Resolución de 16 de mayo de 2018 (*BOE* n.º 137, de 6 de junio), de la Secretaría de Estado de Seguridad, por la que se establecen los modelos de solicitud y de licencia; el Reglamento de Armas aprobado por RD 137/1993, de 29 de enero (*BOE* n.º 55, de 5 de marzo; corrección de errores en *BOE* n.º 95, de 21 de abril), modificado por RD 540/1994, de 25 de marzo (*BOE* n.º 73, de 26 de marzo), RD 316/2000, de 3 de marzo (*BOE* n.º 55, de 4 de marzo), RD 1.628/2009, de 30 de octubre (*BOE* n.º 263, de 2 de noviembre), RD 976/2011, de 8 de julio (*BOE* n.º 163, de 9 de julio), RD 726/2020, de 4 de agosto (*BOE* n.º 211, de 5 de agosto), y Orden INT/1.008/2017, de 3 de julio (*BOE* n.º 255, de 23 de octubre);

RD 989/2015, de 30 de octubre (*BOE* n.º 267, de 7 de noviembre), por el que se aprueba el Reglamento de artículos pirotécnicos y cartuchería; Órdenes de 24 de febrero de 1994, por la que se aprueban los modelos de licencias, autorizaciones, tarjetas y guías de pertenencia que serán utilizados para documentar las diversas clases de armas (*BOE* n.º 54, de 4 de marzo) —modificada por Orden de 17 de diciembre de 2004 (*BOE* n.º 3, de 4 de enero de 2005; corrección de errores en *BOE* n.º 64, de 16 de marzo)—; de 28 de febrero de 1996 (*BOE* n.º 59, de 8 de marzo), por la que se regula la utilización, por parte de los armeros, de procedimientos informáticos para llevar los libros-registros y cumplimentar otras obligaciones documentales; INT/56/2011, de 13 de enero (*BOE* n.º 20, de 24 de enero), por la que se determinan las armas que, amparadas con licencia de armas F, son consideradas de concurso (modificada por Orden INT/1.715/2011, de 13 de junio —*BOE* n.º 147, de 21 de junio—); INT/2.202/2014, de 24 de noviembre (*BOE* n.º 286, de 26 de noviembre), por la que se desarrolla el régimen aplicable a las reproducciones o réplicas de armas de fuego antiguas; e INT/1.008/2017, de 3 de julio (*BOE* n.º 255, de 23 de octubre; corrección de errores en *BOE* n.º 272, de 9 de noviembre), por la que se desarrolla el régimen aplicable a las pistolas y los revólveres detonadores; y Resolución de 27 de marzo de 2015 (*BOE* n.º 85, de 9 de abril), de la Dirección General de la Guardia Civil, por la que se determinan las medidas de seguridad para guardar las réplicas o reproducciones de armas de fuego antiguas en domicilios particulares; y se determinan las pruebas de capacitación para la obtención de la autorización especial para el uso de réplicas o reproducciones de armas de fuego antiguas. V., también, arts. 77 ss., referidos a armas de fuego y municiones del Acuerdo de Adhesión del Reino de España al Convenio de aplicación del Acuerdo de Schengen, de 14 de junio de 1985, ratificado por Instrumento de 23 de julio de 1993 (*BOE* n.º 81, de 5 de abril de 1994), la LO 1/2020, de 16 de septiembre (*BOE* n.º 248, de 17 de septiembre), sobre la utilización de los datos del Registro de Pasajeros para la prevención, detección, investigación y enjuiciamiento de delitos de terrorismo y delitos graves, modificada por LO 7/2021, de 26 de mayo (*BOE* n.º 126, de 27 de mayo), de protección de datos personales tratados para fines de prevención, detección, investigación y enjuiciamiento de infracciones penales y de ejecución de sanciones penales; y la Resolución de 20 de noviembre de 2013 (*BOE* n.º 284, de 27 de noviembre), de la Secretaría de Estado de Seguridad, por la que se designa al Centro de Inteligencia contra el Crimen Organizado, punto de contacto nacional para la comunicación de transacciones sospechosas, desapariciones y robos de sustancias o mezclas susceptibles de utilizar de forma indebida para la fabricación ilícita de explosivos. V., finalmente, art. 2.º3.º de la LO 12/1995, de 12 de diciembre, de Contrabando (Apéndice 3); arts. 6.º, 7.º, 18, 23.*a*) y 26.*c*) del RD 1.631/1992, de 29 de diciembre, sobre restricciones a la circulación de ciertos bienes y mercancías (*BOE* n.º 1, de 1 de enero de 1993); RD 2.487/1998, de 20 de noviembre, por el que se regula la acreditación de la aptitud psicofísica necesaria para tener y usar armas y para prestar servicios de seguridad privada (*BOE* n.º 289, de 3 de diciembre), así como la Orden de 14 de enero de 1999, por la que se aprueban los modelos de informes de aptitud psicofísica necesaria para tener y usar armas y para prestar servicios de seguridad privada (*BOE* n.º 20, de 23 de enero); Orden de 7 de marzo de 2000, sobre pruebas de capacitación para obtener licencia de armas, modificada parcialmente por Orden de 21 de julio de 2000 (*BOE* n.º 179, de 27 de julio); Orden de 27 de octubre de 2000 (*BOE* n.º 262, de 1 de noviembre), del Ministerio del Interior, por la que se determina el régimen reglamentario aplicable a un artefacto denominado cañón lanzaredes; Orden INT/2.860/2012, de 27 de diciembre (*BOE* n.º 5, de 5 de enero de 2013), por la que se determina el régimen aplicable a ciertas armas utilizables en las actividades lúdico-deportivas de *airsoft* y *paintball*; Resolución de 26 de noviembre de 1998, de la Dirección General de la Guardia Civil,

o permisos necesarios, será castigada:

1.º Con la pena de prisión de uno a dos años, si se trata de armas cortas.

2.º Con la pena de prisión de seis meses a un año, si se trata de armas largas.

2. Los delitos previstos en el número anterior se castigarán, respectivamente, con las penas de prisión de dos a tres años y de uno a dos años, cuando concurra alguna de las circunstancias siguientes:

1.ª Que las armas carezcan de marcas de fábrica o de número, o los tengan alterados o borrados.

---

por la que se determinan las medidas de seguridad mínimas que deben reunir las cajas fuertes y armarios o armeros para guardar las armas en domicilios particulares (*BOE* n.º 291, de 5 de diciembre); Resolución de 17 de agosto de 2006 (*BOE* n.º 220, de 14 de septiembre), de la Dirección General de la Guardia Civil, por la que se crea el documento para la Transferencia Intracomunitaria de Explosivos; y Orden PCI/161/2019, de 21 de febrero (*BOE* n.º 46, de 22 de febrero), por la que se publica el Acuerdo del Consejo de Seguridad Nacional por el que se aprueba la Estrategia Nacional contra el Crimen Organizado y la Delincuencia Grave.

Art. 563: Téngase en cuenta que la STC de 24 de febrero de 2004 ha declarado que el primer inciso de este artículo sólo es constitucional interpretado en el sentido que se expone en el Fundamento Jurídico 8.º de la misma, que dice: «[...] a tenor del art. 563 CP las armas cuya tenencia se prohíbe penalmente son, exclusivamente, aquellas que cumplan los siguientes requisitos: en primer lugar, y aunque resulte obvio afirmarlo, que sean materialmente armas (pues no todos los objetos prohibidos con este nombre en la norma administrativa lo son); en segundo lugar, que su tenencia se prohíba por una norma extrapenal con rango de ley o por el reglamento al que la ley se remite, debiendo excluirse del ámbito de prohibición del art. 563 CP todas aquellas armas que se introduzcan en el catálogo de los arts. 4 y 5 del Reglamento de armas mediante una Orden ministerial conforme a lo previsto en la disposición final cuarta, por impedirlo la reserva formal de ley que rige en material penal; en tercer lugar, que posean una especial potencialidad lesiva y, por último, que la tenencia se produzca en condiciones o circunstancias que la conviertan, en el caso concreto, en especialmente peligrosa para la seguridad ciudadana, quedando excluida la intervención del Derecho penal cuando no concurra realmente ese concreto peligro sin perjuicio de que se acuda, en ese caso, al Derecho administrativo sancionador (STC 111/1999, de 14 de junio, JF 3).

»A través de esta interpretación restrictiva, el tipo resulta compatible con las exigencias constitucionales derivadas del principio de legalidad, tanto desde la perspectiva de las garantías formales y materiales inherentes al principio de reserva de ley, como desde la perspectiva de la proporcionalidad de la reacción penal; pues bien solamente así entendido el precepto puede ser declarado conforme a la Constitución. Todo ello sin perjuicio de dejar constancia de la conveniencia de que el legislador defina expresamente el tipo del art. 563 CP con mayor precisión formal.» V. arts. 88 ss., y 120 ss. del Reglamento de Armas citado en nota a la rúbrica de este Capítulo; Orden de 20 de mayo de 1993 por la que se aprueba el modelo de Tarjeta Europea de Armas de Fuego (*BOE* n.º 132, de 3 de junio).

Art. 564: Sobre marcas y numeración de armas, v. arts. 28 ss. del Reglamento de Armas citado en la nota a la rúbrica de este Capítulo; sobre importación de armas, v. arts. 59 ss. del citado Reglamento.

2.ª Que hayan sido introducidas ilegalmente en territorio español.

3.ª Que hayan sido transformadas, modificando sus características originales.

Art. 565. Los jueces o tribunales podrán rebajar en un grado las penas señaladas en los artículos anteriores, siempre que por las circunstancias del hecho y del culpable se evidencie la falta de intención de usar las armas con fines ilícitos.

Art. 566. 1. Los que fabriquen, comercialicen o establezcan depósitos de armas o municiones no autorizados por las leyes o la autoridad competente serán castigados:

1.º Si se trata de armas o municiones de guerra o de armas químicas, biológicas, nucleares o radiológicas o de minas antipersonas o municiones en racimo, con la pena de prisión de cinco a diez años los promotores y organizadores, y con la de prisión de tres a cinco años los que hayan cooperado a su formación.

2.º Si se trata de armas de fuego reglamentadas o municiones para las mismas, con la pena de prisión de dos a cuatro años los promotores y organizadores, y con la de prisión de seis mèses a dos años los que hayan cooperado a su formación.

3.º Con las mismas penas será castigado, en sus respectivos casos, el tráfico de armas o municiones de guerra o de defensa, o de armas químicas, biológicas, nucleares o radiológicas o de minas antipersonas o municiones en racimo.

2. Las penas contempladas en el punto 1.º del apartado anterior se impondrán a los que desarrollen o empleen armas químicas, biológicas, nucleares o radiológicas o minas antipersonas o municiones en racimo, o inicien preparativos militares para su empleo o no las destruyan con infracción de los tratados o convenios internacionales en los que España sea parte.

Art. 567. 1. Se considera depósito de armas de guerra la fabricación, la comercialización

---

Art. 566: Este artículo figura redactado conforme al texto de la LO 1/2015, de 30 de marzo (*BOE* n.º 77, de 31 de marzo).

V. art. 6.º Reglamento de Armas y arts. 263 bis y 282 bis LECr, reproducidos en nota al art. 368 de este Código.

Art. 567: Este artículo fue redactado conforme al texto de la LO 15/2003, de 25 de noviembre (*BOE* n.º 283, de 26 de noviembre; corrección de errores en *BOE* n.º 65, de 16 de marzo, y n.º 80, de 2 de abril, ambos de 2004). Los apartados 1 y 2 figuran redactados conforme al texto de la LO 1/2015, de 30 de marzo.

o la tenencia de cualquiera de dichas armas, con independencia de su modelo o clase, aun cuando se hallen en piezas desmontadas. Se considera depósito de armas químicas, biológicas, nucleares o radiológicas o de minas antipersonas o de municiones en racimo la fabricación, la comercialización o la tenencia de las mismas.

El depósito de armas, en su vertiente de comercialización, comprende tanto la adquisición como la enajenación.

2. Se consideran armas de guerra las determinadas como tales en las disposiciones reguladoras de la defensa nacional. Se consideran armas químicas, biológicas, nucleares o radiológicas, minas antipersonas o municiones en racimo las determinadas como tales en los tratados o convenios internacionales en los que España sea parte.

Se entiende por desarrollo de armas químicas, biológicas, nucleares o radiológicas, minas antipersonas o municiones en racimo cualquier actividad consistente en la investigación o estudio de carácter científico o técnico encaminada a la creación de una nueva arma química, biológica, nuclear o radiológica, o mina antipersona o munición en racimo o la modificación de una preexistente.

3. Se considera depósito de armas de fuego reglamentadas la fabricación, comercialización o reunión de cinco o más de dichas armas, aun cuando se hallen en piezas desmontadas.

4. Respecto de las municiones, los jueces y tribunales, teniendo en cuenta la cantidad y clase de las mismas, declararán si constituyen depósito a los efectos de este capítulo.

Art. 568. La tenencia o el depósito de sustancias o aparatos explosivos, inflamables, incendiarios o asfixiantes, o sus componentes, así como su fabri-

---

V. las referencias de la nota al art. 610 de este Código, y la aplicación provisional del Tratado sobre el Comercio de Armas, hecho en Nueva York el 2 de abril de 2013 (*BOE* n.º 163, de 9 de julio; corrección de errores en *BOE* n.º 278, de 20 de noviembre). V. art. 107 del Reglamento de Armas; Orden DEF/425/2004, de 11 de febrero (*BOE* n.º 47, de 24 de febrero), por la que se crea el Subregistro de Fábricas de Armas de Guerra; y arts. 263 bis y 282 bis LECr, reproducidos en nota al art. 368 de este Código.

Art. 568: V. arts. 31 ss., 106 ss., 135 ss., 150 ss., 194 ss., 214 ss. y 238 ss. del Reglamento de Explosivos citado en nota a la rúbrica de este Capítulo; arts. 263 bis y 282 bis LECr, reproducidos en nota al art. 368 de este Código; Ley 10/1998, de 21 de abril (*BOE* n.º 96, de 22 de abril), de Residuos; y Orden INT/3.543/2007, de 29 de noviembre (*BOE* n.º 292, de 6 de diciembre), por la que se modifica y determina el modelo, contenido y formato de la guía de circulación para explosivos y cartuchería metálica,

cación, tráfico o transporte, o suministro de cualquier forma, no autorizado por las Leyes o la autoridad competente, serán castigados con la pena de prisión de cuatro a ocho años, si se trata de sus promotores y organizadores, y con la pena de prisión de tres a cinco años para los que hayan cooperado a su formación.

Art. 569. Los depósitos de armas, municiones o explosivos establecidos en nombre o por cuenta de una asociación con propósito delictivo, determinarán la declaración judicial de ilicitud y su consiguiente disolución.

Art. 570. 1. En los casos previstos en este capítulo se podrá imponer la pena de privación del derecho a la tenencia y porte de armas por tiempo superior en tres años a la pena de prisión impuesta.

2. Igualmente, si el delincuente estuviera autorizado para fabricar o traficar con alguna o algunas de las sustancias, armas y municiones mencionadas en el mismo, sufrirá, además de las penas señaladas, la de inhabilitación especial para el ejercicio de su industria o comercio por tiempo de doce a veinte años.

CAPÍTULO VI*

DE LAS ORGANIZACIONES Y GRUPOS CRIMINALES

Art. 570 bis. 1. Quienes promovieren, constituyeren, organizaren, coordinaren o dirigieren una organización criminal serán castigados con la pena de prisión de cuatro a ocho años si aquélla tuviere por finalidad u objeto la comisión de delitos graves, y con la pena de prisión de tres a seis años en los

---

y se dictan instrucciones para su confección, modificada por Orden INT/607/2015, de 27 de marzo (*BOE* n.º 86, de 10 de abril).

Art. 570: Este artículo figura redactado conforme al texto de la LO 15/2003, de 25 de noviembre (*BOE* n.º 283, de 26 de noviembre; corrección de errores en *BOE* n.º 65, de 16 de marzo, y n.º 80, de 2 de abril, ambos de 2004).

* Este Capítulo ha sido incorporado por la LO 5/2010, de 22 de junio (*BOE* n.º 152, de 23 de junio). V. la LO 1/2020, de 16 de septiembre (*BOE* n.º 248, de 17 de septiembre), sobre la utilización de los datos del Registro de Pasajeros para la prevención, detección, investigación y enjuiciamiento de delitos de terrorismo y delitos graves, modificada por LO 7/2021, de 26 de mayo (*BOE* n.º 126, de 27 de mayo), de protección de datos personales tratados para fines de prevención, detección, investigación y enjuiciamiento de infracciones penales y de ejecución de sanciones penales.

Art. 570 bis: Este artículo ha sido incorporado por la LO 5/2010, de 22 de junio (*BOE* n.º 152, de 23 de junio). El apartado 1 figura redactado conforme al texto de la LO 1/2015, de 30 de marzo (*BOE* n.º 77, de 31 de marzo).

demás casos; y quienes participaren activamente en la organización, formaren parte de ella o cooperaren económicamente o de cualquier otro modo con la misma serán castigados con las penas de prisión de dos a cinco años si tuviere como fin la comisión de delitos graves, y con la pena de prisión de uno a tres años en los demás casos.

A los efectos de este Código se entiende por organización criminal la agrupación formada por más de dos personas con carácter estable o por tiempo indefinido, que de manera concertada y coordinada se repartan diversas tareas o funciones con el fin de cometer delitos.

2. Las penas previstas en el número anterior se impondrán en su mitad superior cuando la organización:

a) esté formada por un elevado número de personas;

b) disponga de armas o instrumentos peligrosos;

c) disponga de medios tecnológicos avanzados de comunicación o transporte que por sus características resulten especialmente aptos para facilitar la ejecución de los delitos o la impunidad de los culpables.

Si concurrieran dos o más de dichas circunstancias se impondrán las penas superiores en grado.

3. Se impondrán en su mitad superior las penas respectivamente previstas en este artículo si los delitos fueren contra la vida o la integridad de las personas, la libertad, la libertad e indemnidad sexuales o la trata de seres humanos.

Art. 570 ter. 1. Quienes constituyeren, financiaren o integraren un grupo criminal serán castigados:

a) Si la finalidad del grupo es cometer delitos de los mencionados en el apartado 3 del artículo anterior, con la pena de dos a cuatro años de prisión si se trata de uno o más delitos graves y con la de uno a tres años de prisión si se trata de delitos menos graves.

b) Con la pena de seis meses a dos años de prisión si la finalidad del grupo es cometer cualquier otro delito grave.

c) Con la pena de tres meses a un año de prisión cuando se trate de cometer uno o varios delitos menos graves no incluidos en el apartado *a*) o de la perpetración reiterada de delitos leves.

Art. 570 ter: Este artículo ha sido incorporado por la LO 5/2010, de 22 de junio (*BOE* n.º 152, de 23 de junio). El apartado 1 figura redactado conforme al texto de la LO 1/2015, de 30 de marzo (*BOE* n.º 77, de 31 de marzo).

A los efectos de este Código se entiende por grupo criminal la unión de más de dos personas que, sin reunir alguna o algunas de las características de la organización criminal definida en el artículo anterior, tenga por finalidad o por objeto la perpetración concertada de delitos.

2. Las penas previstas en el número anterior se impondrán en su mitad superior cuando el grupo:

a) esté formado por un elevado número de personas;

b) disponga de armas o instrumentos peligrosos;

c) disponga de medios tecnológicos avanzados de comunicación o transporte que por sus características resulten especialmente aptos para facilitar la ejecución de los delitos o la impunidad de los culpables.

Si concurrieran dos o más de dichas circunstancias se impondrán las penas superiores en grado.

Art. 570 quáter. 1. Los jueces o tribunales, en los supuestos previstos en este capítulo y el siguiente, acordarán la disolución de la organización o grupo y, en su caso, cualquier otra de las consecuencias de los artículos 33.7 y 129 de este Código.

2. Asimismo se impondrá a los responsables de las conductas descritas en los dos artículos anteriores, además de las penas en ellos previstas, la de inhabilitación especial para todas aquellas actividades económicas o negocios jurídicos relacionados con la actividad de la organización o grupo criminal o con su actuación en el seno de los mismos, por un tiempo superior entre seis y veinte años al de la duración de la pena de privación de libertad impuesta en su caso, atendiendo proporcionalmente a la gravedad del delito, al número de los cometidos y a las circunstancias que concurran en el delincuente.

En todo caso, cuando las conductas previstas en dichos artículos estuvieren comprendidas en otro precepto de este Código, será de aplicación lo dispuesto en la regla 4.ª del artículo 8.

3. Las disposiciones de este capítulo serán aplicables a toda organización o grupo criminal que lleve a cabo cualquier acto penalmente relevante en España, aunque se hayan constituido, estén asentados o desarrollen su actividad en el extranjero.

Art. 570 quáter: Este artículo ha sido incorporado por la LO 5/2010, de 22 de junio (*BOE* n.º 152, de 23 de junio) y su apartado 1 ha sido redactado por la LO 3/2011, de 28 de enero (*BOE* n.º 25, de 29 de enero).

4. Los jueces o tribunales, razonándolo en la sentencia, podrán imponer al responsable de cualquiera de los delitos previstos en este capítulo la pena inferior en uno o dos grados, siempre que el sujeto haya abandonado de forma voluntaria sus actividades delictivas y haya colaborado activamente con las autoridades o sus agentes, bien para obtener pruebas decisivas para la identificación o captura de otros responsables o para impedir la actuación o el desarrollo de las organizaciones o grupos a que haya pertenecido, bien para evitar la perpetración de un delito que se tratara de cometer en el seno o a través de dichas organizaciones o grupos.

CAPÍTULO VII*

DE LAS ORGANIZACIONES Y GRUPOS TERRORISTAS Y DE LOS DELITOS DE TERRORISMO

SECCIÓN 1.ª

De las organizaciones y grupos terroristas

Art. 571. A los efectos de este Código se considerarán organizaciones o grupos terroristas aquellas agrupaciones que,

---

* Este Capítulo, incorporado por la LO 5/2010, de 22 de junio (*BOE* n.º 152, de 23 de junio), figura redactado conforme al texto de la LO 2/2015, de 30 de marzo (*BOE* n.º 77, de 31 de marzo).

El Preámbulo de esta LO dice:

«La Resolución del Consejo de Seguridad de Naciones Unidas 2178, aprobada el 24 de septiembre de 2014, recoge la honda preocupación de la comunidad internacional por el recrudecimiento de la actividad terrorista y por la intensificación del llamamiento a cometer atentados en todas las regiones del mundo. En el catálogo de medidas que constituyen la parte dispositiva de esta Resolución, aparece en el punto sexto un recordatorio de la Resolución 1373 (2001), en virtud de la cual todos los Estados miembros deben velar por el enjuiciamiento de toda persona que participe en la financiación, planificación, preparación o comisión de actos de terrorismo o preste apoyo a esos actos. Tras este recordatorio, la Resolución 2178 pide a los Estados que se cercioren de que sus leyes y otros instrumentos legislativos internos tipifiquen delitos graves que sean suficientes para que se puedan enjuiciar y sancionar las conductas terroristas que se describen, de tal forma que quede debidamente reflejada la gravedad del delito.

»Las acciones terroristas a las que alude detalladamente la Resolución 2178 constituyen el máximo exponente de las nuevas amenazas que el terrorismo internacional plantea a las sociedades abiertas y que pretenden poner en riesgo los pilares en los que se sustenta el Estado de Derecho y el marco de convivencia de las democracias del mundo entero.

»El terrorismo internacional de corte yihadista se caracteriza, precisamente, por haber incorporado esas nuevas formas de agresión, consistentes en nuevos instrumentos de captación, adiestramiento o adoctrinamiento en el odio, para emplearlos de manera cruel contra todos aquellos que, en su ideario extremista y violento, sean calificados como enemigos. Estas nuevas amenazas deben, por tanto, ser combatidas con la herramienta más eficaz que los demócratas pueden emplear frente al fanatismo totalitario de los terroristas: la ley.

»Este terrorismo se caracteriza por su vocación de expansión internacional, a través de líderes carismáticos que difunden sus mensajes y consignas por medio de internet y, especialmente, mediante el uso de redes sociales, haciendo público un mensaje de extrema crueldad que pretende provocar terror en la población o en parte de ella y realizando un llamamiento a sus adeptos de todo el mundo para que cometan atentados.

»Los destinatarios de estos mensajes pueden ser individuos que, tras su radicalización y adoctrinamiento, intenten perpetrar ataques contra los objetivos señalados, incluyendo atentados suicidas.

»No menos importante es el fenómeno de los combatientes terroristas desplazados que deciden unirse a las filas de las organizaciones terroristas internacionales o de sus filiales en alguno de los escenarios de conflicto bélico en que los yihadistas están participando, singularmente, Siria e Irak. Este fenómeno de los combatientes terroristas desplazados es, en este momento, una de las mayores amenazas a la seguridad de toda la comunidad internacional y de la Unión Europea en particular, toda vez que éstos se desplazan para adiestrarse en el manejo de armas y explosivos, adquirir la capacitación necesaria y ponerse a las órdenes de los grupos terroristas.

»La experiencia de la lucha contra el terrorismo en España nos ha permitido contar con una legislación penal eficaz en la respuesta al terrorismo protagonizado por bandas armadas como ETA o el GRAPO, esto es, grupos terroristas cohesionados alrededor de uno o varios líderes, con estructura orgánica clara, reparto de roles dentro de la organización y relaciones de jerarquía definidas y asumidas por los integrantes del grupo terrorista. La respuesta penal al terrorismo se articulaba, por tanto, en la sanción de quienes pertenecían, actuaban al servicio o colaboraban con organizaciones o grupos terroristas. El eje del tratamiento penal del terrorismo era, por tanto, la definición de la organización o grupo terrorista y la tipificación de aquellas conductas que cometían quienes se integraban en ellas o, de alguna forma, prestaban su colaboración.

»El Código Penal no debe, en ningún caso, perder esa perspectiva de tipificación de las conductas articuladas en torno a organizaciones o grupos terroristas, pero es evidente que las nuevas amenazas exigen la actualización de la normativa para dar cabida al fenómeno del terrorismo individual y a las conductas que constituyen la principal preocupación de la comunidad internacional, en línea con la Resolución 2178 del Consejo de Seguridad de Naciones Unidas anteriormente citada.

»Esta Ley Orgánica modifica el capítulo VII del título XXII del libro II de la Ley Orgánica 10/1995, de 23 de noviembre, del Código Penal, de tal forma que el rigor de la respuesta penal frente a crímenes tan graves contemple, además de las modalidades de terrorismo ya conocidas, las que proceden de las nuevas amenazas.

»El capítulo VII del título XXII del libro II de la Ley Orgánica 10/1995, de 23 de noviembre, del Código Penal, se divide en dos secciones y comprende los artículos 571 a 580.

»La sección 1.ª lleva por rúbrica "De las organizaciones y grupos terroristas" y mantiene la misma lógica punitiva que la regulación hasta ahora vigente, estableciendo la definición de organización o grupo terrorista y la pena que corresponde a quienes promueven, constituyen, organizan o dirigen estos grupos o a quienes se integran en ellos.

»La sección 2.ª lleva por rúbrica "De los delitos de terrorismo" y comienza con una nueva definición de delito de terrorismo en el artículo 573 que se inspira en la Decisión Marco 2002/475/JAI del Consejo de la Unión Europea, de 13 de junio de 2002, sobre la lucha contra el terrorismo, modificada por la Decisión Marco 2008/919/JAI, de 28 de noviembre de 2008. La definición establece que la comisión de cualquier delito grave contra los bienes jurídicos que se enumeran en el apartado 1 constituye delito de terrorismo cuando se lleve a cabo con alguna de las finalidades que se especifican en el mismo artículo: 1.ª) Subvertir el orden constitucional, o suprimir o desestabilizar gravemente el funcionamiento de las instituciones políticas o de las estructuras económicas o sociales del Estado, u obligar a los poderes públicos a realizar un acto o a abstenerse de hacerlo; 2.ª) Alterar gravemente la paz pública; 3.ª) Desestabilizar gravemente el funcionamiento de una organización internacional; 4.ª) Provocar un estado de terror en la población o en una parte de ella.

»El artículo 573 bis establece la pena que corresponde a cada delito de terrorismo, partiendo de que si se causa la muerte de una persona se aplicará la pena de prisión por el tiempo máximo previsto en el Código Penal.

»El artículo 574 establece la tipificación de todas aquellas conductas relacionadas con el depósito de armas y explosivos, su fabricación, tráfico, suministro o la mera colocación o empleo de los mismos, cuando se persigan las finalidades enumeradas en el apartado 1 del artículo 573. Se recoge de manera particular la agravación de la pena cuando se trate de armas, sustancias o aparatos nucleares, radiológicos, químicos o biológicos, o cualesquiera otros de similar potencia destructiva.

»El artículo 575 tipifica el adoctrinamiento y el adiestramiento militar o de combate o en el manejo de toda clase de armas y explosivos, incluyendo expresamente el adoctrinamiento y adiestramiento pasivo, con especial mención al que se realiza a través de internet o de servicios de comunicación accesibles al público, que exige, para ser considerado delito, una nota de habitualidad y un elemento finalista que no es otro que estar dirigido a incorporarse a una organización terrorista, colaborar con ella o perseguir sus fines. También se tipifica en este precepto el fenómeno de los combatientes terroristas extranjeros, esto es, quienes para integrarse o colaborar con una organización terrorista o para cometer un delito de terrorismo se desplacen al extranjero.

»El artículo 576 establece la pena para las conductas relacionadas con la financiación del terrorismo incluyendo a quien, por cualquier medio, directa o indirectamente, recabe, adquiera, posea, utilice, convierta, transmita o realice cualquier otra actividad con bienes o valores de cualquier clase con la intención de que se utilicen, o a sabiendas de que serán utilizados, en todo o en parte, para cometer cualquiera de los delitos comprendidos en este Capítulo. La tipificación incluye las formas imprudentes de comisión del delito, como la negligente omisión de los deberes emanados de la normativa sobre blanqueo de capitales y prevención de la financiación del terrorismo.

»El artículo 577 recoge la tipificación y sanción de las formas de colaboración con organizaciones, grupos o elementos terroristas, o que estén dirigidas a cometer un delito de terrorismo. Se contemplan específicamente las acciones de captación y reclutamiento al servicio de organizaciones o fines terroristas, agravando la pena cuando se dirigen a menores, a personas necesitadas de especial protección o a mujeres víctima de trata.

»En los artículos 578 y 579 se castiga el enaltecimiento o justificación públicos del terrorismo, los actos de descrédito, menosprecio o humillación de las víctimas, así como la difusión de mensajes o consignas para incitar a otros a la comisión de delitos de terrorismo. En la tipificación de estas conductas se tiene en especial consideración el supuesto en que se cometan mediante la difusión de servicios o contenidos accesibles al público a través de medios de comunicación, internet, o por medio de servicios de comunicaciones electrónicas o mediante el uso de tecnologías de la información, articulando, además, la posibilidad de que los jueces puedan acordar como medida cautelar la retirada de estos contenidos.

»El artículo 579 bis incorpora, siempre que se den las circunstancias enumeradas en dicho precepto, las penas de inhabilitación absoluta y la novedosa pena de inhabilitación especial para profesión u oficio educativos, en los ámbitos docente, deportivo y de tiempo libre, por un tiempo superior entre seis y veinte años al de la duración de la pena de privación de libertad impuesta en su caso en la sentencia. Además, se prevé la posibilidad de atenuación de la pena a quienes hayan abandonado voluntariamente sus actividades delictivas y colaboren con las autoridades, y también en el caso de que el hecho sea objetivamente de menor gravedad, atendidos el medio empleado o el resultado producido.

»Finalmente, el artículo 580 contempla que, en todos los delitos de terrorismo, la condena de un juez o tribunal extranjero será equiparada a las sentencias de los jueces o tribunales españoles a los efectos de aplicación de la agravante de reincidencia.»

V. art. 55.2 CE:

«Una ley orgánica podrá determinar la forma y los casos en los que, de forma individual y con la necesaria intervención judicial y el adecuado control parlamentario, los derechos reconocidos en los artículos 17, apartado 2, y 18, apartados 2 y 3, pueden ser suspendidos para personas determinadas, en relación con las investigaciones correspondientes a la actuación de bandas armadas o elementos terroristas.

»La utilización injustificada o abusiva de las facultades reconocidas en dicha ley orgánica producirá responsabilidad penal, como violación de los derechos y libertades reconocidos por las leyes.»

Sobre extradición y terrorismo, art. 13.3 CE: «La extradición sólo se concederá en cumplimiento de un tratado o de la ley, atendiendo al principio de reciprocidad. Quedan excluidos de la extradición los delitos políticos, no considerándose como tales los actos de terrorismo»; art. 4.1 LE (Apéndice 4); Declaración de España al art. 3 del Convenio Europeo de Extradición reproducido en nota al preámbulo de la LE (Apéndice 4); Convenio Europeo de 27 de enero de 1977 para la Represión del Terrorismo, cuyos arts. 1.º a 7.º se reproducen en nota al art. 1.º de la LE (Apéndice 4); Convenio Internacional para la represión de los atentados terroristas cometidos con bombas, hecho en Nueva York el 15 de diciembre de 1997, y ratificado por Instrumento de 22 de abril de 1999 (*BOE* n.º 140, de 12 de junio de 2001); Convenio relativo a la profundización de la cooperación transfronteriza, en particular en materia de lucha contra el terrorismo, la delincuencia transfronteriza y la migración ilegal, hecho en Prüm, el 27 de mayo de 2005, y ratificado por España mediante Instrumento de 18 de julio de 2006 (*BOE* n.º 307, de 25 de diciembre de 2006); Convenio del Consejo de Europa (n.º 196), para la prevención del terrorismo, hecho en Varsovia el 16 de mayo de 2005, y ratificado por España mediante Instrumento de 23 de febrero de 2009 (*BOE* n.º 250, de 16 de octubre); e Instrumento de ratificación, por parte de España, del Convenio relativo al blanqueo, seguimiento, embargo y comiso de los productos del delito y a la financiación del terrorismo, hecho en Varsovia el 16 de mayo de 2005 (*BOE* n.º 155, de 26 de junio de 2010), cuyo Anexo se ha modificado por decisión de 22 de octubre de 2014 (*BOE* n.º 294, de 9 de diciembre).

Sobre la competencia de los Tribunales españoles por delitos de rebelión y de terrorismo realizados en el extranjero, art. 23 LOPJ, reproducido en nota al art. 3.º1 LE (Apéndice 4). V., asimismo, los arts. 170 y 514 de este Código, y los arts. 384 bis, 504 bis (este precepto ha sido declarado inconstitucional y nulo por la sentencia del Tribunal Constitucional 71/1994, de 3 de marzo), 520 bis, 553 y 579 LECr, todos ellos introducidos por Ley Orgánica 4/1988, de 25 de mayo, de reforma de la Ley de Enjuiciamiento Criminal (*BOE* n.º 126, de 26 de mayo), así como la disposición transitoria de esta Ley Orgánica, que dice:

«Los Juzgados Centrales de Instrucción y la Audiencia Nacional continuarán conociendo de la instrucción y enjuiciamiento de las causas por delitos cometidos por personas integradas en bandas armadas o relacionadas con elementos terroristas o rebeldes cuando la comisión del delito contribuya a su actividad, y por quienes de cualquier modo cooperen o colaboren con la actuación de aquellos grupos o individuos. Conocerán también de los delitos conexos con los anteriores.

»La legislación que pueda modificar esta atribución de competencias se inspirará en el principio de inmediación judicial.»

V., también, art. 282 bis LECr, reproducido en nota al art. 368 de este Código; Ley 12/2003, de 21 de mayo (*BOE* n.º 122, de 22 de mayo), de bloqueo de la financiación del terrorismo, modificada por Ley 10/2010, de 28 de abril (*BOE* n.º 103, de 29 de abril), de prevención del blanqueo de capitales y de la financiación del terrorismo, así como ésta, modificada a su vez por Ley 21/2011, de 26 de julio (*BOE* n.º 179, de 27 de julio), y por Ley 19/2013, de 9 de diciembre (*BOE* n.º 295, de 10 de noviembre); RD 948/2015, de 23 de octubre (*BOE* n.º 255, de 24 de octubre), por el que se regula la Oficina de Recuperación y Gestión de Activos, suprimida por RD 595/2018, de 22 de junio (*BOE* n.º 152, de 23 de junio), por el que se establece la estructura orgánica básica de los departamentos ministeriales, y cuyas funciones corresponden ahora a la Dirección General de Modernización de la Administración de la Justicia, Desarrollo Tecnológico y Recuperación y Gestión de Activos, conforme a la Disp. Adic. 1.ª del RD 1.044/2018, de 24 de agosto (*BOE* n.º 206, de 25 de agosto); Resolución 1.373 (2001), sobre medidas para combatir el terrorismo, aprobada por el Consejo de Seguridad de las Naciones Unidas en su 4.385.ª sesión, celebrada el 28 de septiembre de 2001 (*BOE* n.º 281, de 23 de noviembre; corrección de erratas en *BOE* n.º 8, de 9 de enero de 2002); Convenio Internacional para la Represión de la Financiación del Terrorismo, hecho en Nueva York el 9 de diciembre de 1999, y ratificado mediante Instrumento de 1 de abril de 2002 (*BOE* n.º 123, de 23 de mayo; corrección de erratas en *BOE* n.º 141, de 13 de junio); Orden PCI/179/2019, de 22 de febrero (*BOE* n.º 49, de 26 de febrero), del Ministerio de la Presidencia, Relaciones con las Cortes e Igualdad, por la que se publica la Estrategia Nacional contra el Terrorismo 2019, aprobada por el Consejo de Seguridad Nacional; y Orden PCM/219/2020, de 13 de marzo (*BOE* n.º 66, de 14 de marzo), por la que se publica el Acuerdo del Consejo de Seguridad Nacional por el que se crea y regula el Comité Especializado contra el Terrorismo.

V., finalmente, por lo que se refiere a indemnizaciones como consecuencia de delitos terroristas, Ley 29/2011, de 22 de septiembre (*BOE* n.º 229, de 23 de septiembre), de reconocimiento y protección integral a las víctimas del terrorismo, modificada por Ley 42/2015, de 5 de octubre (*BOE* n.º 239, de 6 de octubre); y su Reglamento, aprobado por RD 671/2013, de 6 de septiembre (*BOE* n.º 224, de 18 de septiembre; corrección de errores en *BOE* n.º 225, de 19 de septiembre), modificado por RD 107/2018, de 9 de marzo (*BOE* n.º 61, de 10 de marzo); RD 1.576/1990, de 7 de diciembre, por el que se regula la concesión en el sistema de la Seguridad Social de pensiones extraordinarias motivadas por actos de terrorismo (*BOE* n.º 294, de 8 de diciembre); RD 851/1992, de 10 de julio, por el que se regulan determinadas pensiones extraordinarias causadas por actos de terrorismo (*BOE* n.º 184, de 1 de agosto); Ley 32/1999, de 8 de octubre (*BOE* n.º 242, de 9 de octubre), de solidaridad con las víctimas del terrorismo, modificada por Ley 14/2000, de 29 de diciembre (*BOE* n.º 313, de 30 de diciembre) [y ésta, a su vez, por Ley 53/2002, de 30 de diciembre (*BOE* n.º 313, de 31 de diciembre)], por Ley 2/2003, de 12 de marzo (*BOE* n.º 62, de 13 de marzo), y por LIRPF; RD-L 14/2001, de 28 de septiembre (*BOE* n.º 234, de 29 de septiembre), convalidado por Acuerdo del Congreso de los Diputados de 31 de octubre de 2001 (*BOE* n.º 269, de 9 de noviembre), por el que se establece el régimen del reaseguro por cuenta del Estado de los riesgos de guerra y terrorismo que puedan afectar a la navegación aérea; Disps.

Adics. 22.ª y 23.ª de la Ley 23/2001, de 27 de diciembre (*BOE* n.º 313, de 31 de diciembre), de Presupuestos Generales del Estado para el año 2002; Ley 5/2018, de 17 de octubre, de la Comunidad de Madrid, para la protección, reconocimiento y memoria de las víctimas del terrorismo (*BOE* n.º 292, de 4 de diciembre), modificada por Ley 2/2019, de 6 de marzo

(*BOE* n.º 92, de 17 de abril); Ley 1/2004, de 24 de mayo, de la Comunidad Valenciana, de ayuda a las víctimas del terrorismo (*BOE* n.º 157, de 30 de junio), modificada por Ley 3/2009, de 14 de abril (*BOE* n.º 110, de 6 de mayo), y desarrollada por Decreto 109/2010, de 16 de julio (*DOCV* n.º 6.314, de 20 de julio), del Consell; Ley de la Comunidad Autónoma de Aragón 4/2008, de 17 de junio (*BOE* n.º 189, de 6 de agosto), de medidas a favor de las Víctimas del Terrorismo; Ley Foral 9/2010, de 28 de abril (*BON* n.º 111, de 10 de mayo); Ley 10/2010, de 15 de noviembre (*BOE* n.º 296, de 6 de diciembre), de medidas para la asistencia y atención a las víctimas del terrorismo, de la Comunidad Autónoma de Andalucía; Ley 7/2009, de 2 de noviembre (*BOE* n.º 35, de 10 de febrero), de ayuda a las víctimas del terrorismo de la Comunidad Autónoma de la Región de Murcia; Ley 12/2016, de 28 de julio (*BOE* n.º 219, de 10 de septiembre; corrección de errores en *BOE* n.º 33, de 8 de febrero de 2017), de reconocimiento y reparación de víctimas de vulneraciones de derechos humanos en el contexto de la violencia de motivación política en la Comunidad Autónoma del País Vasco entre 1978 y 1999, modificada por Ley 5/2019, de 4 de abril (*BOE* n.º 106, de 3 de mayo); Ley 4/2017, de 26 de septiembre (*BOE* n.º 263, de 30 de octubre), de reconocimiento y atención a las víctimas del terrorismo en Castilla y León; Ley 4/2018, de 10 de abril (*BOE* n.º 114, de 10 de mayo), de medidas a favor de las víctimas del terrorismo de la Comunidad Autónoma de La Rioja; Orden TAS/475/2005, de 18 de febrero, por la que se crean la Unidad Administradora para la gestión del fondo de ayuda a las víctimas y afectados del atentado terrorista de 11 de marzo de 2004 y la Comisión de seguimiento de la misma y se regulan las prestaciones y servicios con cargo a dicho fondo (*BOE* n.º 52, de 1 de marzo); arts. 93 a 96 de la Ley 13/1996, de 30 de diciembre, de medidas fiscales, administrativas y del orden social (*BOE* n.º 315, de 31 de diciembre) —modificada ésta, a su vez, por la Ley 50/1998, de 30 de diciembre (*BOE* n.º 313, de 31 de diciembre; corrección de errores en *BOE* n.º 109, de 7 de mayo de 1999), del mismo nombre, por la Ley 24/2001, de 27 de diciembre (*BOE* n.º 313, de 31 de diciembre, corrección de errores en *BOE* n.º 124, de 24 de mayo de 2002)—, y por el art. 49 de la Ley 53/2002, de 30 de diciembre, desarrolladas por RD 288/2003, de 7 de marzo (*BOE* n.º 65, de 17 de marzo); arts. 120 a 123 Ley de Expropiación Forzosa de 16 de diciembre de 1954 (*BOE* n.º 351, de 17 de diciembre), modificada por Ley 11/1996, de 27 de diciembre, de Presupuestos Generales del Estado para 1997 (*BOE* n.º 313, de 28 de diciembre); RD 429/1993, de 26 de marzo, por el que se aprueba el Reglamento de los procedimientos de las Administraciones Públicas en materia de responsabilidad patrimonial (*BOE* n.º 106, de 4 de mayo); Orden de 17 de julio de 1998 (*BOE* n.º 180, de 29 de julio), del Ministerio del Interior, por la que se crea y regula el fichero automatizado «Asister», sobre víctimas del terrorismo; RD-Ley 6/2006, de 23 de junio, sobre pensiones excepcionales derivadas de atentados terroristas (*BOE* n.º 150, de 24 de junio; corrección de errores en *BOE* n.º 179, de 28 de julio); Ley 4/2008, de 19 de junio (*BOE* n.º 212, de 3 de septiembre de 2011), de la Comunidad Autónoma del País Vasco, de reconocimiento y reparación a las víctimas del terrorismo.; y Ley 2/2020, de 4 de marzo (*BOE* n.º 158, de 5 de junio), de apoyo, asistencia y reconocimiento a las víctimas de terrorismo de la Comunidad Autónoma de Extremadura. Téngase finalmente en cuenta que, por RD 991/2006, de 8 de septiembre (*BOE* n.º 218, de 12 de septiembre), se creó la Dirección General de Apoyo a Víctimas del Terrorismo, dependiente de la Subsecretaría de Interior, para asumir el ejercicio de las competencias del Ministerio del Interior en materia de atención y apoyo a las víctimas del terrorismo.

reuniendo las características respectivamente establecidas en el párrafo segundo del apartado 1 del artículo 570 bis y en el párrafo segundo del apartado 1 del artículo 570 ter, tengan por finalidad o por objeto la comisión de alguno de los delitos tipificados en la sección siguiente.

Art. 572. 1. Quienes promovieran, constituyeran, organizaran o dirigieran una organización o grupo terrorista serán castigados con las penas de prisión de ocho a quince años e inhabilitación absoluta durante el tiempo de la condena.

2. Quienes participaran activamente en la organización o grupo, o formaran parte de ellos, serán castigados con las penas de prisión de seis a doce años e inhabilitación absoluta durante el tiempo de la condena.

SECCIÓN 2.ª

De los delitos de terrorismo

Art. 573. 1. Se considerará delito de terrorismo la comisión de cualquier delito grave contra la vida o la integridad física, la libertad, la integri-

---

Art. 572: Este artículo figura redactado conforme al texto de la LO 1/2019, de 20 de febrero (*BOE* n.º 45, de 21 de febrero), para transponer Directivas de la Unión Europea en los ámbitos financiero y de terrorismo, y abordar cuestiones de índole internacional. El texto vigente hasta esta reforma, redactado por la LO 2/2015, de 30 de marzo (*BOE* n.º 77, de 31 de marzo), decía:

> *Art. 572.* 1. Quienes promovieran, constituyeran, organizaran o dirigieran una organización o grupo terrorista serán castigados con las penas de prisión de ocho a catorce años e inhabilitación especial para empleo o cargo público por tiempo de ocho a quince años.
>
> 2. Quienes participaran activamente en la organización o grupo, o formaran parte de ellos, serán castigados con las penas de prisión de seis a doce años e inhabilitación especial para empleo o cargo público por tiempo de seis a catorce años.

Art. 573: El primer párrafo del primer apartado de este artículo figura redactado conforme al texto de la LO 1/2019, de 20 de febrero (*BOE* n.º 45, de 21 de febrero), para transponer Directivas de la Unión Europea en los ámbitos financiero y de terrorismo, y abordar cuestiones de índole internacional. El texto vigente hasta esta reforma, redactado por la LO 2/2015, de 30 de marzo (*BOE* n.º 77, de 31 de marzo), decía:

> Se considerarán delito de terrorismo la comisión de cualquier delito grave contra la vida o la integridad física, la libertad, la integridad moral, la libertad e indemnidad sexuales, el patrimonio, los recursos naturales o el medio ambiente, la salud pública, de riesgo catastrófico, incendio, contra la Corona, de atentado y tenencia, tráfico y depósito de armas, municiones o explosivos, previstos en el presente Código, y el apoderamiento de aeronaves, buques u otros medios de transporte colectivo o de mercancías, cuando se llevaran a cabo con cualquiera de las siguientes finalidades:

dad moral, la libertad e indemnidad sexuales, el patrimonio, los recursos naturales o el medio ambiente, la salud pública, de riesgo catastrófico, incendio, de falsedad documental, contra la Corona, de atentado y tenencia, tráfico y depósito de armas, municiones o explosivos, previstos en el presente Código, y el apoderamiento de aeronaves, buques u otros medios de transporte colectivo o de mercancías, cuando se llevaran a cabo con cualquiera de las siguientes finalidades:

1.ª Subvertir el orden constitucional, o suprimir o desestabilizar gravemente el funcionamiento de las instituciones políticas o de las estructuras económicas o sociales del Estado, u obligar a los poderes públicos a realizar un acto o a abstenerse de hacerlo.

2.ª Alterar gravemente la paz pública.

3.ª Desestabilizar gravemente el funcionamiento de una organización internacional.

4.ª Provocar un estado de terror en la población o en una parte de ella.

2. Se considerarán igualmente delitos de terrorismo los delitos informáticos tipificados en los artículos 197 bis y 197 ter y 264 a 264 quáter cuando los hechos se cometan con alguna de las finalidades a las que se refiere el apartado anterior.

3. Asimismo, tendrán la consideración de delitos de terrorismo el resto de los delitos tipificados en este capítulo.

Art. 573 bis. 1. Los delitos de terrorismo a los que se refiere el apartado 1 del artículo anterior serán castigados con las siguientes penas:

1.ª Con la de prisión por el tiempo máximo previsto en este Código si se causara la muerte de una persona.

2.ª Con la de prisión de veinte a veinticinco años cuando, en los casos de secuestro o detención ilegal, no se dé razón del paradero de la persona.

3.ª Con la de prisión de quince a veinte años si se causara un aborto del artículo 144, se produjeran lesiones de las tipificadas en los artículos 149, 150, 157 ó 158, el secuestro de una persona, o estragos o incendio de los previstos respectivamente en los artículos 346 y 351.

4.ª Con la de prisión de diez a quince años si se causara cualquier otra lesión, o se detuviera ilegalmente, amenazara o coaccionara a una persona.

5.ª Y con la pena prevista para el delito cometido en su mitad superior, pudiéndose llegar a la superior en grado, cuando se tratase de cualquier otro de los delitos a que se refiere el apartado 1 del artículo anterior.

2. Las penas se impondrán en su mitad superior si los hechos se cometieran contra las personas mencionadas en el apartado 3 del artículo 550 o contra miembros de las Fuerzas y Cuerpos de Seguridad o de las Fuerzas Armadas o contra empleados públicos que presten servicio en instituciones penitenciarias.

3. Los delitos de terrorismo a los que se refiere el apartado 2 del artículo anterior se castigarán con la pena superior en grado a la respectivamente prevista en los correspondientes artículos.

4. El delito de desórdenes públicos previsto en el artículo 557 bis, así como los delitos de rebelión y sedición, cuando se cometan por una organización o grupo terrorista o individualmente pero amparados en ellos, se castigarán con la pena superior en grado a las previstas para tales delitos.

Art. 574. 1. El depósito de armas o municiones, la tenencia o depósito de sustancias o aparatos explosivos, inflamables, incendiarios o asfixiantes, o de sus componentes, así como su fabricación, tráfico, transporte o suministro de cualquier forma, y la mera colocación o empleo de tales sustancias o de los medios o artificios adecuados, serán castigados con la pena de prisión de ocho a quince años cuando los hechos se cometan con cualquiera de las finalidades expresadas en el apartado 1 del artículo 573.

2. Se impondrá la pena de diez a veinte años de prisión cuando se trate de armas, sustancias o aparatos nucleares, radiológicos, químicos o biológicos, o cualesquiera otros de similar potencia destructiva.

3. Serán también castigados con la pena de diez a veinte años de prisión quienes, con las mismas finalidades indicadas en el apartado 1, desarrollen armas químicas o biológicas, o se apoderen, posean, transporten, faciliten a otros o manipulen materiales nucleares, elementos radioactivos o materiales o equipos productores de radiaciones ionizantes.

Art. 575. 1. Será castigado con la pena de prisión de dos a cinco años quien, con la finalidad de capacitarse para llevar a cabo cualquiera de los delitos tipificados en este capítulo, reciba adoctrinamiento o adiestramiento militar o de combate, o en técnicas de desarrollo de armas químicas o biológicas, de elaboración o preparación de sustancias o aparatos explosivos, inflamables, incendiarios o asfixiantes, o específicamente destinados a facilitar la comisión de alguna de tales infracciones.

2. Con la misma pena se castigará a quien, con la misma finalidad de capacitarse para cometer alguno de los delitos tipificados en este capítulo, lleve a cabo por sí mismo cualquiera de las actividades previstas en el apartado anterior.

Se entenderá que comete este delito quien, con tal finalidad, acceda de manera habitual a uno o varios servicios de comunicación accesibles al público en línea o contenidos accesibles a través de internet o de un servicio de comunicaciones electrónicas cuyos contenidos estén dirigidos o resulten idóneos para incitar a la incorporación a una organización o grupo terrorista, o a colaborar con cualquiera de ellos o en sus fines. Los hechos se entenderán cometidos en España cuando se acceda a los contenidos desde el territorio español.

Asimismo se entenderá que comete este delito quien, con la misma finalidad, adquiera o tenga en su poder documentos que estén dirigidos o, por su contenido, resulten idóneos para incitar a la incorporación a una organización o grupo terrorista o a colaborar con cualquiera de ellos o en sus fines.

3. La misma pena se impondrá a quien, para ese mismo fin, o para colaborar con una organización o grupo terrorista, o para cometer cualquiera de los delitos comprendidos en este Capítulo, se traslade o establezca en un territorio extranjero.

Art. 576. 1. Será castigado con la pena de prisión de cinco a diez años y multa del triple al quíntuplo de su valor el que, por cualquier medio, directa o indirectamente, recabe, adquiera, posea, utilice, convierta, transmita o realice cualquier otra actividad con bienes o valores de cualquier clase con la intención

---

Art. 575.3: Este apartado figura redactado conforme al texto de la LO 1/2019, de 20 de febrero (*BOE* n.º 45, de 21 de febrero), para transponer Directivas de la Unión Europea en los ámbitos financiero y de terrorismo, y abordar cuestiones de índole internacional. El texto vigente hasta esta reforma, redactado por la LO 2/2015, de 30 de marzo (*BOE* n.º 77, de 31 de marzo), decía:

> La misma pena se impondrá a quien, para ese mismo fin, o para colaborar con una organización o grupo terrorista, o para cometer cualquiera de los delitos comprendidos en este capítulo, se traslade o establezca en un territorio extranjero controlado por un grupo u organización terrorista.

Art. 576: El apartado 5.º de este artículo fue suprimido por la LO 1/2019, de 20 de febrero (*BOE* n.º 45, de 21 de febrero), para transponer Directivas de la Unión Europea en los ámbitos financiero y de terrorismo, y abordar cuestiones de índole internacional. El texto vigente hasta esta reforma, redactado por la LO 2/2015, de 30 de marzo (*BOE* n.º 77, de 31 de marzo), decía:

de que se utilicen, o a sabiendas de que serán utilizados, en todo o en parte, para cometer cualquiera de los delitos comprendidos en este capítulo.

2. Si los bienes o valores se pusieran efectivamente a disposición del responsable del delito de terrorismo, se podrá imponer la pena superior en grado. Si llegaran a ser empleados para la ejecución de actos terroristas concretos, el hecho se castigará como coautoría o complicidad, según los casos.

3. En el caso de que la conducta a que se refiere el apartado 1 se hubiera llevado a cabo atentando contra el patrimonio, cometiendo extorsión, falsedad documental o mediante la comisión de cualquier otro delito, éstos se castigarán con la pena superior en grado a la que les corresponda, sin perjuicio de imponer además la que proceda conforme a los apartados anteriores.

4. El que estando específicamente sujeto por la ley a colaborar con la autoridad en la prevención de las actividades de financiación del terrorismo dé lugar, por imprudencia grave en el cumplimiento de dichas obligaciones, a que no sea detectada o impedida cualquiera de las conductas descritas en el apartado 1 será castigado con la pena inferior en uno o dos grados a la prevista en él.

5. [...]

Art. 577. 1. Será castigado con las penas de prisión de cinco a diez años y multa de dieciocho a veinticuatro meses el que lleve a cabo, recabe o facilite cualquier acto de colaboración con las actividades o las

---

Cuando, de acuerdo con lo establecido en el artículo 31 bis, una persona jurídica sea responsable de los delitos tipificados en este artículo se le impondrán las siguientes penas:

a) Multa de dos a cinco años si el delito cometido por la persona física tiene prevista una pena de prisión de más de cinco años.

b) Multa de uno a tres años si el delito cometido por la persona física tiene prevista una pena de más de dos años de privación de libertad no incluida en la letra anterior.

Atendidas las reglas establecidas en el artículo 66 bis, los jueces y tribunales podrán asimismo imponer las penas previstas en las letras *b*) a *g*) del apartado 7 del artículo 33.

V. RD 413/2015, de 29 de mayo (*BOE* n.º 129, de 30 de mayo), por el que se aprueba el Reglamento de la Comisión de Vigilancia de Actividades de Financiación del Terrorismo, y Orden ECC/2.402/2015, de 11 de noviembre (*BOE* n.º 274, de 16 de noviembre), por la que se crea el Órgano Centralizado de Prevención del blanqueo de capitales y de la financiación del terrorismo del Colegio de Registradores de la Propiedad, Mercantiles y de Bienes Muebles.

finalidades de una organización, grupo o elemento terrorista, o para cometer cualquiera de los delitos comprendidos en este capítulo.

En particular son actos de colaboración la información o vigilancia de personas, bienes o instalaciones, la construcción, acondicionamiento, cesión o utilización de alojamientos o depósitos, la ocultación, acogimiento o traslado de personas, la organización de prácticas de entrenamiento o la asistencia a ellas, la prestación de servicios tecnológicos, y cualquier otra forma equivalente de cooperación o ayuda a las actividades de las organizaciones o grupos terroristas, grupos o personas a que se refiere el párrafo anterior.

Cuando la información o vigilancia de personas mencionada en el párrafo anterior ponga en peligro la vida, la integridad física, la libertad o el patrimonio de las mismas se impondrá la pena prevista en este apartado en su mitad superior. Si se produjera la lesión de cualquiera de estos bienes jurídicos se castigará el hecho como coautoría o complicidad, según los casos.

2. Las penas previstas en el apartado anterior se impondrán a quienes lleven a cabo cualquier actividad de captación, adoctrinamiento o adiestramiento, que esté dirigida o que, por su contenido, resulte idónea para incitar a incorporarse a una organización o grupo terrorista, o para cometer cualquiera de los delitos comprendidos en este capítulo.

Asimismo se impondrán estas penas a los que faciliten adiestramiento o instrucción sobre la fabricación o uso de explosivos, armas de fuego u otras armas o sustancias nocivas o peligrosas, o sobre métodos o técnicas especialmente adecuados para la comisión de alguno de los delitos del artículo 573, con la intención o conocimiento de que van a ser utilizados para ello.

Las penas se impondrán en su mitad superior, pudiéndose llegar a la superior en grado, cuando los actos previstos en este apartado se hubieran dirigido a menores de edad o personas con discapacidad necesitadas de especial protección o a mujeres víctimas de trata con el fin de convertirlas en cónyuges, compañeras o esclavas sexuales de los autores del delito, sin perjuicio de imponer las que además procedan por los delitos contra la libertad sexual cometidos.

3. Si la colaboración con las actividades o las finalidades de una organización o grupo terrorista, o en la comisión de cualquiera de los delitos comprendidos en este capítulo, se

hubiera producido por imprudencia grave se impondrá la pena de prisión de seis a dieciocho meses y multa de seis a doce meses.

Art. 578. 1. El enaltecimiento o la justificación públicos de los delitos comprendidos en los artículos 572 a 577 o de quienes hayan participado en su ejecución, o la realización de actos que entrañen descrédito, menosprecio o humillación de las víctimas de los delitos terroristas o de sus familiares, se castigará con la pena de prisión de uno a tres años y multa de doce a dieciocho meses. El juez también podrá acordar en la sentencia, durante el período de tiempo que él mismo señale, alguna o algunas de las prohibiciones previstas en el artículo 57.

2. Las penas previstas en el apartado anterior se impondrán en su mitad superior cuando los hechos se hubieran llevado a cabo mediante la difusión de servicios o contenidos accesibles al público a través de medios de comunicación, internet, o por medio de servicios de comunicaciones electrónicas o mediante el uso de tecnologías de la información.

3. Cuando los hechos, a la vista de sus circunstancias, resulten idóneos para alterar gravemente la paz pública o crear un grave sentimiento de inseguridad o temor a la sociedad o parte de ella se impondrá la pena en su mitad superior, que podrá elevarse hasta la superior en grado.

4. El juez o tribunal acordará la destrucción, borrado o inutilización de los libros, archivos, documentos, artículos o cualquier otro soporte por medio del que se hubiera cometido el delito. Cuando el delito se hubiera cometido a través de tecnologías de la información y la comunicación se acordará la retirada de los contenidos.

Si los hechos se hubieran cometido a través de servicios o contenidos accesibles a través de internet o de servicios de comunicaciones electrónicas, el juez o tribunal podrá ordenar la retirada de los contenidos o servicios ilícitos. Subsidiariamente, podrá ordenar a los prestadores de servicios de alojamiento que retiren los contenidos ilícitos, a los motores de búsqueda que supriman los enlaces que apunten a ellos y a los proveedores de servicios de comunicaciones electrónicas que impidan el acceso a los contenidos o servicios ilícitos siempre que concurra alguno de los siguientes supuestos:

a) Cuando la medida resulte proporcionada a la gravedad de los hechos y a la relevancia de la información y necesaria para evitar su difusión.

b) Cuando se difundan exclusiva o preponderantemente los contenidos a los que se refieren los apartados anteriores.

5. Las medidas previstas en el apartado anterior podrán también ser acordadas por el juez instructor con carácter cautelar durante la instrucción de la causa.

Art. 579. 1. Será castigado con la pena inferior en uno o dos grados a la prevista para el delito de que se trate el que, por cualquier medio, difunda públicamente mensajes o consignas que tengan como finalidad o que, por su contenido, sean idóneos para incitar a otros a la comisión de alguno de los delitos de este capítulo.

2. La misma pena se impondrá al que, públicamente o ante una concurrencia de personas, incite a otros a la comisión de alguno de los delitos de este capítulo, así como a quien solicite a otra persona que los cometa.

3. Los demás actos de provocación, conspiración y proposición para cometer alguno de los delitos regulados en este capítulo se castigarán también con la pena inferior en uno o dos grados a la que corresponda respectivamente a los hechos previstos en este capítulo.

4. En los casos previstos en este precepto, los jueces o tribunales podrán adoptar las medidas establecidas en los apartados 4 y 5 del artículo anterior.

Art. 579 bis. 1. El responsable de los delitos previstos en este capítulo, sin perjuicio de las penas que correspondan con arreglo a los artículos precedentes, será también castigado, atendiendo proporcionalmente a la gravedad del delito, el número de los cometidos y a las circunstancias que concurran en el delincuente, con las penas de inhabilitación absoluta, inhabilitación especial para profesión u oficio educativos, en los ámbitos docente, deportivo y de tiempo libre, por un tiempo superior entre seis y veinte años al de la duración de la pena de privación de libertad impuesta en su caso en la sentencia.

2. Al condenado a pena grave privativa de libertad por uno o más delitos comprendidos en este capítulo se le impondrá además la medida de libertad vigilada de cinco a diez años, y de uno a cinco años si la pena privativa de libertad fuera menos grave. No obstante lo anterior, cuando se trate de un solo delito que no sea grave, y su autor hubiere delinquido por primera vez, el tribunal podrá imponer o no la medida de libertad vigilada, en atención a su menor peligrosidad.

3. En los delitos previstos en este capítulo, los jueces y tribunales, razonándolo en sentencia, podrán imponer la pena inferior en uno o dos grados a la señalada para el delito de que se trate, cuando el sujeto haya abandonado voluntariamente sus actividades delictivas, se presente a las autoridades confesando los hechos en que haya participado y colabore activamente con éstas para impedir la producción del delito, o coadyuve eficazmente a la obtención de pruebas decisivas para la identificación o captura de otros responsables o para impedir la actuación o el desarrollo de organizaciones, grupos u otros elementos terroristas a los que haya pertenecido o con los que haya colaborado.

4. Los jueces y tribunales, motivadamente, atendiendo a las circunstancias concretas, podrán imponer también la pena inferior en uno o dos grados a la señalada en este capítulo para el delito de que se trate, cuando el hecho sea objetivamente de menor gravedad, atendidos el medio empleado o el resultado producido.

Art. 580. En todos los delitos de terrorismo, la condena de un juez o tribunal extranjero será equiparada a las sentencias de los jueces o tribunales españoles a los efectos de aplicación de la agravante de reincidencia.

Art. 580 bis. Cuando de acuerdo con lo establecido en el artículo 31 bis una persona jurídica sea responsable de los delitos recogidos en este Capítulo, se le impondrán las siguientes penas:

a) Multa de dos a cinco años, o del doble al cuádruple del perjuicio causado cuando la cantidad resultante fuese más elevada, si el delito cometido por la persona física tiene prevista una pena de más de dos años de privación de libertad.

b) Multa de seis meses a dos años, o del doble al triple del perjuicio causado si la cantidad resultante fuese más elevada, en el resto de los casos.

Atendidas las reglas establecidas en el artículo 66 bis, los

Art. 580: V. la LO 7/2014, de 12 de noviembre (*BOE* n.º 275, de 12 de noviembre; corrección de erratas en *BOE* n.º 276, de 14 de noviembre), sobre intercambio de información de antecedentes penales y consideración de resoluciones judiciales penales en la Unión Europea.

Art. 580 bis: Este artículo fue introducido en el Código por la LO 1/2019, de 20 de febrero (*BOE* n.º 45, de 21 de febrero), para transponer Directivas de la Unión Europea en los ámbitos financiero y de terrorismo, y abordar cuestiones de índole internacional.

jueces y tribunales podrán asimismo imponer las penas recogidas en las letras *b*) a *g*) del apartado 7 del artículo 33.

TÍTULO XXIII

De los delitos de traición y contra la paz o la independencia del Estado, y relativos a la defensa nacional*

CAPÍTULO PRIMERO

DELITOS DE TRAICIÓN**

Art. 581. El español que indujere a una potencia extranjera a declarar la guerra a España o se concertare con ella para el mismo fin, será castigado con la pena de prisión de quince a veinte años.

Art. 582. Será castigado con la pena de prisión de doce a veinte años:

1.° El español que facilite al enemigo la entrada en España, la toma de una plaza, puesto militar, buque o aeronave del Estado o almacenes de intendencia o armamento.

2.° El español que seduzca o allegue tropa española o que se halle al servicio de España, para que se pase a las filas enemigas o deserte de sus banderas estando en campaña.

3.° El español que reclute gente o suministre armas u otros medios eficaces para hacer la guerra a España, bajo banderas enemigas.

Art. 583. Será castigado con la pena de prisión de doce a veinte años:

1.° El español que tome las armas contra la Patria bajo banderas enemigas.

Se impondrá la pena superior en grado al que obre como jefe o promotor, o tenga algún mando, o esté constituido en autoridad.

2.° El español que suministre a las tropas enemigas caudales, armas, embarcaciones, aeronaves, efectos o municiones de intendencia o armamento u otros medios directos y eficaces para hostilizar a España, o favorezca el progreso de las armas enemigas de un modo no comprendido en el artículo anterior.

3.° El español que suministre al enemigo planos de fortalezas, edificios o de terrenos, documentos o noticias que con-

* V. art. 23 LOPJ.
** V. arts. 49 ss. CPM.

duzcan directamente al mismo fin de hostilizar a España o de favorecer el progreso de las armas enemigas.

4.º El español que, en tiempo de guerra, impida que las tropas nacionales reciban los auxilios expresados en el número 2.º o los datos y noticias indicados en el número 3.º de este artículo.

Art. 584. El español que, con el propósito de favorecer a una potencia extranjera, asociación u organización internacional, se procure, falsee, inutilice o revele información clasificada como reservada o secreta, susceptible de perjudicar la seguridad nacional o la defensa nacional, será castigado, como traidor, con la pena de prisión de seis a doce años.

Art. 585. La provocación, la conspiración y la proposición para cualquiera de los delitos previstos en los artículos anteriores de este capítulo, serán castigadas con la pena de prisión inferior en uno o dos grados a la del delito correspondiente.

Art. 586. El extranjero residente en España que cometiere alguno de los delitos comprendidos en este capítulo será castigado con la pena inferior en grado a la señalada para ellos, salvo lo establecido por Tratados o por el Derecho de gentes acerca de los funcionarios diplomáticos, consulares y de Organizaciones internacionales.

Art. 587. Las penas señaladas en los artículos anteriores de este capítulo son aplicables a los que cometieren los delitos comprendidos en los mismos contra una potencia aliada de España, en caso de hallarse en campaña contra el enemigo común.

Art. 584: V. Ley 9/1968, de 5 de abril (*BOE* n.º 84, de 6 de abril), de Secretos Oficiales, modificada por Ley 48/1978, de 7 de octubre (*BOE* n.º 243, de 11 de octubre).

Art. 586: V. art. 13.4 CE; Ley 12/2009, de 30 de octubre (*BOE* n.º 263, de 31 de octubre), reguladora del derecho de asilo y de la protección subsidiaria; LO 4/2000, de 11 de enero (*BOE* n.º 10, de 12 de enero; corrección de errores en *BOE* n.º 20, de 24 de enero), sobre derechos y libertades de los extranjeros en España y su integración social, modificada por LO 8/2000, de 22 de diciembre (*BOE* n.º 307, de 23 de diciembre; corrección de errores en *BOE* n.º 47, de 23 de febrero de 2001); por LO 11/2003, de 29 de septiembre (*BOE* n.º 234, de 30 de septiembre); por LO 2/2009, de 11 de diciembre (*BOE* n.º 299, de 12 de diciembre) y por RD 11/2018, de 31 de agosto (*BOE* n.º 214, de 4 de septiembre); y desarrollada por RD 2.393/2004, de 30 de diciembre (*BOE* n.º 6, de 7 de enero de 2005; corrección de errores en *BOE* n.º 130, de 1 de junio), modificado por RD 1.019/2006, de 8 de septiembre (*BOE* n.º 228, de 23 de septiembre), por RD 1.162/2009, de 10 de julio (*BOE* n.º 177, de 23 de julio) y por RD 11/2018, de 31 de agosto (*BOE* n.º 214, de 4 de septiembre).

Art. 588. Incurrirán en la pena de prisión de quince a veinte años los miembros del Gobierno que, sin cumplir con lo dispuesto en la Constitución, declararan la guerra o firmaran la paz.

CAPÍTULO II

DELITOS QUE COMPROMETEN LA PAZ O LA INDEPENDENCIA DEL ESTADO

Art. 589. El que publicare o ejecutare en España cualquier orden, disposición o documento de un Gobierno extranjero que atente contra la independencia o seguridad del Estado, se oponga a la observancia de sus Leyes o provoque su incumplimiento, será castigado con la pena de prisión de uno a tres años.

Art. 590. 1. El que, con actos ilegales o que no estén debidamente autorizados, provocare o diere motivo a una declaración de guerra contra España por parte de otra potencia, o expusiere a los españoles a experimentar vejaciones o represalias en sus personas o en sus bienes, será castigado con la pena de prisión de ocho a quince años si es autoridad o funcionario, y de cuatro a ocho si no lo es.

2. Si la guerra no llegara a declararse ni a tener efecto las vejaciones o represalias, se impondrá, respectivamente, la pena inmediata inferior.

Art. 591. Con las mismas penas señaladas en el artículo anterior será castigado, en sus respectivos casos, el que, durante una guerra en que no intervenga España, ejecutare cualquier acto que comprometa la neutralidad del Estado o infringiere las disposiciones publicadas por el Gobierno para mantenerla.

Art. 592. 1. Serán castigados con la pena de prisión de cuatro a ocho años los que, con el fin de perjudicar la autoridad del Estado o comprometer la dignidad o los intereses vitales de España, mantuvieran inteligencia o relación de cualquier género con Gobiernos extranjeros, con sus agentes o con grupos, Organismos o Asociaciones internacionales o extranjeras.

2. Quien realizara los actos referidos en el apartado anterior con la intención de provocar una guerra o rebelión será castigado con arreglo a los artículos 581, 473 ó 475 de este Código según los casos.

Art. 593. Se impondrá la pena de prisión de ocho a quince años a quien violare tregua o armisticio acordado entre la Nación española y otra enemiga, o entre sus fuerzas beligerantes.

Art. 594. 1. El español que, en tiempo de guerra, comunicare o hiciere circular noticias o rumores falsos encaminados a perjudicar el crédito del Estado o los intereses de la Nación, será castigado con las penas de prisión de seis meses a dos años.

2. En las mismas penas incurrirá el extranjero que en el territorio español realizare cualquiera de los hechos comprendidos en el apartado anterior.

Art. 595. El que, sin autorización legalmente concedida, levantare tropas en España para el servicio de una potencia extranjera, cualquiera que sea el objeto que se proponga o la Nación a la que intente hostilizar, será castigado con la pena de prisión de cuatro a ocho años.

Art. 596. 1. El que, en tiempo de guerra y con el fin de comprometer la paz, seguridad o independencia del Estado, tuviere correspondencia con un país enemigo u ocupado por sus tropas cuando el Gobierno lo hubiera prohibido, será castigado con la pena de prisión de uno a cinco años. Si en la correspondencia se dieran avisos o noticias de las que pudiera aprovecharse el enemigo se impondrá la pena de prisión de ocho a quince años.

2. En las mismas penas incurrirá el que ejecutare los delitos comprendidos en este artículo, aunque dirija la correspondencia por país amigo o neutral para eludir la Ley.

3. Si el reo se propusiera servir al enemigo con sus avisos o noticias, se estimará comprendido en el número 3.° o el número 4.° del artículo 583.

Art. 597. El español o extranjero que, estando en el territorio nacional, pasare o intentare pasar a país enemigo cuando lo haya prohibido el Gobierno, será castigado con la pena de multa de seis a doce meses.

CAPÍTULO III

DEL DESCUBRIMIENTO Y REVELACIÓN DE SECRETOS E INFORMACIONES RELATIVAS A LA DEFENSA NACIONAL*

Art. 598. El que, sin propósito de favorecer a una potencia extranjera, se procurare, revela-

* Rúbrica redactada conforme a la LO 3/2002, de 22 de mayo (*BOE* n.º 123, de 23 de mayo). V. Ley 9/1968, de 5 de abril, de Secretos Oficiales (*BOE* n.º 84, de 6 de abril), modificada por Ley 48/1978, de 7 de octubre; arts. 53 a 56 CPM; Acuerdo de 21 de

re, falseare o inutilizare información legalmente calificada como reservada o secreta, relacionada con la seguridad nacional o la defensa nacional o relativa a los medios técnicos o sistemas empleados por las Fuerzas Armadas o las industrias de interés militar, será castigado con la pena de prisión de uno a cuatro años.

Art. 599. La pena establecida en el artículo anterior se aplicará en su mitad superior cuando concurra alguna de las circunstancias siguientes:

1.° Que el sujeto activo sea depositario o conocedor del secreto o información por razón de su cargo o destino.

2.° Que la revelación consistiera en dar publicidad al secreto o información en algún medio de comunicación social o de forma que asegure su difusión.

Art. 600. 1. El que sin autorización expresa reprodujere planos o documentación referentes a zonas, instalaciones o materiales militares que sean de acceso restringido y cuyo conocimiento esté protegido y reservado por una información legalmente calificada como reservada o secreta, será castigado con la pena de prisión de seis meses a tres años.

2. Con la misma pena será castigado el que tenga en su poder objetos o información legalmente calificada como reservada o secreta, relativos a la seguridad o a la defensa nacional, sin cumplir las disposiciones establecidas en la legislación vigente.

Art. 601. El que, por razón de su cargo, comisión o servicio, tenga en su poder o conozca oficialmente objetos o información legalmente calificada como reservada o secreta o de interés militar, relativos a la seguridad nacional o la defensa nacional, y por imprudencia grave dé lugar a que sean conocidos por persona no autorizada o divulgados, publicados o inutilizados, será castigado con la pena de prisión de seis meses a un año.

---

septiembre de 1960 de la OTAN para la salvaguardia mutua del secreto de invenciones relativas a la defensa respecto de las cuales se hayan presentado solicitudes de patentes, al que España se adhirió por Instrumento de 17 de julio de 1987 (*BOE* n.° 217, de 10 de septiembre); Acuerdo de 19 de octubre de 1970 de la OTAN sobre la comunicación de información técnica con fines de defensa, al que España se adhirió por Instrumento de 17 de julio de 1987 (*BOE* n.° 217, de 10 de septiembre); Acuerdo de Seguridad de la Unión Europea Occidental (UEO), hecho en Bruselas el 28 de marzo de 1995 y ratificado por España por Instrumento de 2 de febrero de 1996 (*BOE* n.° 60, de 11 de marzo de 1997); Disp. Adic. 2.ª y arts. 44 ss. y 49 del Estatuto del personal del Centro Superior de Información de la Defensa, aprobado por RD 1.324/1995, de 28 de julio (*BOE* n.° 198, de 19 de agosto).

Art. 602. El que descubriere, violare, revelare, sustrajere o utilizare información legalmente calificada como reservada o secreta relacionada con la energía nuclear, será castigado con la pena de prisión de seis meses a tres años, salvo que el hecho tenga señalada pena más grave en otra Ley.

Art. 603. El que destruyere, inutilizare, falseare o abriere sin autorización la correspondencia o documentación legalmente calificada como reservada o secreta, relacionadas con la defensa nacional y que tenga en su poder por razones de su cargo o destino, será castigado con la pena de prisión de dos a cinco años e inhabilitación especial de empleo o cargo público por tiempo de tres a seis años.

Art. 604. [*Sin contenido por la LO 3/2002, de 22 de mayo.*]*

TÍTULO XXIV

Delitos contra la Comunidad Internacional

CAPÍTULO PRIMERO

DELITOS CONTRA EL DERECHO DE GENTES

Art. 605. 1. El que matare al Jefe de un Estado extranjero, o a otra persona internacionalmente protegida por un Tratado, que se halle en España, será castigado con la pena de prisión permanente revisable.

2. El que causare lesiones de las previstas en el artículo 149 a las personas mencionadas en el apartado anterior, será castigado con la pena de prisión de quince a veinte años.

Si se tratara de alguna de las lesiones previstas en el artícu-

---

* La LO 3/2002, de 22 de mayo (*BOE* n.º 123, de 23 de mayo), por la que se modifican la LO 10/1995, de 23 de noviembre, del Código Penal, y la LO 13/1985, de 9 de diciembre, del Código Penal Militar, en materia de delitos relativos al servicio militar y a la prestación social sustitutoria, suprimió la división en secciones de este Capítulo III, y dejó sin contenido el art. 604. V. la Exposición de Motivos de esta Ley en nota al art. 527 del presente Código.

Art. 605: El apartado 1 figura redactado conforme al texto de la LO 1/2015, de 30 de marzo (*BOE* n.º 77, de 31 de marzo).

V. Convención sobre la Prevención y el Castigo de Delitos contra Personas Internacionalmente Protegidas, inclusive los Agentes Diplomaticos, de 14 de diciembre de 1973, al que España se ha adherido por Instrumento de 26 de julio de 1985 (*BOE* n.º 33, de 7 de febrero de 1986); y Convención sobre la Seguridad del Personal de las

lo 150 se castigará con la pena de prisión de ocho a quince años, y de cuatro a ocho años si fuera cualquier otra lesión.

3. Cualquier otro delito cometido contra las personas mencionadas en los números precedentes, o contra los locales oficiales, la residencia particular o los medios de transporte de dichas personas, será castigado con las penas establecidas en este Código para los respectivos delitos, en su mitad superior.

Art. 606. 1. El que violare la inmunidad personal del Jefe de otro Estado o de otra persona internacionalmente protegida por un Tratado, será castigado con la pena de prisión de seis meses a tres años.

2. Cuando los delitos comprendidos en este artículo y en el anterior no tengan señalada una penalidad recíproca en las leyes del país a que correspondan las personas ofendidas, se impondrá al delincuente la pena que sería propia del delito, con arreglo a las disposiciones de este Código, si la persona ofendida no tuviese el carácter oficial mencionado en el apartado anterior.

CAPÍTULO II

DELITOS DE GENOCIDIO

Art. 607. 1. Los que, con propósito de destruir total o parcialmente un grupo nacional, étnico, racial, religioso o

---

Naciones Unidas y el Personal Asociado, hecho en Nueva York el 9 de diciembre de 1994, y que España ha ratificado por Instrumento de 11 de diciembre de 1997 (*BOE* n.º 124, de 25 de mayo de 1999).

Art. 607: Este artículo figura redactado conforme al texto de la LO 1/2015, de 30 de marzo (*BOE* n.º 77, de 31 de marzo).

V. el Convenio de 9 de diciembre de 1948 para la prevención y sanción del delito de genocidio, al que España se adhirió el 13 de septiembre de 1968 (*BOE* n.º 34, de 8 de febrero de 1969) y, en especial, su art. VII, que dispone lo siguiente:

«A los efectos de extradición, el genocidio y los otros actos enumerados en el art. III no serán considerados como delitos políticos.

»Las Partes Contratantes se comprometen, en tal caso, a conceder la extradición conforme a su legislación y a los tratados vigentes.»

V. también el art. 3.º, en especial el párrafo 3.º, del PIDCP:

«1. El derecho a la vida es inherente a la persona humana. Este derecho estará protegido por la Ley. Nadie podrá ser privado de la vida arbitrariamente.

»2. En los países que no hayan abolido la pena capital sólo podrá imponerse la pena de muerte por los más graves delitos y de conformidad con leyes que estén en vigor en el momento de cometerse el delito y que no sean contrarias a las disposiciones del presente Pacto ni a la Convención para la prevención y la sanción del delito de genocidio. Esta pena sólo podrá imponerse en cumplimiento de sentencia definitiva de un Tribunal competente.

determinado por la discapacidad de sus integrantes, perpetraren alguno de los actos siguientes, serán castigados:

1.º Con la pena de prisión permanente revisable, si mataran a alguno de sus miembros.

2.º Con la pena de prisión permanente revisable, si agredieran sexualmente a alguno de sus miembros o produjeran alguna de las lesiones previstas en el artículo 149.

3.º Con la pena de prisión de ocho a quince años, si sometieran al grupo o a cualquiera de sus individuos a condiciones de existencia que pongan en peligro su vida o perturben gravemente su salud, o cuando les produjeran algunas de las lesiones previstas en el artículo 150.

4.º Con la misma pena, si llevaran a cabo desplazamientos forzosos del grupo o sus miembros, adoptaran cualquier medida que tienda a impedir su género de vida o reproducción, o bien trasladaran por la fuerza individuos de un grupo a otro.

5.º Con la de prisión de cuatro a ocho años, si produjeran cualquier otra lesión distinta de las señaladas en los numerales 2.º y 3.º de este apartado.

2. En todos los casos se impondrá además la pena de inha-

»3. Cuando la privación de la vida constituya delito de genocidio se tendrá entendido que nada de lo dispuesto en este artículo excusará en modo alguno a los Estados Partes del cumplimiento de ninguna de las obligaciones asumidas en virtud de las disposiciones de la Convención para la prevención y la sanción del delito de genocidio.

»4. Toda persona condenada a muerte tendrá derecho a solicitar el indulto o la conmutación de la pena. La amnistía, el indulto o la conmutación de la pena capital podrán ser concedidos en todos los casos.

»5. No se impondrá la pena de muerte por delitos cometidos por personas de menos de 18 años de edad, ni se la aplicará a las mujeres en estado de gravidez.

»6. Ninguna disposición de este artículo podrá ser invocada por un Estado parte en el presente Pacto para demorar o impedir la abolición de la pena capital.»

V. también art. 23 LOPJ, reproducido en nota al art. 3.º1 LE (Apéndice 4); el Convenio-marco para la protección de las Minorías Nacionales (n.º 157 del Consejo de Europa), hecho en Estrasburgo el 1 de febrero de 1995, y ratificado por España por Instrumento de 20 de julio de 1995 (*BOE* n.º 20, de 23 de enero de 1998; corrección de errores en *BOE* n.º 37, de 12 de febrero, y corrección de erratas en *BOE* n.º 39, de 14 de febrero); la Resolución de 19 de octubre de 1993, de la Secretaría General Técnica, por la que se publica la Resolución 827/1993, de 25 de mayo, del Consejo de Seguridad de las Naciones Unidas creando un Tribunal Internacional para el castigo de los crímenes perpetrados en la antigua Yugoslavia y documento anejo (*BOE* n.º 281, de 24 de noviembre), modificada por Resolución 1329 (2000), de 30 de noviembre, del mismo Consejo, publicada por Resolución de 26 de febrero de 2001 (*BOE* n.º 64, de 15 de marzo; corrección de erratas en *BOE* n.º 80, de 3 de abril); LO 15/1994, de 1 de junio, para la cooperación con el Tribunal Internacional para el enjuiciamiento de los pre-

bilitación especial para profesión u oficio educativos, en el ámbito docente, deportivo y de tiempo libre, por un tiempo superior entre tres y cinco años al de la duración de la pena de privación de libertad impuesta en su caso en la sentencia, atendiendo proporcionalmente a la gravedad del delito y a las circunstancias que concurran en el delincuente.

CAPÍTULO II BIS*

DE LOS DELITOS DE LESA HUMANIDAD

Art. 607 bis. 1. Son reos de delitos de lesa humanidad quienes cometan los hechos previstos en el apartado siguiente como parte de un ataque generalizado o sistemático contra la población civil o contra una parte de ella.

---

suntos responsables de violaciones graves del Derecho internacional humanitario cometidas en el territorio de la ex Yugoslavia (*BOE* n.º 131, de 2 de junio); Acuerdo entre el Reino de España y las Naciones Unidas sobre la ejecución de condenas impuestas por el Tribunal Penal Internacional para la ex Yugoslavia, hecho en La Haya el 28 de marzo de 2000 (*BOE* n.º 54, de 3 de marzo de 2001); Resolución de 10 de mayo de 1995, de la Secretaría General Técnica, por la que se publica la Resolución 955 (1994), de 8 de noviembre de 1994, del Consejo de Seguridad de las Naciones Unidas, por lo que se crea un Tribunal Internacional para el enjuiciamiento de los crímenes internacionales perpetrados en Ruanda (*BOE* n.º 123, de 24 de mayo de 1995), modificada por Resolución 1329 (2000), de 30 de noviembre, del mismo Consejo, publicada por Resolución de 26 de febrero de 2001 (*BOE* n.º 64, de 15 de marzo; corrección de erratas en *BOE* n.º 80, de 3 de abril); LO 4/1998, de 1 de julio (*BOE* n.º 157, de 2 de julio), para la Cooperación con el Tribunal Internacional para Ruanda; LO 6/2000, de 4 de octubre (*BOE* n.º 239, de 5 de octubre), por la que se autoriza la ratificación por España del Estatuto de la Corte Penal Internacional. Ésta se hizo mediante Instrumento de 19 de octubre de 2000 (*BOE* n.º 126, de 27 de mayo de 2002), y sus enmiendas fueron ratificadas por LO 5/2014, de 17 de septiembre (*BOE* n.º 227, de 18 de septiembre), y por Instrumento de ratificación de 19 de septiembre de 2014 (*BOE* n.º 310, de 24 de diciembre); y LO 18/2003, de 10 de diciembre (*BOE* n.º 296, de 11 de diciembre), de Cooperación con la Corte Penal Internacional.

Art. 607.2: La STC 235/2007, de 7 de noviembre (*BOE* n.º 295, de 10 de diciembre), declaró «inconstitucional y nula la inclusión de la expresión "nieguen o" en el primer inciso» de este párrafo, e interpretó el resto de su primer inciso, «que castiga la difusión de ideas o doctrinas tendentes a justificar un delito de genocidio».

* Este Capítulo figura redactado conforme al texto de la LO 15/2003, de 25 de noviembre (*BOE* n.º 283, de 26 de noviembre; corrección de errores en *BOE* n.º 65, de 16 de marzo, y n.º 80, de 2 de abril, ambos de 2004).

Art. 607 bis: El ordinal 1.º del apartado 1 de este artículo figura redactado conforme al texto de la LO 5/2010, de 22 de junio (*BOE* n.º 152, de 23 de junio). Los ordinales 1.º y 6.º del apartado 2 figuran redactados, y el apartado 3 añadido, conforme al texto de la LO 1/2015, de 30 de marzo (*BOE* n.º 77, de 31 de marzo).

En el párrafo 3.º del ordinal 9.º, el término «incapaces» ha sido sustituido por «personas con discapacidad necesitadas de especial protección», conforme al texto de dicha LO 1/2015.

En todo caso, se considerará delito de lesa humanidad la comisión de tales hechos:

1.º Por razón de pertenencia de la víctima a un grupo o colectivo perseguido por motivos políticos, raciales, nacionales, étnicos, culturales, religiosos, de género, discapacidad u otros motivos universalmente reconocidos como inaceptables con arreglo al derecho internacional.

2.º En el contexto de un régimen institucionalizado de opresión y dominación sistemáticas de un grupo racial sobre uno o más grupos raciales y con la intención de mantener ese régimen.

2. Los reos de delitos de lesa humanidad serán castigados:

1.º Con la pena de prisión permanente revisable si causaran la muerte de alguna persona.

2.º Con la pena de prisión de doce a quince años si cometieran una violación, y de cuatro a seis años de prisión si el hecho consistiera en cualquier otra agresión sexual.

3.º Con la pena de prisión de doce a quince años si produjeran alguna de las lesiones del artículo 149, y con la de ocho a doce años de prisión si sometieran a las personas a condiciones de existencia que pongan en peligro su vida o perturben gravemente su salud o cuando les produjeran alguna de las lesiones previstas en el artículo 150. Se aplicará la pena de prisión de cuatro a ocho años si cometieran alguna de las lesiones del artículo 147.

4.º Con la pena de prisión de ocho a doce años si deportaran o trasladaran por la fuerza, sin motivos autorizados por el derecho internacional, a una o más personas a otro Estado o lugar, mediante la expulsión u otros actos de coacción.

5.º Con la pena de prisión de seis a ocho años si forzaran el embarazo de alguna mujer con intención de modificar la composición étnica de la población, sin perjuicio de la pena que corresponda, en su caso, por otros delitos.

6.º Con la pena de prisión de doce a quince años la desaparición forzada de personas. Se entenderá por desaparición forzada la aprehensión, detención o el secuestro o cualquier otra forma de privación de libertad que sean obra de agentes del Estado o por personas o grupos de personas que actúan con la autorización, el apoyo o la aquiescencia del Estado, seguida de la negativa a reconocer dicha privación de libertad o del ocultamiento de la suerte o el paradero de la persona desaparecida, sustrayéndola de la protección de la ley.

7.º Con la pena de prisión de ocho a doce años si detuvieran a otro, privándolo de su libertad, con infracción de las normas internacionales sobre la detención.

Se impondrá la pena inferior en grado cuando la detención dure menos de quince días.

8.º Con la pena de cuatro a ocho años de prisión si cometieran tortura grave sobre personas que tuvieran bajo su custodia o control, y con la de prisión de dos a seis años si fuera menos grave.

A los efectos de este artículo, se entiende por tortura el sometimiento de la persona a sufrimientos físicos o psíquicos.

La pena prevista en este número se impondrá sin perjuicio de las penas que correspondieran, en su caso, por los atentados contra otros derechos de la víctima.

9.º Con la pena de prisión de cuatro a ocho años si cometieran alguna de las conductas relativas a la prostitución recogidas en el artículo 187.1, y con la de seis a ocho años en los casos previstos en el artículo 188.1.

Se impondrá la pena de seis a ocho años a quienes trasladen a personas de un lugar a otro, con el propósito de su explotación sexual, empleando violencia, intimidación o engaño, o abusando de una situación de superioridad o de necesidad o de vulnerabilidad de la víctima.

Cuando las conductas previstas en el párrafo anterior y en el artículo 188.1 se cometan sobre menores de edad o personas con discapacidad necesitadas de especial protección, se impondrán las penas superiores en grado.

10.º Con la pena de prisión de cuatro a ocho años si sometieran a alguna persona a esclavitud o la mantuvieran en ella. Esta pena se aplicará sin perjuicio de las que, en su caso, correspondan por los concretos atentados cometidos contra los derechos de las personas.

Por esclavitud se entenderá la situación de la persona sobre la que otro ejerce, incluso de hecho, todos o algunos de los atributos del derecho de propiedad, como comprarla, venderla, prestarla o darla en trueque.

3. En todos los casos previstos en el apartado anterior se impondrá además la pena de inhabilitación especial para profesión u oficio educativos, en el ámbito docente, deportivo y de tiempo libre, por un tiempo superior entre tres y cinco años al de la duración de la pena de privación de libertad impuesta en su caso en la sentencia, atendiendo proporcionalmente a la gravedad del delito y a las circunstancias que concurran en el delincuente.

CAPÍTULO III

DE LOS DELITOS CONTRA LAS PERSONAS Y BIENES PROTEGIDOS EN CASO DE CONFLICTO ARMADO

Art. 608. A los efectos de este capítulo, se entenderá por personas protegidas:

1.º Los heridos, enfermos o náufragos y el personal sanitario o religioso, protegidos por el I y II Convenios de Ginebra de 12 de agosto de 1949 o por el Protocolo I Adicional de 8 de junio de 1977.

2.º Los prisioneros de guerra protegidos por el III Convenio de Ginebra de 12 de agosto de 1949 o por el Protocolo I Adicional de 8 de junio de 1977.

3.º La población civil y las personas civiles protegidas por el IV Convenio de Ginebra de 12 de agosto de 1949 o por el Protocolo I Adicional de 8 de junio de 1977.

4.º Las personas fuera de combate y el personal de la Potencia Protectora y de su sustituto protegidos por los Convenios de Ginebra de 12 de agosto de 1949 o por el Protocolo I Adicional de 8 de junio de 1977.

5.º Los parlamentarios y las personas que los acompañen, protegidos por el Convenio II de La Haya de 29 de julio de 1899.

6.º El personal de Naciones Unidas y personal asociado, protegidos por la Convención sobre la Seguridad del Personal de las Naciones Unidas y del Personal Asociado, de 9 de diciembre de 1994.

7.º Cualquier otra que tenga aquella condición en virtud del Protocolo II Adicional de 8 de junio de 1977 o de cualesquiera otros Tratados internacionales en los que España fuere parte.

Art. 609. El que, con ocasión de un conflicto armado, maltrate de obra o ponga en grave peligro la vida, la salud o la integridad de cualquier persona protegida, la haga objeto de tortura o tratos inhumanos, incluidos los experimentos biológicos, le cause grandes sufrimientos o la someta a cualquier acto médico que no esté indicado por su estado de salud ni de acuerdo con las normas médicas generalmente reconocidas que la Parte responsable de la actuación aplicaría, en análogas circunstancias médicas, a sus propios nacionales no privados de libertad, será castigado con la pena de prisión de cuatro a

---

Art. 608: Este artículo figura redactado conforme al texto de la LO 15/2003, de 25 de noviembre (*BOE* n.º 283, de 26 de noviembre; corrección de errores en *BOE* n.º 65, de 16 de marzo, y n.º 80, de 2 de abril, ambos de 2004).

ocho años, sin perjuicio de la pena que pueda corresponder por los resultados lesivos producidos.

Art. 610. El que, con ocasión de un conflicto armado, emplee u ordene emplear métodos o medios de combate prohibidos o destinados a causar sufrimientos innecesarios o males superfluos, así como aquellos concebidos para causar o de los que fundamentalmente quepa prever que causen daños extensos, duraderos y graves al medio ambiente natural, comprometiendo la salud o la superviven-

Art. 610: Este artículo figura redactado conforme al texto de la LO 15/2003, de 25 de noviembre (*BOE* n.º 283, de 26 de noviembre; corrección de errores en *BOE* n.º 65, de 16 de marzo, y n.º 80, de 2 de abril, ambos de 2004). Por error material no corregido, el texto publicado en el *BOE* dice «fundamentalmente» cuando el texto precedente decía «fundadamente». V. Convención sobre prohibiciones o restricciones del empleo de ciertas armas convencionales que puedan considerarse excesivamente nocivas o de efectos indiscriminados, hecha en Ginebra el 10 de octubre de 1980 y ratificada por España por Instrumento de 3 de diciembre de 1993 (*Boe* n.º 89, de 14 de abril de 1994; corrección de errores en *BOE* n.º 99, de 23 de abril de 2004); Protocolo Adicional a esta Convención, hecho en Viena el 13 de octubre de 1995 (*BOE* n.º 114, de 13 de mayo de 1998), Protocolo II anexo a la misma, sobre prohibiciones o restricciones del empleo de minas, armas trampa y otros artefactos, enmendado el 3 de mayo de 1996, y aceptado por España por Instrumento de 19 de enero de 1998 (*BOE* n.º 269, de 10 de noviembre), y Protocolo V anejo a ella, sobre los restos explosivos de guerra, hecho en Ginebra el 28 de noviembre de 2003, y aceptado por España mediante Instrumento de 25 de enero de 2007 (*BOE* n.º 57, de 7 de marzo); Convención sobre la prohibición del desarrollo, la producción, el almacenamiento y el empleo de armas químicas y sobre su destrucción, firmada en París el 13 de enero de 1993 y ratificada por España por Instrumento de 22 de julio de 1994 (*BOE* n.º 300, de 13 de diciembre de 1996; corrección de errores en *BOE* n.º 163, de 9 de julio de 1997); Convenio sobre la marcación de explosivos plásticos para los fines de detección, hecho en Montreal el 1 de marzo de 1991, y ratificado por España por Instrumento de 23 de febrero de 1994 (*BOE* n.º 288, de 2 de diciembre de 1998); Convención sobre la prohibición del empleo, almacenamiento, producción y transferencia de minas antipersonal y sobre su destrucción, hecha en Oslo el 18 de septiembre de 1997, y ratificada por España mediante Instrumento de 7 de enero de 1999 (*BOE* n.º 62, de 13 de marzo), y Convención sobre municiones de racimo, hecha en Dublín el 30 de mayo de 2008, y ratificada por España mediante Instrumento de 8 de junio de 2009 (*BOE* n.º 68, de 19 de marzo de 2010, corrección de errores en *BOE* n.º 171, de 15 de julio); así como la Ley 33/1998, de 5 de octubre, de prohibición total de minas antipersonal y armas de efecto similar (*BOE* n.º 239, de 6 de octubre); la Ley 49/1999, de 20 de diciembre (*BOE* n.º 304, de 21 de diciembre), sobre medidas de control de sustancias químicas susceptibles de desvío para la fabricación de armas químicas, y su Reglamento, aprobado por RD 78/2019, de 22 de febrero (*BOE* n.º 73, de 26 de marzo); RD 663/1997, de 12 de mayo, por el que se regula la composición y funciones de la Autoridad Nacional para la Prohibición de las Armas Químicas (*BOE* n.º 114, de 13 de mayo), y Circular de 2 de febrero de 2000 (*BOE* n.º 41, de 17 de febrero), de la Secretaría General de Comercio Exterior, relativa a la prohibición de importar/exportar de/a determinados países algunas sustancias químicas tóxicas y precursores químicos.

cia de la población u ordene no dar cuartel, será castigado con la pena de prisión de diez a quince años, sin perjuicio de la pena que corresponda por los resultados producidos.

Art. 611. Será castigado con la pena de prisión de diez a quince años, sin perjuicio de la pena que corresponda por los resultados producidos, el que, con ocasión de un conflicto armado:

1.º Realice u ordene realizar ataques indiscriminados o excesivos o haga objeto a la población civil de ataques, represalias o actos o amenazas de violencia cuya finalidad principal sea aterrorizarla.

2.º Destruya o dañe, violando las normas del Derecho Internacional aplicables en los conflictos armados, buque o aeronave no militares de una Parte adversa o neutral, innecesariamente y sin dar tiempo o sin adoptar las medidas necesarias para proveer a la seguridad de las personas y a la conservación de la documentación de a bordo.

3.º Obligue a un prisionero de guerra o persona civil a servir, en cualquier forma, en las Fuerzas Armadas de la Parte adversa, o les prive de su derecho a ser juzgados regular e imparcialmente.

4.º Deporte, traslade de modo forzoso, tome como rehén o detenga o confine ilegalmente a cualquier persona protegida o la utilice para poner ciertos puntos, zonas o fuerzas militares a cubierto de los ataques de la parte adversa.

5.º Traslade y asiente, directa o indirectamente, en territorio ocupado a población de la parte ocupante, para que resida en él de modo permanente.

6.º Realice, ordene realizar o mantenga, respecto de cualquier persona protegida, prácticas de segregación racial y demás prácticas inhumanas y degradantes basadas en otras distinciones de carácter desfavorable, que entrañen un ultraje contra la dignidad personal.

7.º Impida o demore, injustificadamente, la liberación o la repatriación de prisioneros de guerra o de personas civiles.

8.º Declare abolidos, suspendidos o inadmisibles ante un juez o tribunal los derechos y acciones de los nacionales de la parte adversa.

Art. 611: Este artículo figura redactado conforme al texto de la LO 15/2003, de 25 de noviembre (*BOE* n.º 283, de 26 de noviembre; corrección de errores en *BOE* n.º 65, de 16 de marzo, y n.º 80, de 2 de abril, ambos de 2004). Los ordinales 8.º y 9.º de este artículo han sido añadidos por la LO 5/2010, de 22 de junio (*BOE* n.º 152, de 23 de junio).

9.º Atente contra la libertad sexual de una persona protegida cometiendo actos de violación, esclavitud sexual, prostitución inducida o forzada, embarazo forzado, esterilización forzada o cualquier otra forma de agresión sexual.

Art. 612. Será castigado con la pena de prisión de tres a siete años, sin perjuicio de la pena que corresponda por los resultados producidos, el que, con ocasión de un conflicto armado:

1.º Viole a sabiendas la protección debida a hospitales, instalaciones, material, unidades y medios de transporte sanitarios, campos de prisioneros, zonas y localidades sanitarias y de seguridad, zonas neutralizadas, lugares de internamiento de la población civil, localidades no defendidas y zonas desmilitarizadas, dadas a conocer por los signos o señales distintivos apropiados.

2.º Ejerza violencia sobre el personal sanitario o religioso o integrante de la misión médica, o de las sociedades de socorro o contra el personal habilitado para usar los signos o señales distintivos de los Convenios de Ginebra, de conformidad con el derecho internacional.

3.º Injurie gravemente, prive o no procure el alimento indispensable o la asistencia médica necesaria a cualquier persona protegida o la haga objeto de tratos humillantes o degradantes, omita informarle, sin demora justificada y de modo comprensible, de su situación, imponga castigos colectivos por actos individuales o viole las prescripciones sobre el alojamiento de mujeres y familias o sobre protección especial de mujeres y niños establecidas en los tratados internacionales en los que España fuera parte y, en particular, reclute o aliste a menores de dieciocho años o los utilice para participar directamente en las hostilidades.

4.º Use indebidamente los signos protectores o distintivos, emblemas o señales establecidos y reconocidos en los tratados internacionales en los que España fuere parte, especialmente los signos distintivos de la Cruz Roja, de la Media Luna Roja y del Cristal Rojo.

5.º Utilice indebidamente o de modo pérfido bandera, uni-

Art. 612: Este artículo figura redactado conforme al texto de la LO 15/2003, de 25 de noviembre (*BOE* n.º 283, de 26 de noviembre; corrección de errores en *BOE* n.º 65, de 16 de marzo, y n.º 80, de 2 de abril, ambos de 2004). Los ordinales 3.º y 4.º de este artículo figuran redactados, y los ordinales 8.º, 9.º y 10.º añadidos, conforme al texto de la LO 5/2010, de 22 de junio (*BOE* n.º 152, de 23 de junio).

forme, insignia o emblema distintivo de Estados neutrales, de las Naciones Unidas o de otros Estados que no sean partes en el conflicto o de Partes adversas, durante los ataques o para cubrir, favorecer, proteger u obstaculizar operaciones militares, salvo en los casos exceptuados expresamente previstos en los Tratados internacionales en los que España fuere parte.

6.º Utilice indebidamente o de modo pérfido bandera de parlamento o de rendición, atente contra la inviolabilidad o retenga indebidamente a parlamentario o a cualquiera de las personas que lo acompañen, a personal de la Potencia Protectora o su sustituto, o a miembro de la Comisión Internacional de Encuesta.

7.º Despoje de sus efectos a un cadáver, herido, enfermo, náufrago, prisionero de guerra o persona civil internada.

8.º Haga padecer intencionadamente hambre a la población civil como método de guerra, privándola de los bienes indispensables para su supervivencia, incluido el hecho de obstaculizar arbitrariamente los suministros de socorro, realizados de conformidad con los Convenios de Ginebra y sus Protocolos Adicionales.

9.º Viole suspensión de armas, armisticio, capitulación u otro convenio celebrado con la parte adversa.

10.º Dirija intencionadamente ataques contra cualquier miembro del personal de las Naciones Unidas, personal asociado o participante en una misión de paz o de asistencia humanitaria, de conformidad con la Carta de las Naciones Unidas, siempre que tengan derecho a la protección otorgada a personas o bienes civiles, con arreglo al derecho internacional de los conflictos armados, o les amenace con tal ataque para obligar a una persona natural o jurídica a realizar o abstenerse de realizar algún acto.

Art. 613. 1. Será castigado con la pena de prisión de cuatro a seis años el que, con ocasión de un conflicto armado, realice u ordene realizar alguna de las siguientes acciones:

a) Ataque o haga objeto de represalias o actos de hostilidad contra bienes culturales o lugares de culto que constituyen el patrimonio cultural o espiritual de los pueblos, siempre que tales bienes o lugares no estén situados en la inmediata proximidad de un objetivo militar o no sean utilizados en apoyo del esfuerzo

---

Art. 613: Este artículo figura redactado conforme al texto de la LO 5/2010, de 22 de junio (*BOE* n.º 152, de 23 de junio).

militar del adversario y estén debidamente señalizados;

b) Use indebidamente los bienes culturales o lugares de culto referidos en la letra *a*) en apoyo de una acción militar;

c) Se apropie a gran escala, robe, saquee o realice actos de vandalismo contra los bienes culturales o lugares de culto referidos en la letra *a*);

d) Ataque o haga objeto de represalias o de actos de hostilidad a bienes de carácter civil de la parte adversa, causando su destrucción, siempre que ello no ofrezca, en las circunstancias del caso, una ventaja militar definida o que tales bienes no contribuyan eficazmente a la acción militar del adversario;

e) Ataque, destruya, sustraiga o inutilice los bienes indispensables para la supervivencia de la población civil, salvo que la parte adversa utilice tales bienes en apoyo directo de una acción militar o exclusivamente como medio de subsistencia para los miembros de sus fuerzas armadas;

f) Ataque o haga objeto de represalias a las obras o instalaciones que contengan fuerzas peligrosas, cuando tales ataques puedan producir la liberación de aquellas fuerzas y causar, en consecuencia, pérdidas importantes en la población civil, salvo que tales obras o instalaciones se utilicen en apoyo regular, importante y directo de operaciones militares y que tales ataques sean el único medio factible de poner fin a tal apoyo;

g) Destruya, dañe o se apodere, sin necesidad militar, de cosas que no le pertenezcan, obligue a otro a entregarlas o realice cualesquiera otros actos de pillaje;

h) Requise, indebida o innecesariamente, bienes muebles o inmuebles en territorio ocupado o destruya buque o aeronave no militares, y su carga, de una parte adversa o neutral o los capture, con infracción de las normas internacionales aplicables a los conflictos armados en la mar;

i) Ataque o realice actos de hostilidad contra las instalaciones, material, unidades, residencia privada o vehículos de cualquier miembro del personal referido en el ordinal 10.º del artículo 612 o amenace con tales ataques o actos de hostilidad para obligar a una persona natural o jurídica a realizar o abstenerse de realizar algún acto.

2. Cuando el ataque, la represalia, el acto de hostilidad o la utilización indebida tengan por objeto bienes culturales o lugares de culto bajo protección especial o a los que se haya conferido protección en virtud de acuerdos especiales, o bienes culturales inmuebles o lugares de culto bajo protección reforzada o sus alrededores inmedia-

tos, se podrá imponer la pena superior en grado.

En los demás supuestos previstos en el apartado anterior de este artículo, se podrá imponer la pena superior en grado cuando se causen destrucciones extensas e importantes en los bienes, obras o instalaciones sobre los que recaigan o en los supuestos de extrema gravedad.

Art. 614. El que, con ocasión de un conflicto armado, realice u ordene realizar cualesquiera otras infracciones o actos contrarios a las prescripciones de los tratados internacionales en los que España fuere parte y relativos a la conducción de las hostilidades, regulación de los medios y métodos de combate, protección de los heridos, enfermos y náufragos, trato debido a los prisioneros de guerra, protección de las personas civiles y protección de los bienes culturales en caso de conflicto armado, será castigado con la pena de prisión de seis meses a dos años.

Art. 614 bis. Cuando cualquiera de las conductas contenidas en este capítulo formen parte de un plan o política o se cometan a gran escala, se aplicarán las respectivas penas en su mitad superior.

CAPÍTULO IV

DISPOSICIONES COMUNES

Art. 615. La provocación, la conspiración y la proposición para la ejecución de los delitos previstos en los capítulos anteriores de este Título se castigarán con la pena inferior en uno o dos grados a la que correspondería a los mismos.

Art. 615 bis. 1. La autoridad o jefe militar o quien actúe efectivamente como tal que no adoptara las medidas a su al-

---

Art. 614: Este artículo figura redactado conforme al texto de la LO 5/2010, de 22 de junio (*BOE* n.º 152, de 23 de junio). V. el Protocolo Facultativo de la Convención sobre los Derechos del Niño, sobre la participación de niños en conflictos armados, hecho en Nueva York el 25 de mayo de 2000 y ratificado mediante Instrumento de 1 de marzo de 2002 (*BOE* n.º 92, de 17 de abril).

Art. 614 bis: Este artículo fue introducido por la LO 15/2003, de 25 de noviembre (*BOE* n.º 283, de 26 de noviembre; corrección de errores en *BOE* n.º 65, de 16 de marzo, y n.º 80, de 2 de abril, ambos de 2004).

Art. 615: Este artículo figura redactado conforme al texto de la LO 5/2010, de 22 de junio (*BOE* n.º 152, de 23 de junio).

Art. 615 bis: Este artículo fue introducido por la LO 15/2003, de 25 de noviembre (*BOE* n.º 283, de 26 de noviembre; corrección de errores en *BOE* n.º 65, de 16 de marzo, y n.º 80, de 2 de abril, ambos de 2004).

cance para evitar la comisión, por las fuerzas sometidas a su mando o control efectivo, de alguno de los delitos comprendidos en los capítulos II, II bis y III de este Título, será castigado con la misma pena que los autores.

2. Si la conducta anterior se realizara por imprudencia grave, la pena será la inferior en uno o dos grados.

3. La autoridad o jefe militar o quien actúe efectivamente como tal que no adoptara las medidas a su alcance para que sean perseguidos los delitos comprendidos en los capítulos II, II bis y III de este Título cometidos por las personas sometidas a su mando o control efectivo será castigada con la pena inferior en dos grados a la de los autores.

4. El superior no comprendido en los apartados anteriores que, en el ámbito de su competencia, no adoptara las medidas a su alcance para evitar la comisión por sus subordinados de alguno de los delitos comprendidos en los capítulos II, II bis y III de este Título será castigado con la misma pena que los autores.

5. El superior que no adoptara las medidas a su alcance para que sean perseguidos los delitos comprendidos en los capítulos II, II bis y III de este Título cometidos por sus subordinados será castigado con la pena inferior en dos grados a la de los autores.

6. El funcionario o autoridad que, sin incurrir en las conductas previstas en los apartados anteriores, y faltando a la obligación de su cargo, dejara de promover la persecución de alguno de los delitos de los comprendidos en los capítulos II, II bis y III de este Título de que tenga noticia será castigado con la pena de inhabilitación especial para empleo o cargo público por tiempo de dos a seis años.

Art. 616. En el caso de cometerse cualquiera de los delitos comprendidos en los capítulos anteriores de este Título, excepto los previstos en el artículo 614 y en los apartados 2 y 6 del 615 bis, y en el Título anterior por una autoridad o funcionario público, se le impondrá, además de las penas señaladas en ellos, la de inhabilitación absoluta por tiempo de diez a veinte años; si fuese un particular, los jueces y tribunales podrán imponerle la de inhabilitación especial para empleo o cargo público por tiempo de uno a diez años.

Art. 616: Este artículo figura redactado conforme al texto de la LO 5/2010, de 22 de junio (*BOE* n.º 152, de 23 de junio).

Art. 616 bis. Lo dispuesto en el artículo 20.7 de este Código en ningún caso resultará aplicable a quienes cumplan mandatos de cometer o participar en los hechos incluidos en los capítulos II y II bis de este Título.

CAPÍTULO V*

DELITO DE PIRATERÍA

Art. 616 ter. El que con violencia, intimidación o engaño, se apodere, dañe o destruya una aeronave, buque u otro tipo de embarcación o plataforma en el mar, o bien atente contra las personas, cargamento o bienes que se hallaren a bordo de las mismas, será castigado como reo del delito de piratería con la pena de prisión de diez a quince años.

En todo caso, la pena prevista en este artículo se impondrá sin perjuicio de las que correspondan por los delitos cometidos.

Art. 616 quáter. 1. El que con ocasión de la prevención o persecución de los hechos previstos en el artículo anterior, se resistiere o desobedeciere a un buque de guerra o aeronave militar u otro buque o aeronave que lleve signos claros y sea identificable como buque o aeronave al servicio del Estado español y esté autorizado a tal fin, será castigado con la pena de prisión de uno a tres años.

2. Si en la conducta anterior se empleare fuerza o violencia se impondrá la pena de diez a quince años de prisión.

3. En todo caso, las penas previstas en este artículo se impondrán sin perjuicio de las que correspondan por los delitos cometidos.

Art. 616 bis: Este artículo fue introducido por la LO 15/2003, de 25 de noviembre (*BOE* n.º 283, de 26 de noviembre; corrección de errores en *BOE* n.º 65, de 16 de marzo, y n.º 80, de 2 de abril, ambos de 2004).

* Este Capítulo ha sido incorporado por la LO 5/2010, de 22 de junio (*BOE* n.º 152, de 23 de junio).

Art. 616 ter: Este artículo figura redactado conforme al texto de la LO 5/2010, de 22 de junio (*BOE* n.º 152, de 23 de junio). V. los Instrumentos de 31 de mayo de 2008 (*BOE* n.º 170, de 14 de julio de 2010; corrección de errores en *BOE* n.º 226, de 17 de septiembre de 2010, y en *BOE* n.º 112, de 11 de mayo de 2011, y 172, de 15 de julio de 2010), de ratificación de los protocolos de 2005, relativos al Convenio para la represión de los actos ilícitos contra la seguridad de la navegación marítima y para la represión de actos ilícitos contra la seguridad de las plataformas fijas emplazadas en la plataforma continental, respectivamente, hechos en Londres el 14 de octubre de 2005.

Art. 616 quáter: Este artículo figura redactado conforme al texto de la LO 5/2010, de 22 de junio (*BOE* n.º 152, de 23 de junio).

*LIBRO III**

Faltas y sus penas

....

DISPOSICIONES ADICIONALES

1.ª Cuando una persona sea declarada exenta de responsabilidad criminal por concurrir alguna de las causas previstas en los números 1.º y 3.º del artículo 20, el Ministerio Fiscal evaluará, atendiendo a las circunstancias del caso, la procedencia de promover un proceso para la adopción judicial de medidas de apoyo a la persona con discapacidad o, en el supuesto de que tales medidas hubieran sido ya anteriormente acordadas, para su revisión.

2.ª Cuando la autoridad gubernativa tenga conocimiento de la existencia de un menor de edad o de una persona con discapacidad necesitada de especial protección que se halla en estado de prostitución, sea o no por su voluntad, pero con anuencia de las personas que sobre él ejerzan autoridad familiar o ético-social o de hecho, o que carece de ellas,

---

* Este Libro III ha sido derogado por la LO 1/2015, de 30 de marzo (*BOE* n.º 77, de 31 de marzo), con entrada en vigor el 1 de julio de 2015.

V. LOPSC.

Disp. Adic. 1.ª: Esta Disp. Adic. figura redactada conforme al texto de la Ley 8/2021, de 2 de junio (*BOE* n.º 132, de 3 de junio), por la que se reforma la legislación civil y procesal para el apoyo a las personas con discapacidad en el ejercicio de su capacidad jurídica. El texto vigente con anterioridad a su entrada en vigor decía:

> Cuando una persona sea declarada exenta de responsabilidad criminal por concurrir alguna de las causas previstas en los números 1.º y 3.º del artículo 20 de este Código, el Ministerio Fiscal instará, si fuera procedente, la declaración de incapacidad ante la Jurisdicción Civil, salvo que la misma hubiera sido ya anteriormente acordada y, en su caso, el internamiento conforme a las normas de la legislación civil.

o éstas lo tienen en abandono y no se encargan de su custodia, lo comunicará de inmediato a la entidad pública que en el respectivo territorio tenga encomendada la protección de menores y al Ministerio Fiscal, para que actúen de conformidad con sus respectivas competencias.

Asimismo, en los supuestos en que el juez o tribunal acuerde la inhabilitación especial para el ejercicio de la patria potestad, el acogimiento, la guarda, tutela o curatela, o la privación de la patria potestad lo comunicará de inmediato a la entidad pública que en el respectivo territorio tenga encomendada la protección de los menores y al Ministerio Fiscal para que actúen de conformidad con sus respectivas competencias.

3.ª Cuando, mediando denuncia o reclamación del perjudicado, se incoe un procedimiento penal por hechos constitutivos de infracciones previstas y penadas en los artículos 267 y 621 del presente Código, podrán comparecer en las diligencias penales que se incoen y mostrarse parte todos aquellos otros implicados en los mismos hechos que se consideren perjudicados, cualquiera que sea la cuantía de los daños que reclamen.

DISPOSICIONES TRANSITORIAS

1.ª Los delitos y faltas cometidos hasta el día de la entrada en vigor de este Código se juzgarán conforme al cuerpo legal y demás leyes penales especiales que se derogan. Una vez que entre en vigor el presente Código, si las disposiciones del mismo son más favorables para el reo, se aplicarán éstas.

2.ª Para la determinación de cuál sea la ley más favorable se tendrá en cuenta la pena que

---

Disp. Adic. 2.ª: El párrafo 2.º de esta Disp. Adic. figura redactado conforme al texto de la LO 5/2010, de 22 de junio (*BOE* n.º 152, de 23 de junio). En el párrafo 1.º, el término «incapaz» fue sustituido por «persona con discapacidad necesitada de especial protección», conforme al texto de la LO 1/2015, de 30 de marzo (*BOE* n.º 77, de 31 de marzo). V. arts. 46, 189, 192, 220.4.º, 226.2.º y 233 CP.

Disp. Trans. 2.ª: La Disp. Trans. 1.ª RP establece:

«1. Continuarán aplicándose después de la fecha de entrada en vigor del Reglamento Penitenciario que se aprueba por este Real Decreto los artículos 65 a 73 del Reglamento de Servicios de Prisiones, aprobado por Decreto de 2 de febrero de 1956, y las disposiciones complementarias dictadas hasta dicha fecha por la Administración penitenciaria correspondiente en materia de redención de penas por el trabajo, a los únicos efectos siguientes:

correspondería al hecho enjuiciado con la aplicación de las normas completas de uno u otro Código. Las disposiciones sobre redención de penas por el trabajo sólo serán de aplicación a todos los condenados conforme al Código derogado y no

---

»*a*) Para determinar la ley penal más favorable para el reo, conforme a lo establecido en las disposiciones transitorias primera, segunda, tercera y cuarta de la Ley Orgánica 10/1995, de 23 de noviembre, del Código Penal.

»*b*) Para el cumplimiento de las penas impuestas y que se ejecuten conforme al Código Penal que se deroga por la Ley Orgánica 10/1995, de 23 de noviembre, del Código Penal, en aplicación de lo previsto en las citadas disposiciones transitorias de dicha Ley Orgánica.

»2. Cuando en aplicación de las citadas disposiciones transitorias de la Ley Orgánica 10/1995, de 23 de noviembre, del Código Penal, los Jueces o Tribunales no hubiesen acordado la revisión de la sentencia por considerar más favorable la liquidación efectuada conforme al Código Penal derogado y como consecuencia de la pérdida por el interno del beneficio de la redención de penas por el trabajo resulte que la pena que se está ejecutando pueda ser de duración superior a la que le correspondería por la citada Ley Orgánica 10/1995, el Director del centro penitenciario, de oficio o a solicitud del interno, lo pondrá en conocimiento del juez o tribunal.

»3. En ningún caso resultarán aplicables las disposiciones sobre redención de penas por el trabajo a quienes se les apliquen las disposiciones de la Ley Orgánica 10/1995, de 23 de noviembre, del Código Penal.

»4. Cuando un penado deba cumplir dos o más penas privativas de libertad, unas de las cuales se deban ejecutar conforme a las normas del Código Penal derogado y otras con arreglo a la Ley Orgánica 10/1995, de 23 de noviembre, del Código Penal, comenzará el cumplimiento por las penas cuya ejecución deba regirse por el Código derogado, aplicándose, entre éstas, el criterio de prelacion fijado en el artículo 70.1 del mismo.

»Cumplidas todas éstas, se iniciará la ejecución de las penas impuestas o revisadas al amparo de la Ley Orgánica 10/1995, de 23 de noviembre, del Código Penal, aplicándose entre las mismas el criterio de prelación del artículo 75 de dicho Cuerpo legal. En ningún caso resultará de aplicación a estas penas el beneficio de la redención de penas por el trabajo.

»Fijado el orden de cumplimiento conforme a lo dispuesto en los dos párrafos anteriores, el Director del centro lo pondrá en conocimiento del Juez de Vigilancia correspondiente a los efectos oportunos.

»5. Para computar las tres cuartas partes de la condena u otros plazos con efectos legales, se aplicarán las siguientes reglas:

»1.ª Se sumarán todas las penas de prisión, con independencia de que correspondan a uno u otro Código, de tal manera que la suma de las mismas será considerada como una sola pena. De la suma parcial de las penas cuya ejecución se rija por el Código derogado se rebajarán los días de redención concedidos al interno.

»2.ª En los casos en que el interno esté condenado a varias penas, de las cuales unas se rijan por el Código derogado y otras por la Ley Orgánica 10/1995, de 23 de noviembre, del Código Penal, y resultasen de aplicación las reglas penales de acumulación de condenas previstas en el artículo 70.2 del Código derogado o en el artículo 76.2 de la citada Ley Orgánica 10/1995, para la ejecución de la pena resultante se estará a lo que disponga el Juez o Tribunal, en orden al sometimiento de la ejecución a las normas de uno u otro Código.»

podrán gozar de ellas aquellos a quienes se les apliquen las disposiciones del nuevo Código.

En todo caso, será oído el reo.

3.ª Los Directores de los establecimientos penitenciarios remitirán a la mayor urgencia, a partir de la publicación del nuevo Código Penal, a los jueces o tribunales que estén conociendo de la ejecutoria, relación de los penados internos en el Centro que dirijan, y liquidación provisional de la pena en ejecución, señalando los días que el reo haya redimido por el trabajo y los que pueda redimir, en su caso, en el futuro conforme al artículo 100 del Código Penal que se deroga y disposiciones complementarias.

4.ª Los jueces o tribunales mencionados en la disposición anterior procederán, una vez recibida la anterior liquidación de condena, a dar traslado al Ministerio Fiscal, para que informe sobre si procede revisar la sentencia y, en tal caso, los términos de la revisión. Una vez haya informado el Fiscal, procederán también a oír al reo, notificándole los términos de la revisión propuesta, así como a dar traslado al Letrado que asumió su defensa en el juicio oral, para que exponga lo que estime más favorable para el reo.

5.ª El Consejo General del Poder Judicial, en el ámbito de las competencias que le atribuye el artículo 98 de la Ley Orgánica del Poder Judicial, podrá asignar a uno o varios de los Juzgados de lo Penal o Secciones de las Audiencias Provinciales dedicados en régimen de exclusividad a la ejecución de sentencias penales, la revisión de las sentencias firmes dictadas antes de la vigencia de este Código.

Dichos jueces o tribunales procederán a revisar las sentencias firmes y en las que el penado esté cumpliendo efectivamente la pena, aplicando la disposición más favorable considerada taxativamente y no por el ejercicio del arbitrio judicial. En las penas privativas de liber-

---

Téngase en cuenta, no obstante, que la Sala 2.ª TS está declarando (así, en sus SS de 18 de julio de 1996 ó 9 de mayo de 1997) que esta Disp. Trans. debe interpretarse de forma restrictiva respecto de la prohibición de aplicación de la redención de penas, debiendo entenderse que tal prohibición está únicamente referida a la redención que pudiera producirse después de la entrada en vigor de la nueva norma penal.

Disp. Trans. 3.ª: V. nota a la Disp. Trans. 2.ª de este mismo Código.

Disp. Trans. 4.ª: V. Circular 1/1996, de 23 de febrero, de la Fiscalía General del Estado, sobre el régimen transitorio de aplicación del CP.

tad no se considerará más favorable este Código cuando la duración de la pena anterior impuesta al hecho con sus circunstancias sea también imponible con arreglo al nuevo Código. Se exceptúa el supuesto en que este Código contenga para el mismo hecho la previsión alternativa de una pena no privativa de libertad; en tal caso deberá revisarse la sentencia.

No se revisarán las sentencias en que el cumplimiento de la pena esté suspendido, sin perjuicio de hacerlo en caso de que se revoque la suspensión y antes de proceder al cumplimiento efectivo de la pena suspendida. Igual regla se aplicará si el penado se encuentra en período de libertad condicional.

Tampoco se revisarán las sentencias en que, con arreglo al Código derogado y al nuevo, corresponda, exclusivamente, pena de multa.

6.ª No serán revisadas las sentencias en que la pena esté ejecutada o suspendida, aunque se encuentren pendientes de ejecutar otros pronunciamientos del fallo, así como las ya totalmente ejecutadas, sin perjuicio de que el juez o tribunal que en el futuro pudiera tenerlas en cuenta a efectos de reincidencia deba examinar previamente si el hecho en ellas penado ha dejado de ser delito o pudiera corresponderle una pena menor de la impuesta conforme a este Código.

En los supuestos de indulto parcial, no se revisarán las sentencias cuando la pena resultante que se halle cumpliendo el condenado se encuentre comprendida en un marco imponible inferior respecto al nuevo Código.

7.ª A efectos de la apreciación de la agravante de reincidencia, se entenderán comprendidos en el mismo Título de este Código, aquellos delitos previstos en el Cuerpo legal que se deroga y que tengan análoga denominación y ataquen del mismo modo a idéntico bien jurídico.

8.ª En los casos en que la pena que pudiera corresponder por la aplicación de este Código fuera la de arresto de fin de semana, se considerará, para valorar su gravedad comparativa, que la duración de la privación de libertad equivale a dos días por cada fin de semana que correspondiera imponer. Si la pena fuera la de multa, se considerará que cada día de arresto sustitutorio que se haya impuesto o pudiese imponer el juez o tribunal conforme al Código que se deroga, equivale a dos cuotas diarias de la multa del presente Cuerpo legal.

9.ª En las sentencias dictadas conforme a la legislación que se deroga y que no sean firmes por estar pendientes de recurso, se observarán, una vez transcurrido el período de vacatio, las siguientes reglas:

a) Si se trata de un recurso de apelación, las partes podrán invocar y el juez o tribunal aplicará de oficio los preceptos del nuevo Código, cuando resulten más favorables al reo.

b) Si se trata de un recurso de casación, aún no formalizado, el recurrente podrá señalar las infracciones legales basándose en los preceptos del nuevo Código.

c) Si, interpuesto recurso de casación, estuviera sustanciándose, se pasará de nuevo al recurrente, de oficio o a instancia de parte, por el término de ocho días, para que adapte, si lo estima procedente, los motivos de casación alegados a los preceptos del nuevo Código, y del recurso así modificado se instruirán las partes interesadas, el Fiscal y el Magistrado Ponente, continuando la tramitación conforme a Derecho.

10.ª Las medidas de seguridad que se hallen en ejecución o pendientes de ella, acordadas conforme a la Ley de Peligrosidad y Rehabilitación Social, o en aplicación de los números 1.º y 3.º del artículo 8 o del número 1.º del artículo 9 del Código Penal que se deroga, serán revisadas conforme a los preceptos del Título IV del Libro I de este Código y a las reglas anteriores.

En aquellos casos en que la duración máxima de la medida prevista en este Código sea inferior al tiempo que efectivamente hayan cumplido los sometidos a la misma, el juez o tribunal dará por extinguido dicho cumplimiento y, en el caso de tratarse de una medida de internamiento, ordenará su inmediata puesta en libertad.

11.ª 1. Cuando se hayan de aplicar Leyes penales especiales o procesales por la jurisdicción ordinaria, se entenderán sustituidas:

a) La pena de reclusión mayor, por la de prisión de quince a veinte años, con la cláusula de elevación de la misma a la pena de prisión de veinte a veinticinco años cuando concurran en el hecho dos o más circunstancias agravantes.

b) La pena de reclusión menor, por la de prisión de ocho a quince años.

c) La pena de prisión mayor, por la de prisión de tres a ocho años.

d) La pena de prisión menor, por la de prisión de seis meses a tres años.

e) La pena de arresto mayor, por la de arresto de siete a quince fines de semana.

f) La pena de multa impuesta en cuantía superior a cien mil pesetas señalada para hechos castigados como delito, por la multa de tres a diez meses.

g) La pena de multa impuesta en cuantía inferior a cien mil pesetas señalada para hechos castigados como delito, por la de multa de dos a tres meses.

h) La pena de multa impuesta para hechos delictivos en cuantía proporcional al lucro obtenido o al perjuicio causado seguirá aplicándose proporcionalmente.

i) La pena de arresto menor, por la de arresto de uno a seis fines de semana.

j) La pena de multa establecida para hechos definidos como falta, por la multa de uno a sesenta días.

k) Las penas privativas de derechos se impondrán en los términos y por los plazos fijados en este Código.

l) Cualquier otra pena de las suprimidas en este Código, por la pena o medida de seguridad que el juez o tribunal estime más análoga y de igual o menor gravedad. De no existir o de ser todas más graves, dejará de imponerse.

2. En caso de duda, será oído el reo.

12.ª *Hasta la aprobación de la ley que regule la responsabilidad penal del menor, en los procedimientos que se sustancien por razón de un delito o falta presuntamente cometido por un menor de dieciocho años, el juez o tribunal competente requerirá a los equipos técnicos que están al servicio de los jueces de menores, la elaboración de un informe sobre la situación psicológica, educativa y familiar del menor, así como sobre su entorno social y, en general, sobre cualquier otra circunstancia que pueda haber influido en el hecho que se le imputa.*

Disp. Trans. 12.ª: Esta Disposición ha sido derogada por la Disp. Final 5.ª de la LO 5/2000, de 12 de enero (que se reproduce en el Apéndice 8 de esta obra). V. Disp. Derog. 1.*a*) de este Código.

DISPOSICIÓN DEROGATORIA

1. Quedan derogados:

a) El texto refundido del Código Penal publicado por el Decreto 3.096/1973, de 14 de septiembre, conforme a la Ley 44/1971, de 15 de noviembre, con sus modificaciones posteriores, excepto los artículos 8.2, 9.3, la regla 1.a del artículo 20 en lo que que se refiere al número 2.º del artículo 8, el segundo párrafo del artículo 22, 65, y las disposiciones adicionales primera y segunda de la Ley Orgánica 3/1989, de 21 de junio.

b) La Ley de 17 de marzo de 1908 de condena condicional, con sus modificaciones posteriores y disposiciones complementarias.

c) La Ley 16/1970, de 4 de agosto, sobre Peligrosidad y

Disp. Derog.: Esta Disposición está redactada conforme al texto de la LO 2/2010, de 3 de marzo (*BOE* n.º 55, de 4 de marzo), de salud sexual y reproductiva, y de la interrupción voluntaria del embarazo. Las Disps. Derogs. 1.ª y 2.ª de la LO 3/1989 establecen:

«*Disp. Adic. 1.ª* 1. Los procesos civiles cualquiera que sea su cuantía, relativos a la indemnización de los daños y perjuicios ocasionados con motivo de la circulación de vehículos de motor, se decidirán en juicio verbal.

»2. En todo caso, será competente para conocer del juicio el Juez de Primera Instancia del lugar en que se causaron los daños, quien examinará de oficio su propia competencia territorial.

»3. El juez podrá de oficio o a instancia de parte, solicitar de las Autoridades correspondientes los atestados que hubieren instruido y los informes que juzgue oportunos.

»4. Para interponer recurso de apelación contra la resolución que ponga fin a los procesos a que se refiere la presente disposición, el condenado al pago de la indemnización deberá acreditar haber constituido depósito en el establecimiento destinado al efecto del importe de la condena que se le hubiere impuesto incrementado con los intereses y recargos exigibles.

»*Disp. Adic. 2.ª* 1. En los procesos a que se refiere la disposición anterior, cuando la parte apelada solicite la ejecución provisional de la sentencia al amparo de lo dispuesto en el artículo 385 de la Ley de Enjuiciamiento Civil, el Juez accederá a ella aunque no se ofrezca la constitución de fianza, si bien en este caso la ejecución se limitará a la parte de la condena de la que deba responder el asegurador. No obstante, no se entregará al apelado el importe de la condena hasta que se haya resuelto el recurso de apelación, mientras no preste la fianza o aval bancario a que se refiere el artículo 385 de la Ley de Enjuiciamiento Civil, quedando entre tanto en depósito en el establecimiento destinado al efecto.

»2. El perjudicado podrá obtener la ejecución de la sentencia de primera instancia cuando fuese él mismo quien hubiere interpuesto el recurso de apelación.»

Téngase en cuenta, no obstante, que el 13 de enero de 2001 entró en vigor la LO 5/2000, de 12 de enero (que se reproduce en el Apéndice 8 de esta obra), reguladora de la responsabilidad penal de los menores, y cuya Disp. Final 5.ª deroga los arts. 8.º2, 9.º3, 20.1.ª, 22.2.ª y 65 citados en el texto.

Rehabilitación Social, con sus modificaciones posteriores y disposiciones complementarias.

d) La Ley de 26 de julio de 1878, de prohibición de ejercicios peligrosos ejecutados por menores.

e) Los preceptos penales sustantivos de las siguientes leyes especiales:

Ley de 19 de septiembre de 1896, para la protección de pájaros insectívoros.

Ley de 16 de mayo de 1902, sobre la propiedad industrial.

Ley de 23 de julio de 1903, sobre mendicidad de menores.

Ley de 20 de febrero de 1942, de pesca fluvial.

Ley de 31 de diciembre de 1946, sobre pesca con explosivos.

Ley 1/1970, de 4 de abril, de caza. Los delitos y faltas previstos en dicha Ley, no contenidos en este Código, tendrán la consideración de infracciones administrativas muy graves, sancionándose con multa de cincuenta mil a quinientas mil pesetas y retirada de la licencia de caza, o de la facultad de obtenerla, por un plazo de dos a cinco años.

f) Los siguientes preceptos:

El artículo 256 del Reglamento Penitenciario, aprobado por Real Decreto 1.201/1981, de 8 de mayo.

Los artículos 65 a 73 del Reglamento de los servicios de prisiones, aprobado por Decreto de 2 de febrero de 1956.

Los artículos 84 a 90 de la Ley 25/1964, de 29 de abril, de Energía Nuclear.

El artículo 54 de la Ley 33/1971, de 21 de julio, de Emigración.

El segundo párrafo del artículo 24 de la Ley Orgánica 2/1981, de 6 de abril, del Defensor del Pueblo.

El artículo 2 de la Ley Orgánica 8/1984, de 26 de diciembre, sobre régimen de recursos en caso de objeción de conciencia y su régimen penal.

El artículo 4.º de la Ley Orgánica 5/1984, de 24 de mayo, de Comparecencia ante las Comisiones de Investigación del Congreso y del Senado o de ambas Cámaras.

Los artículos 29 y 49 de la Ley 209/1964, de 24 de diciembre, Penal y Procesal de la Navegación Aérea.

Los términos «activo y» del artículo 137 de la Ley Orgánica 5/1985, de 19 de junio, del Régimen Electoral General.

El artículo 6 de la Ley 57/1968, de 27 de julio, sobre Percibo de Cantidades Anticipadas en la Construcción y Venta de Viviendas.

2. Quedan también derogadas cuantas normas sean incompatibles con lo dispuesto en este Código.

DISPOSICIONES FINALES

1.ª La Ley de Enjuiciamiento Criminal quedará modificada en los siguientes términos:

«*Art. 14. Tercero. Para el conocimiento y fallo de las causas por delitos menos graves, así*

Disp. Final 1.ª: Téngase en cuenta que el art. 14 LECr. fue posteriormente modificado por la LO 1/2004, de 28 de diciembre, de Medidas de Protección Integral contra la Violencia de Género (*BOE* n.º 313, de 29 de diciembre). El texto del art. 14.3 (ya no tercero) vigente en la actualidad es el siguiente:

«Para el conocimiento y fallo de las causas por delitos a los que la Ley señale pena privativa de libertad de duración no superior a cinco años o pena de multa cualquiera que sea su cuantía, o cualesquiera otras de distinta naturaleza, bien sean únicas, conjuntas o alternativas, siempre que la duración de éstas no exceda de diez años, así como por faltas, sean o no incidentales, imputables a los autores de estos delitos o a otras personas, cuando la comisión de la falta o su prueba estuviesen relacionadas con aquéllos, el Juez de lo Penal de la circunscripción donde el delito fue cometido, o el Juez de lo Penal correspondiente a la circunscripción del Juzgado de Violencia sobre la Mujer en su caso, o el Juez Central de lo Penal en el ámbito que le es propio, sin perjuicio de la competencia del Juez de Instrucción de Guardia del lugar de comisión del delito para dictar sentencia de conformidad, o del Juez de Violencia sobre la Mujer competente en su caso, en los términos establecidos en el artículo 801.

»No obstante, en los supuestos de competencia del Juez de lo Penal, si el delito fuere de los atribuidos al Tribunal del Jurado, el conocimiento y fallo corresponderá a éste.»

Por su parte, el art. 779 LECr. fue modificado después por la Ley 38/2002, de 24 de octubre, de reforma parcial de la Ley de Enjuiciamiento Criminal, sobre procedimiento para el enjuiciamiento rápido e inmediato de determinados delitos y faltas, y de modificación del procedimiento abreviado (*BOE* n.º 313, de 29 de diciembre), siendo su redacción actual la siguiente:

«*Art. 779.* 1. Practicadas sin demora las diligencias pertinentes, el Juez adoptará mediante auto alguna de las siguientes resoluciones:

»1.ª Si estimare que el hecho no es constitutivo de infracción penal o que no aparece suficientemente justificada su perpetración, acordará el sobreseimiento que corresponda notificando dicha resolución a quienes pudiera causar perjuicio, aunque no se hayan mostrado parte en la causa. Si, aun estimando que el hecho puede ser constitutivo de delito, no hubiere autor conocido, acordará el sobreseimiento provisional y ordenará el archivo.

»2.ª Si reputare falta el hecho que hubiere dado lugar a la formación de las diligencias, mandará remitir lo actuado al Juez competente, cuando no le corresponda su enjuiciamiento.

»3.ª Si el hecho estuviese atribuido a la jurisdicción militar, se inhibirá a favor del órgano competente. Si todos los imputados fuesen menores de edad penal, se dará traslado de lo actuado al Fiscal de Menores para que inicie los trámites de la Ley de Responsabilidad Penal del Menor.

»4.ª Si el hecho constituyera delito comprendido en el artículo 757, seguirá el procedimiento ordenado en el capítulo siguiente. Esta decisión, que contendrá la determinación de los hechos punibles y la identificación de la persona a la que se le imputan, no podrá adoptarse sin haber tomado declaración a aquélla en los términos previstos en el artículo 775.

como de las faltas, sean o no incidentales, imputables a los autores de esos delitos o a otras personas, cuando la comisión de la falta o su prueba estuviesen relacionadas con aquéllos, el Juez de lo Penal de la circunscripción donde el delito fue cometido o el Juez Central de lo Penal en el ámbito que le es propio.»

«Art. 779. Sin perjuicio de lo establecido para los demás procesos especiales, el procedimiento regulado en este Título se aplicará al enjuiciamiento de los delitos castigados con pena privativa de libertad no superior a nueve años, o bien con cualesquiera otras penas de distinta naturaleza, bien sean únicas, conjuntas o alternativas, cualquiera que sea su cuantía o duración.»

2.ª El apartado 2 del artículo 1 de la Ley Orgánica 5/1995, sobre el Tribunal del Jurado, queda redactado en los siguientes términos:

«2. Dentro del ámbito de enjuiciamiento previsto en el apartado anterior, el Tribunal del Jurado será competente para el conocimiento y fallo de las causas por los delitos tipificados en los siguientes preceptos del Código Penal:

a) Del homicidio (artículos 138 a 140).

b) De las amenazas (artículo 169.1.º).

c) De la omisión del deber de socorro (artículos 195 y 196).

d) Del allanamiento de morada (artículos 202 y 204).

e) De los incendios forestales (artículos 352 a 354).

f) De la infidelidad en la custodia de documentos (artículos 413 a 415).

g) Del cohecho (artículos 419 a 426).

h) Del tráfico de influencias (artículos 428 a 430).

i) De la malversación de caudales públicos (artículos 432 a 434).

»5.ª Si, en cualquier momento anterior, el imputado asistido de su abogado hubiere reconocido los hechos a presencia judicial, y éstos fueran constitutivos de delito castigado con pena incluida dentro de los límites previstos en el artículo 801, mandará convocar inmediatamente al Ministerio Fiscal y a las partes personadas a fin de que manifiesten si formulan escrito de acusación con la conformidad del acusado. En caso afirmativo, incoará diligencias urgentes y ordenará la continuación de las actuaciones por los trámites previstos en los artículos 800 y 801.

»2. En los tres primeros supuestos, si no hubiere miembro del Ministerio Fiscal constituido en el Juzgado, ni hubieren interpuesto recurso las partes, se remitirán las diligencias al Fiscal de la Audiencia, el que, dentro de los tres días siguientes a su recepción, las devolverá al Juzgado con el escrito de interposición del recurso o con la fórmula de "visto", procediéndose seguidamente en este caso a la ejecución de lo resuelto.»

j) De los fraudes y exacciones ilegales (artículos 436 a 438).

k) De las negociaciones prohibidas a funcionarios (artículos 439 y 440).

l) De la infidelidad en la custodia de presos (artículo 471).»

3.ª 1. El capítulo VI de la Ley 35/1988, de 22 de noviembre, sobre Técnicas de Reproducción Asistida, quedará modificado en los siguientes términos:

1.º Quedan suprimidas las letras *a*), *k*), *l*) y *v*) del apartado 2.B) del artículo 20.

2.º El texto de la letra *r*) de dicho apartado 2.B) se sustituirá por el siguiente: «*la transferencia de gametos o preembriones humanos en el útero de otra especie animal o la operación inversa, así como las fecundaciones entre gametos humanos y animales que no estén autorizadas*».

2. El artículo 21 del capítulo VII de la Ley 35/1988, sobre Técnicas de Reproducción Asistida, pasará a ser artículo 24.

4.ª La Ley Orgánica 1/1982, de 5 de mayo, de Protección del Derecho al Honor, a la Intimidad Personal y Familiar y a la Propia Imagen, quedará modificada en los siguientes términos:

«*Art. 1.º* 2. El carácter delictivo de la intromisión no impedirá el recurso al procedimiento de tutela judicial previsto en el artículo 9.º de esta Ley. En cualquier caso, serán aplicables los criterios de esta Ley para la determinación de la responsabilidad civil derivada de delito.»

«*Art. 7.º* 7. La imputación de hechos o la manifestación de juicios de valor a través de acciones o expresiones que de cualquier modo lesionen la dignidad de otra persona, menoscabando su fama o atentando contra su propia estimación.»

5.ª La disposición adicional segunda de la Ley Orgánica 6/1995, de 29 de junio, quedará modificada en los siguientes términos:

«La exención de responsabilidad penal contemplada en los párrafos segundos de los artículos 305, apartado 4; 307, apartado 3, y 308, apartado 4, resultará igualmente aplicable aunque las deudas objeto de regularización sean inferiores a las cuantías establecidas en los citados artículos.»

Disp. Final 3.ª: Téngase en cuenta que la Ley 35/1988 fue posteriormente derogada y sustituida por la Ley 14/2006, de 26 de mayo, sobre Técnicas de Reproducción Humana Asistida (*BOE* n.º 126, de 27 de mayo).

6.ª El Título V del Libro I de este Código, los artículos 193, 212, 233.3 y 272, así como las disposiciones adicionales primera y segunda, la disposición transitoria duodécima y las disposiciones finales primera y tercera tienen carácter de Ley ordinaria.

7.ª El presente Código entrará en vigor a los seis meses de su completa publicación en el *Boletín Oficial del Estado* y se aplicará a todos los hechos punibles que se cometan a partir de su vigencia.

No obstante lo anterior, queda exceptuada la entrada en vigor de su artículo 19 hasta tanto adquiera vigencia la ley que regule la responsabilidad penal del menor a que se refiere dicho precepto.

Disp. Final 7.ª: Téngase en cuenta que el 13 de enero de 2001 entró en vigor la LO 5/2000, de 12 de enero (que se reproduce en el Apéndice 8 de esta obra), reguladora de la responsabilidad penal de los menores, a que se refiere el texto.

APÉNDICES

APÉNDICE 1

LEY PROVISIONAL DE 18 DE JUNIO DE 1870, ESTABLECIENDO REGLAS PARA EL EJERCICIO DE LA GRACIA DE INDULTO, MODIFICADA POR LEY 1/1988, DE 14 DE ENERO

(*Gaceta de Madrid* de 21 de junio de 1870, y *BOE* n.º 13, de 15 de enero de 1988, respectivamente)

EXPOSICIÓN DE MOTIVOS

En el artículo 73 de la Constitución del Estado se otorga al Rey la facultad de conceder indultos particulares con sujeción a las leyes. Es, por consiguiente, manifiesto que debe haber una ley con arreglo a cuyas disposiciones la Corona ha de ejercer tan preciosa prerrogativa. He aquí por qué el *Ministro de Gracia y Justicia* tiene el honor de someter a la aprobación de las Cortes Constituyentes el adjunto Proyecto.

Cuatro han sido las principales disposiciones, en diversas épocas publicadas, para regular el ejercicio de la gracia de indulto, mereciendo por su importancia el primer lugar, entre ellas, el decreto de 7 de diciembre de 1866.

La carencia de fuerza verdaderamente legislativa de estos decretos, simplemente administrativos, y la naturaleza misma de la prerrogativa de indultar, en cuyo ejercicio el sentimiento se sobrepone fácilmente a la razón, han sido indudablemente las causas más importantes y permanentes que produjeron con frecuencia lamentable la inobservancia de aquellas disposiciones, y dieron margen a la abusiva facilidad con que los delincuentes lograron muchas veces eximirse del cumplimiento de las penas a que se habían hecho acreedores por sus crímenes.

La necesidad cada vez más apremiante de hacer de una vez imposibles para siempre estos abusos, que tanto quebrantan la recta administración de justicia, el prestigio de los Tribunales, y la misma moralidad y orden público, reclamarían este proyecto de ley, si el precepto constitucional no lo hubiese hecho indispensable.

Cree, pues, el Ministro, que al presentarla, a la vez que cumple un deber constitucional, satisface también una necesidad fuertemente sentida por todos los hombres honrados, que exigen con perfecto derecho que la garantía judicial de su honra, de su vida y de su fortuna, no pierda su eficacia por una compasión indiscreta y ya intolerable.

El artículo 74 de la Constitución prescribe que no se concedan amnistías e indultos generales sino en virtud de una ley especial. La forma y solemnidades, por lo tanto, de la concesión de estas gracias generales, que en último término vienen a ofrecer la importancia y a producir los efectos de una derogación transitoria de la ley penal, no es ya hoy cuestión en la esfera del derecho escrito, como antes de ahora lo era en la de la ciencia.

A los indultos particulares se limita este proyecto. Y el Ministro, al redactarlo, ha procurado evitar, así los males consiguientes a la facilidad exagerada e irreflexiva en conceder las gracias de esta clase, como las consecuencias siempre lamentables de la inflexibilidad de la sentencia ejecutoria, que por mil variadas causas conviene en ciertos y determinados casos suavizar, a fin de que la equidad, que se inspira en la prudencia, no choque nunca con el rigor característico de la justicia.

Se divide el proyecto en tres capítulos. En el primero se declara quiénes pueden obtener la gracia de indulto, quedando de ella excluidos los que no hayan sido aún condenados por sentencia firme, por no ser conocida la pena de que convenga eximirles; los que se hallan en rebeldía, y los reincidentes en la misma clase de delito, a no concurrir circunstancias especiales; porque no son dignos de la gracia, que si se les otorgase produciría el funesto efecto de favorecer la impunidad y de alentar al delincuente en la senda del crimen.

Los reos de los delitos de sedición y rebelión podrán, no obstante, ser indultados, aunque se hallaren en estas circunstancias. La naturaleza de los delitos de esta clase, el carácter y condiciones de la sociedad de nuestra época, y aun altas consideraciones de gobierno, demuestran la necesidad de esta excepción.

En el capítulo II se prefijan las clases y efectos de los indultos. Se establece el principio de que en rarísimos casos debe ser concedido el indulto total, y aun en ellos tan sólo cuando estén conformes el Tribunal sentenciador *y el Consejo de Estado* respecto a la justicia o conveniencia pública de la concesión. Más que eximirse de la pena, se debe tan sólo en el mayor número de los casos conmutarla en otra menos grave, pero que por su naturaleza tenga con el delito la analogía a que se aspira en el Código penal, por la clasificación de las penas en las escalas graduales. Por esto se prescribe en el artículo del proyecto que la conmutación se hará dentro de la escala a que corresponda la pena conmutada.

El indulto no debe concederse sino con pleno conocimiento de los hechos y de todas sus circunstancias, y después de un estudio detenido sobre las consecuencias que haya de producir, bajo el aspecto de la justicia, de la equidad o de la conveniencia social. Por esto se prohíben en absoluto y se declara la nulidad de los que se concedan en términos generales y sin determinar la pena que se remite. Los indultos de este modo concedidos llevarán en sí mismos la prueba más incontrovertible de la ligereza o de la irreflexión con que habían sido otorgados.

Por el indulto vuelve el delincuente a adquirir los siempre importantes derechos de que le había privado justamente la sentencia. Esta sola indicación es suficiente para demostrar cuán necesario es alejar hasta la sombra de la duda sobre los efectos que ha de producir la gracia que se otorgue. En esta necesidad se halla el fundamento de lo prescrito en los artículos 6.º, 8.º, 13, 14, 15, 16 y 18 del proyecto.

El indulto no puede perjudicar los derechos de tercera persona. Por esto, el que se conceda de las penas pecuniarias accesorias no alcanzará nunca a la remisión del pago de las que no correspondan al Estado. Por la misma razón no podrá concederse, y en todo caso no podrá llevarse a efecto, el indulto que cause perjuicio a tercero o lesione su derecho, ni el de pena impuesta por delito privado, si no ha otorgado el perdón al delincuente la parte ofendida. El respeto debido al derecho individual es causa suficientemente legítima de esta limitación impuesta al poder social.

Pero, una vez concedido el indulto, debe tener toda la fuerza de una sentencia ejecutoria. Los intereses más sagrados lo exigen así. Los principios más elementales de justicia lo proclaman también. Por esto se declaran irrevocables las concesiones de estas gracias, según las condiciones con que hayan sido hechas.

En el capítulo III se establece el procedimiento que se ha

de observar en la petición y concesión de los indultos. Para pedir el perdón de un semejante, todo ciudadano, todo hombre, está suficientemente autorizado. Nadie, pues, necesitará poder escrito para satisfacer los impulsos de su piadoso corazón. El hombre siempre tiene para hacer el bien poder bastante de Dios. Los mismos Tribunales, al cumplir la severa misión de aplicar la ley, y aun el Fiscal encargado de pedir su cumplimiento, podrán proponer el indulto del sentenciado cuando crean que la justicia o la equidad pueden sufrir agravio por el inflexible rigor del precepto escrito.

Mas, si debe ser ilimitada la libertad de pedir, es necesario poner fuertes trabas a la de conceder el indulto. Por esto no podrá otorgarse desde luego y sin que antes sean conocidos todos los hechos y circunstancias, así como la opinión del Tribunal que haya sentenciado al reo *y la del Consejo de Estado*.

Ilustrado así el Gobierno, no son de temer las consecuencias de la precipitación y ligereza en tan delicada materia.

Y para asegurar aún más, si cabe, el acierto, no será el *Ministro de Gracia y Justicia*, sino todo el *Consejo*, quien habrá de tomar la última resolución en un decreto motivado, a fin de que consten siempre las razones que le movieron a ejercer la prerrogativa constitucional.

Los Gobiernos que se inspiran en el cumplimiento de sus deberes no temen la publicidad y el juicio de la opinión. Por esto, los decretos de indulto se habrán de insertar en la *Gaceta de Madrid*.

Si todavía altas consideraciones, a que da margen el estado social de España, no permiten borrar de nuestras leyes la horrible pena de muerte, conviene, sin embargo, ya reducir su aplicación a los raros casos en que ni la justicia, ni la equidad, ni la conveniencia social consientan por ningún concepto su conmutación en otra menos terrible. Por otra parte, tampoco está en armonía con nuestros hábitos el rigor absoluto de la ley con muchos de los que, más por un extravío de su razón que por la perversidad de corazón, alteran el orden público o se alzan en armas contra los poderes del Estado. Por esto, el Gobierno podrá otorgar la conmutación de la pena de muerte y de las impuestas por delitos de rebelión y sedición en otras menos graves, sin necesidad de oír previamente al Tribunal sentenciador y al *Consejo de Estado*.

Es altamente necesario que el indulto, aun en los casos en que más justificado sea, no quebrante el prestigio de que deben gozar siempre los Tribunales, y sin el cual se haría imposible su misión social. Por esto, al Tribunal sentenciador habrá de encargarse la aplicación de la gracia, a fin de que el delincuente reciba, de la misma mano que le impuso la pena, el beneficio del perdón que se le otorgue.

La naturaleza de la última pena y lo irreparable de sus efectos, además de lo ya indicado sobre ella, inspiraron al Ministro la excepción contenida en el último artículo del proyecto, que a la vez se halla en armonía con lo que sobre las causas de muerte se establece en el de casación criminal.

La pena de muerte no se impondrá sin que antes haya sido propuesto el indulto y el Gobierno haya tenido tiempo suficiente para resolver acerca de él.

He aquí las más capitales prescripciones que el proyecto contiene y los principales fundamentos en que descansan. Ahora falta que las Cortes Constituyentes, con la sabiduría que tanto resalta siempre en sus deliberaciones, lo purifiquen de los defectos de que sin duda adolece, imprimiendo hasta donde sea posible el sello de la perfección en el modesto trabajo que el Ministro tiene el honor de ofrecerles.

CAPÍTULO PRIMERO

DE LOS QUE PUEDEN SER INDULTADOS

Artículo 1.º Los reos de toda clase de delitos podrán ser indultados, con arreglo a las disposiciones de esta ley, de toda o parte de la pena en que por aquéllos hubiesen incurrido.

Art. 2.º Se exceptúan de lo establecido en el artículo anterior:

1.º Los procesados criminalmente que no hubieren sido aún condenados por sentencia firme.

2.º Los que no estuvieren a disposición del Tribunal sentenciador para el cumplimiento de la condena.

3.º Los reincidentes en el mismo o en otro cualquier delito, por el cual hubiesen sido condenados por sentencia firme. Se exceptúa, sin embargo, el caso en que, a juicio del Tribunal sentenciador, hubiese razones suficientes de justicia, equi-

---

Art. 2.º: Este artículo figura redactado conforme al texto de la Ley 1/1988, de 14 de enero (*BOE* n.º 13, de 15 de enero).

dad o conveniencia pública para otorgarles la gracia.

Art. 3.º Lo dispuesto en el artículo anterior no será aplicable a los penados por delitos comprendidos en el capítulo I, secciones primera y segunda del capítulo II, y en los capítulos III, IV y V, todos del título II del libro II del Código Penal.

CAPÍTULO II

DE LAS CLASES Y EFECTOS DEL INDULTO

Art. 4.º El indulto podrá ser total o parcial.

Será indulto total, la remisión de todas las penas a que hubiese sido condenado y que todavía no hubiese cumplido el delincuente.

Será indulto parcial la remisión de alguna o algunas de las penas impuestas, o de parte de todas en las que hubiese incurrido y no hubiese cumplido todavía el delincuente.

Se reputará también indulto parcial la conmutación de la pena o penas impuestas al delincuente en otras menos graves.

Art. 5.º Será nula, y no producirá efecto ni deberá ejecutarse por el Tribunal a quien corresponda, la concesión del indulto en que no se hiciese mención expresa, a lo menos, de la pena principal sobre que recaiga la gracia.

Art. 6.º El indulto de la pena principal llevará consigo el de las accesorias que con ella se hubiesen impuesto al penado, a excepción de las de inhabilitación para cargos públicos y derechos políticos y sujeción a la vigilancia de la Autoridad, las cuales no se tendrán por comprendidas, si de ellas no se hubiese hecho mención especial en la concesión.

Tampoco se comprenderá nunca en ésta la indemnización civil.

Art. 7.º Podrá concederse indulto de las penas accesorias, con exclusión de las principales y viceversa, a no ser de aquellas que sean inseparables por su naturaleza y efectos.

Art. 3.º: Este artículo figura redactado conforme al texto de la Ley 1/1988, de 14 de enero (*BOE* n.º 13, de 15 de enero). Las referencias normativas que se contienen en el mismo se hacían, en la fecha de la reforma de esta Ley, a los arts. 142 a 204 bis *a*), y 214 a 230 del Código Penal de 1973, entonces vigente. Tras la entrada en vigor del Código de 1995, tales referencias pueden entenderse efectuadas a los artículos que se corresponden con aquéllos, y que son los n.os 167, 174, 176, 198, 315, 437, 441, 472 a 477, 476, 479 a 491, 493 a 504, 508, 510, 511, 513 a 518, 529 a 531, 533 a 536, 538, 541, 542, 544 a 546, 548, 549, y 576 a 578 del Código actualmente vigente.

Art. 8.º El indulto de pena pecuniaria eximirá al indultado del pago de la cantidad que aún no hubiese satisfecho; pero no comprenderá la devolución de la ya pagada, a no ser que así se determine expresamente.

Art. 9.º El indulto no se extenderá a las costas procesales.

Art. 10. Si el penado hubiere fallecido al tiempo o después de existir causas bastantes para la concesión de su indulto, podrá relevarse a sus herederos de la pena accesoria de multa, con arreglo a lo dispuesto en los artículos 8.º y 9.º

Art. 11. El indulto total se otorgará a los penados tan sólo en el caso de existir a su favor razones de justicia, equidad o utilidad pública, a juicio del Tribunal sentenciador.

Art. 12. En los demás casos se concederá tan sólo el parcial y con preferencia la conmutación de la pena impuesta en otra menos grave dentro de la misma escala gradual.

Sin embargo de lo dispuesto en el párrafo anterior, podrá también conmutarse la pena en otra de distinta escala cuando haya méritos suficientes para ello, a juicio del Tribunal sentenciador *o del Consejo de Estado*, y el penado además se conformare con la conmutación.

Art. 13. Conmutada la pena principal, se entenderán también conmutadas las accesorias por las que correspondan, según las prescripciones del Código, a la que hubiere de sufrir el indultado.

Se exceptúa, sin embargo, el caso en que se hubiere dispuesto otra cosa en la concesión de la gracia.

Art. 14. La conmutación de la pena quedará sin efecto desde el día en que el indultado deje de cumplir por cualquier causa dependiente de su voluntad la pena a que por la conmutación hubiere quedado sometido.

Art. 9.º: Este artículo figura redactado conforme al texto de la Ley 1/1988, de 14 de enero (*BOE* n.º 13, de 15 de enero).

Art. 11: Este artículo figura redactado conforme al texto de la Ley 1/1988, de 14 de enero (*BOE* n.º 13, de 15 de enero).

Art. 12: Téngase en cuenta que la Ley 1/1988, de 14 de enero (*BOE* n.º 13, de 15 de enero), suprimió la intervención del Consejo de Estado en la tramitación de los expedientes de indulto.

Art. 15. Serán condiciones tácitas de todo indulto:

1.ª Que no causen perjuicio a tercera persona o no lastimen sus derechos.

2.ª Que haya sido oída la parte ofendida, cuando el delito por el que hubiese sido condenado el reo fuere de los que solamente se persiguen a instancia de parte.

Art. 16. Podrán además imponerse al penado en la concesión de la gracia las demás condiciones que la justicia, la equidad o la utilidad pública aconsejen.

Art. 17. El Tribunal sentenciador no dará cumplimiento a ninguna concesión de indulto cuyas condiciones no hayan sido previamente cumplidas por el penado, salvas las que por su naturaleza no lo permitan.

Art. 18. La concesión del indulto es por su naturaleza irrevocable, con arreglo a las cláusulas con que hubiere sido otorgado.

CAPÍTULO III *

DEL PROCEDIMIENTO PARA SOLICITAR Y CONCEDER LA GRACIA DE INDULTO

Art. 19. Pueden solicitar el indulto los penados, sus parientes o cualquier otra persona en su nombre, sin necesidad de poder escrito que acredite su representación.

Art. 20. Puede también proponer el indulto el Tribunal sentenciador, o el Tribunal Supremo, o el Fiscal de cualquiera de ellos, con arreglo a lo que se dispone en el párrafo segundo del artículo 2.o del Código penal, y se disponga además en las leyes de procedimiento y casación criminal.

La propuesta será reservada hasta que el Ministro de Justicia, con su vista, decrete la formación del oportuno expediente.

Art. 21. Podrá también el Gobierno mandar formar el oportuno expediente, con arre-

---

Art. 15: Este artículo figura redactado conforme al texto de la Ley 1/1988, de 14 de enero (*BOE* n.º 13, de 15 de enero).

* V. Orden de 10 de septiembre de 1993 (*BOE* n.º 226, de 21 de septiembre), por la que se dan instrucciones sobre la tramitación de solicitudes de indulto, reproducida en nota al artículo 130.3.o del Código Penal.

Art. 20: Este artículo figura redactado conforme al texto de la Ley 1/1988, de 14 de enero (*BOE* n.º 13, de 15 de enero).

glo a las disposiciones de esta ley, para la concesión de indultos que no hubiesen sido solicitados por los particulares ni propuestos por los Tribunales de Justicia.

Art. 22. Las solicitudes de indulto se dirigirán al Ministro de Justicia por conducto del Tribunal sentenciador, del Jefe del establecimiento o del Gobernador de la provincia en que el penado se halle cumpliendo la condena, según los respectivos casos.

Art. 23. Las solicitudes de indulto, inclusas las que directamente se presentaren al Ministro de Justicia, se remitirán a informe del Tribunal sentenciador.

Art. 24. Éste pedirá a su vez informe sobre la conducta del penado al Jefe del establecimiento en que aquél se halle cumpliendo la condena, o al Gobernador de la provincia de su residencia, si la pena no consistiese en la privación de la libertad, y oirá después al Fiscal y a la parte ofendida, si la hubiere.

Art. 25. El Tribunal sentenciador hará constar en su informe, siendo posible, la edad, estado y profesión del penado, su fortuna, si fuere conocida, sus méritos y antecedentes, si el penado fue con anterioridad procesado y condenado por otro delito, y si cumplió la pena impuesta o fue de ella indultado, por qué causa y en qué forma, las circunstancias agravantes o atenuantes que hubiesen concurrido en la ejecución del delito, el tiempo de prisión preventiva que hubiese sufrido durante la causa, la parte de la condena que hubiere cumplido, su conducta posterior a la ejecutoria, y especialmente las pruebas o indicios de su arrepentimiento que se hubiesen observado, si hay o no parte ofendida, y si el indulto perjudica el derecho de tercero, y cualesquiera otros datos que puedan servir para el mejor esclarecimiento de los hechos, concluyendo por consignar su dictamen sobre la justicia o

---

Art. 22: Este artículo figura redactado conforme al texto de la Ley 1/1988, de 14 de enero (*BOE* n.º 13, de 15 de enero).

Art. 23: Este artículo figura redactado conforme al texto de la Ley 1/1988, de 14 de enero (*BOE* n.º 13, de 15 de enero).

Art. 24: Este artículo figura redactado conforme al texto de la Ley 1/1988, de 14 de enero (*BOE* n.º 13, de 15 de enero).

conveniencia y forma de la concesión de la gracia.

Art. 26. El Tribunal sentenciador remitirá con su informe al Ministro de Justicia la hoja histórico-penal y el testimonio de la sentencia ejecutoria del penado, con los demás documentos que considere necesarios para la justificación de los hechos.

Art. 27. Los Tribunales Supremo o sentenciador que de oficio propongan al Gobierno el indulto de un penado acompañarán desde luego con la propuesta el informe y documentos a que se refieren los artículos anteriores.

Art. 28. Los expedientes que se formen al amparo del párrafo segundo del artículo 2.o del Código Penal se tramitarán en turno preferente cuando los informes del Ministerio Fiscal y del Establecimiento Penitenciario y del ofendido, en su caso, no se opusieran a la propuesta del Tribunal.

También se tramitarán en turno preferente los expedientes calificados de especial urgencia o importancia.

Art. 29. Sin embargo de lo dispuesto en los artículos anteriores, podrá concederse la *conmutación de la pena de muerte* y de las impuestas por los delitos comprendidos en los capítulos I y II, Título II, libro II, y capítulos I, II y III, Título III del mismo libro del Código Penal, últimamente reformado, sin oír previamente al Tribunal sentenciador.

Art. 30. La concesión de los indultos, cualquiera que sea su

Art. 26: Este artículo figura redactado conforme al texto de la Ley 1/1988, de 14 de enero (*BOE* n.º 13, de 15 de enero).

Art. 28: Este artículo figura redactado conforme al texto de la Ley 1/1988, de 14 de enero (*BOE* n.º 13, de 15 de enero).

Art. 29: Este artículo figura redactado conforme al texto de la Ley 1/1988, de 14 de enero (*BOE* n.º 13, de 15 de enero). Téngase en cuenta que la pena de muerte desapareció formalmente del Código Penal en la reforma efectuada por LO 3/1989, de 21 de junio (*BOE* n.º 148, de 22 de junio), y del Código de Justicia Militar mediante la LO 2/1989, de 13 de abril (*BOE* n.º 92, de 18 de abril). Las referencias normativas que se contienen en el mismo se hacían, en la fecha de la reforma de esta Ley, a los arts. 142 a 213 y 269 a 301 del Código Penal de 1973, entonces vigente. Tras la entrada en vigor del Código de 1995, tales referencias pueden entenderse efectuadas a los artículos que se corresponden con aquéllos, y que son los n.os 167, 174, 176, 198, 315, 437, 386 a 389, 441, 472, 485 a 491, 493 a 504, 508, 510, 511, 513 a 518, 522 a 525, 529 a 531, 533 a 536, 538, 541, 542, 576, 577, del Código actualmente vigente.

Art. 30: Este artículo figura redactado conforme al texto de la Ley 1/1988, de 14 de enero (*BOE* n.º 13, de 15 de enero).

clase, se hará en Real Decreto, que se insertará en el *Boletín Oficial del Estado*.

Art. 31. La aplicación de la gracia habrá de encomendarse indispensablemente al Tribunal sentenciador.

Art. 32. La solicitud o propuesta de indulto no suspenderá el cumplimiento de la sentencia ejecutoria, salvo el caso en que la pena impuesta fuese la de muerte, la cual no se ejecutará hasta que el Gobierno haya acusado el recibo de la solicitud o propuesta al Tribunal sentenciador

DISPOSICIÓN ADICIONAL

El Gobierno remitirá semestralmente al Congreso de los Diputados un informe sobre la concesión y denegación de indultos. Para la presentación de los datos contenidos en el citado informe, y previa revisión del mismo, un alto cargo del Ministerio de Justicia solicitará su comparecencia ante la Comisión de Justicia del Congreso de los Diputados.

Disp. Adic.: Añadida por la LO 1/2015, de 30 de marzo (*BOE* n.º 77, de 31 de marzo), con entrada en vigor el 1 de julio de 2015.

APÉNDICE 2

CONTROL DE CAMBIOS

A) LEY 40/1979, DE 10 DE DICIEMBRE, SOBRE RÉGIMEN JURÍDICO DE CONTROL DE CAMBIOS, MODIFICADA POR LEY ORGÁNICA 10/1983, DE 16 DE AGOSTO, POR LEY 19/2003, DE 4 DE JULIO Y POR REAL DECRETO 11/2018, DE 31 DE AGOSTO*

(*BOE* n.º 298, de 13 de diciembre de 1979; y *BOE* n.º 197, de 18 de agosto de 1983; corrección de errores en *BOE* n.º 290, de 5 de diciembre de 1983, *BOE* n.º 160, de 5 de julio de 2003 y *BOE* n.º 214, de 4 de septiembre, respectivamente)

---

* La LO 10/1983, de 16 de agosto, que ha modificado la parte de contenido penal de la LO 40/1979, de 10 de diciembre, tiene el siguiente preámbulo:

«La experiencia adquirida en la aplicación de la Ley 40/1979, de 10 de diciembre, sobre régimen jurídico de control de cambios, ha aconsejado introducir determinadas modificaciones, de alcance fundamentalmente técnico, en la tipificación de las conductas constitutivas de delito monetario; y en aras de una mayor seguridad jurídica de los ciudadanos, de acuerdo con nuestro orden constitucional y por resultar afectado el derecho a la libertad personal, conferir naturaleza de Ley Orgánica al capítulo II, que contiene las normas que disciplinan los delitos monetarios.»

La Disp. Trans. de dicha LO 10/1983, de 16 de agosto, tiene el siguiente texto:

«La presente Ley entrará en vigor a los treinta días de su publicación en el *Boletín Oficial del Estado* y se aplicará retroactivamente en cuanto resulte más favorable para los responsables de los delitos o infracciones en ella tipificados.» Esta Ley ha sido también modificada por la Ley 41/1999, de 12 de noviembre (boe n.º 272, de 13 de noviembre), sobre sistemas de pagos y de liquidación de valores.

V. art. 5.º Convenio Europeo de Extradición de 13 de diciembre de 1957, ratificado por Instrumento de 21 de abril de 1982 (*BOE* n.º 136, de 8 de junio), reproducido en nota al Preámbulo de la LE (Apéndice 4) V. RD 1.816/1991, de 20 de diciembre, sobre Transacciones Económicas con el Exterior (*BOE* n.º 310, de 27 de diciembre), modificado por RD 42/1993, de 15 de enero (*BOE* n.º 27, de 1 de febrero), RD 1.638/1996, de 5 de julio (*BOE* n.º 165, de 9 de julio), RD 2.660/1998, de 14 de diciembre (*BOE* n.º 299, de 15 de diciembre), y RD 1.360/2011, de 7 de octubre (*BOE* n.º 243, de 8 de octubre), que tiene el siguiente texto:

«*Art. 1.º* 1. Son libres los actos, negocios, transacciones y operaciones de toda índole que supongan, o de cuyo cumplimiento se deriven o puedan derivarse, cobros o pagos entre residentes y no residentes, o transferencias al o del exterior, a que se refieren los artículos 1 y 2 de la Ley 40/1979, sobre Régimen Jurídico de Control de Cambios, sin más excepciones que las que se deriven de la aplicación de lo dispuesto en los artículos 3.º, 4.º y 5.º del presente Real Decreto y de lo que dispongan las Leyes específicamente aplicables.

»2. La liberalización de los actos, negocios, transacciones y operaciones a que se refiere el párrafo anterior se extiende asimismo a los cobros y pagos exteriores, efectuados bien directamente, bien por compensación y a las transferencias del o al exterior derivados de los mismos, así como a la importación o exportación de los instrumentos de giro o crédito utilizados, sin perjuicio de las medidas indispensables de control que pudieran establecerse para impedir las infracciones al ordenamiento jurídico vigente.

»*Art. 2.º* 1. A los efectos de lo dispuesto en el artículo 2.3 de la Ley 19/2003, de 4 de julio, sobre régimen jurídico de los movimientos de capitales y de las transacciones económicas con el exterior, la residencia o no residencia en España deberá acreditarse en la forma dispuesta en el presente artículo.

»2. La condición de residente en España deberá acreditarse de la siguiente forma:

»*a*) Las personas físicas de nacionalidad extranjera, mediante la tarjeta o carné individual de autorización de residencia o cualquier otro documento público en el que conste la concesión de la autorización de residencia por la autoridad competente.

»Nada obstará a la condición de residente de la persona física extranjera, a efectos de la Ley 19/2003, y del presente real decreto mientras dure su autorización de residencia, el que tenga además domicilio en el extranjero. En tal caso se entenderá que tiene su residencia principal en España, salvo que hubiera hecho devolución del carné o tarjeta de autorización de residencia.

»Alternativamente, las personas físicas de nacionalidad extranjera podrán acreditar su condición de residente mediante certificación de residencia fiscal expedida por las autoridades fiscales españolas.

»*b*) Los establecimientos y sucursales en territorio español de personas jurídicas extranjeras o de personas físicas residentes en el extranjero, mediante cualquier documento público en el que consten los datos correspondientes a su constitución, de acuerdo con la legislación española, o certificado de inscripción en el Registro Mercantil.

»*c*) Las personas físicas de nacionalidad española y las personas jurídicas domiciliadas en España se presumirán residentes en España, salvo prueba en contrario.

»3. La condición de no residente deberá acreditarse de la siguiente forma:

»*a*) Las personas físicas españolas, mediante certificación de la autoridad consular española expedida con una antelación máxima de dos meses, que acredite su inscripción en el Registro de Matrícula del Consulado o Sección Consular de la Embajada correspondiente.

»*b*) Las personas físicas extranjeras, mediante certificación negativa de residencia expedida por la autoridad competente con antelación máxima de dos meses.

»*c*) Alternativamente, las personas físicas españolas o extranjeras podrán acreditar su condición de no residentes mediante certificación expedida por las autoridades fiscales del país de residencia o bien mediante una declaración en la que manifiesten que son residentes fiscales en otro Estado y que no disponen de establecimiento permanente en España, y asuman el compromiso de comunicar cualquier alteración de dichas circunstancias.

»*d*) Las personas jurídicas domiciliadas en el extranjero, mediante documento fehaciente que acredite su naturaleza y domicilio.

»*e*) Las sucursales y establecimientos en el extranjero de personas jurídicas españolas o de personas físicas residentes en España, mediante certificación del Cónsul español correspondiente de que se hallan constituidos en el país de que se trate.

»*f*) Los diplomáticos extranjeros acreditados en España y el personal extranjero que preste servicios en Embajadas y Consulados extranjeros o en Organizaciones internacionales en España, mediante tarjeta de identidad expedida por el Ministerio de Asuntos Exteriores.

»*Art. 3.º* 1. No obstante lo dispuesto en el artículo 1.º por Real Decreto se podrá, excepcionalmente, a propuesta del Ministro de Economía y Hacienda, prohibir o limitar la realización de determinadas categorías de transacciones con el exterior o de las correspondientes operaciones de cobro, pago o transferencia, cuando éstas afecten gravemente a los intereses de España, o en aplicación de medidas adoptadas por organismos internacionales de los que España sea miembro.

»2. Asimismo, en caso de que movimientos de capitales a corto plazo excepcionalmente amplios provoquen fuertes tensiones en el mercado de cambios u originen perturbaciones graves en la dirección de la política monetaria y de cambios española, el Gobierno, a propuesta del Ministro de Economía y Hacienda podrá adoptar las medidas de salvaguardia que resulten necesarias, sometiendo a un régimen de autorización administrativa determinados tipos de transacciones.

»3. Si cualquiera de las medidas a que se refieren los dos párrafos anteriores afectase a residentes en Estados miembros de la Comunidad Económica Europea (CEE), la medida se adoptará, en su caso, de acuerdo con los procedimientos establecidos en la normativa de la CEE sobre movimientos de capital, así como con las disposiciones vigentes en la CEE que por la especialidad de la medida resultaren de aplicación.

»4. En los supuestos señalados en este artículo, el Real Decreto correspondiente determinará la naturaleza del régimen de excepción que se establezca, su duración y los tipos de transacciones que queden prohibidos o restringidos mientras dicho régimen se encuentre en vigor, así como el procedimiento administrativo aplicable al supuesto de que se trate.

»5. Las transacciones relativas a inversiones extranjeras en España e inversiones españolas en el extranjero se regirán por sus disposiciones específicas.

»*Art. 4.º* 1. La salida del territorio nacional de moneda metálica, billetes de banco y cheques bancarios al portador, estén cifrados en pesetas o en moneda extranjera, es libre. No obstante lo anterior, dicha salida estará sometida a declaración cuando su importe sea superior a 1.000.000 de pesetas por persona y viaje.

»2. La introducción en territorio nacional de moneda metálica, billetes de banco o cualesquiera otros medios de pago o instrumentos de giro o crédito, cifrados en pesetas o en moneda extranjera, es libre. No obstante, los no residentes que pretendan introducir en territorio español moneda metálica, billetes de banco o cheques bancarios al portador, cifrados en pesetas o en divisas, por importe superior a 1.000.000 de pesetas para efectuar con ellos alguna operación que, de acuerdo con las normas sobre transacciones con el exterior o sobre inversiones extranjeras en España, requieran la acreditación del origen de los citados medios de pago, tendrán obligación de declararlos en la forma que se determine.

»3. Las normas que se dicten en ejecución del presente Real Decreto regularán el procedimiento aplicable a las declaraciones a las que se refieren los apartados anteriores.

»*Art. 5.º* 1. Los cobros y pagos entre residentes y no residentes, así como las transferencias al o del exterior, estén cifrados todos ellos en euros o en moneda extranjera, deberán efectuarse a través de un proveedor de servicios de pago inscrito en los Registros oficiales del Banco de España (en adelante, Entidades Registradas), con las excepciones señaladas en los artículos 6 y 7 del presente real decreto.

»2. En el caso de los cobros y pagos transfronterizos ordenados o recibidos por residentes en los que intervenga un proveedor de servicios de pago de otro Estado Miembro de la Unión Europea a los que sea de aplicación el Reglamento (CE) 924/2009, de 16 de septiembre, relativo a los Pagos Transfronterizos en la Comunidad o, en los casos de abonos y adeudos en cuentas de clientes no residentes, las Entidades Registradas facilitarán, en la forma y con el alcance que determine el Ministro de Economía y Hacienda, y dentro de los treinta días siguientes a cada mes natural, la información relativa a los cobros, pagos o transferencias exteriores en que intervengan, a los efectos de seguimiento administrativo, fiscal y estadístico de las operaciones. Sólo se solicitará información que pueda recopilarse de manera automática, sin incidir en el tratamiento directo automatizado de los pagos.

»3. En los restantes casos de cobros y pagos y transferencias previstos en el apartado 1, las Entidades Registradas facilitarán, en la forma y con el alcance que determine el Ministro de Economía y Hacienda, y dentro de los treinta días siguientes a cada mes natural, información relativa a los cobros, pagos o transferencias exteriores en que intervengan a los efectos de seguimiento administrativo, fiscal y estadístico de las operaciones.

»*Art. 6.º* Es libre la apertura y mantenimiento por residentes de cuentas denominadas en euros o en divisas en oficinas operantes en el extranjero tanto de Entidades Registradas como de entidades bancarias o de crédito extranjeras, así como los cobros y pagos entre residentes y no residentes mediante abonos o adeudos en dichas cuentas.

»*Art. 7.º* 1. Los cobros y pagos entre residentes y no residentes en moneda metálica, billetes de banco o cheques bancarios al portador, cifrados en pesetas o en divisas, efectuados tanto dentro como fuera del territorio español son libres, si bien quedan sujetos a la obligación de declaración en la forma y con el alcance que se determine.

»2. Lo dispuesto en el párrafo anterior no obsta para el cumplimiento de lo establecido en el artículo 4.º del presente Real Decreto, respecto de la obligación de declaración para la salida del territorio nacional portando tales medios de pago por importe superior al señalado.

»*Art. 8.º* No obstante lo dispuesto en el artículo 1.º del presente Real Decreto, el Ministro de Economía y Hacienda podrá excepcionalmente someter a un trámite de previa verificación o declaración las operaciones de cobro, pago o transferencia del o al exterior derivadas de los tipos de transacciones que se determinen, cuando dicho trámite resulte conveniente para el adecuado conocimiento por la Administración de las transacciones realizadas y, en particular, para el mantenimiento de los registros de activos o pasivos exteriores y la comprobación del cumplimiento de las obligaciones tributarias.

»*Art. 9.º* Las Entidades Registradas, en el caso de operaciones, transacciones, actos o negocios con no residentes, así como en las variaciones en cuentas o posiciones financieras deudoras o acreedoras frente al exterior, y las personas físicas o jurídicas residentes que realicen operaciones de las señaladas en el artículo 1 del presente Real Decreto o mantengan activos o pasivos en el exterior, quedan sujetas a la obligación de facilitar a los órganos competentes de la Administración General del Estado y al Banco de España, en la forma que se establezca por orden de la Ministra de Economía y Hacienda, los datos que se les requieran para los fines de seguimiento administrativo, fiscal y estadístico de las operaciones.

»*Art. 10.* 1. El incumplimiento de las obligaciones de declaración a que se refieren los artículos 4, 5, 6, 7 y 9 del presente Real Decreto constituirá infracción a los efectos de lo dispuesto en la Ley 40/1979, de 10 de diciembre.

»2. En aplicación de lo dispuesto en el artículo 15.2 de la Ley 40/1979, de 10 de diciembre, cuando por los Servicios de Aduanas se descubriera la salida del territorio nacional de moneda metálica, billetes de banco y cheques bancarios al portador por importe superior a 1.000.000 de pesetas, cifrados en pesetas o en moneda extranjera, sin haberse efectuado la preceptiva declaración, los funcionarios de Aduanas podrán intervenir cautelarmente los indicados medios de pago. En tales casos, el acuerdo de iniciación del procedimiento sancionador se pronunciará sobre las causas que justifiquen el levantamiento, total o parcial, de las medidas cautelares adoptadas o, en su caso, el mantenimiento de las mismas a los efectos previstos en el artículo 15.1 de la Ley 40/1979.

»Lo dispuesto en el presente apartado se entenderá sin perjuicio de las actuaciones que procedan en caso de apreciarse por los Servicios de Aduanas la presunta comisión de actividades delictivas.

»3. Las disposiciones que regulen el deber de colaboración con la Administración de las "Entidades Registradas" se considerarán normas de ordenación y disciplina a los efectos previstos en el artículo 1 de la Ley 26/1988 de 29 de julio, sobre Disciplina e Intervención de las Entidades de Crédito, y su infracción será sancionada en los términos establecidos en dicha Ley y por los órganos y autoridades competentes de acuerdo con la misma, sin perjuicio de la aplicación a las mismas de lo dispuesto en la Ley 40/1979, de 10 de diciembre.

»*Art. 11.* 1. Las competencias en materia de movimientos de capitales y transacciones económicas con el exterior objeto del presente real decreto corresponden al Ministro de Economía y Hacienda.

»2. Las citadas competencias serán ejercidas por el Ministerio de Economía y Hacienda a través de la Dirección General del Tesoro y Política Financiera, y del Banco de España, de acuerdo con lo establecido en el presente artículo.

»3. Corresponderán a la Dirección General del Tesoro y Política Financiera las competencias para:

»*a)* Conceder las autorizaciones, efectuar las verificaciones o establecer los controles sobre las transacciones exteriores o los cobros, pagos o transferencias con el extranjero que, en virtud del ejercicio de una cláusula de salvaguardia de las previstas en el artículo 3 del presente real decreto, queden sujetas a prohibición o limitación.

»*b)* Establecer, el procedimiento y tramitación relativos a las operaciones a que se refieren los artículos 4, 7 y 8 del presente real decreto.

»*c)* Ejercer el control e inspección de las operaciones efectuadas a través de las Entidades Registradas.

»*d)* Ejercer las actuaciones de inspección e investigación que resulten necesarias para prevenir y, en su caso, corregir las actividades contrarias al presente real decreto.

»*e)* Resolver los expedientes administrativos sancionadores a que se refiere el artículo 8 de la Ley 19/2003, de 4 de julio, sobre régimen jurídico de los movimientos de capitales y de las transacciones económicas con el exterior, dentro de las atribuciones que le confiere el artículo 12.2.*d*) de esta misma ley.

»4. Corresponderán al Banco de España las competencias para:

»*a)* Conceder a bancos, cajas de ahorros y otras entidades financieras autorización para actuar en el mercado de divisas, en los casos en que dicha autorización se requiera de conformidad con la legislación vigente, así como autorizar las actividades de cambio de moneda extranjera en establecimientos abiertos al público de acuerdo con su normativa reguladora.

»*b*) Dictar, en el ámbito de las competencias que le confiere la Ley 26/1988, de 29 de julio, sobre Disciplina e Intervención de las Entidades de Crédito, las instrucciones relativas al contenido, procedimiento y frecuencia de las comunicaciones a que se refiere el artículo 5 del presente real decreto.

»*c*) Recibir, en los términos prevenidos en el presente real decreto, y según el procedimiento establecido de acuerdo con los apartados 3.*b*) y 4.*b*) anteriores, las declaraciones e información a que se refieren los apartados 2 y 3 del artículo 5.

»*d*) Ejercer el control e inspección de las operaciones efectuadas a través de las Entidades Registradas.

»*e*) Ejercer las actuaciones de inspección e investigación que resulten necesarias para prevenir y, en su caso, corregir las actividades contrarias al presente real decreto.

»*Art. 12.* Para la imposición de las sanciones administrativas se aplicará lo dispuesto en el Real Decreto 1.392/1993, de 4 de agosto, por el que se regula el procedimiento sancionador de las infracciones administrativas en materia de control de cambios.

»*Art. 13.* 1. Una vez firme la resolución en vía administrativa, se procederá a su ejecución. A tal efecto, se requerirá al expedientado a fin de que haga efectivo el importe de la multa en papel de pagos al Estado o mediante ingreso en la Caja-General de Depósitos en el plazo de quince días, prorrogables por otros quince por la Administración, con advertencia de que caso de no efectuarlo, se procederá a su exacción por el procedimiento administrativo de apremio.

»Vencido este plazo, se iniciará dicho procedimiento en el que la resolución sancionadora, junto con la certificación de no haberse hecho efectivo el pago de la multa, tendrá el valor y eficacia que el Reglamento General de Recaudación confiere a la certificación de descubierto.

»2. La sanción principal o la accesoria a que se refiere el artículo 10 de la Ley 40/1979, de 10 de diciembre, podrán hacerse efectivas sobre las garantías que, en su caso, hubieran sido constituidas durante la tramitación del procedimiento administrativo, de conformidad con lo dispuesto en el artículo 15 de la misma Ley.

»3. La resolución que ponga fin al procedimiento sancionador acordará lo procedente acerca de las garantías constituidas y de las medidas cautelares adoptadas.

»*Art. 14.* De conformidad con lo dispuesto en el artículo 17, punto 2, de la Ley 40/1979, los órganos competentes de la Administración llevarán a cabo, a petición de otros órganos de la Administración, de los órganos judiciales, o por propia iniciativa, actuaciones de investigación acerca de los particulares que directa o indirectamente conduzcan al esclarecimiento de los hechos que pudieran ser constitutivos de infracción o a la prevención de los mismos.

»*Art. 15.* Los libros y la documentación sometidos a investigación que tengan relación con la presunta infracción podrán ser examinados por los órganos inspectores de la Administración en la vivienda, local, escritorio, despacho u oficina de la persona poseedora de los mismos, en su presencia o en la de la persona que a tal efecto designe.

»*Art. 16.* 1. Las actuaciones de investigación se documentarán mediante acta en la que se consignarán:

»*a*) El nombre, apellidos y documento nacional de identidad de la persona con la que se entienda la diligencia, reflejando el carácter o representación con que comparece en la misma.

»*b*) Los elementos esenciales de las actuaciones, datos y documentos objeto de investigación.

»*c*) En su caso, el reconocimiento por parte del presunto infractor de la comisión del ilícito, que tendrá, si procede, los efectos previstos por el artículo 14 de la Ley 40/1979, de 10 de diciembre.

»2. El acta de investigación será elevada al órgano competente al objeto de que, si hubiera lugar, se instruya el correspondiente expediente sancionador o, en su caso, se remita lo actuado a los órganos judiciales.

»*Art. 17.* 1. La liberalización de los pagos de residentes a no residentes y de las transferencias al exterior a que se refiere el artículo 1 del presente real decreto se entenderá sin perjuicio del necesario cumplimiento de las obligaciones fiscales que, en su caso, correspondan al acto, transacción o negocio jurídico principal del que dichos pagos o transferencias deriven, de conformidad con la normas vigentes aplicables.

»2. El incumplimiento de las obligaciones establecidas en los apartados 2 y 3 del artículo 5 y en el artículo 8, será constitutivo de infracción, conforme a lo dispuesto en el artículo 8 de la Ley 19/2003, de 4 de julio, sobre régimen jurídico de los movimientos de capitales y de las transacciones económicas con el exterior.

»*Disps. Adicionales.*

»*1.ª* Los establecimientos abiertos al público para cambio de moneda extranjera deberán registrarse en el Banco de España en la forma que éste determine.

»*2.ª* En relación con lo dispuesto en el artículo 5.º del presente Real Decreto, podrán también efectuarse cobros y pagos entre residentes y no residentes a través de aquellas otras Entidades de crédito y financieras inscritas en los Registros Oficiales correspondientes del Banco de España o de la Comisión Nacional del Mercado de Valores, siempre que tengan legalmente reconocida dicha posibilidad y, en todo caso, en el ámbito operativo propio de cada una de ellas. Tales Entidades quedarán asimismo sujetas a la obligación señalada en el artículo 9.º del presente Real Decreto.

»*3.ª* El Número de Identificación Fiscal a declarar por los residentes con arreglo al presente Real Decreto deberá acreditarse según lo dispuesto en los números 1 y 2 del artículo 14 del Real Decreto 338/1990, de 9 de marzo.

»*Disp. Transitoria.* El Fiscal informará a la Dirección General de Transacciones Exteriores del Ministerio de Economía y Hacienda de las resoluciones judiciales de sobreseimiento o archivo que se dicten respecto de aquellas conductas anteriores que carezcan de relevancia penal a tenor del presente Real Decreto, a los efectos de depurar, en su caso, las responsabilidades administrativas a que hubiere lugar.

»*Disps. Finales.*

»*1.ª* Por el Ministro de Economía y Hacienda se dictarán las normas de desarrollo de este Real Decreto, y se establecerán los procedimientos de comunicación e información entre los órganos de la Administración del Estado competentes en materia de control de cambios, los órganos de la Administración Tributaria y el Banco de España.

»*2.ª* Quedan derogados el Real Decreto 2.402/1980, de 10 de octubre, sobre Régimen Jurídico de Control de Cambios, el Real Decreto 1.750/1987, de 18 de diciembre, por el que se liberaliza la transferencia de tecnología y la prestación de asistencia técnica extranjera a Empresas españolas y el Real Decreto 1.723/1985, de 28 de agosto, simplificando y unificando el sistema de cuentas extranjeras en pesetas.

»Asimismo, quedan derogadas las siguientes Órdenes ministeriales:

»Orden de 25 de noviembre de 1959, sobre forma de pago de los billetes que expiden las Compañías de navegación aérea para líneas internacionales.

»Orden de 28 de julio de 1962 sobre oficinas para cambio de divisas.

»Orden de la Presidencia del Gobierno de 15 de septiembre de 1970, sobre exportación de billetes de banco y demás instrumentos de giro o crédito cifrados en divisas.

»Orden del Ministerio de Economía y Hacienda de 13 de marzo de 1987, sobre gastos de viaje y estancia en el extranjero y movimiento de divisas y pesetas por frontera.

»Orden del Ministerio de Economía y Hacienda de 26 de junio de 1987, sobre regulación de las cuentas extranjeras de pesetas convertibles.

»Orden del Ministerio de Economía y Hacienda de 10 de mayo de 1988, sobre cobros y pagos exteriores relacionados con exportaciones.

»Orden de 10 de abril de 1989, por la que se modifica parcialmente la de 26 de junio de 1987, sobre regulación de las cuentas extranjeras de pesetas convertibles.

»Orden del Ministerio de Economía y Hacienda de 29 de mayo de 1989, sobre pagos y cobros exteriores relacionados con importaciones.

»Orden de 29 de junio de 1989, por la que se modifica la de 10 de mayo de 1988, sobre cobros y pagos exteriores relacionados con exportaciones.

»Artículo 1.º de la Orden de 12 de marzo de 1990, sobre cuentas extranjeras de pesetas convertibles e inversiones extranjeras en Deuda del Estado.

»Orden del Ministerio de Economía y Hacienda de 19 de junio de 1990, sobre liberalización de garantías exteriores.

»Orden del Ministerio de Economía y Hacienda de 16 de abril de 1991, por la que se autorizan préstamos en pesetas otorgados por las Entidades delegadas a no residentes.

»Orden del Ministerio de Economía y Hacienda de 16 de abril de 1991, por la que se autorizan cuentas en divisas de residentes.

»Orden del Ministerio de Economía y Hacienda de 13 de junio de 1991, por la que se regulan las operaciones invisibles corrientes con el exterior.

»El presente Real Decreto entrará en vigor el 1 de febrero de 1992.»

V. también Orden de 27 de diciembre de 1991, de desarrollo del RD 1.816/1991, de 27 de diciembre, sobre transacciones económicas con el exterior (*BOE* n.º 313, de 31 de diciembre), modificada por Orden de 2 de febrero de 1993 (*BOE* n.º 36, de 11 de febrero), por Orden de 9 de julio de 1996 (*BOE* n.º 168, de 12 de julio), por Orden EHA/1.439/2006, de 3 de mayo (*BOE* n.º 114, de 13 de mayo), y por Orden EHA/2.670/2011, de 7 de octubre (*BOE* n.º 243, de 8 de octubre); Ley 18/1992, de 1 de julio, por la que se establecen determinadas normas en materia de inversiones extranjeras en España (*BOE* n.º 159, de 3 de julio); RD 664/1999, de 23 de abril (*BOE* n.º 106, de 4 de mayo), sobre inversiones exteriores, desarrollado por Orden de 28 de mayo de 2001 (*BOE* n.º 134, de 5 de junio), por la que se establecen los procedimientos aplicables para las declaraciones de inversiones exteriores y su liquidación; Orden EHA/1.439/2006, de 3 de mayo (*BOE* n.º 114, de 13 de mayo), reguladora de la declaración de movimientos de medios de pago en el ámbito de la prevención del blanqueo de capitales; y Resolución de 9 de julio de 1996 (*BOE* n.º 168, de 12 de julio; corrección de errores en *BOE* n.º 172, de 17 de julio), de la Dirección General de Política Comercial e Inversiones Exteriores, por la que se dictan normas para la aplicación de los arts. 4.º, 5.º, 7.º y 10 de la Orden de 27 de diciembre de 1991, modificada por Resolución de 31 de octubre de 2000 (*BOE* n.º 280, de 22 de noviembre), por Orden EHA/1.439/2006, de 3 de mayo (*BOE* n.º 114, de 13 de mayo), y por Resolución de 20 de diciembre de 2007 (*BOE* n.º 310, de 27 de diciembre); RD 1.392/1993, de 4 de agosto, por el que se regula el procedimiento sancionador de las infracciones administrativas en materia de control de cambios (*BOE* n.º 191, de 11 de agosto), modificado por RD 664/1999, de 23 de abril (*BOE* n.º 106, de 4 de mayo), sobre inversiones exteriores; Circular n.º 1/1994, de 25 de febrero, del Banco de España, sobre cuentas de no residentes abiertas en España, Operaciones con billetes y efectos, Entidades registradas (*BOE* n.º 63, de 15 de marzo); Orden de 6 de febrero de 1995, sobre ordenación del

....

CAPÍTULO II

DELITOS MONETARIOS

Art. 6.º Cometen delito monetario los que contravinieren el sistema legal de control de cambios mediante cualquiera de los actos u omisiones siguientes, siempre que su cuantía exceda de 2.000.000 de pesetas:

A) Los que sin haber obtenido la preceptiva autorización previa o habiéndola obtenido mediante la comisión de un delito:

1.º Exportaren moneda metálica o billetes de Banco espa-

---

pago y pago material en divisas (*BOE* n.º 37, de 13 de febrero); Ley 10/1995, de 29 de abril, por la que se crea la Fiscalía Especial para la Represión de los Delitos Económicos relacionados con la Corrupción (*BOE* n.º 98, de 25 de abril); RD 923/1995, de 9 de junio (*BOE* n.º 162, de 8 de julio), por el que se fija la plantilla orgánica de la Fiscalía Especial para la Represión de los Delitos Económicos relacionados con la Corrupción; y Resolución de 8 de enero de 1996 (*BOE* n.º 11, de 12 de enero), de la Agencia Estatal de Administración Tributaria, por la que se crea la Unidad de Apoyo a la Fiscalía Especial para la Represión de los Delitos Económicos relacionados con la Corrupción.

Art. 6.ºA): V. las normas citadas en nota a la rúbrica de la presente Ley, y téngase en cuenta que las Sentencias del Tribunal de Justicia de las Comunidades Europeas de 23 de febrero y 14 de diciembre de 1995 han declarado que los arts. 73.B.1 y 73.D.1.*b*) del Tratado CEE se oponen a una regulación nacional que subordine, de una manera general, la exportación de monedas, billetes de banco o cheques al portador a una autorización previa, y que aquellas normas pueden ser directamente invocadas ante los Jueces nacionales para obtener la inaplicación de las disposiciones nacionales que les sean contrarias. Por ello, la Fiscalía del Tribunal Supremo, en su Consulta 1/1996, ha concluido «no perseguir por la vía penal los actos de exportación de capital sin declaración, tanto sean inferiores como superiores a 5.000.000 de pesetas. Debe de pasarse el tanto de culpa no obstante a las autoridades administrativas a los efectos legales procedentes y por si desde ese ámbito legal fuera aplicable alguna sanción.» Aquellas Sentencias son el fundamento, precisamente, del RD 1.638/1996, de 5 de julio (*BOE* n.º 165, de 9 de julio), por el que se modifica el RD 1.816/1991, de 20 de diciembre, sobre Transacciones Económicas con el Exterior. V. finalmente la STC de 8 de abril de 2002, en cuyo Fundamento de Derecho Sexto se dice: «todo aquel que exporte dinero de España debe cumplimentar dicha declaración previa, independientemente de que, tras la transposición de la normativa comunitaria, ya no haga falta el permiso de las autoridades españolas para enviar dinero al exterior, aunque la cantidad sea superior a los cinco millones de pesetas. Lo que no es admisible es pensar que, suprimida la autorización para grandes cantidades de dinero, en el caso de éstas tampoco es preciso hacer la declaración. Dicho razonamiento nos conduciría al absurdo de que la exportación de cantidades inferiores a cinco millones de pesetas estaría gravada con la exigencia de la declaración y la de las superiores sería, por el contrario, totalmente libre, siendo así que el lógico objetivo de toda esta normativa es el de mantener una mínima vigilancia sobre las transacciones exteriores, mínima vigilancia que sirve a unos objetivos lógicos en un Estado social y democrático de Derecho y que no tiene por qué ser incompatible con las exigencias comunitarias de liberalización de la circulación de capitales.»

ñoles o extranjeros, o cualquier otro medio de pago o instrumentos de giro o crédito, estén cifrados en pesetas o en moneda extranjera.

2.º Importaren moneda metálica española o billetes del Banco de España, o cualquier otro medio de pago o instrumento de giro o crédito cifrados en pesetas.

3.º Los residentes que a título oneroso adquirieran bienes muebles o inmuebles sitos en el extranjero o títulos mobiliarios emitidos en el exterior y los residentes que aceptaran préstamos o créditos de no residentes o se los otorgaren, o garantizasen obligaciones de no residentes.

4.º Los que en territorio español aceptasen cualquier pago, entrega o cesión de pesetas de un no residente, o por su cuenta, o los realizaren en su favor o por su cuenta.

B) Los residentes que no pusieren a la venta, a través del mercado español autorizado, y dentro de los quince días siguientes a su disponibilidad, las divisas que posean.

C) El que obtuviere divisas mediante alegación de causa falsa o por cualquier otra forma ilícita.

D) El que destinare divisas lícitamente adquiridas a fin distinto del autorizado.

Art. 7.º 1. Los autores de delito monetario serán castigados:

1.º Con la pena de prisión mayor y multa del tanto al décuplo de la cuantía del delito, cuando exceda de 50.000.000 de pesetas.

2.º Con la pena de prisión menor y multa de tanto al quíntuplo, cuando exceda de 10.000.000 de pesetas y no pase de 50.000.000 de pesetas.

3.º Con la pena de arresto mayor y multa del tanto al triplo, cuando exceda de 5.000.000 de pesetas y no pase de 10.000.000 de pesetas.

4.º Con la pena de multa del tanto al duplo, cuando exceda de 2.000.000 de pesetas y no pase de 5.000.000 de pesetas.

2. Los Tribunales impondrán las penas en su grado máximo cuando los delitos se cometan por medio o en beneficio de Entidades u Organizaciones en las que de su propia na-

---

Art. 7.º: Téngase en cuenta que, en virtud de lo previsto en la Disp. Trans. 11.ª1 de la LO 10/1995, por la que se aprueba el nuevo Código Penal, las penas de prisión mayor, establecidas para hechos castigados como delito en Leyes penales especiales, deben entenderse sustituidas por la pena de prisión de tres a ocho años y que, en los mismos términos, la pena de prisión menor ha de entenderse sustituida por la de prisión de seis meses a tres años, y que las multas proporcionales seguirán aplicándose proporcionalmente.

turaleza o actividad pudiera derivarse una especial facilidad para la comisión de delito.

3. Cuando los actos previstos en el artículo 6.º se cometan en el seno de una Sociedad o Empresa u Organización serán también responsables de los delitos las personas físicas que efectivamente ejerzan la dirección y gestión de la entidad y aquéllas por cuenta de quien obren, siempre que tuvieran conocimiento de los hechos.

4. Los Tribunales, teniendo en cuenta la trascendencia económica del hecho para los intereses sociales, las especiales circunstancias que en él concurran y específicamente la reparación o disminución de los efectos del delito y la repatriación del capital, podrán imponer las penas inferiores en grado a las señaladas en el apartado 1 de este artículo.

5. La moneda española, divisa, objetos y cualquier otro de los elementos por cuyo medio se cometa delito monetario, se reputará instrumento del delito a efectos de lo previsto en el artículo 48 del Código Penal.

6. El Código Penal se aplicará con carácter supletorio.

Art. 8.º Los administradores, directivos o empleados de las Entidades autorizadas referidas en el artículo 5.º que, por negligencia en el ejercicio de sus funciones, apreciada por los Tribunales, hayan facilitado la comisión de alguna de las conductas descritas en el artículo 6.º serán castigados con multa de hasta 2.000.000 de pesetas.

Art. 9.º 1. Los Tribunales españoles serán competentes para el conocimiento de los delitos establecidos en el artículo 6.º de la presente Ley, cualquiera que fuera el lugar donde hubieran sido ejecutados los hechos.

2. La competencia y procedimientos para conocer de los delitos monetarios se regulará por la Ley de Enjuiciamiento Criminal y el Real Decreto-ley 1/1977, de 4 de enero.

3. Conforme a lo dispuesto en el artículo 142 de la Ley de Enjuiciamiento Criminal, la sentencia, sin perjuicio de los demás pronunciamientos que

---

Art. 9.º2: El RD-L 1/1977, de 4 de enero, ha sido derogado por la LOPJ. V. ahora el art. 65.1.º*b*) de dicha LOPJ, que atribuye a la Audiencia Nacional la competencia para enjuiciar los «delitos monetarios y relativos al control de cambios», salvo que correspondan en primera instancia a los Juzgados Centrales de lo Penal; por otra parte, el art. 23.3.*i*) de la citada LOPJ atribuye a la jurisdicción española el conocimiento de los hechos cometidos fuera del territorio nacional por españoles o extranjeros cuando constituyan delitos relativos al control de cambios.

dicho precepto establece, determinará, en su caso, la responsabilidad civil que regula el artículo 104 del Código Penal.

En los supuestos contemplados en el apartado 3 del artículo 7.º serán responsables civiles subsidiarios la Sociedad, Empresa o las personas integrantes de la organización en cuyo seno se cometió el delito.

4. *a*) En todo caso los Jueces y Tribunales de la jurisdicción penal competente para conocer de los delitos de esta Ley podrán requerir el conocimiento de cualquier expediente que se esté instruyendo por la Administración por hechos sancionados en esta Ley, de oficio o por denuncia, y la Administración tendrá la obligación de remitir las actuaciones, sin que quepa el planteamiento de conflicto jurisdiccional. Igual obligación de remisión tendrá la Administración cuando, con motivo del conocimiento de un expediente administrativo en materia de control de cambios, apreciase indicios de que el hecho pueda ser constitutivo de delito tipificado en el artículo 6.º de esta Ley.

b) Mientras estuviera conociendo de un hecho la autoridad judicial, la Administración se abstendrá de toda acción sancionadora en relación con las conductas origen del mismo. La actividad sancionadora de la Administración, en virtud de las infracciones administrativas previstas en esta Ley, sólo podrá iniciarse o continuarse cuando el proceso penal termine por sentencia absolutoria u otra resolución que la ponga fin, provisional o definitivamente, sin declaración de responsabilidad penal, siempre que estén basadas en motivo que no sea la inexistencia del hecho, la declaración expresa de no haber participado en él el acusado o la exención de responsabilidad penal del mismo. Sin embargo, en estos dos últimos supuestos, la Administración podrá sancionar las infracciones administrativas relacionadas con el hecho y cometidas por tercero no sujeto al procedimiento penal.

....

B) LEY 19/2003, DE 4 DE JULIO, SOBRE RÉGIMEN JURÍDICO DE LOS MOVIMIENTOS DE CAPITALES Y DE LAS TRANSACCIONES ECONÓMICAS CON EL EXTERIOR*

(*BOE* n.º 160, de 5 de julio de 2003)

EXPOSICIÓN DE MOTIVOS

I

La Ley 40/1979, de 10 de diciembre, sobre Régimen Jurídico de Control de Cambios, se ha caracterizado, tras más de veinte años de vigencia, por su singularidad, ya que, en palabras del Consejo de Estado, su ejecución se encomendó al Gobierno y su desarrollo se consumó en el terreno reglamentario.

Efectivamente, nuestra Ley de Control de Cambios ni prohibía ni restringía ni imponía ningún tipo de exigencia ni de requisito administrativo. Tan sólo se limitaba a facultar, con carácter general, al Gobierno para que estableciese, según las exigencias impuestas por la coyuntura económica en cada momento, las normas de restricción o control que estimase más oportunas.

En definitiva, se ha tratado de una norma con rango de ley que ha permitido tanto una absoluta restricción como una absoluta libertad.

Sin embargo, este amplio abanico de posibles medidas que sirve, ya para situaciones de libertad, ya para situaciones de prohibición, debe limitarse definitivamente para proclamar, con carácter general, la libertad de movimientos de capitales.

Fue el Tratado Constitutivo de la Comunidad Europea el

* Esta Ley ha sido modificada (incluida su denominación) por la Ley 10/2010, de 28 de abril (*BOE* n.º 103, de 29 de abril), de prevención del blanqueo de capitales y de la financiación del terrorismo, y posteriormente por el RD-L 34/2020, de 17 de noviembre (*BOE* n.º 303, de 18 de noviembre), de medidas urgentes de apoyo a la solvencia empresarial y al sector energético, y en materia tributaria. Téngase cuenta que la LIRPF derogó la Disp. Trans. 2.ª de esta Ley.

que proclamó tal libertad, logrando así una equiparación con las restantes libertades comunitarias básicas. Incluso se va más allá, cuando el artículo 56 del Tratado Constitutivo de la Comunidad Europea no sólo prohíbe las restricciones a los movimientos de capitales y a los pagos entre Estados miembros, sino también entre éstos y terceros países.

Al mismo tiempo, el propio Tratado, en su artículo 58.1.*b*), reconoce el derecho de los Estados miembros a establecer procedimientos de declaración de movimientos de capitales a efectos de información administrativa o estadística, o tomar medidas justificadas por razones de orden público o de seguridad pública.

Esta ley trata, por tanto, de garantizar la completa adecuación de nuestro ordenamiento jurídico al derecho comunitario.

II

Teniendo en cuenta que el objetivo principal es incorporar plenamente a nuestro ordenamiento interno las previsiones del Tratado Constitutivo, no es menos cierto que la Ley 40/1979, de 10 de diciembre, sobre Régimen Jurídico de Control de Cambios, presentaba importantísimas disfunciones nada acordes con la nueva etapa de liberalización.

Se planteaban importantes contradicciones y lagunas de regulación, además de problemas relacionados con el propio lenguaje e imagen de la Ley 40/1979 y otros asuntos menores como eran, entre otros, las referencias a la adquisición, tenencia y cesión de divisas o pesetas por residentes o no residentes, o los conceptos de patrimonio exterior e interior, que estaban pensados para un sistema de convertibilidad y transferibilidad limitadas.

Cabe resaltar entre estas importantes contradicciones la figura del delito monetario. Al suprimirse en 1996 el único supuesto subsistente de delito monetario consistente en la exportación de moneda metálica, billetes de banco y cheques bancarios al portador, en pesetas o en divisas, por importe superior a cinco millones de pesetas o su contravalor, sin haber obtenido autorización previa, la reforma operada en la Ley 40/1979, de 10 de diciembre, por la Ley Orgánica 10/1983, de 16 de agosto, ha quedado completamente vacía de contenido.

Igualmente, el sistema sancionador previsto en la Ley 40/1979 ha manifestado falta de coherencia y ajuste con la actual situación de libertad de movimientos de capitales.

Esta situación se enmendó a través de la Ley 41/1999, de 12 de noviembre, sobre sistemas de pagos y de liquidación de valores, cuya disposición adicional cuarta abordó la tipificación de infracciones muy graves y eliminó el concepto residual de infracción leve. Sin embargo, tal modificación hay que considerarla muy parcial y efectuada con carácter urgente para abordar el específico supuesto de los embargos financieros impuestos por la Unión Europea y Naciones Unidas.

Es por tanto necesario establecer un nuevo cuadro sancionador en el que se incluya una tipificación expresa de las distintas acciones y omisiones infractoras y una mayor concreción de las sanciones aplicables en cada caso.

En definitiva, todas las circunstancias descritas suponen la necesidad de proceder a una actualización de la Ley 40/1979.

III

Esta ley se estructura en dos capítulos perfectamente diferenciados.

El capítulo I contiene, a lo largo de siete artículos, el régimen general de los movimientos de capitales y de las transacciones económicas con el exterior.

El artículo 1 declara, en línea con el Tratado Constitutivo de la Comunidad Europea, el principio de libertad de los movimientos de capitales, recogiendo desde un punto de vista objetivo lo que ha de entenderse por transacciones económicas con el exterior.

Desde una óptica subjetiva, el criterio fundamental en materia de movimientos de capitales es el de la residencia. De ahí que en el artículo 2 se definan los conceptos de residente y no residente en España.

Se ha producido un acercamiento al concepto de residencia contenido en la normativa fiscal, buscando con ello una mejor identificabilidad y prueba de la condición de residente en España.

En el artículo 3 se posibilita el conocimiento de los movimientos de capitales y transacciones económicas con el exterior a través de un mecanismo de declaración y, a efectos de información administrativa y estadística de las operaciones, se identifican los sujetos obligados a declarar y los destinatarios de tal información.

Con ello se hace uso de la facultad reconocida a los Estados miembros por el artículo 58.1.*b*) del Tratado Constitutivo de la Comunidad Europea en cuanto a la posibilidad de establecer procedimientos de declaración.

Los artículos 4 y 5 recogen las cláusulas de salvaguardia y

las medidas excepcionales contenidas en el título III, capítulo IV, del Tratado Constitutivo de la Comunidad Europea, de forma que se establece un mecanismo ágil, a través de acuerdo del Consejo de Ministros, que permita aplicar medidas adoptadas no sólo por la Comunidad Europea, sino por otros organismos internacionales de los que España sea miembro.

En el artículo 6 se posibilita la realización de actos y negocios afectados por cláusulas de salvaguardia o medidas excepcionales a través de la correspondiente autorización administrativa.

En el artículo 7 se recoge una facultad de control otorgada a los Estados miembros por el artículo 58.1.*b*) del Tratado y que se ha traducido en la posibilidad de, en circunstancias tasadas, suspender el régimen de liberalización.

Los artículos 8 a 12 constituyen el capítulo II, que establece el régimen sancionador en materia de movimientos de capitales, de acuerdo con los principios de legalidad, tipicidad y proporcionalidad y respetando la garantía de procedimiento.

En las disposiciones adicionales se modifica la Ley 19/1993, de 28 de diciembre, sobre determinadas medidas de prevención del blanqueo de capitales, en el sentido de mejorar los instrumentos de control sobre el efectivo y otros medios de pago, por el riesgo que suponen desde el punto de vista de la prevención del blanqueo de capitales y la financiación del terrorismo. Se modifica igualmente la Ley 230/1963, de 28 de diciembre, General Tributaria, de cara a incrementar la efectividad en el desarrollo de investigaciones sobre blanqueo de capitales.

CAPÍTULO PRIMERO

RÉGIMEN GENERAL DE LOS MOVIMIENTOS DE CAPITALES Y DE LAS TRANSACCIONES ECONÓMICAS CON EL EXTERIOR

Artículo 1.º *Principio de libertad de los movimientos de capitales y de las transacciones económicas con el exterior.*— 1. Esta ley tiene por objeto establecer el régimen jurídico de los movimientos de capitales y

Art. 1.º: Téngase en cuenta el contenido de los arts. 34 y 35 de la Ley 10/2010, de 28 de abril (*BOE* n.º 103, de 29 de abril), de prevención del blanqueo de capitales y de la financiación del terrorismo.

de las transacciones económicas con el exterior, así como establecer determinadas medidas de prevención del blanqueo de capitales.

2. Son libres cualesquiera actos, negocios, transacciones y operaciones entre residentes y no residentes que supongan o de cuyo cumplimiento puedan derivarse cobros y pagos exteriores, así como las transferencias de o al exterior y las variaciones en cuentas o posiciones financieras deudoras o acreedoras frente al exterior, sin más limitaciones que las dispuestas en esta ley y en la legislación sectorial específica.

Art. 2.º *Definiciones de residencia y no residencia.*—1. A los efectos de lo dispuesto en el artículo anterior, se consideran:

A) «Residentes»:

a) Las personas físicas que residan habitualmente en España, salvo lo dispuesto en el párrafo *b*) correspondiente al epígrafe de «No residentes».

b) Los diplomáticos españoles acreditados en el extranjero y el personal español que preste servicios en embajadas y consulados españoles o en organizaciones internacionales en el extranjero.

c) Las personas jurídicas con domicilio social en España.

d) Las sucursales y los establecimientos permanentes en territorio español de personas físicas o jurídicas residentes en el extranjero.

e) Otros que se determinen reglamentariamente en casos análogos.

B) «No residentes»:

a) Las personas físicas que tengan su residencia habitual en territorio extranjero, salvo lo dispuesto en el párrafo *b*) correspondiente al epígrafe de «Residentes».

b) Los diplomáticos extranjeros acreditados ante el Gobierno español y el personal extranjero que preste servicios en embajadas y consulados extranjeros o en organizaciones internacionales en España.

c) Las personas jurídicas con domicilio social en el extranjero.

d) Las sucursales y los establecimientos permanentes en el extranjero de personas físicas o jurídicas residentes en España.

e) Otros que se determinen reglamentariamente en casos análogos.

2. Por residencia habitual se entenderá lo establecido en la normativa fiscal con las adaptaciones que reglamentariamente se determinen.

3. La condición de residente o no residente, a los efectos de esta ley, se acreditará en la forma que reglamentariamente se establezca.

Art. 3.º *Obligaciones de información.*—1. Los actos, negocios, transacciones y operaciones a que se refiere el apartado 2 del artículo 1 deberán ser declarados por los sujetos obligados mencionados en el apartado siguiente en la forma y plazos que se determinen reglamentariamente, a los efectos de información administrativa y estadística de las operaciones.

2. Las personas físicas o jurídicas residentes o no residentes en España que realicen las operaciones señaladas en el apartado 2 del artículo 1 quedan obligadas a facilitar al Ministerio de Economía y al Banco de España, en la forma y plazos que se establezcan, los datos que se les requieran, a los efectos de lo dispuesto en el apartado anterior.

Además, las entidades de crédito, las empresas de servicios de inversión y otros intermediarios financieros, que intervengan en la realización de las operaciones mencionadas por cuenta de sus clientes, vendrán obligados a remitir al Ministerio de Economía y al Banco de España la información correspondiente a las transacciones de sus clientes, en la forma y plazos que se establezcan.

Art. 4.º *Cláusulas de salvaguardia.*—1. Se entenderá prohibida o limitada, en los términos que señalen las normas comunitarias, la realización de determinados movimientos de capitales y sus correspondientes operaciones de cobro o pago, así como las transferencias de o al exterior o las variaciones en cuentas o posiciones financieras deudoras o acreedoras frente al exterior, respecto de terceros países en relación con los cuales el Consejo de la Unión Europea, de conformidad con lo establecido en el artículo 59 del Tratado Constitutivo de la Comunidad Europea, haya adoptado medidas de salvaguardia.

2. Cuando las normas comunitarias citadas en el apartado anterior reconozcan poderes a los Estados miembros o les impongan la adopción de medidas indispensables, necesarias para la correcta aplicación de dichas normas, el Gobierno, mediante acuerdo del Consejo de Ministros, establecerá las especificaciones ulteriores que resulten precisas, incluido el procedimiento de autorización aplicable, si procediera.

3. El Gobierno, mediante acuerdo del Consejo de Ministros, a propuesta del Ministro

---

Art. 3.º: Téngase en cuenta el contenido de los arts. 17 a 25 de la Ley 10/2010, de 28 de abril (*BOE* n.º 103, de 29 de abril), de prevención del blanqueo de capitales y de la financiación del terrorismo.

de Economía, podrá prohibir o limitar la realización de determinados movimientos de capitales y sus correspondientes operaciones de cobro o pago, así como transferencias de o al exterior o variaciones en cuentas o posiciones financieras deudoras o acreedoras frente al exterior, respecto de un Estado, un territorio o centro extraterritorial, o grupo de Estados en aplicación de medidas adoptadas por organismos internacionales, distintos de la Comunidad Europea, de los que España sea miembro.

Art. 5.º *Medidas excepcionales.*—1. Se entenderá prohibida o limitada, en los términos que señalen las normas comunitarias, la realización de determinados movimientos de capitales y sus correspondientes operaciones de cobro o pago, así como las transferencias de o al exterior o las variaciones en cuentas o posiciones financieras deudoras o acreedoras frente al exterior, respecto a terceros países en relación con los cuales el Consejo de la Unión Europea haya adoptado las medidas que correspondan, de conformidad con lo establecido en el artículo 57.2 del Tratado Constitutivo de la Comunidad Europea.

2. Se entenderán prohibidos o limitados, en los términos que señalen las normas comunitarias, los movimientos de capitales y pagos respecto a terceros países en relación con los cuales el Consejo de la Unión Europea haya adoptado las medidas urgentes que sean necesarias, de conformidad con lo establecido en el artículo 60.1 del Tratado Constitutivo de la Comunidad Europea.

3. Cuando, de acuerdo con lo dispuesto en los apartados anteriores de este artículo, las normas comunitarias reconozcan poderes a los Estados miembros o les impongan la adopción de medidas indispensables, necesarias para la correcta aplicación de dichas normas, el Gobierno, mediante acuerdo del Consejo de Ministros, establecerá las especificaciones ulteriores que resulten precisas, incluido el procedimiento de autorización aplicable, si procediera.

4. De conformidad con lo establecido en el artículo 60.2 del Tratado Constitutivo de la Comunidad Europea, el Gobierno, mediante acuerdo del Consejo de Ministros, a propuesta del Ministro de Economía, podrá en tanto no se hayan adoptado las medidas a que se refiere el artículo 60.1 del citado Tratado, por razones políticas graves y por motivos de urgencia, tomar medidas unilaterales contra un tercer país en lo relativo a los movimientos de capitales y a los pagos.

Art. 6.º *Autorizaciones sobre actos, negocios, transacciones u operaciones afectados por cláusulas de salvaguardia o medidas excepcionales.*—1. Los actos, negocios, transacciones y operaciones afectados por las medidas previstas en los artículos 4 y 5 podrán realizarse, si así se dispone expresamente, mediante la previa obtención de la correspondiente autorización administrativa y en las condiciones que ésta establezca. Dicha autorización se otorgará por los órganos y a través del procedimiento que se disponga reglamentariamente.

2. Si, transcurrido el plazo máximo en el que debe dictarse y notificarse la autorización, no se produjera resolución expresa, se entenderá que la operación no es autorizada. Consecuentemente, la solicitud se entenderá desestimada a los efectos previstos en la Ley 30/1992, de 26 de noviembre, de Régimen Jurídico de las Administraciones Públicas y del Procedimiento Administrativo Común.

Art. 7.º *Suspensión del régimen de liberalización.*—El Gobierno podrá acordar la suspensión del régimen de liberalización establecido en esta ley cuando se trate de actos, negocios, transacciones u operaciones que, por su naturaleza, forma o condiciones de realización, afecten o puedan afectar a actividades relacionadas, aunque sólo sea de modo ocasional, con el ejercicio de poder público, o actividades directamente relacionadas con la defensa nacional, o a actividades que afecten o puedan afectar al orden público, seguridad pública y salud pública.

Tal suspensión determinará el sometimiento de ulteriores operaciones a la obtención de autorización administrativa, de acuerdo con lo señalado en el artículo 6.

Art. 7.º bis. *Suspensión del régimen de liberalización de de-*

Art. 7.º bis: Este precepto fue introducido por el RD-L 8/2020, de 17 de marzo (*BOE* n.º 73, de 18 de marzo; corrección de errores en *BOE* n.º 82, de 25 de marzo), de medidas urgentes extraordinarias para hacer frente al impacto económico y social del COVID-19, y su primer apartado fue modificado por RD-L 11/2020, de 31 de marzo (*BOE* n.º 91, de 1 de abril; corrección de errores en *BOE* n.º 99, de 9 de abril) y después, e igualmente sus apartados segundo y tercero, incluyéndose un nuevo apartado sexto, por el RD-L 34/2020, de 17 de noviembre (*BOE* n.º 303, de 18 de noviembre). La Disp. Trans. 2.ª de este RD-L 11/2020 dispuso el siguiente régimen transitorio para la aplicación de este precepto: «1. De forma transitoria, se regirán por el procedimiento simplificado establecido en el apartado 2 de esta Disposición las solicitudes de autorización administrativa previa de las operaciones de inversión directa extranjera incluidas en el artículo 7 bis de la Ley 19/2003, de 4 de julio, descritas a continua-

terminadas inversiones extranjeras directas en España.—1. A efectos de lo establecido en este artículo se consideran inversiones extranjeras directas en España todas aquellas inversiones como consecuencia de las cuales el inversor pase a ostentar una participación igual o superior al 10 por 100 del capital social de la sociedad española, o cuando como consecuencia de la operación societaria, acto o negocio jurídico se adquiera el control de dicha sociedad de acuerdo con los criterios establecidos en el artículo 7.2 de la Ley 15/2007, de 3 de julio, de Defensa de la Competencia, siempre que concurra una de estas circunstancias:

a) Que se realicen por residentes de países fuera de la Unión Europea y de la Asociación Europea de Libre Comercio.

b) Que se realicen por residentes de países de la Unión Europea o de la Asociación Europea de Libre Comercio cuya titularidad real corresponda a residentes de países de fuera de la Unión Europea y de la Asociación Europea de Libre Comercio. Se entenderá que existe esa titularidad real cuando estos últimos posean o controlen en último término, directa o indirectamente, un porcentaje superior al 25 por 100 del capital o de los derechos de voto del inversor, o cuando por otros medios ejerzan el control, directo o indirecto, del inversor.

2. Queda suspendido el régimen de liberalización de las inversiones extranjeras directas en España, que se realicen en los sectores que se citan a continuación y que afectan al orden público, la seguridad pública y a la salud pública.

En concreto, los sectores son los siguientes:

a) Infraestructuras críticas, ya sean físicas o virtuales (incluidas

---

ción: *a*) Aquéllas respecto de las cuales se acredite, por cualquier medio válido en derecho, la existencia de acuerdo entre las partes o una oferta vinculante en los que el precio hubiera sido fijado, determinado o determinable, con anterioridad a la entrada en vigor del Real Decreto-ley 8/2020, de 17 de marzo, de medidas urgentes extraordinarias para hacer frente al impacto económico y social del COVID-19. *b*) Aquellas cuyo importe sea igual o superior a 1 millón de euros e inferior a 5 millones de euros hasta que entre en vigor la normativa de desarrollo del artículo 7.bis. 2. Las solicitudes se dirigirán a la persona titular de la Dirección General de Comercio Internacional e Inversiones, que las resolverá previo informe de la Junta de Inversiones Exteriores, aplicando de oficio la tramitación simplificada del procedimiento prevista en el artículo 96 de la Ley 39/2015, de 1 de octubre, del Procedimiento Administrativo Común de las Administraciones Públicas. 3. Así mismo, de forma transitoria y hasta que el importe mínimo a que se refiere el último párrafo del artículo 7 bis.1 de la Ley 19/2003, de 4 de julio, quede establecido reglamentariamente, se entenderán exentas de la obligación de autorización previa las operaciones de inversión cuyo importe sea inferior a 1 millón de euros».

las infraestructuras de energía, transporte, agua, sanidad, comunicaciones, medios de comunicación, tratamiento o almacenamiento de datos, aeroespacial, de defensa, electoral o financiera, y las instalaciones sensibles), así como terrenos y bienes inmuebles que sean claves para el uso de dichas infraestructuras, entendiendo por tales, las contempladas en la Ley 8/2011, de 28 de abril, por la que se establecen medidas para la protección de las infraestructuras críticas.

b) Tecnologías críticas y de doble uso, tecnologías clave para el liderazgo y la capacitación industrial, y tecnologías desarrolladas al amparo de programas y proyectos de particular interés para España, incluidas las telecomunicaciones, la inteligencia artificial, la robótica, los semiconductores, la ciberseguridad, las tecnologías aeroespaciales, de defensa, de almacenamiento de energía, cuántica y nuclear, las nanotecnologías, las biotecnologías, los materiales avanzados y los sistemas de fabricación avanzados.

c) Suministro de insumos fundamentales, en particular energía, entendiendo por tales los que son objeto de regulación en la Ley 24/2013, de 26 de diciembre, del Sector Eléctrico, y en la Ley 34/1998, de 7 de octubre, del Sector de Hidrocarburos o los referidos a servicios estratégicos de conectividad o a materias primas, así como a la seguridad alimentaria.

d) Sectores con acceso a información sensible, en particular a datos personales, o con capacidad de control de dicha información, de acuerdo con la Ley Orgánica 3/2018, de 5 de diciembre, de Protección de Datos Personales y garantía de los derechos digitales.

e) Medios de comunicación, sin perjuicio de que los servicios de comunicación audiovisual en los términos definidos en la Ley 7/2010, de 31 de marzo, General de la Comunicación Audiovisual, se regirán por lo dispuesto en dicha Ley.

3. Asimismo, queda suspendido el régimen de liberalización de las inversiones extranjeras directas en España en los siguientes supuestos:

a) si el inversor extranjero está controlado directa o indirectamente por el gobierno, incluidos los organismos públicos o las fuerzas armadas, de un tercer país, aplicándose a efectos de determinar la existencia del referido control los criterios establecidos en el artículo 7.2 de la Ley de Defensa de la Competencia.

b) si el inversor extranjero ha realizado inversiones o participado en actividades en los sectores que afecten a la seguridad, al orden público y a la salud pública en otro Estado miembro, y especialmente los relacionados en el apartado 2 de este artículo.

c) si existe un riesgo grave de que el inversor extranjero ejerza actividades delictivas o ilegales, que afecten a la seguridad pública, orden público o salud pública en España.

4. El Gobierno podrá suspender el régimen de liberalización de las inversiones extranjeras directas en España en aquellos otros sectores no contemplados en el apartado 2 de este artículo, cuando puedan afectar a la seguridad pública, orden público y salud pública, de acuerdo con el procedimiento establecido en el artículo 7 de esta Ley.

5. La suspensión del régimen de liberalización establecida de acuerdo con los apartados 2, 3 y 4 de este artículo determinará el sometimiento de las referidas operaciones de inversión a la obtención de autorización, de acuerdo con lo establecido en el artículo 6 de esta Ley.

Las operaciones de inversión llevadas a cabo sin la preceptiva autorización previa carecerán de validez y efectos jurídicos, en tanto no se produzca su legalización de acuerdo con lo establecido en el artículo 6 de la Ley.

6. El Gobierno podrá establecer reglamentariamente las categorías de operación y los importes por debajo de los cuales las operaciones de inversión directa extranjera quedarán exentas de someterse al régimen de autorización previa, por su nula o escasa repercusión en los bienes jurídicos protegidos por este artículo. Asimismo, se podrá acotar reglamentariamente la definición de los sectores relacionados en el apartado 2, a los efectos de la aplicación de la presente Ley.

Se faculta a la Ministra de Industria, Comercio y Turismo para dictar las normas necesarias para la correcta ejecución y aplicación de las disposiciones de desarrollo que dicte el Gobierno en desarrollo y ejecución de este artículo.

CAPÍTULO II

RÉGIMEN SANCIONADOR

Art. 8.º *Infracciones.*—1. Las infracciones de las disposiciones previstas en esta ley se clasifican en muy graves, graves y leves.

2. Constituirán infracciones muy graves:

a) La realización de actos, negocios, transacciones u operaciones prohibidas en virtud de la

---

Art. 8.º2: Este apartado fue modificado por el RD-L 8/2020, de 17 de marzo (*BOE* n.º 73, de 18 de marzo; corrección de errores en *BOE* n.º 82, de 25 de marzo), de medidas urgentes extraordinarias para hacer frente al impacto económico y social del COVID-19.

adopción de las medidas a que se refieren los artículos 4, y 5.

b) La realización de actos, negocios, transacciones u operaciones sin solicitar autorización cuando sea preceptiva conforme a los artículos 6, 7 y 7 bis, o con carácter previo a su concesión o con incumplimiento de las condiciones establecidas en la autorización.

c) La falta de veracidad en las solicitudes de autorización presentadas ante los organismos competentes, siempre que pueda estimarse como especialmente relevante.

3. Constituirán infracciones graves:

a) La falta de declaración de operaciones cuya cuantía supere los 6.000.000 de euros.

b) La falta de veracidad, la omisión o inexactitud en los datos de las declaraciones respecto de operaciones cuya cuantía supere los 6.000.000 de euros.

c) Los incumplimientos de los requerimientos efectuados, de modo expreso y por escrito, por los organismos competentes en el cumplimiento de sus funciones.

4. Constituirán infracciones leves:

a) Las declaraciones realizadas por los sujetos obligados fuera de los plazos reglamentariamente establecidos.

b) La falta de declaración de operaciones cuya cuantía no supere 6.000.000 de euros, así como la falta de veracidad, la omisión o inexactitud en los datos de las declaraciones que no superen dicha cuantía.

Art. 9.º *Sanciones.*—1. Las infracciones a que se refiere el artículo anterior darán lugar a la imposición de las sanciones previstas en este artículo.

2. Por la comisión de infracciones muy graves se impondrán simultáneamente las siguientes sanciones:

a) Multa, que podrá ascender hasta el tanto del contenido económico de la operación sin que pueda ser inferior a 30.000 euros, y

b) Amonestación pública o privada.

3. Por la comisión de infracciones graves se impondrán simultáneamente las siguientes sanciones:

a) Multa, que podrá ascender hasta la mitad del contenido económico de la operación sin que pueda ser inferior a 6.000 euros, y

b) Amonestación pública o privada.

4. Por la comisión de infracciones leves se impondrán simultáneamente las siguientes sanciones:

a) Multa, que podrá ascender hasta un cuarto del contenido económico de la operación sin que pueda ser inferior a 3.000 euros, y

b) Amonestación privada.

5. Cuando la infracción consista en la presentación fuera de plazo de las declaraciones por los sujetos obligados, sin actuación o requerimiento previo de la Administración, se impondrán las siguientes sanciones:

a) Si no han transcurrido más de seis meses, hasta 300 euros, sin que pueda ser inferior a 150 euros.

b) Si han transcurrido más de seis meses, hasta 600 euros, sin que pueda ser inferior a 300 euros.

Art. 10. *Graduación de sanciones.*—Las sanciones aplicables en cada caso por la comisión de infracciones muy graves, graves o leves se determinarán considerándose, además de los criterios establecidos en el artículo 131.3 de la Ley 30/1992, de 26 de noviembre, de Régimen Jurídico de las Administraciones Públicas y del Procedimiento Administrativo Común, las siguientes circunstancias:

a) La naturaleza y entidad de la infracción.

b) El grado de responsabilidad e intencionalidad en los hechos que concurran en el interesado.

c) El tiempo que haya mediado entre la comisión de la infracción y el intento de subsanación de ésta por iniciativa propia del interesado.

d) La capacidad económica del interesado.

e) La conducta anterior del interesado, en relación con las normas en materia de movimientos de capitales y pagos exteriores, tomando en consideración al efecto las sanciones firmes que le hubieran sido impuestas durante los últimos cinco años.

Art. 11. *Prescripción de las infracciones y de las sanciones.*—1. Las infracciones muy graves prescribirán a los cinco años; las graves, a los tres años, y las leves, al año.

2. La competencia para la incoación e instrucción de los procedimientos sancionadores resultantes de la aplicación del régimen previsto en la Ley y para la imposición de las sanciones correspondientes se regirá por las reglas siguientes:

a) La competencia para la incoación e instrucción de los procedimientos sancionadores corresponderá a la Secretaría de la Comisión de Prevención del Blanqueo de Capitales e Infracciones Monetarias, salvo en materia de inversiones extranjeras

---

Art. 11.º.2: Este apartado fue modificado por el RD-L 8/2020, de 17 de marzo (*BOE* n.º 73, de 18 de marzo; corrección de errores en *BOE* n.º 82, de 25 de marzo), de medidas urgentes extraordinarias para hacer frente al impacto económico y social del COVID-19.

directas en España que corresponderá al órgano que designe el titular de la Dirección General de Comercio Internacional e Inversiones.

b) La imposición de sanciones por infracciones muy graves corresponderá al Consejo de Ministros, a propuesta del titular del Ministerio de Asuntos Económicos y Transformación Digital.

No obstante, cuando se trate de infracciones muy graves en materia de inversiones extranjeras directas en España, la imposición de sanciones corresponderá al Consejo de Ministros, a propuesta del titular del Ministerio de Industria, Comercio y Turismo.

c) La imposición de sanciones por infracciones graves corresponderá al titular del Ministerio de Asuntos Económicos y Transformación Digital, a propuesta del titular de la Secretaría de Estado de Economía.

En el supuesto de infracciones graves en materia de inversiones extranjeras directas en España, la imposición de sanciones corresponderá al titular del Ministerio de Industria, Comercio y Turismo, a propuesta del titular de la Secretaría de Estado de Comercio.

d) La imposición de sanciones por infracciones leves corresponderá al titular de la Dirección General del Tesoro y Política Financiera, a propuesta del órgano instructor.

En el caso de infracciones leves en materia de inversiones extranjeras directas en España, la imposición de sanciones corresponderá al titular de la Dirección General de Comercio Internacional e Inversiones, a propuesta del órgano instructor.

3. Las sanciones que se impongan, en virtud de resolución firme, conforme a esta ley prescribirán a los cinco años, las muy graves; a los cuatro años, las graves, y a los tres años, las leves.

Art. 12. *Procedimiento sancionador.*—1. Los órganos competentes de las Administraciones públicas, así como los dependientes de la Comisión de Prevención del Blanqueo de Capitales e Infracciones Monetarias llevarán a cabo, a petición del órgano instructor o por propia iniciativa, las actuaciones de investigación que resulten adecuadas para el esclarecimiento de los hechos que pudieren ser constitutivos de las infracciones tipificadas en esta ley.

2. La competencia para la incoación e instrucción de los procedimientos sancionadores resultantes de la aplicación del régimen previsto en la Ley y para la imposición de las sanciones correspondientes se regirá por las reglas siguientes:

a) La competencia para la incoación e instrucción de los procedimientos sancionadores corresponderá a la Secretaría de la Comisión de Prevención del Blanqueo de Capitales e Infracciones Monetarias.

b) La imposición de sanciones por infracciones muy graves corresponderá al Consejo de Ministros, a propuesta del Ministro de Economía y Hacienda.

c) La imposición de sanciones por infracciones graves corresponderá al Ministro de Economía y Hacienda, a propuesta del Secretario de Estado de Economía.

d) La imposición de sanciones por infracciones leves corresponderá al Director General del Tesoro y Política Financiera, a propuesta del instructor.

3. El procedimiento sancionador de las infracciones contempladas en esta ley será el previsto, con carácter general, para el ejercicio de la potestad sancionadora de las Administraciones públicas, con las adaptaciones que reglamentariamente se establezcan.

DISPOSICIONES ADICIONALES

1.ª *Modificación de la Ley 19/1993, de 28 de diciembre, sobre determinadas medidas de prevención del blanqueo de capitales.*—[...]

2.ª *Modificación de la Ley 230/1963, de 28 de diciembre, General Tributaria.*—Uno. Se introduce un nuevo párrafo *j*) en el artículo 113.1 de la Ley 230/1963, de 28 de diciembre, General Tributaria, con el siguiente tenor literal:

«*Art. 113.* 1. Los datos, informes o antecedentes obtenidos por la Administración tributaria en el desempeño de sus funciones tienen carácter reservado y sólo podrán ser utilizados para la efectiva aplicación de los tributos o recursos cuya gestión tenga encomendada, sin que puedan ser cedidos o comunicados a terceros, salvo que la cesión tenga por objeto:

[...]

j) La colaboración con el Servicio Ejecutivo creado por la Ley 19/1993, de 28 de diciembre, sobre determinadas medidas de prevención del blanqueo de capitales, en las actividades que dicho servicio lleve a cabo en el ámbito de lo previsto en el artículo 1 de la mencionada ley.»

Dos. Se introduce un nuevo apartado 5 en el artículo 112 de la Ley 230/1963, de 28 de di-

---

Disp. Adic. 1.ª: Esta Disposición ha quedado sin objeto, al haber sido derogada la Ley 19/1993 por la Ley 10/2010, de 28 de abril (*BOE* n.º 103, de 29 de abril), de prevención del blanqueo de capitales y de la financiación del terrorismo.

ciembre, General Tributaria, con el siguiente tenor literal:

«5. El Servicio Ejecutivo de la Comisión de Prevención del Blanqueo de Capitales e Infracciones Monetarias facilitará a la Administración tributaria cuantos datos con trascendencia tributaria obtenga en el ejercicio de sus funciones, con carácter general o mediante requerimiento individualizado.»

3.ª *Modificación de la Ley 13/1985, de 25 de mayo, de coeficientes de inversión, recursos propios y obligaciones de información de los intermediarios financieros.*—Se introduce una nueva disposición adicional segunda en la Ley 13/1985, con el siguiente tenor literal:

«*Disposición adicional segunda.*—1. Las participaciones preferentes a que se refiere el artículo séptimo de esta ley tendrán que cumplir los siguientes requisitos:

a) Ser emitidas por una entidad de crédito o por una entidad residente en España o en un territorio de la Unión Europea, que no tenga la condición de paraíso fiscal, y cuyos derechos de voto correspondan en su totalidad directa o indirectamente a una entidad de crédito dominante de un grupo o subgrupo consolidable de entidades de crédito y cuya actividad u objeto exclusivos sea la emisión de participaciones preferentes.

b) En los supuestos de emisiones realizadas por una entidad filial, los recursos obtenidos deberán estar depositados en su totalidad, descontados los gastos de emisión y gestión, y de forma permanente en la entidad de crédito dominante o en otra entidad del grupo o subgrupo consolidable. El depósito así constituido deberá ser aplicado por la entidad depositaria a la compensación de pérdidas, tanto en su liquidación como en el saneamiento general de aquélla o de su grupo o subgrupo consolidable, una vez agotadas las reservas y reducido a cero el capital ordinario. En estos supuestos las participaciones deberán contar con la garantía solidaria e irrevocable de la entidad de crédito dominante o de la entidad depositaria.

c) Tener derecho a percibir una remuneración predeterminada de carácter no acumulativo. El devengo de esta remuneración estará condicionado a la existencia de beneficios distribuibles en la entidad de crédito dominante o en el grupo o subgrupo consolidable.

d) No otorgar a sus titulares derechos políticos, salvo en los supuestos excepcionales que se establezcan en las respectivas condiciones de emisión.

e) No otorgar derechos de suscripción preferente respecto de futuras nuevas emisiones.

f) Tener carácter perpetuo, aunque se pueda acordar la amortización anticipada a partir del quinto año desde su fecha de desembolso, previa autorización del Banco de España.

g) Cotizar en mercados secundarios organizados.

h) En los supuestos de liquidación o disolución, u otros que den lugar a la aplicación de las prioridades contempladas en el Código de Comercio, de la entidad de crédito emisora o de la dominante del grupo o subgrupo consolidable de las entidades de crédito, las participaciones preferentes darán derecho a obtener exclusivamente el reembolso de su valor nominal junto con la remuneración devengada y no satisfecha y se situarán, a efectos del orden de prelación de créditos, inmediatamente detrás de todos los acreedores, subordinados o no, de la entidad de crédito emisora o de la dominante del grupo o subgrupo consolidable de entidades de crédito y delante de los accionistas ordinarios y, en su caso, de los cuotapartícipes.

i) En el momento de realizar una emisión, el importe nominal en circulación no podrá ser superior al 30 por 100 de los recursos propios básicos del grupo o subgrupo consolidable, incluido el importe de la propia emisión, sin perjuicio de las limitaciones adicionales que puedan establecerse a efectos de solvencia. Si dicho porcentaje se sobrepasara una vez realizada la emisión, la entidad de crédito deberá presentar ante el Banco de España para su autorización un plan para retornar al cumplimiento de dicho porcentaje. El Banco de España podrá modificar el indicado porcentaje.

2. El régimen fiscal de las participaciones preferentes emitidas en las condiciones establecidas en el apartado anterior será el siguiente:

a) La remuneración a que se refiere el párrafo *c*) del apartado anterior tendrá la consideración de gasto deducible para la entidad emisora.

b) Las rentas derivadas de las participaciones preferentes se calificarán como rendimientos obtenidos por la cesión a terceros de capitales propios de acuerdo con lo establecido en el apartado 2 del artículo 23 de la Ley 40/1998, de 9 de diciembre, del Impuesto sobre la Renta de las Personas Físicas y otras Normas Tributarias.

c) Los rendimientos generados por el depósito a que se refiere el párrafo *b*) del apartado 1 anterior no estarán sometidos a retención alguna, siendo de aplicación, en su caso, la exención establecida en el párrafo *e*) del apartado 1 del artículo 13 de la Ley 41/1998, de 9 de diciembre, del Impuesto sobre la Renta de no Residentes y Normas Tributarias.

d) Las rentas derivadas de las participaciones preferentes obtenidas por sujetos pasivos del Impuesto sobre la Renta de no Residentes sin establecimiento permanente estarán exentas de dicho impuesto en los mismos términos establecidos para los rendimientos derivados de la deuda pública en el artículo 13 de la Ley 41/1998, de 9 de diciembre, del Impuesto sobre la Renta de no Residentes y Normas Tributarias.

e) Las operaciones derivadas de la emisión de participaciones preferentes estarán exentas de la modalidad de operaciones societarias del Impuesto sobre Transmisiones Patrimoniales y Actos Jurídicos Documentados.

3. La entidad de crédito dominante de un grupo o subgrupo consolidable de entidades de crédito tendrá la obligación de informar a la Administración tributaria y a las instituciones encargadas de la supervisión financiera, en la forma en que reglamentariamente se establezca, de las actividades realizadas por las filiales a que se refiere el párrafo *a*) del apartado 1 de esta disposición adicional y de la identidad de los titulares de los valores emitidos por aquéllas.

4. Lo dispuesto en esta disposición adicional será igualmente aplicable en los supuestos en los que la entidad dominante a que se refiere el párrafo *a*) de su apartado 1 sea una entidad que se rija por el derecho de otro Estado.

5. El régimen previsto en los apartados 2 y 3 de esta disposición será también aplicable a las emisiones de instrumentos de deuda realizados por entidades que cumplan los requisitos del párrafo *a*) del apartado 1 y cuya actividad u objeto exclusivo sea la emisión de participaciones preferentes y/u otros instrumentos financieros, siempre que se cumplan los requisitos de cotización en mercados organizados y, en su caso, de depósito permanente y garantía de la entidad dominante, que se establecen en los párrafos *g*) y *b*) de dicho apartado.

6. Lo dispuesto en esta disposición adicional será aplicable, igualmente, a las participaciones preferentes o a otros instrumentos de deuda emitidos por una sociedad residente en España o en un territorio de la Unión Europea, que no tenga la condición de paraíso fiscal y cuyos derechos de voto correspondan en su totalidad, directa o indirectamente, a entidades cotizadas que no sean de crédito. En estos casos, para proceder a la amortización anticipada no será necesaria la autorización

prevista en el párrafo *f*) del apartado 1, y no será de aplicación el límite establecido en el párrafo *i*) del mismo apartado 1.»

4.ª *Modificación de la Ley 46/2002, de 18 de diciembre.*—Se modifica la disposición adicional cuarta de la Ley 46/2002, de 18 de diciembre, de reforma parcial del Impuesto sobre la Renta de las Personas Físicas y por la que se modifican las Leyes de los Impuestos sobre Sociedades y sobre la Renta de no Residentes, que quedará redactada en los siguientes términos:

«*Disposición adicional cuarta.*—El Gobierno elaborará y aprobará en el plazo de un año a partir de la entrada en vigor de esta ley los textos refundidos del Impuesto sobre la Renta de las Personas Físicas, del Impuesto sobre la Renta de no Residentes y del Impuesto sobre Sociedades.»

5.ª *Modificación de la Ley 51/2002, de 27 de diciembre.*—Se añade una nueva disposición adicional decimotercera a la Ley 51/2002, de 27 de diciembre, de reforma de la Ley 39/1988, de 28 de diciembre, reguladora de las Haciendas Locales, que quedará redactada en los siguientes términos:

«*Disposición adicional decimotercera.*—El Gobierno elaborará y aprobará en el plazo de un año a partir de la entrada en vigor de esta ley el texto refundido de la Ley reguladora de las Haciendas Locales.»

DISPOSICIONES TRANSITORIAS

1.ª *Vigencia temporal de las disposiciones normativas de desarrollo de la Ley 40/1979, de 10 de diciembre, sobre Régimen Jurídico de Control de Cambios.*—Hasta tanto no se publiquen las normas de desarrollo de esta ley y siempre que no se opongan a lo dispuesto en ella, se mantendrán vigentes las disposiciones normativas dictadas en desarrollo de la Ley 40/1979, de 10 de diciembre, sobre Régimen Jurídico de Control de Cambios. En particular, permanecerán vigentes durante este período transitorio el artículo 10.4 del Reglamento de Armas, así como el artículo 5 del Reglamento de Explosivos.

2.ª [...]

DISPOSICIÓN DEROGATORIA

Única. *Derogación normativa.*—A la entrada en vigor de esta ley quedarán derogadas la Ley 40/1979, de 10 de diciembre, sobre Régimen Jurídico de

Control de Cambios, con excepción de su capítulo II, en la redacción dada por la Ley Orgánica 10/1983, la disposición adicional cuarta de la Ley 41/1999, de 12 de noviembre, sobre sistemas de pagos y de liquidación de valores, así como las disposiciones de igual o inferior rango que se opongan a lo dispuesto en esta Ley.

DISPOSICIÓN FINAL

Única. *Habilitación y entrada en vigor.*—1. El Gobierno dictará las disposiciones de desarrollo y ejecución de esta ley en el plazo de seis meses a partir de su entrada en vigor.

2. La presente ley entrará en vigor el día siguiente al de su publicación en el *Boletín Oficial del Estado*. No obstante, la obligación de declarar el origen, destino y tenencia de fondos establecida en el apartado tres de la disposición adicional primera de esta ley sólo se aplicará a supuestos que se produzcan con posterioridad a la entrada en vigor de la disposición reglamentaria prevista en dicho apartado.

APÉNDICE 3

LEY ORGÁNICA 12/1995, DE 12 DE DICIEMBRE, DE REPRESIÓN DEL CONTRABANDO*

(*BOE* n.º 297, de 13 de diciembre de 1995)

EXPOSICIÓN DE MOTIVOS

1. Necesidad de la norma

En los últimos años la aduana española ha pasado por un período de cambio sin precedentes. La configuración de la Unión Europea como un mercado interior establecida en el Acta Única Europea ha traído consigo la libertad de circulación de mercancías sin que queden sometidas éstas a controles como consecuencia del cruce de las fronteras interiores. Esta nueva situación hace necesaria una modificación de la normativa referente a la circulación

* Esta Ley fue profundamente modificada por la LO 6/2011, de 30 de junio (*BOE* n.º 156, de 1 de julio) y en un aspecto puntual (no recogido en esta obra) por la Ley 11/2021, de 9 de julio (*BOE* n.º 164, de 10 de julio), de medidas de prevención y lucha contra el fraude fiscal. El Preámbulo de aquella LO establece:

«I

»Los cambios políticos, económicos y sociales que se han producido en el mundo en los últimos años del siglo pasado y los primeros del presente han conducido a un replanteamiento del peso específico de cada una de las misiones que corresponden a las aduanas en el control del comercio exterior. Así, el Reglamento (CE) n.º 450/2008, de 23 de abril, del Parlamento Europeo y del Consejo, por el que se establece el Código Aduanero Comunitario (Código Aduanero Modernizado), recoge de forma expresa misiones como la protección frente al comercio desleal o ilegal, o la seguridad y protección de la Unión Europea o sus ciudadanos, o la protección del medio ambiente. Misiones cuya finalidad es la protección de bienes jurídicos distintos del que es propio de la Hacienda Pública: la recaudación tributaria. Además, este último en relación con los derechos de importación, en el marco de nuestro derecho penal, se ha reconducido con la Ley Orgánica 10/1995, de 23 de noviembre, del Código Penal, a la figura del delito contra la Hacienda Pública y la Seguridad Social, otorgando a la Hacienda Pública de la Unión Europea la misma protección que a la nacional, en aplicación del Convenio relativo a la Protección de los intereses financieros de las Comunidades Europeas, de 26 de julio de 1995.

intracomunitaria de mercancías, que respondía a un modelo basado, precisamente, en la imposición y el control fronterizos, lo que aconseja, a su vez, a proceder a una adecuación de la legislación conducente a reprimir la introducción ilícita de mercancías en el territorio aduanero.

»Ambos factores exigen una revisión de la actual Ley Orgánica 12/1995, de 12 de diciembre, de Represión del Contrabando.

»Uno de los objetos en los que se manifiesta el bien jurídico relativo a la seguridad y protección de la Unión Europea y sus ciudadanos es el control por parte de las Administraciones del comercio internacional de material de defensa, de productos o tecnología de doble uso o que puedan ser utilizados en la fabricación o utilización de la energía nuclear con fines no pacíficos; de elementos que puedan servir para la obtención de agentes químicos, biológicos o toxinas; y de agentes, materiales y objetos que puedan ser utilizados para la tortura. En estas materias el Reino de España ha ido asumiendo obligaciones derivadas de una serie de compromisos internacionales adquiridos y plasmados en legislación internacional y comunitaria. Además esta legislación se caracteriza por una continua evolución de las directrices comunitarias sobre la materia y de las listas de productos, materiales y tecnologías objeto de control que se aprueban en los distintos foros internacionales de los que es parte el Reino de España. Las nuevas obligaciones y la dinámica en la modificación de su objeto hacen necesaria la actualización de la regulación de este tipo de ilícitos contenida en la Ley Orgánica 12/1995, de Represión del Contrabando.

»La actualización de la Ley de Represión del Contrabando por los motivos indicados ya se contemplaba en la Ley 53/2007, de 28 de diciembre, sobre el Control del Comercio Exterior de Material de Defensa y Doble Uso. Dicha Ley hace mención, en el apartado III de su preámbulo, del carácter punitivo y sancionador que en la materia tiene la Ley Orgánica 12/1995, de Represión del Contrabando, y asimismo señala en su Disposición final segunda la obligación por parte del Gobierno de proceder a su actualización para dar cumplimiento a los compromisos internacionales a los que se refiere el preámbulo de la propia Ley 53/2007, dando, además, cumplimiento en el ámbito sancionador al mandato contenido en el artículo 12 de la Posición Común 2008/944/PESC, del Consejo, de 8 de diciembre de 2008, que define las normas comunes que rigen el control de las exportaciones de tecnología y equipos militares.

»En consecuencia, la modificación que se lleva a cabo tiene como objetivo adaptar la tipificación del delito que se cometa en el comercio fraudulento de determinadas armas, productos, agentes, materiales o tecnologías a su actual regulación en nuestro Derecho y a los compromisos internacionales asumidos por el Reino de España.

»La incorporación a nuestro Derecho penal de los fraudes en materia de ingresos y gastos del presupuesto comunitario como un supuesto de delito contra la Hacienda Pública, efectuada por la Ley Orgánica 10/1995, del Código Penal, hace necesario ajustar el cuanto delimitador entre el ilícito penal y administrativo en los supuestos de importación, exportación, comercio y tenencia de mercancías de lícito comercio a la finalidad de esta tipificación, que no es otra que la de evitar la competencia desleal frente al resto de los operadores o usuarios por parte de quien realiza una introducción ilegal de mercancías o productos con estatuto no comunitario en el territorio aduanero comunitario del Reino de España. Competencia desleal que se produce por el efecto inmediato sobre el precio o el beneficio, o sobre ambos, con su comercio o uso, así como por el incumplimiento de las demás obligaciones administrativas en el momento de la importación o en fases posteriores de su comercio o consumo. La misma jus-

Con la consagración del mercado único, la aduana española ha dejado de actuar como frontera fiscal para el tráfico con otros Estados miembros de la Unión Europea. El desafío fundamental del mercado único en este campo consiste en compatibili-

---

tificación es aplicable a la exportación llevada a cabo sin presentar la mercancía ante la aduana. Ahora bien, para que tales efectos se produzcan, el valor de las mercancías con las que se realizan las operaciones tipificadas como contrabando debe ser significativo.

»Asimismo, se considera necesario actualizar el cuanto para la delimitación de los ilícitos penal y administrativo en relación con los productos estancados, en especial, respecto a las labores de tabaco. Los nuevos importes mínimos para la delimitación del ilícito penal se fijan en 50.000 euros con carácter general y 15.000 euros respecto al tabaco.

»Además, se debe incrementar el importe mínimo para el ilícito penal en relación con aquellos productos que pueden afectar a la seguridad en general, como el material de defensa, los productos y tecnologías de doble uso o que puedan ser utilizados para infligir tortura u otros tratos o penas crueles, inhumanas o degradantes, o los precursores de drogas, o cuando afecte al Patrimonio Histórico Español. El importe del valor de los bienes o productos para que el ilícito sea perseguible penalmente se fija en 50.000 euros.

»Se mantiene la calificación como ilícito penal de los supuestos de contrabando con determinados bienes, géneros o efectos, con independencia de su valor o cuando tales ilícitos se realizan a través de una organización.

»Teniendo en cuenta dichos cambios, cuyo fundamento se encuentra en el tipo de bien jurídico protegido, es necesaria una reestructuración de los supuestos de ilicitud, agrupándolos en función de tales tipos.

»El modelo de gestión y control aduanero ha sido objeto de un fuerte cambio con el fin de dar respuesta al proceso de globalización de la economía, asegurando la necesaria agilidad de la tramitación administrativa aduanera en el comercio exterior de mercancías. Los principios que ordenan este nuevo modelo de gestión y control aduanero se incorporan en el derecho aduanero comunitario a través del Reglamento (CE) n.º 648/2005 del Parlamento Europeo y del Consejo, de 13 de abril de 2005, que modifica el Reglamento (CEE) n.º 2913/92 del Consejo por el que se aprueba el Código Aduanero Comunitario. Así, al fundamentar el control aduanero en el concepto de "riesgo", los elementos declarados por los operadores económicos constituyen un elemento esencial para su correcta ejecución, lo que exige anticipar la realización del ilícito de contrabando a determinados hechos que pudieran entrar hasta la fecha dentro del concepto penal de tentativa, como son los relativos a la pretensión de obtener mediante alegación de causa falsa o de cualquier otro modo ilícito el levante de las mercancías presentadas a despacho aduanero, aprovechando las facilidades introducidas en el mencionado modelo de gestión y control aduanero y violentando el sistema de gestión del riesgo en el que se fundamenta el modelo actual de control aduanero.

»Estos cambios normativos exigen una revisión de la definición de los tipos de infracción administrativa de contrabando para adaptarlos al nuevo *quantum* delimitador del ilícito penal y administrativo.

»La delimitación entre delito contra la Hacienda Pública y delito de contrabando que se pretende con la modificación de la Ley Organica 12/1995, de Represión del Contrabando, exige una equiparación en la tipificación entre la infracción tributaria y la infracción de contrabando.

zar las facilidades dadas al libre movimiento de mercancías con la necesidad de mantener la efectividad del esfuerzo en la represión del contrabando.

Al mismo tiempo parece oportuno proceder a una revisión de la Ley Orgánica 7/1982, de 13 de julio, que modifica la legislación vigente en materia de

---

»La importancia de los cambios descritos exige, con respecto al delito, que la Ley prevea que la acción tipificada como contrabando pueda ser realizada con dolo o bien con imprudencia.

»Por último, se hace necesario introducir en la Ley Orgánica 12/1995, de Represión del Contrabando, mejoras técnicas para la delimitación de su objeto, consistentes en la incorporación de nuevos conceptos, la adaptación de las penas a su regulación en el Código Penal, la homogeneización en la ejecución de sentencias con los delitos contra la Hacienda Pública en relación con la responsabilidad civil, la equiparación de la pena accesoria con las previsiones para delitos dolosos en el artículo 127 del Código Penal, la definición explícita del principio de concurrencia de sanciones con idéntica regulación a la de los supuestos tributarios, y la delimitación de los criterios de graduación de las infracciones administrativas de contrabando, teniendo en cuenta el actual modelo de gestión informático del control aduanero.

»Para hacer efectivos los cambios anteriormente descritos, se precisa el establecimiento de una obligación para las compañías de transporte con relación a sus viajeros, y resulta igualmente necesario clarificar las obligaciones de los titulares de las instalaciones en las que se ubican los recintos aduaneros, a fin de asegurar el cumplimiento de los fines de la aduana y, en especial, los relacionados con la aplicación de la Ley Orgánica 12/1995, de Represión del Contrabando.

»Finalmente, debe hacerse mención expresa del hecho de que el Reglamento (CE) n.º 450/2008, del Parlamento Europeo y del Consejo, de 23 de abril de 2008, por el que se establece el Código Aduanero Comunitario (Código Aduanero Modernizado), pese a hallarse en vigor, no es actualmente aplicable en su totalidad, por lo que las referencias que al mismo se contienen en la presente Ley Orgánica deberán entenderse efectuadas al Reglamento (CEE) n.º 2913/1992, del Consejo, de 12 de octubre, hasta tanto el Reglamento (CE) n.º 450/2008, sea totalmente aplicable.

»Como materia relacionada con el objeto de la regulación del contrabando, se considera necesario introducir una disposición adicional en esta Ley Orgánica, con rango de Ley ordinaria, que, para evitar el abuso de derecho en la utilización de los beneficios aduaneros y fiscales previstos para el régimen de viajeros, procede a la reducción de las exenciones fiscales en el Impuesto sobre el Valor Añadido y los Impuestos Especiales para las labores de tabaco por parte de los residentes y trabajadores fronterizos de la zona fronteriza de Gibraltar y Principado de Andorra. Esta reducción se realiza en aplicación de la potestad concedida a los Estados miembros de la Unión Europea en el artículo 13 de la Directiva 2007/112/CE del Consejo, de 28 de diciembre de 2007, relativa a la franquicia del impuesto sobre el valor añadido y de los impuestos especiales.

»II

»El artículo primero de esta Ley contiene en sus distintos apartados las modificaciones de los preceptos de la Ley Orgánica 12/1995, de Represión del Contrabando, que son objeto de modificación.

»En el artículo 1 de la Ley de Represión del Contrabando se modifican o introducen los conceptos necesarios para la delimitación de los ilícitos relacionados con todo

contrabando y regula los delitos e infracciones administrativas en la materia, tras trece años de vigencia para, entre otras finali-

tipo de armas y productos que pueden utilizarse para la tortura. Así, se modifica el concepto de "material de defensa" en su número 13, se introducen nuevos conceptos en los números 14 y 16 a 18 y, a estos efectos, se definen "introducción" y "expedición" en los números 7 y 9. En el número 1 del artículo se define el concepto de mercancía, incluyendo los medios de pagos en función de su forma de transporte. Por último, se introduce el concepto de recinto aduanero y de autoridad aduanera a los efectos de aplicación del derecho aduanero en los números 4 y 5 respectivamente.

»En el artículo 2 se han reordenado los tipos penales mediante su agrupación en función del bien jurídico protegido y de la gravedad de la conducta en relación con el mismo, introduciendo en su número 5 la imprudencia grave como modo de realización del delito de contrabando y previendo en sus números 6 y 7 la responsabilidad penal de las personas jurídicas y de las empresas, organizaciones, grupos, entidades o agrupaciones carentes de personalidad jurídica, en línea con las últimas modificaciones del Código Penal.

»En el número 1 de este artículo se definen las conductas típicas relacionadas con las mercancías de lícito comercio, excluidas las estancadas o prohibidas cuya regulación se realiza en sus números 2 y 3, y se eleva a 150.000 euros el límite cuantitativo mínimo del ilícito penal, con el fin de ajustar su *quantum* al perjuicio social ocasionado en consonancia con el fijado para el delito contra la Hacienda Pública.

»Para adecuar los cambios normativos al marco de la misión de seguridad y control a cumplir por la Administración aduanera en el comercio exterior, se agrupan en el número 2 del artículo 2 todas las conductas antijurídicas ligadas a tal misión, salvo las que se derivan de la aplicación de la política comercial, y las que afectan al Patrimonio Histórico Español, a la conservación de la flora y la fauna, al material de defensa y otro material, a los productos y tecnologías de doble uso o que puedan ser utilizados para la aplicación de tratos o penas crueles, inhumanas o degradantes, y a los precursores de drogas. Considerando que sólo deben ser objeto de pena aquellos casos en los que el daño sea relevante en función del bien jurídico protegido, el límite cuantitativo mínimo del ilícito penal se establece en 50.000 euros. En este mismo número se agrupan las acciones con géneros o efectos estancados y prohibidos, salvo que estos últimos estén incluidos en el número 3 del mismo artículo, ya que el fundamento para su regulación con tal naturaleza no puede estar sólo ligado a la protección de la Hacienda Pública.

»En el artículo 2.3 de la Ley de Represión del Contrabando se eleva a 15.000 euros el importe del valor de los géneros de tabaco a efecto de la comisión del delito de contrabando.

»Los artículos 3 y 5 se adaptan a la terminología y regulación que el Código Penal vigente realiza de la pena y el comiso.

»El artículo 4 se reforma y se incorpora un nuevo artículo 4 bis para definir la responsabilidad civil subsidiaria y regular un sistema para la ejecución de la multa y tal responsabilidad semejante a la prevista para el delito contra la Hacienda Pública.

»El artículo 10 se reforma con el fin dar un mismo tratamiento a la valoración de las mercancías de lícito comercio, estableciendo un sistema basado en el valor de venta limitado al precio de compra o al coste de elaboración modulado con el índice de precios.

»En el artículo 11 se adecua la tipificación de las infracciones administrativas al cuanto delimitador del delito.

»En el artículo 12 se actualizan las cuantías mínimas de la sanción.

dades, actualizar el valor límite que en la misma se fijó de 1.000.000 de pesetas para la distinción entre delito e infracción

---

»En el artículo 12 bis se incorpora un nuevo supuesto de medio fraudulento, la incorrecta o falsa declaración de elementos o datos determinantes para la gestión informatizada del control, adaptando la regulación al actual modelo de gestión informatizada de declaración aduanera.

»La redacción del artículo 14 pone en concordancia la normativa sobre infracciones de contrabando con la legislación de prevención del blanqueo de capitales.

»Se crea un nuevo artículo 14 bis para regular la relación entre delito de contrabando e infracción administrativa, con los mismos criterios aplicados en la relación entre el delito contra la Hacienda Pública y la infracción tributaria.

»El artículo 16, sobre competencia en materia de reconocimiento y registro de los servicios de aduanas, se acomoda al concepto de control aduanero definido en el artículo 25 del Reglamento (CE) n.º 450/2008, del Parlamento Europeo y del Consejo, de 23 de abril de 2008, por el que se establece el Código Aduanero Comunitario (Código Aduanero Modernizado).

»Con el fin de hacer efectiva la misión de la Aduana sobre el comercio ilegal y la seguridad y protección, así como la propia aplicación de la presente Ley, se incluye en la Ley Orgánica de Represión del Contrabando una Disposición adicional tercera que regula la obligación de declaración aduanera por parte de los transportistas en relación con los viajeros objeto del transporte.

»El artículo segundo de la presente Ley modifica el artículo 58 de la Ley 55/1999, de 29 de diciembre, de medidas fiscales, administrativas y del orden social, con el fin de asegurar los medios materiales necesarios para la aplicación de la Ley Orgánica 12/1995, de Represión del Contrabando, estableciendo las condiciones para la autorización de los recintos aduaneros.

»La disposición adicional primera establece la reducción de las exenciones fiscales aplicables en el régimen de viajeros para residentes y trabajadores fronterizos de la zona fronteriza de Gibraltar y del Principado de Andorra en relación con las importaciones de labores de tabaco.

»En las disposiciones finales se establece el título competencial con base en el cual se dicta esta Ley, el carácter de Ley orgánica u ordinaria de sus preceptos y su entrada en vigor.»

V. art. 113.2 Ley General Tributaria, modificada parcialmente por Leyes 10/1985, de 26 de abril (*BOE* n.º 101, de 27 de abril; corrección de errores en *BOE* n.º 134, de 5 de junio) y 25/1995, de 20 de julio (*BOE* n.º 174, de 22 de julio; corrección de errores en *BOE* n.º 245, de 13 de octubre); Disp. Adic. 1.ª 4 Ley 14/1985, de 29 de marzo, de Régimen Fiscal de Determinados Activos Financieros (*BOE* n.º 129, de 30 de mayo); art. 5.º Convenio Europeo de Extradición, reproducido en nota al Preámbulo de la LE (Apéndice 4); RD 1.631/1992, de 29 de diciembre, sobre restricciones a la circulación de ciertos bienes y mercancías (*BOE* n.º 1, de 1 de enero de 1993); arts. 27 ss. LIVA; Ley 13/1998, de 4 de mayo (*BOE* n.º 107, de 5 de mayo), de Ordenación del Mercado de Tabacos y Normativa Tributaria; RD 1.394/1993, de 4 de agosto, por el que se regula el procedimiento sancionador en el ámbito del Monopolio de Tabacos (*BOE* n.º 191, de 11 de agosto); Ley 10/1995, de 24 de abril, por la que se crea la Fiscalía Especial para la Represión de los Delitos Económicos relacionados con la Corrupción (*BOE* n.º 98, de 25 de abril); RD 923/1995, de 9 de junio (*BOE* n.º 162, de 8 de julio), por el que se fija la plantilla orgánica de la Fiscalía Especial para la Represión de los Delitos Económicos relacionados con la Corrupción; Resolución de 8 de enero de 1996 (*BOE* n.º 11, de 12 de enero), de la Agencia Estatal de Administración Tributaria, por

administrativa de contrabando, incluir las operaciones ilícitas con algunas mercancías no recogidas anteriormente, como las especies de flora y fauna amenazadas de extinción y los precursores de drogas, y, por fin, colmar algunas lagunas que la experiencia ha puesto de manifiesto, así como tomar en consideración la nueva situación producida tras la incorporación de la Comunidad Autónoma Canaria al territorio aduanero comunitario, no obstante no formar parte del sistema común del Impuesto sobre el Valor Añadido.

2. Ámbito de la reforma

Como novedad respecto a la Ley precedente se incluyen en la nueva ciertas definiciones con el fin de delimitar su ámbito de aplicación habida cuenta la puesta en marcha del mercado único comunitario.

Se incrementa la cuantía del valor de las mercancías para la tipificación del delito hasta 3.000.000 de pesetas, no sólo para actualizar la equivalencia real del valor de la peseta, sino también para aliviar la carga que pesa sobre el orden jurisdiccional penal.

El impacto social, económico y recaudatorio del comercio ilegítimo de labores del tabaco obliga a intensificar la reacción jurídica frente a este ilícito. A tal fin, se considerarán géneros estancados, a efectos de la nueva Ley, las labores del tabaco, aunque se trate de mercancías comunitarias.

Como se ha indicado ya, la entrada en vigor del mercado interior comunitario el 1 de enero de 1993 supuso la supresión de los controles fronterizos entre los Estados miembros, lo que ha dado lugar a un abuso de las facilidades ofrecidas al comercio regular al amparo de los regímenes de tránsito y ocasionado desviaciones ilícitas de mercancías. Ello ha aconsejado que se penalicen los ilícitos que suponen el incumplimiento de la normativa reguladora del tránsito aduanero, recogida en el Reglamento (CEE) número 2.913/1992, del Consejo, de fecha 12 de octubre, por el que se aprueba el Código Aduanero Comunitario, y en sus normas de aplicación, así como en el Convenio TIR.

La nueva Ley consagra la existencia de contrabando en

---

la que se crea la Unidad de Apoyo a la Fiscalía Especial para la Represión de los Delitos Económicos relacionados con la Corrupción; Orden de 1 de febrero de 2001 (*BOE* n.º 35, de 9 de febrero), del Ministerio de Hacienda, por la que se eliminan los procedimientos de despacho previo a la importación y exportación de mercancías; y Convenio celebrado sobre la base del art. K.3 del Tratado de la Unión Europea, relativo a la asistencia mutua y la cooperación entre las Administraciones aduaneras, hecho en Bruselas el 18 de diciembre de 1997 (*BOE* n.º 199, de 20 de agosto de 2002).

los casos de salida del territorio nacional de bienes que integren el Patrimonio Histórico Español, incluso si su destino es otro Estado miembro de la Unión. Esta inclusión se hace posible en virtud de lo prevenido en la Directiva 93/7/CEE, relativa a la restitución de bienes culturales, que deja libertad a cada Estado miembro para ejercer las acciones civiles y penales oportunas. Por otra parte, la nueva Ley tipifica como contrabando las operaciones realizadas con especímenes de la fauna y flora silvestres al tratarse de un comercio prohibido en ciertos casos, y en aplicación del Convenio de Washington de 3 de marzo de 1973 y del correspondiente Reglamento comunitario.

Entre los supuestos constitutivos de delito de contrabando se ha incluido la exportación de material de defensa o material de doble uso, en el sentido que desarrolla el artículo 1. Ambos conceptos estaban ya considerados como contrabando en virtud de lo dispuesto en la Ley Orgánica 3/1992, de 30 de abril.

En cuanto a las penas, la nueva Ley mantiene la pena de prisión menor para el delito de contrabando y eleva la cuantía de la multa para el mismo, dada la alarma social que entraña la comisión repetida de estos ilícitos.

Como productos económicos generados por el contrabando susceptibles de comiso se incluyen las ganancias obtenidas del delito, lo que se corresponde con el artículo 344 bis.*e*) del Código Penal, en su redacción dada por la Ley Orgánica 8/1992, de 23 de diciembre.

El Título II de la Ley define y regula las infracciones administrativas de contrabando. Al propio tiempo eleva las cuantías hasta las que se consideren como infracciones administrativas y a partir de las cuales las conductas tipificadas constituyen delito de contrabando.

Como novedad respecto al texto de la Ley 7/1982, de 13 de julio, se incrementa el importe de las multas por infracciones administrativas de contrabando y se precisa el momento en que comienza el plazo de prescripción tanto para las propias infracciones como para las sanciones que de ellas se deriven.

La nueva Ley faculta a los órganos de la Administración aduanera para autorizar la salida de mercancías de los recintos aduaneros, como entrega vigilada, a fin de facilitar las investigaciones encaminadas al descubrimiento del contrabando, y autoriza a los organismos y servicios encargados de la persecución del contrabando para establecer contactos e intercambiar información con otros servicios homólogos.

Por último, dado su contenido, parte de la Ley tiene el carácter de Ley ordinaria.

TÍTULO PRELIMINAR

Disposiciones generales

Artículo 1.º *Definiciones.*— A los efectos de la presente Ley se entenderá por:

1. «Mercancía»: todo bien corporal susceptible de ser objeto de comercio.

A estos efectos, la moneda metálica, los billetes de banco y los cheques bancarios al portador denominados en moneda nacional o en cualquier otra moneda, y cualquier medio físico, incluidos los electrónicos, concebido para ser utilizado como medio de pago se considerarán como mercancías cuando se oculten bien entre otras mercancías presentadas ante la aduana o bien en los medios de transporte en los que se encuentren.

2. «Mercancías comunitarias»: las mercancías definidas como tales en el apartado 18 del artículo 4 del Reglamento (CE) número 450/2008, del Parlamento Europeo y del Consejo, de 23 de abril de 2008, por el que se establece el Código Aduanero Comunitario (Código Aduanero Modernizado).

3. «Mercancías no comunitarias»: las mercancías definidas como tales en el apartado 19 del artículo 4 del Reglamento (CE) número 450/2008, del Parlamento Europeo y del Consejo, de 23 de abril de 2008, por el que se establece el Código Aduanero Comunitario (Código Aduanero Modernizado).

4. «Recinto aduanero»: todo lugar habilitado por los órganos competentes del Ministerio de Economía y Hacienda para:

a) La presentación en aduana de las mercancías no comunitarias que hayan sido introducidas en el territorio español.

b) La presentación en aduana de las mercancías comunitarias que hayan sido introducidas en el territorio de las Ciudades Autónomas de Ceuta y Melilla.

c) El sometimiento a vigilancia aduanera de las mercancías comunitarias declaradas para el régimen de exportación, de perfeccionamiento pasivo, de tránsito o de depósito aduanero, desde el momento de la admisión de la correspondiente declaración en aduanas, de conformidad con lo dispuesto en el Reglamento (CE) número 450/2008, del Parlamento Eu-

---

Art. 1.º: Este artículo figura redactado conforme al texto de la LO 6/2011, de 30 de junio (*BOE* n.º 156, de 1 de julio).

ropeo y del Consejo, de 23 de abril de 2008, por el que se establece el Código Aduanero Comunitario (Código Aduanero Modernizado), o de cualquier otra operación prevista en la normativa aduanera comunitaria.

5. «Autoridad aduanera»: el Departamento de Aduanas e Impuestos Especiales y los servicios de las Delegaciones Especiales y Delegaciones de la Agencia Estatal de Administración Tributaria encargados del control aduanero de conformidad con las normas de organización de la Agencia.

6. «Importación»: la entrada de mercancías no comunitarias en el territorio español comprendido en el territorio aduanero de la Unión Europea, así como en el ámbito territorial de Ceuta y Melilla. Se asimila a la importación la entrada de mercancías desde las áreas exentas.

7. «Introducción»: la entrada en el territorio español de mercancías comunitarias procedentes de otros Estados miembros de la Unión Europea.

8. «Exportación»: la salida de mercancías del territorio español. No se considerará exportación la salida de mercancías comunitarias del territorio español comprendido en el territorio aduanero de la Unión Europea con destino final al resto de dicho territorio aduanero.

Con respecto a productos y tecnologías de doble uso, el concepto de «exportación» será el definido al efecto en el Reglamento (CE) número 428/2009, del Consejo, de 5 de mayo de 2009, por el que se establece un régimen comunitario de control de las exportaciones, la transferencia, el corretaje y el tránsito de productos de doble uso.

9. «Expedición»: la salida de mercancías del territorio español con destino final a otros Estados miembros de la Unión Europea.

10. «Áreas exentas»: las zonas y depósitos francos y los depósitos aduaneros definidos en los artículos 148 y 153 del Reglamento (CE) número 450/2008, del Parlamento Europeo y del Consejo, de 23 de abril de 2008, por el que se establece el Código Aduanero Comunitario (Código Aduanero Modernizado), así como, en general, cualquier almacén, zona o ubicación en la que se depositen o almacenen mercancías no comunitarias en situación de depósito temporal a la espera de ser declaradas para un régimen aduanero.

11. «Géneros o efectos estancados»: los artículos, productos o sustancias cuya producción, adquisición, distribución o cualquiera otra actividad concerniente a los mismos sea atribuida por ley al Estado con ca-

rácter de monopolio, así como las labores del tabaco y todos aquellos a los que por ley se otorgue dicha condición.

12. «Géneros prohibidos»: todos aquellos cuya importación, exportación, circulación, tenencia, comercio o produc-

---

Art. 1.º12: El artículo único del RD-L 16/2018, de 26 de octubre (*BOE* n.º 260, de 27 de octubre), por el que se adoptan determinadas medidas de lucha contra el tráfico ilícito de personas y mercancías en relación con las embarcaciones utilizadas, dispone:

«1. Tendrán la consideración de género prohibido, a los efectos de lo dispuesto en el apartado 12 del artículo 1 de la Ley Orgánica 12/1995, de 12 de diciembre, de Represión del Contrabando, sin perjuicio de lo dispuesto en el apartado 3 de este artículo, las siguientes embarcaciones:

»*a*) Las embarcaciones neumáticas y semirrígidas susceptibles de ser utilizadas para la navegación marítima que cumplan alguna de las siguientes características:

»i) Todas aquellas cuyo casco, incluida en su caso la estructura neumática, sea menor o igual a 8 metros de eslora total, que dispongan de una potencia máxima, independientemente del número de motores, igual o superior a 150 kilovatios.

»ii) Todas aquellas cuyo casco, incluida en su caso la estructura neumática, sea mayor de 8 metros de eslora total.

»*b*) Las embarcaciones neumáticas o semirrígidas diferentes de las descritas en el apartado anterior, así como cualquier otra embarcación y los buques de porte menor cuando se acredite la existencia de elementos o indicios racionales que pongan de manifiesto la intención de utilizarlas para cometer o para facilitar la comisión de un acto de contrabando. Salvo prueba en contrario, se considerarán elementos o indicios racionales:

»i) El incumplimiento de la obligación de registro y matriculación que resulten aplicables a la embarcación o buque de porte menor.

»ii) La modificación significativa de las partes integrantes de la embarcación o buque de porte menor con relación al proyecto constructivo original, especialmente cuando existan refuerzos que permitan aumentar la potencia propulsora sin obras adicionales, tomas para tanques adicionales u otras obras que permitan aumentar la autonomía inicialmente prevista, a menos que la modificación hubiera sido debidamente autorizada por la Dirección General de la Marina Mercante.

»iii) La modificación de las partes integrantes de la embarcación o buque de porte menor para habilitar dobles fondos o espacios que permitan la estiba de carga no prevista en el diseño inicial.

»iv) La manipulación de los sistemas visuales, acústicos, radioeléctricos de posicionamiento y ayudas tecnológicas, o la existencia de dispositivos, sistemas o tecnologías que permitan la manipulación de aquéllos.

»v) La navegación sin exhibir las luces reglamentarias o la navegación errática a rumbos diversos, con o sin cambios injustificados de velocidad, desatendiendo, en ambos casos, las indicaciones de los buques o embarcaciones de Estado debidamente identificados, especialmente la indicación de parar y someterse a control.

»vi) La incongruencia manifiesta entre el propósito declarado de la derrota o actividad propuesta y las pertenencias náuticas e incluso de la tripulación o pasajeros que se encuentren a bordo.

»vii) El empleo de equipamientos o materiales que dificulten la detección o identificación de la embarcación o buque de porte menor, tales como pinturas antirradar, dispositivos atenuantes de las señales electrónicas, detectores de radar, así como el empleo de pinturas, estructuras o elementos de camuflaje o que simulen el aspecto

ción estén prohibidos expresamente por tratado o convenio suscrito por España, por disposición con rango de ley o por re-

---

o las marcas identificativas de una embarcación o buque de Estado. El carácter de género prohibido se extenderá a la fabricación, reparación, reforma, circulación, tenencia o comercio de las embarcaciones citadas en el presente apartado, así como a la navegación por cualquier punto de las aguas interiores, mar territorial español o zona contigua.

»2. A los efectos previstos en este real decreto-ley los conceptos de buque, embarcación, así como buque y embarcación de Estado serán los recogidos en la Ley 14/2014, de 24 de julio, de Navegación Marítima. A los mismos efectos, se entenderá por:

»*a*) Buque de porte menor: Aquél de menos de ciento cincuenta toneladas de arqueo neto.

»*b*) Embarcaciones neumáticas o semirrígidas: Aquellas que tengan flotadores rellenables o insuflables o en las que la totalidad o parte de su casco esté constituida por elementos no rígidos.

»*c*) Eslora total: La eslora de casco para embarcaciones de recreo definida en la normativa reguladora de la inspección y certificación de buques civiles.

»*d*) Potencia máxima: La suma de la potencia máxima de cada uno de los motores que equipe la embarcación, medida en kilovatios. Se presumirá, salvo prueba en contrario, que la potencia máxima es la especificada en el certificado de navegabilidad.

»*e*) Operadores de embarcaciones neumáticas y semirrígidas de alta velocidad: Quienes por cualquier título ostenten la posesión legal de las embarcaciones.

3. La calificación como género prohibido no alcanzará a las siguientes embarcaciones neumáticas y semirrígidas:

»*a*) Las adscritas a la defensa nacional.

»*b*) Las que tengan la consideración de buques o embarcaciones de Estado extranjeras que se encuentren legalmente en aguas españolas.

»*c*) Las embarcaciones de las Fuerzas y Cuerpos de Seguridad del Estado y de la Agencia Estatal de Administración Tributaria adscritas al Servicio de Vigilancia Aduanera.

»*d*) Las utilizadas para el cumplimiento de sus fines por los demás órganos del Estado, comunidades y ciudades autónomas, entidades locales o por organismos públicos vinculados o dependientes de los mismos, así como las adscritas a organizaciones internacionales reconocidas como tales en el Reino de España.

»*e*) Las embarcaciones auxiliares, cualquiera que sea su eslora, que se encuentren efectiva y exclusivamente afectas al servicio de una embarcación principal.

»*f*) Las embarcaciones distintas de las previstas en la letra *c*) que se encuentren afectas a salvamento y asistencia marítima.

»*g*) Las utilizadas para navegación interior por lagos, ríos y aguas fuera de los espacios marítimos españoles.

»*h*) Las afectas al ejercicio de actividades empresariales, deportivas, de investigación o formación.

»*i*) Las de recreo destinadas a uso privado que cumplan los requisitos reglamentariamente establecidos en materia de seguridad, técnicos y de comercialización. En los supuestos previstos en las letras *f*), *g*), *h*) e *i*) anteriores la exclusión de la calificación como género prohibido requerirá como condición previa la inscripción del operador en el Registro Especial de Operadores de Embarcaciones Neumáticas y Semirrígidas de Alta Velocidad y la autorización de uso e inscripción en el mismo Registro de cada una de las embarcaciones en que concurra alguna de las circunstancias previstas en el

glamento de la Unión Europea. El carácter de prohibido se limitará para cada género a la realización de la actividad o activi-

apartado 1, letra *a*), previa solicitud formulada por el operador. A los efectos de este real decreto-ley, la afectación a los usos previstos en las letras *f*), *g*), *h*) e *i*) habrá, en todo caso, ser efectiva y exclusiva en relación con uno o varios de dichos usos. La transmisión de la propiedad o la cesión de uso de las embarcaciones contempladas en la letra *a*) del apartado 1, cualquiera que sea el título por el que se realicen o el procedimiento judicial o administrativo como consecuencia del cual se produzcan, requerirá que las mismas se destinen efectiva y exclusivamente a la realización de alguna de las actividades enumeradas en las letras *a*) a *i*) y que los adquirentes o cesionarios que pretendan utilizar las embarcaciones para los usos contemplados en las letras *f*), *g*), *h*) e *i*), acrediten ante los transmitentes o cedentes que se encuentran debidamente inscritos en el Registro Especial de Operadores de Embarcaciones Neumáticas y Semirrígidas de Alta Velocidad y que han obtenido la autorización de uso e inscripción en el Registro de la embarcación.

»4. Se crea el Registro Especial de Operadores de Embarcaciones Neumáticas y Semirrígidas de Alta Velocidad, el cual será único para todo el territorio español y se ubicará en la Agencia Estatal de Administración Tributaria, a la que corresponderá la gestión y mantenimiento del mismo.

»5. Los procedimientos de inscripción y autorización, tanto para los operadores nacionales como extranjeros, se realizarán por vía electrónica.

»6. Tendrán acceso a la información contenida en el Registro Especial de Operadores de Embarcaciones Neumáticas y Semirrígidas de Alta Velocidad, que podrán ser cedidos sin consentimiento del interesado, el Departamento de Aduanas e Impuestos Especiales de la Agencia Estatal de Administración Tributaria, las Fuerzas y Cuerpos de Seguridad con competencias en la investigación de los delitos de terrorismo, crimen organizado y contrabando, el Centro Nacional de Inteligencia y la Dirección General de la Marina Mercante, integrada en el Ministerio de Fomento.

»7. La autorización de uso de las embarcaciones podrá establecer, para cada una de ellas, el ámbito geográfico a que se extiende, así como las condiciones que se juzguen necesarias para garantizar el uso exclusivo de la embarcación para la actividad o actividades a que se extiende la autorización, incluida en su caso la obligación de instalar dispositivos de localización.

»8. El incumplimiento de las condiciones de la autorización de uso e inscripción determinará la calificación de la embarcación como género prohibido a efectos de lo previsto en el apartado 12 del artículo 1 y en la letra *b*) del apartado 2 del artículo 2, ambos de la Ley Orgánica 12/1995, de 12 de diciembre, de Represión del Contrabando.

»9. La inspección y control de los operadores y de las embarcaciones para el cumplimiento de las obligaciones previstas en este artículo se extenderá a todo el territorio nacional, incluido el mar territorial, las aguas interiores y la zona contigua, y se llevará a cabo en los términos previstos en la Ley Orgánica 12/1995, de 12 de diciembre, de Represión del Contrabando y en su normativa de desarrollo.

»10. Reglamentariamente se regulará el Registro Especial de Operadores de Embarcaciones Neumáticas y Semirrígidas de Alta Velocidad, el procedimiento y los criterios aplicables para la inscripción de operadores y la autorización de uso de embarcaciones, el régimen de utilización, circulación y tenencia de las embarcaciones neumáticas y semirrígidas de alta velocidad, así como las normas necesarias para la adecuada coordinación del Registro Especial de Operadores de Embarcaciones Neumáticas y Semirrígidas de Alta Velocidad con el Registro de Buques y Empresas Navieras».

dades que de modo expreso se determinen en la norma que establezca la prohibición y por el tiempo que la misma señale.

13. «Material de defensa»: los productos y tecnologías sometidos a autorización de conformidad con lo establecido en la Ley 53/2007, de 28 de diciembre, sobre el control del comercio exterior de material de defensa y de doble uso, y en las sucesivas disposiciones legales o reglamentos de la Unión Europea.

14. «Productos y tecnologías de doble uso»: los productos y tecnologías sometidos a autorización de conformidad con lo establecido en el Reglamento (CE) número 428/2009, del Consejo, de 5 de mayo de 2009, por el que se establece un régimen comunitario de control de las exportaciones, la transferencia, el corretaje y el tránsito de productos de doble uso, y en la Ley 53/2007, de 28 de diciembre, sobre el control del comercio exterior de material de de-

---

La Disp. Adic. 2.ª de la Ley 11/2021, de 9 de julio (*BOE* n.º 164, de 10 de julio), de medidas de prevención y lucha contra el fraude fiscal, ha determinado también que «tendrán la consideración de géneros prohibidos, a efectos de lo previsto en la Ley Orgánica 12/1995, de 12 de diciembre, de Represión del Contrabando, las máquinas clasificadas en el código 8478 de la Nomenclatura Combinada establecida por el Reglamento (CEE) 2658/87 del Consejo, de 23 de julio de 1987, aptas para la fabricación de labores del tabaco.

El carácter de género prohibido alcanzará a la adquisición o tenencia de las máquinas cuando las mismas no se realicen por un fabricante de labores del tabaco, incluidas las que realicen primera transformación, o no tengan lugar en el ejercicio de una actividad que las justifique. Se consideran actividades que justifiquen la adquisición o tenencia de las máquinas a las que se refiere este apartado, la fabricación, comercialización y transporte de las mismas, siempre que quienes las lleven a cabo se encuentren, en su caso, debidamente habilitados o registrados de acuerdo con los establecido por la normativa reguladora del Mercado de Tabacos y puedan acreditar que el destino de estas operaciones es la venta o entrega a comercializadores de las citadas máquinas, a fabricantes de labores del tabaco, o su expedición con destino a un territorio situado fuera del territorio español».

Art. 1.º13: V. Ley 53/2007, de 28 de diciembre (*BOE* n.º 312, de 29 de diciembre), sobre el control del comercio exterior de material de defensa y de doble uso.

V. también RD 1.631/1992, de 29 de diciembre, por el que se establecen restricciones a la circulación de material de defensa (*BOE* n.º 1, de 1 de enero de 1993), así como la Orden de 17 de mayo de 1994, por la que se desarrolla el art. 3.º de dicho RD (*BOE* n.º 119, de 19 de mayo), y, finalmente, RD 679/2014, de 1 de agosto (*BOE* n.º 207, de 26 de agosto), por el que se aprueba el Reglamento de control del comercio exterior de material de defensa, de otro material y de productos y tecnologías de doble uso, cuyos Anexos han sido modificados por Orden ICT/657/2018, de 13 de junio (*BOE* n.º 149, de 20 de junio); Orden ICT/697/2019, de 25 de junio (*BOE* n.º 153, de 27 de junio).

Art. 1.º14: V. el extenso Anexo III del RD citado en nota al apartado precedente, en el que se contiene un exhaustivo listado de productos y tecnologías industriales, nucleares y relativos a la proliferación de armas químicas y biológicas (precursores de armas químicas, equipos químicos, agentes biológicos, agentes patógenos para el hombre, agentes patógenos para los animales, y equipos biológicos).

fensa y de doble uso, y en las sucesivas disposiciones legales o reglamentos de la Unión Europea.

15. «Precursores de drogas»: las sustancias y productos susceptibles de ser utilizados en el cultivo, la producción o la fabricación de drogas tóxicas, estupefacientes o sustancias psicotrópicas enumeradas en los cuadros I y II de la Convención de Naciones Unidas, hecha en Viena el 20 de diciembre de 1988, sobre el tráfico ilícito de estupefacientes y sustancias psicotrópicas y cualesquiera otros productos adicionados al mismo Convenio, o en cualesquiera tratados o convenios internacionales sobre el mismo objeto suscritos por España.

16. «Sustancias químicas tóxicas y sus precursores»: las sustancias enumeradas en las listas 1, 2 y 3 de la Convención sobre la prohibición del Desarrollo, la Producción, el Almacenamiento y el Empleo de Armas Químicas y sobre su Destrucción, hecha en París el 13 de enero de 1993, definidas al efecto en su artículo II.

17. «Agentes biológicos o toxinas»: los incluidos en el artículo 1 de la Convención sobre la Prohibición del Desarrollo, la Producción y el Almacenamiento de Armas Bacteriológicas (Biológicas) y Toxínicas y sobre su Destrucción, de 10 de abril de 1972.

18. «Productos que pueden utilizarse para aplicar la pena de muerte o infligir tortura u otros tratos o penas crueles, inhumanos o degradantes»: los incluidos en los anexos II y III del Reglamento (CE) número 1236/2005, del Consejo, de 27 de junio de 2005, sobre el comercio de determinados productos que pueden utilizarse para aplicar la pena de muerte o infligir tortura u otros tratos o penas crueles, inhumanos o degradantes, y los sucesivos reglamentos que lo actualicen.

19. «Mercancías sujetas a medidas de política comercial»: cualquier mercancía distinta de las mencionadas anteriormente para la que, con ocasión de la importación o exportación, se exija el cumplimiento de cualquier requisito de naturaleza no tributaria, como, por ejemplo, autorizaciones, licencias, permisos, homologaciones u obligaciones de etiquetado o circulación, establecidos por normativa nacional o comunitaria.

20. «Deuda aduanera»: la obligación definida como tal en el apartado 13 del artículo 4 del Reglamento (CE) número 450/2008, del Parlamento Europeo y del Consejo, de 23 de abril de 2008, por el que se establece el Código Aduanero Comunitario (Código Aduanero Modernizado).

TÍTULO PRIMERO

Delito de contrabando

Art. 2.º *Tipificación del delito.*—1. Cometen delito de contrabando, siempre que el valor de los bienes, mercancías, géneros o efectos sea igual o superior a 150.000 euros, los que realicen alguno de los siguientes hechos:

a) Importen o exporten mercancías de lícito comercio sin presentarlas para su despacho en las oficinas de aduanas o en los lugares habilitados por la Administración aduanera.

La ocultación o sustracción de cualquier clase de mercancías a la acción de la Administración aduanera dentro de los recintos o lugares habilitados equivaldrá a la no presentación.

b) Realicen operaciones de comercio, tenencia o circulación de mercancías no comunitarias de lícito comercio sin cumplir los requisitos legalmente establecidos para acreditar su lícita importación.

c) Destinen al consumo las mercancías en tránsito con incumplimiento de la normativa reguladora de este régimen aduanero, establecida en los artículos 62, 63, 103, 136, 140, 143, 144, 145, 146 y 147 del Reglamento (CE) número 450/2008, del Parlamento Europeo y del Consejo, de 23 de abril de 2008, por el que se establece el Código Aduanero Comunitario (Código Aduanero Modernizado), y sus disposiciones de aplicación, así como en el Convenio TIR de 14 de noviembre de 1975.

d) Importen o exporten, mercancías sujetas a medida de política comercial sin cumplir las disposiciones vigentes aplicables; o cuando la operación estuviera sujeta a una previa autorización administrativa y ésta fuese obtenida bien mediante su solicitud con datos o documentos falsos en relación con la naturaleza o el destino último de tales productos, o bien de cualquier otro modo ilícito.

e) Obtengan, o pretendan obtener, mediante alegación de causa falsa o de cualquier otro modo ilícito, el levante definido de conformidad con lo establecido en el artículo 123 del Reglamento (CE) número 450/2008, del Parlamento Europeo y del Consejo, de 23 de abril de 2008, por el que se esta-

---

Art. 2.º: Este artículo figura redactado conforme al texto de la LO 6/2011, de 30 de junio (*BOE* n.º 156, de 1 de julio). V. la LO 10/2015, de 10 de septiembre (*BOE* n.º 218, de 11 de septiembre), por la que se regula el acceso y publicidad de determinada información contenida en las sentencias dictadas en materia de fraude fiscal.

blece el Código Aduanero Comunitario (Código Aduanero Modernizado), y sus disposiciones de aplicación o la autorización para los actos a que se refieren los apartados anteriores.

f) Conduzcan en buque de porte menor que el permitido por los reglamentos, salvo autorización para ello, mercancías no comunitarias en cualquier puerto o lugar de las costas no habilitado a efectos aduaneros, o en cualquier punto de las aguas interiores o del mar territorial español o zona contigua.

g) Alijen o transborden de un buque clandestinamente

Art. 2.º1.g): El art. 23 de la Convención de 29 de abril de 1958 sobre la alta mar, a la que España se adhirió el 25 de febrero de 1971 (*BOE* n.º 309, de 27 de diciembre), tiene el siguiente texto:

«1. El Estado ribereño podrá emprender la persecución de un buque extranjero cuando tenga motivos fundados para creer que ha cometido una infracción de sus Leyes y Reglamentos. La persecución habrá de empezar mientras el buque extranjero o una de sus lanchas se encuentre en las aguas interiores o en el mar territorial o en la zona contigua del Estado del buque perseguidor, y podrá continuar fuera del mar territorial o de la zona contigua a condición de que no se haya interrumpido. No es necesario que el buque que da la orden de detenerse a un buque extranjero que navega por el mar territorial o por la zona contigua se encuentre también en ellos en el momento en que el buque interesado reciba dicha orden. Si el buque extranjero se encontrase en una zona contigua, tal como está definida en el artículo 24 de la Convención sobre el Mar Territorial y la Zona Contigua, la persecución no se podrá emprender más que por atentado a los derechos para cuya protección fue creada dicha zona.

»2. El derecho de persecución cesará en el momento en que el buque perseguido entre en el mar territorial del país a que pertenece o en el de una tercera Potencia.

»3. La persecución no se considerará comenzada hasta que el buque perseguidor haya comprobado, por los medios prácticos de que disponga, que el buque perseguido o una de sus lanchas y otras embarcaciones que trabajen en equipo utilizando el buque perseguido como buque madrina se encuentran dentro de los límites del mar territorial o, si es del caso, en la zona contigua. No podrá darse comienzo a la persecución mientras no se haya emitido la señal de detenerse, visual o auditiva, desde una distancia que permita al buque interesado oírla o verla.

»4. El derecho de persecución sólo podrá ser ejercido por buques de guerra o por aeronaves militares, o por otros buques o aeronaves, destinados al servicio de un Gobierno y especialmente autorizados a tal fin.

»5. Cuando la persecución sea efectuada por una aeronave:

»*a*) Las disposiciones de los párrafos 1 a 3 de este artículo se aplicarán *mutatis mutandis* a esta forma de persecución.

»*b*) La aeronave que haya dado la orden de detención habrá de continuar activamente la persecución del buque hasta que un buque o aeronave del Estado ribereño llamado por ella llegue y la continúe, salvo si la aeronave puede por sí sola detener al buque. Para justificar la visita y registro de un buque en alta mar no basta que la aeronave lo haya descubierto cometiendo una infracción, o que tenga sospechas de que la ha cometido, si no le ha dado la orden de detenerse y no ha emprendido la persecución o no lo han hecho otras aeronaves o buques que continúan la persecución sin interrupción.

»6. Cuando el buque sea detenido en un lugar sometido a la jurisdicción de un Estado y escoltado hacia un puerto de este Estado a los efectos de una investigación

cualquier clase de mercancías, géneros o efectos dentro de las aguas interiores o del mar territorial español o zona contigua, o en las circunstancias previstas por el artículo 111 de la Convención de Naciones Unidas sobre el Derecho del Mar, hecha en Montego Bay, Jamaica, el 10 de diciembre de 1982.

2. Cometen delito de contrabando, siempre que el valor de los bienes, mercancías, géneros o efectos sea igual o superior a 50.000 euros, los que realicen alguno de los siguientes hechos:

a) Exporten o expidan bienes que integren el Patrimonio Histórico Español sin la autorización de la Administración competente cuando ésta sea necesaria, o habiéndola obtenido bien mediante su solicitud con datos o documentos falsos en relación con la naturaleza o el destino último de tales productos o bien de cualquier otro modo ilícito.

b) Realicen operaciones de importación, exportación, comercio, tenencia, circulación de:

Géneros estancados o prohibidos, incluyendo su producción o rehabilitación, sin cumplir los requisitos establecidos en las leyes.

Especímenes de fauna y flora silvestres y sus partes y productos, de especies recogidas en el Convenio de Washington, de 3 de marzo de 1973, o en el Regla-

---

por las autoridades competentes, no se podrá exigir que sea puesto en libertad por el solo hecho de que el buque y su escolta hayan atravesado una parte de alta mar, si las circunstancias han impuesto dicha travesía.

»7. Cuando un buque sea interceptado o detenido en alta mar en circunstancias que no justifiquen el ejercicio del derecho de persecución, se le resarcirá todo perjuicio o daño que haya sufrido por dicha detención o intercepción.»

Art. 2.º2.a): V. Convención de 17 de noviembre de 1970 sobre las medidas que deben adoptarse para prohibir e impedir la importación, la exportación y la transferencia de propiedad ilícita de bienes culturales, ratificada por Instrumento de 13 de diciembre de 1985 (*BOE* n.º 31, de 5 de febrero de 1986); Ley 13/1985, de 25 de junio, del Patrimonio Histórico Español (*BOE* n.º 155, de 19 de junio), desarrollada parcialmente por RD 111/1986, de 10 de enero (*BOE* n.º 24, de 28 de enero), modificado por RD 64/1994, de 11 de enero (*BOE* n.º 51, de 2 de marzo); Ley 36/1994, de 23 de diciembre, de incorporación al ordenamiento jurídico español de la Directiva 93/7/CEE, del Consejo, de 15 de marzo de 1993, relativa a la restitución de bienes culturales que hayan salido de forma ilegal del territorio de un Estado miembro de la Unión Europea (*BOE* n.º 307, de 24 de diciembre), parcialmente modificada por Ley 18/1998, de 15 de junio (*BOE* n.º 143, de 16 de junio), y por RD 211/2002, de 22 de febrero (*BOE* n.º 52, de 1 de marzo); y Convenio de UNIDROIT sobre bienes culturales robados o exportados ilegalmente, hecho en Roma el 24 de junio de 1995, ratificado por Instrumento de 9 de mayo de 2002 (*BOE* n.º 248, de 16 de octubre de 2002). V., también, art. 282 bis LECr., reproducido en nota al art. 368 de este Código.

Art. 2.º2.b): El Convenio de Washington, citado en el texto, fue publicado en el *BOE* el 30 de julio de 1986, y existen modificaciones y correcciones de errores en *BOE* de fechas 10 de agosto de 1991 y 27 de febrero y 29 y 30 de abril de 1996.

mento (CE) número 338/1997 del Consejo, de 9 de diciembre de 1996, sin cumplir los requisitos legalmente establecidos.

c) Importen, exporten, introduzcan, expidan o realicen cualquier otra operación sujeta al control previsto en la normativa correspondiente referido a las mercancías sometidas al mismo por alguna de las disposiciones siguientes:

1.º La normativa reguladora del comercio exterior de material de defensa, de otro material o de productos y tecnologías de doble uso sin la autorización a la que hace referencia el capítulo II de la Ley 53/2007, o habiéndola obtenido bien mediante su solicitud con datos o documentos falsos en relación con la naturaleza o el destino último de tales productos o bien de cualquier otro modo ilícito.

2.º El Reglamento (CE) número 1236/2005 del Consejo, de 27 de junio de 2005, sobre el comercio de determinados productos que pueden utilizarse para aplicar la pena de muerte o infligir tortura u otros tratos o penas crueles, inhumanos o degradantes con productos incluidos en el anexo III del citado Reglamento, sin la autorización a la que hace referencia el capítulo II de la Ley 53/2007, o habiéndola obtenido bien mediante su solicitud con datos o documentos falsos en relación con la naturaleza o el destino último de tales productos o bien de cualquier otro modo ilícito.

3.º La normativa reguladora del comercio exterior de precursores de drogas sin las autorizaciones a las que se refiere el Reglamento (CE) número 111/2005 del Consejo, de 22 de diciembre de 2004, por el que se establecen normas para la vigilancia del comercio de precursores de drogas entre la Comunidad y terceros países, o habiéndolas obtenido bien mediante su solicitud con datos o documentos falsos en relación con la naturaleza o el destino de tales productos o bien de cualquier otro modo ilícito.

d) Obtengan, o pretendan obtener, mediante alegación de causa falsa o de cualquier otro modo ilícito, el levante definido de conformidad con lo establecido en el artículo 123 del Reglamento (CE) número 450/2008, del Parlamento Europeo y del Consejo, de 23 de abril de 2008, por el que se establece el Código Aduanero Comunitario (Código Aduanero Modernizado), y sus disposiciones de aplicación.

3. Cometen, asimismo, delito de contrabando quienes realicen alguno de los hechos des-

---

Art. 2.º2.c): V. nota al art. 1.º13 y 1.º14 de esta misma Ley.

critos en los apartados 1 y 2 de este artículo, si concurre alguna de las circunstancias siguientes:

a) Cuando el objeto del contrabando sean drogas tóxicas, estupefacientes, sustancias psicotrópicas, armas, explosivos, agentes biológicos o toxinas, sustancias químicas tóxicas y sus precursores, o cualesquiera otros bienes cuya tenencia constituya delito, o cuando el contrabando se realice a través de una organización, con independencia del valor de los bienes, mercancías o géneros.

b) Cuando se trate de labores de tabaco cuyo valor sea igual o superior a 15.000 euros.

4. También comete delito de contrabando quien, en ejecución de un plan preconcebido o aprovechando idéntica ocasión, realizare una pluralidad de acciones u omisiones previstas en los apartados 1 y 2 de este artículo en las que el valor de los bienes, mercancías, géneros o efectos aisladamente considerados no alcance los límites cuantitativos de 150.000, 50.000 ó 15.000 euros establecidos en los apartados anteriores de este artículo, pero cuyo valor acumulado sea igual o superior a dichos importes.

5. Las anteriores conductas serán igualmente punibles cuando se cometan por imprudencia grave.

6. Las personas jurídicas serán penalmente responsables en relación con los delitos tipificados en los apartados anteriores cuando en la acción u omisión en ellos descritas concurran las circunstancias previstas en el artículo 31 bis de la Ley Orgánica 10/1995, de 23 de diciembre, del Código Penal y en las condiciones en él establecidas.

7. Asimismo, cuando el delito se cometa en el seno, en colaboración, a través o por medio de empresas, organizaciones, grupos, entidades o agrupaciones carentes de personalidad jurídica, le será de aplicación lo previsto en el artículo 129 de la Ley Orgánica 10/1995, de 23 de diciembre, del Código Penal.

Art. 3.º *Penalidad.*—1. Los que cometieren el delito de contrabando serán castigados con las penas de prisión de uno a cinco años y multa del tanto al séxtuplo del valor de los bienes, mercancías, géneros o efectos.

En los casos previstos en las letras *a*), *b*) y *e*), salvo en esta última para los productos de la letra *d*), del artículo 2.1 las penas se impondrán en su mitad inferior. En los demás casos previstos en el artículo 2 las pe-

---

Art. 3.º: Este artículo figura redactado conforme al texto de la LO 6/2011, de 30 de junio (*BOE* n.º 156, de 1 de julio).

nas se impondrán en su mitad superior.

En los casos de comisión imprudente se aplicará la pena inferior en un grado.

2. Se impondrá la pena superior en un grado cuando el delito se cometa por medio o en beneficio de personas, entidades u organizaciones de cuya naturaleza o actividad pudiera derivarse una facilidad especial para la comisión del mismo.

3. Cuando proceda la exigencia de responsabilidad penal de una persona jurídica de acuerdo con lo establecido en el artículo 2.6, y tras aplicar los criterios establecidos en los apartados 1 y 2 de este artículo, se impondrá la pena siguiente:

a) En todos los casos, multa proporcional del duplo al cuádruplo del valor de los bienes, mercancías, géneros o efectos objeto del contrabando, y prohibición de obtener subvenciones y ayudas públicas para contratar con las Administraciones públicas y para gozar de beneficios e incentivos fiscales o de la Seguridad Social por un plazo de entre uno y tres años.

b) Adicionalmente, en los supuestos previstos en el artículo 2.2, suspensión por un plazo de entre seis meses y dos años de las actividades de importación, exportación o comercio de la categoría de bienes, mercancías, géneros o efectos objeto del contrabando; en los supuestos previstos en el artículo 2.3, clausura de los locales o establecimientos en los que se realice el comercio de los mismos.

Art. 4.º *Responsabilidad civil.*—En los procedimientos por delito de contrabando la responsabilidad civil comprenderá la totalidad de la deuda tributaria no ingresada que la Administración Tributaria no haya podido liquidar por prescripción o por alguna de las causas previstas en el artículo 251.1 de la Ley 58/2003, de 17 de diciembre, General Tributaria, incluidos sus intereses de demora.

Cuando pudiera practicarse la liquidación de la deuda tributaria se observarán las reglas contenidas en la disposición adicional cuarta de esta Ley.

Respecto de la deuda aduanera se estará, asimismo, a lo previsto en la citada disposición adicional cuarta.

Art. 4.º: Este artículo figura redactado conforme al texto de la Ley 34/2015, de 21 de septiembre (*BOE* n.º 227, de 22 de septiembre; corrección de errores en *BOE* n.º 231, de 26 de septiembre), de modificación parcial de la Ley 58/2003, de 17 de diciembre, General Tributaria.

Art. 4.º bis. *Ejecución de la pena de multa y de la responsabilidad civil.*—Para la ejecución de la pena de multa y de la responsabilidad civil, los jueces y tribunales recabarán el auxilio de los servicios de la Administración Tributaria, que las exigirá por el procedimiento administrativo de apremio en los términos establecidos en la Ley General Tributaria.

Art. 5.º *Comiso.*—1. Toda pena que se impusiere por un delito de contrabando llevará consigo el comiso de los siguientes bienes, efectos e instrumentos:

a) Las mercancías que constituyan el objeto del delito.

b) Los materiales, instrumentos o maquinaria empleados en la fabricación, elaboración, transformación o comercio de los géneros estancados o prohibidos.

c) Los medios de transporte con los que se lleve a efecto la comisión del delito, salvo que pertenezcan a un tercero que no haya tenido participación en éste y el Juez o el Tribunal competente estime que dicha pena accesoria resulta desproporcionada en atención al valor del medio de transporte objeto del comiso y al importe de las mercancías objeto del contrabando.

d) Las ganancias obtenidas del delito, cualesquiera que sean las transformaciones que hubieran podido experimentar.

e) Cuantos bienes y efectos, de la naturaleza que fueren, hayan servido de instrumento para la comisión del delito.

2. Si, por cualquier circunstancia, no fuera posible el comiso de los bienes, efectos o instrumentos señalados en el apartado anterior, se acordará el comiso por un valor equivalente de otros bienes que pertenezcan a los criminalmente responsables del delito.

3. No se procederá al comiso de los bienes, efectos e instrumentos del contrabando cuando éstos sean de lícito comercio y sean propiedad o hayan sido adquiridos por un tercero de buena fe.

4. El Juez o Tribunal deberá ampliar el comiso a los efectos, bienes, instrumentos y ganancias procedentes de actividades delictivas cometidas en el marco de una organización o grupo criminal. A estos efectos, se entenderá que proviene de la actividad delictiva el patrimonio de todas y cada una de las perso-

---

Art. 4.º bis: Este artículo fue introducido por la LO 6/2011, de 30 de junio (*BOE* n.º 156, de 1 de julio).

Art. 5.º: Este artículo figura redactado conforme al texto de la LO 6/2011, de 30 de junio (*BOE* n.º 156, de 1 de julio).

nas condenadas por delitos cometidos en el seno de la organización o grupo criminal cuyo valor sea desproporcionado con respecto a los ingresos obtenidos legalmente por cada una de dichas personas.

5. El Juez o Tribunal podrá acordar el comiso previsto en los apartados anteriores de este artículo aun cuando no se imponga pena a alguna persona por estar exenta de responsabilidad criminal o por haberse ésta extinguido, en este último caso, siempre que quede demostrada la situación patrimonial ilícita.

6. Los bienes, efectos e instrumentos definitivamente decomisados por sentencia se adjudicarán al Estado. Los bienes de lícito comercio serán enajenados por la Agencia Estatal de Administración Tributaria, con excepción de los bienes de lícito comercio decomisados por delito de contrabando de drogas tóxicas, estupefacientes y sustancias psicotrópicas, o de precursores de las mismas, tipificados en el artículo 2.3.*a*) de esta Ley Orgánica, en cuyo caso, la enajenación o la determinación de cualquier otro destino de los mismos corresponderá a la Mesa de Coordinación de Adjudicaciones, conforme a lo dispuesto en el artículo 6.2.*a*) y *c*) de la Ley 17/2003, de 29 de mayo, por la que se regula el Fondo de bienes decomisados por tráfico ilícito de drogas y otros delitos relacionados, y en su normativa reglamentaria de desarrollo.

Art. 6.º *Intervención de bienes no monopolizados.*—1. El Juez o Tribunal acordarán la intervención de los bienes, efectos e instrumentos a que se refiere el artículo anterior, a resultas de lo que se decida en la resolución que ponga término al proceso.

2. La autoridad judicial, en atención a las circunstancias del hecho y a las de sus presuntos responsables, podrá designar a éstos como depositarios de los bienes, efectos e instrumentos intervenidos, con prestación, en su caso, de la garantía que se establezca.

3. La autoridad judicial podrá acordar, asimismo, que, mientras se sustancia el proceso, los bienes, efectos e instrumentos intervenidos se utilicen provisionalmente por las fuerzas o servicios encargados de la persecución del contrabando.

Art. 7.º *Enajenación anticipada.*—1. Los bienes, efectos e instrumentos intervenidos podrán ser enajenados, si éste fuere su destino final procedente, sin esperar al pronunciamiento o firmeza del fallo en los siguientes casos:

a) Cuando su propietario haga expreso abandono de ellos.

b) Cuando la autoridad judicial estime que su conservación pueda resultar peligrosa para la salud o seguridad pública o dar lugar a disminución importante de su valor. Se entenderán comprendidos en este apartado las mercancías, géneros o efectos que sin sufrir deterioro material se deprecian por el transcurso del tiempo.

2. La enajenación a la que se refiere este artículo será ordenada por la autoridad judicial. A tal efecto se procederá a la valoración de las mercancías, géneros o efectos, cuando ésta no estuviere practicada, en la forma prevista en esta Ley.

3. El importe de la enajenación, deducidos los gastos ocasionados, quedará en depósito a resultas del correspondiente proceso penal.

Art. 8.º *Adscripción de los bienes, efectos e instrumentos intervenidos.*—El uso de los bienes, efectos e instrumentos intervenidos que no sean enajenables quedarán adscritos a las fuerzas o servicios encargados de la persecución del contrabando de acuerdo con lo que prevea la legislación específica aplicable a esta materia.

Art. 9.º *Mercancías de monopolio.*—1. Cuando las mercancías aprehendidas sean de las comprendidas en los monopolios públicos, la autoridad judicial a cuya disposición se hayan colocado procederá en la forma que indiquen las disposiciones reguladoras de dichos monopolios.

2. La autoridad judicial podrá autorizar la realización de actos de disposición por parte de las compañías gestoras de los monopolios respecto a las mercancías o géneros que hayan sido aprehendidos a reserva de la pertinente indemnización, si hubiese lugar a ella, según el contenido de la sentencia firme.

Art. 10. *Valoración de los bienes.*—La fijación del valor de los bienes, mercancías, géneros o efectos objeto de contrabando se hará conforme a las siguientes reglas:

1. Si se trata de géneros estancados, por el precio máximo de venta al público. De no estar señalado dicho precio, se adoptará la valoración establecida para la clase más similar. Si no fuera posible la asimilación, el juez fijará la valoración previa tasación pericial.

2. Para la valoración de los bienes, géneros y efectos comprendidos en las letras *a*) y *b*) del artículo 2.2 así como para la de los delitos de ilícito comer-

Art. 10: Este artículo figura redactado conforme al texto de la LO 6/2011, de 30 de junio (*BOE* n.º 156, de 1 de julio).

cio, el juez recabará de las Administraciones competentes el asesoramiento y los informes que estime necesarios.

3. Cuando los bienes, géneros o efectos sean objeto de importación o exportación y no se encuentren comprendidos en los apartados 1 y 2 anteriores, su valor será el precio medio declarado a las autoridades aduaneras de los productos semejantes clasificados en la subpartida a nivel de ocho dígitos y, en su defecto, a nivel de seis o cuatro dígitos de la nomenclatura prevista en el Reglamento (CEE) n.º 2658/1987 del Consejo, de 23 de julio de 1987, relativo a la nomenclatura arancelaria y estadística y al arancel aduanero común, y en función de su tipo de operación.

4. En el resto de los casos, su precio oficial o, en su defecto, el precio medio de mercado español de bienes semejantes o el valor de venta, siempre que fuese superior al de compra o al coste de producción incrementados, en su caso, con el índice general de precios al consumo desde la fecha de compra o producción, y siempre que entre ese momento y la realización del delito hubiese transcurrido más de un año natural. El índice aplicable será el correspondiente a cada uno de los años naturales. Se aplicará el valor de compra o el coste de producción con el incremento indicado cuando razonablemente no pueda determinarse el valor de venta.

5. El valor se determinará en relación con la fecha de realización del ilícito o, de no conocerse ésta, en relación con el descubrimiento del ilícito o aprehensión de los bienes, géneros o efectos. A efectos de la determinación del precio medio, se tomará el mes natural anterior a la fecha fijada en el párrafo anterior.

....

DISPOSICIONES ADICIONALES

1.ª *Organización funcional.*—1. Las autoridades, los funcionarios y fuerzas a quienes está encomendada la persecución y el descubrimiento del contrabando continuarán desempeñando sus cometidos, con los derechos y facultades que, para la investigación, persecución y represión de estas conductas, han venido ostentando desde su creación.

El Servicio de Vigilancia Aduanera, en la investigación, persecución y represión de los delitos de contrabando, actuará en coordinación con las Fuerzas y Cuerpos de Seguridad del Estado y tendrá, a todos los efectos legales, carácter colaborador de los mismos.

2. Los órganos de la Administración aduanera de la Agencia Estatal de Administración Tributaria, a requerimiento de los organismos y servicios encargados de la persecución del contrabando, podrán autorizar, sin interferencias obstativas, la salida de mercancías de los recintos o lugares habilitados por la Administración aduanera, a fin de facilitar las investigaciones encaminadas al descubrimiento del contrabando.

3. Con idéntico fin los organismos y servicios encargados de la persecución del contrabando podrán establecer contactos e intercambiar información con otros servicios homólogos nacionales o internacionales.

2.ª *Presupuestos de la Agencia Estatal de Administración Tributaria.*—1. La Agencia Estatal de Administración Tributaria podrá consignar en sus presupuestos partidas específicamente destinadas a operaciones confidenciales relacionadas con la persecución de los delitos que tenga encomendada.

2. La fiscalización y control de estas partidas se llevará a cabo mediante el procedimiento que establezca la Intervención General de la Administración del Estado, en el que se regulará en todo caso la confidencialidad antes indicada.

Del resultado de la fiscalización y control referidos se dará traslado al Tribunal de Cuentas.

3.ª *Información que deben suministrar las compañías de transporte.*—1. Con el fin de combatir el trafico ilegal de mercancías y capitales así como para garantizar la seguridad de la cadena logística, las personas físicas o entidades que realicen operaciones de transporte estarán obligadas, en el momento de finalización del embarque y antes de la salida del medio de transporte, a remitir a las autoridades aduaneras españolas la información relativa a los pasajeros que vayan a ser embarcados en países o territorios que no formen parte del Territorio Aduanero Comunitario para ser trasladados, sea por vía aérea, marítima o terrestre, al territorio español, con independencia de que el transporte sea en tránsito o como destino final.

Disp. Adic. 2.ª: Esta disposición figura redactada conforme al texto de la LO 6/2011, de 30 de junio (*BOE* n.º 156, de 1 de julio).

Disp. Adic. 3.ª: Esta disposición fue introducida por la LO 6/2011, de 30 de junio (*BOE* n.º 156, de 1 de julio).

Cuando se trate de embarcaciones de recreo, incluidas las de la lista 6.ª del Registro de Matrícula previsto en el artículo 4 del Real Decreto 1.027/1989, de 28 de julio, sobre abanderamiento, matriculación de buques y registro marítimo, la información sobre los pasajeros y todas las personas que se encuentren a bordo de las mismas en el momento de arribar, incluidos los tripulantes, a que se refiere esta disposición deberá ser proporcionada, en todo caso, por los capitanes o comodoros de las citadas embarcaciones. En caso de incumplimiento de esta obligación y sin perjuicio de la exigencia de la responsabilidad que de ello pudiera derivarse, esta información será exigible a los directores o responsables de los puertos, marinas o clubes náuticos a los que dichas embarcaciones arriben.

2. La información será comprensiva del nombre y apellidos de cada pasajero, de su fecha de nacimiento, nacionalidad, número de pasaporte o del documento de viaje que acredite su identidad y tipo del mismo, forma de pago, importe del billete, fecha de compra, puntos o escalas intermedias y medio de contratación.

3. La información obtenida deberá ser eliminada de los archivos y registros por las autoridades aduaneras en un plazo no superior a noventa días, salvo que con anterioridad se hubiese iniciado algún procedimiento de investigación judicial o administrativa sobre determinados viajeros.

4. El incumplimiento de esta obligación de suministro de información será sancionado de conformidad con lo previsto en el Título IV de la Ley 58/2003, de 17 de diciembre, General Tributaria, y, en particular, en su artículo 198.

4.ª *Liquidación de la deuda aduanera y tributaria en relación con los delitos de contrabando y medidas cautelares y competencias de investigación patrimonial en tales delitos.*—1. La liquidación de la deuda tributaria, cuando pueda practicarse por no concurrir causa que lo impida de conformidad con lo establecido en el artículo 4 de esta Ley, se sujetará a las reglas del procedimiento administrativo que se inicie o se hubiera iniciado para su práctica y podrá procederse a su ejecución por el procedimiento administrativo de apremio. La

---

Disp. Adic. 4.ª: Esta disposición fue introducida por la Ley 34/2015, de 21 de septiembre (*BOE* n.º 227, de 22 de septiembre; corrección de errores en *BOE* n.º 231, de 26 de septiembre), de modificación parcial de la Ley 58/2003, de 17 de diciembre, General Tributaria.

liquidación y los actos de gestión recaudatoria podrán impugnarse en vía administrativa y contencioso-administrativa conforme a las reglas generales.

La liquidación tendrá la consideración de provisional y la Administración procederá a su anulación cuando los hechos declarados en la resolución que ponga fin al procedimiento penal determinen la inexistencia del hecho imponible.

Cuando los hechos indicados en el párrafo anterior determinen la modificación de la liquidación practicada, subsistirá el acto inicial, que será rectificado de acuerdo con los mismos, sin que se vea afectada la validez de las actuaciones recaudatorias realizadas respecto de la cuantía no afectada por aquéllos.

2. El pase del tanto de culpa a la jurisdicción competente o la remisión del expediente al Ministerio Fiscal no impedirá que se practique la liquidación de la deuda aduanera y que se lleve a efecto su recaudación por el procedimiento de apremio, con sujeción a las siguientes reglas:

a) La liquidación podrá practicarse y notificarse dentro del plazo de prescripción del delito de contrabando cuando la Administración proceda o haya procedido a denunciar los hechos y tenga a su disposición todos los elementos necesarios para la práctica de dicha liquidación.

b) Cuando la Administración no dispusiera de todos los elementos necesarios para practicar la liquidación, o esta pudiese perjudicar de cualquier forma la investigación o comprobación de la defraudación, el plazo será de tres años contados desde que se hubiere notificado la resolución judicial firme que ponga fin al procedimiento penal, o desde el momento en que la autoridad judicial incoe la causa sin secreto para las partes.

c) Las liquidaciones y los actos de gestión recaudatoria se sujetarán a las normas del procedimiento administrativo aplicable y serán recurribles en vía administrativa y contencioso-administrativa conforme a lo previsto en dichas normas.

d) Las liquidaciones que se practiquen antes de que se hubiera dictado resolución firme en el procedimiento penal tendrán el carácter de provisionales y serán anuladas por la Administración cuando los hechos declarados probados sean determinantes de la inexistencia del hecho imponible.

Cuando los hechos indicados en el párrafo anterior determinen la modificación de la liquidación practicada, subsistirá el acto inicial, que será rectificado de acuerdo con los mismos, sin que se vea afectada la validez de las actuaciones recaudatorias realizadas respecto de la cuantía no afectada por aquéllos.

3. Se aplicarán al delito de contrabando las previsiones contenidas en el artículo 81.8 y en la disposición adicional decimonovena de la Ley 58/2003, de 17 de noviembre, General Tributaria.

DISPOSICIÓN TRANSITORIA

Única. *Retroactividad.*— 1. Los preceptos contenidos en la presente Ley tendrán efectos retroactivos, en cuanto favorezcan a los responsables de los actos constitutivos de contrabando a que la misma se refiere, en los términos establecidos en el Código Penal.

2. Igual eficacia retroactiva tendrán las disposiciones sancionadoras previstas en esta Ley, conforme a lo dispuesto en el artículo 128.2 de la Ley 30/1992, de 26 de noviembre, de Régimen Jurídico de las Administraciones Públicas y del Procedimiento Administrativo Común.

DISPOSICIÓN DEROGATORIA

Única. 1. Quedan derogados la Ley Orgánica 7/1982, de 13 de julio, que modifica la legislación vigente en materia de contrabando y regula los delitos e infracciones administrativas en la materia; el artículo primero de la Ley Orgánica 3/1992, de 30 de abril, que establece supuestos de contrabando en materia de exportación de material de defensa o de doble uso, y cuantas disposiciones de igual o inferior rango se opongan a lo establecido en esta Ley.

2. En tanto que por el Gobierno no se aprueben las disposiciones reglamentarias de desarrollo de la presente Ley, el Real Decreto 971/1983, de 16 de febrero, que desarrolla el Título II de la Ley Orgánica 7/1982, de 13 de julio, continuará en vigor en todo aquello que no se oponga a la presente Ley.

DISPOSICIONES FINALES

1.ª *Normativa supletoria.*— 1. En lo no previsto en el Título I de la presente Ley se aplicará supletoriamente el Código Penal.

2. En lo no previsto en el Título II de la presente Ley se aplicarán supletoriamente las disposiciones reguladoras del

régimen tributario general y, en concreto, la Ley General Tributaria, así como subsidiariamente la Ley 30/1992, de 26 de noviembre, de Régimen Jurídico de las Administraciones Públicas y del Procedimiento Administrativo Común.

2.ª *Carácter de la Ley.*—El artículo 4 del Título I, los preceptos contenidos en el Título II, así como los apartados 2 y 3 de la disposición adicional primera, la disposición adicional cuarta, el apartado 2 de la disposición transitoria única y el apartado 2 de la disposición final primera de la presente Ley tienen el carácter de Ley ordinaria.

3.ª *Entrada en vigor.*—La presente Ley entrará en vigor el día siguiente al de su publicación en el *Boletín Oficial del Estado.*

Disp. Final 2.ª: Esta disposición está redactada conforme al texto de la LO 10/2015, de 10 de septiembre (*BOE* n.º 218, de 11 de septiembre), por la que se regula el acceso y publicidad de determinada información contenida en las sentencias dictadas en materia de fraude fiscal.

APÉNDICE 4

LEY 4/1985, DE 21 DE MARZO, DE EXTRADICIÓN PASIVA

(*BOE* n.º 73, de 26 de marzo de 1985; corrección de errores en *BOE* n.º 90, de 15 de abril)

PREÁMBULO

El régimen de la extradición pasiva, especialmente en cuanto al procedimiento que ha de seguirse para su concesión, ha venido regulado por la Ley de 26 de diciembre de 1958.

En el relativamente escaso tiempo de su vigencia, tal régimen ha evidenciado su inadecuación, tanto en su aspecto interno como internacional.

En el primero, la Constitución española* extrema las garantías y formalidades a seguir para el respeto de derecho tan fundamental como la libertad de las personas que, por su propia esencia, en todo caso, queda bajo el control de la Autoridad judicial, y, lógicamente, también cuando el reclamado de extradición ha de ser privado de aquélla como medida precautoria que garantice la entrega al país reclamante, si tal extradición fuera acordada.

Por otra parte, la ratificación por España de varios Convenios europeos sobre la materia —Represión del Terrorismo, en 9 de mayo de 1980; el de Asistencia Judicial en Materia Penal, en 14 de julio de 1982, y, especialmente, el de Extradición, de 21 de abril de 1982**— hace indispensable una revisión a fondo

* V. art. 13.3 CE: «La extradición sólo se concederá en cumplimiento de un tratado o de la ley, atendiendo al principio de reciprocidad. Quedan excluidos de la extradición los delitos políticos, no considerándose como tales los actos de terrorismo.»

** El Convenio Europeo de Extradición, de 13 de diciembre de 1957, ratificado por Instrumento de 21 de abril de 1982 (*BOE* n.º 136, de 8 de junio), y modificado por el Protocolo Adicional (n.º 86), de 15 de octubre de 1975, ratificado por Instrumento de 18 de febrero de 1985 (*BOE* n.º 139, de 11 de junio), por el Segundo Protocolo Adicional (n.º 98), de 17 de marzo de 1978, ratificado por Instrumento de 18 de febrero de 1985 (*BOE* n.º 139, de 11 de junio), y por el Tercer Protocolo Adicional, ratificado por Instrumento de 11 de noviembre de 2014 (*BOE* n.º 26, de 30 de enero de 2015; corrección de erratas en *BOE* n.º 108, de 6 de mayo), tiene el siguiente texto:

«*Por cuanto* el día 24 de julio de 1979, el Plenipotenciario de España, nombrado en buena y debida forma al efecto, firmó en Estrasburgo el Convenio Europeo de Extradición, hecho en París el 13 de diciembre de 1957.

»*Vistos y examinados* los treinta y dos artículos de dicho Convenio,

»*Concedida* por las Cortes Generales la Autorización prevista en el artículo 94.1 de la Constitución.

»*Vengo en aprobar y ratificar* cuanto en él se dispone, como en virtud del presente lo apruebo y ratifico, prometiendo cumplirlo, observarlo y hacer que se cumpla y observe puntualmente en todas sus partes, a cuyo fin, para su mayor validación y firmeza, *Mando* expedir este Instrumento de Ratificación firmado por Mí, debidamente sellado y refrendado por el infrascrito Ministro de Asuntos Exteriores, con las siguientes reservas y declaraciones:

»A) Reservas:

»— Al artículo 1: "La persona objeto de extradición no podrá ser sometida en el territorio del Estado requirente a un Tribunal de excepción. No se concederá la extradición para ello, ni para la ejecución de una pena o medida de seguridad impuesta por Tribunales que tengan este carácter."

»— Al artículo 10: "España no concederá la extradición si se hubiera producido la extinción de la responsabilidad criminal por cualquier causa prevista en la legislación de la Parte requirente o de la Parte requerida."

»— Al artículo 21.5: "España sólo concederá el tránsito en las condiciones que para la extradición se precisan en el presente Convenio."

»— Al artículo 23: "España exigirá de la Parte requirente una traducción al español, al francés o al inglés, de la solicitud de extradición y de los documentos aportados con la misma."

»B) Declaraciones:

»— Al artículo 2.7: "España se atendrá a la regla de la reciprocidad en cuanto a las infracciones excluidas del ámbito de aplicación del presente Convenio, en virtud del artículo 2 del mismo."

»— Al artículo 3: "A los efectos de la extradición, no se considerarán delitos políticos, además de los excluidos en el artículo 3, apartado 3, del Convenio, los delitos de terrorismo."

»— Al artículo 6.1.*b*): "A los efectos del presente Convenio, España considerará como nacionales a las personas que ostentan esta condición con arreglo a las normas del Título I del Libro I del Código Civil Español."

»— Al artículo 9: "Se entenderá que la persona ha sido definitivamente sentenciada cuando la resolución judicial no sea susceptible de recurso ordinario alguno, por haberse agotado éstos, por haber sido consentida la resolución o por la propia naturaleza de la misma."

»— Al artículo 11: "Cuando el delito por el cual se pide la extradición pueda ser castigado con la pena de muerte según las leyes de la Parte requirente, España denegará la extradición, a no ser que la Parte requirente ofrezca garantías, consideradas suficientes por la Parte requerida, de que no se impondrá la pena de muerte o de que si se impone no será ejecutada.

»CONVENIO EUROPEO DE EXTRADICIÓN.

»Los Gobiernos signatarios, miembros del Consejo de Europa,

»Considerando que la finalidad del Consejo de Europa es lograr una unión más estrecha entre sus miembros;

»Considerando que tal objetivo puede alcanzarse mediante la conclusión de convenios o la adopción de una acción común en la esfera jurídica;

»Convencidos de que la aceptación de reglas uniformes en materia de extradición es adecuada para hacer progresar dicha obra de unificación,

»Han convenido lo siguiente:

»*Art. 1.º Obligación de conceder la extradición.*—Las partes contratantes se obligan a entregarse recíprocamente, según las reglas y en las condiciones prevenidas en los artículos siguientes, a las personas a quienes las autoridades judiciales de la Parte requirente persiguieren por algún delito o buscaren para la ejecución de una pena o medida de seguridad.

»*Art. 2.º Hechos que dan lugar a extradición.*—1. Darán lugar a la extradición aquellos hechos que las leyes de la Parte requirente y de la Parte requerida castiguen, bien con pena privativa de libertad o medida de seguridad privativa de libertad cuya duración máxima sea de un año por lo menos, bien con pena más severa. Cuando en el territorio de la Parte requirente se hubiere pronunciado condena a una pena o se hubiere infligido una medida de seguridad, la sanción impuesta deberá tener una duración de cuatro meses cuando menos.

»2. Si la solicitud de extradición se refiere a varios hechos distintos castigados, cada uno de ellos, por la Ley de la Parte requirente y por la Ley de la Parte requerida con pena privativa de libertad o medida de seguridad privativa de libertad, pero algunos de tales hechos no cumplieren el requisito relativo a la duración mencionada de la pena, la Parte requerida tendrá la facultad de conceder también la extradición por estos últimos. Esta facultad se aplicará asimismo a los hechos castigados con sanciones de naturaleza pecuniaria.

»3. Toda parte contratante cuya legislación no autorizare la extradición por determinados delitos previstos en el párrafo 1 del presente artículo, podrá, por lo que atañe a dicha Parte, excluir los mismos del ámbito de aplicación del Convenio.

»4. Toda parte contratante que quisiere ejercitar la facultad prevista en el párrafo 3 del presente artículo entregará al Secretario general del Consejo de Europa, en el momento del depósito de su Instrumento de Ratificación o de Adhesión, bien una lista de los delitos por los cuales la extradición queda autorizada, bien una lista de los delitos por los cuales la extradición queda excluida, con expresión de las disposiciones legales que autoricen o excluyan la extradición. El Secretario General del Consejo remitirá dichas listas a los demás signatarios.

»5. Si posteriormente la legislación de una Parte contratante excluyere de la extradición otros delitos, dicha Parte notificará esta exclusión al Secretario general del Consejo, quien informará de la misma a los demás signatarios.

»Dicha notificación no surtirá efecto hasta que haya transcurrido un término de tres meses a partir de la fecha de su recepción por el Secretario general.

»6. Toda Parte que hubiere hecho uso de la facultad prevista en los párrafos 4 y 5 del presente artículo podrá, en todo momento, someter a la aplicación del presente Convenio los delitos que se hubieren excluido del mismo. Dicha Parte notificará tales modificaciones al Secretario general del Consejo quien las comunicará a los demás signatarios.

»7. Toda Parte podrá aplicar la regla de la reciprocidad por lo que atañe a las infracciones excluidas del ámbito de aplicación del Convenio en virtud del presente artículo.

»*Art. 3.º Delitos políticos.*—1. No se concederá la extradición si el delito por el cual se solicita es considerado por la Parte requerida como delito político o como hecho conexo con un delito de tal naturaleza.

»2. Se aplicará la misma regla si la Parte requerida tuviere razones fundadas para creer que la solicitud de extradición, motivada por un delito de naturaleza común, se ha presentado con el fin de perseguir o castigar a una persona por consideraciones de raza, religión, nacionalidad u opiniones políticas, o que la situación de dicha persona corre el riesgo de verse agravada por una u otra de tales consideraciones.

»3. Para la aplicación del presente Convenio, no se considerará como delito político, el atentado contra la vida de un Jefe de Estado o de un miembro de su familia.

»4. La aplicación del presente artículo no afectará a las obligaciones que las Partes hubieren contraído o contrajeren en lo futuro con arreglo a cualquier otro Convenio internacional de carácter multilateral.

»*Art. 4.º Delitos militares.*—Queda excluida del ámbito de aplicación del presente Convenio la extradición por causa de delitos militares que no constituyan delitos de naturaleza común.

»*Art. 5.º Delitos fiscales.*—1. En materia de tasas e impuestos, de aduana y de cambio, la extradición se concederá entre las Partes Contratantes, con arreglo a las disposiciones del Convenio, por los hechos que se correspondan, según la Ley de la Parte requerida, con un delito de la misma naturaleza.

»2. La extradición no podrá denegarse por el motivo de que la legislación de la Parte requerida no imponga el mismo tipo de impuestos o de tasas o no contenga el mismo tipo de reglamentación en materia de impuestos y tasas, de aduana y de cambio, que la legislación de la Parte requirente.

»*Art. 6.º Extradición de nacionales.*—1. *a*) Toda Parte contratante tendrá la facultad de denegar la extradición de sus nacionales.

»*b*) Cada Parte contratante podrá, mediante declaración hecha en el momento de la firma o del depósito de su instrumento de ratificación o de adhesión, definir, por lo que respecta a la misma, el término "nacionales" en el sentido del presente Convenio.

»*c*) La cualidad de nacional se apreciará en el momento de la decisión sobre la extradición. Sin embargo, si dicha cualidad hubiere sido concedida entre la fecha de la decisión y la fecha prevista para la entrega, la Parte requerida podrá también acogerse a lo dispuesto en la letra *a*) del presente párrafo.

»2. Si la Parte requerida no accediese a la extradición de un nacional, deberá, a instancia de la Parte requirente, someter el asunto a las autoridades competentes a fin de que pueda procederse judicialmente, en su caso, contra aquél. A tal efecto, los documentos, informaciones y objetos relativos al delito se remitirán gratuitamente por la vía prevenida en el párrafo 1, del artículo 12. Se informará a la Parte requirente del resultado que hubiere obtenido su solicitud.

»*Art. 7.º Lugar de comisión.*—1. La Parte requerida podrá denegar la extradición de la persona reclamada por causa de un delito que, según su legislación, se hubiere cometido total o parcialmente en su territorio o en lugar asimilado al mismo.

»2. Cuando el delito que motivare la solicitud de extradición se hubiere cometido fuera del territorio de la Parte requirente, la extradición solamente podrá ser denegada si la legislación de la Parte requerida no autorizare la persecución de un delito del mismo género cometido fuera de su territorio o no autorizare la extradición por el delito objeto de la solicitud.

»*Art. 8.º Actuaciones en curso por los mismos hechos.*—La Parte requerida podrá denegar la extradición de la persona reclamada si ésta fuera objeto de persecución por las autoridades competentes de aquélla, a causa del hecho o los hechos motivadores de la solicitud de extradición.

»*Art. 9.º [Non bis in idem].*—1. No se concederá la extradición cuando la persona reclamada hubiera sido definitivamente sentenciada por las autoridades competentes de la Parte requerida, por el hecho o los hechos motivadores de la solicitud de extradición. Podrá ser denegada la extradición si las autoridades competentes de la

Parte requerida hubieren decidido no entablar persecución, o poner fin a los procedimientos pendientes por el mismo o los mismos hechos.

»2. No se concederá la extradición de una persona sobre la que haya recaído sentencia firme en un tercer Estado, Parte Contratante del Convenio, por el delito o los delitos por razón de los cuales se haya presentado la solicitud:

»*a*) Cuando dicha sentencia sea absolutoria;

»*b*) Cuando la pena privativa de libertad o la otra medida impuesta:

»i. Se haya cumplido íntegramente.

»ii. Haya sido objeto de gracia o amnistía sobre la totalidad o sobre la parte no cumplida;

»*c*) Cuando el Juez hubiere declarado la culpabilidad del autor sin imposición de sanción alguna.

»3. Sin embargo, en los casos previstos en el párrafo 2, podrá concederse la extradición:

»*a*) Si el delito que hubiere dado lugar a la sentencia se hubiere cometido contra una persona, una institución o un bien que tenga carácter público en el Estado requirente;

»*b*) Si la persona sobre la cual recayere la sentencia tuviera ella misma un carácter público en el Estado requirente;

»*c*) Si el delito que hubiere dado lugar a la sentencia se hubiere cometido, en su totalidad o en parte, en el territorio del Estado requirente o en un lugar asimilado a su territorio.

»4. Las disposiciones de los párrafos 2 y 3 no serán obstáculo para la aplicación de disposiciones nacionales más amplias relativas al efecto *non bis in idem* inherente a las resoluciones judiciales dictadas en el extranjero.

»*Art. 10. Prescripción.*—No se concederá la extradición si se hubiere producido la prescripción de la acción penal o de la pena, con arreglo a la legislación de la Parte requirente o a la de la Parte requerida.

»*Art. 11. Pena capital.*—Si el hecho que motivare la solicitud de extradición estuviere castigado con pena capital por la Ley de la Parte requirente y, en tal caso, dicha pena no se hallare prevista en la legislación de la Parte requerida, o generalmente no se ejecutare, podrá no concederse la extradición sino a condición de que la Parte requirente dé seguridades, consideradas suficientes por la Parte requerida, de que la pena capital no será ejecutada.

»*Art. 12. Solicitud y documentos anejos.*— 1. La solicitud se formulará por escrito y se dirigirá por el Ministerio de Justicia de la Parte requirente al Ministerio de Justicia de la Parte requerida; sin embargo, la vía diplomática no quedará excluida. Podrá convenirse otra vía mediante acuerdo directo entre dos o más Partes.

»2. En apoyo de la solicitud, se presentarán:

»*a*) El original o copia auténtica, bien de una decisión ejecutoria de condena, bien de un mandamiento de detención o de cualquier otro documento que tenga la misma fuerza, expedidos en la forma prescrita por la Ley de la Parte requirente.

»*b*) Una exposición de los hechos por los cuales se solicitare la extradición, indicando con la mayor exactitud posible el tiempo y lugar de su perpetración, su calificación legal y las referencias a las disposiciones legales que les fueran aplicables; y

»*c*) Una copia de las disposiciones legales aplicables o, si tal cosa no fuere posible, una declaración sobre el derecho aplicable, así como la filiación lo más precisa posible de la persona reclamada, y cualesquiera otros datos que permitan determinar su identidad y nacionalidad.

»*Art. 13. Información complementaria.*—Si la información proporcionada por la Parte requirente resultare insuficiente para permitir a la Parte requerida tomar una decisión en aplicación del presente Convenio dicha Parte requerida solicitará la información complementaria necesaria, pudiendo fijar un plazo para la obtención de la misma.

»*Art. 14. Principio de especialidad.*—1. La persona que hubiere sido entregada no será perseguida, ni sentenciada, ni detenida a fines de ejecución de una pena o medida de seguridad, ni sometida a ninguna otra restricción de su libertad personal, por cualquier hecho anterior a la entrega distinto del que hubiera motivado la extradición, excepto en los casos siguientes:

»*a*) Cuando la parte que la hubiese entregado consintiere en ello. A tal efecto, se presentará una solicitud, acompañada de los documentos previstos en el artículo 12 y de un testimonio judicial de la declaración de la persona entregada. Se dará el consentimiento cuando el delito para el cual se solicite hubiere determinado la obligación de proceder a la extradición con arreglo al presente Convenio.

»*b*) Cuando la persona entregada, habiendo tenido la posibilidad de abandonar el territorio de la Parte a la cual se efectuó la entrega, no lo hubiere hecho así dentro de los cuarenta y cinco días siguientes a su excarcelación definitiva o hubiere regresado a dicho territorio después de haberlo abandonado.

»2. Sin embargo, la Parte requirente podrá tomar las medidas necesarias, de un lado, para una posible expulsión de su territorio y, de otro, para una interrupción de la prescripción con arreglo a su legislación, incluido el procedimiento en rebeldía.

»3. Cuando la calificación del hecho imputado se modificare durante el procedimiento, la persona entregada no será perseguida o sentenciada sino en la medida en que los elementos constitutivos de la infracción nuevamente calificada hubieran permitido la extradición.

»*Art. 15. Reextradición a un tercer Estado.*—Salvo en el caso previsto en el párrafo 1, letra *b*), del artículo 14, será necesario el consentimiento de la Parte requerida para permitir a la Parte requirente entregar a otra Parte o a un tercer Estado a la persona que le hubiese sido entregada a aquélla y que fuere reclamada por la mencionada otra Parte o tercer Estado a causa de delitos anteriores a la entrega. La Parte requerida podrá exigir el envío de los documentos previstos en el párrafo 2 del artículo 12.

»*Art. 16. Detención preventiva.*—1. En caso de urgencia, las autoridades competentes de la Parte requirente podrán solicitar la detención preventiva de la persona reclamada; las autoridades competentes de la Parte requerida resolverán acerca de esta solicitud de conformidad a la Ley de esta última Parte.

»2. La solicitud de detención preventiva indicará la existencia de alguno de los documentos previstos en el párrafo 2, letra *a*), del artículo 12, y notificará la intención de cursar una solicitud de extradición; mencionará asimismo el delito por el cual se solicitará la extradición, el tiempo y lugar de la comisión de aquél, y, en la medida de lo posible, la filiación de la persona reclamada.

»3. La solicitud de detención preventiva se remitirá a las autoridades competentes de la Parte requerida, bien por vía diplomática, bien directamente por vía postal o telegráfica, bien por conducto de la Organización Internacional de Policía Criminal (Interpol), bien por cualquier otro medio que deje constancia escrita o sea admitido por la mencionada Parte. Se informará sin dilación a la autoridad requirente del resultado que haya tenido su solicitud.

»4. La detención preventiva podrá concluir si, dentro de los dieciocho días siguientes a la misma, la Parte requerida no hubiere recibido la solicitud de extradición ni los documentos mencionados en el artículo 12; en ningún caso la detención excederá de cuarenta días, contados desde la fecha de la misma. Sin embargo, será posible en cualquier momento la puesta en libertad provisional, pero en tal caso la Parte requerida habrá de tomar las medidas que estimare necesarias para evitar la fuga de la persona reclamada.

»5. La puesta en libertad no será obstáculo para una nueva detención, ni tampoco para la extradición si la solicitud de ésta se presentare ulteriormente.

»*Art. 17. Concurso de solicitudes de extradición.*—Si la extradición fuere solicitada concurrentemente por varios Estados, bien por el mismo hecho, o por hechos diferentes, la Parte requerida resolverá teniendo en cuenta todas las circunstancias y especialmente la gravedad relativa y lugar de los delitos, las respectivas fechas de las solicitudes, la nacionalidad de la persona reclamada y la posibilidad de una ulterior extradición a otro Estado.

»*Art. 18. Entrega del extradicto.*—1. La Parte requerida dará a conocer a la Parte requirente, por la vía prevista en el párrafo 1, del artículo 12, su decisión sobre la extradición.

»2. Toda denegación total o parcial será motivada.

»3. En caso de aceptación, la Parte requirente será informada del lugar y la fecha de la entrega, así como de la duración de la detención sufrida a fines de extradición por la persona reclamada.

»4. A reserva del caso previsto en el párrafo 5 del presente artículo, si la persona reclamada no hubiere sido recibida en la fecha fijada, podrá ser puesta en libertad una vez transcurrido un plazo de quince días a contar de dicha fecha, y será en todo caso puesta en libertad una vez transcurrido un plazo de treinta días, pudiendo la Parte requerida denegar la extradición por el mismo hecho

»5. En caso de fuerza mayor que impidiere la entrega o la recepción del extradicto, la Parte interesada informará de ello a la otra Parte; en tal caso, ambas Partes convendrán en una nueva fecha de entrega, y se aplicarán las disposiciones del párrafo 4 del presente artículo.

»*Art. 19. Entrega aplazada o condicional.*—1. La Parte requerida podrá después de haber resuelto la solicitud de extradición, aplazar la entrega de la persona reclamada, a fin de que pueda ser perseguida por ella o, si ya hubiera sido condenada a fin de que pueda cumplir en su territorio de una pena impuesta por un hecho distinto de aquel que hubiere motivado la solicitud de la extradición.

»2. En lugar de aplazar la entrega, la parte requerida podrá entregar temporalmente a la Parte requirente a la persona reclamada, en las condiciones que se fijaren de común acuerdo entre las Partes.

»*Art. 20. Entrega de objetos*—1. A petición de la Parte requirente, la Parte requerida ocupará y entregará, en la medida en que lo permitiere su legislación, los objetos:

»*a*) Que pudieren servir de piezas de convicción, o

»*b*) Que, procediendo del delito, hubieran sido encontrados en el momento de la detención en poder de la persona reclamada, o fueren descubiertos con posterioridad.

»2. La entrega de los objetos mencionados en el párrafo 1 del presente artículo se efectuará incluso en el caso en que la extradición ya concedida no pudiere tener lugar a consecuencia de la muerte o evasión de la persona reclamada.

»3. Cuando dichos objetos fueren susceptibles de embargo o comiso en el territorio de la Parte requerida, esta última podrá a efectos de un proceso penal en curso, conservarlos temporalmente o entregarlos bajo condición de su restitución.

»4. En todo caso quedarán a salvo los derechos que la Parte requerida o terceros hubieran adquirido sobre los citados objetos. Si existieren tales derechos, los objetos serán restituidos lo antes posible y sin gastos de la Parte requerida, una vez terminado el proceso.

»*Art. 21. Tránsito.*—1. El tránsito a través del territorio de una de las Partes contratantes será concedido previa solicitud dirigida por la vía prevista en el párrafo 1 del artículo 12, a condición de que no se tratare de un delito considerado por la Parte requerida para el tránsito como de carácter político o puramente militar, habida cuenta de los artículos 3 y 4 del presente Convenio.

»2. El tránsito de un nacional, en el sentido del artículo 6, del país requerido para el tránsito, podrá ser denegado.

»3. A reserva de lo dispuesto en el párrafo 4 del presente artículo, será necesaria la presentación de los documentos previstos en el párrafo 2 del artículo 12.

»4. En el caso de que se utilizare la vía aérea, se aplicarán las disposiciones siguientes:

»*a*) Cuando no estuviere previsto aterrizaje alguno, la Parte requirente avisará a la Parte cuyo territorio haya de ser sobrevolado y certificará la existencia de algunos de los documentos previstos en el párrafo 2, letra *a*), del artículo 12. En caso de aterrizaje fortuito esta notificación surtirá los efectos de la solicitud de detención preventiva regulada en el artículo 16, y la Parte requirente presentará una solicitud formal de tránsito.

»*b*) Cuando estuviere previsto el aterrizaje, la Parte requirente presentará una solicitud formal de tránsito.

»5. No obstante, una de las Partes podrá declarar en el momento de la firma del presente Convenio o del depósito de su Instrumento de Ratificación o de Adhesión, que no concederá el tránsito de una persona mas que en las mismas condiciones que la extradición o algunas de ellas. En este caso podrá aplicarse el principio de reciprocidad.

»6. El tránsito de la persona entregada no se efectuará a través de un territorio en el que hubiere motivo para creer que su vida o su libertad podrían verse amenazadas a causa de su raza, religión, nacionalidad u opiniones políticas.

»*Art. 22. Procedimiento.*—Salvo disposición en contrario del presente Convenio, la ley de la Parte requerida es la única aplicable al procedimiento de extradición, así como al de la detención preventiva.

»*Art. 23. Lenguas.*—Los documentos que se presenten estarán redactados en la lengua de la Parte requirente o de la Parte requerida. Esta última podrá exigir una traducción en la lengua oficial del Consejo de Europa que eligiere.

»*Art. 24. Gastos.*—1. Los gastos ocasionados por la extradición en el territorio de la Parte requerida serán de cargo de ésta.

»2. Los gastos ocasionados por el tránsito a través del territorio de la Parte requerida para el tránsito serán de cargo de la Parte requirente.

»3. En caso de extradición procedente de un territorio no metropolitano de la Parte requerida, los gastos ocasionados por el transporte entre este territorio y el territorio metropolitano de la Parte requirente serán de cargo de esta última. Regirá la misma norma con respecto a los gastos ocasionados por el transporte entre el territorio no metropolitano de la Parte requerida y el territorio metropolitano de ésta.

»*Art. 25. Definición de "medidas de seguridad".*—A efectos del presente Convenio, la expresión "medidas de seguridad" designará cualquier medida de privación de libertad que hubiere sido impuesta como complemento o en sustitución de una pena por sentencia de un Organismo judicial penal.

»*Art. 26. Reservas.*—1. Toda Parte contratante podrá, en el momento de la firma del presente Convenio o del depósito de su Instrumento de Ratificación o Adhesión, formular alguna reserva con respecto a una o varias disposiciones determinadas del Convenio.

»2. Toda Parte Contratante que hubiere formulado alguna reserva la retirará tan pronto como lo permitieren las circunstancias. La retirada de reservas se hará por notificación dirigida al Secretario general del Consejo de Europa.

»3. La Parte contratante que hubiere formulado alguna reserva con respecto a una disposición del Convenio no podrá pretender la aplicación de dicha disposición por otra Parte más que en la medida en que ella misma la hubiere aceptado.

»*Art. 27. Ámbito de aplicación territorial.*—1. El presente Convenio se aplicará a los territorios metropolitanos de las Partes contratantes.

»2. Se aplicará igualmente, en lo que concierne a Francia, a Argelia y a los departamentos de ultramar; y en lo que concierne al Reino Unido de Gran Bretaña e Irlanda del Norte, a las islas Anglonormandas y a la isla de Man.

»3. La República Federal de Alemania podrá extender la aplicación del presente Convenio al *Land* de Berlín, por medio de declaración dirigida al Secretario general del Consejo de Europa. Éste notificará dicha declaración a las demás Partes.

»4. Por acuerdo directo entre dos o varias Partes Contratantes, podrá ampliarse el ámbito de aplicación del presente Convenio en las condiciones que se estipularen en el Acuerdo, a cualquier territorio de alguna de las Partes distinto de los mencionados en los párrafos 1, 2 y 3 del presente artículo y cuyas relaciones internacionales tuviere a su cargo una de las Partes.

»*Art. 28. Relaciones entre el presente Convenio y los acuerdos bilaterales.*—1. El presente Convenio abroga, en lo que concierne a los territorios en los cuales se aplica, las disposiciones de los Tratados, Convenios o Acuerdos bilaterales que regulen la materia de la extradición entre dos Partes contratantes.

»2. Las Partes contratantes no podrán concluir entre ellas Acuerdos bilaterales o multilaterales, mas que para completar las disposiciones del presente Convenio o para facilitar la aplicación de los principios contenidos en éste.

»3. Cuando entre dos o varias Partes contratantes se practicare la extradición sobre la base de una legislación uniforme, las Partes tendrán la facultad de regular sus relaciones mutuas en materia de extradición fundándose exclusivamente en dicho sistema, no obstante las disposiciones del presente Convenio. El mismo principio será aplicable entre dos o varias Partes Contratantes, cada una de las cuales tuviere en vigor una Ley que previere la ejecución en su territorio de los mandamientos de detención librados en el territorio de la otra o de las otras. Las Partes Contratantes que excluyan o excluyeren de sus relaciones mutuas la aplicación del presente Convenio, de conformidad con lo dispuesto en el presente párrafo, deberán remitir una notificación a este efecto al Secretario general del Consejo de Europa. Éste comunicará a las demás Partes Contratantes toda notificación recibida en virtud del presente párrafo.

»*Art. 29. Firma, ratificación, entrada en vigor.*—1. El presente Convenio quedará abierto a la firma de los miembros del Consejo de Europa. Será ratificado y los Instrumentos de Ratificación serán depositados en poder del Secretario general del Consejo.

»2. El Convenio entrará en vigor noventa días después de la fecha del depósito del tercer Instrumento de Ratificación.

»3. El mismo entrará en vigor, con respecto a cualquier signatario que lo ratificare con posterioridad, noventa días después del depósito de su Instrumento de Ratificación.

»*Art. 30. Adhesión.*—1. El Comité de Ministros del Consejo de Europa podrá invitar a cualquier Estado no miembro del Consejo a adherirse al presente Convenio. El Acuerdo concerniente a esta invitación deberá ser objeto de la aprobación unánime de los miembros del Consejo que hubieren ratificado el Convenio.

»2. La adhesión se efectuará por medio del depósito en poder del Secretario general del Consejo, de un Instrumento de Adhesión que surtirá efectos noventa días después de su depósito.

»*Art. 31. Denuncia.*—Cualquier Parte contratante podrá, en lo que le concierne, denunciar el presente Convenio dirigiendo una notificación al Secretario general del Consejo de Europa. Esta denuncia surtirá efecto seis meses después de la fecha de la recepción de su notificación por el Secretario general del Consejo.

»*Art. 32. Notificaciones.*—El Secretario general del Consejo de Europa notificará a los miembros del Consejo y al Gobierno de todo Estado que se hubiere adherido al presente Convenio:

»*a*) El depósito de todo Instrumento de Ratificación o de Adhesión.

»*b*) La fecha de entrada en vigor.

»*c*) Toda declaración hecha en aplicación de las disposiciones del párrafo 1 del artículo 6 y del párrafo 5 del artículo 21.

»*d*) Toda reserva formulada en aplicación de las disposiciones del párrafo 1 del artículo 26.

»*e*) La retirada de toda reserva efectuada en aplicación de las disposiciones del párrafo 2 del artículo 26.

»*f*) Toda notificación de denuncia recibida en aplicación de las disposiciones del artículo 31 del presente Convenio y la fecha en que ésta surtiere efecto.

»En fe de lo cual, los infrascritos, debidamente autorizados a este efecto, han firmado el presente Convenio.

»Hecho en París a 13 de diciembre de 1957, en francés y en inglés, haciendo fe igualmente ambos textos en un solo ejemplar que será depositado en los archivos del Consejo de Europa. El Secretario general del Consejo enviará copia fehaciente del mismo a los Gobiernos signatarios.»

Téngase en cuenta, además, la norma complementaria sobre el art. 3 del Convenio contenida en el Título I, art. 1, del Protocolo Adicional del Convenio Europeo de Extradición (n.º 86), y que dispone lo siguiente:

«Para la aplicación del artículo 3 del Convenio, no se considerará que son delitos políticos:

»*a*) Los crímenes de lesa humanidad previstos en el Convenio para la prevención y la sanción del delito de genocidio, aprobado el 9 de diciembre de 1948 por la Asamblea General de las Naciones Unidas;

»*b*) Las infracciones previstas en los artículos 50 del Convenio de Ginebra de 1949 para mejorar la suerte de los heridos y enfermos de las Fuerzas Armadas en Campaña, 51 del Convenio de Ginebra de 1949 para mejorar la suerte de los heridos, enfermos y náufragos de las Fuerzas Armadas en el Mar, 130 del Convenio de Ginebra de 1949 relativo al trato de los prisioneros de guerra y 147 del Convenio de Ginebra de 1949 relativo a la protección de personas civiles en tiempo de guerra;

»*c*) Cualesquiera violaciones análogas de las leyes de la guerra en vigor cuando empiece a aplicarse el presente Protocolo y de las costumbres de la guerra existentes en ese momento, que no estén ya previstas por las susodichas disposiciones de los Convenios de Ginebra.»

Ténganse en cuenta, también, las disposiciones complementarias contenidas en el Título III, art. 3, y en el Título IV, art. 4, del Segundo Protocolo Adicional al Convenio Europeo de Extradición (n.º 98), y que tienen el siguiente texto:

«TÍTULO III.

»*Art. 3. El Convenio se completará con las disposiciones siguientes: "Sentencias en rebeldía".*—1. Cuando una Parte Contratante pida a otra Parte Contratante la extradición de una persona con el fin de ejecutar una pena o una medida de seguridad impuesta en virtud de una resolución dictada contra ella en rebeldía, la Parte requerida podrá denegar dicha extradición si, en su opinión, el proceso que dio lugar a la sentencia no respetó los derechos mínimos de defensa reconocidos a cualquier persona acusada de un delito.

de nuestra Ley interna para suprimir obsoletos criterios y recoger aquellos otros que la técnica internacional ha perfeccionado a través del tiempo hasta ser aceptados por la generalidad de los países.

La presente Ley mantiene el mismo sistema y principio cardinal de la anterior, en cuanto

---

No obstante, se concederá la extradición si la Parte requirente diese la seguridad que se estimare suficiente para garantizar a la persona cuya extradición se solicita el derecho a un nuevo proceso que salvaguarde los derechos de la defensa. Esta decisión autorizará a la Parte requirente bien a ejecutar la sentencia de que se trate, si el condenado no se opusiere a ello, bien en caso contrario a proceder contra la persona objeto de extradición.

»2. Cuando la Parte requerida comunicare a la persona cuya extradición se solicite la resolución dictada contra ella en rebeldía, la Parte requirente no considerará esta comunicación como una notificación que produzca efectos con respecto al procedimiento penal en dicho Estado.

»TÍTULO IV.

»*Art. 4. El Convenio se completará con las disposiciones siguientes: "Amnistía"*.—No se concederá la extradición por un delito objeto de una amnistía en el Estado requerido si éste tuviera competencia para perseguir dicho delito con arreglo a su propia Ley penal.»

V. Convenio sobre traslado de personas condenadas, hecho en Estrasburgo el 21 de marzo de 1983, ratificado por Instrumento de 18 de febrero de 1985 (*BOE* n.° 138, de 10 de junio).

V., también, los Convenios establecidos sobre la base del art. K.3 del Tratado de la Unión Europea relativos a la extradición entre los Estados miembros de la Unión Europea, hecho en Dublín el 27 de septiembre de 1996 (*BOE* n.° 47, de 24 de febrero de 1998); y con entrada en vigor para España el 5 de noviembre de 2019 (*BOE* n.° 262, de 31 de octubre); y al procedimiento simplificado de extradición entre los Estados miembros de la Unión Europea, hecho en Bruselas el 10 de marzo de 1995 (*BOE* n.° 89, de 14 de abril de 1999); y el Acuerdo de 26 de mayo de 1989 entre los Estados miembros de las Comunidades Europeas relativo a la simplificación y a la modernización de las formas de transmisión de las solicitudes de extradición, ratificado por Instrumento de 18 de diciembre de 1991 (*BOE* n.° 117, de 17 de mayo de 1995); así como arts. 59 ss., referidos a la extradición, del Acuerdo de Adhesión del Reino de España al Convenio de aplicación del Acuerdo de Schengen, de 14 de junio de 1985, ratificado por Instrumento de 23 de julio de 1993 (*BOE* n.° 81, de 5 de abril de 1994); Declaración de aplicación provisional del Convenio de asistencia judicial en materia penal entre los Estados miembros de la Unión Europea (*BOE* n.° 247, de 15 de octubre de 2003), que entró en vigor el 5 de octubre de 2005, según Declaración de entrada en vigor de 18 de octubre de 2005 (*BOE* n.° 258, de 28 de octubre), así como Modificación de la Declaración de España relativa al art. 24 del Convenio (*BOE* n.° 298, de 12 de diciembre de 2011; corrección de errores en *BOE* n.° 303, de 17 de diciembre); y art. 11 del Convenio para la represión de los actos ilícitos contra la seguridad de la navegación marítima de 14 de octubre de 2005, ratificado por Instrumento de 31 de marzo de 2008 (*BOE* n.° 170, de 14 de julio de 2010).

V., además, la Decisión marco relativa a la orden de detención europea y a los procedimientos de entrega entre los Estados miembros (*DOCE* L 190/1, de 17 de julio de 2002), así como la Ley Orgánica 2/2003, de 14 de marzo, complementaria de la Ley sobre la orden europea de detención y entrega, y la Ley 3/2003, de 14 de marzo, sobre la orden europea de detención y entrega (reproducidas ambas en el Apéndice 5 de esta obra); y la Ley 1/2008, de 4 de diciembre (*BOE* n.° 293, de 5 de diciembre), para la ejecución en la Unión Europea de resoluciones que impongan sanciones pecuniarias.

que la extradición, como acto de soberanía en relación con otros Estados, es función del Poder Ejecutivo, bajo el imperio de la Constitución y de la Ley, sin perjuicio de su aspecto técnico penal y procesal que han de resolver los Tribunales en cada caso con la intervención del Ministerio Fiscal.

Por lo demás, las novedades más sustanciales que la Ley contiene son las siguientes:

Primera. En materia tan fundamental como la prisión preventiva se sigue íntegramente el criterio constitucional de dar intervención al Juez desde un principio, suprimiendo, en consecuencia, el régimen antiguo que permitía la detención sin intervención judicial, hasta la resolución del expediente en vía gubernativa. Su duración se acomoda al criterio de los nuevos Convenios europeos, no sólo por unificar criterios sobre la materia, sino porque, al propio tiempo, se suprimen plazos intermedios que podían inducir, y con frecuencia han inducido, a confusión.

El plazo de prisión preventiva para casos de urgencia se fija en cuarenta días, tiempo ya consagrado en reciente práctica judicial y que se estima suficiente para que el Estado reclamante curse la demanda de extradición, habida cuenta que ésta debe formularse en base a la misma sentencia condenatoria o auto de prisión que justifica aquella medida provisional.

A este plazo sigue otro de cuarenta días, a partir de la presentación formal de la demanda, lo que supone un total máximo de ochenta días, que, unido al tiempo que exija la tramitación en fase puramente judicial, no debe sobrepasar, en ningún caso, por respeto al principio de presunción de inocencia y al derecho fundamental a la libertad que a toda persona alcanza los límites máximos señalados en nuestro derecho para la prisión provisional.

Tampoco contiene esta Ley previsiones que puedan limitar el arbitrio judicial o contradecir el régimen general instaurado por Ley Orgánica 7/1983, de 23 de abril, sobre esta materia en desarrollo de preceptos constitucionales.

Segunda. En cuanto a los hechos que puedan dar lugar a la extradición, se sigue el sistema de identidad normativa o doble incriminación junto al de apertura en los tipos. Basta, pues, que la infracción esté tipificada en la legislación de ambos países, sin que, en consecuencia, deba estar incluida en la lista cerrada; sistema éste, olvidado en la actualidad, aunque continúe imperando en viejos Convenios bilaterales del pasado siglo.

Novedad importante en esta materia es la fijación de un límite mínimo a la gravedad del hecho, determinada por la pena aplicable —un año— o aplicada en sentencia condenatoria —cuatro meses—. Se sigue así la orientación marcada por el Convenio europeo; ya que éste comprende, además de las penas, las medidas de seguridad privativas de libertad de la misma duración.

Tercera. Como excepciones a la extradición, se mantiene la de los nacionales y los supuestos que sean de la competencia de nuestros Tribunales, uno y otros por razón de soberanía, lo que no implica impunidad, ya que, en ambos supuestos, se invitará al país reclamante a que remita las actuaciones seguidas para que los presuntos culpables puedan ser juzgados en España.

Por lo demás, se mantienen también otras excepciones, delitos militares, de prensa, privados con algunas limitaciones, etc. Pero se silencian otros casos como faltas o contravenciones administrativas, cuya cita era innecesaria.

En todo caso y por la misma razón de no existir Tratado vinculante, se declara siempre potestativa la concesión de la extradición, artículo segundo, con la que España, a la vista de las circunstancias concurrentes, podrá decidir con libertad cada demanda de extradición.

Cuarta. Se establece la facultad del Gobierno de no proceder a la extradición, aun habiéndola considerado procedente el Tribunal en base al principio de reciprocidad, soberanía, seguridad, orden público y demás intereses de España. Con ello se siguen los sistemas francés e italiano en los que la decisión favorable a la extradición no es obligatoria, si bien se precisan los criterios de esta última decisión del Gobierno tal y como establece la legislación suiza.

Ello es lógico, y en ningún caso implicará incumplimiento de resoluciones judiciales, habida cuenta del distinto campo y finalidad en que actúan y persiguen los Tribunales y el Gobierno; técnico y sobre todo tutelar del derecho a la libertad los primeros y políticos, esencialmente, el segundo. Otra cosa sería que, denegada la extradición por el Tribunal, pudiera el Gobierno decretar la entrega.

Quinta. Se mantienen las dos fases del procedimiento extradicional, incluso los trámites para casos de urgencia, debidamente acomodados a las facultades judiciales para acordar la prisión preventiva. No obstante, y en atención a precedentes que así lo aconsejan, se admite el recurso de súplica contra los autos del propio Tribunal, que, con el de reforma ya admitido en la ley hasta ahora vigente, permiten posibles correcciones, antes vedadas en esta segunda parte del procedimiento judicial, que pudieran resultar aconsejables ante circunstancias concretas puestas de manifiesto por los propios interesados o el Ministerio Fiscal.

Sexta. Otras adaptaciones afectan especialmente a la extradición en tránsito que, por circunstancias no muy comprensibles, ha sido objeto de reserva por parte de España al ratificar el Convenio Europeo de Extradición, y que, en consecuencia, sólo se concederá a los países que lo han ratificado, en las mismas condiciones que la extradición ordinaria, marginando así el procedimiento más racional, ágil y aconsejable que admite el propio Convenio. No parece que deban concederse a los demás países beneficios o ventajas que por esta reserva se niegan a los que han ratificado el Convenio Europeo y, en régimen de reciprocidad, al propio Estado español. Únicamente se admite el supuesto excepcional.

Séptima. Quizá también, como novedad digna de mención, debe citarse el procedimiento consignado para la ampliación de extradición como complemento indispensable del principio de especialidad, que permitirá otorgar autorización para proceder por hechos anteriores y distintos a los que motivaron la entrega. Se recoge así el criterio del Convenio europeo, el seguido con otros países, y, en definitiva, el que resulta aconsejable para evitar situaciones anteriores de impunidad por delitos, incluso más graves y rechazables en el concierto social, que el que motivó la extradición concedida.

Octava. Por lo demás, se ha suprimido la autorización que la anterior Ley concedía al Gobierno para «convenir reciprocidad en materia de extradición», por estimar que tal autorización podría vulnerar el artículo 94 de la Constitución, que, para los supuestos que contempla en su apartado *c*), requiere previa autorización de las Cortes Generales, autorización que debe entenderse para cada «Convenio», cuyo contenido ha de someterse previamente al Parlamento. Lo que no excluye la aplicación del principio de reciprocidad en cada caso concreto, según el artículo 1.º, autorizado por el artículo 13.3 de la misma Constitución, incluso existiendo tantos Tratados como Leyes de Extradición.

Novena. También se han suprimido las referencias al grado de participación (autores, cómplices y encubridores) o al de ejecución del delito (intentado, frustrado y consumado), por anticuadas e innecesarias. El Convenio europeo tampoco las recoge. Bastará, en consecuencia, que al reclamado le corresponda una de las penas que pueden motivar la extradición para que, con o sin aquellas indicaciones, pueda acordarse su entrega.

Por último, se trata de una Ley, que, si bien se inspira en el Convenio europeo, tal vez el más perfecto, no supone necesariamente una ejecución, cumplimiento o desarrollo del mismo ni de ningún otro. De no existir Convenio o no habiéndolo ratificado España, la Ley seguiría siendo necesaria. Así, pues, no se considera preceptiva la consulta al Consejo de Estado que prevé el artículo 21.2 de su Ley orgánica reguladora.

Artículo 1.º Las condiciones, los procedimientos y los efectos de la extradición pasiva

---

Art. 1.º: Los Tratados de extradición actualmente en vigor son los siguientes:

Albania: Se aplica el Convenio Europeo, ratificado por Albania el 19 de mayo de 1998, entrando en vigor el 17 de agosto de 1998.

Acuerdo entre el Reino de España y la República de Albania sobre cooperación en la lucha contra la delincuencia, hecho en Tirana el 20 de mayo de 2009 (*BOE* n.º 161, de 4 de julio), con aplicación provisional desde el 19 de junio de 2009, y efectiva entrada en vigor el 30 de abril de 2010 (*BOE* n.º 258, de 26 de octubre de 2011).

Convenio entre el Reino de España y el Gobierno de la República de Albania para evitar la doble imposición y prevenir la evasión fiscal en materia de impuestos sobre la renta, hecho en Tirana el 2 de julio de 2010 (*BOE* n.º 63, de 15 de marzo de 2011; corrección de errores en *BOE* n.º 125, de 26 de mayo).

Alemania: Firmado el 2 de mayo de 1978 (*Gaceta* n.º 327, de 23 de noviembre de 1878). (Abrogado por el art. 28 del Convenio Europeo reproducido en nota al Preámbulo de esta Ley.)

Convenio entre el Reino de España y la República Federal de Alemania para evitar la doble imposición y prevenir la evasión fiscal en materia de impuestos sobre la renta y sobre el patrimonio, hecho en Madrid el 3 de febrero de 2011 (*BOE* n.º 181, de 30 de julio de 2012; corrección de errores en *BOE* n.º 217, de 8 de septiembre).

Andorra: Se aplica el Convenio Europeo de Extradición, entrando en vigor el 11 de enero de 2001, con las reservas y declaraciones que se enumeran en *BOE* n.º 62, de 13 de marzo de 2001.

Convenio entre el Reino de España y el Principado de Andorra para evitar la doble imposición en materia de impuestos sobre la renta, y prevenir la evasión fiscal, y su Protocolo, hecho *ad referendum* en Andorra la Vella el 8 de enero de 2015 (*BOE* n.º 292, de 7 de diciembre).

Convenio entre el Reino de España y el Principado de Andorra, sobre cooperación en materia de lucha contra la delincuencia y seguridad, hecho *ad referendum* en Madrid el 2 de septiembre de 2015 (*BOE* n.º 160, de 6 de julio de 2021).

Arabia Saudí: Convenio entre el Reino de España y el Reino de Arabia Saudí para evitar la doble imposición y prevenir la evasión fiscal en materia de impuestos sobre la renta y sobre el patrimonio, hecho en Madrid el 19 de junio de 2007 (*BOE* n.º 169, de 14 de julio de 2008).

Convenio de traslado de personas condenadas a penas privativas de libertad, entre el Reino de Arabia Saudí y el Reino de España, hecho *ad referendum* en Jeddah el 27 de mayo de 2008 (*BOE* n.º 170, de 15 de julio de 2009).

Convenio entre el Reino de España y el Reino de Arabia Saudí sobre cooperación en materia de seguridad y en la lucha contra la delincuencia, hecho en Yeda el 18 de mayo de 2014 (*BOE* n.º 151, de 26 de junio de 2017).

Argelia: Firmado el 12 de diciembre de 2006 (*BOE* n.º 178, de 24 de julio de 2008).

Convenio relativo a la asistencia judicial en materia penal entre el Reino de España y la República Argelina Democrática y Popular, hecho en Madrid el 7 de octubre de 2002, y ratificado mediante Instrumento de 2 de junio de 2004 (*BOE* n.º 65, de 17 de marzo de 2005).

Convenio entre el Reino de España y la República Argelina Democrática y Popular para evitar la doble imposición y prevenir la evasión fiscal en materia de impuestos sobre la renta y sobre el patrimonio, hecho *ad referendum* en Madrid el 7 de octubre de 2002 (*BOE* n.º 174, de 22 de julio de 2005; corrección de errores en *BOE* n.º 81, de 4 de abril de 2007).

Convenio entre el Reino de España y la República Argelina Democrática y Popular en materia de seguridad y de lucha contra el terrorismo y la criminalidad organizada, hecho en Argel el 15 de junio de 2008 (*BOE* n.º 260, de 28 de octubre de 2009; corrección de errores en *BOE* n.º 282, de 23 de noviembre).

Argentina: Firmado el 3 de marzo de 1987 (*BOE* n.º 170, de 17 de julio de 1990; corrección de errores en *BOE* n.º 222, de 15 de septiembre), y modificado por Notas Verbales de 5 de marzo de 2012 y 4 de abril de 2014 (*BOE* n.º 257, de 23 de octubre de 2014; corrección de errores en *BOE* n.º 264, de 31 de octubre). V., también, Acuerdo sobre la simplificación de la extradición entre la República Argentina, la República Federativa del Brasil, el Reino de España y la República Portuguesa, hecho en Santiago de Compostela el 3 de noviembre de 2010 (*BOE* n.º 99, de 26 de abril de 2017); Canje de Notas de 12 y 20 de febrero de 1991, constitutivo de Acuerdo entre España y la República Argentina, sobre el desarrollo del Tratado de Extradición y Asistencia Judicial en Materia Penal Hispano-Argentino de 3 de marzo de 1987 (*BOE* n.º 122, de 22 de mayo de 1991); Tratado de 29 de octubre de 1987 entre el Reino de España y la República Argentina sobre traslado de condenados (*BOE* n.º 127, de 27 de mayo de 1992; corrección de errores en *BOE* n.º 141, de 12 de junio); Acuerdo entre el Reino de España y la República Argentina, sobre cooperación en materia de prevención del uso indebido y control del tráfico ilícito de estupefacientes y sustancias psicotrópicas, hecho *ad referendum* en Madrid el 7 de octubre de 1998 (*BOE* n.º 278, de 20 de noviembre de 2000); y Convenio entre el Reino de España y la República Argentina para evitar la doble imposición y prevenir la evasión fiscal en materia de impuestos sobre la renta y sobre el patrimonio, hecho en Buenos Aires el 11 de marzo de 2013 (*BOE* n.º 12, de 14 de enero de 2014).

Armenia: Se aplica el Convenio Europeo, ratificado por Armenia el 25 de enero de 2002, entrando en vigor el 25 de abril de 2002.

Convenio entre el Reino de España y la República de Armenia para evitar la doble imposición y prevenir la evasión fiscal en materia de impuestos sobre la renta y el patrimonio, hecho en Madrid el 16 de diciembre de 2011 (*BOE* n.º 92, de 17 de abril de 2012; corrección de errores en *BOE* n.º 98, de 24 de abril).

Australia: Firmado el 22 de abril de 1987 (*BOE* n.º 101, de 27 de abril de 1988; corrección de errores en *BOE* n.º 241, de 7 de octubre de 1988). V., también, Tratado de asistencia mutua en materia penal entre el Reino de España y Australia, hecho en Madrid el 3 de julio de 1989 (*BOE* n.º 11, de 2 de enero de 1991).

Austria: Se aplica el Convenio Europeo, ratificado por Austria el 21 de mayo de 1969, entrando en vigor el 19 de agosto del mismo año.

Azerbaiyán: Se aplica el Convenio Europeo, que Azerbaiyán ratificó el 28 de junio de 2002, entrando en vigor el 26 de septiembre de 2002.

Convenio entre el Reino de España y la República de Azerbaiyán para evitar la doble imposición y prevenir la evasión fiscal en materia de impuestos sobre la renta y sobre el patrimonio, y su Protocolo, hecho en Bakú el 23 de abril de 2014 (*BOE* n.º 293, de 6 de noviembre de 2020).

Barbados: Convenio entre el Reino de España y Barbados para evitar la doble imposición y prevenir la evasión fiscal en materia de impuestos sobre la renta, hecho en Bridgetown el 1 de diciembre de 2010 (*BOE* n.º 221, de 14 de septiembre de 2011).

Bélgica: Se aplica el Convenio Europeo, que Bélgica ratificó el 29 de agosto de 1997, entrando en vigor el 25 de noviembre de 1997.

Convenio entre España y Bélgica tendente a evitar la doble imposición y prevenir la evasión y el fraude fiscal en materia de impuestos sobre la renta y patrimonio, hecho en Bruselas el 14 de junio de 1995 (y modificado por Acta hecha en Madrid el 22 de junio de 2000) (*BOE* n.º 159, de 4 de julio de 2003; corrección de erratas en *BOE* n.º 295, de 10 de diciembre, y corrección de errores en *BOE* n.º 98, de 22 de abril de 2004), modificado por Protocolo hecho en Bruselas el 2 de diciembre de 2009, y que entró en vigor el 23 de abril de 2018 (*BOE* n.º 125, de 23 de mayo de 2018), y por Protocolo hecho en Madrid el 15 de abril de 2014, que entró en vigor el 24 de julio de 2018 (*BOE* n.º 186, de 2 de agosto).

Bielorrusia: Convenio entre el Reino de España y la República de Bielorrusia para evitar la doble imposición y prevenir la evasión fiscal en materia de impuestos sobre la renta y sobre el patrimonio, y su Protocolo, hecho en Madrid el 14 de junio de 2017 (*BOE* n.º 52, de 2 de marzo de 2021).

Bolivia: Firmado el 24 de abril de 1990 (*BOE* n.º 128, de 30 de mayo de 1995; corrección de errores en *BOE* n.º 160, de 6 de julio).

Tratado entre España y Bolivia sobre transferencia de personas condenadas, ratificado por Instrumento de 27 de febrero de 1995 (*BOE* n.º 128, de 30 de mayo).

Acuerdo entre el Reino de España y la República de Bolivia sobre cooperación en materia de prevención del consumo y control del tráfico de estupefacientes y sustancias psicotrópicas, hecho en La Paz el 10 de noviembre de 1997 (*BOE* n.º 80, de 3 de abril de 1998), con entrada en vigor el 26 de diciembre de 1998 (*BOE* n.º 281 de 24 de noviembre).

Convenio entre el Reino de España y la República de Bolivia para evitar la doble imposición y prevenir la evasión fiscal en materia de impuestos sobre la renta y sobre el patrimonio, hecho *ad referendum* en La Paz el 30 de junio de 1997 (*BOE* n.º 295, de 10 de diciembre de 1998).

Convenio entre el Reino de España y la República de Bolivia sobre asistencia judicial en materia penal, hecho *ad referendum* en La Paz el 16 de marzo de 1998, y ratificado por Instrumento de 14 de abril de 1999 (boe n.º 53, de 2 de marzo de 2000).

Bosnia-Herzegovina: Se aplica el Convenio Europeo, que Bosnia-Herzegovina ratificó el 25 de abril de 2005, entrando en vigor el 24 de julio de 2005.

Convenio entre el Reino de España y Bosnia y Herzegovina para evitar la doble imposición y prevenir la evasión fiscal en materia de impuestos sobre la renta y sobre el patrimonio, hecho en Sarajevo el 5 de febrero de 2008 (*BOE* n.º 268, de 5 de noviembre de 2010).

Acuerdo de Cooperación en la lucha contra la delincuencia, en particular, el terrorismo, el tráfico ilícito de estupefacientes y la delincuencia organizada, entre el Reino de España y Bosnia y Herzegovina, hecho en Madrid el 3 de marzo de 2011 (*BOE* n.º 55, de 5 de marzo de 2015).

Brasil: Firmado el 2 de febrero de 1988 (*BOE* n.º 148, de 21 de junio de 1990). Hay también Acuerdo sobre la simplificación de la extradición entre la República Argentina, la República Federativa del Brasil, el Reino de España y la República Portuguesa, hecho en Santiago de Compostela el 3 de noviembre de 2010 (*BOE* n.º 99, de 26 de abril de 2017).

Tratado sobre traslado de presos entre el Reino de España y la República Federativa del Brasil, hecho en Brasilia el 7 de noviembre de 1996 (*BOE* n.º 84, de 8 de abril de 1998).

Acuerdo entre el Reino de España y la República Federativa de Brasil sobre cooperación en materia de prevención del consumo y control del tráfico ilícito de estupefacientes y sustancias psicotrópicas, hecho *ad referendum* en Madrid el 11 de noviembre de 1999 (*BOE* n.º 182, de 29 de julio de 2004).

Convenio de Cooperación Jurídica y Asistencia Judicial en materia penal entre el Reino de España y la República Federativa de Brasil, hecho en Brasilia el 22 de mayo de 2006 (*BOE* n.º 30, de 4 de febrero de 2008).

Convenio entre el Reino de España y la República Federativa de Brasil sobre cooperación en materia de lucha contra la delincuencia, hecho en Madrid el 25 de junio de 2007 (*BOE* n.º 222, de 15 de septiembre de 2011).

Bulgaria: Se aplica el Convenio Europeo, que Bulgaria ratificó el 17 de junio de 1994, entrando en vigor el 15 de septiembre de 1994.

Convenio entre el Gobierno del Reino de España y el Gobierno de la República de Bulgaria para Cooperación en la Lucha contra la Delincuencia, hecho *ad referendum* en Sofía el 21 de julio de 1998 (*BOE* n.º 65, de 17 de marzo de 1999).

Cabo Verde: Convenio de Extradición entre el Reino de España y la República de Cabo Verde, hecho *ad referendum* en Madrid el 20 de marzo de 2007 (*BOE* n.º 224, de 16 de septiembre de 2009).

Convenio entre el Reino de España y la República de Cabo Verde sobre cooperación en materia de lucha contra la delincuencia, hecho *ad referendum* en Praia el 26 de junio de 2006 (*BOE* n.º 153, de 25 de junio de 2008).

Convenio entre el Reino de España y la República de Cabo Verde relativo a la asistencia judicial en materia penal, hecho *ad referendum* en Madrid el 20 de marzo de 2007 (*BOE* n.º 224, de 16 de septiembre de 2009).

Convenio sobre traslado de personas condenadas entre el Reino de España y la República de Cabo Verde, hecho *ad referendum* en Madrid el 20 de marzo de 2007 (*BOE* n.º 224, de 16 de septiembre de 2009).

Convenio entre el Reino de España y la República de Cabo Verde para evitar la doble imposición y prevenir la evasión fiscal en materia de impuestos sobre la renta, y su Protocolo, hecho en Madrid el 5 de junio de 2017 (*BOE* n.º 315, de 2 de diciembre de 2020).

Camerún: Convenio entre el Reino de España y la República de Camerún sobre cooperación en materia de lucha contra la delincuencia, hecho en Madrid el 26 de enero de 2011 (*BOE* n.º 142, de 15 de junio de 2011; corrección de errores en *BOE* n.º 155, de 30 de junio).

Canadá: Firmado el 31 de mayo de 1989 (*BOE* n.º 189, de 8 de agosto de 1990; corrección de errores en *BOE* n.º 223, de 17 de septiembre).

Tratado de asistencia mutua en materia penal entre el Reino de España y Canadá, hecho en Madrid el 4 de julio de 1994 (*BOE* n.º 47, de 24 de febrero de 1995; correción de errores en *BOE* n.º 136, de 8 de junio).

Protocolo entre el Reino de España y Canadá que modifica el Convenio suscrito por ellos para evitar la doble imposición y prevenir la evasión fiscal en materia de impuestos sobre la renta y sobre el patrimonio, firmado en Ottawa el 23 de noviembre de 1976, hecho en Madrid el 18 de noviembre de 2014 (*BOE* n.º 241, de 8 de octubre de 2015).

Catar: Convenio entre el Reino de España y el Estado de Catar para evitar la doble imposición y prevenir la evasión fiscal en materia de impuestos sobre la renta, y su Protocolo, hechos en Madrid el 10 de septiembre de 2015 (*BOE* n.º 304, de 15 de diciembre de 2017).

Chile: Tratado de Extradición y de Asistencia Judicial en Materia Penal, firmado el 14 de abril de 1992 (*BOE* n.º 8, de 10 de enero de 1995; corrección de errores en *BOE* n.º 53, de 3 de marzo).

Acuerdo sobre cooperación en materia de prevención del uso indebido y el control del tráfico ilícito de estupefacientes y sustancias psicotrópicas, hecho *ad referendum* en Santiago el 12 de noviembre de 1996 (*BOE* n.º 121, de 21 de mayo de 1998; corrección de erratas en *BOE* n.º 141, de 13 de junio).

Convenio entre el Reino de España y la República de Chile para evitar la doble imposición y prevenir la evasión fiscal en materia de Impuestos sobre la Renta y sobre el Patrimonio, hecho en Madrid el 7 de julio de 2003 (*BOE* n.º 28, de 2 de febrero de 2004).

Convenio entre el Reino de España y la República de Chile sobre cooperación en materia de lucha contra la delincuencia y seguridad, hecho *ad referendum* en Madrid el 30 de octubre de 2014 (*BOE* n.º 150, de 24 de junio de 2017):

China: Firmado el 14 de noviembre de 2005, y ratificado por Instrumento de 30 de junio de 2006 (*BOE* n.º 75, de 28 de marzo de 2007). Convenio de cooperación para la lucha contra la delincuencia organizada, entre el Gobierno del Reino de España y el Gobierno de la República Popular China, hecho *ad referendum* en Pekín el 25 de junio de 2000 (*BOE* n.º 135, de 6 de junio de 2002).

Convenio sobre traslado de personas condenadas entre la República Popular de China y el Reino de España, hecho en Madrid el 14 de noviembre de 2005, y ratificado por Instrumento de 30 de junio de 2006 (*BOE* n.º 76, de 29 de marzo de 2007).

Tratado entre el Reino de España y la República Popular China sobre asistencia judicial en materia penal, hecho en Pekín el 21 de julio de 2005, y ratificado por Instrumento de 11 de julio de 2006 (*BOE* n.º 77, de 30 de marzo de 2007).

Acuerdo entre España y la Región Administrativa Especial de Hong Kong de la República Popular de China relativo a la asistencia judicial en materia penal, hecho en Madrid el 15 de noviembre de 2012 (*BOE* n.º 170, de 14 de julio de 2014).

Convenio entre el Reino de España y la República Popular China para eliminar la doble imposición en relación con los impuestos sobre la renta y prevenir la elusión y evasión fiscales y su Protocolo, hecho en Madrid el 28 de noviembre de 2018 (*BOE* n.º 76, de 30 de marzo de 2021).

Chipre: Se aplica el Convenio Europeo, reproducido en nota al Preámbulo de esta Ley, ratificado por Chipre el 22 de enero de 1971, entrando en vigor el 22 de abril del mismo año.

Convenio entre el Reino de España y la República de Chipre sobre cooperación en materia de lucha contra la delincuencia, hecho en Nicosia el 30 de abril de 2007, y que entró en vigor el 31 de marzo de 2008 (*BOE* n.º 64, de 14 de marzo).

Convenio entre el Reino de España y la República de Chipre para evitar la doble imposición y prevenir la evasión fiscal en materia de impuestos sobre la renta y sobre el patrimonio, hecho en Nicosia el 14 de febrero de 2013 (*BOE* n.º 127, de 26 de mayo de 2014).

Colombia: Firmado el 23 de julio de 1892 (*Gaceta* n.º 51, de 20 de febrero de 1894), y modificado por Protocolo de 16 de marzo de 1999 (*BOE* n.º 219, de 13 de septiembre de 2005), que entró en vigor el 17 de septiembre de 2005.

Canje de notas de 19 de septiembre de 1991 constitutivo de Acuerdo entre el Reino de España y la República de Colombia para desarrollar el Convenio de Extradición Hispano-Colombiano de 23 de julio de 1892 (*BOE* n.º 159, de 3 de julio de 1992).

Tratado sobre traslado de personas condenadas entre el Reino de España y la República de Colombia, hecho *ad referendum* en Madrid el 28 de abril de 1993 (*BOE* n.º 109, de 7 de mayo de 1998).

Convenio de cooperación judicial en materia penal entre el Reino de España y la República de Colombia, hecho en Bogotá el 29 de mayo de 1997, y ratificado por Instrumento de 4 de julio de 2000 (*BOE* n.º 276, de 17 de noviembre). Protocolo Adicional a dicho Convenio, ratificado por Instrumento de 10 de noviembre de 2009 (*BOE* n.º 149, de 19 de junio de 2010).

Acuerdo entre el Reino de España y la República de Colombia sobre cooperación en materia de prevención del uso indebido y control del tráfico ilícito de estupefacientes y sustancias psicotrópicas, hecho *ad referendum* en Bogotá el 14 de septiembre de 1998 (*BOE* n.º 40, de 16 de febrero de 2004).

Convenio entre el Reino de España y la República de Colombia para evitar la doble imposición y prevenir la evasión fiscal en materia de impuestos sobre la renta y el patrimonio, hecho en Bogotá el 31 de marzo de 2005, y ratificado por Instrumento de 8 de julio de 2008 (*BOE* n.º 260, de 28 de octubre).

Corea: Firmado el 17 de enero de 1994 (*BOE* n.º 30, de 4 de febrero de 1995).

Convenio entre el Reino de España y la República de Corea, relativo a la asistencia judicial en materia penal, hecho en Seúl el 23 de marzo de 2009 (*BOE* n.º 264, de 2 de noviembre de 2012).

Costa de Marfil: Acuerdo de cooperación en materia de lucha contra la delincuencia entre el Reino de España y la República de Costa de Marfil, hecho en Madrid el 17 de julio de 2012 (*BOE* n.º 221, de 13 de septiembre), con aplicación provisional desde el 16 de agosto de 2012, y entrada en vigor el 18 de febrero de 2014 (*BOE* n.º 53, de 3 de marzo).

Costa Rica: Firmado el 23 de octubre de 1997 (*BOE* n.º 175, de 23 de julio de 1998) corrección de erratas en *BOE* n.º 229, de 24 de septiembre).

Tratado sobre traslado de personas condenadas, entre el Reino de España y la República de Costa Rica, hecho en Madrid el 23 de octubre de 1997 (*BOE* n.º 267, de 7 de noviembre de 2000).

Acuerdo complementario de cooperación entre el Reino de España y la República de Costa Rica sobre cooperación en materia de prevención del consumo y control del tráfico ilícito de estupefacientes y sustancias psicotrópicas, hecho *ad referendum* en San José de Costa Rica el 24 de noviembre de 1999 (*BOE* n.º 178, de 26 de julio de 2001).

Convenio entre el Reino de España y la República de Costa Rica para evitar la doble imposición y prevenir la evasión fiscal en materia de impuestos sobre la renta y sobre el patrimonio, hecho en Madrid el 4 de marzo de 2004 (*BOE* n.º 1, de 1 de enero de 2011).

Croacia: Se aplica el Convenio Europeo, que Croacia ratificó el 25 de enero de 1995, entrando en vigor el 25 de abril de 1995.

Convenio entre el Reino de España y la República de Croacia para evitar la doble imposición y prevenir la evasión fiscal en materia de impuestos sobre la renta y el patrimonio, hecho en Zagreb el 19 de mayo de 2005 (*BOE* n.º 122, de 23 de mayo de 2006; corrección de errores en *BOE* n.º 76, de 29 de marzo de 2007).

Convenio entre el Reino de España y la República de Croacia en materia de lucha contra la delincuencia y asuntos de seguridad, hecho en Madrid el 24 de octubre de 2011 (*BOE* n.º 270, de 9 de noviembre), con aplicación provisional desde el 24 de octubre de 2011, y entrada en vigor el 1 de enero de 2013 (*BOE* n.º 33, de 7 de febrero).

Cuba: Firmado el 26 de octubre de 1905 (*Gaceta* n.º 213, de 1 de agosto de 1906).

Convenio entre el Reino de España y la República de Cuba sobre ejecución de Sentencias penales, hecho *ad referendum* en Madrid el 23 de julio de 1998 (*BOE* n.º 267, de 7 de noviembre; corrección de erratas en *BOE* n.º 288, de 2 de diciembre), que entró en vigor el 16 de junio de 2000 (*BOE* n.º 240, de 6 de octubre).

Acuerdo entre el Reino de España y la República de Cuba sobre cooperación en materia de prevención del consumo y lucha contra el tráfico ilícito de estupefacientes y sustancias psicotrópicas, hecho en La Habana el 10 de noviembre de 1998 (*BOE* n.º 312, de 30 de diciembre de 1998; corrección de erratas en *BOE* n.º 24, de 28 de enero de 1999, y corrección de errores en *BOE* n.º 240, de 6 de octubre de 2000), y con entrada en vigor el 26 de enero de 2001 (*BOE* n.º 183, de 1 de agosto).

Convenio entre el Reino de España y la República de Cuba para evitar la doble imposición y prevenir la evasión fiscal en materia de impuestos sobre la renta y sobre el patrimonio, hecho en Madrid el 3 de febrero de 1999; y Canje de Notas de 9 de noviembre y 30 de diciembre de 1999, que lo modifica (*BOE* n.º 9, de 10 de enero de 2001; corrección de erratas en *BOE* n.º 122, de 22 de mayo).

Dinamarca: Se aplica el Convenio Europeo, reproducido en nota al Preámbulo de esta Ley, ratificado por Dinamarca el 13 de septiembre de 1992, entrando en vigor el 12 de diciembre del mismo año.

Por Nota de 10 de junio de 2008 (*BOE* n.º 279, de 19 de noviembre), la Embajada de Dinamarca comunicó la denuncia del Convenio entre España y Dinamarca para evitar la doble imposición en materia de impuestos sobre la renta y sobre el patrimonio, firmado en Copenhague el 3 de julio de 1972, y el Protocolo modificativo de 17 de marzo de 1999, que han dejado de estar en vigor el 1 de enero de 2009.

República Dominicana: Firmado el 4 de mayo de 1981 (*BOE* n.º 273, de 14 de noviembre de 1984).

Acuerdo entre el Reino de España y la República Dominicana sobre cooperación en materia de prevención del consumo y control del tráfico ilícito de estupefacientes y sustancias psicotrópicas, hecho en Santo Domingo el 15 de noviembre de 2000 (*BOE* n.º 309, de 26 de diciembre de 2001).

Convenio entre el Reino de España y la República Dominicana sobre ejecución de sentencias penales, hecho en Madrid el 15 de septiembre de 2003 (*BOE* n.º 254, de 23 de octubre de 2003; corrección de erratas en *BOE* n.º 309, de 26 de diciembre), que entró en vigor el 1 de diciembre de 2006 (*BOE* n.º 279, de 22 de noviembre).

Convenio entre el Reino de España y la República Dominicana para evitar la doble imposición y prevenir la evasión fiscal en materia de impuestos sobre la renta, y su Protocolo, hechos en Madrid el 16 de noviembre de 2011 (*BOE* n.º 160, de 2 de julio de 2014).

Ecuador: Firmado el 28 de junio de 1989 (*BOE* n.º 313, de 31 de diciembre de 1997; corrección de erratas en *BOE* n.º 25, de 29 de enero de 1998).

Convenio entre el Reino de España y la República del Ecuador para el cumplimiento de condenas penales, hecho en Quito el 25 de agosto de 1995 (*BOE* n.º 72, de 25 de marzo de 1997).

Acuerdo entre el Reino de España y la República del Ecuador sobre cooperación en materia de prevención del consumo y control del tráfico ilícito de estupefacientes, sustancias psicotrópicas y precursores químicos, hecho *ad referendum* en San Francisco de Quito, el 30 de junio de 1999 (*BOE* n.º 45, de 22 de febrero de 2000).

Tratado de asistencia judicial en materia penal entre el Reino de España y la República del Ecuador, hecho en Madrid el 18 de diciembre de 2017 (*BOE* n.º 294, de 7 de noviembre de 2020).

Egipto: Convenio entre el Reino de España y la República Árabe de Egipto sobre traslado de personas condenadas, firmado en El Cairo el 5 de abril de 1994 (*BOE* de 26 de junio de 1995).

Convenio entre el Reino de España y la República Árabe de Egipto para evitar la doble imposición y prevenir la evasión fiscal en materia de impuestos sobre la renta y el patrimonio, hecho en Madrid el 10 de junio de 2005 (*BOE* n.º 164, de 11 de julio de 2006).

Convenio de cooperación entre el Reino de España y la República Árabe de Egipto en materia de seguridad y lucha contra la delincuencia, hecho en Madrid el 30 de abril de 2015 (*BOE* n.º 55, de 6 de marzo de 2017), con aplicación provisional desde el 24 de febrero de 2017 con entrada en vigor el 31 de agosto de 2017 (*BOE* n.º 171, de 19 de julio).

Emiratos Árabes Unidos: Convenio entre el Reino de España y los Emiratos Árabes Unidos para evitar la doble imposición y prevenir la evasión fiscal en materia de impuestos sobre la renta y sobre el patrimonio, hecho en Abu Dhabi el 5 de marzo de

2006 (*BOE* n.º 20, de 23 de enero de 2007; corrección de errores en *BOE* n.º 75, de 28 de marzo).

Convenio de Extradición entre el Reino de España y los Emiratos Árabes Unidos, hecho en Madrid el 24 de noviembre de 2009, y ratificado por Instrumento de 27 de agosto de 2010 (*BOE* n.º 259, de 26 de octubre).

Convenio entre el Reino de España y los Emiratos Árabes Unidos sobre la asistencia judicial mutua en materia penal, hecho en Madrid el 24 de noviembre de 2009, y ratificado mediante Instrumento de 27 de agosto de 2010 (*BOE* n.º 261, de 28 de octubre).

Convenio entre el Reino de España y los Emiratos Árabes Unidos, relativo al traslado de personas condenadas, hecho en Madrid el 24 de noviembre de 2009, y ratificado mediante Instrumento de 27 de agosto de 2010 (*BOE* n.º 260, de 27 de octubre).

Eslovaquia: Convenio Europeo, ratificado por Eslovaquia el 15 de abril de 1992, entrando en vigor el 1 de enero de 1993.

Convenio entre el Gobierno del Reino de España y el Gobierno de la República Eslovaca sobre la cooperación en materia de la lucha contra la delincuencia organizada, hecho *ad referendum* en Bratislava el 3 de marzo de 1999 (*BOE* n.º 192, de 12 de agosto), y cuya entrada en vigor fue el 29 de enero de 2000 (*BOE* n.º 21, de 25 de enero).

Eslovenia: Convenio Europeo, ratificado por Eslovenia el 16 de febrero de 1995, entrando en vigor el 17 de mayo de 1995.

Convenio entre el Reino de España y la República de Eslovenia para evitar la doble imposición y prevenir la evasión fiscal en materia de impuestos sobre la renta y sobre el patrimonio, hecho en Liubliana el 23 de mayo de 2001 (*BOE* n.º 154, de 28 de junio de 2002).

Estados Unidos de América: Firmado el 29 de mayo de 1970 (*BOE* n.º 220, de 14 de septiembre de 1971).

Tratado suplementario de extradición, firmado el 25 de enero de 1975 (*BOE* n.º 152, de 27 de junio de 1978).

Segundo Tratado Suplementario de extradición entre el Reino de España y EEUU, ratificado por Instrumento de 23 de abril de 1993 (*BOE* n.º 156, de 1 de julio; corrección de errores en *BOE* n.º 192, de 12 de agosto de 1993).

Tercer Tratado Suplementario de extradición entre el Reino de España y los Estados Unidos de América, ratificado por Instrumento de 14 de mayo de 1999 (*BOE* n.º 162, de 8 de julio).

Instrumento para la aplicación del Tratado de Extradición entre España y EEUU de 29 de mayo de 1979 y Tratado Suplementario de Extradición de 25 de enero de 1975, 9 de febrero de 1988 y 12 de marzo de 1996, hecho *ad referendum* en Madrid el 17 de diciembre de 2004 (*BOE* n.º 22, de 26 de enero de 2010).

Acuerdo de Extradición entre la Unión Europea y los Estados Unidos de América (*Diario Oficial de la Unión Europea* de 19 de julio de 2003).

Tratado de Asistencia Jurídica Mutua en Materia Penal entre el Reino de España y EEUU, ratificado por Instrumento de 23 de abril de 1993 (*BOE* n.º 144, de 17 de junio; corrección de errores en *BOE* n.º 170, de 17 de julio).

Instrumento para la aplicación del Tratado de asistencia jurídica mutua en materia penal entre USA y el Reino de España firmado el 20 de noviembre de 1990, hecho *ad referendum* en Madrid el 17 de diciembre de 2004 (*BOE* n.º 22, de 26 de enero de 2010).

Acuerdo Amistoso, de 30 de enero y 15 de febrero de 2006 (*BOE* n.º 195, de 13 de agosto de 2009), relativo a la aplicación del Convenio para evitar la doble imposición entre España y Estados Unidos, hecho en Madrid el 22 de febrero de 1990, modificado mediante Protocolo, y Memorando de entendimiento, hechos en Madrid el 14 de enero de 2013 (*BOE* n.º 255, de 23 de octubre de 2019).

Aplicación provisional del Convenio entre los Estados Unidos de América y el Reino de España sobre incremento de la cooperación para impedir y combatir la delincuencia grave, hecho en Washington el 23 de junio de 2009 (*BOE* n.º 225, de 17 de septiembre), y que entró en vigor el 20 de julio de 2010 (*BOE* n.º 217, de 7 de septiembre).

Estonia: Convenio Europeo, ratificado por Estonia el 28 de abril de 1997, entrando en vigor el 27 de julio de 1997.

Acuerdo de extradición entre el Reino de España y la República de Estonia, hecho en Tallinn el 28 de junio de 1999 (*BOE* n.º 115, de 13 de mayo de 2000).

Convenio entre el Reino de España y la República de Estonia para evitar la doble imposición y prevenir la evasión fiscal en materia de impuestos sobre la renta y sobre el patrimonio, hecho en Tallinn el 3 de septiembre de 2003 (*BOE* n.º 29, de 3 de febrero de 2005).

Filipinas: Tratado de extradición entre el Reino de España y la República de Filipinas, hecho en Madrid el 2 de marzo de 2004 (*BOE* n.º 116, de 13 de mayo).

Tratado sobre traslado de personas condenadas entre la República de Filipinas y el Reino de España, hecho en Madrid el 18 de mayo de 2007 (*BOE* n.º 13, de 15 de enero de 2008).

Tratado sobre asistencia judicial en materia penal entre el Reino de España y la República de Filipinas, hecho en Manila el 2 de marzo de 2004 (*BOE* n.º 73, de 26 de marzo de 2009).

Finlandia: Se aplica el Convenio Europeo, reproducido en nota al Preámbulo de esta Ley, al que Finlandia se adhirió el 12 de mayo de 1971, entrando en vigor el 11 de agosto del mismo año.

Convenio entre el Reino de España y la República de Finlandia para evitar la doble imposición y prevenir la evasión fiscal en materia de impuestos sobre la renta, y su Protocolo, hecho en Helsinki el 15 de diciembre de 2015 (*BOE* n.º 130, de 29 de mayo de 2018).

Francia: Firmado el 14 de diciembre de 1877 (*Gaceta* n.º 180, de 29 de junio de 1878).

Los arts. 13, 14 y 15 del Convenio de Extradición fueron sustituidos por el Convenio de 9 de abril de 1969 con Francia sobre asistencia judicial en materia penal (*BOE* n.º 197, de 18 de agosto de 1970). (Abrogado por el Convenio Europeo reproducido en nota al Preámbulo de esta Ley.) V. Canje de Cartas de 23 de marzo de 1992 y 3 de mayo de 1993, constitutivo de Acuerdo entre España y Francia para la extensión a los territorios franceses de Ultramar del Convenio Europeo n.º 30, sobre Asistencia Judicial en Materia Penal y del Convenio Europeo n.º 24 sobre Extradición (*BOE* n.º 156, de 1 de julio de 1993).

Convenio de cooperación transfronteriza en materia policial y aduanera entre el Reino de España y la República Francesa, hecho *ad referendum* en Blois el 7 de julio de 1998 (*BOE* n.º 224, de 18 de septiembre de 2003).

Intercambio de cartas de 1 de marzo y 22 de abril de 2005 (*BOE* n.º 189, de 6 de agosto de 2009), relativo a la aplicación del Convenio para evitar la doble imposición entre España y Francia, hecho en Madrid el 10 octubre de 1995.

Georgia: Convenio Europeo, ratificado por Georgia el 15 de junio de 2001, entrando en vigor el 13 de septiembre de 2001.

Convenio entre el Reino de España y la República de Georgia para evitar la doble imposición y prevenir la evasión fiscal en materia de impuestos sobre la renta y el patrimonio, hecho en Madrid el 7 de junio de 2010 (*BOE* n.º 130, de 1 de junio de 2011).

Acuerdo entre el Reino de España y Georgia sobre cooperación en el ámbito de la lucha contra la delincuencia, hecho *ad referendum* en Madrid el 21 de enero de 2015 (*BOE* n.º 116, de 13 de mayo).

Grecia: Firmado el 7 y 20 de mayo de 1910 (*Gaceta* n.º 271, de 28 de septiembre de 1910). (Abrogado por el Convenio Europeo reproducido en nota al Preámbulo de esta Ley.)

Convenio entre el Reino de España y la República Helénica para evitar la doble imposición y prevenir la evasión fiscal en materia de impuestos sobre la renta y sobre el patrimonio, hecho en Madrid el 4 de diciembre de 2000 (*BOE* n.º 236, de 2 de octubre de 2002).

Guatemala: Firmado el 7 de noviembre de 1895 (*Gaceta* n.º 161, de 10 de junio de 1897).

Protocolo adicional aclarando el art. 6.º del Tratado, firmado el 23 de febrero de 1897 (*Gaceta* n.º 174, de 23 de junio de 1897).

Acuerdo entre el Reino de España y el Gobierno de la República de Guatemala sobre cooperación en materia de prevención del consumo y control del tráfico ilícito de estupefacientes y sustancias psicotrópicas, hecho *ad referendum* en Guatemala el 9 de julio de 1999 (*BOE* n.º 43, de 19 de febrero de 2002; corrección de erratas en *BOE* n.º 81, de 4 de abril).

Tratado sobre traslado de personas condenadas entre el Reino de España y la República de Guatemala, hecho *ad referendum* en Madrid el 26 de marzo de 1996, y ratificado por Instrumento de 21 de febrero de 2007 (*BOE* n.º 107, de 4 de mayo).

Honduras: Tratado de extradición entre el Reino de España y la República de Honduras, hecho *ad referendum* en Tegucigalpa el 13 de noviembre de 1999 (*BOE* n.º 129, de 30 de mayo).

Tratado sobre traslado de personas condenadas, entre el Reino de España y la República de Honduras, hecho en Tegucigalpa el 13 de noviembre de 1999, y ratificado por Instrumento de 9 de febrero de 2001 (*BOE* n.º 112, de 10 de mayo).

Acuerdo entre el Reino de España y la República de Honduras sobre cooperación en materia de prevención del consumo y control del tráfico ilícito de estupefacientes y sustancias psicotrópicas, hecho *ad referendum* en Tegucigalpa el 13 de noviembre de 1999 (*BOE* n.º 27, de 31 de enero de 2002).

Hong Kong: Convenio entre el Reino de España y la Región Administrativa Especial de Hong Kong de la República Popular China para evitar la doble imposición y prevenir la evasión fiscal en materia de impuestos sobre la renta, y su Protocolo, hecho en Hong Kong el 1 de abril de 2011 (*BOE* n.º 90, de 14 de abril).

Acuerdo entre España y la Región Administrativa Especial de Hong Kong de la República Popular de China sobre traslado de personas condenadas, hecho en Madrid el 15 de noviembre de 2012 (*BOE* n.º 147, de 20 de junio de 2013).

Acuerdo entre España y la Región Administrativa Especial de Hong Kong de la República Popular de China relativo a la asistencia judicial en materia penal, hecho en Madrid el 15 de noviembre de 2012 (*BOE* n.º 170, de 14 de julio de 2014).

Hungría: Firmado el 10 de mayo de 1985 (*BOE* n.º 25, de 29 de enero de 1988). V. también Convenio sobre ejecución recíproca de resoluciones judiciales en materia penal entre el Reino de España y la República Popular Húngara, ratificado por Instrumento de 22 de septiembre de 1988 (*BOE* n.º 10, de 12 de enero de 1989). (Abrogado por el Convenio Europeo reproducido en nota al Preámbulo de esta Ley.)

India: Tratado de extradición entre el Reino de España y la República de la India, hecho en Madrid el 20 de junio de 2002 (*BOE* n.º 74, de 27 de marzo de 2003).

Convenio entre el Reino de España y la República de la India para evitar la doble imposición y prevenir la evasión fiscal en materia de impuestos sobre la renta y sobre el patrimonio, firmado en Nueva Delhi el 8 de febrero de 1993 (*BOE* n.º 32, de 7 de febrero de 1993), modificado por Protocolo de 26 de octubre de 2012 (*BOE* n.º 188, de 9 de julio de 2020; corrección de errores en *BOE* n.º 196, de 18 de julio).

Acuerdo de asistencia judicial en materia penal entre el Reino de España y la República de la India, hecho en Nueva Delhi el 3 de julio de 2006 (*BOE* n.º 70, de 22 de marzo).

Acuerdo sobre traslado de personas condenadas entre el Reino de España y la República de la India, hecho en Madrid el 30 de mayo de 2017 (*BOE* n.º 107, de 3 de mayo de 2018).

Irán: Acuerdo entre el Reino de España y la República Islámica del Irán para evitar la doble imposición y prevenir la evasión fiscal en materia de impuestos sobre la renta y sobre el patrimonio, hecho en Teherán el 19 de julio de 2003, y ratificado por Instrumento de 12 de diciembre de 2005 (*BOE* n.º 235, de 2 de octubre de 2006).

Irlanda: Se aplica el Convenio Europeo, reproducido en nota al Preámbulo de esta Ley, ratificado por Irlanda el 2 de mayo de 1966, entrando en vigor el 1 de agosto del mismo año.

Canje de Notas de 13 y 21 de febrero de 2003, constitutivo de Acuerdo entre España e Irlanda para la Extradición de Nacionales (*BOE* n.º 294, de 9 de diciembre).

Islandia: Se aplica el Convenio Europeo, ratificado por Islandia el 20 de junio de 1984, entrando en vigor el 18 de septiembre del mismo año.

Convenio entre el Reino de España y la República de Islandia para evitar la doble imposición y prevenir la evasión fiscal en materia de impuestos sobre la renta y sobre el patrimonio, hecho en Madrid el 22 de enero de 2002 (*BOE* n.º 250, de 18 de octubre de 2002).

Israel: Se aplica el Convenio Europeo al que Israel se adhirió el 27 de septiembre de 1967, entrando en vigor el 26 de diciembre del mismo año.

Convenio entre el Reino de España y el Estado de Israel para evitar la doble imposición y prevenir la evasión fiscal en materia de impuestos sobre la renta y sobre el patrimonio, hecho en Jerusalén el 30 de noviembre de 1999 (*BOE* n.º 9, de 10 de enero de 2001).

Acuerdo entre el reino de España y el Estado de Israel de cooperación en materia de lucha contra la delincuencia, hecho *ad referendum* en Jerusalén el 19 de abril de 2007 (*BOE* n.º 39, de 14 de febrero de 2008).

Italia: Firmado el 22 de mayo de 1973 (*BOE* n.º 281, de 24 de noviembre de 1977). (Abrogado por el Convenio Europeo reproducido en nota al Preámbulo de esta Ley.)

Jamaica: Convenio entre el Reino de España y Jamaica para evitar la doble imposición y prevenir la evasión fiscal en materia de impuestos sobre la renta, hecho en Kingston el 8 de julio de 2008 (*BOE* n.º 115, de 12 de mayo de 2009).

Japón: Convenio entre el Reino de España y Japón para eliminar la doble imposición en relación con los impuestos sobre la renta y prevenir la elusión y evasión fiscales y su Protocolo, hecho en Madrid el 16 de octubre de 2018 (*BOE* n.º 49, de 26 de febrero de 2021).

Jordania: Convenio entre el Reino de España y el Reino Hachemita de Jordania sobre cooperación en materia de lucha contra la delincuencia, hecho en Amman el 15 de marzo de 2011 (*BOE* n.º 216, de 24 de octubre).

Kazajstán: Firmado el 21 de noviembre de 2012 (*BOE* n.º 169, de 16 de julio de 2013).

Convenio entre el Gobierno del Reino de España y el Gobierno de la República de Kazajstán para evitar la doble imposición y prevenir la evasión fiscal en materia de impuestos sobre la renta y sobre el patrimonio, hecho en Astana el 2 de julio de 2009 (*BOE* n.º 132, de 3 de junio de 2011).

Tratado sobre traslado de personas condenadas entre el Reino de España y la República de Kazajstán, hecho en Madrid el 21 de noviembre de 2012 (*BOE* n.º 21, de 24 de enero de 2013), y con aplicación provisional desde el 21 de diciembre de 2012, y entrada en vigor el 1 de agosto de 2013 (*BOE* n.º 171, de 18 de julio).

Convenio entre el Reino de España y la República de Kazajstán relativo a la asistencia judicial en materia penal, hecho en Astaná el 17 de junio de 2011 (*BOE* n.º 86, de 10 de abril de 2013).

Acuerdo entre el Gobierno del Reino de España y el Gobierno de la República de Kazajstán sobre cooperación para combatir la delincuencia, hecho en Astaná el 17 de junio de 2011 (*BOE* n.º 288, de 28 de noviembre de 2014).

Kuwait: Convenio entre el Reino de España y el Estado de Kuwait para evitar la doble imposición y prevenir la evasión fiscal en materia de impuestos sobre la renta y sobre el patrimonio, hecho en Kuwait el 26 de mayo de 2008 (*BOE* n.º 134, de 5 de junio de 2013).

Letonia: Convenio Europeo, ratificado por Letonia el 2 de mayo de 1997, entrando en vigor el 31 de julio de 1997.

Acuerdo entre el Reino de España y la República de Letonia sobre cooperación en materia de lucha contra el terrorismo, la delincuencia organizada, el tráfico ilícito de estupefacientes, sustancias psicotrópicas y precursores, y otros delitos, hecho en Madrid el 24 de noviembre de 2003 (*BOE* n.º 32, de 6 de febrero de 2004), y que entró en vigor el 31 de mayo de 2005 (*BOE* n.º 170, de 18 de julio).

Convenio entre el Reino de España y la República de Letonia para evitar la doble imposición y prevenir la evasión fiscal en materia de impuestos sobre la renta y sobre el patrimonio, hecho en Riga el 4 de septiembre de 2003 (*BOE* n.º 8, de 10 de enero de 2005; corrección de errores en *BOE* n.º 57, de 8 de marzo).

Liechtenstein: Se aplica el Convenio Europeo, reproducido en nota al Preámbulo de esta Ley, al que Liechtenstein se adhirió el 28 de octubre de 1969, entrando en vigor el 26 de enero de 1970.

Lituania: Convenio Europeo, ratificado por Lituania el 20 de junio de 1995, entrando en vigor el 18 de septiembre de 1995.

Convenio entre el Reino de España y la República de Lituania para evitar la doble imposición y prevenir la evasión fiscal en materia de impuestos sobre la renta y sobre el patrimonio, hecho en Madrid el 22 de julio de 2003 (*BOE* n.º 28, de 2 de febrero de 2004; corrección de erratas en *BOE* n.º 76, de 29 de marzo de 2004).

Acuerdo entre el Reino de España y la República de Lituania sobre cooperación en la detección, investigación y prevención del delito, hecho en Madrid el 3 de diciembre de 2007 (*BOE* n.º 88, de 10 de abril de 2009).

Luxemburgo: Se aplica el Convenio Europeo, ratificado por Luxemburgo el 18 de noviembre de 1976, entrando en vigor el 16 de febrero de 1977.

Convenio entre el Gran Ducado de Luxemburgo y el Reino de España para evitar la doble imposición en materia de impuestos sobre la renta y sobre el patrimonio, y para prevenir el fraude y la evasión fiscal (*BOE* n.º 185, de 4 de agosto de 1987), ratificado por Protocolo de 10 de noviembre de 2009 (*BOE* n.º 132, de 31 de mayo de 2010).

Macedonia: Convenio Europeo, ratificado por Macedonia el 28 de julio de 1999, entrando en vigor el 26 de octubre de 1999.

Convenio entre el Gobierno español y el Gobierno macedonio para evitar la doble imposición y prevenir la evasión fiscal en materia de impuestos sobre la renta y sobre el patrimonio, hecho en Madrid el 20 de junio de 2005 (*BOE* n.º 2, de 3 de enero de 2006).

Malasia: Convenio entre el Reino de España y Malasia para evitar la doble imposición y prevenir la evasión fiscal en materia de impuestos sobre la renta, hecho en Madrid el 24 de mayo de 2006 (*BOE* n.º 38, de 13 de febrero de 2008).

Malí: Convenio entre el Reino de España y la República de Malí en materia de lucha contra la delincuencia internacional organizada, hecho *ad referendum* en Madrid el 16 de octubre de 2008 (*BOE* n.º 20, de 23 de enero de 2013).

Malta: Convenio Europeo, ratificado por Malta el 19 de marzo de 1996, entrando en vigor el 17 de junio de 1996.

Acuerdo entre el Reino de España y la República de Malta sobre cooperación en materia de prevención del uso ilícito y lucha contra el tráfico ilícito de estupefacientes y sustancias psicotrópicas, hecho en La Valetta el 28 de mayo de 1998 (*BOE* n.º 181, de 30 de julio), y con entrada en vigor el 27 de noviembre de este año (*BOE* n.º 264, de 4 de noviembre).

Convenio entre el Reino de España y Malta para evitar la doble imposición y prevenir la evasión fiscal en materia de impuestos sobre la renta, hecho en Madrid el 8 de noviembre de 2005 (*BOE* n.º 214, de 7 de septiembre de 2006).

Marruecos: Firmado el 24 de junio de 2009 (*BOE* n.º 238, de 2 de octubre; correcciones de errores en *BOE* n.º 51, de 29 de febrero de 2012, y n.º 53, de 2 de marzo), con aplicación provisional desde el día de su firma, y entrada en vigor el 1 de septiembre de 2012 (*BOE* n.º 209, de 31 de agosto).

Convenio relativo a la asistencia judicial en materia penal entre el Reino de España y el Reino de Marruecos, firmado en Rabat el 24 de junio de 2009 (*BOE* n.º 238, de 2 de octubre), con aplicación provisional desde el día de su firma, y entrada en vigor el 1 de enero de 2013 (*BOE* n.º 304, de 19 de diciembre de 2012).

Convenio entre el Reino de España y el Reino de Marruecos relativo a la asistencia a personas detenidas y al traslado de personas condenadas, firmado en Madrid el 30 de mayo de 1997 (*BOE* n.º 145, de 18 de junio), y con entrada en vigor el 1 de julio de 1999 (*BOE* n.º 151, de 25 de junio de 1999).

Mauritania: Firmado el 12 de septiembre de 2006 (*BOE* n.º 267, de 8 de noviembre; corrección de errores en *BOE* n.º 296, de 12 de diciembre).

Convenio relativo a la asistencia judicial en materia penal entre el Reino de España y la República Islámica de Mauritania, hecho en Madrid el 12 de septiembre de 2006 (*BOE* n.º 267, de 8 de noviembre; corrección de errores en *BOE* n.º 292, de 7 de diciembre).

Convenio entre el Reino de España y la República Islámica de Mauritania, relativo a la asistencia a personas detenidas y al traslado de personas condenadas, hecho en Madrid el 12 de septiembre de 2006 (*BOE* n.º 267, de 8 de noviembre).

México: Firmado el 21 de noviembre de 1978 (*BOE* n.º 145, de 17 de junio de 1980), y modificado por Protocolo de 23 de junio de 1995, ratificado por Instrumento de 23 de enero de 1996 (*BOE* n.º 190, de 7 de agosto; corrección de errores en *BOE* n.º 207, de 27 de agosto), y por Protocolo de 6 de diciembre de 1999, ratificado por Instrumento de 16 de febrero de 2001 (*BOE* n.º 80, de 3 de abril).

Canje de notas, constitutivo de Acuerdo, entre España y los Estados Unidos Mexicanos para desarrollar el Convenio Hispano-Mejicano de Extradición de 1978, realizado en Madrid el 1 de diciembre de 1984 (*BOE* n.º 267, de 7 de noviembre de 1986).

V. también Tratado sobre ejecución de sentencias penales entre el Reino de España y los Estados Unidos Mexicanos, ratificado por Instrumento de 20 de enero de 1989 (*BOE* n.º 115, de 15 de mayo).

Convenio entre el Reino de España y los Estados Unidos Mexicanos para evitar la doble imposición en materia de impuestos sobre la renta y el patrimonio, y prevenir el fraude y la evasión fiscal, hecho en Madrid el 24 de julio de 1992 (*BOE* n.º 257, de 27 de octubre de 1994), y modificado por Protocolo firmado en Madrid el 17 de diciembre de 2015 (*BOE* n.º 161, de 7 de julio de 2017).

Acuerdo entre el Reino de España y los Estados Unidos Mexicanos de cooperación en materia de prevención del uso indebido y lucha contra el tráfico ilícito de estupefacientes y sustancias psicotrópicas, hecho *ad referendum* en Ciudad de México el 6 de noviembre de 1997 (*BOE* n.º 152, de 26 de junio).

Acuerdo de cooperación mutua entre el Reino de España y el Gobierno de los Estados Unidos Mexicanos para el intercambio de información respecto de operaciones financieras realizadas a través de instituciones financieras para prevenir y combatir operaciones de procedencia ilícita o de lavado de dinero, hecho *ad referendum* en Madrid el 24 de mayo de 1999 (*BOE* n.º 221, de 14 de septiembre de 2000).

Tratado de Asistencia Jurídica Mutua en materia penal entre el Reino de España y los Estados Unidos Mexicanos, de 29 de septiembre de 2006 (*BOE* n.º 182, de 31 de julio de 2007). Convenio entre el Reino de España y los Estados Unidos Mexicanos, sobre cooperación en materia de lucha contra la delincuencia organizada, hecho en Madrid el 10 de junio de 2014, y con entrada en vigor el 26 de julio de 2018 (*BOE* n.º 181, de 27 de julio de 2018).

Moldavia: Convenio Europeo, ratificado por Moldavia el 2 de octubre de 1997, entrando en vigor el 31 de diciembre de 1997.

Convenio entre el Reino de España y la República de Moldavia para evitar la doble imposición y prevenir la evasión fiscal en materia de impuestos sobre la renta y sobre el patrimonio, hecho *ad referendum* en Chisinau el 8 de octubre de 2007 (*BOE* n.º 89, de 11 de abril de 2009).

Convenio entre el Reino de España y la República de Moldova en materia de cooperación en asuntos de seguridad y lucha contra la delincuencia, hecho en Madrid el 22 de octubre de 2013 (*BOE* n.º 311, de 25 de diciembre de 2014).

Montenegro: Convenio Europeo, ratificado por Montenegro el 30 de septiembre de 2002, entrando en vigor el 6 de junio de 2006.

En virtud del Canje de Notas de fechas 19 de mayo y 11 de junio de 2010 (*BOE* n.º 188, de 4 de agosto), la República de Montenegro mantiene en vigor, y de aplicación a su territorio, el Convenio de asistencia judicial en materia penal y extradición entre España y la República Socialista Federativa de Yugoslavia, hecho en Belgrado el 8 de julio de 1980.

Nicaragua: Firmado *ad referendum* en Managua el 12 de noviembre de 1997 (*BOE* n.º 235, de 30 de septiembre de 2000).

Convenio entre el Reino de España y la República de Nicaragua para el cumplimiento de condenas penales, firmado en Managua el 18 de febrero de 1995 y ratificado por Instrumento de 9 de septiembre de 1996 (*BOE* n.º 140, de 12 de junio de 1997).

Níger: Convenio de cooperación en materia de lucha contra la delincuencia entre el Reino de España y la República de Níger, hecho en Niameg el 14 de mayo de 2015, y con aplicación provisional desde el 14 de mayo de 2015 (*BOE* n.º 160, de 6 de julio).

Nigeria: Convenio entre el Reino de España y la República Federal de Nigeria para evitar la doble imposición y prevenir la evasión fiscal en materia de impuestos sobre la renta y sobre el patrimonio, hecho en Abuja el 23 de junio de 2009 (*BOE* n.º 88, de 13 de abril de 2015).

Noruega: Se aplica el Convenio Europeo, ratificado por Noruega el 19 de enero de 1960, que entró en vigor el 18 de abril del mismo año.

Convenio entre el Reino de España y el Reino de Noruega para evitar la doble imposición y prevenir la evasión fiscal en materia de impuestos sobre la renta y sobre el patrimonio, hecho en Madrid el 6 de octubre de 1999 (*BOE* n.º 9, de 10 de enero de 2001).

Nueva Zelanda: Convenio entre el Reino de España y el Gobierno de Nueva Zelanda para evitar la doble imposición y prevenir la evasión fiscal en materia de impuestos sobre la renta, y Protocolo, hecho en Wellington el 28 de julio de 2005 (*BOE* n.º 243, de 11 de octubre de 2006), y que entró en vigor el 31 de julio de 2006.

Omán: Convenio entre el Reino de España y el Sultanato de Omán para evitar la doble imposición y prevenir la evasión fiscal en materia de impuestos sobre la renta, y su Protocolo, hecho *ad referendum* en Mascate el 30 de abril de 2014 (*BOE* n.º 215, de 8 de septiembre de 2015).

Países Bajos: Firmado el 28 de octubre de 1894 (*Gaceta* n.º 1, de 1 de enero de 1895). (Abrogado por el Convenio Europeo de Extradición.)

Canje de notas referente al Convenio de 14 de septiembre de 1951 (*BOE* n.º 315, de 11 de noviembre de 1951). (Abrogado por el Convenio Europeo reproducido en nota al Preámbulo de esta Ley.) V. también Canje de notas, de fechas 11 de noviembre de 1993 y 24 de noviembre de 1994, constitutivo de Acuerdo entre el Reino de España y el Reino de los Países Bajos para la extensión a Antillas Neerlandesas y Aruba del Convenio Europeo número 24 (*BOE* n.º 41, de 17 de febrero de 1995; corrección de errores en *BOE* n.º 230, de 26 de septiembre de 1995).

Pakistán: Convenio entre el Reino de España y la República Islámica de Pakistán para evitar la doble imposición y prevenir la evasión fiscal en materia de impuestos sobre la renta, hecho en Madrid el 2 de junio de 2010 (*BOE* n.º 116, de 16 de marzo de 2011).

Panamá: Firmado el 10 de noviembre de 1997 (*BOE* n.º 213, de 5 de septiembre de 1998; corrección de erratas en *BOE* n.º 231, de 26 de septiembre).

Tratado entre el Reino de España y la República de Panamá sobre traslado de personas condenadas, firmado en Madrid el 20 de marzo de 1996 y ratificado por Instrumento de 19 de diciembre de 1996 (*BOE* n.º 153, de 27 de junio).

Acuerdo entre el Reino de España y la República de Panamá sobre cooperación en materia de prevención del consumo y control del tráfico ilícito de estupefacientes y sustancias psicotrópicas hecho *ad referendum* en Panamá el 13 de febrero de 1998 (*BOE* n.º 172, de 20 de julio de 1999).

Convenio entre el Reino de España y la República de Panamá sobre asistencia legal y cooperación judicial en materia penal, hecho en Madrid, *ad referendum*, el 19 de octubre de 1998, ratificado por Instrumento de 17 de septiembre de 1999, y con entrada en vigor el 1 de marzo de 2000 (boe n.º 42, de 18 de febrero de 2000).

Convenio entre el Reino de España y la República de Panamá para evitar la doble imposición en materia de impuestos sobre la renta y sobre el patrimonio y prevenir la evasión fiscal, hecho en Madrid el 7 de octubre de 2010 (*BOE* n.º 158, de 4 de julio de 2011).

Convenio entre el Reino de España y la República de Panamá sobre cooperación en materia de lucha contra la delincuencia, hecho *ad referendum* en Madrid el 25 de julio de 2013 (*BOE* n.º 161, de 7 de julio de 2015).

Paraguay: Firmado el 27 de julio de 1998 (*BOE* n.º 89, de 13 de abril de 2001, corrección de erratas en *BOE* n.º 119, de 18 de mayo), que entró en vigor el 23 de febrero de 2001.

Tratado sobre traslado de personas condenadas, firmado entre el Reino de España y la República de Paraguay, el 7 de septiembre de 1994 en Asunción (*BOE* n.º 263, de 3 de noviembre de 1995).

Convenio de cooperación judicial en materia penal entre el Reino de España y la República de Paraguay, hecho *ad referendum* en Asunción el 26 de junio de 1999, y ratificado por Instrumento de 16 de febrero de 2001 (*BOE* n.º 99, de 25 de abril).

Acuerdo entre el Reino de España y la República del Paraguay sobre cooperación en materia de prevención del consumo y control del tráfico ilícito de estupefacientes y sustancias psicotrópicas, hecho en Asunción el 1 de agosto de 2003 (*BOE* n.º 240, de 7 de octubre de 2003), que entró en vigor el 4 de septiembre de 2005 (*BOE* n.º 194, de 15 de agosto).

Perú: Ratificado por Instrumento de 19 de noviembre de 1993 (*BOE* n.º 21, de 25 de enero de 1994), y enmendado por Canje de Notas de 4 de agosto de 2008 y 9 de marzo de 2009 (*BOE* n.º 193, de 12 de agosto de 2011).

Acuerdo entre el Reino de España y la República del Perú sobre cooperación en materia de prevención del consumo, desarrollo alternativo, y control del tráfico ilícito de estupefacientes y sustancias psicotrópicas, hecho *ad referendum* en Lima el 17 de septiembre de 1998 (*BOE* n.º 151, de 25 de junio de 1999).

Tratado de asistencia judicial en materia penal entre el Reino de España y la República del Perú, hecho *ad referendum* en Madrid, el 8 de noviembre de 2000 (*BOE* n.º 53, de 2 de marzo de 2002).

Polonia: Convenio Europeo, ratificado por Polonia el 15 de junio de 1993, entrando en vigor el 13 de septiembre de 1993.

Acuerdo entre el Reino de España y la República de Polonia sobre la cooperación en el ámbito de lucha contra la delincuencia organizada y otros delitos graves, hecho en Madrid el 27 de noviembre de 2000 (*BOE* n.º 289, de 3 de diciembre de 2003).

Portugal: Firmado el 25 de junio de 1867 (*Gaceta* n.º 38, de 7 de febrero de 1869). (Abrogado por el Convenio Europeo de Extradición.) Hay también Acuerdo sobre la simplificación de la extradición entre la República Argentina, la República Federativa del Brasil, el Reino de España y la República Portuguesa, hecho en Santiago de Compostela el 3 de noviembre de 2010 (*BOE* n.º 99, de 26 de abril de 2017).

Artículos adicionales al Convenio firmados el 7 de febrero de 1873 (*Gaceta* n.º 9, de 9 de enero de 1876).

Canje de notas referente a dicho Convenio de 10 y 12 de mayo de 1884 (*Gaceta* n.º 151, de 30 de mayo de 1884).

Convenio entre el Reino de España y la República Portuguesa relativo a la cooperación judicial en materia penal y civil, hecho en Madrid el 19 de noviembre de 1997 (*BOE* n.º 18, de 21 de enero de 1999).

Acuerdo entre el Reino de España y la República Portuguesa sobre la creación de comisarías comunes en frontera, hecho *ad referendum* en Madrid el 19 de noviembre de 1997 (*BOE* n.º 231, de 26 de septiembre de 1998).

Acuerdo entre el Reino de España y la República Portuguesa sobre persecución transfronteriza, hecho *ad referendum* en Albufeira, el 30 de noviembre de 1998 (boe n.º 42, de 18 de febrero de 2000).

Tratado entre el Reino de España y la República Portuguesa para la represión del tráfico ilícito de drogas en el mar, hecho en Lisboa el 2 de marzo de 1998 (*BOE* n.º 18, de 20 de enero de 2001).

Acuerdo entre el Reino de España y la República Portuguesa sobre cooperación transfronteriza en materia policial y aduanera, hecho *ad referendum* en Évora el 19 de noviembre de 2005 (*BOE* n.º 67, de 18 de marzo de 2008).

Reino Unido de Gran Bretaña e Irlanda del Norte: Firmado el 22 de julio de 1985 (*BOE* n.º 102, de 2 de abril de 1986). V. también Canjes de notas de 1 de febrero de 1991 para extender el Tratado de Extradición a territorios cuyas relaciones internacionales asume el Reino Unido y a Gibraltar (*BOE* n.º 153, de 27 de junio; corrección de errores en *BOE* n.º 204, de 26 de agosto). (Abrogado por el Convenio Europeo reproducido en nota al Preámbulo de esta Ley.)

Acuerdo entre el Reino de España y el Reino Unido de Gran Bretaña e Irlanda del Norte en materia de prevención y represión del tráfico ilícito y el uso indebido de drogas, hecho en Madrid el 26 de junio de 1989, y extendido a la isla de Man (*BOE* n.º 100, de 26 de abril de 2001).

Canje de Notas, de fechas 5 de mayo de 2000 y 5 de febrero de 2001 (*BOE* n.º 196, de 16 de agosto de 2001), constitutivo de Acuerdo entre el Reino de España y el Reino Unido de Gran Bretaña e Irlanda del Norte, para la extensión a la Isla de Man del Convenio Europeo n.º 30, de Asistencia Judicial en Materia Penal, de 20 de abril de 1959.

Convenio entre el Reino de España y el Reino Unido de Gran Bretaña e Irlanda del Norte para evitar la doble imposición y prevenir la evasión fiscal en materia de impuestos sobre la renta y sobre el patrimonio, hecho en Londres el 14 de marzo de 2013 (*BOE* n.º 118, de 15 de mayo de 2014).

República Checa: Convenio Europeo, ratificado por la República Checa el 15 de abril de 1992, entrando en vigor el 1 de enero de 1993.

Rumania: Convenio Europeo, ratificado por Rumania el 10 de septiembre de 1997, entrando en vigor el 9 de diciembre de 1997.

Convenio entre España y Rumania sobre cooperación en materia de lucha contra la delincuencia, hecho en Madrid el 30 de marzo de 2006 (*BOE* n.º 41, de 16 de febrero de 2007).

Acuerdo entre Rumania y España sobre cooperación en el ámbito de la protección de los menores de edad rumanos no acompañados en España, su repatriación y lucha contra la explotación de los mismos, hecho en Madrid el 15 de diciembre de 2005 (*BOE* n.º 195, de 16 de agosto de 2006).

Convenio entre el Reino de España y Rumanía para eliminar la doble imposición en relación con los impuestos sobre la renta y prevenir la evasión y elusión fiscales y su Protocolo, hecho en Bucarest el 18 de octubre de 2017 (*BOE* n.º 316, de 3 de diciembre de 2020).

Rusia: Convenio Europeo, ratificado por Rusia el 10 de diciembre de 1999, entrando en vigor el 9 de marzo de 2000.

Convenio entre el Reino de España y la Federación de Rusia relativo al traslado de personas condenadas para el cumplimiento de penas privativas de libertad, hecho en Moscú el 16 de enero de 1998 (*BOE* n.º 45, de 21 de febrero; corrección de erratas en *BOE* n.º 63, de 14 de marzo), y ratificado mediante Instrumento de 11 de mayo de 2001 (*BOE* n.º 141, de 13 de junio).

Convenio entre el Gobierno del Reino de España y el Gobierno de la Federación de Rusia sobre cooperación en materia de lucha contra la delincuencia, hecho en Moscú el 17 de mayo de 1999 (*BOE* n.º 158, de 3 de julio; corrección de errores en boe n.º 251, de 20 de octubre), cuya entrada en vigor tuvo lugar el 9 de junio de 2000 (boe n.º 106, de 3 de mayo).

Convenio entre el Gobierno del Reino de España y el Gobierno de la Federación Rusa para evitar la doble imposición y prevenir la evasión fiscal en materia de impuestos sobre la renta y sobre el patrimonio, hecho en Madrid el 16 de diciembre de 1998 (*BOE* n.º 161, de 6 de julio de 2000).

El Salvador: Firmado el 10 de marzo de 1997 (*BOE* n.º 38, de 13 de febrero de 1998).

Tratado sobre el traslado de personas condenadas, firmado entre el Reino de España y la República de El Salvador, el 14 de febrero de 1995 en San Salvador (*BOE* n.º 139, de 8 de junio de 1996).

Convenio de cooperación judicial en materia penal entre el Reino de España y la República de El Salvador, hecho *ad referendum* en Madrid el 10 de marzo de 1997 (*BOE* n.º 182, de 31 de julio de 1998).

Convenio entre el Reino de España y la República de El Salvador para evitar la doble imposición y prevenir la evasión fiscal en materia de impuestos sobre la renta y sobre el patrimonio, hecho en Madrid el 7 de julio de 2008 (*BOE* n.º 136, de 5 de junio de 2009).

Senegal: Convenio entre los Gobiernos del Reino de España y de la República de Senegal sobre cooperación en materia de lucha contra la delincuencia, hecho *ad referendum* en Dakar el 5 de diciembre de 2006 (*BOE* n.º 63, de 12 de marzo de 2009).

Convenio sobre el traslado de personas condenadas entre el Reino de España y la República de Senegal, hecho en Dakar el 11 de abril de 2014, y con aplicación provisional desde el 11 de mayo de 2014 (*BOE* n.º 114, de 10 de mayo).

Convenio entre el Reino de España y la República del Senegal para evitar la doble imposición y prevenir la evasión fiscal en materia del impuesto sobre la renta, hecho *ad referéndum* en Dakar el 5 de diciembre de 2006 (*BOE* n.º 314, de 29 de diciembre de 2014).

Serbia: Convenio Europeo, ratificado por Serbia el 30 de septiembre de 2002, entrando en vigor el 29 de diciembre de 2002.

Convenio entre el Reino de España y la República de Serbia sobre cooperación en materia de lucha contra la delincuencia, de 31 de enero de 2011 (*BOE* n.º 88, de 13 de abril), con entrada en vigor el 31 de octubre de 2011 (*BOE* n.º 39, de 15 de febrero de 2012).

Singapur: Convenio entre el Reino de España y la República de Singapur para evitar la doble imposición y prevenir la evasión fiscal en materia de impuestos sobre la renta y su Protocolo, hecho en Singapur el 13 de abril de 2011 (*BOE* n.º 9, de 11 de enero de 2012).

Sudáfrica: Convenio Europeo, ratificado por Sudáfrica el 12 de febrero de 2003, entrando en vigor el 13 de mayo de 2003.

Convenio entre el Reino de España y la República de Sudáfrica para evitar la doble imposición y prevenir la evasión fiscal en materia de impuestos sobre la renta y sobre el patrimonio, hecho en Madrid el 23 de junio de 2006 (*BOE* n.º 40, de 15 de febrero de 2008).

Suecia: Se aplica el Convenio Europeo, ratificado por Suecia el 22 de enero de 1959.

Suiza: Firmado el 31 de agosto de 1883 (*Gaceta* n.º 36, de 5 de febrero de 1884). (Abrogado por el Convenio Europeo reproducido en nota al Preámbulo de esta Ley.)

Protocolos que modifican el Convenio de 26 de abril de 1996 entre España y la Confederación Suiza para evitar la doble imposición en materia de impuestos sobre la renta y sobre el patrimonio, hechos en Madrid el 29 de junio de 2006 (*BOE* n.º 74, de 27 de marzo de 2007), y el 27 de julio de 2011 (*BOE* n.º 139, de 11 de junio de 2013).

Tailandia: Convenio entre el Gobierno del Reino de España y el Gobierno del Reino de Tailandia a fin de evitar la doble imposición y de prevenir la evasión y el fraude fiscal en materia de impuestos sobre la renta, hecho en Madrid el 14 de octubre de 1997 (*BOE* n.º 242, de 9 de octubre de 1998).

Trinidad y Tobago: Convenio entre el Reino de España y la República de Trinidad y Tobago para evitar la doble imposición y prevenir la evasión fiscal en materia de impuestos sobre la renta, hecho en Puerto España el 17 de febrero de 2009 (*BOE* n.º 295, de 8 de diciembre).

Túnez: Convenio entre el Reino de España y la República Tunecina sobre asistencia judicial en materia penal, hecho en Túnez el 24 de septiembre de 2001 (*BOE* n.º 52, de 1 de marzo de 2003).

Convenio entre el Reino de España y la República de Túnez sobre cooperación en materia de Seguridad y de Lucha contra la Delincuencia, hecho *ad referendum* en Túnez el 26 de febrero de 2018 (*BOE* n.º 1, de 1 de enero de 2019).

Turquía: Se aplica el Convenio Europeo, ratificado por Turquía el 7 de enero de 1960, y que entró en vigor el 18 de abril del mismo año.

Convenio entre el Reino de España y la República de Turquía para evitar la doble imposición y prevenir la evasión fiscal de impuestos sobre la renta, hecho en Madrid el 5 de julio de 2002 (*BOE* n.º 16, de 19 de enero de 2004; corrección de erratas en *BOE* n.º 60, de 10 de marzo, y corrección de errores en *BOE* n.º 85, de 8 de abril).

Convenio entre el Reino de España y la República de Turquía en materia de cooperación en la lucha contra la delincuencia, hecho *ad referendum* en Estambul el 5 de abril de 2009 (*BOE* n.º 290, de 2 de diciembre).

Ucrania: Convenio Europeo, ratificado por Ucrania el 11 de marzo de 1998, entrando en vigor el 9 de junio de 1998.

Convenio entre el Reino de España y Ucrania sobre cooperación en materia de lucha contra la delincuencia, hecho en Kiev el 7 de noviembre de 2001 (*BOE* n.º 38, de 13 de febrero de 2003).

Uruguay: Firmado el 28 de febrero de 1996 (*BOE* n.º 93, de 18 de abril de 1997).

Convenio de cooperación jurídica entre el Reino de España y la República Oriental del Uruguay, hecho en Montevideo el 4 de noviembre de 1987 (*BOE* n.º 103, de 30 de abril de 1998).

Tratado de Asistencia Jurídica Mutua en Asuntos Penales entre el Reino de España y la República Oriental del Uruguay, hecho en Montevideo el 19 de noviembre de 1991, y ratificado por Instrumento de 30 de noviembre de 1999 (boe n.º 47, de 24 de febrero de 2000; corrección de errores en boe n.º 66, de 17 de marzo).

Acuerdo entre el Reino de España y la República Oriental del Uruguay, sobre cooperación en materia de prevención del uso indebido y la lucha contra el tráfico ilícito de estupefacientes y sustancias psicotrópicas, hecho *ad referendum* en Montevideo el 18 de marzo de 1998.

Convenio entre el Reino de España y la República Oriental del Uruguay para evitar la doble imposición y prevenir la evasión fiscal en materia de impuestos sobre la renta y sobre el patrimonio, hecho en Madrid el 9 de octubre de 2009 (*BOE* n.º 87, de 12 de abril de 2011).

Convenio sobre traslado de personas condenadas entre el Reino de España y la República Oriental del Uruguay, hecho en Madrid el 17 de mayo de 2010 (*BOE* n.º 254, de 22 de octubre de 2012).

Uzbekistán: En virtud del Canje de Notas Verbales (*BOE* n.º 246, de 11 de octubre de 2010) entre el Reino de España y la República de Uzbekistán, desde el 21 de julio de 2010 no se encuentra en vigor, entre ambos países, el Convenio para evitar la doble imposición entre España y la URSS, firmado en Madrid el 1 de mayo de 1985.

Convenio entre el Reino de España y la República de Uzbekistán para evitar la doble imposición y prevenir la evasión fiscal en materia de impuestos sobre la renta y sobre el patrimonio, y su Protocolo, hecho en Madrid el 8 de julio de 2013 (*BOE* n.º 217, de 10 de septiembre de 2015).

Venezuela: Firmado el 4 de enero de 1989 (*BOE* n.º 294, de 8 de diciembre de 1990).

Convenio entre el Reino de España y la República de Venezuela sobre ejecución de sentencias penales, firmado en Caracas el 17 de octubre de 1994 (*BOE* n.º 276, de 18 de noviembre).

Acuerdo entre el Reino de España y la República de Venezuela sobre cooperación en materia de prevención del consumo y represión del tráfico ilícito de estupefacientes y sustancias psicotrópicas, hecho *ad referendum* en Madrid el 24 de septiembre de 1996 (*BOE* n.º 74, de 27 de marzo de 1998).

Convenio entre el Reino de España y la República Bolivariana de Venezuela para evitar la doble tributación y prevenir la evasión y el fraude fiscal en materia de Impuestos sobre la Renta y sobre el Patrimonio, hecho en Madrid el 8 de abril de 2003 (*BOE* n.º 144, de 15 de junio de 2004).

Vietnam: Firmado el 1 de octubre de 2014 (*BOE* n.º 79, de 3 de abril de 2017).

Convenio entre el Reino de España y la República Socialista de Vietnam para evitar la doble imposición y prevenir la evasión fiscal en materia de impuestos sobre la renta, hecho en Hanoi el 7 de marzo de 2005 (*BOE* n.º 8, de 10 de enero de 2006; corrección de errores en *BOE* n.º 81, de 4 de abril de 2007).

Tratado sobre traslado de personas condenadas entre el Reino de España y la República Socialista de Vietnam, hecho en Madrid el 1 de octubre de 2014 (*BOE* n.º 79, de 3 de abril de 2017).

Tratado sobre asistencia judicial mutua en materia penal entre el Reino de España y la República Socialista de Vietnam, hecho en Madrid el 18 de septiembre de 2015 (*BOE* n.º 157, de 3 de julio de 2017).

Yemen: Convenio sobre traslado de personas condenadas entre el Reino de España y la República del Yemen, hecho en Madrid el 18 de octubre de 2007 (*BOE* n.º 33, de 7 de febrero de 2008).

Yugoslavia: Firmado el 8 de julio de 1980 (*BOE* n.º 137, de 9 de junio de 1982).

A estos Tratados hay que añadir los Convenios multilaterales firmados y ratificados por España que afectan a la materia extradicional y que son los siguientes:

Convenio de Ginebra de 20 de abril de 1929 para la represión de la falsificación de moneda, ratificado por España el 28 de abril de 1930 (*Gaceta* n.º 98, de 8 de abril de 1931). Los arts. 3.º, 8.º, 9.º y 10 y los párrafos que afectan a la extradición del protocolo facultativo disponen lo siguiente:

«*Art. 3.º* Deberán ser castigados como infracciones de derecho común:

»1.º Todos los hechos fraudulentos de fabricación o alteración de moneda, cualquiera que sea el medio empleado para producir el resultado.

»2.º El hecho de poner en circulación fraudulenta la moneda falsa.

»3.º Los hechos, con objeto de poner en circulación, de introducir en el país o de recibir o procurarse moneda falsa sabiendo que lo es.

»4.º Las tentativas de dichas infracciones y los hechos de participación dolosa.

»5.º Los hechos fraudulentos de fabricar, recibir o procurarse instrumentos u otros objetos destinados por su naturaleza a la fabricación de moneda falsa o a la alteración de las monedas.»

«*Art. 8.º* En los países que no admitan el principio de extradición de los nacionales, sus súbditos que hayan vuelto al territorio de su país, después de haber sido culpables en el extranjero de hechos previstos por el artículo 3, deberán ser castigados de la misma manera que si el hecho hubiese sido cometido en su propio territorio, y eso aun en el caso de que el culpable hubiere adquirido su nacionalidad posteriormente a la realización de la infracción.

»Esta disposición no será aplicable si, en caso semejante, no pudiere ser concedida la extradición de un extranjero.

»*Art. 9.º* Los extranjeros que hayan cometido hechos previstos en el artículo 3 y que se encuentren en el territorio de un país cuya legislación interna admitía, como regla general, el principio de la persecución de infracciones cometidas en el extranjero, deberán ser castigados de la misma manera que si el hecho hubiere sido cometido en el territorio de dicho país.

»La obligación de la persecución se subordinará a la condición de que la extradición haya sido solicitada y que el país requerido no pueda entregar al inculpado por una razón sin relación con el hecho.

»*Art. 10.* Los hechos previstos en el artículo 3 serán de pleno derecho comprendidos como casos de extradición en todo tratado de extradición ultimado o que fuera a ultimarse entre las diversas Altas Partes contratantes.

»Las Altas Partes contratantes que no subordinen la extradición a la existencia de un tratado o a una condición de reciprocidad, reconocerán, desde ahora, los hechos previstos en el artículo 3 como casos de extradición entre ellas.

»La extradición se concederá conforme al derecho del país requerido.»

«Protocolo facultativo. Reconociendo los importantes progresos en materia de represión de la falsificación de moneda realizados por el Convenio para la represión de la falsificación de moneda que lleva la fecha de hoy, las Altas Partes signatarias de este Protocolo, a reserva de ratificación, se comprometen, en sus relaciones recíprocas, a considerar desde el punto de vista de la extradición, los hechos previstos en el artículo 3 del susodicho Convenio como infracciones de derecho común.

»La extradición será concedida conforme al derecho del país requerido.»

Con fecha 1 de agosto de 2006 (*BOE* n.º 191, de 11 de agosto), España designó una Oficina Central conforme a los arts. 12 a 15 de este Convenio.

Convenio de 9 de diciembre de 1948 para la prevención y sanción del delito de genocidio, al que España se adhirió el 13 de septiembre de 1968 (*BOE* n.º 34, de 8 de febrero de 1969), cuyo art. VII, reproducido en nota al art. 607 CP, dispone que, a efectos de extradición, el genocidio no será considerado delito político.

Convenio de 21 de marzo de 1950 para la Represión de la Trata de Personas y de la Explotación de la Prostitución Ajena, al que España se adhirió el 18 de junio de 1962 (*BOE* n.º 230, de 25 de septiembre de 1962), cuyos arts. 1.º, 2.º, 8.º, 9.º y 10 disponen lo siguiente:

«*Art. 1.º* Las Partes en el presente Convenio se comprometen a castigar a toda persona que, para satisfacer las pasiones de otra:

»1. Concertare la prostitución de otra persona, la indujere a la prostitución o la corrompiere con objeto de prostituirla, aun con el consentimiento de tal persona.

»2. Explotare la prostitución de otra persona, aun con el consentimiento de tal persona.

»*Art. 2.º* Las Partes en el presente Convenio se comprometen asimismo a castigar a toda persona que:

»1. Mantuviere una casa de prostitución, la administrare o a sabiendas la sostuviere o participare en su financiación.

»2. Diere o tomare a sabiendas en arriendo, un edificio u otro local, o cualquier parte de los mismos para explotar la prostitución ajena.»

«*Art. 8.º* Las infracciones mencionadas en los artículos 1 y 2 del presente Convenio serán consideradas como casos de extradición en todo tratado de extradición ya concertado o que ulteriormente se concierte entre cualesquiera de las Partes en el presente Convenio.

»Las Partes en el presente Convenio que no subordinen la extradición a la existencia de un tratado, deberán reconocer en adelante las infracciones mencionadas en los artículos 1 y 2 del presente Convenio como casos de extradición entre ellas.

»La extradición será concedida con arreglo a las leyes del Estado al que se formulare la petición de extradición.

»*Art. 9.º* En los Estados cuya legislación no admita la extradición de nacionales, los nacionales que hubieren regresado a su propio Estado después de haber cometido en el extranjero cualquiera de las infracciones mencionadas en los artículos 1 y 2 del presente Convenio, serán enjuiciados y castigados por los tribunales de su propio Estado.

»No se aplicará esta disposición cuando, en casos análogos entre las Partes en el presente Convenio, no puede concederse la extradición de un extranjero.

»*Art. 10.* Las disposiciones del artículo 9 no se aplicarán cuando el inculpado hubiese sido enjuiciado en un Estado extranjero y, caso de haber sido condenado, hubiere cumplido su condena o se le hubiere condenado o reducido la pena con arreglo a lo dispuesto en las leyes de tal Estado extranjero.»

Convenio Europeo de Extradición de 13 de diciembre de 1957, ratificado por Instrumento de 21 de abril de 1982, reproducido en nota al Preámbulo de esta Ley de Extradición.

Convención única de 1961 sobre estupefacientes, enmendada por el Protocolo que modifica la Convención única de 1961 sobre estupefacientes, Nueva York, 8 de agosto de 1975 (*BOE* n.º 264, de 4 de noviembre de 1981), cuyo art. 36 dispone lo siguiente:

«1. *a*) A reserva de lo dispuesto por su Constitución, cada una de las Partes se obliga a adoptar las medidas necesarias para que el cultivo y la producción, fabricación, extracción, preparación, posesión, ofertas en general, ofertas de venta, distribución, compra, venta, despacho de cualquier concepto, corretaje, expedición, expedición en tránsito, transporte, importación y exportación de estupefacientes, no conformes a las disposiciones de esta Convención o cualesquiera otros actos que en opinión de la Parte puedan efectuarse en infracción de las disposiciones de la presente Convención, se consideren como delitos si se cometen intencionadamente y que los delitos graves sean castigados en forma adecuada, especialmente con penas de prisión u otras penas de privación de libertad.

»*b*) No obstante lo dispuesto en el apartado anterior, cuando las personas que hagan uso indebido de estupefacientes hayan cometido esos delitos, las Partes podrán en vez de declararlas culpables o de sancionarlas penalmente, o además de declararlas culpables o de sancionarlas, someterlas a medidas de tratamiento, educación, postratamiento, rehabilitación y readaptación social, de conformidad con lo dispuesto en el párrafo 1 del artículo 38.

»2. A reserva de lo dispuesto por su Constitución, del régimen jurídico y de la legislación nacional de cada Parte:

»*a*) i) Cada uno de los delitos enumerados en el inciso 1, si se comete en diferentes países, se considerará como un delito distinto:

»ii) La participación deliberada o la confabulación para cometer cualquiera de esos delitos, así como la tentativa de cometerlos, los actos preparatorios y operaciones financieras, relativos a los delitos de que trata este artículo, se considerarán como delitos, tal como se dispone en el inciso 1;

»iii) Las condenas pronunciadas en el extranjero por esos delitos serán computadas para determinar la reincidencia, y

»iv) Los referidos delitos graves cometidos en el extranjero, tanto por nacionales como por extranjeros, serán juzgados por la Parte en cuyo territorio se haya cometido el delito, o por la Parte en cuyo territorio se encuentre el delincuente, si no procede la extradición de conformidad con la Ley de la Parte a la cual se la solicita, y si dicho delincuente no ha sido ya procesado y sentenciado.

»*b*) i) Cada uno de los delitos enumerados en el párrafo 1 y en el inciso ii) del apartado *a*) del párrafo 2 del presente artículo se considerará incluido entre los delitos que den lugar a extradición en todo tratado de extradición celebrado entre las Partes. Las Partes se comprometen a incluir tales delitos como casos de extradición en todo tratado de extradición que celebren entre sí en el futuro;

»ii) Si una Parte, que subordine la extradición a la existencia de un tratado, recibe de otra Parte, con la que no tiene tratado, una solicitud de extradición, podrá discrecionalmente considerar la presente Convención como la base jurídica necesaria para la extradición referente a los delitos enumerados en el párrafo 1 y en el inciso ii) del apartado *a*) del párrafo 2 del presente artículo. La extradición estará sujeta a las demás condiciones exigidas por el derecho de la Parte requerida;

»iii) Las Partes que no subordinen la extradición a la existencia de un tratado reconocerán los delitos enumerados en el párrafo 1 y en el inciso ii) del apartado *a*) del párrafo 2 del presente artículo como casos de extradición entre ellas, sujetos a las condiciones exigidas por el derecho de la Parte requerida;

»iv) La extradición será concedida con arreglo a la legislación de la Parte a la que se haya pedido y, no obstante lo dispuesto en los incisos i), ii) y iii) del apartado *b*) de este párrafo, esa Parte tendrá derecho a negarse a conceder la extradición si sus autoridades competentes consideran que el delito no es suficientemente grave.

»3. Las disposiciones del presente artículo estarán limitadas por las disposiciones del derecho penal de la Parte interesada, en materia de jurisdicción.

«4. Ninguna de las disposiciones del presente artículo afectará el principio de que los delitos a que se refiere han de ser definidos, perseguidos y castigados de conformidad con la legislación nacional de cada Parte.»

Convenio de 14 de septiembre de 1963 sobre Infracciones y ciertos otros actos cometidos a bordo de aeronaves, ratificado por Instrumento de 25 de agosto de 1969 (*BOE* n.º 308, de 25 de diciembre de 1969), cuyo art. 16 dispone lo siguiente:

«1. Las infracciones cometidas a bordo de aeronaves matriculadas en un Estado Contratante serán consideradas, a los fines de extradición, como si se hubiesen cometido, no sólo en el lugar en el que hayan ocurrido, sino también en el territorio del Estado de matrícula de la aeronave.

»2. A reserva de lo dispuesto en el párrafo anterior, ninguna disposición de este Convenio se interpretará en el sentido de crear una obligación de conceder la extradición.»

Convenio de 16 de diciembre de 1970 para la Represión del Apoderamiento Ilícito de Aeronaves, ratificado por Instrumento de 6 de octubre de 1972 (*BOE* n.º 13, de 15 de enero de 1973); véanse, especialmente, arts. 4.º ss.

Convenio de 23 de septiembre de 1971 para la Represión de Actos Ilícitos contra la Seguridad de la Aviación Civil, ratificado por Instrumento de 6 de octubre de 1972 (*BOE* n.º 9, de 10 de enero de 1974), y Protocolo de 24 de febrero de 1988 para la represión de actos ilícitos de violencia en los aeropuertos que presten Servicio a la aviación civil internacional, complementario de dicho Convenio, ratificado por Instrumento de 8 de abril de 1991 (*BOE* n.º 56, de 5 de marzo de 1992); véanse, especialmente, arts. 5.º ss.

Convenio Europeo de 27 de enero de 1977 para la Represión del Terrorismo, ratificado por Instrumento de 9 de mayo de 1980 (*BOE* n.º 242, de 8 de octubre de 1980, corrección de errores en *BOE* n.º 208, de 31 de agosto de 1982), cuyos arts. 1 a 7 disponen lo siguiente:

«*Art. 1.º* A los efectos de la extradición entre Estados contratantes, ninguno de los delitos mencionados a continuación se considerarán como delito político, como delito conexo con un delito político o como delito inspirado por móviles políticos:

»*a*) Los delitos comprendidos en el ámbito de aplicación del Convenio para la represión del apoderamiento ilícito de aeronaves, firmado en La Haya el 16 de diciembre de 1970;

»*b*) Los delitos comprendidos en el ámbito de aplicación del Convenio para la represión de actos ilícitos contra la seguridad de la aviación civil, firmado en Montreal el 23 de septiembre de 1971;

»*c*) Los delitos graves constituidos por un ataque contra la vida, la integridad corporal o la libertad de las personas que tengan derecho a una protección internacional, incluidos los agentes diplomáticos;

»*d*) Los delitos que impliquen rapto, toma de rehenes o secuestro arbitrario;

»*e*) Los delitos que impliquen la utilización de bombas, granadas, cohetes, armas de fuego automáticas, o cartas o paquetes con explosivos ocultos, en los casos en que dicha utilización represente un peligro para las personas:

»*f*) La tentativa de comisión de alguno de los delitos anteriormente mencionados o la participación como coautor o cómplice de una persona que cometa o intente cometer dichos delitos.

»*Art. 2.º* A los efectos de la extradición entre Estados Contratantes, un Estado Contratante podrá no considerar como delito político, como delito conexo con éste o como delito inspirado por móviles políticos, cualquier acto grave de violencia no comprendido en el artículo primero y que esté dirigido contra la vida, la integridad corporal o la libertad de las personas.

»2. Se aplicará el mismo criterio respecto de cualquier acto grave contra los bienes, no comprendido en el artículo primero, cuando dicho acto haya creado un peligro colectivo para las personas.

»3. Se aplicará el mismo criterio respecto de la tentativa de comisión de algunos de los delitos anteriormente mencionados, o de la participación como coautor o cómplice de una persona que cometa o intente cometer dichos delitos.

»*Art. 3.º* Las disposiciones de cualesquiera tratados y convenios de extradición aplicables entre los Estados Contratantes, incluido el Convenio Europeo de Extradición, quedarán modificadas, en cuanto a las relaciones entre Estados Contratantes, en la medida en que resulten incompatibles con el presente Convenio.

»*Art. 4.º* A los efectos del presente Convenio, en los casos en que alguno de los delitos comprendidos en los artículos 1.º o 2.º no figuren en la lista de supuestos de extradición en un tratado o convenio de extradición en vigor entre los Estados Contratantes, se considerará como incluido en dicha lista.

»*Art. 5.º* Ninguna disposición del presente Convenio deberá interpretarse en el sentido de que implique una obligación de llevar a cabo la extradición si el Estado requerido tiene serias razones para creer que la solicitud de extradición motivada por un delito mencionado en el artículo 1.º o 2.º se ha presentado con el fin de perseguir o de castigar a una persona por consideración de raza, religión, nacionalidad u opiniones políticas, o que la situación de dicha persona corre el riesgo de agravarse por una u otra de las citadas razones.

»*Art. 6.º* 1. Cada Estado Contratante adoptará las medidas necesarias para establecer su competencia, con el fin de conocer de un delito comprendido en el artículo 1.º, en el caso de que el presunto autor de aquél se encuentre en su territorio y que el Estado no lleve a cabo la extradición después de haber recibido una solicitud de extradición de un Estado Contratante cuya jurisdicción esté fundada sobre una norma de competencia que exista igualmente en la legislación del Estado requerido.

»2. El presente Convenio no excluirá ninguna competencia en materia penal ejercida con arreglo a las leyes nacionales.

»*Art. 7.º* El Estado Contratante en cuyo territorio se descubra al presunto autor de un delito comprendido en el artículo primero y que haya recibido una solicitud de extradición en las condiciones mencionadas en el párrafo primero del artículo 6.º, en el supuesto de que no accediese a la extradición del citado individuo, someterá el caso, sin excepción alguna y sin demora injustificada a sus autoridades competentes para el ejercicio de la correspondiente acción penal. Dichas autoridades tomarán la decisión que proceda, en las mismas condiciones que para cualquier delito de carácter grave, con arreglo a las leyes del Estado.»

Convención Internacional de 17 de diciembre de 1979 contra la Toma de Rehenes, a la que España se adhirió por Instrumento de 9 de marzo de 1984 (*BOE* n.º 162, de 7 de julio de 1984), cuyos arts. 1.º, 8.º, 9.º y 10 establecen lo siguiente:

«*Art. 1.º* 1. Toda persona que se apodere de otra (que en adelante se denominará "el rehén") o la detenga y amenace con matarla, herirla o mantenerla detenida a fin de obligar a un tercero, a saber, un Estado, una organización internacional intergubernamental, una persona natural o jurídica o un grupo de personas, a una acción u omisión como condición explícita o implícita para la liberación del rehén, comete el delito de toma de rehenes en el sentido de la presente Convención.

»2. Toda persona que:

»*a)* Intente cometer un acto de toma de rehenes; o

»*b)* Participe como cómplice de otra persona que cometa o intente cometer un acto de toma de rehenes comete igualmente un delito en el sentido de la presente Convención.»

«*Art. 8.º* 1. El Estado Parte en cuyo territorio sea hallado el presunto delincuente, si no concede su extradición, estará obligado a someter el caso a las autoridades competentes a efectos de enjuiciamiento, sin excepción alguna y con independencia de que el delito haya sido o no cometido en su territorio, según el procedimiento previsto en la legislación de ese Estado. Dichas autoridades tomarán su decisión en las mismas condiciones que las aplicables a los delitos comunes de carácter grave de acuerdo con el derecho de tal Estado.

»2. Toda persona respecto de la cual se entable un procedimiento en relación con cualquiera de los delitos previstos en el artículo 1 gozará de las garantías de un trato equitativo en todas las fases del procedimiento, incluido el goce de todos los derechos y garantías previstos en el derecho del Estado en cuyo territorio se encuentre.

»*Art. 9.º* 1. No se accederá a la solicitud de extradición de un presunto delincuente, de conformidad con la presente Convención si el Estado Parte al que se presenta la solicitud tiene motivos fundados para creer:

»*a)* Que la solicitud de extradición por un delito mencionado en el artículo 1 se ha hecho con el fin de perseguir o castigar a una persona por causa de su raza, religión, nacionalidad, origen étnico u opinión política; o

»*b*) Que la posición de esa persona puede verse perjudicada;

»i) Por alguna de las razones mencionadas en el inciso *a*) del presente párrafo; o

»ii) Porque las autoridades competentes del Estado que esté facultado para ejercer derechos de protección no pueden comunicarse con ella.

»2. Con respecto a los delitos definidos en la presente Convención, las disposiciones de todos los Tratados y Acuerdos de extradición aplicables entre Estados Partes quedan modificadas en lo que afecte a los Estados Partes en la medida en que sean incompatibles con la presente Convención.

»*Art. 10.* 1. Los delitos previstos en el artículo 1 se considerarán incluidos entre los delitos que dan lugar a extradición en todo tratado de extradición celebrado entre Estados Partes. Los Estados Partes se comprometen a incluir tales delitos como casos de extradición en todo tratado de extradición que celebren entre sí en el futuro.

»2. Si un Estado Parte que subordine la extradicion a la existencia de un tratado recibe de otro Estado Parte, con el que no tiene tratado, una solicitud de extradición, podrá discrecionalmente considerar la presente Convención como la base jurídica necesaria para la extradición con respecto a los delitos previstos en el artículo 1. La extradición estará sujeta a las demás condiciones exigidas por el derecho del Estado al que se ha hecho la solicitud.

»3. Los Estados Partes que no subordinen la extradición a la existencia de un tratado reconocerán los delitos previstos en el artículo 1 como casos de extradición entre ellos, con sujeción a las condiciones exigidas por el derecho del Estado al que se ha hecho la solicitud.

»4. A los fines de la extradición entre Estados Partes se considerará que los delitos previstos en el artículo 1 se han cometido no sólo en el lugar donde ocurrieron, sino también en el territorio de los Estados obligados a establecer su jurisdicción de acuerdo con el párrafo 1 del artículo 5.»

Convenio Europeo de 19 de agosto de 1985 sobre la violencia e irrupciones de espectadores con motivo de manifestaciones deportivas y especialmente de partidos de fútbol, ratificado por Instrumento de 22 de junio de 1987 (*BOE* n.º 193, de 13 de agosto). V. art. 5.º

Convención de 3 de marzo de 1980 sobre protección física de los materiales nucleares, ratificado por Instrumento de 20 de abril de 1987 (*BOE* n.º 256, de 25 de octubre de 1991). V. arts. 10 ss.

Convenio de 10 de marzo de 1988 para la represión de actos ilícitos contra la seguridad de la navegación marítima, ratificado por Instrumento de 15 de junio de 1989 (*BOE* n.º 99, de 24 de abril de 1992). V. art. 11.

Protocolo de 10 de marzo de 1988 para la represión de actos ilícitos contra la seguridad de las plataformas fijas emplazadas en la plataforma continental, ratificado por Instrumento de 15 de junio de 1985 (*BOE* n.º 99, de 24 de abril de 1992). V. art. 1.º

Convención sobre la Seguridad del Personal de las Naciones Unidas y el Personal Asociado, hecha en Nueva York el 9 de diciembre de 1994 y ratificada por España mediante Instrumento de 11 de diciembre de 1997 (*BOE* n.º 124, de 25 de mayo de 1999).

Convenio Internacional para la represión de los atentados terroristas cometidos con bombas, hecho en Nueva York el 15 de diciembre de 1997, y ratificado mediante Instrumento de 22 de abril de 1999 (*BOE* n.º 140, de 12 de junio; corrección del texto auténtico español en *BOE* n.º 137, de 8 de junio de 2002).

Convenio Internacional para la Represión de la Financiación del Terrorismo, hecho en Nueva York el 9 de diciembre de 1999, y ratificado mediante Instrumento de 1 de abril de 2002 (*BOE* n.º 123, de 23 de mayo; corrección de erratas en *BOE* n.º 141, de 13 de junio).

Convenio establecido sobre la base del art. K.3 del Tratado de la Unión Europea, relativo a la protección de los intereses financieros de las Comunidades Europeas, hecho en Bruselas el 26 de julio de 1995 (*BOE* n.º 180, de 29 de julio de 2003), y que entró en vigor el 17 de abril de 2003.

Convenio establecido sobre la base de la letra c) *del apartado 2 del artículo K.3 del Tratado de la Unión Europea, relativo a la lucha contra los actos de corrupción en los que estén implicados funcionarios de las Comunidades Europeas o de los Estados miembros de la Unión Europea,* hecho en Bruselas el 26 de mayo de 1997 (*BOE* n.º 74, de 28 de marzo de 2006).

Convención de las Naciones Unidas contra la Delincuencia Organizada Transnacional, hecho en Nueva York el 15 de noviembre de 2000, y ratificado por Instrumento de 21 de febrero de 2002 (*BOE* n.º 233, de 29 de septiembre de 2003); y complementado por Protocolos contra el tráfico ilícito de migrantes por tierra, mar y aire, ratificado por Instrumento de 21 de febrero de 2002 (*BOE* n.º 295, de 10 de diciembre de 2003); para prevenir, reprimir y sancionar la trata de personas, especialmente mujeres y niños, ratificado por Instrumento de 21 de febrero de 2002 (*BOE* n.º 296, de 11 de diciembre de 2003), y contra la fabricación y el tráfico ilícitos de armas de fuego, sus piezas y componentes, y municiones, ratificado por Instrumento de 25 de enero de 2007 (*BOE* n.º 71, de 23 de marzo).

Convenio Internacional para la represión de los actos de terrorismo nuclear, de 13 de abril de 2005, ratificado por Instrumento de 29 de enero de 2007 (*BOE* n.º 146, de 19 de junio). V. art. 11.

Convenio del Consejo de Europa (n.º 196), para la prevención del terrorismo, hecho en Varsovia el 16 de mayo de 2005, y ratificado por España mediante Instrumento de 23 de febrero de 2009 (*BOE* n.º 250, de 16 de octubre).

Convenio del Consejo de Europa para la protección de los niños contra la explotación y el abuso sexual, hecho en Lanzarote el 25 de octubre de 2007, y ratificado por España mediante Instrumento de 22 de julio de 2010 (*BOE* n.º 274, de 12 de noviembre; corrección de erratas en *BOE* n.º 56, de 7 de marzo de 2011).

Convención internacional para la protección de todas las personas contra las desapariciones forzadas, hecha en Nueva York el 20 de diciembre de 2006, y ratificado mediante Instrumento de 14 de julio de 2009 (*BOE* n.º 42, de 12 de febrero de 2011).

Convenio penal sobre la corrupción, hecho en Estrasburgo el 27 de enero de 1999, y ratificado por Instrumento de 26 de enero de 2010 (*BOE* n.º 182, de 28 de julio de 2010), cuya reserva ha sido renovada el 22 de enero de 2014 (*BOE* n.º 32, de 6 de febrero).

Protocolo Adicional al Convenio penal sobre la corrupción, hecho en Estrasburgo el 15 de mayo de 2003, y ratificado por España mediante Instrumento de 16 de diciembre de 2010 (*BOE* n.º 56, de 7 de marzo de 2011; corrección de errores en *BOE* n.º 84, de 8 de abril).

Convenio para la represión de los actos ilícitos contra la seguridad de la navegación marítima, hecho en Londres el 14 de octubre de 2005, y cuyo Protocolo fue ratificado por Instrumento de 31 de marzo de 2008 (*BOE* n.º 170, de 14 de julio de 2010; correcciones de errores en *BOE* n.º 226, de 17 de septiembre de 2010, n.os 112 y 173, de 11 de mayo y 20 de julio de 2011).

Protocolo para la represión de actos ilícitos contra la seguridad de las plataformas fijas emplazadas en la plataforma continental, ratificado por Instrumento de 31 de marzo de 2008 (*BOE* n.º 171, de 15 de julio de 2010; corrección de errores en *BOE* n.º 225, de 16 de septiembre).

Convenio sobre la ciberdelincuencia, hecho en Budapest el 23 de noviembre de 2001, y ratificado por España mediante Instrumento de 20 de mayo de 2010 (*BOE* n.º 226, de 17 de septiembre; corrección de errores en *BOE* n.º 249, de 14 de octubre).

Convenio del Consejo de Europa sobre prevención y lucha contra la violencia contra la mujer y la violencia doméstica, hecho en Estambul el 11 de mayo de 2011, y ratificado por España por Instrumento de 18 de marzo de 2014 (*BOE* n.º 137, de 6 de junio).

Véanse, además, *Convenio Europeo de 20 de abril de 1959, de Asistencia Judicial en Materia Penal,* ratificado por Instrumento de 14 de julio de 1982 (*BOE* n.º 223, de 17 de septiembre de 1982) [la Declaración de España relativa al art. 24 de este Convenio se ha notificado mediante nota verbal de 9 de junio de 2011 (*BOE* n.º 298, de 12 de diciembre; corrección de errores en *BOE* n.º 303, de 17 de diciembre)]; *Protocolo Adicional de 17 de marzo de 1978 al Convenio Europeo de Asistencia Judicial en Materia Penal,* ratificado por Instrumento de 27 de mayo de 1991 (*BOE* n.º 184, de 2 de agosto)y Segundo Protocolo Adicional, hecho en Estrasburgo el 8 de noviembre de 2001 y ratificado por España mediante Instrumento de 23 de junio de 2017 (*BOE* n.º 133, de 1 de junio de 2018); arts. 48 ss., referidos a asistencia judicial en materia penal, del Acuerdo de Adhesión del Reino de España al Convenio de Aplicación del Acuerdo de Schengen, de 14 de junio de 1985, ratificado por Instrumento de 23 de julio de 1993 (*BOE* n.º 81, de 5 de abril de 1994); *Convenio Europeo de 15 de mayo de 1972 sobre la Transmisión de Procedimientos en Materia Penal,* ratificado por Instrumento de 24 de junio de 1988 (*BOE* n.º 270, de 10 de noviembre); *Convenio de 21 de marzo de 1983 sobre traslado de personas condenadas,* ratificado por Instrumento de 18 de febrero de 1985 (*BOE* n.º 138, de 10 de junio de 1985), y reformulación de la Declaración por parte de España al art. 3.3 del Convenio (*BOE* n.º 65, de 17 de marzo de 1995), y su Protocolo Adicional, hecho en Estrasburgo el 18 de diciembre de 1997, y ratificado por España por Instrumento de 23 de junio de 2017 (*BOE* n.º 237, de 2 de octubre); Acuerdo relativo a la aplicación entre los Estados miembros de las Comunidades Europeas del Convenio sobre traslado de personas condenadas, hecho en Bruselas el 25 de mayo de 1987, y ratificado por Instrumento de 11 de marzo de 1992 (*BOE* n.º 132, de 31 de mayo de 1995); arts. 67 ss., referidos a la transmisión de la ejecución de sentencias penales, del Acuerdo de Adhesión del Reino de España al Convenio de Aplicación del Acuerdo de Schengen (*BOE* n.º 81, de 5 de abril de 1994); Convenio Europeo n.º 70, sobre el valor internacional de las sentencias penales, de 28 de mayo de 1970, ratificado por Instrumento de 9 de agosto de 1994 (*BOE* n.º 78, de 30 de marzo de 1996); Convenio de asistencia judicial en materia penal entre los Estados miembros de la Unión Europea, hecho en Bruselas el 29 de mayo de 2000 (*BOE* n.º 247, de 15 de octubre de 2003), que entró en vigor el 23 de agosto de 2005 (*BOE* n.º 258, de 28 de octubre; hay declaraciones modificativas en *BOE* n.º 160, de 5 de julio de 2013); Protocolo del Convenio relativo a la asistencia judicial en materia penal entre los Estados miembros de la Unión Europea, celebrado por el Consejo de conformidad con el art. 34 del Tratado de la Unión Europea, hecho en Luxemburgo el 16 de octubre de 2001 (*BOE* n.º 89, de 14 de abril de 2005), y que entró en vigor el 5 de octubre de 2005 (*BOE* n.º 258, de 28 de octubre); Ley 23/2104, de 20 de noviembre (*BOE* n.º 282, de 21 de noviembre), de reconocimiento mutuo de resoluciones penales en la Unión Europea (Apéndice 5 de este Código); Ley 16/2015, de 7 de julio (*BOE* n.º 162, de 8 de julio), por la que se regula el estatuto del miembro nacional de España en Eurojust, los conflictos de jurisdicción, las redes judiciales de cooperación internacional y el personal dependiente del Ministerio de Justicia en el Exterior; Convención de las Naciones Unidas contra la corrupción, hecha en Nueva York el 31 de octubre de 2003, y ratificada por España mediante Instrumento de 9 de junio de 2006 (*BOE* n.º 171, de 19 de julio); Convenio Internacional para la represión de los actos de terrorismo nuclear, hecho en Nueva York el 15 de abril de 2005, y ratificado por España mediante Instrumento de 29 de enero de 2007 (*BOE* n.º 146, de 19 de junio); Convenio relativo a la profundización de la cooperación transfronteriza, en particular en materia de lucha contra el terrorismo, la delincuencia transfronteriza y la migración ilegal, hecho en Prüm el 27 de mayo de

se regirán por la presente Ley, excepto en lo expresamente previsto en los Tratados en los que España sea parte.

En todo caso, la extradición sólo se concederá atendiendo al principio de reciprocidad. El Gobierno podrá exigir una garantía de reciprocidad al Estado requirente.

Art. 2.º Se podrá conceder la extradición por aquellos hechos para los que las Leyes españolas y las de la parte requirente señalen una pena o medida de seguridad cuya duración no sea inferior a un año de privación de libertad en su grado máximo o a una pena más grave; o cuando la reclamación tuviere por objeto el cumplimiento de condena a una pena o medida de seguridad no inferior a cuatro meses de privación de libertad por hechos también tipificados en la legislación española.

Cuando la solicitud se refiera a varios hechos y sólo concurran en algunos de ellos los requisitos del párrafo anterior sobre duración de las penas o medidas de seguridad, el acuerdo de extradición podrá extenderse también a los que tengan señalada penalidad inferior.

Si la solicitud de extradición se basa en sentencia dictada en rebeldía del reclamado, en la que éste haya sido condenado a pena que, con arreglo a la legislación española, no puede ser impuesta a quien no haya estado presente en el acto del juicio oral, se concederá la extradición condicionándola a que la representación diplomática en España del país requirente, en el plazo que se le exija, ofrezca garantías suficientes de que el reclamado será sometido a nuevo juicio en el que deberá estar presente y debidamente defendido.

Art. 3.º 1. No se concederá la extradición de españoles, ni de los extranjeros por delitos

---

2005, y ratificado por España mediante Instrumento de 18 de julio de 2006 (*BOE* n.º 307, de 25 de diciembre de 2006); Convenio del Consejo de Europa sobre la lucha contra la trata de seres humanos, hecho en Varsovia el 16 de mayo de 2005, y ratificado por España mediante Instrumento de 23 de febrero de 2009 (*BOE* n.º 219, de 10 de septiembre); y Protocolo n.º 7 al Convenio para la protección de los Derechos Humanos y de las Libertades Fundamentales, hecho en Estrasburgo el 22 de noviembre de 1984, y ratificado por España el 28 de agosto de 2009 (*BOE* n.º 249, de 15 de octubre).

Art. 3.º1: Sobre la competencia de los Tribunales españoles en materia penal, v. art. 23 LOPJ —en la redacción dada por la LO 1/2014, de 13 de marzo (*BOE* n.º 63, de 14 de marzo)—, que dispone lo siguiente:

«1. En el orden penal corresponderá a la jurisdicción española el conocimiento de las causas por delitos y faltas cometidos en territorio español o cometidos a bordo de buques o aeronaves españoles, sin perjuicio de lo previsto en los tratados internacionales en los que España sea parte.

»2. También conocerá la jurisdicción española de los delitos que hayan sido cometidos fuera del territorio nacional, siempre que los criminalmente responsables fueren españoles o extranjeros que hubieran adquirido la nacionalidad española con posterioridad a la comisión del hecho y concurrieren los siguientes requisitos:

»*a)* Que el hecho sea punible en el lugar de ejecución, salvo que, en virtud de un Tratado internacional o de un acto normativo de una Organización internacional de la que España sea parte, no resulte necesario dicho requisito, sin perjuicio de lo dispuesto en los apartados siguientes.

»*b)* Que el agraviado o el Ministerio Fiscal interpongan querella ante los Tribunales españoles.

»*c)* Que el delincuente no haya sido absuelto, indultado o penado en el extranjero, o, en este último caso, no haya cumplido la condena. Si sólo la hubiere cumplido en parte, se le tendrá en cuenta para rebajarle proporcionalmente la que le corresponda.

»3. Conocerá la jurisdicción española de los hechos cometidos por españoles o extranjeros fuera del territorio nacional cuando sean susceptibles de tipificarse, según la ley penal española, como alguno de los siguientes delitos:

»*a)* De traición y contra la paz o la independencia del Estado.

»*b)* Contra el titular de la Corona, su Consorte, su Sucesor o el Regente.

»*c)* Rebelión y sedición.

»*d)* Falsificación de la firma o estampilla reales, del sello del Estado, de las firmas de los Ministros y de los sellos públicos u oficiales.

»*e)* Falsificación de moneda española y su expendición.

»*f)* Cualquier otra falsificación que perjudique directamente al crédito o intereses del Estado, e introducción o expedición de lo falsificado.

»*g)* Atentado contra autoridades o funcionarios públicos españoles.

»*h)* Los perpetrados en el ejercicio de sus funciones por funcionarios públicos españoles residentes en el extranjero y los delitos contra la Administración Pública española.

»*i)* Los relativos al control de cambios.

»4. Igualmente, será competente la jurisdicción española para conocer de los hechos cometidos por españoles o extranjeros fuera del territorio nacional susceptibles de tipificarse, según la ley española, como alguno de los siguientes delitos cuando se cumplan las condiciones expresadas:

»*a)* Genocidio, lesa humanidad o contra las personas y bienes protegidos en caso de conflicto armado, siempre que el procedimiento se dirija contra un español o contra un ciudadano extranjero que resida habitualmente en España, o contra un extranjero que se encontrara en España y cuya extradición hubiera sido denegada por las autoridades españolas.

»*b)* Delitos de tortura y contra la integridad moral de los artículos 174 a 177 del Código Penal, cuando:

»1.º el procedimiento se dirija contra un español; o

»2.º la víctima tuviera nacionalidad española en el momento de comisión de los hechos y la persona a la que se impute la comisión del delito se encuentre en territorio español.

»*c)* Delitos de desaparición forzada incluidos en la Convención internacional para la protección de todas las personas contra las desapariciones forzadas, hecha en Nueva York el 20 de diciembre de 2006, cuando:

»1.º el procedimiento se dirija contra un español; o

»2.º la víctima tuviera nacionalidad española en el momento de comisión de los hechos y la persona a la que se impute la comisión del delito se encuentre en territorio español.

»*d*) Delitos de piratería, terrorismo, tráfico ilegal de drogas tóxicas, estupefacientes o sustancias psicotrópicas, trata de seres humanos, contra los derechos de los ciudadanos extranjeros y delitos contra la seguridad de la navegación marítima que se cometan en los espacios marinos, en los supuestos previstos en los tratados ratificados por España o en actos normativos de una Organización Internacional de la que España sea parte.

»*e*) Terrorismo, siempre que concurra alguno de los siguientes supuestos:

»1.º el procedimiento se dirija contra un español;

»2.º el procedimiento se dirija contra un extranjero que resida habitualmente en España;

»3.º el delito se haya cometido por cuenta de una persona jurídica con domicilio en España;

»4.º la víctima tuviera nacionalidad española en el momento de comisión de los hechos;

»5.º el delito haya sido cometido para influir o condicionar de un modo ilícito la actuación de cualquier Autoridad española;

»6.º el delito haya sido cometido contra una institución u organismo de la Unión Europea que tenga su sede en España;

»7.º el delito haya sido cometido contra un buque o aeronave con pabellón español; o

»8.º el delito se haya cometido contra instalaciones oficiales españolas, incluyendo sus embajadas y consulados.

»A estos efectos, se entiende por instalación oficial española cualquier instalación permanente o temporal en la que desarrollen sus funciones públicas autoridades o funcionarios públicos españoles.

»*f*) Los delitos contenidos en el Convenio para la represión del apoderamiento ilícito de aeronaves, hecho en La Haya el 16 de diciembre de 1970, siempre que:

»1.º el delito haya sido cometido por un ciudadano español; o

»2.º el delito se haya cometido contra una aeronave que navegue bajo pabellón español.

»*g*) Los delitos contenidos en el Convenio para la represión de actos ilícitos contra la seguridad de la aviación civil, hecho en Montreal el 23 de septiembre de 1971, y en su Protocolo complementario hecho en Montreal el 24 de febrero de 1988, en los supuestos autorizados por el mismo.

»*h*) Los delitos contenidos en el Convenio sobre la protección física de materiales nucleares hecho en Viena y Nueva York el 3 de marzo de 1980, siempre que el delito se haya cometido por un ciudadano español.

»*i*) Tráfico ilegal de drogas tóxicas, estupefacientes o sustancias psicotrópicas, siempre que:

»1.º el procedimiento se dirija contra un español; o

»2.º cuando se trate de la realización de actos de ejecución de uno de estos delitos o de constitución de un grupo u organización criminal con miras a su comisión en territorio español.

»*j*) Delitos de constitución, financiación o integración en grupo u organización criminal o delitos cometidos en el seno de los mismos, siempre que se trate de grupos u organizaciones que actúen con miras a la comisión en España de un delito que esté castigado con una pena máxima igual o superior a tres años de prisión.

»*k*) Delitos contra la libertad e indemnidad sexual cometidos sobre víctimas menores de edad, siempre que:

»1.º el procedimiento se dirija contra un español;

»2.º el procedimiento se dirija contra ciudadano extranjero que resida habitualmente en España;

»3.º el procedimiento se dirija contra una persona jurídica, empresa, organización, grupos o cualquier otra clase de entidades o agrupaciones de personas que tengan su sede o domicilio social en España; o

»4.º el delito se hubiera cometido contra una víctima que, en el momento de comisión de los hechos, tuviera nacionalidad española o residencia habitual en España.

»*l)* Delitos regulados en el Convenio del Consejo de Europa de 11 de mayo de 2011 sobre prevención y lucha contra la violencia contra las mujeres y la violencia doméstica, siempre que:

»1.º el procedimiento se dirija contra un español;

»2.º el procedimiento se dirija contra un extranjero que resida habitualmente en España; o

»3.º el delito se hubiera cometido contra una víctima que, en el momento de comisión de los hechos, tuviera nacionalidad española o residencia habitual en España, siempre que la persona a la que se impute la comisión del hecho delictivo se encuentre en España.

»*m)* Trata de seres humanos, siempre que:

»1.º el procedimiento se dirija contra un español;

»2.º el procedimiento se dirija contra un ciudadano extranjero que resida habitualmente en España;

»3.º el procedimiento se dirija contra una persona jurídica, empresa, organización, grupos o cualquier otra clase de entidades o agrupaciones de personas que tengan su sede o domicilio social en España; o

»4.º el delito se hubiera cometido contra una víctima que, en el momento de comisión de los hechos, tuviera nacionalidad española o residencia habitual en España, siempre que la persona a la que se impute la comisión del hecho delictivo se encuentre en España.

»*n)* Delitos de corrupción entre particulares o en las transacciones económicas internacionales, siempre que:

»1.º el procedimiento se dirija contra un español;

»2.º el procedimiento se dirija contra un ciudadano extranjero que resida habitualmente en España;

»3.º el delito hubiera sido cometido por el directivo, administrador, empleado o colaborador de una empresa mercantil, o de una sociedad, asociación, fundación u organización que tenga su sede o domicilio social en España; o

»4.º el delito hubiera sido cometido por una persona jurídica, empresa, organización, grupos o cualquier otra clase de entidades o agrupaciones de personas que tengan su sede o domicilio social en España.

»*o)* Delitos regulados en el Convenio del Consejo de Europa de 28 de octubre de 2011, sobre falsificación de productos médicos y delitos que supongan una amenaza para la salud pública, cuando:

»1.º el procedimiento se dirija contra un español;

»2.º el procedimiento se dirija contra un extranjero que resida habitualmente en España;

»3.º el procedimiento se dirija contra una persona jurídica, empresa, organización, grupos o cualquier otra clase de entidades o agrupaciones de personas que tengan su sede o domicilio social en España;

»4.º la víctima tuviera nacionalidad española en el momento de comisión de los hechos; o

»5.º el delito se haya cometido contra una persona que tuviera residencia habitual en España en el momento de comisión de los hechos.

de que corresponda conocer a los Tribunales españoles, según el Ordenamiento nacional. La cualidad de nacional será apre-

»*p*) Cualquier otro delito cuya persecución se imponga con carácter obligatorio por un Tratado vigente para España o por otros actos normativos de una Organización Internacional de la que España sea miembro, en los supuestos y condiciones que se determine en los mismos.

»Asimismo, la jurisdicción española será también competente para conocer de los delitos anteriores cometidos fuera del territorio nacional por ciudadanos extranjeros que se encontraran en España y cuya extradición hubiera sido denegada por las autoridades españolas, siempre que así lo imponga un Tratado vigente para España.

»5. Los delitos a los que se refiere el apartado anterior no serán perseguibles en España en los siguientes supuestos:

»*a*) Cuando se haya iniciado un procedimiento para su investigación y enjuiciamiento en un Tribunal Internacional constituido conforme a los Tratados y Convenios en que España fuera parte.

»*b*) Cuando se haya iniciado un procedimiento para su investigación y enjuiciamiento en el Estado del lugar en que se hubieran cometido los hechos o en el Estado de nacionalidad de la persona a que se impute su comisión, siempre que:

»1.º la persona a la que se impute la comisión del hecho no se encontrara en territorio español; o

»2.º se hubiera iniciado un procedimiento para su extradición al país del lugar en que se hubieran cometido los hechos o de cuya nacionalidad fueran las víctimas, o para ponerlo a disposición de un Tribunal Internacional para que fuera juzgado por los mismos, salvo que la extradición no fuera autorizada.

»Lo dispuesto en este apartado *b*) no será de aplicación cuando el Estado que ejerza su jurisdicción no esté dispuesto a llevar a cabo la investigación o no pueda realmente hacerlo, y así se valore por la Sala 2.ª del Tribunal Supremo, a la que elevará exposición razonada el Juez o Tribunal.

»A fin de determinar si hay o no disposición a actuar en un asunto determinado, se examinará, teniendo en cuenta los principios de un proceso con las debidas garantías reconocidos por el Derecho Internacional, si se da una o varias de las siguientes circunstancias, según el caso:

»*a*) Que el juicio ya haya estado o esté en marcha o que la decisión nacional haya sido adoptada con el propósito de sustraer a la persona de que se trate de su responsabilidad penal.

»*b*) Que haya habido una demora injustificada en el juicio que, dadas las circunstancias, sea incompatible con la intención de hacer comparecer a la persona de que se trate ante la justicia.

»*c*) Que el proceso no haya sido o no esté siendo sustanciado de manera independiente o imparcial y haya sido o esté siendo sustanciado de forma en que, dadas las circunstancias, sea incompatible con la intención de hacer comparecer a la persona de que se trate ante la justicia.

»A fin de determinar la incapacidad para investigar o enjuiciar en un asunto determinado, se examinará si el Estado, debido al colapso total o sustancial de su administración nacional de justicia o al hecho de que carece de ella, no puede hacer comparecer al acusado, no dispone de las pruebas y los testimonios necesarios o no está por otras razones en condiciones de llevar a cabo el juicio.

»6. Los delitos a los que se refieren los apartados 3 y 4 solamente serán perseguibles en España previa interposición de querella por el agraviado o por el Ministerio Fiscal.»

Sobre la nacionalidad española, v. arts. 17 ss. CC.

ciada por el Tribunal competente para conocer de la extradición en el momento de la decisión sobre la misma, con arreglo a los preceptos correspondientes del Ordenamiento jurídico español, y siempre que no fuera adquirida con el fraudulento propósito de hacer imposible la extradición.

2. Cuando proceda denegar la extradición por el motivo previsto en el apartado anterior, si el Estado en que se hayan ejecutado los hechos así lo pidiere el Gobierno español dará cuenta del hecho que motivó la demanda al Ministerio Fiscal a fin de que se proceda judicialmente, en su caso, contra el reclamado. Si así se acordare, solicitará del Estado requirente que remita las actuaciones practicadas o copia de las mismas para continuar el procedimiento penal en España.

3. Cuando el delito se hubiere cometido fuera del territorio del país que solicite la extradición, ésta podrá ser denegada si la legislación española no autorizare la persecución de un delito del mismo género cometido fuera de España.

Art. 4.º No se concederá la extradición en los casos siguientes:

1.º Cuando se trate de delitos de carácter político, no considerándose como tales los actos de terrorismo; los crímenes contra la Humanidad previstos por el Convenio para la prevención y penalización del crimen de genocidio adoptado por la Asamblea General de las Naciones Unidas, ni el atentado contra la vida de un Jefe de Estado o de un miembro de su familia.

2.º Cuando se trate de delitos militares tipificados por la

Art. 3.º2: V. Convenio Europeo, de 20 de abril de 1959, de Asistencia Judicial en Materia Penal, ratificado por Instrumento de 14 de julio de 1982 (*BOE* n.º 223, de 17 de septiembre), y Protocolo Adicional de 17 de marzo de 1978 al Convenio Europeo de Asistencia Judicial en Materia Penal, ratificado por Instrumento de 27 de marzo de 1991 (*BOE* n.º 184, de 2 de agosto).

Art. 4.º1.º: V. art. 13.3 CE, reproducido en nota al Preámbulo de esta Ley; Declaración al art. 3 del Convenio Europeo de Extradición, reproducida igualmente en la nota al Preámbulo de esta Ley; norma complementaria sobre el art. 3.º del mismo Convenio contenida en el Protocolo Adicional y reproducida también en la misma nota; art. VII del Convenio de 9 de diciembre de 1948 para la prevención y sanción del delito de genocidio, reproducido en la nota al art. 607 CP; arts. 1.º ss. Convenio Europeo de 27 de enero de 1977 para la represión del Terrorismo, reproducidos en nota al art. 1 de la presente Ley de Extradición.

V., igualmente, arts. 571 ss. CP y sus correspondientes notas.

legislación española y sin perjuicio de lo establecido al respecto en los Convenios internacionales suscritos y ratificados por España; de los cometidos a través de los medios de comunicación social en el ejercicio de la libertad de expresión, y de los que sólo son perseguibles a instancia de parte, con excepción de los delitos de violación, estupro, rapto y abusos deshonestos.

3.º Cuando la persona reclamada deba ser juzgada por un Tribunal de excepción.

4.º Cuando se haya extinguido la responsabilidad criminal, conforme a la legislación española o la del Estado requirente.

5.º Cuando la persona reclamada haya sido juzgada o lo esté siendo en España por los mismos hechos que sirvan de base a la solicitud de extradición. Podrá, no obstante, accederse a ésta cuando se hubiere decidido no entablar persecución o poner fin al procedimiento pendiente por los referidos hechos y no haya tenido lugar por sobreseimiento libre o cualquier otra resolución que deba producir el efecto de cosa juzgada.

6.º Cuando el Estado requirente no diera la garantía de que la persona reclamada de extradición no será ejecutada o que no será sometida a penas que atenten a su integridad corporal o a tratos inhumanos o degradantes.

7.º Cuando el Estado requirente no hubiera dado las garantías exigidas en el párrafo 3.º del artículo segundo.

8.º Cuando a la persona reclamada le hubiere sido reconocida la condición de asilado. El no reconocimiento de la condición de asilado, cualquiera que sea su causa, no impedirá la denegación de la extradición por cualquiera de las causas previstas en esta Ley.

Art. 5.º Asimismo podrá denegarse la extradición:

1.º Si se tuvieran razones fundadas para creer que la solicitud de extradición, motivada por un delito de naturaleza común, se ha presentado con el fin de perseguir o castigar a una persona por consideraciones de raza, religión, nacionalidad u opiniones políticas, o que la situación de dicha persona corre el riesgo de verse agravada por tales consideraciones.

2.º Cuando la persona reclamada sea menor de dieciocho años en el momento de la demanda de extradición y te-

---

Art. 4.º4.º: V. art. 130 CP.

niendo residencia habitual en España, se considere que la extradición puede impedir su reinserción social, sin perjuicio de adoptar, de acuerdo con las autoridades del Estado requirente, las medidas más apropiadas.

Art. 6.º Si la resolución firme del Tribunal denegare la extradición, dicha resolución será definitiva y no podrá concederse aquélla.

La resolución del Tribunal declarando procedente la extradición no será vinculante para el Gobierno, que podrá denegarla en el ejercicio de la soberanía nacional, atendiendo al principio de reciprocidad o a razones de seguridad, orden público o demás intereses esenciales para España.

Contra lo acordado por el Gobierno no cabrá recurso alguno.

Art. 7.º 1. La solicitud de extradición se formulará por vía diplomática, o directamente por escrito del Ministro de Justicia de la parte requirente al Ministro de Justicia español, debiendo acompañarse:

a) La sentencia condenatoria o el auto de procesamiento y prisión o resolución análoga según la legislación del país requirente con expresión sumaria de los hechos y lugar y fecha en que fueron realizados.

b) Cuantos datos sean conocidos sobre la identidad, nacionalidad y residencia del sujeto reclamado y, a ser posible, su fotografía y huellas dactilares.

c) Copia de los textos legales con expresión de la pena aplicable.

d) Si el hecho estuviere castigado con alguna de las penas a que se refiere el número 6.º del artículo 4.º, el Estado requirente dará seguridades, suficientes a juicio del Gobierno español, de que tales penas no serán ejecutadas.

2. Los referidos documentos, originales o en copia auténtica, se acompañarán de una traducción oficial al español.

Art. 8.º 1. En caso de urgencia podrá ser interesada la detención como medida preventiva, si bien deberá hacerse constar expresamente en la solicitud que ésta responde a una sentencia condenatoria o mandamiento de detención firmes con expresión de la fecha y hechos que lo motiven, tiempo y lugar de la comisión de éstos y filiación de la persona cuya detención se interesa, con ofrecimiento de presentar seguidamente demanda de extradición.

2. La solicitud de detención preventiva se remitirá por vía postal, telegráfica o cualquier otro medio que deje constancia escrita, bien por vía diplomática, bien directamente al Ministerio de Justicia, bien por conducto de la Organización Internacional de Policía Criminal, y si en ella constaren todas las circunstancias necesarias, se procederá a la detención del reclamado, poniéndolo a disposición del Juzgado Central de Instrucción de guardia en plazo no superior a veinticuatro horas para que, si lo estima procedente, decrete la prisión provisional, que dejará sin efecto si transcurridos cuarenta días el país requirente no hubiere presentado en forma la solicitud de extradición.

3. El Juez podrá, en cualquier momento y en atención a las circunstancias del caso, acordar la libertad del detenido, adoptando alguna o algunas de las medidas siguientes para evitar su fuga: vigilancia a domicilio, orden de no ausentarse de un lugar determinado sin la autorización del Juez, orden de presentarse periódicamente ante la autoridad designada por el Juez, retirada de pasaporte y prestación de una fianza. El incumplimiento de estas medidas dará lugar a la prisión provisional dentro del plazo establecido en el apartado anterior.

La puesta en libertad, con o sin medidas alternativas de la prisión provisional, no será obstáculo para una nueva detención ni para la extradición, si la solicitud de ésta llegara después de la expiración del plazo mencionado en el apartado anterior.

4. En todo caso, se informará al país reclamante de las resoluciones adoptadas, especialmente y con la urgencia posible, de la detención y del plazo dentro del cual deberá presentarse la demanda de extradición.

Art. 9.º 1. Cuando la solicitud se hubiera formulado por vía diplomática, el Ministerio de Asuntos Exteriores remitirá al de Justicia la solicitud de extradición con expresión de la fecha en que se hubiere recibido.

2. El Ministerio de Justicia, atendidas las circunstancias de la solicitud y cuando el reclamado no estuviera ya detenido preventivamente, podrá interesar del Ministerio del Interior que

---

Art. 8.º2: El art. 65.4.º LOPJ, establece que la Sala de lo Penal de la Audiencia Nacional conocerá «de los procedimientos judiciales de extradición pasiva, sea cual fuere el lugar de residencia o en que hubiere tenido lugar la detención del presunto extradicto».

proceda a la detención de la persona reclamada y la ponga a disposición del Juzgado Central de Instrucción de guardia, y remitirá a este Juez información bastante acerca de la demanda de extradición.

Puesto a disposición judicial el reclamado y a la vista de la información recibida, el Juez podrá acordar la prisión provisional del detenido.

3. El Ministerio de Justicia, en un plazo máximo de ocho días, computados desde el siguiente al de la recepción de la solicitud o, en su caso, de los justificantes, aclaraciones o traducciones por él reclamados, elevará al Gobierno propuesta motivada sobre si ha lugar o no a continuar en vía judicial del procedimiento de extradición en base a los artículos 2.° a 5.° de esta Ley.

4. El Gobierno adoptará su decisión dentro del plazo de quince días, contados desde la elevación de la propuesta por el Ministerio de Justicia. Transcurrido este plazo sin que el Gobierno haya adoptado resolución, el Ministerio de Justicia lo hará en su nombre, dentro de los tres días siguientes a la expiración del mismo, sin perjuicio de lo establecido en el apartado 5 de este artículo.

5. Cuando el acuerdo fuere denegatorio se pondrá en conocimiento del Estado requirente. Si el reclamado estuviere en prisión, se notificará al Juez que la hubiere decretado para que acuerde su libertad.

Art. 10. Cuando el procedimiento se inicie, por petición urgente de detención preventiva, conforme al artículo 8.o, uno y dos, la prisión preventiva se dejará sin efecto si transcurridos cuarenta días el Estado requirente no hubiere presentado en forma la solicitud de extradición por vía diplomática ante el Ministerio de Asuntos Exteriores o directamente ante el Ministerio de Justicia españoles. Si se hubiese presentado dentro de dicho plazo de cuarenta días, éste se ampliará a cuarenta días más, para dar tiempo a que el Ministerio de Justicia y el Gobierno españoles puedan cumplir lo establecido en el artículo anterior, números tres y cuatro.

Si el procedimiento se inicia por la recepción de la solicitud de extradición por vía diplomática ante el Ministerio de Asuntos Exteriores o directamente ante el Ministerio de Justicia españoles, el Juez Central de Instrucción competente dejará sin

---

Art. 10: V. arts. 503 y 504 LECr.

efecto la prisión provisional del reclamado que hubiese decretado, si no recibe dentro del plazo de cuarenta días el acuerdo gubernativo de continuación de la vía judicial del procedimiento de extradición.

El límite máximo de la prisión provisional del reclamado y los derechos que corresponden al detenido por causa de extradición se regirán en lo no previsto por esta Ley, por los preceptos correspondientes de la Ley de Enjuiciamiento Criminal.

Art. 11. Si el Gobierno acordare la continuación del procedimiento en vía judicial remitirá el expediente al Juzgado Central de Instrucción, y si el reclamado no estuviere en prisión, el Ministerio de Justicia oficiará también al Ministerio del Interior para que se practique la detención, se redacte el oportuno atestado y en el plazo de veinticuatro horas siguientes se ponga al detenido, con los documentos, efectos o dinero, que le hubieren sido ocupados, a disposición de la misma autoridad judicial.

Art. 12. 1. Acordada la continuación del procedimiento en vía judicial, el Juez, a cuya disposición estuviere el reclamado, ordenará la inmediata comparecencia de éste, quien deberá hacerlo asistido de Abogado y, en su caso, de intérprete. Se citará siempre al Ministerio Fiscal.

2. Identificado el detenido, el Juez le invitará a que manifieste, con expresión de sus razones, si consiente en la extradición o intenta oponerse a ella; si consintiera y no se suscitaran obstáculos legales que a ello se opongan, el Juez podrá acceder, desde luego, a la demanda de extradición. En otro caso adoptará la resolución que proceda, bien ordenando la libertad del detenido o bien elevando su detención a prisión, si antes no hubiera decretado ésta, con o sin fianza u otras medidas previstas en el apartado 3 del artículo 8.º, a resultas del procedimiento subsiguiente, a cuyo fin acordará elevar lo actuado a la Sala de lo Penal de la Audiencia Nacional.

3. Las resoluciones anteriores adoptarán la forma de auto, que se dictará dentro de las veinticuatro horas siguientes a la comparecencia y del que se dará traslado inmediato al Ministerio de Justicia. Contra este auto sólo procederá el recurso de reforma por los trámites de

---

Art. 12: V. art. 65.4.º LOPJ, reproducido en nota al art. 8.2 de la presente Ley de Extradición.

la Ley de Enjuiciamiento Criminal.

4. El Juez, de oficio, a instancia del Fiscal o del reclamado, podrá acordar que se complete la información aportada con los datos necesarios referentes a la identidad del reclamado y a los supuestos de hecho y de derecho justificativos de la solicitud de extradición, pudiendo señalar un plazo que en ningún caso excederá de treinta días. Las resoluciones del Juez, en esta materia, serán recurribles conforme a lo establecido en el apartado anterior.

Art. 13. 1. Recibido el expediente, el Tribunal lo pondrá de manifiesto en Secretaría al Fiscal y al Abogado defensor por plazo sucesivo de tres días, y podrá reclamar, a petición de cualquiera de ambos o de oficio, los antecedentes que juzgue convenientes en relación con el artículo siguiente, sin que contra la resolución del Tribunal sobre este extremo quepa recurso alguno.

2. Si el reclamado de extradición no tuviera defensor se le nombrará de oficio antes de ponerle de manifiesto el expediente.

Art. 14. 1. Dentro de los quince días siguientes al período de instrucción, se señalará la vista que tendrá lugar con intervención del Fiscal, del reclamado de extradición asistido, si fuera necesario, de intérprete y del Abogado defensor. En la vista podrá intervenir, y a tal efecto será citado el representante del Estado requirente cuando así lo hubiere solicitado y el Tribunal lo acuerde atendido el principio de reciprocidad, a cuyo fin reclamará, en su caso, la garantía necesaria a través del Ministerio de Justicia.

2. El reclamado prestará declaración durante la vista, pero solamente se admitirá y practicará la prueba que verse sobre extremos relacionados con las condiciones exigidas por el Tratado aplicable o por esta Ley.

Art. 15. 1. El Tribunal resolverá, por auto motivado, en el plazo improrrogable de los tres días siguientes a la vista, sobre la procedencia de la extradición, y al propio tiempo, sobre si ha lugar a la entrega al Estado requirente de los valores, objetos o dinero que hubiesen sido ocupados al reclamado.

2. Contra este auto sólo cabrá recurso de súplica, que deberá ser resuelto por el Pleno de la Sala de lo Penal de la Audiencia Nacional y sin que pueda ser designado ponente ninguno de los Magistrados que dictaren el auto suplicado.

Art. 16. Si la extradición hubiere sido solicitada por varios Estados, bien por el mismo hecho o por hechos diferentes, se decidirá sobre aquélla por el Gobierno y en su caso la entrega del reclamado, teniendo en cuenta todas las circunstancias concurrentes y, especialmente, la existencia o no de tratado, la gravedad relativa y lugar de la comisión del delito, fechas de las respectivas solicitudes, nacionalidad de la persona reclamada y posibilidad de una ulterior extradición a otro Estado.

Art. 17. Cuando sea firme la resolución denegatoria de la extradición, el Tribunal, sin dilación, librará testimonio de la misma al Ministerio de Justicia, que a su vez lo comunicará al de Asuntos Exteriores para su notificación a la representación diplomática del país que formuló la demanda de extradición.

Asimismo, el Tribunal ordenará la inmediata puesta en libertad de la persona requerida de extradición.

Art. 18. 1. Si el Tribunal dictare auto declarando procedente la extradición, librará sin dilación testimonio del mismo al Ministerio de Justicia. El Gobierno decidirá la entrega de la persona reclamada o denegará la extradición de conformidad con lo dispuesto en el párrafo segundo del artículo 6.º

Asimismo, el Tribunal notificará las indicaciones que, de oficio o a instancia del representante diplomático, estime pertinente formular para la entrega de la persona reclamada, así como del tiempo en que ésta fue privada de libertad a fines de extradición, que quedará condicionada a que se compute como período de cumplimiento de condena.

2. Acordada la entrega de la persona requerida de extradición, el Ministerio de Justicia lo comunicará al de Asuntos Exteriores para su notificación a la representación diplomática del país que formuló la demanda de extradición. Dicho acuerdo será comunicado asimismo a la persona requerida de extradición.

3. Si el Gobierno denegare la extradición de conformidad con el párrafo segundo del artículo 6.º, el Ministerio de Justicia lo comunicará al Tribunal para que acuerde la puesta en libertad de la persona reclamada, sin perjuicio de su posible expulsión de España, de conformidad con la legislación de extranjeros. Igualmente, lo comunicará al de Asuntos Exteriores para su notificación a la representación diplomática que formuló la demanda de extradición.

Art. 19. 1. La entrega de la persona cuya extradición

haya sido acordada se realizará por agente de la autoridad española, previa notificación del lugar y fecha fijados, observándose la legislación nacional vigente en este orden. Con aquélla, se entregarán a las autoridades o agentes del Estado requirente acreditados a tal fin los documentos, efectos y dinero que deban ser igualmente puestos a su disposición. Si la entrega del individuo reclamado no puede efectuarse, se procederá a la de dichos documentos, efectos y dinero, quedando a salvo, en todo caso, los derechos que pudieran corresponder sobre los mismos a otros interesados. El lugar y fecha fijados para la entrega serán comunicados asimismo al Tribunal que entendió de la solicitud.

2. Si la persona reclamada se encontrara sometida a procedimiento o condena por los Tribunales españoles o sancionada por cualquier otra clase de organismos o autoridades nacionales, la entrega podrá aplazarse hasta que deje extinguidas sus responsabilidades en España o efectuarse temporal o definitivamente en las condiciones que se fijen de acuerdo con el Estado requirente.

3. Si la persona reclamada no hubiera sido recibida en la fecha y lugar fijados podrá ser puesta en libertad transcurridos quince días a contar de dicha fecha y necesariamente a los treinta, y se podrá denegar su extradición por el mismo hecho si de nuevo se solicitara.

Art. 20. 1. La extradición en tránsito se otorgará previo el cumplimiento de los requisitos y con las mismas condiciones que para la extradición exige la presente Ley.

2. Excepcionalmente, por razones de urgencia, y cuando se utilizare la vía aérea y no estuviera previsto aterrizaje en territorio español, el Gobierno podrá autorizar el tránsito previa recepción de una solicitud con el contenido a que se refiere el número 1 del artículo 8.º y que producirá los efectos previstos en el citado artículo en caso de aterrizaje fortuito.

Art. 21. 1. Para que la persona que haya sido entregada pueda ser juzgada, sentenciada o sometida a cualquier restricción de su libertad personal, por hechos anteriores y distintos a los que hubieran motivado su extradición, será preciso autorización ampliatoria de la extradición concedida, a cuyo fin se presentará otra solicitud acompañada de los documentos previstos en el artículo séptimo y testimonio judicial de la declaración de la persona entregada que se tramitará como nueva demanda de extradición. Iguales requisitos será necesario cumplir para conceder la reextradición de la persona entregada a un tercer Estado.

2. No será necesaria esta autorización cuando la persona entregada, habiendo tenido la posibilidad de abandonar el territorio del Estado al que se entregó, permanezca en él más de cuarenta y cinco días o regrese al mismo después de abandonarlo.

Art. 22. Los gastos ocasionados por la extradición en territorio nacional serán, en régimen de reciprocidad, a cargo del Gobierno español. Los causados por extradición en tránsito serán de cuenta del Estado requirente.

DISPOSICIÓN DEROGATORIA

Queda derogada la Ley de Extradición de 26 de diciembre de 1958.

DISPOSICIÓN TRANSITORIA

Las disposiciones de naturaleza procesal contenidas en esta Ley sólo serán aplicables a las extradiciones que se soliciten a partir de su entrada en vigor.

Las de naturaleza sustantiva sólo tendrán efecto retroactivo en cuanto favorezcan al reclamado, el cual, en todo caso, será oído para que manifieste lo que le resulta más ventajoso, atendidas sus personales circunstancias.

APÉNDICE 5

RECONOCIMIENTO MUTUO DE RESOLUCIONES PENALES EN LA UNIÓN EUROPEA

A) LEY 23/2014, DE 20 DE NOVIEMBRE, DE RECONOCIMIENTO MUTUO DE RESOLUCIONES PENALES EN LA UNIÓN EUROPEA*

(*BOE* n.º 282, de 21 de noviembre de 2014)

PREÁMBULO

I

Más de una década después de que el Tratado de Ámsterdam previera la creación de un espacio de libertad, seguridad y justicia en la Unión Europea, los Estados miembros, y entre ellos España, siguen reforzando sus mecanismos de cooperación ju-

---

* Modificada por Ley 3/2018, de 11 de junio (*BOE* n.º 142, de 12 de junio), para regular la Orden Europea de Investigación, y, muy puntualmente, por la LO 9/2021, de 1 de julio (*BOE* n.º 157, de 2 de julio), de aplicación del Reglamento (UE) 2017/1939 del Consejo, de 12 de octubre de 2017, por el que se establece una cooperación reforzada para la creación de la Fiscalía Europea. El Preámbulo de aquélla justifica esta reforma en los siguientes términos:

«I

»La Ley 23/2014, de 20 de noviembre, de reconocimiento mutuo de resoluciones penales en la Unión Europea representó la unificación normativa en el Derecho español, en un texto único, de todas las decisiones marco y las directivas aprobadas en esta materia incluyendo tanto las que ya habían sido transpuestas en nuestro Derecho como las que estaban pendientes. La técnica legislativa empleada permitió evitar la dispersión normativa y facilitar su conocimiento y manejo por los distintos profesionales del Derecho. Se articuló a través de un esquema en el que tendría fácil cabida la incorporación de las futuras directivas que puedan ir adoptándose en esta materia. Se trata de normas muy específicas, sujetas a la propia dinámica legislativa de la Unión Europea, lo que justificó que no se integraran en la Ley de Enjuiciamiento Criminal, sino que constituyeran una ley distinta, eso sí, complementaria y coordinada.

dicial a través de la aplicación de sus dos principios básicos: la armonización de legislaciones y el reconocimiento mutuo de resoluciones judiciales.

El principio de reconocimiento mutuo, basado en la confianza mutua entre los Estados miembros y consagrado en el Consejo Europeo de Tampere

»El principio de reconocimiento mutuo supone la articulación de la cooperación judicial penal entre los Estados miembros sobre la base de relaciones directas entre las autoridades judiciales, que no requiere la intervención necesaria ni obligatoria de las autoridades centrales. El sistema se basa también en la confianza mutua, lo que lleva a un reconocimiento y ejecución de las resoluciones dictadas por las autoridades competentes de emisión de otros Estados prácticamente de manera automática, con causas tasadas de suspensión y denegación del reconocimiento.

»A la hora de incorporar estas normas de la Unión Europea a nuestro Derecho, la Ley distinguió los elementos comunes a todas ellas (o a casi todas, porque la técnica normativa comunitaria ha sido muy dispar) y conformó una serie de normas generales que se completa por sus normas específicas y unos anexos que incluyen los certificados que se remiten a las autoridades judiciales de la Unión Europea cuando se transmiten estos instrumentos.

»Por último, dicha Ley iba acompañada de la Ley Orgánica 6/2014, de 29 de octubre, por la que se modificó la Ley Orgánica 6/1985, de 1 de junio, del Poder Judicial, que, con el ánimo de evitar que la tarea de transposición de cada nueva norma europea en este ámbito conllevara otra reforma de aquélla para la atribución de la competencia que corresponda, efectuó un reconocimiento genérico a favor de los órganos judiciales con competencia en materia penal de aquellas facultades que se les encomienden por las normas específicas en materia de reconocimiento mutuo.

»En definitiva, estas normas se configuraron como un instrumento integrador que, además de dar cumplimiento a las obligaciones normativas europeas, responden al compromiso de mejora de la cooperación judicial penal en la Unión Europea y la lucha contra la criminalidad transfronteriza europea, garantizando la seguridad y los derechos de los ciudadanos como fin irrenunciable del Estado.

»II

»Este mismo afán armonizador se aprecia en el ámbito europeo donde, desde la adopción de las Decisiones Marco 2003/577/JAI y 2008/978/JAI relativas al aseguramiento de pruebas y al exhorto europeo de obtención de pruebas, se hizo patente que el marco existente para la obtención de pruebas en la Unión Europea era demasiado fragmentario y complicado. Surgió entonces el objetivo de unificar en un solo instrumento, haciendo más ambiciosas, las normas que actualmente regulan la obtención de pruebas en otro Estado miembro en procedimientos judiciales penales. Dichas normas se recogen hoy de manera dispersa en varios convenios internacionales, decisiones y decisiones marco.

»Las grandes líneas de este nuevo planteamiento se sustanciaron en el Programa de Estocolmo, adoptado por el Consejo Europeo de los días 10 y 11 de diciembre de 2009, donde se decidió que debía proseguirse la creación de un sistema general para obtener pruebas en los casos de dimensión transfronteriza, basado en el principio de reconocimiento mutuo. Las conclusiones aconsejaban un nuevo planteamiento basado en el principio señalado, pero que tuviera también en cuenta la flexibilidad del sistema tradicional de asistencia judicial y que sustituyera a todos los instrumentos existentes en este ámbito.

como la «piedra angular» de la cooperación judicial civil y penal en la Unión Europea, ha supuesto una auténtica revolución en las relaciones de cooperación entre los Estados miembros, al permitir que aquella resolución emitida por una autoridad judicial de un Estado miembro sea reconocida y ejecutada en otro

---

»Todo ello ha dado lugar a la aprobación de la Directiva 2014/41/UE del Parlamento Europeo y del Consejo, de 3 de abril de 2014, relativa a la orden europea de investigación en materia penal, que se basa en un único instrumento para la obtención de prueba penal transfronteriza en la Unión Europea. La Directiva, propuesta bajo presidencia española fruto de un proceso lento y complejo de negociación, regula la orden europea de investigación, que se expedirá a efectos de obtener una o varias medidas de investigación específicas que se llevarán a cabo en el Estado de ejecución de la misma, con vistas a la obtención de pruebas o a recabar las que ya están en posesión de la autoridad de ejecución.

»La orden europea de investigación crea un régimen único para la obtención de pruebas, aunque establece normas adicionales para determinados tipos de medidas como el traslado temporal de detenidos, las comparecencias por teléfono, videoconferencia u otros medios de transmisión audiovisual, la obtención de información relacionada con cuentas o transacciones bancarias o financieras, las entregas vigiladas o las investigaciones encubiertas y la intervención de telecomunicaciones con asistencia de otro Estado miembro. En este sentido, la orden europea de investigación comprende también medidas que impliquen la obtención de pruebas en tiempo real, de manera continua o durante un determinado período de tiempo, previendo que cuando sea necesario los Estados de emisión y de ejecución podrán acordar entre sí disposiciones prácticas, a fin de compatibilizar las diferencias existentes entre sus Derechos internos.

»La solicitud y práctica de una medida de investigación se podrá llevar a cabo en cualquiera de las fases del procedimiento penal, incluida la de la vista, si es preciso con la participación del interesado, a efectos de la obtención de pruebas. Puede emitirse, por ejemplo, una orden europea de investigación a efectos del traslado temporal de la persona en cuestión al Estado de emisión, o para la realización de una comparecencia por videoconferencia. No obstante, si se debe trasladar a la persona a otro Estado miembro a efectos de su enjuiciamiento, con inclusión de su puesta a disposición de un órgano jurisdiccional para ser sometida a juicio, deberá emitirse una orden europea de detención y entrega.

»Esta Ley aborda, en consecuencia, el mandato de transposición de la citada Directiva y, a tal fin, modifica la Ley 23/2014, de 20 de noviembre, con el fin de incorporarla al Derecho español. También se prevén una serie de pequeños ajustes de cuestiones surgidas durante la vigencia de dicha Ley y que era necesario actualizar o corregir.

»Los criterios seguidos en la transposición se han basado en los principios de la buena regulación, comprendiendo el principio de necesidad y eficacia al cumplir la obligación de transposición con fidelidad al texto de la Directiva y con la mínima reforma de la actual normativa, de manera que se evite la dispersión en aras de la simplificación; así como en los principios de proporcionalidad, al contener la regulación imprescindible para atender la necesidad a cubrir, y de seguridad jurídica, ya que se realiza con el ánimo de mantener el marco normativo estable, predecible, integrado y claro, que produjo la compilación de la Ley 23/2014, de 20 de noviembre.

Estado miembro, salvo cuando concurra alguno de los motivos que permita denegar su reconocimiento. Finalmente, el Tratado de Funcionamiento de la Unión Europea ha supuesto la consagración como principio jurídico del reconocimiento mu-

---

»III

»La Ley se estructura en un artículo con veintisiete apartados, una disposición adicional, una disposición transitoria, una disposición derogatoria, seis disposiciones finales y un anexo que aglutina la modificación y creación de nuevos anexos en la ley vigente.

»El proceso de transposición conlleva modificar los artículos relevantes de la Ley 23/2014, de 20 de noviembre, con la introducción de las previsiones que el Derecho de la Unión Europea requiere. Esta forma de transposición es la más idónea, la más adecuada desde el punto de vista de la técnica normativa y la que ofrece mayor seguridad jurídica, ya que se continúa con el sistema de inclusión y regulación en una sola norma —con rango de ley por exigencia formal y material— de los instrumentos y medidas de reconocimiento mutuo penales dentro de la Unión Europea, ofreciendo así a los operadores jurídicos una visión completa del sistema de reconocimiento mutuo penal dentro de la UE y de su regulación en un único instrumento jurídico en el ordenamiento interno y evitando la dispersión normativa.

»El apartado veintidós del artículo único introduce un nuevo Título X en la Ley 23/2014, de 20 de noviembre, que regula la orden europea de investigación, sustituyendo al exhorto, derogado por la normativa europea; en particular, por el Reglamento (UE) 2016/95 del Parlamento Europeo y del Consejo, de 20 de enero de 2016, por el que se derogan determinados actos en el ámbito de la cooperación policial y judicial en materia penal. Dicho Título se estructura siguiendo el esquema de la Ley modificada, esto es, un capítulo de cuestiones generales de la orden de investigación, y sendos capítulos para emisión y ejecución.

»En coherencia con lo anterior, se sustituye el anexo XIII de la Ley 23/2014, de 20 de noviembre, que se correspondía con el anexo correspondiente al exhorto, incluyendo en la modificación los anexos correspondientes a la orden europea de investigación.

»IV

»Por último, se efectúan algunas modificaciones de cuestiones que era necesario adaptar y que se han puesto de manifiesto durante la aplicación de la Ley 23/2014, de 20 de noviembre.

»Así, se modifica en primer lugar el capítulo de ejecución de la orden europea de detención y entrega con vistas a adecuarlo a las exigencias de los derechos establecidos para el detenido por la Directiva 2013/48/UE del Parlamento Europeo y del Consejo, de 22 de octubre de 2013, sobre el derecho a la asistencia de letrado en los procesos penales y en los procedimientos relativos a la orden de detención europea, así como a los derechos recogidos en la Directiva (UE) 2016/800 del Parlamento Europeo y del Consejo, de 11 de mayo de 2016, relativa a las garantías procesales de los menores sospechosos o acusados en los procesos penales.

»En siguiente lugar, se adecua la norma a la existencia de la Oficina de Recuperación y Gestión de Activos y al protagonismo que ésta ha adquirido en el marco del embargo y decomiso en España, con el objeto de mejorar la eficiencia de su actuación en el ámbito del reconocimiento mutuo, y perfilando aspectos para la mejor sujeción al articulado de la Decisión Marco 2006/783/JAI del Consejo, de 6 de octubre de 2006, relativa a la aplicación del principio de reconocimiento mutuo de resoluciones de decomiso.

tuo, en el que, según su artículo 82, se basa la cooperación judicial en materia penal.

Este nuevo modelo de cooperación judicial conlleva un cambio radical en las relaciones entre los Estados miembros de la Unión Europea, al sustituir las antiguas comunicaciones entre las autoridades centrales o gubernativas por la comunicación directa entre las autoridades judiciales, suprimir el principio de doble incriminación en relación con un listado predeterminado de delitos y regular como excepcional el rechazo al reconocimiento y ejecución de una reso-

---

»Además, se modifica la norma para la transposición de algunos aspectos de la Directiva (UE) 2016/1919, del Parlamento Europeo y del Consejo, de 26 de octubre de 2016, relativa a la asistencia jurídica gratuita a los sospechosos y acusados en los procesos penales y a las personas buscadas en virtud de un procedimiento de orden europea de detención, con vistas a garantizar la efectividad del derecho a la asistencia de letrado, financiada por los Estados miembros, a las personas buscadas en virtud de un procedimiento de orden europea de detención conforme a la Decisión Marco del Consejo 2002/584/JAI.

»También se sustituye el anexo VIII de dicha norma por un nuevo anexo VIII que si bien se refiere a la misma medida —la orden europea de protección— subsana un error que padecía la versión anterior.

»V

»En otro orden de cosas, la norma introduce a través de tres disposiciones finales sendas reformas de la Ley 1/1996, de 10 de enero, de asistencia jurídica gratuita, la Ley 1/2000, de 7 de enero, de Enjuiciamiento Civil y la Ley 2/2014, de 25 de marzo, de la Acción y del Servicio Exterior del Estado.

»La primera reforma incorporada a la parte final está encaminada a completar la adecuación de la Ley 1/1996, de 10 de enero, de asistencia jurídica gratuita a la Directiva (UE) 2016/1919 citada.

»La segunda reforma, con motivo de la aplicación desde el 18 de enero de 2017 del Reglamento (UE) n.º 655/2014 del Parlamento Europeo y del Consejo, de 15 de mayo de 2014, por el que se establece el procedimiento relativo a la orden europea de retención de cuentas a fin de simplificar el cobro transfronterizo de deudas en materia civil y mercantil. Dada la necesidad de ajustar el ordenamiento jurídico español al procedimiento que prevé la orden de retención de cuentas, se introduce una nueva disposición final en la Ley de Enjuiciamiento Civil sobre medidas para facilitar la aplicación de la orden europea de retención de cuentas a continuación de las que ya se han adoptado para la aplicación de otros instrumentos europeos.

»Y, finalmente, la tercera modificación tiene por objeto transponer la Directiva (UE) 2015/637 del Consejo, de 20 de abril de 2015, sobre las medidas de coordinación y cooperación para facilitar la protección consular de ciudadanos de la Unión no representados en terceros países y por la que se deroga la Decisión 95/553/CE, en aquellos aspectos en los que se precisa norma de rango legal.»

V. también el Reglamento (UE) 2018/1805 del Parlamento Europeo y del Consejo, de 14 de noviembre de 2018, sobre el reconocimiento mutuo de las resoluciones de embargo y decomiso (*DOUE* de 28 de noviembre de 2018), y el Acuerdo de 27 de septiembre de 2018 (*BOE* n.º 249, de 15 de octubre), del Pleno del Consejo General del Poder Judicial, por el que se aprueba el Reglamento 1/2018, sobre auxilio judicial internacional y redes de cooperación judicial internacional.

lución, a partir de un listado tasado de motivos de denegación. Además, se ha logrado simplificar y agilizar los procedimientos de transmisión de las resoluciones judiciales, mediante el empleo de un formulario o certificado que deben completar las autoridades judiciales competentes para la transmisión de una resolución a otro Estado miembro.

En el ámbito penal, según lo dispuesto en el Programa de medidas destinado a poner en práctica el principio de reconocimiento mutuo de las resoluciones en materia penal, dicho principio ha de ser de aplicación en cada una de las fases del proceso penal, tanto antes, como durante e incluso después de dictarse la sentencia condenatoria.

II

La primera vez que en el ámbito del Derecho penal se plasmó este principio en un instrumento jurídico de la Unión Europea, fue en la Decisión Marco 2002/584/JAI, relativa a la orden europea y a los procedimientos de entrega entre Estados miembros, por un proceso de entrega dotado de mayor rapidez y seguridad jurídica. Esta norma fue inmediatamente incorporada al Derecho español a través de la Ley 3/2003, de 14 de marzo, sobre la orden europea de detención y entrega y la Ley Orgánica 2/2003, de 14 de marzo, complementaria de la anterior.

La segunda decisión marco adoptada en este ámbito, fue la Decisión Marco 2003/577/JAI, de 22 de julio de 2003, relativa a la ejecución en la Unión Europea de las resoluciones de embargo preventivo de bienes y aseguramiento de pruebas, que permite que la autoridad judicial del Estado de origen adopte una resolución acordando la realización de un embargo provisional en otro Estado miembro, de aquellos bienes que bien vayan a ser objeto de un ulterior comiso, o bien vayan a ser utilizados como prueba en juicio. Su incorporación al Derecho español se efectuó a través de la Ley 18/2006, de 5 de junio, para la eficacia en la Unión Europea de las resoluciones de embargo y aseguramiento de pruebas en procedimientos penales y la Ley Orgánica 5/2006, de 5 de junio, complementaria de la anterior, por la que se modifica la Ley Orgánica 6/1985, de 1 de julio, del Poder Judicial.

En tercer lugar, la Decisión Marco 2005/214/JAI, de 24 de febrero de 2005, relativa a la aplicación del principio de reconocimiento mutuo de sanciones pecuniarias, permitió al Estado requirente acudir a la autoridad judicial del Estado en que la persona obligada al pago de una sanción pecuniaria derivada de la comisión de una infracción penal (o administrativa en determinados casos) tuviera elementos patrimoniales, obtuviera ingresos o tuviera su residencia habitual, para ejecutar dicha sanción. La transposición de esta norma a nuestro Derecho se realizó mediante la Ley 1/2008, de 4 de diciembre, para la ejecución en la Unión Europea de resoluciones que impongan sanciones pecuniarias y la Ley Orgánica 2/2008, de 4 de diciembre, de modificación de la Ley Orgánica 6/1985, de 1 de julio, del Poder Judicial, complementaria de la anterior.

Un año después, la Decisión Marco 2006/783/JAI, de 6 de octubre de 2006, relativa a la aplicación del principio de reconocimiento mutuo de resoluciones de decomiso, permitiría que una resolución dictada en un Estado acordando el decomiso de una serie de bienes, fuera reconocida y ejecutada por un Tribunal del Estado en el que se encontrasen los bienes afectados. Ésta ha sido hasta hoy la última decisión marco sobre reconocimiento mutuo de resoluciones penales transpuesta en nuestro país, a través de la Ley 4/2010, de 10 de marzo, para la ejecución en la Unión Europea de resoluciones judiciales de decomiso y la Ley Orgánica 3/2010, de 10 de marzo, de modificación de la Ley Orgánica 6/1985, de 1 de julio, del Poder Judicial y complementaria de la anterior.

En el año 2008 fueron varias las decisiones marco sobre reconocimiento mutuo de resoluciones judiciales adoptadas en materia penal. En primer lugar se aprobó la Decisión Marco 2008/909/JAI, de 27 de noviembre de 2008, relativa a la aplicación del principio de reconocimiento mutuo de sentencias en materia penal por las que se imponen penas u otras medidas privativas de libertad a efectos de su ejecución en la Unión Europea. Ésta permite que una resolución condenatoria por la que se impone a una persona física una pena o medida privativa de libertad sea ejecutada en otro Estado miembro cuando ello contribuya a facilitar la reinserción del condenado. Junto a ella, se adoptó también la Decisión Marco 2008/947/JAI, de 27 de noviembre de 2008, relativa a la aplicación del principio de reconocimiento mutuo de sentencias y resoluciones de libertad vigilada con miras a la vigilancia de las medidas de libertad vigilada y las penas sustitutivas, que permite transmitir a otro Estado miembro distinto del de la condena la responsabilidad de vigilar el cumplimiento por el condenado de las medidas de libertad vigilada o de las penas sustitutivas previamente impuestas en el primero. Por último, en el 2008 vería la luz la Decisión Marco 2008/978/JAI, de 18 de diciembre de 2008, relativa al exhorto europeo de obtención de pruebas para recabar objetos, documentos y datos destinados a procedimientos en materia penal, que consiste en una resolución judicial emitida por la autoridad competente de un Estado miembro con objeto de recabar objetos, documentos y datos de otro Estado miembro para su uso en un proceso penal.

En 2009 se aprobó en este ámbito la primera Decisión Marco modificativa de otras anteriores, la Decisión Marco 2009/299/JAI, de 26 de febrero de 2009, por la que se modifican las Decisiones Marco 2002/584/JAI, 2005/214/JAI, 2006/783/JAI, 2008/909/JAI y 2008/947/JAI, destinada a reforzar los derechos procesales de las personas y a propiciar la aplicación del principio de reconocimiento mutuo de las resoluciones dictadas a raíz de juicios celebrados sin comparecencia del imputado. Entre estas normas se encuentra también la Decisión Marco 2009/829/JAI, de 23 de octubre de 2009, relativa a la aplicación, entre Estados miembros de la Unión Europea, del principio de reconocimiento mutuo a las resoluciones sobre medidas de vigilancia como sustitución de la prisión provisional, que permite supervisar a las autoridades judiciales de un Estado miembro aquellas resoluciones adoptadas en un proceso penal celebrado en otro Estado miembro por las que se imponga a una persona física una o más medidas de vigilancia de la libertad provisional.

Finalmente, como consecuencia de los cambios que introdujo el Tratado de Lisboa en la estructura de la Unión Europea y en sus instrumentos normativos, el 13 de diciembre de 2011 se aprobó la primera directiva en este ámbito. Se trata de la Directiva 2011/99/UE, de 13 de diciembre de 2011, sobre la orden europea de protección, que también se incorpora a esta Ley, y que tiene por objeto extender la protección que a través de las medidas pertinentes haya impuesto la autoridad competente de un Estado miembro para proteger a una persona contra posibles actos delictivos de otra, al territorio del Estado miembro al que se desplace esa persona para residir o permanecer durante un determinado período de tiempo.

Ante esta prolífica tarea normativa de las instituciones de la Unión Europea, los Estados miembros tienen la obligación de afrontar una intensa labor legislativa para incorporar a sus ordenamientos las disposiciones aprobadas hasta el momento. En España, además, si la técnica normativa empleada hasta ahora en la transposición de las cuatro primeras decisiones marco no variase, ello implicaría una enorme producción normativa, no sólo por las múltiples leyes que habrían de adoptarse, sino también por las consiguientes leyes orgánicas complementarias que someterían a constantes modificaciones a la Ley Orgánica del Poder Judicial.

Por ello, se ha decidido modificar la técnica normativa empleada hasta ahora en la incorporación de estas normas europeas, persiguiendo tanto garantizar una mejor transposición, como reducir la dispersión normativa y la complejidad de un ordenamiento que, a la postre, tiene que permitir a los distintos operadores jurídicos su tarea de aplicar el Derecho en un ámbito ya de por sí complejo y nuevo.

De este modo, la presente Ley da por amortizada la técnica de la incorporación individual de cada decisión marco o directiva europea en una ley ordinaria y su correspondiente ley orgánica complementaria, y se presenta como un texto conjunto en el que se reúnen todas las decisiones marco y la directiva aprobadas hasta hoy en materia de reconocimiento mutuo de resoluciones penales. Incluye tanto las ya transpuestas a nuestro Derecho como las que están pendientes, evitando la señalada dispersión normativa y facilitando su conocimiento y manejo por los profesionales del Derecho. Además, se articula a través de un esquema en el que tiene fácil cabida la incorporación de las futuras directivas que puedan ir adoptándose en esta materia.

Esta Ley va acompañada además de una Ley Orgánica por la que se modifica la Ley Orgánica del Poder Judicial, que evita las continuas reformas a las que ésta tendría que verse sometida si la tarea de transposición se realizase de manera individualizada.

III

La Ley parte de un breve título preliminar, para estructurarse a continuación en una serie de títulos. El primero de estos títulos contiene el régimen tanto de la transmisión como del reconocimiento de las resoluciones penales en la Unión Europea, incluyendo normas de aplicación a los distintos instrumentos, pero también de ámbito más reducido en relación con sólo uno o varios de estos instrumentos. De esta forma, en cada caso concreto, los aplicadores están llamados a seguir tanto estas normas generales que aseguran la coherencia del conjunto, como las disposiciones específicas de cada uno de esos instrumentos.

Los títulos siguientes regulan cada uno de los instrumentos de reconocimiento mutuo, siguiendo un esquema idéntico en el que se distinguen unas normas comunes, otras destinadas a indicar a la autoridad judicial competente en cada caso como transmitir a otros Estados de la Unión Europea una resolución de reconocimiento mutuo y, por fin, otras que establecen las reglas de ejecución en España de las resoluciones que transmitan las autoridades competentes de los demás Estados miembros. La parte final de la Ley contiene tres disposiciones adicionales, tres disposiciones transitorias, una disposición derogatoria, cuatro disposiciones finales y trece anexos. Estos últimos incorporan los formularios o los certificados que habrán de emplear las autoridades judiciales españolas para la transmisión de las resoluciones judiciales o para realizar aquellas notificaciones exigidas por la Ley.

IV

El Título preliminar contiene las disposiciones básicas que conforman el régimen jurídico del reconocimiento mutuo de resoluciones penales en la Unión Europea. La Ley enumera cuáles son esas resoluciones judiciales que luego regula, establece el respeto a los derechos y libertades fundamentales como criterio principal de actuación, la aplicación supletoria de la Ley de Enjuiciamiento Criminal en esta materia, así como qué ha de entenderse por Estado de emisión y de ejecución. No se olvida la Ley de la necesidad de conocer la dinámica de estas formas de cooperación judicial mediante su reflejo en datos estadísticos.

V

El Título I contiene las normas generales de la transmisión y del reconocimiento y ejecución de los instrumentos de reconocimiento mutuo en la Unión Europea. Se hace aquí un esfuerzo de identificación de los elementos comunes que se encuentran en las diferentes normas de reconocimiento mutuo de resoluciones judiciales en materia penal. Estas disposiciones han venido a generalizar reglas que las decisiones marco de la Unión Europea habían recogido con formulaciones dispares y cuya incorporación acrítica habría generado diferencias carentes de justificación, complicando al mismo tiempo la aplicación de esta Ley.

De esta forma, en este Título se reconocen las características básicas del nuevo sistema de cooperación judicial basado en el reconocimiento mutuo. Sus artículos contienen las reglas comunes que rigen tanto la transmisión de las órdenes europeas y resoluciones judiciales a otros Estados miembros, como su ejecución en España, los motivos generales de denegación del reconocimiento y la ejecución, y las normas sobre recursos, gastos e indemnizaciones y reembolsos, entre otras.

La competencia tanto para la transmisión como para la ejecución de los distintos instrumentos de reconocimiento mutuo se distribuye entre los Jueces y Tribunales y el Ministerio Fiscal. La ley generaliza la audiencia previa al Fiscal cuando sea un Juez o Tribunal el que esté conociendo de alguno de los referidos instrumentos.

Especial relevancia tiene el listado de categorías delictivas a las que no será de aplicación el principio de doble tipificación, en el que se expresa el compromiso básico de los países de la Unión Europea de renunciar a la exigencia del control de la doble incriminación para una serie de infracciones. De este modo, aquellas resoluciones judiciales dictadas en otros Estados miembros y transmitidas a España para su reconocimiento y ejecución, no estarán sujetos al control de la doble tipificación por el Juez o Tribunal español, en la medida en que se refieran a alguno de los delitos enumerados y siempre que se cumplan las condiciones exigidas para cada tipo de resolución judicial. Como consecuencia de la actuación del principio de reconocimiento mutuo la decisión de la autoridad competente de reconocer y ejecutar la orden europea acordada por la autoridad judicial extranjera es casi automática sin necesidad de verificar su conformidad con su ordenamiento jurídico interno, y se limitan los supuestos de denegación de la ejecución de la decisión trasmitida a causas tasadas y estrictamente previstas en esta Ley.

Estas normas generales ponen de manifiesto la peculiaridad del reconocimiento mutuo derivada de la relación directa entre autoridades judiciales de los diferentes Estados. Una característica cuya puesta en práctica requiere la comunicación inmediata de las distintas decisiones que se adopten en cada caso y las consultas previas en muchos supuestos en tanto que permitirán a las autoridades competentes valorar la conveniencia o no de recurrir a estos instrumentos.

La importancia de estos preceptos de aplicación al conjunto de instrumentos de reconocimiento mutuo se pone de manifiesto por su contenido, que comprende cuestiones como las notificaciones, traducciones, régimen de recursos, supuestos comunes de suspensión o de denegación de la ejecución de una resolución transmitida en nuestro país, entre otros.

VI

El Título II es el primero que se dedica ya a un instrumento en concreto, que es la orden europea de detención y entrega, cuyas normas no sólo siguen lo que hasta ahora ha regulado la Ley 3/2003, de 14 de marzo, sobre la orden europea de detención y entrega, sino que también se ha llevado a cabo su puesta al día, en atención a la experiencia ya acumulada en esta materia. Ello ha supuesto el reforzamiento de las garantías jurídicas, en especial con la introducción del criterio de la proporcionalidad, algunas mejoras de técnica normativa y otras modificaciones que persiguen mejorar la aplicación práctica de la norma. Se perfecciona así este procedimiento que permite a cualquier autoridad judicial española solicitar la entrega de una persona a otro Estado miembro para el seguimiento de actuaciones penales o para el cumplimiento de una condena impuesta, así como proceder a la entrega cuando haya recibido una orden europea de detención y entrega procedente de la autoridad judicial de otro Estado miembro.

VII

El Título III tiene por objeto las resoluciones para el cumplimiento de penas o medidas privativas de libertad. A través de estos preceptos se incorpora una decisión marco no transpuesta hasta ahora, que permite que una resolución condenatoria dictada en un Estado miembro sea ejecutada en otro Estado miembro, con el fin de facilitar así la reinserción social del condenado. Las autoridades judiciales españolas, por tanto, podrán transmitir sentencias condenatorias a otros Estados, cuando en ellas se impongan penas o medidas privativas de libertad y se cumplan las condiciones señaladas por la ley, debiendo ejecutar asimismo aquellas que del mismo modo les hayan sido transmitidas.

VIII

Por su parte, el Título IV contiene las normas de la llamada resolución de libertad vigilada, que establecen el régimen de la transmisión y ejecución de resoluciones adoptadas en el marco de medidas consecutivas a la condena. Este título contiene tanto el procedimiento por el que las autoridades judiciales españolas pueden transmitir una resolución por la que se imponga una medida de libertad vigilada o una pena sustitutiva, como el procedimiento de ejecución de dichas resoluciones en España cuando hayan sido dictadas en otros Estados miembros. El reconocimiento mutuo de estas resoluciones tiene por objeto incrementar las posibilidades de reinserción social del condenado al permitirle mantener sus lazos familiares, lingüísticos y culturales, así como mejorar el control del cumplimiento de las medidas de libertad vigilada y de las penas sustitutivas con objeto de evitar la reincidencia, teniendo en cuenta el principio de la protección de las víctimas.

IX

El Título V es el dedicado a la resolución sobre medidas de vigilancia de la libertad provisional, que permite que un Estado distinto al que impuso la medida de vigilancia pueda supervisar su cumplimiento cuando así le sea solicitado y siempre que se cumplan los requisitos legalmente establecidos. De este modo, se consigue una mejor ordenación de la actuación de los Estados en este ámbito penal y se evita que un residente en un Estado miembro se vea sacado de su entorno como consecuencia de la comisión de una infracción penal durante el tiempo que transcurra hasta la celebración del juicio. Con ello también se logra una mayor seguridad pública al permitir que persona sometida a actuaciones penales en un Estado miembro distinto al de su residencia sea vigilada por las autoridades de este último en espera de la celebración del juicio, evitando acudir a institutos más represivos como la prisión provisional o más inseguros como la libertad provisional no vigilada.

X

El Título VI regula la transmisión y ejecución en otro Estado miembro de una orden europea de protección. Esta orden es una resolución penal que puede adoptar la autoridad competente de cualquier Estado miembro en relación con una medida de protección previamente adoptada en ese Estado, por la que se faculta a la autoridad competente de otro Estado miembro para adoptar las medidas oportunas a favor de las víctimas o posibles víctimas de delitos que se encuentren en peligro, cuando se hayan desplazado a su territorio. Esta regulación permite que las medidas de protección adoptadas a favor de una víctima, la acompañen en cualquier lugar de la Unión Europea al que se desplace, ocasional o permanentemente. El causante de este peligro también tendrá que enfrentarse con las consecuencias del incumplimiento de esta orden europea.

Las medidas que se prevén se caracterizarían por su flexibilidad para adaptarse a las necesidades de protección de la víctima en cada momento, lo que supone que también la autoridad competente pueda acordar su prórroga, revisión, modificación o revocación. De esta forma, se garantiza que las medidas de protección dictadas en cualquier Estado miembro a favor de una persona que se vea amenazada, sean efectivas en todo el territorio de la Unión.

XI

El Título VII establece el régimen de reconocimiento de la resolución de embargo preventivo de bienes o de aseguramiento de pruebas, en el que se incluyen, con algunas modificaciones, las disposiciones de la Ley 18/2006, de 5 de junio, para la eficacia en la Unión Europea de las resoluciones de embargo y de aseguramiento de pruebas en los procesos penales. Mediante este mecanismo se transmitirán por las autoridades judiciales españolas las medidas de embargo preventivo de bienes o de aseguramiento de pruebas acordadas en procedimientos penales a otros Estados miembros en los que puedan encontrarse los objetos, datos o documentos objeto de la medida. Igualmente se determina la forma en la que las autoridades judiciales españolas van a reconocer y cumplir tales resoluciones cuando provengan de una autoridad judicial de otro Estado miembro. Es importante destacar cómo el concepto de medida de aseguramiento aplicada a este instrumento comprende las medidas que afectan a aquellos bienes del procesado que sean suficientes para cubrir su responsabilidad pecuniaria. Las exigencias del reconocimiento mutuo llevan a comprender en este instrumento una amplia gama de diligencias aseguratorias del cuerpo del delito, tales como su recogida, bloqueo, conservación, intervención, incautación o puesta en depósito judicial. Todo ello con las debidas garantías que protegen los derechos que asisten a las partes y a los terceros interesados de buena fe.

XII

El Título VIII se destina a prever el régimen de la resolución de decomiso e incorpora, con algunas adaptaciones, el contenido presente en la Ley 4/2010, de 10 de marzo, para la ejecución en la Unión Europea de resoluciones judiciales de decomiso. De este modo, regula el procedimiento a través del cual se van a transmitir, por parte de las autoridades judiciales españolas, aquellas sentencias firmes por las que se imponga un decomiso, a otros Estados miembros de la Unión Europea, y establece el modo en el que las autoridades judiciales españolas van a reconocer y a ejecutar tales resoluciones cuando le sean transmitidas por otro Estado miembro. Ya es sabida la incidencia que las normas de la Unión Europea han tenido en esta materia a la hora de precisar el concepto de decomiso, que alcanza a bienes que provienen de actividades delictivas desarrolladas por la persona condenada durante un período anterior a la condena, o cuando se tenga constancia de que el valor de la propiedad es desproporcionado con respecto a los ingresos legales de la persona condenada y una autoridad judicial nacional, basándose en hechos concretos, esté plenamente convencida de su procedencia delictiva. En cambio, quedan fuera de esta Ley los supuestos de restitución de bienes a sus legítimos propietarios.

La Ley también incorpora las novedades mediante las cuales se tratan de remediar los problemas derivados de las dudas de localización de los bienes objeto de decomiso, y ante los cuales se permite que una autoridad judicial transmita su resolución simultáneamente a varios Estados miembros de la Unión Europea. Una previsión que, a su vez, obliga a que haya una mayor comunicación entre las autoridades judiciales para evitar excesos de ejecución.

XIII

El Título IX tiene por objeto regular la resolución por la que se exige el pago de una sanción pecuniaria, incorporando con leves modificaciones el contenido de la Ley 1/2008, de 4 de diciembre, para la ejecución en la Unión Europea de resoluciones que impongan sanciones pecuniarias. Estas normas determinan el procedimiento a través del cual se van a transmitir, por parte de las autoridades judiciales españolas, aquellas resoluciones firmes por las que se exija el pago de una sanción pecuniaria a una persona física o jurídica como consecuencia de la comisión de una infracción penal, a otros Estados miembros de la Unión Europea en los que esa persona posea propiedades, obtenga ingresos o tenga su residencia habitual. Igualmente, se regula el procedimiento mediante el cual las autoridades judiciales españolas van a reconocer y a ejecutar tales resoluciones cuando les sean transmitidas por otro Estado miembro y el condenado tenga esas propiedades, ingresos o residencia en nuestro país.

Se ha de aclarar que el concepto de sanción pecuniaria de este instrumento no se refiere solamente a aquella cantidad de dinero exigida en concepto de multa impuesta como consecuencia de la comisión de una infracción, sino también a la impuesta en la misma resolución en concepto de costas judiciales, como compensación en beneficio de las víctimas o destinada a un fondo público u organización de apoyo a las víctimas. Además, las sanciones impuestas pueden derivar de la comisión de una infracción de carácter penal o administrativa, en los términos que se regulan.

XIV

El último Título, el X, regula el exhorto europeo de obtención de pruebas que incorpora una nueva decisión marco al regular las normas sobre la transmisión y ejecución de aquella resolución que las autoridades españolas pueden enviar o recibir de otro Estado miembro con objeto de recabar objetos, documentos y datos para su uso en un proceso penal. El exhorto europeo de obtención de pruebas podrá referirse también a procedimientos incoados por las autoridades competentes de otros Estados miembros de la Unión Europea por la comisión de hechos tipificados como infracciones administrativas en su ordenamiento, cuando la decisión pueda dar lugar a un proceso ante un órgano jurisdiccional en el orden penal. No así en el caso de las infracciones administrativas cometidas en España, pues en nuestro derecho las autoridades administrativas competentes no se encuentran en la situación prevista en la norma europea, ya que sus resoluciones son recurribles en vía contencioso-administrativa y no en vía penal;

lo que ha impedido su inclusión dentro de este mecanismo de cooperación. Destacar que la intervención siempre del Juez o Fiscal español en la ejecución de esta resolución cuando sea transmitida por otro Estado permite prescindir del requisito de la validación por parte de esa autoridad de emisión, pues el Juez o el Fiscal ya valoran la proporcionalidad de la medida solicitada y si comporta limitación de derechos fundamentales.

XV

Se ha de hacer una mención a los anexos que cierran la Ley y en los que se contienen los modelos de los formularios y los certificados a través de los cuales se efectúan las comunicaciones entre autoridades judiciales en la Unión Europea. Se trata de formularios y certificados idénticos en todos los países, por lo que son perfectamente comprensibles a partir del modelo traducido a cada lengua, dotando a esa relación de mayor agilidad y seguridad jurídica.

XVI

En definitiva, la presente Ley se configura como un instrumento integrador que, además de dar cumplimiento a las obligaciones normativas europeas, responde al compromiso de mejora de la cooperación judicial penal en la Unión Europea y la lucha contra la criminalidad, garantizando la seguridad y los derechos de los ciudadanos como fin irrenunciable del Estado.

TÍTULO PRELIMINAR

Régimen general del reconocimiento mutuo de resoluciones penales en la Unión Europea

Artículo 1.º *Reconocimiento mutuo de resoluciones penales en la Unión Europea*.—En aplicación del principio de reconocimiento mutuo de resoluciones penales en el espacio de libertad, seguridad y justicia de la Unión Europea, las autoridades judiciales españolas que dicten una orden o resolución incluida dentro de la regulación de esta Ley, podrán transmitirla a otro Estado miembro para su reconocimiento y ejecución.

En aplicación del principio de reconocimiento mutuo de resoluciones penales, las autoridades judiciales españolas competentes reconocerán y ejecutarán en España dentro del plazo previsto, las órdenes europeas y resoluciones penales previstas en esta Ley cuando hayan sido transmitidas correctamente por la autoridad competente de otro Estado miembro y no concurra ningún motivo tasado de denegación del reconocimiento o la ejecución.

Art. 2.º *Instrumentos de reconocimiento mutuo.*—1. Se entiende por instrumento de reconocimiento mutuo aquella orden europea o resolución emitida por la autoridad competente de un Estado miembro de la Unión Europea que se transmite a otro Estado miembro para su reconocimiento y ejecución en el mismo.

2. Los instrumentos de reconocimiento mutuo regulados en esta Ley son los siguientes:

a) La orden europea de detención y entrega.

b) La resolución por la que se impone una pena o medida privativa de libertad.

c) La resolución de libertad vigilada.

d) La resolución sobre medidas de vigilancia de la libertad provisional.

e) La orden europea de protección.

f) La resolución de embargo preventivo de bienes o de aseguramiento de pruebas.

g) La resolución de decomiso.

h) La resolución por la que se imponen sanciones pecuniarias.

i) La orden europea de investigación.

Art. 3.º *Respeto a los derechos y libertades fundamentales.*—La presente Ley se aplicará respetando los derechos y libertades fundamentales y los principios recogidos en la Constitución Española, en el artículo 6 del Tratado de la Unión Europea y la Carta de los Derechos Fundamentales de la Unión Europea, y en el Convenio Europeo de Derechos y Libertades Fundamentales del Consejo de Europa de 4 de noviembre de 1950.

Art. 4.º *Régimen jurídico.*—1. El reconocimiento y la ejecución de los instrumentos de reconocimiento mutuo que se enumeran en el artículo 2, se regirán por lo dispuesto en esta Ley, en las normas de la Unión Europea y en los convenios internacionales vigentes en los que

---

Art. 2.º2.*i*): Este precepto figura redactado conforme al texto de la Ley 3/2018, de 11 de junio (*BOE* n.º 142, de 12 de junio), para regular la Orden Europea de Investigación.

España sea parte. En defecto de disposiciones específicas, será de aplicación el régimen jurídico previsto por la Ley de Enjuiciamiento Criminal.

2. Las disposiciones del Título I se aplicarán sin perjuicio de las normas específicas correspondientes a cada instrumento de reconocimiento mutuo previstas en los restantes títulos de esta Ley.

3. La interpretación de las normas contenidas en esta Ley se realizará de conformidad con las normas de la Unión Europea reguladoras de cada uno de los instrumentos de reconocimiento mutuo.

Art. 5.º *Estado de emisión y Estado de ejecución.*—Se entiende por:

a) Estado de emisión: el Estado miembro de la Unión Europea en el que la autoridad competente ha dictado una orden o resolución de las reguladas en esta Ley al objeto de que sea reconocida y ejecutada en otro Estado miembro.

b) Estado de ejecución: el Estado miembro de la Unión Europea al que se ha transmitido una orden o resolución dictada por la autoridad judicial competente de otro Estado miembro, para su reconocimiento y ejecución.

Art. 6.º *Deber de información al Ministerio de Justicia. Autoridad Central.*—1. Los Jueces o Tribunales que transmitan o ejecuten los instrumentos de reconocimiento mutuo previstos en esta Ley lo reflejarán en los boletines estadísticos trimestrales y lo remitirán al Ministerio de Justicia.

2. La Fiscalía General del Estado remitirá semestralmente al Ministerio de Justicia un listado de los instrumentos de reconocimiento mutuo emitidos o ejecutados por representantes del Ministerio Público.

3. El Ministerio de Justicia será la Autoridad Central a la que corresponde la función de auxilio a las autoridades judiciales.

TÍTULO PRIMERO

Régimen general de la transmisión, el reconocimiento y la ejecución de los instrumentos de reconocimiento mutuo en la Unión Europea

CAPÍTULO PRIMERO

TRANSMISIÓN POR LAS AUTORIDADES JUDICIALES ESPAÑOLAS DE INSTRUMENTOS DE RECONOCIMIENTO MUTUO

Art. 7.º *Emisión y documentación de órdenes y resoluciones para su ejecución al amparo del principio de reconocimiento mutuo.*—1. Cuando la eficacia de una resolución penal española requiera la práctica de actuaciones procesales en otro Estado miembro de la Unión Europea, tratándose de algún instrumento de reconocimiento mutuo regulado en esta Ley, la autoridad judicial española competente la documentará en el formulario o certificado obligatorio, que transmitirá a la autoridad competente del otro Estado miembro para que proceda a su ejecución.

El testimonio de la resolución penal en la que se basa el certificado se remitirá obligatoriamente junto con éste, salvo que se trate de una orden europea de detención y entrega, una orden europea de protección o una orden europea de investigación, que se documentarán exclusivamente a través del formulario correspondiente.

El original de la resolución o del certificado será remitido únicamente cuando así lo solicite la autoridad de ejecución.

2. El certificado o el formulario irán firmados por la autoridad judicial competente para dictar la resolución que se documenta.

3. El certificado o el formulario se traducirán a la lengua oficial o a una de las lenguas oficiales del Estado miembro al que se dirija o, en su caso, a una lengua oficial de las instituciones comunitarias que hubiera aceptado dicho Estado, salvo que disposiciones convencionales permitan, en relación con ese Estado, su remisión en español.

La resolución penal sólo será objeto de traducción cuando así se requiera por la autoridad judicial de ejecución. El coste de la traducción será asumido por el Estado de ejecución que la reclama, con la excepción de la resolución por la que se impone

---

Art. 7.º: Este artículo figura redactado conforme al texto de la Ley 3/2018, de 11 de junio (*BOE* n.º 142, de 12 de junio), para regular la Orden Europea de Investigación.

una pena o medida privativa de libertad regulada en el Título III.

Art. 8.º *Transmisión de órdenes y resoluciones para su ejecución al amparo del principio de reconocimiento mutuo.*—1. La transmisión de los instrumentos de reconocimiento mutuo, así como cualquier otra notificación practicada con arreglo a esta Ley, se hará directamente a la autoridad judicial competente del Estado de ejecución, a través de cualquier medio que deje constancia escrita en condiciones que permitan acreditar su autenticidad.

Cualquier dificultad que surja en relación con la transmisión o la autenticidad de algún documento necesario para la ejecución de un instrumento de reconocimiento mutuo se solventará mediante comunicación directa entre las autoridades judiciales implicadas o, cuando proceda en relación con una orden europea de detención y entrega o una orden europea de investigación, con la participación de las autoridades centrales de los Estados miembros.

2. Cuando no se conozca la autoridad judicial de ejecución competente, se solicitará la información correspondiente por todos los medios necesarios, incluidos los puntos de contacto españoles de la Red Judicial Europea (RJE) y demás redes de cooperación existentes.

3. Los instrumentos de reconocimiento mutuo regulados en esta Ley podrán transmitirse a la autoridad judicial competente, recabándose la colaboración del Miembro Nacional de España en Eurojust cuando proceda, de conformidad con las normas reguladoras del mismo.

Art. 9.º *Información obligatoria a Eurojust en relación con los instrumentos de reconocimiento mutuo.*—1. La obligación de transmisión de información y la petición de asistencia a Eurojust derivada del uso de instrumentos de reconocimiento mutuo se regirán por lo establecido en la Ley 16/2015, de 7 de julio, por la que se regula el estatuto del miembro nacional de España en Eurojust, los conflictos de jurisdicción, las redes judiciales de cooperación internacional y el personal dependiente del Ministerio de Justicia en el exterior, así como su normativa de desarrollo.

Art. 8.º1: Este apartado figura redactado conforme al texto de la Ley 3/2018, de 11 de junio (*BOE* n.º 142, de 12 de junio), para regular la Orden Europea de Investigación.

Art. 9.º: Este artículo figura redactado conforme al texto de la Ley 3/2018, de 11 de junio (*BOE* n.º 142, de 12 de junio), para regular la Orden Europea de Investigación.

Art. 10. *Descripción del delito y de la pena.*—La autoridad judicial que emita el formulario o el certificado en el que se documenta la resolución judicial cuya ejecución se transmite a otro Estado miembro de la Unión Europea, especificará si el delito objeto de la resolución judicial se incardina en alguna de las categorías que eximen del control de doble tipificación de la conducta en el Estado de ejecución, de acuerdo con el artículo 20, y si la pena prevista para el delito es, en abstracto, al menos de tres años de privación de libertad.

Art. 11. *Pérdida sobrevenida del carácter ejecutorio de la resolución cuya ejecución ha sido transmitida.*—La autoridad judicial española de emisión informará inmediatamente a la autoridad encargada de la ejecución, de la adopción de cualquier resolución o medida que tenga por objeto dejar sin efecto el carácter ejecutorio de la orden o resolución cuya ejecución ha sido transmitida previamente, solicitando la devolución del formulario o del certificado.

Art. 12. *Tránsito por otro Estado miembro del reclamado por la autoridad judicial española.*—Cuando a la autoridad judicial española de emisión de una orden europea de detención y entrega, de una resolución por la que se imponen penas o medidas privativas de libertad, o de una orden europea de investigación, le conste que resulta necesario el tránsito del reclamado por un Estado miembro distinto del Estado de ejecución, instará al Ministerio de Justicia para que solicite la autorización, remitiendo copia de la resolución judicial y del certificado emitido, traducido éste a una de las lenguas que acepte el Estado de tránsito.

El Ministerio de Justicia pedirá información al Estado de tránsito sobre si puede garantizar que el condenado no será perseguido, detenido ni sometido a ninguna otra restricción de su libertad individual en su territorio, por hechos o condenas anteriores. En su caso, el Ministerio de Justicia, a petición de la autoridad judicial de emisión, podrá retirar la solicitud.

Art. 13. *Recursos contra las resoluciones de transmisión de instrumentos de reconocimiento mutuo.*—1. Contra las resoluciones por las que se acuerde la

---

Art. 12: El primer párrafo de este artículo figura redactado conforme al texto de la Ley 3/2018, de 11 de junio (*BOE* n.º 142, de 12 de junio), para regular la Orden Europea de Investigación.

transmisión de un instrumento de reconocimiento mutuo podrán interponerse los recursos previstos en el ordenamiento jurídico español, que se tramitarán y resolverán exclusivamente por la autoridad judicial española competente conforme a la legislación española.

2. En caso de estimación de un recurso, la autoridad judicial española lo comunicará inmediatamente a la autoridad que esté conociendo de la ejecución.

3. En caso de concesión de indulto que afecte a la resolución recurrida, la autoridad judicial española lo comunicará inmediatamente a la autoridad que esté conociendo de la ejecución.

La concesión del indulto no podrá alcanzar, en ningún caso, al concepto de costas o gastos administrativos generados en el proceso ni tampoco a la compensación otorgada en beneficio de la víctima.

4. No cabrá recurso alguno contra la decisión de transmisión de un instrumento de reconocimiento mutuo acordada por el Ministerio Fiscal en sus diligencias de investigación, sin perjuicio de su valoración posteriormente en el correspondiente procedimiento penal, de conformidad con lo previsto en la Ley de Enjuiciamiento Criminal.

Art. 14. *Gastos.*—El Estado español financiará los gastos ocasionados por la ejecución de una orden o resolución de reconocimiento mutuo transmitida a otro Estado miembro, salvo los ocasionados en el territorio del Estado de ejecución.

Si en la ejecución de una resolución judicial de decomiso o de una orden europea de investigación emitida por la autoridad competente española, se recibiera comunicación del Estado de ejecución proponiendo un reparto de los gastos ocasionados, en el plazo de cinco días desde la recepción de esta comunicación se dirigirá oficio al Ministerio de Justicia español a los efectos de que acepte o rechace total o parcialmente la propuesta del Estado de ejecución y llegue a un acuerdo sobre el reparto de los costes.

En caso de que no se llegara a un acuerdo, la autoridad española de emisión decidirá si retira total o parcialmente la orden europea de investigación, o la mantiene, sufragando en este último caso los costes que se consideren excepcionalmente elevados.

Art. 14: Este artículo figura redactado conforme al texto de la Ley 3/2018, de 11 de junio (*BOE* n.º 142, de 12 de junio), para regular la Orden Europea de Investigación.

Sin perjuicio de lo anterior, se seguirán las siguientes reglas en los supuestos que se indican a continuación:

a) Si la emisión de una orden europea de investigación por la autoridad española implica el traslado temporal de detenidos a España o al Estado de ejecución, con el fin de llevar a cabo una medida de investigación, el Estado español financiará los gastos derivados del traslado y su retorno.

b) Si la emisión de una orden europea de investigación por la autoridad española implica la intervención de telecomunicaciones, el Estado español financiará los gastos derivados de la transcripción, la descodificación y el desencriptado de las comunicaciones intervenidas.

Art. 15. *Indemnizaciones y reembolsos.*—Salvo que esta Ley disponga otra cosa, el Estado español únicamente reembolsará al Estado de ejecución las cantidades abonadas por éste en concepto de indemnización de daños y perjuicios causados a terceros como consecuencia de la ejecución de la orden o resolución remitida, siempre y cuando no se debieran exclusivamente a la actividad de dicho Estado.

CAPÍTULO II

RECONOCIMIENTO Y EJECUCIÓN POR LAS AUTORIDADES JUDICIALES ESPAÑOLAS DE INSTRUMENTOS DE RECONOCIMIENTO MUTUO

SECCIÓN 1.ª

Disposiciones generales

Art. 16. *Reconocimiento y ejecución inmediata.*—1. Las autoridades judiciales españolas competentes reconocerán y ejecutarán sin más trámites que los establecidos en esta Ley, en el plazo estipulado en ella para cada caso, la orden o resolución cuya ejecución ha sido transmitida por una autoridad judicial de otro Estado miembro.

2. La resolución que declare que la autoridad judicial que ha recibido la orden o resolución carece de competencia para ejecutarla deberá acordar también su remisión inmediata a la autoridad judicial que entienda competente, notificando dicha resolución al Ministerio Fiscal y a la autoridad judicial del Estado de emisión.

3. La resolución que declare la denegación del reconocimiento o de la ejecución de la orden o resolución judicial transmitida para su ejecución

en España deberá acordar también su devolución inmediata y directa a la autoridad judicial de emisión cuando el auto sea firme.

Art. 17. *Traducción del certificado.*—1. Cuando el formulario o el certificado no venga traducido al español, se devolverá inmediatamente a la autoridad judicial del Estado emisor que lo hubiera firmado para que lleve a cabo la traducción correspondiente, salvo que un convenio en vigor con dicho Estado o una declaración depositada ante la Secretaría General del Consejo de la Unión Europea permitan el envío en esa otra lengua.

2. No será obligatorio que la resolución judicial en que se basa el certificado se reciba traducida al español, sin perjuicio de que la autoridad judicial solicite su traducción cuando lo considere imprescindible para su ejecución.

Art. 18. *Práctica de las comunicaciones.*—1. Las autoridades judiciales españolas admitirán el envío que se efectúe mediante correo certificado o medios informáticos o telemáticos si los documentos están firmados electrónicamente y permiten verificar su autenticidad. Se admitirán también las comunicaciones efectuadas por fax y, a continuación, se requerirá el envío de la documentación original a la autoridad judicial emisora, siendo la recepción de la misma la que determinará el inicio del cómputo de los plazos previstos en esta Ley.

2. Las comunicaciones a la autoridad de emisión que deban hacerse en virtud de lo establecido en esta Ley por parte de la autoridad judicial española serán directas y se podrán cursar en español mediante correo certificado, medios electrónicos fehacientes o fax, sin perjuicio de remitir a la autoridad extranjera el oportuno testimonio si ésta lo requiriese.

Art. 19. *Subsanación del certificado.*—1. En los casos de insuficiencia del formulario o del certificado, cuando éste falte o no se corresponda manifiestamente con la resolución judicial cuya ejecución es transmitida, la autoridad judicial lo comunicará a la autoridad de emisión fijando un plazo para que el certificado se presente de nuevo, se complete o se modifique.

2. Cuando se trate de una resolución de embargo de bienes o de aseguramiento de pruebas, la autoridad judicial podrá adoptar, tras oír al Ministerio Fiscal por el plazo de tres días, y en este mismo plazo, alguna de las siguientes decisiones:

a) Fijar un plazo para que el certificado se presente de nuevo o se complete o modifique.

b) Aceptar un documento equivalente de la autoridad competente del Estado de emisión que complete la información necesaria.

c) Dispensar a la autoridad judicial de emisión de presentarlo si considera suficiente la información suministrada.

3. En los casos en que, siendo obligatoria su transmisión, falte la resolución judicial cuya ejecución ha sido solicitada, la autoridad judicial acordará un plazo para su remisión por la autoridad judicial de emisión.

Art. 20. *Ausencia de control de la doble tipificación y sus excepciones.*—1. Cuando una orden o resolución dictada en otro Estado miembro sea transmitida a España para su reconocimiento y ejecución, estos instrumentos no estarán sujetos al control de la doble tipificación por el Juez o Tribunal español, en la medida en que se refiera a alguno de los delitos enumerados a continuación y se cumplan las condiciones exigidas por la Ley para cada tipo de instrumento de reconocimiento mutuo.

Los delitos son los siguientes:

— Pertenencia a una organización delictiva.

— Terrorismo.

— Trata de seres humanos.

— Explotación sexual de menores y pornografía infantil.

— Tráfico ilícito de drogas y sustancias psicotrópicas.

— Tráfico ilícito de armas, municiones y explosivos.

— Corrupción.

— Fraude, incluido el que afecte a los intereses financieros de las Comunidades Europeas.

— Blanqueo de los productos del delito.

— Falsificación de moneda.

— Delitos informáticos.

— Delitos contra el medio ambiente, incluido el tráfico ilícito de especies animales protegidas y de especies y variedades vegetales protegidas.

— Ayuda a la entrada y residencia en situación ilegal.

— Homicidio voluntario y agresión con lesiones graves.

— Tráfico ilícito de órganos y tejidos humanos.

— Secuestro, detención ilegal y toma de rehenes.

— Racismo y xenofobia.

— Robos organizados o a mano armada.

— Tráfico ilícito de bienes culturales, incluidas las antigüedades y las obras de arte.

— Estafa.

— Chantaje y extorsión de fondos.

— Violación de derechos de propiedad intelectual o industrial y falsificación de mercancías.

— Falsificación de documentos administrativos y tráfico de documentos falsos.

— Falsificación de medios de pago.

— Tráfico ilícito de sustancias hormonales y otros factores de crecimiento.

— Tráfico ilícito de materias nucleares o radiactivas.

— Tráfico de vehículos robados.

— Violación.

— Incendio provocado.

— Delitos incluidos en la jurisdicción de la Corte Penal Internacional.

— Secuestro de aeronaves y buques.

— Sabotaje.

2. Para el reconocimiento mutuo de las resoluciones judiciales que impongan sanciones pecuniarias, además de las señaladas en el apartado anterior, no estarán sometidas al principio de doble tipificación aquellas resoluciones judiciales que castiguen hechos enjuiciados como alguno de los siguientes delitos o infracciones:

— Conducta contraria a la legislación de tráfico, incluidas las infracciones a la legislación de conducción y de descanso y a las normas reguladoras de transporte de mercancías peligrosas.

— Contrabando de mercancías.

— Infracciones de los derechos de propiedad intelectual e industrial.

— Amenazas y actos de violencia contra las personas, incluida la violencia durante los acontecimientos deportivos.

— Vandalismo.

— Robo.

— Infracciones establecidas por el Estado de emisión en virtud de normas comunitarias.

3. El reconocimiento mutuo y ejecución de las órdenes europeas de protección se efectuará siempre con control de la doble tipificación.

4. Cuando la orden o resolución judicial que se reciba castigue un hecho tipificado como un delito distinto de los previstos en este artículo, su reconocimiento y ejecución podrán supeditarse al cumplimiento del requisito de la doble tipificación, siempre que se cumplan las condiciones exigidas por la Ley para cada instrumento de reconocimiento mutuo.

No obstante lo anterior, cuando la orden o resolución se haya impuesto por una infracción penal en materia tributaria, aduanera o de control de cambios, no podrá denegarse la ejecución de la resolución si el fundamento fuere que la legislación española no establece el mismo tributo o no contiene la misma regulación en materia tributaria, aduanera y de control de cambios que la legislación del Estado de emisión.

Art. 21. *Normas aplicables a la ejecución.*—1. La ejecución de la orden o resolución que haya sido transmitida por otro Estado miembro se regirá por el Derecho español y se llevará a cabo del mismo modo que si hubiera sido dictada por una autoridad judicial española.

No obstante lo anterior, la autoridad judicial española competente observará las formalidades y procedimientos expresamente indicados por la autoridad judicial del Estado de emisión siempre que esas formalidades y procedimientos no sean contrarios a los principios fundamentales del ordenamiento jurídico español.

2. La ejecución de la orden o resolución se ajustará a los términos de la misma, no pudiendo hacerse extensiva a personas, bienes o documentos no comprendidos en ella, sin perjuicio de lo dispuesto para la orden europea de investigación, con la participación de las autoridades centrales de los Estados miembros.

Art. 22. *Notificación del reconocimiento y la ejecución. Audiencia.*—1. Cuando el afectado tenga su domicilio o residencia en España y salvo que el procedimiento extranjero se hubiera declarado secreto o su notificación frustrara la finalidad perseguida, se le notificarán las órdenes o resoluciones judiciales extranjeras cuya ejecución se haya solicitado.

La práctica de esta notificación supondrá el reconocimiento del derecho a intervenir en el proceso, si lo tuviere por conveniente, personándose con abogado y procurador.

2. La autoridad judicial española informará a la autoridad judicial competente del Estado de emisión y al Ministerio Fiscal, sin dilación, de la resolución de reconocimiento o denegación de la orden o resolución transmitida o de cualquier incidencia que pueda afectar a su ejecución, en especial en los casos de imposibilidad de la misma sin que se puedan ejecutar medidas alternativas no previstas en el Derecho español.

3. El ejercicio del derecho de audiencia del imputado a lo largo del procedimiento podrá llevarse a cabo a través de la aplicación de los instrumentos de Derecho internacional o de la Unión Europea que prevean

Art. 21.2: Este apartado figura redactado conforme al texto de la Ley 3/2018, de 11 de junio (*BOE* n.º 142, de 12 de junio), para regular la Orden Europea de Investigación.

la posibilidad de realizar audiencias mediante teléfono o videoconferencia.

Art. 23. *Suspensión de la ejecución de la resolución*.—1. La ejecución será suspendida por alguna de las causas previstas legalmente y cuando la autoridad judicial de emisión comunique a la autoridad española de ejecución la pérdida sobrevenida del carácter ejecutorio de la orden o resolución judicial transmitida.

2. La autoridad judicial española comunicará inmediatamente a la autoridad judicial del Estado de emisión la suspensión de la ejecución de la orden o resolución judicial recibida, los motivos de la suspensión y, si es posible, la duración de la misma.

3. Tan pronto como desaparezcan los motivos de suspensión, la autoridad judicial española tomará de inmediato las medidas oportunas para ejecutar la orden o resolución judicial, e informará de ello a la autoridad judicial competente del Estado de emisión.

4. Si la causa de suspensión hiciera previsible que la misma no fuera alzada, se devolverá el formulario o certificado con todo lo actuado a la autoridad judicial de emisión.

Art. 24. *Recursos*.—1. Contra las resoluciones dictadas por la autoridad judicial española resolviendo acerca de los instrumentos europeos de reconocimiento mutuo se podrán interponer los recursos que procedan en cada caso conforme a las reglas generales previstas en la ley procesal vigente.

La interposición del recurso podrá suspender la ejecución de la orden o resolución cuando ésta pudiera crear situaciones irreversibles o causar perjuicios de imposible o difícil reparación, adoptándose en todo caso las medidas cautelares que permitan asegurar la eficacia de la resolución.

2. La autoridad judicial competente comunicará a la autoridad judicial del Estado de emisión tanto la interposición de algún recurso y sus motivos como la decisión que recaiga sobre el mismo.

3. Los motivos de fondo por los que se haya adoptado la orden o resolución sólo podrán ser impugnados mediante un recurso interpuesto en el Estado miembro de la autoridad judicial de emisión.

Art. 24.1: Este apartado figura redactado conforme al texto de la Ley 3/2018, de 11 de junio (*BOE* n.º 142, de 12 de junio), para regular la Orden Europea de Investigación.

4. Contra las resoluciones del Ministerio Fiscal en ejecución de los instrumentos de reconocimiento mutuo no cabrá recurso, sin perjuicio de las posibles impugnaciones sobre el fondo ante la autoridad de emisión y de su valoración posterior en el procedimiento penal que se siga en el Estado de emisión.

Art. 25. *Gastos.*—1. Los gastos ocasionados en territorio español por la ejecución de un instrumento de reconocimiento mutuo serán a cargo del Estado español. Los demás gastos y, en concreto, los gastos de traslado de personas condenadas y los ocasionados exclusivamente en el territorio del Estado emisor, correrán a cargo de este último.

2. En ejecución de la resolución judicial de decomiso, si España hubiera incurrido en gastos excepcionales, la autoridad judicial podrá poner de manifiesto esta circunstancia, dirigiendo comunicación al Ministerio de Justicia español a fin de que éste, si así lo considera conveniente, realice propuesta al Estado de emisión sobre un posible reparto de los gastos ocasionados y llegue al acuerdo que proceda.

3. En ejecución de la orden europea de investigación, si la autoridad competente española estima que los costes de ejecución serían excepcionalmente elevados, pondrá de manifiesto esta circunstancia, dirigiendo comunicación al Ministerio de Justicia español a fin de que éste, si así lo considera conveniente, realice propuesta al Estado de emisión sobre un posible reparto de los gastos ocasionados, o bien la modificación de la orden europea de investigación en su caso, con el objeto de que no cubra dichos gastos el Estado español sino el Estado de emisión.

Sin perjuicio de lo anterior, se seguirán las siguientes reglas en los supuestos que se indica a continuación:

a) Si la emisión de una orden europea de investigación por la autoridad competente de otro Estado miembro implica el traslado temporal de detenidos a España, o bien al Estado de emisión, con el fin de llevar a cabo una medida de investigación, el Estado de emisión financiará los gastos derivados del traslado y su retorno.

b) Si la emisión de una orden europea de investigación por la autoridad competente de otro Estado miembro implica la intervención de telecomunicaciones, el Estado de emisión fi-

Art. 25.3: Este apartado fue introducido por la Ley 3/2018, de 11 de junio (*BOE* n.º 142, de 12 de junio), para regular la Orden Europea de Investigación.

nanciará los gastos derivados de la transcripción, la descodificación y el desencriptado de las comunicaciones intervenidas.

Art. 26. *Indemnizaciones y reembolsos.*—El Ministerio de Justicia reclamará al Estado de emisión el reembolso de las cantidades que, de acuerdo con la legislación española, haya tenido que abonar en concepto de indemnización de daños y perjuicios causados a terceros, siempre y cuando éstos no sean responsabilidad exclusivamente de España por el funcionamiento anormal de la Administración de Justicia o por error judicial.

Art. 27. *Tránsito de personas por territorio español en ejecución de una orden europea o resolución judicial transmitida por otro Estado miembro.*—1. El Ministerio de Justicia será competente para autorizar el tránsito por territorio español de una persona que esté siendo trasladada al Estado de emisión desde el Estado de ejecución de una orden europea de detención y entrega, de una resolución por la que se impone una pena o medida privativa de libertad o de una orden europea de investigación, siempre que aquél le remita la solicitud de tránsito acompañada de una copia del certificado emitido para la ejecución de la resolución.

El Ministerio de Justicia podrá solicitar al Estado de emisión que le remita una copia del formulario o del certificado traducido al español.

2. El Ministerio de Justicia informará al Estado de emisión si no puede garantizar que el condenado no será perseguido, detenido ni sometido a ninguna otra restricción de su libertad individual en España, por hechos o condenas anteriores a su salida del Estado de ejecución.

3. El Ministerio de Justicia comunicará su decisión a la autoridad competente del Estado de emisión en el plazo máximo de una semana desde la recepción de la solicitud, salvo en el caso en que hubiera pedido la traducción del formulario o certificado, en cuyo caso podrá aplazar la decisión hasta que reciba la traducción.

En ningún caso podrá prolongarse la detención de la persona más allá del tiempo estrictamente necesario para la ejecución del tránsito.

4. No se requerirá solicitud de tránsito en los supuestos de

Art. 27.1: Este apartado figura redactado conforme al texto de la Ley 3/2018, de 11 de junio (*BOE* n.º 142, de 12 de junio), para regular la Orden Europea de Investigación.

tránsito aéreo sin escalas, salvo en caso de aterrizaje forzoso, en cuyo caso el Ministerio de Justicia dará su autorización en el plazo de setenta y dos horas.

Art. 28. *Tránsito del reclamado por un tercer Estado miembro en una ejecución acordada por la autoridad española.*—Cuando fuere necesario el tránsito del reclamado en virtud de una orden europea de detención y entrega o de una resolución por la que se impone una pena o medida privativa de libertad por un tercer Estado miembro, la autoridad judicial de ejecución española lo pondrá en conocimiento de la autoridad judicial de emisión extranjera, para que sea dicha autoridad la que recabe la pertinente autorización a las autoridades del Estado de tránsito.

SECCIÓN 2.ª

Denegación del reconocimiento o de la ejecución de un instrumento de reconocimiento mutuo

Art. 29. *Denegación del reconocimiento o ejecución de un instrumento de reconocimiento mutuo.*—Únicamente podrá denegarse, de manera motivada, el reconocimiento o la ejecución de un instrumento de reconocimiento mutuo que haya sido transmitido correctamente por la autoridad competente de otro Estado miembro de la Unión Europea cuando concurra alguno de los motivos tasados previstos en esta Ley.

Art. 30. *Petición de información complementaria.*—En los casos en que pueda concurrir una causa de denegación del reconocimiento o la ejecución que así lo justifique o un defecto subsanable en la emisión o transmisión, la autoridad judicial competente podrá solicitar información complementaria a la autoridad del Estado de emisión, fijando un plazo en el que dicha información debe ser remitida.

Art. 31. *Petición de levantamiento de inmunidades.*—1. Cuando, en relación con el objeto del instrumento de reconocimiento mutuo, exista inmunidad de jurisdicción o de ejecución en España, la autoridad judicial española de ejecución solicitará sin demora el levantamiento de dicho privilegio si hacerlo fuera competencia de una autoridad española. Si el levantamiento compete a otro Estado o a una organización internacional, corresponderá hacer la solicitud a la autoridad judicial que haya emitido la orden o resolución cuya ejecución se pretende, a cuyo efecto la autoridad judicial española de ejecución comunicará a la de emisión dicha circunstancia.

2. En tanto se resuelve sobre la solicitud de retirada de la inmunidad a la que se refiere el apartado anterior, la autoridad judicial española de ejecución adoptará, en su caso, las medidas cautelares que considere necesarias para garantizar la efectiva ejecución de la orden o resolución una vez levantada la inmunidad.

3. Cuando haya sido informada la autoridad judicial española de ejecución de la retirada de la inmunidad, comenzarán a computarse los plazos previstos en esta Ley para la ejecución de que se trate.

Art. 32. *Motivos generales para la denegación del reconocimiento o la ejecución de las medidas solicitadas.*—1. Las autoridades judiciales españolas no reconocerán ni ejecutarán las órdenes o resoluciones transmitidas en los supuestos regulados para cada instrumento de reconocimiento mutuo y, con carácter general, en los siguientes casos:

a) Cuando se haya dictado en España o en otro Estado distinto al de emisión una resolución firme, condenatoria o absolutoria, contra la misma persona y respecto de los mismos hechos, y su ejecución vulnerase el principio *non bis in idem* en los términos previstos en las leyes y en los convenios y tratados internacionales en que España sea parte y aun cuando el condenado hubiera sido posteriormente indultado.

b) Cuando la orden o resolución se refiera a hechos para cuyo enjuiciamiento sean competentes las autoridades españolas y, de haberse dictado la condena por un órgano jurisdiccional español, el delito o la sanción impuesta hubiese prescrito de conformidad con el Derecho español.

c) Cuando el formulario o el certificado que ha de acompañar a la solicitud de adopción de las medidas esté incompleto o sea manifiestamente incorrecto o no responda a la medida, o cuando falte el certificado, sin perjuicio de lo dispuesto en el artículo 19.

d) Cuando exista una inmunidad que impida la ejecución de la resolución.

2. La autoridad judicial española también podrá denegar el reconocimiento y la ejecución

Art. 32: Los apartados 1 y 3 de este artículo figuran redactados conforme al texto de la Ley 3/2018, de 11 de junio (*BOE* n.º 142, de 12 de junio), para regular la Orden Europea de Investigación.

de una resolución cuando ésta se haya impuesto por una infracción distinta de las reguladas en el apartado 1 del artículo 20 que no se encuentre tipificada en el Derecho español, o en el apartado 2 del mismo artículo cuando tampoco esté tipificada en España y se trate de una resolución por la que se imponen sanciones pecuniarias.

3. La autoridad judicial española podrá denegar el reconocimiento y la ejecución de una orden o resolución cuando se refiera a hechos que el Derecho español considere cometidos en su totalidad o en una parte importante o fundamental en territorio español. En este supuesto se deberá deducir testimonio y remitirse al órgano judicial competente para el conocimiento del asunto.

4. Las decisiones de denegación del reconocimiento o la ejecución de las medidas deberán adoptarse sin dilación y de forma motivada y se notificarán inmediatamente a las autoridades judiciales de emisión y al Ministerio Fiscal.

5. Los motivos de no reconocimiento o no ejecución enumerados en la letra *c*) del apartado 1 y en el apartado 3 de este artículo no serán de aplicación en relación con las medidas de embargo preventivo de bienes o de aseguramiento de pruebas.

Art. 33. *Resoluciones dictadas en ausencia del imputado.*—1. La autoridad judicial española denegará también la ejecución de la orden o resolución que le hubiere sido transmitida cuando el imputado no haya comparecido en el juicio del que derive la resolución, a menos que en la misma conste, de acuerdo con los demás requisitos previstos en la legislación procesal del Estado de emisión, alguna de las circunstancias siguientes:

a) Que, con la suficiente antelación, el imputado fue citado en persona e informado de la fecha y el lugar previstos para el juicio del que se deriva esa resolución, o recibió dicha información oficial por otros medios que dejen constancia de su efectivo conocimiento y que, además, fue informado de que podría dictarse una resolución en caso de incomparecencia.

b) Que, teniendo conocimiento de la fecha y el lugar previstos para el juicio, el imputado designó abogado para su defensa en el juicio y fue efectivamente defendido por éste en el juicio celebrado.

c) Que, tras serle notificada la resolución y ser informado expresamente de su derecho a un nuevo juicio o a interponer un recurso con la posibilidad de que en ese nuevo proceso, en el que tendría derecho a comparecer, se dictase una resolución contraria a la inicial, el imputado declaró expresamente que no impugnaba la resolución, o no solicitó la apertura de un nuevo juicio ni interpuso recurso dentro del plazo previsto para ello.

2. Este precepto no será de aplicación a las resoluciones que soliciten la realización de un embargo preventivo de bienes o un aseguramiento de pruebas, a la orden europea de investigación ni a las resoluciones por las que se imponen medidas alternativas a la prisión provisional.

TÍTULO II

Orden europea de detención y entrega

CAPÍTULO PRIMERO

DISPOSICIONES GENERALES

Art. 34. *Orden europea de detención y entrega.*—La orden europea de detención y entrega es una resolución judicial dictada en un Estado miembro de la Unión Europea con vistas a la detención y la entrega por otro Estado miembro de una persona a la que se reclama para el ejercicio de acciones penales o para la ejecución de una pena o una medida de seguridad privativas de libertad o medida de internamiento en centro de menores.

Art. 35. *Autoridades competentes en España para emitir y ejecutar una orden europea de detención y entrega.*—1. Son autoridades judiciales competentes para emitir una orden europea de detención y entrega el Juez o Tribunal que conozca de la causa en la que proceda tal tipo de órdenes.

2. La autoridad judicial competente para ejecutar una orden europea de detención será el Juez Central de Instrucción de la Audiencia

Art. 36. *Contenido de la orden europea de detención y entrega.*—La orden europea de detención y entrega se documentará en el formulario que figura en el anexo I, con mención expresa a la siguiente información:

a) La identidad y nacionalidad de la persona reclamada.

b) El nombre, la dirección, el número de teléfono y de fax y

Art. 33.2: Este apartado figura redactado conforme al texto de la Ley 3/2018, de 11 de junio (*BOE* n.º 142, de 12 de junio), para regular la Orden Europea de Investigación.

la dirección de correo electrónico de la autoridad judicial de emisión.

c) La indicación de la existencia de una sentencia firme, de una orden de detención o de cualquier otra resolución judicial ejecutiva que tenga la misma fuerza prevista en este Título.

d) La naturaleza y tipificación legal del delito.

e) Una descripción de las circunstancias en que se cometió el delito, incluidos el momento, el lugar y el grado de participación en el mismo de la persona reclamada.

f) La pena dictada, si hay una sentencia firme, o bien, la escala de penas que establece la legislación para ese delito.

g) Si es posible, otras consecuencias del delito.

CAPÍTULO II

EMISIÓN Y TRANSMISIÓN DE UNA ORDEN EUROPEA DE DETENCIÓN Y ENTREGA

Art. 37. *Objeto de la orden europea de detención y entrega.*—La autoridad judicial española podrá dictar una orden europea de detención y entrega en los siguientes supuestos:

a) Con el fin de proceder al ejercicio de acciones penales, por aquellos hechos para los que la ley penal española señale una pena o una medida de seguridad privativa de libertad cuya duración máxima sea, al menos, de doce meses, o de una medida de internamiento en régimen cerrado de un menor por el mismo plazo.

b) Con el fin de proceder al cumplimiento de una condena a una pena o una medida de seguridad no inferior a cuatro meses de privación de libertad, o de una medida de internamiento en régimen cerrado de un menor por el mismo plazo.

Art. 38. *Toma de declaración previa a la emisión de una orden europea de detención y entrega.*—Con carácter previo a la emisión de una orden europea de detención y entrega, el juez competente podrá solicitar autorización al Estado en el que se encuentre la persona reclamada con el fin de tomarle declaración a través de una solicitud de auxilio judicial.

Art. 39. *Requisitos para la emisión en España de una orden europea de detención y entrega.*—1. La autoridad judicial española podrá dictar una orden

Art. 38: Este artículo figura redactado conforme al texto de la Ley 3/2018, de 11 de junio (*BOE* n.º 142, de 12 de junio), para regular la Orden Europea de Investigación.

europea de detención y entrega para el ejercicio de acciones penales cuando, concurriendo los requisitos para ello previstos en esta Ley, concurran además los previstos en la Ley de Enjuiciamiento Criminal para acordar el ingreso en prisión preventiva del reclamado o los de la Ley Orgánica 5/2000, de 12 de enero, reguladora de la responsabilidad penal de los menores, para acordar el internamiento cautelar de un menor.

2. Asimismo, la autoridad judicial española sólo podrá dictar una orden europea de detención y entrega para el cumplimiento de pena por el reclamado cuando, concurriendo los requisitos para ello previstos en esta Ley, no sea posible la sustitución ni la suspensión de la pena privativa de libertad a que haya sido condenado.

3. Con carácter previo a la emisión, el Juez acordará mediante providencia el traslado al Ministerio Fiscal y, en su caso, a la acusación particular para informe, que deberá evacuarse en el plazo de dos días, salvo que razones de urgencia exijan hacerlo en un plazo más breve. Sólo si el Ministerio Fiscal o, en su caso, la acusación particular interesara la emisión de la orden europea de detención y entrega para el ejercicio de acciones penales, podrá acordarlo el Juez, por auto motivado.

4. Cuando la persona reclamada ejerza en el Estado de ejecución su derecho a designar abogado en España para asistir al abogado en el Estado de ejecución, se garantizará el ejercicio de este derecho y, en su caso, del derecho a la asistencia jurídica gratuita, en los términos que legalmente proceda conforme al Derecho español. La petición deberá tramitarse por la autoridad judicial española con carácter inmediato y la designación de profesionales por el Colegio de Abogados tendrá carácter preferente y urgente.

Art. 40. *Transmisión de una orden europea de detención y entrega.*—1. Cuando se conozca el paradero de la persona reclamada, la autoridad judicial española podrá comunicar directamente a la autoridad judicial competente de ejecución la orden europea de detención y entrega.

2. En caso de no ser conocido dicho paradero, la autoridad judicial de emisión española podrá decidir introducir una descripción de la persona reclamada en el Sistema de Información Schengen.

Art. 39.4: Este apartado fue introducido por la Ley 3/2018, de 11 de junio (*BOE* n.º 142, de 12 de junio), para regular la Orden Europea de Investigación.

3. Sin perjuicio de lo dispuesto en el apartado 1 la autoridad judicial española podrá decidir, en cualquier circunstancia, introducir una descripción de la persona reclamada en el Sistema de Información Schengen.

4. Las citadas descripciones se efectuarán de conformidad con lo dispuesto en el artículo 95 del Convenio de Aplicación del Acuerdo de Schengen de 14 de junio de 1985, relativo a la supresión gradual de los controles en las fronteras comunes, de 19 de junio de 1990. Una descripción en el Sistema de Información Schengen, acompañada de la información que figura en el artículo 36, equivaldrá a todos los efectos a una orden europea de detención y entrega.

5. Si no es posible recurrir al Sistema de Información Schengen, la autoridad judicial española podrá recurrir a los servicios de Interpol para la comunicación de la orden europea de detención y entrega.

6. La autoridad judicial española remitirá una copia de las órdenes europeas de detención y entrega enviadas al Ministerio de Justicia.

7. El Ministerio del Interior comunicará al Ministerio de Justicia las detenciones y las entregas practicadas en ejecución de las órdenes europeas de detención y entrega.

Art. 41. *Remisión de información complementaria.*—Con posterioridad a la transmisión de la orden europea de detención y entrega, la autoridad judicial española de emisión podrá remitir a la autoridad judicial de ejecución cuanta información complementaria sea de utilidad para proceder a su ejecución, ya sea de oficio, a instancia del Ministerio Fiscal o, en su caso, de la acusación particular, así como a instancia de la propia autoridad de ejecución que así lo interese.

Art. 42. *Solicitud de entrega de objetos.*—Cuando la autoridad judicial española emita una orden europea de detención y entrega podrá solicitar, cuando sea necesario, a las autoridades de ejecución que, de conformidad con su derecho interno, entreguen los objetos que constituyan medios de prueba o efectos del delito y que se adopten las medidas de aseguramiento pertinentes.

La descripción de los objetos solicitados se hará constar en el Sistema de Información Schengen.

Art. 43. *Solicitud de entregas temporales y de toma de declaración en el Estado de ejecución.*—1. La entrega temporal del reclamado sólo podrá solicitarse para el ejercicio de acciones penales contra él, sin que sea posible para que el reclamado cumpla en España una pena ya impuesta.

2. Se podrá solicitar la entrega temporal, incluso antes de que la autoridad de ejecución se haya pronunciado sobre la entrega definitiva, para llevar a cabo la práctica de diligencias penales o la celebración de la vista oral.

3. Con la misma finalidad, podrá solicitarse la entrega temporal si la autoridad de ejecución, tras haber acordado la entrega de la persona reclamada, decidiera suspender la misma por estar pendiente en el Estado de ejecución la celebración de juicio o el cumplimiento de una pena impuesta por un hecho distinto del que motivare la orden europea de detención y entrega.

Art. 44. *Respuesta en los casos de entrega condicionada.*—Si la autoridad de ejecución condicionara la entrega de su nacional o residente a que el mismo sea devuelto al Estado de ejecución para el cumplimiento de la pena o medida de seguridad privativa de libertad o de la medida de internamiento de un menor que pudieran pronunciarse contra él en España, cuando la autoridad judicial española de emisión fuese requerida para comprometerse en tal sentido, el Juez o Tribunal oirá a las partes personadas por tres días y tras ello dictará auto aceptando o no la condición.

El auto que comprometiese a transmitir al otro Estado la ejecución de la pena o medida privativa de libertad será vinculante para todas las autoridades judiciales que, en su caso, resulten competentes en las fases ulteriores del procedimiento penal español.

Art. 45. *Procedimiento cuando el reclamado es puesto a disposición de la autoridad judicial española de emisión.*— 1. Si la orden europea de detención y entrega se hubiera emitido para el ejercicio de acciones penales, cuando el reclamado sea puesto a disposición de la autoridad judicial española que emitió la orden, se convocará una comparecencia por ésta en los plazos y forma previstos en la Ley de Enjuiciamiento Criminal o, cuando proceda, en la Ley Orgánica reguladora de la responsabilidad penal de los menores, a fin de resolver sobre la situación personal del detenido. La autoridad judicial española deducirá del período máximo de prisión preventiva cualquier período de privación de libertad que haya sufrido el reclamado derivado de la ejecución de una orden europea de detención y entrega.

2. Si la orden europea de detención y entrega se hubiera emitido para el cumplimiento de una pena privativa de libertad por el penado, cuando el reclamado sea puesto a disposición de la autoridad judicial española que emitió la orden, ésta decretará su ingreso en prisión como penado a resultas de la causa que motivó la emisión de la orden europea. La autoridad judicial española deducirá del período total de privación de libertad que haya de cumplirse en España como consecuencia de una condena a una pena o medida de seguridad privativa de libertad, cualquier período de privación de libertad derivado de la ejecución de una orden europea de detención y entrega.

Art. 46. *Comunicación de incidencias al Ministerio de Justicia.*—La autoridad judicial española comunicará al Ministerio de Justicia los incumplimientos de plazos en la entrega del detenido que fueran imputables al Estado de ejecución, así como las denegaciones o dificultades reiteradas al reconocimiento y ejecución de las órdenes europeas de detención y entrega emitidas por España.

El Ministerio de Justicia comunicará a Eurojust los supuestos de incumplimiento reiterado señalados en el párrafo anterior en las ejecuciones de órdenes europeas de detención y entrega emitidas por España.

CAPÍTULO III

EJECUCIÓN DE UNA ORDEN EUROPEA DE DETENCIÓN Y ENTREGA

Art. 47. *Hechos que dan lugar a la entrega.*—1. Cuando la orden europea de detención y entrega hubiera sido emitida por un delito que pertenezca a una de las categorías de delitos enumeradas en el apartado 1 del artículo 20 y dicho delito estuviera castigado en el Estado de emisión con una pena o una medida de seguridad privativa de libertad o con una medida de internamiento en régimen cerrado de un menor cuya duración máxima sea, al menos, de tres años, se acordará la entrega de la persona reclamada sin control de la doble tipificación de los hechos.

2. En los restantes supuestos no contemplados en el apartado anterior, siempre que estén castigados en el Estado de emisión con una pena o medida de seguridad privativa de libertad o con una medida de internamiento en régimen cerrado de un menor cuya duración máxima sea, al menos, de doce meses o, cuando la reclamación tuviere por objeto el cumplimiento

de condena a una pena o medida de seguridad no inferior a cuatro meses de privación de libertad, la entrega podrá supeditarse al requisito de que los hechos que justifiquen la emisión de la orden europea de detención y entrega sean constitutivos de un delito conforme a la legislación española, con independencia de los elementos constitutivos o la calificación del mismo.

Art. 48. *Denegación de la ejecución de una orden europea de detención y entrega.*—1. La autoridad judicial de ejecución española denegará la ejecución de la orden europea de detención y entrega, además de en los supuestos previstos en los artículos 32 y 33, en los casos siguientes:

a) Cuando la persona reclamada haya sido indultada en España de la pena impuesta por los mismos hechos en que se funda la orden europea de detención y entrega y éste fuera perseguible por la jurisdicción española.

b) Cuando se haya acordado el sobreseimiento libre en España por los mismos hechos.

c) Cuando sobre la persona que fuere objeto de la orden europea de detención y entrega haya recaído en otro Estado miembro de la Unión Europea una resolución definitiva por los mismos hechos que impida definitivamente el posterior ejercicio de diligencias penales.

d) Cuando la persona objeto de la orden europea de detención y entrega haya sido juzgada definitivamente por los mismos hechos en un tercer Estado no miembro de la Unión Europea, siempre que, en caso de condena, la sanción haya sido ejecutada o esté en esos momentos en curso de ejecución o ya no pueda ejecutarse en virtud del Derecho del Estado de condena.

e) Cuando la persona que sea objeto de la orden europea de detención y entrega aún no pueda ser, por razón de su edad, considerada responsable penalmente de los hechos en que se base dicha orden, con arreglo al Derecho español.

2. La autoridad judicial de ejecución española podrá denegar la ejecución de la orden europea de detención y entrega en los casos siguientes:

a) Cuando la persona que fuere objeto de la orden europea de detención y entrega esté sometida a un procedimiento pe-

---

Art. 48.2: El párrafo *b*) de este apartado figura redactado conforme al texto de la Ley 3/2018, de 11 de junio (*BOE* n.º 142, de 12 de junio), para regular la Orden Europea de Investigación.

nal en España por el mismo hecho que haya motivado la orden europea de detención y entrega.

b) Cuando la orden europea de detención y entrega se haya dictado a efectos de ejecución de una pena o medida de seguridad privativa de libertad, siendo la persona reclamada de nacionalidad española o con residencia en España, salvo que consienta en cumplir la misma en el Estado de emisión. En otro caso, deberá cumplir la pena en España.

c) Cuando la orden europea de detención y entrega se refiera a hechos que se hayan cometido fuera del Estado emisor y el Derecho español no permita la persecución de dichas infracciones cuando se hayan cometido fuera de su territorio.

Art. 49. *Denegación de la ejecución de una orden europea de detención y entrega por haberse dictado en ausencia del imputado.*—1. Además de los casos previstos en el artículo 33, la autoridad judicial española podrá denegar también la ejecución de la orden europea de detención y entrega cuando el imputado no haya comparecido en el juicio del que derive la resolución, a menos que en la orden europea de detención y entrega conste, de acuerdo con los demás requisitos previstos en la legislación procesal del Estado de emisión, que no se notificó personalmente al imputado la resolución pero se le notificará sin demora tras la entrega, momento en el que será informado de su derecho a un nuevo juicio o a interponer un recurso, con indicación de los plazos previstos para ello, con la posibilidad de que de ese nuevo proceso en el que tendría derecho a comparecer, derivase una resolución contraria a la inicial.

2. En caso de que una orden europea de detención y entrega se emita con el fin de ejecutar una pena privativa de libertad o una orden de detención con arreglo a las condiciones del apartado anterior y el interesado no haya recibido con anterioridad información oficial sobre la existencia de una acción penal contra él, dicha persona, al ser informada del contenido de la orden europea de detención y entrega, podrá solicitar a efectos meramente informativos recibir una copia de la sentencia con carácter previo a su entrega.

La autoridad de emisión, a través de la autoridad judicial española, proporcionará al interesado la copia de la sentencia con carácter inmediato, sin que la solicitud de la copia pueda en ningún caso demorar el procedimiento de entrega ni la decisión de ejecutar la orden europea de detención y entrega.

3. En caso de que una persona sea entregada en las condiciones previstas en el apartado 1 de este artículo y haya solicitado un nuevo proceso o interpuesto un recurso, se revisará su detención, ya sea periódicamente o a solicitud del interesado, de acuerdo con la legislación del Estado de emisión, a los efectos de determinar su posible suspensión o interrupción, hasta que las actuaciones hayan finalizado.

Art. 50. *Detención y puesta a disposición de la autoridad judicial.*—1. La detención de una persona afectada por una orden europea de detención y entrega se practicará en la forma y con los requisitos y garantías previstos por la Ley de Enjuiciamiento Criminal y la legislación en materia de responsabilidad penal de menores.

2. En el plazo máximo de setenta y dos horas tras su detención, la persona detenida será puesta a disposición del Juez Central de Instrucción de la Audiencia Nacional. En el caso de menores de edad, a partir de los catorce años, el plazo se reducirá a veinticuatro horas, en el que el menor detenido será puesto a disposición del Juzgado Central de Menores de la Audiencia Nacional, conforme a la legislación en materia de responsabilidad penal de menores.

La puesta a disposición judicial será comunicada a la autoridad judicial de emisión.

3. Puesta la persona detenida a disposición judicial, se le informará de la existencia de la orden europea de detención y entrega, de su contenido, de su derecho a designar a un abogado en el Estado emisor de la orden europea cuya función consistirá en prestar asistencia al abogado en España facilitándole información y asesoramiento, de la posibilidad de consentir en el trámite de audiencia ante el juez y con carácter irrevocable su entrega al Estado emisor, así como del resto de los derechos que le asisten. En el caso de que solicite designar a un abogado en el Estado emisor, se pondrá en conocimiento de su autoridad competente con carácter inmediato.

4. La persona detenida será informada por escrito de manera clara y suficiente, y en un lenguaje sencillo y comprensible, de su derecho a la renuncia al abogado en el Estado de emisión, sobre el contenido de dicho derecho y sus consecuencias, así como de la posibilidad

Art. 50: Este artículo figura redactado conforme al texto de la Ley 3/2018, de 11 de junio (*BOE* n.º 142, de 12 de junio), para regular la Orden Europea de Investigación.

de su revocación posterior. Dicha renuncia debe ser voluntaria e inequívoca, por escrito, y haciendo constar las circunstancias de la misma.

La renuncia al abogado en el Estado de emisión podrá revocarse posteriormente en cualquier momento del proceso penal y surtirá efectos desde el momento en que se efectúe.

Art. 51. *Audiencia del detenido y decisión sobre la entrega.*—1. La audiencia de la persona detenida se celebrará en el plazo máximo de setenta y dos horas desde la puesta a disposición, con asistencia del Ministerio Fiscal, del abogado de la persona detenida y, en su caso, de intérprete, debiendo realizarse conforme a lo previsto para la declaración del detenido por la Ley de Enjuiciamiento Criminal. Asimismo, se garantizará el derecho de defensa y, cuando legalmente proceda, la asistencia jurídica gratuita.

2. En primer lugar, se oirá a la persona detenida sobre la prestación de su consentimiento irrevocable a la entrega.

Si la persona detenida fuera español o residente en España, se le oirá también sobre si solicita ser devuelta a España para cumplir la pena o medida de seguridad privativa de libertad que pudiera pronunciar en su contra el Estado de emisión.

3. Si la persona detenida consintiera en su entrega, se extenderá acta comprensiva de este extremo, que será suscrita por la persona detenida, su abogado y, en su caso, el intérprete, así como el Fiscal y el Juez. En la misma acta se hará constar la renuncia a acogerse al principio de especialidad, si se hubiere producido.

En todo caso, el Juez Central de Instrucción comprobará si el consentimiento a la entrega por parte de la persona detenida ha sido prestado libremente y con pleno conocimiento de sus consecuencias, en especial de su carácter irrevocable. De la misma forma procederá respecto de la renuncia a acogerse al principio de especialidad.

4. Si la persona afectada hubiera consentido ser entregada al Estado de emisión y el Juez Central de Instrucción no advirtiera causas de denegación o condicionamiento de la entrega, acordará mediante auto su entrega al Estado de emisión. Contra este auto no cabrá recurso alguno.

5. Si no hubiere consentido, el Juez Central de Instrucción convocará a las partes para la celebración de vista, que deberá celebrarse en un plazo máximo de tres días y a la que asistirá el Ministerio Fiscal, la persona reclamada asistida de abogado y, si fuera necesario, de intérprete. En dicha vista podrán practi-

carse los medios de prueba admitidos relativos a la concurrencia de causas de denegación o condicionamiento de la entrega. El Juez Central de Instrucción oirá a las partes sobre tales extremos y admitirá o denegará la prueba propuesta para acreditar las causas alegadas.

6. Si la prueba no pudiera practicarse en el curso de la audiencia, el Juez fijará plazo para su práctica, teniendo en cuenta la necesidad de respetar los plazos máximos previstos en esta Ley.

7. Si la persona reclamada hubiese quedado en libertad provisional y no hubiera comparecido a la vista a pesar de estar debidamente citada en su comparecencia ante el Juez Central de Instrucción, se celebrará la misma en su ausencia y se resolverá lo que en derecho proceda.

8. El Juez Central de Instrucción resolverá mediante auto que deberá dictarse en el plazo máximo de diez días tras la vista. Contra este auto podrá interponerse recurso de apelación directo ante la Sala de lo penal de la Audiencia Nacional, en los términos previstos en la Ley de Enjuiciamiento Criminal, el cual tendrá carácter preferente.

Art. 52. *Decisión sobre el traslado temporal o toma de declaración de la persona reclamada.*—1. Cuando la orden europea de detención y entrega emitida tenga por finalidad el ejercicio de acciones penales, si la autoridad judicial de emisión lo solicita, el Juez Central de Instrucción acordará, oído el Ministerio Fiscal por plazo de tres días, que se tome declaración a la persona reclamada o que se la traslade temporalmente al Estado de emisión.

2. La toma de declaración de la persona reclamada se llevará a cabo por la autoridad judicial de emisión que se traslade a España, con la asistencia en su caso de la persona que designe de conformidad con el Derecho del Estado de emisión, debiendo designarse intérprete a fin de que se traduzcan al español los aspectos esenciales de la diligencia. Deberá practicarse en presencia de la autoridad judicial española, que velará porque la misma se practique según lo previsto por la ley española y en las condiciones pactadas entre ambas autoridades judiciales, que podrán incluir el respeto a los requisitos y formalidades exigidos por la legislación del Estado de emisión siempre y cuando no sean contrarios a los principios fundamentales de nuestro ordenamiento jurídico. En todo caso, se respetará el derecho a la asistencia letrada del detenido, su derecho a no declarar contra

sí mismo y a no confesarse culpable, así como a ser asistido de un intérprete.

En esta diligencia se contará también con presencia del Secretario judicial, que dejará constancia del cumplimiento de las condiciones previstas en este artículo y las pactadas entre las autoridades judiciales que conocen del procedimiento.

3. En caso de haberse acordado el traslado temporal de la persona detenida, se llevará a cabo en las condiciones y con la duración que se acuerde con la autoridad judicial de emisión. En todo caso, la persona reclamada deberá volver a España para asistir a las vistas que le conciernan en el marco del procedimiento de entrega.

Art. 53. *Situación personal de la persona reclamada.*—1. En el curso de la audiencia o de la vista a que se refiere el artículo 51, el Juez Central de Instrucción, oído en todo caso el Ministerio Fiscal, decretará la prisión provisional o la libertad provisional, adoptando medidas cautelares que resulten necesarias y proporcionadas para asegurar la plena disponibilidad del reclamado, de conformidad con las previsiones de la Ley de Enjuiciamiento Criminal.

2. El Juez resolverá atendiendo a las circunstancias del caso y la finalidad de asegurar la ejecución de la orden europea de detención y entrega.

3. En cualquier momento del procedimiento y en atención a las circunstancias del caso, el Juez, oído el Ministerio Fiscal, podrá acordar que cese la situación de prisión provisional, pero en tal caso deberá adoptar alguna o algunas de las medidas cautelares referidas en el apartado 1 de este artículo.

4. Contra las resoluciones judiciales a que se refiere este artículo cabrá recurso de apelación ante la Sala de lo Penal de la Audiencia Nacional, en las mismas condiciones establecidas en el apartado 8 del artículo 51. Procederá la celebración de vista cuando lo solicite alguna de las partes.

Art. 54. *Plazos para la ejecución de una orden europea de detención y entrega.*—1. La orden europea de detención y entrega se tramitará y ejecutará con carácter de urgencia.

2. Si la persona reclamada consiente la entrega, la resolución judicial deberá adoptarse en los diez días siguientes a la celebración de la audiencia.

3. Si no media consentimiento, el plazo máximo para adoptar una resolución firme será de sesenta días desde que se produjera la detención.

4. Cuando por razones justificadas no se pueda adoptar la

decisión en los plazos señalados, éstos podrán prorrogarse por otros treinta días. Se comunicará a la autoridad judicial de emisión tal circunstancia y sus motivos y se mantendrán entretanto las condiciones necesarias para la entrega.

Art. 55. *Decisión de entrega condicionada.*—1. Cuando la infracción en que se basa la orden europea de detención y entrega esté castigada con una pena o una medida de seguridad privativa de libertad a perpetuidad, la ejecución de la orden europea de detención y entrega por la autoridad judicial española estará sujeta a la condición de que el Estado miembro de emisión tenga dispuesto en su ordenamiento una revisión de la pena impuesta o la aplicación de medidas de clemencia a las cuales la persona se acoja con vistas a la no ejecución de la pena o medida.

2. Asimismo, cuando la persona que fuere objeto de la orden europea de detención y entrega a efectos de entablar una acción penal fuera de nacionalidad española o residente en España, su entrega se podrá supeditar, después de ser oída al respecto, a la condición de que sea devuelta a España para cumplir la pena o medida de seguridad privativas de libertad que pudiere pronunciar en su contra el Estado de emisión. El cumplimiento de esta condición se articulará a través de lo dispuesto para la resolución de cumplimiento de penas o medidas privativas de libertad.

Art. 56. *Decisión de entrega suspendida.*—Cuando la persona reclamada tenga algún proceso penal pendiente ante la jurisdicción española por un hecho distinto del que motive la orden europea de detención y entrega, la autoridad judicial española, aunque haya resuelto dar cumplimiento a la orden, podrá suspender la entrega hasta la celebración de juicio o hasta el cumplimiento de la pena impuesta.

En este caso la autoridad judicial española acordará, si así lo solicitara la autoridad judicial de emisión, la entrega temporal de la persona reclamada en las condiciones que formalice por escrito con dicha autoridad judicial y que tendrán carácter vinculante para todas las autoridades del Estado miembro emisor.

Art. 57. *Decisión en caso de concurrencia de solicitudes.*—1. En el caso de que dos o más Estados miembros hubieran emitido una orden europea de detención y entrega en relación con la misma persona, la decisión sobre la prioridad de ejecución será adoptada por el Juez Central de Instrucción, previa audiencia del Ministerio Fiscal, teniendo en cuenta todas las circunstancias y, en particular, el lugar y la gravedad relativa de los delitos, las respectivas fechas de las órdenes, así como el hecho de que la orden se haya dictado a efectos de la persecución penal o a efectos de ejecución de una pena o una medida de seguridad privativas de libertad.

2. En caso de concurrencia entre una orden europea de detención y entrega y una solicitud de extradición presentada por un tercer Estado, la autoridad judicial española suspenderá el procedimiento y remitirá toda la documentación al Ministerio de Justicia. La propuesta de decisión sobre si debe darse preferencia a la orden europea de detención y entrega o a la solicitud de extradición se elevará por el Ministro de Justicia al Consejo de Ministros, una vez consideradas todas las circunstancias y, en particular, las contempladas en el apartado 1 y las mencionadas en el convenio o acuerdo aplicable. Este trámite se regirá por lo dispuesto en la Ley 4/1985, de 21 de marzo, de Extradición Pasiva.

3. En caso de que se decida otorgar preferencia a la solicitud de extradición, se notificará a la autoridad judicial española, que lo pondrá en conocimiento de la autoridad judicial de emisión.

En caso de que se decida otorgar preferencia a la orden europea de detención y entrega, se notificará a la autoridad judicial española al objeto de que se continúe con el procedimiento en el trámite en el que se suspendió.

4. Lo dispuesto en este artículo se entiende sin perjuicio de las obligaciones derivadas del Estatuto de la Corte Penal Internacional.

Art. 58. *Entrega de la persona reclamada.*—1. La entrega de la persona reclamada se hará efectiva por agente de la autoridad española, previa notificación a la autoridad designada al efecto por la autoridad judicial de emisión del lugar y fechas fijados, siempre dentro de los diez días siguientes a la decisión judicial de entrega.

2. Si por causas ajenas al control de alguno de los Estados de emisión o de ejecución no pudiera verificarse en este plazo, las autoridades judiciales implicadas se pondrán en contacto inmediatamente para fijar una nueva fecha, dentro de un nuevo plazo de diez días desde la fecha inicialmente fijada.

3. Excepcionalmente, la autoridad judicial podrá suspender provisionalmente la entrega por motivos humanitarios graves, pero ésta deberá realizarse en

cuanto dichos motivos dejen de existir. La entrega se verificará en los diez días siguientes a la nueva fecha que se acuerde cuando dichos motivos dejen de existir.

4. En caso de que hubiere de ser suspendida o aplazada la entrega de la persona reclamada por tener algún proceso penal pendiente en España y estuviese privado de libertad, deberá garantizarse que la autoridad judicial española que conoce del procedimiento de la orden europea de detención y entrega recibe la información sobre la futura puesta en libertad del reclamado para que adopte inmediatamente la decisión que corresponda sobre su situación personal a efectos de su entrega a la autoridad de ejecución.

Si la persona reclamada estuviera cumpliendo condena, el centro penitenciario deberá poner en conocimiento de la autoridad judicial española que conozca del procedimiento de la orden europea de detención y entrega la fecha efectiva de cumplimiento con, al menos, quince días de antelación, para que éste pueda adoptar la decisión que corresponda sobre su situación personal.

En el caso de que la persona reclamada se encuentre en prisión provisional en una causa abierta en España, el Tribunal que conozca de ese procedimiento deberá poner inmediatamente al reclamado a disposición de la autoridad judicial española que conozca del procedimiento de orden europea de detención y entrega, comunicando con antelación suficiente su decisión de acordar la libertad en su procedimiento, para que se adopte en el plazo de setenta y dos horas la decisión sobre su situación personal para garantizar la ejecución de la entrega.

5. Transcurridos los plazos máximos para la entrega sin que la persona reclamada haya sido recibida por el Estado de emisión, se procederá a la puesta en libertad de la persona reclamada o la aplicación de las medidas que procedan con arreglo a la Ley de Enjuiciamiento Criminal si tuviere alguna causa pendiente en España, sin que ello sea fundamento para la denegación de la ejecución de una posterior orden europea de detención y entrega basada en los mismos hechos.

6. En todo caso, en el momento de la entrega el Secretario judicial pondrá en conocimiento de la autoridad judicial de emisión el período de privación de libertad que haya sufrido la persona a que se refiera la orden europea de detención y entrega, a fin de que sea deducido de la pena o medida de seguridad que se imponga, así como si el detenido renunció o no al principio de especialidad.

Art. 59. *Entrega de objetos.*—1. A petición de la autoridad judicial emisora o por propia iniciativa, el Juez Central de Instrucción intervendrá y entregará, de conformidad con el Derecho interno, los objetos que constituyan medio de prueba o efectos del delito, sin perjuicio de los derechos que el Estado español o terceros puedan haber adquirido sobre los mismos. En este caso, una vez concluido el juicio, se procederá a su restitución.

2. Los objetos mencionados en el apartado anterior deberán entregarse aun cuando la orden europea de detención y entrega no pueda ejecutarse debido al fallecimiento o la evasión de la persona reclamada.

3. En el caso de que los bienes estén sujetos a embargo o decomiso en España, la autoridad judicial española podrá denegar su entrega o efectuarla con carácter meramente temporal, si ello es preciso para el proceso penal pendiente.

CAPÍTULO IV

OTRAS DISPOSICIONES

Art. 60. *Aplicación del principio de especialidad a la ejecución de una orden europea de detención y entrega.*—1. El consentimiento o autorización para el enjuiciamiento, condena o detención con vistas a la ejecución de una pena o de una medida de seguridad privativa de libertad, por toda infracción cometida antes de la entrega de una persona y que sea distinta de la que motivó dicha entrega al Estado español, se presumirá que existe siempre que el Estado de la autoridad judicial de ejecución haya notificado a la Secretaría General del Consejo de la Unión Europea su disposición favorable al respecto, salvo que en un caso particular la autoridad judicial de ejecución declare lo contrario en su resolución de entrega.

2. Si no se hubiese notificado la declaración a que se refiere el apartado anterior, la persona entregada a España no podrá ser procesada, condenada o privada de libertad por una infracción cometida antes de su entrega distinta de la que hubiere motivado ésta, salvo que el Estado de ejecución lo autorizase. A tal efecto, la autoridad judicial de emisión española presentará a la autoridad judicial de ejecución una solicitud de autorización, acompañada de la información mencionada en el artículo 36.

3. En el supuesto de que España sea el Estado de ejecución, en tanto no se practique la notificación a la Secretaría General del Consejo a que se refiere el

apartado 1, para el enjuiciamiento, condena o detención con vistas a la ejecución de una condena o medida de seguridad privativa de libertad por toda infracción cometida antes de la entrega de una persona y que sea distinta de la que motivó dicha entrega, el Estado de emisión deberá solicitar la autorización a la que se refiere el apartado anterior.

Para resolver sobre la autorización se oirá al Ministerio Fiscal por el plazo de cinco días. Hecho lo cual, deberá ser designado abogado para la defensa de los intereses del reclamado, si no lo tuviera, y se le dará traslado para que pueda formular alegaciones en plazo de cinco días. El Juez Central de instrucción resolverá por auto motivado en el plazo de diez días, sin que la tramitación de la solicitud recibida pueda exceder del plazo de treinta días desde su recepción. Se concederá la autorización si se dieran las condiciones para ejecutar una orden europea de detención y entrega y no concurriera ninguna de las causas previstas para denegar la ejecución de ésta.

4. Los apartados anteriores no serán de aplicación cuando concurra alguna de las siguientes circunstancias:

a) Cuando la persona hubiere renunciado expresamente ante la autoridad judicial de ejecución al principio de especialidad antes de la entrega.

b) Cuando la persona hubiere renunciado expresamente, después de la entrega, a acogerse al principio de especialidad en relación con determinadas infracciones anteriores a su entrega. La renuncia se efectuará ante la autoridad judicial competente del Estado miembro emisor, y se levantará acta de la misma con arreglo al derecho interno de éste. La renuncia se efectuará en condiciones que pongan de manifiesto que la persona lo ha hecho voluntariamente y con plena conciencia de las consecuencias que ello acarrea. Con este fin, la persona tendrá derecho a la asistencia de un abogado.

c) Cuando, habiendo tenido la oportunidad de salir del territorio del Estado miembro al que haya sido entregada, la persona no lo haya hecho en un plazo de cuarenta y cinco días desde su puesta en libertad definitiva, o haya vuelto a dicho territorio después de haber salido del mismo.

d) Cuando la infracción no sea sancionable con una pena o medida de seguridad privativas de libertad.

e) Cuando el proceso penal no concluye con la aplicación de una medida restrictiva de la libertad individual de la persona.

f) Cuando la persona esté sujeta a una pena o medida no privativa de libertad, incluidas las sanciones pecuniarias, o a una medida equivalente, aun cuando dicha pena o medida pudieren restringir su libertad individual.

Art. 61. *Entrega ulterior a una extradición.*—1. En caso de que la persona reclamada haya sido extraditada a España desde un tercer Estado, y de que la misma estuviere protegida por disposiciones del acuerdo en virtud del cual hubiere sido extraditada relativas al principio de especialidad, la autoridad judicial española de ejecución solicitará la autorización del Estado que la haya extraditado para que pueda ser entregada al Estado de emisión. Los plazos contemplados en el artículo 54 empezarán a contar en la fecha en que dichas reglas relativas al principio de especialidad dejen de aplicarse.

2. En tanto se tramita la autorización, la autoridad judicial española de ejecución garantizará que siguen dándose las condiciones materiales necesarias para una entrega efectiva.

Art. 62. *Extradición ulterior.*—1. Cuando una persona haya sido entregada a España en virtud de una orden europea de detención y entrega, si es solicitada posteriormente su extradición por un Estado que no sea miembro de la Unión Europea, no podrá otorgarse dicha extradición sin el consentimiento de la autoridad judicial de ejecución que acordó la entrega, a cuyo efecto el Juez Central de Instrucción cursará la pertinente solicitud.

2. Si las autoridades judiciales españolas hubieran acordado la entrega de una persona a otro Estado miembro de la Unión Europea, en virtud de una orden europea de detención y entrega, y les fuera solicitado su consentimiento por las autoridades judiciales de emisión con el fin de proceder a su extradición a un tercer Estado no miembro de la Unión Europea, dicho consentimiento se prestará de conformidad con los convenios bilaterales o multilaterales en los que España sea parte, teniendo la petición de autorización la consideración de demanda de extradición a estos efectos.

TÍTULO III

Resolución por la que se impone una pena o medida privativa de libertad

CAPÍTULO PRIMERO

DISPOSICIONES GENERALES

Art. 63. *Resolución por la que se impone una pena o medida privativa de libertad.*—1. Las sentencias cuyo régimen de reconocimiento y ejecución se regula en este Título son aquellas resoluciones judiciales firmes emitidas por la autoridad competente de un Estado miembro tras la celebración de un proceso penal, por las que se condena a una persona física a una pena o medida privativa de libertad como consecuencia de la comisión de una infracción penal, incluidas las medidas de internamiento impuestas de conformidad con la Ley Orgánica reguladora de la responsabilidad penal de los menores.

2. Lo dispuesto en este Título se aplica únicamente a las penas o medidas pendientes, total o parcialmente, de ejecución. Cuando hayan sido totalmente cumplidas, su consideración en un nuevo proceso penal se regirá por la Ley Orgánica 7/2014, de 12 de noviembre, sobre intercambio de información de antecedentes penales y consideración de resoluciones judiciales penales en la Unión Europea.

Art. 64. *Autoridades judiciales competentes en España para transmitir y ejecutar una resolución por la que se impone una pena o medida privativa de libertad.*—1. Son autoridades competentes para la transmisión de una resolución por la que se impone una pena o medida privativa de libertad los Jueces de Vigilancia Penitenciaria, así como los Jueces de Menores cuando se trate de una medida impuesta de conformidad con la Ley Orgánica reguladora de la responsabilidad penal de los menores. En los supuestos en los que no se haya dado inicio al cumplimiento de la condena, será autoridad competente el tribunal que hubiera dictado la sentencia en primera instancia.

2. La autoridad competente para reconocer y acordar la ejecución de una resolución por la que se impone una pena o medida privativa de libertad será el Juez Central de lo Penal. Para llevar a cabo la ejecución de la misma, será competente el Juez Central de Vigilancia Penitenciaria. Cuando la resolución se

refiera a una medida de internamiento en régimen cerrado de un menor la competencia corresponderá al Juez Central de Menores.

3. La autoridad judicial remitirá al Ministerio de Justicia, en el plazo de tres días desde su emisión o desde su reconocimiento y ejecución, una copia de los certificados transmitidos o reconocidos en España.

CAPÍTULO II

TRANSMISIÓN DE UNA RESOLUCIÓN POR LA QUE SE IMPONE UNA PENA O MEDIDA PRIVATIVA DE LIBERTAD

Art. 65. *Solicitudes de transmisión de la resolución por la que se impone una pena o medida privativa de libertad.*—1. Se podrá transmitir una resolución por la que se impone una pena o medida privativa de libertad tanto de oficio por la autoridad judicial española competente como a solicitud del Estado de ejecución o de la persona condenada.

La solicitud de la persona condenada para que se inicie un procedimiento para la transmisión de la resolución se podrá efectuar ante la autoridad competente española o ante la del Estado de ejecución.

Las solicitudes de la autoridad competente del Estado de ejecución y de la persona condenada no obligarán a la autoridad judicial española competente a la transmisión de la resolución.

2. Antes del inicio de la ejecución de la condena, en caso de que la persona condenada no estuviera cumpliendo ninguna otra, el Juez o Tribunal sentenciador, una vez que la sentencia sea firme, podrá transmitir la resolución a la autoridad competente del Estado de ejecución directamente o a través del Juez de Vigilancia Penitenciaria.

Art. 66. *Requisitos para transmitir una resolución por la que se impone una pena o medida privativa de libertad.*—1. La autoridad judicial española competente podrá transmitir una resolución por la que se impone una pena o medida privativa de libertad a la autoridad competente de otro Estado miembro de la Unión Europea para que proceda a su ejecución, siempre que concurran los siguientes requisitos:

a) Que el condenado se encuentre en España o en el Estado de ejecución.

b) Que la autoridad judicial española considere que la ejecución de la condena por el Estado de ejecución contribuirá a alcanzar el objetivo de facilitar la reinserción social del condenado, después de haber consultado al Estado de ejecución, cuando corresponda.

c) Que medie el consentimiento del condenado, salvo que el mismo no sea necesario, en los términos previstos en el artículo siguiente.

2. El hecho de que, además de la condena a la pena o medida de seguridad privativa de libertad, se haya impuesto una sanción pecuniaria o decomiso que todavía no haya sido abonada o ejecutado no impedirá la transmisión de la resolución por la que se imponen penas o medidas privativas de libertad. Los pronunciamientos condenatorios de carácter patrimonial podrán amparar la transmisión de resoluciones judiciales de decomiso o de sanciones pecuniarias por parte del Juez o Tribunal sentenciador.

3. Antes de transmitir la resolución, la autoridad judicial competente se asegurará de que no existe ninguna sentencia condenatoria pendiente de devenir firme en relación al condenado.

Art. 67. *Consentimiento del condenado.*—1. La transmisión de la resolución por la que se impone una pena o medida privativa de libertad por la autoridad judicial española competente a otro Estado miembro para su reconocimiento y ejecución, exigirá recabar previamente el consentimiento del condenado ante la autoridad judicial competente, que a tal efecto deberá estar asistido de abogado y en su caso, de intérprete y habrá tenido que ser informado en términos claros y comprensibles de la finalidad de la audiencia y del consentimiento.

2. Sin embargo, no será necesario su consentimiento cuando el Estado de ejecución sea:

a) El Estado de nacionalidad del condenado en que posea vínculos atendiendo a su residencia habitual y a sus lazos familiares, laborales o profesionales.

b) El Estado miembro al que el condenado vaya a ser expulsado una vez puesto en libertad sobre la base de una orden de expulsión o traslado contenida en la sentencia o en una resolución judicial o administrativa derivada de la sentencia.

c) El Estado miembro al que el condenado se haya fugado o haya regresado ante el proceso penal abierto contra él en España o por haber sido condenado en España.

3. En todo caso, la autoridad judicial competente dará la oportunidad al condenado que se encuentre en España de formular verbalmente o por escrito su opinión. Ésta se tendrá en

cuenta al decidir sobre la transmisión de la resolución y se remitirá a la autoridad del Estado de ejecución junto con el resto de la documentación.

Cuando la persona condenada, a causa de su edad o estado físico o psíquico, no pueda dar su opinión, la misma se recabará a través de su representante legal.

Art. 68. *Consultas sobre la transmisión de la resolución por la que se impone una pena o medida privativa de libertad entre el Estado de emisión y el de ejecución.*—1. Antes de la transmisión de la resolución por la que se impone una pena o medida privativa de libertad, la autoridad judicial competente podrá consultar a la autoridad competente del Estado de ejecución, por todos los medios apropiados, sobre aquellos aspectos que permitan concluir que la transmisión de la resolución contribuirá a facilitar la reinserción del condenado.

2. Esta consulta será obligatoria en los casos en que la resolución se transmita a un Estado de ejecución distinto de aquel en que el condenado vive y del que es nacional o de aquel al que vaya a ser expulsado una vez puesto en libertad.

3. Cuando el Estado de ejecución haya respondido a la consulta formulada, la autoridad judicial competente decidirá si transmite o no la resolución o si la retira, en caso de que ésta hubiera sido ya transmitida.

Art. 69. *Documentación de la resolución por la que se impone una pena o medida privativa de libertad.*—Una vez decidida por la autoridad judicial competente la ejecución de la sentencia condenatoria en otro Estado miembro de la Unión Europea, transmitirá a la autoridad competente dicha sentencia junto con el certificado que figura en el anexo II, debidamente cumplimentado.

Art. 70. *Notificación de la transmisión de la resolución por la que se impone una pena o medida privativa de libertad.*—El auto por el que la autoridad judicial competente acuerde la transmisión de la resolución por la que se impone una pena o medida privativa de libertad se notificará personalmente al condenado, asistido de intérprete si fuera necesario y de acuerdo con el certificado del anexo III.

Cuando, al dictarse el auto, el condenado se encuentre en el Estado de ejecución se transmitirá el certificado del anexo III a la autoridad judicial competente de aquél para que lleve a cabo esa notificación.

Art. 71. *Transmisión de la resolución por la que se impone una pena o medida privativa de libertad.*—1. La resolución por la que se impone una pena o medida privativa de libertad se transmitirá a un único Estado de ejecución.

2. Se podrá transmitir a uno de los siguientes Estados miembros:

a) El Estado del que el condenado es nacional y en el que tenga su residencia habitual.

b) El Estado del que el condenado es nacional y al que, de acuerdo con la sentencia o una resolución administrativa, será expulsado una vez puesto en libertad.

c) Cualquier otro Estado miembro cuya autoridad competente consienta que se le transmita la resolución.

d) Cualquier otro Estado miembro, sin necesidad de recabar su consentimiento, cuando así lo haya declarado ante la Secretaría General del Consejo de la Unión Europea, siempre que exista reciprocidad y concurra al menos uno de los siguientes requisitos:

1.º Que el condenado resida de forma legal y continuada en ese Estado desde hace al menos cinco años y mantenga en él su derecho de residencia permanente.

2.º Que sea nacional de ese Estado de ejecución pero no tenga su residencia habitual en el mismo.

3. La transmisión de la resolución se comunicará al Juez o Tribunal que dictó la sentencia condenatoria.

Art. 72. *Solicitud del Juez de Vigilancia Penitenciaria de medidas cautelares sobre el condenado para su adopción por la autoridad de ejecución.*—Si el condenado se encuentra en el Estado de ejecución, el Juez de Vigilancia Penitenciaria, a instancia del Ministerio Fiscal, podrá pedir a la autoridad competente del Estado de ejecución que adopte una medida restrictiva de la libertad personal del condenado o cualquier otra medida destinada a garantizar su permanencia en dicho territorio. Esta solicitud podrá hacerse incluso antes de que la autoridad de ejecución reciba la resolución por la que se impone una pena o medida privativa de libertad o antes de que decida si procede a su ejecución.

De adoptarse por la autoridad de ejecución una medida privativa de libertad del condenado, el tiempo que transcurra privado de libertad se abonará en la correspondiente liquidación de condena.

Art. 73. *Traslado del condenado al Estado de ejecución.*—1. Cuando la autoridad de ejecución comunique que acepta la ejecución de la resolución por la que se impone una pena o medida privativa de libertad, se procederá al traslado del condenado al Estado de ejecución si éste se encontrara en España.

2. El plazo para hacer efectivo este traslado no podrá superar los treinta días desde la adopción por el Estado de ejecución de la resolución firme sobre el reconocimiento y la ejecución de la resolución por la que se impone una pena o medida privativa de libertad.

En caso de que, por circunstancias imprevistas, no sea posible el traslado en plazo, la autoridad judicial competente informará de inmediato a la autoridad de ejecución, acordando una nueva fecha para el traslado, que se realizará en un plazo máximo de diez días desde la nueva fecha acordada.

Art. 74. *Retirada de la resolución por la que se impone una pena o medida privativa de libertad por el Juez de Vigilancia Penitenciaria emisor.*—1. Antes del comienzo de la ejecución de la condena, el Juez de Vigilancia Penitenciaria, tras oír al Ministerio Fiscal y a las partes personadas por cinco días, podrá acordar la retirada del certificado mediante auto motivado que deberá dictarse en el plazo de cinco días y en el que se solicitará al Estado de ejecución que no adopte medida alguna de ejecución.

La retirada del certificado podrá llevarse a cabo en los siguientes casos:

a) Si no ha habido consulta previa alguna y recibiera de la autoridad de ejecución un dictamen o parecer relativo a que el cumplimiento de la condena en el Estado de ejecución no contribuirá al objetivo de facilitar la reinserción social ni la reintegración con éxito del condenado en la sociedad.

b) Si no se alcanza un acuerdo con la autoridad de ejecución en relación con la ejecución parcial de la condena.

c) Si, tras solicitar información a la autoridad de ejecución sobre las disposiciones aplicables en materia de libertad anticipada o condicional, no se alcanza un acuerdo sobre su aplicación.

2. Cuando se solicite por el Estado de ejecución, el Juez de Vigilancia Penitenciaria podrá comunicar a la autoridad de ejecución las disposiciones aplicables en Derecho español en relación con la libertad anticipada o condicional del condenado, así como solicitarle información sobre las disposiciones aplicables en esta materia en virtud de la legislación del Estado de ejecución. El Juez de Vigilancia

Penitenciaria, recibida esta información y tras oír a las partes personadas por cinco días, dictará auto motivado en el plazo de otros cinco. El auto contendrá las disposiciones a aplicar por la autoridad de ejecución o acordará retirar el certificado.

Art. 75. *Consecuencias en el proceso español de la ejecución en otro Estado miembro de la resolución por la que se impone una pena o medida privativa de libertad.*—Una vez iniciada la ejecución de la resolución por la que se impone una pena o medida privativa de libertad, el Juez de Vigilancia Penitenciaria dejará de ser competente para adoptar resoluciones sobre la pena o medida privativa de libertad impuesta al condenado, incluidos los motivos de la libertad anticipada o condicional, sin perjuicio de lo previsto en el apartado 2 del artículo anterior.

Esta circunstancia, así como la posterior retirada del certificado o la reversión de la ejecución a España, se comunicará a los órganos sentenciadores que hubieran pronunciado la condena privativa de libertad cuya ejecución ha sido transmitida, retirada o revertida.

Art. 76. *Reversión de la ejecución de la condena a España.*—Podrá reanudarse la ejecución de la condena en España cuando la autoridad competente del Estado de ejecución informe al Juez de Vigilancia Penitenciaria de la no ejecución de la condena como consecuencia de la fuga del condenado.

CAPÍTULO III

EJECUCIÓN DE UNA RESOLUCIÓN POR LA QUE SE IMPONE UNA PENA O MEDIDA PRIVATIVA DE LIBERTAD

Art. 77. *Requisitos para el reconocimiento y la ejecución en España de una resolución por la que se impone una pena o medida privativa de libertad.*—1. El Juez Central de lo Penal reconocerá las resoluciones por las que se imponen penas o medidas privativas de libertad transmitidas por otros Estados miembros de la Unión Europea cuando de esta forma se facilite la reinserción social del condenado y se dé alguna de las siguientes circunstancias:

a) Que el condenado sea español y resida en nuestro país.

b) Que el condenado sea español y vaya a ser expulsado a España con motivo de esa condena.

c) Aun cuando no se den estas condiciones, si el Juez Central de lo Penal ha consentido la ejecución de la sentencia en España salvo que, en virtud de las declaraciones efectuadas por el Estado español, este consentimiento no sea necesario.

2. La ejecución en España de una resolución por la que se impone una pena o medida privativa de libertad transmitida por el Estado de emisión no estará sujeta a control de la doble tipificación cuando se refieran a hechos tipificados como algunos de los delitos que se enumeran en el apartado 1 del artículo 20, siempre que estén castigados en el Estado de emisión con penas o medidas privativas de libertad cuya duración máxima sea de al menos tres años.

Art. 78. *Consultas sobre la transmisión de una resolución por la que se impone una pena o medida privativa de libertad.*— 1. El Juez Central de lo Penal contestará las solicitudes de información dirigidas por la autoridad de emisión relativas a la transmisión a nuestro país de una resolución por la que se impone una pena o medida privativa de libertad en un plazo máximo de veinte días desde su recepción.

2. Cuando la consulta tenga por objeto conocer las posibilidades de reinserción social del condenado en España, el Juez Central de lo Penal oirá a éste si estuviera en España, recabará la información que entienda necesaria sobre el arraigo del condenado en nuestro país, oirá al respecto al Ministerio Fiscal, y remitirá su respuesta a la autoridad que ha realizado la consulta.

3. En los casos en que no haya habido consulta y una vez se hayan transmitido la sentencia y el certificado, el Juez Central de lo Penal podrá remitir un dictamen sobre la eventual ejecución de la condena en España y su contribución a la reinserción social del condenado.

Art. 79. *Solicitud de transmisión de una resolución por la que se impone una pena o medida privativa de libertad.*—El Juez Central de lo Penal, de oficio o a solicitud del condenado, podrá solicitar a la autoridad competente del Estado de emisión, previa audiencia al Ministerio Fiscal o a iniciativa de éste, la transmisión de una resolución por la que se impone una pena o medida privativa de libertad para su ejecución en España.

Art. 80. *Acuerdo para la ejecución parcial de la condena.*—1. El Juez Central de lo Penal consultará a la autoridad competente del Estado de emisión sobre el posible reconocimiento y ejecución parcial de la resolución condenatoria, antes de decidir que deniega el reconocimiento y la ejecución de la resolución de manera total.

2. De acuerdo con lo previsto en el apartado anterior y en atención a las circunstancias del caso concreto, el Juez Central de lo Penal podrá llegar a un acuerdo con la autoridad competente del Estado de emisión para reconocer y ejecutar parcialmente la resolución condenatoria. A falta de acuerdo, el certificado será devuelto.

El acuerdo sobre el reconocimiento y la ejecución parciales de la resolución no podrá suponer, en ningún caso, el aumento de la duración de la condena.

Art. 81. *Procedimiento para el reconocimiento de la resolución por la que se impone una pena o medida privativa de libertad a efectos de su cumplimiento en España.*—1. Dentro de los cinco días siguientes a la recepción del certificado, se dará traslado al Ministerio Fiscal para que en el plazo de diez días se pronuncie sobre la procedencia del reconocimiento y la ejecución de la resolución.

2. El Juez Central de lo Penal comprobará si concurre alguna causa de denegación del reconocimiento o de la ejecución, y también si el consentimiento del condenado ha sido prestado, salvo que el mismo no sea necesario en virtud de la legislación del Estado de emisión. En todo caso, no será necesario el consentimiento del condenado cuando:

a) Sea español y resida en España.

b) Vaya a ser expulsado a España una vez puesto en libertad en el Estado de emisión sobre la base de una orden de expulsión o traslado contenida en la sentencia o en una resolución judicial o administrativa derivada de la sentencia.

c) Se haya fugado o haya regresado a España por la condena dictada o por el proceso penal seguido en el Estado de emisión.

3. El Juez Central de lo Penal resolverá mediante auto en el plazo de otros diez días el reconocimiento de la resolución condenatoria o su denegación.

En todo caso, en el plazo de noventa días el auto motivado que reconozca o deniegue la ejecución deberá ser firme y se remitirá, en su caso, al Juez Central de Vigilancia Penitenciaria para que se ejecute la pena o medida privativa de libertad.

4. En el auto se determinará el período total de privación de libertad que haya de cumplirse en España, deduciendo exclusivamente del mismo el que ya se haya cumplido en el Estado de emisión o el que proceda en virtud del tiempo que haya permanecido el condenado en pri-

sión preventiva o cualquier otra medida restrictiva de su libertad que, adoptada por la autoridad del Estado de emisión, fuese computable.

Art. 82. *Retirada del certificado de la resolución por la que se impone una pena o medida privativa de libertad.*—Si la autoridad competente del Estado de emisión notificara la retirada del certificado antes del comienzo de la ejecución de la condena, el Juez Central de lo Penal archivará el procedimiento y le remitirá lo actuado.

En la devolución del certificado se hará constar el tiempo que, en su caso, el condenado hubiera permanecido privado de libertad en España en cumplimiento de alguna medida cautelar.

Art. 83. *Adaptación de condena.*—1. En el caso de que la duración de la condena impuesta en la resolución sea incompatible con la legislación española vigente en el momento en el que se solicita el reconocimiento de la resolución por superar el límite de la pena máxima prevista para ese delito, el Juez Central de lo Penal podrá adaptar la condena. La adaptación consistirá en limitar la duración de la condena al máximo de lo previsto en la referida legislación para los delitos por los que el afectado fuera condenado.

2. En el caso de que la condena, por su naturaleza, sea incompatible con la legislación española, el Juez Central de lo Penal podrá adaptar la condena a la pena o medida contemplada en nuestra legislación para los delitos por los que el afectado fuera condenado. La pena adaptada debe corresponder a la pena impuesta en la resolución judicial extranjera y, en consecuencia, no podrá transformarse en pena de otra naturaleza como la pena de multa.

3. En ninguno de estos supuestos podrá la adaptación agravar la condena impuesta en el Estado de emisión.

Art. 84. *Aplazamiento del reconocimiento de la resolución por la que se impone una pena o medida privativa de libertad.*—1. El Juez Central de lo Penal aplazará el reconocimiento de la resolución condenatoria cuando el certificado que le haya remitido la autoridad competente del Estado de emisión esté incompleto o no corresponda manifiestamente a la resolución que debe ejecutarse.

2. El nuevo plazo concedido para que la autoridad de emisión pueda completar o corregir el certificado no podrá superar los sesenta días.

Art. 85. *Denegación del reconocimiento y la ejecución de la resolución por la que se impone una pena o medida privativa de libertad.*—1. El Juez Central de lo Penal denegará el reconocimiento y la ejecución de la resolución por la que se impone una pena o medida privativa de libertad, además de en los supuestos previstos en los artículos 32 y 33, en los siguientes casos:

a) Cuando en virtud de su edad, la persona condenada no habría podido ser declarada penalmente responsable por los hechos motivadores de la resolución condenatoria, de acuerdo con la legislación penal española.

b) Cuando la autoridad judicial española competente constate que, en el momento de recibir la resolución condenatoria, la parte de la condena que queda por cumplir es inferior a seis meses.

c) Cuando, sin perjuicio de lo previsto en el artículo 81, la resolución transmitida imponga una medida privativa de libertad que no resulte ejecutable de acuerdo con el Derecho español.

d) Cuando, antes de decidir sobre el reconocimiento y la ejecución de la resolución condenatoria, el Juez Central de lo Penal presente una solicitud para que la persona de que se trate sea procesada, condenada o privada de libertad en España por una infracción cometida con anterioridad a su traslado y distinta de la que lo hubiera motivado, y la autoridad competente del Estado de emisión no diera su consentimiento.

e) Cuando no se cumplan los requisitos exigidos para la transmisión de una resolución por la que se impone una pena o medida privativa de libertad.

2. En caso de que concurra alguno de los motivos de denegación del reconocimiento y la ejecución previstos en las letras *a*) y *c*) del apartado 1 o en el apartado 3 del artículo 32, en el apartado 1 del artículo 33 o en las letras *c*) y *e*) del apartado anterior, antes de denegar el reconocimiento y la ejecución de la resolución, el Juez Central de lo Penal consultará a la autoridad competente del Estado de emisión para que aclare la situación y, en su caso, subsane el defecto en que se hubiera incurrido.

Art. 86. *Legislación aplicable en la ejecución de la resolución por la que se impone una pena o medida privativa de libertad.*—1 El Juez Central de Vigilancia Penitenciaria deberá ejecutar la resolución condenatoria de acuerdo con lo dispuesto en el ordenamiento jurídico español, con deducción del período de privación de libertad ya cumplido, en su caso, en el Estado de emisión en relación con la misma resolución condenatoria, del período total que haya de cumplirse en España.

No obstante, los efectos de la resolución transmitida sobre las condenas dictadas por los Tribunales españoles, o sobre las resoluciones que, conforme a lo dispuesto en el párrafo tercero del artículo 988 de la Ley de Enjuiciamiento Criminal, fijen los límites de cumplimiento de condena, se determinarán con arreglo a lo dispuesto en el artículo 14 y la disposición adicional única de la Ley Orgánica 7/2014, de 12 de noviembre, sobre intercambio de información de antecedentes penales y consideración de resoluciones judiciales penales en la Unión Europea.

2. El Juez Central de Vigilancia Penitenciaria será la única autoridad competente para determinar el procedimiento de ejecución y las medidas conexas a adoptar, incluida la eventual concesión de la libertad condicional. Si la autoridad de emisión informara de la fecha en virtud de la cual el condenado tendría derecho a disfrutar de la libertad condicional, con arreglo a su ordenamiento jurídico, el Juez Central de Vigilancia Penitenciaria podrá tenerla en cuenta.

Art. 87. *Medidas cautelares restrictivas de la libertad del condenado cuando se encuentre en España.*—1. Si el condenado se encuentra en España, a instancias de la autoridad de emisión o del Ministerio Fiscal, el Juez Central de lo Penal podrá adoptar medidas cautelares restrictivas de la libertad del condenado que garanticen su permanencia en España hasta el reconocimiento y ejecución de la condena.

2. Recibida esta solicitud, el Juez Central de lo Penal podrá ordenar la detención del condenado y, una vez puesto a su disposición, celebrará comparecencia en la forma prevista en la Ley de Enjuiciamiento Criminal. También podrá ordenar otra medida cautelar restrictiva de la libertad del condenado, siempre de conformidad con las normas previstas en la Ley de Enjuiciamiento Criminal.

3. Estas medidas podrán solicitarse por la autoridad de emisión antes de transmitir la resolución por la que se impone una pena o medida privativa de libertad.

4. El tiempo de detención y el de prisión provisional se computarán en la liquidación de la condena a ejecutar en España en virtud del reconocimiento y ejecución de la resolución para cuya garantía se adoptó la medida.

Art. 88. *Traslado del condenado a España para el cumpli-*

miento de la privación de libertad.—Si la persona condenada se encuentra en el Estado de emisión será trasladada a España en el momento acordado entre la autoridad de emisión y el Juez Central de lo Penal, siempre dentro de los treinta días siguientes a la firmeza del auto de reconocimiento y ejecución de la resolución.

Si debido a circunstancias imprevistas no pudiera efectuarse el traslado del condenado en el momento acordado se fijará una nueva fecha, inmediata a la desaparición de esas circunstancias, desde la que debe verificarse el traslado en el plazo de diez días.

Art. 89. *Suspensión de la ejecución de una resolución por la que se impone una pena o medida privativa de libertad.*—El Juez Central de lo Penal suspenderá la ejecución de la resolución tan pronto como la autoridad competente del Estado de emisión le informe de la adopción de cualquier resolución o medida que tenga por efecto anular o dejar sin efecto la resolución.

Art. 90. *Devolución a la autoridad de emisión de la resolución por la que se impone una pena o medida privativa de libertad.*—Si durante la ejecución de la resolución por la que se impone una pena o medida privativa de libertad se fugara el condenado, el Juez Central de Vigilancia Penitenciaria lo pondrá en conocimiento, sin dilación, del Juez Central de lo Penal para que comunique esta incidencia a la autoridad de emisión y deduzca testimonio para la investigación de las responsabilidades penales en que hubiera podido incurrir el condenado.

Cuando proceda la devolución del certificado se hará constar el tiempo que el condenado ha permanecido privado de libertad en España en ejecución de esta resolución.

Art. 91. *Ejecución de condenas a raíz de una orden europea de detención y entrega.*—Cuando se deniegue o se condicione una orden europea de detención y entrega con fundamento en la nacionalidad española del condenado, el Juez Central de lo Penal aplicará las disposiciones de este Capítulo a efectos de cumplimiento de la condena impuesta en el otro Estado miembro, impidiendo la impunidad del condenado.

Art. 90: El primer párrafo de este artículo figura redactado conforme al texto de la Ley 3/2018, de 11 de junio (*BOE* n.º 142, de 12 de junio), para regular la Orden Europea de Investigación.

CAPÍTULO IV

OTRAS DISPOSICIONES

Art. 92. *Aplicación del principio de especialidad a la ejecución de una resolución por la que se impone una pena o medida privativa de libertad.*—1. La persona trasladada a España en el marco de un proceso de reconocimiento y ejecución de una resolución por la que se impone una pena o medida privativa de libertad no podrá ser procesada, condenada, ni privada de libertad en España como consecuencia de la comisión de una infracción anterior y distinta de la que hubiera motivado el traslado.

2. El apartado anterior no será aplicable cuando concurra alguna de las siguientes circunstancias:

a) Cuando la persona condenada haya tenido la oportunidad de salir de España y no lo haya hecho en el plazo de cuarenta y cinco días desde su puesta en libertad definitiva, o bien lo ha hecho pero ha vuelto después de haber salido.

b) Cuando la infracción no sea sancionable con una pena privativa de libertad o un auto de internamiento.

c) Cuando el proceso penal no concluya con la aplicación de una medida que restrinja la libertad individual.

d) Cuando la persona condenada pueda estar sometida a una sanción o medida no privativa de libertad, aun cuando puedan restringir su libertad individual.

e) Cuando el condenado haya dado su consentimiento al traslado.

f) Cuando la persona condenada hubiera renunciado después del traslado, de manera expresa y voluntaria, a acogerse al principio de especialidad en relación con determinadas infracciones anteriores a su traslado.

La renuncia deberá realizarla el condenado, asistido de un abogado, ante el Juez Central de lo Penal, que levantará acta de la misma.

g) Cuando el Estado de emisión dé su consentimiento, de acuerdo con lo previsto en el apartado siguiente.

3. El Juez Central de lo Penal, como autoridad de ejecución, remitirá la correspondiente solicitud de consentimiento a la autoridad competente del Estado de emisión, acompañada de una orden europea de detención y entrega.

4. En el supuesto de que España sea el Estado emisor, las autoridades judiciales competentes consentirán la no aplicación del principio de especialidad cuando el Estado de ejecución le presente una solicitud de consentimiento-

to acompañada de una orden europea de detención y entrega y exista la obligación de entrega de acuerdo con lo previsto en esta Ley.

En este caso, la autoridad judicial española competente dará su consentimiento en un plazo no superior a treinta días desde la recepción de la solicitud.

TÍTULO IV

Resolución de libertad vigilada

CAPÍTULO PRIMERO

DISPOSICIONES GENERALES

Art. 93. *Resolución de libertad vigilada.*—1. Las sentencias cuyo régimen de reconocimiento y ejecución se regula por este Título son aquellas resoluciones firmes dictadas por la autoridad competente de un Estado miembro por las que se imponga una pena o medida privativa de libertad o alguna de las medidas previstas en el artículo 94 a una persona física, cuando en relación con su cumplimiento se acuerde:

a) La libertad condicional sobre la base de dicha sentencia o mediante una resolución ulterior de libertad vigilada.

b) La suspensión de la condena, bien en parte o bien en su totalidad, imponiendo una o más medidas de libertad vigilada que pueden incluirse en la propia sentencia o determinarse en una resolución de libertad vigilada aparte.

c) La sustitución de la pena por otra que imponga una privación de un derecho, una obligación o una prohibición que no constituya ni una pena o medida privativa de libertad, ni una sanción pecuniaria.

d) De acuerdo con el Derecho del Estado de emisión, una condena condicional mediante la cual se impone una o más medidas de libertad vigilada, pudiendo, en su caso, diferir de forma condicional la pena privativa de libertad impuesta.

2. Se rigen también por las disposiciones de este Título el reconocimiento y ejecución de la resolución de libertad vigilada cuando se hubiera adoptado por la autoridad competente para la ejecución de la pena o medida privativa de libertad en el Estado de emisión.

3. Las disposiciones de este Título no se aplicarán a los supuestos de reconocimiento y ejecución de resoluciones que impongan penas privativas de libertad, sanciones pecuniarias

o decomiso previstos en esta Ley.

Art. 94. *Ámbito de aplicación de la resolución de libertad vigilada.*—Son susceptibles de transmisión y ejecución en otro Estado miembro de la Unión Europea o de recepción por las autoridades judiciales españolas competentes las siguientes medidas de libertad vigilada:

a) La obligación de la persona condenada de comunicar a una autoridad específica todo cambio de domicilio o lugar de trabajo.

b) La prohibición de entrar en determinadas localidades, lugares o zonas definidas del Estado de emisión o de ejecución.

c) La imposición de limitaciones respecto a la salida del territorio del Estado de ejecución.

d) Los requerimientos relativos a la conducta, la residencia, la educación y la formación o las actividades de ocio, o que establezcan límites o determinen modalidades del ejercicio de una actividad profesional.

e) La obligación de presentarse en determinadas fechas ante una autoridad específica.

f) La obligación de evitar todo contacto con determinadas personas.

g) La obligación de evitar todo contacto con determinados objetos que la persona condenada ha utilizado o podría utilizar para cometer infracciones penales.

h) La obligación de reparar económicamente los daños causados por la infracción o de presentar pruebas del cumplimiento de esta obligación.

i) La obligación de realizar trabajos en beneficio de la comunidad.

j) La obligación de cooperar con un agente de vigilancia o con un representante de un servicio social que tenga responsabilidades con respecto a la persona condenada.

k) La obligación de someterse a un tratamiento terapéutico o de deshabituación.

Art. 95. *Autoridades judiciales competentes en España para transmitir y ejecutar una resolución de libertad vigilada.*—1. Son autoridades de emisión de una resolución de libertad vigilada los Jueces o Tribunales que conozcan de la ejecución de la sentencia o resolución de libertad vigilada.

2. Es autoridad competente para reconocer y acordar la ejecución de una resolución de libertad vigilada transmitida por la autoridad competente de otro Estado miembro de la Unión Europea, el Juez Central de lo Penal. Cuando la resolución de libertad vigilada transmitida se refiera a un menor será compe-

tente el Juez Central de Menores.

CAPÍTULO II

TRANSMISIÓN DE UNA RESOLUCIÓN DE LIBERTAD VIGILADA

Art. 96. *Requisitos para emitir una resolución de libertad vigilada*.—1. Son requisitos para que la autoridad judicial española competente emita a otro Estado miembro una resolución de libertad vigilada:

a) Que se haya dictado una resolución judicial firme de libertad vigilada en los términos prescritos en esta ley.

b) Que el condenado no tenga su residencia legal y habitual en España.

c) Que haya regresado al Estado donde reside legal y habitualmente o que, aun estando en nuestro país, haya manifestado su voluntad de regresar a éste o a otro Estado miembro que lo autorice.

2. El hecho de que, además de la libertad vigilada, se haya impuesto una sanción pecuniaria o una resolución de decomiso que todavía no haya sido abonada o ejecutada, no impedirá la emisión de la resolución de libertad vigilada. Los pronunciamientos condenatorios de carácter patrimonial podrán amparar la emisión de resoluciones de decomiso o de sanciones pecuniarias por parte del Juez o Tribunal sentenciador.

Art. 97. *Documentación de la orden europea de libertad vigilada*.—La resolución de libertad vigilada irá acompañada del certificado que figura en el anexo IV, con mención expresa a las medidas cuya ejecución se transmite, ya sean éstas de las previstas con carácter general o de las específicas que el Estado de ejecución haya aceptado en la declaración efectuada ante la Secretaría General del Consejo de la Unión Europea.

Junto al certificado se enviará la sentencia y, en su caso, la resolución judicial firmes.

Art. 98. *Transmisión de una resolución de libertad vigilada*.—1. La autoridad judicial española competente transmitirá la resolución de libertad vigilada a la autoridad competente del Estado miembro en el que la persona condenada tenga su residencia legal y habitual y al que haya regresado o desee regresar.

También podrá transmitirse a un Estado miembro distinto a aquel en el que la persona condenada tenga su residencia legal y habitual, a solicitud de la misma y siempre que la autoridad competente del Estado de la residencia del condenado haya dado su consentimiento a la transmisión.

2. Con carácter previo a la transmisión de la resolución de libertad vigilada, la autoridad judicial preguntará a la persona condenada si desea regresar o permanecer en su Estado de residencia, concediéndole a tal efecto un plazo de treinta días.

En caso de que la persona condenada manifieste su deseo de cumplir la medida en otro Estado distinto, la autoridad judicial solicitará de la autoridad competente del mismo el consentimiento para la transmisión de la resolución.

3. La autoridad judicial española competente transmitirá la sentencia y, en su caso, la resolución de libertad vigilada a un único Estado de ejecución cada vez.

4. La autoridad judicial española transmitirá también a la autoridad competente del Estado de ejecución las medidas que, en su caso, se hubieren impuesto al condenado para el cumplimiento de la responsabilidad civil derivada del delito y demás responsabilidades pecuniarias, cuya satisfacción se debe acreditar por el mismo.

Art. 99. *Consecuencias de la resolución de libertad vigilada.*—1. Una vez que la autoridad competente del Estado de ejecución comunique el reconocimiento de la resolución de libertad vigilada que se le hubiera transmitido, la autoridad judicial española dejará de tener competencia tanto para la vigilancia de las medidas de libertad vigilada, como para adoptar resoluciones ulteriores en relación con la misma, salvo cuando el Estado de ejecución haya hecho declaración en contrario.

2. El Juez o Tribunal emisor, una vez transmitida la resolución de libertad vigilada, de oficio o a instancia del Ministerio Fiscal o de alguna de las partes personadas, podrá solicitar a la autoridad de ejecución que le comunique la duración máxima de la pena privativa de libertad prevista por el Derecho nacional del Estado de ejecución en casos de incumplimiento de las medidas cuya ejecución ha sido transmitida con la resolución de libertad vigilada.

Art. 100. *Devolución de la resolución de libertad vigilada.*—1. El Juez o Tribunal emisor podrá retirar el certificado, solicitando al Estado de ejecución que no adopte medida alguna, siempre que no haya comenzado todavía la ejecución de la resolución de libertad vigilada y dentro del plazo máximo de diez días:

a) Desde la recepción de la información solicitada en relación con la duración máxima de la pena privativa de libertad prevista en el ordenamiento jurídico del Estado de ejecución para la infracción que dio lugar a la resolución y que podría imponerse en caso de incumplimiento de la medida de libertad vigilada.

b) O desde la recepción de la información sobre la decisión motivada del Estado de ejecución de adaptar las medidas de libertad vigilada impuestas a las que se apliquen para infracciones equivalentes según su ordenamiento jurídico.

El Juez o Tribunal, después de la recepción de la información del Estado de ejecución, oirá al Ministerio Fiscal en el plazo de cinco días y dictará auto, que deberá ser motivado, dentro de los cinco días siguientes.

2. El Juez o Tribunal emisor podrá solicitar la devolución de la resolución de libertad vigilada cuya ejecución ha sido iniciada en otro Estado miembro, cuando en España se estén llevando a cabo nuevos procesos penales contra el interesado.

3. Cuando la autoridad del Estado de ejecución devuelva la competencia para la vigilancia de las medidas de libertad vigilada y para la adopción de las decisiones ulteriores, la misma se ejercerá de nuevo por el Juez o Tribunal competente, que tendrá en cuenta el período y grado de cumplimiento en el Estado de ejecución, así como aquellas decisiones ulteriores que ya se hubieran adoptado.

CAPÍTULO III

EJECUCIÓN DE UNA RESOLUCIÓN DE LIBERTAD VIGILADA

Art. 101. *Requisitos para la transmisión a España de la resolución de libertad vigilada.*—1. El reconocimiento en España de una resolución de libertad vigilada dictada por otro Estado miembro de la Unión Europea no estará sujeto a control de la doble tipificación cuando se refiera a hechos tipificados como algunos de los delitos que se enumeran en el apartado 1 del artículo 20, siempre que estén castigados en el Estado de emisión con penas o medidas privativas de libertad cuya duración máxima sea de al menos tres años.

2. Sólo se podrán reconocer las resoluciones de libertad vigilada:

a) Cuando el condenado tenga su residencia legal y habitual en España y conste fehacientemente que haya regresado a nuestro país o que ha manifestado su voluntad de hacerlo ante la autoridad de emisión.

b) Cuando, a pesar de no tener el condenado su residencia legal y habitual en España, sí la tengan, desde hace al menos cinco años, sus ascendientes, descendientes o hermanos, o su cónyuge o persona unida a él por relación de naturaleza análoga, siempre que el condenado hubiera conseguido un contrato de trabajo o haya solicitado el cumplimiento en España de la resolución de libertad vigilada.

Art. 102. *Solicitud para que España preste su consentimiento a la transmisión de la resolución de libertad vigilada.*—Cuando el condenado no tenga residencia legal y habitual en España, el Juez Central de lo Penal que reciba la solicitud de la autoridad de emisión para que preste su consentimiento a que la resolución de libertad vigilada le sea transmitida, sólo podrá otorgarlo si se dan las condiciones previstas en la letra *b*) del apartado 2 del artículo anterior.

Art. 103. *Procedimiento para el reconocimiento de la resolución de libertad vigilada.*—1. El Juez Central de lo Penal, en el plazo de cinco días desde la recepción del certificado, oirá al Ministerio Fiscal sobre si procede el reconocimiento y ejecución de la resolución de libertad vigilada, debiendo evacuarse ese trámite en el plazo de diez días. A continuación, el Juez Central de lo Penal resolverá en el plazo de otros diez días.

2. El Juez Central de lo Penal comprobará si concurre alguna causa de denegación del reconocimiento o de la ejecución, y también si concurren los requisitos en relación con la residencia en España del condenado, su regreso o voluntad de regresar a España.

3. En todo caso, en el plazo de sesenta días desde la recepción en España de la resolución de libertad vigilada, el Juez debe dictar auto motivado reconociendo o denegando su ejecución. En circunstancias excepcionales en las que tal plazo no pueda respetarse, deberá informarse de los motivos a la autoridad de emisión, así como de la fecha en que se estima que se adoptará dicha decisión.

Art. 104. *Adaptación de la resolución de libertad vigilada.*—1. En el caso de que la medida recogida en la resolución de libertad vigilada, por su duración, sea incompatible con el ordenamiento jurídico español por superar el límite máximo previsto en nuestra legislación, el Juez Central de lo Penal adaptará la condena. La adaptación consistirá en limitar la duración de la medida de libertad vigilada al máximo de lo previsto en nuestra legislación para infracciones equivalentes que se correspondan con las dictadas en el Estado de emisión.

2. En el caso de que la medida de libertad vigilada, por su naturaleza, sea incompatible con el ordenamiento jurídico español, el Juez Central de lo Penal adaptará la medida a la contemplada en nuestra legislación para casos similares. La medida adaptada debe corresponderse tanto como sea posible con la medida impuesta en la sentencia o resolución del Estado miembro de emisión.

3. En ninguno de estos dos casos la adaptación podrá agravar o alargar la medida impuesta en el Estado de emisión.

Art. 105. *Denegación del reconocimiento y ejecución de una resolución de libertad vigilada.*—1. El Juez Central de lo Penal denegará el reconocimiento y la ejecución de las resoluciones de libertad vigilada, además de en los supuestos de los artículos 32 y 33, en los siguientes casos:

a) Cuando en virtud de su edad, la persona condenada no habría podido ser declarada penalmente responsable de los hechos en que se basa la sentencia, de acuerdo con la legislación penal española.

b) Cuando la duración de la medida de libertad vigilada o de la pena sustitutiva sea inferior a seis meses.

c) Cuando la sentencia o, en su caso, la resolución de libertad vigilada incluye medidas médicas o terapéuticas que, de acuerdo con el Derecho español, el Juez Central de lo Penal no puede vigilar.

d) Cuando no se cumplan las condiciones exigidas para la transmisión de una resolución de libertad vigilada.

2. En caso de que concurra alguno de los motivos de denegación del reconocimiento y la ejecución previstos en las letras *a*) y *c*) del apartado 1 o en el apartado 3 del artículo 32, en el apartado 1 del artículo 33 o en las letras *b*), *c*) y *d*) del apartado anterior, antes de denegar el reconocimiento y la ejecución de la sentencia o de la resolución de libertad vigilada, el Juez Central de lo Penal habrá de consultar a la autoridad del Estado de emisión para que aclare la situación y, en su caso, subsane el defecto en que se hubiera incurrido.

3. Cuando el Juez Central de lo Penal hubiera decidido alegar alguno de los motivos de denegación contemplados en los apartados 2 y 3 del artículo 32, podrá ponerse de acuerdo con la autoridad competente del Estado de emisión para realizar la vigilancia de las medidas de

libertad vigilada o de las penas sustitutivas, sin asumir la responsabilidad de adoptar ninguna decisión ulterior.

En este caso, el Juez informará a la autoridad competente del Estado de emisión, a través del certificado que figura en el anexo V, en caso de incumplimiento de la medida de libertad vigilada o de la pena sustitutiva por la persona condenada.

Art. 106. *Adopción por el Juez Central de lo Penal de resoluciones ulteriores en relación con la libertad vigilada.*—1. El Juez Central de lo Penal será competente para la adopción de las resoluciones ulteriores en relación con la libertad vigilada ante el incumplimiento de la medida de libertad vigilada o de la comisión de una nueva infracción penal del condenado, salvo que la adopción corresponda a la autoridad de emisión por tratarse de alguno de estos supuestos:

a) Cuando la sentencia no imponga una pena o medida privativa de libertad que deba aplicarse en caso de incumplimiento de las obligaciones o prohibiciones en que consista la medida de libertad vigilada.

b) En los casos de condenas condicionales.

c) En los casos en que la sentencia se refiera a hechos que no constituyan infracción legal en nuestro ordenamiento jurídico.

Cuando se diera alguno de estos supuestos se comunicará, sin demora, al Estado de emisión requiriéndole para que adopte la decisión oportuna, manteniéndose mientras tanto las medidas de vigilancia del condenado.

2. Entre las decisiones ulteriores que la autoridad judicial española adoptará, de acuerdo con el ordenamiento jurídico español, se encuentran:

a) La modificación de las obligaciones o prohibiciones contenidas en la medida de libertad vigilada, así como de su duración.

b) La revocación de la suspensión de la ejecución de la sentencia o resolución de la puesta en libertad condicional.

c) La imposición de una pena privativa de libertad o de medidas de privación de libertad cuando ya se hubiera concretado por la autoridad de emisión.

3. Las penas o medidas privativas de libertad que procediera ejecutar de conformidad con estas resoluciones ulteriores se llevarán a cabo de conformidad con la legislación española.

4. El Juez Central de lo Penal informará a la autoridad competente del Estado de emisión de la adopción de cualquiera de las decisiones señaladas en este artículo, así como de su ejecución y de aquellas que se refieran a la extinción de las me-

didas de libertad vigilada o de las penas sustitutivas.

5. El Juez Central de lo Penal también informará, previa solicitud de la autoridad de emisión, de la duración máxima de la pena privativa de libertad prevista en el Código Penal para la infracción que dio lugar a la condena y que podría imponerse a la persona condenada en caso de quebrantamiento de condena.

Si, una vez recibida la resolución de libertad vigilada, la autoridad de emisión solicitara información sobre la duración máxima de la pena privativa de libertad prevista en nuestro Derecho para la infracción que dio lugar a la resolución y que podría imponerse en caso de incumplimiento del condenado de las medidas de libertad vigilada, el Juez Central de lo Penal le informará al respecto.

Art. 107. *Retirada de la resolución de libertad vigilada por la autoridad de emisión.*—Si la autoridad de emisión retirara la resolución de libertad vigilada, el Juez Central de lo Penal devolverá la orden y remitirá todo lo actuado a la autoridad de emisión.

Art. 108. *Devolución de la resolución de libertad vigilada a la autoridad de emisión.*—El Juez Central de lo Penal devolverá a la autoridad competente del Estado de emisión la competencia respecto de la vigilancia de las medidas de libertad vigilada y las penas sustitutivas y de cualquier decisión ulterior relacionada con la sentencia:

a) En caso de fuga de la persona condenada.

b) En caso de que la persona condenada deje de tener su residencia habitual en España.

c) A petición del Estado de emisión, cuando existan nuevos procesos penales abiertos contra el interesado en dicho Estado.

TÍTULO V

Resoluciones sobre medidas alternativas a la prisión provisional

CAPÍTULO PRIMERO

Disposiciones generales

Art. 109. *Resolución sobre medidas alternativas a la prisión provisional.*—1. Las resoluciones cuyo régimen de reconocimiento y ejecución se regula por este Título son aquellas adoptadas en un proceso penal por la autoridad competente de un Estado miembro por las que se imponen a una persona física una o más medidas de vigilancia en sustitución de la prisión provisional.

2. Con la transmisión de la resolución sobre medidas alternativas a la prisión provisional debe garantizarse la debida acción de la justicia y, de modo especial, la comparecencia en juicio de la persona de que se trate.

Asimismo, debe mejorar la protección de las víctimas, la seguridad ciudadana y promover la adopción de resoluciones de libertad provisional en relación con imputados que no sean residentes en el Estado miembro donde se sigue el proceso penal en su contra.

Art. 110. *Ámbito de aplicación de la resolución sobre medidas alternativas a la prisión provisional.*—1. Son susceptibles de transmisión y ejecución en otro Estado miembro de la Unión Europea o de recepción por las autoridades judiciales españolas competentes las siguientes medidas de vigilancia:

a) La obligación de la persona de comunicar a la autoridad competente del Estado de ejecución cualquier cambio de domicilio, en particular para poder recibir citaciones a comparecer en las diligencias de prueba o vistas en el transcurso de las actuaciones penales.

b) La prohibición de entrar en determinadas localidades, lugares o zonas definidas del Estado de emisión o del Estado de ejecución.

c) La obligación de permanecer en un lugar determinado durante el período de tiempo señalado.

d) La obligación de respetar las limitaciones impuestas en relación con la salida del territorio del Estado de ejecución.

e) La obligación de presentarse en determinadas fechas ante una autoridad específica.

f) La prohibición de aproximarse a determinadas personas relacionadas con los delitos presuntamente cometidos.

g) La inhabilitación para ejercer determinadas profesiones o actividades ligadas con el delito presuntamente cometido.

h) La obligación de no conducir vehículos de motor.

i) La obligación de depositar una fianza o prestar otra garantía, ya sea en determinados plazos o en un pago único.

j) La obligación de someterse a un tratamiento de desintoxicación o deshabituación de adicciones.

k) La prohibición de tenencia y porte de armas o de otros objetos específicos relacionados con el delito enjuiciado.

2. No obstante lo dispuesto en apartado anterior, las medidas previstas en las letras *g*) a *k*)

del mismo sólo podrán transmitirse a aquellos Estados miembros de la Unión Europea que asuman su supervisión mediante notificación a la Secretaría General del Consejo de la Unión Europea.

3. La resolución sobre medidas alternativas a la prisión provisional dictada por una autoridad extranjera podrá incluir estas medidas u otras previstas en su ordenamiento jurídico cuyo reconocimiento hayan sido objeto de notificación por España.

Art. 111. *Autoridades competentes en España para emitir y ejecutar una resolución sobre medidas alternativas a la prisión provisional.*—1. Son autoridades de emisión de una resolución sobre medidas alternativas a la prisión provisional los Jueces o Tribunales que haya dictado la resolución de libertad provisional del imputado en el procedimiento penal.

2. Son autoridades competentes para reconocer y ejecutar una resolución sobre medidas alternativas a la prisión provisional los Jueces de Instrucción o los Jueces de Violencia sobre la Mujer del lugar donde el imputado tenga establecida su residencia, respecto a los delitos que sean de su competencia.

CAPÍTULO II

TRANSMISIÓN DE UNA RESOLUCIÓN SOBRE MEDIDAS ALTERNATIVAS A LA PRISIÓN PROVISIONAL

Art. 112. *Requisitos para transmitir una resolución sobre medidas alternativas a la prisión provisional.*—1. El Juez o Tribunal competente transmitirá la resolución sobre medidas alternativas a la prisión provisional a la autoridad competente del Estado miembro en el que concurra alguna de las siguientes circunstancias:

a) Que el imputado tenga su residencia legal y habitual en el Estado de ejecución y consienta en regresar a dicho Estado.

b) Que el imputado solicite trasladarse a un Estado distinto del de su residencia y la autoridad competente de este Estado así lo consienta.

2. La resolución sobre medidas alternativas a la prisión provisional se transmitirá a un único Estado de ejecución cada vez.

Art. 113. *Consultas e intercambio de información entre autoridades competentes sobre la resolución sobre medidas alternativas a la prisión provisional.*—El Juez español mantendrá la necesaria comunicación con la autoridad competente del otro Estado miembro de la Unión Europea, mediante las consultas que procedan, tanto antes de transmitir la resolución y el certificado, como durante su ejecución para facilitar la adecuada supervisión de las medidas de vigilancia. Asimismo, se consultarán en relación con la peligrosidad del imputado y en caso de incumplimiento grave de alguna de las medidas de vigilancia impuestas en la resolución.

Estas consultas permitirán a la autoridad competente del Estado de ejecución verificar la identidad y el lugar de residencia del interesado y conocer toda aquella información contenida en el registro de antecedentes penales.

Art. 114. *Procedimiento para la transmisión de la resolución sobre medidas alternativas a la prisión provisional.*—1. La emisión de una resolución sobre medidas alternativas a la prisión provisional debe acordarse de conformidad con el procedimiento recogido en este artículo bien de oficio o a solicitud del Ministerio Fiscal o del imputado, sin que estas solicitudes tengan carácter vinculante.

2. Antes de la emisión de la resolución sobre medidas alternativas a la prisión provisional, el Juez o Tribunal verificará si ya se habían acordado, en relación con ese mismo imputado y en causas diferentes, otras resoluciones sobre medidas alternativas a la prisión provisional.

Cuando concurran varias causas en las que se hubieran impuesto medidas alternativas a la prisión provisional del imputado, deberá seguirse el trámite previsto en este artículo en cada autoridad judicial que conozca de cada una de ellas. También deberá seguirse en la autoridad judicial que tuviera decretada la busca y captura del imputado a fin de acordar su ingreso en prisión preventiva.

Si alguno de los Jueces o Tribunales decidiera no emitir la resolución sobre medidas alternativas a la prisión provisional y mantener las medidas de vigilancia acordadas para que se ejecuten en España o mantener la medida interesada de prisión preventiva, lo comunicará a la mayor brevedad posible al resto de autoridades judiciales que estén tramitando la emisión de una resolución sobre medidas alternativas a la prisión provisional, a fin de que suspendan la tramitación o dejen sin efecto la resolución ya emitida, todo ello sin perjuicio de su reanudación o transmisión en un momento ulterior.

3. Con carácter previo a la transmisión de la resolución, la autoridad judicial preguntará al

imputado si desea regresar o permanecer en su Estado de residencia, concediéndole a tal efecto un plazo máximo de treinta días.

En caso de que el imputado manifieste su deseo de cumplir la medida en otro Estado distinto, la autoridad judicial solicitará de la autoridad competente del mismo el consentimiento para la transmisión de la resolución.

Si se siguiera el trámite en varios órganos judiciales, por ser varios los que han decretado su libertad provisional, el consentimiento del imputado prestado en una causa se entenderá extensivo a todas las demás.

4. En el caso de que la tramitación se lleve a cabo con ocasión de la detención y puesta a disposición del detenido, el traslado al Ministerio Fiscal y a las partes personadas se hará de manera simultánea a la celebración de comparecencia en la forma prevista en la Ley de Enjuiciamiento Criminal, donde se recabará el consentimiento del imputado para regresar al Estado de ejecución. El Juez o Tribunal deberá resolver sobre la emisión en el plazo previsto para la regularización de la situación personal del detenido.

La prestación del consentimiento del imputado podrá hacerse de manera simultánea a cualquier otra audiencia o vista que se celebre durante el procedimiento.

Art. 115. *Documentación de la resolución sobre medidas alternativas a la prisión provisional.*—1. La resolución sobre medidas alternativas a la prisión provisional que se transmita a otro Estado miembro irá acompañada del certificado cuyo modelo figura en el anexo VI.

2. Si la autoridad de ejecución lo solicita, se le transmitirá el original del certificado y el original o copia certificada de la resolución.

Art. 116. *Plazo de supervisión de las medidas alternativas a la prisión provisional en el Estado de ejecución y su ampliación.*—1. La resolución sobre medidas alternativas a la prisión provisional especificará el plazo por el que deben supervisarse las medidas, cuya duración máxima vendrá determinada por la prescripción del delito que motiva la resolución de libertad provisional de conformidad con la legislación española, y si es posible su renovación.

2. Si al tiempo de caducar el plazo de supervisión de las medidas de vigilancia éstas siguen siendo necesarias, el Juez o Tribunal español de emisión oirá de nuevo al Ministerio Fiscal, al imputado y a las partes personadas por cinco días, re-

solviendo a continuación por auto motivado, dictado en el plazo de otros cinco días, si procede solicitar a la autoridad de ejecución que amplíe la supervisión de la libertad provisional en vista de las circunstancias específicas del caso. En la solicitud deberá recogerse expresamente el plazo máximo de ampliación que se considere necesario.

3. Si la autoridad de ejecución exige confirmación periódica de la necesidad de supervisión de las medidas, el Juez o Tribunal emisor procederá a informarle al respecto en el plazo de cinco días desde la recepción de la solicitud de confirmación.

Art. 117. *Retirada de la resolución sobre medidas alternativas a la prisión provisional.*—1. Mientras no haya comenzado la ejecución de la resolución sobre medidas alternativas a la prisión provisional en el Estado de ejecución, el Juez o Tribunal emisor podrá retirar el certificado de conformidad con lo previsto en este artículo.

2. La decisión se tomará una vez conocida la información facilitada por la autoridad de ejecución sobre el plazo máximo previsto en su Derecho para la supervisión de las medidas, la necesidad de adaptar éstas o sobre la imposibilidad de entregar al imputado a través de la orden europea de detención y entrega si incumpliera la medida de vigilancia impuesta en la resolución de libertad provisional.

3. Recibida esta información en el Juez o Tribunal emisor, se oirá al Ministerio Fiscal en el plazo de tres días. A continuación, el Juez o Tribunal dictará auto en el plazo de otros tres días, que podrá acordar la retirada del certificado, solicitando al Estado de ejecución que no adopte o supervise medida alguna.

4. En todo caso, el auto debe notificarse a la autoridad de ejecución en el plazo máximo de diez días desde la recepción en España de la información sobre el plazo máximo de supervisión, la adaptación de las medidas o la imposibilidad de acudir al mecanismo de la orden europea de detención en caso de incumplimiento.

Art. 118. *Competencias de supervisión de la autoridad judicial española emisora de la resolución sobre medidas alternativas a la prisión provisional.*—Mientras la autoridad competente del Estado de ejecución no haya notificado el reconocimiento de la resolución sobre medidas alternativas a la prisión provisional que le hubiera sido transmitida, la autoridad judicial española de emisión seguirá siendo competente para la supervisión de las medidas de vigilancia impuestas. Una vez recibida esa notificación, el Juez o Tribunal dejará de tener competencia para la supervisión de las medidas de vigilancia impuestas.

Art. 119. *Recuperación de la competencia para la supervisión de las medidas de vigilancia.*—1. La competencia para la supervisión de las medidas de vigilancia revertirá al Juez o Tribunal competente en los casos en que:

a) Retire el certificado y así lo notifique a la autoridad competente del Estado de ejecución.

b) El imputado traslade su residencia legal y habitual a un Estado distinto al Estado de ejecución.

c) El Juez o Tribunal haya modificado las medidas de vigilancia y la autoridad competente del Estado de ejecución se haya negado a supervisar dichas medidas.

d) Haya transcurrido el plazo máximo señalado por el Estado de ejecución para la supervisión de las medidas de vigilancia.

e) La autoridad competente del Estado de ejecución decida dejar de supervisar las medidas de vigilancia y así lo comunique al Juez o Tribunal competente.

2. En todo caso, el Juez o Tribunal estará en contacto permanente con la autoridad competente del Estado de ejecución a fin de evitar cualquier posible interrupción en la supervisión de las medidas de vigilancia.

Art. 120. *Competencias de la autoridad judicial española emisora para la adopción de decisiones ulteriores en relación con la resolución sobre medidas alternativas a la prisión provisional.*—1. El Juez o Tribunal emisor español será el competente para adoptar decisiones ulteriores en relación con la resolución sobre medidas alternativas a la prisión provisional, de oficio o como consecuencia de la notificación de la autoridad de ejecución que advierta de cualquier incumplimiento por el imputado de una medida de vigilancia u otra información que pueda dar lugar a la adopción de una decisión ulterior a la libertad provisional.

En particular, el Juez o Tribunal será competente para decidir sobre:

a) La renovación, revisión o revocación de la resolución sobre medidas alternativas a la prisión provisional.

b) La modificación de las medidas de vigilancia acordadas.

c) La emisión de una orden europea de detención y entrega o de cualquier otra resolución judicial ejecutiva que surta los mismos efectos.

2. Asimismo, la autoridad judicial española de emisión notificará inmediatamente a la autoridad de ejecución la adopción de estas decisiones ulteriores, así como del hecho de que se haya interpuesto un recurso frente a las medidas de vigilancia acordadas.

CAPÍTULO III

EJECUCIÓN DE UNA RESOLUCIÓN SOBRE MEDIDAS ALTERNATIVAS A LA PRISIÓN PROVISIONAL

Art. 121. *Ejecución en España de la resolución sobre medidas alternativas a la prisión provisional.*—1. El reconocimiento de las resoluciones sobre medidas alternativas a la prisión provisional no estará sujeto a control de la doble tipificación cuando se refiera a hechos tipificados como algunos de los delitos que se enumeran en el apartado 1 del artículo 20, siempre que estén castigados en el Estado de emisión con penas o medidas privativas de libertad cuya duración máxima sea de al menos tres años.

2. Únicamente se podrá reconocer la resolución sobre medidas alternativas a la prisión provisional remitida a España cuando, cumpliéndose las finalidades exigidas para su emisión, se dé alguna de las siguientes circunstancias:

a) El imputado tenga su residencia legal y habitual en España, siempre que consienta en regresar, después de haberle informado de las medidas de que se trata.

b) Las autoridades competentes españolas consientan el traslado de la resolución sobre medidas alternativas a la prisión provisional para su ejecución en España cuando el imputado así lo hubiera solicitado en el Estado de emisión.

Art. 122. *Procedimiento para la toma de decisión sobre el reconocimiento de la resolución sobre medidas alternativas a la prisión provisional.*—1. El Juez de Instrucción o de Violencia sobre la Mujer competente decidirá y comunicará a la mayor brevedad posible a la autoridad del Estado de emisión si reconoce la resolución y si asume la responsabilidad de la supervisión de las medidas de vigilancia.

El plazo máximo para emitir esta decisión será de veinte días hábiles desde la recepción de la resolución, salvo que excepcionalmente el Juez de Instrucción o de Violencia sobre la Mujer competente informe a la autoridad del Estado de emisión de la imposibilidad de respetar ese plazo máximo, comunicándole los motivos de la demora y el nuevo plazo que estime necesario.

2. Cuando se interponga un recurso contra la resolución por la que se imponen medidas de vigilancia, el plazo para el reconocimiento de la resolución se ampliará otros veinte días hábiles.

3. Una vez reconocida la resolución del Estado de emisión, el Juez de Instrucción o de Violencia sobre la Mujer procederá a la supervisión de las medidas de vigilancia desde el momento en que el imputado se encuentre en España.

Art. 123. *Adaptación de la resolución sobre medidas alternativas a la prisión provisional.*—Cuando las medidas de vigilancia impuestas sean incompatibles con el ordenamiento jurídico español, el Juez de Instrucción o de Violencia sobre la Mujer las adaptará, previa audiencia al Ministerio Fiscal, a las que se apliquen en virtud de lo previsto en la Ley de Enjuiciamiento Criminal u otras normas procesales en materia penal que resulten aplicables para infracciones equivalentes, que se corresponderán en la medida de lo posible con las dictadas en el Estado de emisión.

En ningún caso la medida de vigilancia adaptada podrá ser más severa que la inicialmente impuesta.

Art. 124. *Denegación del reconocimiento y la ejecución de la resolución sobre medidas alternativas a la prisión provisional.*—1. El Juez de Instrucción o de Violencia sobre la Mujer denegará el reconocimiento y la ejecución de las resoluciones que imponen medidas alternativas a la prisión provisional, además de en los supuestos de los apartados 1 y 2 del artículo 32, en los siguientes casos:

a) Cuando en virtud de su edad, el imputado no pueda ser considerado penalmente responsable de los hechos en que se basa la resolución, de acuerdo con la legislación penal española.

b) Cuando no se cumplan las condiciones para la transmisión de una resolución sobre medidas alternativas a la prisión provisional.

c) Cuando, en el supuesto de que el imputado incumpliera las medidas de vigilancia, el Juez de Instrucción o de Violencia sobre la Mujer se viera obligado a negarse a entregarlo de acuerdo con lo dispuesto en esta Ley sobre la orden europea de detención y entrega.

2. En caso de que concurra alguno de los motivos de denegación del reconocimiento y la ejecución previstos en las letras

a) y *d*) del apartado 1 del artículo 32, o en la letra *b*) del apartado anterior, antes de denegar el reconocimiento y la ejecución de la resolución, el Juez de Instrucción solicitará a la autoridad del Estado de emisión que aclare la situación y, en su caso, subsane el defecto en que se hubiera incurrido.

3. Cuando el Juez de Instrucción o de Violencia sobre la Mujer considere de aplicación el motivo de denegación contemplado en la letra *c*) apartado 1 de este artículo, pero esté dispuesto a reconocer la resolución y a supervisar las medidas de vigilancia, informará de ello a la autoridad competente del Estado de emisión, solicitándole que retire el certificado o que acepte dicho reconocimiento, con la advertencia de que el imputado podría no ser entregado en virtud de una orden europea de detención y entrega.

Art. 125. *Competencias para la adopción de decisiones ulteriores relacionadas con la resolución sobre medidas alternativas a la prisión provisional.*—1. En caso de que la autoridad competente del Estado de emisión decida renovar, revisar o retirar la resolución o emitir una orden europea de detención y entrega, el Juez de Instrucción o de Violencia sobre la Mujer competente reconocerá dichas medidas ulteriores con el fin de hacerlas efectivas en España. En caso de emisión de una orden europea de detención y entrega, el Juez competente comunicará las medidas que estuviera ejecutando al Juez Central de Instrucción de la Audiencia Nacional.

2. Si la autoridad competente del Estado de emisión modifica las medidas de vigilancia, el Juez de Instrucción o de Violencia sobre la Mujer podrá:

a) Adaptar las medidas modificadas cuando sean incompatibles con el ordenamiento jurídico español.

b) Negarse a supervisar las medidas de vigilancia modificadas si éstas no se encuentran entre las medidas que España se ha comprometido a supervisar.

Art. 126. *Ampliación de la supervisión de las medidas de vigilancia.*—Cuando la autoridad competente del Estado de emisión solicite la ampliación del plazo máximo de supervisión de las medidas de vigilancia previamente fijado, el Juez de Instrucción o de Violencia sobre la Mujer decidirá atendiendo a las circunstancias del caso y a lo dispuesto en el ordenamiento jurídico español, indicando, en su caso, el nuevo plazo máximo de supervisión.

Art. 127. *Obligaciones del Juez de Instrucción o de Violen-*

cia sobre la Mujer durante la supervisión de las medidas de vigilancia.—1. El Juez de Instrucción o de Violencia sobre la Mujer notificará a la autoridad competente del Estado de emisión, mediante el certificado que figura en el anexo VII, cualquier incumplimiento de una medida de vigilancia y cualquier otra información que pudiera dar lugar a la adopción de una decisión ulterior.

2. En caso de que la autoridad del Estado de emisión retire el certificado, el Juez de Instrucción o de Violencia sobre la Mujer pondrá fin a la supervisión de las medidas de vigilancia en cuanto reciba la correspondiente notificación.

3. El Juez de Instrucción o de Violencia sobre la Mujer competente informará sin dilación a la autoridad competente del Estado de emisión de cualquier cambio de residencia del imputado o de la imposibilidad de ejecutar las medidas por no encontrarlo en España.

Asimismo, informará del período máximo durante el cual podrán supervisarse las medidas de vigilancia de acuerdo con lo previsto en el ordenamiento jurídico español y de cualquier decisión de adaptar las medidas de vigilancia impuestas.

4. Durante la supervisión de las medidas de vigilancia, el Juez de Instrucción o de Violencia sobre la Mujer podrá solicitar de la autoridad competente del Estado de emisión información sobre la necesidad de su continuidad en atención a las circunstancias del caso.

Art. 128. *Entrega de la persona sometida a medidas de vigilancia.*—En caso de que la autoridad competente del Estado de emisión haya emitido una orden europea de detención y entrega, el imputado será entregado de acuerdo con lo previsto en el Título II.

Art. 129. *Notificaciones sin respuesta.*—1. Cuando el Juez de Instrucción o de Violencia sobre la Mujer competente haya transmitido varias notificaciones sobre la misma persona a la autoridad competente del Estado de emisión que requieran de la adopción de una decisión ulterior, y ésta no la hubiese adoptado, requerirá a dicha autoridad para que adopte tal de-

---

Art. 127.4: Este apartado figura redactado conforme al texto de la Ley 3/2018, de 11 de junio (*BOE* n.º 142, de 12 de junio), para regular la Orden Europea de Investigación.

Art. 129: En la publicación del *BOE*, este artículo sólo tiene apartado 1, que consta de dos párrafos.

cisión, en un plazo máximo de sesenta días.

Si la autoridad del Estado de emisión no adopta ninguna decisión en el plazo señalado, el Juez de Instrucción o de Violencia sobre la Mujer podrá decidir dejar de supervisar las medidas de vigilancia, devolviendo la competencia para ello.

TÍTULO VI

Orden europea de protección

CAPÍTULO PRIMERO

DISPOSICIONES GENERALES

Art. 130. *Orden europea de protección.*—1. La orden europea de protección es una resolución en materia penal dictada por una autoridad judicial o equivalente de un Estado miembro en relación con una medida de protección que faculta a la autoridad competente de otro Estado miembro para adoptar las medidas oportunas a favor de las víctimas o posibles víctimas de delitos que puedan poner en peligro su vida, su integridad física o psicológica, su dignidad, su libertad individual o su integridad sexual, cuando se encuentren en su territorio.

2. La orden de protección puede emitirse tanto en relación con medidas impuestas cautelarmente en un proceso penal como respecto de las penas privativas de derechos, siempre que consistan en:

a) La prohibición de entrar o aproximarse a determinadas localidades, lugares o zonas definidas en las que la persona protegida reside o que frecuenta.

b) La prohibición o reglamentación de cualquier tipo de contacto con la persona protegida, incluidos los contactos telefónicos, por correo electrónico o postal, por fax o por cualquier otro medio.

c) O la prohibición o reglamentación del acercamiento a la persona protegida a una distancia menor de la indicada en la medida.

Art. 131. *Autoridades competentes en España para emitir y recibir una orden europea de protección.*—1. Son autoridades competentes para emitir y transmitir una orden europea de protección, los Jueces o Tribunales que conozcan del procedimiento penal en el que se ha emitido la resolución adoptando la medida de protección.

2. Son autoridades competentes para reconocer y ejecutar la orden europea de protección, los Jueces de Instrucción o los Jueces de Violencia sobre la Mujer del lugar donde la víctima resida o tenga intención de hacerlo, sin perjuicio de lo dispuesto en el artículo siguiente.

No obstante, cuando se hubieran emitido resoluciones de libertad vigilada o de medidas alternativas a la prisión provisional será competente para reconocer y ejecutar la orden europea de protección, el mismo Juez o Tribunal que ya hubiera reconocido y ejecutado aquellas resoluciones.

Art. 132. *Relación de la orden europea de protección con otras resoluciones de reconocimiento mutuo.*—Cuando previamente se haya transmitido a otro Estado miembro o se transmita con posterioridad una resolución sobre medidas alternativas a la prisión provisional o de libertad vigilada previstas en esta Ley, las medidas de protección de la víctima o posible víctima se adoptarán de acuerdo con las normas que regulan esas resoluciones y por la autoridad competente para adoptar estas resoluciones, sin perjuicio de que pueda transmitirse a otro Estado miembro distinto una orden europea de protección.

CAPÍTULO II

EMISIÓN Y TRANSMISIÓN DE UNA ORDEN EUROPEA DE PROTECCIÓN

Art. 133. *Requisitos para emitir y transmitir una orden europea de protección.*—El Juez o Tribunal español competente podrá adoptar una orden europea de protección, teniendo en cuenta, entre otros criterios, la duración del período o períodos en que la persona protegida tiene intención de permanecer en el Estado de ejecución, así como la importancia de la necesidad de protección, cuando concurran los siguientes requisitos:

a) Que se haya dictado una resolución judicial penal adoptando la medida de protección, tanto si se trata de medidas cautelares impuestas como de penas privativas de derechos que, por su contenido análogo, persigan idéntica finalidad de protección de la víctima.

b) Que la víctima resida, permanezca o tenga intención de hacerlo en otro Estado miembro de la Unión Europea.

c) Que la víctima solicite la adopción de la orden de protección, por sí misma o a través de su tutor o representante legal.

Art. 134. *Procedimiento para la emisión de la orden europea de protección.*—1. La autoridad judicial española que adopte alguna de las medidas de protección previstas en este Capítulo informará a la persona protegida o a su representante legal de la posibilidad de solicitar que se dicte una orden europea de protección en caso de que decida trasladarse a otro Estado miembro, así como de las condiciones básicas para presentar dicha solicitud. La autoridad aconsejará a la persona protegida que presente su solicitud antes de salir del territorio del Estado de emisión.

2. La víctima podrá formular su solicitud en el Estado de ejecución.

3. Antes de emitir la orden europea de protección, se dará audiencia a la persona causante del peligro, sin comunicarle en ningún caso la dirección ni otros datos de contacto de la persona protegida, a menos que ello sea necesario para la ejecución de la medida adoptada.

Si el imputado o condenado no hubiera sido oído en el proceso previamente en relación con la adopción de la resolución que decretaba medidas de protección, se convocará a éste, asistido de letrado, al Ministerio Fiscal y a las demás partes personadas, a una comparecencia, que deberá celebrarse en el plazo de setenta y dos horas desde la recepción de la solicitud. El Juez o Tribunal resolverá por auto motivado.

Art. 135. *Documentación de la orden europea de protección.*—La orden europea de protección se documentará en el certificado previsto en el anexo VIII y expresará si se ha transmitido a otro Estado, distinto del de ejecución, una resolución sobre medidas alternativas a la prisión provisional o de libertad vigilada, con indicación de la autoridad de ese Estado al que los respectivos certificados fueron enviados.

Art. 136. *Transmisión de una orden europea de protección a varios Estados de ejecución.*—La orden europea de protección podrá transmitirse, de manera simultánea, a varios Estados de ejecución si la víctima manifiesta su intención de permanecer en varios de ellos.

Art. 137. *Competencias del Juez o Tribunal español tras la transmisión de la orden europea de protección.*—1. La autoridad judicial española que haya emitido la orden europea de protección tendrá competencia exclusiva para adoptar, de acuerdo con lo dispuesto en el ordenamiento jurídico español, las resoluciones relativas a:

a) La prórroga, revisión, modificación, revocación y anulación de la medida de protección y de la orden europea de protección.

b) La imposición de una medida privativa de libertad como consecuencia de la revocación de la medida de protección, siempre que la medida de protección se haya adoptado con motivo de una resolución de adopción de medidas de libertad provisional o de libertad vigilada, de acuerdo con esta Ley.

2. La autoridad judicial española informará sin demora a la autoridad competente del Estado de ejecución de cualquier resolución de modificación de la orden europea de protección. Asimismo, responderá a la solicitud de información que ésta pueda realizar en cuanto a la necesidad de mantener la protección otorgada por la orden europea de protección en las circunstancias del caso concreto de que se trate.

3. Cuando la medida de protección se incluya en una sentencia o resolución de libertad vigilada y ésta se modifique, la autoridad de emisión procederá sin dilación a prorrogar, revisar, modificar, revocar o anular en consecuencia la orden europea de protección, informando a la autoridad competente para su ejecución.

CAPÍTULO III

EJECUCIÓN DE UNA ORDEN EUROPEA DE PROTECCIÓN

Art. 138. *Ejecución de una orden europea de protección.*— 1. El Juez o Tribunal competente que reciba una orden europea de protección para su ejecución, tras dar audiencia al Ministerio Fiscal por plazo de tres días, la reconocerá sin dilación y adoptará una resolución en la que imponga cualquiera de las medidas previstas en el Derecho español para un caso análogo a fin de garantizar la protección de la persona protegida.

Una orden europea de protección se reconocerá con la misma prioridad que corresponda a estas medidas en el Derecho español, teniendo en cuenta las circunstancias particulares del caso, incluida su urgencia, la fecha prevista de llegada de la persona protegida al territorio del Estado de ejecución y, en la medida de lo posible, la gravedad del riesgo que corre la persona protegida.

2. La medida de protección que adopte el Juez o Tribunal como autoridad competente de ejecución, así como la que se adopte posteriormente en caso de incumplimiento, se ajustarán en la mayor medida posible a la medida de protección ordenada por el Estado de emisión.

3. El Juez o Tribunal informará a la persona causante del peligro, a la autoridad competente del Estado de emisión y a la persona protegida de las medidas que haya adoptado y de las consecuencias jurídicas de la infracción de tales medidas, con arreglo a lo dispuesto en el Derecho español y en este Capítulo. No se darán a conocer a la persona causante del peligro la dirección ni otros datos de contacto de la persona protegida, a menos que ello sea necesario para la ejecución de la medida adoptada.

4. En el auto que acuerde el reconocimiento se darán las instrucciones oportunas a las Fuerzas y Cuerpos de Seguridad del Estado para que velen por el cumplimiento de las medidas recogidas en la orden de protección, así como para su inscripción en los registros que correspondan.

5. En caso de que el Juez o Tribunal de ejecución estime que la información transmitida con la orden europea de protección es incompleta, lo comunicará sin dilación a la autoridad competente del Estado de emisión, fijando un plazo razonable para que la autoridad de emisión aporte la información que falta.

6. Cuando la víctima solicite la adopción de las medidas de ejecución ante el Juez o Tribunal competente para su reconocimiento y ejecución en España, éstos transmitirán sin dilación dicha solicitud a la autoridad competente del Estado de emisión.

Art. 139. *Incumplimiento de una medida de protección.*— 1. En caso de incumplimiento de alguna de las medidas de protección adoptadas, la autoridad judicial española será competente para:

a) Imponer sanciones penales y adoptar cualquier otra medida como consecuencia del incumplimiento de esa medida, cuando tal incumplimiento constituya una infracción penal con arreglo al Derecho español.

b) Adoptar cualesquiera otras resoluciones relacionadas con el incumplimiento.

c) Adoptar las medidas provisionales urgentes para poner fin al incumplimiento, a la espera, en su caso, de una ulterior resolución del Estado de emisión.

2. La autoridad judicial española notificará a la autoridad competente del Estado de emisión cualquier incumplimiento de las medidas adoptadas en virtud de la orden europea de protección. La notificación se efectuará a través del certificado que figura como anexo IX.

Art. 140. *Denegación del reconocimiento y la ejecución de la* *orden europea de protección.*—1. La autoridad judicial española denegará el reconocimiento de una orden europea de protección cuando concurra, además de alguno de los motivos previstos en el artículo 32, alguna de las siguientes circunstancias:

a) Que la resolución no se refiera a alguna de las medidas previstas en este Título.

b) Que la medida de protección se refiera a un hecho que no constituye infracción penal en España.

c) Que la protección derive de la ejecución de una pena o medida que, conforme al Derecho español, haya sido objeto de indulto y corresponda a un hecho o conducta sobre el que tenga competencia.

d) Que, conforme al Derecho español, la persona causante del peligro no pueda considerarse penalmente responsable del hecho o conducta que haya dado lugar a la adopción de la medida de protección, por razón de su edad.

2. La autoridad judicial española que deniegue el reconocimiento de una orden europea de protección notificará su decisión y los motivos de la misma, además de a la autoridad competente del Estado de emisión, a la persona protegida, informando a ésta, en su caso, de la posibilidad de solicitar la adopción de una medida de protección de conformidad con su Derecho nacional y de las vías de recurso existentes.

Art. 141. *Modificación de la orden europea de protección.*—Cuando la autoridad competente del Estado de emisión modifique la orden europea de protección, la autoridad judicial española, previa audiencia al Ministerio Fiscal, modificará las medidas adoptadas, salvo los casos en que aquella modificación no se ajuste a los tipos de prohibiciones o restricciones previstos en este Capítulo o en caso de que la información transmitida con la orden europea de protección sea incompleta y no se haya completado dentro del plazo fijado.

Art. 142. *Finalización de las medidas adoptadas en virtud de una orden europea de protección.*—1. La autoridad judicial española, previa audiencia al Ministerio Fiscal, podrá poner fin a las medidas adoptadas en ejecución de una orden europea de protección:

a) En caso de que la autoridad competente del Estado de emisión haya revocado o anulado la orden europea de protección, tan pronto como haya recibido la correspondiente notificación.

b) Cuando existan indicios claros de que la persona protegida no reside ni permanece en España o ha abandonado definitivamente el territorio español.

c) Cuando haya expirado, con arreglo al ordenamiento jurídico español, el plazo máximo de vigencia de las medidas adoptadas.

d) En el caso de que no se modifique la medida de protección por las causas previstas en el artículo anterior.

e) Cuando, tras el reconocimiento de la orden europea de protección, se haya transmitido al Estado de ejecución una resolución sobre medidas alternativas a la prisión provisional o de libertad vigilada.

2. La autoridad judicial española informará inmediatamente de tal resolución, además de a la autoridad competente del Estado de emisión, a la persona protegida cuando sea posible.

3. Antes de poner fin a las medidas de protección, la autoridad judicial española podrá solicitar a la autoridad competente del Estado de emisión que informe sobre la necesidad de mantener la protección otorgada por la orden europea de protección en las circunstancias del caso concreto de que se trate, concediéndole a tal efecto el plazo máximo de un mes.

TÍTULO VII

Resolución de embargo preventivo de bienes y de aseguramiento de pruebas

CAPÍTULO PRIMERO

Disposiciones generales

Art. 143. *Resolución de embargo preventivo de bienes y de aseguramiento de pruebas.*— 1. Las resoluciones cuyo régimen de reconocimiento y ejecución se regula por este Título son aquellas que se dirigen a impedir provisionalmente la destrucción, transformación, desplazamiento, transferencia o enajenación de bienes que pudieran ser sometidos a decomiso o utilizarse como medios de prueba.

2. Las resoluciones de embargo podrán adoptarse en relación con cualquier tipo de bien, sea material o inmaterial, mueble o inmueble, así como con los documentos acreditativos de un título o derecho sobre ese bien, de los que la autoridad judicial del Estado de emisión considere que constituyen el

producto de una infracción o los instrumentos u objetos de dicha infracción.

3. Las resoluciones de aseguramiento de pruebas podrán adoptarse en relación con los objetos, documentos o datos que posteriormente puedan utilizarse como medio de prueba en un procedimiento penal.

4. La resolución de aseguramiento de pruebas regulada en este Título únicamente podrá ser emitida o reconocida y ejecutada en España cuando se dirija o provenga, respectivamente, de Estados miembros de la Unión Europea que no estuvieran vinculados por la orden europea de investigación regulada en el Título X.

Art. 144. *Autoridades judiciales competentes en España para emitir y ejecutar una resolución de embargo preventivo de bienes y de aseguramiento de pruebas.*—1. Son autoridades de emisión de una resolución de embargo preventivo de bienes y de aseguramiento de pruebas los Jueces o Tribunales que conozcan del proceso en el que se deba adoptar la medida, así como los Fiscales que dirijan las diligencias de investigación en las que se deba adoptar una medida de aseguramiento de pruebas que no sea limitativa de derechos fundamentales.

2. Son autoridades competentes en España para ejecutar una resolución de embargo preventivo de bienes y de aseguramiento de pruebas los Jueces de Instrucción del lugar donde se encuentren los bienes o documentos objeto de aseguramiento o las pruebas que deban ser aseguradas, así como los Fiscales para la ejecución de aquellas medidas de aseguramiento de pruebas que pueden realizar dentro de sus competencias sin adoptar medidas limitativas de derechos fundamentales.

El cambio sobrevenido de la ubicación del objeto de la resolución de embargo preventivo de bienes y de aseguramiento de pruebas no implicará una pérdida sobrevenida de competencia del Juez de Instrucción o del Fiscal que hubiera acordado el reconocimiento y la ejecución de la resolución transmitida a España.

Si el certificado se hubiese emitido en relación con varios bienes ubicados en circunscripciones distintas, el Juez de Instrucción que primero lo reciba y en cuya circunscripción se encuentre al menos uno de dichos bienes será competente para co-

---

Art. 143.4: Este apartado fue introducido por la Ley 3/2018, de 11 de junio (*BOE* n.º 142, de 12 de junio), para regular la Orden Europea de Investigación.

nocer del embargo o aseguramiento de todos los demás.

Si en una misma orden se instara el embargo o aseguramiento preventivo de un bien cuyo embargo o aseguramiento sea competencia del Juez de Instrucción y de otro que podría serlo del Ministerio Fiscal, el primero conocerá íntegramente de esta resolución, sin que pueda desglosarse en dos resoluciones distintas.

CAPÍTULO II

EMISIÓN Y TRANSMISIÓN DE UNA RESOLUCIÓN DE EMBARGO PREVENTIVO DE BIENES Y DE ASEGURAMIENTO DE PRUEBAS

Art. 145. *Transmisión de una resolución de embargo preventivo de bienes y de aseguramiento de pruebas.*—1. Cuando una autoridad judicial española considere necesaria una medida de embargo preventivo de bienes o de aseguramiento de pruebas que se encuentren en el territorio de otro Estado miembro de la Unión Europea, enviará su resolución a la autoridad judicial competente para que proceda a su ejecución.

2. Son requisitos para la emisión de una resolución de embargo preventivo de bienes y de aseguramiento de pruebas:

a) Que la misma se haya dictado en un proceso penal por el Juez o Tribunal con la finalidad de proceder al posterior decomiso de los bienes o para que surtan efectos como elemento probatorio, o que el Ministerio Fiscal haya adoptado una medida de aseguramiento de pruebas no limitativa de derechos fundamentales en unas diligencias de investigación.

b) Que conste indiciariamente en el proceso penal o en las diligencias de investigación que los efectos cuyo embargo preventivo o aseguramiento se persigue se encuentran en otro Estado miembro.

3. En la resolución se expresará con claridad si la cooperación judicial que se requiere consiste en la transferencia a la autoridad judicial española de los elementos de prueba o de los bienes objeto de embargo, o si va acompañada de una solicitud de decomiso, o bien si requiere su permanencia en ese Estado a la espera de la adopción de alguna de las medidas anteriores.

Art. 146. *Procedimiento para la emisión de la resolución de embargo preventivo de bienes y de aseguramiento de pruebas.*—1. Con carácter previo a la emisión de una resolución de embargo preventivo de bienes y de aseguramiento de pruebas, podrá recabarse de la autoridad competente del Estado de ejecución información suficiente sobre si efectivamente el bien objeto de aseguramiento se encuentra en dicho Estado. Esta misma información podrá solicitarse a través de los registros informáticos u organismos que se considere puedan facilitarlos.

2. La resolución de embargo preventivo de bienes y de aseguramiento de pruebas podrá acordarse de oficio o a instancia de parte.

3. Si durante el proceso penal las partes instaran la emisión de la resolución, se les solicitará que aporten justificación documental u otro tipo de indicio fehaciente que evidencie que el bien existe y que se encuentra en el territorio del Estado de ejecución.

Art. 147. *Documentación de la resolución de embargo preventivo de bienes y de aseguramiento de pruebas.*—1. La resolución de embargo preventivo de bienes y de aseguramiento de pruebas se documentará en el certificado previsto en el anexo X y se remitirá conjuntamente con la resolución judicial que acuerda la medida cautelar.

2. Cuando sea necesario para garantizar la validez de los medios de prueba, se hará constar que la ejecución de las medidas acordadas deberá realizarse observando las formalidades y los procedimientos previstos en el Derecho español que expresamente se indiquen en el certificado.

Art. 148. *Transmisión a varios Estados de ejecución de una resolución de embargo preventivo de bienes y de aseguramiento de pruebas.*—La resolución de embargo preventivo de bienes y de aseguramiento de pruebas se podrá transmitir simultáneamente a más de un Estado de ejecución cuando la autoridad judicial española competente tenga motivos fundados para creer que los distintos bienes objeto de la resolución se encuentran en distintos Estados de ejecución.

Art. 149. *Competencias de la autoridad de emisión española tras la transmisión de una resolución de embargo preventivo de bienes y de aseguramiento de pruebas.*—1. Transmitida la resolución de embargo preventivo de bienes y de aseguramiento de pruebas, si la autoridad de ejecución hubiera limitado la duración del aseguramiento y recabase alegaciones sobre el levantamiento de la medida por el transcurso del tiempo, el Juez o Tribunal oirá al Ministerio Fiscal y demás partes personadas por el plazo de cinco días. A continuación, el Juez o Tribunal dirigirá comunicación a la autoridad de ejecución explicitando los motivos para el mantenimiento de la medida o si ha dejado de ser necesaria.

Esta misma comunicación la realizará el Ministerio Fiscal que, en el seno de unas diligencias de investigación, recibiera el traslado para alegaciones solicitadas por la autoridad de ejecución.

2. Si la autoridad de ejecución interesara alegaciones por parte de la autoridad emisora española durante la tramitación de un recurso interpuesto frente a la resolución que se hubiera dictado en el Estado de ejecución, el Juez o Tribunal, oídas las partes personadas y el Ministerio Fiscal, emitirá las mismas en el plazo de diez días desde que el traslado le hubiera sido efectuado.

Estas alegaciones se remitirán por el Ministerio Fiscal cuando hubiera efectuado la transmisión de la resolución en el seno de unas diligencias de investigación.

3. Cuando en la resolución de embargo preventivo de bienes o de aseguramiento de pruebas transmitida se haya hecho constar que la cooperación judicial requerida es la permanencia de los mismos en el Estado de ejecución a la espera de que se decrete el decomiso de los bienes o la transferencia de los elementos de prueba a España, la autoridad española de emisión podrá remitir al Estado de ejecución la solicitud de decomiso o transferencia.

CAPÍTULO III

EJECUCIÓN DE UNA RESOLUCIÓN DE EMBARGO PREVENTIVO DE BIENES Y DE ASEGURAMIENTO DE PRUEBAS

Art. 150. *Ausencia de control de doble tipificación.*—Cuando la resolución de embargo preventivo de bienes y de aseguramiento de pruebas hubiera sido emitida por un delito que pertenezca a una de las categorías de delitos enumeradas en el apartado 1 del artículo 20 y dicho delito estuviera castigado en el Estado de emisión con una pena privativa de libertad cuya duración máxima sea, al menos, de tres años, la autoridad judicial española competente acordará la realización de la medida sin control de la doble tipificación de los hechos.

Art. 151. *Procedimiento para el reconocimiento de la resolución de embargo preventivo de bienes y de aseguramiento de pruebas.*—1. La decisión de ejecución de la resolución deberá ser adoptada inmediatamente y comunicada sin dilación a la autoridad judicial de emisión y al Ministerio Fiscal, por cualquier medio que deje constancia escrita. Las autoridades judiciales españolas resolverán lo procedente y lo comunicarán dentro de las veinticuatro horas siguientes a la recepción de la resolución.

2. La autoridad competente que recibiera la resolución de embargo preventivo de bienes y de aseguramiento de pruebas adoptará, en el plazo de cinco días desde la recepción, las medidas necesarias para la averiguación de la localización del bien objeto de embargo preventivo.

Asimismo, podrá dirigir comunicación a la autoridad judicial emisora para que amplíe cualquier circunstancia relevante para la ejecución de la medida del aseguramiento.

Art. 152. *Medidas de cumplimiento de la resolución de embargo preventivo de bienes y de aseguramiento de pruebas.*— 1. La resolución que acuerde el reconocimiento y ejecución del embargo preventivo de bienes o del aseguramiento de pruebas, determinará qué concreta medida cautelar debe adoptarse para llevar a cabo su ejecución. La medida podrá consistir en el depósito del bien, su embargo preventivo, el bloqueo de cuentas bancarias, depósitos, valores u otros títulos valores o activos financieros, así como la prohibición de disponer del bien o cualquier otra medida cautelar que pueda acordarse en el proceso penal, debiendo realizarse siempre de conformidad con las previsiones del ordenamiento jurídico español.

2. La autoridad competente informará a la autoridad de emisión con carácter inmediato del contenido concreto de las medidas adoptadas para llevar a cabo el aseguramiento.

3. Tres meses antes de que la medida adoptada alcance la duración determinada en el auto, se dará traslado a la autoridad competente del Estado de emisión para que alegue sobre la procedencia de mantener o levantar aquélla.

4. Tanto si el objeto del aseguramiento es un elemento probatorio como si es un producto, instrumento o efecto del delito, el Juez de Instrucción o el Fiscal competente respetará las formalidades y procedimientos indicados por la autoridad de emisión, siempre que los mismos no sean contrarios a los principios fundamentales de nuestro ordenamiento jurídico.

Art. 153. *Duración de la medida de embargo preventivo de* *bienes o de aseguramiento de pruebas.*—1. La medida se mantendrá hasta que se resuelva definitivamente la solicitud de transferencia o decomiso cursada por la autoridad judicial de emisión, sin perjuicio de las medidas coercitivas complementarias que se pudieran adoptar.

2. Sin embargo, previa consulta a la autoridad de emisión, la autoridad española competente, de conformidad con las normas procesales nacionales, podrá imponer condiciones, adecuadas a las circunstancias del caso, para limitar la duración o modificar la medida de que se trate, incluyendo la destrucción y la realización anticipada de los efectos judiciales. Si, de conformidad con esas condiciones, se propusiera dejar sin efecto o modificar la medida, lo comunicará inmediatamente a la autoridad de emisión, para que exponga lo que estime oportuno.

3. Cuando la autoridad de emisión comunique que la medida que solicitó ha sido dejada sin efecto, ésta se alzará sin dilación.

Art. 154. *Denegación del reconocimiento y la ejecución de una resolución de embargo preventivo de bienes o de aseguramiento de pruebas.*—La autoridad competente española denegará el reconocimiento de una resolución de embargo preventivo de bienes o de aseguramiento de pruebas cuando concurra alguno de los motivos previstos en el artículo 32.

Art. 155. *Imposibilidad de ejecución de una resolución de embargo preventivo de bienes y de aseguramiento de pruebas.*—Se comunicará inmediatamente a la autoridad de emisión la imposibilidad de ejecutar en la práctica la medida, debido a que los bienes o las pruebas hayan desaparecido, hayan sido destruidos, no se hayan encontrado en el lugar indicado en el certificado o no se haya indicado con la suficiente precisión dónde se encuentra el bien o el elemento de prueba, incluso tras consultar a aquélla.

Art. 156. *Suspensión de la ejecución de una medida de embargo de bienes o de aseguramiento de pruebas.*—1. Se podrá suspender la ejecución de una resolución de embargo preventivo de bienes o de aseguramiento de pruebas transmitida por la autoridad judicial de otro Estado miembro de la Unión Europea en los casos siguientes:

a) Cuando la ejecución pueda impedir el buen desarrollo de una investigación penal en curso en España, durante el tiempo necesario.

b) Cuando sobre los bienes o pruebas de que se trate se

haya dictado una medida anterior en un procedimiento judicial o administrativo, hasta que se deje sin efecto ésta, siempre que dicha medida tenga prioridad sobre posteriores resoluciones de intervención de efectos e instrumentos dictadas en causas penales con arreglo al derecho nacional.

2. La autoridad española competente comunicará a la autoridad de emisión cualesquiera otras medidas restrictivas que hayan recaído sobre el bien de que se trate.

TÍTULO VIII

Resoluciones de decomiso

CAPÍTULO PRIMERO

Disposiciones generales

Art. 157. *Resoluciones de decomiso.*—1. Las resoluciones cuyo régimen de reconocimiento y ejecución se regula por este Título son aquellas por las que un órgano jurisdiccional impone una sanción o medida firme a raíz de un procedimiento relacionado con una o varias infracciones penales, que tiene como resultado la privación definitiva de bienes.

2. La resolución de decomiso puede afectar a cualquier tipo de bienes, ya sean materiales o inmateriales, muebles o inmuebles, así como a los documentos con fuerza jurídica u otros documentos acreditativos de un título o derecho sobre esos bienes respecto de los cuales el órgano jurisdiccional del Estado de emisión haya decidido:

a) Que constituyen el producto de una infracción penal o equivalen total o parcialmente al valor de dicho producto.

b) Que constituyen los instrumentos de dicha infracción.

c) Que pueden ser decomisados con motivo de la aplicación en el Estado de emisión de cualquiera de los supuestos de potestad de decomiso ampliada que se especifican en el artículo 3, apartados 1 y 2, de la Decisión Marco 2005/212/JAI, del Consejo, de 24 de febrero de 2005, relativa al decomiso de los productos, instrumentos y bienes relacionados con el delito.

d) O que pueden ser decomisados a tenor de cualesquiera otras disposiciones relacionadas con una potestad de decomiso ampliada de conformidad con el Derecho del Estado de emisión.

Art. 158. *Autoridades judiciales competentes en España para transmitir y ejecutar una resolución de decomiso.*— 1. Son autoridades de emisión de una resolución de decomiso los Jueces o Tribunales penales que conozcan de la ejecución de la sentencia donde se imponga como consecuencia accesoria el decomiso de un bien.

2. Es autoridad competente para reconocer y ejecutar la resolución de decomiso el Juez de lo Penal del lugar donde se encuentre cualquiera de los bienes objeto de decomiso.

El cambio sobrevenido de la ubicación del bien no implicará una pérdida de la competencia del Juez de lo Penal que hubiera acordado el reconocimiento y la ejecución de la resolución de decomiso transmitida a España.

Si el certificado se hubiese emitido en relación con varios bienes ubicados en circunscripciones distintas, el Juez de lo Penal que primero lo reciba y en cuya circunscripción se encuentre al menos uno de dichos bienes será competente para conocer del decomiso de todos los demás.

Si la autoridad emisora no conociera el lugar de ubicación del bien a decomisar y sí indicara en el certificado el lugar de residencia o domicilio social de la persona frente a la que se dictó la resolución, será competente el Juez de lo Penal de dicha localidad, aun cuando se constatase con posterioridad que el bien está ubicado en otra circunscripción o que la persona ha trasladado su domicilio.

Si un mismo certificado se hubiese emitido en relación con varias personas, con residencia en varios lugares distintos del territorio español, el Juez de lo Penal que primero lo reciba y en cuya circunscripción se encuentre al menos uno de dichos domicilios será competente para conocer del decomiso decretado frente al resto de las personas reseñadas en el certificado.

CAPÍTULO II

TRANSMISIÓN DE UNA RESOLUCIÓN DE DECOMISO

Art. 159. *Transmisión de una resolución de decomiso.*— 1. La resolución de decomiso se transmitirá a la autoridad competente del Estado miembro de la Unión Europea en el que tenga motivos fundados de que se encuentran los bienes objeto de decomiso.

2. En caso de que en relación con esos bienes se hubiera dictado y ejecutado con anterio-

ridad una resolución de embargo de bienes o de aseguramiento de pruebas en procedimientos penales, el Juez de lo Penal recabará los antecedentes al Juez de Instrucción a los efectos de continuar su tramitación.

3. Cuando se trate de una resolución de decomiso relativa a una cantidad de dinero, se transmitirá a la autoridad competente del Estado miembro de la Unión Europea en el que tenga motivos fundados para creer que la persona natural o jurídica contra la que se ha dictado la resolución tiene bienes o ingresos.

4. Si la autoridad judicial penal española no tiene motivos fundados que le permitan determinar el Estado al que pueda trasladar la resolución de decomiso, la transmitirá a la autoridad competente del Estado miembro donde la persona natural o jurídica contra la que se ha dictado la resolución resida habitualmente o tenga su domicilio social, respectivamente.

Art. 160. *Documentación de la resolución de decomiso.*—La resolución de decomiso se documentará en el certificado previsto en el anexo XI y se remitirá conjuntamente con la resolución judicial que acuerde la privación definitiva del bien.

En el certificado se señalará específicamente que no cabe imponer penas privativas de libertad o de otros derechos como alternativa a la resolución de decomiso.

Asimismo, en caso de que en relación con los bienes objeto de decomiso se hubiera ejecutado con anterioridad una resolución de embargo preventivo de bienes o de aseguramiento de pruebas se hará constar así expresamente.

Art. 161. *Procedimiento para la transmisión de la resolución de decomiso.*—1. Con carácter previo a la emisión podrá recabarse de la autoridad competente del Estado de ejecución o de los organismos que puedan facilitar la información sobre los bienes o ingresos a los que afecta la medida, así como la residencia habitual o domicilio social de la persona a la que afecta el decomiso.

2. La resolución de decomiso podrá emitirse de oficio o a instancia de parte. En este último caso, se solicitará a la parte que aporte justificación documental u otro tipo de indicio fehaciente que evidencie la existencia del bien concreto y que se encuentra en el territorio del Estado de ejecución, de la existencia de ingresos en dicho Estado o de que la persona frente a la que se dirige la resolución tiene en el mismo su residencia habitual o sede social.

3. Durante esta tramitación podrán emitirse resoluciones de embargo preventivo de bienes o de aseguramiento de pruebas u otro tipo de peticiones de asistencia judicial convencional que garanticen la ejecución del decomiso una vez sea emitido.

Art. 162. *Transmisión de una resolución de decomiso a más de un Estado miembro.*—1. Una resolución de decomiso referente a bienes concretos se podrá transmitir simultáneamente a más de un Estado de ejecución cuando se dé alguno de los siguientes supuestos:

a) Que la autoridad judicial española competente tenga motivos fundados para creer que los distintos bienes objeto de la resolución de decomiso se encuentran en distintos Estados de ejecución.

b) Que el decomiso de un bien concreto incluido en la resolución de decomiso requiera la intervención en más de un Estado de ejecución.

c) Que la autoridad judicial española competente tenga motivos fundados para creer que un bien concreto incluido en la resolución de decomiso está localizado en uno de los dos o más Estados de ejecución determinados.

2. Una resolución de decomiso referente a una cantidad de dinero podrá transmitirse simultáneamente a más de un Estado de ejecución cuando la autoridad judicial española competente considere que hay motivos específicos para hacerlo. Entre otros supuestos, se considera que concurren tales motivos:

a) Cuando no se hubiere decretado con carácter preventivo su embargo, con arreglo a esta Ley.

b) Cuando el valor de los bienes que pueden ser decomisados en el Estado de emisión y en cualquier Estado de ejecución probablemente no sea suficiente para ejecutar la cantidad total objeto de la resolución de decomiso.

3. Siempre que no se haya cumplido en su totalidad la resolución de decomiso, se efectuará su remisión de forma sucesiva a los Estados en los que se presuma que se encuentran bienes del condenado.

Art. 163. *Consecuencias de la transmisión de una resolución de decomiso.*—1. La transmisión de una resolución de decomiso no impedirá que la autoridad judicial penal española pueda proceder a su ejecución.

2. En caso de transmisión a uno o más Estados de ejecución de una resolución de decomiso referente a una cantidad de dinero, la autoridad judicial española garantizará que el valor total derivado de la ejecución de

la resolución no exceda del importe máximo especificado en la misma.

3. La autoridad judicial penal española informará de inmediato a la autoridad competente de todo Estado de ejecución afectado, por cualquier medio que pueda dejar constancia escrita, en los siguientes casos:

a) Cuando considere que hay riesgo de que la ejecución supere el importe máximo especificado. Informará, asimismo, cuando considere que el riesgo mencionado ha dejado de existir.

b) Cuando la totalidad o parte de la resolución de decomiso haya sido ejecutada en España o en otro Estado de ejecución. En este caso, se especificará en la comunicación el importe de la sentencia de decomiso que aún no haya sido ejecutado.

c) Si, con posterioridad a la transmisión de una resolución de decomiso, una autoridad española ha recibido una cantidad de dinero pagada voluntariamente por el condenado en cumplimiento de la resolución de decomiso. En este caso, se indicará si queda parte de la resolución por ejecutar y su importe.

Art. 164. *Transformación del decomiso*.—1. Cuando una resolución de decomiso afecte a un bien en concreto y por cualquier circunstancia no fuera posible el decomiso del mismo, la autoridad judicial española solicitará a la autoridad competente del Estado de ejecución que el decomiso adopte la forma de obligación de pago de una cantidad de dinero equivalente al valor del bien de que se trate.

2. Para dicha transformación, una vez se reciba noticia de la imposibilidad de llevar a cabo el decomiso del bien concreto de que se trate, se acordará en el plazo de cinco días que se practique la tasación judicial del bien. De su resultado se dará traslado por cinco días al Ministerio Fiscal y a todas las partes personadas, a fin de que impugnen la tasación o manifiesten lo que a su derecho convenga. El incidente finalizará con el auto dictado por el Juez o Tribunal determinando la cuantía de la obligación de pago que, una vez firme, se comunicará a la autoridad de ejecución.

Art. 165. *Acuerdo entre autoridades sobre la disposición de los bienes decomisados*.—1. El Juez o Tribunal competente que hubiera emitido la resolución de decomiso podrá alcanzar un acuerdo en relación con la disposición de los bienes decomisados cuando así lo solicitase la autoridad de ejecución. En este caso, la ejecución del decomiso quedará a expensas de lo que al respecto se acuerde.

2. La autoridad judicial española que reciba una comunicación de la autoridad del Estado de ejecución sobre gastos especiales que ha conllevado la ejecución de la resolución de decomiso, lo comunicará al Ministerio de Justicia a efectos de un posible acuerdo sobre el reparto de costes con el Estado de ejecución.

La Oficina de Recuperación y Gestión de Activos podrá llegar a un acuerdo con el Estado de ejecución sobre el reparto de costes cuando hubiera intervenido en la gestión de los bienes decomisados.

CAPÍTULO III

EJECUCIÓN DE UNA RESOLUCIÓN DE DECOMISO

Art. 166. *Reconocimiento de una resolución de decomiso.*—1. El Juez de lo Penal competente reconocerá y ejecutará una resolución de decomiso cuando se encuentre en España el bien sobre el que recaiga o el domicilio o, en su caso, el domicilio social de la persona afectada.

2. Cuando la resolución de decomiso hubiera sido emitida por un delito que pertenezca a una de las categorías de delitos enumeradas en el apartado 1 del artículo 20 y dicho delito estuviera castigado en el Estado de emisión con una pena privativa de libertad cuya duración máxima sea, al menos, de tres años, el Juez de lo Penal acordará la realización de la medida sin control de la doble tipificación de los hechos.

3. También se ejecutará la resolución de decomiso que se haya impuesto en el Estado de emisión a una persona jurídica por una infracción para la que no se prevea su responsabilidad de acuerdo con el Derecho español.

Art. 167. *Procedimiento sobre el reconocimiento de la resolución de decomiso.*—1. El Juez de lo Penal que recibiera la resolución de decomiso procederá a la averiguación de la localización del bien objeto de decomiso.

Asimismo, el Juez de lo Penal podrá dirigir comunicación a la autoridad judicial emisora para que amplíe cualquier circunstancia relevante para la ejecución del decomiso.

Art. 165.2: El último párrafo de este apartado fue incorporado por la Ley 3/2018, de 11 de junio (*BOE* n.º 142, de 12 de junio), para regular la Orden Europea de Investigación.

2. El Juez de lo Penal, previo informe del Ministerio Fiscal y demás partes personadas emitido en el plazo de cinco días, acordará mediante auto el despacho de ejecución de la resolución de decomiso debidamente transmitida, en un plazo máximo de diez días desde su recepción. La adopción de la resolución de decomiso de que se trate sucederá, en su caso, a las medidas que sobre los mismos bienes se hubieran acordado en aplicación de un embargo preventivo.

Art. 168. *Ejecución de una resolución de decomiso.*—1. En caso de que una solicitud de decomiso afecte a un bien concreto y por cualquier circunstancia no fuera posible el decomiso del mismo, el Juez de lo Penal competente acordará que el decomiso adopte la forma de la obligación de pago de una cantidad de dinero correspondiente al valor del bien de que se trate.

2. En caso de que una resolución de decomiso se refiera a una cantidad de dinero, el Juez de lo Penal competente, en caso de que no pueda obtener el pago, ejecutará la resolución de decomiso sobre cualquier bien disponible a tal efecto.

3. En caso de que una resolución de decomiso se refiera a una cantidad de dinero, el Juez de lo Penal competente convertirá, cuando sea necesario, el importe que deba decomisarse a la moneda del Estado de ejecución, aplicando el tipo de cambio vigente en el momento de dictarse la resolución de decomiso.

4. En todos los supuestos previstos en este artículo se oirá al Ministerio Fiscal y demás partes personadas por el plazo de cinco días.

Art. 169. *Ejecución de resoluciones de decomiso múltiples.*—1. Cuando el Juez de lo Penal competente estuviera tramitando dos o más resoluciones de decomiso referentes a una cantidad de dinero dictadas contra la misma persona natural o jurídica que no disponga de medios suficientes en España para que se ejecuten todas ellas, o cuando se refieran a un mismo bien, decidirá cuál o cuáles de aquellas resoluciones se ejecutarán, tras considerar debidamente todas esas circunstancias. Para adoptar esta decisión se tendrá en cuenta principalmente y por este orden la existencia de un embargo preventivo, la gravedad relativa y el lugar de la infracción, las fechas de las resoluciones respectivas y las fechas de su transmisión. El Juez de lo Penal competente comunicará sin dilación su decisión a las autoridades competentes del Estado o Estados de emisión.

2. En caso de que el condenado pudiera facilitar la prueba del decomiso, total o parcial, efectuado en otro Estado, el Juez de lo Penal competente consultará a la autoridad competente del Estado de emisión. En caso de decomiso de productos de un delito, toda porción del valor de los bienes afectados que se recupere en virtud de la resolución de decomiso en otro Estado se deducirá en su totalidad del valor de los bienes que se han de decomisar en España.

Art. 170. *Denegación del reconocimiento y ejecución de una resolución de decomiso.*—1. El Juez de lo Penal competente denegará el reconocimiento y la ejecución de las resoluciones de decomiso, además de en los supuestos de los artículos 32 y 33, en los siguientes casos:

a) Cuando los derechos de las partes interesadas, incluidos los terceros de buena fe con arreglo a la legislación española, impidan la ejecución de la resolución de decomiso.

b) Cuando el Juez considere incompatible con los derechos y libertades fundamentales reconocidos en la Constitución la resolución adoptada en aplicación de las disposiciones sobre la potestad de decomiso ampliada a que se refiere la letra *d*) del apartado 2 del artículo 157.

c) Cuando la resolución se refiera a hechos que se hayan cometido fuera del Estado emisor y el Derecho español no permita la persecución de dichas infracciones cuando se hayan cometido fuera de su territorio.

2. En caso de que concurra alguno de los motivos de denegación del reconocimiento y la ejecución previstos en las letras *a*), *c*) y *d*) del apartado 1 del artículo 32, en el apartado 1 del artículo 33 o en las letras *b*) y *c*) del apartado anterior, antes de denegar parcial o totalmente el reconocimiento y la ejecución de la resolución, el Juez de lo Penal consultará a la autoridad competente del Estado de emisión para que aclare la situación y, en su caso, subsane el defecto en que se hubiera incurrido. Esta previsión también será de aplicación en el caso de la letra *a*) del apartado anterior cuando no se hubiera informado de la interposición de un recurso en España.

Art. 171. *Suspensión de la ejecución de una resolución de decomiso.*—1. El Juez de lo Penal competente podrá suspender la ejecución de una resolución de decomiso transmitida en los siguientes supuestos:

a) Cuando, en el caso de una resolución de decomiso referente a una cantidad de dinero, considere que hay riesgo de que el valor total derivado de su ejecución pueda exceder del importe especificado en la resolución como consecuencia de su ejecución simultánea en más de un Estado miembro.

b) Cuando la ejecución de la resolución de decomiso pueda impedir el buen desarrollo de una investigación o actuación penal en curso, durante el tiempo que estime razonable.

c) Cuando considere necesario traducir, sin repercutir su coste al Estado de emisión, la resolución de decomiso o partes de ella, por el tiempo necesario para obtener su traducción.

d) Cuando el bien ya fuera objeto de un procedimiento de decomiso en España.

2. El Juez de lo Penal competente adoptará, durante el período de suspensión, las medidas necesarias para asegurar la ejecución de la resolución de decomiso.

3. En caso de suspensión de conformidad con la letra *a*) del apartado 1 de este artículo, el Juez de lo Penal competente informará de ello sin dilación a la autoridad competente del Estado de emisión por cualquier medio que pueda dejar constancia escrita.

4. En los casos contemplados en letras *b*), *c*) y *d*) del apartado 1 de este artículo, el Juez de lo Penal comunicará sin dilación la suspensión de la ejecución de la resolución de decomiso, sus motivos y, si es posible, su duración prevista, a la autoridad competente del Estado de emisión por cualquier medio que pueda dejar constancia escrita.

5. Tan pronto como hayan dejado de existir los motivos de suspensión, el Juez de lo Penal competente tomará de inmediato las medidas oportunas para ejecutar la resolución de decomiso e informará de ello a la autoridad competente del Estado de emisión por cualquier medio que pueda dejar constancia escrita.

Art. 172. *Disposición de los bienes decomisados.*—1. El Juez de lo Penal competente, en defecto de acuerdo con la autoridad de emisión, dispondrá del dinero obtenido de la ejecución de la resolución de decomiso de acuerdo con las siguientes reglas:

a) Si el importe obtenido de la ejecución de la resolución de decomiso es inferior a 10.000

Art. 172: Este artículo figura redactado conforme a la Ley 3/2018, de 11 de junio (*BOE* n.º 142, de 12 de junio), para regular la Orden Europea de Investigación.

euros o al equivalente a dicho importe, el mismo se ingresará en la cuenta de depósitos y consignaciones judiciales.

b) En todos los demás casos, se transferirá al Estado de emisión el 50 por 100 del importe que se haya obtenido de la ejecución de la resolución de decomiso. El 50 por 100 restante se ingresará en la cuenta de depósitos y consignaciones judiciales.

Las cantidades que, en aplicación de lo dispuesto anteriormente, correspondan a España serán transferidas al Tesoro Público con aplicación, en su caso, de lo que se establezca en normas especiales y, particularmente, en lo previsto por el Código Penal, la Ley de Enjuiciamiento Criminal y la Ley 17/2003, de 29 de mayo, por la que se regula el Fondo de bienes decomisados por tráfico ilícito de drogas y otros delitos relacionados, y en su normativa de desarrollo.

2. El Juez de lo Penal competente decidirá que los bienes que no sean dinero u otros instrumentos de pago al portador obtenidos de la ejecución de la resolución de decomiso sean enajenados y aplicados de la forma prevista en el apartado anterior.

También podrán ser transferidos al Estado de emisión, siendo necesario su consentimiento en el supuesto de que la resolución de decomiso se refiera a una suma de dinero en efectivo.

La enajenación de los bienes se realizará de acuerdo con la legislación española, observándose, cuando proceda, lo previsto por la Ley Orgánica 12/1995, de 12 de diciembre, de represión del contrabando y su normativa de desarrollo.

3. Cuando de la ejecución de la resolución de decomiso resulten afectados bienes integrantes del patrimonio histórico español, el Juez de lo Penal en ningún caso procederá a su enajenación o restitución al Estado de emisión. En tal supuesto, lo comunicará a las autoridades españolas competentes y serán de aplicación las disposiciones de la Ley 16/1985, de 25 de junio, del Patrimonio Histórico Español y su normativa de desarrollo.

TÍTULO IX

Resoluciones por las que se imponen sanciones pecuniarias

CAPÍTULO PRIMERO

Disposiciones generales

Art. 173. *Sanción pecuniaria.*—1. Se entenderá por sanción pecuniaria la cantidad de dinero exigida por una resolución firme en concepto de multa impuesta como consecuencia de la comisión por una persona física o jurídica de una infracción penal o administrativa, siempre que, en relación con estas últimas, las sanciones administrativas fueran recurribles ante un órgano jurisdiccional penal.

2. A los efectos de esta Ley, también se incluirán en las sanciones pecuniarias las cantidades que figuren en las correspondientes resoluciones y se refieran a los siguientes conceptos:

a) Aquella cantidad de dinero impuesta en concepto de costas judiciales o gastos administrativos originados en el procedimiento.

b) Una compensación en beneficio de las víctimas, siempre que la víctima no pueda ser parte civil en el procedimiento y el órgano jurisdiccional actúe en el ejercicio de su competencia penal.

c) Una cantidad destinada a un fondo público o a una organización de apoyo a las víctimas.

3. La sanción pecuniaria a los efectos de esta Ley no podrá comprender órdenes de confiscación de instrumentos o productos del delito, para las cuales se aplicarán las normas previstas en el Capítulo III del presente Título.

La sanción pecuniaria tampoco podrá comprender resoluciones de restitución, ni reparación del daño ni la indemnización de perjuicios materiales y morales, determinadas en un procedimiento penal, sin perjuicio de lo previsto en la letra *b*) del apartado anterior.

Cuando una sentencia dictada en España incluyera una condena de reparación del daño o la indemnización de perjuicios materiales y morales a favor de las víctimas o perjudicados, la autoridad judicial penal española instará su ejecución a través de los mecanismos previstos en las normas de cooperación judicial civil en la Unión Europea.

Art. 174. *Autoridades judiciales competentes en España para transmitir y ejecutar una resolución por la que se exija el pago de una sanción pecunia-*

ria.—1. Es autoridad competente para transmitir una resolución por la que se exija el pago de una sanción pecuniaria impuesta a una persona física o jurídica que posea propiedades u obtenga ingresos en otro Estado miembro de la Unión Europea, el órgano jurisdiccional penal competente para su ejecución en España.

2. Es autoridad competente para reconocer y ejecutar la resolución por la que se exija el pago de una sanción pecuniaria:

a) Con carácter principal, el Juez de lo Penal del lugar de residencia del condenado o donde tenga su sede social si se tratara de una persona jurídica.

b) Subsidiariamente, el Juez de lo Penal del lugar donde se encuentre cualquiera de los bienes inmuebles propiedad de la persona física o jurídica condenada al pago de multa.

c) Finalmente, el Juez de lo Penal del lugar donde se encuentre cualquiera de las fuentes de ingresos del condenado en España.

El cambio de cualquiera de estas circunstancias por traslado de residencia del condenado o de su sede social, venta del bien inmueble o cambio en sus fuentes de ingresos, no implicará una pérdida sobrevenida de competencia del Juez de lo Penal que hubiera acordado el reconocimiento y la ejecución de la resolución por la que se exija el pago de una sanción pecuniaria transmitida a España.

En el caso de que un mismo certificado se refiera a varias personas y una de ellas cumpla alguno de los requisitos establecidos en este apartado, el Juez de lo Penal competente podrá asumir la ejecución en relación con todos los condenados, sin que proceda dividir una única resolución por la que se exija el pago de una sanción pecuniaria en varias.

Art. 175. *Destino de las cantidades cobradas.*—1. Las cantidades percibidas en concepto de ejecución de una resolución en España se ingresarán en la cuenta de depósitos y consignaciones judiciales, salvo que se hubiese acordado otra cosa con el Estado de emisión respecto de las cantidades que constituyan una compensación en beneficio de las víctimas a que se refiere la letra *b*) del apartado 2 del artículo 173.

En este caso, si el Estado de emisión solicitase estas cantidades, por el Juez de lo Penal se recabará dictamen del Ministerio Fiscal, concediéndole un plazo de diez días, y resolverá lo que proceda sobre el destino de las cantidades compensatorias a víctimas y perjudicados. El Secretario judicial transferirá las cantidades de conformidad con los términos literales del mismo.

2. Fuera del caso de la compensación en beneficio de las víctimas, no se admitirá ningún otro acuerdo que pudiera variar la regla expresada en el apartado anterior.

CAPÍTULO II

TRANSMISIÓN DE UNA RESOLUCIÓN POR LA QUE SE EXIJA EL PAGO DE UNA SANCIÓN PECUNIARIA

Art. 176. *Transmisión de una resolución por la que se exija el pago de una sanción pecuniaria.*—1. La resolución por la que se exija el pago de una sanción pecuniaria se transmitirá a la autoridad competente del Estado miembro de la Unión Europea en el que la persona física o jurídica condenada posea propiedades, obtenga ingresos o tenga su residencia habitual o su sede social, para que proceda a su ejecución.

2. La autoridad judicial penal española transmitirá la resolución a un único Estado de ejecución cada vez.

Art. 177. *Documentación de la resolución por la que se exija el pago de una sanción pecuniaria.*—1. La resolución por la que se exija el pago de una sanción pecuniaria se documentará en el certificado previsto en el anexo XII, y se remitirá conjuntamente con la sentencia o resolución firme que impone la condena de multa.

2. En el certificado se fijará, en su caso, la cantidad líquida cuyo pago procede en virtud del sistema días-multa previsto en el Código Penal.

3. En el certificado se contendrá la previsión de que la pena de multa se convierta en pena privativa de libertad o en trabajos en beneficio de la comunidad en caso de impago, conforme a lo dispuesto en el Código Penal, debiendo especificarse su duración.

Art. 178. *Procedimiento para la transmisión de la resolución por la que se exija el pago de una sanción pecuniaria.*—1. El Juez o Tribunal oirá al Ministerio Fiscal en un plazo de cinco días y resolverá por auto motivado dictado en los cinco días siguientes.

2. Con carácter previo a la emisión, podrá recabarse de la autoridad competente del Estado de ejecución o de los organismos que puedan facilitarla información suficiente sobre si efectivamente el condenado dispone de bienes o ingresos en dicho Estado, o sobre si en el mismo tiene su residencia.

Art. 179. *Consecuencias de la transmisión de una resolución por la que se exija el pago de una sanción pecuniaria.*—1. Una vez transmitida la resolución, la autoridad judicial penal española no podrá proceder a su ejecución, salvo en los casos en que se produzca su devolución.

Tal suspensión alcanzará sólo a los pronunciamientos relativos a la imposición de una pena de multa y a las costas.

2. Si, después de transmitir una resolución, la sanción pecuniaria hubiera sido pagada voluntariamente por el condenado o se hubiese ejecutado como resultado de actuaciones judiciales anteriores, la autoridad judicial penal española aplicará el pago recibido en la forma legalmente prevista e informará inmediatamente de ello a la autoridad competente del Estado de ejecución, con indicación de la reducción que haya experimentado la cuantía y los conceptos incluidos en la sanción pecuniaria sometida a ejecución.

CAPÍTULO III

Ejecución de una resolución por la que se exija el pago de una sanción pecuniaria

Art. 180. *Reconocimiento y ejecución en España de una resolución por la que se exija el pago de una sanción pecuniaria.*—1. El Juez de lo Penal competente estará obligado a reconocer y ejecutar una resolución por la que se exija el pago de una sanción pecuniaria que le haya sido remitida por la autoridad competente de otro Estado miembro, sin sujeción a control de doble tipificación cuando se refiera a alguno de los delitos enumerados en los apartados 1 y 2 del artículo 20.

2. También se ejecutará la sanción pecuniaria que se haya impuesto en el Estado de emisión a una persona jurídica por una infracción penal para la que no se prevea su responsabilidad de acuerdo con el Derecho español.

Art. 181. *Procedimiento para el reconocimiento y ejecución de una resolución por la que se exija el pago de una sanción pecuniaria.*—1. El Juez de lo Penal que recibiera la resolución procederá a la averiguación de los siguientes extremos:

a) Si el condenado tiene su residencia o sede social en España.

b) Sólo si no consta domicilio o sede social en España del condenado, si el mismo tiene a su nombre inscrito algún bien en el Registro de la Propiedad.

c) Si no se dieran ninguna de las dos circunstancias anteriores, si al condenado le consta alguna fuente de ingresos en España.

2. El Juez de lo Penal, previo informe del Ministerio Fiscal emitido en el plazo de cinco días, acordará el despacho de ejecución de la resolución de sanciones pecuniarias debidamente transmitida mediante auto, en un plazo máximo de cinco días desde su recepción.

3. Cuando la cuantía de la sanción estuviese reseñada en el certificado en una divisa extranjera, el Secretario judicial convertirá el importe a euros, aplicando el tipo de cambio vigente en el momento que se impuso la sanción.

Art. 182. *Denegación del reconocimiento y ejecución de una resolución por la que se exija el pago de una sanción pecuniaria.*—1. El Juez de lo Penal competente denegará el reconocimiento y la ejecución de las resoluciones que exijan el pago de una sanción pecuniaria, además de en los supuestos de los artículos 32 y 33, en los siguientes casos:

a) Cuando la resolución castigue a una persona física que, debido a su edad, no habría podido ser considerada responsable penal de acuerdo con lo previsto en la legislación española.

b) Cuando, según el certificado, en caso de procedimiento escrito, no ha sido informado de su derecho a impugnar la resolución y de los plazos para la interposición de dicho recurso.

c) Cuando, según el certificado, el imputado no ha sido informado, personalmente o a través de un representante, de su derecho a impugnar la resolución y de los plazos para la interposición de dicho recurso.

d) Cuando la sanción pecuniaria sea inferior a setenta euros o, tratándose de otra divisa, a un importe equivalente.

e) Cuando, del certificado y resolución comunicada para su ejecución, se evidencie que se ha producido una vulneración de los derechos fundamentales y los principios jurídicos fundamentales consagrados en el artículo 6 del Tratado de la Unión Europea y reflejados en la Carta de los derechos fundamentales de la Unión Europea.

f) Cuando la resolución se refiera a hechos que se hayan cometido fuera del Estado emisor y el Derecho español no permita la persecución de dichas infracciones cuando se hayan cometido fuera de su territorio.

2. En caso de que concurra alguno de los motivos de denegación del reconocimiento y la ejecución previstos en la letra *d*) del apartado 1 o en el apartado 3 del artículo 32, en el apartado 1 del artículo 33, o en las letras

b) y *c*) del apartado anterior, antes de denegar parcial o totalmente el reconocimiento y la ejecución de la resolución, el Juez de lo Penal consultará a la autoridad competente del Estado de emisión para que aclare la situación y, en su caso, subsane el defecto en que se hubiera incurrido.

Art. 183. *Revisión de la cuantía de la sanción.*—1. En el supuesto de que la persona sancionada presente una prueba de pago total o parcial en cualquier Estado, el Juez de lo Penal deberá consultar con la autoridad competente del Estado de emisión y deducir la parte de la sanción que haya sido efectivamente cobrada en otro Estado de la cantidad sometida a ejecución en España.

2. Cuando se demuestre que la resolución se refiere a hechos que no fueron cometidos dentro del territorio del Estado de emisión y sobre los que las autoridades judiciales penales españolas tengan competencia, el Juez de lo Penal podrá decidir la reducción del importe de la multa ejecutada a la cuantía máxima prevista para hechos del mismo tipo conforme a lo previsto en el ordenamiento jurídico español.

3. En estos casos, el Juez de lo Penal competente informará del carácter parcial de la ejecución de la resolución a la autoridad competente del Estado de emisión por cualquier medio que deje constancia escrita.

4. En aquellos casos en que la sanción se hubiera impuesto en un Estado con distinta divisa, el Juez de lo Penal convertirá a euros la cuantía de la sanción, aplicando el tipo de cambio vigente en el momento en que se impuso la misma.

Art. 184. *Sanciones alternativas en caso de impago de la sanción pecuniaria.*—1. Cuando sea imposible ejecutar total o parcialmente una resolución, el Juez de lo Penal competente podrá aplicar sanciones alternativas, incluida la privación de libertad, conforme a lo previsto en el ordenamiento jurídico español, en los casos en que el Estado de emisión hubiera aceptado aplicar dichas sanciones alternativas en el certificado presentado y, en todo caso, sin exceder del nivel máximo de la sanción previsto en el mismo.

En ningún caso se aplicará como sanción alternativa la privación de libertad cuando la sanción pecuniaria cuya ejecución se solicite se hubiera impuesto por la comisión de una infracción administrativa, aun cuando hubiera sido recurrida ante un órgano jurisdiccional penal del Estado de emisión.

2. El Juez de lo Penal competente informará inmediatamente de la aplicación de una sanción alternativa conforme a lo dispuesto en el apartado anterior.

Art. 185. *Suspensión de la ejecución de una resolución por la que se exija el pago de una sanción pecuniaria.*—El Juez de lo Penal estará obligado a suspender la ejecución de la resolución tan pronto como la autoridad competente del Estado de emisión le informe de la adopción de cualquier resolución o medida que tenga por efecto suspender o dejar sin efecto la resolución por cualquier otro motivo, incluida la concesión de la amnistía o el indulto.

En cualquiera de estos casos, el Juez de lo Penal devolverá la resolución a la autoridad competente del Estado de emisión.

TÍTULO X*

Orden europea de investigación en materia penal

CAPÍTULO PRIMERO

DISPOSICIONES GENERALES

Art. 186. *Orden europea de investigación.*—1. La orden europea de investigación es una resolución penal emitida o validada por la autoridad competente de un Estado miembro de la Unión Europea, dictada con vistas a la realización de una o varias medidas de investigación en otro Estado miembro, cuyo objetivo es la obtención de pruebas para su uso en un proceso penal. También se podrá emitir una orden europea de investigación con vistas a la remisión de pruebas o de diligencias de investigación que ya obren en poder de las autoridades competentes del Estado miembro de ejecución.

Se considerarán válidos en España los actos de investigación realizados por el Estado de ejecución, siempre que no contradigan los principios fundamentales del ordenamiento jurídico español ni resulten contrarios a las garantías procesales reconocidas en éste.

2. La orden europea de investigación podrá referirse a procedimientos incoados por las au-

* La rúbrica y el contenido de este Título figuran redactados conforme al texto de la Ley 3/2018, de 11 de junio (*BOE* n.º 142, de 12 de junio), para regular la Orden Europea de Investigación.

toridades competentes de otros Estados miembros de la Unión Europea, tanto administrativas como judiciales, por la comisión de hechos tipificados como infracciones administrativas en su ordenamiento, cuando la decisión pueda dar lugar a un proceso ante un órgano jurisdiccional, en particular en el orden penal.

3. La orden europea de investigación podrá comprender todas las medidas de investigación, con excepción de la creación de un equipo conjunto de investigación y la obtención de pruebas en dicho equipo.

No obstante lo anterior, cuando un equipo conjunto de investigación necesite que las diligencias de investigación se practiquen en el territorio de un Estado miembro que no haya participado en el equipo, podrá emitirse una orden europea de investigación a las autoridades competentes de dicho Estado.

4. Queda fuera del ámbito de la orden europea de investigación el régimen de transmisión de los antecedentes penales, que se regirá por su normativa específica.

5. A efectos de la emisión y de la ejecución de órdenes europeas de investigación para obtener información sobre cuentas bancarias y otro tipo de cuentas financieras o sobre operaciones bancarias y otro tipo de operaciones financieras:

a) Se considerará como entidad financiera aquélla que se ajuste a la definición establecida por la legislación de prevención del blanqueo de capitales y de la financiación del terrorismo.

b) Se considerará como dato de la cuenta o el depósito al menos el nombre y el domicilio del titular, los pormenores de los poderes de representación y de las facultades de disposición relativas a esa cuenta, los datos relativos a la titularidad real y cualesquiera otros detalles o documentos que haya suministrado el titular en el momento de la apertura o con posterioridad a ella.

Art. 187. *Autoridades competentes en España para emitir y ejecutar una orden europea de investigación.*—1. Son autoridades de emisión de una orden europea de investigación los jueces o tribunales que conozcan del proceso penal en el que se debe adoptar la medida de investigación o que hayan admitido la prueba si el procedimiento se encuentra en fase de enjuiciamiento.

Son también autoridades de emisión los Fiscales en los procedimientos que dirijan, siempre que la medida que contenga la orden europea de investigación no sea limitativa de derechos fundamentales.

A estos efectos, las autoridades competentes señaladas podrán emitir órdenes europeas de investigación para la ejecución de medidas que podrían ordenar o ejecutar conforme a las disposiciones de la Ley de Enjuiciamiento Criminal y la Ley Orgánica 5/2000, de 12 de enero, reguladora de la responsabilidad penal de los menores.

2. El Ministerio Fiscal es la autoridad competente en España para recibir las órdenes europeas de investigación emitidas por las autoridades competentes de otros Estados miembros.

Una vez registrada y tras haber acusado recibo a la autoridad de emisión, el Ministerio Fiscal conocerá del reconocimiento y ejecución de la orden europea de investigación o la remitirá al juez competente, de conformidad con las siguientes reglas:

a) Cuando la orden europea de investigación no contenga medida alguna limitativa de derechos fundamentales, el Ministerio Fiscal será competente para reconocer y ejecutar la orden europea de investigación.

b) Cuando la orden europea de investigación contenga alguna medida limitativa de derechos fundamentales, y que no pueda ser sustituida por otra que no restrinja dichos derechos, ésta será remitida por el Ministerio Fiscal al juez o tribunal para su reconocimiento y ejecución. También será remitida por el Ministerio Fiscal al juez o tribunal para su reconocimiento y ejecución la orden europea de investigación en la que se indique expresamente por la autoridad de emisión que la medida de investigación debe ser ejecutada por un órgano judicial.

En estos supuestos se acompañará de informe preceptivo del Ministerio Fiscal en el que se pronuncie sobre la concurrencia o no de causa de denegación de la ejecución de la orden, y si se entiende ajustada a Derecho la adopción de cada una de las medidas de investigación que la orden contenga.

3. A los efectos de la letra *b*) del apartado anterior, serán competentes:

a) Los Jueces de Instrucción o de Menores del lugar donde deban practicarse las medidas de investigación o, subsidiariamente, donde exista alguna otra conexión territorial con el delito, con el investigado o con la víctima. Si no hubiera ningún elemento de conexión territorial para poder concretar la competencia, serán competentes los Jueces Centrales de Instrucción.

b) Los Jueces Centrales de Instrucción, si la orden europea de investigación se emitió por delito de terrorismo u otro de los delitos cuyo enjuiciamiento competa a la Audiencia Nacional, o si se trata de la notificación prevista en el artículo 222.

c) Los Jueces Centrales de lo Penal o Central de Menores, en el caso de traslado al Estado de emisión de personas privadas de libertad en España, de conformidad con lo previsto en el artículo 214.

El Ministerio Fiscal podrá practicar las diligencias oportunas a fin de determinar el juez o tribunal competente a quien remitir la orden europea de investigación para su ejecución.

El cambio sobrevenido del lugar donde deba practicarse la medida de investigación no implicará una pérdida sobrevenida de competencia del juez o tribunal que hubiera acordado el reconocimiento y ejecución de la orden europea de investigación.

Si dicha orden europea de investigación se hubiese emitido en relación con varias diligencias de investigación que tuvieran que practicarse en lugares distintos, será competente para el reconocimiento y ejecución de la orden el juez o tribunal al que el Ministerio Fiscal remita dicha orden, de entre los competentes de acuerdo con las reglas previstas en este apartado y, en lo no previsto en ellas, conforme a las normas de preferencia de la Ley de Enjuiciamiento Criminal.

El juez o tribunal a quien corresponda la ejecución notificará al Ministerio Fiscal el reconocimiento y ejecución de las medidas de investigación y su remisión a la autoridad de emisión.

CAPÍTULO II

EMISIÓN Y TRANSMISIÓN DE UNA ORDEN EUROPEA DE INVESTIGACIÓN

SECCIÓN 1.ª

Régimen general de emisión y transmisión de órdenes europeas de investigación

Art. 188. *Contenido de la orden europea de investigación.*— 1. La orden europea de investigación se documentará en el formulario que figura en el anexo XIII, con mención expresa a la siguiente información:

a) Los datos de la autoridad de emisión.

b) El objeto y motivos de la orden europea de investigación.

c) La información necesaria sobre la persona o personas afectadas.

d) La descripción de la conducta delictiva que es objeto de la investigación o proceso y las disposiciones aplicables del Derecho penal español.

e) La descripción de la medida o medidas de investigación que se solicitan y de las pruebas a obtener.

f) Las formalidades, procedimientos y garantías cuya observancia solicita que sean respetadas por el Estado de ejecución.

2. La autoridad española competente podrá expedir una orden europea de investigación complementaria a otra ya cursada cuando sea necesario para obtener nuevas pruebas para el mismo proceso penal.

La orden europea de investigación complementaria se documentará en la forma señalada en el apartado 1 e indicará su relación con la orden anterior en la sección D del mismo formulario del anexo XIII.

Cuando la autoridad española competente colabore en la ejecución de la orden europea de investigación en el Estado de ejecución, podrá transmitir una orden complementaria directamente a la autoridad de ejecución mientras se encuentre en dicho Estado.

Art. 189. *Requisitos para la emisión de una orden europea de investigación.*—1. La autoridad de emisión podrá emitir, de oficio o a instancia de parte, una orden europea de investigación cuando concurran los siguientes requisitos:

a) Que la emisión de una orden europea de investigación sea necesaria y proporcionada a los fines del procedimiento para el que se solicita, teniendo en cuenta los derechos del investigado o encausado.

b) Que la medida o medidas de investigación solicitadas cuyo reconocimiento y ejecución se pretende se hayan acordado en el proceso penal español en el que se emite la orden europea de investigación y pudieran haberse ordenado en las mismas condiciones para un caso interno similar.

2. La autoridad española competente podrá indicar en la orden que se requiere un plazo más corto que el previsto con carácter general para la ejecución de la medida, o que la medida de investigación tiene que llevarse a cabo en una fecha concreta. Esta petición se fundamentará de manera expresa en los plazos procesales, la gravedad del delito u otras circunstancias particularmente urgentes.

Art. 190. *Solicitud de información a la autoridad de ejecución.*—1. La autoridad española competente podrá solicitar a la autoridad de ejecución que le informe sin dilación, cuando proceda, de los siguientes supuestos:

a) Si considera que en la ejecución de la orden europea de investigación puede ser oportuno llevar a cabo otras medidas de investigación no previstas en la orden, a fin de que la autoridad de emisión pueda adoptar nuevas medidas en el caso de que se trate.

b) Si no puede cumplir con las formalidades, procedimientos y garantías expresamente indicados.

2. La autoridad española competente podrá consultar a la autoridad competente del Estado de ejecución a fin de facilitar la ejecución de la orden europea de investigación.

Art. 191. *Solicitud de participación de la autoridad española competente.*—La autoridad española competente, justificando las razones por las que lo considera conveniente, podrá solicitar la participación en la ejecución de la orden europea de investigación de una o varias autoridades o funcionarios españoles, en la misma forma en que hubieran podido estar presentes en su ejecución en territorio nacional. La autoridad o funcionario español que participe en la ejecución de la orden europea de investigación podrá recibir directamente las pruebas obtenidas por la autoridad del Estado de ejecución, siempre que así se hubiera solicitado en dicha orden y ello sea posible con arreglo al Derecho del Estado de ejecución.

Art. 192. *Comunicación con la autoridad de ejecución.*—La autoridad española competente comunicará a la autoridad de ejecución en el plazo de diez días si decide retirar, modificar o completar la orden europea de investigación en los siguientes supuestos:

a) Cuando la autoridad de ejecución comunique que el resultado perseguido por la orden europea de investigación puede conseguirse mediante una medida de investigación menos restrictiva que la solicitada por la autoridad de emisión.

b) Cuando la autoridad de ejecución comunique que la medida de investigación solicitada no existe en su Derecho o no está prevista para un caso interno similar, pero existe otra medida distinta que puede ser idónea para los fines de la orden solicitada.

Art. 193. *Utilización en España de los datos personales obtenidos en la ejecución de la orden europea de investigación en otro Estado miembro.*—1. Los datos personales obtenidos de la ejecución de una orden europea de investigación sólo podrán ser empleados en los procesos en los que se hubiera acordado esa resolución, en aquellos otros relacionados de manera directa con aquél o excepcionalmente para prevenir una amenaza inmediata y grave para la seguridad pública.

Para utilizar con otros fines los datos personales obtenidos, la autoridad española competente deberá recabar el consentimiento de la autoridad del Estado de ejecución o del titular de los datos.

2. Cuando en un caso concreto así lo requiera la autoridad competente del Estado de ejecución, la autoridad española competente le informará del uso que haga de los datos personales que se hubieran remitido a través de una orden europea de investigación, con excepción de aquéllos obtenidos durante su ejecución en España.

Art. 194. *Confidencialidad en la emisión de una orden europea de investigación.*—La autoridad competente española, con arreglo al ordenamiento jurídico español y, a menos que la autoridad de ejecución haya indicado otra cosa, no desvelará prueba o información alguna facilitada por la autoridad de ejecución para ser utilizada en el procedimiento español, excepto en la medida en que su revelación sea necesaria para las investigaciones o procedimientos descritos en la orden europea de investigación.

SECCIÓN 2.ª

Emisión de órdenes europeas de investigación con medidas específicas de investigación

Art. 195. *Emisión de una orden europea de investigación para el traslado temporal a España de personas privadas de libertad en el Estado de ejecución.*—1. La autoridad española competente emitirá una orden europea de investigación para el traslado temporal a España de una persona privada de libertad en el Estado de ejecución cuando la investigación requiera su presencia en España; y siempre que no tenga por finalidad su enjuiciamiento, en cuyo caso deberá optar por la emisión de una orden europea de detención y entrega.

2. La autoridad española competente acordará con las autoridades competentes del otro Estado las disposiciones prácticas relativas al traslado temporal del privado de libertad, así como los detalles de sus condiciones de privación de libertad, con inclusión de las fechas de salida y de regreso, con arreglo a las previsiones de los artículos 12 y 27, garantizándose que se tiene en cuenta la condición física y mental de la persona de que se trate, así como el nivel de seguridad requerido en España.

3. La persona trasladada permanecerá privada de libertad en España en relación con los hechos o condenas por los que lo haya estado en el Estado de ejecución, a menos que éste pida su puesta en libertad.

4. La persona trasladada no será perseguida o detenida o

sometida a cualquier otra restricción de su libertad personal en España por actos o condenas anteriores a su salida del territorio del Estado de ejecución y que no estuvieran especificados en la orden europea de investigación. No obstante, esta inmunidad quedará sin efecto cuando la persona trasladada, habiendo tenido la oportunidad de regresar, haya permanecido en territorio español durante los quince días siguientes desde la fecha en que su presencia ya no fuera exigida por la autoridad española competente o haya regresado en caso de haberlo abandonado.

Art. 196. *Emisión de una orden europea de investigación para el traslado temporal al Estado de ejecución de personas privadas de libertad en España.*—La autoridad española competente podrá emitir una orden europea de investigación para el traslado temporal de un detenido en España con el fin de llevar a cabo una medida de investigación que requiera su presencia en el territorio del Estado de ejecución, siempre que la persona privada de libertad dé su consentimiento. A tal fin serán de aplicación las previsiones del artículo 214.

Art. 197. *Emisión de una orden europea de investigación para una comparecencia por videoconferencia u otros medios de transmisión audiovisual.*—1. Cuando la autoridad competente española que esté conociendo de un proceso penal en España considere necesario oír al investigado o encausado o a un testigo o perito que se encuentre en el territorio de otro Estado miembro, emitirá una orden europea de investigación para que dicha declaración se realice por videoconferencia u otros medios de transmisión audiovisual.

A tal fin se determinarán de acuerdo con la autoridad de ejecución competente las disposiciones prácticas con arreglo a las cuales se llevará a cabo la comparecencia.

Si en un caso concreto la autoridad de ejecución no dispusiera de los medios técnicos necesarios para celebrar la comparecencia por videoconferencia u otros medios de transmisión audiovisual, la autoridad competente española que la hubiera solicitado podrá ponerlos a su disposición previo acuerdo.

Art. 198. *Emisión de una orden europea de investigación para obtener información sobre cuentas bancarias y otro tipo de cuentas financieras.*—1. Cuando la autoridad española competente necesite determinar si la persona física o jurídica objeto de proceso penal en curso es titular o posee el control de una o más cuentas o depósitos en un banco u otra entidad financiera que se localice en el territorio de otro Estado miembro y, en caso afirmativo, obtener los datos de las cuentas y depósitos identificadas que obren todavía en su poder, podrá emitir una orden europea de investigación. La información requerida incluirá, siempre que se solicite en la orden europea de investigación, las cuentas respecto de las cuales la persona que sea objeto de los procesos penales de que se trate tenga poderes de representación.

2. En la orden europea de investigación se indicarán las razones por las que considera que la información solicitada es necesaria para el proceso penal del que se trate y las razones por las que supone que la cuenta se encuentra en algún banco u otra entidad financiera del Estado de ejecución y, siempre que cuente con dicha información, de qué banco o entidad financiera se trata. También incluirá en la orden europea de investigación cualquier información de la que disponga que pueda facilitar su ejecución.

Art. 199. *Emisión de una orden europea de investigación para obtener información sobre operaciones bancarias y otro tipo de operaciones financieras.*—La autoridad española competente podrá emitir una orden europea de investigación para obtener los datos que obren todavía en poder del banco u otra entidad financiera correspondientes a:

a) Cuentas bancarias específicas.

b) Operaciones bancarias que se hayan efectuado o vayan a efectuarse dentro de un plazo concreto por medio de una o más cuentas indicadas en la orden, con inclusión de los datos de toda cuenta remitente o receptora.

c) Operaciones financieras efectuadas por entidades financieras no bancarias.

En la orden se indicarán las razones por las que estima que la información solicitada es pertinente para el proceso penal de que se trate.

Art. 200. *Emisión de una orden europea de investigación para obtener pruebas en tiempo real, de manera continua y durante un determinado periodo de tiempo.*—Cuando la autoridad competente que esté conociendo de un proceso penal en España considere necesario emitir una orden europea de investigación a efectos de la ejecución de una medida de investigación que requiera la obtención de pruebas en tiempo real, de manera continua y durante un determinado periodo de tiempo, indicará las razones por las que estima que la información solicitada es pertinente para el proceso penal en curso.

Art. 201. *Emisión de una orden europea de investigación para realizar investigaciones encubiertas.*—Cuando la autoridad competente considere necesario que las autoridades competentes de otro Estado miembro colaboren en la investigación encubierta de una o varias actividades delictivas, a través de agentes que actúen infiltrados o con una identidad falsa, emitirá una orden europea de investigación solicitando dicha colaboración e indicará las razones por las que considera pertinente realizar una investigación encubierta.

Art. 202. *Emisión de una orden europea de investigación para intervención de telecomunicaciones.*—1. La autoridad española competente emitirá una orden europea de investigación cuando, una vez acordado por auto dictado conforme a la Ley de Enjuiciamiento Criminal, proceda la intervención de las comunicaciones en otro Estado miembro y se requiera su asistencia técnica. La medida solicitada podrá abarcar igualmente la obtención de datos de tráfico y localización correspondiente a tales comunicaciones.

2. Cuando la asistencia técnica requerida pueda ser prestada por más de un Estado miembro, se enviará la orden europea de investigación solo a uno de ellos. A tal efecto, se dará siempre prioridad al Estado miembro en el que se encuentre o vaya a encontrarse el investigado o encausado.

3. La autoridad española competente podrá acordar con la autoridad de ejecución que la intervención se ejecute conforme a una de las dos siguientes modalidades:

a) Transmitiendo directamente la telecomunicación al Estado de emisión,

b) Interviniendo y registrando en el Estado de ejecución la telecomunicación para proceder una vez registrada al traslado del resultado al Estado de emisión.

La autoridad española competente podrá someter a consulta y ser consultada por la autoridad de ejecución respecto de la elección de la forma en que se va a ejecutar la orden europea de investigación.

4. La orden europea de investigación emitida para la intervención de telecomunicaciones deberá especificar:

a) Las razones por las que la intervención es necesaria para los fines del proceso penal.

b) La información necesaria para la identificación de la persona afectada por la intervención.

c) La duración de la intervención.

d) Los datos técnicos necesarios, en particular el identificador de la persona, para garantizar que pueda ejecutarse la solicitud.

5. En la orden europea de investigación se podrá pedir una transcripción, descodificación o desencriptado del registro. Esta petición podrá hacerse, asimismo, durante la práctica de la intervención. En ambos casos, la transcripción, descodificación o desencriptado deberán ser acordados con la autoridad de ejecución.

Art. 203. *Emisión de una orden europea de investigación para adoptar medidas de aseguramiento de prueba o de diligencias de investigación en relación con los medios de prueba.*—La autoridad española competente podrá emitir una orden europea de investigación con la finalidad de impedir de forma cautelar la destrucción, transformación, desplazamiento, transferencia o enajenación de un objeto que pudiera emplearse como medio de prueba.

En la orden europea de investigación se indicará si el medio de prueba habrá de transferirse a España o conservarse en el Estado de ejecución.

Cuando en la orden europea de investigación se solicite que el medio de prueba se conserve en el Estado de ejecución, se indicará la fecha en que habrá de levantarse la medida cautelar instada o la fecha estimada en la que se formulará la solicitud para que la prueba sea trasladada a España.

Se notificará inmediatamente a la autoridad de ejecución el levantamiento de las medidas provisionales que se hubieran instado.

Art. 204. *Notificación al Estado miembro en el que se encuentre la persona que sea objeto de los procedimientos penales y cuya asistencia técnica no sea necesaria.*—1. La autoridad española competente que haya acordado la intervención de telecomunicaciones de una persona que se encuentra en el territorio de otro Estado miembro sin su asistencia técnica, notificará a la autoridad competente de ese Estado dicha intervención. Esta notificación se llevará a cabo:

a) antes de la intervención, cuando se tenga conocimiento de que esa persona se encuentra o se encontrará en el territorio del otro Estado miembro;

b) durante la intervención o después de ésta, inmediatamente después de tener conocimiento de que esa persona se encuentra, o se ha encontrado durante la intervención, en el territorio del otro Estado miembro.

Esta notificación se efectuará por medio del formulario contenido en el anexo XV.

2. La autoridad española competente que haya acordado esta intervención no la llevará a cabo o pondrá fin a la misma si la autoridad competente del Estado notificado así lo indicara. Asimismo, la autoridad española competente sólo podrá utilizar el material intervenido en las condiciones que el Estado notificado especifique.

En el caso de que la autoridad competente del Estado notificado informara de que el material obtenido no puede ser utilizado, la autoridad española competente ordenará su destrucción.

CAPÍTULO III

Reconocimiento y ejecución de una orden europea de investigación

SECCIÓN 1.ª

Régimen general de reconocimiento y ejecución de órdenes europeas de investigación

Art. 205. *Requisitos para el reconocimiento y ejecución en España de una orden de investigación europea.*—1. La autoridad competente española que reciba una orden europea de investigación dictará auto o decreto de reconocimiento y ejecución de la misma, salvo que concurra alguno de los motivos de denegación o suspensión a que se refieren los artículos 207 y 209.

2. La autoridad competente española que reciba una orden europea de investigación que no hubiera sido emitida por la autoridad de emisión competente, o validada en su caso por el juez, tribunal o fiscal competente del Estado de emisión, procederá a su devolución.

Art. 206. *Ejecución de las medidas de investigación solicitadas en la orden europea de investigación.*—1. La autoridad competente española llevará a cabo la ejecución de la medida de investigación solicitada si dicha medida de investigación existiera en Derecho español y estuviera prevista para un caso interno similar.

En particular, sin perjuicio de lo dispuesto en el artículo siguiente, la autoridad competente ordenará la ejecución en todo caso si la medida de investigación solicitada fuera alguna de las siguientes:

a) La obtención de información o de pruebas que obren ya en poder de la autoridad competente española siempre que, de conformidad con el Derecho nacional, esa información o esas pruebas hubieran podido obtenerse en el contexto de un procedimiento penal o a los fines de la orden europea de investigación;

b) la obtención de información contenida en bases de datos que obren en poder de las autoridades policiales o judiciales y que sean directamente accesibles en el marco de un procedimiento penal;

c) la declaración de un testigo, un perito, una víctima, un investigado o encausado o un tercero en territorio español;

d) cualquier medida de investigación no restrictiva de los derechos fundamentales y garantías procesales prevista en el Derecho español;

e) la identificación de personas que sean titulares de un número de teléfono o una dirección IP determinados.

2. Cuando el resultado perseguido por la orden europea de investigación pudiera conseguirse mediante una medida de investigación menos restrictiva de los derechos fundamentales que la solicitada en la orden europea de investigación, la autoridad competente española ordenará la ejecución de esta última.

3. Cuando la medida de investigación solicitada no existiera en Derecho español o no estuviera prevista para un caso interno similar, la autoridad competente española ordenará la ejecución de una medida de investigación distinta a la solicitada, si dicha medida fuera idónea para los fines de la orden solicitada.

4. En los supuestos previstos en los apartados 2 y 3, antes de adoptar la resolución, la autoridad competente informará a la autoridad de emisión. Si la autoridad de emisión no comunicara su decisión de retirar o completar la orden europea de investigación en el plazo de diez días, la autoridad de ejecución ordenará la ejecución de la medida de investigación alternativa.

5. Cuando la medida de investigación indicada en la orden europea de investigación no exista en el Derecho nacional o, existiendo, no hubiera podido ser adoptada en un caso interno similar y, además, no exista ninguna otra medida de investigación que pudiera obtener el mismo resultado que la medida de investigación solicitada, la autoridad española competente notificará a la autoridad del Estado de emisión que no ha sido posible proporcionar la asistencia requerida.

Art. 207. *Denegación del reconocimiento y ejecución de la orden europea de investiga-*

ción.—1. La autoridad competente española denegará el reconocimiento y ejecución de la orden europea de investigación, además de en los supuestos del apartado 1 del artículo 32, en los siguientes casos:

a) Cuando exista un privilegio procesal que haga imposible ejecutar la orden europea de investigación o normas sobre determinación y limitación de la responsabilidad penal en relación con la libertad de prensa y la libertad de expresión en otros medios de comunicación que imposibiliten a la autoridad competente española su ejecución.

b) Cuando la ejecución pudiera lesionar intereses esenciales de seguridad nacional, comprometer a la fuente de información o implicar la utilización de información clasificada relacionada con determinadas actividades de inteligencia.

c) Cuando la resolución se refiera a hechos que se hayan cometido fuera del Estado emisor y total o parcialmente en territorio español, y la conducta en relación con la cual se emite la orden europea de investigación no sea constitutiva de delito en España.

d) Cuando existan motivos fundados para creer que la ejecución de la medida de investigación indicada en la orden europea de investigación es incompatible con las obligaciones del Estado español de conformidad con el artículo 6 del Tratado de la Unión Europea y de la Carta de los Derechos Fundamentales de la Unión Europea.

e) Cuando la conducta que dio origen a la emisión de la orden europea de investigación no sea constitutiva de delito con arreglo al Derecho español y no esté recogida en las categorías de delitos a que se refiere el apartado 1 del artículo 20, siempre que la pena o medida de seguridad privativas de libertad previstas en el Estado de emisión para el delito a que se refiere la orden europea de investigación fuera de un máximo de al menos tres años.

Para comprobar si dicha conducta está o no incluida dentro de los delitos enumerados en el apartado 1 del artículo 20 y que alcanza el umbral de pena antes mencionado, se estará a lo indicado por la autoridad del Estado de emisión en el formulario de emisión remitido.

f) Cuando el uso de la medida de investigación indicada en la orden europea de investigación esté limitado, con arreglo al Derecho español, a una lista o categoría de delitos, o a delitos castigados con penas de a partir de un determinado umbral que no alcance el delito a que se refiere la orden europea de investigación.

g) Cuando la orden europea de investigación se refiera a procedimientos incoados por las autoridades competentes de otros Estados miembros de la Unión Europea por la comisión de hechos tipificados como infracciones administrativas en su ordenamiento cuando la decisión pueda dar lugar a un proceso ante un órgano jurisdiccional en el orden penal, y la medida no estuviese autorizada, con arreglo al Derecho del Estado de ejecución, para un caso interno similar.

2. Las letras *e*) y *f*) del apartado anterior no serán de aplicación, en ningún caso, a las medidas de investigación a que se refiere el apartado 1 del artículo 206.

3. En caso de que concurra alguno de los motivos de denegación del reconocimiento y la ejecución previstos en las letras *a*) o *d*) del apartado 1 del artículo 32 o en las letras *a*), *b*), *c*) o *d*) del apartado 1 de este artículo, antes de denegar parcial o totalmente el reconocimiento y la ejecución de la orden europea de investigación, la autoridad española competente solicitará a la autoridad de emisión la información complementaria necesaria y, en su caso, la subsanación del defecto en que se hubiera incurrido.

Art. 208. *Procedimiento para el reconocimiento y la ejecución de la orden europea de investigación.*—1. La autoridad competente española que reciba la orden europea de investigación, si no aprecia la concurrencia de causa alguna de denegación o suspensión, dictará sin dilación auto o decreto, respectivamente, reconociendo la concurrencia de los requisitos exigidos legalmente y ordenando su ejecución. El auto o decreto contendrá las instrucciones necesarias para la práctica de las medidas de investigación solicitadas.

La decisión de reconocer y ejecutar la orden europea de investigación o, en su caso, denegar su ejecución deberá ser tomada cuanto antes y, a más tardar, en el plazo de treinta días desde su recepción por la autoridad competente.

2. Cuando en un caso concreto, la autoridad competente española aprecie que no podrá cumplirse el plazo previsto para dictar el auto o decreto, respectivamente, de reconocimiento y ejecución de la orden, informará sin demora a la autoridad de emisión explicando las razones y comunicando el plazo estimado necesario para adoptar la resolución. En este caso, el plazo establecido para dictar la resolución de reconocimiento y ejecución podrá prorrogarse hasta un máximo de treinta días.

3. Cuando el Estado de emisión participe en la ejecución de la orden europea de investigación y si la autoridad de emisión emite una orden complementaria a la anterior, la autoridad competente española podrá recibir directamente la orden complementaria que la autoridad de emisión dicte mientras está en España.

4. La autoridad competente española llevará a cabo la ejecución de la medida de investigación sin demora y, a más tardar, en el plazo de noventa días después de que se adopte la resolución de reconocimiento y ejecución, a menos que, con arreglo a lo dispuesto en el artículo 209, exista algún motivo para la suspensión del procedimiento de reconocimiento y ejecución o que la prueba mencionada en la medida de investigación incluida en la orden europea de investigación ya se encuentre en posesión del Estado español.

5. Cuando la autoridad de emisión haya indicado en la orden que, debido a los plazos procesales, la gravedad del delito u otras circunstancias particularmente urgentes, se requiere un plazo más corto para la ejecución de la medida, o si la medida de investigación tiene que llevarse a cabo en una fecha concreta, la autoridad competente española estará a lo dispuesto en la orden en relación con dichos plazos. En caso de que no fuera posible, lo comunicará a la autoridad de emisión sin demora.

6. Asimismo, cuando en un caso concreto no pueda llevarse a cabo la ejecución de la medida de investigación dentro del plazo previsto a tal efecto, la autoridad competente española informará sin demora a la autoridad competente del Estado de emisión explicando las razones de la demora y consultará a la autoridad de emisión sobre el plazo o la fecha adecuados para llevar a cabo la ejecución de la medida de investigación.

Art. 209. *Suspensión del reconocimiento y ejecución de una orden europea de investigación.*—1. La autoridad competente española suspenderá el reconocimiento y la ejecución de una orden europea de investigación cuando concurra alguno de los siguientes supuestos:

a) Que su ejecución pudiera perjudicar una investigación penal o actuaciones judiciales penales en curso, hasta el momento que se considere necesario.

b) Que los objetos, documentos o datos de que se trate están siendo utilizados en otros procedimientos, hasta que ya no se requieran con este fin.

2. Una vez dejen de existir las causas que provocaron la suspensión, la autoridad com-

petente española adoptará las medidas necesarias para la ejecución de la orden europea de investigación, informando sin dilación a la autoridad competente del Estado de emisión.

Art. 210. *Participación de las autoridades del Estado de emisión en la práctica de diligencias en territorio español.*—1. En el caso de que la autoridad de emisión solicite que una o varias autoridades de su Estado participen en la ejecución de la orden europea de investigación, la autoridad competente española accederá a ello siempre que dichas autoridades estén facultadas para participar en la ejecución de las medidas de investigación requeridas en la orden en un caso interno similar de su Estado y que esa participación no sea contraria a los principios jurídicos fundamentales ni perjudique los intereses esenciales de la seguridad nacional.

Dichas autoridades tendrán la consideración de funcionario público español a efectos penales mientras se encuentren en España participando en la ejecución de la orden europea de investigación. En el caso del agente encubierto se acordarán con el Estado de emisión, ateniéndose a los respectivos Derechos internos y procedimientos nacionales, la duración de la investigación encubierta, las condiciones concretas y el régimen jurídico de los agentes de que se trate.

2. Las autoridades del Estado de emisión que participaran en la ejecución de la orden europea de investigación se someterán al Derecho español y solo podrán ejercer competencia coercitiva en territorio español si el ejercicio de dicha competencia es conforme con el Derecho español y únicamente en la medida que ambas autoridades lo hubiesen acordado.

3. La autoridad competente española podrá consultar en cualquier momento a la autoridad competente del Estado de emisión a fin de facilitar la ejecución de la orden europea de investigación.

Art. 211. *Traslado de las pruebas obtenidas.*—1. Las pruebas obtenidas se trasladarán de manera inmediata a la autoridad del Estado de emisión y se indicará si deben ser devueltas a las autoridades competentes españolas tan pronto dejen de ser necesarias en el Estado de emisión.

En el caso de que el Estado de emisión participara en la ejecución de la orden, siempre que así se haya solicitado en la misma y si es posible con arreglo al Derecho español, las pruebas obtenidas se trasladarán inmediatamente a las autoridades competentes del Estado de emisión.

2. No obstante lo dispuesto en el apartado anterior, podrá acordarse la suspensión del traslado de las pruebas obtenidas en los casos en que se haya interpuesto un recurso contra el reconocimiento y ejecución de la orden, salvo si en la orden se indican razones suficientes que justifiquen que es indispensable el traslado inmediato para el adecuado desarrollo de la investigación o para preservar derechos individuales. Sin embargo, se suspenderá el traslado de pruebas si éste pudiera causar un daño grave o irreversible a la persona interesada.

3. Cuando las pruebas obtenidas sean relevantes para otros procesos penales, la autoridad competente española, previa petición expresa y tras mantener consultas con la autoridad de emisión, podrá trasladar temporalmente las pruebas con la condición de que se devuelvan a las autoridades competentes españolas tan pronto como el Estado de emisión deje de necesitarlas o bien en cualquier otro momento u ocasión que se acordara entre las autoridades competentes.

Art. 212. *Información específica sobre el curso de la ejecución de la orden europea de investigación.*—1. El Ministerio Fiscal, tras recibir la orden europea de investigación, acusará recibo en el plazo máximo de una semana desde la recepción, mediante la cumplimentación del anexo XIV.

2. No obstante lo dispuesto en los apartados 4 y 5 del artículo 206, la autoridad competente española encargada de la ejecución informará sin dilación a la autoridad de emisión en los casos siguientes:

a) Si es imposible adoptar una resolución de reconocimiento y ejecución debido a que el formulario del anexo XIII está incompleto o es manifiestamente incorrecto, o no estuviese traducido al castellano o a alguna de las lenguas admitidas por España.

b) Si considera que en la ejecución de la orden europea de investigación puede ser oportuno llevar a cabo otras medidas de investigación no previstas en la orden, a fin de que la autoridad de emisión pueda adoptar nuevas medidas en el caso de que se trate.

c) Si no puede cumplir con las formalidades, procedimientos y garantías expresamente indicados.

d) De cualquier resolución adoptada de conformidad con lo dispuesto en los artículos 206, 207 y 209.

Art. 213. *Confidencialidad en la ejecución de una orden europea de investigación.*—Cuando ejecute una orden europea de investigación, la autoridad competente española tiene la obligación de guardar confidencialidad de los hechos y el fondo de la misma, excepto en el grado en que sea necesario para ejecutar la medida de investigación, y cualquier publicidad será siempre objeto de previa consulta con la autoridad del Estado de emisión.

SECCIÓN 2.ª

Reconocimiento y ejecución de órdenes europeas de investigación con medidas específicas de investigación

Art. 214. *Ejecución de una orden europea de investigación para el traslado temporal al Estado de emisión de personas privadas de libertad en España.*—1. La autoridad española competente denegará el reconocimiento y ejecución de una orden europea de investigación para el traslado temporal de personas privadas de libertad en España, además de en los supuestos previstos en el apartado 1 del artículo 32 y en el artículo 208, en caso de que:

a) La persona privada de libertad no dé su consentimiento. Cuando debido a su edad o estado físico o psíquico, no pueda dar su opinión, la misma se recabará a través de su representante legal.

b) El traslado pueda causar la prolongación de la privación de libertad de la persona.

2. La autoridad española competente acordará con las autoridades competentes del otro Estado las disposiciones prácticas relativas al traslado temporal del privado de libertad, así como los detalles de sus condiciones de privación de libertad, con inclusión de las fechas de salida y de regreso, con arreglo a las previsiones de los artículos 12 y 27, garantizándose que se tienen en cuenta la condición física y mental de la persona de que se trate, así como el nivel de seguridad requerido en el Estado de emisión.

3. La autoridad española competente deducirá, de oficio o a instancia de parte o del Ministerio Fiscal, del período máximo de prisión al que esté sometido o se vaya a someter al reclamado por una orden europea de investigación cualquier período de privación de libertad en el territorio del Estado de emisión.

Art. 215. *Ejecución de una orden europea de investigación para el traslado temporal a Es-*

paña de personas privadas de libertad en el Estado de emisión.—La autoridad española competente denegará el reconocimiento y ejecución de una orden europea de investigación para el traslado temporal a España de personas privadas de libertad en el Estado de emisión, además de en los supuestos previstos en el apartado 1 del artículo 32 y en el artículo 207, en caso de que la persona privada de libertad no dé su consentimiento. Cuando, debido a su edad o estado físico o psíquico, no pueda dar su opinión, la misma se recabará a través de su representante legal.

En todo lo demás, la ejecución de la orden europea de investigación para el traslado temporal a España de personas privadas de libertad en el Estado de emisión se sujetará a lo dispuesto en el artículo 214.

Art. 216. *Ejecución de una orden europea de investigación para una comparecencia por videoconferencia u otros medios de transmisión audiovisual.*—1. La autoridad española competente denegará el reconocimiento y ejecución de la orden europea de investigación para una comparecencia por videoconferencia u otros medios de transmisión audiovisual, además de en los supuestos previstos en el apartado 1 del artículo 32 y en el artículo 207, en caso de que la ejecución de dicha medida de investigación en un caso concreto sea contraria a los principios jurídicos fundamentales del Derecho español.

También podrá denegar el reconocimiento y ejecución si el investigado o el acusado no da su consentimiento para la práctica de la medida.

2. Cuando la autoridad competente española reciba una orden europea de investigación en la que se solicite una comparecencia por videoconferencia u otros medios de transmisión audiovisual, la llevará a cabo en la forma que hubiera acordado con la autoridad de emisión. En todo caso, la autoridad competente española se encargará de:

a) Notificar la medida al testigo o perito correspondiente, indicando el momento y el lugar de la comparecencia.

b) Citar a las personas investigadas o encausadas para que asistan a la comparecencia conforme a las normas específicas que establezca el Derecho español, e informarles de sus derechos con arreglo al Derecho del Estado de emisión, con tiempo suficiente para que puedan acogerse efectivamente a las garantías procesales.

c) Asegurarse de la identidad de la persona que deba prestar declaración.

3. La autoridad española competente se pondrá de acuerdo con la autoridad de emisión sobre la práctica de la ejecución de la medida que, en todo caso, se regirá por las siguientes normas:

a) Durante la declaración estará presente la autoridad española competente, asistida por un intérprete cuando sea necesario, para identificar a la persona que deba prestar declaración y velar por el respeto del ordenamiento jurídico español.

b) La autoridad española competente acordará, en su caso, con la autoridad de emisión, la adopción de medidas de protección de la persona que deba declarar.

c) La declaración tendrá lugar ante la autoridad competente del Estado de emisión o bajo su dirección.

d) Si así lo solicita la autoridad de emisión o la persona compareciente, la autoridad española facilitará un intérprete para que le asista.

e) Con carácter previo a la declaración, se informará a los testigos o peritos de los derechos procesales que les asisten al amparo tanto del Derecho del Estado de emisión como del español, incluido el derecho a no declarar cuando así se disponga.

4. Finalizada la declaración, la autoridad española en cuyo territorio se haya ejecutado la medida levantará acta de la misma, en la que constarán la fecha y el lugar, la identidad de la persona oída, la identidad del resto de personas que hayan participado, el juramento formulado y las condiciones técnicas en las que se haya llevado a cabo la declaración. El acta se transmitirá a la autoridad competente del Estado de emisión.

5. En el caso de que la persona que deba ser oída en España en ejecución de una orden europea de investigación no preste testimonio estando sometida a la obligación de testificar o no preste testimonio veraz, se le aplicará el ordenamiento jurídico español del mismo modo que si la comparecencia se hubiera celebrado dentro de un proceso nacional.

Art. 217. *Ejecución de una orden europea de investigación para obtener información sobre cuentas bancarias y otro tipo de cuentas financieras.*—Cuando la autoridad española competente reciba una orden europea de investigación en la que se requiera información sobre cuentas bancarias u otro tipo de cuentas financieras la proporcionará de conformidad con el Derecho español, a menos que la entidad financiera no dispusiera de la misma. La información a proporcionar a la autoridad de emisión incluirá, cuando así lo solicite la orden europea de investigación, las cuentas respecto de las cuales la persona que sea objeto de los procesos penales de que se trate tenga poderes de representación.

La autoridad competente española, además de por los motivos de denegación del reconocimiento y de la ejecución previstos en el apartado 1 del artículo 32 y en el artículo 207, denegará la ejecución de la orden europea de investigación en los casos en que no se autorizaría la medida de investigación en un caso interno similar.

La autoridad española competente adoptará las medidas necesarias para garantizar que los bancos o entidades financieras no revelen al cliente bancario interesado ni a otros terceros el hecho de que se ha transmitido información al Estado de emisión en virtud de este artículo y el siguiente, o de que se está llevando a cabo una investigación, pudiendo utilizar a esos efectos la información obrante en el Fichero de Titularidades Financieras, siempre que se trate de investigaciones de delitos de blanqueo de capitales o financiación del terrorismo.

Art. 218. *Ejecución de una orden europea de investigación para obtener información sobre operaciones bancarias y otro tipo de operaciones financieras.*—La autoridad española competente para el reconocimiento y ejecución de una orden europea de investigación proporcionará la información sobre operaciones bancarias y otro tipo de operaciones financieras de conformidad con el Derecho español, a menos que la entidad financiera no dispusiera de la misma.

En el caso de la letra *c*) del artículo 199, además de por los motivos de denegación del reconocimiento y de la ejecución contemplados en esta Ley, la autoridad española competente denegará la ejecución de la orden europea de investigación en los casos en que no se autorizaría la medida de investigación en un caso interno similar.

Art. 219. *Ejecución de una orden europea de investigación para obtener pruebas en tiempo real, de manera continua y durante un determinado periodo de tiempo.*—1. Cuando la autoridad competente reciba una orden europea de investigación con el fin de realizar una medida de investigación que requiera la obtención de pruebas en tiempo real, de manera continua y durante un determinado periodo de tiempo, denegará su ejecución, además de en los supuestos recogidos en el apartado 1 del artículo 32 y en el artículo 207, en los casos en que no se autorizaría la medida de investigación en un caso interno similar.

2. La autoridad competente que reciba una orden europea de investigación con el fin de realizar una medida de las previstas en este artículo, será la competente para actuar, dirigir y controlar las operaciones relacionadas con su ejecución, si bien las disposiciones prácticas las acordará con la autoridad competente del Estado de emisión.

Art. 220. *Ejecución de una orden europea de investigación para realizar investigaciones encubiertas.*—1. Cuando la autoridad competente reciba una orden europea de investigación con el fin de recabar su colaboración en la realización de una investigación encubierta en España, denegará su ejecución, además de en los supuestos recogidos en el apartado 1 del artículo 32 y en el artículo 207, cuando:

a) La realización de investigaciones encubiertas no se autorizaría en casos internos similares.

b) No se hubiera llegado a un acuerdo con la autoridad de emisión respecto a las condiciones para llevar a cabo la investigación correspondiente.

2. La autoridad que acuerde la ejecución de una orden europea de investigación con el fin de realizar una medida de las previstas en este artículo, la ejecutará de acuerdo con el ordenamiento jurídico español asumiendo la dirección y el control de las operaciones relacionadas con la medida, si bien la duración de la misma, las condiciones concretas y el régimen jurídico de los agentes intervinientes serán acordadas con la autoridad competente del Estado de emisión.

Art. 221. *Ejecución de una orden europea de investigación para intervención de telecomunicaciones.*—1. La autoridad judicial competente española denegará la ejecución de la orden europea de investigación, además de por los motivos previstos en el apartado 1 del artículo 32 y en el artículo 207, en los casos en que no se autorizaría la medida de investigación en un caso interno similar.

2. Cuando la autoridad judicial competente española reciba una orden europea de investigación para la intervención de telecomunicaciones podrá ejecutarla mediante alguna de las siguientes formas:

a) La transmisión inmediata de las telecomunicaciones a la autoridad de emisión.

b) La intervención, registro y ulterior transmisión del resultado de la intervención de las telecomunicaciones a la autoridad de emisión.

La elección de la forma en que se va a ejecutar la orden europea de investigación se acordará con la autoridad de emisión.

Art. 222. *Notificación a España de la intervención de telecomunicaciones con interceptación de la dirección de comunicaciones de una persona investigada o encausada que se encuentre en España y cuya asistencia técnica no sea necesaria.*—Cuando se notifique a España la intervención de telecomunicaciones con interceptación de la dirección de comunicaciones de una persona investigada o encausada que se encuentre en España, en el caso de que dicha intervención no fuera objeto de autorización en un caso interno similar, la autoridad española competente comunicará al Estado que se encuentre ejecutando la intervención, sin dilación y a más tardar en un plazo de noventa y seis horas desde la recepción de la notificación:

a) Que no podrá efectuarse la intervención o que se pondrá fin a la misma.

b) Y, en su caso, que no podrá utilizarse el posible material ya intervenido mientras la persona objeto de la intervención se encontraba en España, o que solo podrá utilizarse en las condiciones que se especifiquen. Deberá informarse a la autoridad competente del Estado que realiza la intervención de los motivos de tales condiciones.

Art. 223. *Ejecución de una orden europea de investigación para adoptar medidas de aseguramiento de prueba o de diligencias de investigación en relación con los medios de prueba.*—La autoridad española competente para el reconocimiento y ejecución de una orden europea de investigación en la que se solicite una medida cautelar de aseguramiento de pruebas comunicará su decisión a la autoridad de emisión dentro de las veinticuatro horas siguientes a la recepción de la orden.

En ejecución de la orden europea de investigación, los medios de prueba se trasladarán al Estado de emisión en la forma prevista en el artículo 211.

Previa consulta a la autoridad de emisión, la autoridad española competente, de conformidad con el Derecho español, podrá imponer condiciones, adecuadas a las circunstancias del caso, para limitar la duración del plazo de aplicación de la medida cautelar requerida. Si se propusiera dejar sin efecto la medida cautelar, se informará de ello a la autoridad de emisión y se le ofrecerá la posibilidad de formular alegaciones.

La autoridad española competente podrá recabar la asistencia de la Oficina de Recuperación y Gestión de activos en la ejecución de una orden europea de investigación cuando la misma se refiera a elementos probatorios susceptibles de ulterior decomiso.

DISPOSICIONES ADICIONALES

1.ª *Remisión y ejecución de órdenes europeas de detención y entrega provenientes o dirigidas a Gibraltar.*—Las órdenes europeas de detención y entrega provenientes o dirigidas a la colonia británica de Gibraltar se regirán por lo dispuesto en el «Régimen acordado sobre autoridades de Gibraltar en el contexto de los instrumentos de la Unión Europea y de la Comunidad Europea y Tratados Conexos», contenido en el documento del Consejo 7998/00 JAI 45 MI 73, de 19 de abril de 2000.

2.ª *Transmisión de medidas de embargo preventivo de bienes y de aseguramiento de pruebas y de sanciones pecuniarias con el Reino Unido y la República de Irlanda.*—La transmisión de las resoluciones de embargo preventivo y de aseguramiento de pruebas y de sanciones pecuniarias con el Reino Unido y la República de Irlanda se efectuará con arreglo a lo dispuesto en esta Ley, a menos que estos Estados manifiesten mediante declaración depositada ante la Secretaría General del Consejo de la Unión Europea y notificada a la Comisión que optan por la transmisión de sus resoluciones y del certificado correspondiente por conducto de una autoridad central o de las autoridades especificadas en la declaración.

3.ª *Información sobre las declaraciones efectuadas ante la Secretaría General del Consejo de la Unión Europea.*—El Ministerio de Justicia, el Consejo General del Poder Judicial y la Fiscalía General del Estado se coordinarán para que a través de sus sitios web se puedan conocer las declaraciones que España y los demás Estados miembros hayan efectuado ante la Secretaría General del Consejo de la Unión Europea, renunciando a exigir su consentimiento para determinadas actuaciones relativas al reconocimiento y ejecución de los instrumentos de reconocimiento mutuo

4.ª *Ejecución de resoluciones de decomiso dictadas por autoridades de terceros Estados no miembros de la Unión Europea.*—Cuando, en ejecución de una resolución de decomiso dictada por la autoridad competente de un Estado no miembro de la Unión Europea, se acuerde por los jueces o tribunales

---

Disp. Adic. 4.ª: Añadida por la LO 1/2015, de 30 de marzo (*BOE* n.º 77, de 31 de marzo), por la que se modifica la LO 10/1995, de 23 de noviembre, del Código Penal, con entrada en vigor el 1 de julio de 2015.

españoles el decomiso de bienes, valores o efectos que se hallen en España, el reparto de los mismos se llevará a cabo del siguiente modo:

1.º Si el valor de los bienes, valores y efectos decomisados, descontados los gastos realizados para su localización, administración y conservación, fuera inferior a 10.000 euros, se adjudicarán íntegramente al Estado español, y se les dará el destino que se determine legal o reglamentariamente.

2.º En el resto de los casos, descontados los gastos realizados para su localización, administración y conservación, corresponderá al Estado de emisión el 50 por 100 del valor de los bienes, valores y efectos decomisados cuando la resolución de decomiso haya sido dictada por la autoridad competente de un Estado que haya garantizado reciprocidad a España.

El resto de los bienes, valores y efectos decomisados serán adjudicados al Estado español, que les dará el destino que se determine legal o reglamentariamente.

3.º Lo dispuesto en el apartado anterior será únicamente aplicable en defecto de acuerdo entre el Reino de España y el Estado requirente.

4.º Se dispondrá de los bienes, valores o efectos decomisados del siguiente modo:

a) Si se trata de dinero, se transferirá al Estado requirente la cantidad que corresponda.

b) Si se trata de bienes, valores o efectos de otra naturaleza, se transferirán al Estado requirente, en la parte que corresponda, salvo que la resolución de decomiso se hubiera referido a una cantidad de dinero y el Estado requirente no se muestre conforme; se procederá a su venta conforme al procedimiento que se determine reglamentariamente, y se transferirá el efectivo obtenido, una vez descontados los gastos de ejecución, al Estado requirente, en la parte que corresponda. Cuando ninguno de los dos procedimientos anteriores pueda ser aplicado, se procederá conforme a cualquier otro procedimiento autorizado legal o reglamentariamente.

5.º Cuando de la ejecución de la resolución de decomiso resulten afectados bienes integrantes del patrimonio histórico español, en ningún caso se procederá a su enajenación o restitución al Estado de emisión. En tal supuesto, el decomiso será inmediatamente comunicado a las autoridades españolas competentes y serán de aplicación las disposiciones de la Ley 16/1985, de 25 de junio, del Patrimonio Histórico Español, y su normativa de desarrollo.

5.ª *Protección de datos de carácter personal.*—Los datos de carácter personal obtenidos como consecuencia de la emisión o ejecución de un instrumento de reconocimiento mutuo estarán protegidos de conformidad con lo dispuesto en la normativa europea y española de protección de datos de carácter personal.

6.ª *Declaración de testigos o peritos por conferencia telefónica.*—En el caso de que la declaración de testigos o peritos por conferencia telefónica sea introducida en la legislación procesal penal española, regirán las siguientes reglas para la emisión y ejecución de una orden europea de investigación que contemple dicha medida:

a) Cuando la autoridad española competente que esté conociendo de un proceso penal en España considere necesario oír, como testigo o perito, a una persona que se encuentre en el territorio de otro Estado miembro, emitirá una orden europea de investigación para que la declaración del testigo o perito se realice por conferencia telefónica, siempre que no considere más conveniente que la persona comparezca personalmente en su territorio y no hubiera sido posible utilizar otro medio más adecuado.

b) Salvo acuerdo en sentido contrario, el procedimiento para declaración de testigos o peritos por conferencia telefónica, tanto para la emisión como para la ejecución de una orden europea de investigación que incluya dicha declaración, se regirá por lo dispuesto en los apartados 2, 3, 4 y 5 del artículo 216.

A los efectos de esta disposición adicional, se entenderá por autoridad española competente la definida en el artículo 187.

7.ª *Referencias a Fiscales europeos delegados.*—1. Las referencias de esta Ley a las autoridades judiciales y al Ministerio Fiscal se entenderán realizadas a los Fiscales europeos delegados respecto de aquellas funciones que les atribuyen el Reglamento (UE) 2017/1939 del Consejo, de 12 de octubre de 2017, por el que se establece una cooperación reforzada para la

Disp. Adic. 5.ª: Esta disposición fue introducida por la Ley 3/2018, de 11 de junio (*BOE* n.º 142, de 12 de junio), para regular la Orden Europea de Investigación.

Disp. Adic. 6.ª: Esta disposición fue introducida por la Ley 3/2018, de 11 de junio (*BOE* n.º 142, de 12 de junio), para regular la Orden Europea de Investigación.

Disp. Adic. 7.ª: Esta disposición fue introducida por la LO 9/2021, de 1 de julio (*BOE* n.º 157, de 2 de julio), de aplicación del Reglamento (UE) 2017/1939 del Consejo, de 12 de octubre de 2017, por el que se establece una cooperación reforzada para la creación de la Fiscalía Europea.

creación de la Fiscalía Europea, y la Ley Orgánica de aplicación de dicho Reglamento.

2. A los efectos del apartado 1 del artículo 35, los Fiscales europeos delegados serán autoridad competente en el ámbito de los procedimientos en los que ostenten las competencias atribuidas por el citado Reglamento.

DISPOSICIONES TRANSITORIAS

1.ª *Régimen transitorio.*—1. Esta Ley será aplicable a las resoluciones que se transmitan por las autoridades competentes españolas o que se reciban por esas autoridades con posterioridad a su entrada en vigor, con independencia de que hubieran sido dictadas con anterioridad o de que se refieran a hechos anteriores a la misma.

2. Las resoluciones cuya solicitud de reconocimiento y ejecución hubiera sido transmitida por las autoridades judiciales españolas o que se hubieran recibido por esas autoridades en el momento de la entrada en vigor de esta Ley, seguirán tramitándose hasta su conclusión conforme a las normas vigentes en aquel momento.

3. A los solos efectos de lo dispuesto en el artículo 83.1 de la presente Ley, cuando se trate de solicitudes de reconocimiento y ejecución que hubieran podido ser presentadas a partir del 5 de diciembre de 2011 y antes de la entrada en vigor de la presente Ley, será aplicable la legislación vigente al tiempo de la solicitud de ser más favorable para el condenado.

2.ª *Remisión y ejecución de resoluciones condenatorias en Polonia.*—Lo dispuesto en la letra *a*) del apartado 2 del artículo 67 no será aplicable a Polonia, tanto si éste es Estado de emisión como si es Estado de ejecución, en aquellos casos en que la resolución condenatoria haya sido dictada antes de un período de cinco años a partir del 5 de diciembre de 2011, salvo que renuncie a recurrir a esta excepción mediante notificación a la Secretaría General del Consejo de la Unión Europea.

3.ª *Equivalencia de la descripción del Sistema de Información Schengen.*—Con carácter provisional, hasta el momento en que el Sistema de Información Schengen tenga capacidad para transmitir toda la información que figura en el artículo 36, la descripción equivaldrá a una orden europea de detención y entrega hasta que la autoridad judicial de ejecución reciba el original en buena y debida forma.

DISPOSICIÓN DEROGATORIA

Única. *Derogación normativa.*—Quedan derogadas la Ley 3/2003, de 14 de marzo, sobre la orden europea de detención y entrega; la Ley 18/2006, de 5 de junio, para la eficacia en la Unión Europea de las resoluciones de embargo y aseguramiento de pruebas en procedimientos penales; la Ley 1/2008, de 4 de diciembre, para la ejecución en la Unión Europea de resoluciones que impongan sanciones pecuniarias, y la Ley 4/2010, de 10 de marzo, para la ejecución en la Unión Europea de resoluciones judiciales de decomiso.

DISPOSICIONES FINALES

1.ª *Actualización de anexos.*—Se autoriza al Consejo de Ministros, a iniciativa del Ministro de Justicia, a actualizar los modelos de certificados recogidos en los anexos de esta Ley cuando hayan sido modificados por normas de la Unión Europea.

2.ª *Título competencial.*—Esta Ley se dicta al amparo de lo dispuesto en el artículo 149.1.6.ª de la Constitución, que atribuye al Estado la competencia en materia de legislación procesal.

3.ª *Incorporación de derecho de la Unión Europea.*—Mediante esta ley se incorporan al Derecho español:

a) La Decisión Marco 2002/584/JAI, de 13 de junio de 2002, relativa a la orden de detención europea y a los procedimientos de entrega entre Estados.

b) La Decisión Marco 2003/577/JAI, de 22 de julio de 2003, relativa a la ejecución en la Unión Europea de las resoluciones de embargo preventivo de bienes y aseguramiento de pruebas.

c) La Decisión Marco 2005/214/JAI, de 24 de febrero de 2005, relativa a la aplicación del principio de reconocimiento mutuo de sanciones pecuniarias.

d) La Decisión Marco 2006/783/JAI, de 6 de octubre de 2006, relativa a la aplicación del principio de reconocimiento mutuo de resoluciones de decomiso.

Disp. Final 3.ª: El apartado *k*) de esta disposición fue incorporado por la Ley 3/2018, de 11 de junio (*BOE* n.º 142, de 12 de junio), para regular la Orden Europea de Investigación.

e) La Decisión Marco 2008/909/JAI, de 27 de noviembre de 2008, relativa a la aplicación del principio de reconocimiento mutuo de sentencias en materia penal por las que se imponen penas u otras medidas privativas de libertad a efectos de su ejecución en la Unión Europea.

f) La Decisión Marco 2008/947/JAI, de 27 de noviembre de 2008, relativa a la aplicación del principio de reconocimiento mutuo de sentencias y resoluciones de libertad vigilada con miras a la vigilancia de las medidas de libertad vigilada y las penas sustitutivas.

g) La Decisión Marco 2008/978/JAI, de 18 de diciembre de 2008, relativa al exhorto europeo de obtención de pruebas para recabar objetos, documentos y datos destinados a procedimientos en materia penal.

h) La Decisión Marco 2009/299/JAI, de 26 de febrero de 2009, por la que se modifican las Decisiones Marco 2002/ 584/ JAI, 2005/214/JAI, 2006/ 783/ JAI, 2008/909/JAI y 2008/ 947/ JAI, destinada a reforzar los derechos procesales de las personas y a propiciar la aplicación del principio de reconocimiento mutuo de las resoluciones dictadas a raíz de juicios celebrados sin comparecencia del imputado.

i) La Decisión Marco 2009/829/JAI, de 23 de octubre de 2009, relativa a la aplicación, entre Estados miembros de la Unión Europea, del principio de reconocimiento mutuo a las resoluciones sobre medidas de vigilancia como sustitución de la prisión provisional.

j) Y la Directiva 2011/99/ UE, de 13 de diciembre de 2011, del Parlamento Europeo y del Consejo, sobre la orden europea de protección.

k) La Directiva 2014/41/UE del Parlamento Europeo y del Consejo, de 3 de abril de 2014, relativa a la orden europea de investigación en materia penal.

4.ª *Entrada en vigor*.—La presente Ley entrará en vigor a los veinte días de su publicación en el *Boletín Oficial del Estado*.

ANEXOS*

....

* No se incluyen los anexos documentales.

B) LEY ORGÁNICA 6/2014, DE 29 DE OCTUBRE, COMPLEMENTARIA DE LA LEY DE RECONOCIMIENTO MUTUO DE RESOLUCIONES PENALES EN LA UNIÓN EUROPEA, POR LA QUE SE MODIFICA LA LEY ORGÁNICA 6/1985, DE 1 DE JULIO, DEL PODER JUDICIAL

(*BOE* n.º 263, de 30 de octubre de 2014)

PREÁMBULO

La Ley de reconocimiento mutuo de resoluciones penales en la Unión Europea, mediante la cual se transponen a nuestro ordenamiento diversas decisiones marco, incide sobre algunas materias cuya regulación es objeto de ley orgánica. De este modo, al tiempo que se aprueba la nueva Ley de reconocimiento mutuo, resulta necesario modificar la Ley Orgánica 6/1985, de 1 de julio, del Poder Judicial.

Como ha sucedido ya cada vez que se incorpora una nueva decisión marco sobre reconocimiento mutuo, la Ley regula a lo largo de su articulado la competencia de aquellas autoridades judiciales encargadas de emitir, reconocer y ejecutar las resoluciones judiciales que son objeto de la misma.

Dado que en esta ocasión la nueva Ley transpone no una sino varias decisiones marco, además de una directiva, sobre reconocimiento mutuo, son varias las competencias que se crean a su amparo. De esta forma, se prevén nuevas competencias de los Juzgados y Tribunales competentes en materia penal en relación con las sentencias por las que se imponen penas u otras medidas privativas de libertad, el exhorto europeo de obtención de pruebas, la resolución de libertad vigilada, la resolución sobre medidas de vigilancia de la libertad provisional y la orden europea de protección. Respecto de la orden europea de detención y entrega, se incluye también al Juez Central de Menores como autoridad de ejecución competente cuando la orden se refiera a un menor. En los demás casos, la autoridad competente será el Juez Central de Instrucción de la Audiencia Nacional.

Por este motivo, es necesario modificar también la Ley Orgánica 6/1985, de 1 de julio, del Poder Judicial, que enumera las competencias de los órganos jurisdiccionales, continuando con la tendencia seguida con motivo de la transposición de anteriores decisiones marco sobre reconocimiento mutuo de resoluciones judiciales.

No obstante lo anterior, la reforma que ahora se lleva a cabo tiene en cuenta el carácter dinámico de la cooperación judicial penal en la Unión Europea, lo que lleva no a atribuir competencias cerradas a los distintos órganos judiciales con competencia en materia penal, sino a reconocerles competencia para la ejecución de las órdenes europeas que se les encomienden en las normas específicas en materia de reconocimiento mutuo de resoluciones judiciales en materia penal en la Unión Europea. De esta forma, la evolución normativa de esta materia no obligará a reformas puntuales de la Ley Orgánica del Poder Judicial.

Artículo único. *Modificación de la Ley Orgánica 6/1985, de 1 de julio, del Poder Judicial.*—Se modifican los artículos 65, 87, 87 ter, 88, 89 bis, 94, 96 y 97 de la Ley Orgánica 6/1985, de 1 de julio, del Poder Judicial, que quedan redactados como sigue:

Uno. Se modifica el numeral 4.º del artículo 65:

«4.º De los recursos respecto a los instrumentos de reconocimiento mutuo de resoluciones penales en la Unión Europea que les atribuya la ley, y la resolución de los procedimientos judiciales de extradición pasiva, sea cual fuere el lugar de residencia o en que hubiese tenido lugar la detención del afectado por el procedimiento.»

Dos. Se modifica la redacción de la letra *g*) del apartado 1 del artículo 87:

«*g*) De la emisión y la ejecución de los instrumentos de reconocimiento mutuo de resoluciones penales en la Unión Europea que les atribuya la ley.»

Tres. Se añade una nueva letra *f*) al apartado 1 del artículo 87 ter, con la siguiente redacción:

«*f*) De la emisión y la ejecución de los instrumentos de re-

Art. único: V. el Acuerdo de 27 de septiembre de 2018 (*BOE* n.º 249, de 15 de octubre), del Pleno del Consejo General del Poder Judicial, por el que se aprueba el Reglamento 1/2018, sobre auxilio judicial internacional y redes de cooperación judicial internacional.

conocimiento mutuo de resoluciones penales en la Unión Europea que les atribuya la ley.»

Cuatro. Se modifica el artículo 88:

«En la villa de Madrid podrá haber uno o más Juzgados Centrales de Instrucción, con jurisdicción en toda España, que instruirán las causas cuyo enjuiciamiento corresponda a la Sala de lo Penal de la Audiencia Nacional o, en su caso, a los Juzgados Centrales de lo Penal y tramitarán los expedientes de ejecución de las órdenes europeas de detención y entrega, los procedimientos de extradición pasiva, los relativos a la emisión y la ejecución de otros instrumentos de reconocimiento mutuo de resoluciones penales en la Unión Europea que les atribuya la ley, así como las solicitudes de información entre los servicios de seguridad de los Estados miembros de la Unión Europea cuando requieran autorización judicial, en los términos previstos en la ley.»

Cinco. El apartado 4 del artículo 89 bis queda redactado como sigue:

«4. Corresponde a los Juzgados de lo Penal la emisión y la ejecución de los instrumentos de reconocimiento mutuo de resoluciones penales en la Unión Europea que les atribuya la ley.»

Seis. Se modifican los apartados 1 y 4 del artículo 94:

«1. En cada provincia, y dentro del orden jurisdiccional penal, habrá uno o varios Juzgados de Vigilancia Penitenciaria, que tendrán las funciones jurisdiccionales previstas en la Ley General Penitenciaria en materia de ejecución de penas privativas de libertad y medidas de seguridad, emisión y ejecución de los instrumentos de reconocimiento mutuo de resoluciones penales en la Unión Europea que les atribuya la ley, control jurisdiccional de la potestad disciplinaria de las autoridades penitenciarias, amparo de los derechos y beneficios de los internos en los establecimientos penitenciarios y demás que señale la ley.»

«4. En la villa de Madrid, con jurisdicción en toda España, habrá uno o varios Juzgados Centrales de Vigilancia Penitenciaria que tendrán las funciones jurisdiccionales previstas en la Ley General Penitenciaria, descritas en el apartado 1 de este artículo, la competencia para la emisión y ejecución de los instrumentos de reconocimiento mutuo de resoluciones penales en la Unión Europea que les atribuya la ley y demás funciones que señale la ley, en relación con los delitos competencia de la Audiencia Nacional. En todo caso, la competencia de estos Juzgados Centrales será preferente y excluyente cuando el penado cumpla también otras condenas que no hubiesen sido impuestas por la Audiencia Nacional.»

Siete. Se modifica el apartado 2 del artículo 96:

«2. En la villa de Madrid, con jurisdicción en toda España, habrá un Juzgado Central de Menores, que conocerá de las causas que le atribuya la legislación reguladora de la responsabilidad penal de los menores, así como de la emisión y la ejecución de los instrumentos de reconocimiento mutuo de resoluciones penales en la Unión Europea que le atribuya la ley.»

Ocho. Se modifica el artículo 97, que queda redactado como sigue:

«Corresponde a los Jueces de Menores el ejercicio de las funciones que establezcan las leyes para con los menores que hubieren incurrido en conductas tipificadas por la ley como delito o falta y aquellas otras que, en relación con los menores de edad, les atribuyan las leyes así como de la emisión y la ejecución de los instrumentos de reconocimiento mutuo de resoluciones penales en la Unión Europea que les atribuya la ley.»

DISPOSICIÓN FINAL

Única. *Entrada en vigor.*— La presente Ley Orgánica entrará en vigor a los veinte días de su publicación en el *Boletín Oficial del Estado*.

APÉNDICE 6

LEY ORGÁNICA 5/1985, DE 19 DE JUNIO, DEL RÉGIMEN ELECTORAL GENERAL*

(*BOE* n.º 147, de 20 de junio de 1985; corrección de errores en *BOE* n.º 17, de 20 de enero de 1986)

....

TÍTULO PRIMERO

Disposiciones comunes para las elecciones por sufragio universal directo

....

* Modificada por LO 1/1987, de 2 de abril, para la regulación de las elecciones al Parlamento Europeo (*BOE* n.º 80, de 3 de abril); por LO 8/1991, de 13 de marzo (*BOE* n.º 63, de 14 de marzo; corrección de errores en *BOE* n.º 65, de 16 de marzo); por LO 6/1992, de 2 de noviembre (*BOE* n.º 264, de 3 de noviembre); por LO 13/1994, de 30 de marzo (*BOE* n.º 77, de 31 de marzo); por LO 3/1995, de 23 de marzo (*BOE* n.º 71, de 24 de marzo); por el apartado 1.*f*) de la Disp. Derog. única de la LO 10/1995, por la que se aprueba el nuevo Código Penal; por LO 1/1997, de 30 de mayo, para la transposición de la Directiva 94/80/CE, de Elecciones Municipales (*BOE* n.º 130, de 31 de mayo); por LO 3/1998, de 15 de junio (*BOE* n.º 143, de 16 de junio); por LO 8/1999, de 21 de abril (*BOE* n.º 96, de 22 de abril); por LO 6/2002, de 27 de junio (*BOE* n.º 154, de 28 de junio), de Partidos Políticos; por LO 1/2003, de 10 de marzo (*BOE* n.º 60, de 11 de marzo; corrección de errores en *BOE* n.º 207, de 29 de agosto), para la garantía de la democracia en los Ayuntamientos y la seguridad de los Concejales; por LO 16/2003, de 28 de noviembre (*BOE* n.º 286, de 29 de noviembre); por LO 3/2007, de 22 de marzo (*BOE* n.º 71, de 23 de marzo), para la igualdad efectiva de mujeres y hombres; por LO 9/2007, de 8 de octubre (*BOE* n.º 242, de 9 de octubre); por LO 8/2010, de 4 de noviembre (*BOE* n.º 268, de 5 de noviembre); por LLOO 2 y 3/2011, ambas de 28 de enero (*BOE* n.º 25, de 29 de enero); por LO 7/2011, de 15 de julio (*BOE* n.º 170, de 16 de julio), y por LO 3/2015, de 30 de marzo (*BOE* n.º 77, de 31 de marzo); por LO 2/2018, de 5 de diciembre, para garantizar el derecho de sufragio de todas las personas con discapacidad (*BOE* n.º 294, de 6 de diciembre); y por

CAPÍTULO VIII

Delitos e infracciones electorales

SECCIÓN 1.ª

Disposiciones generales

Art. 135. 1. A los efectos de este Capítulo son funcionarios públicos los que tengan esa consideración según el Código Penal, quienes desempeñen alguna función pública relacionada con las elecciones, y en particular los Presidentes y Vocales de las Juntas Electorales, los Presidentes, Vocales e Interventores de las Mesas Electorales y los correspondientes suplentes.

2. A los mismos efectos tienen la consideración de documentos oficiales, el censo y sus copias autorizadas, las Actas, listas, certificaciones, talones o credenciales de nombramiento de quienes hayan de intervenir en el proceso electoral y cuantos emanen de personas a quienes la presente Ley encargue su expedición.

Art. 136. Los hechos susceptibles de ser calificados con arreglo a esta Ley y al Código Penal lo serán siempre por aquel precepto que aplique mayor sanción al delito o falta cometidos.

Art. 137. Por todos los delitos a que se refiere este Capítulo

---

LO 3/2018, de 5 de diciembre, de Protección de Datos Personales y garantía de los derechos digitales (*BOE* n.º 294, de 6 de diciembre). V. arts. 214, n.º 3.º, 217, n.º 1.º, y 218, n.º 1.º, CP de 1973 (Apéndice 1); RD 1.732/1985, de 24 de septiembre, por el que se regulan las condiciones de los locales y las características oficiales de los elementos materiales a utilizar en los procesos electorales (*BOE* n.º 233, de 28 de septiembre); RD 605/1999, de 16 de abril (*BOE* n.º 92, de 17 de abril), de regulación complementaria de los procesos electorales, modificado por RD 1.382/2002, de 20 de diciembre (*BOE* n.º 305, de 21 de diciembre; corrección de erratas en *BOE* n.º 8, de 9 de enero de 2003); por LO 3/2015, de 30 de marzo (*BOE* n.º 77, de 31 de marzo), de control de la actividad económico-financiera de los partidos políticos; y por LO 2/2016, de 31 de octubre (*BOE* n.º 264, de 1 de noviembre).

Art. 135.1: V. art. 24 CP.

Art. 135.2: V. arts. 26 y 390 ss. CP.

Art. 136: V. art. 8 CP.

Art. 137: V. art. 44 CP. Téngase en cuenta que el apartado 1.*f)* de la Disp. Derog. única de la LO 10/1995, por la que se aprueba el nuevo CP, derogó los términos «activo y» que figuraban también en este precepto. La STC 126/2021, de 3 de junio (*BOE* n.º 161, de 7 de julio), ha determinado que la pena de inhabilitación que establece este precepto «ha de tener una duración equivalente a la de la respectiva pena privativa de libertad impuesta en caso de comisión de cada uno de esos delitos, aplicando, en el caso de que la pena impuesta sea la de multa, el mecanismo de conversión a responsabilidad personal subsidiaria del artículo 53 CP».

se impondrá, además de la pena señalada en los artículos siguientes, la de inhabilitación especial para el derecho del sufragio pasivo.

Art. 138. En lo que no se encuentre expresamente regulado en este Capítulo se aplicará el Código Penal.

También serán de aplicación, en todo caso, las disposiciones del Capítulo I, Título I, del Código Penal a los delitos penados en esta Ley.

SECCIÓN 2.ª

Delitos electorales

Art. 139. Serán castigados con las penas de seis meses a dos años y de multa de seis a veinticuatro meses los funcionarios públicos que dolosamente:

1. Incumplan las normas legalmente establecidas para la formación, conservación y exhibición al público del censo electoral.
2. Incumplan las normas legalmente establecidas para la constitución de las Juntas y Mesas Electorales, así como para las votaciones, acuerdos y escrutinios que éstas deban realizar.
3. No extiendan las actas, certificaciones, notificaciones y demás documentos electorales en la forma y momentos previstos por la Ley.
4. Susciten, sin motivo racional, dudas sobre la identidad de una persona o la entidad de sus derechos.
5. Suspendan, sin causa justificada, cualquier acto electoral.
6. Nieguen, dificulten o retrasen indebidamente la admisión, curso o resolución de las protestas o reclamaciones de las personas que legalmente estén legitimadas para hacerlas, o no dejen de ellas la debida constancia documental.
7. Causen, en el ejercicio de sus competencias, manifiesto perjuicio a un candidato.
8. Incumplan los trámites establecidos para el voto por correspondencia.

Art. 138: V. art. 9.º, Título Preliminar y Título I del Libro I CP.

Art. 139: Este artículo figura redactado conforme al texto de la LO 2/2011, de 28 de enero (*BOE* n.º 25, de 29 de enero).

Art. 139.1: V. arts. 31 ss. de la presente Ley del Régimen Electoral General.

Art. 139.2: V. arts. 80 ss. de la presente Ley.

Art. 139.3: V. arts. 98 ss. de la presente Ley.

Art. 139.6: V. art. 108 de la presente Ley.

Art. 139.8: V. arts. 72 ss. de la presente Ley del Régimen Electoral General.

Art. 140. *Delitos por abuso de oficio o falsedad.*—1. Serán castigados con las penas de prisión de tres a siete años y multa de dieciocho a veinticuatro meses los funcionarios que abusando de su oficio o cargo realicen alguna de las siguientes falsedades:

a) Alterar sin autorización las fechas, horas o lugares en que deba celebrarse cualquier acto electoral incluso de carácter preparatorio, o anunciar su celebración de forma que pueda inducir a error a los electores.

b) Omitir o anotar de manera que induzca a error sobre su autenticidad los nombres de los votantes en cualquier acto electoral.

c) Cambiar, ocultar o alterar, de cualquier manera, el sobre o papeleta electoral que el elector entregue al ejercitar su derecho.

d) Realizar con inexactitud el recuento de electores en actos referentes a la formación o rectificación del Censo, o en las operaciones de votación y escrutinio.

e) Efectuar proclamación indebida de personas.

f) Faltar a la verdad en manifestaciones verbales que hayan de realizarse en algún acto electoral, por mandato de esta Ley.

g) Consentir, pudiendo evitarlo, que alguien vote dos o más veces o lo haga sin capacidad legal, o no formular la correspondiente protesta.

h) Imprimir, confeccionar o utilizar papeletas o sobres electorales con infracción de las normas establecidas.

i) Incumplir las obligaciones relativas a certificaciones en materia de subvenciones por gastos electorales previstas en esta ley.

j) Cometer cualquier otra falsedad en materia electoral, análoga a las anteriores, por alguno de los modos señalados en el artículo 302 del Código Penal.

2. Si las falsedades a las que se refiere este artículo se cometieran por imprudencia grave, serán sancionadas con la pena de multa de doce a veinticuatro meses.

Art. 140: El apartado 1.*i*) de este artículo fue introducido por LO 1/2003, de 10 de marzo (*BOE* n.º 60, de 11 de marzo; corrección de errores en *BOE* n.º 207, de 29 de agosto), para la garantía de la democracia en los Ayuntamientos y la seguridad de los Concejales; y las penas son las introducidas por LO 2/2011, de 28 de enero (*BOE* n.º 25, de 29 de enero). Esta misma norma ha dado nueva redacción al apartado segundo de este artículo, y ha derogado el tercero. V. arts. 26 y 390 ss. CP y 129 ss. de la presente Ley Electoral.

Art. 141. *Delito por infracción de los trámites para el voto por correo.*—1. El particular que vulnere los trámites establecidos para el voto por correo será castigado con las penas de prisión de tres meses a un año o la de multa de seis a veinticuatro meses.

2. El particular que participe en alguna de las falsedades señaladas en el artículo anterior será castigado con la pena de prisión de seis meses a tres años.

Art. 142. *Delito por emisión de varios votos o emisión sin capacidad.*—Quienes voten dos o más veces en la misma elección o quienes voten sin capacidad para hacerlo serán castigados con las penas de prisión de seis meses a dos años, multa de seis meses a dos años e inhabilitación especial para empleo o cargo público de uno a tres años.

Art. 143. *Delitos por abandono o incumplimiento en las Mesas Electorales.*—El Presidente y los Vocales de las Mesas Electorales así como sus respectivos suplentes que dejen de concurrir o desempeñar sus funciones, las abandonen sin causa legítima o incumplan sin causa justificada las obligaciones de excusa o aviso previo que les impone esta Ley, incurrirán en la pena de prisión de tres meses a un año o multa de seis a veinticuatro meses.

Art. 144. *Delitos en materia de propaganda electoral.*—1. Serán castigados con la pena de prisión de tres meses a un año o la de multa de seis a veinticuatro meses quienes lleven a cabo alguno de los actos siguientes:

a) Realizar actos de propaganda una vez finalizado el plazo de la campaña electoral.

b) Infringir las normas legales en materia de carteles electorales y espacios reservados de los mismos, así como las normas relativas a las reuniones y otros actos públicos de propaganda electoral.

Art. 141: Este artículo está redactado conforme al texto de la LO 2/2011, de 28 de enero (*BOE* n.º 25, de 29 de enero).

Art. 141.1: V. arts. 72 ss. de la presente Ley.

Art. 142: Este artículo figura redactado conforme al texto de la LO 2/2011, de 28 de enero (*BOE* n.º 25, de 29 de enero). V. arts. 42 ss., 66 y 72 CP.

Art. 143: Este artículo figura redactado conforme al texto de la LO 2/2011, de 28 de enero (*BOE* n.º 25, de 29 de enero). V. arts. 407 y 463 CP, y nota al art. 139 de esta misma Ley.

Art. 144: Este artículo figura redactado conforme al texto de la LO 2/2011, de 28 de enero (*BOE* n.º 25, de 29 de enero). V. arts. 66 y 72 CP, y 53 de la misma Ley.

Art. 144.1: V. arts. 53 ss. de la presente Ley del Régimen Electoral General.

2. Serán castigados con las penas de prisión de seis meses a dos años y la multa de seis meses a un año los miembros en activo de las Fuerzas Armadas y Seguridad del Estado, de las Policías de las Comunidades Autónomas y locales, los Jueces, Magistrados y Fiscales y los miembros de las Juntas Electorales que difundan propaganda electoral o lleven a cabo otras actividades de campaña electoral.

Art. 145. *Delitos en materia de encuestas electorales.*—Quienes infrinjan la normativa vigente en materia de encuestas electorales serán castigados con la pena de prisión de tres meses a un año, multa de doce a veinticuatro meses e inhabilitación especial para profesión, oficio, industria o comercio por tiempo de uno a tres años.

Art. 146. 1. Serán castigados con la pena de prisión de seis meses a tres años o multa de doce a veinticuatro meses:

a) Quienes por medio de recompensas, dádivas, remuneraciones o promesas de las mismas, soliciten directa o indirectamente el voto de algún elector, o le induzcan a la abstención.

b) Quienes con violencia o intimidación presionen sobre los electores para que no usen de su derecho, lo ejerciten contra su voluntad o descubran el secreto de voto.

c) Quienes impidan o dificulten injustificadamente la entrada, salida o permanencia de los electores, candidatos, apoderados, interventores y notarios en los lugares en los que se realicen actos del procedimiento electoral.

2. Los funcionarios públicos que usen de sus competencias para algunos de los fines señalados en este artículo incurrirán en las penas señaladas en el número anterior y, además, en la inhabilitación especial para empleo o cargo público de uno a tres años.

Art. 147. *Delitos de alteración del orden del acto electoral.*—Los que perturben gravemente el orden en cualquier acto electoral o penetren en los locales donde éstos se celebren portando armas u otros instrumentos susceptibles de ser usa-

---

Art. 145: Este artículo figura redactado conforme al texto de la LO 2/2011, de 28 de enero (*BOE* n.º 25, de 29 de enero). V. arts. 45 CP y 69 de la misma Ley.

Art. 146: Este artículo figura redactado conforme al texto de la LO 2/2011, de 28 de enero (*BOE* n.º 25, de 29 de enero). V. arts. 42 y 172 CP.

Art. 147: Este artículo figura redactado conforme al texto de la LO 2/2011, de 28 de enero (*BOE* n.º 25, de 29 de enero). V. arts. 558 y 559 CP.

dos como tales, serán castigados con la pena de prisión de tres a doce meses o la multa de seis a veinticuatro meses.

Art. 148. Cuando los delitos de calumnia e injuria se cometan en período de campaña electoral y con motivo u ocasión de ella, las penas privativas de libertad previstas al efecto en el Código Penal se impondrán en su grado máximo.

Art. 149. 1. Los administradores generales y de las candidaturas de los partidos, federaciones, coaliciones o agrupaciones de electores que falseen las cuentas, reflejando u omitiendo indebidamente en las mismas aportaciones o gastos o usando de cualquier artificio que suponga aumento o disminución de las partidas contables, serán castigados con la pena de prisión de uno a cuatro años y multa de doce a veinticuatro meses.

2. Los Tribunales, atendiendo a la gravedad del hecho y sus circunstancias, podrán imponer la pena en un grado inferior a la señalada en el párrafo anterior.

Art. 150. *Delito de apropiación indebida de fondos electorales.*—1. Los administradores generales y de las candidaturas, así como las personas autorizadas a disponer de las cuentas electorales, que se apropien o distraigan fondos para fines distintos de los contemplados en esta Ley serán sancionados con las penas de prisión de uno a cuatro años y multa de seis a doce meses, si los fondos apropiados o distraídos no superan los 50.000 euros, y de prisión de dos a seis años y multa de doce a veinticuatro meses, en caso contrario.

2. Los Tribunales teniendo en cuenta la gravedad del hecho y sus circunstancias, las condiciones del culpable y la finalidad perseguida por éste, podrán imponer la pena de prisión de seis meses a un año y la de multa de tres a seis meses.

SECCIÓN 3.ª

Procedimiento judicial

Art. 151. 1. El procedimiento para la sanción de estos delitos se tramitará con arreglo a la Ley de Enjuiciamiento Cri-

---

Art. 148: V. arts. 66, 72 y 205 ss. CP.

Art. 149: El primer apartado de este artículo ha sido redactado conforme al texto de la LO 2/2011, de 28 de enero (*BOE* n.º 25, de 29 de enero). V. arts. 310 y 390 ss. CP.

Art. 150: Este artículo figura redactado conforme al texto de la LO 2/2011, de 28 de enero (*BOE* n.º 25, de 29 de enero). V. art. 252 CP.

minal. Las actuaciones que se produzcan por aplicación de estas normas tendrán carácter preferente y se tramitarán con la máxima urgencia posible.

2. La acción penal que nace en estos delitos es pública y podrá ejercitarse sin necesidad de depósito o fianza alguna.

Art. 152. El Tribunal o Juez a quien corresponda la ejecución de las Sentencias firmes dictadas en causas por delitos a los que se refiere este Título dispondrá la publicación de aquéllas en el *Boletín Oficial* de la Provincia y remitirá testimonio de las mismas a la Junta Electoral Central.

SECCIÓN 4.ª

Infracciones electorales

Art. 153. 1. Toda infracción de las normas obligatorias establecidas en la presente Ley que no constituya delito será sancionada por la Junta Electoral competente. La multa será de 300 a 3.000 euros si se trata de autoridades o funcionarios y de 100 a 1.000 si se realiza por particulares.

2. Las infracciones de lo dispuesto en esta Ley sobre régimen de encuestas electorales serán sancionadas con multa de 3.000 a 30.000 euros.

....

Art. 153: Este artículo figura redactado conforme al texto de la LO 2/2011, de 28 de enero (*BOE* n.º 25, de 29 de enero). La STC 14/2021, de 28 de enero (*BOE* n.º 46, de 23 de febrero), desestimó la cuestión de inconstitucionalidad presentada, contra el primer apartado de este artículo, por la Sección Cuarta de la Sala de lo Contencioso-Administrativo del Tribunal Supremo, porque «realiza una remisión expresa y perfectamente delimitada a una fuente interna, como son los preceptos de la propia LOREG, que poseen el rango normativo adecuado»; porque «es perfectamente previsible que quien difunda propaganda electoral o realice actos de campaña en la jornada de reflexión, es decir, una vez terminada la campaña, pueda ser sancionado»; porque no cabe apreciar «una falta de predeterminación de los autores de las infracciones»; porque «la exigencia de responsabilidad al director de un periódico por la realización de una conducta expresamente prohibida en la LOREG no vulnera ni el derecho a la libertad de información del artículo 20.1.*d*) CE ni el derecho a la presunción de inocencia del artículo 24.2 CE»; y porque el precepto impugnado «define perfectamente la sanción que puede ser impuesta a los infractores, lo cual supone respetar la necesaria correlación entre los actos o conductas tipificados como ilícitos administrativos y las sanciones consiguientes a los mismos».

APÉNDICE 7

LEY ORGÁNICA 5/1995, DE 22 DE MAYO, DEL TRIBUNAL DEL JURADO*

(*BOE* n.º 122, de 23 de mayo de 1995)

....

DISPOSICIONES ADICIONALES

....

2.ª *Infracciones penales.*— 1. Los jurados que abandonen sus funciones sin causa legítima, o incumplan las obligaciones que les imponen los artículos 41.4 y 58.2 de esta Ley incurrirán en la pena de multa de 100.000 a 500.000 pesetas.

* Modificada por LO 8/1995, de 16 de noviembre (*BOE* n.º 275, de 17 de noviembre); por LO 10/1995, de 23 de noviembre (*BOE* n.º 281, de 24 de noviembre), por la que se aprueba el nuevo CP, por LO 1/2015, de 30 de marzo (*BOE* n.º 77, de 31 de marzo), por la que se modifica el CP; por LO 1/2017, de 13 de diciembre (*BOE* n.º 303, de 14 de diciembre), para garantizar la participación de las personas con discapacidad sin exclusiones; y por LO 9/2021, de 1 de julio (*BOE* n.º 157, de 2 de julio), de aplicación del Reglamento (UE) 2017/1939 del Consejo, de 12 de octubre de 2017, por el que se establece una cooperación reforzada para la creación de la Fiscalía Europea. Por RD 385/1996, de 1 de marzo (*BOE* n.º 64, de 14 de marzo; corrección de errores en *BOE* n.º 90, de 13 de abril), se estableció el régimen retributivo e indemnizatorio del desempeño de las funciones de jurado.

Disp. Adic. 2.ª: Los arts. 41, 55 y 58 LOTJ, a los que se remite esta Disp. Adic. 2.ª, disponen lo siguiente:

«*Art. 41. Juramento o promesa de los designados.*—1. Una vez que el Tribunal se haya constituido, se procederá a recibir juramento o promesa a los designados. Puestos en pie el Magistrado-presidente dirá: "¿Juráis o prometéis desempeñar bien y fielmente vuestra función de jurado, examinar con rectitud la acusación formulada contra —aquí indicará el nombre y apellidos de cada acusado—, apreciando sin odio ni afecto las pruebas que se os dieren, y resolver con imparcialidad si son o no culpables de los delitos imputados, así como guardar el secreto de las deliberaciones?"

2. Los jurados que incumplan las obligaciones impuestas en el apartado 3 del artículo 55, incurrirán en la pena de arresto mayor y multa de 100.000 a 500.000 pesetas.

....

»2. Los jurados se irán aproximando, de uno en uno, a la presencia del Magistrado-presidente y, colocados frente a él, dirán: "sí juro" o "sí prometo", y tomarán asiento en el lugar destinado al efecto.

»3. El Magistrado-presidente, cuando todos hayan jurado o prometido, dirá: "Si así lo hiciereis, vuestros conciudadanos os lo premien; y, si no, os lo demanden" y mandará comenzar la audiencia pública.

»4. Nadie podrá ejercer las funciones de jurado sin prestar el juramento o promesa indicados. Quien se negase a prestarlo será conminado con el pago de una multa de 50.000 pesetas que el Magistrado-presidente impondrá en el acto. Si el llamado persiste en su negativa se deducirá el oportuno tanto de culpa y en su lugar será llamado el suplente.»

«*Art. 55. Deliberación del Jurado.*— 1. Seguidamente el Jurado se retirará a la sala destinada para su deliberación.

»2. Presididos inicialmente por aquel cuyo nombre fuese el primero en salir en el sorteo, procederán a elegir al portavoz.

»3. La deliberación será secreta, sin que ninguno de los jurados pueda revelar lo en ella manifestado.»

«*Art. 58. Votación nominal.*—1. La votación será nominal, en alta voz y por orden alfabético, votando en último lugar el portavoz.

»2. Ninguno de los jurados podrá abstenerse de votar. Si alguno insistiere en abstenerse, después de requerido por el portavoz, se hará constar en acta y, en su momento, será sancionado por el Magistrado-presidente con 75.000 pesetas de multa. Si, hecha la constancia y reiterado el requerimiento, persistiera la negativa de voto, se dejará nueva constancia en acta de la que se deducirá el testimonio correspondiente para exacción de la derivada responsabilidad penal.

»3. En todo caso, la abstención se entenderá voto a favor de no considerar probado el hecho perjudicial para la defensa y de la no culpabilidad del acusado.»

Téngase en cuenta que, en virtud de lo previsto en la Disp. Trans. 11.ª1 de la LO 10/1995, por la que se aprueba el nuevo CP, las penas de multa en cuantía superior a cien mil pesetas, señaladas para hechos castigados como delito en Leyes penales especiales, deben entenderse sustituidas por la multa de tres a diez meses, y que, en los mismos términos, la pena de arresto mayor ha de entenderse sustituida por la de arresto de siete a quince fines de semana.

APÉNDICE 8

LEY ORGÁNICA 5/2000, DE 12 DE ENERO, REGULADORA DE LA RESPONSABILIDAD PENAL DE LOS MENORES*

(*BOE* n.º 11, de 13 de enero de 2000)

EXPOSICIÓN DE MOTIVOS

I

1. La promulgación de la presente Ley Orgánica reguladora de la responsabilidad penal de los menores era una necesidad impuesta por lo establecido en la Ley Orgánica 4/1992, de 5 de junio, sobre reforma de la Ley reguladora de la competencia y el procedimiento de los Juzgados de Me-

* Esta Ley fue modificada por las LLOO 7/2000, de 22 de diciembre (*BOE* n.º 307, de 23 de diciembre); 9/2000, de 22 de diciembre (*BOE* n.º 307, de 23 de diciembre), sobre medidas urgentes para la agilización de la Administración de Justicia; 15/2003, de 25 de noviembre (*BOE* n.º 283, de 26 de noviembre); 8/2006, de 4 de diciembre (*BOE* n.º 290, de 5 de diciembre) y 8/2021, de 4 de junio (*BOE* n.º 134, de 5 de junio), de protección integral a la infancia y la adolescencia frente a la violencia. La Exposición de Motivos de la primera de ellas, en lo que a esta reforma se refiere, dice:

«Finalmente, en el artículo segundo de esta Ley, se introduce una modificación en la Ley Orgánica 5/2000, de 12 de enero, de responsabilidad penal de los menores, que se traduce en la incorporación de una nueva disposición adicional —y en la consecuente modificación técnica de algunos preceptos afectados por dicha disposición—, que tiene por finalidad reforzar la aplicación de los principios inspiradores de la citada Ley a los menores implicados en delitos de terrorismo, así como conciliar tales principios con otros bienes constitucionalmente protegidos a los que ya se ha hecho reiterada alusión en esta exposición y que aquí se ven particularmente afectados por la creciente participación de menores, no sólo en las acciones de terrorismo urbano, sino en el resto de las actividades terroristas.

»No se trata, en consecuencia, de excepcionar de la aplicación de la Ley 5/2000 a estos menores, ni tampoco de aplazar o graduar la entrada en vigor de la misma, prevista para el próximo 13 de enero de 2001, sino de establecer las mínimas especialidades necesarias para que el enjuiciamiento de las conductas de los menores responsables de delitos terroristas se realice en las condiciones más adecuadas a la naturaleza de los supuestos que se enjuician y a la trascendencia de los mismos para el conjunto de la sociedad manteniendo sin excepción todas las especiales garantías procesales que, para

nores; en la moción aprobada por el Congreso de los Diputados el 10 de mayo de 1994, y en el artículo 19 de la vigente Ley Orgánica 10/1995, de 23 de noviembre, del Código Penal.

2. La Ley Orgánica 4/1992, promulgada como consecuencia de la sentencia del Tribunal Constitucional 36/1991, de 14 de febrero, que declaró inconstitucional el artículo 15 de la

---

los menores, ha establecido la Ley 5/2000, y para que la aplicación de las medidas rehabilitadoras, especialmente valiosas y complejas respecto de conductas que ponen radicalmente en cuestión los valores más elementales de la convivencia, pueda desarrollarse en condiciones ambientales favorables, con apoyos técnicos especializados, y por un tiempo suficiente para hacer eficaz el proceso rehabilitador.

»A ello responden la articulación en la Audiencia Nacional de un Juez Central de Menores [apartados *a*) y *b*)], la posible prolongación de los plazos de internamiento [apartado *c*)] y la previsión de la ejecución de las medidas de internamiento que la Audiencia acuerde con el apoyo y control del personal especializado que el Gobierno ponga a disposición y bajo dirección de la propia Audiencia [apartados *c*) y *d*)]. Todo ello, sin mayores modificaciones de las facultades que la Ley 5/2000 atribuye en estos procedimientos a Jueces y Fiscales, quienes mantienen un amplio margen para discriminar de acuerdo con la diferente gravedad de las conductas el tiempo de duración del internamiento, y para flexibilizar el régimen del menor, mediante modificación, suspensión o sustitución de la medida impuesta, especialmente en lo que se refiere a los menores de dieciséis años.

»Del mismo modo que, según acaba de señalarse, se considera conveniente establecer un tratamiento diferenciado entre los menores de dieciséis años y los de edades comprendidas entre los dieciséis y los dieciocho años, se consolida lo que, por otra parte se deduce ya de lo dispuesto en el artículo 4 de la Ley reguladora de la responsabilidad penal de los menores, como es que no procede aplicar dicha norma a los jóvenes mayores de dieciocho años.»

Por su parte, la Exposición de Motivos de la Ley Orgánica 8/2006, de 4 de diciembre, establece:

«La disposición adicional sexta de la Ley Orgánica 5/2000, de 12 de enero, reguladora de la responsabilidad penal de los menores, introducida por el apartado tercero de la disposición final segunda de la Ley Orgánica 15/2003, de 25 de noviembre, por la que se modifica la Ley Orgánica 10/1995, de 23 de noviembre, del Código Penal, prevé que el Gobierno impulsará las medidas orientadas a sancionar con más firmeza y eficacia los hechos delictivos cometidos por personas que, aun siendo menores, revistan especial gravedad, tales como los previstos en los artículos 138, 139, 179 y 180 del Código Penal. A tal fin, continúa señalando la disposición adicional, se establecerá la posibilidad de prolongar el tiempo de internamiento, su cumplimiento en centros en los que se refuercen las medidas de seguridad impuestas y la posibilidad de su cumplimiento a partir de la mayoría de edad en centros penitenciarios.

»En cumplimiento del mandato legal, una vez transcurridos cinco años desde su aprobación, el Gobierno ha realizado una evaluación de los resultados de aplicación de la Ley Orgánica 5/2000, de 12 de enero, reguladora de la responsabilidad penal de los menores. Existe el convencimiento de que la Ley en estos sus cinco primeros años de vigencia ofrece un balance y consideración positiva, y ello no impide reconocer que, como toda ley, en su aplicación presenta algunas disfunciones que es conveniente y posible corregir.

Ley de Tribunales Tutelares de Menores, texto refundido de 11 de junio de 1948, establece un marco flexible para que los Juzgados de Menores puedan determinar las medidas aplicables

---

»Las estadísticas revelan un aumento considerable de delitos cometidos por menores, lo que ha causado gran preocupación social y ha contribuido a desgastar la credibilidad de la Ley por la sensación de impunidad de las infracciones más cotidianas y frecuentemente cometidas por estos menores, como son los delitos y faltas patrimoniales. Junto a esto, debe reconocerse que, afortunadamente, no han aumentado significativamente los delitos de carácter violento, aunque los realmente acontecidos han tenido un fuerte impacto social.

»Con el objetivo de resolver estos problemas, esta Ley Orgánica plantea la revisión de determinados aspectos de la Ley Orgánica 5/2000, de 12 de enero, reguladora de la responsabilidad penal de los menores.

»El interés superior del menor, que va a seguir primando en la Ley, es perfectamente compatible con el objetivo de pretender una mayor proporcionalidad entre la respuesta sancionadora y la gravedad del hecho cometido, pues el sistema sigue dejando en manos del juez, en último caso, la valoración y ponderación de ambos principios de modo flexible y en favor de la óptima individualización de la respuesta. De otro modo, nos llevaría a entender de un modo trivial que el interés superior del menor es no sólo superior, sino único y excluyente frente a otros bienes constitucionales a cuyo aseguramiento obedece toda norma punitiva o correccional.

»Así, en primer lugar, se amplían los supuestos en los que se pueden imponer medidas de internamiento en régimen cerrado a los menores, añadiendo al ya existente los casos de comisión de delitos graves y de delitos que se cometan en grupo o cuando el menor perteneciere o actuare al servicio de una banda, organización o asociación, incluso de carácter transitorio, que se dedicare a la realización de tales actividades.

»Por otra parte, se adecua el tiempo de duración de las medidas a la entidad de los delitos y a las edades de los menores infractores, y se suprime definitivamente la posibilidad de aplicar la Ley a los comprendidos entre dieciocho y veintiún años. Además, se añade una nueva medida, semejante a la prevista en el Código Penal, consistente en la prohibición al menor infractor de aproximarse o comunicarse con la víctima o con aquellos de sus familiares u otras personas que determine el juez.

»Se faculta al juez para poder acordar, previa audiencia del Ministerio Fiscal y la entidad pública de protección o reforma de menores, que el menor que estuviese cumpliendo una medida de internamiento en régimen cerrado y alcanzase la edad de dieciocho años, pueda terminar de cumplir la medida en un centro penitenciario cuando su conducta no responda a los objetivos propuestos en la sentencia. Al mismo tiempo, si la medida de internamiento en régimen cerrado se impone al que ha cumplido veintiún años o, impuesta con anterioridad, no ha finalizado su cumplimiento al alcanzar dicha edad, el juez ordenará su cumplimiento en un centro penitenciario, salvo que excepcionalmente proceda la sustitución o modificación de la medida.

»Se incorpora como causa para adoptar una medida cautelar el riesgo de atentar contra bienes jurídicos de la víctima, y se establece una nueva medida cautelar consistente en el alejamiento de la víctima o su familia u otra persona que determine el juez. Al mismo tiempo, se amplía la duración de la medida cautelar de internamiento, que pasa de tres meses, prorrogable por otros tres meses, a seis meses prorrogable por otros tres meses.

»Por otra parte, se revisa el régimen de imposición, refundición y ejecución de las medidas, otorgándose al juez amplias facultades para individualizar la o las medidas que deba cumplir el menor infractor.

a éstos en cuanto infractores penales, sobre la base de valorar especialmente el interés del menor, entendiendo por menores a

»Finalmente, se refuerza especialmente la atención y reconocimiento de los derechos de las víctimas y los perjudicados, entre los que se encuentra el derecho a ser informado en todo momento, se hayan o no personado en el procedimiento, de aquellas resoluciones que afecten a sus intereses. Asimismo, y en su beneficio, se establece el enjuiciamiento conjunto de las pretensiones penales y civiles.

»Un segundo objetivo de la Ley es recoger en el proceso de menores las nuevas misiones del secretario judicial previstas en la Ley Orgánica 6/1985, de 1 de julio, del Poder Judicial, tras la reforma operada por la Ley Orgánica 19/2003.

»Por último, se incluye una modificación de los artículos 448 y 707 de la Ley de Enjuiciamiento Criminal, en los que se sustituye el último párrafo, a fin de dotar de mayor protección a los menores víctimas de determinados delitos, donde se prevé que cuando se trate de testigos menores de edad víctimas de delitos contra la libertad e indemnidad sexual, el Juez o Tribunal necesariamente debe acordar que se evite la confrontación visual del mismo con el inculpado, utilizando para ello cualquier medio técnico que haga posible la práctica de las distintas pruebas (declaración, interrogatorio).»

La Disp. Trans. única de esta Ley Orgánica establece:

«1. Los hechos delictivos cometidos por menores hasta el día de la entrada en vigor de esta Ley se juzgarán conforme a la legislación vigente en el momento de su comisión y las medidas impuestas se ejecutarán conforme a la legislación vigente en el momento de la comisión de los hechos. No obstante lo anterior, se aplicará esta Ley, una vez que entre en vigor, si las disposiciones de la misma son más favorables para el menor, aunque los hechos hubieran sido cometidos con anterioridad a su entrada en vigor.

»2. Para la determinación de cuál sea la ley más favorable se tendrá en cuenta la medida que correspondería al hecho enjuiciado con la aplicación de las normas completas de la Ley Orgánica 5/2000, de 12 de enero, reguladora de la responsabilidad penal de los menores y de la reforma contenida en esta Ley.

»3. En todo caso, será oído el menor y su representante legal.

»4. En relación con las sentencias firmes que estuvieren ejecutándose o pendientes de ejecución, el Ministerio Fiscal, tras recabar los informes correspondientes, instará, si procede, al Juez de Menores a revisar la sentencia y, en tal caso, le informará sobre los términos de la revisión. A continuación, el Juez de Menores oirá al menor sancionado y a su letrado en relación con la revisión propuesta por el Ministerio Fiscal. Una vez practicada la audiencia, el Juez de Menores revisará la sentencia aplicando la ley más favorable.

»El Juez de Menores también revisará la sentencia a instancias del letrado del menor, oído el Ministerio Fiscal.

»5. Lo previsto por el apartado 2 del artículo 14 de la Ley Orgánica 5/2000, de 12 de enero, reguladora de la responsabilidad penal de los menores, en su redacción dada por la presente Ley Orgánica, no se aplicará a quienes cumplan medidas impuestas con anterioridad a la entrada en vigor de la presente Ley.»

V. arts. 19 y 69 CP; RD 1.774/2004, de 30 de julio (*BOE* n.º 209, de 30 de agosto), por el que se aprueba el Reglamento de la presente Ley, cuya conformidad a Derecho ha sido declarada por la Sentencia del Tribunal Supremo (Sala 3.ª) de 10 de noviembre de 2006, y que ha sido modificado por RD 535/2021, de 13 de julio (*BOE* n.º 170, de 17 de julio); Ley 12/2001, de 2 de julio (*BOE* n.º 189, de 8 de agosto), de la Infancia y la Adolescencia en Aragón; Ley 27/2001, de 31 de diciembre (*BOE* n.º 34, de 8 de fe-

tales efectos a las personas comprendidas entre los doce y los dieciséis años. Simultáneamente, encomienda al Ministerio Fiscal la iniciativa procesal, y le concede amplias facultades para acordar la terminación del proceso con la intención de evitar, dentro de lo posible, los efectos aflictivos que el mismo pudiera llegar a producir. Asimismo, configura al equipo técnico como instrumento imprescindible para alcanzar el objetivo que persiguen las medidas y termina estableciendo un procedimiento de naturaleza sancionadora-educativa, al que otorga todas las garantías derivadas de nuestro ordenamiento constitucional, en sintonía con lo establecido en la aludida sentencia del Tribunal Constitucional y lo dispuesto en el artículo 40 de la Convención de los Derechos del Niño de 20 de noviembre de 1989.

Dado que la expresada Ley Orgánica se reconocía a sí misma expresamente «el carácter de una reforma urgente, que adelanta parte de una renovada legislación sobre reforma de menores, que será objeto de medidas legislativas posteriores», es evidente la oportunidad de la presente Ley Orgánica, que constituye esa necesaria reforma legislativa, partiendo de los principios básicos que ya guiaron la redacción de aquélla (especialmente, el principio del superior interés del menor), de las garantías de nuestro ordenamiento constitucional, y de las normas de Derecho internacional, con particular atención a la citada Convención de los Dere-

brero de 2002; corrección de errores en *BOE* n.º 58, de 8 de marzo), de la Generalidad de Cataluña, de Justicia Juvenil; Ley 3/2004, de 10 de diciembre, de creación de la Agencia de la Comunidad de Madrid para la reeducación y reinserción del menor infractor (*BOE* n.º 42, de 18 de febrero de 2005); y Decreto 80/2009, de 21 de abril (*BOPV* n.º 180, de 18 de septiembre), sobre centros educativos de cumplimiento de medidas privativas de libertad en la Comunidad Autónoma del País Vasco. De manera complementaria, v. Ley 3/2005, de 18 de febrero (*BOE* n.º 274, de 14 de noviembre de 2011), de la Comunidad Autónoma del País Vasco, de atención y protección a la infancia y la adolescencia; Ley 1/2006, de 28 de febrero, de protección de menores de La Rioja (*BOE* n.º 70, de 23 de marzo); Ley 5/2014, de 9 de octubre (*BOE* n.º 42, de 18 de febrero de 2015), de protección social y jurídica de la infancia y la adolescencia de Castilla-La Mancha; Ley 7/2015, de 10 de abril (*BOE* n.º 104, de 1 de mayo), de la Comunidad Autónoma de las Illes Balears, por la que se establece el marco regulador de los procesos de autonomía personal de menores que han sido sometidos a una medida de protección o reforma; Ley Foral 19/2015, de 10 de abril (*BOE* n.º 107, de 5 de mayo), de promoción, atención y protección a la infancia y a la adolescencia; Ley 26/2018, de 21 de diciembre (*BOE* n.º 39, de 14 de febrero de 2019), de derechos y garantías de la infancia y la adolescencia de la Comunitat Valenciana; y Ley 9/2019, de 19 de febrero (*BOE* n.º 89, de 13 de abril), de la atención y los derechos de la infancia y la adolescencia de las Illes Balears.

chos del Niño de 20 de noviembre de 1989, y esperando responder de este modo a las expectativas creadas en la sociedad española, por razones en parte coyunturales y en parte permanentes, sobre este tema concreto.

3. Los principios expuestos en la moción aprobada unánimemente por el Congreso de los Diputados el día 10 de mayo de 1994, sobre medidas para mejorar el marco jurídico vigente de protección del menor, se refieren esencialmente al establecimiento de la mayoría de edad penal en los dieciocho años y a la promulgación de «una ley penal del menor y juvenil que contemple la exigencia de responsabilidad para los jóvenes infractores que no hayan alcanzado la mayoría de edad penal, fundamentada en principios orientados hacia la reeducación de los menores de edad infractores, en base a las circunstancias personales, familiares y sociales, y que tenga especialmente en cuenta las competencias de las Comunidades Autónomas en esta materia...».

4. El artículo 19 del vigente Código Penal, aprobado por la Ley Orgánica 10/1995, de 23 de noviembre, fija efectivamente la mayoría de edad penal en los dieciocho años y exige la regulación expresa de la responsabilidad penal de los menores de dicha edad en una Ley independiente. También para responder a esta exigencia se aprueba la presente Ley Orgánica, si bien lo dispuesto en este punto en el Código Penal debe ser complementado en un doble sentido. En primer lugar, asentando firmemente el principio de que la responsabilidad penal de los menores presenta frente a la de los adultos un carácter primordial de intervención educativa que trasciende a todos los aspectos de su regulación jurídica y que determina considerables diferencias entre el sentido y el procedimiento de las sanciones en uno y otro sector, sin perjuicio de las garantías comunes a todo justiciable. En segundo término, la edad límite de dieciocho años establecida por el Código Penal para referirse a la responsabilidad penal de los menores precisa de otro límite mínimo a partir del cual comience la posibilidad de exigir esa responsabilidad y que se ha concretado en los catorce años, con base en la convicción de que las infracciones cometidas por los niños menores de esta edad son en general irrelevantes y que, en los escasos supuestos en que aquéllas pueden producir alarma social, son suficientes para darles una respuesta igualmente adecuada los ámbitos familiar y asistencial civil, sin necesidad de la intervención del

aparato judicial sancionador del Estado.

5. Asimismo, han sido criterios orientadores de la redacción de la presente Ley Orgánica, como no podía ser de otra manera, los contenidos en la doctrina del Tribunal Constitucional, singularmente en los fundamentos jurídicos de las sentencias 36/1991, de 14 de febrero, y 60/1995, de 17 de marzo, sobre las garantías y el respeto a los derechos fundamentales que necesariamente han de imperar en el procedimiento seguido ante los Juzgados de Menores, sin perjuicio de las modulaciones que, respecto del procedimiento ordinario, permiten tener en cuenta la naturaleza y finalidad de aquel tipo de proceso, encaminado a la adopción de unas medidas que, como ya se ha dicho, fundamentalmente no pueden ser represivas, sino preventivo-especiales, orientadas hacia la efectiva reinserción y el superior interés del menor, valorados con criterios que han de buscarse primordialmente en el ámbito de las ciencias no jurídicas.

II

6. Como consecuencia de los principios, criterios y orientaciones a que se acaba de hacer referencia, puede decirse que la redacción de la presente Ley Orgánica ha sido conscientemente guiada por los siguientes principios generales: naturaleza formalmente penal pero materialmente sancionadora-educativa del procedimiento y de las medidas aplicables a los infractores menores de edad, reconocimiento expreso de todas las garantías que se derivan del respeto de los derechos constitucionales y de las especiales exigencias del interés del menor, diferenciación de diversos tramos a efectos procesales y sancionadores en la categoría de infractores menores de edad, flexibilidad en la adopción y ejecución de las medidas aconsejadas por las circunstancias del caso concreto, competencia de las entidades autonómicas relacionadas con la reforma y protección de menores para la ejecución de las medidas impuestas en la sentencia y control judicial de esta ejecución.

7. La presente Ley Orgánica tiene ciertamente la naturaleza de disposición sancionadora, pues desarrolla la exigencia de una verdadera responsabilidad jurídica a los menores infractores, aunque referida específicamente a la comisión de hechos tipificados como delitos o faltas por el Código Penal y las restantes leyes penales especiales. Al pretender ser la reacción jurídica dirigida al menor infractor una

intervención de naturaleza educativa, aunque desde luego de especial intensidad, rechazando expresamente otras finalidades esenciales del Derecho penal de adultos, como la proporcionalidad entre el hecho y la sanción o la intimidación de los destinatarios de la norma, se pretende impedir todo aquello que pudiera tener un efecto contraproducente para el menor, como el ejercicio de la acción por la víctima o por otros particulares.

Y es que en el Derecho penal de menores ha de primar, como elemento determinante del procedimiento y de las medidas que se adopten, el superior interés del menor. Interés que ha de ser valorado con criterios técnicos y no formalistas por equipos de profesionales especializados en el ámbito de las ciencias no jurídicas, sin perjuicio desde luego de adecuar la aplicación de las medidas a principios garantistas generales tan indiscutibles como el principio acusatorio, el principio de defensa o el principio de presunción de inocencia.

8. Sin embargo, la Ley tampoco puede olvidar el interés propio del perjudicado o víctima del hecho cometido por el menor, estableciendo un procedimiento singular, rápido y poco formalista para el resarcimiento, en su caso, de daños y perjuicios, dotando de amplias facultades al Juez de Menores para la incorporación a los autos de documentos y testimonios relevantes de la causa principal. En este ámbito de atención a los intereses y necesidades de las víctimas, la Ley introduce el principio en cierto modo revolucionario de la responsabilidad solidaria con el menor responsable de los hechos de sus padres, tutores, acogedores o guardadores, si bien permitiendo la moderación judicial de la misma y recordando expresamente la aplicabilidad en su caso de la Ley 30/1992, de 26 de noviembre, de Régimen Jurídico de las Administraciones Públicas y del Procedimiento Administrativo Común, así como de la Ley 35/1995, de 11 de diciembre, de ayudas y asistencia a las víctimas de delitos violentos y contra la libertad sexual.

Asimismo la Ley regula, para procedimientos por delitos graves cometidos por mayores de dieciséis años, un régimen de intervención del perjudicado en orden a salvaguardar el interés de la víctima en el esclarecimiento de los hechos y su enjuiciamiento por el orden jurisdiccional competente, sin contaminar el procedimiento propiamente educativo y sancionador del menor.

Esta Ley arbitra un amplio derecho de participación a las víctimas ofreciéndoles la oportunidad de intervenir en las actuaciones procesales proponiendo y practicando prueba, formulando conclusiones e interponiendo recursos. Sin embargo, esta participación se establece de un modo limitado ya que respecto de los menores no cabe reconocer a los particulares el derecho a constituirse propiamente en parte acusadora con plenitud de derechos y cargas procesales. No existe aquí ni la acción particular de los perjudicados por el hecho criminal, ni la acción popular de los ciudadanos, porque en estos casos el interés prioritario para la sociedad y para el Estado coincide con el interés del menor.

9. Conforme a las orientaciones declaradas por el Tribunal Constitucional, anteriormente aludidas, se instaura un sistema de garantías adecuado a la pretensión procesal, asegurando que la imposición de la sanción se efectuará tras vencer la presunción de inocencia, pero sin obstaculizar los criterios educativos y de valoración del interés del menor que presiden este proceso, haciendo al mismo tiempo un uso flexible del principio de intervención mínima, en el sentido de dotar de relevancia a las posibilidades de no apertura del procedimiento o renuncia al mismo, al resarcimiento anticipado o conciliación entre el infractor y la víctima, y a los supuestos de suspensión condicional de la medida impuesta o de sustitución de la misma durante su ejecución.

La competencia corresponde a un Juez ordinario, que, con categoría de Magistrado y preferentemente especialista, garantiza la tutela judicial efectiva de los derechos en conflicto. La posición del Ministerio Fiscal es relevante, en su doble condición de institución que constitucionalmente tiene encomendada la función de promover la acción de la Justicia y la defensa de la legalidad, así como de los derechos de los menores, velando por el interés de éstos. El letrado del menor tiene participación en todas y cada una de las fases del proceso, conociendo en todo momento el contenido del expediente, pudiendo proponer pruebas e interviniendo en todos los actos que se refieren a la valoración del interés del menor y a la ejecución de la medida, de la que puede solicitar la modificación.

La adopción de medidas cautelares sigue el modelo de solicitud de parte, en audiencia contradictoria, en la que debe valorarse especialmente, una vez más, el superior interés del menor.

En defensa de la unidad de doctrina, el sistema de recursos ordinario se confía a las Salas de Menores de los Tribunales Superiores de Justicia, que habrán de crearse, las cuales, con la inclusión de Magistrados especialistas, aseguran y refuerzan la efectividad de la tutela judicial en relación con las finalidades que se propone la Ley. En el mismo sentido, procede destacar la instauración del recurso de casación para unificación de doctrina, reservado a los casos de mayor gravedad, en paralelismo con el proceso penal de adultos, reforzando la garantía de la unidad de doctrina en el ámbito del derecho sancionador de menores a través de la jurisprudencia del Tribunal Supremo.

10. Conforme a los principios señalados, se establece, inequívocamente, el límite de los catorce años de edad para exigir este tipo de responsabilidad sancionadora a los menores de edad penal y se diferencian, en el ámbito de aplicación de la Ley y de la graduación de las consecuencias por los hechos cometidos, dos tramos, de catorce a dieciséis y de diecisiete a dieciocho años, por presentar uno y otro grupo diferencias características que requieren, desde un punto de vista científico y jurídico, un tratamiento diferenciado, constituyendo una agravación específica en el tramo de los mayores de dieciséis años la comisión de delitos que se caracterizan por la violencia, intimidación o peligro para las personas.

La aplicación de la presente Ley a los mayores de dieciocho años y menores de veintiuno, prevista en el artículo 69 del Código Penal vigente, podrá ser acordada por el Juez atendiendo a las circunstancias personales y al grado de madurez del autor, y a la naturaleza y gravedad de los hechos. Estas personas reciben, a los efectos de esta Ley, la denominación genérica de «jóvenes».

Se regulan expresamente, como situaciones que requieren una respuesta específica, los supuestos en los que el menor presente síntomas de enajenación mental o la concurrencia de otras circunstancias modificativas de su responsabilidad, debiendo promover el Ministerio Fiscal, tanto la adopción de las medidas más adecuadas al interés del menor que se encuentre en tales situaciones, como la constitución de los organismos tutelares previstos por las leyes. También se establece que las acciones u omisiones imprudentes no puedan ser sancionadas con medidas de internamiento en régimen cerrado.

11. Con arreglo a las orientaciones expuestas, la Ley establece un amplio catálogo de medidas aplicables, desde la referida perspectiva sancionadora-educativa, debiendo primar nuevamente el interés del menor en la flexible adopción judicial de la medida más idónea, dadas las características del caso concreto y de la evolución personal del sancionado durante la ejecución de la medida. La concreta

finalidad que las ciencias de la conducta exigen que se persiga con cada una de las medidas relacionadas, se detalla con carácter orientador en el apartado III de esta exposición de motivos.

12. La ejecución de las medidas judicialmente impuestas corresponde a las entidades públicas de protección y reforma de menores de las Comunidades Autónomas, bajo el inexcusable control del Juez de Menores.

Se mantiene el criterio de que el interés del menor tiene que ser atendido por especialistas en las áreas de la educación y la formación, pertenecientes a esferas de mayor inmediación que el Estado. El Juez de Menores, a instancia de las partes y oídos los equipos técnicos del propio Juzgado y de la entidad pública de la correspondiente Comunidad Autónoma, dispone de amplias facultades para suspender o sustituir por otras las medidas impuestas, naturalmente sin mengua de las garantías procesales que constituyen otro de los objetivos primordiales de la nueva regulación, o permitir la participación de los padres del menor en la aplicación y consecuencias de aquéllas.

13. Un interés particular revisten en el contexto de la Ley los temas de la reparación del daño causado y la conciliación del delincuente con la víctima como situaciones que, en aras del principio de intervención mínima, y con el concurso mediador del equipo técnico, pueden dar lugar a la no incoación o sobreseimiento del expediente, o a la finalización del cumplimiento de la medida impuesta, en un claro predominio, una vez más, de los criterios educativos y resocializadores sobre los de una defensa social esencialmente basada en la prevención general y que pudiera resultar contraproducente para el futuro.

La reparación del daño causado y la conciliación con la víctima presentan el común denominador de que el ofensor y el perjudicado por la infracción llegan a un acuerdo, cuyo cumplimiento por parte del menor termina con el conflicto jurídico iniciado por su causa. La conciliación tiene por objeto que la víctima reciba una satisfacción psicológica a cargo del menor infractor, quien ha de arrepentirse del daño causado y estar dispuesto a disculparse. La medida se aplicará cuando el menor efectivamente se arrepienta y se disculpe, y la persona ofendida lo acepte y otorgue su perdón. En la reparación el acuerdo no se alcanza únicamente mediante la vía de la satisfacción psicológica, sino que requiere algo más: el menor ejecuta el compromiso contraído con la víctima o perjudicado de reparar el daño causado, bien mediante trabajos en beneficio de la comunidad, bien mediante acciones, adaptadas a las necesidades del sujeto, cuyo beneficiario sea la propia víctima o perjudicado.

III

14. En la medida de amonestación, el Juez, en un acto único que tiene lugar en la sede judicial, manifiesta al menor de modo concreto y claro las razones que hacen socialmente intolerables los hechos cometidos, le expone las consecuencias que para él y para la víctima han tenido o podían haber tenido tales hechos, y le formula recomendaciones para el futuro.

15. La medida de prestaciones en beneficio de la comunidad, que, en consonancia con el artículo 25.2 de nuestra Constitución, no podrá imponerse sin consentimiento del menor, consiste en realizar una actividad, durante un número de sesiones previamente fijado, bien sea en beneficio de la colectividad en su conjunto, o de personas que se encuentren en una situación de precariedad por cualquier motivo. Preferentemente, se buscará relacionar la naturaleza de la actividad en que consista esta medida con la de los bienes jurídicos afectados por los hechos cometidos por el menor.

Lo característico de esta medida es que el menor ha de comprender, durante su realización, que la colectividad o determinadas personas han sufrido de modo injustificado unas consecuencias negativas derivadas de su conducta. Se pretende que el sujeto comprenda que actuó de modo incorrecto, que merece el reproche formal de la sociedad, y que la prestación de los trabajos que se le exigen es un acto de reparación justo.

16. Las medidas de internamiento responden a una mayor peligrosidad, manifestada en la naturaleza peculiarmente grave de los hechos cometidos, caracterizados en los casos más destacados por la violencia, la intimidación o el peligro para las personas. El objetivo prioritario de la medida es disponer de un ambiente que provea de las condiciones educativas adecuadas para que el menor pueda reorientar aquellas disposiciones o deficiencias que han caracterizado su comportamiento antisocial, cuando para ello sea necesario, al menos de manera temporal, asegurar la estancia del infractor en un régimen físicamente restrictivo de su libertad. La mayor o menor intensidad de tal restricción da lugar a los diversos tipos de internamiento, a los que se va a aludir a continuación. El internamiento, en todo caso, ha de proporcionar un clima de seguri-

dad personal para todos los implicados, profesionales y menores infractores, lo que hace imprescindible que las condiciones de estancia sean las correctas para el normal desarrollo psicológico de los menores.

El internamiento en régimen cerrado pretende la adquisición por parte del menor de los suficientes recursos de competencia social para permitir un comportamiento responsable en la comunidad, mediante una gestión de control en un ambiente restrictivo y progresivamente autónomo.

El internamiento en régimen semiabierto implica la existencia de un proyecto educativo en donde desde el principio los objetivos sustanciales se realizan en contacto con personas e instituciones de la comunidad, teniendo el menor su residencia en el centro, sujeto al programa y régimen interno del mismo.

El internamiento en régimen abierto implica que el menor llevará a cabo todas las actividades del proyecto educativo en los servicios normalizados del entorno, residiendo en el centro como domicilio habitual.

El internamiento terapéutico se prevé para aquellos casos en los que los menores, bien por razón de su adicción al alcohol o a otras drogas, bien por disfunciones significativas en su psiquismo, precisan de un contexto estructurado en el que poder realizar una programación terapéutica, no dándose, ni, de una parte, las condiciones idóneas en el menor o en su entorno para el tratamiento ambulatorio, ni, de otra parte, las condiciones de riesgo que exigirían la aplicación a aquél de un internamiento en régimen cerrado.

17. En la asistencia a un centro de día, el menor es derivado a un centro plenamente integrado en la comunidad, donde se realizan actividades educativas de apoyo a su competencia social. Esta medida sirve el propósito de proporcionar a un menor un ambiente estructurado durante buena parte del día, en el que se lleven a cabo actividades socio-educativas que puedan compensar las carencias del ambiente familiar de aquél. Lo característico del centro de día es que en ese lugar es donde toma cuerpo lo esencial del proyecto socio-educativo del menor, si bien éste puede asistir también a otros lugares para hacer uso de otros recursos de ocio o culturales. El sometido a esta medida puede, por lo tanto, continuar residiendo en su hogar, o en el de su familia, o en el establecimiento de acogida.

18. En la medida de libertad vigilada, el menor infractor está sometido, durante el tiempo establecido en la sentencia, a una vigilancia y supervisión a cargo de

personal especializado, con el fin de que adquiera las habilidades, capacidades y actitudes necesarias para un correcto desarrollo personal y social. Durante el tiempo que dure la libertad vigilada, el menor también deberá cumplir las obligaciones y prohibiciones que, de acuerdo con esta Ley, el Juez puede imponerle.

19. La realización de tareas socio-educativas consiste en que el menor lleve a cabo actividades específicas de contenido educativo que faciliten su reinserción social. Puede ser una medida de carácter autónomo o formar parte de otra más compleja. Empleada de modo autónomo, pretende satisfacer necesidades concretas del menor percibidas como limitadoras de su desarrollo integral. Puede suponer la asistencia y participación del menor a un programa ya existente en la comunidad, o bien a uno creado *ad hoc* por los profesionales encargados de ejecutar la medida. Como ejemplos de tareas socio-educativas, se pueden mencionar las siguientes: asistir a un taller ocupacional, a un aula de educación compensatoria o a un curso de preparación para el empleo; participar en actividades estructuradas de animación sociocultural, asistir a talleres de aprendizaje para la competencia social, etc.

20. El tratamiento ambulatorio es una medida destinada a los menores que disponen de las condiciones adecuadas en su vida para beneficiarse de un programa terapéutico que les ayude a superar procesos adictivos o disfunciones significativas de su psiquismo. Previsto para los menores que presenten una dependencia al alcohol o las drogas, y que en su mejor interés puedan ser tratados de la misma en la comunidad, en su realización pueden combinarse diferentes tipos de asistencia médica y psicológica. Resulta muy apropiado para casos de desequilibrio psicológico o perturbaciones del psiquismo que puedan ser atendidos sin necesidad de internamiento. La diferencia más clara con la tarea socio-educativa es que ésta pretende lograr una capacitación, un logro de aprendizaje, empleando una metodología, no tanto clínica, sino de orientación psicoeducativa. El tratamiento ambulatorio también puede entenderse como una tarea socio-educativa muy específica para un problema bien definido.

21. La permanencia de fin de semana es la expresión que define la medida por la que un menor se ve obligado a permanecer en su hogar desde la tarde o noche del viernes hasta la noche del domingo, a excepción del tiempo en que realice las tareas socioeducativas asignadas por el Juez. En la práctica, combina elementos del arresto de fin de semana y de la medida de tareas socioeducativas o prestaciones en be-

neficio de la comunidad. Es adecuada para menores que cometen actos de vandalismo o agresiones leves en los fines de semana.

22. La convivencia con una persona, familia o grupo educativo es una medida que intenta proporcionar al menor un ambiente de socialización positivo, mediante su convivencia, durante un período determinado por el Juez, con una persona, con una familia distinta a la suya o con un grupo educativo que se ofrezca a cumplir la función de la familia en lo que respecta al desarrollo de pautas socioafectivas prosociales en el menor.

23. La privación del permiso de conducir ciclomotores o vehículos a motor, o del derecho a obtenerlo, o de licencias administrativas para caza o para el uso de cualquier tipo de armas, es una medida accesoria que se podrá imponer en aquellos casos en los que el hecho cometido tenga relación con la actividad que realiza el menor y que ésta necesite autorización administrativa.

24. Por último, procede poner de manifiesto que los principios científicos y los criterios educativos a que han de responder cada una de las medidas, aquí sucintamente expuestos, se habrán de regular más extensamente en el Reglamento que en su día se dicte en desarrollo de la presente Ley Orgánica.

TÍTULO PRELIMINAR

Artículo 1.º *Declaración general.*—1. Esta Ley se aplicará para exigir la responsabilidad de las personas mayores de ca-

---

Art. 1.º: Este artículo figura redactado conforme al texto de la LO 8/2006, de 4 de diciembre (*BOE* n.º 290, de 5 de diciembre). V. arts. 19 y 69 CP. El Tribunal Constitucional ha subrayado que «en el ámbito de la justicia de menores se observa una peculiar combinación de "elementos sancionadores y [re]educativos" (STC 61/1998, de 17 de marzo, FJ 4). Esta peculiar combinación responde al predominio de la perspectiva preventivo-especial, en la que se atiende, primordialmente, al "interés superior" del menor, tal y como reclama el art. 3.1 de la Convención de Derechos del Niño de 20 de noviembre de 1989. En el art. 40.1 de este mismo texto internacional, ratificado por España mediante Instrumento de 30 de noviembre de 1990, se reconoce el derecho del menor acusado o declarado culpable de haber infringido las leyes penales a "ser tratado de manera acorde con el fomento de su sentido de la dignidad y el valor, que fortalezca el respeto del niño por los derechos humanos y las libertades fundamentales de terceros y en la que se tengan en cuenta la edad del niño y la importancia de promover la reintegración del niño y de que éste asuma una función constructiva en la sociedad". En todo caso, de acuerdo con las reglas mínimas de las Naciones Unidas para la administración de la justicia de menores, más conocidas como "Reglas de

torce años y menores de dieciocho por la comisión de hechos tipificados como delitos o faltas en el Código Penal o las leyes penales especiales.

2. Las personas a las que se aplique la presente Ley gozarán de todos los derechos reconocidos en la Constitución y en el ordenamiento jurídico, particularmente en la Ley Orgánica 1/1996, de 15 de enero, de Protección Jurídica del Menor, así como en la Convención sobre los Derechos del Niño de 20 de noviembre de 1989 y en todas aquellas normas sobre protección de menores contenidas en los Tratados válidamente celebrados por España.

TÍTULO PRIMERO

Del ámbito de aplicación de la Ley

Art. 2.º *Competencia de los Jueces de Menores.*—1. Los Jueces de Menores serán competentes para conocer de los hechos cometidos por las personas mencionadas en el artículo 1 de esta Ley, así como para hacer ejecutar las sentencias, sin perjuicio de las facultades atribuidas por esta Ley a las Comunidades Autónomas respecto a la protección y reforma de menores.

2. Los Jueces de Menores serán asimismo competentes para resolver sobre las responsabilidades civiles derivadas de los hechos cometidos por las personas a las que resulta aplicable la presente Ley.

3. La competencia corresrresponde al Juez de Menores del lugar donde se haya cometido el hecho delictivo, sin perjuicio de lo establecido en el artículo 20.3 de esta Ley.

4. La competencia para conocer de los delitos previstos en los artículos 571 a 580 del Código Penal corresponderá al Juzgado Central de Menores de la Audiencia Nacional.

Beijing", de 29 de noviembre de 1985, el sistema de justicia de menores no sólo debe garantizar que la respuesta a los menores delincuentes sea proporcionada a "las circunstancias del delincuente y del delito, sino que también debe atender al bienestar de estos menores (en especial, reglas 5 y 14)"» (STC 243/2004, FJ 4, y STC 64/2011, FJ 3) [STC 23/2016, de 15 de febrero (*BOE* n.º 71, de 23 de marzo)].

Art. 2.º: Este artículo figura redactado conforme al texto de la LO 8/2006, de 4 de diciembre (*BOE* n.º 290, de 5 de diciembre), excepto su apartado 4, que figura redactado conforme al texto de la LO 8/2012, de 27 de diciembre (*BOE* n.º 312, de 28 de diciembre), de medidas de eficiencia presupuestaria en la Administración de Justicia.

Corresponderá igualmente al Juzgado Central de Menores de la Audiencia Nacional la competencia para conocer de los delitos cometidos por menores en el extranjero cuando conforme al artículo 23 de la Ley Orgánica 6/1985, de 1 de julio, del Poder Judicial y a los Tratados Internacionales corresponda su conocimiento a la jurisdicción española.

La referencia del último inciso del apartado 4 del artículo 17 y cuantas otras se contienen en la presente Ley al Juez de Menores se entenderán hechas al Juez Central de Menores en lo que afecta a los menores imputados por cualquiera de los delitos a que se refieren los dos párrafos anteriores.

Art. 3.º *Régimen de los menores de catorce años.*—Cuando el autor de los hechos mencionados en los artículos anteriores sea menor de catorce años, no se le exigirá responsabilidad con arreglo a la presente Ley, sino que se le aplicará lo dispuesto en las normas sobre protección de menores previstas en el Código Civil y demás disposiciones vigentes. El Ministerio Fiscal deberá remitir a la entidad pública de protección de menores testimonio de los particulares que considere precisos respecto al menor, a fin de valorar su situación, y dicha entidad habrá de promover las medidas de protección adecuadas a las circunstancias de aquél conforme a lo dispuesto en la Ley Orgánica 1/1996, de 15 de enero.

Art. 4.º *Derechos de las víctimas y de las personas perjudicadas.*—El Ministerio Fiscal y el Juez de Menores velarán en todo momento por la protección de los derechos de las víctimas y de las personas perjudicadas por las infracciones cometidas por las personas menores de edad.

De manera inmediata se les instruirá de las medidas de asistencia a las víctimas que prevé la legislación vigente, debiendo el Letrado de la Administración de Justicia derivar a la víctima de violencia a la Oficina de Atención a la Víctima competente.

Las víctimas y las personas perjudicadas tendrán derecho a personarse y ser parte en el expediente que se incoe al efecto, para lo cual el Letrado de la Administración de Justicia les informará en los términos previstos en los artículos 109 y 110 de la Ley de Enjuiciamiento Criminal, instruyéndoles de su derecho a nombrar dirección letrada o instar su nombramiento de oficio en caso

---

Art. 4.º: Este artículo figura redactado conforme al texto de la LO 8/2021, de 4 de junio (*BOE* n.º 134, de 5 de junio), de protección integral a la infancia y la adolescencia frente a la violencia.

de ser titulares del derecho a la asistencia jurídica gratuita. Asimismo, les informará de que, de no personarse en el expediente y no hacer renuncia ni reserva de acciones civiles, el Ministerio Fiscal las ejercitará si correspondiere.

Quienes se personaren podrán desde entonces tomar conocimiento de lo actuado e instar la práctica de diligencias y cuanto a su derecho convenga.

Sin perjuicio de lo anterior, el Letrado de la Administración de Justicia deberá comunicar a las víctimas y a las personas perjudicadas, se hayan o no personado, todas aquellas resoluciones que se adopten tanto por el Ministerio Fiscal como por el Juez de Menores, que puedan afectar a sus intereses.

En especial, cuando el Ministerio Fiscal, en aplicación de lo dispuesto en el artículo 18 de esta Ley, desista de la incoación del expediente deberá inmediatamente ponerlo en conocimiento de las víctimas y las personas perjudicadas haciéndoles saber su derecho a ejercitar las acciones civiles que les asisten ante la jurisdicción civil.

Del mismo modo, el Letrado de la Administración de Justicia notificará por escrito la sentencia que se dicte a las víctimas y a las personas perjudicadas por la infracción penal, aunque no se hayan mostrado parte en el expediente.

Cuando la víctima lo sea de un delito de violencia de género, tiene derecho a que le sean notificadas por escrito, mediante testimonio íntegro, las medidas cautelares de protección adoptadas. Asimismo, tales medidas cautelares serán comunicadas a las administraciones públicas competentes para la adopción de medidas de protección, sean estas de seguridad o de asistencia social, jurídica, sanitaria, psicológica o de cualquier otra índole.

La víctima de un delito violento tiene derecho a ser informada permanentemente de la situación procesal del presunto agresor. En particular, en el caso de una medida, cautelar o definitiva, de internamiento, la víctima será informada en todo momento de los permisos y salidas del centro del presunto agresor, salvo en aquellos casos en los que manifieste su deseo de no recibir notificaciones.

Art. 5.º *Bases de la responsabilidad de los menores.*—1. Los menores serán responsables con arreglo a esta Ley cuando hayan cometido los hechos a los que se refiere el artículo 1 y no concurra en ellos ninguna de las causas de exención o extinción de la responsabilidad criminal previstas en el vigente Código Penal.

2. No obstante lo anterior, a los menores en quienes concurran las circunstancias previstas en los

números 1.º, 2.º y 3.º del artículo 20 del vigente Código Penal les serán aplicables, en caso necesario, las medidas terapéuticas a las que se refiere el artículo 7.1, letras *d*) y *e*), de la presente Ley.

3. Las edades indicadas en el articulado de esta Ley se han de entender siempre referidas al momento de la comisión de los hechos, sin que el haberse rebasado las mismas antes del comienzo del procedimiento o durante la tramitación del mismo tenga incidencia alguna sobre la competencia atribuida por esta misma Ley a los Jueces y Fiscales de Menores.

Art. 6.º *De la intervención del Ministerio Fiscal.*—Corresponde al Ministerio Fiscal la defensa de los derechos que a los menores reconocen las leyes, así como la vigilancia de las actuaciones que deban efectuarse en su interés y la observancia de las garantías del procedimiento, para lo cual dirigirá personalmente la investigación de los hechos y ordenará que la policía judicial practique las actuaciones necesarias para la comprobación de aquéllos y de la participación del menor en los mismos, impulsando el procedimiento

TÍTULO II

De las medidas*

Art. 7.º *Definición de las medidas susceptibles de ser impuestas a los menores y reglas generales de determinación de las mismas.*—1. Las medidas que pueden imponer los Jueces

---

Art. 6.º: V. RD 1.436/2001, de 21 de diciembre (*BOE* n.º 20, de 23 de enero de 2002), por el que se modifica el RD 34/1988, de 21 de enero, por el que se regulan los pagos, depósitos y consignaciones judiciales.

* La STC 160/2012, de 20 de septiembre (*BOE* n.º 250, de 17 de octubre), ha declarado que «[r]esulta indudable que, dada su naturaleza aflictiva y sancionatoria, las medidas previstas en la Ley Orgánica reguladora de la responsabilidad penal de los menores se insertan en la órbita de aplicación del art. 25.2 CE, debiendo por tanto estar orientadas, por mandato constitucional, hacia la reeducación y reinserción social de los menores infractores. De hecho, una de las particulares características del sistema penal de menores, que lo diferencia del de adultos, radica precisamente en la prioridad que el legislador ha otorgado al cometido de resocialización y reinserción social frente a otras finalidades que pueda conllevar la aplicación de sus medidas, las cuales —como establece la exposición de motivos de la Ley Orgánica 5/2000— "fundamentalmente no pueden ser represivas, sino preventivo-especiales, orientadas a la efectiva reinserción y el superior interés del menor".»

Art. 7.º: Este artículo figura redactado conforme al texto de la LO 8/2006, de 4 de diciembre (*BOE* n.º 290, de 5 de diciembre). V. art. 4.º del RD 1.774/2004, de 30 de julio (*BOE* n.º 209, de 30 de agosto), por el que se aprueba el Reglamento de la presente Ley.

de Menores, ordenadas según la restricción de derechos que suponen, son las siguientes:

a) Internamiento en régimen cerrado. Las personas sometidas a esta medida residirán en el centro y desarrollarán en el mismo las actividades formativas, educativas, laborales y de ocio.

b) Internamiento en régimen semiabierto. Las personas sometidas a esta medida residirán en el centro, pero podrán realizar fuera del mismo alguna o algunas de las actividades formativas, educativas, laborales y de ocio establecidas en el programa individualizado de ejecución de la medida. La realización de actividades fuera del centro quedará condicionada a la evolución de la persona y al cumplimiento de los objetivos previstos en las mismas, pudiendo el Juez de Menores suspenderlas por tiempo determinado, acordando que todas las actividades se lleven a cabo dentro del centro.

c) Internamiento en régimen abierto. Las personas sometidas a esta medida llevarán a cabo todas las actividades del proyecto educativo en los servicios normalizados del entorno, residiendo en el centro como domicilio habitual, con sujeción al programa y régimen interno del mismo.

d) Internamiento terapéutico en régimen cerrado, semiabierto o abierto. En los centros de esta naturaleza se realizará una atención educativa especializada o tratamiento específico dirigido a personas que padezcan anomalías o alteraciones psíquicas, un estado de dependencia de bebidas alcohólicas, drogas tóxicas o sustancias psicotrópicas, o alteraciones en la percepción que determinen una alteración grave de la conciencia de la realidad. Esta medida podrá aplicarse sola o como complemento de otra medida prevista en este artículo. Cuando el interesado rechace un tratamiento de deshabituación, el Juez habrá de aplicarle otra medida adecuada a sus circunstancias.

e) Tratamiento ambulatorio. Las personas sometidas a esta medida habrán de asistir al centro designado con la periodicidad requerida por los facultativos que las atiendan y seguir las pautas fijadas para el adecuado tratamiento de la anomalía o alteración psíquica, adicción al consumo de bebidas alcohólicas, drogas tóxicas o sustancias psicotrópicas, o alteraciones en la percepción que padezcan. Esta medida podrá aplicarse sola o como complemento de otra medida prevista en este artículo. Cuando el interesado rechace un tratamiento de deshabituación, el Juez habrá de aplicarle otra medida adecuada a sus circunstancias.

f) Asistencia a un centro de día. Las personas sometidas a esta medida residirán en su domicilio habitual y acudirán a un centro, plenamente integrado en la comunidad, a realizar actividades de apoyo, educativas, formativas, laborales o de ocio.

g) Permanencia de fin de semana. Las personas sometidas a esta medida permanecerán en su domicilio o en un centro hasta un máximo de treinta y seis horas entre la tarde o noche del viernes y la noche del domingo, a excepción, en su caso, del tiempo que deban dedicar a las tareas socio-educativas asignadas por el Juez que deben llevarse a cabo fuera del lugar de permanencia.

h) Libertad vigilada. En esta medida se ha de hacer un seguimiento de la actividad de la persona sometida a la misma y de su asistencia a la escuela, al centro de formación profesional o al lugar de trabajo, según los casos, procurando ayudar a aquélla a superar los factores que determinaron la infracción cometida. Asimismo, esta medida obliga, en su caso, a seguir las pautas socio-educativas que señale la entidad pública o el profesional encargado de su seguimiento, de acuerdo con el programa de intervención elaborado al efecto y aprobado por el Juez de Menores. La persona sometida a la medida también queda obligada a mantener con dicho profesional las entrevistas establecidas en el programa y a cumplir, en su caso, las reglas de conducta impuestas por el Juez, que podrán ser alguna o algunas de las siguientes:

1.ª Obligación de asistir con regularidad al centro docente correspondiente, si el menor está en edad de escolarización obligatoria, y acreditar ante el Juez dicha asistencia regular o justificar en su caso las ausencias, cuantas veces fuere requerido para ello.

2.ª Obligación de someterse a programas de tipo formativo, cultural, educativo, profesional, laboral, de educación sexual, de educación vial u otros similares.

3.ª Prohibición de acudir a determinados lugares, establecimientos o espectáculos.

4.ª Prohibición de ausentarse del lugar de residencia sin autorización judicial previa.

5.ª Obligación de residir en un lugar determinado.

6.ª Obligación de comparecer personalmente ante el Juzgado de Menores o profesional que se designe, para informar de las actividades realizadas y justificarlas.

7.ª Cualesquiera otras obligaciones que el Juez, de oficio o a instancia del Ministerio Fiscal, estime convenientes para la reinserción social del sentenciado, siempre que no atenten contra su dignidad como persona. Si alguna de estas obligaciones implicase la imposibilidad del menor de continuar conviviendo con sus padres, tutores o guardadores, el Ministerio Fiscal deberá remitir testimonio de los particulares a la entidad pública de protección del menor, y dicha entidad deberá promover las medidas de protección adecuadas a las circunstancias de aquél, conforme a lo dispuesto en la Ley Orgánica 1/1996.

i) La prohibición de aproximarse o comunicarse con la víctima o con aquellos de sus familiares u otras personas que determine el Juez. Esta medida impedirá al menor acercarse a ellos, en cualquier lugar donde se encuentren, así como a su domicilio, a su centro docente, a sus lugares de trabajo y a cualquier otro que sea frecuentado por ellos. La prohibición de comunicarse con la víctima, o con aquellos de sus familiares u otras personas que determine el Juez o Tribunal, impedirá al menor establecer con ellas, por cualquier medio de comunicación o medio informático o telemático, contacto escrito, verbal o visual. Si esta medida implicase la imposibilidad del menor de continuar viviendo con sus padres, tutores o guardadores, el Ministerio Fiscal deberá remitir testimonio de los particulares a la entidad pública de protección del menor, y dicha entidad deberá promover las medidas de protección adecuadas a las circunstancias de aquél, conforme a lo dispuesto en la Ley Orgánica 1/1996.

j) Convivencia con otra persona, familia o grupo educativo. La persona sometida a esta medida debe convivir, durante el período de tiempo establecido por el Juez, con otra persona, con una familia distinta a la suya o con un grupo educativo, adecuadamente seleccionados para orientar a aquélla en su proceso de socialización.

k) Prestaciones en beneficio de la comunidad. La persona sometida a esta medida, que no podrá imponerse sin su consentimiento, ha de realizar las actividades no retribuidas que se le indiquen, de interés social o en beneficio de personas en situación de precariedad.

l) Realización de tareas socio-educativas. La persona sometida a esta medida ha de realizar, sin internamiento ni libertad vigilada, actividades específicas de contenido educativo encaminadas a facilitarle el desarrollo de su competencia social.

m) Amonestación. Esta medida consiste en la reprensión de la persona llevada a cabo por el Juez de Menores y dirigida a hacerle comprender la gravedad de los hechos cometidos y las consecuencias que los mismos han tenido o podrían haber tenido, instándole a no volver a cometer tales hechos en el futuro.

n) Privación del permiso de conducir ciclomotores y vehículos a motor, o del derecho a obtenerlo, o de las licencias administrativas para caza o para uso de cualquier tipo de armas. Esta medida podrá imponerse como accesoria cuando el delito o falta se hubiere cometido utilizando un ciclomotor o un vehículo a motor, o un arma, respectivamente.

ñ) Inhabilitación absoluta. La medida de inhabilitación absoluta produce la privación definitiva de todos los honores, empleos y cargos públicos sobre el que recayere, aunque sean electivos; así como la incapacidad para obtener los mismos o cualesquiera otros honores, cargos o empleos públicos, y la de ser elegido para cargo público, durante el tiempo de la medida.

2. Las medidas de internamiento constarán de dos períodos: el primero se llevará a cabo en el centro correspondiente, conforme a la descripción efectuada en el apartado anterior de este artículo; el segundo se llevará a cabo en régimen de libertad vigilada, en la modalidad elegida por el Juez. La duración total no excederá del tiempo que se expresa en los artículos 9 y 10. El equipo técnico deberá informar respecto del contenido de ambos períodos, y el Juez expresará la duración de cada uno en la sentencia.

3. Para la elección de la medida o medidas adecuadas se deberá atender de modo flexible, no sólo a la prueba y valoración jurídica de los hechos, sino especialmente a la edad, las circunstancias familiares y sociales, la personalidad y el interés del menor, puestos de manifiesto los dos últimos en los informes de los equipos técnicos y de las entidades públicas de protección y reforma de menores cuando éstos hubieran tenido conocimiento del menor por haber ejecutado una medida cautelar o definitiva con anterioridad, emitidos conforme a lo dispuesto en el artículo 27 de la presente Ley. El Juez deberá motivar en la sentencia las razones por las que aplica una determinada medida, así como el plazo de duración de la misma, a los efectos de la valoración del mencionado interés del menor.

4. El Juez podrá imponer al menor una o varias medidas de las previstas en esta Ley con independencia de que se trate de uno o más hechos, sujetándose si procede a lo dispuesto en el artículo 11 para el enjuiciamiento conjunto de varias infracciones; pero, en ningún caso, se impondrá a un menor en una misma resolución más de una medida de la misma clase, entendiendo por tal cada una de

las que se enumeran en el apartado 1 de este artículo.

Art. 8.º *Principio acusatorio.*—El Juez de Menores no podrá imponer una medida que suponga una mayor restricción de derechos ni por un tiempo superior a la medida solicitada por el Ministerio Fiscal o por el acusador particular.

Tampoco podrá exceder la duración de las medidas privativas de libertad contempladas en el artículo 7.1.*a*), *b*), *c*), *d*) y *g*), en ningún caso, del tiempo que hubiera durado la pena privativa de libertad que se le hubiere impuesto por el mismo hecho, si el sujeto, de haber sido mayor de edad, hubiera sido declarado responsable, de acuerdo con el Código Penal.

Art. 9.º *Régimen general de aplicación y duración de las medidas.*—No obstante lo establecido en los apartados 3 y 4 del artículo 7, la aplicación de las medidas se atendrá a las siguientes reglas:

1. Cuando los hechos cometidos sean calificados de falta, sólo se podrán imponer las medidas de libertad vigilada hasta un máximo de seis meses, amonestación, permanencia de fin de semana hasta un máximo de cuatro fines de semana, prestaciones en beneficio de la comunidad hasta cincuenta horas, privación del permiso de conducir o de otras licencias administrativas hasta un año, la prohibición de aproximarse o comunicarse con la víctima o con aquellos de sus familiares u otras personas que determine el Juez hasta seis meses, y la realización de tareas socio-educativas hasta seis meses.

2. La medida de internamiento en régimen cerrado sólo podrá ser aplicable cuando:

a) Los hechos estén tipificados como delito grave por el Código Penal o las leyes penales especiales.

b) Tratándose de hechos tipificados como delito menos grave, en su ejecución se haya empleado violencia o intimidación en las personas o se haya generado grave riesgo para la vida o la integridad física de las mismas.

c) Los hechos tipificados como delito se cometan en grupo o el menor perteneciere o actuare al servicio de una banda, organización o asociación, incluso de carácter transitorio,

---

Art. 8.º: Figura redactado conforme al texto de la LO 15/2003, de 25 de noviembre (*BOE* n.º 283, de 26 de noviembre).

Art. 9.º: Este artículo figura redactado conforme al texto de la LO 8/2006, de 4 de diciembre (*BOE* n.º 290, de 5 de diciembre).

que se dedicare a la realización de tales actividades.

3. La duración de las medidas no podrá exceder de dos años, computándose, en su caso, a estos efectos el tiempo ya cumplido por el menor en medida cautelar, conforme a lo dispuesto en el artículo 28.5 de la presente Ley. La medida de prestaciones en beneficio de la comunidad no podrá superar las cien horas. La medida de permanencia de fin de semana no podrá superar los ocho fines de semana.

4. Las acciones u omisiones imprudentes no podrán ser sancionadas con medidas de internamiento en régimen cerrado.

5. Cuando en la postulación del Ministerio Fiscal o en la resolución dictada en el procedimiento se aprecien algunas de las circunstancias a las que se refiere el artículo 5.2 de esta Ley, sólo podrán aplicarse las medidas terapéuticas descritas en el artículo 7.1, letras *d*) y *e*), de la misma.

Art. 10. *Reglas especiales de aplicación y duración de las medidas.*—1. Cuando se trate de los hechos previstos en el apartado 2 del artículo anterior, el Juez, oído el Ministerio Fiscal, las partes personadas y el equipo técnico, actuará conforme a las reglas siguientes:

a) Si al tiempo de cometer los hechos el menor tuviere catorce o quince años de edad, la medida podrá alcanzar tres años de duración. Si se trata de prestaciones en beneficio de la comunidad, dicho máximo será de ciento cincuenta horas, y de doce fines de semana si la medida impuesta fuere la de permanencia de fin de semana.

b) Si al tiempo de cometer los hechos el menor tuviere dieciséis o diecisiete años de edad, la duración máxima de la medida será de seis años; o, en sus respectivos casos, de doscientas horas de prestaciones en beneficio de la comunidad o permanencia de dieciséis fines de semana.

En este supuesto, cuando el hecho revista extrema gravedad, el Juez deberá imponer una medida de internamiento en régimen cerrado de uno a seis años, complementada sucesivamente con otra medida de libertad vigilada con asistencia educativa hasta un máximo de cinco años. Sólo podrá hacerse uso de lo dispuesto en los artículos 13 y 51.1 de esta Ley Orgánica una vez transcurrido el primer año de cumplimiento efectivo de la medida de internamiento.

Art. 10: Este artículo figura redactado conforme al texto de la LO 8/2006, de 4 de diciembre (*BOE* n.º 290, de 5 de diciembre).

A los efectos previstos en el párrafo anterior, se entenderán siempre supuestos de extrema gravedad aquellos en los que se apreciara reincidencia.

2. Cuando el hecho sea constitutivo de alguno de los delitos tipificados en los artículos 138, 139, 179, 180 y 571 a 580 del Código Penal, o de cualquier otro delito que tenga señalada en dicho Código o en las leyes penales especiales pena de prisión igual o superior a quince años, el Juez deberá imponer las medidas siguientes:

a) Si al tiempo de cometer los hechos el menor tuviere catorce o quince años de edad, una medida de internamiento en régimen cerrado de uno a cinco años de duración, complementada en su caso por otra medida de libertad vigilada de hasta tres años.

b) Si al tiempo de cometer los hechos el menor tuviere dieciséis o diecisiete años de edad, una medida de internamiento en régimen cerrado de uno a ocho años de duración, complementada en su caso por otra de libertad vigilada con asistencia educativa de hasta cinco años. En este supuesto sólo podrá hacerse uso de las facultades de modificación, suspensión o sustitución de la medida impuesta a las que se refieren los artículos 13, 40 y 51.1 de esta Ley Orgánica, cuando haya transcurrido al menos, la mitad de la duración de la medida de internamiento impuesta.

Art. 10.2.b): La STC 160/2012, de 20 de septiembre (*BOE* n.º 250, de 17 de octubre), ha declarado que este precepto «si bien reduce la flexibilidad de aplicación de las medidas que impera en la legislación penal de menores, no cierra completamente la posibilidad de atender a necesidades preventivo-especiales, pues permite que, una vez superada la mitad de la medida, el juez pondere la necesidad de mantener el cumplimiento de la misma y, en caso de no considerarlo así, acuerde la suspensión de su ejecución». Igualmente, que «es importante atender al hecho de que el precepto cuestionado no se aplica a todos los menores infractores, sino que restringe su ámbito de aplicación a los mayores de dieciséis años, partiendo, en consecuencia, de una ponderación entre las necesidades de prevención general y la particularidad que presentan los menores de edad respecto a la atribución de culpabilidad por los actos realizados», y que «[r]elevante también ha de ser, en tercer lugar, el dato de que el ámbito de aplicación del precepto cuestionado está restringido no sólo a los menores por encima de dieciséis años, sino además respecto de la comisión de determinados delitos cuya característica común radica en su particular gravedad, por cuanto atentan a los más esenciales bienes jurídicos de la persona —la vida, la libertad e indemnidad sexuales— y la sociedad —delitos de terrorismo— o porque, en todo caso, el Código penal determina para ellos una sanción superior a quince años de prisión. La necesidad de protección de los bienes jurídicos más valiosos permite justificar un mayor énfasis de los mecanismos preventivo-generales de la pena y, consiguientemente, la reducción de la aplicación de instrumentos preventivo-generales, tales como la suspensión de la ejecución de la medida privativa de libertad que contempla el precepto cuestionado».

3. En el caso de que el delito cometido sea alguno de los comprendidos en los artículos 571 a 580 del Código Penal, el Juez, sin perjuicio de las demás medidas que correspondan con arreglo a esta Ley, también impondrá al menor una medida de inhabilitación absoluta por un tiempo superior entre cuatro y quince años al de la duración de la medida de internamiento en régimen cerrado impuesta, atendiendo proporcionalmente a la gravedad del delito, el número de los cometidos y a las circunstancias que concurran en el menor.

4. Las medidas de libertad vigilada previstas en este artículo deberán ser ratificadas mediante auto motivado, previa audiencia del Ministerio Fiscal, del letrado del menor y del representante de la entidad pública de protección o reforma de menores al finalizar el internamiento, y se llevará a cabo por las instituciones públicas encargadas del cumplimiento de las penas.

Art. 11. *Pluralidad de infracciones.*—1. Los límites máximos establecidos en el artículo 9 y en el apartado 1 del artículo 10 serán aplicables, con arreglo a los criterios establecidos en el artículo 7, apartados 3 y 4, aunque el menor fuere responsable de dos o más infracciones, en el caso de que éstas sean conexas o se trate de una infracción continuada, así como cuando un solo hecho constituya dos o más infracciones. No obstante, en estos casos, el Juez, para determinar la medida o medidas a imponer, así como su duración, deberá tener en cuenta, además del interés del menor, la naturaleza y el número de las infracciones, tomando como referencia la más grave de todas ellas.

Si pese a lo dispuesto en el artículo 20.1 de esta Ley dichas infracciones hubiesen sido objeto de diferentes procedimientos, el último Juez sentenciador señalará la medida o medidas que debe cumplir el menor por el conjunto de los hechos, dentro de los límites y con arreglo a los criterios expresados en el párrafo anterior.

2. Cuando alguno o algunos de los hechos a los que se refiere el apartado anterior fueren de los mencionados en el artículo 10.2 de esta Ley, la medida de internamiento en régimen cerrado podrá alcanzar una duración máxima de diez años para los mayores de dieciséis años y de seis años para los me-

---

Art. 11: Este artículo figura redactado conforme al texto de la LO 8/2006, de 4 de diciembre (*BOE* n.º 290, de 5 de diciembre).

nores de esa edad, sin perjuicio de la medida de libertad vigilada que, de forma complementaria, corresponda imponer con arreglo a dicho artículo.

3. Cuando el menor hubiere cometido dos o más infracciones no comprendidas en el apartado 1 de este artículo será de aplicación lo dispuesto en el artículo 47 de la presente Ley.

Art. 12. *Procedimiento de aplicación de medidas en supuestos de pluralidad de infracciones.*—1. A los fines previstos en el artículo anterior, en cuanto el Juez sentenciador tenga conocimiento de la existencia de otras medidas firmes en ejecución, pendientes de ejecución o suspendidas condicionalmente, impuestas al mismo menor por otros jueces de menores en anteriores sentencias, y una vez que la medida o medidas por él impuestas sean firmes, ordenará al secretario judicial que dé traslado del testimonio de su sentencia, por el medio más rápido posible, al Juez que haya dictado la primera sentencia firme, el cual será el competente para la ejecución de todas, asumiendo las funciones previstas en el apartado 2 de este artículo.

2. El Juez competente para la ejecución procederá a la refundición y a ordenar la ejecución de todas las medidas impuestas conforme establece el artículo 47 de esta Ley. Desde ese momento, pasará a ser competente a todos los efectos con exclusión de los órganos judiciales que hubieran dictado las posteriores resoluciones.

Art. 13. *Modificación de la medida impuesta.*—1. El Juez competente para la ejecución, de oficio o a instancia del Ministerio Fiscal o del letrado del menor, previa audiencia de éstos e informe del equipo técnico y, en su caso, de la entidad pública de protección o reforma de menores, podrá en cualquier momento dejar sin efecto la medida impuesta, reducir su duración o sustituirla por otra, siempre que la modificación redunde en el interés del menor y se exprese suficientemente a éste el reproche merecido por su conducta.

2. En los casos anteriores, el Juez resolverá por auto motivado, contra el cual se podrán in-

---

Art. 12: Este artículo figura redactado conforme al texto de la LO 8/2006, de 4 de diciembre (*BOE* n.º 290, de 5 de diciembre).

Art. 13: Este artículo figura redactado conforme al texto de la LO 8/2006, de 4 de diciembre (*BOE* n.º 290, de 5 de diciembre). Cfr. la Circular 1/2009, de 27 de abril, de la Fiscalía General del Estado, sobre la sustitución en el sistema de justicia juvenil de medidas no privativas de libertad por la de internamiento en centro semiabierto, en supuestos de quebrantamiento.

terponer los recursos previstos en la presente Ley.

Art. 14. *Mayoría de edad del condenado.*—1. Cuando el menor a quien se le hubiere impuesto una medida de las establecidas en esta Ley alcanzase la mayoría de edad, continuará el cumplimiento de la medida hasta alcanzar los objetivos propuestos en la sentencia en que se le impuso conforme a los criterios expresados en los artículos anteriores.

2. Cuando se trate de la medida de internamiento en régimen cerrado y el menor alcance la edad de dieciocho años sin haber finalizado su cumplimiento, el Juez de Menores, oído el Ministerio Fiscal, el letrado del menor, el equipo técnico y la entidad pública de protección o reforma de menores, podrá ordenar en auto motivado que su cumplimiento se lleve a cabo en un centro penitenciario conforme al régimen general previsto en la Ley Orgánica General Penitenciaria si la conducta de la persona internada no responde a los objetivos propuestos en la sentencia.

3. No obstante lo señalado en los apartados anteriores, cuando las medidas de internamiento en régimen cerrado sean impuestas a quien haya cumplido veintiún años de edad o, habiendo sido impuestas con anterioridad, no hayan finalizado su cumplimiento al alcanzar la persona dicha edad, el Juez de Menores, oídos el Ministerio Fiscal, el letrado del menor, el equipo técnico y la entidad pública de protección o reforma de menores, ordenará su cumplimiento en centro penitenciario conforme al régimen general previsto en la Ley Orgánica General Penitenciaria, salvo que, excepcionalmente, entienda en consideración a las circunstancias concurrentes que procede la utilización de las medidas previstas en los artículos 13 y 51 de la presente Ley o su permanencia en el centro en cumplimiento de tal medida cuando el menor responda a los objetivos propuestos en la sentencia.

4. Cuando el menor pase a cumplir la medida de internamiento en un centro penitenciario, quedarán sin efecto el resto de medidas impuestas por el Juez de Menores que estuvieren pendientes de cumplimiento sucesivo o que estuviera cumpliendo simultáneamente con la de

---

Art. 14: Este artículo figura redactado conforme al texto de la LO 8/2006, de 4 de diciembre (*BOE* n.º 290, de 5 de diciembre). V. art. 4.º del RD 1.774/2004, de 30 de julio (*BOE* n.º 209, de 30 de agosto), por el que se aprueba el Reglamento de la presente Ley.

internamiento, si éstas no fueren compatible con el régimen penitenciario, todo ello sin perjuicio de que excepcionalmente proceda la aplicación de los artículos 13 y 51 de esta Ley.

5. La medida de internamiento en régimen cerrado que imponga el Juez de Menores con arreglo a la presente Ley se cumplirá en un centro penitenciario conforme al régimen general previsto en la Ley Orgánica General Penitenciaria siempre que, con anterioridad al inicio de la ejecución de dicha medida, el responsable hubiera cumplido ya, total o parcialmente, bien una pena de prisión impuesta con arreglo al Código Penal, o bien una medida de internamiento ejecutada en un centro penitenciario conforme a los apartados 2 y 3 de este artículo.

Art. 15. *De la prescripción.*—1. Los hechos delictivos cometidos por los menores prescriben:

1.º Con arreglo a las normas contenidas en el Código Penal, cuando se trate de los hechos delictivos tipificados en los artículos 138, 139, 179, 180 y 571 a 580 del Código Penal o cualquier otro sancionado en el Código Penal o en las leyes penales especiales con pena de prisión igual o superior a quince años.

2.º A los cinco años, cuando se trate de un delito grave sancionado en el Código Penal con pena superior a diez años.

3.º A los tres años, cuando se trate de cualquier otro delito grave.

4.º Al año, cuando se trate de un delito menos grave.

5.º A los tres meses, cuando se trate de una falta.

2. Las medidas que tengan una duración superior a los dos años prescribirán a los tres años. Las restantes medidas prescribirán a los dos años, excepto la amonestación, las prestaciones en beneficio de la comunidad y la permanencia de fin de semana, que prescribirán al año.

Art. 15: Este artículo figura redactado conforme al texto de la LO 8/2006, de 4 de diciembre (*BOE* n.º 290, de 5 de diciembre).

TÍTULO III

De la instrucción del procedimiento

CAPÍTULO PRIMERO

REGLAS GENERALES

Art. 16. *Incoación del expediente.*—1. Corresponde al Ministerio Fiscal la instrucción de los procedimientos por los hechos a los que se refiere el artículo 1 de esta Ley.

2. Quienes tuvieren noticia de algún hecho de los indicados en el apartado anterior, presuntamente cometido por un menor de dieciocho años, deberán ponerlo en conocimiento del Ministerio Fiscal, el cual admitirá o no a trámite la denuncia, según que los hechos sean o no indiciariamente constitutivos de delito; custodiará las piezas, documentos y efectos que le hayan sido remitidos, y practicará, en su caso, las diligencias que estime pertinentes para la comprobación del hecho y de la responsabilidad del menor en su comisión, pudiendo resolver el archivo de las actuaciones cuando los hechos no constituyan delito o no tengan autor conocido. La resolución recaída sobre la denuncia deberá notificarse a quienes hubieran formulado la misma.

3. Una vez efectuadas las actuaciones indicadas en el apartado anterior, el Ministerio Fiscal dará cuenta de la incoación del expediente al Juez de Menores, quien iniciará las diligencias de trámite correspondientes.

4. El Juez de Menores ordenará al propio tiempo la apertura de la pieza separada de responsabilidad civil, que se tramitará conforme a lo establecido en las reglas del artículo 64 de esta Ley.

5. Cuando los hechos mencionados en el artículo 1 hubiesen sido cometidos conjuntamente por mayores de edad penal y por personas de las edades indicadas en el mismo artículo 1, el Juez de Instrucción competente para el conocimiento de la causa, tan pronto como compruebe la edad de los imputados, adoptará las medidas necesarias para asegurar el éxito de la actividad investigadora respecto de los mayores de edad y ordenará remitir testimonio de los particulares precisos al Ministerio Fiscal, a los efectos

---

Art. 16: Los apartados 4 y 5 de este artículo figuran redactados conforme al texto de la LO 8/2006, de 4 de diciembre (*BOE* n.º 290, de 5 de diciembre).

prevenidos en el apartado 2 de este artículo.

Art. 17. *Detención de los menores.*—1. Las autoridades y funcionarios que intervengan en la detención de un menor deberán practicarla en la forma que menos perjudique a éste y estarán obligados a informarle, en un lenguaje claro y comprensible y de forma inmediata, de los hechos que se le imputan, de las razones de su detención y de los derechos que le asisten, especialmente los reconocidos en el artículo 520 de la Ley de Enjuiciamiento Criminal, así como a garantizar el respeto de los mismos. También deberán notificar inmediatamente el hecho de la detención y el lugar de la custodia a los representantes legales del menor y al Ministerio Fiscal. Si el menor detenido fuera extranjero, el hecho de la detención se notificará a las correspondientes autoridades consulares cuando el menor tuviera su residencia habitual fuera de España o cuando así lo solicitaran el propio menor o sus representantes legales.

2. Toda declaración del detenido, se llevará a cabo en presencia de su letrado y de aquellos que ejerzan la patria potestad, tutela o guarda del menor —de hecho o de derecho—, salvo que, en este último caso, las circunstancias aconsejen lo contrario. En defecto de estos últimos la declaración se llevará a cabo en presencia del Ministerio Fiscal, representado por persona distinta del instructor del expediente.

El menor detenido tendrá derecho a la entrevista reservada con su abogado con anterioridad y al término de la práctica de la diligencia de toma de declaración.

3. Mientras dure la detención, los menores deberán hallarse custodiados en dependencias adecuadas y separadas de las que se utilicen para los mayores de edad, y recibirán los cuidados, protección y asistencia social, psicológica, médica y física que requieran, habida cuenta de su edad, sexo y características individuales.

4. La detención de un menor por funcionarios de policía no podrá durar más tiempo del estrictamente necesario para la realización de las averiguaciones tendentes al esclarecimiento de los hechos, y, en todo caso, dentro del plazo máximo de veinti-

---

Art. 17: El párrafo segundo del apartado 2 de este artículo fue incorporado por la LO 8/2006, de 4 de diciembre (*BOE* n.º 290, de 5 de diciembre). V. arts. 2.º y 3.º del RD 1.774/2004, de 30 de julio (*BOE* n.º 209, de 30 de agosto), por el que se aprueba el Reglamento de la presente Ley.

cuatro horas, el menor detenido deberá ser puesto en libertad o a disposición del Ministerio Fiscal. Se aplicará, en su caso, lo dispuesto en el artículo 520 bis de la Ley de Enjuiciamiento Criminal, atribuyendo la competencia para las resoluciones judiciales previstas en dicho precepto al Juez de Menores.

5. Cuando el detenido sea puesto a disposición del Ministerio Fiscal, éste habrá de resolver, dentro de las cuarenta y ocho horas a partir de la detención, sobre la puesta en libertad del menor, sobre el desistimiento al que se refiere el artículo siguiente, o sobre la incoación del expediente, poniendo a aquél a disposición del Juez de Menores competente e instando del mismo las oportunas medidas cautelares, con arreglo a lo establecido en el artículo 28.

6. El Juez competente para el procedimiento de hábeas corpus en relación a un menor será el Juez de Instrucción del lugar en el que se encuentre el menor privado de libertad; si no constare, el del lugar donde se produjo la detención, y, en defecto de los anteriores, el del lugar donde se hayan tenido las últimas noticias sobre el paradero del menor detenido.

Cuando el procedimiento de hábeas corpus sea instado por el propio menor, la fuerza pública responsable de la detención lo notificará inmediatamente al Ministerio Fiscal, además de dar curso al procedimiento conforme a la ley orgánica reguladora.

Art. 18. *Desistimiento de la incoación del expediente por corrección en el ámbito educativo y familiar.*—El Ministerio Fiscal podrá desistir de la incoación del expediente cuando los hechos denunciados constituyan delitos menos graves sin violencia o intimidación en las personas, o faltas, tipificados en el Código Penal o en las leyes penales especiales. En tal caso, el Ministerio Fiscal dará traslado de lo actuado a la entidad pública de protección de menores para la aplicación de lo establecido en el artículo 3 de la presente Ley. Asimismo, el Ministerio Fiscal comunicará a los ofendidos o perjudicados conocidos el desistimiento acordado.

No obstante, cuando conste que el menor ha cometido con anterioridad otros hechos de la misma naturaleza, el Ministerio Fiscal deberá incoar el expediente y, en su caso, actuar con-

---

Art. 18: El párrafo primero de este artículo figura redactado conforme al texto de la LO 8/2006, de 4 de diciembre (*BOE* n.º 290, de 5 de diciembre).

forme autoriza el artículo 27.4 de la presente Ley.

Art. 19. *Sobreseimiento del expediente por conciliación o reparación entre el menor y la víctima.*—1. También podrá el Ministerio Fiscal desistir de la continuación del expediente, atendiendo a la gravedad y circunstancias de los hechos y del menor, de modo particular a la falta de violencia o intimidación graves en la comisión de los hechos, y a la circunstancia de que además el menor se haya conciliado con la víctima o haya asumido el compromiso de reparar el daño causado a la víctima o al perjudicado por el delito, o se haya comprometido a cumplir la actividad educativa propuesta por el equipo técnico en su informe.

El desistimiento en la continuación del expediente sólo será posible cuando el hecho imputado al menor constituya delito menos grave o falta.

2. A efectos de lo dispuesto en el apartado anterior, se entenderá producida la conciliación cuando el menor reconozca el daño causado y se disculpe ante la víctima, y ésta acepte sus disculpas, y se entenderá por reparación el compromiso asumido por el menor con la víctima o perjudicado de realizar determinadas acciones en beneficio de aquéllos o de la comunidad, seguido de su realización efectiva. Todo ello sin perjuicio del acuerdo al que hayan llegado las partes en relación con la responsabilidad civil.

3. El correspondiente equipo técnico realizará las funciones de mediación entre el menor y la víctima o perjudicado, a los efectos indicados en los apartados anteriores, e informará al Ministerio Fiscal de los compromisos adquiridos y de su grado de cumplimiento.

4. Una vez producida la conciliación o cumplidos los compromisos de reparación asumidos con la víctima o perjudicado por el delito o falta cometido, o cuando una u otros no pudieran llevarse a efecto por causas ajenas a la voluntad del menor, el Ministerio Fiscal dará por concluida la instrucción y solicitará del Juez el sobreseimiento y archivo de las actuaciones, con remisión de lo actuado.

5. En el caso de que el menor no cumpliera la reparación o la actividad educativa acorda-

---

Art. 19: El apartado 2 de este artículo figura redactado conforme al texto de la LO 8/2006, de 4 de diciembre (*BOE* n.º 290, de 5 de diciembre). V. art. 5.º del RD 1.774/2004, de 30 de julio (*BOE* n.º 209, de 30 de agosto), por el que se aprueba el Reglamento de la presente Ley.

da, el Ministerio Fiscal continuará la tramitación del expediente.

6. En los casos en los que la víctima del delito o falta fuere menor de edad o incapaz, el compromiso al que se refiere el presente artículo habrá de ser asumido por el representante legal de la misma, con la aprobación del Juez de Menores.

Art. 20. *Unidad de expediente.*—1. El Ministerio Fiscal incoará un procedimiento por cada hecho delictivo, salvo cuando se trate de hechos delictivos conexos.

2. Todos los procedimientos tramitados a un mismo menor se archivarán en el expediente personal que del mismo se haya abierto en la Fiscalía. De igual modo se archivarán las diligencias en el Juzgado de Menores respectivo.

3. En los casos en los que los delitos atribuidos al menor expedientado hubieran sido cometidos en diferentes territorios, la determinación del órgano judicial competente para el enjuiciamiento de todos ellos en unidad de expediente, así como de las entidades públicas competentes para la ejecución de las medidas que se apliquen, se hará teniendo en cuenta el lugar del domicilio del menor y, subsidiariamente, los criterios expresados en el artículo 18 de la Ley de Enjuiciamiento Criminal.

4. Los procedimientos de la competencia de la Audiencia Nacional no podrán ser objeto de acumulación con otros procedimientos instruidos en el ámbito de la jurisdicción de menores, sean o no los mismos los sujetos imputados.

Art. 21. *Remisión al órgano competente.*—Cuando el conocimiento de los hechos no corresponda a la competencia de los Juzgados de Menores, el Fiscal acordará la remisión de lo actuado al órgano legalmente competente.

Art. 22. *De la incoación del expediente.*—1. Desde el mismo momento de la incoación del expediente, el menor tendrá derecho a:

Art. 20: Este artículo figura redactado conforme al texto de la LO 8/2006, de 4 de diciembre (*BOE* n.º 290, de 5 de diciembre). V. arts. 17 y 18 LECr.

Art. 22: Este artículo figura redactado conforme al texto de la LO 8/2006, de 4 de diciembre (*BOE* n.º 290, de 5 de diciembre). V. art. 520 LECr. La STC 146/2012, de 5 de julio (*BOE* n.º 181, de 30 de julio), dice, respecto del trámite de audiencia del menor, lo siguiente:

«A partir del contenido del art. 22.2 resulta que el menor tiene conocimiento de la instrucción del expediente desde el momento mismo de su incoación y que, a través

a) Ser informado por el Juez, el Ministerio Fiscal, o agente de policía de los derechos que le asisten.

---

del abogado —que, en caso de no ser nombrado por él, será designado de oficio en ese momento—, podrá intervenir desde el principio en la fase instructora del expediente y proponer las diligencias que estime pertinentes, de manera que queda salvaguardado el derecho del menor a intervenir en el procedimiento. De otra parte, el art. 22.1.*a*) especifica el deber del Juez, el Ministerio Fiscal, o agente de policía de informar al menor de los derechos que le asisten, desde el momento mismo de la incoación del expediente. La única diferencia que se observa respecto de lo requerido en el proceso penal de adultos reside en que dicho conocimiento —de los hechos que se le imputan y de sus derechos—, no lo adquiere directamente el menor en un encuentro personal con el instructor en todo caso, pues la incoación del expediente puede conocerla a través de su notificación por escrito y la ilustración de sus derechos puede ser llevada a cabo por la policía.

»Esta falta de encuentro personal con el instructor, con las funciones ya mencionadas o a los efectos de que éste oiga la versión exculpatoria del menor, no aparece ciertamente como un trámite obligatorio, siempre y en todo caso, de la instrucción del expediente. Ahora bien, ni ello significa que no lo sea en ciertos casos por prescripción de la propia ley, ni tampoco que su ausencia no se vea colmada por la audiencia ante el órgano judicial. Así, por una parte, resulta obligado que el instructor oiga al menor cuando así se le solicite por el Letrado, pues así se infiere del apartado segundo del art. 26 en relación con su apartado primero. Si el art. 26.1 prevé la posibilidad de que el instructor inadmita mediante resolución motivada alguna de las diligencias propuestas por el Letrado del menor, a esta regla general se sustrae la solicitud de declaración del menor, ya que, con absoluta claridad, el art. 26.2 establece que "el Ministerio Fiscal deberá recibirla en el expediente". Es decir, que una vez pedida la declaración del menor por el Letrado, el instructor tiene obligación de recibirle declaración. A ello, por lo demás, no se opone el último inciso del art. 26.2, pues lo único que señala, de otra parte de forma innecesaria, es que dicha obligación de recibir declaración al menor decae si se solicita de forma extemporánea, es decir, cuando "hubiese concluido la instrucción y el expediente hubiese sido elevado al Juzgado de Menores". De esta manera, el Fiscal no puede denegar la declaración salvo que se haya solicitado de forma extemporánea.

»Por otra parte, la Ley Orgánica reguladora de la responsabilidad penal de los menores prevé que el menor sea oído antes de acordar su internamiento. Así, el art. 22.1.*d*) establece que es derecho del menor el ser oído por el Juez o Tribunal "antes de adoptar cualquier resolución que le concierna personalmente". De modo que, si bien es cierto que puede acordarse el internamiento del menor sin que el instructor le haya oído, no lo es menos que, siendo derecho del menor el ser oído por el Juez, que es el competente para acordar el internamiento del menor, si se le solicita tampoco éste puede negarse.

»Por lo demás, la inexistencia de un trámite obligatorio de audiencia del menor ante el fiscal instructor tiene un fundamento consistente y razonable en la necesaria evaluación del interés individual de cada menor. La reducción de trámites procesales durante la instrucción del expediente, así como todo el proceso penal de menores, se encuentra inspirado en este principio, intentando evitar la estigmatización y los efectos desfavorables en el menor que la propia sustanciación del proceso o su excesiva duración puede ocasionarle. Dicha ponderación del interés del menor constituye también la razón que justifica que la Ley no exija que el conocimiento por el menor del hecho imputado y de los derechos que le asisten se realice en un encuentro personal ante el

b) Designar abogado que le defienda, o a que le sea designado de oficio y a entrevistarse reservadamente con él, incluso antes de prestar declaración.

c) Intervenir en las diligencias que se practiquen durante la investigación preliminar y en el proceso judicial, y a proponer y solicitar, respectivamente, la práctica de diligencias.

d) Ser oído por el Juez o Tribunal antes de adoptar cualquier resolución que le concierna personalmente.

e) La asistencia afectiva y psicológica en cualquier estado y grado del procedimiento, con la presencia de los padres o de otra persona que indique el menor, si el Juez de Menores autoriza su presencia.

f) La asistencia de los servicios del equipo técnico adscrito al Juzgado de Menores.

2. El expediente será notificado al menor desde el momento mismo de su incoación, a salvo lo dispuesto en el artículo 24. A tal fin, el Fiscal requerirá al menor y a sus representantes legales para que designen letrado en el plazo de tres días, advirtiéndoles que, de no hacerlo, se le nombrará de oficio de entre los integrantes del turno de especialistas del correspondiente Colegio de Abogados. Una vez producida dicha designación, el Fiscal la comunicará al Juez de Menores.

3. Igualmente, el Ministerio Fiscal notificará a quien aparezca como perjudicado, desde el momento en que así conste en la instrucción del expediente, la posibilidad de ejercer las acciones civiles que le puedan corresponder, personándose ante el Juez de Menores en la pieza de responsabilidad civil que se tramitará por el mismo.

Art. 23. *Actuación instructora del Ministerio Fiscal.*—1. La actuación instructora del Ministerio Fiscal tendrá como objeto, tanto valorar la participación del menor en los hechos para expresarle el reproche que merece su conducta, como proponer las concretas medidas de contenido educativo y sancionador adecuadas a las circunstancias del hecho y de su autor y, sobre todo, al interés del propio menor valorado en la causa.

2. El Ministerio Fiscal deberá dar vista del expediente al letrado del menor y, en su caso, a quien haya ejercitado la ac-

---

Fiscal instructor. Ahora bien, dicha inicial ponderación, a realizar por el Fiscal, no obsta a que si el Letrado del menor, estimándolo necesario para la defensa de éste, solicita esta diligencia, resulte obligatorio para aquél recibir declaración al menor.»

Art. 23: Este artículo figura redactado conforme al texto de la LO 8/2006, de 4 de diciembre (*BOE* n.º 290, de 5 de diciembre).

ción penal, en un plazo no superior a veinticuatro horas, tantas veces como aquél lo solicite.

3. El Ministerio Fiscal no podrá practicar por sí mismo diligencias restrictivas de derechos fundamentales, sino que habrá de solicitar del Juzgado la práctica de las que sean precisas para el buen fin de las investigaciones. El Juez de Menores resolverá sobre esta petición por auto motivado. La práctica de tales diligencias se documentará en pieza separada.

Art. 24. *Secreto del expediente.*—El Juez de Menores, a solicitud del Ministerio Fiscal, del menor o de su familia, o de quien ejercite la acción penal, podrá decretar mediante auto motivado el secreto del expediente, en su totalidad o parcialmente, durante toda la instrucción o durante un período limitado de ésta. No obstante, el letrado del menor y quien ejercite la acción penal deberán, en todo caso, conocer en su integridad el expediente al evacuar el trámite de alegaciones. Este incidente se tramitará por el Juzgado en pieza separada.

Art. 25. *De la acusación particular.*—Podrán personarse en el procedimiento como acusadores particulares, a salvo de las acciones previstas por el artículo 61 de esta Ley, las personas directamente ofendidas por el delito, sus padres, sus herederos o sus representantes legales si fueran menores de edad o incapaces, con las facultades y derechos que derivan de ser parte en el procedimiento, entre los que están, entre otros, los siguientes:

a) Ejercitar la acusación particular durante el procedimiento.

b) Instar la imposición de las medidas a las que se refiere esta Ley.

c) Tener vista de lo actuado, siendo notificado de las diligencias que se soliciten y acuerden.

d) Proponer pruebas que versen sobre el hecho delictivo y las circunstancias de su comisión, salvo en lo referente a la situación psicológica, educativa, familiar y social del menor.

e) Participar en la práctica de las pruebas, ya sea en fase de instrucción ya sea en fase de audiencia; a estos efectos, el órgano actuante podrá denegar la práctica de la prueba de careo, si ésta fuera solicitada, cuando

---

Art. 24: Este artículo figura redactado conforme al texto de la LO 8/2006, de 4 de diciembre (*BOE* n.º 290, de 5 de diciembre).

Art. 25: Figura redactado conforme al texto de la LO 15/2003, de 25 de noviembre (*BOE* n.º 283, de 26 de noviembre).

no resulte fundamental para la averiguación de los hechos o la participación del menor en los mismos.

f) Ser oído en todos los incidentes que se tramiten durante el procedimiento.

g) Ser oído en caso de modificación o de sustitución de medidas impuestas al menor.

h) Participar en las vistas o audiencias que se celebren.

i) Formular los recursos procedentes de acuerdo con esta Ley.

Una vez admitida por el Juez de Menores la personación del acusador particular, se le dará traslado de todas las actuaciones sustanciadas de conformidad con la presente Ley y se le permitirá intervenir en todos los trámites en defensa de sus intereses.

Art. 26. *Diligencias propuestas por las partes.*—1. Las partes podrán solicitar del Ministerio Fiscal la práctica de cuantas diligencias consideren necesarias. El Ministerio Fiscal decidirá sobre su admisión, mediante resolución motivada que notificará al letrado del menor y a quien en su caso ejercite la acción penal y que pondrá en conocimiento del Juez de Menores. Las partes podrán, en cualquier momento, reproducir ante el Juzgado de Menores la petición de las diligencias no practicadas.

2. No obstante lo dispuesto en el apartado anterior, cuando alguna de las partes proponga que se lleve a efecto la declaración del menor, el Ministerio Fiscal deberá recibirla en el expediente, salvo que ya hubiese concluido la instrucción y el expediente hubiese sido elevado al Juzgado de Menores.

3. Si las diligencias propuestas por alguna de las partes afectaren a derechos fundamentales del menor o de otras personas, el Ministerio Fiscal, de estimar pertinente la solicitud, se dirigirá al Juez de Menores conforme a lo dispuesto en el artículo 23.3, sin perjuicio de la facultad de quien haya propuesto la diligencia de reproducir su solicitud ante el Juez de Menores conforme a lo dispuesto en el apartado 1 de este artículo.

Art. 27. *Informe del equipo técnico.*—1. Durante la instrucción del expediente, el Ministerio Fiscal requerirá del equipo técnico, que a estos efectos de-

---

Art. 26: Este artículo figura redactado conforme al texto de la LO 8/2006, de 4 de diciembre (*BOE* n.º 290, de 5 de diciembre).

Art. 27: V. arts. 4.º y 5.º del RD 1.774/2004, de 30 de julio (*BOE* n.º 209, de 30 de agosto), por el que se aprueba el Reglamento de la presente Ley.

penderá funcionalmente de aquél sea cual fuere su dependencia orgánica, la elaboración de un informe o actualización de los anteriormente emitidos, que deberá serle entregado en el plazo máximo de diez días, prorrogable por un período no superior a un mes en casos de gran complejidad, sobre la situación psicológica, educativa y familiar del menor, así como sobre su entorno social, y en general sobre cualquier otra circunstancia relevante a los efectos de la adopción de alguna de las medidas previstas en la presente Ley.

2. El equipo técnico podrá proponer, asimismo, una intervención socio-educativa sobre el menor, poniendo de manifiesto en tal caso aquellos aspectos del mismo que considere relevantes en orden a dicha intervención.

3. De igual modo, el equipo técnico informará, si lo considera conveniente y en interés del menor, sobre la posibilidad de que éste efectúe una actividad reparadora o de conciliación con la víctima, de acuerdo con lo dispuesto en el artículo 19 de esta Ley, con indicación expresa del contenido y la finalidad de la mencionada actividad. En este caso, no será preciso elaborar un informe de las características y contenidos del apartado 1 de este artículo.

4. Asimismo podrá el equipo técnico proponer en su informe la conveniencia de no continuar la tramitación del expediente en interés del menor, por haber sido expresado suficientemente el reproche al mismo a través de los trámites ya practicados, o por considerar inadecuada para el interés del menor cualquier intervención, dado el tiempo transcurrido desde la comisión de los hechos. En estos casos, si se reunieran los requisitos previstos en el artículo 19.1 de esta Ley, el Ministerio Fiscal podrá remitir el expediente al Juez con propuesta de sobreseimiento, remitiendo además, en su caso, testimonio de lo actuado a la entidad pública de protección de menores que corresponda, a los efectos de que actúe en protección del menor.

5. En todo caso, una vez elaborado el informe del equipo técnico, el Ministerio Fiscal lo remitirá inmediatamente al Juez de Menores y dará copia del mismo al letrado del menor.

6. El informe al que se refiere el presente artículo podrá ser elaborado o complementado por aquellas entidades públicas o privadas que trabajen en el ámbito de la educación de menores y conozcan la situación del menor expedientado.

CAPÍTULO II

De las medidas cautelares

Art. 28. *Reglas generales.*—1. El Ministerio Fiscal, de oficio o a instancia de quien haya ejercitado la acción penal, cuando existan indicios racionales de la comisión de un delito y el riesgo de eludir u obstruir la acción de la justicia por parte del menor o de atentar contra los bienes jurídicos de la víctima, podrá solicitar del Juez de Menores, en cualquier momento, la adopción de medidas cautelares para la custodia y defensa del menor expedientado o para la debida protección de la víctima.

Dichas medidas podrán consistir en internamiento en centro en el régimen adecuado, libertad vigilada, prohibición de aproximarse o comunicarse con la víctima o con aquellos de sus familiares u otras personas que determine el Juez, o convivencia con otra persona, familia o grupo educativo.

El Juez, oído el letrado del menor, así como el equipo técnico y la representación de la entidad pública de protección o reforma de menores, que informarán especialmente sobre la naturaleza de la medida cautelar, resolverá sobre lo propuesto tomando en especial consideración el interés del menor. La medida cautelar adoptada podrá mantenerse hasta que recaiga sentencia firme.

2. Para la adopción de la medida cautelar de internamiento se atenderá a la gravedad de los hechos, valorando también las circunstancias personales y sociales del menor, la existencia de un peligro cierto de fuga, y, especialmente, el que el menor hubiera cometido o no con anterioridad otros hechos graves de la misma naturaleza.

El Juez de Menores resolverá, a instancia del Ministerio Fiscal o de la acusación particular, en una comparecencia a la que asistirán también el letrado del menor, las demás partes personadas, el representante del equipo técnico y el de la entidad pública de protección o reforma de menores, los cuales informarán al Juez sobre la conveniencia de la adopción de la medida solicitada en función de los criterios consignados en este artículo. En dicha comparecencia el Ministerio Fiscal y las partes personadas podrán proponer los medios de prueba que puedan practicarse en el acto o dentro de las veinticuatro horas siguientes.

Art. 28: Los tres primeros apartados de este artículo figuran redactados conforme al texto de la LO 8/2006, de 4 de diciembre (*BOE* n.º 290, de 5 de diciembre).

3. El tiempo máximo de la medida cautelar de internamiento será de seis meses, y podrá prorrogarse, a instancia del Ministerio Fiscal, previa audiencia del letrado del menor y mediante auto motivado, por otros tres meses como máximo.

4. Las medidas cautelares se documentarán en el Juzgado de Menores en pieza separada del expediente.

5. El tiempo de cumplimiento de las medidas cautelares se abonará en su integridad para el cumplimiento de las medidas que se puedan imponer en la misma causa o, en su defecto, en otras causas que hayan tenido por objeto hechos anteriores a la adopción de aquéllas. El Juez, a propuesta del Ministerio Fiscal y oídos el letrado del menor y el equipo técnico que informó la medida cautelar, ordenará que se tenga por ejecutada la medida impuesta en aquella parte que estime razonablemente compensada por la medida cautelar.

Art. 29. *Medidas cautelares en los casos de exención de la responsabilidad.*—Si en el transcurso de la instrucción que realice el Ministerio Fiscal quedara suficientemente acreditado que el menor se encuentra en situación de enajenación mental o en cualquiera otra de las circunstancias previstas en los apartados 1.º, 2.º ó 3.º del artículo 20 del Código Penal vigente, se adoptarán las medidas cautelares precisas para la protección y custodia del menor conforme a los preceptos civiles aplicables, instando en su caso las actuaciones para la incapacitación del menor y la constitución de los organismos tutelares conforme a derecho, sin perjuicio todo ello de concluir la instrucción y de efectuar las alegaciones previstas en esta Ley conforme a lo que establecen sus artículos 5.2 y 9, y de solicitar, por los trámites de la misma, en su caso, alguna medida terapéutica adecuada al interés del menor de entre las previstas en esta Ley.

CAPÍTULO III

DE LA CONCLUSION DE LA INSTRUCCION

Art. 30. *Remisión del expediente al Juez de Menores.*— 1. Acabada la instrucción, el Ministerio Fiscal resolverá la conclusión del expediente, notificándosela a las partes personadas, y

Art. 30: Los apartados 1 y 3 de este artículo figuran redactados conforme al texto de la LO 8/2006, de 4 de diciembre (*BOE* n.º 290, de 5 de diciembre). V. arts. 637 y 641 LECr.

remitirá al Juzgado de Menores el expediente, junto con las piezas de convicción y demás efectos que pudieran existir, con un escrito de alegaciones en el que constará la descripción de los hechos, la valoración jurídica de los mismos, el grado de participación del menor, una breve reseña de las circunstancias personales y sociales de éste, la proposición de alguna medida de las previstas en esta Ley con exposición razonada de los fundamentos jurídicos y educativos que la aconsejen, y, en su caso, la exigencia de responsabilidad civil.

2. En el mismo acto propondrá el Ministerio Fiscal la prueba de que intente valerse para la defensa de su pretensión procesal.

3. Asimismo, podrá proponer el Ministerio Fiscal la participación en el acto de la audiencia de aquellas personas o representantes de instituciones públicas y privadas que puedan aportar al proceso elementos valorativos del interés del menor y de la conveniencia o no de las medidas solicitadas. En todo caso serán llamadas al acto de audiencia las personas o instituciones perjudicadas civilmente por el delito, así como los responsables civiles.

4. El Ministerio Fiscal podrá también solicitar del Juez de Menores el sobreseimiento de las actuaciones por alguno de los motivos previstos en la Ley de Enjuiciamiento Criminal, así como la remisión de los particulares necesarios a la entidad pública de protección de menores en su caso.

TÍTULO IV

De la fase de audiencia

Art. 31. *Apertura de la fase de audiencia.*—Recibido el escrito de alegaciones con el expediente, las piezas de convicción, los efectos y demás elementos relevantes para el proceso remitidos por el Ministerio Fiscal, el secretario del Juzgado de Menores los incorporará a las diligencias, y el Juez de Menores procederá a abrir el trámite de audiencia, para lo cual el secretario judicial dará traslado simultáneamente a quienes ejerciten la acción penal y la civil para que en un plazo común de

Art. 31: Este artículo figura redactado conforme al texto de la LO 8/2006, de 4 de diciembre (*BOE* n.º 290, de 5 de diciembre).

cinco días hábiles formulen sus respectivos escritos de alegaciones y propongan las pruebas que consideren pertinentes. Evacuado este trámite, el secretario judicial dará traslado de todo lo actuado al letrado del menor y, en su caso, a los responsables civiles, para que en un plazo de cinco días hábiles formule a su vez escrito de alegaciones y proponga la prueba que considere pertinente.

Art. 32. *Sentencia de conformidad.*—Si el escrito de alegaciones de la acusación solicitara la imposición de alguna o algunas de las medidas previstas en las letras *e*) a *ñ*) del apartado 1 del artículo 7, y hubiere conformidad del menor y de su letrado, así como de los responsables civiles, la cual se expresará en comparecencia ante el Juez de Menores en los términos del artículo 36, éste dictará sentencia sin más trámite.

Cuando el menor y su letrado disintiesen únicamente respecto de la responsabilidad civil, se limitará la audiencia a la prueba y discusión de los puntos relativos a dicha responsabilidad.

Cuando la persona o personas contra quienes se dirija la acción civil no estuvieren conformes con la responsabilidad civil solicitada, se sustanciará el trámite de la audiencia sólo en lo relativo a este último extremo, practicándose la prueba propuesta a fin de determinar el alcance de aquélla.

Art. 33. *Otras decisiones del Juez de Menores.*—En los casos no previstos en el artículo anterior, a la vista de la petición del Ministerio Fiscal y de los escritos de alegaciones de las partes, el Juez adoptará alguna de las siguientes decisiones:

a) La celebración de la audiencia.

b) El sobreseimiento, mediante auto motivado, de las actuaciones.

c) El archivo por sobreseimiento de las actuaciones con remisión de particulares a la entidad pública de protección de menores correspondiente cuando así se haya solicitado por el Ministerio Fiscal.

d) La remisión de las actuaciones al Juez competente, cuando el Juez de Menores considere que no le corresponde el conocimiento del asunto.

e) Practicar por sí las pruebas propuestas por las partes y

Art. 32: Este artículo figura redactado conforme al texto de la LO 8/2006, de 4 de diciembre (*BOE* n.º 290, de 5 de diciembre).

Art. 33: Este artículo figura redactado conforme al texto de la LO 8/2006, de 4 de diciembre (*BOE* n.º 290, de 5 de diciembre).

que hubieran sido denegadas por el Fiscal durante la instrucción, conforme a lo dispuesto en el artículo 26.1 de la presente Ley, y que no puedan celebrarse en el transcurso de la audiencia, siempre que considere que son relevantes a los efectos del proceso. Una vez practicadas, dará traslado de los resultados al Ministerio Fiscal y a las partes personadas, antes de iniciar las sesiones de la audiencia.

Contra las precedentes resoluciones cabrán los recursos previstos en esta Ley.

Art. 34. *Pertinencia de pruebas y señalamiento de la audiencia.*—El Juez de Menores, dentro del plazo de cinco días desde la presentación del escrito de alegaciones del letrado del menor y, en su caso, de los responsables civiles, o una vez transcurrido el plazo para la presentación sin que ésta se hubiere efectuado, acordará, en su caso, lo procedente sobre la pertinencia de las pruebas propuestas, mediante auto de apertura de la audiencia, y el secretario judicial señalará el día y hora en que deba comenzar ésta dentro de los diez días siguientes.

Art. 35. *Asistentes y no publicidad de la audiencia.*—1. La audiencia se celebrará con asistencia del Ministerio Fiscal, de las partes personadas, del letrado del menor, de un representante del equipo técnico que haya evacuado el informe previsto en el artículo 27 de esta Ley, y del propio menor, el cual podrá estar acompañado de sus representantes legales, salvo que el Juez, oídos los citados Ministerio Fiscal, letrado del menor y representante del equipo técnico, acuerde lo contrario. También podrá asistir el representante de la entidad pública de protección o reforma de menores que haya intervenido en las actuaciones de la instrucción, cuando se hubiesen ejecutado medidas cautelares o definitivas impuestas al menor con anterioridad. Igualmente, deberán comparecer la persona o personas a quienes se exija responsabilidad civil; aunque su inasistencia injustificada no será por sí misma causa de suspensión de la audiencia.

2. El Juez podrá acordar, en interés de la persona imputada o de la víctima, que las sesiones no sean públicas y en ningún caso se permitirá que los medios

---

Art. 34: Este artículo figura redactado conforme al texto de la LO 8/2006, de 4 de diciembre (*BOE* n.º 290, de 5 de diciembre).

Art. 35: Este artículo figura redactado conforme al texto de la LO 8/2006, de 4 de diciembre (*BOE* n.º 290, de 5 de diciembre).

de comunicación social obtengan o difundan imágenes del menor ni datos que permitan su identificación.

3. Quienes ejerciten la acción penal en el procedimiento regulado en la presente Ley, habrán de respetar rigurosamente el derecho del menor a la confidencialidad y a la no difusión de sus datos personales o de los datos que obren en el expediente instruido, en los términos que establezca el Juez de Menores. Quien infrinja esta regla será acreedor de las responsabilidades civiles y penales a que haya lugar.

Art. 36. *Conformidad del menor.*—1. El secretario judicial informará al menor expedientado, en un lenguaje comprensible y adaptado a su edad, de las medidas y responsabilidad civil solicitadas por el Ministerio Fiscal y, en su caso, la acusación particular y el actor civil, en sus escritos de alegaciones, así como de los hechos y de la causa en que se funden.

2. El Juez seguidamente preguntará al menor si se declara autor de los hechos y si está de acuerdo con las medidas solicitadas y con la responsabilidad civil. Si mostrase su conformidad con dichos extremos, oídos el letrado del menor y la persona o personas contra quienes se dirija la acción civil, el Juez podrá dictar resolución de conformidad. Si el letrado no estuviese de acuerdo con la conformidad prestada por el propio menor, el Juez resolverá sobre la continuación o no de la audiencia, razonando esta decisión en la sentencia.

3. Si el menor estuviere conforme con los hechos pero no con la medida solicitada, se sustanciará el trámite de la audiencia sólo en lo relativo a este último extremo, practicándose la prueba propuesta a fin de determinar la aplicación de dicha medida o su sustitución por otra más adecuada al interés del menor y que haya sido propuesta por alguna de las partes.

4. Cuando el menor o la persona o personas contra quienes se dirija la acción civil no estuvieren conformes con la responsabilidad civil solicitada, se sustanciará el trámite de la audiencia sólo en lo relativo a este último extremo, practicándose la prueba propuesta a fin de determinar el alcance de aquélla.

Art. 36: Este artículo figura redactado conforme al texto de la LO 8/2006, de 4 de diciembre (*BOE* n.º 290, de 5 de diciembre).

Art. 37. *Celebración de la audiencia.*—1. Cuando proceda la celebración de la audiencia, el Juez invitará al Ministerio Fiscal, a quienes hayan ejercitado, en su caso, la acción penal, al letrado del menor, y eventualmente y respecto de las cuestiones que estrictamente tengan que ver con la responsabilidad civil al actor civil y terceros responsables civilmente, a que manifiesten lo que tengan por conveniente sobre la práctica de nuevas pruebas o sobre la vulneración de algún derecho fundamental en la tramitación del procedimiento, o, en su caso, les pondrá de manifiesto la posibilidad de aplicar una distinta calificación o una distinta medida de las que hubieran solicitado. Seguidamente, el Juez acordará la continuación de la audiencia o la subsanación del derecho vulnerado, si así procediere. Si acordara la continuación de la audiencia, el Juez resolverá en la sentencia sobre los extremos planteados.

2. Seguidamente se iniciará la práctica de la prueba propuesta y admitida y la que, previa declaración de pertinencia, ofrezcan las partes para su práctica en el acto, oyéndose, asimismo, al equipo técnico sobre las circunstancias del menor. A continuación, el Juez oirá al Ministerio Fiscal, a quien haya ejercitado en su caso la acción penal, al letrado del menor y al actor civil y terceros responsables civilmente respecto de los derechos que le asisten, sobre la valoración de la prueba, su calificación jurídica y la procedencia de las medidas propuestas; sobre este último punto, se oirá también al equipo técnico y, en su caso, a la entidad pública de protección o reforma de menores. Por último, el Juez oirá al menor, dejando el expediente visto para sentencia.

3. En su caso, en este procedimiento se aplicará lo dispuesto en la legislación relativa a la protección de testigos y peritos en causas penales.

4. Si en el transcurso de la audiencia el Juez considerara, de oficio o a solicitud de las partes, que el interés del menor aconseja que éste abandone la sala, podrá acordarlo así motivadamente, ordenando que continúen las actuaciones hasta que el menor pueda retornar a aquélla.

Art. 37: Este artículo figura redactado conforme al texto de la LO 8/2006, de 4 de diciembre (*BOE* n.º 290, de 5 de diciembre).

TÍTULO V

De la sentencia

Art. 38. *Plazo para dictar sentencia.*—Finalizada la audiencia, el Juez de Menores dictará sentencia en un plazo máximo de cinco días.

Art. 39. *Contenido y registro de la sentencia.*—1. La sentencia contendrá todos los requisitos previstos en la vigente Ley Orgánica del Poder Judicial y en ella, valorando las pruebas practicadas, las razones expuestas por el Ministerio Fiscal, por las partes personadas y por el letrado del menor, lo manifestado en su caso por éste, tomando en consideración las circunstancias y gravedad de los hechos, así como todos los datos debatidos sobre la personalidad, situación, necesidades y entorno familiar y social del menor, la edad de éste en el momento de dictar la sentencia, y la circunstancia de que el menor hubiera cometido o no con anterioridad otros hechos de la misma naturaleza, resolverá sobre la medida o medidas propuestas, con indicación expresa de su contenido, duración y objetivos a alcanzar con las mismas. La sentencia será motivada, consignando expresamente los hechos que se declaren probados y los medios probatorios de los que resulte la convicción judicial.

En la misma sentencia se resolverá sobre la responsabilidad civil derivada del delito o falta, con el contenido indicado en el artículo 115 del Código Penal.

También podrá ser anticipado oralmente el fallo al término de las sesiones de la audiencia, sin perjuicio de su documentación con arreglo al artículo 248.3 de la citada Ley Orgánica del Poder Judicial.

2. El Juez, al redactar la sentencia, procurará expresar sus razonamientos en un lenguaje claro y comprensible para la edad del menor.

3. Cada Juzgado de Menores llevará un registro de sentencias en el que se incluirán firmadas todas las definitivas. La llevanza y custodia de dicho re-

---

Art. 38: Este artículo figura redactado conforme al texto de la LO 8/2006, de 4 de diciembre (*BOE* n.º 290, de 5 de diciembre).

Art. 39: Los apartados 1 y 3 de este artículo figuran redactados conforme al texto de la LO 8/2006, de 4 de diciembre (*BOE* n.º 290, de 5 de diciembre). V. arts. 245 y 248 LOPJ y 141 y 142 LECr.

gistro es responsabilidad del secretario judicial.

Art. 40. *Suspensión de la ejecución del fallo.*—1. El Juez competente para la ejecución, de oficio o a instancia del Ministerio Fiscal o del letrado del menor, y oídos en todo caso éstos, así como el representante del equipo técnico y de la entidad pública de protección o reforma de menores, podrá acordar motivadamente la suspensión de la ejecución del fallo contenido en la sentencia, cuando la medida impuesta no sea superior a dos años de duración, durante un tiempo determinado y hasta un máximo de dos años. Dicha suspensión se acordará en la propia sentencia o por auto motivado del Juez competente para la ejecución cuando aquélla sea firme, debiendo expresar, en todo caso, las condiciones de la misma. Se exceptúa de la suspensión el pronunciamiento sobre la responsabilidad civil derivada del delito o falta.

2. Las condiciones a las que estará sometida la suspensión de la ejecución del fallo contenido en la sentencia dictada por el Juez de Menores serán las siguientes:

a) No ser condenado en sentencia firme por delito cometido durante el tiempo que dure la suspensión, si ha alcanzado la mayoría de edad, o no serle aplicada medida en sentencia firme en procedimiento regulado por esta Ley durante el tiempo que dure la suspensión.

b) Que el menor asuma el compromiso de mostrar una actitud y disposición de reintegrarse a la sociedad, no incurriendo en nuevas infracciones.

c) Además, el Juez puede establecer la aplicación de un régimen de libertad vigilada durante el plazo de suspensión o la obligación de realizar una actividad socio-educativa, recomendada por el equipo técnico o la entidad pública de protección o reforma de menores en el precedente trámite de audiencia, incluso con compromiso de participación de los padres, tutores o guardadores del menor, expresando la naturaleza y el plazo en que aquella actividad deberá llevarse a cabo.

3. Si las condiciones expresadas en el apartado anterior no se cumplieran, el Juez alzará la suspensión y se procederá a ejecutar la sentencia en todos sus extremos. Contra la resolución que así lo acuerde se podrán interponer los recursos previstos en esta Ley.

Art. 40: El apartado 1 de este artículo figura redactado conforme al texto de la LO 8/2006, de 4 de diciembre (*BOE* n.º 290, de 5 de diciembre).

TÍTULO VI

Del régimen de recursos

Art. 41. *Recursos procedentes y tramitación.*—1. Contra la sentencia dictada por el Juez de Menores en el procedimiento regulado en esta Ley cabe recurso de apelación ante la correspondiente Audiencia Provincial, que se interpondrá ante el Juez que dictó aquélla en el plazo de cinco días a contar desde su notificación, y se resolverá previa celebración de vista pública, salvo que en interés de la persona imputada o de la víctima, el Juez acuerde que se celebre a puerta cerrada. A la vista deberán asistir las partes y, si el Tribunal lo considera oportuno, el representante del equipo técnico y el representante de la entidad pública de protección o reforma de menores que hayan intervenido en el caso concreto. El recurrente podrá solicitar del Tribunal la práctica de la prueba que, propuesta y admitida en la instancia, no se hubiera celebrado, conforme a las reglas de la Ley de Enjuiciamiento Criminal.

2. Contra los autos y providencias de los Jueces de Menores cabe recurso de reforma ante el propio órgano, que se interpondrá en el plazo de tres días a partir de la notificación. El auto que resuelva la impugnación de la providencia será susceptible de recurso de apelación.

3. Contra los autos que pongan fin al procedimiento o resuelvan el incidente de los artículos 13, 28, 29 y 40 de esta Ley, cabe recurso de apelación ante la Audiencia Provincial por los trámites que regula la Ley de Enjuiciamiento Criminal para el procedimiento abreviado.

4. Contra los autos y sentencias dictados por el Juzgado Central de Menores de la Audiencia Nacional cabe recurso de apelación ante la Sala de lo Penal de la Audiencia Nacional.

5. Contra las resoluciones dictadas por los secretarios judiciales caben los mismos recursos que los expresados en la Ley de Enjuiciamiento Criminal, que se sustanciarán en la forma que en ella se determina.

Art. 41: Este artículo figura redactado conforme al texto de la LO 8/2006, de 4 de diciembre (*BOE* n.º 290, de 5 de diciembre). V. arts. 211, 212, 216, 217, 219 a 222 y 787 LECr.

Art. 42. *Recurso de casación para unificación de doctrina.*—1. Son recurribles en casación, ante la Sala Segunda del Tribunal Supremo, las sentencias dictadas en apelación por la Audiencia Nacional y por las Audiencias Provinciales cuando se hubiere impuesto una de las medidas a las que se refiere el artículo 10.

2. El recurso tendrá por objeto la unificación de doctrina con ocasión de sentencias dictadas en apelación que fueran contradictorias entre sí, o con sentencias del Tribunal Supremo, respecto de hechos y valoraciones de las circunstancias del menor que, siendo sustancialmente iguales, hayan dado lugar, sin embargo, a pronunciamientos distintos.

3. El recurso podrá prepararlo el Ministerio Fiscal o cualquiera de las partes que pretenda la indicada unificación de doctrina dentro de los diez días siguientes a la notificación de la sentencia de la Audiencia Nacional o Provincial, en escrito dirigido a la misma.

El escrito de preparación deberá contener una relación precisa y circunstanciada de la contradicción alegada, con designación de las sentencias aludidas y de los informes en que se funde el interés del menor valorado en sentencia.

4. Si la Audiencia Nacional o Provincial ante quien se haya preparado el recurso estimara acreditados los requisitos a los que se refiere el apartado anterior, el secretario judicial requerirá testimonio de las sentencias citadas a los Tribunales que las dictaron, y en un plazo de diez días remitirá la documentación a la Sala Segunda del Tribunal Supremo, emplazando al recurrente y al Ministerio Fiscal, si no lo fuera, ante dicha Sala.

5. El recurso de casación se interpondrá ante la Sala Segunda del Tribunal Supremo, siendo de aplicación en la interposición, sustanciación y resolución del recurso lo dispuesto en la Ley de Enjuiciamiento Criminal, en cuanto resulte aplicable.

Art. 42: Este artículo figura redactado conforme al texto de la LO 8/2006, de 4 de diciembre (*BOE* n.º 290, de 5 de diciembre).

TÍTULO VII

De la ejecución de las medidas*

CAPÍTULO PRIMERO

DISPOSICIONES GENERALES**

Art. 43. *Principio de legalidad.*—1. No podrá ejecutarse ninguna de las medidas establecidas en esta Ley sino en virtud de sentencia firme dictada de acuerdo con el procedimiento regulado en la misma.

2. Tampoco podrán ejecutarse dichas medidas en otra forma que la prescrita en esta Ley y en los reglamentos que la desarrollen.

Art. 44. *Competencia judicial.*—1. La ejecución de las medidas previstas en esta Ley se realizará bajo el control del Juez de Menores que haya dictado la sentencia correspondiente, salvo cuando por aplicación de lo dispuesto en los artículos 12 y 47 de esta Ley sea competente otro, el cual resolverá por auto motivado, oídos el Ministerio Fiscal, el letrado del menor y la representación de la entidad pública que ejecute aquélla, sobre las incidencias que se puedan producir durante su transcurso.

2. Para ejercer el control de la ejecución, corresponden especialmente al Juez de Menores, de oficio o a instancia del Ministerio Fiscal o del letrado del menor, las funciones siguientes:

a) Adoptar todas las decisiones que sean necesarias para proceder a la ejecución efectiva de las medidas impuestas.

b) Resolver las propuestas de revisión de las medidas.

c) Aprobar los programas de ejecución de las medidas.

d) Conocer de la evolución de los menores durante el cumplimiento de las medidas a través de los informes de seguimiento de las mismas.

e) Resolver los recursos que se interpongan contra las resoluciones dictadas para la ejecución de las medidas, conforme establece el artículo 52 de esta Ley.

f) Acordar lo que proceda en relación a las peticiones o

* V. arts. 6.º a 58 del RD 1.774/2004, de 30 de julio (*BOE* n.º 209, de 30 de agosto), por el que se aprueba el Reglamento de la presente Ley.

** V. arts. 6.º a 9.º del RD 1.774/2004, de 30 de julio (*BOE* n.º 209, de 30 de agosto), por el que se aprueba el Reglamento de la presente Ley.

Art. 44: Este artículo figura redactado conforme al texto de la LO 8/2006, de 4 de diciembre (*BOE* n.º 290, de 5 de diciembre).

quejas que puedan plantear los menores sancionados sobre el régimen, el tratamiento o cualquier otra circunstancia que pueda afectar a sus derechos fundamentales.

g) Realizar regularmente visitas a los centros y entrevistas con los menores.

h) Formular a la entidad pública de protección o reforma de menores correspondiente las propuestas y recomendaciones que considere oportunas en relación con la organización y el régimen de ejecución de las medidas.

i) Adoptar las resoluciones que, en relación con el régimen disciplinario, les atribuye el artículo 60 de esta Ley.

3. Cuando, por aplicación de lo dispuesto en el artículo 14 de esta Ley, la medida de internamiento se cumpla en un establecimiento penitenciario, el Juez de Menores competente para la ejecución conservará la competencia para decidir sobre la pervivencia, modificación o sustitución de la medida en los términos previstos en esta Ley, asumiendo el Juez de Vigilancia Penitenciaria el control de las incidencias de la ejecución de la misma en todas las cuestiones y materias a que se refiere la legislación penitenciaria.

Art. 45. *Competencia administrativa.*—1. La ejecución de las medidas adoptadas por los Jueces de Menores en sus sentencias firmes es competencia de las Comunidades Autónomas y de las Ciudades de Ceuta y Melilla, con arreglo a la disposi-

---

Art. 45: V. Ley 3/2004, de 10 de diciembre (*BOE* n.º 42, de 18 de febrero de 2005), de la Comunidad de Madrid, de creación de la Agencia para la reeducación y reinserción del menor infractor; Resolución de 28 de septiembre de 2018 (*BOE* n.º 236, de 29 de septiembre), de la Subsecretaría del Ministerio de Presidencia, Relaciones con las Cortes e Igualdad, por la que se publica el Convenio entre la Administración General del Estado y la Comunidad de Madrid para la ejecución de las medidas cautelares de internamiento y de las de régimen cerrado impuestas en sentencia o auto, dictadas por el Juzgado Central de Menores o por la Sala correspondiente de la Audiencia Nacional; y Decreto 80/2009, de 21 de abril (*BOPV* n.º 180, de 18 de septiembre), sobre centros educativos de cumplimiento de medidas privativas de libertad en la Comunidad Autónoma del País Vasco. Y, entre los Convenios suscritos, a título de ejemplo, v. las tres Resoluciones de 29 de enero de 2008 (*BOE* n.º 35, de 9 de febrero), de la Secretaría General Técnica, por las que se publican los Convenios de Colaboración suscritos entre el Ministerio de Trabajo y Asuntos Sociales y, respectivamente, la Comunidad Autónoma de Andalucía, la de Canarias y la del Principado de Asturias, para la realización de programas de ejecución de medidas para menores infractores. V., también, la Resolución de 13 de noviembre de 2012 (*BOE* n.º 285, de 27 de noviembre), de la Dirección General de Empleo, por la que se registra y publica el II Convenio colectivo estatal de reforma juvenil y protección de menores.

ción final vigésima segunda de la Ley Orgánica 1/1996, de 15 de enero, de Protección Jurídica del Menor. Dichas entidades públicas llevarán a cabo, de acuerdo con sus respectivas normas de organización, la creación, dirección, organización y gestión de los servicios, instituciones y programas adecuados para garantizar la correcta ejecución de las medidas previstas en esta Ley.

2. La ejecución de las medidas corresponderá a las Comunidades Autónomas y Ciudades de Ceuta y Melilla, donde se ubique el Juzgado de Menores que haya dictado la sentencia, sin perjuicio de lo dispuesto en el apartado 3 del artículo siguiente.

3. Las Comunidades Autónomas y las Ciudades de Ceuta y Melilla podrán establecer los convenios o acuerdos de colaboración necesarios con otras entidades, bien sean públicas, de la Administración del Estado, Local o de otras Comunidades Autónomas, o privadas sin ánimo de lucro, para la ejecución de las medidas de su competencia, bajo su directa supervisión, sin que ello suponga en ningún caso la cesión de la titularidad y responsabilidad derivada de dicha ejecución.

CAPÍTULO II

REGLAS PARA LA EJECUCIÓN DE LAS MEDIDAS*

Art. 46. *Liquidación de la medida y traslado del menor a un centro.*—1. Una vez firme la sentencia y aprobado el programa de ejecución de la medida impuesta, el secretario del Juzgado de Menores competente para la ejecución de la medida, practicará la liquidación de dicha medida, indicando las fechas de inicio y de terminación de la misma, con abono en su caso del tiempo cumplido por las medidas cautelares impuestas al interesado, teniendo en cuenta lo dispuesto en el artículo 28.5. Al propio tiempo, abrirá un expediente de ejecución en el que se harán constar las incidencias que se produzcan en el desarrollo de aquélla conforme a lo establecido en la presente Ley.

2. De la liquidación mencionada en el apartado anterior y del testimonio de particulares que el Juez considere necesario

* V. arts. 10 a 15 del RD 1.774/2004, de 30 de julio (*BOE* n.º 209, de 30 de agosto), por el que se aprueba el Reglamento de la presente Ley.

Art. 46: Este artículo figura redactado conforme al texto de la LO 8/2006, de 4 de diciembre (*BOE* n.º 290, de 5 de diciembre).

y que deberá incluir los informes técnicos que obren en la causa, el secretario judicial dará traslado a la entidad pública de protección o reforma de menores competente para el cumplimiento de las medidas acordadas en la sentencia firme. También se notificará al Ministerio Fiscal el inicio de la ejecución, y al letrado del menor si así lo solicitara del Juez de Menores.

3. Recibidos por la entidad pública el testimonio y la liquidación de la medida indicados en el apartado anterior, aquélla designará de forma inmediata un profesional que se responsabilizará de la ejecución de la medida impuesta, y, si ésta fuera de internamiento, designará el centro más adecuado para su ejecución de entre los más cercanos al domicilio del menor en los que existan plazas disponibles para la ejecución por la entidad pública competente en cada caso. El traslado a otro centro distinto de los anteriores sólo se podrá fundamentar en el interés del menor de ser alejado de su entorno familiar y social y requerirá en todo caso la aprobación del Juzgado de Menores competente para la ejecución de la medida. En todo caso los menores pertenecientes a una banda, organización o asociación no podrán cumplir la medida impuesta en el mismo centro, debiendo designárseles uno distinto aunque la elección del mismo suponga alejamiento del entorno familiar o social.

Art. 47. *Refundición de medidas impuestas.*—1. Si se hubieran impuesto al menor varias medidas en la misma resolución judicial, y no fuere posible su cumplimiento simultáneo, el Juez competente para la ejecución ordenará su cumplimiento sucesivo conforme a las reglas establecidas en el apartado 5 de este artículo.

La misma regla se aplicará a las medidas impuestas en distintas resoluciones judiciales, siempre y cuando dichas medidas sean de distinta naturaleza entre sí. En este caso será el Juez competente para la ejecución quien ordene el cumplimiento simultáneo o sucesivo con arreglo al apartado 5 de este artículo, según corresponda.

2. Si se hubieren impuesto al menor en diferentes resoluciones judiciales dos o más medidas de la misma naturaleza, el Juez competente para la ejecución, previa audiencia del letrado del menor, refundirá dichas medidas en una sola, sumando la duración de las mismas, has-

Art. 47: Este artículo figura redactado conforme al texto de la LO 8/2006, de 4 de diciembre (*BOE* n.º 290, de 5 de diciembre).

ta el límite del doble de la más grave de las refundidas.

El Juez, previa audiencia del letrado del menor, deberá proceder de este modo respecto de cada grupo de medidas de la misma naturaleza que hayan sido impuestas al menor, de modo que una vez practicada la refundición no quedará por ejecutar más de una medida de cada clase de las enumeradas en el artículo 7 de esta Ley.

3. En caso de que, estando sujeto a la ejecución de una medida, el menor volviera a cometer un hecho delictivo, el Juez competente para la ejecución, previa audiencia del letrado del menor, dictará la resolución que proceda en relación a la nueva medida que, en su caso se haya impuesto, conforme a lo dispuesto en los dos apartados anteriores. En este caso podrá aplicar además las reglas establecidas en el artículo 50 para el supuesto de quebrantamiento de la ejecución.

4. A los fines previstos en este artículo, en cuanto el Juez sentenciador tenga conocimiento de la existencia de otras medidas firmes de ejecución, pendientes de ejecución o suspendidas condicionalmente, y una vez que la medida o medidas por él impuestas sean firmes, procederá conforme a lo dispuesto en el artículo 12 de esta Ley.

5. Cuando las medidas de distinta naturaleza, impuestas directamente o resultantes de la refundición prevista en los números anteriores, hubieren de ejecutarse de manera sucesiva, se atenderá a los siguientes criterios:

a) La medida de internamiento terapéutico se ejecutará con preferencia a cualquier otra.

b) La medida de internamiento en régimen cerrado se ejecutará con preferencia al resto de las medidas de internamiento.

c) La medida de internamiento se cumplirá antes que las no privativas de libertad, y en su caso interrumpirá la ejecución de éstas.

d) Las medidas de libertad vigilada contempladas en el artículo 10 se ejecutarán una vez finalizado el internamiento en régimen cerrado que se prevé en el mismo artículo.

e) En atención al interés del menor, el Juez podrá, previo informe del Ministerio Fiscal, de las demás partes y de la entidad pública de reforma o protección de menores, acordar motivadamente la alteración en el orden de cumplimiento previsto en las reglas anteriores.

6. Lo dispuesto en este artículo se entiende sin perjuicio de las previsiones del artículo 14 para el caso de que el menor pa-

sare a cumplir una medida de internamiento en centro penitenciario al alcanzar la mayoría de edad.

7. Cuando una persona que se encuentre cumpliendo una o varias medidas impuestas con arreglo a esta Ley sea condenada a una pena o medida de seguridad prevista en el Código Penal o en leyes penales especiales, se ejecutarán simultáneamente aquéllas y éstas si fuere materialmente posible, atendida la naturaleza de ambas, su forma de cumplimiento o la eventual suspensión de la pena impuesta, cuando proceda.

No siendo posible la ejecución simultánea, se cumplirá la sanción penal, quedando sin efecto la medida o medidas impuestas en aplicación de la presente Ley, salvo que se trate de una medida de internamiento y la pena impuesta sea de prisión y deba efectivamente ejecutarse. En este último caso, a no ser que el Juez de Menores adopte alguna de las resoluciones previstas en el artículo 13 de esta Ley, la medida de internamiento terminará de cumplirse en el centro penitenciario en los términos previstos en el artículo 14, y una vez cumplida se ejecutará la pena.

Art. 48. *Expediente personal de la persona sometida a la ejecución de una medida.*—1. La entidad pública abrirá un expediente personal único a cada menor respecto del cual tenga encomendada la ejecución de una medida, en el que se recogerán los informes relativos a aquél, las resoluciones judiciales que le afecten y el resto de la documentación generada durante la ejecución.

2. Dicho expediente tendrá carácter reservado y solamente tendrán acceso al mismo el Defensor del Pueblo o institución análoga de la correspondiente Comunidad Autónoma, los Jueces de Menores competentes, el Ministerio Fiscal y las personas que intervengan en la ejecución y estén autorizadas por la entidad pública de acuerdo con sus normas de organización. El menor, su letrado y, en su caso, su representante legal, también tendrán acceso al expediente.

3. La recogida, cesión y tratamiento automatizado de datos de carácter personal de las personas a las que se aplique la presente Ley, sólo podrá realizarse en ficheros informáticos de titularidad pública dependientes de las entidades públicas de protección de menores, Administraciones y Juzgados de Menores competentes o del Ministerio Fiscal, y se regirá por lo dispuesto en la Ley Orgánica 15/1999, de 13 de diciembre, de Protección de Datos de Carác-

ter Personal, y sus normas de desarrollo.

Art. 49. *Informes sobre la ejecución.*—1. La entidad pública remitirá al Juez de Menores y al Ministerio Fiscal, con la periodicidad que se establezca reglamentariamente en cada caso y siempre que fuese requerida para ello o la misma entidad lo considerase necesario, informes sobre la ejecución de la medida y sus incidencias, y sobre la evolución personal de los menores sometidos a las mismas. Dichos informes se remitirán también al letrado del menor si así lo solicitare a la entidad pública competente.

2. En los indicados informes la entidad pública podrá solicitar del Ministerio Fiscal, cuando así lo estime procedente, la revisión judicial de las medidas en el sentido propugnado por el artículo 13.1 de la presente Ley.

Art. 50. *Quebrantamiento de la ejecución.*—1. Cuando el menor quebrantare una medida privativa de libertad, se procederá a su reingreso en el mismo centro del que se hubiera evadido o en otro adecuado a sus condiciones, o, en caso de permanencia de fin de semana, en su domicilio, a fin de cumplir de manera ininterrumpida el tiempo pendiente.

2. Si la medida quebrantada no fuere privativa de libertad, el Ministerio Fiscal podrá instar del Juez de Menores la sustitución de aquélla por otra de la misma naturaleza. Excepcionalmente, y a propuesta del Ministerio Fiscal, oídos el letrado y el representante legal del menor, así como el equipo técnico, el Juez de Menores podrá sustituir la medida por otra de internamiento en centro semiabierto, por el tiempo que reste para su cumplimiento.

3. Asimismo, el Juez de Menores acordará que el secretario judicial remita testimonio de los particulares relativos al quebrantamiento de la medida al Ministerio Fiscal, por si el hecho fuese constitutivo de alguna de las infracciones a que se refiere el artículo 1 de la presente Ley Orgánica y merecedora de reproche sancionador.

Art. 49: La remisión del apartado 2 de este artículo figura redactada conforme a la LO 8/2006, de 4 de diciembre (*BOE* n.º 290, de 5 de diciembre).

Art. 50: El tercer apartado de este artículo figura redactado conforme a la LO 8/2006, de 4 de diciembre (*BOE* n.º 290, de 5 de diciembre).

Art. 51. *Sustitución de las medidas.*—1. Durante la ejecución de las medidas el Juez de Menores competente para la ejecución podrá, de oficio o a instancia del Ministerio Fiscal, del letrado del menor o de la Administración competente, y oídas las partes, así como el equipo técnico y la representación de la entidad pública de protección o reforma de menores, dejar sin efecto aquellas o sustituirlas por otras que se estimen más adecuadas de entre las previstas en esta Ley, por tiempo igual o inferior al que reste para su cumplimiento, siempre que la nueva medida pudiera haber sido impuesta inicialmente atendiendo a la infracción cometida. Todo ello sin perjuicio de lo dispuesto en el apartado 2 del artículo anterior y de acuerdo con el artículo 13 de la presente Ley.

2. Cuando el Juez de Menores haya sustituido la medida de internamiento en régimen cerrado por la de internamiento en régimen semiabierto o abierto, y el menor evolucione desfavorablemente, previa audiencia del letrado del menor, podrá dejar sin efecto la sustitución, volviéndose a aplicar la medida sustituida de internamiento en régimen cerrado. Igualmente, si la medida impuesta es la de internamiento en régimen semiabierto y el menor evoluciona desfavorablemente, el Juez de Menores podrá sustituirla por la de internamiento en régimen cerrado, cuando el hecho delictivo por la que se impuso sea alguno de los previstos en el artículo 9.2 de esta Ley.

3. La conciliación del menor con la víctima, en cualquier momento en que se produzca el acuerdo entre ambos a que se refiere el artículo 19 de la presente Ley, podrá dejar sin efecto la medida impuesta cuando el Juez, a propuesta del Ministerio Fiscal o del letrado del menor y oídos el equipo técnico y la representación de la entidad pública de protección o reforma de menores, juzgue que dicho acto y el tiempo de duración de la medida ya cumplido expresan suficientemente el reproche que merecen los hechos cometidos por el menor.

4. En todos los casos anteriores, el Juez resolverá por auto

Art. 51: Este artículo figura redactado conforme al texto de la LO 8/2006, de 4 de diciembre (*BOE* n.º 290, de 5 de diciembre). V. art. 5.º del RD 1.774/2004, de 30 de julio (*BOE* n.º 209, de 30 de agosto), por el que se aprueba el Reglamento de la presente Ley. Cfr. la Circular 1/2009, de 27 de abril, de la Fiscalía General del Estado, sobre la sustitución en el sistema de justicia juvenil de medidas no privativas de libertad por la de internamiento en centro semiabierto, en supuestos de quebrantamiento.

motivado, contra el cual se podrán interponer los recursos previstos en la presente Ley.

Art. 52. *Presentación de recursos.*—1. Cuando el menor pretenda interponer ante el Juez de Menores recurso contra cualquier resolución adoptada durante la ejecución de las medidas que le hayan sido impuestas, lo presentará de forma escrita ante el Juez o Director del centro de internamiento, quien lo pondrá en conocimiento de aquél dentro del siguiente día hábil.

El menor también podrá presentar un recurso ante el Juez de forma verbal, o manifestar de forma verbal su intención de recurrir al Director del centro, quien dará traslado de esta manifestación al Juez de Menores en el plazo indicado. En este último caso, el Juez de Menores adoptará las medidas que resulten procedentes a fin de oír la alegación del menor.

El letrado del menor también podrá interponer los recursos, en forma escrita, ante las autoridades indicadas en el párrafo primero.

2. Si el Juez de Menores admitiese a trámite el recurso, el secretario judicial recabará informe del Ministerio Fiscal y, previa audiencia del letrado del menor, aquél resolverá el recurso en el plazo de dos días, mediante auto motivado. Contra este auto cabrá recurso de apelación ante la correspondiente Audiencia Provincial, conforme a lo dispuesto en el artículo 41 de la presente Ley.

Art. 53. *Cumplimiento de la medida.*—1. Una vez cumplida la medida, la entidad pública remitirá a los destinatarios designados en el artículo 49.1 un informe final, y el Juez de Menores dictará auto acordando lo que proceda respecto al archivo de la causa. Dicho auto será notificado por el secretario judicial al Ministerio Fiscal, al letrado del menor, a la entidad pública y a la víctima.

2. El Juez, de oficio o a instancia del Ministerio Fiscal o del letrado del menor, podrá instar de la correspondiente entidad pública de protección o reforma de menores, una vez cumplida la medida impuesta, que se arbitren los mecanismos de protección del menor conforme a las normas del Código Ci-

---

Art. 52: Este artículo figura redactado conforme al texto de la LO 8/2006, de 4 de diciembre (*BOE* n.º 290, de 5 de diciembre).

Art. 53: El apartado 2 de este artículo figura redactado conforme al texto de la LO 8/2006, de 4 de diciembre (*BOE* n.º 290, de 5 de diciembre).

vil, cuando el interés de aquél así lo requiera.

CAPÍTULO III

REGLAS ESPECIALES PARA LA EJECUCIÓN DE LAS MEDIDAS PRIVATIVAS DE LIBERTAD*

Art. 54. *Centros para la ejecución de las medidas privativas de libertad.*—1. Las medidas privativas de libertad, la detención y las medidas cautelares de internamiento que se impongan de conformidad con esta Ley se ejecutarán en centros específicos para menores infractores, diferentes de los previstos en la legislación penitenciaria para la ejecución de las condenas penales y medidas cautelares privativas de libertad impuestas a los mayores de edad penal.

La ejecución de la detención preventiva, de las medidas cautelares de internamiento o de las medidas impuestas en la sentencia, acordadas por el Juez Central de Menores o por la Sala correspondiente de la Audiencia Nacional, se llevará a cabo en los establecimientos y con el control del personal especializado que el Gobierno ponga a disposición de la Audiencia Nacional, en su caso, mediante convenio con las Comunidades Autónomas.

La ejecución de las medidas impuestas por el Juez Central de Menores o por la Sala correspondiente de la Audiencia Nacional será preferente sobre las impuestas, en su caso, por otros Jueces o Salas de Menores.

2. No obstante lo dispuesto en el apartado anterior, las medidas de internamiento también podrán ejecutarse en centros socio-sanitarios cuando la medida impuesta así lo requiera. En todo caso se requerirá la previa autorización del Juez de Menores.

---

* V. arts. 23 a 58 del RD 1.774/2004, de 30 de julio (*BOE* n.º 209, de 30 de agosto), por el que se aprueba el Reglamento de la presente Ley.

Art. 54: El apartado 1 de este artículo figura redactado conforme al texto de la LO 8/2006, de 4 de diciembre (*BOE* n.º 290, de 5 de diciembre).

V. las resoluciones de 27 de febrero de 2014 (*BOE* n.º 59, de 10 de marzo) y 28 de septiembre de 2018 (*BOE* n.º 236, de 29 de septiembre), de la Subsecretaría del Ministerio de la Presidencia, por las que se publican, respectivamente, los Convenios de colaboración suscritos con el Gobierno Vasco y la Comunidad de Madrid, para, respectivamente, la ejecución de las medidas cautelares y de las impuestas en Sentencia o Auto, dictadas por el Juzgado Central de Menores de la Audiencia Nacional, y la ejecución de las medidas cautelares de internamiento y de las de régimen cerrado impuestas en Sentencia o Auto, dictadas por el Juzgado Central de Menores o por la Sala correspondiente de la Audiencia Nacional, en aplicación de esta Ley Orgánica.

3. Los centros estarán divididos en módulos adecuados a la edad, madurez, necesidades y habilidades sociales de los menores internados y se regirán por una normativa de funcionamiento interno cuyo cumplimiento tendrá como finalidad la consecución de una convivencia ordenada, que permita la ejecución de los diferentes programas de intervención educativa y las funciones de custodia de los menores internados.

Art. 55. *Principio de resocialización.*—1. Toda la actividad de los centros en los que se ejecuten medidas de internamiento estará inspirada por el principio de que el menor internado es sujeto de derecho y continúa formando parte de la sociedad.

2. En consecuencia, la vida en el centro debe tomar como referencia la vida en libertad, reduciendo al máximo los efectos negativos que el internamiento pueda representar para el menor o para su familia, favoreciendo los vínculos sociales, el contacto con los familiares y allegados, y la colaboración y participación de las entidades públicas y privadas en el proceso de integración social, especialmente de las más próximas geográfica y culturalmente.

3. A tal fin se fijarán reglamentariamente los permisos ordinarios y extraordinarios de los que podrá disfrutar el menor internado, a fin de mantener contactos positivos con el exterior y preparar su futura vida en libertad.

Art. 56. *Derechos de los menores internados.*—1. Todos los menores internados tienen derecho a que se respete su propia personalidad, su libertad ideológica y religiosa y los derechos e intereses legítimos no afectados por el contenido de la condena, especialmente los inherentes a la minoría de edad civil cuando sea el caso.

2. En consecuencia, se reconocen a los menores internados los siguientes derechos:

a) Derecho a que la entidad pública de la que depende el centro vele por su vida, su integridad física y su salud, sin que puedan, en ningún caso, ser sometidos a tratos degradantes o a malos tratos de palabra o de obra, ni ser objeto de un rigor arbitrario o innecesario en la aplicación de las normas.

b) Derecho del menor de edad civil a recibir una educación y formación integral en todos los ámbitos y a la protección específica que por su condición le dispensan las leyes.

c) Derecho a que se preserve su dignidad y su intimidad, a ser designados por su propio nombre y a que su condición de internados sea estrictamente reservada frente a terceros.

d) Derecho al ejercicio de los derechos civiles, políticos, sociales, religiosos, económicos y culturales que les correspondan, salvo cuando sean incompatibles con el objeto de la detención o el cumplimiento de la condena.

e) Derecho a estar en el centro más cercano a su domicilio, de acuerdo a su régimen de internamiento, y a no ser trasladados fuera de su Comunidad Autónoma excepto en los casos y con los requisitos previstos en esta Ley y sus normas de desarrollo.

f) Derecho a la asistencia sanitaria gratuita, a recibir la enseñanza básica obligatoria que corresponda a su edad, cualquiera que sea su situación en el centro, y a recibir una formación educativa o profesional adecuada a sus circunstancias.

g) Derecho de los sentenciados a un programa de tratamiento individualizado y de todos los internados a participar en las actividades del centro.

h) Derecho a comunicarse libremente con sus padres, representantes legales, familiares u otras personas, y a disfrutar de salidas y permisos, con arreglo a lo dispuesto en esta Ley y sus normas de desarrollo.

i) Derecho a comunicarse reservadamente con sus letrados, con el Juez de Menores competente, con el Ministerio Fiscal y con los servicios de Inspección de centros de internamiento.

j) Derecho a una formación laboral adecuada, a un trabajo remunerado, dentro de las disponibilidades de la entidad pública, y a las prestaciones sociales que pudieran corresponderles, cuando alcancen la edad legalmente establecida.

Art. 56.2.j): El art. 39 de la Ley 53/2002, de 30 de diciembre (*BOE* n.º 313, de 31 de diciembre), de Medidas Fiscales, Administrativas y del Orden Social, establece:

«Se considerará relación laboral de carácter especial la de los menores incluidos en el ámbito de aplicación de la Ley Orgánica 5/2000, de 12 de enero, reguladora de la responsabilidad penal de los menores, sometidos a la ejecución de medidas de internamiento.

»Con respecto a la relación laboral de carácter especial a que se refiere la presente disposición, tendrá la consideración de empleador la entidad pública correspondiente o la persona física o jurídica con la que tenga establecido el oportuno concierto, sin perjuicio de la responsabilidad solidaria de la entidad pública respecto de los incumplimientos en materia salarial y de Seguridad Social.

»Se autoriza al Gobierno para establecer un marco de protección de Seguridad Social para los menores a que se refiere la presente disposición, que tenga en cuenta las especiales características y necesidades del colectivo.»

k) Derecho a formular peticiones y quejas a la Dirección del centro, a la entidad pública, a las autoridades judiciales, al Ministerio Fiscal, al Defensor del Pueblo o institución análoga de su Comunidad Autónoma y a presentar todos los recursos legales que prevé esta Ley ante el Juez de Menores competente, en defensa de sus derechos e intereses legítimos.

l) Derecho a recibir información personal y actualizada de sus derechos y obligaciones, de su situación personal y judicial, de las normas de funcionamiento interno de los centros que los acojan, así como de los procedimientos concretos para hacer efectivos tales derechos, en especial para formular peticiones, quejas o recursos.

m) Derecho a que sus representantes legales sean informados sobre su situación y evolución y sobre los derechos que a ellos les corresponden, con los únicos límites previstos en esta Ley.

n) Derecho de las menores internadas a tener en su compañía a sus hijos menores de tres años, en las condiciones y con los requisitos que se establezcan reglamentariamente.

Art. 57. *Deberes de los menores internados.*—Los menores internados estarán obligados a:

a) Permanecer en el centro a disposición de la autoridad judicial competente hasta el momento de su puesta en libertad, sin perjuicio de las salidas y actividades autorizadas que puedan realizar en el exterior.

b) Recibir la enseñanza básica obligatoria que legalmente les corresponda.

c) Respetar y cumplir las normas de funcionamiento interno del centro y las directrices o instrucciones que reciban del personal de aquél en el ejercicio legítimo de sus funciones.

d) Colaborar en la consecución de una actividad ordenada en el interior del centro y mantener una actitud de respeto y consideración hacia todos, dentro y fuera del centro, en especial hacia las autoridades, los trabajadores del centro y los demás menores internados.

e) Utilizar adecuadamente las instalaciones del centro y los medios materiales que se pongan a su disposición.

f) Observar las normas higiénicas y sanitarias, y sobre vestuario y aseo personal establecidas en el centro.

g) Realizar las prestaciones personales obligatorias previstas en las normas de funcionamiento interno del centro para mantener el buen orden y la limpieza del mismo.

h) Participar en las actividades formativas, educativas y laborales establecidas en función de su situación personal a fin de preparar su vida en libertad.

Art. 58. *Información y reclamaciones.*—1. Los menores recibirán, a su ingreso en el centro, información escrita sobre sus derechos y obligaciones, el régimen de internamiento en el que se encuentran, las cuestiones de organización general, las normas de funcionamiento del centro, las normas disciplinarias y los medios para formular peticiones, quejas o recursos. La información se les facilitará en un idioma que entiendan. A los que tengan cualquier género de dificultad para comprender el contenido de esta información se les explicará por otro medio adecuado.

2. Todos los internados podrán formular, verbalmente o por escrito, en sobre abierto o cerrado, peticiones y quejas a la entidad pública sobre cuestiones referentes a su situación de internamiento. Dichas peticiones o quejas también podrán ser presentadas al Director del centro, el cual las atenderá si son de su competencia o las pondrá en conocimiento de la entidad pública o autoridades competentes, en caso contrario.

Art. 59. *Medidas de vigilancia y seguridad.*—1. Las actuaciones de vigilancia y seguridad interior en los centros podrán suponer, en la forma y con la periodicidad que se establezca reglamentariamente, inspecciones de los locales y dependencias, así como registros de personas, ropas y enseres de los menores internados.

2. Se podrán utilizar exclusivamente los medios de contención que se establezcan reglamentariamente para evitar actos de violencia o lesiones de las personas que cumplen las medidas previstas en esta ley, a sí mismos o a otras personas, para impedir actos de fuga y daños en las instalaciones del centro o ante la resistencia activa a las instrucciones del personal del mismo en el ejercicio legítimo de su cargo. Solo será admisible, con carácter excepcional, la sujeción de las muñecas de la persona que cumple medida de internamiento con equipos homologados, siempre y cuando se realice bajo un estricto protocolo y no sea posible aplicar medidas menos lesivas.

3. Se prohíbe la contención mecánica consistente en la suje-

Art. 59: Este artículo figura redactado conforme al texto de la LO 8/2021, de 4 de junio (*BOE* n.º 134, de 5 de junio), de protección integral a la infancia y la adolescencia frente a la violencia.

ción de una persona a una cama articulada o a un objeto fijo o anclado a las instalaciones o a objetos muebles.

4. La aplicación de medidas de contención requerirá en todos los casos en que se hiciera uso de la fuerza, la exploración física del interno por facultativo médico en el plazo máximo de cuarenta y ocho horas, extendiéndose el correspondiente parte médico.

5. Las medidas de contención aplicadas en los centros deberán ser comunicadas con carácter inmediato al Juzgado de Menores y al Ministerio Fiscal. Asimismo, se anotarán en el Libro Registro de Incidencias, que será supervisado por parte de la dirección del centro y en el expediente individualizado del menor, que debe mantenerse actualizado.

Art. 60. *Régimen disciplinario*.—1. Los menores internados podrán ser corregidos disciplinariamente en los casos y de acuerdo con el procedimiento que se establezca reglamentariamente, de acuerdo con los principios de la Constitución, de esta Ley y del Título IX de la Ley 30/1992, de 26 de noviembre, de Régimen Jurídico de las Administraciones Públicas y del Procedimiento Administrativo Común, respetando en todo momento la dignidad de aquéllos y sin que en ningún caso se les pueda privar de sus derechos de alimentación, enseñanza obligatoria y comunicaciones y visitas, previstos en esta Ley y disposiciones que la desarrollen.

2. Las faltas disciplinarias se clasificarán en muy graves, graves y leves, atendiendo a la violencia desarrollada por el sujeto, su intencionalidad, la importancia del resultado y el número de personas ofendidas.

3. Las únicas sanciones que se podrán imponer por la comisión de faltas muy graves serán las siguientes:

a) La separación del grupo por un período de tres a siete días en casos de evidente agresividad, violencia y alteración grave de la convivencia.

b) La separación del grupo durante tres a cinco fines de semana.

c) La privación de salidas de fin de semana de quince días a un mes.

d) La privación de salidas de carácter recreativo por un período de uno a dos meses.

4. Las únicas sanciones que se podrán imponer por la comisión de faltas graves serán las siguientes:

Art. 60: V. arts. 59 a 84 del RD 1.774/2004, de 30 de julio (*BOE* n.º 209, de 30 de agosto), por el que se aprueba el Reglamento de la presente Ley.

a) Las mismas que en los cuatro supuestos del apartado anterior, con la siguiente duración: dos días, uno o dos fines de semana, uno a quince días, y un mes respectivamente.

b) La privación de participar en las actividades recreativas del centro durante un período de siete a quince días.

5. Las únicas sanciones que se podrán imponer por la comisión de faltas leves serán las siguientes:

a) La privación de participar en todas o algunas de las actividades recreativas del centro durante un período de uno a seis días.

b) La amonestación.

6. La sanción de separación supondrá que el menor permanecerá en su habitación o en otra de análogas características a la suya, durante el horario de actividades del centro, excepto para asistir, en su caso, a la enseñanza obligatoria, recibir visitas y disponer de dos horas de tiempo al día al aire libre.

7. Las resoluciones sancionadoras podrán ser recurridas, antes del inicio de su cumplimiento, ante el Juez de Menores. A tal fin, el menor sancionado podrá presentar el recurso por escrito o verbalmente ante el Director del establecimiento, quien, en el plazo de veinticuatro horas, remitirá dicho escrito o testimonio de la queja verbal, con sus propias alegaciones, al Juez de Menores y éste, en el término de una audiencia y oído el Ministerio Fiscal, dictará auto, confirmando, modificando o anulando la sanción impuesta, sin que contra dicho auto quepa recurso alguno. El auto, una vez notificado al establecimiento, será de ejecución inmediata. En tanto se sustancia el recurso, en el plazo de dos días, la entidad pública ejecutora de la medida podrá adoptar las decisiones precisas para restablecer el orden alterado, aplicando al sancionado lo dispuesto en el apartado 6 de este artículo. El letrado del menor también podrá interponer los recursos a que se refiere el párrafo anterior.

TÍTULO VIII

De la responsabilidad civil

Art. 61. *Reglas generales.*— 1. La acción para exigir la responsabilidad civil en el procedimiento regulado en esta Ley se ejercitará por el Ministerio Fiscal, salvo que el perjudicado renuncie a ella, la ejercite por sí mismo en el plazo de un mes desde que se le notifique la apertura de la pieza separada de responsabilidad civil o se la reserve para ejercitarla ante el orden jurisdiccional civil conforme a los preceptos del Código Civil y de la Ley de Enjuiciamiento Civil.

2. Se tramitará una pieza separada de responsabilidad civil por cada uno de los hechos imputados.

3. Cuando el responsable de los hechos cometidos sea un menor de dieciocho años, responderán solidariamente con él de los daños y perjuicios causados sus padres, tutores, acogedores y guardadores legales o de hecho, por este orden. Cuando éstos no hubieren favorecido la conducta del menor con dolo o negligencia grave, su responsabilidad podrá ser moderada por el Juez según los casos.

4. En su caso, se aplicará también lo dispuesto en el artículo 145 de la Ley 30/1992, de 26 de noviembre, de Régimen Jurídico de las Administraciones Públicas y del Procedimiento Administrativo Común, y en la Ley 35/1995, de 11 de diciembre, de ayudas y asistencia a las víctimas de delitos violentos y contra la libertad sexual, y sus disposiciones complementarias.

Art. 62. *Extensión de la responsabilidad civil.*—La responsabilidad civil a la que se refiere el artículo anterior se regulará, en cuanto a su extensión, por lo dispuesto en el capítulo I del Título V del Libro I del Código Penal vigente.

Art. 63. *Responsabilidad civil de los aseguradores.*—Los aseguradores que hubiesen asumido el riesgo de las responsabilidades pecuniarias derivadas de los actos de los menores a los que se refiere la presente Ley serán responsables civiles directos hasta el límite de la indemnización legalmente establecida o convencionalmente pactada, sin perjuicio de su derecho de repetición contra quien corresponda.

Art. 64. *Reglas de procedimiento.*—Los trámites para la exigencia de la responsabilidad civil aludida en los artículos anteriores se acomodarán a las siguientes reglas:

1.ª Tan pronto como el Juez de Menores reciba el parte de la incoación del expediente por el Ministerio Fiscal, ordenará abrir de forma simultánea con el proceso principal una pieza separada de responsabilidad civil, notificando el secretario ju-

---

Art. 62: V. arts. 109 a 115 CP.

Art. 64: Este artículo figura redactado conforme al texto de la LO 8/2006, de 4 de diciembre (*BOE* n.º 290, de 5 de diciembre).

dicial a quienes aparezcan como perjudicados su derecho a ser parte en la misma, y estableciendo el plazo límite para el ejercicio de la acción.

2.ª En la pieza de referencia, que se tramitará de forma simultánea con el proceso principal, podrán personarse los perjudicados que hayan recibido notificación al efecto del Juez de Menores o del Ministerio Fiscal, conforme establece el artículo 22 de la presente Ley, y también espontáneamente quienes se consideren como tales. Asimismo, podrán personarse las compañías aseguradoras que se tengan por partes interesadas, dentro del plazo para el ejercicio de la acción de responsabilidad civil. En el escrito de personación, indicarán las personas que consideren responsables de los hechos cometidos y contra las cuales pretendan reclamar, bastando con la indicación genérica de su identidad.

3.ª El secretario judicial notificará al menor y a sus representantes legales, en su caso, su condición de posibles responsables civiles.

4.ª Una vez personados los presuntos perjudicados y responsables civiles, el Juez de Menores resolverá sobre su condición de partes, continuándose el procedimiento por las reglas generales.

5.ª La intervención en el proceso a los efectos de exigencia de responsabilidad civil se realizará en las condiciones que el Juez de Menores señale con el fin de preservar la intimidad del menor y que el conocimiento de los documentos obrantes en los autos se refiera exclusivamente a aquellos que tengan una conexión directa con la acción ejercitada por los mismos.

6.ª El Juez, inmediatamente que tenga en su poder los escritos de unos y de otros, convocará a los demandantes y a los demandados a una vista oral en la que aquéllos y éstos, por su orden, expondrán sus pretensiones y sus alegaciones sobre todo aquello que consideren relevante al objeto del proceso. En el mismo acto se admitirán las pruebas pertinentes y se practicarán las pruebas propuestas. No podrá rechazarse la confesión en juicio o la prueba testifical por el hecho de haber sido ya practicadas en el expediente principal.

7.ª El Juez, de oficio, mandará unir a los autos aquellos particulares del expediente del procedimiento de menores y de las actas de la audiencia que considere relevantes para su decisión.

8.ª Una vez celebrada la audiencia en el procedimiento de menores y dictada sentencia o recaída otra resolución definitiva, el Juez dictará sentencia civil absolviendo a los demandados o declarando los responsables civiles, con el contenido indicado en el artículo 115 del vigente Código Penal.

9.ª Contra la sentencia indicada en el apartado anterior cabrá recurso de apelación ante la Sala de Menores del Tribunal Superior de Justicia, que se sustanciará por los trámites de la apelación regulados en la Ley de Enjuiciamiento Civil que por la cuantía corresponda. Una vez firme la sentencia, podrá ser ejecutada de acuerdo con las normas del Código Penal y de la citada Ley de Enjuiciamiento Civil.

10. La sentencia dictada en este procedimiento no producirá fuerza de cosa juzgada, quedando a salvo el derecho de las partes para promover juicio ordinario sobre la misma cuestión, en el cual se considerarán hechos probados los hechos que el Juez de Menores haya estimado acreditados, así como la participación del menor.

11. En la pieza de responsabilidad civil no se precisa letrado ni procurador, pero, si fuere solicitado, se designará letrado de oficio al presunto responsable. Los representantes legales del menor podrán ser defendidos por el letrado designado al menor en el procedimiento principal, si así se aceptare por aquél.

DISPOSICIONES ADICIONALES

1.ª [...]

2.ª *Aplicación de medidas en casos de riesgo para la salud.*— Cuando los Jueces de Menores aplicaren alguna de las medidas terapéuticas a las que se refieren los artículos 5.2, 7.1 y 29 de esta Ley, en caso de enfermedades transmisibles u otros riesgos para la salud de los menores o de quienes con ellos convivan, podrán encomendar a las autoridades o Servicios de Salud correspondientes su control y seguimiento, de conformidad con lo dispuesto en la Ley Orgánica 3/1986, de 14 de abril, de medidas especiales en materia de salud pública.

Disp. Adic. 1.ª: Esta Disposición fue derogada por la Disp. Derog. única de la LO 8/2006, de 4 de diciembre (*BOE* n.º 290, de 5 de diciembre).

3.ª *Registro de sentencias firmes dictadas en aplicación de lo dispuesto en la presente Ley.*—En el Ministerio de Justicia se llevará un Registro de sentencias firmes dictadas en aplicación de lo dispuesto en la presente Ley, cuyos datos sólo podrán ser utilizados por los Jueces de Menores y por el Ministerio Fiscal a efectos de lo establecido en los artículos 6, 30 y 47 de esta Ley, teniendo en cuenta lo dispuesto en la Ley Orgánica 15/1999, de 13 de diciembre, de Protección de Datos de Carácter Personal, y sus disposiciones complementarias.

4.ª [...]

5.ª El Gobierno dentro del plazo de cinco años desde la entrada en vigor de esta Ley Orgánica remitirá al Congreso de los Diputados un informe, en el que se analizarán y evaluarán los efectos y las consecuencias de la aplicación de la disposición adicional cuarta.

6.ª Evaluada la aplicación de esta Ley Orgánica, oídos el Consejo General del Poder Judicial, el Ministerio Fiscal, las Comunidades Autónomas y los Grupos Parlamentarios, el Gobierno procederá a impulsar las medidas orientadas a sancionar con más firmeza y eficacia los hechos delictivos cometidos por personas que, aún siendo menores, revistan especial gravedad, tales como los previstos en los artículos 138, 139, 179 y 180 del Código Penal.

A tal fin, se establecerá la posibilidad de prolongar el tiempo de internamiento, su cumplimiento en centros en los que se refuercen las medidas de seguridad impuestas y la posibilidad de su cumplimiento a partir de la mayoría de edad en centros penitenciarios.

Disp. Adic. 3.ª: V. el RD 95/2009, de 6 de febrero (*BOE* n.º 33, de 7 de febrero), por el que se regula el Sistema de registros administrativos de apoyo a la Administración de Justicia.

Disp. Adic. 4.ª: Esta Disposición fue derogada por la Disp. Derog. única de la LO 8/2006, de 4 de diciembre (*BOE* n.º 290, de 5 de diciembre).

Disp. Adic. 5.ª: Incorporada por LO 7/2000, de 22 de diciembre (*BOE* n.º 307, de 23 de diciembre).

Disp. Adic. 6.ª: Fue introducida por LO 15/2003, de 25 de noviembre (*BOE* n.º 283, de 26 de noviembre).

DISPOSICIÓN TRANSITORIA

Única. *Régimen transitorio.*—1. A los hechos cometidos con anterioridad a la entrada en vigor de la presente Ley por los menores sujetos a la Ley Orgánica 4/1992, de 5 de junio, sobre Reforma de la Ley Reguladora de la Competencia y el Procedimiento de los Juzgados de Menores, que se deroga, les será de aplicación la legislación vigente en el momento de su comisión. Quienes estuvieren cumpliendo una medida de las previstas en la citada Ley Orgánica 4/1992 continuarán dicho cumplimiento hasta la extinción de la responsabilidad en las condiciones previstas en dicha Ley.

2. A la entrada en vigor de la presente Ley, cesará inmediatamente el cumplimiento de todas las medidas previstas en la Ley Orgánica 4/1992 que estuvieren cumpliendo personas menores de catorce años, extinguiéndose las correspondientes responsabilidades.

3. A los menores de dieciocho años, juzgados con arreglo a lo dispuesto en el Código Penal de 1973, en las leyes penales especiales derogadas o en la disposición derogatoria del Código Penal vigente, a quienes se hubiere impuesto una pena de dos años de prisión menor o una pena de prisión superior a dos años, que estuvieren pendientes de cumplimiento a la entrada en vigor de la presente Ley, dichas penas les serán sustituidas por alguna de las medidas previstas en esta Ley, a instancia del Ministerio Fiscal, previo informe del equipo técnico o de la correspondiente entidad pública de protección o reforma de menores. A tal efecto, se habrá de dar traslado al Ministerio Fiscal de la ejecutoria y de la liquidación provisional de las penas impuestas a los menores comprendidos en los supuestos previstos en este apartado.

4. Si, en los supuestos a los que se refiere el apartado anterior, la pena impuesta o pendiente de cumplimiento fuera de prisión inferior a dos años o de cualquiera otra naturaleza, se podrá imponer al condenado una medida de libertad vigilada simple por el tiempo que restara de cumplimiento de la condena, si el Juez de Menores, a petición del Ministerio Fiscal y oídos el letrado del menor, su representante legal, la correspondiente entidad pública de

---

Disp. Trans. única: Los apartados 5 y 6 de esta Disposición están redactados conforme al texto de la LO 9/2000, de 22 de diciembre (*BOE* n.º 307, de 23 de diciembre).

protección o reforma de menores y el propio sentenciado, lo considerara acorde con la finalidad educativa que persigue la presente Ley. En otro caso, el Juez de Menores podrá tener por cumplida la pena y extinguida la responsabilidad del sentenciado.

5. Las decisiones del Juez de Menores a que se refieren los apartados anteriores se adoptarán mediante auto recurrible directamente en apelación, en el plazo de cinco días hábiles, ante la Audiencia Provincial. Los Jueces de Menores deberán adoptar estas decisiones en el plazo de dos meses desde la entrada en vigor de esta Ley. Durante este plazo la situación del menor no se verá afectada.

6. En los procedimientos penales en curso a la entrada en vigor de la presente Ley, en los que haya imputadas personas por la comisión de hechos delictivos cuando aún no hayan cumplido los dieciocho años, el Juez o Tribunal competente remitirá las actuaciones practicadas al Ministerio Fiscal para que instruya el procedimiento regulado en la misma.

Los que se hallaren sujetos a prisión preventiva a la entrada en vigor de la Ley serán excarcelados y conducidos a un centro de reforma a disposición del Ministerio Fiscal. Si el Ministerio Fiscal estima procedente el mantenimiento del internamiento, deberá solicitarlo en el plazo de cuarenta y ocho horas del Juez de Menores, quien convocará la comparecencia prevista en el artículo 28.2.

Si el imputado lo fuere por hechos cometidos cuando era mayor de dieciocho años y menor de veintiuno, el Juez instructor acordará lo que proceda, según lo dispuesto en el artículo 4 de esta Ley.

DISPOSICIONES FINALES

1.ª *Derecho supletorio.*—Tendrán el carácter de normas supletorias, para lo no previsto expresamente en esta Ley Orgánica, en el ámbito sustantivo, el Código Penal y las leyes penales especiales, y, en el ámbito del procedimiento, la Ley de Enjuiciamiento Criminal, en particular lo dispuesto para los trámites del procedimiento abreviado regulado en el Título III del Libro IV de la misma.

2.ª *Modificación de la Ley Orgánica del Poder Judicial y del Estatuto Orgánico del Ministerio Fiscal.*—1. El Gobierno, en el plazo de seis meses a partir de la publicación de la presente Ley en el *Boletín Oficial del Estado*, elevará al Parlamento un proyecto de Ley Orgánica de reforma de la Ley Orgánica 6/1985, de 1 de julio, del Poder Judicial, para la creación de las Salas de Menores de los Tribunales Superiores de Justicia y para la adecuación de la regulación y competencia de los Juzgados de Menores y de la composición de la Sala Segunda del Tribunal Supremo a lo establecido en la presente Ley.

2. El Gobierno, en el plazo de seis meses a partir de la publicación de la presente Ley en el *Boletín Oficial del Estado*, elevará al Parlamento un proyecto de Ley de reforma de la Ley 50/ 1981, de 30 de diciembre, por la que se regula el Estatuto Orgánico del Ministerio Fiscal, a fin de adecuar la organización del Ministerio Fiscal a lo establecido en la presente Ley.

3.ª *Reformas en materia de personal.*—1. El Gobierno, a través del Ministerio de Justicia, oído el Consejo General del Poder Judicial, la Fiscalía General del Estado y las Comunidades Autónomas afectadas, en el plazo de seis meses desde la publicación de la presente Ley en el *Boletín Oficial del Estado* adoptará las disposiciones oportunas para adecuar la planta de los Juzgados de Menores y las plantillas de las Carreras Judicial y Fiscal a las necesidades orgánicas que resulten de la aplicación de lo dispuesto en la presente Ley.

2. Las plazas de Jueces de Menores deberán ser servidas necesariamente por Magistrados pertenecientes a la Carrera Judicial. A la entrada en vigor de esta Ley los titulares de un Juzgado de Menores que ostenten la categoría de Juez deberán cesar en dicho cargo, quedando, en su caso, en la situación que prevé el artículo 118.2 y concordantes de la vigente Ley Orgánica del Poder Judicial, procediéndose a cubrir tales plazas por concurso ordinario entre Magistrados.

3. El Gobierno, a través del Ministerio de Justicia, y las Comunidades Autónomas con competencia en la materia, a través de las correspondientes Consejerías, adecuarán las plantillas de funcionarios de la Administración de Justicia a las necesidades que presenten los Juzgados y las Fiscalías de Menores para la aplicación de la presente Ley. Asimismo, determinarán el número y plantilla de los Equipos Técnicos com-

Disp. Final 3.ª: El apartado 3 de este artículo figura redactado conforme al texto de la LO 8/2006, de 4 de diciembre (*BOE* n.º 290, de 5 de diciembre).

puestos por personal funcionario o laboral al servicio de las Administraciones Públicas, que actuarán bajo los principios de independencia, imparcialidad y profesionalidad.

4. Asimismo, el Gobierno, a través del Ministerio del Interior, y sin perjuicio de las competencias de las Comunidades Autónomas, adecuará las plantillas de los Grupos de Menores de las Brigadas de Policía Judicial, con objeto de establecer la adscripción a las Secciones de Menores de las Fiscalías de los funcionarios necesarios a los fines propuestos por esta Ley.

4.ª *Especialización de Jueces, Fiscales y abogados.*— 1. El Consejo General del Poder Judicial y el Ministerio de Justicia, en el ámbito de sus competencias respectivas, procederán a la formación de miembros de la Carrera Judicial y Fiscal especialistas en materia de Menores con arreglo a lo que se establezca reglamentariamente. Dichos especialistas tendrán preferencia para desempeñar los correspondientes cargos en las Salas de Menores de los Tribunales Superiores de Justicia y en los Juzgados y Fiscalías de Menores, conforme a lo que establezcan las leyes y reglamentos.

2. En todas las Fiscalías existirá una Sección de Menores compuesta por miembros de la Carrera Fiscal, especialistas, con las dotaciones de funcionarios administrativos que sean necesarios, según se determine reglamentariamente.

3. El Consejo General de la Abogacía deberá adoptar las disposiciones oportunas para que en los Colegios en los que resulte necesario se impartan cursos homologados para la formación de aquellos letrados que deseen adquirir la especialización en materia de menores a fin de intervenir ante los órganos de esta Jurisdicción.

5.ª *Cláusula derogatoria.*— 1. Se derogan: la Ley Orgánica reguladora de la competencia y el procedimiento de los Juzgados de Menores, texto refundido aprobado por Decreto de 11 de junio de 1948, modificada por la Ley Orgánica 4/1992, de 5 de junio; los preceptos subsistentes del Reglamento para la ejecución de la Ley Orgánica reguladora de la competencia y el procedimiento de los Juzgados de Menores, aprobado por Decreto de 11 de junio de 1948; la disposición transitoria duodécima de la Ley Orgánica 10/1995, de 23 de noviembre, del Código Penal; y los artículos 8.2, 9.3, la regla 1.ª del artículo 20, en lo que se refiere al número 2.º del artículo 8, el segundo párrafo del artículo 22 y el artículo 65 del texto refundido del Código Penal, publicado por el Decreto 3.096/1973, de 14 de septiembre, conforme a la Ley 44/1971, de 15 de noviembre.

2. Quedan asimismo derogadas cuantas otras normas, de igual o inferior rango, se opongan a lo establecido en la presente Ley.

6.ª *Naturaleza de la presente Ley.*—Los artículos 16, 20, 21, 23 a 27, 30 a 35, 37 a 39, 41, 42 y 61 a 64, la disposición adicional tercera y la disposición final tercera de la presente Ley Orgánica tienen naturaleza de Ley ordinaria.

7.ª *Entrada en vigor y desarrollo reglamentario.*—1. La presente Ley Orgánica entrará en vigor al año de su publicación en el *Boletín Oficial del Estado*. En dicha fecha entrarán también en vigor los artículos 19 y 69 de la Ley Orgánica 10/1995, de 23 de noviembre, del Código Penal.

2. Durante el plazo mencionado en el apartado anterior, las Comunidades Autónomas con competencia respecto a la protección y reforma de menores adaptarán su normativa para la adecuada ejecución de las funciones que les otorga la presente Ley.

APÉNDICE 9

LEY ORGÁNICA 2/2010, DE 3 DE MARZO, DE SALUD SEXUAL Y REPRODUCTIVA Y DE LA INTERRUPCIÓN VOLUNTARIA DEL EMBARAZO

(*BOE* n.º 55, de 4 de marzo de 2010)

PREÁMBULO

I

El desarrollo de la sexualidad y la capacidad de procreación están directamente vinculados a la dignidad de la persona y al libre desarrollo de la personalidad y son objeto de protección a través de distintos derechos fundamentales, señaladamente, de aquellos que garantizan la integridad física y moral y la intimidad personal y familiar. La decisión de tener hijos y cuándo tenerlos constituye uno de los asuntos más íntimos y personales que las personas afrontan a lo largo de sus vidas, que integra un ámbito esencial de la autodeterminación individual. Los poderes públicos están obligados a no interferir en ese tipo de decisiones, pero, también, deben establecer las condiciones para que se adopten de forma libre y responsable, poniendo al alcance de quienes lo precisen servicios de atención sanitaria, asesoramiento o información.

La protección de este ámbito de autonomía personal tiene una singular significación para las mujeres, para quienes el embarazo y la maternidad son hechos que afectan profundamente a sus vidas en todos los sentidos. La especial relación de los derechos de las mujeres con la protección de la salud sexual y reproductiva ha sido puesta de manifiesto por diversos textos internacionales. Así, en el ámbito de Naciones Unidas, la Convención sobre la eliminación de todas las formas de discriminación contra la Mujer, adoptada por la Asamblea General mediante Resolución 34/180, de 18 de diciembre de 1979, establece en su artículo 12 que «Los Estados Partes adoptarán todas las medidas apropiadas para eliminar la discriminación contra la mujer en la esfera de la atención médica a fin de asegurar, en condiciones de igualdad entre hombres y mujeres, el acceso a servicios de atención médica, incluidos los que se refieren a la planificación familiar». Por otro lado, la Plataforma de Acción de Beijing acordada en la IV Conferencia de Naciones Unidas sobre la mujer celebrada en 1995, ha reconocido que «los derechos humanos de las mujeres incluyen el derecho a tener el control y a decidir libre y responsablemente sobre su sexualidad, incluida la salud sexual y reproductiva, libre de presiones, discriminación y violencia». En el ámbito de la Unión Europea, el Parlamento Europeo ha aprobado la Resolución 2001/2128(INI) sobre salud sexual y reproductiva y los derechos asociados, en la que se contiene un conjunto de recomendaciones a los Gobiernos de los Estados miembros en materia de anticoncepción, embarazos no deseados y educación afectivo sexual que tiene como base, entre otras consideraciones, la constatación de las enormes desigualdades entre las mujeres europeas en el acceso a los servicios de salud reproductiva, a la anticoncepción y a la interrupción voluntaria del embarazo en función de sus ingresos, su nivel de renta o el país de residencia.

Por su parte, la Convención sobre los Derechos de las Personas con discapacidad de 13 de diciembre de 2006, ratificada por España, establece la obligación de los Estados Partes de respetar «el derecho de las personas con discapacidad a decidir libremente y de manera responsable el número de hijos que quieren tener [...] a tener acceso a información, educación sobre reproducción y planificación familiar apropiada para su edad y a que se provean los medios necesarios que les permitan ejercer esos derechos», así como a que «mantengan su fertilidad, en igualdad de condiciones que los demás».

La presente Ley pretende adecuar nuestro marco normativo al consenso de la comunidad internacional en esta materia, mediante la actualización de las políticas públicas y la incorporación de nuevos servicios de atención de la salud sexual y reproductiva. La Ley parte de la convicción, avalada por el mejor conocimiento científico, de que una educación afectivo sexual y reproductiva adecuada, el acceso universal a prácticas clínicas efectivas de planificación de la reproducción, mediante la incorporación de anticonceptivos de última generación, cuya eficacia haya sido avalada por la evidencia científica, en la cartera de servicios comunes del Sistema Nacional de Salud y la disponibilidad de programas y servicios de salud sexual y reproductiva es el modo más efectivo de prevenir, especialmente en personas jóvenes, las infecciones de transmisión sexual, los embarazos no deseados y los abortos.

La Ley aborda la protección y garantía de los derechos relativos a la salud sexual y reproductiva de manera integral. Introduce en nuestro ordenamiento las definiciones de la Organización Mundial de la Salud sobre salud, salud sexual y salud reproductiva y prevé la adopción de un conjunto de acciones y medidas tanto en el ámbito sanitario como en el educativo. Establece, asimismo, una nueva regulación de la interrupción voluntaria del embarazo fuera del Código Penal que, siguiendo la pauta más extendida en los países de nuestro entorno político y cultural, busca garantizar y proteger adecuadamente los derechos e intereses en presencia, de la mujer y de la vida prenatal.

II

El primer deber del legislador es adaptar el Derecho a los valores de la sociedad cuyas relaciones ha de regular, procurando siempre que la innovación normativa genere certeza y seguridad en las personas a quienes se destina, pues la libertad sólo encuentra refugio en el suelo firme de la claridad y precisión de la Ley. Ése es el espíritu que inspira la nueva regulación de la interrupción voluntaria del embarazo.

Hace un cuarto de siglo, el legislador, respondiendo al problema social de los abortos clandestinos, que ponían en grave riesgo la vida y la salud de las mujeres y atendiendo a la conciencia social mayoritaria que reconocía la relevancia de los derechos de las mujeres en relación con la maternidad, despenalizó ciertos supuestos de aborto. La reforma del Código Penal supuso un avance al posibilitar el acceso de las mujeres a un aborto legal y seguro cuando concurriera alguna de las indicaciones legalmente previstas: grave peligro para la vida o la salud física y psíquica de la embarazada, cuando el embarazo fuera consecuencia de una violación o cuando se presumiera la existencia de graves taras físicas o psíquicas en el feto. A lo largo de estos años, sin embargo, la aplicación de la ley ha generado incertidumbres y prácticas que han afectado a la seguridad jurídica, con consecuencias tanto para la garantía de los derechos de las mujeres como para la eficaz protección del bien jurídico penalmente tutelado y que, en contra del fin de la norma, eventualmente han podido poner en dificultades a los profesionales sanitarios de quienes precisamente depende la vigilancia de la seguridad médica en las intervenciones de interrupción del embarazo.

La necesidad de reforzar la seguridad jurídica en la regulación de la interrupción voluntaria del embarazo ha sido enfatizada por el Tribunal Europeo de Derechos Humanos en su sentencia de 20 de marzo de 2007 en la que se afirma, por un lado, que «en este tipo de situaciones las previsiones legales deben, en primer lugar y ante todo, asegurar la claridad de la posición jurídica de la mujer embarazada» y, por otro lado, que «una vez que el legislador decide permitir el aborto, no debe estructurar su marco legal de modo que se limiten las posibilidades reales de obtenerlo».

En una sociedad libre, pluralista y abierta, corresponde al legislador, dentro del marco de opciones que la Constitución deja abierto, desarrollar los derechos fundamentales de acuerdo con los valores dominantes y las necesidades de cada momento histórico. La experiencia acumulada en la aplicación del marco legal vigente, el avance del reconocimiento social y jurídico de la autonomía de las mujeres tanto en el ámbito público como en su vida privada, así como la tendencia normativa imperante en los países de nuestro entorno, abogan por una regulación de la interrupción voluntaria del embarazo presidida por la claridad en donde queden adecuadamente garantizadas tanto la autonomía de las mujeres, como la eficaz protección de la vida prenatal como bien jurídico. Por su parte, la Asamblea Parlamentaria del Consejo de Europa, en su Resolución 1607/2008, de 16 de abril, reafirmó el derecho de todo ser humano, y en particular de las mujeres, al respeto de su integridad física y a la libre disposición de su cuerpo y en ese contexto, a que la decisión última de recurrir o no a un aborto corresponda a la mujer interesada y, en consecuencia, ha invitado a los Estados miembros a despenalizar el aborto dentro de unos plazos de gestación razonables.

En la concreción del modelo legal, se ha considerado de manera especialmente atenta la doctrina constitucional derivada de las sentencias del Tribunal Constitucional en esta materia. Así, en la sentencia 53/1985, el Tribunal, perfectamente dividido en importantes cuestiones de fondo, enunció sin embargo, algunos principios que han sido respaldados por la jurisprudencia posterior y que aquí se toman como punto de partida. Una de esas afirmaciones de principio es la negación del carácter absoluto de los derechos e intereses que entran en conflicto a la hora de regular la interrupción voluntaria del embarazo y, en consecuencia, el deber del legislador de «ponderar los bienes y derechos en función del supuesto planteado, tratando de armonizarlos si ello es posible o, en caso contrario, precisando las condiciones y requisitos en que podría admitirse la prevalencia de uno de ellos» (STC 53/1985). Pues si bien «los no nacidos no pueden considerarse en nuestro ordenamiento como titulares del derecho fundamental a la vida que garantiza el artículo 15 de la Constitución» esto no significa que resulten privados de toda protección constitucional (STC 116/1999). La vida prenatal es un bien jurídico merecedor de protección que el legislador debe hacer eficaz, sin ignorar que la forma en que tal garantía se configure e instrumente estará siempre intermediada por la garantía de los derechos fundamentales de la mujer embarazada.

La ponderación que el legislador realiza ha tenido en cuenta la doctrina de la STC 53/1985 y atiende a los cambios cualitativos de la vida en formación que tienen lugar durante el embarazo, estableciendo, de este modo, una concordancia práctica de los derechos y bienes concurrentes a través de un modelo de tutela gradual a lo largo de la gestación.

La presente Ley reconoce el derecho a la maternidad libremente decidida, que implica, entre otras cosas, que las mujeres puedan tomar la decisión inicial sobre su embarazo y que esa decisión, consciente y responsable, sea respetada. El legislador ha considerado razonable, de acuerdo con las indicaciones de las personas expertas y el análisis del derecho comparado, dejar un plazo de 14 semanas en el que se garantiza a las mujeres la posibilidad de tomar una decisión libre e informada sobre la interrupción del embarazo, sin interferencia de terceros, lo que la STC 53/1985 denomina «autodeterminación consciente», dado que la intervención determinante de un tercero en la formación de la voluntad de la mujer gestante, no ofrece una mayor garantía para el feto y, a la vez, limita innecesariamente la personalidad de la mujer, valor amparado en el artículo 10.1 de la Constitución.

La experiencia ha demostrado que la protección de la vida prenatal es más eficaz a través de políticas activas de apoyo a las mujeres embarazadas y a la maternidad. Por ello, la tutela del bien jurídico en el momento inicial de la gestación se articula a través de la voluntad de la mujer, y no contra ella. La mujer adoptará su decisión tras haber sido informada de todas las prestaciones, ayudas y derechos a los que puede acceder si desea continuar con el embarazo, de las consecuencias médicas, psicológicas y sociales derivadas de la prosecución del embarazo o de la interrupción del mismo, así como de la posibilidad de recibir asesoramiento antes y después de la intervención. La Ley dispone un plazo de reflexión de al menos tres días y, además de exigir la claridad y objetividad de la información, impone condiciones para que ésta se ofrezca en un ámbito y de un modo exento de presión para la mujer.

En el desarrollo de la gestación, «tiene —como ha afirmado la STC 53/1985— una especial trascendencia el momento a partir del cual el *nasciturus* es ya susceptible de vida independiente de la madre». El umbral de la viabilidad fetal se sitúa, en consenso general avalado por la comunidad científica y basado en estudios de las unidades de neonatología, en torno a la vigésimo segunda semana de gestación. Es hasta este momento cuando la Ley permite la interrupción del embarazo siempre que concurra alguna de estas dos indicaciones: «que exista grave riesgo para la vida o la salud de la embarazada», o «que exista riesgo de graves anomalías en el feto». Estos supuestos de interrupción voluntaria del embarazo de carácter médico se regulan con las debidas garantías a fin de acreditar con la mayor seguridad posible la concurrencia de la indicación. A diferencia de la regulación vigente, se establece un límite temporal cierto en la aplicación de la llamada indicación terapéutica, de modo que en caso de existir riesgo para la vida o salud de la mujer más allá de la vigésima segunda semana de gestación, lo adecuado será la práctica de un parto inducido, con lo que el derecho a la vida e integridad física de la mujer y el interés en la protección de la vida en formación se armonizan plenamente.

Más allá de la vigésima segunda semana, la ley configura dos supuestos excepcionales de interrupción del embarazo. El primero se refiere a aquellos casos en que «se detecten anomalías fetales incompatibles con la vida», en que decae la premisa que hace de la vida prenatal un bien jurídico protegido en tanto que proyección del artículo 15 de la Constitución (STC 212/1996). El segundo supuesto se circunscribe a los casos en que «se detecte en el feto una enfermedad extremadamente grave e incurable en el momento del diagnóstico y así lo confirme un comité clínico». Su comprobación se ha deferido al juicio experto de profesionales médicos conformado de acuerdo con la evidencia científica del momento.

La Ley establece además un conjunto de garantías relativas al acceso efectivo a la prestación sanitaria de la interrupción voluntaria del embarazo y a la protección de la intimidad y confidencialidad de las mujeres. Con estas previsiones legales se pretende dar solución a los problemas a que había dado lugar el actual marco regulador tanto de desigualdades territoriales en el acceso a la prestación como de vulneración de la intimidad. Así, se encomienda a la Alta Inspección velar por la efectiva igualdad en el ejercicio de los derechos y el acceso a las prestaciones reconocidas en esta Ley.

Asimismo se recoge la objeción de conciencia de los profesionales sanitarios directamente implicados en la interrupción voluntaria del embarazo, que será articulado en un desarrollo futuro de la Ley.

Se ha dado nueva redacción al artículo 145 del Código Penal con el fin de limitar la pena impuesta a la mujer que consiente o se practica un aborto fuera de los casos permitidos por la ley eliminando la previsión de pena privativa de libertad, por un lado y, por otro, para precisar la imposición de las penas en sus mitades superiores en determinados supuestos. Asimismo se introduce un nuevo artículo 145 bis, a fin de incorporar la penalidad correspondiente de las conductas de quienes practican una interrupción del embarazo dentro de los casos contemplados por la ley, pero sin cumplir los requisitos exigidos en ella.

Finalmente, se ha modificado la Ley 41/2002, de 14 de noviembre, Básica Reguladora de la Autonomía del Paciente, con el fin de que la prestación del consentimiento para la práctica de una interrupción voluntaria del embarazo se sujete al régimen general previsto en esta Ley y eliminar la excepcionalidad establecida en este caso.

III

La Ley se estructura en un Título Preliminar, dos Títulos, tres disposiciones adicionales, una disposición derogatoria y seis disposiciones finales.

El Título Preliminar establece el objeto, las definiciones, los principios inspiradores de la ley y proclama los derechos que garantiza.

El Título Primero, bajo la rúbrica «De la salud sexual y reproductiva», se articula en cuatro capítulos. En el capítulo I se fijan los objetivos de las políticas públicas en materia de salud sexual y reproductiva. El capítulo II contiene las medidas en el ámbito sanitario y el capítulo III se refiere a las relativas al ámbito educativo. El capítulo IV tiene como objeto la previsión de la elaboración de la Estrategia Nacional de Salud Sexual y Reproductiva como instrumento de colaboración de las distintas administraciones públicas para el adecuado desarrollo de las políticas públicas en esta materia.

En el Título Segundo se regulan las condiciones de la interrupción voluntaria del embarazo y las garantías en el acceso a la prestación.

La disposición adicional primera mandata que la Alta Inspección verifique el cumplimiento efectivo de los derechos y prestaciones reconocidas en esta Ley.

La disposición adicional segunda impone al Gobierno la evaluación del coste económico de los servicios y prestaciones incluidos en la Ley así como la adopción de medidas previstas en la Ley 16/2003, de 28 de mayo, de Cohesión y Calidad del Sistema Nacional de Salud.

Finalmente, la disposición adicional tercera se refiere al acceso a los métodos anticonceptivos y su inclusión en la cartera de servicios comunes del Sistema Nacional de Salud.

La disposición derogatoria deroga el artículo 417 bis del Código Penal introducido en el Código Penal de 1973 por la Ley Orgánica 9/1985, de 5 de julio, y cuya vigencia fue mantenida por el Código Penal de 1995.

La disposición final primera da nueva redacción al artículo 145 del Código Penal e introduce un nuevo artículo 145 bis, y la disposición final segunda modifica el apartado cuarto del artículo 9 de la Ley 41/2002, de 14 de noviembre, básica reguladora de la autonomía del paciente y de derechos y obligaciones en materia de información y documentación clínica. Finalmente, las restantes disposiciones finales se refieren al carácter orgánico de la ley, la habilitación al Gobierno para su desarrollo reglamentario, el ámbito territorial de aplicación de la Ley y la entrada en vigor que se fija en cuatro meses desde su publicación, con el fin de que se adopten las medidas necesarias para su plena aplicación.

TÍTULO PRELIMINAR

Disposiciones generales

Artículo 1.º *Objeto.*—Constituye el objeto de la presente Ley Orgánica garantizar los derechos fundamentales en el ámbito de la salud sexual y reproductiva, regular las condiciones de la interrupción voluntaria del embarazo y establecer las correspondientes obligaciones de los poderes públicos.

Art. 2.º *Definiciones.*—A los efectos de lo dispuesto en esta Ley se aplicarán las siguientes definiciones:

a) Salud: el estado de completo bienestar físico, mental y social y no solamente la ausencia de afecciones o enfermedades.

b) Salud sexual: el estado de bienestar físico, psicológico y sociocultural relacionado con la sexualidad, que requiere un entorno libre de coerción, discriminación y violencia.

c) Salud reproductiva: la condición de bienestar físico, psicológico y sociocultural en los aspectos relativos a la capacidad reproductiva de la persona, que implica que se pueda tener una vida sexual segura, la libertad de tener hijos y de decidir cuándo tenerlos.

Art. 3.º *Principios y ámbito de aplicación.*—1. En el ejercicio de sus derechos de libertad, intimidad y autonomía personal, todas las personas tienen derecho a adoptar libremente decisiones que afectan a su vida sexual y reproductiva sin más límites que los derivados del respeto a los derechos de las demás personas y al orden público garantizado por la Constitución y las Leyes.

2. Se reconoce el derecho a la maternidad libremente decidida.

3. Nadie será discriminado en el acceso a las prestaciones y servicios previstos en esta Ley por motivos de origen racial o étnico, religión, convicción u opinión, sexo, discapacidad, orientación sexual, edad, estado civil, o cualquier otra condición o circunstancia personal o social.

4. Los poderes públicos, de conformidad con sus respectivas competencias, llevarán a cabo las prestaciones y demás obligaciones que establece la presente Ley en garantía de la salud sexual y reproductiva.

Art. 4.º *Garantía de igualdad en el acceso.*—El Estado, en el ejercicio de sus competencias de Alta Inspección, velará por que se garantice la igualdad en el acceso a las prestaciones y servicios establecidos por el Sistema Nacional de Salud que inciden en el ámbito de aplicación de esta Ley.

TÍTULO PRIMERO

De la salud sexual y reproductiva

CAPÍTULO PRIMERO

POLÍTICAS PÚBLICAS PARA LA SALUD SEXUAL Y REPRODUCTIVA

Art. 5.º *Objetivos de la actuación de los poderes públicos.*—1. Los poderes públicos en el desarrollo de sus políticas sanitarias, educativas y sociales garantizarán:

a) La información y la educación afectivo sexual y reproductiva en los contenidos formales del sistema educativo.

b) El acceso universal a los servicios y programas de salud sexual y reproductiva.

c) El acceso a métodos seguros y eficaces que permitan regular la fecundidad.

d) La eliminación de toda forma de discriminación, con especial atención a las personas con algún tipo de discapacidad, a las que se les garantizará su derecho a la salud sexual y reproductiva, estableciendo para ellas los apoyos necesarios en función de su discapacidad.

e) La educación sanitaria integral y con perspectiva de género sobre salud sexual y salud reproductiva.

f) La información sanitaria sobre anticoncepción y sexo seguro que prevenga, tanto las enfermedades e infecciones de transmisión sexual, como los embarazos no deseados.

2. Asimismo en el desarrollo de sus políticas promoverán:

a) Las relaciones de igualdad y respeto mutuo entre hombres y mujeres en el ámbito de la salud sexual y la adopción de programas educativos especialmente diseñados para la convivencia y el respeto a las opciones sexuales individuales.

b) La corresponsabilidad en las conductas sexuales, cualquiera que sea la orientación sexual.

Art. 6.º *Acciones informativas y de sensibilización.*—Los poderes públicos desarrollarán acciones informativas y de sensibilización sobre salud sexual y salud reproductiva, especialmente a través de los medios de comunicación, y se prestará particular atención a la prevención de embarazos no deseados, mediante acciones dirigidas, principalmente, a la juventud y colectivos con especiales necesidades, así como a la prevención de enfermedades de transmisión sexual.

CAPÍTULO II

Medidas en el ámbito sanitario

Art. 7.º *Atención a la salud sexual y reproductiva.*—Los servicios públicos de salud garantizarán:

a) La calidad de los servicios de atención a la salud sexual integral y la promoción de estándares de atención basados en el mejor conocimiento científico disponible.

b) El acceso universal a prácticas clínicas efectivas de planificación de la reproducción, mediante la incorporación de anticonceptivos de última generación cuya eficacia haya sido avalada por la evidencia científica, en la cartera de servicios comunes del Sistema Nacional de Salud.

c) La provisión de servicios de calidad para atender a las mujeres y a las parejas durante el embarazo, el parto y el puerperio. En la provisión de estos servicios, se tendrán en cuenta los requerimientos de accesibilidad de las personas con discapacidad.

d) La atención perinatal, centrada en la familia y en el desarrollo saludable.

Art. 8.º *Formación de profesionales de la salud.*—La formación de profesionales de la salud se abordará con perspectiva de género e incluirá:

a) La incorporación de la salud sexual y reproductiva en los programas curriculares de las carreras relacionadas con la medicina y las ciencias de la salud, incluyendo la investigación y formación en la práctica clínica de la interrupción voluntaria del embarazo.

b) La formación de profesionales en salud sexual y salud reproductiva, incluida la práctica de la interrupción del embarazo.

c) La salud sexual y reproductiva en los programas de formación continuada a lo largo del desempeño de la carrera profesional.

d) En los aspectos formativos de profesionales de la salud se tendrán en cuenta la realidad y las necesidades de los grupos o sectores sociales más vulnerables, como el de las personas con discapacidad.

CAPÍTULO III

MEDIDAS EN EL ÁMBITO EDUCATIVO

Art. 9.º *Incorporación de la formación en salud sexual y reproductiva al sistema educativo.*—El sistema educativo contemplará la formación en salud sexual y reproductiva, como parte del desarrollo integral de la personalidad y de la formación en valores, incluyendo un enfoque integral que contribuya a:

a) La promoción de una visión de la sexualidad en términos de igualdad y corresponsabilidad entre hombres y mujeres con especial atención a la prevención de la violencia de género, agresiones y abusos sexuales.

b) El reconocimiento y aceptación de la diversidad sexual.

c) El desarrollo armónico de la sexualidad acorde con las características de las personas jóvenes.

d) La prevención de enfermedades e infecciones de transmisión sexual y especialmente la prevención del VIH.

e) La prevención de embarazos no deseados, en el marco de una sexualidad responsable.

f) En la incorporación de la formación en salud y salud sexual y reproductiva al sistema educativo, se tendrán en cuenta la realidad y las necesidades de los grupos o sectores sociales más vulnerables, como el de las personas con discapacidad proporcionando, en todo caso, a este alumnado información y materiales accesibles, adecuados a su edad.

Art. 10. *Actividades formativas.*—Los poderes públicos apoyarán a la comunidad educativa en la realización de actividades formativas relacionadas con la educación afectivo sexual, la prevención de infecciones de transmisión sexual y embarazos no deseados, facilitando información adecuada a los padres y las madres.

CAPÍTULO IV

ESTRATEGIA DE SALUD SEXUAL Y REPRODUCTIVA

Art. 11. *Elaboración de la Estrategia de Salud Sexual y Reproductiva.*—Para el cumplimiento de los objetivos previstos en esta Ley, el Gobierno, en cooperación con las Comunidades Autónomas y con respeto a su ámbito competencial, aprobará un Plan que se denominará Estrategia de Salud Sexual y Reproductiva, que contará con la colaboración de las sociedades científicas y profesionales y las organizaciones sociales.

La Estrategia se elaborará con criterios de calidad y equidad en el Sistema Nacional de Salud y con énfasis en jóvenes y adolescentes y colectivos de especiales necesidades.

La Estrategia tendrá una duración de cinco años y establecerá mecanismos de evaluación bienal que permitan la valoración de resultados y en particular del acceso universal a la salud sexual y reproductiva.

TÍTULO II

De la interrupción voluntaria del embarazo

CAPÍTULO PRIMERO

CONDICIONES DE LA INTERRUPCIÓN VOLUNTARIA DEL EMBARAZO

Art. 12. *Garantía de acceso a la interrupción voluntaria del embarazo.*—Se garantiza el acceso a la interrupción voluntaria del embarazo en las condiciones que se determinan en esta Ley. Estas condiciones se interpretarán en el modo más favorable para la protección y eficacia de los derechos fundamentales de la mujer que solicita la intervención, en particular, su derecho al libre desarrollo de la personalidad, a la vida, a la integridad física y moral, a la intimidad, a la libertad ideológica y a la no discriminación.

Art. 13. *Requisitos comunes.*—Son requisitos necesarios de la interrupción voluntaria del embarazo:

Art. 13: El apartado 4.º de este artículo ha sido derogado por la LO 1/2005, de 21 de septiembre (*BOE* n.º 227, de 22 de septiembre), para reforzar la protección de los menores y mujeres con capacidad modificada judicialmente en la interrupción voluntaria del embarazo. Y téngase en cuenta que el segundo párrafo del art. 9.5.º de la Ley 41/2002, de 14 de noviembre, básica reguladora de la autonomía del paciente, y de derechos y obligaciones en materia de información y documentación clínica (en redacción dada por esta misma LO 1/2015), dice: «Para la interrupción voluntaria del embarazo de menores de edad o personas con capacidad modificada judicialmente será preciso, además de su manifestación de voluntad, el consentimiento expreso de sus representantes legales. En este caso, los conflictos que surjan en cuanto a la prestación del consentimiento por parte de los representantes legales, se resolverán de conformidad con lo dispuesto en el Código Civil.» V. también el art. 8.º del RD 825/2010, de 25 de junio (*BOE* n.º 155, de 26 de junio), de desarrollo de la presente LO.

1.º Que se practique por un médico especialista o bajo su dirección.

2.º Que se lleve a cabo en centro sanitario público o privado acreditado.

3.º Que se realice con el consentimiento expreso y por escrito de la mujer embarazada o, en su caso, del representante legal, de conformidad con lo establecido en la Ley 41/2002, Básica Reguladora de la Autonomía del Paciente y de Derechos y Obligaciones en materia de información y documentación clínica.

Podrá prescindirse del consentimiento expreso en el supuesto previsto en el artículo 9.2.*b*) de la referida Ley.

4.º [*Derogado*.]

Art. 14. *Interrupción del embarazo a petición de la mujer*.—Podrá interrumpirse el embarazo dentro de las primeras catorce semanas de gestación a petición de la embarazada, siempre que concurran los requisitos siguientes:

a) Que se haya informado a la mujer embarazada sobre los derechos, prestaciones y ayudas públicas de apoyo a la maternidad, en los términos que se establecen en los apartados 2 y 4 del artículo 17 de esta Ley.

b) Que haya transcurrido un plazo de al menos tres días, desde la información mencionada en el párrafo anterior y la realización de la intervención.

Art. 15. *Interrupción por causas médicas*.—Excepcionalmente, podrá interrumpirse el embarazo por causas médicas cuando concurra alguna de las circunstancias siguientes:

a) Que no se superen las veintidós semanas de gestación y siempre que exista grave riesgo para la vida o la salud de la embarazada y así conste en un dictamen emitido con anterioridad a la intervención por un médico o médica especialista distinto del que la practique o dirija. En caso de urgencia por riesgo vital para la gestante podrá prescindirse del dictamen.

b) Que no se superen las veintidós semanas de gestación y siempre que exista riesgo de graves anomalías en el feto y así conste en un dictamen emitido con anterioridad a la interven-

---

Art. 14: V. art. 5.º del RD 825/2010, de 25 de junio (*BOE* n.º 155, de 26 de junio), de desarrollo de la presente LO.

Art. 15: V. arts. 6.º del RD 825/2010, de 25 de junio (*BOE* n.º 155, de 26 de junio), de desarrollo de la presente LO, y 7.º del RD 831/2010, de 25 de junio (*BOE* n.º 155, de 26 de junio), de garantía de la calidad asistencial de la prestación a la interrupción voluntaria del embarazo.

ción por dos médicos especialistas distintos del que la practique o dirija.

c) Cuando se detecten anomalías fetales incompatibles con la vida y así conste en un dictamen emitido con anterioridad por un médico o médica especialista, distinto del que practique la intervención, o cuando se detecte en el feto una enfermedad extremadamente grave e incurable en el momento del diagnóstico y así lo confirme un comité clínico.

Art. 16. *Comité clínico.*—1. El comité clínico al que se refiere el artículo anterior estará formado por un equipo pluridisciplinar integrado por dos médicos especialistas en ginecología y obstetricia o expertos en diagnóstico prenatal y un pediatra. La mujer podrá elegir uno de estos especialistas.

2. Confirmado el diagnóstico por el comité, la mujer decidirá sobre la intervención.

3. En cada Comunidad Autónoma habrá, al menos, un comité clínico en un centro de la red sanitaria pública. Los miembros, titulares y suplentes, designados por las autoridades sanitarias competentes, lo serán por un plazo no inferior a un año. La designación deberá hacerse pública en los diarios oficiales de las respectivas Comunidades Autónomas.

4. Las especificidades del funcionamiento del Comité clínico se determinarán reglamentariamente.

Art. 17. *Información previa al consentimiento de la interrupción voluntaria del embarazo.*—1. Todas las mujeres que manifiesten su intención de someterse a una interrupción voluntaria del embarazo recibirán información sobre los distintos métodos de interrupción del embarazo, las condiciones para la interrupción previstas en esta Ley, los centros públicos y acreditados a los que se pueda dirigir y los trámites para acceder a la prestación, así como las condiciones para su cobertura por el servicio público de salud correspondiente.

2. En los casos en que las mujeres opten por la interrupción del embarazo regulada en el artículo 14 recibirán, además, un sobre cerrado que contendrá la siguiente información:

a) Las ayudas públicas disponibles para las mujeres emba-

Art. 16: V. arts. 2.º y 3.º del RD 825/2010, de 25 de junio (*BOE* n.º 155, de 26 de junio), de desarrollo de la presente LO.

Art. 17: V. arts. 4.º, 5.º y 7.º del RD 825/2010, de 25 de junio (*BOE* n.º 155, de 26 de junio), de desarrollo de la presente LO.

razadas y la cobertura sanitaria durante el embarazo y el parto.

b) Los derechos laborales vinculados al embarazo y a la maternidad; las prestaciones y ayudas públicas para el cuidado y atención de los hijos e hijas; los beneficios fiscales y demás información relevante sobre incentivos y ayudas al nacimiento.

c) Datos sobre los centros disponibles para recibir información adecuada sobre anticoncepción y sexo seguro.

d) Datos sobre los centros en los que la mujer pueda recibir voluntariamente asesoramiento antes y después de la interrupción del embarazo.

Esta información deberá ser entregada en cualquier centro sanitario público o bien en los centros acreditados para la interrupción voluntaria del embarazo. Junto con la información en sobre cerrado se entregará a la mujer un documento acreditativo de la fecha de la entrega, a los efectos de lo establecido en el artículo 14 de esta Ley.

La elaboración, contenidos y formato de esta información será determinada reglamentariamente por el Gobierno.

3. En el supuesto de interrupción del embarazo previsto en la letra *b*) del artículo 15 de esta Ley, la mujer recibirá además de la información prevista en el apartado primero de este artículo, información por escrito sobre los derechos, prestaciones y ayudas públicas existentes de apoyo a la autonomía de las personas con alguna discapacidad, así como la red de organizaciones sociales de asistencia social a estas personas.

4. En todos los supuestos, y con carácter previo a la prestación del consentimiento, se habrá de informar a la mujer en los términos de los artículos 4 y 10 de la Ley 41/2002, de 14 de noviembre, y específicamente sobre las consecuencias médicas, psicológicas y sociales de la prosecución del embarazo o de la interrupción del mismo.

5. La información prevista en este artículo será clara, objetiva y comprensible. En el caso de las personas con discapacidad, se proporcionará en formatos y medios accesibles, adecuados a sus necesidades.

Se comunicará, en la documentación entregada, que dicha información podrá ser ofrecida, además, verbalmente, si la mujer lo solicita.

CAPÍTULO II

GARANTÍAS EN EL ACCESO A LA PRESTACIÓN

Art. 18. *Garantía del acceso a la prestación*.—Los servicios públicos de salud, en el ámbito de sus respectivas competencias, aplicarán las medidas precisas para garantizar el derecho a la prestación sanitaria de la interrupción voluntaria del embarazo en los supuestos y con los requisitos establecidos en esta Ley. Esta prestación estará incluida en la cartera de servicios comunes del Sistema Nacional de Salud.

Art. 19. *Medidas para garantizar la prestación por los servicios de salud.*—1. Con el fin de asegurar la igualdad y calidad asistencial de la prestación a la interrupción voluntaria del embarazo, las administraciones sanitarias competentes garantizarán los contenidos básicos que el Gobierno determine, oído el Consejo Interterritorial de Salud. Se garantizará a todas las mujeres por igual el acceso a la prestación con independencia del lugar donde residan.

2. La prestación sanitaria de la interrupción voluntaria del embarazo se realizará en centros de la red sanitaria pública o vinculados a la misma.

Los profesionales sanitarios directamente implicados en la interrupción voluntaria del embarazo tendrán el derecho de ejercer la objeción de conciencia sin que el acceso y la calidad asistencial de la prestación puedan resultar menoscabadas por el ejercicio de la objeción de conciencia. El rechazo o la negativa a realizar la intervención de interrupción del embarazo por razones de conciencia es una decisión siempre individual del personal sanitario directamente implicado en la realización de la interrupción voluntaria del embarazo, que debe manifestarse anticipadamente y por escrito. En todo caso los profesionales sanitarios dispensarán tratamiento y atención médica adecuados a las mujeres que lo precisen antes y después de haberse sometido a una intervención de interrupción del embarazo.

Si excepcionalmente el servicio público de salud no pudiera facilitar en tiempo la prestación, las autoridades sanitarias reconocerán a la mujer embarazada el derecho a acudir a cualquier centro acreditado en el territorio nacional, con el compromiso escrito de asumir directamente el abono de la prestación.

3. Las intervenciones contempladas en la letra *c*) del artículo 15 de esta Ley se realizarán preferentemente en centros cualificados de la red sanitaria pública.

Art. 19: V. arts. 1.º a 5.º del RD 831/2010, de 25 de junio (*BOE* n.º 155, de 26 de junio), de garantía de la calidad asistencial de la prestación a la interrupción voluntaria del embarazo.

Art. 20. *Protección de la intimidad y confidencialidad.*—1. Los centros que presten la interrupción voluntaria del embarazo asegurarán la intimidad de las mujeres y la confidencialidad en el tratamiento de sus datos de carácter personal.

2. Los centros prestadores del servicio deberán contar con sistemas de custodia activa y diligente de las historias clínicas de las pacientes e implantar en el tratamiento de los datos las medidas de seguridad de nivel alto previstas en la normativa vigente de protección de datos de carácter personal.

Art. 21. *Tratamiento de datos.*—1. En el momento de la solicitud de información sobre la interrupción voluntaria del embarazo, los centros, sin proceder al tratamiento de dato alguno, habrán de informar a la solicitante que los datos identificativos de las pacientes a las que efectivamente se les realice la prestación serán objeto de codificación y separados de los datos de carácter clínico asistencial relacionados con la interrupción voluntaria del embarazo.

2. Los centros que presten la interrupción voluntaria del embarazo establecerán mecanismos apropiados de automatización y codificación de los datos de identificación de las pacientes atendidas, en los términos previstos en esta Ley.

A los efectos previstos en el párrafo anterior, se considerarán datos identificativos de la paciente su nombre, apellidos, domicilio, número de teléfono, dirección de correo electrónico, documento nacional de identidad o documento identificativo equivalente, así como cualquier dato que revele su identidad física o genética.

3. En el momento de la primera recogida de datos de la paciente, se le asignará un código que será utilizado para identificarla en todo el proceso.

4. Los centros sustituirán los datos identificativos de la paciente por el código asignado en cualquier información contenida en la historia clínica que guarde relación con la práctica de la interrupción voluntaria del embarazo, de forma que no pueda producirse con carácter general, el acceso a dicha información.

Art. 20: V. art. 6.º del RD 831/2010, de 25 de junio (*BOE* n.º 155, de 26 de junio), de garantía de la calidad asistencial de la prestación a la interrupción voluntaria del embarazo.

Art. 21: V. art. 6.º del RD 831/2010, de 25 de junio (*BOE* n.º 155, de 26 de junio), de garantía de la calidad asistencial de la prestación a la interrupción voluntaria del embarazo.

5. Las informaciones relacionadas con la interrupción voluntaria del embarazo deberán ser conservadas en la historia clínica de tal forma que su mera visualización no sea posible salvo por el personal que participe en la práctica de la prestación, sin perjuicio de los accesos a los que se refiere el artículo siguiente.

Art. 22. *Acceso y cesión de datos de carácter personal.*—1. Únicamente será posible el acceso a los datos de la historia clínica asociados a los que identifican a la paciente, sin su consentimiento, en los casos previstos en las disposiciones legales reguladoras de los derechos y obligaciones en materia de documentación clínica.

Cuando el acceso fuera solicitado por otro profesional sanitario a fin de prestar la adecuada asistencia sanitaria de la paciente, aquél se limitará a los datos estricta y exclusivamente necesarios para la adecuada asistencia, quedando constancia de la realización del acceso.

En los demás supuestos amparados por la ley, el acceso se realizará mediante autorización expresa del órgano competente en la que se motivarán de forma detallada las causas que la justifican, quedando en todo caso limitado a los datos estricta y exclusivamente necesarios.

2. El informe de alta, las certificaciones médicas y cualquier otra documentación relacionada con la práctica de la interrupción voluntaria del embarazo que sea necesaria a cualquier efecto, será entregada exclusivamente a la paciente o persona autorizada por ella. Esta documentación respetará el derecho de la paciente a la intimidad y confidencialidad en el tratamiento de los datos de carácter personal recogido en este Capítulo.

3. No será posible el tratamiento de la información por el centro sanitario para actividades de publicidad o prospección comercial. No podrá recabarse el consentimiento de la paciente para el tratamiento de los datos para estas actividades.

Art. 23. *Cancelación de datos.*—1. Los centros que hayan procedido a una interrupción voluntaria de embarazo deberán cancelar de oficio la totalidad de los datos de la paciente una vez transcurridos cinco años desde la fecha de alta de la intervención. No obstante, la documentación clínica podrá conservarse cuando existan razones epidemiológicas, de investigación o de organización y funcionamiento del Sistema Nacional de Salud, en cuyo caso se procederá a la cancelación de todos los datos identificativos de la paciente y del código que se le hubiera asignado como consecuencia de lo dispuesto en los artículos anteriores.

2. Lo dispuesto en el apartado anterior se entenderá sin perjuicio del ejercicio por la paciente de su derecho de cancelación, en los términos previstos en la Ley Orgánica 15/1999, de 13 de diciembre, de Protección de Datos de Carácter Personal.

DISPOSICIONES ADICIONALES

1.ª *De las funciones de la Alta Inspección.*—El Estado ejercerá la Alta Inspección como función de garantía y verificación del cumplimiento efectivo de los derechos y prestaciones reconocidas en esta Ley en todo el Sistema Nacional de Salud.

Para la formulación de propuestas de mejora en equidad y accesibilidad de las prestaciones y con el fin de verificar la aplicación efectiva de los derechos y prestaciones reconocidas en esta Ley en todo el Sistema Nacional de Salud, el Gobierno elaborará un informe anual de situación, en base a los datos presentados por las Comunidades Autónomas al Consejo Interterritorial del Sistema Nacional de Salud.

2.ª *Evaluación de costes y adopción de medidas.*—El Gobierno evaluará el coste económico de los servicios y prestaciones públicas incluidas en la Ley adoptando, en su caso, las medidas necesarias de conformidad a lo dispuesto en la Ley 16/2003, de 28 de mayo, de Cohesión y Calidad del Sistema Nacional de Salud.

3.ª *Acceso a métodos anticonceptivos.*—El Gobierno, en el plazo de un año, desde la entrada en vigor de la Ley, concretará la efectividad del acceso a los métodos anticonceptivos. En este sentido, se garantizará la inclusión de anticonceptivos de última generación cuya eficacia haya sido avalada por la evidencia científica, en la cartera de servicios comunes del Sistema Nacional de Salud en las mismas condiciones que las prestaciones farmacéuticas con financiación pública.

DISPOSICIÓN DEROGATORIA

Única. *Derogación del artículo 417 bis del Código Penal.*— Queda derogado el artículo 417 bis del Texto Refundido del Código Penal publicado por el Decreto 3.096/1973, de 14 de septiembre, redactado conforme a la Ley Orgánica 9/1985, de 5 de julio.

DISPOSICIONES FINALES

1.ª *Modificación de la Ley Orgánica 10/1995, de 23 de noviembre, del Código Penal.*— Uno. El artículo 145 del Código Penal queda redactado de la forma siguiente:

«*Art. 145.* 1. El que produzca el aborto de una mujer, con su consentimiento, fuera de los casos permitidos por la ley será castigado con la pena de prisión de uno a tres años e inhabilitación especial para ejercer cualquier profesión sanitaria, o para prestar servicios de toda índole en clínicas, establecimientos o consultorios ginecológicos, públicos o privados, por tiempo de uno a seis años. El juez podrá imponer la pena en su mitad superior cuando los actos descritos en este apartado se realicen fuera de un centro o establecimiento público o privado acreditado.

2. La mujer que produjere su aborto o consintiere que otra persona se lo cause, fuera de los casos permitidos por la ley, será castigada con la pena de multa de seis a veinticuatro meses.

3. En todo caso, el juez o tribunal impondrá las penas respectivamente previstas en este artículo en su mitad superior cuando la conducta se llevare a cabo a partir de la vigésimo segunda semana de gestación.»

Dos. Se añade un nuevo artículo 145 bis del Código Penal, que tendrá la siguiente redacción:

«*Art. 145 bis.* 1. Será castigado con la pena de multa de seis a doce meses e inhabilitación especial para prestar servicios de toda índole en clínicas, establecimientos o consultorios ginecológicos, públicos o privados, por tiempo de seis meses a dos años, el que dentro de los casos contemplados en la ley, practique un aborto:

a) sin haber comprobado que la mujer haya recibido la información previa relativa a los derechos, prestaciones y ayudas públicas de apoyo a la maternidad;

b) sin haber transcurrido el período de espera contemplado en la legislación;

c) sin contar con los dictámenes previos preceptivos;

d) fuera de un centro o establecimiento público o privado acreditado. En este caso, el juez podrá imponer la pena en su mitad superior.

2. En todo caso, el juez o tribunal impondrá las penas previstas en este artículo en su mitad superior cuando el aborto se haya practicado a partir de la vigésimo segunda semana de gestación.

3. La embarazada no será penada a tenor de este precepto.»

Tres. Se suprime el inciso «417 bis» de la letra *a*) del apartado primero de la disposición derogatoria única.

2.ª *Modificación de la Ley 41/2002, de 14 de noviembre, Básica Reguladora de la Autonomía del Paciente y de Derechos y Obligaciones en materia de información y documentación clínica.*—El apartado 4 del artículo 9 de la Ley 41/2002, de 14 de noviembre, Básica Reguladora de la Autonomía del Paciente y de Derechos y Obligaciones en materia de información y documentación clínica, tendrá la siguiente redacción:

«4. La práctica de ensayos clínicos y de técnicas de reproducción humana asistida se rige por lo establecido con carácter general sobre la mayoría de edad y por las disposiciones especiales de aplicación.»

3.ª *Carácter orgánico.*—La presente Ley Orgánica se dicta al amparo del artículo 81 de la Constitución.

Los preceptos contenidos en el Título Preliminar, el Título I, el capítulo II del Título II, las disposiciones adicionales y las disposiciones finales segunda, cuarta, quinta y sexta no tienen carácter orgánico.

4.ª *Habilitación para el desarrollo reglamentario.*—El Gobierno adoptará las disposiciones reglamentarias necesarias para la aplicación y desarrollo de la presente Ley.

En tanto no entre en vigor el desarrollo reglamentario referido, mantienen su vigencia las disposiciones reglamentarias vigentes sobre la materia que no se opongan a lo dispuesto en la presente Ley.

5.ª *Ámbito territorial de aplicación de la Ley.*—Sin perjuicio de las correspondientes competencias autonómicas, el marco de aplicación de la presente Ley lo será en todo el territorio del Estado.

Corresponderá a las autoridades sanitarias competentes garantizar la prestación contenida en la red sanitaria pública, o vinculada a la misma, en la Comunidad Autónoma de residencia de la mujer embarazada, siempre que así lo solicite la embarazada.

6.ª *Entrada en vigor*.—La Ley entrará en vigor en el plazo de cuatro meses a partir del día siguiente al de su publicación en el *Boletín Oficial del Estado*.

APÉNDICE 10

LEY ORGÁNICA 3/2021, DE 24 DE MARZO, DE REGULACIÓN DE LA EUTANASIA

(*BOE* n.º 72, de 25 de marzo de 2021)

PREÁMBULO

I

La presente Ley pretende dar una respuesta jurídica, sistemática, equilibrada y garantista, a una demanda sostenida de la sociedad actual como es la eutanasia.

La eutanasia significa etimológicamente «buena muerte» y se puede definir como el acto deliberado de dar fin a la vida de una persona, producido por voluntad expresa de la propia persona y con el objeto de evitar un sufrimiento. En nuestras doctrinas bioética y penalista existe hoy un amplio acuerdo en limitar el empleo del término «eutanasia» a aquella que se produce de manera activa y directa, de manera que las actuaciones por omisión que se designaban como eutanasia pasiva (no adopción de tratamientos tendentes a prolongar la vida y la interrupción de los ya instaurados conforme a la *lex artis*), o las que pudieran considerarse como eutanasia activa indirecta (utilización de fármacos o medios terapéuticos que alivian el sufrimiento físico o psíquico aunque aceleren la muerte del paciente —cuidados paliativos—) se han excluido del concepto bioético y jurídico-penal de eutanasia.

El debate sobre la eutanasia, tanto desde el punto de vista de la bioética como del Derecho, se ha abierto paso en nuestro país y en los países de nuestro entorno durante las últimas décadas, no solo en los ámbitos académicos sino también en la sociedad, debate que se aviva periódicamente a raíz de casos personales que conmueven a la opinión pública. Un debate en el que confluyen diferentes causas, como la creciente prolongación de la esperanza de vida, con el consiguiente retraso en la edad de morir, en condiciones no pocas veces de importante deterioro físico y psíquico; el incremento de los medios técnicos capaces de sostener durante un tiempo prolongado la vida de las personas, sin lograr la curación o una mejora significativa de la calidad de vida; la secularización de la vida y conciencia social y de los valores de las personas; o el reconocimiento de la autonomía de la persona también en el ámbito sanitario, entre otros factores. Y es, precisamente, obligación del legislador atender a las demandas y valores de la sociedad, preservando y respetando sus derechos y adecuando para ello las normas que ordenan y organizan nuestra convivencia.

La legalización y regulación de la eutanasia se asientan sobre la compatibilidad de unos principios esenciales que son basamento de los derechos de las personas, y que son así recogidos en la Constitución española. Son, de un lado, los derechos fundamentales a la vida y a la integridad física y moral, y de otro, bienes constitucionalmente protegidos como son la dignidad, la libertad o la autonomía de la voluntad.

Hacer compatibles estos derechos y principios constitucionales es necesario y posible, para lo que se requiere una legislación respetuosa con todos ellos. No basta simplemente con despenalizar las conductas que impliquen alguna forma de ayuda a la muerte de otra persona, aun cuando se produzca por expreso deseo de esta. Tal modificación legal dejaría a las personas desprotegidas respecto de su derecho a la vida que nuestro marco constitucional exige proteger. Se busca, en cambio, legislar para respetar la autonomía y voluntad de poner fin a la vida de quien está en una situación de padecimiento grave, crónico e imposibilitante o de enfermedad grave e incurable, padeciendo un sufrimiento insoportable que no puede ser aliviado en condiciones que considere aceptables, lo que denominamos un contexto eutanásico. Con ese fin, la presente Ley regula y despenaliza la eutanasia en determinados supuestos, definidos claramente, y sujetos a garantías suficientes que salvaguarden la absoluta libertad de la decisión, descartando presión externa de cualquier índole.

En el panorama de los países de nuestro entorno se pueden reconocer, fundamentalmente, dos modelos de tratamiento normativo de la eutanasia.

Por una parte, los países que despenalizan las conductas eutanásicas cuando se considera que quien la realiza no tiene una conducta egoísta, y por consiguiente tiene una razón compasiva, dando pie a que se generen espacios jurídicos indeterminados que no ofrecen las garantías necesarias.

Por otra parte, los países que han regulado los supuestos en que la eutanasia es una práctica legalmente aceptable, siempre que sean observados concretos requisitos y garantías.

En el análisis de estas dos alternativas jurídicas, es relevante la doctrina del Tribunal Europeo de Derechos Humanos que, en su sentencia de 14 de mayo de 2013 (caso Gross vs. Suiza), consideró que no es aceptable que un país que haya despenalizado conductas eutanásicas no tenga elaborado y promulgado un régimen legal específico, precisando las modalidades de práctica de tales conductas eutanásicas. Esta Ley pretende incluirse en el segundo modelo de legislación, dotando de una regulación sistemática y ordenada a los supuestos en los que la eutanasia no deba ser objeto de reproche penal. Así, la Ley distingue entre dos conductas eutanásicas diferentes, la eutanasia activa y aquella en la que es el propio paciente la persona que termina con su vida, para lo que precisa de la colaboración de un profesional sanitario que, de forma intencionada y con conocimiento, facilita los medios necesarios, incluido el asesoramiento sobre la sustancia y dosis necesarias de medicamentos, su prescripción o, incluso, su suministro con el fin de que el paciente se lo administre. Por su parte, eutanasia activa es la acción por la que un profesional sanitario pone fin a la vida de un paciente de manera deliberada y a petición de este, cuando se produce dentro de un contexto eutanásico por causa de padecimiento grave, crónico e imposibilitante o enfermedad grave e incurable, causantes de un sufrimiento intolerable.

El contexto eutanásico, en el cual se acepta legalmente prestar ayuda para morir a otra persona, debe delimitarse con arreglo a determinadas condiciones que afectan a la situación física de la persona con el consiguiente sufrimiento físico o mental en que se encuentra, a las posibilidades de intervención para aliviar su sufrimiento, y a las convicciones morales de la persona sobre la preservación de su vida en unas condiciones que considere incompatibles con su dignidad personal. Así mismo, han de establecerse garantías para que la decisión de poner fin a la vida se produzca con absoluta libertad, autonomía y conocimiento, protegida por tanto de presiones de toda índole que pudieran provenir de entornos sociales, económicos o familiares desfavorables, o incluso de decisiones apresuradas. Este contexto eutanásico, así delimitado, requiere de una valoración cualificada y externa a las personas solicitante y ejecutora, previa y posterior al acto eutanásico. Al mismo tiempo, mediante la posibilidad de objeción de conciencia, se garantiza la seguridad jurídica y el respeto a la libertad de conciencia del personal sanitario llamado a colaborar en el acto de ayuda médica para morir, entendiendo el término médica implícito en la Ley cuando se habla de ayuda para morir, y entendido en un sentido genérico que comprende el conjunto de prestaciones y auxilios asistenciales que el personal sanitario debe prestar, en el ámbito de su competencia, a los pacientes que soliciten la ayuda necesaria para morir.

En definitiva, esta Ley introduce en nuestro ordenamiento jurídico un nuevo derecho individual como es la eutanasia. Se entiende por esta la actuación que produce la muerte de una persona de forma directa e intencionada mediante una relación causa-efecto única e inmediata, a petición informada, expresa y reiterada en el tiempo por dicha persona, y que se lleva a cabo en un contexto de sufrimiento debido a una enfermedad o padecimiento incurable que la persona experimenta como inaceptable y que no ha podido ser mitigado por otros medios. Así definida, la eutanasia conecta con un derecho fundamental de la persona constitucionalmente protegido como es la vida, pero que se debe cohonestar también con otros derechos y bienes, igualmente protegidos constitucionalmente, como son la integridad física y moral de la persona (art. 15 CE), la dignidad humana (art. 10 CE), el valor superior de la libertad (art. 1.1 CE), la libertad ideológica y de conciencia (art. 16 CE) o el derecho a la intimidad (art. 18.1 CE). Cuando una persona plenamente capaz y libre se enfrenta a una situación vital que a su juicio vulnera su dignidad, intimidad e integridad, como es la que define el contexto eutanásico antes descrito, el bien de la vida puede decaer en favor de los demás bienes y derechos con los que debe ser ponderado, toda vez que no existe un deber constitucional de imponer o tutelar la vida a toda costa y en contra de la voluntad del titular del derecho a la vida. Por esta misma razón, el Estado está obligado a proveer un régimen jurídico que establezca las garantías necesarias y de seguridad jurídica.

II

La presente Ley consta de cinco capítulos, siete disposiciones adicionales, una disposición transitoria, una disposición derogatoria y cuatro disposiciones finales.

El capítulo I está destinado a delimitar su objeto y ámbito de aplicación, así como a establecer las necesarias definiciones fundamentales del texto normativo.

El capítulo II establece los requisitos para que las personas puedan solicitar la prestación de ayuda para morir y las condiciones para su ejercicio. Toda persona mayor de edad y en plena capacidad de obrar y decidir puede solicitar y recibir dicha ayuda, siempre que lo haga de forma autónoma, consciente e informada, y que se encuentre en los supuestos de padecimiento grave, crónico e imposibilitante o de enfermedad grave e incurable causantes de un sufrimiento físico o psíquico intolerables. Se articula también la posibilidad de solicitar esta ayuda mediante el documento de instrucciones previas o equivalente, legalmente reconocido, que existe ya en nuestro ordenamiento jurídico.

El capítulo III va dirigido a regular el procedimiento que se debe seguir para la realización de la prestación de ayuda para morir y las garantías que han de observarse en la aplicación de dicha prestación. En este ámbito cabe destacar la creación de Comisiones de Garantía y Evaluación que han de verificar de forma previa y controlar a posteriori el respeto a la Ley y los procedimientos que establece.

El capítulo IV establece los elementos que permiten garantizar a toda la ciudadanía el acceso en condiciones de igualdad a la prestación de ayuda para morir, incluyéndola en la cartera común de servicios del Sistema Nacional de Salud y garantizando así su financiación pública, pero garantizando también su prestación en centros privados o, incluso, en el domicilio. Hay que destacar que se garantiza dicha prestación sin perjuicio de la posibilidad de objeción de conciencia del personal sanitario.

Finalmente, el capítulo V regula las Comisiones de Garantía y Evaluación que deberán crearse en todas las Comunidades Autónomas y en las Ciudades de Ceuta y Melilla a los fines de esta Ley.

Las disposiciones adicionales, por su parte, se dirigen a garantizar que quienes solicitan ayuda para morir al amparo de esta Ley, se considerará que fallecen por muerte natural, a asegurar recursos y medios de apoyo destinados a las personas con discapacidad, a establecer mecanismos para dar la máxima difusión a la presente Ley entre los profesionales sanitarios y la ciudadanía y oferta de formación continua específica sobre la ayuda para morir, así como un régimen sancionador. En sus disposiciones finales, se procede, en consecuencia con el nuevo ordenamiento legal introducido por la presente Ley, a la modificación de la Ley Orgánica 10/1995, de 23 de noviembre, del Código Penal, con el objeto de despenalizar todas aquellas conductas eutanásicas en los supuestos y condiciones establecidos por la presente Ley.

CAPÍTULO PRIMERO

DISPOSICIONES GENERALES

Artículo 1.º *Objeto.*—El objeto de esta Ley es regular el derecho que corresponde a toda persona que cumpla las condiciones exigidas a solicitar y recibir la ayuda necesaria para morir, el procedimiento que ha de seguirse y las garantías que han de observarse.

Asimismo, determina los deberes del personal sanitario que atienda a esas personas, definiendo su marco de actuación, y regula las obligaciones de las administraciones e instituciones concernidas para asegurar el correcto ejercicio del derecho reconocido en esta Ley.

Art. 2.º *Ámbito de aplicación.*—Esta Ley será de aplicación a todas las personas físicas o jurídicas, públicas o privadas, que actúen o se encuentren en territorio español. A estos efectos, se entenderá que una persona jurídica se encuentra en territorio español cuando tenga domicilio social, sede de dirección efectiva, sucursal, delegación o establecimiento de cualquier naturaleza en territorio español.

Art. 3.º *Definiciones.*—A los efectos de lo previsto en esta Ley, se entiende por:

a) «Consentimiento informado»: la conformidad libre, voluntaria y consciente del paciente, manifestada en pleno uso de sus facultades después de recibir la información adecuada, para que, a petición suya, tenga lugar una de las actuaciones descritas en la letra *g*).

b) «Padecimiento grave, crónico e imposibilitante»: situación que hace referencia a limitaciones que inciden directamente sobre la autonomía física y actividades de la vida diaria, de manera que no permite valerse por sí mismo, así como sobre la capacidad de expresión y relación, y que llevan asociado un sufrimiento físico o psíquico constante e intolerable para quien lo padece, existiendo seguridad o gran probabilidad de que tales limitaciones vayan a persistir en el tiempo sin posibilidad de curación o mejoría apreciable. En ocasiones puede suponer la dependencia absoluta de apoyo tecnológico.

c) «Enfermedad grave e incurable»: la que por su naturaleza origina sufrimientos físicos o psíquicos constantes e insoportables sin posibilidad de alivio que la persona considere tolerable, con un pronóstico de vida limitado, en un contexto de fragilidad progresiva.

d) «Médico responsable»: facultativo que tiene a su cargo coordinar toda la información y la asistencia sanitaria del paciente, con el carácter de interlocutor principal del mismo en todo lo referente a su atención e información durante el proceso asistencial, y sin perjuicio de las obligaciones de otros profesionales que participan en las actuaciones asistenciales.

e) «Médico consultor»: facultativo con formación en el ámbito de las patologías que padece el paciente y que no pertenece al mismo equipo del médico responsable.

f) «Objeción de conciencia sanitaria»: derecho individual de los profesionales sanitarios a no atender aquellas demandas de actuación sanitaria reguladas en esta Ley que resultan incompatibles con sus propias convicciones.

g) «Prestación de ayuda para morir»: acción derivada de proporcionar los medios necesarios a una persona que cumple los requisitos previstos en esta Ley y que ha manifestado su deseo de morir. Dicha prestación se puede producir en dos modalidades:

1.ª) La administración directa al paciente de una sustancia por parte del profesional sanitario competente.

2.ª) La prescripción o suministro al paciente por parte del profesional sanitario de una sustancia, de manera que esta se la pueda auto administrar, para causar su propia muerte.

h) «Situación de incapacidad de hecho»: situación en la que el paciente carece de entendimiento y voluntad suficientes para regirse de forma autónoma, plena y efectiva por sí mismo, con independencia de que existan o se hayan adoptado medidas de apoyo para el ejercicio de su capacidad jurídica.

CAPÍTULO II

DERECHO DE LAS PERSONAS A SOLICITAR LA PRESTACIÓN DE AYUDA PARA MORIR Y REQUISITOS PARA SU EJERCICIO

Art. 4.º *Derecho a solicitar la prestación de ayuda para morir.*—1. Se reconoce el derecho de toda persona que cumpla los requisitos previstos en esta Ley a solicitar y recibir la prestación de ayuda para morir.

2. La decisión de solicitar la prestación de ayuda para morir ha de ser una decisión autónoma, entendiéndose por tal aquella que está fundamentada en el conocimiento sobre su proceso médico, después de haber sido informada adecuadamente por el equipo sanitario responsable. En la historia clínica deberá quedar constancia de que la información ha sido recibida y comprendida por el paciente.

3. En los procedimientos regulados en esta Ley, se garantizarán los medios y recursos de apoyo, materiales y humanos, incluidas las medidas de accesibilidad y diseño universales y los ajustes razonables que resulten precisos para que las personas solicitantes de la prestación de ayuda para morir reciban la información, formen y expresen su voluntad, otorguen su consentimiento y se comuniquen e interactúen con el entorno, de modo libre, a fin de que su decisión sea individual, madura y genuina, sin intromisiones, injerencias o influencias indebidas.

En especial, se adoptarán las medidas pertinentes para proporcionar acceso a las personas con discapacidad al apoyo que pueden necesitar en el ejercicio de los derechos que tienen reconocidos en el ordenamiento jurídico.

Art. 5.º *Requisitos para recibir la prestación de ayuda para morir.*—1. Para poder recibir la prestación de ayuda para morir será necesario que la persona cumpla todos los siguientes requisitos:

a) Tener la nacionalidad española o residencia legal en España o certificado de empadronamiento que acredite un tiempo de permanencia en territorio español superior a doce meses, tener mayoría de edad y ser capaz y consciente en el momento de la solicitud.

b) Disponer por escrito de la información que exista sobre su proceso médico, las diferentes alternativas y posibilidades de actuación, incluida la de acceder a cuidados paliativos integrales comprendidos en la cartera común de servicios y a las prestaciones que tuviera derecho de conformidad a la normativa de atención a la dependencia.

c) Haber formulado dos solicitudes de manera voluntaria y por escrito, o por otro medio que permita dejar constancia, y que no sea el resultado de ninguna presión externa, dejando una separación de al menos quince días naturales entre ambas.

Si el médico responsable considera que la pérdida de la capacidad de la persona solicitante para otorgar el consentimiento informado es inminente, podrá aceptar cualquier período menor que considere apropiado en función de las circunstancias clínicas concurrentes, de las que deberá dejar constancia en la historia clínica.

d) Sufrir una enfermedad grave e incurable o un padecimiento grave, crónico e imposibilitante en los términos establecidos en esta Ley, certificada por el médico responsable.

e) Prestar consentimiento informado previamente a recibir la prestación de ayuda para morir. Dicho consentimiento se incorporará a la historia clínica del paciente.

2. No será de aplicación lo previsto en las letras *b*), *c*) y *e*) del apartado anterior en aquellos casos en los que el médico responsable certifique que el paciente no se encuentra en el pleno uso de sus facultades ni puede prestar su conformidad libre, voluntaria y consciente para realizar las solicitudes, cumpla lo previsto en el apartado 1.*d*), y haya suscrito con anterioridad un documento de instrucciones previas, testamento vital, voluntades anticipadas o documentos equivalentes legalmente reconocidos, en cuyo caso se podrá facilitar la prestación de ayuda para morir conforme a lo dispuesto en dicho documento. En el caso de haber nombrado representante en ese documento será el interlocutor válido para el médico responsable.

La valoración de la situación de incapacidad de hecho por el médico responsable se hará conforme a los protocolos de actuación que se determinen por el Consejo Interterritorial del Sistema Nacional de Salud.

Art. 6.º *Requisitos de la solicitud de prestación de ayuda para morir.*—1. La solicitud de prestación de ayuda para morir a la que se refiere el artículo 5.1.*c*) deberá hacerse por escrito, debiendo estar el documento fechado y firmado por el paciente solicitante, o por cualquier otro medio que permita dejar constancia de la voluntad inequívoca de quien la solicita, así como del momento en que se solicita.

En el caso de que por su situación personal o condición de salud no le fuera posible fechar y firmar el documento, podrá hacer uso de otros medios que le permitan dejar constancia, o bien otra persona mayor de edad y plenamente capaz podrá fecharlo y firmarlo en su presencia. Dicha persona ha de mencionar el hecho de que quien demanda la prestación de ayuda para morir no se encuentra en condiciones de firmar el documento e indicar las razones.

2. El documento deberá firmarse en presencia de un profesional sanitario que lo rubricará. Si no es el médico responsable, lo

entregará a este. El escrito deberá incorporarse a la historia clínica del paciente.

3. El solicitante de la prestación de ayuda para morir podrá revocar su solicitud en cualquier momento, incorporándose su decisión en su historia clínica. Asimismo, podrá pedir el aplazamiento de la administración de la ayuda para morir.

4. En los casos previstos en el artículo 5.2, la solicitud de prestación de ayuda para morir podrá ser presentada al médico responsable por otra persona mayor de edad y plenamente capaz, acompañándolo del documento de instrucciones previas, testamento vital, voluntades anticipadas o documentos equivalentes legalmente reconocidos, suscritos previamente por el paciente. En caso de que no exista ninguna persona que pueda presentar la solicitud en nombre del paciente, el médico que lo trata podrá presentar la solicitud de eutanasia. En tal caso, dicho médico que lo trata estará legitimado para solicitar y obtener el acceso al documento de instrucciones previas, voluntades anticipadas o documentos equivalentes a través de las personas designadas por la autoridad sanitaria de la Comunidad Autónoma correspondiente o por el Ministerio de Sanidad, de conformidad con la letra *d*) del punto 1 del artículo 4 del Real Decreto 124/2007, de 2 de febrero, por el que se regula el Registro nacional de instrucciones previas y el correspondiente fichero automatizado de datos de carácter personal.

Art. 7.º *Denegación de la prestación de ayuda para morir.*—1. Las denegaciones de la prestación de ayuda para morir deberán realizarse siempre por escrito y de manera motivada por el médico responsable.

2. Contra dicha denegación, que deberá realizarse en el plazo máximo de diez días naturales desde la primera solicitud, la persona que hubiera presentado la misma podrá presentar en el plazo máximo de quince días naturales una reclamación ante la Comisión de Garantía y Evaluación competente. El médico responsable que deniegue la solicitud está obligado a informarle de esta posibilidad.

3. El médico responsable que deniegue la solicitud de la prestación de ayuda para morir, con independencia de que se haya formulado o no una reclamación ante la Comisión de Garantía y Evaluación competente, deberá remitir, en el plazo de cinco días contados a partir de que se le haya notificado la denegación al paciente, los dos documentos especificados en el artículo 12, adaptando el documento segundo de modo que incluya los

datos clínicos relevantes para la evaluación del caso y por escrito el motivo de la denegación.

CAPÍTULO III

PROCEDIMIENTO PARA LA REALIZACIÓN DE LA PRESTACIÓN DE AYUDA PARA MORIR

Art. 8.º *Procedimiento a seguir por el médico responsable cuando exista una solicitud de prestación de ayuda para morir.*—1. Una vez recibida la primera solicitud de prestación de ayuda para morir a la que se refiere el artículo 5.1.*c*), el médico responsable, en el plazo máximo de dos días naturales, una vez verificado que se cumplen los requisitos previstos en el artículo 5.1.*a*), *c*) y *d*), realizará con el paciente solicitante un proceso deliberativo sobre su diagnóstico, posibilidades terapéuticas y resultados esperables, así como sobre posibles cuidados paliativos, asegurándose de que comprende la información que se le facilita. Sin perjuicio de que dicha información sea explicada por el médico responsable directamente al paciente, la misma deberá facilitarse igualmente por escrito, en el plazo máximo de cinco días naturales.

Transcurrido el plazo previsto en el artículo 5.1.*c*), y una vez recibida la segunda solicitud, el médico responsable, en el plazo de dos días naturales, retomará con el paciente solicitante el proceso deliberativo al objeto de atender, en el plazo máximo de cinco días naturales, cualquier duda o necesidad de ampliación de información que se le haya planteado al paciente tras la información proporcionada después de la presentación de la primera solicitud, conforme al párrafo anterior.

2. Transcurridas veinticuatro horas tras la finalización del proceso deliberativo al que se refiere el apartado anterior, el médico responsable recabará del paciente solicitante su decisión de continuar o desistir de la solicitud de prestación de ayuda para morir. En el caso de que el paciente manifestara su deseo de continuar con el procedimiento, el médico responsable deberá comunicar esta circunstancia al equipo asistencial, especialmente a los profesionales de enfermería, así como, en el caso de que así lo solicitara el paciente, a los familiares o allegados que señale. Igualmente, deberá recabar del paciente la firma del documento del consentimiento informado.

En el caso de que el paciente decidiera desistir de su solicitud, el médico responsable pondrá este hecho igualmente en conocimiento del equipo asistencial.

3. El médico responsable deberá consultar a un médico consultor, quien, tras estudiar la historia clínica y examinar al paciente, deberá corroborar el cumplimiento de las condiciones establecidas en el artículo 5.1, o en su caso en el 5.2, en el plazo máximo de diez días naturales desde la fecha de la segunda solicitud, a cuyo efecto redactará un informe que pasará a formar parte de la historia clínica del paciente. Las conclusiones de dicho informe deberán ser comunicadas al paciente solicitante en el plazo máximo de veinticuatro horas.

4. En caso de informe desfavorable del médico consultor sobre el cumplimiento de las condiciones del artículo 5.1, el paciente podrá recurrir a la Comisión de Garantía y Evaluación en los términos previstos en el artículo 7.2.

5. Una vez cumplido lo previsto en los apartados anteriores, el médico responsable, antes de la realización de la prestación de ayuda para morir, lo pondrá en conocimiento del presidente de la Comisión de Garantía y Evaluación, en el plazo máximo de tres días hábiles, al efecto de que se realice el control previo previsto en el artículo 10.

Art. 9.º *Procedimiento a seguir cuando se aprecie que existe una situación de incapacidad de hecho.*—En los casos previstos en el artículo 5.2 el médico responsable está obligado a aplicar lo previsto en las instrucciones previas o documento equivalente.

Art. 10. *Verificación previa por parte de la Comisión de Garantía y Evaluación.*—1. Una vez recibida la comunicación médica a que se refiere el artículo 8.5, el presidente de la Comisión de Garantía y Evaluación designará, en el plazo máximo de dos días, a dos miembros de la misma, un profesional médico y un jurista, para que verifiquen si, a su juicio, concurren los requisitos y condiciones establecidos para el correcto ejercicio del derecho a solicitar y recibir la prestación de ayuda para morir.

2. Para el adecuado ejercicio de sus funciones, los dos miembros citados en el apartado anterior tendrán acceso a la documentación que obre en la historia clínica y podrán entrevistarse con el profesional médico y el equipo, así como con la persona solicitante.

3. En el plazo máximo de siete días naturales, emitirán un informe con los requisitos a que se refiere el documento contemplado en la letra *b*) del artículo 12. Si la decisión es favorable, el informe emitido servirá de resolución a los efectos de la realización de la prestación. Si la decisión es desfavorable a la

solicitud planteada, quedará abierta la posibilidad de reclamar en virtud de lo previsto en la letra *a*) del artículo 18. En los casos en que no haya acuerdo entre los dos miembros citados en el apartado 1 de este artículo, se elevará la verificación al pleno de la Comisión de Garantía y Evaluación, que decidirá definitivamente.

4. La resolución definitiva deberá ponerse en conocimiento del presidente para que, a su vez, la traslade al médico responsable que realizó la comunicación para proceder, en su caso, a realizar la prestación de ayuda para morir; todo ello deberá hacerse en el plazo máximo de dos días naturales.

5. Las resoluciones de la Comisión que informen desfavorablemente la solicitud de la prestación de ayuda para morir podrán ser recurridas ante la jurisdicción contencioso-administrativa.

Art. 11. *Realización de la prestación de ayuda para morir.*—1. Una vez recibida la resolución positiva, la realización de la prestación de ayuda para morir debe hacerse con el máximo cuidado y profesionalidad por parte de los profesionales sanitarios, con aplicación de los protocolos correspondientes, que contendrán, además, criterios en cuanto a la forma y tiempo de realización de la prestación.

En el caso de que el paciente se encuentre consciente, este deberá comunicar al médico responsable la modalidad en la que quiere recibir la prestación de ayuda para morir.

2. En los casos en los que la prestación de ayuda para morir lo sea conforme a la forma descrita en el artículo 3.*g*).1.ª) el médico responsable, así como el resto de profesionales sanitarios, asistirán al paciente hasta el momento de su muerte.

3. En el supuesto contemplado en el artículo 3.*g*).2.ª) el médico responsable, así como el resto de profesionales sanitarios, tras prescribir la sustancia que el propio paciente se autoadministrará, mantendrá la debida tarea de observación y apoyo a este hasta el momento de su fallecimiento.

Art. 12. *Comunicación a la Comisión de Garantía y Evaluación tras la realización de la prestación de ayuda para morir.*—Una vez realizada la prestación de ayuda para morir, y en el plazo máximo de cinco días hábiles después de esta, el médico responsable deberá remitir a la Comisión de Garantía y Evaluación de su Comunidad Autónoma o Ciudad Autónoma los siguientes dos documentos separados e identificados con un número de registro:

a) El primer documento, sellado por el médico responsable, referido como «documento primero», deberá recoger los siguientes datos:

1.º) Nombre completo y domicilio de la persona solicitante de la ayuda para morir y, en su caso, de la persona autorizada que lo asistiera.

2.º) Nombre completo, dirección y número de identificación profesional (número de colegiado o equivalente) del médico responsable.

3.º) Nombre completo, dirección y número de identificación profesional del médico consultor cuya opinión se ha recabado.

4.º) Si la persona solicitante disponía de un documento de instrucciones previas o documento equivalente y en él se señalaba a un representante, nombre completo del mismo. En caso contrario, nombre completo de la persona que presentó la solicitud en nombre del paciente en situación de incapacidad de hecho.

b) El segundo documento, referido como «documento segundo», deberá recoger los siguientes datos:

1.º) Sexo y edad de la persona solicitante de la ayuda para morir.

2.º) Fecha y lugar de la muerte.

3.º) Tiempo transcurrido desde la primera y la última petición hasta la muerte de la persona.

4.º) Descripción de la patología padecida por la persona solicitante (enfermedad grave e incurable o padecimiento grave, crónico e imposibilitante).

5.º) Naturaleza del sufrimiento continuo e insoportable padecido y razones por las cuales se considera que no tenía perspectivas de mejoría.

6.º) Información sobre la voluntariedad, reflexión y reiteración de la petición, así como sobre la ausencia de presión externa.

7.º) Si existía documento de instrucciones previas o documento equivalente, una copia del mismo.

8.º) Procedimiento seguido por el médico responsable y el resto del equipo de profesionales sanitarios para realizar la ayuda para morir.

9.º) Capacitación de los médicos consultores y fechas de las consultas.

CAPÍTULO IV

Garantía en el acceso a la prestación de ayuda para morir

Art. 13. *Garantía del acceso a la prestación de ayuda para morir.*—1. La prestación de ayuda para morir estará incluida en la cartera común de servicios del Sistema Nacional de Salud y será de financiación pública.

2. Los servicios públicos de salud, en el ámbito de sus respectivas competencias, aplicarán las medidas precisas para garantizar el derecho a la prestación de ayuda para morir en los supuestos y con los requisitos establecidos en esta Ley.

Art. 14. *Prestación de la ayuda para morir por los servicios de salud.*—La prestación de la ayuda para morir se realizará en centros sanitarios públicos, privados o concertados, y en el domicilio, sin que el acceso y la calidad asistencial de la prestación puedan resultar menoscabados por el ejercicio de la objeción de conciencia sanitaria o por el lugar donde se realiza. No podrán intervenir en ninguno de los equipos profesionales quienes incurran en conflicto de intereses ni quienes resulten beneficiados de la práctica de la eutanasia.

Art. 15. *Protección de la intimidad y confidencialidad.*—1. Los centros sanitarios que realicen la prestación de ayuda para morir adoptarán las medidas necesarias para asegurar la intimidad de las personas solicitantes de la prestación y la confidencialidad en el tratamiento de sus datos de carácter personal.

2. Asimismo, los citados centros deberán contar con sistemas de custodia activa de las historias clínicas de los pacientes e implantar en el tratamiento de los datos las medidas de seguridad de nivel alto previstas en la normativa vigente en materia de protección de datos de carácter personal, teniendo en cuenta que los tratamientos afectan a categorías especiales de datos previstas en el artículo 9 del Reglamento (UE) 2016/679 del Parlamento Europeo y del Consejo, de 27 de abril de 2016.

Art. 16. *Objeción de conciencia de los profesionales sanitarios.*—1. Los profesionales sanitarios directamente implicados en la prestación de ayuda para morir podrán ejercer su derecho a la objeción de conciencia.

El rechazo o la negativa a realizar la citada prestación por razones de conciencia es una decisión individual del profesional sanitario directamente implicado en su realización, la cual deberá manifestarse anticipadamente y por escrito.

2. Las administraciones sanitarias crearán un registro de profesionales sanitarios objetores de conciencia a realizar la ayuda para morir, en el que se

inscribirán las declaraciones de objeción de conciencia para la realización de la misma y que tendrá por objeto facilitar la necesaria información a la administración sanitaria para que esta pueda garantizar una adecuada gestión de la prestación de ayuda para morir. El registro se someterá al principio de estricta confidencialidad y a la normativa de protección de datos de carácter personal.

CAPÍTULO V

Comisiones de garantía y evaluación

Art. 17. *Creación y composición.*—1. Existirá una Comisión de Garantía y Evaluación en cada una de las Comunidades Autónomas, así como en las Ciudades de Ceuta y Melilla. La composición de cada una de ellas tendrá carácter multidisciplinar y deberá contar con un número mínimo de siete miembros entre los que se incluirán personal médico, de enfermería y juristas.

2. En el caso de las Comunidades Autónomas, dichas comisiones, que tendrán la naturaleza de órgano administrativo, serán creadas por los respectivos gobiernos autonómicos, quienes determinarán su régimen jurídico. En el caso de las Ciudades de Ceuta y Melilla, será el Ministerio de Sanidad quien cree las comisiones para cada una de las ciudades y determine sus regímenes jurídicos.

3. Cada Comisión de Garantía y Evaluación deberá crearse y constituirse en el plazo de tres meses a contar desde la entrada en vigor de este artículo.

4. Cada Comisión de Garantía y Evaluación deberá disponer de un reglamento de orden interno, que será elaborado por la citada Comisión y autorizado por el órgano competente de la administración autonómica. En el caso de las Ciudades de Ceuta y Melilla, la citada autorización corresponderá al Ministerio de Sanidad.

5. El Ministerio de Sanidad y los presidentes de las Comisiones de Garantía y Evaluación de las Comunidades Autónomas se reunirán anualmente, bajo la coordinación del Ministerio, para homogeneizar criterios e intercambiar buenas prácticas en el desarrollo de la prestación de eutanasia en el Sistema Nacional de Salud.

Art. 18. *Funciones.*—Son funciones de la Comisión de Garantía y Evaluación las siguientes:

a) Resolver en el plazo máximo de veinte días naturales las reclamaciones que formulen las personas a las que el médico responsable haya denegado su solicitud de prestación de ayuda para morir, así como dirimir los conflictos de intereses que puedan suscitarse según lo previsto en el artículo 14.

También resolverá en el plazo de veinte días naturales las reclamaciones a las que se refiere el apartado 3 del artículo 10, sin que puedan participar en la resolución de las mismas los dos miembros designados inicialmente para verificar el cumplimiento de los requisitos de la solicitud.

Asimismo resolverá en igual plazo sobre las solicitudes pendientes de verificación y elevadas al pleno por existir disparidad de criterios entre los miembros designados que impida la formulación de un informe favorable o desfavorable.

En el caso de que la resolución sea favorable a la solicitud de prestación de ayuda para morir, la Comisión de Garantía y Evaluación competente requerirá a la dirección del centro para que en el plazo máximo de siete días naturales facilite la prestación solicitada a través de otro médico del centro o de un equipo externo de profesionales sanitarios.

El transcurso del plazo de veinte días naturales sin haberse dictado resolución dará derecho a los solicitantes a entender denegada su solicitud de prestación de ayuda para morir, quedando abierta la posibilidad de recurso ante la jurisdicción contencioso-administrativa.

b) Verificar en el plazo máximo de dos meses si la prestación de ayuda para morir se ha realizado de acuerdo con los procedimientos previstos en la ley.

Dicha verificación se realizará con carácter general a partir de los datos recogidos en el documento segundo. No obstante, en caso de duda, la Comisión podrá decidir por mayoría simple levantar el anonimato y acudir a la lectura del documento primero. Si, tras el levantamiento del anonimato, la imparcialidad de algún miembro de la Comisión de Garantía y Evaluación se considerara afectada, este podrá retirarse voluntariamente o ser recusado.

Asimismo, para realizar la citada verificación la Comisión podrá decidir por mayoría simple solicitar al médico responsable la información recogida en la historia clínica del paciente que tenga relación con la realización de la prestación de ayuda para morir.

c) Detectar posibles problemas en el cumplimiento de las obligaciones previstas en esta Ley, proponiendo, en su caso, mejoras concretas para su incorporación a los manuales de buenas prácticas y protocolos.

d) Resolver dudas o cuestiones que puedan surgir durante la aplicación de la Ley, sirviendo de órgano consultivo en su ámbito territorial concreto.

e) Elaborar y hacer público un informe anual de evaluación acerca de la aplicación de la Ley en su ámbito territorial concreto. Dicho informe deberá remitirse al órgano competente en materia de salud.

f) Aquellas otras que puedan atribuirles los gobiernos autonómicos, así como, en el caso de las Ciudades de Ceuta y Melilla, el Ministerio de Sanidad.

Art. 19. *Deber de secreto*.—Los miembros de las Comisiones de Garantía y Evaluación estarán obligados a guardar secreto sobre el contenido de sus deliberaciones y a proteger la confidencialidad de los datos personales que, sobre profesionales sanitarios, pacientes, familiares y personas allegadas, hayan podido conocer en su condición de miembros de la Comisión.

DISPOSICIONES ADICIONALES

1.ª *Sobre la consideración legal de la muerte*.—La muerte como consecuencia de la prestación de ayuda para morir tendrá la consideración legal de muerte natural a todos los efectos, independientemente de la codificación realizada en la misma.

2.ª *Régimen sancionador*.—Las infracciones de lo dispuesto por la presente Ley quedan sometidas al régimen sancionador previsto en el capítulo VI del título I de la Ley 14/1986, General de Sanidad, sin perjuicio de las posibles responsabilidades civil, penal y profesional o estatutaria que puedan corresponder.

3.ª *Informe anual*.—Las Comunidades Autónomas remitirán al Ministerio de Sanidad el informe a que se refiere la letra *e*) del artículo 18. Para las Ciudades de Ceuta y Melilla el Ministerio de Sanidad recabará dicho informe a través del Instituto Nacional de Gestión Sanitaria. Los datos conjuntos de Comunidades y Ciudades Autónomas serán hechos públicos y presentados por el Ministerio de Sanidad.

4.ª *Personas con discapacidad*.—Las personas sordas, con discapacidad auditiva y sordociegas tendrán garantizados los derechos, recursos y medios de apoyo establecidos en la Ley 27/2007, de 23 de octubre, por la que se reconocen las lenguas de signos españolas y se regulan los medios de apoyo a la comunicación oral de las personas sordas, con discapacidad auditiva y sordociegas.

5.ª *Recurso jurisdiccional.*—Los recursos a los que se refieren los artículos 10.5 y 18.*a*) se tramitarán por el procedimiento previsto para la protección de los derechos fundamentales de la persona en la Ley 29/1998, de 13 de julio, reguladora de la Jurisdicción Contencioso-administrativa.

6.ª *Medidas para garantizar la prestación de ayuda para morir por los servicios de salud.*—Con el fin de asegurar la igualdad y calidad asistencial de la prestación de ayuda para morir, el Consejo Interterritorial del Sistema Nacional de Salud deberá elaborar en el plazo de tres meses a contar desde la entrada en vigor de la Ley un manual de buenas prácticas que sirva para orientar la correcta puesta en práctica de esta Ley.

Asimismo, en este mismo plazo deberá elaborar los protocolos a los que se refiere el artículo 5.2.

7.ª *Formación.*—Las administraciones sanitarias competentes habilitarán los mecanismos oportunos para dar la máxima difusión a la presente Ley entre los profesionales sanitarios y la ciudadanía en general, así como para promover entre la misma la realización del documento de instrucciones previas.

Asimismo, difundirán entre el personal sanitario los supuestos contemplados en la misma a los efectos de su correcto y general conocimiento y de facilitar en su caso el ejercicio por los profesionales del derecho a la objeción de conciencia.

La Comisión de formación continuada de las profesiones sanitarias, adscrita a la Comisión de recursos humanos del Sistema Nacional de Salud, abordará, en el plazo de un año desde la entrada en vigor de esta Ley, la coordinación de la oferta de formación continua específica sobre la ayuda para morir, que deberá considerar tanto los aspectos técnicos como los legales, formación sobre comunicación difícil y apoyo emocional.

DISPOSICIÓN TRANSITORIA

Única. *Régimen jurídico de las Comisiones de Garantía y Evaluación.*—En tanto no dispongan de su propio reglamento de orden interno, el funcionamiento de las Comisiones de Garantía y Evaluación se ajustará a las reglas establecidas en la sección 3.ª del capítulo II del título preliminar de la Ley 40/2015, de

1 de octubre, de Régimen Jurídico del Sector Público.

DISPOSICIÓN DEROGATORIA

Única. *Derogación normativa.*—Quedan derogadas todas las disposiciones de igual o inferior rango que contradigan o se opongan a lo establecido en esta Ley.

DISPOSICIONES FINALES

1.ª *Modificación de la Ley Orgánica 10/1995, de 23 de noviembre, del Código Penal.*—Se modifica el apartado 4 y se añade un apartado 5 al artículo 143 de la Ley Orgánica 10/1995, de 23 de noviembre, del Código Penal, en los términos siguientes:

«4. El que causare o cooperare activamente con actos necesarios y directos a la muerte de una persona que sufriera un padecimiento grave, crónico e imposibilitante o una enfermedad grave e incurable, con sufrimientos físicos o psíquicos constantes e insoportables, por la petición expresa, seria e inequívoca de esta, será castigado con la pena inferior en uno o dos grados a las señaladas en los apartados 2 y 3.

5. No obstante lo dispuesto en el apartado anterior, no incurrirá en responsabilidad penal quien causare o cooperare activamente a la muerte de otra persona cumpliendo lo establecido en la ley orgánica reguladora de la eutanasia.»

2.ª *Título competencial.*—Esta Ley se dicta al amparo del artículo 149.1.1.ª y 16.ª de la Constitución Española, que atribuyen al Estado la competencia para la regulación de las condiciones básicas que garanticen la igualdad de todos los españoles en el ejercicio de los derechos y en el cumplimiento de los deberes constitucionales, y sobre las bases y coordinación general de la sanidad, respectivamente, salvo la disposición final primera que se ampara en la competencia que el artículo 149.1.6.ª atribuye al Estado sobre legislación penal.

3.ª *Carácter ordinario de determinadas disposiciones.*—La presente Ley tiene carácter de ley orgánica a excepción de los artículos 12, 16.1, 17 y 18, de las disposiciones adicionales primera, segunda, tercera, cuarta, quinta, sexta y séptima, y de la disposición transitoria única, que revisten el carácter de ley ordinaria.

4.ª *Entrada en vigor.*—La presente Ley entrará en vigor a los tres meses de su publicación en el *Boletín Oficial del Estado*, salvo el artículo 17, que entrará en vigor el día siguiente al de su publicación en el *Boletín Oficial del Estado*.

ÍNDICE ANALÍTICO

A

B

C

D

E

F

G

H

I

J

L

M

N

O

P

Q

R

S

T

U

V

X

Y